黄霖先生
七秩华诞师门同庆集

陈维昭
罗书华
周兴陆
编

下册

Huanglin xiansheng
qizhi huadan shimen tongqingji

凤凰出版传媒集团　凤凰出版社

下册

"二十世纪中国文学"研究中的一种普遍性缺失

左鹏军

无论对新时期以来三十年的中国文学史研究抱有怎样静观的态度、怀有怎样审慎的看法,都必须承认,"二十世纪中国文学"的提出是一个发生了重大影响的学术事件。这一点,从《论"二十世纪中国文学"》和《关于"二十世纪中国文学"的对话》发表后迅速引起的强烈反响中即已清晰可见;而时隔十五年之后,当中国在二十世纪八九十年代之际经历了一次意味深长的政治文化转变,当历史的脚步走近了世纪之交,"二十世纪中国文学"的学术影响力则以更加质实更加充分的方式展现出来,受这一概念直接启发影响的众多著作、教材以及文章的连续面世、直至当下仍然层出不穷就是最好的说明。

然而在笔者看来,"二十世纪中国文学"的提出特别是被广泛沿用的文学史写作实践,实际上已经存在着一种普遍性缺失,就是对这一概念理论内含的理解和由此指导下的学术实践愈来愈明显、愈来愈严重地偏离了"二十世纪中国文学"的本意,逐渐背离了这一文学史概念的完整性,造成某些重要文学现象和事实被遮蔽,出现了严重的文学史缺席现象。"二十世纪中国文学"研究中的这种普遍性缺失,在以"二十世纪"、"百年"、"世纪之交"等为名目的众多著述对"二十世纪"开端的五分之一即最初二十年文学的简单化处理甚至使之明显缺席的情况中表现得最为集中也最为明显;而且,随着有关著述的持续出版，这种普遍性缺失也表现得愈来愈严重，以至于达到了难以回避、不可忽视的程度。

一、概念的内涵和特征

《文学评论》1985年第5期在头条发表黄子平、陈平原、钱理群三人完成于同年5月至7月的《论"二十世纪中国文学"》长文，并在该期的《致读者》中说："《论'二十世纪中国文学'》阐发的是一种相当新颖的'文学史观'，它从整体上把握时代、文学以及两者关系的思辨，应当说，是对我们传统文学观念的一次有益突破。"①随后，《新华文摘》1985年第12期、《评论选刊》1986年第1期即全文转载。《读书》1985年第10至12期、1986年第1至3期分六期连载三人的《关于"二十世纪中国文学"的对话》。仅此即可见"二十世纪中国文学"在当时发生的广泛影响和引起的普遍关注。

黄子平、陈平原、钱理群在阐述"二十世纪中国文学"的理论意图时指出："这并不单是为了把目前存在着的'近代文学'、'现代文学'和'当代文学'这样的研究格局加以打通，也不只是研究领域的扩大，而是要把二十世纪中国文学作为一个不可分割的有机整体来把握。"他们又指出："所谓'二十世纪中国文学'，就是由上世纪末本世纪初开始的至今仍在继续的一个文学进程，一个由古代中国文学向现代中国文学转变、过渡并最终完成的进程，一个中国文学走向并汇入'世界文学'总体格局的进程，一个在东西方文化的大撞击、大交流中从文学方面（与政治、道德等诸多方面一道）形成现代民族意识（包括审美意识）的进程，一个通过语言的艺术来折射并表现古老的中华民族及其灵魂在新旧嬗替的大时代中获得新生并崛起的进程。"②

---

① 文学评论编辑部《致读者》，《文学评论》1985年第5期。

② 黄子平、陈平原、钱理群《论"二十世纪中国文学"》第1页，《二十世纪中国文学三人谈》，人民文学出版社1988年版。以下引此文，不再出注。

关于"二十世纪中国文学"的内容和意义，黄子平、陈平原、钱理群指出："目前的基本构想大致有这样一些内容：走向'世界文学'的中国文学；以'改造民族的灵魂'为总主题的文学；以'悲凉'为基本核心的现代美感特征；由文学语言结构表现出来的艺术思维的现代化进程；最后，由这一概念涉及的文学史研究的方法论问题。"他们还指出："'二十世纪中国文学'这一概念首先意味着文学史从社会政治史的简单比附中独立出来，意味着把文学自身发生发展的阶段完整性作为研究的主要对象。"又指出："在'二十世纪中国文学'这个概念中蕴含着的一个重要的方法论特征就是强烈的'整体意识'。一个宏观的时空尺度——世界历史的尺度，把我们的研究对象置于两个大背景之前：一个纵向的大背景是两千多年的中国古典文学传统，……一个横向的大背景是本世纪的世界文学总体格局。"从另一角度来看，这一概念的意义还有："在这一概念中蕴含的'整体意识'还意味着打破'文学理论、文学史、文学批评'三个部类的割裂。"

可见，"二十世纪中国文学"的提出，既是基于黄子平、陈平原、钱理群三人当时对于中国文学史研究现状的理论思考与认识，又是基于二十世纪八十年代中期人文学术发展的可能性和整体文化环境的激发；是研究者个人学养、个性因素与整体学术氛围、文化生态相契合的结果。从这两个角度综合考察"二十世纪中国文学"的逻辑起点和理论支点，则可以说是由于以下几个方面的综合作用促成了这个概念的适时产生。

其一，世界文学的整体观念。黄子平、陈平原、钱理群在文章中把"世界眼光"置于非常重要甚至是首要的位置。陈平原指出："如果从文学史上来考虑，'二十世纪'很重要的一条，就是'世界文学'的形成。在'世界文学'的初步形成里头，'二十世纪中国文学'显然是相当重要的一个部分。"他还指出："'古今之争'、'中外之争'贯串整个二十世纪中国文学。'中'和'古'、'今'和'外'固然常常联系在一起，但并非总是如此。"黄子平也曾说："二十世纪的中国文学就有这么个很重要的特点，世界文化里的多种思潮，从时间上空间上都突然那么集中地拿到中国的土地上来表演，它们互相碰撞、交替、相融。”基于这样的认识，他们指出：“二十世纪是‘世界文学’初步形成的时代。”“二十世纪中国文学是在一种充满了屈辱和痛苦的情势下走向世界文学的。”“因此，‘世界文学’中的中国文学，就超出了最初的‘师夷长技以制夷’的狭隘眼界，意味着用当代的眼光、语言、技巧、形象，来表达本民族对当代世界独特的艺术认识和把握，提出并关注这一时代有重大意义的根本问题，从而自觉不自觉地，与整个当代人类的共同命运息息相通。”

中国文学与外来文化发生如此密切的关联并展开如此深刻的交流，这是汉唐时期佛教文化东来之后的又一次重大变革；只有到了二十世纪，伴随着“世界文学”观念的兴起和形成，中国文学才第一次出现了自觉融入世界文学的可能性。这种世界文学史眼光和学术气度，也只有在新时期到来之际，在经过几年必要的学术准备和文化调适之后才有可能出现。这当然与二十世纪八十年代初开始的当代中国新一轮思想解放、社会变革的总体趋势和走向世界、走向未来、走向现代化的文化思潮密切相关；或者准确地说，“二十世纪中国文学”的提出，就是这种新的整体文化走向、文化氛围在文学史研究领域的一种有典范意义的表现。

其二，宏观研究的广阔视野。“把二十世纪中国文学作为一个不可分割的有机整体来把握”被着力强调，是这一概念自身规定的一种特点，也是这一课题对研究者的学术素养提出的必然要求。陈平原曾对此有过说明：“我们现在提出建立‘二十世纪中国文学’的概念，发表一些基本构想，也就是试图抓住这种‘总体特征’，使重要的文学现象能够‘凸现’出来，被把握住。”这就必然涉及“宏观研究”与“微观研究”的关系问题，对此，陈平原指出：“这可能也是我们所要强调的文学史研究上的一个方法问题，即从宏观角度去研究微观作品。有些朋友误解我们只要宏观研究，不要微观研究，其实我们提出宏观的尺度正是为了促进微观研究，使之跳出就作品论作品、就作家论作家的巢（引者按：巢当作窠）臼。”这样的论断固然显得不偏不倚，稳健全面，但是当结合当时生机勃勃、异常活跃的文化学术氛围考察中国文学史研究的现状，结合长期以来中国文学史研究的学术习惯和优劣得失,就可以明显地看到,他们在此更强调的实际上还是宏观研究的方法。

“宏观研究”当时曾在多个人文学术领域兴盛一时,仅就中国文学研究而言,就可以清楚地看到,古代文学、近代文学、现当代文学、文学理论批评史等领域均出现了为数众多的论著与文章,倡导和尝试进行中国文学史的宏观研究。这甚至成为一种颇为时尚相当流行的学术思潮。“二十世纪中国文学”恰恰是在这种学术氛围之中被提出并成为一个有力地推动了宏观研究方法的重要概念。无独有偶,在同样的学术环境下,陈思和的《中国新文学整体观》也在稍后的1987年出版。人文社会科学领域还有多种跨学科、跨领域、跨时期的著作和论文在这一时期面世。因此,“二十世纪中国文学”着重提倡的“宏观研究”就不能用偶然性或研究者个人的喜好来解释,而可以认为它应和并推进了这一具有学术思潮意义的研究方法和学术策略。

其三,文化角度尤其是思想史角度。这是受到当时方兴未艾的“文化热”的启发,对以往经常从单一的政治史角度研究中国文学史带来的明显局限深入反思的结果,也是寻求中国文学研究新路径新角度的努力。对此,陈平原解释说:“对于二十世纪中国文学的研究,我有一个想法,就是既要‘走进文学’,又要‘走出文学’……‘走进文学’就是注重文学自身发展规律,强调形式特征、审美特征;‘走出文学’就是注重文学的外部特征,强调文学研究与哲学、社会学、政治学、民族学、心理学、历史学、民俗学、文化人类学、伦理学等学科的联系,统而言之,从文化角度、而不只从政治角度来考察文学。”他还指出:“我们不同于文化学家之处就在于,我们并不是研究文化本身,而是研究整个文化氛围与作家创作的关系,因此特别注重社会心理的中介作用。”

另一方面,“文化”经常是抽象广泛无处不在的,而文学史研究的文化角度则必须付诸具体实践,也就是说,文学史研究的文化角度必须是具体的可以操作的。在这一学术难题面前,黄子平、陈平原、钱理群自然地将广阔的文化视野集中到了文化史的核心部分思想史方面。这主要是因为深受李泽厚《中国近代思想史论》的直接启发和深刻影响。此书在冰封乍解的1979年即获得出版,随后多次重印,可以说是新时期人文学术领域的一部标志性的著作,那个时代的许多大学生、研究生都是从阅读这样的著作开始逐渐走向学术研究的,当然也包括"二十世纪中国文学"的三位提出者。这一点,他们在交代这一概念的缘起时就做了说明。钱理群说《中国近代思想史论》"是我读研究生期间读到的感觉比较有分量的一本书。他里边谈到中国近代以来的时代中心环节是社会政治问题。我觉得这个特点从近代、现代一直延续到当代。尤其是对文学的发展,影响很大,文学的兴奋点一直是政治。这就显示出一个时代的完整性,也就是说,对二十世纪整个中国文学的发展来说,许多根本的规定性是一致的。"黄子平也说过:"二十世纪中国文学历史地承担起了对于它自身来说也许是过于沉重的思想启蒙任务,这就使它不能不加入了许多非文学的成分,不能不处处'照顾'我们民族过于低下的平均文化水平——这种情况,越是在历史转折时期越是严重,以至二十世纪中国文学在发展的历史过程中,曾多次向一般的'宣传'工具方面摆动(例如抗战初期、解放战争时期、建国初期等),这种情况不能不影响到文学自身审美品格的发展……"他还在文章里提到:"借用李泽厚的术语:社会历史如何积淀到心理之中。"可见,从思想方法到基本概念(如"积淀"),从知识背景到话语方式,"二十世纪中国文学"这一概念都曾明显地受到李泽厚的影响。

其四,系统论方法及其他科学方法。钱理群说:"一九八五年据说被文学理论界称之为'方法年'。有人把方法分成三个层次:第一个层次是构成世界观的方法论,对我们来说就是唯物辩证法;第二个层次是一般科学方法,如系统论、控制论、信息论;第三个层次就是具体科学方法,比如说归纳法、演绎法呀等等。"这种统而言之的概括表述其实不具备什么充分的准确性,但也从一个角度反映了当时人文社会科学的多个领域在方法论方面寻求创新与突破的努力。就当时的人文社会科学研究领域而言,在信息论、控制论和系统论三者之中,系统论是影响最为广泛的一种新方法,尝试运用这种方法进行文学研究、作品分析的著作和文章均出现了多种。有关"二十世纪中国文学"的思考也深受当时颇为流行的系统论的影响。陈平原说过:"'二十世纪中国文学'就是一个不同于古代中国文学的文学系统。因此文学史的分期应当以文学系统的变换为依据。比如说'二十世纪中国文学'里头再细分,就要以里头的子系统的变换为依据。"非常明显,这是深受系统论影响的话语表达。又比如,他们曾指出:"雅俗之争,普及与提高之争,'主义'与'艺术'之争,宣传与娱乐之争,民族化与现代化之争,贯穿了近百年中国文学发展的每一个重要阶段。它们之间的张力也左右了本世纪文艺形式辩证发展的基本轨迹,各类文体的探索、实验、论争,基本上是在这一'张力场'中进行的。"由此不仅可以再次看到广阔的宏观视野和雄浑的学术气魄,还可以清楚地看到运用了"张力"和"张力场"这样的物理学术语。这也是当时学术风气的一种反映。可以说,"二十世纪中国文学"概念的提出和论述、对话,从基本观念到具体方法,从思维方式到话语表达,经常可以看到系统论等新的科学观念的影响。这也反映了二十世纪八十年代前中期的整体学术氛围和传统学术方式、学术话语的转换。

其五,自觉的文学史理论观念。非常明显,长期以来,在文学史的编写实践和文学史的理论探索之间,中国文学史研究界是长于实践而短于理论的,甚至经常是在缺少应有的理论自觉、缺少足够深厚清晰的理论观念的情况下进行文学史编写的,加之多种非学术因素的经常性影响,于是造成明显的文学史编写中单一化、粗糙化等令人堪忧的局面。对此,陈平原指出:"在每一个层次上,方法都不可能是凝固不变的。但是我们现在谈论的'二十世纪中国文学',涉及的恐怕多半还是具体科学方法,即文学史的研究方法。"钱理群接着指出:"在我们这里,'文学史理论'在某种程度上还是一块'未开垦的处女地'。尽管每一本文学史专著的绪论、导言里头都要讲一讲研究方法,讲一讲文学史分期的依据,但是真正把'文学史理论'作为专题深入探讨的文章,好像还没有见到。所以尽管这个问题很有意思也很有意义,讨论起来也是有困难的。"他们所以产生如此清晰的文学史理论的自觉，除了对几十年来中国文学史研究和编写中存在的意识形态化、高产量低质量等普遍性问题的感同身受以外，还当与美国学者雷·韦勒克、奥·沃伦著的《文学理论》一书的影响有关。这本由刘象愚等翻译、生活·读书·新知三联书店于1984年11月出版的文学理论著作，令许多在没有清晰的文学史观念或单一的文学理论观念下成长起来的年青学者心胸开阔，灵感顿生。比如，此书的核心内容“文学的外部研究”与“文学的内部研究”以及“文体和文体学”、“文学的评价”、“文学史”等，均对许多中国文学史研究者、编写者产生了重要影响。当时作为年青学者崭露头角的黄子平、陈平原、钱理群，在思考和提出“二十世纪中国文学”及有关问题的时候，很有可能是受到了此书的直接影响。

其六，以文学语言为媒介的艺术思维立场。这可以理解为是基于对长期以来文学史研究中重思想内容轻艺术形式、重主题内涵轻文体形态的弊端的认识而提出的一种反拨与纠正，也是使文学史研究回归其自身内部的一种努力。他们指出：“从‘内部’来把握二十世纪中国文学的有机整体性，不容忽视的一项工作就是阐明艺术形式（文体）在整个文学进程中的辩证发展。在中国文学史上，从来未曾出现过像本世纪这样激烈的‘形式大换班’，以前那种‘递增并存’式的兴衰变化被不妥协的‘形式革命’所代替。”关于内容和形式的关系，陈平原还曾具体解释说：“不能把形式看成是单纯的表现技巧，而应当看成积淀着丰富内涵的‘有意味的形式’；同样，内容也总是形式化了的。对于文学作品来讲，内容与形式全都统一在其独特的语言结构中。因而形式革命也就不是单纯的形式变更，而是联系着思维方式、社会心理和审美理想的转变。只有打破内容与形式关系上的二元论，才能真正理解‘五四’白话文学运动的历史意义。”清晰地意识到使文学史研究回归到艺术形式和语言结构，重视文学的文体形态与艺术思维的统一关系，是我们的文学史理论观念和写作实践在长期停滞不前甚至出现倒退现象之后，在新的文化环境和学术风气中的一次显著进步。这种努力虽然还仅是理论层面的，但其蕴含的实践价值却显而易见。

二、理论缺失与局限

后来在回顾那段学术经历时，陈平原曾这样说："当初我们提出'二十世纪中国文学'的设想，学术准备其实是不足的。只有在意气风发的80年代，才会那样大胆地提出问题。"①值得注意的是，原来称"二十世纪中国文学"为"概念"，现在改称"设想"，这假如不是无意，就可能是一个有意味的改变；至于说对此"学术准备其实是不足的"，是在"大胆地提出问题"，实际上对于如此庞大的问题，任何人任何时候都很难说自己的学术准备已经充分，这种学术准备甚至是难以进行准确评估的；还有，提出这个学术设想是在"意气风发"的年代，这不仅是指研究者的年龄尚轻，而且是指一个时代的文化精神和学术氛围，那的确是一个令人经常心怀向往的时代。重要的是，这样的表达可能不完全是对早年学术经历的自谦之词，可能反映了一种更加深刻更加理性的学术反思和思想清理。

今天应当指出和关注的是"二十世纪中国文学"这一概念本身和当年的提出者自身带有的学术局限性。这是伴随着这一重大的理论创新和实践设想必然存在、必定产生的局限性，只是有的在当时就已经被提出者比较清晰地意识到，有的则是经过较长时间的沉淀之后才愈来愈明显地表现出来。

首先，"二十世纪中国文学"的理论观念与学术实践之间必然存在着巨大的差距。这既是由一般意义上的理论与实践之间的距离和转换过程的必然难度所决定的，又是由这一学术概念或设想本身的特有难度所造成。显而易见，从理论基础、学术目标、研究视野等方面来看，"二十世纪中国文学"不仅包含着丰富的理论意义，而且具有明显的实践价值；不仅要求研究者具有深厚广阔的理论眼光和知识视野，而且要求对古今中外多个学术领域具有优良的把握和运

① 陈洁《陈平原：书生意气长》，《中华读书报》2007年3月28日。

用能力，还需要相关学术领域取得相应的研究进展并形成对这一领域的有效支持。因此，这样的学术构想与一般的阶段性或通史性文学史写作实践大不相同，也与一般意义上的文学史个案研究、思潮流派研究迥然有异。从主观和客观两方面来看，都可以说这样的学术条件和学术素质极不容易实现。当年的三位年轻学者对所提出的问题的难度和自身的局限性是有着比较清楚的认识的，他们指出："初步的描述将勾勒出基本的轮廓。从消极方面说，不这样就不能暴露出从总体构想到分析线索的许多矛盾、弱点和臆测。从积极方面说，问题的初步整理才能使新的研究前景真正从'迷雾'中显现出来。……匆促的'全景镜头'的扫描难免要犯过分简化因而是武断的错误，必然忽略大量精彩的'特写镜头'而丧失对象的丰富性和具体性。不过，从战略上来考虑，起步的工作付出这样的代价或许是值得的。"黄子平还说过："人文科学也是要通过一系列假说来向前发展的。问题在于设想提出来以后，就要用进一步扎实的工作来补充、修正、完善甚至更改我们的概念。"这其实既是为自己的学术构想留有修正完善的余地，又是对这一问题的未来发展怀有期待和担心。

其次，"二十世纪中国文学"概念提出者原有知识结构、学术能力存在明显的局限性。这实际上是一切学术活动中所有研究者都必定存在的局限性，只是在面对不同的研究课题、在不同的研究阶段上其表现程度、表现方式具有明显的差异而已。当时三位年轻的研究者也曾清醒地认识到自身知识结构、学术能力的限制问题，同样表现出高度的学术警觉和小心谨慎。钱理群说："这样，我们就会遇到一个自身知识结构过于狭窄的困难。强调从文化角度研究文学，可我们本身对文化没有多少研究，这是很可悲的。提倡不同学科的朋友共同来研究文学的某一课题，可能是一个办法。"他还说："我觉得'二十世纪中国文学'这个概念还要求一种综合研究的方法，这是由我们的研究对象所决定的。"钱理群还具体阐述道："所以我想到'二十世纪中国文学'这个概念客观上要求的方法，跟我们自己实际上能够运用的方法，确实是有距离的。我们的知识结构、视野、经历、兴趣、思维特点,都在制约着我们对课题的深入。……我觉得多学科的综合研究,不仅要求现有的研究人员不断扩大知识面,改变自己的知识结构,而且要求在人才培养方法、研究工作组织形式上要有相应的变化。"令人感到遗憾的是,概念提出者当时已经意识到的这种局限性,在经过了二十多年之后,仍然没有多少改变,在某些方面甚至出现了倒退。这恐怕是当时三位年轻学者始料不及的,也是他们今天不希望出现的,更是关心这一问题的广大研究者不愿意看到的。

再次,对传统文学的现代价值体认无多,对其在"二十世纪中国文学"中的作用和地位认识不足,过分关注和强调现代新文学特别是以鲁迅为代表的五四新文学。一个重要而且明显的文学史事实是,晚近的中国文学史发展中存在着突出的古今转换和中西碰撞以及二者的复杂联系、纠缠演变,许多文学思潮、文学现象就是在这种古今中西的消长起伏、转换生成中呈现其价值和意义的。这种繁复庞杂的中国文学景观也只有在这一时期的文学史格局中才得到充分的展现,这是中国文学长久发展历程中的第一次,也是仅有的一次。因此,在论述和分析"二十世纪中国文学"的时候,必须抓住这一具有特殊时代意义和广泛文化价值的关键性特征,恰当地处理文学史上古与今、中与西的关系。虽然"二十世纪中国文学"的提出者也注意到了这个问题,他们指出:"把我们的研究对象置于两个大背景之前:一个纵向的大背景是两千多年的中国古典文学传统……一个横向的大背景是本世纪的世界文学总体格局。"黄子平也说过:"新诗抛弃了旧诗严格的格律和典雅晦涩的文言,但注重意境,注重诗的象征、暗示与抒情,以及意象的组合,跟旧诗的思维方式有不少接近之处。实际上在戴望舒、卞之琳那里中国古典诗和西方现代诗令人惊异地消融在了一块。也许在这些诗人的创作中最能看出东西方艺术思维在本世纪撞击之后闪出的火花。"但是,从论文和对话中可以清楚地看到,三位研究者对"二十世纪中国文学"中的中西关系关注得较多,论述也较为充分,这当然是必要的;而对其间的古今关系、传统文学的传承嬗变及其现代价值、与新文学的关系等的关注明显不足，对“两千多年的中国古典文学传统”在“二十世纪中国文学”设想中的价值与地位缺少深切体认，论述颇为单薄，实际上造成了对“二十世纪中国文学”整体把握上的一种严重偏差。因此，存在于晚近中国文学史上的某些重大问题如传统文学精神与新文学精神、旧文体与新文体、文言与白话、典雅与俚俗等关系就没有得到应有的重视，从而暴露出明显的理论缺失。

与此密切相关的是，他们对以五四为标志的中国现代新文学则予以特别的关注，不仅在篇幅上谈得最多，而且许多问题的理论基点均是从这里出发的，五四新文学几乎成了他们思考的一个思想原点。陈平原说：“‘二十世纪中国文学’是从古代中国文学向现代中国文学转变、过渡并最终完成的一个进程。”这种思考路径和基本判断有可能是受到梁启超《过渡时代论》一类文章影响的结果。实际上，对这种“过渡”的深入认识是需要充分的理论研究和细致的文学史描述才有可能实现的，而中国文学从古典旧时代向现代新时代的转换演进恰恰是其中一个关键性问题。可惜这一问题没有受到应有的重视。陈平原还说过：“求全责备、害怕打破平衡、爱好中庸，这种种文化心理使得‘五四’新文化的先驱者们的创举至今仍不为人们所理解。这也许就是我们今天谈论‘二十世纪中国文学’的艺术思维时，总是不由自主地把注意力集中到‘五四’，集中到白话文运动和‘文学革命’等问题上的缘故吧?”这样的判断和认识当然有其道理。此外，五四文学、白话文运动、文学革命被如此“不由自主”地重视和强调，与当时以中国现当代文学为主要研究领域的三位年轻研究者的知识结构、思维习惯、学术能力也有密切的关系。这既是他们的一个超越同侪的突出特点，也是一种无可奈何的限制。近些年对大陆学界影响颇大的王德威也说过：“我觉得要弄清现代文学的发展，我们必须回到晚清，也必须要兼顾当代，首尾呼应，这样才能看出这个时代错综复杂的脉络。”①显然也是以“现代文学”为基

① 田志凌、杨琳莉《把抒情还原到更悠远的文学史里去》，《南方都市报》2007年4月8日。

点来考察晚清文学的。陈思和指出:“在当代文学的研究者的思考中,不自觉地存在着一种‘五四’的标准。”①这种情形在“二十世纪中国文学”的提出者那里也明显地存在着。因此,他的告诫就是有启发意义的:“我们自己把本来很丰富的传统简单化了,形成了一个想象的传统。‘五四’就像茫茫黑夜中的一盏路灯,它照到的地方是核心,是精华,应当珍惜,但毕竟只能是一小部分,而照不到的那些地方非常广阔。”②

最后,个别判断与表达的失据欠妥,限制和影响了“二十世纪中国文学”的论证深度与缜密程度。黄子平、陈平原、钱理群认为:“从一八四〇年到一八九八年这半个世纪中,业已衰颓的古典中国文学没有受到根本的触动,也未注入多少新鲜的生气。”可以从两个方面考察这种认识的可靠程度:第一,这并不是一个精确的学术判断,而是具有较大弹性较大空间也就具有较大回旋余地的认识,对其准确程度不宜也不可能做特别准确的要求,因此只能说是体现了作者对十九世纪下半叶中国文学总体状况的一种带有很大想象成分的观感。第二,此类判断的可靠性其实是很难证实也很难证伪的,只能采取宜笼统不宜细致、宜概括不宜分析的做法,假如与其后的文学变革相比较,当然可以认为这种认识是正确的;假如与此前的文学相比较,认为此期的文学也在不可避免地发生着重要的变革也自无不可;还有,文学的演进通常是在渐进的连续状态中进行的,突如其来的文学革命毕竟不是文学史的常态,因此就不能不说,十九世纪下半叶的中国文学实际上已经走在终结传统、酝酿新变的道路上,它受到根本性的触动、注入新鲜空气实际上已经成为一种必然。另外需要指出的是,这种观点并非三位年轻学者的首创,而是渊源有自,主要来自一批从现代新文学立场出发关注晚清文学的集新文学家与学者于一身的著名人物,比如胡适 1922 年发表的《五十年来中国之文学》和周作人 1932 年发表的《中国新文学的源流》就都持有

---

①② 陈思和《“五四”文学:在先锋性与大众化之间》,《中华读书报》2006 年 3 月 8 日。

类似的看法，陈子展发表于 1929 年的《中国近代文学之变迁》和发表于 1937 年的《最近三十年中国文学史》中也有相近的认识。关于这一问题，陈平原的看法更加大胆也更加彻底："拿'近代文学史'来说，从一八四〇年鸦片战争到一八九八年戊戌变法，半个多世纪里头，几乎没有什么文学，或者说文学没有什么根本的变化。"鸦片战争至戊戌变法时期的中国文学有无"根本的变化"已如上述；至于说这"半个世纪里头，几乎没有什么文学"，即便使用了留有余地的"几乎"二字，仍然不能不说，这样的论断不唯过于大胆，且显然不切实际。宏观研究、整体观念需要的不仅仅是研究者的襟怀气魄、灵感才情，更需要具有深厚的史实根柢和扎实的微观功夫，特别是不应遗漏重要的微观现象或者出现关键性细节的判断失误。"二十世纪中国文学"作为一项具有开拓意义和创新价值的研究设想，也自然如此。对于这一文学史观念的重要价值和突出贡献而言，虽然上述考虑不周、判断失据之处只能算是偶然性的智者之失，但仍然不能不指出，这种看起来微不足道的瑕疵会直接关系到一个整体学术构想的科学性和可靠性，其带来的影响可能是明显的。

有意味的是，在提出"二十世纪中国文学"这一概念或设想并产生重大影响之后，三位提倡者后来并没有继续进行深入的"二十世纪中国文学"的系统研究和全面建构，似乎也没有就这一课题继续研究下去的打算，而是将主要学术兴趣转向了其他方面。黄子平到香港从事现当代文学与文学批评的教学和研究工作；留在北京大学的钱理群在周作人、鲁迅和现当代文学的多个学术领域成就斐然；只有陈平原对这一问题持续过一段时间的兴趣，他除了进行中国小说史、散文史、现代学术史、大学教育、图像晚清等多个领域的研究之外，还完成并于 1989 年出版了《二十世纪中国小说史》第一卷。据说原计划多人合作的多卷本《二十世纪中国小说史》到目前也只出版了这一卷。同时还与夏晓虹合作编选并于 1988 年出版了《二十世纪中国小说理论资料》第一卷，后来其他人编选的另外四卷才陆续出版。这些研究当然可以看作是"二十世纪中国文学"的延续，但是毕竟不同于严格意义上的这一课题的全面研究。个中情由，恐怕很难用"但开风气不为师"这样潇洒畅快的诗句作出有力的解释，除了三人学术兴趣的不断拓展和自然转移之外，"二十世纪中国文学"本身具有的极大学术难度、对研究者提出的非同一般的要求和挑战、这一学术概念或理论设想与学术实践之间的巨大距离，以及这一概念或设想包含的某些不确定性，是否也是其在三位提出者那里停滞不前的一个重要原因呢？

对于"二十世纪中国文学"问题的反思，钱理群 1999 年发表的《矛盾与困惑中的写作》是深刻有力的。他指出："今天回过头来反思'20 世纪中国文学'这个概念，我仍然认为它的基本精神是站得住脚的，并且已经事实上为学术界普遍接受，当然也还有不同的意见，这也是正常的。……今天看来，当时对'20 世纪中国文学'的具体理解分析，又确实存在着一些问题。……我今天认识到的问题主要有三：一是受到 80 年代乐观主义与理想主义的时代氛围的影响，我对中国社会与文学的现代化的理解与前景预设是充满理想主义与乌托邦色彩的；……与此相联系的，就是受到'西方中心论'的影响，'撞击与回应'的模式的印记是十分明显的……第三方面的问题，也许我自己是更为严重的，这就是历史进化论与历史决定论的文学史观的影响。"①他还说："如果说 80 年代提出'20 世纪中国文学'的概念时，思想比较单纯，也充满了自信心，看准了某一点，就毫无顾忌地、旗帜鲜明地大加鼓吹；那么到了 90 年代，思想就变得复杂了，脑子里充满了'问题'与'疑惑'。……径直说，我没有属于自己的哲学、历史观，也没有自己的文学观、文学史观。因此，我无法形成，至少是在短期内无法形成对于 20 世纪中国文学的属于我自己的、稳定的、具有解释力的总体把握与判断，我自己的价值理想就是一片混乱。我不过是在矛盾与困惑中，勉力写作而已。……因为我是'20 世纪中国文学'概念的提出者之一，很多朋友期待我能够写出一部《20 世纪中国文学史》，这样的期待对我的压力是不难想

① 钱理群《矛盾与困惑中的写作》，《文学评论》1999 年第 1 期。

见的;但我今天却要公开坦白承认:在可以见到的日子里,我大概是无力完成这样的使命。……我对当年对'20 世纪中国文学'概念的倡导并不后悔,那是迟早要解决的课题,只是现在我不愿也无力多谈罢了。"这样的思想内省和学术反思是清醒深刻的,也是具有重要启发意义的,非深切体会到其间的艰难与沉重者定然发不出这样的感慨。"二十世纪中国文学"的学术魅力与所有研究者必须面临的理论困境和实践难题,由此亦可见一斑①。

三、实践中的普遍性缺失

二十多年过去,中国文学研究和研究者以及周遭的学术文化环境都发生了深刻的甚至是根本性的变化。"二十世纪中国文学"的概念或设想在当时和后来都发生了广泛深刻的影响,这种影响不仅仅是即时性的,而且是历时性的,直至目前仍在延续;这种影响不仅仅是文学史理论方面的,而且是文学史写作实践过程之中的。这当然主要是指这一重大理论创新的积极贡献,也必然包括它本身难以避免的局限性和在被接受与运用过程中出现的种种问题。

黄子平、陈平原、钱理群在提出"二十世纪中国文学"这一设想之后,基本上没有继续进行这一课题的系统研究。有趣的是,"二十

① 严家炎说:"至于另一本书,也就是上面书题中所说的'史',是指我这些年来用较多时间写作和统改的《二十世纪中国文学史》。如果算上刚出版的德国汉学家顾彬写的中译本在内,这类叫做《二十世纪中国文学史》的书,现在已有好几种了,它们或许体现了目前市场上多层次的不同需求。我们撰写的这一种规模比较大,时间跨度从十九世纪八十年代末一直到二十世纪末年,范围包括海峡两岸,连日据时代的台湾和沦陷区都在内,篇幅约有百万字左右。它大概不算是急就章。我们力求沉静下来,重读要写到的所有作品,并且进行了较深入的思考,相信会有我们自己独到的看法。"见《严家炎写作 20 世纪文学史》,《中华读书报》2008 年 10 月 22 日。这一新的学术信息值得关注,这部新的《二十世纪中国文学史》更值得期待。

世纪中国文学"不仅被许多人认同,出现了大量的沿用者,而且更加重要的是,一批批研究者持续进行着各种各样的"二十世纪中国文学"的研究和写作,名目繁多的著述层出不穷,欲罢不能。实际上,在如此众多的有关"二十世纪中国文学"的著述中,高水平的成果并不多见,一些著作、教材和论文反而愈来愈多地表现出明显的理论缺失和实践失误,以至于造成了文学史研究和写作中的普遍性缺失。

如果说"二十世纪中国文学"的概念提出时遗留下来的缺陷主要是理论创新过程中难以完全避免的,还是一种伴随着重要学术贡献而并生的不足的话,那么,后来的许多追随者和应用者在文学史撰述、教材编写、论文写作中一再出现而且愈演愈烈的缺失就是在没有对有关问题进行深入系统研究的情况下简单生硬地搬用这一概念造成的。按照学术发展的正常逻辑,这样的状况本来是应该减少或避免的。可惜的是,这一概念的提出者当初的担心成了明显存在的现实,他们所希望的"用进一步扎实的工作来补充、修正、完善甚至更改我们的概念"的情形似乎并没有出现。在相当一部分著述中,不仅当初的某些理论缺陷没有得到修正和弥补,反而被放大变得更加严重;还出现了一些当初始料未及的新问题。

第一,由于理论意识的淡薄和理论观念的偏狭,造成对"二十世纪中国文学"概念的理解不完整,对"二十世纪"最初二十年的文学史历程不了解、不重视,致使"二十世纪中国文学"实际上变得严重残缺不全。这一概念的倡导者指出:"二十世纪中国文学"不是一个单纯的"物理时间",而是一个"文学史时间",这是"把上限定在戊戌变法的一八九八年而不是纯粹的一九〇〇年"的主要原因。但是一些研究著作对这样的"文学史时间"或文化史时间没有深切的认识,在进行"二十世纪中国文学"的种种著述时,可以相当随意地处理这本来相对清晰也有一定可行性的时间分界线,造成对提出者一再强调的这一文学史概念必备的"整体意识"的严重曲解。最常见的操作方式是许多著作对"五四"以前的文学史真实状况的明显隔膜和简单化处理，也就是经常性地把“二十世纪中国文学”的最初二十年当作可有可无的前奏或序幕，往往是稍作皮毛式的交代处理之后，就迅速进入他们擅长的“五四”及其后文学的叙述。一种非常常见的情况是，在讨论“二十世纪中国文学”问题和进行有关著作、教材写作的时候，作者通常只是根据自己已有的知识结构、学术能力和主观意愿过于随意地安排内容，而对“二十世纪中国文学”的概念没有认真体会并严格把握，通常只是一般性地提及一些属于近代文学史常识的问题，比如梁启超等的“诗界革命”、“文界革命”和“小说界革命”，王国维的文学理论与批评，黄遵宪的“新派诗”，王韬的报刊政论文章，梁启超的“新文体”散文，李宝嘉、吴沃尧、刘鹗、曾朴等的谴责小说，林纾的小说翻译，苏曼殊的哀情小说与精神痛苦，南社的文学活动与所谓“鸳鸯蝴蝶派”等，然后就发挥长处以大量篇幅描述“五四”以后新文学的发展，而对在“二十世纪”最初二十年间影响巨大甚至处于文坛主流地位的传统文学理论与批评、宋诗派与“同光体”、后期桐城派与湘乡派古文、再度兴盛的骈文、传统戏曲的再度兴盛与重大变革缺少应有的关注，将这处于古今嬗替、中西交汇的关键时刻、本来纷繁复杂、丰富生动的二十年文学史描绘得贫瘠而单一，仿佛这一时期的文学状貌与存在价值只是“五四”文学的序幕和预演。这实际上是对“二十世纪中国文学”中的传统文学极为隔膜、缺乏了解的表现，也是对“二十世纪中国文学”发展历程中的古今关系即传统文学与新文学的复杂关系与密切关联视而不见、缺少解会的表现。这样的“二十世纪中国文学”研究必定暴露出明显的理论缺失，也当然无法避免写作实践中的严重失当。正如陈思和所说：“并不是说20世纪文学只有‘五四’，而是我们这个学术圈就是在被人为构筑起来的‘五四’传统下思考的，而看不清之外的东西。这样界定，20世纪文学的意义大大缩小了，视野就束缚住了。”①在这种情况下，“文学史时间”的缺失就是非常明显的，造成的后果也

① 陈思和《“五四”文学：在先锋性与大众化之间》，《中华读书报》2006年3月8日。

是非常严重的①。

从单纯的时间范围上说，占"二十世纪"五分之一的时间竟然被忽视甚至忽略，必将造成研究对象上的严重遮蔽与残缺，这样的研究是无论如何也不能服人的；从文学史的时间概念来说，十九世纪末至二十世纪初的二十年左右，正是"二十世纪中国文学"酝酿与发生的时期，这个开端影响和决定了其后许多时候、许多方面的文学走向与基本面貌，对随后一个世纪的文学发展历程具有关键性的意义。因此，这种大片的文学史时间和文学史实的缺失对"二十世纪中国文学"研究造成的影响必然是非常严重的。

第二，由于知识结构的欠缺和不思弥补，采取旧文学与新文学二元对立的立场，缺少对旧体文学的体认，甚至对旧体文学不予理会，无视其现代价值，不关注传统文学在中国文学现代转换过程中的重要作用。这种情况与"二十世纪中国文学"的三位提出者本来就存在的局限性有一定关系。不幸的是，这种既不通达也不科学的思维方式和处理方法在后来的多种著作中被不断重复并发展延续。这种情况与长期以来学科分界的过于琐细，一些研究者特别是从事现当代文学研究的人士对传统文学缺少应有的了解，特别是对传统文学的现代价值缺少体认有着直接的关系；当然，很多时候两军对垒、非此即彼的思维定势也对人们认识传统文学与新文学的关系造成不利影响；更加深层的原因则是近代以来特别是"五四"以来中国文化进程中革命话语、激进主义思潮经常占据主导地位造成的影响。陈思和对此有过具体论述："我们把'五四'现代文学的分类作为标准，作为文学史的制高点，像灯塔一样。往前看晚清，往后看整

① 几种有代表性的著作如：(1)孔范今主编《二十世纪中国文学史》，山东文艺出版社 1997 年版；(2)黄修己主编《20 世纪中国文学史》，中山大学出版社 1998 年版，2004 年新 1 版；(3)冯光廉主编《中国近百年文学体式流变史》，人民文学出版社 1999 年版；(4)唐金海、周斌主编《20 世纪中国文学通史》，东方出版中心 2003 年版；(5)杨匡汉主编《20 世纪中国文学经验》，东方出版中心 2006 年版；(6)[德]顾彬著、范劲等译《二十世纪中国文学史》，华东师范大学出版社 2008 年版。

个 20 世纪，所有与'五四'有关的，都被抬高和尊崇，都是有意义的，比如黄遵宪的'诗界革命'，比如梁启超的'新小说'，还有翻译小说，翻译剧本，等等；而与'五四'无关的都是没有意义的。所以在这个灯塔的照射下，很多与之无关的东西都被推到了暗影中，没有得到应有的认识。比如旧体诗，就是这样的处境。"①在许多以"二十世纪中国文学"为名目的著作中，不仅旧体诗的处境如此，词赋、古文、骈文、章回小说、文言小说、传统戏曲、说唱文学等传统文学样式的命运均与此相似。陈思和还指出："我们如果把新旧文学的分界暂时悬置起来就会发现，晚清文学的传统作为文学的某些因素并没有消亡。"② 王德威也意识到："五四文学可能是被我们典范化神话化了。"③因此他明确指出："我所谓'被压抑的现代性'，可以指陈三个不同方向：(一)它代表一个文学传统内生生不息的创造力。这一创造力在迎向 19 世纪以来西方的政经扩张主义及'现代话语'时，曾经显现极具争议性的反应，而且众说纷纭，难以定于一尊。然而'五四'以来，我们却将其归纳进腐朽不足观的传统之内。……(二)'被压抑的现代性'指的是'五四'以来的文学及文学史写作的自我检查及压抑现象。在历史进程独一无二的指标下，作家勤于筛选文学经验中的杂质，视其为跟不上时代的糟粕。……(三)'被压抑的现代性'亦泛指晚清、'五四'及 30 年代以来，种种不入(主)流的文艺实验。"④他还曾继续阐述道："我觉得这个时段太重要了。我曾经写过一篇文章《没有晚清，何来五四?》，在大陆引起了很多议论。后来北京大学出版社出版了全书，就是《被压抑的现代性》。在序言里我提到我的观点，晚清复杂的文学面貌、晚清的活力，还有晚清文学上

①② 陈思和《"五四"文学：在先锋性与大众化之间》，《中华读书报》2006 年 3 月 8 日。

③ 田志凌、杨琳莉《把抒情还原到更悠远的文学史里去》，《南方都市报》2007 年 4 月 8 日。

④ 王德威著、宋伟杰译《被压抑的现代性——晚清小说新论》，第 10—11 页，北京大学出版社 2005 年版。

种种不可思议的实验，都不是五四那一代所能企及的。……晚清其实有很多文学、思想、文化的资源，提供了五四一些最重要线索。……我认为五四重要，但是晚清一样重要，你能从中看看出整个文学、文化史里非常微妙、细腻、辗转周折的改变。”①这样的看法对于我们长期以来的学术现状是有针砭作用的，对“二十世纪中国文学”研究和相关研究领域也是有建设意义的。可惜的是，真正意识到传统文学的现代价值特别是对新文学的创造和发展之价值的研究者并不多，而能够将这种理论意识运用于实际的文学史研究和写作中的人就更少。

其实，传统旧文学与现代新文学是相容相生并且可以互相转换的，一方面传统文学往往直接影响着现代新文学的存在方式和发展方向，正是传统文学的存在才成就了现代文学的价值；另一方面传统文学的某些精神内涵、表现方法、存在形态往往是新文学必须汲取的资源，旧文学与新文学之间必然构成彼此依存的密切关系。对这一点缺少解会与体悟，不仅直接伤害了具有现代价值的传统文学，也不可避免地间接伤害新生的现代文学。许多研究者正是在如此关键的问题上出现了重大失误且浑然不觉，这就不能不极大地限制和影响“二十世纪中国文学”研究的进展。

第三，由于创新精神的欠缺和开拓意识的不足，使一些研究在理论观点和文献资料方面缺少实质性的进展，造成一些成果的水平低下或出现大面积的简单重复。学术创新通常从两个方面表现出来，一是理论观念的创新，一是文献资料的创新，当然有时候也可能出现两方面同时创新的情况。无论哪一种创新，其前提和基础都是研究者要具备良好的学术意识和执著精神，都需要长期的艰苦努力才有可能逐步实现。“二十世纪中国文学”作为一个新的理论概念或学术设想，既需要更加有力的理论支撑，从逻辑思辨的角度丰富充实、发展完善，又需要更加厚重的文献支持，从材料史实的角度对

① 田志凌、杨琳莉《把抒情还原到更悠远的文学史里去》，《南方都市报》2007年4月8日。

一些重要问题进行实证性研究。可是实际情况却不总是那么尽如人意。这一概念提出之后,以此为名目的著作就陆续出现;进入二十世纪九十年代以后特别是临近世纪之交的时候,此类著作、教材和文章就明显地愈来愈多,甚至可以说出现了一个引人注目的热潮。这些年大量的有关出版物中,许多只是简单地重复运用"二十世纪中国文学"或类似的名词概念,并没有真正在理论上或文献上有所创新,甚至在有的著作中连真正的学术感想都很难看到。这种迅速大量出现、缺少学术创新和学术个性的情况在教材类著作中表现得尤为突出。一个比较典型的现象是,以"二十世纪中国文学史"或相似的名称出版的教材或专著已有多种,通常是一二主编携众人分头迅速完成各自的一部分,然后由主编组织或拼凑成为一部完整的书稿并迅速面世。且不说这种"人多好干活"的"大跃进"式的操作方式的在新中国成立之后的兴起和长期延续带来的各种形式的名实不副与不利影响,以及一些人"主而不编"的怪现状的存在,仅就此类著作的学术质量而言,就不能说是值得信赖的。因为一个显而易见的事实是,假如不是对这一领域的重要问题进行过较长时间的潜心研究,想要有效地驾驭"二十世纪中国文学"这样的学术难题并取得较高水平的研究成果谈何容易?因此,从这些低水平成果的产生过程来看,出现简单重复、缺少创新实在并不奇怪甚至是必然的,但是从对学术研究的正常发展和持续进步的期待的角度来看,这种情况的存在和延续就是特别令人担忧的,也是需要尽快改变的。

第四,由于某些研究者前沿意识的欠缺和研究中的自我封闭,对有关学术领域的研究进展并不掌握,致使一些著作名实难副,甚至使"二十世纪中国文学"沦为一种有名无实的包装手段和出版策略。"二十世纪中国文学"概念被提出的二十多年来,特别是世纪之交大规模出现回顾与前瞻热情的几年间,出版了为数众多、种类繁杂的以"二十世纪中国文学"、"百年中国文学"、"世纪之交中国文学"为名目的文学史、思想史、思潮史、流派史、专题史、丛书、个案研究专著和教材,这种写作、编著和出版热潮当下仍在延续之中。由于某些研究者个人水平和学术能力的限制、前沿意识的欠缺,加之对有关研究领域的情况特别是最新进展不掌握，致使一些出版物存在明显的问题。最主要的问题仍然是对“二十世纪中国文学”的开端部分即最初二十年——也就是一般所说的“近代文学”的后半部分的关注不够，认识不足，经常对之进行简单化、边缘化的草率处理，这似乎已经成了某些“二十世纪中国文学”研究者的一种习惯。这种状况不仅会明显限制和影响“二十世纪中国文学”研究的发展，而且对与之关系密切的学术领域如古代文学、现当代文学、文学理论批评史的不利影响也是显而易见的。任何研究者都是有其学术限度的，任何研究都有其局限性，在“二十世纪中国文学”研究中出现这样那样的问题与不足，原本极为正常，而且是必然的。问题是有关研究者应当更加清醒地认识自己在面对这一研究课题时的长处与短处，弄清这一课题的内在规定和对研究者提出的必然要求，以求更顺利地进入有关领域的学术对话，特别是要反思和认识自己研究中的局限性，以收取长补短之效。其实，长期以来特别是近三十年来近代文学研究界取得的丰富成果已经可以有力地支撑“二十世纪中国文学”这一概念的渐趋成熟和研究实践，比如在近代文学史、近代文学批评史、近代诗歌、文章、小说、戏剧、作家作品研究、思潮流派以及文献史实研究等方面，均出现了一定数量的较高水平的专著、教材和论文，这些成果不仅是近代文学学科建设和研究进展的明显表征，而且对“二十世纪中国文学”研究也有着直接的推动作用，对相关领域的研究进展也具有明显的启发意义。可惜一些“二十世纪中国文学”研究者特别是从现当代文学或文艺学出发的有关研究者，真正注意并准确把握近代文学研究进展的人并不多，这种狭隘的学科观念和学术习惯已经愈来愈明显地限制了相关领域的研究水平。

还有一种屡见不鲜的现象是一些以“二十世纪中国文学”、“百年中国文学”、“世纪之交中国文学”之类名目出版的著作，其实是名不副实的。一些著作不仅不能全面地展示“二十世纪中国文学”的历程，不能反映这一特殊历史时期文学发展的主要问题，而且存在着明显的主观随意倾向，经常是不顾“二十世纪中国文学”的特殊规定性和题中应有之意，只是根据自己的理解任意处理这一原本需要充实完善的新生概念，对本来有可能成熟起来的概念采取为我所需、任意取舍的态度，也就是说，“二十世纪中国文学”及相关表述在一部分人那里已经成为一种包装手段和出版策略。特别明显的是将“二十世纪中国文学”当成了“中国现代文学”或“中国新文学”的另一种表达方式，某些本来应该称为“中国现代文学”、“中国新文学”的著作，也赶时髦式地使用了与“二十世纪中国文学”相关的名称，其内容并未有什么改变，只是为自己的旧货色作了一点时尚的外表装扮而已。从这一角度来看，也就不难理解为什么二十多年来“二十世纪中国文学”研究的进展并不十分明显，而以此名目出版的著作却非常众多的原因了。应当明确，“二十世纪中国文学”不应当、也不可以成为“中国现代文学”、“中国新文学”的同义语。

四、余论：类似的缺失及其他

中国文学史的编写虽然兴起的时间不长，不过百年，但早已成为中国文学研究界的显学之一。这一学科从无到有、从小到大，取得的成绩是有目共睹的，但是存在的问题也同样明显。比如实践多而理论少，重复多而创新少，因袭多而开拓少，就是长期以来存在并仍在延续的问题。上文所述“二十世纪中国文学”研究和著作撰写、教材编写中的种种问题，其实也是整个中国文学史学界的普遍性不足在这一具体领域的集中反映。因此可以说，“二十世纪中国文学”研究和写作中的种种缺陷，在其他时段的中国文学史研究中也普遍存在，只是表现方式和表现程度有所不同而已。

一个普遍性的突出问题是对文学史上出现的失误、教训、倒退的关注和研究不够。长期以来，中国文学史研究界做得最多的是对作家作品、思潮流派等诸多文学现象的进步、功绩、贡献、经验、启示等等的研究和认识，这些成为文学史研究的主要任务，本来无可厚非。但是假如文学史研究中仅仅关注这一侧面而不及其余，特别是缺少了对经常与文学史的进步性共生并存的失误、教训、倒退等的关注和研究，就必然会出现明显的偏差，受到影响的将不仅仅是文学史的另一半,而很可能是文学史的全部。以往的文学史也经常提及某些不足,但习惯性的处理是将这部分内容置于最后而匆匆地一笔带过,常见的表达也就是"阶级的和时代的局限"之类,极少作具体深入的分析,更疏于对这些失误、教训进行全面深入的清理和具体细致的学理化研究。这是中国文学史研究界长期存在至今仍在延续的一个普遍性问题。这在"二十世纪中国文学"研究中当然也明显地存在。其实,文学史的教训同样值得注意。而且,从严格的学术意义上研究文学史的失误、教训的难度和价值绝不亚于研究其成就与经验;何况二者本来就是并生共存的,难以截然分开。进步与落后、贡献与失误、经验与教训、收获与损失等相对范畴并存共生的文学才是鲜活丰富的常态的文学,只有对这两个方面进行同样有深度的学理研究的文学史才有可能是比较接近本相的文学史,对这一点,中国文学史研究界须有足够的认识。

另一个明显存在的问题是对某些特殊时期的文学历程、特殊人物和现象的忌讳而缺少研究,文学史的整体性、连续性和相关性被破坏,文学史研究的整体水平也受到明显影响。在一些特殊的历史时期,由于众多的学术和非学术因素的影响限制,产生某些学术禁区和敏感地带,一些问题被忌讳或存在一定风险,是稍微了解一点中国当代学术史和文化史的人不难理解的。但是当这种严重影响学术正常发展和污染文化环境的非学术因素烟消云散之后,假如一些研究者仍然自我限制,放弃追求与创新的可能性,仍然习惯性地重复着以往的思维习惯和学术方式,仍然有意无意地躲避那些本来不应该被遮蔽的文学史事实,从而给文学史研究带来影响和损失,就不能不说是研究者的责任了。新时期以来,伴随着思想解放、学术研究中自由精神、独立意志的再度被唤醒,中国文学史研究中的一个令人欣喜的变化就是不断深化与持续拓展的良好趋势的形成和延续,以往的许多学术禁忌被逐渐突破,文学史的另一半也被呈现出来,许多重大的理论观念问题和具体的实践问题取得了有目共睹的进步。但是,仍有一些问题的研究或处于停滞不前的状态,或尚未得到深入研究,以至于影响了文学史研究的全面进展。仅就

"二十世纪中国文学"研究来说,比如对旧诗与新诗、文言与白话的是非功过、"五四"时期激进主义文学观和文化观、延安整风时期的文学、新中国成立后十七年文学的经验教训等,就不应该回避,至少不应该停留于现在的水平上。特别是"无产阶级文化大革命"文学的重大失误和沉痛教训,更应当从严格的学术意义上进行全面深入的研究,真正发掘出那个时代文学与文化的深层内涵,以及造成那种惨状的历史和现实原因。这些都可以说是"二十世纪中国文学"的关键时刻和要害问题,对这些文学的经验教训、成功失败的研究,通常会影响甚至决定这一历史时期文学史研究的整体水平。

还有一个比较突出的问题是中国文学"现代性"研究的主观随意化倾向。中国文学的"现代性"之说,为海外舶来的新观念之一,盖由海外学者李欧梵、王德威等发之,随后即有一批大陆学者相与追随而研究之。在数年之间面世的多种成果中,也出现了堪可注意的普遍性问题。首先是逻辑起点问题,即如何准确把握"现代性"的内涵和如何恰当运用这一概念的问题。对"现代性"的理解在国外就莫衷一是,在中国同样也有各取所需的情况存在,这就必然动摇这一课题的学术前提。钱理群也曾发出对世界与中国的现代化和后现代化问题之前提的追问:"什么是现代性?如何看待西方的现代化道路(模式)?什么是我们(中国、东方国家)所需要(追求)的现代化道路(模式)?"①其次是运用范围和学术基础问题。在如何考察中国文学"现代性"的发生问题上,有的著作的处理明显地表现出先入为主随意取舍的倾向,比如在选择李宝嘉、王韬、黄遵宪、刘鹗、苏曼殊、林纾、曾朴、李劼人等人和他们的创作进行个案分析的时候②,是否有足够的把握认定所选择的是足以揭示那个时代文学精神和"现代性"的典范?进行这种研究的学术基础是否已足够牢固?

① 钱理群《矛盾与困惑中的写作》,《文学评论》1999年第1期。

② 重要著作如:王一川《中国现代性体验的发生》,北京师范大学出版社2001年版;杨联芬《晚清至五四:中国文学现代性的发生》,北京大学出版社2003年版。

王德威指出:“我们对文学的‘现代性’问题谈得太多了。谈现代性时,我们往往忘了与现代性最有趣的对话层面‘历史性’。”①对有关文学领域的真实情况特别是重要现象的把握有欠缺,必然出现过于主观随意化的倾向。由于单向度的线性思维习惯的影响,对“现代性”的单纯关注和过分强调必然制约对文学史同时具备的其他层面价值的必要关注。中国文学的“现代性”虽然从一个比较新颖的角度研究问题并取得了一些重要成果,但实际上“现代性”的概念如何恰当地被使用、究竟是否符合中国文学发展实际的问题并没有真正解决。这种情况的存在,也不能不阻碍“二十世纪中国文学”史观的真正建立和持续发展,同时也将对相关研究领域造成不利的影响。

因此,笔者提出“二十世纪中国文学”概念或设想本身特别是它被运用过程中存在的多种问题,并将对二十世纪最初二十年文学的草率处理或几乎忽略不计视为一种普遍性的缺失,只是希望建立更科学规范的“二十世纪中国文学”的理论观念和实践基础,建构一种基于扎实的文学史事实和可靠的文学史观念的尽可能科学合理的“二十世纪中国文学”的时空结构和文体结构,使此项研究回到更真实的历史现场和学术轨道中,思考推进这一领域及相关领域的研究进展之法;并非危言耸听,亦无以过苛之论抹杀该领域及相关领域取得的多种重要成果之意,更无从狭隘的学科角度出发过分强调二十世纪开端的五分之一——即“近代文学”的后一半的文学史价值之心,只不过是基于对“二十世纪中国文学”的理解陈述一个文学史和学术史事实。实际上,近代文学作为一个巨大的文学史存在,作为整个中国文学史历程中的一个具有关键性意义的环节,其地位和价值早已当然地确立并在自然地呈现,是不需要借助与依附“二十世纪中国文学”或其他任何概念来显示和证明的。

(作者系华南师范大学教授)

① 田志凌、杨琳莉《把抒情还原到更悠远的文学史里去》,《南方都市报》2007年4月8日。

20世纪骈文研究若干问题述评

宁俊红

20世纪骈文研究的阶段性和地域性的特点比较突出。阶段性特点表现为，30年代、90年代分别出现了两次骈文研究的高峰。地域性的特点主要体现在，70、80年代台湾学者的骈文研究成果比较显著，并在一定程度上影响了大陆地区在90年代的骈文研究。

20世纪上半期，尤其是30年代，出现了很多骈文研究的专论、专著，除了对骈文发展史的探讨之外，更多地是关注和探讨骈文的文体问题。20世纪50年代只出现过几篇简单介绍骈文的文章，80年代，骈文研究开始复苏，90年代是个高峰期，涌现了大量的论文和专著。与30年代相比，研究的拓展主要表现在观念的转变以及理论深度的加强，表现出两大特点。一，一些专门研究骈文的学者突显出来。如于景祥先生从陆贽骈文的研究入手，出版了《陆贽研究》、《唐宋骈文史》、《独具魅力的六朝骈文》、《南北朝骈文》等几部断代骈文史专著。于先生从1991年就开始撰写的《中国骈文通史》也于2002年出版。莫道才编著了《骈文通论》、《骈文观止》。钟涛著有《六朝骈文形式及其文化意蕴》。此外，他们还有多篇研究论文。莫山洪的多篇论文，涉及到了骈文的审美形态、骈文史及骈文研究史等问题。二，出现了积极的交流和论争。《广西师大学报》、《柳州师专学报》先后开辟了骈文研究专栏，就骈文的界定、骈文的

按：本文原载《文学遗产》2007年第4期。

发展等问题展开了积极的讨论。1996 年 6 月在广西桂林召开了中国首届骈文学术研讨会,使研究者的成果、观点得到进一步的沟通、交流。21 世纪以来骈文研究的成果更加丰富,研究视野更加开阔①。

20 世纪的骈文研究取得了众多成果,但是也存在较多问题和分歧,值得认真回顾与反思。

一、骈文文体特征与骈文起源

什么是"骈文"? 骈偶句在文章中占多大的比例就算是骈文? 骈文包不包括辞赋? 骈文与四六文的关系如何? 这些有关骈文文体特征的问题不仅关系到骈文的研究范围,而且直接影响着骈文形成时代的确定、骈文史的分期等问题。

关于什么是"骈文",学者一般都认为,骈文有讲求对偶、声韵、用典、辞藻等特点,其中对偶是骈文的最基本的文体特征。但是对于是否以对偶句为主的文章就是骈文,并没有形成共识。

谭家健认为骈文正式成体是在西晋,代表人物是陆机:"他有不少文章,整篇都用骈偶,纯粹为修辞而使文词属对的成分加多,已不仅限于内容的对照。"而之前,东汉"文风渐趋绮靡,散文中的骈句越来越多,汉末尤甚……""统观先秦两汉的文章,对偶均系自然形成,而非有意讲求,侧重内容之对比,不尚字句之雕琢,风格质朴浑厚"②。不仅考虑到文词的对仗,还注重了骈文相对于散文,其文体风格的确立。

---

① 2001 年至今,骈文研究的单篇文章数量相当于 20 世纪后半期骈文研究文章的总和。施懿超《宋四六论稿》、李蹊《骈文的发生学研究——以人的觉醒为中心之考察》,具有较大的开拓性。金光《哀祭文的文体特点及在骈文和古文中表现之异同》、钟涛《试论骈文创作的政治功用》等文章,于骈体的形式之外,开始更深层次地探讨骈文的生存状态。

② 谭家健《骈文的起源与演变》,《文史知识》1985 年第 2 期。

莫道才认为,骈文形成应该是在秦至西汉时期,东汉至魏已经成熟。因为他对骈文文体特征的理解较宽泛:“骈文形式特点很多,诸如对仗、用典、用韵、藻饰等”,但“用典、用韵、藻饰并不是骈文的根本要求”,“骈文就是基本由对偶的文辞组成的文章”①,考察骈文形成时所特别强调的也只是对偶。姜逸波也认为,从汉初文章骈俪的多样性和普遍性可以推知,汉初政论已具备了骈文的特点,所以说骈文在汉初就已经形成②。莫山洪则从审美意识的发展着眼论述了骈文的形成,认为在东汉,杂体文章已体现出骈文进入形成期③。

于景祥不同意谭文对汉代骈偶发展的论述,认为“骈偶在汉代不仅是作家们的自觉追求,而且已经达到相当成熟的境地,远远脱离了‘自然形成’的状态”。但也并不认为骈文形成于汉代,他对于骈文形成的考察更注重各种文体特征的出现和运用,他认为到了建安时期,“在讲求文学诸种形式技巧之美的同时,又特别追求对偶、辞采、声韵,也时而注意使事用典。由此便导致骈体文的脱胎,形成一种独立的文体”④。

关于骈文与赋的关系,20 世纪前后两期的研究很不相同。20 世纪前半期研究者,一方面承袭清代李兆洛《骈体文钞》的观点,认为“骈文当包汉魏赋家”⑤,这其实是清代以来骈散相争相融观念的体现。凡不属于古文的、骈散兼行的文章都可称之为骈文。另一方面,是把文章从语言表达形式上分为骈体、散体两种,下面又可分若干类体裁,有些体裁,比如序跋类,骈体、散体可兼而有之;但有些体裁是骈体所擅长的,比如赋、颂等。刘麟生《骈文学》中“骈文之体

---

① 莫道才《骈文名称的演变与骈文的界说》,《广西师范大学学报》1991 年第 4 期。

② 姜逸波《骈文在汉初的生发》,《湘潭大学学报》1998 年第 3 期。

③ 莫山洪《论汉魏六朝审美意识的转变与骈文的形成、兴盛》,《柳州师专学报》1997 年第 2 期。

④ 于景祥《骈文的形成与鼎盛》,《文学评论》1996 年第 6 期。

⑤ 刘麟生《中国骈文史》瞿兑之序,东方出版社 1996 年版。

裁”一章集中表达了这一观念:“骈文应用之体裁,偏于公牍、笺启、铭颂、赋等四类”;“赋重铺陈,又为韵语,故为骈文独占区域”①。

虽然指出赋是骈文,但刘麟生等并未如后来学者那样明确骈文的形成是在汉代,而是强调汉赋对骈文发展的影响:“盖汉赋为赋之极轨,其能佽助于骈文之发展,至深且巨。”②瞿兑之的《骈文概论》中,第一,讲“从三百篇到楚辞”,阐明骈文之起源;第二,讲赋的种类。著者认为,“有离骚而后有汉人的辞赋,辞赋应用在一班的文体上,于是成为骈文”③。

20世纪后半期研究者不再笼统地把赋归入骈文一类,出现了较大的论争。姜逸波指出,骈文所要求的对偶、用典、炼字、声韵等特色,汉赋都有,因此汉赋是骈文之一体④。谭家健、吴在庆等则认为赋是独立的文体,自有风格⑤。

关于骈文与四六文的关系,20世纪前半期学者讨论较多,很注重区分骈文与四六的不同。金秬香的《骈文概论》⑥以六朝为骈体正宗,认为四六与骈文不同。刘麟生的《骈文学》一书分析了骈文与四六各自的特点:古代骈文对偶重自然,并且用散行之句较多,即使对偶之句,亦往往有散行之气韵;而四六之顿挫必平仄相间,始有音韵之美,古代骈文则不能做到这一点。20世纪后半期,学者虽未专门探讨、区分骈文与四六之不同,但在骈文史的分期中常常以唐宋为骈文的变异期,其实就是以六朝骈文形式为正体,以唐宋四六为变体。

① 刘麟生《骈文学》第21页,商务印书馆1935年版。

② 刘麟生《中国骈文史》第22页,东方出版社1996年版。

③ 瞿兑之《骈文概论》第5页,世界书局1936年版。

④ 姜逸波《汉赋属骈文之一体》,《湘潭大学社会科学学报》2000年第6期。

⑤ 谭家健《历代骈文发展概述》,《历代骈文名篇注析》,黄山出版社1988年版。吴在庆《骈文与诗、赋相互影响的两点思考》,《宁德师专学报》1997年第1期。

⑥ 商务印书馆1934年版。

关于骈文的研究范围以及骈文形成阶段的认定，为什么学者会有如此大的分歧呢？主要是对骈体文是一种语言形式还是文学体裁，对骈体文作为文学体裁的规范是什么等问题认识不一致。骈文到底是文学体裁还是语言表现形式呢？现代学者如刘麟生在其《中国骈文史》中认为："古代文章无所谓骈，亦无所谓散，奇偶相参，纯任性之所至。"古代论及文体的著述也都没有"骈文"一体。从古代创作理论和创作实践来看，基本上把骈文看成是语言表现形式。刘麟生、莫道才等也都认为骈文是语言表现形式。作为一种语言的表现形式，骈文的基本特点是对偶，发展到后来的用典、炼字、声韵，这对骈文语言形式的规范已经足够了。目前很多研究者把骈文作为一种文体来研究，但是对于骈文作为文学体裁的规范还不够，结果就是虽然学者们对骈文特点的认识较一致，但是对于骈文的研究范围、骈文的成形以及骈文史的分期等却分歧很多。如果把骈文作为一种文学体裁来研究，就应该对其文体的内涵有更明确、更丰富的规范。

二、骈文史分期、发展规律及断代史

1918 年出版的谢无量《骈文指南》提出了骈文作为美文的两个特征："一即多用偶句，一即多用韵是也，用韵、用偶成为古今美文所不能外者矣。"他确立了骈文的文体标准，并依此叙述了"骈文渊源、迁变之大略"，开 20 世纪以文体发展变迁为依据研究骈文史的先河。刘麟生《中国骈文史》，是 20 世纪第一部专门研究骈文史的专著。该书从"骈文体裁的演进"、"骈文作风之嬗变"两方面阐明了作者对骈文发展规律的认识。还从词藻和气势变化的角度描述了骈文发展在"作风"上的嬗变，在 20 世纪的骈文史研究中并不多见，值得骈文史研究者借鉴。

80 年代的骈文史研究中，有两篇很重要的文章：胡国瑞《魏晋南北朝骈文的发展及成就》和谭家健《骈文的起源和演变》。谭文首次提出了骈文发展史的分期问题，把骈文的发展分为五个阶段:先秦、两汉——骈散不分,骈体萌芽时期;魏晋时期——骈散始分,骈文逐渐形成;南北朝至初盛唐——骈文大盛,独名文坛;中唐至两宋——骈散反复斗争时期;元明清——骈文衰落期。胡文在分析骈文发展时,先点明了骈文的四个要素:辞句的排偶、辞藻的敷设、典故的运用、声律的讲求,同时又指明了魏晋南北朝骈文的发展就是这四个要素逐渐应用于骈文创作的过程。可以说,从胡文开始,后来骈文史的研究都特别注重从文体特征发展的角度考察骈文史的规律。姜书阁《骈文史论》,是1949年后研究骈文史的第一部专著。姜著也是从文体变化的角度来寻绎骈文发展的线索。他除了考察声律说的影响,也探讨了"文笔之辨"和"宫体"之风对骈文风格的影响,并不是完全按照几个特征要素的发展来论述,这是著者的独到之处。另外,六朝作为骈文史描述的重点被凸现出来,占了很大的篇幅;而对于唐代以后骈文的发展,姜著认为尽可以不论,"本来写中国骈文史可以到陈、隋为止,至多到唐末为止,不再写下去……"①这也是80年代骈文史研究较有代表性的观点。

90年代,骈文的断代史研究受到重视,不过六朝骈文仍是研究的重点。除此之外,唐、宋、明、清的骈文也开始受到关注。关于唐宋骈文史的研究,于景祥《唐宋骈文史》一书,分初唐、盛唐、中唐、晚唐、北宋、南宋六个阶段,完整地叙述了唐宋骈文的发展过程。认为唐宋骈文风貌各异,但在发展、演变的道路上都留下了十分相似的回旋轨迹,这种回旋在文学史上是一种退步现象。莫道才《骈文在唐代文学史上的地位》一文,与姜书阁、于景祥等的观点截然不同,认为唐代骈文比六朝骈文有长足的进步,其表现在两个方面:一是比之六朝骈文,唐代骈文词采趋于朴实,用典使事约简;二是唐代骈文加深了抒情性与思想性。曾枣庄的《论宋代的四六文》一文,批驳了文学史研究中对四六文认识的偏见,认为对宋人文集中分量较重的四六文不应视而不见。明清骈文研究也出现了较多成果,王凯符

① 姜书阁《骈文史论》第486页,人民文学出版社1986年版。

《论清代骈文复兴》，马积高《清代骈体文的复兴与考据学》，熊汇梅、张璞《骈文与桐城派》，李伶俐《论晚明骈文的复苏》等探讨了骈文的复兴表现、原因等。

骈文史的分期问题，在90年代也很受关注，研究的焦点和分歧主要是关于骈文形成和成熟时段的认识。尹恭弘《骈文》一书把骈文发展分为五期：溯源——先秦时期偶词情况，酝酿——秦汉时期骈文逐渐萌芽，成熟——魏晋南北朝时期骈体文繁盛，变异——唐宋时期骈体文的演变，复兴——清代骈体文的发展情况。莫道才《骈文史分期刍论》一文对骈文发展的分期更细致、完整，认为骈文的发展可分为八个阶段：先秦——发轫期，秦汉——形成期，东汉至魏——成熟期，两晋至初唐——繁盛期，盛唐至两宋——变异期，元明——衰落期，清代——复兴期，民国——消亡期。于景祥《骈文的形成与鼎盛》、金声《论骈文在文学史上的地位》等文章也就骈文史的分期提出了自己的看法。与80年代相比，90年代的分期突出了清代骈文的复兴，但"复兴"主要是就作家作品的数量而言的，在基本以文体发展为线索的分期中显然不协调，如何分期才能更好地涵盖整个骈文发展的历史，还需要深入探讨。

可以看出，20世纪骈文史研究存在的主要问题是，不论是骈文发展规律的研究还是断代史的研究，过分倚重对骈文对偶、辞藻、声律等形式特征的探讨，对作家作品的风格、流派以及骈文发展的外部规律的研究还不够重视。比如，对骈文史发展规律、分期的梳理，研究者往往把注意力放在文体自身发展的完满自足的过程上，忽视了骈文发展过程的复杂性，忽略了骈文在文学内容、风格及与时代的关系等方面的探讨。骈文史就只剩下骈体的萌芽、形成、成熟、变异等等这样一个干巴巴的线索了，它是不能够完全涵盖整个骈文发展的历史的。再如，对骈文断代史的研究，90年代以前之所以忽视唐宋以后骈文的研究，主要原因是认为唐宋以后骈文文体变异或衰落了。90年代以后虽然有所重视，但仍然在文体的变异或衰落的问题上探讨较多，还未能站在更高的层面上，给予唐宋以后骈文发展史更准确、客观的评价。怎样更客观地评价唐宋及以后骈文的发展呢？我们认为首先要跳出以文体变迁论骈文发展的圈子，对骈体作家作品的创作实绩、流派、风格，进行细致的研究。

三、骈体与散体消长、融合

骈体最初的萌芽就是散体中骈偶句不断增多，骈体在发展过程中与散体有着千丝万缕的联系，二者在彼此对立、融合中此消彼长，不断向前发展。唐代古文运动表面上是散体代替骈体在创作中占据主导地位，实质上是古文吸收、融合前代骈文创作的成果，是对自身表现功能的丰富、发展。从骈文的角度来说，它是如何同散体在对立、融合中发展自身的呢？这是骈文史研究的一个重要方面。

20 世纪前半期学者们在骈文史的研究中总要提到骈体与散体的消长，尤其注意到骈体与散体性质的差异，但这种差异与二者消长之间的深层关系还缺少深入的探讨。谢无量《骈文指南》认为："骈散之分既定，则散文远不如骈文之美。凡为散文者或轻骈文，为骈文者或轻散文，此坐不知美文与实用之殊耳。"金茂之《四六作法骈文通》也有类似观点。金秬香《骈文概论》从体裁的变化上认识骈、散的消长："吾国自上古以迄三代，为骈散无分之时代也；自周末以迄西汉为骈散角出之时代也；自东汉以迄曹魏，为偏重骈文之时代也；起两晋历六朝迄中唐则为骈文极盛之时代；自唐末至赵宋，散文兴而四六起，骈文之余波，犹流衍而未有已也；元明骈散并衰，而骈势尚未蹶；清代骈散并行，而骈势为特强，此论文体者，多以骈为正宗也。"所谓骈文极盛之时代，不仅起两晋历六朝，还包括了初、盛、中唐。金秬香认为，古文尚理致，与应制酬酢之文迥异，"若夫用之于廊庙，施之于吊祭，则终唐之世，多为骈俪偶对之文……"这说明骈、散消长中，它们各自有占据的领域和擅长的体裁。后来的研究者对这方面的关注和研究还不够。

80 年代以来关于骈散关系的探讨，有几篇文章很值得关注。莫山洪《简论反骈的历史嬗变》对古代文学史上的反骈思潮作了系统总结，认为古代文学史上的反骈经历了三个时期：汉魏六朝时期，这是文质之争；隋及初唐，从社会功用方面批判骈文；中唐至清代，以"文以明道"为口号反对骈文。曹虹《清嘉道以来不拘骈散论的文学史意义》指出，清嘉道以来打通骈散的理论要求是思想界自由意识的潜流，在文坛上开启了晚清标举效法魏晋文的风气。这两篇文章只是从理论上叙述骈散的消长、融合，那么，骈散的差异、骈散的融合具体表现在哪里呢？

吴兴华《读〈国朝常州骈体文录〉》具体论及宋代、清代骈文对散体技巧的融合。文章认为："六朝和唐代骈文辞藻过于繁缛，只知向横的方向蔓衍，牺牲了直的发展……宋人看到这个弊病，所以从欧阳修等作家开始，把散体的气势贯注到骈文里，侧重逻辑发展，摈弃词藻，利用成片断的古书成语，以节省读者的想象力，使它不至旁溢。同时借助大量虚词取得勾连转移的功效。"而清代的骈体作家的功绩就在于立足自身优势基础上对散体叙事技巧的吸收融合，"在保持活跃画面的同时，他们也注意全篇的层次结构，转折起结处，纯任自然，界画分明，使读者丝毫没有迷茫的感觉"，使"骈体也成为指事述意的佳妙工具"①。

谭家健《关于骈文研究的若干问题》一文从骈文发展的总体趋向方面论述了骈散的差异以及骈文衰落的必然。"古文从先秦使用到民初，三千余年未断，保持着广大的读者群和作者群"，而"由于骈文是贵族文学，主要从古代典籍中吸取语言养分，故而严重脱离广大群众的语言实际，应用圈子越来越狭小，源泉愈来愈干枯。……清代的骈文'中兴'，虽然作家作品多了，读者范围并没有扩大，最后只好成为少数高级文化人把玩的古董"②。

论述骈散的消长、融合，可以更深入地研究骈文、散文发展史。但目前的研究主要仍是对骈、散消长、融合等历史事实的宏观把握，那么反骈，骈散的差异、融合等对于骈体在形式、体制、内容以及骈

① 吴兴华《读〈国朝常州骈体文录〉》，《文学遗产》1988 年第 4 期。
② 谭家健《关于骈文研究的若干问题》，《文学评论》1996 年第 2 期。

文发展的整个历史过程中产生了怎样的影响，还是一个有待开拓的课题。

四、关于骈文形式的研究

骈文在形式方面，不仅影响了它在古代的发展演变，也左右了 20 世纪骈文研究的走向，使研究的道路充满了曲折。20 世纪前半期，刘师培、刘麟生、瞿兑之等或出于在骈散之争中为骈文争地位，或出于对传统的欣赏、留恋，都在极力肯定骈文对形式的讲求，尤其强调骈偶形式不会消亡。50、60 年代骈文被认为缺乏进步的思想内容而少有人问津。

80 年代在思想解放的潮流下，骈文研究开始复苏。研究者以内容与形式的辩证关系原理为指导，承认骈文的形式是艺术形式，但也强调形式必须服务于内容。所以当时普遍的结论是，骈文太过讲求形式时有碍于内容的表达。王瑶《徐庾与骈体》、叶远钧《骈文的再评价》、朱洪国《中国骈文的千秋功罪》等文章很有代表性。王瑶先生说，“骈文的特点本是形式的”，“语言文字的功用本来是表现内容的……每一种增加形式美的工夫或方法，在负的方面也就自然会妨碍了内容意义的确定和明显；完全地不产生负作用是不可能的”①。

90 年代，有研究者从文化学的角度，肯定了骈文形式产生的合理性与文化意蕴，也有人以现代理论对骈文的形式美作了较充分的阐释。这方面的论述可以归纳为文化深度论和唯美论两种。文化深度论是 90 年代研究骈文形式较多采用的方法。谢国荣、莫山洪、冷成金等学者都有单篇文章探讨此问题。莫道才《骈文通论》从文化的角度揭示了骈文对仗、声韵、典事、藻饰等形式要素的深层文化内蕴；并用现代观念审视骈文的形式美，阐释了骈文形式特征综合运用的美学效果。尹恭弘《骈文》系统考察了骈文产生的原因，并从

① 王瑶《徐庾与骈体》，《中古文学史论》，北京大学出版社 1998 年版。

裁对、句式、隶事、藻饰等方面，阐述了骈文形式特征的美学功能。这些专著或论文都从某个侧面证明了骈文形式产生的合理性和存在的积极意义。唯美论方面，钟涛《六朝骈文形式及其文化意蕴》是代表性的成果。该书以西方的形式主义批评理论为依据，充分肯定了六朝骈文对形式的追求超过了内容，认为："六朝骈文形式上的创新因素，毕竟比其表现的内容更独特，对文学史具有更大的意义。"①

20世纪对骈文形式体认的道路曲折，对骈文形式美的研究成果丰富。然而，随着骈文形式研究的深入，另一个问题也就更加突显出来。文化深度论与唯美论把骈文形式看作独立的部分肯定其价值、意义，是从形式到形式的分析，实际上回避了骈文在内容和形式上的矛盾，所以，我们需要反问：骈文所承载的内容难道不重要吗？古代铭、颂、诏、奏等庙堂之制，奏进之篇会用骈体，即使是叙事抒情的书启、论说等的文章也要用骈体，骈文所承载的这些内容，与我国古代的典章制度、礼仪以及古人的各种社会生活有着密切的联系，可以说骈文的内容与形式共同传承了中国古代的文化传统。因此，要理解骈文内容与形式的关系，不能一味回避骈文内容的研究，我们有必要联系历史、政治，从社会功用的角度来解读骈文内容与形式的关系。

结 语

20世纪，虽然有学者已经在骈文史研究和骈文形式体认方面取得了一定的成果，但相对于古代骈文创作所取得的成就，我们的研究还远远不够。展望21世纪的骈文研究，本文提出以下几点设想：

一，加强文献资料的编纂、评注和骈文作家作品的研究。骈文

① 钟涛《六朝骈文形式及其文化意蕴》第6—12页，东方出版社1997年版。

讲求形式，尤其在用典和辞藻方面的讲求，虽称美文，却阻碍了人们的阅读兴趣。20 世纪虽然出现了一些骈文的选本，但往往所选篇目有限或者还缺少精当的注释和评析，不利于骈文的欣赏和普及，更谈不上对于研究的助益。目前，对于骈文作家作品的研究也很有限，很重要的原因是缺少对骈文作家作品的编纂和评注，而这对骈文研究来说尤其不可或缺。二，加强古代骈文理论的研究。这方面的研究不仅要着眼于梳理、评价，还要着眼于当代骈文批评理论的建构。三，研究思路、方法上也亟需拓展。既然骈文包括了公牍、笺启、铭颂等多种体裁，那么对它进行分类研究，比如骈体公牍文研究等，也是必要和可行的；金秬香《骈文概论》一书认为古文尚理致，与应制酬酢之文迥异，而应制酬酢恰恰是骈文之所长，所以从社会文化学的角度研究骈体与政治、礼仪的关系也很有必要；鉴于骈文在语言表达形式上的突出特点，西方的结构主义、叙事学等理论的借鉴与应用也是有益的尝试。

（作者系兰州大学副教授）

浅探中国文学中仿拟现象的演变：先秦至现代

边　茜

一、作为修辞格的"仿拟"

作为修辞格的"仿拟"，最早见于陈望道先生《修辞学发凡》："为了讽刺嘲弄而故意仿拟既成形式的，名叫仿拟格。仿拟有两种：第一是拟句，全拟既成的句法；第二是仿调，只拟既成的腔调。"拟句者，例如王辟之《渑水燕谈录》中的一条记载：

> 贡父（刘攽）晚苦风疾，鬓眉皆落，鼻梁且断。一日与子瞻数人小酌，各引古人语相戏。子瞻戏贡父云："大风起兮眉飞飏，安得壮士兮守鼻梁。"座中大噱，贡父恨怅不已。

加点句套拟刘邦《大风歌》"大风起兮云飞扬"和"安得猛士兮守四方"两句，嘲弄刘攽的疾病。仿调者，如梁章钜《制义丛话》中记录的一段秀才应试文字：

> 有一秀才日喜看盲词。适届岁考，场中命题系"子曰，赤之适齐也"，至"与之苏九百，辞"。遂援笔立就。其文曰：
>
> 圣人当下开言说，你今在此听分明。公西此日山东去，裘马翩翩好送行。自古道：雪中送炭为君子，锦上添花是小人。

> 豪华公子休提起,再表为官受禄身。为官非是别一个,堂堂县令姓原人。得了俸米九百石,坚辞不要半毫分。案出,以不遵功令置劣等。

“盲词”是一种民间的说唱艺术,因演唱者多盲人,故有此称。引文中的考题出自《论语·雍也》:“子华使于齐,冉子为其母请粟;子曰:‘赤之适齐也,乘肥马,衣轻裘。吾闻之也,君子周急不济富。’原思为之宰,与之粟九百,辞。子曰:‘毋!以与尔邻里乡党乎?’”秀才以盲词艺人的口吻叙述《论语》中的典故,文字通俗浅显,与科举的要求格格不入,而这种不协调客观上又产生了喜剧效果,大大降低了这个典故乃至其出处《论语》的经典性①。

在陈望道先生《修辞学发凡》之后,又有许多研究者对仿拟的定义加以丰富和完善,如:

> 旧时所谓仿拟法,是专指作者为了滑稽嘲弄而故意仿拟特种既成形式的修辞方法,和寻常所谓模仿不同。实际上寻常所谓模仿,固然不能算是修辞法,而一般作者仿效现成的旧体裁,或模拟现成的旧曲调,虽然不一定是为了滑稽嘲弄,但也是故意仿拟既成形式,所以也可以算是一种修辞法。……修辞法上所谓仿拟,只指形式,不问内容,乃是作者利用大众熟悉的现成旧形式,来装置新内容,目的是要使听的或读的人喜见乐闻,以增加传布宣扬的作用。②

> 仿拟,就是根据交际的需要,模仿现有的格式,临时新创一种说法。③

---

① 参见陈望道《修辞学发凡》,第108—110页,上海教育出版社1997年版。

② 谭正璧《修辞新例》,棠棣出版社1953年版。见徐国珍《仿拟研究》第5页,江西人民出版社2003年版。

③ 王希杰《汉语修辞学》,北京出版社1983年版。

> “仿拟”是一种“仿”照某现成的语言形式“拟”创出一个临时性的新说法的修辞方法。①

从以上几种对“仿拟”的定义中可以看出，这一修辞手法的要点是：在某现成的语言形式基础上进行一定改变，以使其适应新的交际需要，并增强表达效果。需要指出的是，仿拟并不能简单地与“模仿”画上等号。仿拟侧重于形式，而不以内容为参照物；但如果只“仿”而不“变”，不能产生新的意味、新的思想（即适应新的交际需要），也不能算是仿拟。

有关仿拟的分类，学者们向来有不同的看法。2003 年，徐国珍在其《仿拟研究》中将仿拟从功能、单位、结构、性质、意义、生成等不同角度进行分类②。本文主要以徐国珍《仿拟研究》中对仿拟的分类为参考，分析在中国文学中的各种仿拟修辞；着重探讨作品正文中出现的仿拟现象，而对作品命名中的仿拟研究从略。

二、中国文学中仿拟手法演变简述

（一）先秦至魏晋南北朝

仿拟手法在中国古代典籍中出现很早，在先秦诸子散文中就已有使用的例子。《庄子·外物》中有一段描述儒生盗墓的文字：

> 儒以《诗》、《礼》发冢，大儒胪传曰：“东方作矣，事之何若？”小儒曰：“未解裙襦，口中有珠。”“《诗》固有之曰：‘青青之麦，生

① 徐国珍《仿拟研究》第 6 页，江西人民出版社 2003 年版。

② 关于之前学者的观点，参见徐国珍《仿拟研究》，第 281—285 页，“结语：仿拟研究综述”，“二、关于仿拟格的分类”，江西人民出版社 2003 年版。关于徐国珍对于仿拟的分类，参见该书第 54—76 页。

于陵陂。生不布施,死何含珠为?'接其鬓,压其颊,儒以金椎控其颐,徐别其颊,无伤口中珠。"①

"东方作矣,事之何若"和"未解裙襦,口中有珠"形式上仿照《诗经》的四言句式,内容却和盗墓有关,在不协调中形成了辛辣的讽刺。值得注意的是,在保存下来的先秦文学作品中,却很难寻觅仿拟手法的踪迹。

在汉代,文学作品中也出现了仿拟手法:扬雄仿照屈原《离骚》而创作了《反离骚》。这篇作品在语言单位的层面上仿拟《离骚》的句子,在性质上是语体(骚体)仿,在意义上则与《离骚》相反。试比较两者的开头:

帝高阳之苗裔兮,朕皇考曰伯庸。②(《离骚》)
有周氏之蝉嫣兮,或鼻祖于汾隅。(《反离骚》)

两者不仅句式相同,而且在内容上都是自述显赫的家世,只是所指的对象不同。扬雄以骚体写作《反离骚》,又大量借鉴了《离骚》中的语句,但所表达的思想却与《离骚》大相径庭。《反离骚》中有许多对屈原的批评,如"灵休既信椒、兰之唼佞兮,吾累忽焉而不蚤睹",责备屈原未能预料到楚王听信谗言;"累既攀夫傅说兮,奚不信而遂行",质疑屈原既然攀引傅说,为何不相信自己会被重用而自沉汨罗;举孔子的事例相对照,批评屈原"弃由、聃之所珍兮,蹠彭咸之所遗"③,不能暂时忍耐,等待机会。总之,扬雄在此文中表达了君子应恪守"用舍行藏"之训,遇到挫折时宜明哲保身的观点,这与《离

① 《庄子·外物》,见曹础基《庄子浅注》第407页,中华书局2000年版。此处对原文标点略有改动。

② 屈原《离骚》,朱熹《楚辞集注》第7页,上海古籍出版社2001年版。

③ 扬雄《反离骚》,朱熹《楚辞集注》第235—238页,上海古籍出版社2001年版。

骚》中宁为玉碎不为瓦全，坚决不屈从奸佞的精神完全相反。扬雄的另一篇作品《逐贫赋》则以贫困为责问的对象，这种以抽象概念为作品主角的写法，对后人的创作也有悠久的影响。

王褒的《僮约》在严格意义上说并未使用仿拟，但对梳理文学作品中仿拟现象的演变却有一定的意义。这篇文章记叙王褒故意立下苛刻的买奴契约，使仆人大为恐惧，俯首听命。作者花费大量笔墨，以契约文书的语体夸张地描述了对仆人的要求，这种在文学作品中模仿实用文体的写作方法，以及其中流露出的游戏、诙谐意味，可以看作后来一批仿拟公文政令的文章的先声。

南北朝时期，仿拟公文政令的讽刺滑稽文章数量颇多，如袁淑《鸡九锡文》、《驴山公九锡文》、《大兰王九锡文》仿拟诏书，沈约《修竹弹甘蕉文》仿拟"弹"这一文体，吴均《檄江神责周穆王璧》仿拟檄文，孔稚珪《北山移文》仿拟"移"的文体，韦琳《鳝表》则仿拟"表"。以上面提到的三篇"九锡文"为例，"九锡"即"九赐"，指皇帝将九种器物赐予功臣以示褒奖；"九锡文"则是皇帝赐予九种器物时的诏书。历史上王莽、曹操、司马昭、孙权、桓玄等都被当时的政权授九锡，但最终自己或后人背叛了朝廷；到了袁淑所处的南朝宋，开国皇帝刘裕受东晋九锡，后来又创立新朝；至于其他的大臣受此赏赐，更是你方唱罢我登场。袁淑在《鸡九锡文》、《驴山公九锡文》、《大兰王九锡文》中分别以鸡、驴、猪作为授九锡的对象，"于是，朝廷奖赏功臣的重典变成了文人舞文弄墨的文字游戏，严肃雅正的九锡鸿文变成了幽默诙谐的滑稽小品"，通过对语调和语体的仿拟，文章具有了"深刻的讽世意味"①。在这类文章中，作者往往把涉及的主要对象由人类替换成非人类，既奇异诡谲又滑稽诙谐。

总而言之，尽管仿拟手法在中国古代典籍中很早便已出现，但它被运用于文学作品中还要等到稍晚一些的西汉后期，作为抒发作者个人感慨的一种手段。到了魏晋南北朝，仿拟已经在幽默文学作品的修辞手法中占有一席之地，为制造滑稽感及讽刺效果服务。从

① 参见廖小芳《六朝俳谐文学浅析》，《大众文艺》2009 年第 5 期。

仿拟的构成单位看,仿句是绝对的主流;从仿拟的性质看,语体仿最多,所仿文体的范围也从"雅"文体扩大到各种实用文体;语调仿的比重次之;从仿拟的意义看,也从反义仿(与所仿对象意义相反)拓宽到近义仿(与所仿对象意义相近)和涉义仿(与所仿对象意义相关,仿拟而不属于前两种者均可归入此类)。可以说,至魏晋南北朝时,仿拟在中国文学中的运用已初具雏形。

(二) 唐宋

魏晋南北朝的文学发展为唐代文学的繁荣提供了丰富的养料,仿拟的修辞手法在文学作品中也更加常见。文人将前人的句子稍加改动,为己所用,便使文字焕发出新的活力,最著名者,大概是王勃《滕王阁序》中的名句"落霞与孤鹜齐飞,秋水共长天一色"。这一句根据庾信《马射赋》"落花与芝盖齐飞,杨柳共春旗一色"的语义进行仿拟,通过替换描述景物的短语写出了不同的风景。韩愈作《毛颖传》、《送穷文》等,均以无生命之存在为文章的"主人公",这与汉代扬雄的《逐贫赋》、魏晋南北朝时期仿拟实用文体等以非人类为主角的文章异曲同工。叶梦得在《避暑录话》中评论道:"韩退之作《毛颖传》,此本南朝俳谐文《驴九锡》、《鸡九锡》之类,而小变之耳。俳谐文虽出于戏,实以讥切当世封爵之滥,而退之所致意,亦正在中书君老不任事,今不中书等数语,不徒作也。"①此论确有道理。与韩愈的上述作品相近的,还有柳宗元《乞巧文》等。

唐代诗歌盛行,许多平民百姓也吟诗作诗;中国古代诗歌的大部分体式在这一朝代也已出现,其中律诗和绝句这两种形式固定、字数有限的体式趋于成熟。在这种背景下,唐代文学作品中有了平民仿拟诗歌的记载。《太平广记》中曾摘录了一个仿拟诗歌的例子:

有睹邻人夫妇相谐和者,夫自外归,见妇吹火,乃赠诗曰:

① 叶梦得《避暑录话》,见刘成国《宋代俳谐文研究》,《文学遗产》2005年第9期。

> “吹火朱唇动，添薪玉腕斜。遥看烟里面，大似雾中花。”其妻亦候夫归，告之曰：“每见邻人夫妇，极甚多情。适来夫见妇吹火，作诗咏之。君岂不能学也?”夫曰：“彼诗道何语?”乃诵之。夫曰：“君当吹火，为别制之。”妻亦效吹，乃为诗曰：“吹火青唇动，添薪黑腕斜。遥看烟里面，恰似鸠盘茶。”①

故事中的丈夫仿邻家诗全篇，仅仅更改了六个字，就使得意境大变，转美为丑，自己的妻子受到嘲弄。

在唐代文学作品中也出现了口语化的仿拟。《太平广记》收录的唐人小说中就有这样的例子：

> ……裴休廉察宣城，未离京。值曲江池荷花盛发，同省阁名士游赏，自慈恩寺，各屏左右，随以小仆，步至紫云楼。见数人坐于水滨，裴与朝士憩于旁。中有黄衣半酣，轩昂自若，指诸人笑语轻脱。裴意稍不平，揖而问之：“吾贤所任何官?”率尔而对曰：“喏，郎不敢，新授宣州广德令。”反问裴曰：“押衙所任何职?”裴公效曰：“喏，郎不敢，新授宣州观察使。”于是狼狈而走，同坐亦皆奔散，朝士抚掌大笑。不数日，布于京华，后于铨司访之，云：有广德县令请换罗江矣。宣皇在藩邸闻是说，与诸王每为戏谈。其后龙飞，裴入相，因书麻制。回谓枢近曰：“喏，郎不敢，新授中书门下平章事矣。”②

裴休模仿广德县令随意、傲慢的语调，报上自己的官职，在对县令的嘲讽中表达了自己的不满。皇帝的“喏，郎不敢，新授中书侍郎平章事”则可以看作“二次仿拟”，是对裴休“喏，郎不敢，新授宣州观察使”的仿拟。皇帝本来就喜欢谈论这则轶事，因此在裴休升迁时很

---

① 《邻夫》，见李昉《太平广记》第1952页，中华书局1961年版。

② 《裴休》，见李昉《太平广记》第1951页。正文后有小注：“出《松窗杂录》。按见《剧谈录》卷下。”

自然地联想起它并加以"翻新",对裴休进行调侃,这体现了他的幽默感和与臣子的亲近。

宋代是对前代文学作品中的仿拟手法进行继承发展的朝代。前人所仿拟的语体,宋人也大多在文学创作中加以仿拟;从仿拟的构成单位上看,句仿也仍然是主流;但在意义的层面上,宋人却更喜欢做"翻案文章",反原作之意而行之。诗的方面,"陆游《纪梦》:'不知挽尽银河水,洗得平生习气无',是杜牧《寄杜子》'狂风烈焰虽千尺,豁得平生俊气无'之反仿。陆游把'狂风烈焰'易为'银河泄水',变发泄之意为荡涤之意,变'俊气'为'习气'。贺铸《题定林寺》:'东风先为我开门',为唐秦系《山中寄张评事》'流水闲过院,春风为闭门'之反仿"①。文的方面,"韩愈著《送穷文》,王之望、崔敦礼等便沿其构思而反其立意,作《留穷文》;柳宗元'乞巧',王禹偁便'遣拙'"②。这一时期文学中的仿拟现象出现了两个新特点,一是出现了大量以日常事物为主要描写对象的文章,二是体现出对佛教文学的极大兴趣。相比之前历代同类作品,宋人仿拟语体的文章进一步拓展了题材范围:写药材者,如《杜处士传》(杜仲)、《玉女传》(益母草)、《甘国老传》(甘草)、《香山居士传》(檀香);写文具者,如《万石君罗文传》(歙砚)、《方城侯传》(棋局)、《文城侯传》(印章);写家具者,如《竹夫人传》(竹几)、《平凉夫人传》(竹枕)、《平舒侯传》(竹簟);写饮食者,如《黄甘陆吉传》(柑橘)、《叶嘉传》(茶叶)、《温陶传》(面)……凡此种种,不一而足③。在宋诗中不时能看到佛家偈语的影子,如黄庭坚有诗云:"凌云一笑见桃花,三十年来始到家。从此春风春雨后,乱随流水到天涯。"这首诗仿照的是灵云志勤禅师见桃花而悟道所作之偈:"三十年来寻剑客,几逢落叶几抽枝。自从一见桃花后,直至如今更不疑。"两相对照,黄庭坚虽然对偈语的部分句子进行了仿拟,诗作的中心思想也与偈语有相近之处,但在诗中增

① 张屹《古诗用典的"互文性"研究》,《海南大学学报》(社会科学版)2009第27卷第4期。

②③ 刘成国《宋代俳谐文研究》,《文学遗产》2005年第9期。

添了一分飘零沦落的感触①。

宋代文学中的仿拟现象世俗化、游戏化的特征更加明显，这一方面有利于拓展仿拟这种修辞格的应用范围，推动文学的突破与创新，另一方面又意味着前代文学中以仿拟传达身世之感、讽世之思的深刻性和批判性的传统此时有所削弱，仿拟的运用易流于浮泛空洞。

(三) 元明清

元代的一些文学作品中沿袭了宋人对佛教的兴趣，对"下火文"的仿拟即为一例。"下火文"是"在佛教火葬仪式上由僧人撰写(或口占)的一种韵文"②，跟据项裕荣的研究，它在南宋至元代间不仅是禅宗一种重要的、有文学性的实用文体，而且在世俗社会中也有一定的影响，一些文人借仿拟这种文体来调侃讽刺③，陶宗仪《南村辍耕录》就记载了元末文人周申父的下火文：

> 周申父之翰，寒夜拥炉爇火，见瓶内所插折枝梅花，冰冻而枯。因取投火中，戏作下火文云：
>
> "寒勒铜瓶冻未开，南枝春断不归来。这回勿入梨云梦，却把芳心作死灰。
>
> 恭惟地垆中处士梅公之灵。生自罗浮，派分庾岭。形若槁木，棱棱山泽之臞；肤如凝脂，凛凛雪霜之操。春魁占百花头上，岁寒居三友图中。……虽宋广平铁石心肠，忘情未得。使华光老丹青手段，摸索难真。却愁零落一枝春，好与茶毗三昧火。惜花君子，还道这一点香魂，今在何处？咦，炯然不逐东风散，只在孤山水月中。"④

① 参见周裕锴《以俗为雅：禅籍俗语言对宋诗的渗透与启示》，《四川大学学报》(哲学社会科学版)2000年第3期。

②③ 项裕荣《话本小说与禅宗下火文》，《浙江学刊》2008年第4期。

④ 陶宗仪《南村辍耕录》第350页，中华书局1959年版。

佛教对元代文学中仿拟手法运用的影响,还体现在元杂剧对偈语的接受上。这当中有两种情况,一种是仿偈语之语体而反偈语之意义(即佛家思想),如《花间四友东坡梦》中行者向佛印问禅一段:

(行者云)上告我师和尚,行者特来问禅。
(正末云)速道!
(行者云)搂住牡丹,胜坐莲台;师父咳嗽,徒弟便来。
(正末云)痴迷性改,分毫不采。色即是空,空即是色。①

行者的话虽然是偈语的语体,却表现了自己对女色的爱恋;他居然坦然自若地以嘲谑语气在佛印面前说起自己的风流事,这制造出滑稽荒诞的喜剧效果。

另一种情况是对前人的诗句略加改动,用于剧中的偈语,如李寿卿《月明和尚度柳翠》中柳翠说的偈语:

曾向章台舞细腰,行人几度折柔条。自从落在禅僧手,一任东风再不摇。②

这四句仿照的是《苏长公章台柳传》中章台柳的诗:

昔日章台舞细腰,行人任便折枝条。而今已落丹青手,一任风吹不动摇。③

① 吴昌龄《花间四友东坡梦》,见王季思《全元戏曲》第三卷第 371 页,人民文学出版社 1990 年版。

② 李寿卿《月明和尚度柳翠》,见王季思《全元戏曲》第二卷第 465 页,人民文学出版社 1990 年版。

③《苏长公章台柳传》,见王古鲁《熊龙峰四种小说》第 26—27 页,古典文学出版社 1958 年版。

在《苏长公章台柳传》中，妓女章台柳嫁给画师，当她见到一年前曾在醉中承诺娶她的苏轼时，便以诗句回赠，表明自己不会离开丈夫。李寿卿对这首诗进行仿拟，便有了妓女柳翠悟道后对旧相好牛员外说的偈语，既叙述了她的经历，又表现了自己远离世俗、出家修行的坚定决心，与所仿的诗作对照，更显出作者构思的精巧。在明清文学作品中，佛教对仿拟现象的影响也一直存在。

元杂剧的仿拟中，对仿拟对象"经典性"的消解似乎成为一种常见的手法，如前文所引《东坡梦》中行者的"偈语"对佛教的清规戒律进行了调侃。在孙仲章《河南府张鼎勘头巾》中，道士王知观一上场就把《道德经》"道可道，非常道；名可名，非常名"的名句改成"道可道，真强盗；名可名，大天明"①，为自己通奸杀人、嫁祸栽赃的行径做了最好的总结，当读者将它与王知远的道士身份联系起来时，便能体会到其中的讽刺意味。明清的作品中也依然有这种倾向，如明代王思任《游五台山记》：

> 十八年前，曾订予罕山，言俱檀气，今我来思，蛛在衲矣，低回拜之。②

此处作者模仿了《诗经·采薇》"昔我往矣，杨柳依依；今我来思，雨雪霏霏"的名句，但所表达的内容和语气都更加富有游戏和嘲谑的意味。《镜花缘》第八十三回中，紫芝则把《论语·微子》中的"子路从而后，遇丈人，以杖荷篠。子路问曰："子见夫子乎？"丈人曰："四体不勤，五谷不分，孰为夫子？"植其杖而芸。子路拱而立。止子路宿，杀鸡为黍而食之，见其二子焉"敷演成了一段大书：

> 紫芝取出一块醒木道："妹子大书甚多，如今先将'子路从

① 孙仲章《河南府张鼎勘头巾》，见王季思《全元戏曲》第二卷第527页，人民文学出版社1990年版。

② 王思任《游五台山记》，见徐艳《晚明小品文体研究》，复旦大学2003年博士论文。

而后'至'见其二子焉'这段书说给大家听听。"于是把醒木朝桌上一拍道:"列位压静,听在下且把此书的两句题纲念来:遇穷时师生错路,情殷处父子留宾。"又把醒木一拍道:"只为从师济世,谁知反宿田家。半生碌碌走天涯,到此一齐放下。鸡黍殷勤款洽,主宾情意堪嘉。山中此夕莫嗟讶,师弟暌违永夜。"又把醒木一拍道:"话说那子路在楚、蔡地方,被长沮、桀溺抢白了一番,心中闷闷不乐。迤逦行来,见那道旁也有耕田的、锄草的、老的老,少的少,触动他一片济世的心肠,脚步儿便走得迟了。抬起头来,不见了夫子的车辆。正在慌张之际,只见那道旁来了一位老者:头戴范阳毡帽,身穿蓝布道袍,手中拿着拄杖,杖上挂着锄草的家伙。子路便问道:'老丈,你可见我的夫子么?'那老者定睛把子路上下一看道:'客官,我看你肩不能挑,手不能提,识不得芝麻,辨不得绿豆。谁是你的夫子!'老者说了几句,把杖来插在一边,取了家伙,自去耘田去了。"

紫芝又把醒木一拍道:"列位!大凡遇见年高有德之人,须当钦敬。所以信陵君为侯生执辔,张子房为圯上老人纳履,后来兴王定霸,做出许多事业。那子路毕竟是圣门高弟,有些识见的人,听了老丈言语,他就叉手躬身,站在一旁。那老者耘田起来,对着子路说:'客官:你看天色晚下来了,舍间离此不远,何不草榻一宵?'子路说:'怎好打搅!'于是老者在前,子路在后,径至门首。逊至中堂,宰起鸡来,煮起饭来,唤出他两个儿子,兄先弟后,彬彬有礼,见了子路。唉!可怜子路半世在江湖上行走,受了人家许多怠慢,今日肴馔虽然不丰,却也殷勤款待,十分尽礼,不免饱餐一顿,蒙被而卧。正是:山林惟识天伦乐,廊庙空怀济世忧。毕竟那老者姓甚名谁,夫子见与不见,下文交代。"①

紫芝以说书人的口吻重述了《论语》的段落,充满口语化、世俗化的意味,因此也使《论语》相应文字的严肃性和崇高性有所松动。

① 李汝珍《镜花缘》第400页,上海古籍出版社2006年版。

随着通俗文学的发展,元以后文学中的仿拟现象产生了一个新趋势:对词语进行的仿拟逐渐增多。关汉卿《山神庙裴度还带》第二折,行者应答白马寺长老道:“阿弥陀佛,阿弥陀佛！南无烂蒜吃羊头,娑婆娑婆,抹奶抹奶。理会的。”①把“南无阿弥陀佛”改成“南无烂蒜吃羊头”,世俗语言与宗教语言在这里形成明显的冲突,使人不禁发笑。明中叶梅鼎祚的《玉合记》中有一段有关“想”的科诨:

> (末收介)此时对雪遥相忆。这不是白想。(净)你想起我们来。我们也多想你几想。我就要一个红想。(末)梦为蝴蝶也寻花。这不是红想。(丑)我要一个黑想。(末)月隐青林人未归。这不是黑想。(丑)我要一个黄想。(末)丛菊两开他日泪。这不是黄想。(丑)我要一个绿想。(末)不堪芳草思王孙。这不是绿想。(丑)我要一个青想。(末)柳色如今深未深。这不是青想。(丑)我要一个紫想。(末)遍插茱萸少一人。这不是紫想。(净)我曾伏事娘娘诵佛经。记得两句。就要一个非想。(末)庭花含笑似无情。这不是非想。(净)我要一个非非想。(末)半是思郎半恨郎。这不是非非想。(净)我要一个非非非想。(末)野人心地都无着。这不是非非非想。(丑)我要一个非非非非想。(末)诨不过三。②

从“白想”出发,作者一连拟出“红想”、“黑想”、“黄想”、“绿想”、“青想”、“紫想”乃至“非想”、“非非想”、“非非非想”、“非非非非想”这些闻所未闻的词语,可见是着力以仿拟的手法制造新奇滑稽的表达效果。清乾隆年间,苏州人钱德仓编《缀白裘》,收录当时戏班常演的曲目,其中《荆钗记·男舟》写到钱十朋请邓谦赴宴,后者对前来送

---

① 关汉卿《山神庙裴度还带》,见王季思《全元戏曲》第一卷第263页,人民文学出版社1990年版。

② 梅鼎祚《玉合记》,见毛晋《六十种曲》之《玉合记》第9—10页,中华书局2007年版。

信的驿丞说道:“既然是介,劳唔去说声:说我一请就来,一来就望,一望就吃,一吃就散。”①,一连串对“一……就……”格式的仿拟精炼诙谐地反映了人物幽默洒脱的性格。

除了戏曲之外,小说中也有相同的情况。《水浒传》中,阎婆惜发现招文袋里的金子和文书,便笑道:

> 好呀,我只道“吊桶落在井里”,原来也有“井落在吊桶里”!我正要和张三两个做夫妻,单单只多你这厮,今日也撞在我手里!……②

“吊桶落在井里”符合常理,但改换语序后得到的“井落在吊桶里”就难以用常识解释,是不合常规的语言用法,只有放在小说的具体语境中才能理解。此处仿拟手法的运用,使得对阎婆惜的心理描写更加生动活泼。在《红楼梦》中,对词语的仿拟也很多,如:

> 黛玉冷笑道:“难道我也有什么罗汉真人给我些香不成!便是得了奇香,也没有亲哥哥亲兄弟,弄了花儿、朵儿、霜儿、雪儿替我炮制。我有的是那些俗香罢了。”
>
> ……黛玉笑道:“再不敢了。”一面理鬓,笑道:“我有‘奇香’,你有‘暖香’没有?”宝玉见问,一时解不来,因问:“什么暖香?”黛玉点头叹笑道:“蠢才,蠢才!你有玉,人家就有金来配你,人家有‘冷香’,你就没有‘暖香’去配!”(第十九回)③
>
> “……我是横了心的。当着众人在这里,我这一辈子,莫说是宝玉,便是宝金、宝银、宝天王、宝皇帝,横竖不嫁人就完了。”

---

① 《荆钗记》,见乔丽《戏曲舞台本科诨研究》,南京大学 2005 年硕士论文。

② 施耐庵、罗贯中《水浒传》第 175 页,中华书局 2009 年版。

③ 曹雪芹《红楼梦八十回校本》第 196—197 页,人民文学出版社 1958 年。

(第四十六回)①

引文中的“奇香”、“暖香”、“宝金”、“宝银”、“宝天王”、“宝皇帝”都是对词的仿拟,它们或雅或俗,但都出人意料,新奇有趣,给读者留下深刻的印象。从前面的多个例子中,我们也可以看出明清以来文学中的仿拟形式愈加精巧,连锁仿(环环相扣)、对举仿(形式相同相近,意义相反相对)等出现频率很高,这从侧面反映出创作者们越来越重视运用仿拟,并有意地对它进行研究、创新。

总体来说,仿拟对象的拓展,世俗性、游戏性和喜剧性的增强,以及词语仿拟的兴起,是元明清文学中仿拟手法演变的显著特点。在中国现代文学中,这些特点也将成为仿拟现象的重要影响因素。

(四)现代

现代文学中仿拟手法的运用在继承前人的同时,又体现出新的特点。首先,词语仿拟比重继续增加,如:

1)“哈哈哈!”阿Q十分得意的笑。

“哈哈!”酒店的人也九分得意的笑。②

2)一个阔人说要读经,嗡的一阵一群狭人也说要读经。③

3)被考死的自然无须用提。假若考而不死,你放胆活下去吧,这已明明告诉你,你是十世童男转身。④

4)这时候,我惊奇已定,觉得要尽点主人的义务,对来客说:“承你老人家半夜暗临,蓬荜生黑,十分荣幸!……”⑤

---

① 曹雪芹《红楼梦八十回校本》第497页,人民文学出版社1958年。

② 鲁迅《阿Q正传》,人民文学出版社1976年版。

③ 鲁迅《这个与那个》,见鲁迅《华盖集》第128页,人民文学出版社1980年版。

④ 老舍《考而不死是为神》,见徐国珍《仿拟研究》第20页,江西人民出版社2003年版。

⑤ 钱钟书《魔鬼夜访钱钟书先生》,见钱钟书《写在人生边上》第50页,三联书店2002年版。

"九分"仿自"十分","狭人"仿自"阔人",都是辛辣的讽刺;"考而不死"仿自《论语》"老而不死","暗临"和"蓬荜生黑"分别仿自"光临"和"蓬荜生辉",同为利用音近而作的善意调侃。以上四例通过仿拟词语造成机警凝练的表达效果。

其次,仿拟的口语化趋势在这一时期继续发展。在一些作品的段落中,对口语、方言的仿拟密集出现。王建华在《语用规则与语言幽默——老舍幽默语言分析之三》中分析老舍小说《离婚》中"北京俗语搜集者"孙科员对小赵和吴太极打架的描述,发现"才八九百字里就有61个表儿化的"儿"字,约占这段话字数的7%。什么"市长儿"、"十九岁儿"、"团长旅长儿"、"所长儿"等等,还有11个'压根儿'。可到底什么是'压根儿',看得出他压根儿就不懂。"①在对方言的不合理仿拟中,老舍对孙科员进行讽刺,也营造出幽默的效果。鲁迅在《我的失恋》中则以白话与文言掺杂的方式对张衡的《四愁诗》进行仿拟,此处以其中的一首为例进行分析:

四愁诗(其一)	我的失恋(其四)
我所思兮在太山, 欲往从之梁父艰。 侧身东望涕霑翰。 美人赠我金错刀, 何以报之英琼瑶。 路远莫致倚逍遥, 何为怀忧心烦劳?②	我的所爱在豪家, 想去寻她兮没有汽车。 摇头无法泪如麻。 爱人赠我玫瑰花, 回她什么:赤练蛇。 从此翻脸不理我, 不知何故兮——由她去吧!③

① 王建华《语用规则与语言幽默——老舍幽默语言分析之三》,《温州师院学报》(社会科学版)1987年第2期。

② 张衡《四愁诗》,见余冠英《汉魏六朝诗选》第8页,人民文学出版社1958年版。

③ 鲁迅《我的失恋》,见《野草》,人民文学出版社2006年版。

一般来说,仿拟的本体(参照对象)和仿体(仿拟的产物)在总体上语体是保持一致的,即便仿体有语体变化,也往往是局部的(如前文所举"道可道,真强盗"仍然保留了本体的一部分);但在鲁迅的《我的失恋》里,虽然保留了部分文言的痕迹,但又大量运用白话,两种语体在碰撞中产生幽默的火花。

白话文的推广伴随着语言的革新,而外来文化的引入作为这场革新的重要影响因素,自然也影响到了文学作品中的仿拟。徐国珍在《仿拟研究》整理了一批鲁迅作品中仿拟所得的词语,例如:

××党:无病呻吟党(《坟》)、牙痛党、理想党、数麻石片党(《热风》)、逃难党(《南腔北调集》)、"慷慨党"(《准风月谈》)、"袍褂党"(《花边文学》)、"随便党"(《且介亭杂文末编附集》)、"反诗歌党"(《集外集拾遗》)

××派:"古今中外派"(《热风》)、"杭育杭育派"(《且介亭杂文集》)、"信天派"、"嗜奇派"(《且介亭杂文·二集》)①。

"××党"、"××派"的表述是西方政党制度被译介到中国后出现的,鲁迅对这种格式进行的仿拟给读者新鲜怪异的感觉,既有醒人耳目的功效,又能使人在领悟其含义之后体会到其中的讽刺意味。

这种与外来文化的联系,有时体现为对翻译的仿拟,如:

> 有一种所谓"文士"而又似批评家的,则专是一个人的御前侍卫,托尔斯泰呀,托她斯泰呀,指东画西的,就只为一人做屏风。②
>
> ……国际联盟暴露了真相,只算一场国际联梦或者一群国际联盲,但是李太太并没有换丈夫,淘气还保持着主人的宠爱

① 参见徐国珍《仿拟研究》第193页,江西人民出版社2003年版。

② 鲁迅《并非闲话(三)》,见鲁迅《华盖集》第142页,人民文学出版社1980年版。

和自己的顽皮。①

前一例利用音译"托尔斯泰"中的"尔"在汉语中有指代功能,将其替换为另一个人称代词"她"仿造出滑稽不通的"托她斯泰",嘲讽所谓"文士"的言行。后一例则利用语音相近的字对"国际联盟"进行仿拟,诙谐幽默地表现了时局的变化无常。

三、中国文学中仿拟现象演变的成因和意义

从先秦到现代,中国文学中的仿拟现象从无到有,日趋多元。这一演变可以从审美传统、语言发展和对前人文学成果的接受三方面来考察。

首先,中国文学有重蕴藉的审美传统。《论语》中孔子评《关雎》"乐而不淫,哀而不伤",成为后世文人创作和评论的经典性参考;《庄子》提出的"言不尽意"、"得意忘言"成为贯穿整个中国古代文学史和文学批评史的重要论题;对"韵外之致"、"味外之旨"的提倡也不断出现,并且颇有影响。含蓄的文学作品表达委婉曲折,读者要透过字面意义理解作者的真实意思,可能需要联系语境、理解典故等多种方法。仿拟格则要求读者能够理解和识别仿拟的本体,否则就难以在特定的语境中进行比较、分析,推究出拟体的含义,这与重含蓄的审美传统不谋而合,因此被越来越多的创作者(特别是讽刺作品的创作者)所使用。

其次,汉语重意合的特性和白话文学的发展为仿拟的繁荣提供了良好的条件。汉语缺乏形态变化,使用时不像英语、法语、俄语、德语等语言一样有时态、性数之类的约束,而是更注重思想感情的内在联系,具有一定的随意性和模糊性。仿拟是一种"创造性的破坏",通过对本体的改动来表达新的意思,在语言形式上必然产生某种临时性的"破坏",违反某些语言规范。正是因为与汉语重意合的

① 钱钟书《猫》,见钱钟书《人·兽·鬼》第19页,三联书店2007年版。

特性相适应,仿拟这种既有临时性又对语言形态有"破坏性"的修辞才能被中国人顺利接受。白话在文学中地位逐渐提高,也对仿拟类型的丰富有重要的意义。在漫长的发展过程中,汉语由单音节词占优势逐渐转化为双音节词占优势,而这种变化在白话中体现得尤为明显(文言的语法则一直相对稳定)。与单音节词相比,双音节词为语素的不同组合提供了更大的空间,这对仿拟是非常重要的,元代以后对词语的仿拟比重大大增加也印证了这一点。

此外,对待"经典"的态度也与仿拟现象的演变有关。认知语言学相关理论的创始人斯珀伯和威尔逊曾经论述:"对于受话者来说,他是在发话者最佳相关的语言基础上,寻求一个最佳相关的理解,以取得最佳的语境效果。"①在文学理论的领域中,仿拟与西方文论中的"parody"(通常译作戏仿,下文即采用此译法)颇有相通之处,两者都是通过借鉴已有作品并加以改造,产生某种不协调,从而实现一定的表达效果。戏仿是互文性(intertextuality)的一种表现形式,而后者指向"话语或文本与其他话语或文本间的关系"②,并且这种关系是一种动态的关系,读者和批评者同样在话语或文本意义生成的过程中发挥作用。两种理论对我们有同样的启示:仿拟的仿体虽然可以千变万化,但仍然离不开本体的束缚;不管是"受话者"还是"发话者",要想在仿拟现象中取得最好的交际效果,必须以对本体有充分了解为前提,因此仿拟的本体不仅应当内容被读者广为接受,而且要有相对固定的形式,而这样的本体从某种程度上说就属于"经典"。

中国传统的典范性文献(如《论语》、《老子》、《诗经》、《楚辞》等)始终是仿拟本体的重要来源,这与它们在中国文学史上的地位是相对应的。这一现象反映了中国文学(特别是古代文学)创作者们对于这些"经典"的微妙态度:作为修辞格的仿拟是一种"有限度的创

① 赵艳芳《认知语言学概论》第176—177页,上海外语教育出版社2001年版,见徐国珍《仿拟研究》第107页,江西人民出版社2003年版。

② 刘扬《文本的互文性批评》,四川大学2004年硕士论文。

新”,作者们在应用它时总是自觉不自觉地以典范性文献为本体,意味着他们内心仍然不能摆脱这些“经典”的羁绊,即便有所创造,也往往是在它们的基础上“累积”、“修补”而非“飞越”。纵向来看,它们在后人的仿拟中逐渐褪去光环,虽然形式基本还是得到保留,却越来越多地成为实现娱乐性的一种手段。在《反离骚》中还可感受到与仿拟本体(《离骚》)严肃的对话态度,这种对话不仅建立在对原有作品的尊重之上,而且力图在精神思想上作更深的挖掘;《责须髯奴辞》、《鸡九锡文》之类的文章大部分犹以劝讽为目的,但重心已明显向形式倾斜,作者的个人特色比扬雄《反离骚》的“对话性”更为突出;后世对于这些文章的形式无疑更为关注,风格上也往往学其诙谐、凸显个性的一面,而《反离骚》之类相对严肃的“对话式”作品较少。这种趋势虽然时隐时现,却仍然足以体现出中国古代文学发展中追求娱乐性和个性的一条脉络,同时令人联想到中国人对文艺的欣赏趣味——好热闹、喜团圆不仅仅是农民、市民阶层的专利,也是一些上层人物的趣味。在现代文学中,仿拟现象继续繁荣,对外来词的翻译经常成为仿拟的对象。与中西碰撞融合的社会历史背景联系,与推广新文学的文学史背景联系,这一现象或许反映了时代特色:新思想、新知识伴随着新的语言迅速涌入大众的日常生活,成为另一种“经典”的来源,并且充满不确定性,随时可能被后来者替代——这在那个时代的文学中随处可见。现代文学仿拟现象的种种特征还说明,当时的创作者们正在自觉或不自觉地探索适应新时代和“新文学”的“新经典”。他们的实践为后来者指出了一条前景广阔的道路,即便有一些不太成功,也可以从另一个侧面对人们有所启示。

(作者系复旦大学博士生)

中国近代小说翻译界的开路先锋

——陈冷和他的“冷血体”译作

刘　霞

在现代文学界，至少有两位大师明显受过陈冷（陈景韩）的福泽，即鲁迅与胡适。周作人在《鲁迅与清末文坛》一文中回忆青年鲁迅看到《时报》上“冷血”的文章，觉得有趣，还记得鲁迅买过陈冷译的《仙女缘》，但是没看过与之齐名的包天笑的小说，也不大注意当时国内的创作小说，南亭亭长之类的著作，是后来讲小说史的时候才细读的①。可以推测，陈冷“有趣”的文章定是对青年鲁迅的写作趋向产生了潜移默化的引导，否则晚年的周作人不会有如此清晰的记忆。胡适则专门撰文《十七年的回顾》（《时报》1921年10月10日），饱含深情地回忆青年时代受《时报》和陈冷的巨大影响，他说那是对一代知识分子的影响，因为《时报》在当时沉闷的舆论环境中发起“几件重要的新改革”，适应了时代的需要。这几件新改革中包括陈冷写作别致的时评和小说。

还有一则趣谈亦能说明陈冷对同时代人的影响。钱玄同曾说四十岁以上的人都该杀，及至他四十岁生日时，诸多文人好友给他送来了挽联，以表示特殊的祝贺。殊不知，这怪论来源于陈冷的《侠

按：本文原载于《东方翻译》2010年第4期。

① 周作人《鲁迅与清末文坛》，《鲁迅的青年时代》第75页，河北教育出版社2002年版。

客谈·刀余生传》中的一句"年过五十者杀"。由此可见,陈冷确是给清末民初的年轻知识分子提供过精神养料的文坛先驱者。

陈冷(1878—1965),1878年11月25日出生于江苏松江(今属上海市),名景韩、景寒,笔名冷、冷血、无名、不冷、华生、新中国之废物等,是清末民初著名的报人、小说家和翻译家。他于1899年至1902年留学日本,在早稻田大学专攻文学。1902年回国任革命报刊《大陆》的编辑,1904年至1929年先后任《时报》和《申报》的主笔。他与包天笑合编过《小说时报》,也曾编辑过《新新小说》。据樽本照雄《清末民初小说目录》对其作品初步的统计,除去重复发表的作品,加上笔者查询到的作品,陈冷创作小说36篇(部),翻译小说77部(篇),共113种,小说集12种,时间集中在1903年至1915年。陈冷的小说创作与翻译实质是他办报行为的一种精神延续,意在启蒙,开启民智,改造国民性,用他自己的语词讲就是"催醒"(《催醒术》,《小说时报》1909年创刊号)。

人如其名,关于陈冷的轶事、趣闻都显现出"冷"和"怪"的色调,然而他却是典型的"冷面热心肠",是守正不阿的正直君子。民国时代,他的社会声望很高,居于报界首席,历届政坛首脑都对他忌惮几分。譬如,袁世凯签订"二十一条"之后,企图拉拢报界名流,陈冷非但没有给他面子,反而当众质问袁氏心腹郑汝成什么时候可以和日本大战一场;又在《时报》上发表系列时评,诅咒"袁世凯受炸弹"。陈布雷和张季鸾成为蒋介石的御用文人后,蒋氏曾数次邀请陈冷上庐山为他分析国内外局势,希望他成为高级幕僚,陈冷虽有知遇之感,但并未改变独立求真的文人本色,仅与蒋氏保持君子之交,拒绝任何政治诱惑。

举上面两个小例子仅为说明陈冷为人特立独行的一面。在为文方面,他的救世热忱也有些标新立异。以他的翻译来说,他译了大量的言情小说,但是内心却是对此极为排斥,认为言情"言之而失其轨,能使人志气沮丧,性情昏迷,今余于此中国人气沮丧,人性昏迷之时,而又译此言情小说,是不啻以水济水也"(《新蝶梦·再言罪》,《时报》1905年10月10日)。之所以译,是"缘人之意",是顺应读者的需要，是出于报刊销量的考虑。他真正愿意翻译的都是有着“启蒙”意图在内的小说题材与类型，如虚无党小说、侠客小说、侦探小说、战争小说、探险小说、政治小说、军事小说、各国奇闻轶事、游记之类。他还通过翻译思索人性的危机，审问文明社会中的“吃人”现象，其主题意识在晚清实属先锋派。凡是由他主编的报刊销量都非常好，他的译著功不可没。当时人对他翻译小说的接受与喜爱，一方面缘于多样化的小说类型，另一方面基于他形成了独特的“冷血体”叙事风格，简短、冷峻、铿锵有力，令人印象深刻，与热情、铺张、汪洋恣肆的“新民体”齐驱于文坛。总之，在晚清小说译风始开之际，他在小说翻译界的一系列大胆开拓与尝试，为后世的翻译开了许多先路，提供了精神标高，亦打开了民众的阅读眼界，为他们的文学旅行提供了多种可能性。可以说，他在小说翻译界的开创性贡献是全方位的。下面就着重介绍几类具有史学意义的译作类型，及其独特的“冷血体”译作风格。

一、救亡：虚无党小说

陈冷是清末虚无党小说翻译热潮中的领军人物，取得的成就也最大。1902年，罗普在《新小说》杂志上，刊出半编半译的《东欧女豪杰》后，虚无党小说开始在中国流行。据中村忠行的统计，1904年至1907年为中国虚无党小说盛期，译、著计有14种之多①。这个数据大概不太可靠，仅陈冷的翻译数量就能打破这个记录，从目前查到的资料看，他译有虚无党小说14篇：《虚无党》小说集（包括《白格》、《绮罗沙夫人》、《加须克夫》）、《虚无党奇话》、《伯爵与美人》、《土里罪人》、《女侦探》、《爆裂弹》、《杀人公司》、《俄国皇帝》、《伯爵虎化记》、《俄国之侦探术》、《怪美人》、《牢狱世界》等。《牢狱世界》、《女侦探》的情节算是较早的革命加恋爱的故事模板。

① 参见陈平原《中国现代小说的起点——清末民初小说研究》第211页，北京大学出版社2005年版。

陈冷之所以醉心于翻译虚无党小说，是因为“爱其人勇猛，爱其事曲折，爱其道为制服有权势者之不二法门”①。他原本就有尚侠之心，留学日本前，曾参加过秘密的民间革命会党。姐夫雷奋与好友钮永建都是同盟会的骨干，受时代氛围的激励，他成为清末激进的革命知识分子。国事危败，悲愤无奈时，俄罗斯虚无党员类似于中国传统侠客、刺客为民请愿、除暴安良、豪气万丈的英雄事迹与理想，自然会吸引他，如黑夜中滑过的流星，给人以惊喜和希望。广而言之，虚无党小说是清末精神焦虑的知识分子的一剂抚慰散，阅读风潮是报国无门的志士们得以抒发内心郁闷的集体性行为。任何理论的引进与推崇，都是宣传者从中看到了自己价值观的投射。当时的中国，与俄国的专制环境极为相似，百姓生活异常艰苦，立宪不可为，改革不可为，革命时机不成熟，似乎能有效阻止国家继续衰亡的方法仅有暗杀当权的昏聩统治者，从而救民于水火之中了。

为契合国内读者的阅读口味，陈冷的虚无党小说翻译常根据实际需求节译，其翻译重点往往不在革命活动的细节，而在于展现人物的悲惨遭遇，俄皇的暴政，俄吏之残酷、无礼、愚昧，通常突出虚无党人被沙皇的残暴统治“逼上梁山”的情节。如《虚无党奇话》就是讲述俄国一家人被以沙皇为首的统治阶层迫害得家破人亡，兄妹二人受尽磨难后均加入虚无党的故事（《新新小说》3—10 期，1904. 12. 7—1907. 5. 12）。《俄国皇帝》标榜“炸弹主义”，陈冷评点说：“世间性命相搏之事，决非偶然者也，必至有万不得已而始然也，彼观虚无党人之自诉，诚有所谓不入虚无党而不得为人者。不然，亦安肯坚忍不拔、穷心经营如此哉?”（《月月小说》19—21 号，1908. 8—10）

官逼民反的故事套路在中国历史小说中屡见不鲜，突出这方面内容的渲染、淡化政治色彩算是翻译小说本土化的表现形式之一。《伯爵虎化记》译后，陈冷感慨道：

古语有之“苛政猛于虎”，俄国之苛待党人岂特猛于虎哉?

① 陈冷《虚无党·序》，开明书店 1904 年版。

> 虎且百倍有德矣,夫虎之所以谓猛者,以其恃力而无理也。俄国之官吏恃行政之力而强冤人以党人,其无理与虎等,而搜罗严密,其难逃又甚虎百倍。斯脱砭伯爵至恃虎,足以脱大难,其想甚大奇,其心亦大可伤矣。人性之不道,不几甚于禽兽?(《小说时报》第1期,1909年10月)

此话大有深意。政府与官吏本是人民保护者,但在现实中却成为最为凶猛的禽兽,处处伺伏,时刻准备着吞噬百姓的生命。可以想见,逼人为兽的残酷的社会统治,苛政猛于虎的社会现状,只能使虚无党为制服专制者更加不遗余力。

总之,陈冷翻译虚无党小说,在摇摇欲坠的晚清专制时代,表达的是显而易见的隐喻指向。在社会学意义上,其翻译发挥着描述和阐释的功能,隐性对比的目的在于提取相似的民族灾难与痛苦,借此刺激、激励、振奋国民精神,变化社会风气。救亡图存是热血沸腾、思想偏激而文字冷峻简利的陈冷在年轻时代译著虚无党小说的终极原因。

二、启智:侦探小说

侦探小说大量译入以至形成侦探热,大约是在1907年之后。最初翻译侦探小说的二三人中,陈冷是重要的一个。他翻译侦探小说是从1903年《三缕发》开始的。选材的敏感、大胆,译著的迅速,都显示出一个文学时尚引领者对时代需要与发展的准确判断与快速行动力。陈冷翻译侦探小说的最初目的一方面在于娱乐,另一方面也在于帮助人们了解西方社会,开启智识,即“读之大有趣味,大可发人心思”①。外国侦探精确的取证、合理的推断、严谨的侦察都令人感到既在情理之中又在意料之外,新鲜有趣、叹为观止,阅读时充满智力挑战的意味。从启蒙的角度看,侦探小说的翻译不仅仅是

① 陈冷《歇洛克来游上海第一案》,《时报》1904年12月18日。

一种小说类型的推介与引入，更重要的是，它有教育学、社会学乃至国家制度建设方面的意义。不同于虚无党小说，陈冷的侦探小说都是用白话翻译。较“有趣”的有：《血痕记》、《火里罪人》、《土里罪人》（一名《侦探之侦探》）、《地中怪贼》、《决斗》（一名《金里罪人》）、《科学侦探》等等。

陈冷还由译而创作，以侦探小说形式开展社会“怪现状”的批判。《军装》、《名片》、《三五少年》、《某客栈》是他创作、发表在《时报》上的一组反映中国侦探愚昧无能、挂羊头卖狗肉式的侦探术的小说。相对于国外侦探的机智、严谨、认真，具备深刻的洞察力、准确果敢的判断力、出神入化的行动力等能力，中国侦探就显得特别无能、庸俗、虚张声势又徒有其“表”，只会跟梢、欺诈、胡乱猜疑及诬陷。此外，陈冷还调度外国名探出场，滑稽地表现他们在中国的窘境，对上海畸形、腐化的社会生活进行讽刺，《歇洛克来游上海第一案》和《吗啡案》是代表作。

三、寻新：心理小说

传统小说人物刻画以语言和动作描写为主，心理描写涉笔不多，专门以心理活动描写为主的小说类型是从国外引进的新鲜品种。陈冷是最初的引进者之一，他在此方面的努力与用心经营引起了小说界的关注，并得到肯定。

陈冷译的最早的心理小说是 1904 年的《圣人欤盗贼欤》（英国·笠顿著，《新新小说》1 年 1—3 号，1904.9.10—12.7），发表时明确标为“心理小说”，他意识到自己翻译的作品在中国小说园地里是个异种，故作标明，以引人注意。他推崇笠顿，是步日本明治年间小说界的后尘。从抱一庵主人的日文转译时，他在“附言”里提到日译本卷首有扶桑文士序文五十余家，叹为近代翻译界中，一大奇观，将其称为“杰作之杰作”。《圣人欤盗贼欤》也叫《阿罗小传》，此书有两个译本，一为平公译，译为《阿罗小传》，二册，1905 至 1906 年刊行；一为冷血译，题为《圣人欤盗贼欤》，未完。两个译本的出发点不同，

《阿罗小传》标“写情小说”，重在翻译一个言情小说，《圣人欤盗贼欤》标“心理小说”，更在意其心理活动内容和描写的独特手法。陈冷译本之所以未完是因为陈冷看到了平公译的《阿罗小传》比自己译得好，认为没有必要东施效颦，涂污他人眼目，就终止了翻译，极力推荐平公的译本，其中原委他在《阿罗小传序言》中作了交代。

陈冷翻译的心理小说中最具有特色的是1910年译的安特莱夫的长篇小说《心》（俄·痕苔著，《小说时报》第6期，1910.8.16）。小说通篇都是杀人医师亨登准备杀人过程中的心理活动的自述。以一个人的心理活动为表现中心的长篇小说对传统读者的阅读期待而言，完全是新鲜、陌生的。作者安特莱夫被译为痕苔，陈冷称其“为文均极悲壮抑郁，每于不知不觉间，使人毛骨悚然，诚希世杰作也”。正文前有“楔子”，介绍小说内容。小说最后，有陈冷的总评，告诉读者，阅读的关键点在于辨别亨登亦狂亦真的话语，何处表明他的确精神异常，何处又显示他的思维正常。此种指点阅读的评语对初次接触心理小说的读者具有导读的意义，帮助他们深度理解小说中的人物性格及其心理内涵。

阅读《心》时会有阅读《狂人日记》的那种阅读体验，神秘、紧张、阴郁、又启人深思，令人叹服在当时林纾翻译一统天下的时刻，陈冷在阅读审美方面独特的鉴赏力。能于第一时间发掘出同时代的杰出作家作品的独特风味，并将之列入世界一流的作家行列，陈冷可谓是慧眼独具了。

四、励志：戏剧作品及其他

陈冷写过一出“小戏”剧本，犹如小说，名为《儿戏》（一名《新旧纷争》，《时报》1907.4.22），图解化的味道很浓，但如果把它当成是寓言小说来看，又有很浓厚的黑色幽默气息，令人解颐，更像一幅“解构主义”小品。陈冷本人也意识到了这篇作品的“四不像”，谈到创作缘起时，他指明这是一篇“命题”小说，是为学生演出写作的话剧脚本。虽然作为戏剧，《儿戏》显得呆板、无生气，但其却颇有现代小说艺术特色。陈冷通过蒙太奇手法将一个个特写镜头串联在一起。因其笨拙、夸张与幼稚,反倒有了荒诞的怪异之美,宛如当今的"荒诞戏剧"或"先锋戏剧"。

陈冷是好学之人,因在不知戏剧的结构与写法的情况下写了一出小戏,自己不甚满意,故后来通过翻译外国戏剧作品,弥补戏剧知识方面的不足,并获得成功。他是较早翻译剧本的翻译家之一,翻译了法国柴尔时的《祖国》(《小说时报》5—6 期,1910. 6. 7—8. 5)和英国戏剧家嚣氏的《拿破仑》(《小说时报》16—22 期,1912. 7. 26—1914. 5. 15)。他选择反侵略、反压迫、争取民族独立和表现英雄气概的戏剧题材,为的是"立民志"、"励民气"。通过翻译与品读,陈冷明白了戏剧要"波澜甚变幻"、"布置极周详"(《祖国》序言)。这样的分析为后来的戏剧译介者提供了作品选择方面的借鉴,翻译剧情纵横捭阖、矛盾冲突集中而激烈的剧作,成了此后戏剧翻译的主潮。

除了以上几类题材、体裁,陈冷还翻译政治小说、探险小说、各国奇闻轶事、言情小说、日记体小说、游记、军事小说等。他还是较早翻译各国名著者:是最早翻译普希金(蒲轩根)短篇小说者,译有《俄帝彼得》(《小说时报》1909 年 10 月)、《神枪手》(与毋我合译,《小说时报》1911 年 10 月);是国内较早翻译契诃夫、安特莱夫作品的翻译家之一,1909 年翻译契诃夫(屈华夫)的《生计》(《小说时报》第 2 期,1909 年 11 月),极为传神地表达出"契诃夫"味;他还译有莫泊桑的《义勇军》、雨果的《聋裁判》、《卖解女儿》(《巴黎圣母院》的片段)、《逸犯》(《悲惨世界》的一部分)和大仲马的《窟中人》(《基督山伯爵》的一部分)、《赛雪儿》等名著。

五、思索:人性的危机

陈冷在小说翻译过程中有两点尤为可贵的探索:一是力图改造国民性,一是探究人性的硬度。对于前者前文已有所涉及,在此,着重谈谈第二点。

1904 年的《世界奇谈第一·食人会》(杜痕著,冷、绿衣译,《新新小说》1号,1904.9.10),是陈冷翻译的一部别致的小说,有些类似于今日的"恐怖小说"、"怪异小说"。小说情节是故事套故事的模式,核心故事的讲述者是议员仁加君,他讲述了一次亲身经历的可怕的旅行遭遇。在一个风雪交加的夜晚,一辆开往圣鲁易的夜火车抛锚,三十二名男子被困。为了生存,他们以抽签的方式判定生死,生者吃死者肉以延续生命。在被困的十八天内,共有三十人被吃,只有两人幸存。正当听者为此骇人听闻之事愤激异常时,车掌告诉他这吃人一幕不过是议员仁加君的幻觉而已,他曾在火车中被风雪封闭四日,车上的人多被冻死饿死,仁加君也一度绝息,复苏后一旦坐火车就精神异常,习惯性地编设"食人会"的故事。

《食人会》的主题,显然并不在于其所标榜的"世界奇谈",而是对人性的审问和考察。在其后的批解里,陈冷表露了自己译《食人会》时百感交集的心情:

> 我译此篇,我知凡为议会事,皆欲使人为其难者而已,为其易者,为之一感;我译此篇,我知凡有条理人,即至极紊乱时,亦有条理,为之一感;我译此篇,我知怨毒之于人甚,遇有机会,无不发泄,又为之一感;我译此篇,我知至最紧急时,无论如何文明,如何道德,如何高尚,而皆难靠,又为之一感;我译此篇,我知人生最紧要之事,无过口腹,故西谚有云"道德面包",又为之一感;我译此篇,我知人类所以不灭者,唯有此爱同类之心,所以闻而色变,欲告发,又为之一感;我译此篇,我知人世虽无此实事,然既有此思想,难免有此实事之时之地,又为之一感;我译此篇,我知西人仅有此思想,而我国饥馑之岁,赤地千里,人相食者时有所闻,又为之一感;我译此篇,我知食人之事,虽不多见,然世界物竞,无一非食,食人名誉,食人财产,食人事业,食人心思、才力者,无时蔑有,又为之一感;我译此篇,而我诸感交集,试问读者!

在这篇诸感汇集的批解里,陈冷对脆弱的人性表达出浓厚的悲悯感情,可分为三个层次:其一,人的怨毒心理一旦爆发,如同洪水猛兽一般不可阻挡,必然会带来灾难;其二,文明道德在生存危机面前脆不堪击,衣食足而后知荣辱,仓廪实而后知礼仪,所以中国"吃人"的现象在荒馑之年时有发生;其三,在弱肉强食的社会里,竞争的结果就是强者吞食弱者的一切,包括财产、名誉、地位、生命。虽然陈冷强调人类之所以不灭亡是因为有仁爱恻隐之心,但是社会上诸种现象往往表现出触目惊心的"吃人"的一面:在最原始的生存状态面前,人性又回归为兽性,即便在文明社会,人性在残酷竞争面前不过是变态的"兽性"而已。能在 1904 年思考人性深度与强度等问题,陈冷可谓是先锋翻译家了。

六、风格:冷血体

无论是翻译,还是创作,陈冷都很注重形成独特的叙事风格。事实上,他是在翻译实践中,形成了自己的创作风格。侠人在总结西洋小说的艺术特点时所说的一段话,非常适合概括陈冷翻译小说的艺术模式:"一书仅叙一事,一线到底。凡一种小说,仅叙一种人物,写情则叙痴儿女,军事则叙大军人,冒险则叙探险家,其余虽有陪衬,几无颜色矣。"①在这种基本上都是单线推进的译作故事模式下,他习惯以简短、冷峻、铿锵有力的语言传达原作的神韵,形成独特的"冷血体"语言风格(笔名"冷血"、冷),与热情、铺陈、汪洋恣肆的"新民体"并立,在文坛上影响很大。

如《义勇军》开首的景物描写,简练而有氛围:

> 森林寂寂,雪花怒霏,枝头冰结欲堕,上下四周,一白如海,波浪高低汹涌。[法·毛白石(莫泊桑),《新新小说》1 年 2 号,1904.10.26]

---

① 侠人,《小说丛话》,《新小说》第 13 号,1905 年。

有些类似骈文体式，对仗工整，甚至可以当作楹联来读。描写虽然简练，但幽冷洁白的冬日森林神韵却跃纸而出。人物的语言和动作多用短句，都极峻简传神，兹举《义勇军》几句，略微感受：

> 顿收拾另星木，移置炉侧，复出，闭窗，窗用粗木之樫木作闩。闩后，复入内，将门户重锁。
>
> 其母坐于炉侧绩系，为一年老婆，见少妇来，叹曰："汝父不在家，甚不便，妇女子无能为事。"
>
> 少妇笑，视壁短铳，答曰："阿母勿忧。普鲁士兵队来，狼来，有敢无礼者，儿能杀之。"

少妇的干脆、利落、谨慎、自信、勇敢、果敢、爱国在短短几行语句中就充分表现出来，这固然是由于作者描写精彩，但若没有译者的传神笔力，读者也不能欣赏得如此惬意，陈冷二度创作的功力何其了得！

《巴黎之秘密》的翻译，同样通顺平畅、紧凑，节奏感很强，画面感也很强。陈冷在"附记"中评价日译者抱一庵主人"其翻译欧文小说，多奇气，有笔力"，这话同样适用于评价他自己的翻译，如第二回《可怜儿》中的一段，格外精彩：

> 玛苓又云："老婆原一大饮酒家，老婆之饮酒亦为欲妾大泣，欲得多金之一原因。老婆饮后，又押妾归锻冶屋之天井里。老婆既入天井，急闩门，下重闩。妾于此时即投地下，伏老婆前，泣请窃食果子事。老婆不答，切齿骂："山羊仔！今宵汝腹已鼓，尚何求少待！少待，老娘好处置汝！"斯时，老婆又起而开户，取长铁箝来。
>
> 尼忽烈问云："铁箝？"
>
> 玛苓娘云："然！铁箝。"
>
> 兰士布曰："用以敲打汝欤？"
>
> 尼忽烈曰："用以剪汝手足之指欤？"

玛苓忆起当时之情状，尚战栗曰："否！否！为拔妾之齿。"

至此，尼忽烈之怒已达绝顶，自椅子上突立足，怒鸣，椅子辟易。

兰士布曰："老婆真欲拔汝之齿欤，抑仅威吓汝欤？"（巴法·希和氏，日·抱一庵主人译，冷血重译，《新新小说》1年2号—3年9号，1904.11.26—1906.6.22）

简短、一句一段的对话，立时将玛苓的孤苦无助，枭婆的恶毒狠辣，尼忽烈的疾恶如仇、鲁莽冲动，兰士布的关切同情与思考缜密、逐步推理又葆有冷静的性格特征，神情毕肖、力透纸背地显现于读者眼前。若非有良好的文学鉴赏力与表达力，即便是翻译也较难出彩。这种纯由人物对话构成的独立段落的模式，后来成为陈冷自著小说的特征之一。

七、评价与影响

对于陈冷的翻译，胡适曾给予高度的评价：

> 冷血先生的白话小说在当时译界中确要算很好的译笔……这些译本，如《销金窟》之类，用很畅达的文笔作很自由的翻译，在当时最为适用。（《十七年的回顾》）

"最为适用"是很高的评价，表明陈冷顺应了时代的需求和风尚，又引领了时代的潮流。翻译的风格被读者接受、喜欢，乃至模仿是一个翻译者最大的成功和荣耀了吧。1909年11月6日《时报》登有《新出〈小说时报〉广告》："本报乃冷血、天笑两先生为笔政主任，所登之作，两先生之稿居十之七八。"说明陈冷和包天笑的小说风靡当时的盛景。第一期《小说时报》中，"冷"的作品七篇，其中五篇是翻译"各国时事"（小说形式）。由于陈冷小说的魅力，《小说时报》的销路很好，《时报》1909年11月16日刊出《小说时报》减价的原因：

> 本报自出版以来未及一月已销行至两千余份，销数既多，本社成本亦较合算，故特格外廉价，自十月初三起一律每册售大洋六角，全年十册，大洋五元五角，已定全年者照价加册数算可也。再，第二期不日出版，特此预告。

这则广告数字未必真确，但也可能真是销量如此之好。销量之好与陈冷小说独特的写作、翻译风格，异样的选稿眼光及别出心裁的编辑策略密不可分。他翻译的许多小说事过多年仍居于畅销小说之列，1927 年《上海画报》的畅销小说广告中，他 1905 年翻译的《侠客谈》赫然在列，其翻译之成功于此可见一斑。

陈冷的翻译影响、启发了后来者的翻译风格。鲁迅和周作人都曾模仿过陈冷的译笔，而对鲁迅的影响更大一些。鲁迅推崇"任个性而排众数"，与陈冷鼓吹暗杀的美德，精神内涵一致，都体现了对先觉者的期待，而且他们的行文都冷峻、犀利，极为神似。这里既有个性的相似，也有潜意识的影响。笔者推测鲁迅的《狂人日记》受过陈冷自著小说《催醒术》的启发，至少那种"被误解"的先驱者姿态与"冷"的笔调是他们小说共有的特征，而陈冷"笔苛如剑"的时评风格也被鲁迅在其杂文中发扬光大。可以断言，当年锋芒毕露、而后被人渐渐忘却的陈冷，他的文字一定哺育过"新文学家"们，是新文学起步的一块基石。

（作者系复旦大学博士生）

谈谈幽默用典

朱焱炜

用典，古人叫做用事。《文心雕龙·事类》说："事类者，盖文章之外，据事以类义，援古以证今者也。"① 援引前人故事或有出处来历的词句，不仅能证明自己的观点，而且能使文章委婉含蓄，典雅精炼。古人为文，很少有完全不用典的。魏晋以后，骈体文盛行，用典更从一种修辞的手段上升为一种文体的特点。然而，考历代文章流变，大致可分二种：一种是立言以求不朽之文，如策论、诗赋、正史之类；一种是被君子目为"小道"之文，如小说戏曲、笔记野史之流。因此，用典也相应地分为两种方式：一种是坐实的，究其根底，不过是一种引用的手段；另一种是虚实相间，或所引属实，而作者所引之意与原意相去甚远，主要用来娱人与讽刺，不仅是引用，更是一种再创作的手法。论其风格，则一严肃、一活泼；一沉重、一轻快，姑且名之曰典雅的用典法与幽默的用典法。

幽默用典法不同于典雅用典法之处，首先在于它不取本义，或与本义联系不多。其次是形式上，或不变或变，即有时直接用原典，有时加以再创作。

直接用原典的，形实而意虚，往往曲解本义或置于某种情境下

按：本文原载《修辞学习》2003 年第 3 期，总第 117 期。

① 刘勰著、周振甫注《文心雕龙注释》第 411 页，人民文学出版社 1981 年版。

使产生幽默感。如《夷坚志》载，秦桧之子熺、侄昌时、昌龄同时高中，优者做戏笑曰："若不是韩信，如何取得他三秦！"①利用韩信取三秦的典实，谐义的手法，达到了讽刺目的。又如《张协状元》中有山神、判官、小鬼斗嘴一段，山神小鬼互相埋怨，判官干预："两个都合着口！"小鬼回敬："两个和你，莫是三人？"这时，判官信口添上一句："必有我师。"②前言后辞，并无必然联系，警句却作谑句使用，平添无限机趣。"孟光接了梁鸿案"，《西厢记》中红娘用来讥莺莺瞒着自己主动约张生西厢幽会，而《红楼梦》中则被宝玉用来询问钗黛和好之由，都已不复原典之意。

第二类是取其一点，加以再创作。或取其言，加以改造。如宋张端义《贵耳集》（卷下）载："史同叔为相日，府中开宴，用杂剧人。作一士人念诗，曰：'满朝朱紫贵，尽是读书人。'旁一士人曰：'非也，满朝朱紫贵，尽是四明人。'自后相府有宴，二十年不用杂剧。"③又明文林《琅琊漫抄》载："保国公朱永掌十二营役兵，治私第。丑作儒生诵诗，因高吟曰：'六千兵散楚歌声。'一人曰：'八千兵散。'争之不已。徐曰：'尔不知耶？二千在保国公家盖房。'于是宪庙密遣太监尚明察之，保国即撤工，赂尚明，得止。"④

或取其人，而虚构其事。如《牡丹亭》有意把柳梦梅、韩子才、杜丽娘说成是柳宗元、韩愈、杜甫的后代，如此一来则可讽、可赞、可发：讽世之假托祖先以沽名者；赞彼此人物之都丽，各有身份；发思古之情，兴来之感。金批《西厢》云："余文，任意挥洒，乃是砚北人从来乐事。"⑤

---

① 洪迈撰、何卓点校《夷坚志》第822页，北京中华书局1981年版，"优伶箴戏"条。

② 钱南扬校注《永乐大典戏文三种校注》第56页，中华书局1979年版。

③ 《笔记小说大观》第2441页，台北新兴书局有限公司，1978年版，4编第4册，《贵耳集》。

④ 《笔记小说大观》第3789页，台北新兴书局有限公司，1978年版，6编第7册，《琅琊漫抄》。

⑤ 金圣叹评，傅开沛、袁玉琪校点《第六才子书西厢记》第145页，中州古籍出版社1987年版。

如此用典，正可使人挥洒淋漓。又叶绍翁《四朝闻见录》，载优人演韩侂胄事。其中，樊迟、樊哙都实有其人，而樊恼则是针对韩侂胄用谐音的手法虚拟出来的①。此外，这一类的俗语也很多，如“关公战李逵——大刀阔斧”、“张飞穿针——大眼瞪小眼”等等。

以上是在事实之外，进行加工创作的一类。需要说明的是，它不同于杜撰典故。虽然也有虚构，但它是建立在有案可查的典故的基础上的，是对前人前事的发挥，既不同于《庄子》里有些寓言的缥缈无迹，也不同于宝玉“西方有石名黛”，林子洞里的香芋之类的信口开河。其次，名为幽默用典，总要有一点令人解颐、发人深省的东西。东坡虚构了个“皋陶曰杀之三，尧曰宥之三”的故事，以宣扬仁恕之道，用法典雅，几可乱真，显然也不能算在幽默用典之列。

幽默用典法遣古人于笔下，用古语如己出，虚实相间，挥洒自如。它游戏历史，弄文笔底，虽则虚构，却又煞有介事。莞尔之余发人沉思，插科打诨又不失风雅。在其发展过程中，它也出现了两种极端：文人的往往伤于纤巧，成了费人猜疑的文字游戏，如夏穗卿称梁启超为“佞人”②；大众的则往往流于低俗，岂但毫无深意，甚至不能卒读，如《牡丹亭》中石道姑以《千字文》表出身一段。只有这两者的中和，才能产生优美通俗的作品，特别是在戏剧舞台上，才能抓住各层次的观众。

综上所述，用典不仅有典雅的一面，也有幽默的一面。在某种

---

① 见《笔记小说大观》第 451 页，台北新兴书局有限公司 1983 年版，6 编第 1 册，《四朝闻见录》“优伶戏语”条：“韩侂胄用兵既败，为之须鬓俱白，困闷莫知所为。优伶因上赐侂胄宴，设樊迟、樊哙，旁有一人曰樊恼，又设一人揖问迟：‘谁与你取名？’对以夫子所取，则拜曰：‘是圣门之高弟也。’又揖问哙曰：‘尔谁名汝？’对曰：‘汉高祖所命。’则拜曰：‘真汉家之名将也。’又揖恼云：‘谁名汝？’对以樊恼自取。”

② 旧训诂释“佞”为“才”，《庄子·天下篇》称墨子为“才士”，而梁启超正是好墨学而多才之人。见《饮冰室合集》第五册文集之四十四第 18 页，中华书局 1989 年版。

程度上，这两种用典手法体现了儒家文化与道家文化对民族心态的双重影响。前者固然不容小觑，后者也自有它不可忽视的广阔舞台，雅与俗，在此找到了契合点。

（作者系上海大学教师）

“士志于道”？

——对于“文人”演变的历史勾勒

黄飞立

“文人”是中国历史上对某一类人的统括性称谓，至今仍沿用不衰，然而学界在使用这一称谓时却对称谓本身没有做过充分研究，其内涵和外延的界定与分析仍嫌模糊和不足。本文尝试对这一概念性称谓略做梳理和研判，以期推动相关研究的深入开展。

先从“知识分子”这一现代观念入手进行考察。

“知识分子”(intellectuals)是产生于近代西方的概念①，其内涵十分复杂，因为“西方”本身就不能视为一个整体，各国的知识分子都有不同的特质和表现形态，更何况“知识分子”一直都在不断地演化和变异，西方学界特别是近二三十年来围绕知识分子的诸多思考和讨论就反映了这种状况。但尽管有着这样那样的不同，对于“知识分子”的定义，或者更准确地说，对于“知识分子”所表征人群应该具有的核心特质和人格范型，则形成了一个近乎一致的认识，即“现代意义的知识分子也就是指那些以独立的身份、借助知识和精神的力量，对社会表现出强烈的公共关怀，体现出一种公共良知、有社会

① 对于这一通译，余英时认为改用“知识人”一词更确切也更符合其主体价值与定位，是对“人”的尊重。见氏著《士与中国文化》新版序，上海人民出版社 2003 年版。以下引文出自该书者均只标明作者和页码。

参与意识的一群文化人"①。作为"社会的良心",知识分子负有在批判与改造社会中冲锋在前的重任,即所谓社会批判者(socialcritics)。他们不是以阶层相认同,而是以精神、文化为感召。由此可以发现,知识分子更像是中国古代的"士"或"士大夫",他们之间存在着一种精神上的联系,而随着中国古代"士农工商"四民社会的解体和1905年科举制度的废止,对于受过一定教育的中国人,人们也渐渐以从西方引入的"知识分子"一词称之。用"知识分子"一词,既表明人们对这一人群所沿袭的士传统的尊敬和接续,更意味着随着社会条件和环境的变化,这一人群已不再是古代的士,其定位、性质、作用更接近源出于西方的知识分子内涵。关于"士"和现代意义上的"知识分子"的差别,我认为主要是以下几个方面。首先,"知识分子"一词所包含的西方近代化以来的技术因素及其对人和社会结构的根本性影响与中国古代士人所接受的教育背景、内容与方式及所期望达致的目的在本质上是极为不同的。再者,与西方知识分子把批判改造社会看作是全民共有的义务不同②,士更愿意将这一任务当作是自己独有的责任,所谓"士不可以不弘毅,任重而道远。仁以为己任,不亦重乎?死而后已,不亦远乎"③。最后也是极为关键的,在于士并不是一个独立的群体,他们依附于皇权和主流意识形

① 许纪霖《知识分子死亡了吗?》,见氏著《中国知识分子十论》,第4页,复旦大学出版社2003年版。

② 尽管福柯认为知识分子的任务是扮演毁灭性的角色,破坏体制意识形态的供给线,而鲍曼认为知识分子的使命是建设性的,二者之间有很大差异,但前者认定的具有破坏性的知识分子是紧密联系群众的,而后者心目中知识分子的建设性表现在依靠制造适合于民众的观点赋予他们以力量,即不论是批判改造抑或是建设社会,普通民众与知识分子一样都是参与这个过程中的一份子。可参看丹尼斯·史密斯(Dennis Smith)《后现代性的预言家:齐格蒙特·鲍曼传》(Zygmunt Bauman: Prophet of Postmodernity),萧韶译,第214页,江苏人民出版社2002年。

③ 《论语·泰伯》。《十三经注疏》,中华书局1980年影印阮元校刻本。以下"十三经"引文除注明者外,均出自该刻本。

态，宋代士人所期许的"得君行道"的理想图景正是对士本身地位的一个侧面写照，由于这一现实状况，士更加强调的是内心的超越，而这也对中国传统的文艺产生了内质的决定性的影响。总之，相较于西方土壤中生长出来并被我们移植的"知识分子"，"中国史上有一个源远流长的'士'阶层似乎更集中地表现了中国文化的特性，也似乎更能说明中西文化的异质之所在"①。

其实，综观人类历史，在各个文明产生文字之初，掌握文字的始终是极少数人，由于文字符号的神秘性，普通人对文字及其掌握者充满了尊崇与敬畏，因此在上古，巫、宗教长、文字记录者等等身份经常叠加在一个人身上，这是早经人类学家指出的事实。随着文明的进展，逐渐出现分化，有的成为专门神职人员，有的神性隐退，只因对于文字和过往文献的熟练掌握而立身权门，这样一些人逐渐形成一个阶层，即后世知识分子的雏形。在中国同样如此，上古"巫史不分"，文字被认为具有惊天地、泣鬼神的巨大力量，直到汉代文献中仍保留着这种观念的遗存，如《淮南子·本经训》就说："昔者仓颉作书而天雨粟鬼夜哭。"高诱注："仓颉始视鸟迹之文造书契，则诈伪萌生；诈伪萌生，则去本趋末，弃耕作之业而务锥刀之利。天知其将饿，故为雨粟；鬼恐为书文所劾，故夜哭也。"②张光直把"天雨粟，鬼夜哭"视为中国古代神话中"极为罕见的高兴事件"，并把中国文字视为"通向权威的路径"③。文字持有者也因此被认为能够沟通天地人神。然而在西周迥异于殷商的礼乐文化和理性精神的熏染

① 余英时，引言。

② 刘文典《淮南鸿烈集解》，中华书局1989年版。

③ Kwang-chih Chang, Art, Myth and Ritual: The Path to Political Authority in Ancient China (Cambridge, Mass.: Harvard University Press, 1983), p. 81. 转引自张隆溪《道与逻各斯——东西方文学阐释学》(*The Tao and the Logos: Literary Hermeneutics, East and West*)，冯川译，第46页，江苏教育出版社2006年版。

下①,巫从主流话语和大传统(greattradition)中消隐,或明或晦地转入民间和小传统(littletradition),掌文者独立出来,所谓“史官”是也,成为“士”之前身,但绝不是士,下面将有详论。“士”之所指最初只是封建等级制中之一级,有具体职掌,因此,讨论“士”的起点应在西周封建制的建立②。

封建制下等级森严,社会结构呈金字塔形。诸侯受封国于天子,卿大夫受采邑于诸侯,士受禄田于卿大夫。周天子有天下,诸侯有国,卿大夫有家,担任家的官职的通常是士,称为家臣。《左传·昭公七年》:“王臣公,公臣大夫,大夫臣士。”可见后世经常连称的作为一个群体的“士大夫”,在最初士与大夫是分属于不同阶层和等级的,士隶属大夫,由此而导致其职能与生活准则、行为方式的差异。《国语·鲁语下》记载敬姜之语,说到卿大夫的一日作息为:“朝考其职,昼讲其庶政,夕序其业,夜庇其家事,而后即安。”③而士则是:“朝而受业,昼而讲贯,夕而习复,夜而讨过无憾,而后即安。”至于广大被统治的庶人及以下就仅仅是“明而动,晦而休,无日以怠”了。

---

① 王国维云:“中国政治与文化之变革,莫剧于殷周之际。”见氏著《殷周制度论》,《观堂集林》卷十,中华书局1959年版。

② 由于马克思的社会发展五阶段说只是基于观察西欧历史的结果,因此五阶段之一的“封建社会”在马克思那里是一个有着明确规定性的范畴。而在东方国家中,马克思自己认为除了日本以外都不是封建国家。今天中国人文社会学科研究和表述中所沿用的泛化封建观实际来自于前苏联斯大林所概括的西欧模式,文本依据即《联共(布)党史简明教程》,既缺乏充分的马克思的文本依据,又存在着明显的理论缺陷,也没有世界性的普遍的事实依据,在被误用的同时凭借着官方意识形态的推动成为了一个没有预设前提和范畴界定的“日用而不觉”的概念。事实上中国历史中漫长的土地自由买卖的存在和专制君主制度与马克思表述的封建社会是绝不相容的,故本文所用“封建”一词只取其本来义:封地建国。可参见:冯天瑜《“封建”概念辨析》,载《社会科学战线》2006年第5期;冯天瑜《“封建”概念的再认识》,载《清华历史讲堂初编》,三联书店2007年版。事实上,钱穆在上世纪三十年代已对“封建社会”的滥用提出了质疑,可参看其《国史大纲》引论,商务印书馆1994年版。

③ 徐元诰《国语集解》,中华书局2002年。

就士而言,最初的士是武士,如顾颉刚所说:"吾国古代之士,皆武士也。士为低级之贵族,居于国中(即都城中),有统驭平民之权利,亦有执干戈以卫社稷之义务,故谓之'国士'以示其地位之高。"①春秋以后才逐渐演变为文士,"宁越不务农,苏秦不务工、商,而惟以读书为专业,揣摩为手腕,取尊荣为目标,有此等人出,其名曰'士',与昔人同,其事在口舌,与昔人异,于是武士乃蜕化为文士"②。《诗经·伯兮》:"伯也执殳,为王前驱。"胡承珙《毛诗后笺》卷五云:"此执殳之旅贲则为士。《曲礼》:'列国之大士入天子之国曰某士。'注云:'三命以下于天子为士。'卫之君子为王前驱者,自是诸侯大夫,于王朝则为士耳。"③解说颇曲折,却显露出士的职能与身份转变的遗痕。而朱东润先生在考察《毛诗》序、传中士与卿、君子、大夫诸称相连的用例后说:"今总《诗序》、《毛传》以论,知士之为言,有广义,有狭义:自狭义言之,则其地位下于大夫一等;自广义言之,则大夫可以称士,诸侯可以称士,乃至天子之卿士亦可以称士。以今日通行语解之,则所谓统治阶级也。"④《毛传》不必论,即《诗序》的产生年代亦公认不会早于战国,故狭义与广义的区别无非是封建制消亡过程中"士"这一称谓所涵盖人群与阶层变动的反映而已,朱先生所说广义的士即"统治阶级"虽嫌笼统,还需细析,但基本上代表了这一有了新的界域的阶层。那么,需要进一步追问的是,为什么我们今天所理解的士会形成于春秋之后,他们又以什么来自我确认并标榜于其他人群之外?

---

① 顾颉刚《武士与文士之蜕化》,见氏著《史林杂识初编》第 85 页,中华书局 1963 年版。

② 同上,第 88 页。其实不论是文士还是武士,士始终是受教育最多的人,只不过教育内容有所不同,由此导致了文士和武士在社会身份和人生取向上的差异,而这也体现了春秋之前及之后社会本身的差异。关于此点,较简明的阐述可参看张荫麟《中国史纲》第二章第六节"士",商务印书馆 2003 年版。

③ 胡承珙《毛诗后笺》,黄山书社 1999 年版。

④ 朱东润《国风出于民间论质疑》,见氏著《诗三百篇探故》第 6 页,云南人民出版社 2007 年版。

春秋战国之际是中国历史的大变局，一个重要表征便是诸子百家的兴起。对这一点需略作分析，以期尽量接近历史之实相，使对士与文人之分析更加切实。我们今天对先秦诸子的看法基本不脱司马谈《六家要旨》、班固《汉书·艺文志》(实本刘向《别录》及其子刘歆据以撮录的《七略》，值得注意的是，先秦典籍基本均经过刘氏父子整理)所定之基调。《史记》卷一百三十《太史公自序》引其父所论六家之要指云："《易大传》：'天下一致而百虑，同归而殊途。'夫阴阳、儒、墨、名、法、道德，此务为治者也，直所从言之异路有省不省耳。尝窃观阴阳之术，大祥而众忌讳，使人拘而多所畏，然其序四时之大顺，不可失也；儒者博而寡要，劳而少功，是以其事难尽从，然其序君臣、父子之礼，列夫妇、长幼之别，不可易也；墨者俭而难遵，是以其事不可遍循，然其强本节用，不可废也；法家严而少恩，然其正君臣上下之分，不可改矣；名家使人俭而善失真，然其正名实不可不察也；道家使人精神专一，动合无形，赡足万物，其为术也，因阴阳之大顺，采儒、墨之善，撮名、法之要，与时迁移，应物变化，立俗施事，无所不宜，指约而易操，事少而功多。"①虽依托黄老立论，但后世所理解的诸子格局及各自的思想倾向却基本定型。《汉书·艺文志》之"诸子略"更分诸子为儒、道、阴阳、法、名、墨、纵横、杂、农、小说十家，并各以若干著述充实之，然除立论视角、评判标准由司马谈的黄老转为儒家外，对诸子的基本划分以及对每家特点的理解和把握却并无实质上的不同。"诸子略"之《总序》云："诸子十家，其可观者九家而已②。皆起于王道既微，诸侯力政，时君世主，好恶殊方，是以九家之术蜂出并作，各引一端，崇其所善，以此驰说，取合诸侯。其言虽殊，辟犹水火，相灭亦相生也。仁之与义，敬之与和，相反而皆

① 司马迁《史记》，中华书局1957年版。

② 儒家作为修身立命之本自不可观，另外九家作为"他者"才是可观的对象，以资儒者之借鉴。

相成也。《易》曰:'天下同归而殊途,一致而百虑。'"①连据以证明自己观点的引文也几无二致。然而当我们穿越这些典范式地矗立在历史中如三棱镜一般的汉代文献,回到战国时人对自己所处时代精神状况及造成这一状况之稍早时代思想动向的描述中时,我们就会发现头脑中原本清楚的、习知的"百家争鸣"突然间变得模糊了、陌生了,我们需要不断地追问:所谓某某家、某某学派是真的实际存在过还是仅仅是由"后见之明"追溯和勾勒出来的?即使此家此派历史地存在过,其在思想界、历史上的真实地位又如何?所谓各家各派真的就像我们现在所见的那样泾渭分明、互不融通还是别有其存在样态?

《庄子·天下》篇对春秋战国之变局及其时思想状况的称述如下:"天下大乱,贤圣不明,道德不一,天下多得一察焉以自好。……是故内圣外王之道,暗而不明,郁而不发,天下之人各为其所欲焉以自为方。悲夫,百家往而不反,必不合矣!后世之学者,不幸不见天地之纯,古人之大体,道术将为天下裂。"②(着重号为引者所加)所裂之道术存于以下诸家:"不侈于后世,不靡于万物,不晖于数度,以绳墨自矫而备世之急"的墨翟、禽滑釐;"不累于俗,不饰于物,不苟于人,不忮于众,愿天下之安宁以活民命,人我之养毕足而止,以此白心"的宋钘、尹文;"公而不当,易而无私,决然无主,趣物而不两,不顾于虑,不谋于知,于物无择,与之俱往"的彭蒙、田骈、慎到;"以本为精,以物为粗,以有积为不足,澹然独与神明居"的关尹、老聃;向慕"芴漠无形,变化无常,死与生与,天地并与,神明往与!芒乎何之,忽乎何适,万物毕罗,莫足以归"境界、"独与天地精神往来而不敖倪于万物"的庄周以及辩者惠施、桓团、公孙龙。这样的区隔与定性与我们的习见并不太相同。再来看荀子的记述。荀子原道、征圣、宗经的主张对经学史及古代文艺理论的影响颇大,而且其将原

① 陈国庆《汉书艺文志注释汇编》,中华书局1983年版。
② 郭庆藩《庄子集释》,中华书局1961年版。

始儒家的礼引向法以趋成大一统的作法经由其弟子李斯和韩非最终为后来实际的政治世界所接受，这些已较多为学界所提及，而很少有人谈到荀子在《非十二子》一篇中所描述的与其自认为所代表的儒家道统相对立的诸家，而这与我们所熟知的也并不同。荀子云："今夫仁人也将何务哉？上则法舜、禹之制，下则法仲尼、子弓之义，以务息十二子之说，如是则天下之害除，仁人之事毕，圣王之迹著矣。"①以十二子为代表的"六说"在当时社会和思想界必煊赫一时，故荀子在正本清源时要特意将其提出、归纳作为标靶以申明己说。这"使天下混然不知是非治乱之所存者有人"的十二子中有十子是不法先王和孔子的："纵情性，安恣睢，禽兽行，不足以合文通治"的它嚣、魏牟；"忍情性，綦溪利跂，苟以分异人为高，不足以合大众，明大分"的陈仲、史䲡；"不知壹天下、建国家之权称，上功用、大俭约而僈差等，曾不足以容辨异、县君臣"的墨翟、宋钘；"尚法而无法，下修而好作，上则取听于上，下则取从于俗，终日言成文典，反紃察之，则倜然无所归宿，不可以经国定分"的慎到、田骈；"不法先王，不是礼义，而好治怪说，玩琦辞，甚察而不惠，辩而无用，多事而寡功，不可以为治纲纪"的惠施、邓析。这五说均是"其持之有故，其言之成理，足以欺惑愚众"，为祸不浅，然其害却远不如虽法先王和孔子却不得其要而误入歧途的另外二子："略法先王而不知其统，犹然而材剧志大，闻见杂博，案往旧造说，谓之五行，甚僻违而无类，幽隐而无说，闭约而无解，案饰其辞而祗敬之曰：此真先君子之言也。子思唱之，孟轲和之，世俗之沟犹瞀儒，嚾嚾然不知其所非也，遂受而传之，以为仲尼、子游为兹厚于后世，是则子思、孟轲之罪也。"而韩非子对当时真正具有后世学派意味的所谓"显学"——儒墨二家的实际存在形态进行了描述："世之显学，儒墨也。儒之所至，孔丘也；墨之所至，墨翟也。自孔子之死也，有子张之儒，有子思之儒，有颜氏之儒，有孟氏之儒，有漆雕氏之儒，有仲良氏之儒，有孙氏之儒，有

① 王先谦《荀子集解》，中华书局 1988 年版。

乐正氏之儒；自墨子之死也，有相里氏之墨，有相夫氏之墨，有邓陵氏之墨。故孔墨之后，儒分为八，墨离为三，取舍相反不同，而皆自谓真孔墨。孔墨不可复生，将谁使定后世之学乎？孔子墨子，俱道尧舜，而取舍不同，皆自谓真尧舜，尧舜不复生，将谁使定儒墨之诚乎？"①通过以上引文我们得到了另一个诸子图景：儒、墨的确是战国时的思想大端，但包括儒、墨在内的各家各派都是四分五裂的（从这个角度来理解"百家争鸣"似乎更切合实际），而且更为重要的是，这些不同的派别未必门户森严、界线历历，它们更多或者主要是呈现出一种你中有我、我中有你甚至共生的态势②。再者，从汉代人开始所理解的某些派别也许并不存在。比如说，所谓"阴阳家"是没有的，"阴阳五行"观念是各家所共享的，由此观念所支撑的方技、数术等形而下的具体知识是诸子思想的基础。再比如"道"也并非道家所独有，而是各家所共执的，只不过是各执一端而已，从这个意义上我们也许才能理解《庄子·天下》篇中所说的"道术将为天下裂"；而汉人所说的"名家"实际上属于可以宽泛地理解的道家，他们更加强调道家所看重的语言超越问题。还有"法家"，就像荀子思想的接受史及其自身学说的传授关系所表明的，只不过是儒家政治思想与权力中心实用策略的结合，所谓儒法之争只是偏向的争论，王霸之道向来一体。至于"纵横家"，也许看作一种职业更为合适，因为他们并无基本立场，遑论思想、派别！而"杂家"的称谓与提出更足以凸现先秦诸子本身的复杂状况。如此回过头来再看以上二段引文，便不会对庄周与老聃的离析以及宋钘与墨翟的分合感到奇怪了，重新变得模糊不清的诸子图像是否反而离真相更近？

以上扯得稍远了一点，但对于本文主旨的理解也许并不是没有

① 王先慎《韩非子集解》卷十九《显学第五十》，中华书局1998年版。

② 钱穆先生对此有相当详尽的分析，可参其《先秦诸子系年》，中华书局1985年版。

助益。诸子百家的兴起与发生是关键性的，它是所谓“礼崩乐坏”的结果，“而礼乐则是章学诚所谓官师政教合一的古代王官之学，也就是古代学术的总汇。论中国古代知识阶层的思想背景，首先必须着眼于此。《庄子·天下》篇论古之‘无乎不在’的‘道术’分散为诸子百家，最能得其真相”①。于是，最先社会地位较低的有着较强人身依附关系的武士，在这样一个大环境转变的影响下，转化为较为自由的文士，原先地位较高的从巫分化出来的史官，也就是章学诚所说的古代王官之学的代表，也在“礼崩乐坏”之后散入士阶层。尽管文士之间的理念差别不像我们后来追溯的那样明显，但作为当时显学的儒、墨两家的存在与分立却是不容否认的事实。然而尽管如此，“儒、墨两家先后兴起，导夫诸子之先路，所言之‘道’不同，而所表现‘士志于道’的精神则一。这是很可玩味的”②。这个可玩之“味”，应该就在于不仅是作为一个群体、一个阶层的“士”已经形成（正如上文所说，西周初始行封建制时这一阶层就已存在），更为重要的是，这个群体的精神特质亦就此确立，而这才是我们说“士”已登上历史舞台的关键。

“士志于道”之语相传出于孔子③，无疑是孔子对于“君子”人格理想与典范的一种期许，那么，“道”的内容和指向又是什么呢？《左

① 余英时，第20页。余英时将这一变化类比于公元前三世纪古希腊哲学大盛时期，即所谓“哲学的突破”（Philosophic Breakthrough），而这一时期也就是雅斯贝尔斯（Karl Jaspers）所艳称的“轴心时代”（Axial Age）。从社会结构来看，封建制的瓦解与崩溃与“哲学的突破”是一个事物之两面，在这个过程中，“‘士’从固定的封建身份中获得解放，变成可以自由流动的四民之首，严格意义的知识分子才能出现于古代中国。”有了这个必要条件，春秋战国时期这一“哲学的突破”的结果，便是“在社会上形成了一个显著的集团”，“他们可以说是‘知识分子’的最初型态”，见上引余著同书第22页、第80页。帕森斯（Talccot Parsons）也认为，经过“哲学的突破”，各文明都产生了类似后世知识分子的群体。

② 同上，第32页。

③ 见《论语·里仁》：“子曰：士志于道，而耻恶衣恶食者，未足与议也。”

传》昭公十八年所记载的子产的一条有名的言论透露了其中消息:“天道远,人道迩。非所及也,何以知之?灶焉知天道?”可以视为以子产为代表的士对自己所志之道的指向与性质的规定和描述,而这“道”,并不仅仅适用于所谓儒士,其实不论是诸子百家的哪一家,“道”最终都是趋一的。司马谈看得通透:“夫阴阳、儒、墨、名、法、道德,此务为治者也。”司马谈对诸子图景的描绘虽不免以己意强分派别,已如前述,但对诸家学说终极指向性的同一判断却是不差的。也就是说,对“天道”的疏离,对“人道”特别是人间秩序安排的关切,使得诸子中即使是那些更重纯思辨、更有离世倾向的派别也最终要归结到治国平天下的路子上去,而这也成为士所志之道始终不渝的核心内涵。这并不难理解,因为“道”本身就源自古代官师政教合一的礼乐传统,“礼崩乐坏”之际虽散在诸子百家,但安排人间秩序这一文化传统并未随之改变。因此,士阶层根据“道”来批评和改造政治、社会并将其视作自己存身立命之本便毫不奇怪了。《荀子·强国》曰:“不比周,不朋党,倜然莫不明通而公也,古之士大夫也。”虽属理想化的追溯,但对士人独立人格及以之为前提展开的公义批判的期待却是显见的。基于这一点,士自始至终注意自己的内在修养,因为这是唯一可见的“道”的外显形态和不致使自己疏离于外的内在保证。“‘修身’最初源于古代‘礼’的传统,是外在的修饰,但孔子以后已转化为一种内在的道德实践,其目的和效用则与重建政治社会秩序密不可分”①。因此,合法化的、制度化的政治批判便成为修身的一个重要文化特征,士虽出仕,但仍以“明道救世”为其最终目的。直到今天,这一文化特征仍时隐时现地在中国知识分子的身上显现出来。

《说苑·修文》对士的描述是:“辨然否,通古今之道,谓之士。”②如果说士的精神气质在春秋战国大变局之时已基本定形的话,那么与《说苑》成书相距不远的《汉书·食货志》中对士的另外一

① 余英时,第110页。

② 向宗鲁《说苑校证》,中华书局1987年版。

种说法“学以居位曰士”①(着重号为引者所加),则是社会变化所引起的士的社会身份及其地位变化的一种反映与定位,而这个“士”才是我们讨论的对象,即士大夫,亦即在封建时代居士之上的大夫阶层在郡县制普遍实行后已基本由士构成,并通过自汉发端至唐宋成熟的科举制愈加巩固。虽然自东汉后士大夫阶层最初以德行、其后由士族寒门对峙划分为上层、下层,但经由隋唐科举至宋,这一差别已不复存在。尽管有人认为士与士大夫之间并不能画等号,做了官的士才可称之为士大夫,但我认为二者并不能做如此判分。士是这一人群的统称,居位为士,不居位也是士,只不过大致可以说居位者负政治责任,不居位之士掌教化,但居位之士在履行政治之责时仍自觉地担负起教化的使命,苏轼被贬之地皆因其提倡而教化大兴便是明证,而不居位者多不在城而是在乡,可称为士绅,此为士或者说士大夫之基层,士绅不仅一向以耕读为荣和标榜(实则是以教化为己任的一种表现),更在地方行政与治理中扮演了与流官一样甚至是更为重要的角色,这已为中外学者普遍指出。看似城、乡,政、教两两相对应,实则不容作如此区分,城亦教、乡亦政,析言之则如上。因此,士大夫只是从社会角色、权力结构角度着眼的一种称谓,《汉书·食货志》“学以居位曰士”的说法亦可作如是观。从汉代开始,士大夫与从前之士的一个重要不同便是拥有了深厚的社会经济基础,这可从两个方面突出地看到:“一是士和宗族有了紧密的结合,我们可以称之为‘士族化’;二是士和田产开始结下了不解之缘,我们可以称之为‘地主化’或‘恒产化’。”②这一点变化是重要和关键的,它使得从东汉后期开始经由魏晋,士的内心超越的另一种路向成为可能③,从而形成中国的士与西方知识阶层迥别的异色,亦成为中国文化的一个独特表征。《世说新语》便是一个显例。这部书

① 班固《汉书》,中华书局1962年版。
② 余英时,第52页。
③ 当然亦与政治环境及所谓“三玄”有关,其间关系较复杂,可另辟专文述之。

所记录的士人们希慕的精神境界与儒家对修身的要求不大一样，它的结集出现或可标志这种追求已成为士的潜意识的主要组成部分之一。该书起于对陈蕃、李膺诸人言行的记载，汉末的上限和结集于刘宋颇堪注意，表明这个阶层的自觉意识形成于这一时期，阶层自觉意识与企慕境界的变化互为因果。

心灵祈尚的变化是微秒而不易察觉的，但它所产生的影响却是深细和关键的。这种变化到唐宋之际，更因佛教尤其是禅宗的影响而显露出社会效应。士大夫借以区别于其他人群的人格养成手段——“修身”，已由不管是原初的“兴于诗，立于礼，成于乐”①而以教民还是理学家所强调的“正心诚意”、“以理制欲”，渐变为仅仅是一种个人情趣和品味的培养，社会与政治理想秩序的建构这一原本的核心真正外在化、装饰化。唐宋转型是一个热闹但却十分庞大的话题②，不可能在此多谈，但大致来说，由于赵宋的文化、军事政策，士大夫的地位大大提升，与此同时士人的个体外在自由也愈发受到限制，士人的心灵开始向内转，在心灵中寻获自由。士的社会身份、主体性质发生变化的过程（“地方精英”），也是士人越来越倚重“文”来寻求内心独立和相互认同的过程，“文人”一词被激活，“士”与“文人”间剪不断理还乱的关系一直延续了下来。以文学史为例，杜甫多被视为转型前的最后一个代表人物，并且他也早早被冠以“诗圣”的头衔，其原因恐怕就在于杜甫身上的儒家修身理想还是纯粹的、内化于杜甫心中的，与其后甚至是在白居易身上就已出现的仅仅将伦理、社会秩序重建的吁求投射入作品作为自身标榜和士夫良心显现的作法相比，其间真诚度的差距何可以道里计！可以说，士人夫精神层面的分裂变化与内质转移是唐宋转型的关键表征之一，它深

① 《论语·泰伯》。

② 相关研究可参阅：包弼德（Peter K. Bol）《斯文：唐宋思想的转型》（“*This Culture of Ours*”：*Intellectual Transitions in T'ang and Sung China*），刘宁译，江苏人民出版社 2001 年版；刘子健《中国转向内在：两宋之际的文化转向》，赵冬梅译，江苏人民出版社 2002 年版。

深地影响了中国文化的路向。大概也是从这一时期开始,人们逐渐也以"文人"来称呼士,毕竟在古代中国,士大夫是使用文字最多的人,他们掌握着文化权力。"(卢文弨)尝谓士不可顷刻离书,譬鱼不可须臾离水,时以为名言。"①时当传统文化总结期的清人的这一普遍认识明确地揭示了士与文这二者之间的相关度,正是在这一意义上,"文人士大夫"一词被连用。但使用文人一词来称呼士最重要的原因,恐怕还在于士对社会责任的疏离,当官居位主要不再是推行教化、构筑理想社会秩序的天职行为,而仅仅是社会身份的体现、个人价值的实现。尽管对在位者尤其是在高位者称呼文人的事例并不多见,但这恰恰说明了士这一阶层精神特质的变化和分离:当有官位、社会身份做自我表征时就是士,要行使所在之位的职权和义务;而一旦从其中脱离出来,就是一个在"文"中实现和放任自我、欣赏自己雅致品味的文人。因此可以说,文人与士既是叠合着的,又在某种程度上有所错位,总不能完全涵摄,遑论相融为一。另外,在士的精神层面发生转变的同时,士在社会结构里和存在方式上也逐渐发生了不同于前代的变化,如萧启庆所言:"北宋士人多谋峥嵘于全国政坛,南宋士人则多汲汲于巩固其家族在本乡的基础。""元代江南士人大多列为儒户。儒户享有不少优待。儒户制度遂成为宋朝科第官宦世家的家学家风延续之保障。……至少就江南而言,不仅士人阶层之精英地位未因蒙元统治而大受打击,甚多士人家族的历史亦未因此而中断,这与南宋以来士人努力植根于地方亦有关联。"②余英时说:"十六世纪以后,部分地由于阳明学(或王学)的影响,仍然有不少的'士'关怀着合理秩序的重建,但是他们的实践方向已从朝廷转移到社会,此即由政治取向转为社会取向。东林讲友之一陈龙正所标举的'上士贞其身,移风易俗'(《明儒学案》卷六十)

① 吴骞《抱经堂集序》,《愚谷文存续编》卷一,转引自卢文弨《抱经堂文集》,中华书局 1990 年版。

② 萧启庆:《中国近世前期南北发展的歧异与统合——以南宋金元时期的经济社会文化为中心》,见《清华历史讲堂初编》,三联书店 2007 年版。

可以代表他们集体活动的主要趋向。所以创建书院、民间传教、宗族组织的强化、乡约的发展,以至戏曲小说的兴起等等都是这一大趋向的具体成果。"①这一转向,即是士扎根地方的结果,但其开端却并非如余英时所说的那样晚,南宋士人根植地方时这种实践方向的转变就已随之开始了。余英时并不是没有认识到这一点,他曾对唐宋之际的"经学更新运动"②对于世俗社会的影响有如下论断:"新儒家的'经世'在北宋表现为政治改革,南宋以后则更不断扩大化,尤以创建书院和社会讲学为其最显著的特色。由于这一转变,新儒家伦理才逐渐深入中国人的日常生活之中而发挥其潜移默化的作用。"③这或许是由于唐宋之际仅仅是开其端绪,而阳明学的出现才是最重要的因素吧,余英时以佛教的发展历程作比:"新儒家之有阳明学,正如佛教之有新禅宗:佛教在中国的发展至新禅宗才真正找到了归宿;新儒家的伦理也因阳明学的出现才走完了它的社会化的历程。"④士的社会化、地方化转向造成了一种结果,即士阶层得以与统治力量相配合一致从上而下地推行"一道德,同风俗"的运动,从而把国家的意识形态要求与士的道德理想内化进普通民众的思想⑤。这一点可从戏曲、小说等俗文学的发展历史中获得佐证。"俗文体在文坛上的崛起与流布成为中唐以后一个重要的文化现象。"⑥俗文学的种种动向是因其进入了文本才为我们所知,以上所说"俗文体在文坛上的崛起与流布"便当作如此理解。这当然与文人心态的变化及由此而来的视界调整有关。戏曲、小说等俗文学的

① 余英时,新版序。

② 朱维铮《中国经学史研究五十年——〈周予同经学史论著选集〉后记》中语,见《周予同经学史论著选集》,上海人民出版社 1983 年版。

③ 余英时,第 444 页。

④ 余英时,第 449 页。

⑤ 可参看葛兆光《文明史的研究思路——以宋代中国的历史为例》,《学术界》2003 年第 4 期。

⑥ 郭英德《中国古代文体学论稿》第 188 页,北京大学出版社 2005 年版。

民间样态一直就存在着，只不过只有到了文人士大夫充分注意到它们及其社会作用并亲自参与进来以后①，戏曲、小说才进入了基本由文人学士掌控的文献之中，并且由于这些文人学士的努力而在品质上有了相当大的提高。正因为如此，戏曲、小说也就不可避免地打上了文人士大夫的烙印，并非一成不变的士阶层的精神祈尚在这些现存的文献中留下了斑斑印记。

还有一点需要说明，那就是随着宋代的文化普及程度远高于前代，许多没有功名和官位的人也成为了文字的拥有者，他们把自己的才华和所掌握的文字权力运用在了俗文学上，也因此而被称做文人。但这个文人只是我们上面所说的文人的一种延伸、漫衍或曰泛化，因为他们更多被称做“才人”或“才子”。《录鬼簿》将所录之曲家分为“名公”和“才人”，诚如徐朔方所说：“有没有官位或较高的社会地位是名公和才人的决定性区别所在。”②“修身”的原初涵义已被外化为社会地位的等级，惟有为文之权利相同，但亦因官位之有无而分为名公、才人，若以上层文人、下层文人呼之亦可，但二者的差别并不仅仅在于社会地位的高低，而是精神趣味、审美品格的不同，因此，我所说的文人、文人化，实指在文人士大夫，我亦认为所谓“下层文人”的提法不确，还是用传统的“才人”、“才子”呼之为妥，因为从历史上来看，对“文”的涉及和掌握更多地与士的传统相关，与所谓“治道”相关，尽管士夫的政治社会关怀传统已多多少少外在化和职业化，但不论是否出于自觉的责任动机，这个传统还是无时无刻不在约束和规范着士的主要社会行为，仿佛就是士潜意识里的烙印一般，更何况以天下为己任、终身践行“修身”传统的士或曰文人士

① 除了上举余英时所说士具有的“移风易俗”的道德责任感以外，商业的发展以及由此带来的城市繁荣所引发的社会存在的变化使得士大夫阶层的精神生活和趣味自然而然的产生此取向变化，即士或多或少有了商人化的倾向，而这与儒家思想内涵的变化呈一种互动的关系，如“公”“私”、“义”“利”的关系由“离”转向“合”。

② 徐朔方《论书会才人——关于世代累积型集体创作的编著写定者的身份》，《浙江学刊》1999 年第 4 期。

大夫也一直不绝如缕。因此，当一个坚守传统的士看到上文所说的已在内心疏离了“修身”首务的所谓“文人”，对于顾炎武以下一段痛切的表白一定有“深契我心”之感：“《宋史》言刘忠肃每戒子弟曰：‘士当以器识为先，一命为文人，无足观矣。’仆自一读此言，便绝应酬文字，所以养其器识而不堕于文人也。”①1905 年清廷宣布废除科举，这可以看作是传统的士向现代意义或者说西方意义的知识分子转变过程中的一个标志性事件，其后果就是“原为政教两系统共同载体的士也逐渐演变为主要议政而不参政（甚至不问政治）的职业知识人”②，士的传统至此走到尽头，尽管它的灵魂还时隐时现在现代知识分子或文人的身上。

（作者系浙江艺术研究院教授）

① 顾炎武《与人书十八》，《顾亭林诗文集·亭林文集》卷四，中华书局 1983 年版。

② 罗志田《数千年中大举动：废科举百年反思》，见《清华历史讲堂初编》，三联书店 2007 年版。

《黔诗纪略》中贵州诗人诗歌的整体考察

张　勤

清人莫有芝云:“黔自元上而五季皆土官世有,到汉唐郡县,几不可寻。英流鲜闻,安问风雅。逮有明开省增学,贡士设科,文献留诒,乃稍可述。”①诚如莫氏所言,明以前,贵州文化教育相对落后,流传下来的诗人与诗作也较为匮乏。至明永乐年在贵州建省(设立布政使司),随着屯军、屯民政策的推行,大量的汉人进入贵州,为贵州带来了先进的儒学文化;同时随着明政府在贵州开科取士、兴办州县学校等政策的实行,客观上推动了贵州文化教育的发展。从明洪武初年开始,在贵州涌现出了大批的本土诗人,根据《黔诗纪略》所载,有姓名可考明贵州本土诗人共241人,2406首诗作。贵州本土诗人,虽然人数不少,但是从总体上看,影响不算大。除了孙应鳌、谢三秀、吴中蕃等诗人以外,贵州诗歌在明代诗坛上的地位明显弱于中原、江浙、巴蜀地区,不能与之争衡。因此,孔尚任在《敝帚集序》中写道:“论十五国人才多寡之数,以十分为率,于吴越得其五,齐、鲁、燕、赵、中山得其三,秦晋、巴蜀得其一,闽、楚、粤、滇再得其一,而黔阳全无。”②但是,当他读到吴中蕃《敝帚集》后,一改往日偏颇之论,在《序》中又指出:

按:本文原载《北方论丛》2008年第5期。

①　唐树义、黎兆勋、莫有芝《黔诗纪略》第1页,贵州人民出版社1993年版。以下引用同书材料,只标页码。

②　黎庶昌《黔南丛书》,贵阳文通书局1936年版。

"兹果得《敝帚》一集,杂体千余首。即中原名硕夙以诗噪者或不能过之……使天下知黔阳之有诗。"论及吴中蕃诗之内容时亦云:"先生为人,予无从悉其概,观其诗则身隐焉文之流,多忧世语,多疾俗语,多支离漂泊有心有眼不易告人语。"孔氏之语一方面给予明代贵州诗人及其诗作在诗坛上公允的地位,另一方面,通过对吴氏诗歌内容的评述,道出了明代贵州诗人诗歌创作中的共同主题:"忠君"、"忧时"和"感乱"。本文拟选取《黔诗纪略》中部分贵州诗人及其诗作中为例,对以上三种诗歌主题分述于后。

一、"明道"、"忠君"、"济世"的创作主题
——对古典诗歌风雅传统的继承

贵州在建省之前,大部分地区分别隶属湖广、四川、云南、广西。明洪武十五年(1383)又置贵州都指挥使司。但思南、思州、贵州、播州四大宣慰司仍各雄一方,互不统属,且有自己军队,土司们可自己任命下级官吏。从地理位置上看,贵州"东则楚西,西则滇北,川南则粤,是腹心而咽喉也"①,是明廷重要的边陲要地,因此这些割据一方的土司必然成为中央政府安定天下的心腹大患。永乐年间,思南、思州宣慰使田宗鼎、田琛二人之间的斗争遂成为中央政府废除地方土司政权,将行政权和军权收归朝廷的导火索。明王庭遂在"永十一年辛亥设贵州等处承宣布政使司"②,公元 1413 年,明永乐帝废除了思南、思州两个宣慰司,设立了贵州等处承宣布政使司,贵州遂成为明政府第 13 个行省。建省之后,驿站通达四方,据《贵州通志》记载,从湖北、四川、云南进入贵州的驿站多达 56 处,这些驿站成为儒家文化进入贵州的主要通途。大量的汉族士民通过这些

① 王末贤《贵州通志》卷一第 19 页,日本藏中国罕见地方志丛刊,据日本尊经阁文库藏明万历二十五年刻本影印,1991 年。

② 贵州省民族研究所编《明实录之贵州资料辑录》第 141 页,贵州人民出版社 1983 年版。

驿站将儒家文化悉数带入了贵州，儒家文化中的“明道”、“忠君”的诗教观遂成为明时期贵州本土诗人诗歌创作原则。这样的儒家诗教观在王训、孙应鳌、易贵等人的诗歌中可窥其一二。

王训，字继善，号寓庵，贵州卫人。明宣宗宣德十年(1435)举人。他是明朝贵州最早的举人。官至贵卫教授。莫有芝称其为贵州诗坛“开草昧之功”第一人。《黔诗纪略》收录其诗作六首，其中《嘉瓜颂》就是一首典型的用来“润色鸿业”的雅颂之诗，如诗所言“明受天命，奄有万方。贞元回合，君明臣良”，此诗不但以“论功颂德”为内容，而且在诗歌形式上沿用了诗经》四言之句式，颇具《雅》、《颂》之遗风。

孙应鳌，字山甫，号淮海，明朝贵州清平卫(今凯里)人，为明代四大理学家之一。作为恪守父子君臣长幼之道的三朝重臣，孙氏诗作中有相当一部分继承了诗言志”儒家诗教的传统，提倡在诗文中弘扬孔孟之道，仁义之学，“道不稽诸孔孟，虽贯穿百家不足以言道”①。如其《喜接明卿》②一首：

别久怜愁断，名高想德馨。输心头欲白，对面眼全青。乐府回风雅，儒林重典型。看君振文教，多士待传经。

“明卿”即“明后七子”之一的吴国伦。吴氏《胡祭酒集序》曾云：“夫学以益才，文以足言，皆明训也。中人承学，鲜究斯义，大较有三疾焉：师心者非往古而捐体裁；负奇者纵才情而蔑礼法；论道者讲业则又讥薄艺文，以为无当于世。嗟乎，此不学之过也。”③吴氏主张，时人作诗，法古与格调二者兼具，才能做到文以足言。“礼法”即指儒家之礼。与吴国伦思想一致，孙应鳌在《孙山甫督学文集·禁语》

① 《黔诗纪略》第333页。

② 同上，第264页。

③ 吴国伦《甔甀洞稿》卷三十九，明万历刻本。

中云："不知'道'，不可以为诗；不知'学'，不可以言诗，斯孔门诗教也。"①如何知"道"，如何为"学"，孙氏以《诗经》为赋诗为作文之典范，故云"歌咏三百篇终其身，至足矣"②，这是对中国古典诗歌"风骚"并重创作思想的继承。因此，在孙氏诗作中常有与"三百篇"有关的内容。如"绝域传风雅，明时有隐沦"（《寄禺山张公》一）、"乐府回风雅，儒林重典型"（《喜接明卿》）、"旷怀千万斛，时复寄《诗》《骚》"（《平旦草堂咏怀》之八）、肉味久不识，何能一闻《韶》"（《平旦草堂咏怀》之七）、"高致传三世，新篇愧《二南》"（《平旦草堂咏怀》之十五）、"三传奋大祖，业儒崇圣规"（《述祖德》）等等。孙应鳌27岁中进士进入仕途，51岁逝于故里，尽管几经宦海沉浮，但是如他诗句所言"一身一死报天子"（《关塞曲》）、"官远还应主"（《九江晤吴明卿》），忠君、事君是他毕生所追求的理想，故其在《寄学孔书院诸会友琐言》中云："不以君之心为心，为臣便不忠。"因此，从孙氏此类诗作来看，完全遵循了"论功颂德，所以将顺其美；刺过讥失，所以匡其恶"的儒家诗论说。

另外，作为一位遵循儒家传统观念的诗人和人臣，在孙应鳌的一些诗作中还不时透露出其既入世，又想隐世；既尊君，又对时政颇有微词的复杂思想。如在《荒城谣》系列组诗中，孙氏将税赋沉重、徭役繁多、贪官匿财、黠吏妄肆恫吓所造成的灾难比作"猛虎"、"蛇"，在这样沉重的生存压力下，百姓纷纷逃亡，致使整个城市出现"白日街逵饥虎游"、"教场草长蟪蛄鸣"的惨景。如果说曹操《蒿里行》所描绘的"铠甲生虮虱，万姓以死亡"是"汉末实录"，那么孙氏笔下的"荒城"则是对明朝中后期贵州社会现实的特写，同样给人以深沉苍凉的意味。

易贵，字天爵，明朝贵州宣慰司（今贵阳）人。明英宗正统十二年(1447)举人，官至湖广辰州知府。在辰州期间，易氏体恤民情、不畏权势、为官刚正。辰阳，秦为黔中郡，汉属武陵郡，隋始置辰州。明、清为

① 黎庶昌《黔南丛书》第六集，贵阳文通书局1941年版。

② 黎庶昌《黔南丛书》，贵阳文通书局1941年版。

府，府治沅陵县，今属湖南省。由于其地乃“古荆蛮地……然其地险，人犷悍，故为守常病其难”。所以，易贵作为一名饱浸儒风之士，为了让此地百姓“革心向化”，在此兴建学校、大兴礼仪。在诗中易贵不但提倡“人生本有业，努力勤自奋。诗书守儒术，名业可腾振”①（《别辰阳士民》）的文教之说，同时还以“勉作尧舜民，常常记迂论”来鼓励辰阳士民，故《本朝分省人物考》称其有“古循良风”②。

在王氏、孙氏、易氏的诗作中，我们看见的是儒学文士对“诗言志”风雅传统的延续，那么在石邦宪、许崇德、薛彦卿等人的作品里则更多体现出忠义之士“慨当以慷”，忠君忧民的爱国情思。石邦宪，字希严，号南塘，贵州清平卫（今凯里）人。明世宗嘉靖七年（1528）嗣世为指挥使，官至贵州总兵官，曾参与镇压苗民起义，在《昭代武功编》、《皇明肃皇外史》、《全边记》等明文献中皆有其事迹。且不论平乱之事的功与过，但在其诗作《次韵答张子仪先生》中我们看见的是一位忠君报国的戍边将领：“无才当重任，野战浪驰声。圣主恩何厚，微劳报已轻。”在诗作结尾石氏以“残躯能健在，誓靖百蛮城”③，表达了血洒边土，马革裹尸的毕生夙愿。许崇德，字子智，贵州宣慰司人，嘉靖四十年（1561）举人，官至湖广湘乡县知县。在《西贼平忆江中丞》一诗中，诗人一方面描绘了水西“安氏之乱”对贵州造成的沉重灾难：“元戎肆伐貔貅状，穷垒蹂残狐兔愁。”另一方面又表达了对忠贤之士被贬的愤懑之情：“独嗟李广无封骨，櫜矢先归卧陇丘。”④同样的思想情感又见于薛彦卿《寄挽江长信中丞》一诗。诗人既赞扬了江东之为贵州巡抚期间对民众作出的贡献“生前大造黔民福”，更多的是为江东之被贬郁郁而终的不平：“白冠絮酒浇长恨，耿耿惟应地下知。”⑤这是一位忧国伤时的贤士所发出的不平

① 《黔诗纪略》第62页。

② 过庭训《本朝分省人物考》第2448页，成文出版社1971年版。

③ 《黔诗纪略》第174页。

④ 同上，第377页。

⑤ 同上，第405页。

之声。

从《黔诗纪略》收录明代贵州诗歌作品来看,思想内容大多是宣扬儒家的忠孝节义、仁义礼智信等传统道德观念,以抒写"野人怀国恤,老眼阅封章"(潘润民《有感》)、"清泉白石皆君赐,《击壤》讴歌颂圣名"(潘润民《元日》)为主要内容,构成了"明道"、"忠君"、"济世"为主题的创作倾向,这是明代贵州诗人对中国古典诗歌中"风雅"传统的继承。

二、"万物何芬芸,人生贵自适"
——对魏晋山水田园诗风的延续

贵州虽为古荒服之地,但是从王士性的《黔志》,到郭子章《黔记·山水志》;从王阳明的《居夷诗》到杨慎的《夜郎曲》,贵州险绝峻秀的自然风光也因众位文人的歌咏而声色大开。"贵州多洞壑,水接穿山而过"①是王士性等学者对贵州自然风光的总体评价,而贵州奇幻山水也逐渐成为明代诗人山水田园诗中吟咏的主要对象。在《黔诗纪略》2406 首诗作中,约有 235 首是引用贵州山水风光的。从风格上看,这 235 首山水诗延续了魏晋时期嵇康、陶渊明等人的诗歌风格,如林晟七律《灵峰》:

> 灵峰秀异即蓬莱,苍翠玲珑似剪裁。红树白云围药灶,琪花瑶草足丹台。抹芝人语松边径,骑鹤仙留石上苔。际此悠悠忘世虑,绝胜刘阮过天台。

"灵峰","毕节八景"之一,以峰高路险著名。此山终年被山岚所萦绕,置身其中如居于蓬莱仙境,故又有"磅礴乌蒙厝南国,仙境缥缈有灵峰"之誉。由于路险难进,在诗人眼中这反而成为忘却凡尘琐

① 王士性《广志绎》卷五,清康熙十五年刻本。

事的绝佳之所，故全诗呈现出一种“清峻”①的意趣，这与嵇康诗歌《游仙诗》中所追求的“绝俗的高韵”②是一致的。在《游仙诗》中，嵇康用“愿想游其下，蹊路绝不通”描写山之险，林晟用“踩芝人语松边径，骑鹤仙留石头上苔”来再现灵峰山的绝径难攀；嵇康用“长与俗人别，谁能睹其踪”来寄托自己视世俗为鄙屣的高情，林晟用刘郎再入天台的典故，来衬托自己挣脱世俗樊篱的理想。因此，在“方外之游”的诗旨上，嵇、林二人是相通的。这种以“游仙”为外衣，以山水为媒介，来表达放旷自适的人生态度也成为明代贵州本土诗人的共同追求。又如杨斌《紫霞山中歌》③：

> 水泠泠兮山苍苍，云随鹤杖兮风吹我裳。浮生展转兮春梦悠扬，千万斯年兮任流光。

紫霞山，据《遵义府志》卷四“山川”条记载，此山位于今汇川区高坪，因道家先天观而闻名。究竟此处是否乃道家仙人修炼之所，今不得而知。但是，从杨斌仕途情况考察，其官场失意，借修仙以隐名，处仙山以忘忧的情怀，与嵇康“生若浮寄，暂见忽终。世故纷纭，弃之八戒”（嵇康《四言赠兄秀才入军诗》），逍遥清脱的高洁志趣是一脉相承的。诗人通过游山的坎墣咏怀展现列仙之趣的诗歌还见于朱文《游相宝山示息知上人》、邹大贤《山居》、郭翰《凭虚洞》、陈启相《言山》等明代贵州诗人的诗歌作品中。

地处云贵高原腹地的贵州，群山延绵，大河奔涌。险峻的大山、激荡的河流成为明代贵州本土诗人诗歌创作的主要对象。当中有描写黔之山水的险恶，如孟本淳《丫头峰》、潘庆骧《雾》、田秋《岩门山》等。但在大多数诗作中更多地流露出诗人对故乡奇绝山水的讴歌与赞叹。在贵州诗人的诗歌作品中，自然山水是他们生命中不可

---

① 刘勰在《文心雕龙·明诗》评嵇康的诗风“嵇志清峻”。

② 王钟陵《中国中古诗歌史》第303页，江苏教育出版社1988年版。

③ 《黔诗纪略》第92页。

缺少的一部分，它为诗人构筑了一个忘却纷扰俗世的平台。如思南李廷嘉《白泉鱼乐》①：

谢袍去簪到白泉，披襟散发酒肠宽。半蓬夜月三更梦，两岸春花一钓竿。得句诗人多短棹，忘机鸥鸟过前滩。阴晴只恁烟波静，流水高山自在看。

从诗歌的意趣上，“谢袍去簪到白泉，披襟散发酒肠宽”两句诗延续了阮籍、嵇康的放达诗风。“阴晴只恁烟波静，流水高山自在看”更多的是在内容上继承了陶渊明田园诗中“达生贵我的人生态度”②。嵇康、阮籍以外，陶渊明是明时期贵州诗人着力效仿的对象，如郭翰七律《贵定山行》。此诗不仅从诗歌的内容，而且在形式上也延续了陶氏诗作的“心远地自偏”的平淡之美。与陶渊明相似。郭翰也是一位弃官归隐之士，《贵定山行》一诗中既描绘出充满野趣的田园风光，“鱼塘翠印边，居人许自取。野酌纷错陈，山鸡无剩羽”，也有诗人对“农事当及时，有力君自努。吾亦从兹去，犁锄师老圃”③的园居生活的怡然自得。所不同的是，由于陶渊明“卓然的贞节和济世的志向，同时他又承受了玄学虚远流化的理论影响”④，因此，陶氏的田园诗中透出诗人对理想的执著与对现实的超脱。陶渊明的归隐在于理想与现实的冲突，郭翰的辞官则源于宦海沉浮后的身心疲惫，所以，郭翰《南无开士精锄》、《开州道中》等诗中，更多反映出的是诗人对故乡田园山水的亲近之感。因此，与陶氏的“平淡”不一样，郭氏笔下的田园山水是细腻与精致的。

除了受到嵇康、阮籍、陶渊明等两晋诗人诗风的影响，还有部分

① 《黔诗纪略》第 120 页。
② 王钟陵《中国中古诗歌史》第 532 页。
③ 《黔诗纪略》第 1047 页。
④ 王钟陵《中国中古诗歌史》第 536 页。

诗人的诗作继承"高唱发踪"魏诗风格，如李廷嘉的七律《德江晚渡》①：

> 水滔滔势自东，从空谁为跨长虹。舟横夕棹便归客，风顺春江不挂篷。两岸看时环江绿。一篙撑处散霞红。丁宁五马休先渡，滚滚波心落日中。

首尾四句，彰显出曹操诗作的壮阔景象和诗人豪迈的气魄。李廷嘉，思南人，其父李浚，临武(今湖南临武县地区)主簿，武功韬略出众，曾先后率众守城以拒苗人之侵。"丁宁五马休先渡，滚滚波心落日中"一句以其宏大开阔的境界，体现了诗人渴望像父辈一样建功立业的人生理想。同样是对德江两岸夜晚景致的描写，李廷嘉的《德江晚渡》为读者提供的是一种动人心魄的壮阔之感，江水如飞瀑直下，冲击着读者的心灵。而在李渭的五律《德江晚渡》②，我们所见的则是充满闲适之趣的江畔夜景，透过它能让你纷扰的内心顷刻得到宁静：

> 山影江半阴，渡口喧人语。东林精舍近，挥尘自来去。渔夫歌放逸，悠然寡尘虑。为爱乘槎行，直到水穷处。

尽管身处喧哗的江边，但是诗人通过对黄昏中远山、近水、精舍的描写，为我们营造出一片静谧之景，此景与诗人内心忘却尘世纷扰的淡泊之情相得益彰。"悠然寡尘虑"是跳出俗世的方外之情，而"从空谁为跨长虹"则是积极进取的人世之情。从这点上看，李廷嘉的《德江晚渡》更多地体现出建安诗风之刚健豪迈之风，李渭的《德江晚渡》更多地延续着东晋诗风的冲淡之美。从整体上看，明代贵州本土诗人诗歌作品中最能体现魏晋诗风的还属孙应鳌。明"嘉靖八

---

① 《黔诗纪略》第121页。

② 同上，第137页。

才子之一”的任少海在《孙山甫督学诗集序》中论及孙氏之诗时云：

其诗蔚然有江左风流，其隽永宏丽，自鲍、谢诸人不能也。……今吾读山甫诗，则如七十二君封泰山，望见沧海有无中，蜃气楼阁，盘薄烟霏，景光万丈，变倏然起仙灵霞外之思。如君兹选，当与高子业、顾华玉格力相埒，诚足划建安锋，蒯六朝垒。①

东晋玄风弥漫，晋宋之际，佛学突破玄学附庸的身份，走向了独立发展的道路，玄佛双修代表当时相当大一部分文人的思想状况，同时也融进了时人诗文创作中去。谢灵运的诗作以山水为载体谈玄或说佛，一方面打破了东晋玄言诗一统诗坛的局面，同时也将山水作为审、美对象置入了文人的诗歌创作当中。因此，谢氏之诗给人一种“诗中有文”②的印象。这个特征在孙应鳌的山水诗作中得到继承。如孙氏《平旦草堂咏怀》之《莞尔歌中谷》③：

莞尔歌中谷，悠然坐太清。棼氲都荡涤，耳目倏空明。渔夫思逃姓，庖丁悟养生。从谁证奇璞，洒濯陋南荣。

渔夫“圣人不凝滞于物，而能与世推移”，庖丁。臣以神遇而不以目视，官知目而神欲行，故世间万物在于“耳目倏空明”，继而“倏然坐太清”。这与谢灵运在《过白岸亭诗》诗中所言“荣悴迭去来，穷通成休戚。未若长疏散，万事恒抱朴”的玄悟是相偕的，二者皆为“山水观赏之兴致及观赏中值会心于理悟也”④。又如《平旦草堂咏怀》之

① 孙应鳌《孙山甫督学诗集》，第一卷，明嘉靖间刻本。

② 王钟陵《中国中古诗歌史》第565页。

③ 《黔诗纪略》第268页。

④ 王钟陵《中国中古诗歌史》第563页。

《曙色判初天霁》①：

> 曙色判初霁，岚烟一瞬齐。案存《周易注》，家有太常妻。
> 云起泉争涌，花开鸟乱啼。渔人任来往，不作武陵迷。

与高适在《酬裴员外以诗代书》所言的“卧看中散论，愁忆太常斋。酬赠徒为尔，长歌还自眙”的诗句中所要表达的，人在怀济苍生的理想破灭之后归于平淡的人生态度来比较，孙氏更趋向于玄学，更确切地说是老庄之学强调的无为之治。天地之大，任我往来，功名利禄，与我如过眼云烟。对于宦海浮沉近三十年的孙应鳌来说，“既得反淳素，且足辞喧嚣”（谢灵运《登石门最高顶诗》）是其向往的生活；“万物何芬芸，人生贵自适”（《与王允严诸友游东园》）是其参悟的人生哲学，这与谢灵运所言“居常以待终，处顺故安排”（谢灵运《登石门最高顶诗》）的人生追求是一致的。

从《黔诗纪略》收录明代贵州诗歌作品来看，主题绝大部分是纪行山水田园、歌咏民间风物和寺庙道观题咏诗；思想内容大都表现诗人隐逸放达的性格和闲云野鹤的情志，这是魏晋时期诗风在贵州明代诗歌中的遗响。

三、“颓然吾自放，酩酊是生涯”
——对魏晋诗歌感伤主义诗风的继承

贵州明代诗歌一方面继承了魏晋以来，尤其是两晋时期诗歌的隐逸传统，另一方面还表现出较为明显的感伤主义特征，这是魏晋时期诗歌中以生死迁逝、离别愁绪为主题的感伤主义诗风在贵州诗人作品中的延续。例如，谢三秀的《九日山行暮归就饮王叟菊篱下醉后偶成》②：

---

① 《黔诗纪略》第266页。
② 同上，第570页。

古木带栖鸦，残尊日更斜。不因逢野老，安得到山家。风屋茅都卷，霜篱菊半华。颓然吾自放，酩酊是生涯。

谢三秀，字君采，一字元瑞，其身世和生平，在清康熙年间所修《贵州通志》及道光二十六年(1846)所修《贵阳府志》上皆有记载，但都是一鳞半爪、语焉不详。从这些只言片语中，我们大体可以知道，谢三秀的一生横跨万历、泰昌、天启三朝，生命的大半岁月和主要的创作活动，都是在万历朝度过的。作为一位饱学之士，谢三秀希望能在仕途中大有作为，因此写下了"讫谏文章在上林，一朝召对光明殿"(《寒夜增客赋得独不见》)、"浮海匡时意，居夷卫道身"(《送学宪韩公擢参阅藩先过白下二首》之一)一类的诗句。但是由于生活在偏远的山地泽国，屡试不第，因此在谢三秀诗中充满着怀才不遇的愤懑，"冯骥长铗空复弹，中夜悲歌亦奚补"(《送播州颜生游燕作》)，"上书往往不得志，短褐漂零笑此身"(《开府端芝胡公初度赋呈》)。

明万历至天启年，贵州土司接连不断的反叛，谢三秀在亲眼目睹贵州人民饱受忧患与苦难后，创作了许多反映贵州遍野哀鸿的惨景的诗篇，如《村行即事》①二首所云："十年荒村路，寻幽到薜萝"、"废寺纷虫网，贫家静雀罗"、"药畹多难辨，葑田半不群'、"流亡浑满眼，何日是升平。"满目疮痍、村落荒芜，诗人用平实的诗句表达了一位忧国哀时的男儿之叹。民生凋敝、报国无门，现实生活的残酷使得谢三秀由对国计民生的关注转向了以人生如浮萍、世事无常为基础的迁逝之悲，"世路茫茫谁国士，君归吾亦问渔矶"(《送陈孝先生归》)，"漂泊最怜行役久，片帆归去莫踌躇"(《听雨》)，多事之秋的现实环境、自身的不虞之虑，使得谢三秀的诗作中充满一种对社会祸乱的伤痛之感，如《叠水上小憩因作短歌》②：

---

① 《黔诗纪略》第592页。

② 同上，第556页。

众流赴壑疾如梭，泻作层潭千尺波。素影空中飘匹练，寒声天上落银河。兀兀孤亭坐青樾，征夫到此思超忽。隔川溅沫湿衣裳。对面惊涛竖毛发。君不见，黄河万里丑吕梁，又不见，夔门五月戒瞿塘。由来蝶水亦太恶。石湍幸不通舟航。咄嗟可畏宁尔耳，浮世人心险于水。

首四句以沟壑飞瀑之气势为比兴，营造出一股寒气逼人的场景。"兀兀孤亭"中一位遗世孑立的孤傲之士，面对着"隔川溅沫"，发出了"由来蝶水亦太恶，石湍幸不通舟航"忧生之感。"世上浮名且奈何！吁嗟乎！白日亦易驰。朱颜不常好，丈夫相逢那得复草草！"(《寒夜饮杨愿之太史石林精舍醉歌》)谢三秀诗作的那种由世道之险恶、人心之无常上升为世事变迁的迁逝感，与正始期间阮籍等人诗歌内容是一致的，是对魏晋诗赋中"春草暮兮秋风惊，秋月罢兮春草生，绮罗毕兮池馆尽，琴瑟灭兮丘垄平，自古皆有死兮，莫不饮恨而吞声"(江淹《恨赋》)、"天地竟无期，民生甚局促"(刘桢《诗》)中的迁逝风格的承续。

如果说在谢三秀诗作中，感伤主义表现为对世事无常、生死迁逝的悲叹，那么在潘润民的诗歌中，诗人更多的是通过抒发历经宦海沉浮后的"玄寂无声"(嵇康《六言诗》)来展现这种感伤情绪。潘润民，明万历三十五年(1607 年)进士，历礼部员外郎、礼部郎中、广东督粮道副使、四川布政司参政等职，并在贵州水西安氏叛乱时，以千金助饷，并亲自率领乡官杨师孔、周思稷等人守城血战，树百世之功。潘氏一生以报国为己任，其大多数诗作中透出一股忠烈之臣报国之志的遒劲风力："力尽自甘拌一死，昂藏宁肯负吾躯"(《围城决命》)，"睢阳节烈男儿事，留取丹心报帝都"(《围中次史磐石侍御韵四首》)。但是作为一位宦游已久的诗人，对人生的迁逝之感也不时隐约地出现于他的诗作中。这一点在他的五律《岳阳楼》①中表现

① 《黔诗纪略》第 472 页。

得十分明显：

> 地擅东南胜，楼凭霄汉间。杯棬七泽水，襟带九疑山。柳色含离思，花光映醉颜。喜悲随所寄，阴霁有何关！

诗人登上岳阳楼后，一派豁然开阔的景象涌入眼目，远眺是山水相连，近看柳花缤纷，好一副春光明媚的画卷。但是，在诗人"巧构形似之言"(《诗品》)的外衣下，我们看见的却是一位宦游诗人"喜悲随所寄，阴霁有何关"的迁逝之叹，这是一种"诸缘俱淡尽，拟作在家僧"(《杂诗》)，淡然于尘外的感伤之思。外在的景物成为诗人在自然的徜徉中寻求安抚的一种凭借。

感伤主义诗风在潘润民、谢三秀等人诗歌中以生死迁逝为主题，在越其杰、杨文骢等人诗作中则以感叹人生的聚散无常为主要题材。如杨文骢的《送马瑶草北上》①：

> 离家一万里，飘栖如孤云。独子成五色，遗我自为群。振秀拔岭表，覆庇侈经纶。来往有孤性，不容持赠人。聚散无成迹，御风皆氤氲。何时学出岫，渺渺事遐征。

杨文骢，作为一位流寓文人，面对着国家的衰败、朝廷的无能，内忧外患中发出了"聚散无成迹"的深沉的感慨。外族的入侵、朝廷的腐败，不但让杨文骢等有志之士报国之志覆灭，同时还让他们承受着明亡之前沉重的压抑和巨大的忧患。动乱的现实使得他们笔下的离别之情更加让人痛彻心扉。

从明永乐十一年(1413)贵州建省开始，大量黔籍学子通过科举走上了仕途之路，行役之悲、远宦之叹、游子之思逐渐成为明代贵州诗人诗歌主要的内容。"聚散竟无常，悲戚时交迫"(郑逢元《瓮安遇故人》)，"去时失记山前扉，至今魂堕未能归"(杨文骢《秋日观吴充

① 《黔诗纪略》第 792 页。

符太学藏画用耳观上人韵》),“行舟过尽无相识,日落烟火闻叹息”(吴中蕃《愿为》),“凭君写作团圆字,为劝征人及早归”(刘宪模《见雁字有感》)。一方面,真挚的离别之情提供了丰富的情感支柱,另一方面,阔大而沉重的明中后期的社会现实,使得诗人们获得了真实的写作内容。明中期以后,宦官专权、党派纷争、土司叛乱、杀戮四起,这一切加重了诗人离别时的阴霾之感,于是诗人们发出喟然伤人心肝之叹:“世间除死如无别,不是伤离人不知”(越其杰《别家》),“羁人闻人笑,与泣何以别”(越其杰《杂咏》),“也知人事全无算,岂独天心不见怜”(郑逢元《田思州过余庆告墓》)。

一方面是强烈的使命感、壮志心,另一方面是浓厚的迁逝感和孤寂心,二者构成了明代贵州诗人的两种截然不同的诗歌风貌。他们时常交织在一起,因此在诗人对国家民族的责任感中往往掺杂着几许的悲悼、几许的无奈。这两种风貌的结合使得在贵州诗人的诗歌中透出一种强烈的感伤主义色彩。这既是对魏晋时期嵇康、阮籍等人苍凉情怀的感伤主义诗风的承续,同时,也为清代贵州诗歌走向繁荣奠定了基础。

综上所述,明代贵州诗人创造了大量珍贵的诗歌作品,他们秉承了古典诗歌创作的优良传统,同时以自己孜孜不倦的创作态度,成为激励后世贵州学者文人进取的精神力量,在中国古典诗歌史上留下了灿烂的篇章。

(作者系复旦大学讲师)

中国古代小说写人研究的新变期待与修辞维度

李桂奎

古人云:“若无新变,不能代雄。”①近些年来,在中国古代小说研究中,旧式的人物研究和情节研究逐渐转型为新式的写人研究和叙事研究。然而,这一转型却并不平衡:叙事研究因西方叙事学的影响而骤然升温,并成为小说、戏曲以及电影等文体研究的“显学”,而写人研究却因错失理论翻新的机遇而遭遇寒流,一度红红火火的“典型人物”以及“人物形象”、“人物性格”那套话语体系渐成明日黄花。为此,我们应借助现代修辞这一维度,通过探寻中国古代小说文本及戏曲文本的修辞意蕴,在传统评点理论基础上重构写人理论体系,使之与叙事研究争奇斗妍。

一、“典型”理论挂帅的写人研究模式渐行渐远

大致说来,中国上世纪的小说研究基本围绕人物、情节、环境“三要素”说而展开。其中,由于在那个年代“典型”理论挂帅,写人研究得天独厚地占了很大份额,形成特别风光的百年兴盛。后来,随着“典型”理论的无可奈何花落去,写人研究的热潮渐行

按:本文原载《文学评论》2009 年第 6 期。

① 萧子显著、王仲荦校点《南齐书》第 908 页,中华书局 1972 年版。

渐远。

20世纪初,鲁迅在《中国小说史略》和《中国小说的历史的变迁》中曾经结合《三国演义》和《红楼梦》等古典名著,最早论述了中国古代小说写人艺术的发展历程。随后,人们沿着这一研究路数将西方文艺理论中的"典型"理论引入中国小说写人研究,并全面推而广之,使之成为一个歧义迭出、包罗万象的世纪性关键词。其中,恩格斯《致玛·哈克奈斯》中的"典型环境中的典型人物"以及《致敏·考茨基》中的"每个人都是典型,但同时又是一定的单个人,正如老黑格尔所说的,是一个'这个'"这两封信中的两句话①,几乎被当作创作和研究的金科玉律,成为上世纪旧式小说写人研究的核心理论。不仅如此,人们还由"典型"生发出艺术典型、文学典型、典型人物、典型环境、典型性格、典型形象、典型性以及与之相辅相成的典型化等一系列概念。在"典型"挂帅的批评观念下,人们关于小说人物的研究大多包含政治理念或价值判断,而关于人物的其他精神风貌的探讨远远不够。直到上世纪八十年代,"典型分析"的热潮渐行渐远,人们才在冲破种种社会化批评的遮蔽后,开始积极地尝试运用哲学、伦理学、心理学、美学、文化学等多种理论方法来对小说人物形象作多维度、多层面的开掘,得以用新的话语表述小说人物形象。于是,各种日趋人文化的"多重论"以及与之相仿佛的"面面观"、"组合论"等观念得以散播和推广。如刘再复在谈到《性格组合论》写作的缘起时说,他除了受到鲁迅评《红楼梦》等作品反对"把好人写得都好,坏人写得都坏"的创作思想启发,"还有一个根本的出发点,这就是:人"②。为此,他要把人物分析建立在复杂性格理论基础上。相对于以往好与坏、正面与反面等泾渭分明的简单化评判,"性格分析"的"组合"说无疑显得更为科学,其创新意义自不待

① 分别见《马克思恩格斯选集》第四卷,第462、453页,北京人民出版社1972年版。

② 刘再复《关于〈性格组合论〉的总体构想》,《当代文艺探索》1985年第2期。

言。只可惜这种探讨还只是风光一时,而未得探索前进。近年,在全球多元化文学批评隆盛之时,“典型”理论已彻底衰落。在对这一理论功过得失的清算中,有的论者对“典型”大厦的轰然倒塌而拍手称快,如高波《“典型”——坍塌中的文学迷信》(1995)断言:“随着新兴的文艺观念及艺术趣味不再迷信‘典型’塑造,‘典型’独占文学殿堂、如日中天般的辉煌将一去不返。‘典型’这一文学迷信,正随着本世纪的晚钟而坍塌!”①也有的论者对其存在的合法性大胆质疑,如降大任《“典型论”质疑》(1999)指出:“这一理论存在内在矛盾,在实践中作家难以具体把握,不可能对创造具有独特个性的人物形象起到指导作用,而且与传统审美观和方法论相悖。”并进而认为,它曾经一度成为“文革”中“三突出”理论的理论支柱,产生过严重的负面影响,理应彻底推倒②。关于“典型”理论大势已去的颓景,南帆《典型的谱系》指出:“统计可以显示,典型这个术语出现在文学批评之中的频率愈来愈低。必须意识到,这不仅是某一个理论术语的过时;更为深刻的意义上,支持这个术语的一批命题正在逐渐失效。”③一句话,“典型”理论及其主导下的文学研究已经风光不再,再用“典型”理论阐释小说写人问题已显得颇为陈腐落伍。基于以上理论探讨与主流文论话语的变迁,上世纪的人物分析研究大多从社会学的角度展开,人们往往采取“人物论”和“人物谱”等方式,对小说人物作道德评价和性格剖析,如太愚(王昆仑)的《红楼梦人物论》(1948)、孟超的《金瓶梅人物论》(1948)、李希凡的《论中国古典小说的艺术形象》(1960)、石昌渝和尹恭弘的《金瓶梅人物谱》(1988)、朱一玄的《红楼梦人物谱》(1997)、陈美林的《儒林外史人物论》(1998)等等,如此下来,古代各大小说名著的人物都被“论”或“谱”过,这些“人物论”和“人物谱”多侧重于阐释人物个性或思想风

① 高波《“典型”——坍塌中的文学迷信》,《云南师范大学学报》1995 年第 5 期。

② 降大任《“典型论”质疑》,《晋阳学刊》1999 年第 3 期。

③ 南帆《典型的谱系》,《福建论坛》2005 年第 11 期。

貌，或通过追踪其原型而纳入某种“众生相”，或勾勒人物生平简历，或理出人物传记，或对其功过得失、善恶美丑作评议，并最终归结出褒贬性的考语。此番研究，如果站在更高的理论层次认识，即可称作“小说人物学”。

除了从社会学视角的“小说人物学”研究，人们还从“人物描写”、“人物塑造”等角度，对以小说为主的各种文本的写人技法进行了例证式的赏评，如吴调公的《谈人物描写》(1979)、王先霈的《小说技巧探赏》(1986)、马振方的《小说艺术论稿》(1991)、张稔穰的《中国古代小说艺术教程》(1991)、傅腾霄的《小说技巧》(1992)、刘上生的《中国古代小说艺术史》(1993)等论著中的相关内容，重在探讨实现某种写人效果的艺术手段和技巧。不过，时至今日，且不说“人物论”、“人物谱”研究因公理缺失而导致公说婆道，失去了叙述研究的底蕴，就是具体笔法研究也面临着人云亦云的危机，——在“反映论”制控下，许多研究普遍存在大同小异地套用“肖像描写”、“动作描写”、“语言描写”、“心理描写”、“细节描写”等话语问题，难免有兜来兜去之嫌。期间，已经有人开始不断地反思这套话语，如周汝昌在论及《红楼梦》的写人艺术时说：

> 讲说《红楼》艺术，特别是传人造境的高超神妙，就很难只用时下流行的那些“形象塑造”、“心理刻划”、“描写逼真”、“分析细密”等等文艺观念来“说明”他，表彰他，因为雪芹写书，是中国人想中国事，不会像现代人时时夹杂上西方的文化理论。现在一般青年人，心中目中除了“塑造”、“刻划”、“描写”这套词语概念之外，几乎不知还有别的道理，拿它们来“套”一番《红楼梦》，有时真是如入五里雾中，莫名其妙之安在，雪芹之伟大何来，甚至以为中国的曹雪芹并不真懂文学艺术。①

在此，周先生一针见血地指出了《红楼梦》写人研究中普遍存在的生

① 周汝昌《红楼艺术的魅力》第 27 页，作家出版社 2006 年版。

搬硬套“形象塑造”、“心理刻划”、“描写逼真”、“分析细密”等机械性术语问题。然而，这些反思常常因未能指出可行的突围出路而影响不大。可喜的是，在人们千篇一律、百部一架反复套用“典型性格”、“个性”、“共性”、“人民性”、“阶级性”等话语以及“塑造”、“刻画”、“描写”等话语之外，有些论者注意通过话语还原来展开自己独处“灯火阑珊处”的研究。如黄霖的《中国古代小说批评中的人物典型论》(1984)总结出中国古代写人论的“坚持绘形传神”、“强调性格对比”、“主张从实到虚”三个重心，杨星映的《中国古典小说批评中的人物塑造理论初探》(1984)集中探讨了古代小说写人论所涉及的“小说中的人物形象是从哪里来的”、“人物是不是无中生有、凭空而来的”等理论问题①。另外，饶芃子的《中西典型性格理论比较》(1989)通过梳理中西典型理论的艺术传统和流变，指出了各自的优长和缺陷②。叶纪彬等人的《明清人物性格理论初探》(1997)主要探讨了明清典型理论重视艺术性格的真实、强调展现独特性和个性化的性格以及突出丰富性和复杂性的人物性格等问题③。这一系列的探讨和研究虽则也或多或少地打上了时代的烙印，但都突出了以小说为主的文学人物研究、写人研究的本土性。这些偏重理论问题的研究期待进一步总结、变新。

总体看来，在百年小说研究中，人们于“人物论”和“人物谱”用力较多，而关于人物描写技法及其富有修辞性的文化底蕴的挖掘不够。尽管上世纪80年代后，人们已开始冲破一元性社会化批评的遮蔽，全方位关注人物塑造的复杂性，推出了“多重论”以及“面面观”、“组合论”等观念，但写人研究至今尚囿于“写什么”的城堡中，急需通过新式理论体系的建构来实现全面突围。

---

① 以上两文载《中国文艺思想史论丛》(一)第300—347页，北京大学出版社1984年版。

② 饶芃子《中西典型性格理论比较》，《广东社会科学》1989年第4期。

③ 叶纪彬等《明清人物性格理论初探》，《中国社会科学》1997年第6期。

二、对小说写人问题进行修辞批评的可行性分析

当今，随着中国修辞学由“狭义”向“广义”转型，它仿佛逐渐成为一把万能钥匙，正在开启着哲学、文学、史学以及美学等各学科的大门，使之纷纷从“语言学”，途经“解释学”，转向“修辞学”。在小说研究中，现代修辞已较为成功地运用于叙事研究，乃至于“叙事修辞”成为当今文论的一道风景。由于中国传统小说带有“寓言”性质，而其“写人”诸要素本身又常常是修辞性的，因此，我们完全可以通过修辞视角，一窥传统小说之炉中写人妙谛。当然，需要特别指出的是，这里所谓的“现代修辞”或“修辞批评”并非是西学意义上的，而是面向中国古代小说写人文本这一实际，参照西方修辞方法，重新聚合起来的带有本土化色彩的修辞理论体系。

首先，就中国小说本身而言，其“寓言”身份和性质决定了作为其构成要素的“写人”问题期待作修辞阐释。在文学创作中，与中国古诗善用比兴来叙事、写人、抒情的言说风向一致，中国古代小说善用春秋笔法赋予叙事、写人以深刻的寓意。中国文学创作向来追求“要妙宜修”，而小说生成伊始即被视为一道修辞的艺术。唐人李善注《文选》卷三十一江淹《杂体诗·拟李都尉》引汉代桓谭《新论》有言：“小说家合残丛小语，近取譬喻，以作短书，治身理家，有可观之辞。”①这说明，修辞性的“譬喻”是小说的固有性能，写人作为小说“要妙宜修”事业的重要组成，其使命是通过修辞技术使人物血肉丰满、活灵活现。由于古代小说文本内部安插了比喻、夸张、拟人、双关以及戏仿、隐喻、象征、暗示等各种修辞机关，故而时常被人们称为“寓言”。如明胡应麟《少室山房笔丛》卷三六《二酉缀遗》言：“古今志怪小说，率以祖《夷坚》、《齐谐》，然《齐谐》即《庄》，《夷坚》即《列》耳。二书固极诙诡，第寓言为近，纪事为远。”②张竹坡《金瓶梅

---

① 萧统编，李善注《文选》第 444 页，中华书局 1977 年版。

② 胡应麟《少室山房笔丛》第 474 页，中华书局 1958 年版。

寓意说》明确指出：

> 稗官者，寓言也。其假捏一人，幻造一事，虽为风影之谈，亦必依山点石，借海扬波。故《金瓶》一部，有名人物不下百数，为之寻端竟委，大半皆属寓言。庶因物有名，托名摭事，以成此一百回曲曲折折之书。①

的确，《金瓶梅》作者在写人中储入了许多"寓言"性的密码，期待人们去不断地破译。至于神魔狐怪小说，更是被评点者当作"寓言"看待，如世德堂本《西游记》陈元之序说："此其书直寓言者哉。"②此外，《斩鬼传》、《平鬼传》、《聊斋志异》等小说中的人物无不带有耐人寻味的寓意性。中国古代小说这种固有的"寓言"性质，决定了从修辞维度阐释其写人问题自然奏效。

不仅如此，从文体性质来看，小说属于语言艺术，它不能像绘画艺术那样运用线条、色彩来展现人物的相貌和风采，也不能像戏剧等表演艺术那样通过人的演唱、演奏或形体动作、表情来塑造形象、传达情绪、情感，而只能借助于抽象的语言符号来进行。而这些抽象的语言符号却常常修辞化为具体可感的绘画或戏剧。由于古代小说最初被命名为"小家珍说"或"稗官野史"，其"小"字或"野"字的身份和定性使之难以独撑门面，故而面对各种小说文本，人们只能参照作为"大道"或"正经"的"史部"与"子部"等经典来诠释、定义，从而使其理解方式带有修辞性、话语表达具有多元性。相对而言，针对叙事文法，人们尽管也曾付诸用绘画写人喻说小说故事之生动的"拟画批评"，但运用更多的却是"拟史批评"，即通常把精巧的小说叙事技巧比附于史传叙事技巧；而针对写人效果，人们尽管也曾付诸以历史人物的真实性喻说小说人物之生动可感的"拟史批评"，

① 秦修容《金瓶梅会评会校本》第1483页，中华书局1998年版。

② 《西游记》(古本小说集成影印本)第5页，上海古籍出版社1994年版。

但运用更多的却是“拟画批评”，即通常把小说栩栩如生的写人比附于绘画写真，或用画论话语评判精彩的小说写人语句和段落。换句话说，中国古代小说写人评点常常借助“拟画”思维来完成修辞性表达。此外，写人评点中的“拟剧”现象也分外突出，各种写人论话语还从戏剧理论中源源不断地输送而来。

其次，就理论用场而言，以多功能的修辞批评切入小说写人研究势在必行。从发端于 1914 年的俄国形式主义批评起，在上世纪的西方，心理批评、戏剧主义批评、幻想主题修辞批评、社会运动批评、体裁批评、女权主义批评、文化批评等形形色色的修辞批评以及带有包含修辞批评的方法论风起云涌。其中，50 年代前后风行起来的英美新批评反复使用比喻、象征、复义等修辞观念，推动了人们从修辞学角度研究文学。60 年代诞生于法国的结构主义文论开始运用修辞视角阐释叙事问题，形成“叙事修辞学”。尔后，美国韦恩·布斯的《小说修辞学》、米歇尔·卡恩斯的《修辞性叙事学》、詹姆斯·费伦的《作为修辞的叙事》、英国戴维·洛奇《小说的艺术》以及俄国巴赫金的《小说理论》等叙事修辞批评著作不断问世，它们采纳从女权主义到精神分析学、从巴赫金语言学到文化研究等理论方法，显示出基于古希腊传统的现代叙事修辞理论的独特魅力。在这种学术风气影响下，运用修辞理论研究小说成为近年中国学术研究的一种新动向。如，林岗《明清之际小说评点学之研究》(1999)从“中西小说叙事中修辞观的差异”着眼，探讨了中国传统小说叙事中富有特色的“文笔意趣”，并初步涉及到“白描传神”等写人状物手法，重视了叙事修辞研究的本土化探讨①。另如，王平《中国古代小说叙事研究》(2003)、李建军的《小说修辞研究》(2003)、郭洪雷《中国小说修辞模式的嬗变——从宋元话本到五四小说》(2008)等论著纷纷推出。这表明，修辞批评理论用于小说叙事研究，已经取得了较为成功的经验；其应用于小说写人研究，自然同样值得期待。就

① 林岗《明清之际小说评点学之研究》第 176—203 页，北京大学出版社 1999 年版。

中国修辞本身而言，它亦可分为狭义“修饰文辞”和广义“调整或适用语辞”①。后来，狭义的传统修辞从单纯研究辞格那故步自封的状态中解放出来，并在文化意义上初步形成广义现代修辞学的气派和品格。林语堂《中国人》曾经指出，汉语人常用意象性言说而不习惯用抽象性言说；常用隐喻、曲折、迂回的言说方式，而不习惯用直白、直言的言说方式。在中国传统诗学中，“不同的写作方法被称为‘隔岸观火’（一种超俗的格调），‘蜻蜓点水’（轻描淡写），‘画龙点睛’（提出作品的要点），‘欲擒故纵’（起伏跌宕）”②。传统文学创作强调隐喻、曲折、形象的言说方式，意在营造出许多“微言大义”的场域，这种言说本能在古代小说写人文本中同样得到体现。况且，小说文本写人的修辞性以及后来评点言说方式的修辞性无处不在。如题名李卓吾（实为叶昼）评《水浒》所谓的“如画”、“逼真”、“传神”，金圣叹评《水浒》所谓的“极近人之笔”、“声口”、“一样人，便还他一样说话”，张竹坡评《金瓶梅》所谓的“追魂摄影”、“白描之笔”，闲斋老人评《儒林外史》所谓的“无一贬词，而情伪毕露”等等，都是对小说写人技艺所作的修辞表述的精妙理论。总之，传统小说写人理论包含着修辞批评的立场、话语，尤其突出地存在着援引和征用画论术语的“拟画”批评现象，这是我们今天选取修辞批评进行写人研究的基本理据，也是我们展开小说修辞性写人研究的一个重要内容。

再次，从“写人”这一研究对象的语义分析来看，“写”、“人”二字本身的文化修辞性也决定了应用修辞批评切实可行。“写人”之“写”最初使用于书论和画论等场域。如《世说新语·巧艺》载著名画家顾恺之的画论名言说：“四体妍蚩（媸），本无关于妙处，传神写照，正在阿堵中。”③在此，“写”兼有“画”的涵义，意为“描摹”。尔后，宋代陈郁《藏一话腴·论写心》指出：“盖写其形，必传其神；传其

---

① 陈望道《修辞学发凡》第1页，上海教育出版社1976年版。

② 林语堂《中国人》第94页，学林出版社1994年版。

③ 刘义庆撰，刘孝标注，朱铸禹汇校集注《世说新语汇校集注》第604—605页，上海古籍出版社2002年版。

神，必写其心；否则君子小人，貌同心异，贵贱忠恶，奚自而别？”①将表现“君子小人”、“贵贱忠恶”的精神境界纳入“写心”，作为“传神”的必要条件提出。同时，“写”有时还通假于“泻”，《诗经·邶风·泉水》说：“驾言出游，以写我忧。”这里的“写”就意为倾吐。清人周星莲《临池管见》曾经对“写”与“画”作过这样的语义分析：

> 前人作字，谓之画字……后人不曰画字，而曰写字，写有二义：《说文》：“写，置物也。”《韵书》：“写，输也。”置者，置物之形；输者，输我之心。两义并不相悖，所以字为心画。若仅能置物之形，而不能输我之心，则画字、写字之义两失之矣。②

由此说来，“写”比“画”更富有修辞寓意。在小说评点理论中，人们最初常用“画”字来代替“写”字，并把“小说家”修辞化为“画家”。如容与堂刊本《李卓吾评忠义水浒传》第三回总评说：“描画鲁智深，千古若活，真是传神写照妙手。”③第二十一回回末总评有言：“此回文字逼真，化工肖物。摩写宋江、阎婆惜并阎婆处，不惟能画眼前，且画心上；不惟能画心上，且并画意外。顾虎头、吴道子安能到此？”④在这些评点中，“描画”、“传神写照”、“逼真”、“画心”等绘画术语被自如地援引征用。明末清初，金圣叹所用之“写”字既指通常意义上的“书写”，包含着今天所谓的“刻画”、“塑造”意，其《读第五才子书

---

① 陈郁《藏一话腴·论写心》，引自俞剑华编《中国画论类编》第473页，人民美术出版社1986年版。

② 周星莲《临池管见》，引自黄简编选《历代书法论文选》(下)第717—718页，上海书画出版社1979年版。

③ 《李卓吾批评忠义水浒传》(古本小说集成影印本)第107页，上海古籍出版社1993年版。

④ 《李卓吾批评忠义水浒传》(古本小说集成影印本)第662页，上海古籍出版社1993年版。

法》说:“《水浒传》写一百八个人性格,真是一百八样。”①在“写”字本身从画论向小说论转移的过程中,由它引导的一系列画论术语也乘机向小说论输送,如“勾勒”、“工笔”、“白描”、“皴染”、“衬染”、“虚白”以及“背面敷粉”、“画龙点睛”、“绘形绘声”、“传神写照”等等几乎无一不来自绘画。一句话,“写”不仅与“画”融通,而且还含“泻”意,是一种富有寓意的修辞行为。再看,根据《说文解字》的说法,作为“写”之对象的“人”,乃“天地之性最可贵者也”。这种说法无疑本自儒家经典。宋人李昉所辑《太平御览》第三六〇卷《人事部》一《叙人》搜录了历代文献典籍关于“人”的定义和解释,有的强调“人”在宇宙间的崇高地位,如《尚书·泰誓上》说:“惟天地,万物父母;惟人,万物之灵。”《孝经·圣治章》曰:“天地之性人为贵,人之行莫大于孝。”有的重在阐释“人”之性情,如《礼记·礼运》曰:“何谓人情?喜怒哀惧爱恶欲,七者弗学而能。何谓人义?父慈,子孝,兄良,弟悌,夫义,妇听,长惠,幼顺,君仁,臣忠,十者谓之人义。”又曰:“故人者,其天地之德、阴阳之交、鬼神之会、五行之秀气也。故人者,天地之心也,五行之端也,食味、别声、被色而生者也。”有的涉及到“人”的分类、等级及性别差异,如《淮南子》曰:“言无常是,行无常宜者,小人也;察于一事,通于技者,中人也;若覆而并有之,技能而裁使之者,圣人也。”《白虎通》曰:“男女者何谓?男者任也,任功业也;女者如也,如从人也。”②可见,中国文化传统中的“人”是天地之德性的化育、阴阳的化合、鬼神的凝合、五行的菁华;是天地万物的中心,是五行的终点,是因凭分辨食物的味道、声音和颜色而生存的。尤为重要的是,在原始宗教与中古政治宗教基础上形成的“感生异貌”观念、庄子的“物化”观念以及董仲舒的“天人合一”思想都丰富了传统关于“人”的学说。生成于中国传统文化背景下的小说赋予其中之“人”以丰富的修辞性,理应从修辞维度加以阐释。

① 《第五才子书水浒传》(古本小说集成影印本)第9页,上海古籍出版社1994年版。

② 李昉等撰《太平御览》第1656—1658页,中华书局1960年版。

综上所述，中国古代小说的“寓言”性质以及“写人”二字的语义蕴含都期待修辞研究。在传统“拟画”批评等思维方式的基础上，我们完全有理由利用修辞所代表着的一种由此及彼的拓展性想象力，去透过“杨柳堆烟，帘幕无重数”的小说文本表象，去叩问并探究其“庭院深深深几许”的写人文化意蕴。

三、古代小说写人文本的修辞批评及其融通操作

现代修辞学号称“大修辞学”或“广义修辞学”，其“大”而“广”的具体表现之一是它具有广大而开阔的应用面。应用于中国古代小说写人研究的修辞学不仅与传统狭义修辞学相关联，而且更借鉴并吸取了戏剧主义批评、社会修辞批评、女性主义批评、后现代批评等“外部联系”的文学研究方法，它势必突破以往仅仅借助修辞学点评小说语言美的功能，而通过融通狭义与广义各派修辞批评理论，来建构古代小说写人理论的新体系。

首先，通过修辞批评在“戏剧修辞——社会修辞——语言修辞”三个层次上的互相融通，探讨中国古代小说写人文本的“拟剧”批评及其“角色”修辞蕴涵。

现代修辞批评方法既有利于调和传统社会批评与现代形式主义批评的矛盾，又颇能集结二者之长。在运用这一理论进行写人研究时，我们应摒弃叙事学不同程度地割断文本与社会、历史、文化环境关联的局限，而注意综合运用现代社会心理学、伦理学、语言学以及女性主义文学批评等关于社会角色、性别角色研究的成果，来探讨小说人物描写的“角色”意蕴和修辞特征。在众多修辞批评范式中，戏剧主义批评(Dramaturgical Criticism)思潮尽管形成并流行于上世纪60年代的西方世界，但作为一种思维范式，在中国却是“古已有之”。这一理论源于戏剧分析，其逻辑起点是“人生就是一场戏，而世界就是他的舞台”这一隐喻。该批评范式又进而链接到社会学及社会心理学的“角色”(role)理论。而最先将本指戏剧舞台上所扮演人物的“角色”一词引入社会心理学的著作乃是美国社会心

理学家乔治·米德的《心灵、自我与社会》(1934)。后来,美国人类学家罗伯特·帕克在其《种族与文化》中认为,人(person)是带着一种面具(mask)在社会上生存的。扮演不仅是一种戏剧行为,而且还是一种社会行为。扮演的方式是人与人之间相互了解和人进行自我反省的最佳方式。每一种社会角色都有与之相应的行为模式或规范。随之,美国符号互动论社会学家欧文·戈夫曼在研究互动仪式的意蕴时认为,“角色”这个名词代表一种动态的概念,当人们表现出实际地位的权利与责任时,便是在表演某个角色;“角色”实质上是一种暗喻(metaphor),有时候被扩而大之用来说明社会是个舞台。他在《日常生活中的自我呈现》中指出:

> 身份、地位、社会声誉这些东西,并不是可以拥有而后还可以将之展示出来的实体性事物;它是一种恰当的行为模式,具有内在的一致性,不断地被人加以修饰润色,并且具有很强的连贯性。不管人们的表演是轻松自如还是笨拙不堪、是有意识的还是无意识的、是狡诈的还是真诚的,它都必须展现和描述一些东西,并且让人们感知到这些东西。①

这就是说,社会角色是人们期望中的具有一定社会地位或身份的个人所应有的行为。这些“角色”理论丰富了传统戏剧修辞批评理论,有助于我们阐释小说人物的身份、地位等难题。在中国,基于某种“拟剧”思维,古代小说批评不仅借用戏剧专业术语,而且还运用了“身份”这一角色化的准“拟剧”术语,形成了一种“拟剧”批评传统。为将这一批评传统发扬光大,我们不妨借鉴美国社会学家戈夫曼的“拟剧论”,对古代小说所描写的人物之千姿百态作重新审视。我们不仅致力于探讨古代小说中的性别角色扮演问题,而且结合传统文论探讨传统小说人物角色表演的“假象”、“伪态”等问题。如张竹坡

① [美]欧文·戈夫曼著、冯钢译《日常生活中的自我呈现》第17、61页,北京大学出版社2008年版。

提出的“真假”说是从伦常角色扮演切入的，以《金瓶梅》为代表的小说追摄了许多“假父、假子、假兄、假弟之辈”的图景。“真假”世态中的“伪态”备受后人关注。刘备、宋江、薛宝钗等人之所以常常给人以“虚伪”的印象，主要是因为他们在角色扮演中始终戴着虚饰的人格面具，且其表演镜头多集中于“前台”。在“伪态”表演中，“作态”又是一种特别耐人寻味的表演样态。与此相关联，作为社会学修辞批评的重要组成部分，上世纪兴起的女性主义批评(Feminist Criticism)，以及当下人们广为认同的“性别诗学”(The Poetics of Gender)等理论，对阐释各种男女有别的小说写人现象颇有用场。在西方，女性主义批评已经与叙事学联姻，生成了“女性主义叙事学”①。由于该研究意在将叙事学的结构分析模式用于女性主义批评，从而拓展、改进和丰富女性主义批评，因而未被人们纳入叙事修辞研究范畴来看待。而女性主义批评不仅完全可以应用于写人研究，而且十分有助于阐释戏曲小说等文本的写人意蕴，故而不妨视为社会性别修辞的有机组成部分。另外，为避免女性主义的锋芒而提出的“性别诗学”理论既包括男女两性之间富有张力的修辞关系，也包括男性霸权话语关于“我性”与“他性”的修辞性符号指述，自然饱含修辞意蕴。这就意味着，要探究中国小说所蕴含的富有修辞性的写人之“道”与“技”，“性别诗学”是一个富有洞察力和发现性的视角。从社会角色扮演来看，每一个人都是多种角色的丛集，而在某一特定的时空场域中，每一个人又只能选择一种话语角色进行言语交际。近年，“角色”一词又被引入语言研究，形成了“话语角色”观念。所谓“话语角色”或称“言语行为角色”，实际上是社会角色在言语交际场域中的具体化。语言学中的自我角色认知、他人角色及角色关系认知、交际双方之间的话语角色关系认知、话语角色的社会心理认知等理论，为小说写人研究又开启了一扇难得的视窗。

---

① 美国学者苏珊·兰瑟于1986年在美国的《文体》杂志上发表《建构女性主义叙事学》一文，首次采用了“女性主义叙事学”这一名称，并就研究目的和研究方法作了较为系统的阐述。

在这个修辞融通层面上，尤为值得注意的是传统小说评点中的“拟剧”思维及其影响下的“角色”理论应用前景。为此，我们完全可以结合中国传统文化和小说评点，来对中国古代小说的写人问题进行一场别开生面的“拟剧”批评，重新阐释小说人物的“表演”样态及其修辞意蕴。

其次，通过修辞批评在“语言修辞——诗性修辞——哲学修辞”三个层次上的彼此融通，探讨中国古代小说的写人规律、范式及其背后的文化修辞蕴涵。

毋庸置疑，用于写人研究的修辞批评还是应当以本原的“语言修辞”为基础。在具体运作上，譬喻、类比、象征、对照等传统修辞术和辞格经过放大处理，依然可以当作理论武器，为我所用。当然，修辞研究的革命性变革还是触发于西方，许多西方学人借鉴现代哲学、社会心理学和认知心理学的理论方法，从认知角度认识修辞。如，意大利著名学者维柯《新科学》将隐喻、转喻、提喻、反讽置于“诗性逻辑”这同一个话语层面来考察，把“隐喻”视为一切原始诗性民族都必有、必用的人对自然的认知方式。从跨文化比较的视野看，这种物我合一、由己度人的认知方式带有普遍性，在中国“古已有之”，其经典表述便是“天人合一”、“观物取象”。不仅如此，以隐喻为主体的修辞还成为嫁接小说写人研究与哲学论人研究的桥梁。

在“语言修辞”基础上，现代修辞延展到关于文本文化意蕴的探讨，我们不妨将这种修辞方式称为“诗性修辞”。这里所谓的“诗性”，主要是指处于技巧层面的文化密码性、文化寓意性。小说中的这种“诗性修辞”符码可以借助西方后现代主义修辞方法来破译。在西方，相对于戏剧修辞批评，后现代主义修辞走得更远，它的研究范围包括一切文化形式和文化现象。对此，常昌富曾作过这样的概括：

> 后现代主义将一切符码化、话语化，实质上是将一切修辞化。这样，修辞批评关注的对象不再仅仅是狭窄的、传统意义

上的言语或演讲，而是一切文化形式，包括批评本身。①

这样，后现代主义修辞批评，特别是马克思主义以及后来的法兰克福学派、法国结构主义的符号学、精神分析学说、后结构主义和解构主义等等，这些在“叙事学”研究中发挥过重要作用的修辞学批评方法，皆可应用于写人研究。如依照结构主义语言学提出的“能指”与“所指”理论以及其影响下的符号学，我们可以发掘中国传统文学在写人时苦心经营的经得起叩问和追问的联想域、信息链，启发人们从文本具体人物本身联想更多、更有意义的文化现象；我们也可以总结中国古代经典著作通过写人物的一举一动、一言一行建立特定语义场、语流场的经验，从而对小说所描绘的人物之“态”进行创新性的解读。又如，精神分析学大师弗洛伊德关于“梦的象征”理论有助于我们谈论人物“梦”描写的心理潜隐功能。相对而言，神话——原型批评学派最具备修辞再生能力，无论是荣格的“集体无意识”、还是弗莱的“置换变形”学说，都十分有助我们解读小说写人中“反复出现的意象”。受这种修辞观念的影响，谭学纯、朱玲在《广义修辞学》一书中提出了“修辞原型”这一概念，并以此为基础，生发出“伦理修辞”、“色彩修辞”、“数字修辞”等一系列富有文化底蕴的诗性修辞概念②。我们不妨融会贯通地运用这些修辞理论，对中国古代小说写人文本中的“五伦”修辞、“五色”修辞、“七情”修辞等话题进行寻味。

在小说文本中，随着文化含量的不断蓄积，诗性修辞又进而上升为哲学修辞。哲学修辞的基础是“哲学的便是修辞的”观念，一方面是指抽象的哲学道理要靠形象化的修辞来言说，另一方面是指古代哲学理论构架本身即是修辞性的。保罗·德曼《隐喻认识论》一

① 常昌富《当代修辞学批评模式概述》，见《当代西方修辞学批评模式与方法》第19页，中国社会科学出版社1998年版。

② 谭学纯、朱玲《广义修辞学》第222—261页，安徽教育出版社2001年版。

文曾指出:“一切的哲学,以其依赖于比喻作用的程度来说,都被宣告为文学的,而且,就这一问题的内含来说,一切文学又都是哲学的。”①当然,“哲学修辞”理论是另一面“西洋镜”,我们对此持有的态度同样是启示和参照,而并非直接生搬硬套。小说写人研究之所以要打开哲学修辞这面视窗,不仅是因为作为小说描写对象的“人”本身就是一个古老的哲学命题,而且小说所塑造的特定文化背景下的“人”所生存的时空同样带有哲理性。具体到中国古代小说创作而言,“天人合一”互喻文化谱系、“阴阳对立”象征文化谱系、“五行生克”联想文化谱系等哲学思想都对小说写人发生过渗透和影响,形成一个个富有修辞意蕴的联想域。其中,古老的哲学经典《易经》之《系辞上》、《系辞下》分别提出“一阴一阳谓之道”、“阴阳合德而刚柔有体”观念,即从天地、日月、阴阳、乾坤等天人秩序的哲学高度来论证男女的尊卑、内外、刚柔、贵贱等修辞关系的。以董仲舒为代表的汉儒进而从“天人合一”、“天人感应”以及“阴阳五行”原理来论证“三纲六纪”、“男尊女卑”的合理性。宋代理学家又从“太极”、“天理”来论证“三纲五常”的普遍性和“灭人欲”以“存天理”的必要性。这些根深蒂固的哲学修辞理念自然潜移默化地渗透到古代小说写人文本中。据此,我们可以去追寻“物我互喻”、“人情物态互拟”等小说写人表达体系,探索“性别越界”、“双性同体”以及“严父慈母”二元角色对立等写人结构现象。另外,中国古代小说理论的发生发展还有一条基本规律,即其概念和范畴往往发端于哲学,经美学(尤其是画论),再演化到小说写人论。也就是说,传统小说写人评点往往一方面参照生活经验发表感受,另一方面直接移植或间接应用传统哲学的概念范畴,如“形”、“神”、“态”、“气”、“真”、“味”等,即从最初的哲学概念或范畴,后经画论而转入小说戏曲写人论。根据“哲学的便是修辞的”原理,对这些写人论范畴,我们自然都可以展开行之有效的修辞阐释。

---

① [美]保罗·德曼著,李自修等译《解构之图》第69页,中国社会科学出版社1998年版。

综上所言，以狭义的"语言修辞"为基础和纽带，我们可以把在"戏剧修辞——社会修辞——语言修辞"与"语言修辞——诗性修辞——哲学修辞"两个层面上彼此融通的现代修辞理论应用于古代小说写人研究。换句话说，运用多维交汇的修辞维度，以"拟画"批评与"拟剧"批评为基础，我们可以有选择地把中国古代小说写人理论重新聚合为珠联璧合的新式理论体系，并借以不断地挖掘小说写人文本的修辞意蕴，重新建构中国本土的写人理论体系，从而真正实现中国古代小说写人研究的新变。

（作者系上海财经大学教授）

水浒故事演变与农民起义

戴云波　葛传彬

我们在阅读《水浒》、研究《水浒》时，总有一个问题让人如鲠在喉，不吐不快。事实上这个问题一些研究者也已提出，只是没有进行充分的论证。那就是为什么自古以来发生了无数次的农民起义，却只有在正史上并无详细记载、规模也并不很大的宋江起义产生了这么多的故事传说，以至于汇合、集纳为一部恢弘壮阔的《水浒传》？又为什么自古农民起义的领袖都被视为"匪"、"盗"，而宋江却终于享有了"忠义"的名誉，如元曲《同乐院燕青博鱼》中燕青语："则俺那梁山泊上宋江，须不比那帮源洞里的方腊。"宋江与方腊明明是同一时代的农民起义领导者，有何不同？论规模与影响，宋江甚至远不如方腊，为什么对宋江就要特殊看待？

要弄清这些问题，仅仅依靠发掘有限的史料去再现历史中宋江其人及宋江起义的原貌是不够的。因为各种史载关于宋江起义的地点、活动范围、结局以及是否征方腊等多有分歧，相互矛盾，无法形成一个统一的印象。我们只能根据这样几条记录来判断一下宋江及宋江起义的情况：《宋史·侯蒙传》："江以三十六人横行齐、魏，官军数万无敢抗者，其才必过人。"《宋史·张叔夜传》："宋江起河朔，转略十郡，官军莫敢婴其锋。"元人陈泰《所安遗集补遗》："宋之为人，勇悍狂侠。其党如宋者三十六人。至今山下分赃台，置石座

按：本文原载《复旦学报》2001 年第 3 期。

三十六所。俗所谓'来时三十六,归时十八双',意者其自誓之辞也。"这些记载给我们的印象是,宋江大约是一个很有能力的人,至少能笼络、团结一批人在他手下。他及他手下的头领、队伍也具有很强的战斗力。但无论如何,宋江"勇悍狂侠"的形象特征与我们今天在《水浒传》中看到的宋江形象迥乎不同,这里面应当经历了一个对宋江形象的改造过程,实际亦即《水浒》故事的演变过程,对宋江起义的性质与结局不断进行加工、增饰的过程。

一、前人的研究及"简先繁后"的误区

较早提出这一问题并进行研究的是李辰东与聂绀弩。李辰东《三国水浒与西游》①一书中"水浒研究"部分在谈及作者"同情心的建设"时认为,作者为力求作品得到读者之同情与喜爱,必然从各种途径对作品题材进行改造。如宋江起义之类在封建社会里总会被认为是"匪"、"盗"的行为,非用特殊的手法则只会引起读者的憎恶而非同情。那么作者用的是什么方法呢?李辰东认为,第一,作者"将宋江等之为盗,改作被官吏压迫,非出自愿";第二,作者"将许多好汉写成义士";第三,作者"不仅让这些好汉为民除害,而团结起来的时候又为国家除害。'忠义'二字由此而来。"李辰东在这里将宋江起义的性质的改变归于作者有意识的改造行为,不能说没有道理,但还是有这样几个问题:

1. 为什么在这么多的起义活动中独独将宋江起义改为"忠义"类型?

2.《水浒》故事的演变以至成书应是一个较长的过程,其性质的改变,即由自发的造反转而为被迫的落草并终于招安为国家出力,不会是某一个作者一时间的突然改作完成,而是在民间有一个传说故事不断被繁衍、流传、演绎、放大的历程。李辰东的结论显然没有顾及这一点。

---

① 李辰冬《三国水浒与西游》,重庆大道出版社 1945 年版。

这里还须分辨一个事实，即一些研究者认为宋江起义之改为“忠义”是文人士大夫所为，体现的是士大夫阶层的思想倾向而非民间的感情与趣味选择。笔者不能苟同这一观点。因为马克思和恩格斯早已说过：“统治阶级的思想在每一时代都是占统治地位的思想。这就是说，一个阶级是社会上占统治地位的物质力量，同时也是社会上占统治地位的精神力量。”①在封建社会，“忠义”总是占主导地位的思想倾向，不论是上流社会还是草野民间在这一标尺上总是一致的。事实上从通俗文学的角度看，无论话本、讲史、杂剧、戏曲，都遵循着一个总的道德原则即“忠”、“义”，反官府不反朝廷，反奸臣不反皇帝，这是时代的局限所决定的。同时从作品的流传看，没有这些道德色彩的添加，它也很难得到社会的认同以至保存下来。

聂绀弩《论水浒的思想性和艺术性是逐渐提高的》②一文认为，《水浒》中的人物，尤其是宋江，是有一个逐渐提高的改造过程。在《宣和遗事》以前的宋末传说里并无宋江的名目，罗烨《醉翁谈录》里即无宋江篇段，龚圣与《宋江三十六赞》中只说宋江“不假称王，而呼保义”。从《宣和遗事》起将宋江“杀惜”的原因与“私放晁盖”联系在一起，突出他“义”的一面。元杂剧中又突出他“度量宽洪”这样一种领袖人物必备品格的一面，慢慢地构成今天《水浒传》中宋江的整体形象。在艺术上由于繁本对简本的精细加工，不但对人物的性格刻画有提高，如“移置阎婆事”的成功，艺术上也有了很大的改进。这一点在郑振铎先生《水浒传的演化》③一文中也有大量的“繁”“简”文本比较的例证。此外《水浒》思想性和艺术性提高的方面还应包括：(1) 加入王进、林冲的故事，从而将史实上并不恶迹彰显的高俅、蔡京人格上加以贬低，证明“乱自上作”；(2) 改

① 马克思、恩格斯《马克思恩格斯选集》第一卷上第52页，人民出版社。

② 聂绀弩《论水浒的思想性与艺术性是逐渐提高的》，《水浒研究论集》，东北人民大学研究部教材出版科，1955年。

③ 南京大学中文系编《水浒评论资料》。

造“招安”，把史实上可能的宋江因“势穷”而降以及《宣和遗事》中所称的张叔夜招降改为宋江主动追求“招安”，突出其“忠义”主题。聂绀弩先生的这些意见都是很精辟、足以服人的，但其中也还有一些问题：

1. 聂先生还是没有回答为何要将宋江起义作为“集中悬拟的箭垛”，从而汇合集纳为后来辉煌的《水浒传》的问题。在他的另一篇文章《水浒是怎样写成的》①一文中也认为：“宋江他们的故事在人民口头流传的时候，人民口头流传的故事，不只宋江他们的故事一种，而是许多种类似的故事同时在流传。”那为什么独独宋江起义的传说故事得以流传与光大？

2. 如聂绀弩、严敦易等先生认为，宋江起义得以格外的流传是因为民族战争的爆发，金人南侵，宋江余部参与了这次斗争，同时寄寓了人民的爱国感情与对朝廷昏聩的失望。这从当时朝廷的“忠义巡社”制度可看出来，《水浒》中亦有内证，即第七回回末：“有分教：大闹中原、纵横海内。直教：农夫背上添心号，渔父舟中插认旗”。这两句诗显系指“八字军”。另明吴从先《小窗自纪》所载一种“稗史《水浒传》”，内容与今诸本《水浒》均不同，除“四大寇”之名有明显差异外，宋江起义的时间亦与金人南侵同时，并载有宋江语：“宋江流离，金人相陁，苟能我用，当听其指挥，立大功名。”“誓清中原，长江击楫，水惊波撼，将军用命”等自誓之词，显见至少在民间的故事传说中，宋江起义与金人南侵后发生的民族矛盾的斗争关系甚为密切。但是，如果因为宋江参与了抗击金人就选择他作为一部大书的主角，似乎也不足以成立。为什么不选择著名的“八字军”领袖王彦呢？他也是从一个起义领袖转而为与朝廷合作抗金的。而从现行《水浒》看，也的确很少有关于抗金事迹的遗痕，惟有“征辽”或可说明这一种感情，即李卓吾《忠义水浒传叙》所言“愤二帝之北狩，则称大破辽以泄其愤”。

---

① 聂绀弩《水浒是怎样写成的》，《水浒研究论集》，东北人民大学研究部教材出版科，1955 年。

3. 聂绀弩先生与胡适、鲁迅、郑振铎等先生一样，都是从“简先繁后”的角度，认为《水浒》故事经历了从民间传说的萌芽到《宣和遗事》初具雏形、元杂剧又加以增饰敷衍终至成书这样一个过程。依照这样的创作过程与规律，且不论元杂剧与《水浒》成书的关系究竟若何，我们的确是很难解释为什么宋江起义成为核心，具有了流传繁衍的源动力的。从成书的渊源上说，我们也无法解释为什么《水浒传》中仍存留着这么多的“说话”痕迹，显系不同的话本凑拢而成。

二、宋江品格的美化与拔高对《水浒》成书的重要作用

在《水浒》成书问题上，亦即《水浒》故事的发展演变上，研究者们都没有解释为什么宋江成了一个代表性人物，而宋江在历史上明明并没有很大的规模与影响。也许宋江或其部属参加了抗金斗争，与朝廷合作，那又为什么不选择更著名的“八字军”领袖王彦来作代表？严敦易先生《水浒传的演变》①一书将《水浒》故事的演变划为三个时期，在第一时期“萌芽茁发期”中，严先生认为，“宋江，无疑地是宣和二年以后，京东、淮南以至河北广大地区内的农民起义最有力的一位领袖，‘转掠十郡’，正足以形容他的发展和膨胀，他俨然已具有这许多地区‘群盗’所率相尊奉，与秉承号令的‘共主’资格”。由于具体史料的缺乏，这个判断也多具悬测的性质而无实在的论证。欲弄清这一问题的实质，我们仍非从记载宋江及其头领绰号的龚圣与《宋江三十六赞》与记叙梁山泺聚义始末的《大宋宣和遗事》入手不可。

实际上，《水浒》故事最初的渊源，选宋江作为一领袖式的代表，可能并不与抗金有关，而且也不会是文人士大夫有意美化与增饰的结果。宋江首先在民间一定是有了一些特别的气质与品格，并因此放射出夺目的光华，成为了一部大书的核心与故事发展的原动力。是民间的选择，民间艺人的铺衍深入人心，树立起了宋江的形象。

① 严敦易《水浒传的演变》，作家出版社 1957 年版。

非如此我们无法解释宋江何以成为主角,宋江起义又何以成为一部大书。孙楷第先生的结论可说是非常坚实的:“以今考之,自张天师祈祷瘟疫至打东平府东昌府止,盖为宋人旧话而盛演于元人者,方腊故事,当亦甚早。”①那么在民间的塑造过程中宋江的形象渐渐具有了哪些特质呢?南宋末、元初文学家周密所著《癸辛杂识续集》中所载龚圣与《宋江三十六赞》,为我们分析《水浒》故事的源起及宋江的超出众人提供了珍贵的材料。龚开在《宋江三十六赞·序》中有两段话非常重要:

> 宋江事见于街谈巷语,不足采著。虽有高如李嵩辈传写,士大夫亦不见黜,余年少时壮其人,欲存之画赞,以未见信书载事实,不敢轻为。……
>
> 余尝以江之所为,虽不得自齿,然其识性超卓,有过人者。立号既不僭侈,名称俨然,犹循轨辙,虽托之记载可也。……

“宋江事见于街谈巷语”,说明关于宋江的传说故事很早即已流传。龚开大概是个画家,在寻找绘画题材,“高如李嵩辈”画家传写的图画已得到士大夫阶层的认可,“年少时壮其人”的龚开更想“存之画赞”。宋江作为一个农民起义领袖,为什么“士大夫亦不见黜”?龚开又为什么“年少时壮其人”?这可见宋江事虽无明确详细的史书记载,但在民间的传说中已具有了相当的魅力与传奇色彩,这种魅力与传奇色彩可能并非宋江一个人造成的,而是与他的部下、头领们的事迹传说大有干系,是共同形成的。如宋罗烨《醉翁谈录》所载《石头孙立》、《青面兽》、《花和尚》、《武行者》等“小说”篇段的名目,它们一定是《水浒传》所汇拢各种话本短篇的前期阶段。而宋江作为一个领导者,更多的应是具有领袖气质,它表现在龚开所言的“识性超卓,有过人者”,“立号既不僭侈”,及“与之盗名而不辞,躬履

① 孙楷第《日本东京所见中国小说书目提要》,《水浒资料汇编》,中华书局1980年版。

盗迹而无讳者也"的坦荡豁达。

从龚开《宋江三十六赞》的赞语中我们很难找出人物具体的事迹,但我们应知道,这些赞语不是从"讲说故事"的角度来写的,而仅是为"刻画摹写"人物形象的图画所配的短语。虽然如此,从"呼保义宋江"条可知,"不假称王,而呼保义"正是他最突出的品格。为什么不"僭越帝号"就是最突出的品格呢?这正证明在古代农民起义中领导者最终的理想与抱负几乎都是要对皇帝"取而代之",所谓"王侯将相,宁有种乎"正是支撑他们反抗的精神信念与思想基础。这反过来突出了宋江"不假称王"的可贵。"保义"是宋时"保义郎"的称谓。据程穆衡《水浒传注略》①释"呼保义":"《辍耕录》:武正八品曰保义校尉,从八品曰保义副尉。言吏员未职,已呼之为保义也。又宋时相呼曰保义,似亦通称,如员外之类。"邓广铭先生释"呼保义"中的"呼"字与"不假称王"中的"称"字都为动词②,以"保义"相称应属一种很平易、通俗的叫法。龚赞"呼保义宋江"条中还有很有意思的两句:"岂若狂卓,专犯忌讳?"意谓宋江只称呼"保义"而已,决不"称王称帝",僭越名份,哪里像那些狂妄的人"专犯忌讳"!这对于宋江形象的树立并最终为士大夫阶层及人民百姓接受是很重要的。

但是,仅仅不称王称帝,也还不足以形成强大的人格力量,因为韬光养晦式的"缓称王"往往可能包藏更大的野心。这里我们必须提到与龚赞差不多同时的《大宋宣和遗事》了。目前二者孰先孰后尚难断定,如果从龚赞对《宣和遗事》中人名的更易上,如李进义改作卢俊义,阮进改作阮小二等看,龚赞当在后;如果从龚赞中并无林冲、《宣和遗事》十二指使中已有林冲,以及龚赞中有五次提及"太行",却从无"梁山泊"字样,《遗事》则已将"太行山梁山泺"合称看,龚赞当在前。不过这并不重要,重要的是我们知道《水浒》的题材内

① 马蹄疾《水浒资料汇编》,中华书局1980年版。

② 邓广铭《关于宋江的投降与征方腊问题》,《邓广铭治史丛稿》,北京大学出版社1997年版。

容的确是在不断吸纳各个渠道的传说中发展壮大的。而《宣和遗事》恰恰进一步明确了宋江在民间的形象，那就是玄女娘娘天书末所附一行字“天书付天罡院三十六员猛将，使呼保义宋江为帅，广行忠义、殄灭奸邪”。晁盖的梦中亦有“须是助行忠义，卫护国家”之言，这就提高了宋江起义众头领的思想境界。《宣和遗事》应如鲁迅先生所言“由钞撮旧籍而成”①，或如严敦易先生所言，其中“梁山泺聚义始末”应系“从当时的水浒传话本来缩写的概要”，而决不是“水浒话本的萌芽和开始”。龚赞与《宣和遗事》都明确了三十六人的范围，并给出了大致相仿佛的名号。这说明在龚赞与《宣和遗事》的阶段，宋江的领袖形象由于其“不假称王”的“忠”与“私放晁盖”的“义”得以确立，这一点到元杂剧中表现的更为明显。

三、元杂剧中“水浒戏”与《水浒》成书的关系

元杂剧中的“水浒戏”与《水浒》成书的关系究竟若何，如从“简先繁后”的观点来看，元杂剧应是对《水浒》题材的进一步铺衍：如从“繁先简后”的观点来看，元杂剧应只是对《水浒》题材的借用，其内容及所反映的人物形象并不与通行的《水浒》同。从现存的几种“水浒戏”如《黑旋风双献功》、《燕青博鱼》、《还牢末》、《争报恩三虎下山》等看，关目的产生均由宋江的放众头领下山而起，除“李逵负荆”显系《水浒》故事的搬演外，其他均表现为杂剧的情节特征而与《水浒》的故事发展并无关涉。我们很难得出元杂剧是《水浒》成书中重要的一环的结论与认识，而应承认的是，在元杂剧兴起的时候，一方面“水浒戏”的搬演扩大了宋江起义的影响，深化了其“忠义”的主题，另一方面《水浒》故事自身在不断的繁衍壮大中也确实到了一个归纳、总结的时期。这从宋江在现存六部“水浒戏”中的自白可以看出：

1. 宋江的出身经历与形象趋于固定。

以《还牢末·楔子》为例：

---

① 鲁迅《中国小说史略》，《鲁迅全集》，人民文学出版社 1993 年版。

宋江[白]：幼年郓城为司吏，因杀娼人遭迭配。姓宋名江字公明，绰号顺天呼保义，某，宋江是也，山东郓城县人。幼年为把笔司吏，因带酒杀了娼妓阎婆惜，迭配江州牢城。路打梁山泊所过，有我结义哥哥晁盖，知我平日度量宽宏，但有不得已的英雄好汉见了我，便助他些钱物，因此，天下人都叫我及时雨宋公明。今晁盖哥哥并众头领，让我坐第二把交椅。哥哥三打祝家庄身亡之后，众兄弟让我为头领。

这段楔子、自白在现存元曲"水浒戏"中大同小异。惟从中我们可知道：(1)"忠义"的名号已然确立，不管是叫"顺天呼保义"也好，还是"忠义堂"上"高搠杏黄旗"，上面写着"替天行道宋公明"也好，宋江实质已成为民间百姓某种心灵意愿的代表。如《争报恩三虎下山》杂剧中关胜与李千娇语："我不是歹人，我是梁山上宋江哥哥手下第十一个头领，大刀关胜的便是。"倘若梁山的声名不济，关胜必不会出此语；(2)宋江的品格在元杂剧前的龚圣与《赞》与《宣和遗事》中并不具体，这里有了"平日度量宽宏，但有不得已的英雄好汉见了我，便助他些钱物"这一句，不管这是之前民间传说的产物还是元杂剧所加，宋江之形象趋于完整、丰富可无疑矣，也因此具有了领袖的气质与底蕴。

2. 除了《争报恩三虎下山》杂剧言："聚义的三十六个英雄汉，那一个不应天上恶魔星？"及《还牢末》楔子未言聚义英雄数外，其他数种都很明确地提出"三十六大伙，七十二小伙"的概念，这个"伙"姑不论是指"一伙人马"或"一个头领"，但可以确定的是一百零八人的节目已生出。

3. 所有的宋江自白均言晁盖为三打祝家庄时而亡，这与后来流传的《水浒》不同，但我们注意到打曾头市起因仅为很小的一件事，即段景住马匹被盗，在这两打曾头市的战役中梁山并未增加一个头领，此应为后来传说节目的增添，而不影响《水浒》实质的内容定型。

由上述我们可以认识，元杂剧不是《水浒》故事演变与成书的一个环节,但它透露出的信息足以表明,在元杂剧时代,《水浒》故事的流传更为活跃,并已到了宋江形象定型与“三十六大伙,七十二小伙”明晰化的阶段,相关的故事内容虽并不与曲艺搬演的内容同,但一定是丰富多彩的。遗憾的是这时没有产生一部能对《宣和遗事》有所进步、发展的类似《三国志平话》的“水浒传平话”,使得《水浒》成书的历程在从元至明初的阶段(约一百多年)呈现空白。郑振铎《水浒传的演化》一文即在考察元代“水浒戏”的基础上提出:“当时(指元代——笔者注)一定有一部水浒传,有一个完全的水浒故事,所以他们不妨零星取用,不妨各奔前程,专写小说中一部分的事以自名家。水浒剧本,其所叙的事实,与小说愈趋愈远,而这部水浒传却是与今本水浒传愈走愈近。”“这一部元代水浒传,我们很希望能够如元代的三国志平话、武王伐纣一样的突然出现于世。”这个看法虽仍是出于悬测,却不无其道理,在逻辑上与创作规律上是讲得通的。

四、“招安”的结局是《水浒》成书发展的必然结果

当宋江的形象定型以后,他就不可避免地要与天下的英雄们发生联系了。民间塑造了宋江“忠义”的形象,“忠”的思想既使宋江“士大夫并不见黜”,又引起人民的同情;“义”的性格则改造了宋江“勇悍狂侠”的气质,使其向领袖型的人格形象转化。这又可说是文人介入的功劳,因为在《三国》、《说唐》、《封神榜》之类的讲史小说中,总要有如刘备、李世民之类礼贤下士的“明主”来做核心。他们不一定要有高超的武艺与绝顶的智慧,但只要“礼贤下士”、“宽厚仁爱”即可。在中国的传统思想中,“王道”总是胜于“霸道”的,“天下惟有德者居之”,宋江之德虽不足以“据有天下”,却也已足以据有梁山泊、统率一群差不多已是国家最精华的人才了。

而当这一切都已成为定型的东西后,宏大的构思与磅礴的气势却不能由此戛然而止,正如海纳百川的大河终至奔腾踊跃之势时必须找到宣泄的出口一样,梁山义军也必须考虑自己的出路问题。这也就是《水浒》中另一个争议极大的问题,即对“招安”及“打方腊”的

认识问题。

“招安”的结局是历史的必然还是作者有意地营造悲剧气氛？它符合宋江等众头领的思想与性格吗？如何区分历史的真实与艺术的真实？“招安”对《水浒》的成书有什么影响？宋江是否打过方腊？如何看待、认识宋江打方腊这一问题？这些问题要有一个圆满的回答确实是不容易的。

对于宋江是否受招安及是否征方腊的历史真实性问题，由于相关的史料记载歧见互出，真假莫辨，笔者无意在这里进行很可能是徒劳无功的考辨工作。对这一问题有着详切精当的认识的文章，我们可以参看陆树仑《关于历史上宋江的两三事》（见《辽宁大学学报》1979 年第 2、3 期）与邓广铭《关于宋江的投降与征方腊问题》（见《中华文史论丛》1982 年第 4 期或《邓广铭治史丛稿》）。这两篇文章从对《折可存墓志铭》、李若水《捕盗偶成》诗等材料的分析，基本肯定了宋江的确受了招安，但并没有从征方腊，而是在方腊反后的一段时期复又叛乱，因此宋范圭《折公墓志铭》中有“班师过国门，奉御笔：‘捕草寇宋江’。不逾月，继获”的记录。

就艺术的真实而言，“征方腊”作为《水浒》很重要的一个部分，其形成的时间也较早，这从征辽、征王庆与田虎的战役中梁山不曾损折一个好汉可得到证明。“招安”的结果必是“征方腊”，即鲁迅先生所言“替国家打别的强盗……不‘替天行道’的强盗去了。终于是奴才”。倘若不接受“招安”，宋江的革命性与立场坚定性是没有问题了，但《水浒》能否流传与保存又成了问题，这大约是删去包括招安等情节的金圣叹所始料未及的。

从今天的认识角度与眼光出发，我们应当如何理解体现在《水浒》中的“招安”与“征方腊”结局，实际亦即如何理解以宋江起义为代表的古代农民起义的结局问题呢？

首先，农民起义虽有其积极、进步的一面，代表着群众自觉的反抗意识，对旧有的统治秩序与社会制度形成一定的冲击，并对后世农民起义发生一定的积极影响，如《水浒》就被后世起义者从军事上学习，从组织形式、绰号等方面加以效仿，但农民起义总免不了失败的命运,无外镇压、招安及作新的皇帝这三条路,即使作了新的皇帝,也只是旧的制度的翻版,并不能产生本质的革命。对此毛泽东同志早已有精辟的论断。

其次,从百姓的实际需要看,既需要起义英雄反抗官僚恶霸,一伸胸中冤气,又在朝廷无力抵抗外侵的时候需要这些英雄转而与统治者合作,这就是阶级矛盾与民族矛盾的对立统一。"忠义"之"忠"是忠于朝廷,但在特定时期它符合人民利益,如鲁迅先生所言"宋代外敌凭陵,国政弛废,转思草泽,盖亦人情",统治者同样也会产生这种需求,只不过统治者往往是从自己的利益而非从国家、民族利益出发来考虑问题,因而常常是妥协的、投降的势力占上风。统治者既然能利用"招安"收买起义者,并利用他们抵抗外敌的侵略,当然也能利用他们征讨别的"不遵王化"的起义者,因此历史上的宋江可能没有打方腊,但这样的事实并非没有,从艺术的反映来说是真实的。

第三,从传奇的角度看,无论话本、讲史、杂剧、戏曲,总是有一个道德上的准则,即"忠"、"义",反官府不反朝廷,反奸臣不反皇帝,这是时代的局限所决定的。一方面从作品流传的角度看,不加上这些道德色彩作品就难以保存和传世,另一方面从"王权永祚,不得篡夺"的观念出发,如萨孟武先生所言:"所谓'正统'和'篡夺'只是法律上的名词,不是道德上的名词。"①年代久的朝代总会享有"神器"不得侵犯的特权,我们怎么能够要求古人乃至有一定层次的知识阶层赞扬、支持农民起义呢?我们又怎么能够指责宋江受了招安就是"投降派"呢?曹操本人并未作皇帝尚受民间这么多的诟议,无非刘备是汉室正统而已,何况宋江的确是一介"草寇"呢?倘若宋江不"忠",僭越,他就不会成为《水浒》故事的核心人物,而"忠"的结果必是受"招安"乃至主动追求"招安",这是我们阅读《水浒》时所不能不采取的一种态度。

(作者系三联书店编辑、扬州大学教师)

---

① 萨孟武《水浒与中国社会》,岳麓书社 1998 年版。

容与堂本《水浒传》的评点在接受链条上的地位

高日晖

容与堂本《李卓吾先生批评忠义水浒传》(以下简称“容本”)“是现今还保存着的百回本《水浒传》的唯一完整的万历刻本”①,容本的文本价值当然很高。同时,其评点尽管学者多认为是叶昼所伪托,但它在小说理论及小说批评上的价值也被学界所公认。其实,作为对《水浒传》的评点,容本评语的价值更体现在作为早期接受者的阐释在整个《水浒传》接受史上的地位及影响。可以说,在《水浒传》的接受史上,容本的评点具有“准第一读者”的效果。

一

在从历时性的角度讨论容本评点之前,必须先比较一下也是刊刻于万历年间的另外两种评点——余象斗刻本和袁无涯刻本。因为这种共时性的比较,更有助于我们对容本评点价值的认识,是历时性研究的基础。今天能够见到的,完整的万历年间《水浒传》的评点本还有比容与堂本早一些的余象斗评刻本《京本增补校正全像忠义水浒志传评林》(简称余本),以及比容本晚一些的袁无涯刻本《出

按:本文原载《中州学刊》2002 年第 3 期。

① 章培恒《容与堂本水浒传·前言》,上海古籍出版社 1988 年版。

像评点忠义水浒全传》(简称袁本)①。余本是简本，其版式很特别，上栏评语，中间插图，下栏正文。评语几乎都写做"评某某:……"这样的格式，所评内容包括诗词、人物、情节等。从评点的水平看，当然无法同容本、袁本相比，但它出于书商之手，市民接受者的文本阐释明显与容本、袁本文人接受者的阐释不同。袁无涯刻本 120 回，亦署名李卓吾评点，并且杨定见和袁无涯都言之凿凿，今人却也多认为是伪托②。在无法确证评点者为谁的时候，我们不妨绕开这个问题，只就评点文字本身所表现的接受倾向和特点比较一下容本与袁本，然后再从文人接受者与市民接受者的差异的角度比较一下容本与余本，作为共时性的研究。

(一) 从"村学究见识"到"卓吾老子曰"

容本第 23 回回末总评:"李卓吾曰:人以武松打虎到底有些怯在，不如李逵勇猛也。此村学究见识，如何读得《水浒传》?"③这里所谓的"村学究"应该批书人士虚拟出来的评点者的对立面，不一定真有其人，真有此论。但是，客观地讲，余象斗的评点恰恰是被容本评点者所不屑的"村学究见识"。容本第 53 回回末总评:"李和尚曰:有一村学究道:'李逵太凶狠，不该杀罗真人;罗真人亦无道气，

① 关于容本、袁本及余本的刊刻时间问题:余象斗评本卷首《题水浒传叙》记作叙时间为万历甲午岁腊月吉旦，即万历二十二年(1594)。容本刻于万历三十八年(1610)，根据是这个版本卷首李贽的《忠义水浒传叙》的后面有一行字:庚戌仲夏日虎林孙朴书于三生石畔。袁无涯本一般认为刻于万历四十年(1612)，王利器先生认为刻于万历四十二年(1614)。见其《〈水浒〉李卓吾评本的真伪问题》，载《文学评论丛刊》1979 年第 2 期。

② 王利器先生一直坚持认为袁本评点出于李贽，王先生曾在《文学评论丛刊》1979 年第 2 期发表《〈水浒〉李卓吾评本的真伪问题》一文，认为袁无涯本评点是李贽作的。后来否定了这个说法，认为日本无穷会藏本及宝历覆刻本之李评才是真的李贽的评点。

③ 本文所引容本原文、批语等，若无特别注明，均引自上海古籍出版社 1988 年版容与堂本《水浒传》。

不该磨难李逵。'此言真如放屁,不知《水浒传》文字,当以此回为第一。试看种种摩写处,那一事不趣?那一言不趣?天下文章当以趣为第一。既是趣了,何必定有是事,并实有是人?若一一推究如何如何,岂不令人笑杀!"再看余象斗在相应的余本第44回内的相关评语①。李逵斧劈罗真人,余象斗评道:"李逵以一勇之私,妄杀罗真人,而真人先将净瓶化其身遇之,乃道术之法有先知之见。"罗真人要李逵"吃些磨难",余象斗批道:"真人将李逵此段报仇,人言出家之人不计其恶,观此即亦怀恨也。"容本评点者是否针对余象斗的评点,我们不好妄下结论,这里似乎是偶然的巧合,但容本评点者所说的"真如放屁"之言几乎就是余象斗的评点。余象斗阐释文本是就事而论人,既不参照人物性格,也不分析作者行文的目的,更不从"文章"的角度进行艺术分析,是只停留在看故事层次的普通接受者的阐释。此是一例。又如容本51回回末总评,"秃翁曰:朱仝毕竟是个好人,只是言必信、行必果耳,安有大丈夫而为一太守作一雄乳婆之理?即小衙内性命亦值恁么,何苦为此匹夫之勇,妇人之仁?好笑,好笑。"相对应的余本第43回这样评道:"叹儿词:李逵只因要朱仝上山,将一六岁儿子谋杀性命,观到此处有哀悲。惜夫,为一雄士,苦一幼儿,李逵铁心,鹤泪猿悲。"余象斗比容本评点者有人情味,他更多地是从自身的感受出发去接受文本,而容本的评点理性化更强,是真正的"批评性阅读"②。这种批评性阅读,对于书商的接受来说,是一种超越。

余象斗的"村学究见识"还表现在他常用天道、天命观来阐释《水浒传》。而容本评点者恰恰相反,倒是对小说中的"说梦、说怪、说阵"处十分不满,不相信什么"天意",具有一种唯物论者的精神。

---

① 余象斗《京本增补校正全像忠义水浒志传评林》30回后未标目次,此目次采用北京大学出版社1987年版《水浒传》会评本。

② 批评性阅读:意大利人弗·梅雷加利认为:"批评性阅读,其目的在于忠实于文本,并且力求保持这种忠实。"见弗氏《论文学接受》,胡经之、张首映主编《西方二十世纪文论选》,中国社会科学出版社1989年版。

余象斗每每对小说中的偶然性情节解释为上天使然，因为108人乃天上星宿，相逢、聚义、逢凶化吉等等情节，往往都被他用一句天使星煞如何如何混解释过去。如余本第7回："评□□：若非智深，他日梁山安能有林冲？此星宿之象，天使智深成功。"第10回："评林冲：林冲此处又逢柴进，是天假良晤，使林冲入水浒之渐矣。"第13回："评相敌：雷横、刘唐相敌，又遇吴用相解，亦天使星煞相聚不相伤也。"第33回："评被害：宋江被麻药害了，若非李俊能救，则命死于须臾。但星宿非人所得害也。"第37回："评逵母：……胡命薄如是？天也，非人也。"甚至连鲁智深喝酒吃肉也被余象斗解释成星宿作为，第4回："评智深：之深思酒食之心，他乃一天星降世，安能吃斋乎？"容与堂本的评点者显然要比余象斗的见识高明得多，容本第97回："李和尚曰：《水浒传》文字不好处，只在说梦、说怪、说阵处；其妙处，都在人情物理上。人亦知之否？"不仅对《水浒传》中的"怪、力、乱、神"不满，而且还揭穿了一个最大的"骗局"。第71回天降石碣，容本眉批道："这是吴用诡计。"此回回末总评："李卓吾曰：梁山泊如李逵、武松、鲁智深那一班都是莽男子汉，不以鬼神之事愚弄他，如何得他死心搭地。妙哉！吴用石碣天文之计，真是神出鬼没，不由他众人不同心一意也。或问：何以见得是吴用之计？曰：眼见得萧让任书，金大坚任刻，做成一碣，埋之地下，公孙胜作法，掘将起来，以愚他众人。曰：这个何道士恐怕不知。卓吾老子笑曰：既有黄金五十两，人人都是何道士了。不然，何七日之后，定要恳求上苍，务要拜求报应哉！可知已，可知已。"对容本评点者这样的阐释后文将另作评价，但从他不盲从于作者的天命、天意等做法，就是对普通接受者的超越。

（二）袁本与容本阐释的相似之处

袁无涯本与容与堂本的评点迥乎不同，显然是"两个李贽"①，

① 关于李贽评点《水浒传》的问题，目前还存在争论。包括容本为李贽所评，袁本是李贽所评，容本为叶昼伪托，容本、袁本皆系伪托等几种不同的观点。

不过这"两个李贽"的评点都具有很高的价值。现将两个版本批语相同、相近处摘录一、二,以见"英雄所见略同"处①。

原　文	容本批语	袁本批语
第1回:若不是俺福分大,如何得性命回京?	[夹批]又说嘴了。	[眉批]事过便说大话,富贵中痴顽人往往如此。
第1回:洪太尉道:"我直如此有眼不识真师,当面错过!"	[夹批]还是无眼。	[眉批]世间当面错过者甚多。
第1回:太尉笑道:"胡说……假称锁镇魔王,显耀你们道术……"	[夹批]大是。	[眉批]也说得有理。
第1回:洪太尉在途中分付从人,教把走妖魔一节休说与外人知道,恐天子知而见责。	[夹批]何不对天子说道"遇洪而开"?	[眉批]只要瞒得天子过,从来边臣皆传授此衣钵。
第2回:我转荐足下与小苏学士处,久后也得个出身。足下意内如何?	[眉批]婉转而来遇合,甚奇。	[眉批]渐渐近贵,何等步骤。
第4回:智深焦躁道:"俺便不及关王!他也只是个人!"	[夹批]佛。	[眉批]真圣贤佛祖语。
第11回:王伦道:"你明日若无投名状时,也难在这里了。"	[夹批]讨死。	[夹批]可恨。
第11回:次日,天明起来,讨些饭食吃了,打拴了那包裹撇在房中……	[夹批]可怜。	[夹批]有行色,可怜。
第17回:如今脸上又添了金印,却去投奔他时,好没志气。	[夹批]有志有志,不愧名字。	[夹批]为盗也须有志气。
第21回:宋江吃了,蓦然想起道:……	[眉批]好关目。	[眉批]好绪头。
第22回:张文远又禀道:"犯人宋江逃去……"	[眉批]人但知张文远妒色,不知实是执法。	[眉批]张文远是执法,然有所为变成弄法,可见世间形迹,议论极是的,还须勘他心上。
第23回:武松便道:"天色将晚,哥哥不弃武二时,就此受武二四拜,拜为义兄。"	[眉批]此处方拜兄弟,极有关目。	[眉批]恰好该在此时拜,若在柴进家结义,便有碍矣。

① 表格内原文及批语皆引自北京大学出版社1987年版《水浒传》会评本,目次依容本。

续 表

原　　文	容本批语	袁本批语
第 24 回:武大回到厨下来,问老婆道:"我叫他又不应,只顾望县前这条路走了去,正是不知怎地了。"	[眉批]将一个烈汉,一个呆子,一个淫妇人,描写得十分肖象,真神手也。	[眉批]将一个烈汉,一个呆子,一个淫妇人,描写得十分肖象,真神手。
第 32 回:那妇人道:"那厮捉我到山寨里……便叫轿夫送我下山来。"	[眉批]口不准,便不是好妇人了。	[夹批]花娘嘴可恨。
第 43 回:我大哥从来不曾见这大银,我且留下一锭五十两的大银子放在床上。	[眉批]今人为一钱五分便自兄弟伤了和气,那肯把五十两银子与令兄。[夹批]弟弟。	[眉批]割舍得放下这大银,是真孝真弟。
第 50 回:扈成见局面不好,投马落荒而走……后来中兴内也做了个军官武将。	[夹批]忙里偷闲。	[夹批]闲中着色,假里认真。
第 61 回:吴用道:"小生凭三寸不烂之舌……只是少一个奇形怪状的伴当和我同去。"	[夹批]已是要李大哥去了。	[夹批]已属意李逵,后边受殴,皆自讨苦吃。

这个表格中所摘录出的批语,第 24 回的两条眉批完全相同,其他的批语也很相似,如果说这是两个接受者的"暗合",又怎么解释第 24 回眉批"暗合"得天衣无缝?虽然缺少旁证,但仅据一条批语,我们完全可以断定袁本借鉴了容本的评点。这说明了容与堂本评点者的阐释具有一定的代表性,作为同时代的读者,在思想、审美等方面有一定的时代共性。

二

在《水浒传》一代又一代的读者接受之链上,除了一般的阅读者之外,后来的评点者对容本评点者的解释不断地有所丰富和发展以及反动。本文即以金圣叹的评点为主,尽量涉及近、现代接受史中出现的相关问题,以理清容本评点在《水浒传》接受史上的被不断丰富和发展的过程,并确定它在《水浒传》接受链条上的地位。

(一) 从“在朝强盗”到“乱自上作”再到“官逼民反”

金圣叹在贯华堂本《水浒传》第一回回前总评开头即认为，先写高俅是基于作者“乱自上作”的观点：“乃开书未写一百八人，而先写高俅者，盖不写高俅，便写一百八人，则是乱自下生也；不写一百八人，先写高俅，则是乱自上作也。”“乱自上作”的观点包括两个方面的含义，首先认为梁山是作乱，其次将“乱”的根源归结到“上”即统治阶层。这种解释其实出于容与堂本评点，而金圣叹又有所发展。容本第22回回末总评：“或曰：知县相公也做人情，如何不做强盗？曰：你道知县相公不是强盗么？”知县是强盗还远远不够，在第57回回末总评中，评点者进一步引申：“卓吾曰：一僧读到此处，见桃花山、二龙山、白虎山都是强盗，叹曰：‘当时强盗直恁地多！’余曰：‘当时在朝强盗还多些！’”认为朝廷上的强盗比草泽中的强盗还要多，这或许是基于对政治腐败的义愤，个人的感情色彩较浓，有些过激。但是，第14回回末总评就涉及到了强盗之所以多的原因了：“李生曰：晁盖、刘唐、吴用都是偷贼底，若不是蔡京那个老贼，缘何引得这般小贼出来？”梁山的“小贼”是由朝廷的“老贼”引出来的，这也就是“乱自上作”。我们说金圣叹有所发展，指的是他把容本评点者的阐释理论化了。劫取生辰纲的晁盖等人原本并不是强盗，因为生辰纲是梁中书送给蔡京“老贼”的不义之财，他们才去做一次“小贼”。容本的解释就事论事，是对本文局部的、具体的阐释，而金圣叹则是对本文整体的阐释。

“乱自上作”对后来的接受者影响很大。至近代，人们强调小说的社会政治功能，吴沃尧在阐释《水浒传》时即提出“官逼官反”的观点。其《说小说》：“梁山泊一百八人，强半为在官人役，如都头也，教师也，里正也，书吏也，而一一都归结于为盗，则著者之视在官人役之为何如可知矣。而如是等等之人，之所以都归结于为盗者，无非官逼之使然，则著者之视官为何如亦可知矣。”①到了当代，从起义

① 朱一玄、刘毓忱编《水浒资料汇编》，百花文艺出版社1981年版。

或革命的角度解释《水浒传》的主题或内容时，自然就发展成了“官逼民反”，而且这种阐释一直在继续着①。

（二）“忠义”的《水浒传》和《水浒传》的“忠义”

“忠义”的《水浒传》和《水浒传》的“忠义”是两个不同的概念，前者是针对《水浒传》的主旨而言，后者是从内容方面说的。主旨忠义，则忠于朝廷是第一义；内容中有忠义就不同了，如容与堂本的评点者，他把忠义作为一种超越出身、地位甚至所谓正义与非正义之别，以及华夷之辨的纯道德标准，不一定非要忠义于朝廷才是忠义，“忠义”是广义的忠诚、忠实和义气。容与堂本评点者对梁山接受招安，以及之后的征辽、征方腊等尽忠报国的功绩，很少用什么忠义之类的赞词②，倒是对李逵等个别人物，特多忠义的肯定。第 40 回李逵独自劫法场救宋江，容本眉批道：“真忠义！”此回回末总评，又大赞李逵“是真正忠义汉子”。第 53 回李逵斧劈罗真人，夹批道：“无非是忠义所使。”第 71 回李逵说：“哥哥剐我也不怨，杀我也不恨，除了他天也不怕。”眉批道：“真忠义。”第 62 回燕青用弩射死公人，救下卢俊义，眉批道：“如小乙者，真忠义也。”同回在燕青喊道“好汉！我死不妨，着谁上梁山泊报信”处夹批：“真忠义。”燕青心想：“……和主人阴魂做一处。”夹批：“忠义。”李逵是对头领宋江的忠义，燕青是对主人卢俊义的忠义，都不是对朝廷的忠心。此回回末总评：“燕青救主，已自难得。今之食君禄而不能为其主者，既不堪作奴。若石家三郎固然拼命，乃竟以孤身独力，从法场上救取卢生，非忠义包身，胆智双绝，何以有此哉！”石秀也是忠义。第 34 回秦明拒绝在清

① 如冯文楼《〈水浒传〉：一个文化整合的悲剧》：“‘乱自上作’，是金圣叹对梁山起义之社会政治原因的揭示，它最主要的表现在一个“逼”字上，因之，‘官逼民反’便成为《水浒传》的重要主题，而‘逼上梁山’的梁山自然也就成了一个远离国家权力中心和政治意识形态控制的边缘性区域。”《陕西师范大学学报》（哲社版）1997 年第 3 期。

② 笔者仅见第 100 回，宋江对李逵陈说毒酒之事，宋江说道“宁可朝廷负我，我忠心不负朝廷”时，夹批：“真忠义。”

风山落草，说什么"生是大宋人，死为大宋鬼"处，夹批："是个忠义汉子。"忠于朝廷和忠于上司、主人、结义兄弟都是一样的忠义。第85回回末总评："欧阳侍郎不特忠于大辽郎主，抑且忠于宋公明兄弟。特是信得宋公明太过而。不可便以成败论他。""忠于宋公明兄弟"当然是评点者的戏谑之词，但对欧阳侍郎忠心于大辽郎主还是给予肯定的，并没有因为欧阳侍郎的夷狄身份而否定他忠君的美德。我们可以看出，容本的评点者是从《水浒传》的内容上肯定《水浒传》中写了忠义，而不是从主旨上认为是"忠义的《水浒传》"。

前面论及的余象斗评点和袁无涯本的评点与容本不同，这两个接受者对《水浒传》忠义的阐释是一致的，都以忠于朝廷为忠义的第一义，即主旨忠义。袁本评点者和余象斗在阐释忠义时，既把"忠义"作为品评人物的最高标准，同时更突出忠君思想。如袁本第75回，宋江对前来招安的陈太尉等说："非宋江等无心归降，实是草诏的官员……我等尽忠报国，万死无怨。"此处袁本眉批道："当时在朝的那有一人爱尽忠报国的！说这话与谁听？但出自宋江口，则的确一字一金，消磨不得。"这里表达的就是袁无涯认为忠义"失之于衣冠，求之于草野"的观点。在观念上肯定忠君，在行为上就要肯定招安。袁本第59回，宋江继晁盖头领位置，将聚义厅改为忠义堂，袁本眉批："添一忠字，便是受招安之根本。"袁本第71回回末总评说："宋江一意招安，专心报国。"袁本第120回回末总评："公明一腔忠义，宋家以鸩饮极之。昔人云：高鸟尽，良弓藏；狡兔死，走狗烹。千古名言。"虽然意在批判宋室昏聩，同时也在高度评价宋江对朝廷的忠心。余象斗在《题水浒传叙》开头便阐释"忠义"，"先儒谓尽心之谓忠，心制事宜之谓义。愚因曰：尽心于为国之谓忠，事宜在济民之谓义。"①而梁山泊正符合这个标准，"有为国之忠，有济民之义"，而"为国之忠"就是忠君。

金圣叹是站在"忠义"的对立面来阐释《水浒传》的，一方面他用

① 文学古籍刊行社1956年影印《京本增补校正全像忠义水浒志传评林》。

自己对《水浒传》的期待视野来改造本文——"腰斩"《水浒》,另一方面又努力以符合自己期待视野的解释来阐释本文。金圣叹的期待视野中最为重要的、又紧密联系在一起的两个方面是反对招安强盗和忠义仅在朝廷。这两点是统一的,反对招安强盗,也就是不承认忠义在水浒;只允许忠义在朝廷,就要否定水浒有忠义,也就不能招安。金圣叹在《水浒传·序二》中将这一先入为主的期待视野解释的十分清楚:"忠者,事上之盛节也;义者,使下之大经也。忠以事其上,义以使其下,斯宰相之材也。忠者,与人之大道也;义者,处己之善物也。忠以与乎人,义以处乎己,则圣贤之徒也……水浒有忠义,国家无忠义耶?"金圣叹认为"施耐庵传宋江,而题其书曰《水浒》,恶之至,迸之至,不与同中国也。而后世不知何等好乱之徒,乃谬加以'忠义'之目。"金圣叹因为否定《水浒传》的主旨是忠义,所以必须对《水浒传》中具体的"忠义"进行否定,也就是从否定"忠义的《水浒传》"而否定"《水浒传》的忠义"。他砍掉招安及以后的情节,总体上完成了"削忠义而仍水浒",在具体的情节和人物评点中,一方面全面否定宋江的"忠义"以及其他"孝"、"信"、"仁"等传统的优秀品德,另一方面,即使是对李逵这样的金圣叹称之为"上上人物"的人,也从不使用"忠义"一词来评价。金圣叹批评为《水浒》加"忠义"的人是"好乱之徒",站到前此所有版本编者、刊刻者及评点者的对立面。但是,容本评点者实际有点冤枉,他对梁山受招安、征辽、征方腊等所谓忠于朝廷、报效国家的行为很少用"忠义"评价,只是用"忠义"作为道德的标准来评论人物。

(三)从"假道学真强盗"到"独恶宋江"

金圣叹在《读第五才子书法》中说:"《水浒传》独恶宋江,亦是奸厥渠魁之义,其余便饶恕了。"金圣叹反对前人的阐释,极力否定宋江"忠义",说宋江是"狭人"、"甘人"、"驳人"、"歹人"、"厌人"、"假人"、"呆人"、"俗人"、"小人"、"钝人"①,认为宋江"奸诈"、"权诈",对

① 贯华堂本《水浒传》第25回回前总评。

他的“恶毒攻击”举不胜举。尤其是对以前接受者认为宋江忠义的观点极力反对,金圣叹无非就是想达到借否定宋江忠义而否定《水浒》忠义的目的。实际上,“独恶宋江”的“始作俑者”是容本的评点者。容本第55回回末总评:“李和尚曰:宋公明凡遇败将,只是一个以恩结之,所云‘知雄守雌’也,的是黄老派头。吾尝谓他‘假道学真强盗’这六个字,实录也,即公明知之,定以为然。”当然,容本评点者也不否认宋江忠心于朝廷的品质,容本第100回,在“我死之后,尸首定葬于此处,我已看定了也”处夹批道:“真忠义。”但这种褒奖之词太少了,更多的是如第34回眉批:“宋公明此等事都恶毒,如何信得他是好人,只是多智耳。”第68回,在“宋江道:‘非宋某多谦,有三件不如员外处……’”眉批道:“都是假话,独有吴用知之。”第23回,“宋江叫宋清身边取出一锭十两银子,送与武松”,此处眉批道:“这十两银子又买了武松了。贼,贼!”第36回,“宋江道:‘哥哥,你这话休题……如哥哥不可肯放宋江下山,情愿只就兄长手里乞死”,此处眉批道:“的确是个假道学。”第38回,“难得宋江哥哥,又不曾和我深交,便借我十两银子,果然仗义疏财,名不虚传”,此处眉批:“只这十两银子,便买了李逵,真是大贼。”第100回,“且说宋公明自从到楚州为安抚兼管总领兵马,到任之后,惜军爱民,百姓敬之如父母,军校仰之若神明”,此处夹批:“楚州又被他哄了。”从这些批语中我们可以清楚的看到,容本评点者认为宋江性格最大的特点就是“假”,待人处事,用“收买”、“哄”等手段,也就是虚伪和欺骗。当然,他对宋江的才能是很欣赏的,如第70回,“众兄弟若要如此报仇,皇天不佑,死于刀剑之下”处眉批:“宋公明最善用人,若有片长寸艺,无不留心。所以一百单八人死心塌地,如七十子之服仲尼也。试想官天下者,有如是之人,更当何如?”金圣叹也仅仅承认宋江的才能,但在以道德为价值取向的中国,才能不是主要的。在容本评点者对宋江所做的阐释基础上,金圣叹进一步全面否定宋江的“忠义”,不仅说他是“假人”,“权诈之雄”,甚至把宋江的品格说得更加不堪。贯华堂本《水浒传》第57回回前总评:“宋江有过人之才,是即诚然;若言其有忠义之心,心心图报朝廷,此实万万不然之事。”金圣叹总结宋江有“十大不可”，还觉意犹未尽，说：“夫宋江之罪，擢发无穷，论其大者，则有十条。”

宋江是一个很不幸的人物，从容本评点者开始，说他是“假道学真强盗”，金圣叹更认为他“十恶不赦”，这两个接受者都是以传统的“真假”、“忠义”等道德标准来阐释并否定宋江的。到了当代，《水浒传》的接受视野明显地受到时代政治、思想的影响，无论是用“投降派”来界定宋江，还是“两种《水浒》，两个宋江”的阐释①，实际上都是对容本评点者对宋江的阐释的发展。从“投降派”的角度评宋江，则肯定了宋江对朝廷的忠义，否定了他“假道学真强盗”；从“革命派”的角度评宋江，则恰好与容本评点者的阐释一样，肯定其“假道学真强盗”。

（四）“石碣”的意义

《水浒传》中有两个“石碣”，一是石碣村，阮氏三雄之所居也，二是从天而降的石碣，上书“天文”，记108人上应星宿名称、绰号、姓名。容与堂本的评点者看来，“石碣”是个骗局。容本第71回回末总评：“李卓吾曰：梁山泊如李逵、武松、鲁智深那一班都是莽男子汉，不以鬼神之事愚弄他，如何得他死心搭地。妙哉！吴用石碣天文之计，真是神出鬼没，不由他众人不同心一意也。或问：何以见得是吴用之计？曰：眼见得萧让任书，金大坚任刻，做成一碣，埋之地下，公孙胜作法，掘将起来，以愚他众人。曰：这个何道士恐怕不知。卓吾老子笑曰：既有黄金五十两，人人都是何道士了。不然，何七日之后，定要恳求上苍，务要拜求报应哉！可知已，可知已。”石碣的意义在于团结人心，虽然宋江、吴用是“贼”，但却瞒过了众人，使李逵、武松、鲁智深那一班莽男子汉都对宋江“死心搭地”，即使反对招安，

① 这是张国光先生提出的著名的观点。见张国光先生《两种〈水浒〉，两个宋江——论必须完整地理解毛主席和鲁迅对〈水浒〉、宋江的评价，兼谈金圣叹批改〈水浒〉的贡献》，《武汉师范学院学报》（哲社版）1979年第1期；《两种〈水浒〉两个宋江——兼谈金圣叹批改〈水浒〉的贡献》，《学术月刊》1979年第7期。

但真到招安时，也随着宋江去了。

容本评点者自为得意的解释遭到了金圣叹的哂笑，他说："或问：石碣天文，为真有是事？为宋江伪造？此痴人说梦之智也。"因为"若夫其人其事之为有为无，此固从来著书之家之所不计，而奈何今之读书者之惟此是求也"①，那么，"石碣"的意义在哪里呢？金圣叹认为石碣的意义在于构成小说完整的结构，即"此书始于石碣，终于石碣"②。金圣叹在第14回回前总评中写道："水浒之始也，始于石碣；水浒之终也，终于石碣。"金圣叹接着解释"始于石碣"的意思："若水浒之一百八人，则自有其始也。一百八人自有其始，则又宜何所始？其必始于石碣矣。"虽然108人各有各的开始，但走上梁山的结局却从石碣村开始。而"终于石碣"则是作者为叙事的方便起见，因为前以石碣始，结束时这样处理，既做到了前后照应，又"重将一百八人姓名一一排列出来，为一部七十回书点睛结穴耳"③。

金圣叹认为作者并不认真于石碣的真假，读者也不必纠缠于这个问题。但是，到了现代文学史上，却有人偏偏又纠缠上了，他就是茅盾。茅盾在1930年用蒲牢的笔名，先后在《小说月报》第21卷第8号、第9号和第10号发表了《豹子头林冲》、《石碣》、《大泽乡》三部短篇小说。其《石碣》明显受到容本评点者的启发，或者说是对容本第71回回末总评的现代阐释。《石碣》以金大坚和萧让刻写石碣碑文为情节，把容本评点者所猜测的"造假"行为具体化了，同时，《石碣》最突出的特征是把阶级的意识引入到对《水浒传》的现代阐释中。《石碣》通过金大坚和萧让的对话，表明"造假"的计谋出于吴用，这一点和容本评点相同。不同的是，《石碣》替宋江开脱——吴用也瞒着宋江。而容本评点者显然认为宋江是知情者。在容本71回："宋江道：'幸得高士指迷，拜谢不浅。若蒙先生见教，实感大德。唯恐上天见责之言，请勿藏匿，万望尽情剖露，休遗片言。'"此处眉

①③ 贯华堂本《水浒传》第70回回前总评。

② 贯华堂本《水浒传》第14回眉批。

批:“贼,贼! 只好瞒那□。”显然评点者认为是吴用献计,宋江接受并与之共同实施。

三

接受美学创始人尧斯认为:“文学与读者的关系既有美学含义也有历史含义”,“其明显的历史含义在于,第一个读者的理解将在一代一代的接受链条中被维持和丰富。”①容与堂本《水浒传》的评点在《水浒传》的接受链条上正是这样在被不断地“维持和丰富”,同时也有反动。虽然容本的评点者不是第一个读者,但他留下了自己的本文阐释,并与本文一起传播,后来的接受者才有可能“维持和丰富”他的理解,因此,我们说容本的评点者具有“准第一读者”的身份,他的本文阐释成为后来的接受者继续阐释的参照。

(作者系大连大学教师)

① 尧斯《文学史作为向文论的挑战》,载胡经之、张首映主编《西方二十世纪文论选》,中国社会科学出版社 1989 年版。

“公案”辨体

杨绪容

在中国小说史上，“公案小说”作为一种重要的文体类型，几可与历史演义、英雄传奇、神魔小说、世情小说相提并论。近年来，公案小说开始受到人们的关注，不仅单篇论文层出，专著也涌现不少①。但是，学者们对于“公案小说”的含义、所属品种、文体特征及其形成与演变的历程，多有不同的看法。本文试将“公案”由一个表示实物的名词，到最后成为一种文体名的漫长过程，作一番辨析与梳理，以求对“公案小说”有一个历史的、正确的认识。

一、“公案”的初义

“公案”两字的含义很复杂。分而言之，“公”与“私”相对，指与国家机关相关的事物，如处理公务的文书曰“公文”，国家法律曰“公法”，法庭或者官署的厅堂称“公堂”，当官断理的各种刑法、民法纠纷称“公事”，而在机关的办事人员称为“公人”。总之，“公”近于“官”义。“案”的本义是几桌。引申而言，官府处理公事的文书、成例及狱讼判定结论都叫案。如《隋书·刘炫传》引“故谚云：老吏抱

按：本文原发表于《上海大学学报》2008 年第 4 期。

① 如黄岩柏的《中国公案小说史》、孟犁野的《公案小说艺术发展史》、曹亦冰的《侠义公案小说史》以及杨绪容的《〈百家公案〉研究》等。

案死”,就是此义。“案”又叫“案卷”,因为官署中分类存档的文件,一案一卷,故有此说。

合而言之,“公案”的本义就是官署处理和摆放文书之几案,引申义即官文书。“公”、“案”二词的连读,至少在唐代就已出现,且有广义、狭义之分。比如,在长孙无忌等著的《唐律疏义》卷五曰:“文书谓公案。”此处“公案”,即指“官文书”,这里用的是它广义。同书卷二十七又说:“官文书谓曹司所行公案及符移解牒之类。”其中,“符”是古代朝廷用以传达命令、调兵遣将的凭证,“移”即檄文,“解牒”指科举时乡试录取的文书之类,而所谓“公案”,即指公府依法令而判是非之案牍,用的是它的狭义。可见,“公案”特指判案文书的用法在唐代已经出现。

宋元以来,“公案”一词的含义更加丰富,归纳起来,大约有如下四项:

第一,人们依旧把官署处理、摆放案牍之几案,称为公案。如元杂剧《陈州粜米》第四折云:“快把公案打扫的干净,大人敢待来也。”

第二,沿袭唐人,亦称判案文书为公案。如苏轼《东坡集·奏议集十三·辨黄庆基弹劾劄子》:“今来公案,见在户部,可以取索案验。”吕本中撰《官箴》:“前辈尝言:‘吏人不怕严,只怕读。’盖当官者,详读公案则情伪自见,不待严明也。”

第三,从第二项含义引申,宋元人有时也把官府待决的事情或案件称为公案,有时又曰“公事”或“官事”。如《包拯奏议集》把冷青案件称为“冷青公事”。有时,人们习惯于在“案件”之前加上相关的人名、地名,就变成“某某公案”。比如宋司马光所撰《传家集》在卷四十一的《言张方平第二劄子》中,就提到一个“刘保衡公案”,欧阳修所撰《文忠集》卷一百零六的《论大理寺断冤狱不当劄子》,也提到一个王守度谋杀妻子的“德州公案”。

第四,世人对于有重大争执之事件,虽非官署案牍,往往亦称公案。佛教禅宗认为用教理来解决疑难问题,有如官府判案,故也称公案。宋释圜悟《碧岩录(十)》云:“劈腹剜心,人皆唤作两重公案。”就用此义。同理,文学上乃至其他一切被争论或引起争论的问题,也往往被戏称为“公案”。

以上四项“公案”含义，均指向“官府断案”之义。其中，第二、第三两项含义与公案文学的形成和发展有直接关系。据此，我们可以说，公案文学当指所有描写官府断案内容的文学作品。

二、“公案小说”的内涵和外延

公案文学伴随着中国文学发展的始终。广义地说，先秦诸子、史传、历代法家书中的断案故事、文言小说中的公案散篇（包括神怪小说、唐传奇和历代笔记）、文采粲然的判文（含实判和拟判）、白话短篇公案小说与章回体中长篇小说中的公案片段、有关公案故事的戏曲、影视和民间说唱等，都是公案文学。公案小说就是公案文学中属于小说的部分。

学术界对公案小说的研究起步较晚。鲁迅是较早提出“公案小说”概念的现代学者。他在 1920 年出版的油印本《小说史大略》（《中国小说史略》的前身），即有“清之侠义小说与公案”一节，分别论及《儿女英雄传》、《七侠五义》、《小五义》、《七剑十八义》、《英雄大八义》等侠义小说和《彭公案》、《施公案》等公案小说①。值得注意的是，《七侠五义》之类的侠义公案小说被鲁迅径直归入侠义小说。在 1923 年正式出版的《中国小说史略》第二十七篇中，鲁迅仍以《清之侠义小说及公案》为题，持论也基本相同。其后，孙楷第参照鲁迅的《中国小说史略》，又到宋元话本中爬梳公案小说，进一步明确了公案小说的范围。孙氏的《中国通俗小说书目》刊行于 1933 年，其卷三把《海刚峰先生居官公案传》、《龙图公案》、《诸司公案》、《廉明公案》、《明镜公案》、《详情公案》、《详刑公案》等短篇公案小说集归入“专演公案”一类；卷六把《忠烈侠义传》、《施公案》、《彭公案》等章回体侠义公案小说归入“侠义”类，却把《于公案》、《李公案》等纯粹写断案故事的长篇小说归入“精察”类。可见孙氏的认识还有诸多

① 鲁迅《小说史大略》第 97—103 页，陕西人民出版社 1981 年版。

游移、含混之处,跟今人相比有重要区别①。

把公案小说定义为描写官府断案内容的小说,是今人的共识。但目前各家对于公案小说的具体对象却是仁者见仁,智者见智,各说不一。何况中国古代小说,不仅分白话与文言两大类,而各类下又包含不同的品种,这就使情况更加复杂化了。归纳起来,主要有两种意见。

一种仅考虑到题材因素。如孟犁野在《公案小说艺术发展史》中认为:"凡以广义性的散文,形象地叙写政治、刑民案件和官吏折狱断案的故事,其中有人物、有情节,结构较为完整的作品,均应划入'公案小说'之列。"②他因此把诸如《聊斋志异》中的断案篇目也归入公案小说的范畴。黄岩柏认为,公案小说"是中国古代小说的一种题材分类;它是并列描写或侧重描写作案、断案的小说。"又说,"并列描写作案与断案;侧重描写作案,而断案只是一个结尾的;侧重描写断案,而作案的案情自然夹带于其中的。这三大类型,全是公案小说"。而"只写作案,一点不写断案的,不是公案小说"③。他因此认为在宋代"公案小说"的名称存在之前,公案小说在文言小说(笔记、传奇)中已经成熟。此外,黄岩柏还把《三国演义》、《水浒传》、《金瓶梅》和《红楼梦》等小说中的断案片断也归入公案小说的范畴。

另一种意见则单纯考虑文体因素。如刘世德先生认为,"狭义的公案小说,专指明代的公案小说"④。的确,如果以独立的文体为标准,只有这批明公案小说集才勉强符合要求。

---

① 孙楷第在完稿于 1932 年的《日本东京所见小说书目》中,又把《水浒传》列为"公案",把《廉明公案》、《诸司公案》、《详情公案》、《明镜公案》归入"子部小说"中(参见《日本东京所见小说书目》,上杂出版社 1953 年版)。他还在《中国通俗小说书目·分类说明》中,说:"'公案'实即'侠义'。"这些说法证明他对公案小说的认识还是有游移的。

② 孟犁野《公案小说艺术发展史》第 4 页,警官教育出版社 1996 年版。

③ 黄岩柏《中国公案小说史》第一章第 1 页,辽宁人民出版社 1991 年版。

④ 参见刘世德为《狄梁公四大奇案》撰写的《前言》,见于《古代公案小说丛书》,群众出版社 2000 年版。

这两种意见似各有偏颇。因为在确定公案小说的概念时，单纯考虑题材标准会导致过于宽泛，而单纯考虑文体标准又会显得范围太窄。本文拟以题材和文体相统一的标准来讨论公案小说的概念，同时兼顾古代文学的实际和古人的具体认识，来加以考虑。这样，笔者倾向于认为，现代意义上的“公案小说”是由题材分类而有别于历史小说、英雄传奇、神魔小说、世情小说及西方侦探小说而出现的一个题材概念。它具体包括宋代的“说公案”小说及其演变而来的明代的拟话本公案小说、明公案小说集和清代的章回体长篇公案小说。至于说文言笔记中的公案散篇或者章回体长篇小说中的公案片段，只能说写了公案题材，不能算是严格的公案小说。下文将进一步通过古代公案小说生成和演进的历史来把握公案小说的具体内涵。

三、“公案小说”的文体渊源

我们知道，每一种文体的诞生，都不可能是一蹴而就的。它往往需要在广泛吸收其他文体因素的基础上逐渐进化，最终才能形成某些独特而稳定的特征。因此，一种文类在形成之初，总是或多或少地夹杂着其他文类的质素，往往处于一种“文备众体”的混杂形态。公案小说也是如此。它的文体源流非常广泛，包括上古的神话传说、历史人物传记、六朝“志怪”小说以及唐宋的传奇与轶事小说、笔记小说和法家书等等①。

上古时代的神话传说、历史人物传记都不是小说，但它们在观念上对公案小说启发甚大，尤其是“皋陶治狱”传说中的神权法思想，《史记》与《汉书》中的“循吏列传”、“酷吏列传”所体现的清官精神，都是后世公案文学的基础。

① 鲁德才的《明代各诸司公案短篇小说集的性格形态》(见于《’93中国古代小说国际研讨会论文集》，开明出版社1996年版)一文对本文作者有重要启发。

六朝"志怪"小说以及唐代传奇与轶事小说中的断案篇目对公案小说的产生具有更为直接的影响。例如,《搜神记》中的《东海孝妇》,《纪闻》中的《苏无名》,唐传奇《谢小娥传》,《玉堂闲话》中的《杀妻者》和《刘崇龟》等等都是脍炙人口的断案故事。这些作品初步为公案小说积累了题材资源。除了一般牵涉财色、政治的案件以外,诸如《搜神记》中的《李娥》是审理冥界鬼魂的故事,《幽明录》中的《卖胡粉女子》则属于私情公案。某些作品中的清官,如《搜神记》中精于听哭辨奸的严遵、《纪闻》中善于察言观色的苏无名等不断地被后世小说的清官形象所因袭。《搜神记·东海孝妇》还开启了由贪官污吏或糊涂官员一审构成冤案,再由清官二审平反昭雪的结构模式。

像《东海孝妇》、《卖胡粉女子》、《谢小娥传》一类描写断案的文言短篇小说,如果单独抽出来,似可以视为比较成功的"公案小说"。但由于当时的小说中尚无独立的"公案"一类,因而在实际上很难将这些作品算作正式的公案小说,只能视之为公案小说的先驱。而且,这些作品的旨趣往往不在断案故事本身。秦汉以前的断案故事情节短小,且重在表现法官的品德;魏晋断案小说主要围绕着发明"神道之不诬"来展开情节;唐传奇中的断案故事又往往用来作为表现主人公侠义精神的陪衬。因此,它们都未能成为独立的小说类型。

"公案"作为小说的篇名最早出现于文言笔记当中。南宋人洪迈撰写的《夷坚志》有《何村公案》和《艾大中公案》,都以公案名篇。虽然它们篇幅短小,但都是情节完整的案例故事。不过这类文章数量不多,影响较小,而且也没有形成独立的分类,所以也不是正式的公案小说。同理,宋代《太平广记》、《夷坚志》、《续夷坚志》等文言小说集中的"精察"故事和《涑水纪闻》、《齐东野语》、《梦溪笔谈》、《江湖纪闻》等笔记小说中的一些公案散篇,也都只能算作是公案小说的前驱或源流。

集中描写断案故事的还有法家书,主要指《疑狱集》、《折狱龟鉴》、《棠阴比事》等一类作品。它们的材料来源相当广泛,有的采自正史、野史、笔记,乃至有出诸诏令、行状、墓志、碑志等。总之,对于凡是涉及审案断狱之作,均有所采撷。今有人把法家书也归入文言公案小说。从作者的创作目的来看,法家书主要收录一些著名官吏明敏断案的故事或一些士大夫的判词,供为官者判案时参考,与小说有重要区别。《四库全书》把它们列入"子部·法家类"似乎更有道理。法家书虽然不等于就是公案小说,却为后世的公案小说提供了故事题材、人物原型等要素。

在法家书中还有一个特殊的品种,即判文。判文的代表作有唐代张鷟的《龙筋凤髓判》、白居易的《百道判》和宋人的《名公书判清明集》等。每条判文基本上都由两部分组成:其一,案由;其二,判词及司法解释。每条案由都列出当事人双方(或具实名,或虚拟甲乙),并记载所犯何罪,以及审判的简略过程。判文虽然不是小说,但对公案小说影响很大①。判文好用典故,辞藻骈俪,而且隐含了一定的情节因素,因此具备被吸收到叙事文学的基础。从宋元"说话"开始,判文被逐渐用于小说,如宋元说"公案"和明代的书判体公案小说和部分传记体公案小说的结尾部分都有判文②。另如《名公书判清明集》分门别类编排的方法和注重记录判词的体例,对后世公案小说、戏曲的体例也有直接影响。

四、"公案小说"体式的变迁

(一)"说话"和话本:"公案"名目的确立

至晚到南宋,人们已开始把"公案"作为一种小说名目来使用。这标志着公案小说题材类型的正式确立。

---

① 参见吴承学的《唐代判文文体及源流研究》,《文学遗产》1999 年第 6 期。

② 判文对元曲的影响也是不容忽视的,几乎所有描写公案的杂剧都收有判词。

南宋耐得翁在《都城纪胜·瓦舍众伎》中说：

> 说话有四家一者小说谓之银字儿如烟粉灵怪传奇说公案皆是博刀杆捧及发迹变泰之事说铁骑儿谓士马金鼓之事说经谓演说佛书说参请谓宾主参禅悟道等事讲史书讲说前代书史文传兴废战争之事最畏小说人盖小说者能以一朝一代故事顷刻间提破。

这里就明确将“说公案”作为“小说”的一类。但由于原文没有标点，究竟“说公案”包括那些内容，历来都是一个争论的热点话题。笔者认为，公案不是朴刀杆棒发迹变泰之事，而是与它们并列的一个小说品种。最有说服力的证据是《醉翁谈录》。其书在“小说开辟”中讲小说的名目，有所谓“灵怪、烟粉、传奇、公案，兼朴刀、杆棒、妖术、神仙”①。这就说明“公案”是与烟粉、灵怪、传奇、朴刀、杆棒并列的小说类型②。我们应该注意这里的“兼”字，笔者据此进一步推测，《都城纪胜》和《梦粱录》所谓“说公案皆是朴刀杆棒发迹变泰之事”的说法有误，应该把解说关系修改为并列关系。

支持这个论点的，还有《醉翁谈录·小说开辟》在下文列出的一个长长的有关“小说”名目的单子。罗烨把“灵怪”、“烟粉”、“传奇”、“公案”、“朴刀”、“杆棒”、“神仙”、“妖术”等分为八个门类，各有其所属的篇目，而“公案”与“朴刀”和“杆棒”的篇目也互不相乱。这充分说明在罗烨的心目中，公案不是朴刀杆棒之事，而是与它们并列的

---

① 罗烨《醉翁谈录》第 3 页，古典文学出版社 1957 年版。

② 王古鲁也曾注意到《醉翁谈录》的说法，他在《南宋说话人四家的分法》中，根据《醉翁谈录》，认为小说的子目有灵怪、烟粉、传奇、公案、朴刀、杆棒、妖术、神仙。但他又把公案与烟粉、灵怪、传奇并列，将这四种一并解释为朴刀杆棒、发迹变泰之事。参见《二刻拍案惊奇》(下)第 787 页《附录二》，上海古籍出版社 1983 年版。

"小说"品种。

下文将结合宋人有关公案的"说话"及话本的实际,进一步讨论"说公案"小说的内涵。"说公案"的具体情形今无可考①,但值得注意的是,在《醉翁谈录》中仍然保留了一些早期话本②,可以通过它们来研究早期公案小说的特点。

据查,《醉翁谈录》收录了以下四种形式的"公案"小说:

第一,甲集卷二录有"私情公案"一篇,题作《张氏夜奔吕星哥》。其中有案情概述、原告诉状、被告供状和审判官的判词。

第二,庚集卷二有"花判公案"十五例。所谓"花判",《容斋随笔》卷十"唐书判"条说得很清楚:"世俗喜道琐细遗事,参以滑稽,目为花判。"这就是说,花判跟一般的判文或断案小说不同,它专指滑稽幽默的断案故事。在结构形式上,花判一般先简要介绍案由,再附判词。

以上两种都被《醉翁谈录》的作者直接称为"公案"小说。而下面两种则是没有"公案"之名的公案小说。

第三,乙集卷一"烟粉欢合"的《静女私通陈彦臣》,在最后部分有审判官王刚中的"花判",因此也应该是公案小说。

考察《张氏夜奔吕星哥》与《静女私通陈彦臣》,二者在题材上和体式上并没有多大区别。都写青年男女的私情被人发现,后经过官府审判而正式结为夫妇。因此,很可能"私情公案"着重于私情的断理,而"烟粉欢合"则侧重于私情的被社会承认。但这种分类,跟该

① 《醉翁谈录·小说开辟》在"公案"名目下有《石头孙立》、《姜女寻夫》、《夏小十》、《驴垛儿》、《大烧灯》、《三现身》、《火杴笼》、《八角井》、《药巴子》、《独行虎》、《铁秤槌》、《河沙院》、《戴嗣宗》、《大朝国寺》、《圣手二郎》等说公案名目。这些小说名目,原文大都失传。有人认为,其中的《三现身》很可能就是《警世通言》卷十三的《三现身包龙图断冤》,《圣手二郎》很可能就是《醒世恒言》卷十三的《勘皮靴单证二郎神》,二者都写了清官断案。但"三言"中的作品大都经过冯梦龙改编,不能反映宋元话本的旧貌。

② 此外,《绿窗新话》、《青琐高议》等书也保留了部分粗具梗概的宋元话本小说。

书中其他题材的分类情况一样，显然太过琐碎，实际意义不大。

《醉翁谈录》最早把判文的形式引入文学之中。其中的“私情公案”和“花判公案”，就是直接在唐代判文的基础上发展而来的。以上三类公案小说，都有判词，特别是“花判公案”只有判词而无案由。笔者因此认为：宋代的“说公案”小说当是以判词为中心的小说。当然，这也并不违背我们今天把写官府断案内容的小说定义为公案小说的认识。

第四，壬集卷一“负心类”所载的《红绡密约张生负李氏娘》，写二女争夫的故事。前面大半详细交代了案情发生的经过，重点在于突出张生婚姻故事的曲折。小说没有叙述审理经过，也没有诉状和判词，只在结尾用数语交代了审判官包公的判决结果。按照公案小说写官府断案内容的界定，该篇也应该是“公案小说”。

据《醉翁谈录》看来，宋元“说公案”的题材以盗窃、奸情、谋杀等居多，这就是说它初步奠定了公案小说的题材类型。要说它的文体，则基本从属于话本，还不具备独立的品格。当然，它也显示出某些特质，最显著的表现是：一般附有判词①。

宋元的公案“说话”到明代发展为拟话本公案小说。由于有较高文学素养的文人积极参与改编和创作，拟话本公案小说取得了重要进步，达到了白话短篇公案小说艺术的高峰。其中又以“三言二拍”中的公案小说成就最高，如《勘皮靴单证二郎神》、《三现身包龙图断冤》和《十五贯戏言成巧祸》都是脍炙人口的名篇。

拟话本公案小说已是成熟的白话短篇小说，比起公案“说话”和话本在艺术上取得了显著进步。但二者在体式上仍然同大于异，主要表现如下。其一，话本和拟话本中的短篇公案小说的叙事结构基本相同。在话本的基本情节中，一般都有案情的经过和清官断案两大焦点，并随着两者的转换，造成叙事焦点的转移和主人公的替换。其二，很多篇目仍然保留了判文。如《清平山堂话本》中的《错认

① 但这些要素也并非必不可少。如花判就只有判词，而无作案和断案的经过；还有的“说公案”话本只有作案和断案的经过，并没有判文。

尸》,《警世通言》卷二十《计押番金鳗产祸》、卷二十九《宿香亭张浩遇莺莺》,《醒世恒言》卷十三《勘皮靴单证二郎神》、卷三十《十五贯戏言成巧祸》等都收录了由审判官草拟、经朝廷审批的判文。而更多的拟话本公案小说则仅用通俗的语言交代判文大意,因而从根本上说,判文的环节仍然被保留下来了。

(二)明公案小说集:“公案小说”文体的初步独立

有关公案的“说话”属于话本体,而现存白话短篇公案小说多是“拟话本”体。因此,所谓“说公案”小说及话本标志着“公案小说”名目的确立,也只是初步确立了题材类型,还没有具备独立的文体意识。这种情况在晚明的公案小说(集)中有了重要突破。这批明公案小说集不仅进一步强化了题材的独立性,而且初步具备了独立的文体意识。

明代出现了两类短篇公案小说集。一类是传记体公案小说集,诸如《百家公案》、《新民公案》、《海刚峰先生居官公案传》、《龙图公案》等。它们专叙一人,分别是包公、海瑞或郭青骡等清官的断案故事集。另一类是书判体公案小说集,包括《廉明奇判公案传》、《皇明诸司公案》、《新刻名公神断明镜公案》、《国朝名公神断详刑公案》、《古今律条公案》、《国朝名公神断详情公案》等。它们名义上是多位“名公”的公案合集,大量引录诉状、判词,甚至在行文上也使用了标准的法律文书格式①。从某种程度上说,这批明公案小说集标志着公案小说文体的初步独立。

在上述明传记体公案小说集中,《百家公案》是开山之作。该书不仅宣告了公案小说文体的初步形成,同时还奠定了公案小说文体的基础。《百家公案》各篇的文体成分非常复杂,分别带有话本或拟话本、文言传奇、志怪小说以及长篇章回体小说等的质素,有着广泛的渊源,体现出“文备众体”的特点。同时,该书已初步具备某些章

---

① 参见杨绪容的《明书判体公案小说集之间的相互关系及文体演变》,《复旦学报》2005年第1期。

回体长篇小说的倾向。最突出的表现是，全书的主角仅有一人，且有不少故事前后时序相连，乃至把一个故事分为上下两回。尽管《百家公案》实际上仍处于一种文体混杂状态，还没有经过协调“众体”而形成一些稳定的文体规范，但它对稍后的其他传记体公案小说集和书判体公案小说集影响很大，在公案小说文体流变史上具有重要地位。

在《百家公案》的基础上成书的《龙图公案》，在艺术上代表了传记体公案小说集乃至整个明公案小说集中的最高成就。《龙图公案》扬长弃短，在继承传记体公案小说的优点之外，也融合了一些书判体公案小说的特征，主要是收录了一些必要的判文。同时，该书克服了《百家公案》由于“文备众体”而长短详略不协调的缺陷和书判体公案小说脱离情节生硬拼凑判牍文书的弱点。《龙图公案》在章回体制方面也取得了较大进步，主要表现为：回目文字比较整饬，各回篇幅长短基本相当，文体风格较为一致，而且语言更为简练。《龙图公案》也因此成为对后世影响最大的一部明公案小说集。

《廉明公案》、《诸司公案》、《详刑公案》、《律条公案》、《详情公案》、《明镜公案》等书判体公案小说集是在继承了三种文体模式的基础上产生的。其一就是以《百家公案》为代表的传记体公案小说集。比如，各篇几乎都有案情介绍、初审造成冤案、再审释冤以及篇末议论或结尾诗词这几大板块；鬼魂告状、动物鸣冤之怪事在各书频频出现；道德劝诫和因果报应观念充斥其中；由狡诈的罪犯、绝望的无辜蒙冤者以及智慧过人的审判官构成了各篇小说中类型化的人物形象；还有“文备众体”的形式和半文半白的语言等。而这些特点几乎都在《百家公案》中已经形成。其二是法家书的传统。“门类”正是宋元明清的法家书典型的分类方法。其流风所及，使得明书判体公案小说集也沿用了分门别类的方法，且纷纷附上判文。孙楷第说《详情公案》等书“似法家书非法家书，似小说亦非小说”①，

---

① 参见孙楷第《东京所见中国通俗小说书目》卷六，上杂出版社 1953 年版。

可谓一语中的,道出了它们的某些本质特征。其三是宋元时期"说公案"及话本小说的文学传统。书判体公案小说集的语言文白夹杂,并没有充分汲取话本小说的长处,但在结构上和写法上却不乏可圈点之处。有的篇目运用时空变换或倒叙、穿插等技法,有的篇目设置了曲折的情节,有的篇目侧重于剖析犯罪心理,这些特点都跟白话短篇小说很相近,也体现了一定的文学趣味。

总之,这批明公案小说集虽然已可视为一种独立的文类,但它们的文体风格还很不成熟稳定。它们都属于短篇故事集的性质。但如果把它们当成短篇小说来读,其艺术水准又与话本和拟话本相差甚远,具体表现为:体例不够统一,刻画不够细致,语言不够流畅,等等。尽管如此,这批明公案小说集在古代小说的文体发展史上仍然具有重要地位。它们的出现,标志着公案小说已然成为一种独立的文体类型,并对清代的长篇公案小说产生了重要的影响。

(三)清代的章回体长篇公案小说:公案小说的成熟和发展

由于鲁迅、胡适等人只重点讨论了《三侠五义》之类的公案侠义小说(或称侠义公案小说),因此,一般人都以为清代的公案小说只有公案侠义小说。其实不然,综合而论,清代有五种类型的公案小说。其中,短篇小说下属两种类型:其一是文言短篇公案小说集,如传记体公案小说集《鹿州公案》之类;其二是白话短篇公案小说,如石成金的《雨花香》、《通天乐》与杜纲的《娱目醒心编》等。这两类作品主要成书于顺治、康熙年间,都是明代公案小说的余绪,而且影响不大,兹从略。

章回体长篇公案小说下属三种类型:一是公案与侠义相结合,如《施公案》和《三侠五义》等;二是公案与忠奸斗争相结合,如《万花楼演义》、《海公大红袍全传》和《海公小红袍全传》等;三是纯公案小说。纯公案小说又包含两种形式:其一专叙一人,如《于公案》、《刘公案》、《李公案》等;其二专叙一案,如《清风闸》、《九命奇冤》等。其中,前两类是公案和其他题材的交叉,后者则并不夹杂公案以外的其他题材。下面就分类介绍这三类章回体长篇公案小说。

1. 公案侠义小说

清代的公案侠义小说主要有《施公案》、《彭公案》和《三侠五义》等。它们的出现,既代表了公案小说的最高成就,也标志着章回体长篇公案小说的正式成熟。

《施公案》是最早产生的一部公案侠义小说,鲁迅说它是"侠义小说的先导",一般学者也认为该书是公案小说与侠义小说合流的标志①。《施公案》大大丰富和发展了传统公案小说的艺术技巧,这主要表现如下:

第一,在选材上,《施公案》在传统清官断理刑事和民事案件之外,还增加了大量的侠义英雄与贪官污吏和各种犯罪集团之间的斗争。在作为正集的第九十七回之前,施公的对手主要是一些刑事和民事罪犯,这部分还主要属于传统公案小说的范畴。《施公案》到了后面的各种续集中,当施公依靠他身边的那一帮"侠义"之士,逐个围歼与官府对抗的大小犯罪集团时,这就以侠义小说的成分居多了。这种前后题材和重心的明显差异在公案侠义小说中具有典型意义。侠义的内容继承和发展了以《水浒传》为中心的英雄传奇小说的艺术成就。

第二,《施公案》作为我国第一部业已成熟的章回体长篇侠义公案小说,还为公案小说奠定了文体规范。跟以往的公案小说相比,该书对于案件的叙述技巧大大地跨进了一步。如果说明代的《百家公案》、《龙图公案》等作品的结构方式类似于单线串连的散珠碎玉,那么,《施公案》可以说已发展成为多线交织的复合结构。小说主要

---

① 但也有人持反对意见,陈平原先生认为:"侠义小说与公案小说双方从没有真正独立,焉能谈得上合流?"(参见陈平原《千古文人侠客梦——武侠小说类型研究》第45页,人民文学出版社1992年版)他的意见也有道理。的确,唐传奇中有《谢小娥传》、《冯燕传》等侠义与公案相结合的作品,而宋元话本《宋四公大闹禁魂张》,也在侠义中夹杂着公案的成分。但如果从长篇小说的角度来看,说《施公案》等书是公案小说与侠义小说的合流,应该是可以成立的。

使用了案中套案、多案齐头并进和一案连亘数回等方式把一个个零散的案件串连起来。以上三种叙事手法的联合运用，极大地增强了断案故事的连续性。这些方法发展了明公案小说集的成果，为后世的长篇公案小说所借鉴，在公案小说发展史上具有重要意义。

稍晚出的《三侠五义》代表了公案侠义小说艺术的最高成就。第一，在人物形象方面取得了重要进展。该书几乎汇集了以往流传最广的包公故事，如狸猫换太子、陈州粜米、乌盆鸣冤、灰阑断子、范仲禹婚变等等。这些故事不仅情节曲折生动，内涵也十分丰富。《三侠五义》将这些短篇故事串连为长篇，不仅包拯刚正不阿、公正严明的形象更为饱满，其他人物亦各自具特色。面对英勇的侠士，写展昭突出英武，描白玉堂强调任性，叙艾虎则侧重于勇敢。第二，《三侠五义》的结构更加完整统一。它不仅参照《施公案》串连断案故事的经验，而且借鉴《水浒传》组合叙事单元的技巧，对线性结构（如前半众英雄的单传）与网状结构（如后半平襄阳王事件）的交替运用极为成功。第三，《三侠五义》的语言更富于世俗生活气息。该书使用了明快、生动而口语化的语言，具有鲁迅所言"粗豪脱略"的风格（《中国小说史略》），特别吻合侠客和清官的角色。总之，该书已经达到公案小说艺术成就的最高峰。它不仅在普通民众间有广泛影响，也得到了一批士大夫的高度评价。

2. 公案与忠奸斗争小说

《万花楼演义》及其续书《五虎平西演义》、《五虎平南演义》，都是公案与忠奸斗争相结合的小说。《万花楼演义》主要写由狄青和包拯等人组成的忠臣与由庞洪等人组成的奸党之间的斗争。该书的体式特征主要表现在如下五个方面：第一，武将狄青是主角，清官包公乃其次角；第二，忠奸斗争贯穿整部小说的全过程，而且斗争相当激烈；第三，朝廷的忠奸斗争往往又牵连宫闱争宠与立储的政治斗争；第四，奸臣（或其亲属）参与密谋造反，为他最终的身败名裂埋下了引线；第五，奸党的叛乱行为由清官审理定谳。这些特点深刻地影响了后来的公案与忠奸斗争小说。《五虎平西演义》、《五虎平南演义》基本继承了《万花楼演义》的体式特征，但它们把公案与忠奸斗争放到与外族战争的背景中，从而发展了该类小说的新模式。

出现在嘉庆年间的《海公大红袍全传》和道光年间的《海公小红袍全传》也是反映公案与忠奸斗争相结合的小说。《海公大红袍全传》、《海公小红袍全传》分别写海瑞与严嵩、张居正之间的忠奸斗争，同时穿插了固宠立储等宫闱政治斗争以及与外族的军事斗争，与《万花楼演义》在内容和结构方面颇为相似。但与《万花楼演义》不同的是，它们的主角正是清官海瑞本人，只是他的主要身份是忠臣，而次要身份才是清官。

《万花楼演义》和《海公大红袍全传》等都结合了历史演义的题材及体式特征。冷时俊把《海公大红袍全传》称为"历史公案小说"①，就注意到该书在题材及体式上自由的特点，且明显区别于其他公案小说类型。公案与忠奸斗争小说与历史演义确有诸多共同之处：内容上多通过历史事件表现忠奸斗争，文体风格则近于演义，有"演义"和"传"之称，等等。但"历史公案小说"这一名称是否恰当，还可以进一步商榷。

3. 纯公案小说

(1) 专叙一人的公案小说

以某位清官断案故事为中心的长篇小说，主要作品有《于公案》、《刘公案》、《李公案》等。这类小说显著的特点是：清官是全书的主角；断案是小说的基本内容，并不夹杂侠义、忠奸斗争或者战争等题材，或者即使写到其他题材，也不能掩盖断案的核心地位；也很少有侠义英雄出现。这种专叙一人的公案小说与公案侠义小说和与忠奸斗争相结合的公案小说构成了显著区别。

专叙一人的公案小说在形式上主要还是受了《施公案》等书的影响。该类小说叙述公案故事的技巧，诸如案中套案、一案绵亘数回、数案齐头并进等方法，跟《施公案》等公案侠义小说并没有什么不同。虽然没有侠义英雄相助，这类小说也写清官私访，以此推动

① 参见冷时俊的《海公大红袍全传·前言》，上海古籍出版社 1993 年版。

情节,展示人物性格,只是大大降低了私访的冒险性质而已。这些都说明专叙一人的公案小说与公案侠义小说在结构模式、叙事方法上同大于异,两者实一脉相承。

专叙一人的公案小说的文体特征也与《施公案》等公案侠义小说颇为相近。这主要表现为:两者之间的案件多雷同现象,而连接各个案件的方法也大致相同。结构模式也基本一致,一般分为前后两部分:前面单纯写断案故事;后半从清官由地方官升任京官开始,故事就超出了一般刑事、民事案件的范畴,而清官与贪官污吏及朝廷官员之间的忠奸斗争或者与地方恶霸和山林匪徒之间的正邪之争就占据了主要地位。小说越到后来,随着每一案件的篇幅增长,叙事的密度减缓。两者最大的差异在于,专叙一人的公案小说在后半部仍然刻画了一些案件。

总的说来,公案侠义小说与专叙一人的长篇公案小说,主要的区别在于题材和人物中有无侠客,而在艺术特点或结构模式方面并无本质区别。

(2) 专叙一案的公案小说

专叙一案的公案小说中成就最高的是《九命奇冤》,其前身是《警富新书》和《清风闸》。其故事本于宋话本《三现身》及冯梦龙改编的白话小说《三现身包龙图断冤》,嘉庆间刊的《警富新书》率先把这个案件敷衍为洋洋数万言的中篇小说。稍后又出版了浦琳的《清风闸》,已是一部长达四卷三十二回的长篇小说。《清风闸》被改编成长篇小说之后,其情节更为曲折,细节更为生动,不少人物形象也相当丰满。该书结合了作者身世,广阔地反映了当时的人情世态,充实和扩展了公案题材的认识和审美意义。

晚清的吴趼人又把《警富新书》改编为成熟的长篇公案小说,题名为《九命奇冤》,影响更大。《九命奇冤》深刻地揭露了社会司法的腐败和黑暗,细腻地揭示了贪官的性格及心理,成为"谴责小说"的代表作之一。《九命奇冤》在艺术上也有很多值得称道之处。该书采用了倒叙手法,先写石室谋死七尸八命,再写凌、梁两家结仇的经过,然后又按顺序讲述梁天来状告凌贵兴的经过。这反映出公案小说借鉴晚清翻译侦探小说的趋势。受到翻译侦探小说的影响，晚清小说尤其重视叙事方法，《九命奇冤》也因此一度被视为晚清“小说界革命”的标志性成果。

除了专叙一案的公案小说另有渊源以外，专叙一人的公案小说和公案与侠义及忠奸斗争相结合的小说之间有很密切的亲缘关系。首先，从结构上看，《水浒传》是它们的远祖，都从单线发展的线性结构过渡到多线交织的圆形结构。其次，宋元明和清代前期的公案小说不仅给它们提供了故事、情节、人物的原型，而且在文体模式上为之作了准备。另外要特别指出的是，民间说书也为公案小说的形成与发展做出了巨大贡献。宋代的说书，促成了公案小说题材的独立，而清代的说书，又促成了章回体长篇公案小说体式的成熟。清代从隆庆之际到光绪末年，各种清官故事就先以说书的形式流传，再被人们从说书改编成章回体长篇小说，其后又从小说改编成各种戏曲演出。说书对长篇公案小说的文体形式具有重要影响，具体表现为：在结构上，几乎所有的长篇公案小说都采用说书体，回首用诗词开篇，正文中夹杂唱词和赞语。在情节上，它们的篇幅都很长，一般在百回以上；情节惊险离奇，并按照演说的时段分出章回；几个相连的章回集中叙述一个故事段，每到高潮处结尾。在语言上，清代公案小说多用口语、方言和说书套话，不仅通俗易懂，而且活泼酣畅，是古代白话小说的通用语言。在叙事上，叙述人讲述故事、臧否人物，在文中起到很大的作用。通过对这种亲缘关系的考察，就可以很好地解释这些章回体长篇公案小说在体式上所体现的共同特点。

总体而言，中国古代“公案小说”尽管在体式具有不少共同特点，但它主要还是作为一种据题材分类而存在的概念，还没有形成一个成熟而规范的文体范式。首先，白话短篇公案小说集还不能从“说话”和话本中分离出来。根据题材和文体相统一的标准，明公案小说集确可看作一种独立的小说类型，但它们兼有法家书和小说的双重属性，其性质还属于风貌不太统一的短篇小说集。其次，在清代，公案与侠义或忠奸斗争相结合的小说成就较高，但它们都偏离公案，而纯公案小说则成绩有限，都没有资格代表章回体长篇公案小说的艺术规范。总之，无论哪一类型的公案小说，在艺术上都不够成熟，不够典型。这使得公案小说这一文类在古代文学中的地位稍显尴尬。

尽管如此，我们也不应忽视公案小说在文学史上的地位和影响。公案小说数量丰富，是古代文学中的最要文类；它拥有庞大的读者群，历来深受各阶层人员的喜爱；公案小说和公案戏是传统清官文化的重要载体，对于研究中国文化具有重要的意义。近年来公案小说的研究趋热，说明其学术价值逐渐受到人们的重视。我们相信，这种趋势还将得到进一步的发展。

（作者系上海大学文学院副教授）

《唐僧取经图册》探考

曹炳建　黄　霖

1992年，东京大学名教授田仲一成、户田祯佑两位先生首先撰文介绍了《唐僧取经图册》①（以下简称《图册》）。2001年，日本二玄社予以影印。影印本附有《唐僧取经图册"解题"》一套（下简称《解题》），其中有《西游记》研究名家矶部彰先生所撰的《元代〈唐僧取经图册〉研究要旨》与中国美术史研究专家板仓圣哲先生所撰的《传王振鹏〈唐僧取经图册〉在元代画史中的位置》等论文②，对《图册》进行了更为系统的研究。除此之外，日本的中野美代子、大冢秀高等中国小说研究专家和一些美术史家都论述过这本图册。显然，这本图册对于研究宋元文化史、特别是《西游记》的成书过程具有重要的意义。但到目前为止，尚未见有国内学者对此图册进行研究，甚至

按：本文原载《上海师范大学学报》2008年第6期。

① 日本《国华》1992年10月第1163号，发表了东京大学田仲一成教授的《〈唐僧取经图册〉故事初探》与户田祯佑教授的《〈唐僧取经图册〉式样的探讨》两文，是最早有关《图册》的研究文章。

② 矶部彰与板仓圣哲之文，见日本平成十三年(2001)日本株式会社二玄社影印《唐僧取经图册》所附《唐僧取经图册"解题"》。下引矶部彰及板仓圣哲先生之语，除注明者外，均出此两文。矶部彰教授另有论文：《〈唐僧取经图册〉中所见的西游记物语》，《东方学论集》1996年；《〈唐僧取经图册〉可窥见的"西游记"物语》，《富山大学人文学部纪要》24号，1995年；《〈唐僧取经图册〉的绘画顺序和其画题》，《富山大学人文学部纪要》25号，1996年。

多数《西游记》研究者还不知有此图册，故我们不揣愚陋，在矶部彰等先生研究的基础上再作探讨，以期引起更多学者的关注。

一、《图册》的作者王振鹏

关于《图册》的基本情况，板仓圣哲先生在《传王振鹏〈唐僧取经图册〉在元代画史中的位置》中说：

> 现存《唐僧取经图册》分为上、下2册，蝴蝶装，卷末有清代福州文人梁章钜（字闳中、茝林等，号退庵、古瓦研斋，1755—1849）6跋。根据此6跋之记载，知本图册原为梁氏同乡、名叔重者所藏。道光十八年（1838）梁氏初次观览本图册时，以为乃唐人尉迟乙僧所作，其后，经不断览阅，发现册上书有“孤云处士”名款，才订为元代画家王振鹏（1280？—1329？）所作。到了道光二十二年（1842），时梁章钜虽已老迈，但终于收得本图册云云。梁章钜之书画收藏在当时颇为知名，这在自著《退庵金石书画跋》及《归田琐记》等中可见一斑。不过，却未见有任何关于本图册之记载。

由此可见，板仓先生是赞同梁氏将《图册》的著作权归之于“孤云处士”的。孤云处士，为元仁宗赐予画家王振鹏的号。振鹏，字朋梅，永嘉（今浙江温州）人，官至漕运千户。同时代的著名文人袁桷《清容居士集》与虞集《道园学古录》、《道园续录》中有多篇诗文题跋涉及王氏。关于他的生平，《道园学古录》卷一九《王知州墓志铭》一篇，有较为详细的记载：

> 昔我仁宗皇帝天下太平，文物大备。自其在东宫时，贤能材艺之士固已尽在其左右……而永嘉王振鹏其一人也。振鹏之学，妙在界画，运笔和墨，毫分缕析，左右高下，俯仰曲折，方圆平直，曲尽其体；而神气飞动，不为法拘。尝为《大明宫图》以

> 献,世称为绝。延祐中得官,稍迁秘书监典簿,得一遍观古图书,其识更进。盖仁宗意也。累官数迁,遂佩金符,拜千户总海运于江阴、常熟之间焉。泰定四年夏,部饷至京师,因来告曰:“昔振鹏官七品,既蒙恩赠先父曰从仕郎乐清县尹,母曰宜人;今位五品,又蒙恩赠先父母如振鹏之秩。此皆仁宗皇帝之遗恩,国朝之盛典,而先世积善之效也。不有以表著之,是振鹏忽于君亲,无以昭示子孙族人乡里也。幸赐之言,而勒诸石焉。”余感其言,故序次其事,而并及其世次云:王氏始自会稽,迁永嘉。宋绍兴间,其先世以武功得官,为保义郎。数传为自强,生挺;挺好佛学,生由;(由)字在之,至元二十五年卒,时年三十五,今赠奉训大夫温州路瑞安州知州飞骑尉,追封永嘉县男,配张氏,追封永嘉县君——振鹏其子也。振鹏之兄龙孙,为浮屠,名善集。①

由此可知,王氏在元仁宗当太子时即受赏识,于延祐元年(1314)任典簿,官七品②。至治癸亥年(1323),重画《金明池图》时,在题辞中已叹“目力减如曩昔”③,至泰定四年(1327),官至五品,仍然在世。至于其确切的生卒年,已不可考知。

王振鹏的绘画成就主要表现在界画方面。袁桷《清容居士集》卷四十五《王振鹏锦标图》一文,对王氏的界画有极高的评价:

> 界画家以王士元、郭忠恕为第一。余尝闻《画史》言:尺寸层叠,皆以准绳为则,殆犹修内司法式,分秒不得逾越。今闻王

---

① 虞集《道园学古录》,卷一九《王知州墓志铭》,见《景印文渊阁四库全书》,上海古籍出版社 1987 年版,第 1207 册,第 275—276 页。

② 王士点、商企翁《秘书监志》卷九,见《景印文渊阁四库全书》,第 596 册,第 842 页。

③ 张丑《清河书画舫》卷六上,见《景印文渊阁四库全书》,第 817 册,第 217 页。

君以墨为浓淡高下，是殆以笔为尺也。僚丸秋弈，未尝以绳墨论；孙吴之论兵，亦犹是也。①

这篇短文，实际上是对王氏所画《金明池图》的题辞，高度评价了他的界画的创造性。《金明池图》传至明代张丑家，丑在《清河画舫录》卷六上赞此画"足称绝品"，并记录了元初自李源道以下有十五人之多的题咏。他接着袁桷的话说："元人工界画者，首推王振鹏氏，不在恕先之下，周文矩、赵伯驹辈殆弗如也。"②明代朱珪的《名迹录》卷四也说："予闻界画家王士元、郭忠恕为首冠，偭偕高下，一守矩度。而王君吮笔为之，曲折层叠自如，度越古人矣。"③关于界画，《辞源》"界画"条称："以宫殿楼台等为主要题材的传统画。以作画时用界尺作线，故称界画。为宋元绘画十三科之一……五代宋元以来卫贤、马远、夏珪、王振鹏、郭忠恕等皆以工界画著名。"④王氏绘画作品今知者，另有《大明宫图》、《汉宫秋月图》、《龙舟竞渡图》、《伯牙鼓琴图》、《画滕王阁图》、《鲁恭三异图》、《钟馗送嫁图》、《墨幻角抵图》、《鱼藻图》、《水亭图》、《大士妙观图》等。据《宁波晚报》2006 年 6 月 28 日报道："王振鹏的《五云楼阁图》拍出了 185 万元的高价。"另据《苏富比拍卖中国古画十大排行榜》记载，王振鹏的《滕王阁》名列第七，达到 12.6 万美元。由此可见其绘画之价值。

但是，梁章钜仅根据孤云处士半边题款，就认定《图册》的作者为王振鹏，并由此认定《图册》成书于元代，也不免让人怀疑。现存王振鹏的其他画作有不少题跋和收藏者的印记，而《图册》除梁章钜

---

① 袁桷《清容居士集》卷四十五《王振鹏锦标图》，见《景印文渊阁四库全书》，第 1203 册，第 599 页。

② 张丑《清河书画舫》卷六上，见《景印文渊阁四库全书》，第 817 册，第 217 页。

③ 朱珪《名迹录》卷四《故朱征士墓志铭》，见《景印文渊阁四库全书》，第 683 册，第 71 页。

④ 《辞源》修订本第 3 册，商务印书馆 1982 年版，第 2111 页。

的题跋和孤云处士的半边题款之外，再无可供查考的时代和作者信息。这其中究竟隐藏着什么样的历史迷雾，的确耐人寻味。但从《图册》"笔墨之生动，界画之精工，着色之古厚，蹊径之深邃，绢质之精细"①来看，似又不应是后人之作。因为自元代之后，界画日趋衰落，明代惟有仇英，清代惟有袁江、袁耀父子及李寅、萧峄师徒等人所作，追步古人，稍有前代遗风。再从《图册》所反映的唐僧取经故事来看，只有图[上 15]中出现一个猿头人身的形象；而产生于元末明初的《西游记平话》和《西游记杂剧》中，孙吾（悟）空则已经成为取经故事的主角。这些都说明《图册》又绝非元代之后所可能有。

那么，《图册》有没有可能产生于元代之前呢？宋人董逌《广川画跋》卷四，有《书玄奘取经图》一篇，文曰：

> 自梵经入中国五百年，而教始备。然译释或失法意，夷夏异音不得正处。故玄奘自五天竺得经六百五十七，西京翻经院尝写玄奘游西域路道所经，此图岂传是邪。玄奘陈氏，偃师人。尝至灵岩方取经西域，庭柏西指，凡十七年，一日柏枝复东指，其徒知师归。当时谓负经东来，常有云若华盖状，所至四人废业。此书皆不及之，得毋不尽传邪。②

从董逌文中"西京翻经院尝写玄奘游西域路道所经，此图岂传是邪"、"此书皆不及之，得毋不尽传邪"这些话来看，似乎此图并非单幅图页，而是一套图画。就这一点来看，似乎和《图册》相一致。但这套图画又是完全按照"玄奘游西域路道所经"描绘的，甚至连有关"庭柏"之类的传说也"皆不及之"，可见董逌所见的《玄奘取经图》和《图册》并非同一物品，而很可能是《图册》的前身。从《玄奘取经图》

① 梁章钜《唐僧取经图册跋一》，见《唐僧取经图册》，日本平成十三年(2001)日本株式会社二玄社影印本。

② 董逌《广川画跋》卷四《书玄奘取经图》，见《景印文渊阁四库全书》，第813册，第475—476页。

到《唐僧取经图册》，是一个顺理成章的过渡。因此，如果没有更确凿的证据，《图册》仍应认作王振鹏所绘；其所产生的时代，也就只能是元代中期。

二、《图册》中成体系的唐僧西游故事画

《图册》共有图 32 幅，可分为两大类：一类是大致可以认定成“西游”故事体系的图画，再一类是难以确认故事体系的图画。我们先来看第一类。

一、唐僧祈雨，包括图[上 1]、[上 9]。

图 1.《唐僧取经图册》图[上 1]

图 2.《唐僧取经图册》图[上 9]

[上 1]原图无题签。出版者题为“凉州城内”，误。图中皇榜上皇帝敕文有“乃招天下方外贤士、僧尼道俗、军人万姓等，如求得□□甘雨三尺者”等文字，可见这是一道皇帝求雨的榜文。文中又有“出敕朝门”四字亦依稀可辨，可证所画为朝门之景，而非“凉州城内”。矶部彰先生题曰“西天取经的皇榜”，似不妥，不如题为“唐皇祈雨的皇榜”。明初杨景贤《西游记杂剧》（下简称杨氏杂剧）第五出虞世南的道白曰：“小官虞世南，奉观音佛法旨，荐陈玄奘

于朝。小官引见天子。京师大旱,结坛场祈雨。玄奘打坐片时,大雨三日。"①可见流传故事中玄奘确曾有祈雨之举。

[上 9]原题签为"唐僧过女人国"。《大慈恩寺三藏法师传》(下简称《玄奘传》)卷四有"西天(大)女国"的记载②,《大唐西域记》卷第四有"东女国"记载③,卷第十一有"西大女国"的记载④。宋代话本《大唐三藏取经诗话》(下简称《取经诗话》)"经过女人国处第十"一节中言:"此是女人之国,都无丈夫。"⑤但此图中人物却似乎多为男性,题签和画面实际内容不符。因而此图当如矶部彰先生所说紧承[上 1],系看守皇榜的官员向上官汇报已经请到玄奘祈雨。观此图门为三开间,中间门没有打开,只开了两边侧门,故很可能即皇宫之门。

至于《图册》中唐僧祈雨是否成功,画面没有表现。这便有两种可能:一是如杨氏杂剧所言祈雨成功,唐僧趁机提出西天取经事;二是祈雨未成功,唐僧因而发誓取经。矶部彰先生题这部分图为"西天取经的敕命",似误。从此后各图的内容看,唐僧取经并非奉了敕命,仍应为个人偷越国境的行为,否则便不会有张守信向唐僧索要贿赂和烽官追赶唐僧等情节。

二、侍者皈依并偷越国境,包括图[下 7]、[上 2]、[上 3]、[上 6]。

[下 7]原题签为"中印度寻法伽寺",但题签和画面实际内容似不符。矶部彰先生题此图为"唐僧赴西天,得到侍者的归依",当是。

---

① 杨景贤《西游记杂剧》,见隋树森编《元曲选外编》(第二册),中华书局 1959 年版,第 645 页。

② 释慧立、彦悰《大慈恩寺三藏法师传》,《乾隆大藏经》,全国图书馆缩微复制中心 2000 年影印本,第 125 册,第 231 页。

③ 释玄奘《大唐西域记》卷第四,见季羡林等《大唐西域记校注》,中华书局 2000 年版,第 408 页。

④ 释玄奘《大唐西域记》卷第十一,见季羡林等《大唐西域记校注》,中华书局 2000 年版,第 870 页。

⑤ 《大唐三藏取经诗话》"经过女人国处第十一",文学古籍刊行社 1954 年影印本。

据《玄奘传》卷一，玄奘取经途中曾于瓜州得到徒弟石槃陀，很可能图中侍者即为此人。题签中之“法伽寺”未详出处。

图 3.《唐僧取经图册》图[下 7]

图 4.《唐僧取经图册》图[上 2]

[上 2]原题签为“张守信谋唐僧财”。此图上半部分画唐僧与侍者逃离城门的情景，故当为唐僧从长安出发至玉门关之前所发生之事。矶部彰先生认为此图为“唐僧遇山贼逃离玉门关”，似不妥。据《玄奘传》，取经途中确曾多次遭遇劫贼。但笔者却颇疑图中所画恶人系守关将领而非“山贼”，其原因有三。一，如果图中恶人为山贼，则题签似应题为“劫”而不应题为“谋”。二，《玄奘传》中取经所遇劫贼均无姓名。而此处一小小山贼，却题名曰“张守信”，难道劫贼抢劫却要留下姓名？三，此图下部唐僧身后两人身穿铠甲，似为守关士兵，难道守关士兵却与山贼结成一伙？因此，此画面内容当为：唐僧私自出关被士兵捉获，押送至守关将领张守信处；张守信在谋得唐僧的财物之后放走了唐僧。此图之马，和此后观音所送火龙马似非同一马匹。据《玄奘传》卷一记载，玄奘在到达瓜州之前，即已骑有马；到瓜州之后，因得知前路艰险，“所乘之马又死，不知计出，沉默经月余日”；自瓜州前行，又得“胡老翁”所送“瘦老赤马”。题签中“张守信”为何人，无可稽考。唐天宝年间杭州有太守名张守信，但似与此无关。

图 5.《唐僧取经图册》图[上 3]

图 6.《唐僧取经图册》图[上 6]

[上 3]原图无题签。出版者为加“烽官赶唐僧”,当是。矶部彰先生认为此图和图[上 6]所画为同一内容的不同时间段:“烽官怀疑企图出境的唐僧,去郊外的民家探索他们的足迹。烽官从草屋妇人处打听到唐僧一行的去向后,追赶着向他们射箭。唐僧得知被追赶后,迅速逃离,在一条大河处幸得毗沙门天的神将砍倒大树,帮助渡河逃身,而追来的烽官却落河身亡。这样唐僧终于骑马脱身,消失在山脚背后。”当是。

[上 6]原题签为“流沙河降沙和尚”,题签和画面内容明显不符。矶部彰先生根据图中落水之人的“姿态形象和[上 3]中追捕的烽官相同”,判断此图为“唐僧师徒逃脱烽官的追赶”,当是。

三、唐僧得火龙马并遭遇白蛇精,包括[上 5]、[上 4]、[上 13]。此部分图画均有沙漠之景,故当在出玉门关之后。

[上 5]原题签为“遇观音得火龙马”。杨氏杂剧第二本第七折题为“木叉售马”,写木叉奉观音之命,将火龙三太子所变白马借售马之名送给唐僧为坐骑。矶部彰先生题此图为“毗沙门天王送龙马”,似不妥。在《取经诗话》中,毗沙门天王和观音同为取经的护法神,但到元末明初的《西游记平话》和杨氏杂剧中,取经的护法神已变为观音。所以如无更确凿的证据,似应以题签为准。

图 7.《唐僧取经图册》图[上 5]

图 8.《唐僧取经图册》图[上 4]

[上 4]原题签为“石盘陀盗马”。据《玄奘传》，玄奘在玉门关收得徒弟石槃陀，后至玉门关与第一烽之间，石槃陀欲害玄奘，玄奘察觉，给予石槃陀“马一匹，劳谢而别”，并无盗马事。矶部彰先生题为“龙马现原形救唐僧”，似不妥，当以题签为准。此图内容当为石槃陀欲盗火龙马，马化为龙飞上天空。大概石槃陀见此灵异，便决心随往西天取经，故石槃陀在此后图画中仍然出现。

图 9.《唐僧取经图册》图[上 13]

[上 13]原题签为“五方伞盖经度白蛇”。矶部彰先生将此图与[上 4]相连，“主要是从两幅画中脚下都有沙漠以及[上 4]左边的树木和[上 13]右边的树木形成一体的结构来判断”；图中神人即“盘居沙漠”的“深沙神王”，当是。此图中之白蛇大约意图危害唐僧，被深沙神王断为两段。然笔者查阅资料，却未发现有

关“五方伞盖经”的记载。网络所载《宣化上人对〈楞严咒〉的详细又重要之开示》一文说：“《楞严咒》名字叫‘摩诃萨怛多般怛啰陀罗尼’”，“般怛啰也是梵语，翻译中文叫‘伞盖’。伞盖是譬喻，这个伞盖它是用荫万德，这伞盖的（作）用，就是保护一切有德的人。”宣化上人认为：《楞严咒》中“有五会，这五会就表示五方，五方就是东、西、南、北、中。东方就是金刚部，阿闪（当为‘閦’——引者）佛为教主；南方就是宝生部，宝生佛做教主；中央就是佛部，释迦牟尼佛做教主；西方就是莲华部，阿弥陀佛做教主；北方叫羯摩部，成就佛做教主，共有这五部。这五部就是管理这世界五方的五大魔军，因为有这五魔，所以佛也分开五方，镇压这个魔。”①据此，笔者颇疑心“五方伞盖经”即指《楞严经》或《楞严咒》。

四、过魔女国，包括[下 3]、[上 8]、[上 7]。

图 10.《唐僧取经图册》图[下 3]

图 11.《唐僧取经图册》图[上 8]

[下 3]原题签为“过魔女国”。矶部彰先生题为“唐僧受妖女毒害”，当是。《楞严经》卷六曰：“纵有多智，禅定现前，如不断淫，必落

---

① 笔者未能查到本文纸质文本，故录自因特网，网址：http://lingjunge.blog.sohu.com/19741499.html。

魔道。上品魔王,中品魔民,下品魔女。"①《佛本行集经》、《别译杂阿含经》、《方广大庄严经》、《普曜经》、《大方等大集经》、《佛说观佛三昧海经》等,多载魔王波旬派魔女扰乱佛之修行、佛与之斗法事。杨氏杂剧第十六出[尾]曲二郎神唱曰:"去心紧似离弦箭,到前去如何动转。魔女国孽冤深,火焰山祸难遣。"②下面紧接表演唐僧师徒过女儿国故事。因此,杨氏杂剧之魔女国即女儿国,和《图册》毒害唐僧之魔女国,似乎又非同一故事。

[上 8]原题签为"八风山收猪八戒"。观此图唐僧晕倒的场面和[下 3]相同,故当承[下 3]。矶部彰先生分析说,"唐僧晕倒时,毗沙门天王授予的印有'王'字的玉玺显示了威力",妖女因此现原形逃窜,当是。但画面上现出"原形"之魔女,显然并非长嘴大耳朵的猪八戒,题签和画面内容明显不符。至于"八风山",佛典及流传的取经故事中均未查到有关记载,唯郦道元《水经注》卷十五载:"狂水又西,八风溪水注之,水北出八风山。"③近人杨守敬《水经注疏》卷一五曰:"山在今登封县西。"④

图 12.《唐僧取经图册》图[上 7]

[上 7]原题签为"毗沙门李天王与索行者"。然观此图右下方毗沙门手下神将所擒拿之妖怪,正是[上 8]现出原形之魔女,故此图当承[上 8]。题签中"毗沙门李天王"即佛教四大天王之北方多闻天

① 《楞严经》卷六,大众文艺出版社 2004 年版,第 350 页。

② 杨景贤《西游记杂剧》,见隋树森编《元曲选外编》(第二册),中华书局 1959 年版,第 676 页。

③ 郦道元《水经注》卷十五,见《景印文渊阁四库全书》,第 573 册,第 251 页。

④ 杨守敬《水经注疏》卷一五,科学出版社 1955 年影印本。

王,后逐渐演变为托塔李天王。此图并称"毗沙门李天王",正可见出演变的痕迹。"索行者"未详出处,是否即"孙行者"一音之转,亦未可确知。

五、金顶国斗长爪大仙,包括[下 6]、[下 10]、[下 4]、[下 5]、[上 10]、[下 2]。

图 13.《唐僧取经图册》图[下 6]

图 14.《唐僧取经图册》图[下 10]

[下 6]原题签为"金顶国长爪大仙斗法"。此图画面当为长爪大仙(火妖狐)驱动妖火,向唐僧发动攻击。这个画面和《玄奘传》卷二过"飒秣建国"的遭遇很相似:"五百余里,至飒秣建国。王及百姓不信佛法,以事火为道。有寺两所,迥无僧居,客僧投者,诸胡以火烧逐不许停住。法师初至,王接犹慢;经宿之后,为说人天因果,赞佛功德,恭敬福利,王欢喜请受斋戒,遂至殷重。所从二小师往寺礼拜,诸胡还以火烧逐。沙弥还以告王,王闻令捕烧者,得已,集百姓,令截其手。法师将欲劝善,不忍毁其肢体,救之。王乃重笞之,逐出都外。"①又,据《撰集百缘经》卷十及《长爪梵志请问经》记载,有长爪梵志,系舍利弗

① 释慧立、彦悰《大慈恩寺三藏法师传》,《乾隆大藏经》,全国图书馆缩微复制中心 2000 年影印本,第 125 册,第 190—191 页。

的舅父,曾往南印度游学,后皈依佛教①。按,佛教称外道为梵志。此图当为以上两个故事的神异化。至于"金顶国",杨氏杂剧中通天大圣孙行者曾强抢金鼎国公主为妻;取经经过金鼎国,行者又借助二郎之力收伏猪八戒。"金顶"与"金鼎"异字同音,二者当有一定联系。

[下 10]原题签为"悬空寺遇阿罗律师",但题签和画面内容明显不符。观此图火妖狐吐火与图[下 6]火妖狐相同,故此图当承[下 6]。大概长爪大仙斗法失败后,晚上便来加害唐僧师徒,唐僧师徒昏迷过去。龙马现原形空中大战火妖狐,火妖狐口吐火焰喷向神龙。至于题签之"悬空寺",中国山西、陕西、四川均有悬空寺,惟山西悬空寺最为有名。"阿罗律师"未详出处。

图 15.《唐僧取经图册》图[下 4]

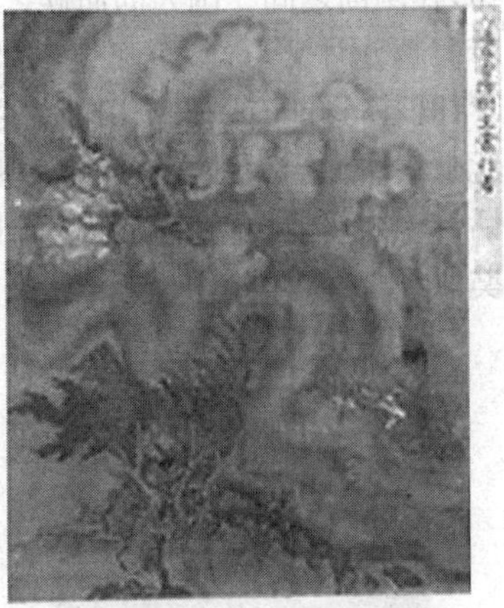

图 16.《唐僧取经图册》图[下 5]

[下 4]原题签为"东同国捉狮子精",但题签和画面内容明显不符。图中持斧大将当为毗沙门(或观音)手下大将。大概火龙斗败火妖狐之后,却无法救醒昏迷中的唐僧师徒,故来向毗沙门天王(或观音)求救,遇持斧神将而诉说原由。题签中"东同国"不详出处。至于"狮子精"故事,《取经诗话》即有"过狮子林及树人国第五"一

① 参看《撰集百缘经》卷第十,《乾隆大藏经》,第 107 册,第 270—273 页;《长爪梵志请问经》,《乾隆大藏经》,第 58 册,第 552—554 页。

节,《西游记平话》中亦有"狮子怪"故事。

[下 5]原题签为"六通尊者降树生囊行者",但题签和画面内容明显不符。观此图下部神将和[下 4]中的神将为同一人,故此图当上承[下 4]:持斧神将向毗沙门天王报告之后,天王便令持斧神将前行,自己和火龙在后去救唐僧。题签中"六通尊者"不详出处。六通为佛教重要观念,但各佛经所记又有不同。《俱舍论》卷二七所记为:一、神境智证通;二、天眼智证通;三、天耳智证通;四、他心智证通;五、宿住随念智证通;六、漏尽智证通①。关于"树生囊行者",元代虞集《道园学古录》卷二四所载《高昌王世勋之碑》曰:"盖辉和尔之地,有和林山,二水出焉,曰图固勒、以苏噜克。一夕,有天光降于树,在两河之间。国人即而候之,树生瘿,若人妊身然。自是光恒见者。越九月又十日,而瘿裂,得婴儿五,收养之。其最稚者,曰布克罕,既壮,遂能有民人土田而为之君长。"②"辉和尔"即今维吾尔,因此虞集所记当为维吾尔族的一则神话传说。佛教进入高昌后,此神话传说很可能便与佛教杂交而出现佛降"树生囊行者"的故事;后玄奘取经曾经过高昌国,于是便又进一步附会于取经故事中。

图 17.《唐僧取经图册》图[上 10]

图 18.《唐僧取经图册》图[下 2]

① 参看《阿毗达磨俱舍论》卷第二十七,《乾隆大藏经》,第 97 册,第 403 页。

② 虞集《道园学古录》卷二四《高昌王世勋之碑》,见《景印文渊阁四库全书》,上海古籍出版社 1987 年版,第 1207 册,第 349 页。

[上 10]原题签为"佛赐法水救唐僧"。矶部彰先生认为:此图中"手持净瓶、甘露和杨柳枝的毗沙门天王形象上有些像观音。这也许暗示了故事中的守护神正由毗沙门天王向观音过渡,或毗沙门天王受观音之命前来保护唐僧师徒一行。"当是。

[下 2]原题签为"金葫芦寺过火炎山"。但画面上树木郁郁苍苍,显然不似火炎山之景。且图上部正为救唐僧的毗沙门天王,故图当为唐僧得天王救醒后离开金顶国的情景。矶部彰先生将此图归入"魔女国"故事中,似误。观此图毗沙门形象与[上 10]救唐僧的毗沙门相同,都持有净瓶和杨柳枝,而不同于[上 7]的毗沙门形象,故可知此图当与[上 10]为同一故事。至于"金葫芦寺"则不详出处。

六、飞虎国降大、小班,包括[上 11]、[上 12]。

图 19.《唐僧取经图册》图[上 11]

图 20.《唐僧取经图册》图[上 12]

[上 11]原题签为"飞虎国降大班";[上 12]原题签为"飞虎国降小班"。矶部彰先生认为:"老虎原来和行脚僧关系密切。在敦煌发现的《唐三藏行脚图》(《宝胜如来图》、法国伯希和发现)中,老虎好像起着护法神的作用。但是,唐末以后,唐僧的护法神变成了猿猴,故事里的老虎却成了如同白虎精的妖怪脚色。图册中的老虎在形象上跟后来的银额将军(《杨东来先生批评西游记》卷三)相近似,像

是登场的妖怪之类。”当是。题签中“飞虎国”、“大班”、“小班”不详出处。

三、《图册》中难以确认故事体系的图画

上面我们探讨了大致可以认定成故事体系的图画，接着来探讨难以确认故事体系的图画。这一类又包括三种情况：一是图画内容可稽考者；二是图画内容可部分稽考者；三是图画内容暂无可稽考者。

一、图画内容可稽考者：[上 14]、[上 16]、[下 12]、[下 14]、[下 15]、[下 16]。

图 21.《唐僧取经图册》图[上 14]

图 22.《唐僧取经图册》图[上 16]

[上 14]原题签为“佛影国降瞿波罗龙”。《玄奘传》卷二记载：“又闻灯光城西南二十余里，有瞿波罗龙王所住之窟，如来昔日降伏此龙，因留影在中。”据《大唐西域记》卷二记载：“此龙为牧牛之士，供王乳酪，进奉失宜。既获谴责，心怀恚恨，即以金钱买花，供养受记窣堵波，愿为恶龙，破国害王。即趣石壁，投身而死。遂居此窟，为大龙王，便欲出穴，成本恶愿。适起此心，如来已鉴，愍此国人为龙所害，运神通力，自中印度至。龙见如来，毒心遂止，受不杀戒，愿

护正法。因请如来：'常居此窟，诸圣弟子，恒受我供。'如来告曰：'吾将寂灭，为汝留影。遣五罗汉常受汝供。正法隐没，其事无替。汝若毒心奋怒，当观吾留影，以慈善故，毒心当止。'"①此图当本此故事而与唐僧取经联系起来。矶部彰先生题为"河中龟鱼妖怪请唐三藏求雨"，误。

[上16]原题签为"旃檀大仙说野狐精"。矶部彰先生将此图与[上15]一并考察，认为"如果把[上15]图中的赤脚妇人看作是鬼子母的话"，那么，本图则表现了"唐僧遇鬼子母，以法力救小孩，教化追赶小孩的鬼子母，把她带到山中的神仙处改邪归正"。按，把图[上15]中的赤脚夫人看作鬼子母证据不足，不如存疑。但此图则疑当为鬼子母故事。据《毗奈耶杂事》卷三十一及《佛说鬼子母经》记载：鬼子母本为王舍城中娑多药叉长女，后与健陀罗国半支迦药叉结婚，生五百儿。她凭着自己的豪强，每天食用王舍城的男女婴儿。佛心慈悲，施法将鬼子母的一名儿子隐藏起来。鬼子母向佛索要儿子，佛说，你有五百儿子，还怜爱你这一个儿子，何况别人只有一两个儿子呢？最后鬼子母皈依了佛教②。《取经诗话》"入鬼子母国处第九"记载，鬼子母国"三岁孩儿无千无万"，"又无大人"③。宋元无名氏有《鬼子(母)揭钵》戏文，元吴昌龄有《鬼子母揭钵记》杂剧，然均佚。杨氏杂剧第三本有"鬼母皈依"一折。题签中"旃檀大仙"无可稽考。《佛说佛名经》、《十方千五百佛名经》虽有"南无旃檀佛"、"南无须弥旃檀佛"、"南无旃檀香佛"、"旃檀德佛"等名号，然与"旃檀大仙"似不涉。

---

① 释玄奘《大唐西域记》卷第二，见季羡林等《大唐西域记校注》，中华书局2000年版，第225页。

② 参看《毗奈耶杂事》卷三十一，《乾隆大藏经》，第73册，第528—533页；《佛说鬼子母经》，《乾隆大藏经》，第58册，第648—650页。

③ 《大唐三藏取经诗话》"入鬼子母国处第九"，文学古籍刊行社1954年影印本。

图 23.《唐僧取经图册》图[下 12]

图 24.《唐僧取经图册》图[下 14]

[下 12]原题签为“毗篮园见摩耶夫人”。据《玄奘传》卷二记载，劫比他国“城东二十余里，有伽蓝，院内有三宝阶，南北列，面东一下，是佛昔于忉利天为摩耶夫人说法讫，归赡部洲下处”。据《众许摩诃帝经》及《佛本行集经》记载：摩耶全名摩诃摩耶，天臂城善觉长者之长女，后嫁净饭王，生悉达太子七日后而没，生于忉利天①。因此，所谓摩耶夫人，即释迦牟尼的母亲。据《佛本行集经》记载，摩耶夫人生悉达太子时所住的园子名“蓝毗尼园”而非“毗篮(蓝)园”。然典籍中亦有记作“毗蓝园”者，如《五灯会元》卷十九“开福道宁禅师”条下，即有“毗蓝园内，右胁降生，七步周行，四方目顾，天上天下，唯我独尊”②等语。

[下 14]原题签为“万程河降大威显胜龙”。此故事见于《大乘要道密集》③中。据陈庆英先生考述，此书为上世纪 30 年代在北京

① 参看《众许摩诃帝经》卷二、卷三，《乾隆大藏经》，第 60 册，第 41—49 页；《佛本行集经》卷五至卷十一，《乾隆大藏经》，第 57 册，第 306—375 页。

② [宋]释普济《五灯会元》卷第十九《开福道宁禅师》，中华书局 1984 年版，第 1263 页。

③ 1992 年台湾慧海书斋出版改编本名《萨迦道果新编》。

发现的、大概产生于西夏时期的汉文译本藏传佛教的密法修行法本汇集①。在此书中有《无生上师出现感应功德颂》一篇，是有关于大乘玄密帝师生平的一篇偈颂体的赞颂诗。这篇赞颂诗是写主要活动于西夏1189年至1200年的大乘玄密帝师如同玄奘一样，曾到印度学习佛经。诗的第6首曰："高昌国王迎师五百里，作密供养十遍生流行，送至万程河边降龙王，极能无生师处我赞礼。"②由此记载可知，元代藏传佛教随元蒙统治者进入中原，原本主角为大乘玄密帝师的"万程河边降龙王"的故事，却被附会于主角为唐僧的取经故事中。从此页画面看，人物打扮等均同[上1]、[上9]，似乎三幅图画有一定联系。矶部彰先生题此图为"押送街上抓到的老胡商"，然玄奘取经的史实和流传故事中，似乎均无抓老胡商的记载。

图25.《唐僧取经图册》图[下15]

图26.《唐僧取经图册》图[下16]

[下15]原题签为"唐僧随五百罗汉赴天斋"。《取经诗话》"入大

① 参见陈庆英《西夏大乘玄密帝师的生平》，载《西藏大学学报》2000年第3期；《大乘玄密帝师考》，载《佛学研究》2000年；《〈大乘要道密集〉与西夏王朝的藏传佛教》，载《中国藏学》2003年第3期等。

② 释莎南屹啰等译《大乘要道密集》卷四《无生上师出现感应功德颂》，第2页，民国年间影印本。

梵天王宫第三”记载，玄奘法师在猴行者的帮助下到毗沙门大梵天王宫赴斋，只见宫中“香花千座，斋果万种，鼓乐嘹亮，木鱼高挂；五百罗汉，眉垂口伴，都会宫中诸佛演法”。临行，“天王赐得隐形帽一事，金镮锡杖一条，钵盂一只”，并答应法师，西天路上“有难之处，遥指天宫大叫‘天王’一声，当有救用”①。据此，此图故事当在唐僧得到侍者后不久即发生的。但从画面位置比较靠后来看，也不排除是唐僧取得真经之后，到天宫答谢毗沙门天王。

[下 16]原题签为“唐僧取经回国”。矶部彰先生根据此图中“既没有经卷，宫中殿奏官的表情上也丝毫看不出对大功告成后的唐僧有赞许的神色。而且左右两旁扶住唐僧的侍官看上去像在阶下阻拦唐僧的样子，标题和绘画内容有明显的差别”，故认为此图当为“唐僧西天取经的上报和认可”。按：此图既题为“唐僧取经回国”，且画面又确有皇宫气象，故似乎应以题签为准。据《玄奘传》记载，玄奘取经回到长安，因唐太宗正驻军洛阳，准备征伐辽东，故前赴洛阳拜见太宗：“壬辰，法师谒文武圣皇帝于洛阳宫。二月己亥，见于仪鸾殿，帝迎慰甚厚。”

二、图画内容可部分稽考者：[上 15]、[下 9]、[下 11]。

[上 15]原题签为“玉肌夫人”。此图中最可令人注意者，是出现了一个猴形人身的人物。早在《取经诗话》中，猴行者就已经作为唐僧护法的形象出现并占据了重要地位。但在《图册》中，却只有此图出现了猿猴形象。矶部彰先生判断这有两种可能性：“一种可能性是，原来还有一些画有猿猴行者的图画，但在某个时期遗失了。”另一种可能性是，“画家画唐三藏的侍者时，平稳的情况下用人身姿态来画。但一发生事件，侍者就被画成猿猴行者”。按，矶部彰先生的第二个判断似乎并不能成立，因为在此图中，不仅有猿猴形象，还有侍者形象，二者绝非同一人。因此，不能排除另一种可能，即《图册》完全是为了表彰唐僧而绘制，猴行者的故事反而退居次要地位。

---

① 《大唐三藏取经诗话》“入大梵天王宫第三”，文学古籍刊行社 1954 年影印本。

题签中“玉肌夫人”无可稽考，或后世演化为“白骨精”故事，亦未可确知。

图 27.《唐僧取经图册》图[上 15]

图 28.《唐僧取经图册》图[下 9]

[下 9]原题签为“明显国降大罗真人”。矶部彰先生将此图与[下 11]归为一类，“猜想”其为：“唐僧在半途中和龙马、侍者走散，独自在迷途中陷入溪谷。但在毗沙门天的保护下来到盂钵上，被路过的山人救出并获知去竹林神仙处的道路。《杨东来先生批评西游记》卷五中是在山中碰到采药的仙人打听到去西天的方向。”所说有一定道理，但证据似显不足，应以题签为准。题签中“明显国”故事无可稽考。关于“大罗真人”，《云笈七签》卷三“道教所起”条记载，道教称三界之上有“四天”，“四天”之上有“三清境”，“三清之上即是大罗天，元始天尊居其中，施化敷教”①。故世多称仙人为大罗仙人。

[下 11]原题签为“过截天关见香因尊者”。矶部彰先生将此图与[下 9]归为一类，已如上述。“截天关”故事无可稽考。关于“香因尊者”，《楞严经》卷五载曰：“香严童子即从座起，顶礼佛足而白佛

① 张君房《云笈七签》卷三《道教所起》，见《景印文渊阁四库全书》，第 1060 册，第 20 页。

言:我闻如来教我谛观诸有为相,我时辞佛宴晦清斋,见诸比丘烧沉水香,香气寂然来入鼻中。我观此气非木非空,非烟非火,去无所著,来无所从。由是意销,发明无漏。如来印我得香严号。尘气倏灭,妙香密圆,我从香严得阿罗汉。佛问圆通,如我所证,香严为上。"①"香因"、"香严"似乎当为一音之转。

三、图画内容暂时无可稽考者:[下 1]、[下 8]、[下 13]。

图 29.《唐僧取经图册》图[下 11]

图 30.《唐僧取经图册》图[下 1]

图 31.《唐僧取经图册》图[下 8]

[下 1]原题签为"释迦林龟子夫人"。"释迦林"与"龟子夫人"故事均无可稽考。矶部彰先生因此图与[上 14]"都画有水妖归依唐僧的场面",将其归为一组。但在佛降瞿波罗龙而留影的故事中,并没

① 《楞严经》卷五,第 280 页,大众文艺出版社 2004 年版。

有龟子夫人出现，故将其归为一组似感牵强，不如存疑为是。

[下 8]原题签为“哑女镇逢哑女大仙”。矶部彰先生将此图题为“唐僧在火妖狐宅内借宿一夜”，而与[下 6]、[下 10]等图归于同一故事，似感牵强，不如存疑。“哑女大仙”故事无可稽考。《浙江通志》卷一九九“哑女”条引《戒香寺哑女传》，载哑女奇事异行①；又宋范致明《岳阳风土记》记有“哑女塔”②，但均似与此“哑女大仙”无涉。

[下 13]原题签为“白莲公主听唐僧说法”。矶部彰先生将此图与[下 12]、[下 15]归入一类，认为这三幅图“画的是类似西天圣地的场面，其中唐僧是以法衣而不是以旅服的形象出现”，“画上内容应该是如[下 12]那样，以乐奏鹤鸣的瑞祥气氛来表达唐僧来到仙境的情景”。然[下 12]已知为拜见摩耶夫人，“白莲公主”事却未详出处。

图 32.《唐僧取经图册》图[下 13]

四、《图册》当为重装的残本

《图册》有两种十分奇怪的现象：其一是题签和画面的实际内容并不完全一致，其二是册页装订次序混乱。这两个问题也值得我们探讨。

如果将《图册》中每幅画页的题签和画面的实际内容相对读就会发现，题签和画面的关系有四种情况：1. 题签和画面实际内容相

① 《浙江通志》卷一九九，第 3422 页，上海古籍出版社 1991 年版。

② 范致明《岳阳风土记》，见《景印文渊阁四库全书》，第 589 册，第 117 页。

符;2. 题签和画面实际内容完全不符;3. 题签和画面实际内容是否相符难以判断;4. 画面无题签。其中后两种情况具有或然性,故难以说明问题。下面主要探讨前两种情况。

从题签和画面实际内容相符的这类图画看,题签的作者最大的可能是画面作者本人,至少也应是与画面作者比较熟悉、对这套《图册》所表现的题材相当了解的人。最明显的证据有两个:一是图[下12]"毗蓝园见摩耶夫人"。这幅图构思十分巧妙。显然,对佛祖的母亲摩耶这样圣洁的女性,很难用准确的人物画面将其表达出来。作者于是采用写意手法,只画出了毗蓝园种种典雅的佛教乐器和周围环境等,让人们通过画面体会到园主人的高雅与圣洁。如果不是对画面题材相当熟悉,仅仅根据画面,很难想象到这就是摩耶夫人住过的毗蓝园。再如图[上14]"佛影国降瞿波罗龙",如果不是对佛降恶龙而留影的故事十分熟悉,便很难想象到图中的怪物就是瞿波罗龙及其属下。

既然题签的作者是画面作者本人,或者是与画面作者比较熟悉的人,那么,为什么有些题签和画面内容又完全不符呢?这恐怕只有一种解释,那就是原图与题签散乱之后,后人误贴题签所致。今观图[上9]题签为"唐僧过女人国",但其中并没有明显的女性形象。图[下10]中和火龙在空中搏斗的分明是图[下6]中的火妖狐,唐僧师徒昏迷在房间之中,但题签却是"悬空寺遇阿罗律师"。其中错得最明显而又最让人感到莫明其妙的是图[上6],其中掉入河中之人无疑是图[上3]中追赶唐僧的烽官,但题签却为"流沙河降沙和尚"。这些都可说明是题签误贴所致。

不仅如此,从这些误贴的题签中,也可以窥见原图有所散佚。如图[上6]题签为"流沙河降沙和尚",却无沙和尚形象出现。图[上8]题签为"八风山收猪八戒",但出现的妖怪却不像是猪八戒形象。如果说是题签不小心贴错了,但是,遍查全部32幅图画,又看不出有哪幅图画能和沙和尚、猪八戒对上号。这充分说明,现存《图册》并非全璧,而是整套画册中的残卷。

如果联系《图册》装订混乱的问题,似乎更能看清事实真相。从

《图册》中大致可以认定成故事体系的这一类图画看，每个连贯故事的画面却散落于画卷上下册之中，需要认真甄别才能看出其故事顺序。如“过魔女国”的故事，本应该[下 3]在前，[上 8]继之，最后才是[上 7]，但整个画卷的装订却完全颠倒。这些都说明，《图册》很可能在流传的过程中散乱和残损——有些画面保存下来，但题签却脱落了；有些题签保存下来，但画面却丢失或遭到严重破坏——于是，《图册》的整理和装订者便根据己意，张冠李戴，造成了部分画页题签错贴，甚至有些画面没有题签；再由于在装订时不注意，又造成了画页位置的错置。

五、《图册》与《西游记》的成书

《图册》的发现，对研究宋元文化有着多方面的意义，首当其冲的，当然是它对我们研究《西游记》成书过程，提供了新材料和新思路。

时至今日，学界对于唐僧取经故事发展过程的认识大致如下：玄奘取经的历史史实（《玄奘传》、《大唐西域记》）——《取经诗话》——吴昌龄《唐三藏西天取经》杂剧——《西游记平话》——杨氏杂剧——百回本《西游记》。如今，这部《图册》至少为我们探索《西游记》的成书过程提供了这样方面的证据：

一、《西游记》的成书，是有一个由不同的取经故事相互交流、融合的过程。

如前所述，这套《图册》的前身，或许受到过南北宋之交的董逌《广川画跋》卷四所记载的《玄奘取经图》的影响，所以其中有些故事可能早于南宋时代讲经话本《取经诗话》所载。但是其中某些故事却又只能产生于元代。最明显的就是沙和尚和猪八戒的故事。在《取经诗话》中，虽然已经出现了沙和尚的前身深沙神形象，但他并没有参加取经队伍，而是取经的阻碍者；猪八戒形象则根本没有出现。一切迹象表明，猪八戒和沙僧加入取经队伍大概是元代才出现的。元代前期吴昌龄的杂剧《唐三藏西天取经》（残存两折）中，很可能还没有八戒和沙僧形象出现。绘于元末明初的山西稷山县青龙寺壁画中的取经图,也只有沙僧而没有猪八戒。但在《西游记平话》和杨氏杂剧中,都出现了八戒和沙僧形象。现存广东省博物馆的元代瓷枕上的唐僧取经图,八戒和沙僧也都画得栩栩如生。杭州飞来峰龙泓洞口雕刻于元代的唐僧取经浮雕上,也有"朱八戒"等字样出现。《图册》中有关猪八戒和沙僧的故事,正可以和以上有关文字记载及文物相印证,有力地说明猪八戒与沙僧是大致在元代才进入了取经的行列的。换句话说,《图册》所绘的故事,大致是由宋入元的一个取经故事。

然而,值得我们注意的是,《图册》中有不少故事,与以往所知的取经故事有着很大的不同,甚至是闻所未闻,如"张守信谋唐僧财"、"飞虎国降大、小班"、"五方伞盖经度白蛇"、"玉肌夫人"、"释迦林龟子夫人"、"过魔女国"、"六通尊者降树生囊行者"、"金顶国长爪大仙斗法"、"哑女镇逢哑女大仙"、"明显国降大罗真人"、"悬空寺过阿罗律师"、"过截天关见香因尊者"、"毗蓝园见摩耶夫人"、"白莲公主听唐僧说法"、"万程河降大威显胜龙"等,都是我们初次得知的取经故事。就连《图册》和我们已知的取经故事相同的那部分内容,也和已知故事有很大差异。如猪八戒的故事虽然在《西游记平话》中就已经出现,但却没有八风山的记载。据杨氏杂剧记载,猪八戒所居之山为"金鼎国界"的黑风山,却不是《图册》所谓的"八风山"。这些都说明,《图册》是一套独立的取经故事系统。

但是,这套独立的取经故事系统,也并不是和已知取经故事系统毫无联系。《图册》中的"火炎山"、"女人国"、"毗沙门天王"、"赴天斋"等故事,在《取经诗话》中就有对应的"火类坳"、"女人国"、"北方毗沙门大梵天王水晶宫"等故事。猪八戒和沙和尚的故事,在《西游记平话》和杨氏杂剧中也有相应记载。特别是图[上 15]"玉肌夫人"中出现的那个猴头人身的形象,在据信为绘于西夏时期的敦煌壁画中就已经出现,到了《取经诗话》中又被称为猴行者。这说明,流传的取经故事虽然同时存在着多个故事系统,但多个系统之间却并不是孤立的,而是有着一个相互借鉴与融合的过程。

二、《西游记》的成书,是一个由宣扬佛教到仅仅以佛教作为结构故事、表达思想之手段的过程。

这一点,本来在以往所知的故事中已大致能见其梗概。《取经诗话》明显地表现出宣扬佛教的思想。《西游记平话》中这一思想已经得到了某种程度的削弱。到了百回本《西游记》,作者一方面宣扬佛教,一方面又讽刺和嘲笑佛教,佛教仅仅成了作者结构故事、表达思想的手段。而这套成书于元中期的《图册》,也明显地以宣扬佛教为中心内容,宗教色彩十分浓厚。

梁章钜为《图册》所题第四跋,实是一首七言古诗。《解题》所载板仓圣哲先生的《(伝)王振鹏〈唐僧取经图册〉——元时代绘画の中での位置付け》①一文中,将此跋断句为散文,误。原跋为:

> 阿罗汉具大法力,我昔曾闻不曾识。尉迟乙僧六法工,笔端绘出通神迹。清修几世脱浩劫,道貌圆光尚烜赫。经书贝叶诸谛传,妙解空灵感悟释。相惊神变亦虚幻,六根俱净归元寂。吁嗟法宝世见希,君其秘守勤拂拭。②

从这首诗来看,梁章钜已经深悟出这套《图册》浓厚的宗教色彩,将《图册》与用铁笔写在贝多罗树叶上的佛教经文相提并论,盛赞其"妙解空灵感悟释",揭示出其使人"六根俱净归元寂"的艺术效果。

其实,用不着梁氏特别提示,只要见过《图册》的人,无不为其中的宗教色彩所震撼。在《图册》中,唐僧取经最主要的保护神便是毗沙门天王,图[上 7]题签便为"毗沙门李天王与索行者",这与《取经诗话》中所谓的"大梵天毗沙门天王"为取经的护法神是一致的。所谓"毗沙门",即佛教四大天王之北方多闻天王,后逐渐演变为托塔李天王。这里将毗沙门和李天王并称,正可以见出演变的痕迹。在

① 见日本平成十三年(2001)日本株式会社二玄社影印《唐僧取经图册》所附《唐僧取经图册"解题"》,第 19 页。

② 梁章钜《唐僧取经图册跋四》,见《唐僧取经图册》,日本平成十三年(2001)日本株式会社二玄社影印本。

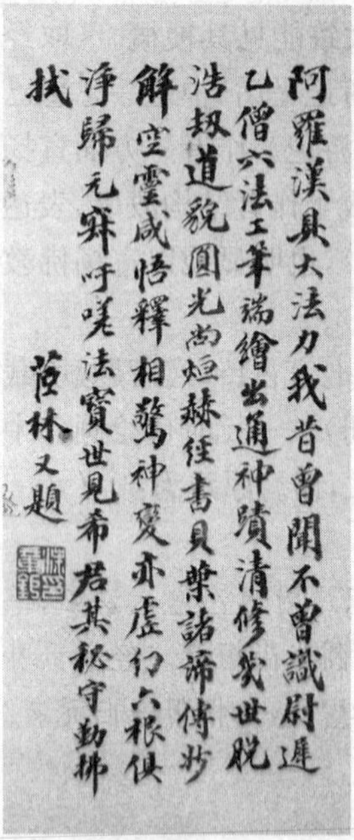

图 33.《唐僧取经图册》跋四

佛教密宗中，毗沙门是重要护法神。据《全唐文》卷七三〇所载卢宏正《兴唐寺毗沙门天王记》记载，“其旨将以摧群魔，护佛事，善善恶恶，保绥斯人”①。图[上 13]“五方伞盖经度白蛇”，是整个画卷中密宗色彩最为浓厚也最具震撼力的图画之一。矶部彰先生认为，将此图“和日本密教图像集《图像抄》、《觉禅钞》等中的图像作一比较，就能清楚地看出[上 13]中的神人就是深沙神王”。密宗自唐代传入中国，曾兴盛于玄宗、肃宗、代宗三朝，至唐武宗灭佛而衰落；宋初密宗曾少有复兴，但很快又被禁止；直至元代藏密随元蒙统治者传入中原，密宗才又兴盛起来。《图册》反映的密宗色彩，很可能与元代密宗的兴盛有一定关系。图[下 14]“万程河降大威显胜龙”的故事和具有藏传佛教密宗色彩的西夏大乘玄密帝师的微妙关系，似乎很能说明这一点。再如图[下 12]“毗蓝园见摩耶夫人”、图[上 14]“佛影国降瞿波罗龙”等，都直接取自佛教典籍。因此，笔者颇怀疑，前述“内容暂时无可稽考者”一类图画，亦当有相应的佛教故事作底本，只不过笔者暂时未能查到其出处罢了。总之，《图册》所描写的取经故事呈现了浓厚的佛教精神和密宗色彩，也印证了取经故事从宋元到明代，是逐步经历了一个对于佛教采取了不同态度的过程。

三、《西游记》的成书，是一个唐僧形象逐步地士大夫化和孙悟空渐次在故事中占据主角地位的过程。

如果说在《取经诗话》中玄奘法师还颇有法力，曾经到大梵天王

---

① 卢宏正《兴唐寺毗沙门天王记》，《全唐文》卷七三〇，中华书局 1983 年影印原本，第 8 册，第 7530 页。

宫开讲佛经，救了被继母陷害的少年痴那的命等，但到了《西游记平话》中，“降妖去怪，救师脱难，皆是孙行者神通之力也”①，孙行者已经跃居取经的中心地位。到了百回本中，更是把孙悟空作为全书的主角。但《图册》却明显地以唐僧作为取经故事的主角，从大唐祈雨到西天取经，再到取经回国，故事都紧紧地围绕着唐僧展开，只有一个猿头人身的形象在图[上 15]中偶然出现。这进一步说明，成书于元代中期的《图册》的取经故事尽管是一个独立系统，但它与其他系统的取经故事是在平行的发展，最后形成《西游记》是各路取经故事相互交融的结果。

以上，我们仅仅从《图册》的画面内容和《图册》在流传的取经故事中的地位和价值这个角度，对《图册》进行了探讨。事实上这套《图册》的价值绝不仅仅局限于此。《图册》所表现出来的浓郁的佛教色彩，对研究宋元时代佛教的发展，研究宋元之际佛教禅宗和藏传密宗的交替互动，乃至于佛教绘画造型、佛教借助玄奘取经故事向社会的渗透等，无疑都有所补益。《西游记》产生之后，佛教界人士常因小说所塑造的唐僧有损玄奘圣僧形象而耿耿于怀，此《图册》完全以宣扬玄奘圣迹为核心，当可弥补此缺憾，并对玄奘研究产生重要影响。再从中国绘画史的角度看，正像梁章钜跋文中所说：“此册穷形尽态，景物怪奇，笔意精古，超越尘表。如此法物凡三十二帧，递传千百年余，犹觉神采跃然如生，真有法云拥护，乃能获见于今日，观者惊叹以为神笔。”板仓圣哲先生亦认为，此套《图册》既有“李郭派山水”画的特征，又具有“南宋画院代表画家李唐、萧照、李嵩等之画风”，还有“与南宋林庭珪、周季常合作的《五百罗汉图》(京都大德寺等藏)类似的表现”，“同时包涵各种风格要素在内的本画册，反映了元代画坛上汇聚华北、江南等不同绘画传统及多样性之特征”。由此不难看出，《图册》作为中国美术史上难得的珍本，对于研究宋元时期中国绘画内容及风格之演变，亦有着极其重要的意义。

---

① 朝鲜汉语教科书《朴通事谚解》，转引自刘荫柏《西游记研究资料》，第250页，上海古籍出版社1990年版。

最后需要说明的是，笔者据以探考的日本二玄社影印的《唐僧取经图册》，是由矶部彰先生赠送的，在此特对矶部彰先生表示诚挚的谢意。本文也是在矶部彰等先生研究的基础上所作的一点探讨，错误之处在所难免，恳请矶部彰等先生和学界同仁批评指正。

后记：

2004 年秋，笔者有幸到上海复旦大学师从黄霖老师做访问学者。2005 年春天，我到黄老师家中拜访老师。进门寒暄几句，黄老师便热情地告诉我，他得到了矶部彰先生赠送的《唐僧取经图册》，并拿出图册邀我共同欣赏。一打开图册，我便立刻被那 32 幅古朴质厚的画面所吸引——虽然我对古代绘画素无研究。但是，当我认真察看每幅图画的标题签和所画的内容时，我就不仅仅是被吸引，而是引起了心灵的极大震撼。我长期以来一直从事古典名著《西游记》的研究，虽然取得的成绩不大，但对西游故事的流变自信还是比较熟悉的。但是，面对这套图册我却十分陌生：原来，这套图册所绘制的大多数西游故事，竟然为我以前闻所未闻。震惊之下，便不免爱不释手。但因为当时有他事在身，便以半小时的时间匆忙一观，未能详加探索，不过此后心中却是念念不忘。就在这年的七月份，我再次到上海参加"复旦大学第二届中国文论国际学术研讨会"，便专程到家中拜见黄老师，得以再次见到这套图册。黄老师特别嘱托我，让我将图册带回河南深入研究。在整个研究过程中，我都不时和黄老师一起探讨图册内容，查证有关资料，最后黄老师又对全文修改定稿。就在这样的过程中，我学习到了黄老师严谨的治学态度和渊博的学识。文章写好后，我一直坚持将黄老师名字署在前面，但几经反复，黄老师都不答应，更见出老师高风亮节。欣逢老师七十华诞，结集同门文稿，谨提供此文以表对黄老师的崇敬之情。

曹炳建书于心远斋

2011 年元月 8 日

（作者曹炳建系河南大学教授）

崇祯本《金瓶梅》批评的理论价值

杨 彬

崇祯本《金瓶梅》(即《新刻绣像批评金瓶梅》,又称说散本、绣像本等)之批评,是《金瓶梅》三种批评中最早的一种。虽然与后来的张竹坡批评和文龙批评相比,它对文本的分析、批评显得过于简略;评点形式也仅有眉批和夹批,不像张评那样有集中阐述其理论思想的回前总评和各式专论,有清晰的理论体系可供辨认。但从其产生的过程看,它的评点对象是对《金瓶梅词话》做了细心的修订之后的文本,因而是《金瓶梅》的成书过程中不可回避的一个重要环节。其大多数眉批虽引而未发,仍显露了批评者敏锐的艺术眼光和可贵的理论闪光点,许多见解还直接给予后来的张竹坡、文龙评本以较大影响,故在晚明小说批评史上,仍能自占地位。本文将要展开的,就是对它最核心的理论贡献的讨论,包括了三个方面:世情论、人物论和文法论。试详论之。

一、世 情 论

在小说理论界,"世情"概念的真正成立,始于鲁迅对这部名著的评价:"作者之于世情,盖诚极洞达……著此一家,即骂尽诸色,盖非独描摹下流言行,加以笔伐而已。"①而所谓的"世情书",鲁迅也

---

① 鲁迅《中国小说史略》第十九篇《明之人情小说》,《鲁迅全集》第9卷,人民文学出版社1981年版。

在本篇开头即已定义:“其取材犹宋市人小说之‘银字儿’,大率为离合悲欢及发迹变态之事,间杂因果报应,而不甚言灵怪,又缘描摹世态,见其炎凉,故或亦谓之‘世情书’也。”从此学界才有明确的“人情小说”或“世情小说”之称。但考诸其实,早在《金瓶梅》第一次以评点本的形式出现时,崇祯本批评者就已拈出“世情”二字:“说得世情冰冷。须从蒲团面壁十年才办。”(第一回)“一篇世情语,出脱得干干净净,非武松将奈他何?”(第九回)“此书妙在处处破败,写出世情之假。”(第二十回)如此频繁地使用这个概念,无疑说明了批评者对这一概念明确、清醒的认识,并自觉地用来表达、阐发自己的观点。在另外的多处眉批中,他还用到“人情”的概念。如“摹写展转处,正是人情之所必至,此作者之精神所在也。……”(第二回)“问答语默恼笑,字字俱从人情微细幽冷处逗出,故活泼如生。”(第八回)等等,也同样接近了“世情”的论说范围。正如黄霖先生所说:“用‘世情’这个概念来评价小说,当时冯梦龙等人已有所运用,但从来没有像《新刻》评点(引者按:即本文所谓崇祯本批评)这样突出。‘世情’两字,从此就成了我国古代小说批评史上常用的特有概念。”①而从崇祯本批评者所使用的这两个词的意义上看,已与鲁迅的定义相差无几,都是指对于社会诸相、人间炎凉的描摹,而《金瓶梅》这部小说所带来的新鲜气象,正在此处。这也是崇祯本批评“世情论”中最重要的理论内涵。

崇祯本批评者笔下的“世情”、“人情”等,大都着眼于晚明的特定时代特征,暴露社会的种种恶态,人与人之间金钱化、物质化了的交往关系等等,一句话,是“炎凉”,是“冷暖”,是“轻薄”。黄霖先生在《〈金瓶梅〉与古代世情小说论》中,将“写时俗”、“重人情”、“多白描”、“合情理”视为“世情”论的主要内容,这是极为精当和全面的。“所谓‘时俗’,就是指当时世俗社会中的一切。……写‘时俗’确是《金瓶梅》有别其他奇书的显著特点之一。这实际上也是批评家所

---

① 黄霖《〈新刻绣像批评金瓶梅〉评点初探》,《成都大学学报》1983 年第 1 期。

揭示的世情小说的一个基本特征。"①在崇祯本批评者生活的那个时代,"时俗"正表现为日渐沦丧的道德感和廉耻心,物欲横流、人欲纵肆的种种丑恶社会景观,批评者对其时的社会风气大感痛心,深恶痛绝之,于是不断借手中之笔,将之冷冷刺破。《金瓶梅》第二十回写娼家假态,妓女李桂姐虽被西门庆包养,却又偷偷接客,西门庆撞见后,怒不可遏,大闹了丽春院。崇祯本批评者在此处下一眉批道:"此书妙在处处破败,写出世情之假。"又如第三十五回,写西门庆的结拜兄弟、帮闲破落户白赉光赖在他家里不走,西门庆无奈,只得叫人摆放桌子,拿出了"牵荤连素"的四样小菜,打发他吃了走人,批评者于此评道:"只吃物数种,写出炎凉恶态,使人欲涕欲笑。"第四十二回又写到同为结拜兄弟的谢希大与祝实念等人元宵赏灯,西门庆单请谢希大吃酒,谢便在人多处偷偷抛开他人赴宴。批评者叹道:"不过一杯酒,无大利害,便东藏西躲,半路抛人,写出交情之薄。"诸如此类,比比皆是。而其"世情之假,往往从真来,故难测识"(第八十九回)的批语,更使批评者的"世情论"走向深化。上层官场中的腐败现象虽并非是小说着意暴露、批判的重心所在,但作为世情之相,批评者也没有把它轻轻放过:"蔡京受私贿,擅私宠,作私恩,已画出一私门矣。而翟谦私人又致私情,托私事,以私易私,一丝不乱,作者排笑至矣。"(第三十回)"写私门之广,不独一提刑也。"(第六十七回)"包苴贿赂如此,尚有法守乎?"(第七十回)"黜陟贤否,朝廷巨典,乃咨及市井之人。甚矣,钱神可畏而官箴可笑也。"(第七十六回)甚至直接批判最高层统治者的横征暴敛:"土木珍玩之费如此,安得不民穷盗起?"(第七十八回)不惟大胆揭露统治者与下层百姓的尖锐矛盾,而且还深入地揭示了封建时代丑恶世情的最终根源。

在崇祯本批评者看来,"写时俗"的充分刻画,乃是为了对世态之炎凉多所"刺"之的,这就赋予了他的"世情"论以极强的战斗性。

---

① 黄霖《金瓶梅与古代小说世情论》,《金瓶梅考论》,辽宁人民出版社1989年版。

“此书只一味要打破世情,故不论事之大小、冷热,但世情所有,便一笔刺入。”(第五十二回)更进一步,非但要对世相“一笔刺入”,而且还指出小说作者之“大意”正该由此体现。如第九十回眉批就说:“凡西门庆坏事必盛为播扬者,以其作书惩创之大意故耳。”第九十一回,孟玉楼嫁往李衙内家时,《金瓶梅》作者有一段关于西门庆平生淫人妻女,死后终遭恶报的因果报应的评论,崇祯本批评者于此处评论道:“此一段是作书大意。”着眼于此,其批判的矛头就更多地指向当下:“此为世人说法也,读者当下须猛省。”(第六十九回)“近来刑狱,大抵如此。”“画童较近时未冠觉有操守。”(第七十六回)他在批评中对此不厌其烦的强调,固然是其“世情论”中一个具有理论价值的基本评价,同时也在事实上为《金瓶梅》做了不遗余力的辩护:“李三黄四……皆人事、天理所必败者。……知此,则知《金瓶梅》非淫书也。”(第九十七回)“读此书而以为淫者、秽者,无目者也。”(第一百回)围绕着长期以来关于《金瓶梅》是否“淫书”的争论,崇祯本批评的这些辩护之词,即使不是后来张竹坡的“非淫书论”的起点,至少也可为其启蒙了。

还需要补充的是,在崇祯本批评者看来,《金瓶梅》是一部暴露的书,是写丑的,所以,写“世情”的手段之一,同时也是目的之一,就是使读者感受到“世情”之“冷”。正因为认识到“此书只一味要打破世情”(第五十二回),所以他才说:“此书妙处,只是一冷。”(第八十四回)即使作者的伏笔,也是“伏冷脉”(第八十二回),在某种意义上说,“冷”可谓是“世情”论合目的性的依据。对“世情”论的这种理解,不仅影响到张竹坡的评点(张评所承继崇祯本批评的遗绪中的一个重要内容,就是以“冷”“热”对比解释小说的整体构思),而且也是古代小说“世情”论的一种深化。

总的来说,对“时俗”的讨论,是“世情”论中的一种宏观阐述。而“白描”手法,又正是表现世情的有效手段。这些论述在黄霖先生总结出的“世情论”中已有充分的展开,此不赘言。

而与“白描”相关联的,还有崇祯本批评者对于“穷极境象”的另外一种说明——场景描写。这应该也是“世情”论的一个方面。再现典型环境中的典型人物,早已成为现实主义文学的基本要求;“世情”描写,既是在世俗情状中显出其深义,自然就更应该着重于场景—环境的安排和再现。崇祯本批评中,就把“场景论”引入到了“世情论”中。如第十二回写应伯爵等人帮嫖丽春院,“佯嗔故恼,冷帮热衬,哄然一堂之上,仿佛如睹”的场景描写,不仅生动地传达出一种气氛、一种情态,而且,将妓女之假(“佯嗔故恼”)、帮闲之丑(冷帮热衬)都摹画出来,正是对“世情”入木三分的刻画。第九十六回,已被赶出家门而却婢作夫人的春梅重访故家庭园,目睹物非人非而感慨万千,此时一段“燕去巢空,一片荒凉情境,那能不伤心堕落”的眉批,就恰当地指出这一典型环境描写所起到的暗示人物心境、渲染全书气氛的作用。有了这个展示人情事理的大舞台,“世情”论也就得到了充分的表达。

二、人 物 论

人物论是中国小说批评中极有理论价值的一个方面。中国小说人物论中最核心的一个概念当为“传神论”。这一借自画论而在明代小说批评中逐渐成熟起来的小说批评范畴,在诸如袁无涯刻本《水浒传》中李贽的评点,叶昼托名李卓吾,及金圣叹对同一著作的批评中,都被大量地使用。如袁刊《水浒传》第三十八回的一处眉批“只三个字神形俱现”,容与堂本《水浒传》批评第三回回末总评中的“描写鲁智深,千古若活,真是传神写照妙手”,及第二十四回眉批“传神,传神,当作淫妇谱看”等等,都是将画论中的“传神论”直接引用到小说批评中来使用的。而到了金圣叹批评《水浒传》,早已不再简单地袭用这一语词,而是将之生发开来,具体地阐述对人物之“神”的多方面的传达。如上述袁本的眉批,本是就小说中描写李逵“黑凛凛”外貌的批评,金氏接着评点道:“‘黑凛凛’三字,不惟画出李逵形状,兼画出李逵顾盼,李逵性格,李逵心地来。”(第三十七回)着眼点已是对人物的全方位描画,将“传神”论发展到更为成熟的阶段。而早在崇祯本批评中,“传神论”就具有了更为丰富的内涵,并且直接开启了后来金圣叹小说评点的路数。我们注意到，崇祯本批评中最常出现的几个词语——诸如“最得其情”、“口角宛然”、“如画”、“传神”、“口角逼真”等，其实都是从“传神”角度对于人物刻画的品评。批评者对人物外形、语言、行为乃至心理描写等，都以能否“传神”为标尺衡量：“描来素服倩妆，眉目生动”（第六十八回），是从外貌描写着眼；“一低字，一斜字，写出美人醉态”（第十四回），是看出人物动作中的神韵；“娼家假态，曲曲写出”（第十二回）、“骚丫头一种不能自持情态宛然”（第二十四回）等，本身就是对人物的神态、情致的生动摹写；“妇人家一种似斟酌、似算小心肠如画”，（第六十三回）则已接触到在中国小说中并不多见的心理描写。显然，在“传神论”的理论发展过程中，崇祯本的批评是极其重要的一环。

细心探究起来，崇祯本批评者个别评点中的“传神”论尚有着更为丰富的内涵。第十三回的一处眉批：“语语情见乎词，瓶儿虽淫，毕竟醇厚。”其实是认为，简单的人物语言，传达出了瓶儿性格上的多个侧面来。如果说上述金圣叹对李逵的评点，是有关人物塑造的广度的话，这里的评点，就因着重凸显人物性格而增加了其批评的深度。有时，“传神”不再仅仅静止地呈现人物性情和性格，而是更深一层地展现出人物性格的变化来。“金莲欢时讥刺，无一字不韵趣动人，一至瓶儿生子后，便强口硬舌，愈排讥愈使人爱，愈争宠愈使人憎，一味心忙情急，无忌惮矣。作者传神至此。”（第三十一回）这里，作者是把金莲在不同情境下的性格的不同侧面或者改变表达了出来，换句话说，就是人物性格与其生活境遇的统一。人物性格不会是一成不变的，呈现出其生活的原生状态，才是传神的至高境界。这正如叶朗所说：“‘传神’的概念则不仅要求写出人物的个性特点，而且要求写出社会实际生活的情理，因为人物的个性特点正是为社会生活的情理所规定的。”①不仅如此，批评者奉为圭臬，也作为他评价人物的至高标准的“尊情观”②，也同时体现在他的“传

① 叶朗《中国小说美学》第 34 页，北京大学出版社 1982 年版。

② 参考拙文《“尊情观”与崇祯本〈金瓶梅〉批评》，《金瓶梅研究》第 8 辑。

神论”中。第九十六回“春梅姐游旧家池馆”，在西门庆灵前祭奠一番，“落了几点眼泪”，在这个对自己一生形成莫大影响的亡灵面前，怀念有之，痛苦有之，一点不舍之情愫当亦有之，自是含有无限感慨，从前旧事，一齐涌上心头。而其身份之变化，当日被逐出门时的恼恨记忆，又使她不能放任自己的感情。批评者于此批道：“春梅此时，哭则情深，不哭则情浅，落几点眼泪，不深不浅，最得其情。”真正写出了由“社会情理”所规定的人物个性，亦可谓读书得间者也。再如小说第九回写武松从东京回来，听到哥哥的死讯，震惊之下，并未丧失冷静，直到为哥哥亡灵祭奠时，方才放声大哭。批评者以“只到此时方大哭，写出豪杰坚忍真至性情，与儿女子不同”的评语，肯定了作者对真正英雄性情的准确把握，以及在此一“情”的贯穿之下，人物性格与其外在行为的统一。在另外的一些评点中，崇祯本批评却又展示出对人物性格的丰富性和多变性的赞赏：“又是一个金莲，妙。”（第七十九回）“月娘虽呆，终不失为好人。”（第八十一回）更可贵的是，崇祯本批评者还强调了人物性格变化之社会因素。第八十九回写吴月娘偶遇被自己赶出家门的婢女，而现今社会地位已居其之上的庞春梅，其态度就足令人感慨：“月娘何前倨而后何恭？人情乎？势利乎？君子乎？小人乎？思之可涕。”联系人物所处的社会环境，人物性格的刻画就有了坚实的现实依据。

人物语言的表现力，也是塑造人物的重要手段，崇祯本批评者同样给予了较多的关注。第六十五回眉批“一语同一意，而口角各肖其人”，是对不同人物应有不同语言表现的肯定，这让我们想起金圣叹对《水浒传》人物语言艺术的赞赏：“人有其性情，人有其气质，人有其声口。”①二者都是在强调人物语言的个性化。其他如第九回的“二语于金莲性情得其似”、“是小厮家激切没忌避口角”，第三十九回中的“是妇人信神口角”等等，则是在探究作者如何以人物语

---

① 《金圣叹全集》(一)《贯华堂第五才子书水浒传·序三》，江苏古籍出版社1985年版。另：其《读第五才子书法》中也提出了对人物语言的要求：“一样人，便还他一样说话。”

言"传神"之文心。从另一个角度看,个性化的语言也是人物形象个性刻画的题中应有之义。"金莲之动、玉楼之静、月娘之憎、瓶儿之随,人各一心,心各一口,各说各是,都为写出"(第五十一回)与金圣叹的"人有其声口"即相差不远,都是在语言的个性化之外,同时注意到了人物性格的个性化。至于第七十五回中"老人家口角。然亦见其是贫婆常语"的批评,则不独强调"口角"符合人物年龄,而且还强调它能同时刻画出人物的社会地位。这就比一般的对语言艺术的称赏看得更高了一层。"人物语言的性格化,也就意味着在一个人的语言中反映出这个人的独特的身份,独特的经历,以及他在社会生活的具体矛盾中所处的独特的地位。"①也只有这样的语言,才能真正传出人物之"神"。应该说,崇祯本在这里的批评,是深刻地领会到了这一真谛的。

人物的语言、行为等可因塑造人物性格而获得其价值,反过来,性格又是前者的决定因素。如第五十九回写西门庆嫖宿妓女郑月儿时两人的虚伪做作恶态时,崇祯本却施之以"同情"之目,于此眉批曰:"郑月儿深情人,不肯便满面春风。西门庆又恐失官体,所以乍见时疏疏落落。"仅从人物论角度着眼,这其实是以二人性格对其行为、情态的解释。在个别的评点中,批评者甚至流露出了某种性格决定论:"试看春梅神情、意致,口角间露一种骄心傲骨,后来结果已见一班(斑)"(第三十四回)、"阴毒人必不以口嘴伤人。金莲一味口嘴伤人,毕竟还浅,吾故辨其蓄猫阴害官哥,为未必然也"(第三十九回),姑且不论其对于庞春梅与潘金莲这两个主要角色言行的道德及价值判断是否正确,但都是将她们的性格做为其日后命运结局的依据,而这,又是通过她们在面对不同生活境遇时的语言、行为等表现自然呈示出的。

当然,要出色完成对一部大书中上百个人物的性格刻画,更需要共性和个性的辩证统一。这在明代小说理论家们的人物论中都有过精细的探讨。叶昼在《水浒传》第三回回末总评的一句评点,至

① 叶朗《中国小说美学》第 37 页,北京大学出版社 1982 年版。

今传诵人口:“《水浒传》文字妙绝千古,全在同而不同处有辨。”一部小说中总有几个人物是相对立而存在,并在对比中显出各自的面目来的。写出他们之间的同与不同,就会同时把几个人物写活,塑造出令人印象深刻的性格来。在《金瓶梅》中,李瓶儿与潘金莲恰恰就是这样一对互相对立、互相映衬而存在的人物形象,崇祯本批评者于是特别留心这二人之间的异同:“然此迂而可笑处,正隐隐画出瓶儿之为人。不然,则又一金莲矣”(第十三回),“始终无一言,瓶儿毕竟老实。使金莲当此,定另有一番妙舌矣”(第十九回),“瓶儿一味嫣润机变,不及金莲乖恬雅过”(第四十六回)等等。尽管二人很多时候都被崇祯本批评者称为“淫”妇人,其“淫”虽同,但在崇祯本批评者眼中,还是不能掩盖她们的一举一动之间呈现出的各自性格差别。此外,像潘金莲与孟玉楼、春梅,乃至与宋蕙莲的对比,还有其他一些可资比较的配角人物间的相互对比等等,批评者都发表了一些议论,如同为丑类,“薛太监笑得直、笑得骇,温秀才笑得矫、笑得腐。”(第六十四回)同为丫环,“春梅热闹,迎春冷韵”(第七十五回)等等,都具见崇祯本批评对人物个性刻画的重视与辨析之精微。

三、文 法 论

明代小说理论中的“传神”是从画论中借用过来,而“文法”的概念,则是从宋代就已体制大备的古诗文评点,甚至时文——八股文的评点中借壳包装而成的。晚明值得注意的一种文化现象,就是八股文的普及及其评点的盛行。它们对当时文学乃至文人的影响之巨,诚如郭绍虞先生所言:“明代的文人,殆无不与时文发生关系;明代的文学或文学批评,殆也无不直接间接受着时文的影响。”①明代小说的批评家们,其主体正就是这些“接受着时文的影响”的中下层文人,在他们的小说批评中,也就无时不自然流露出“时文手眼”。万历三十八年刊行的袁无涯本《出像评点忠义水浒全传·发凡》中

① 郭绍虞《中国文学批评史》第422页,上海古籍出版社1979年版。

就说:"书尚评点,以能通作者之意,开览者之心也……今于一部之旨趣,一回之警策,一句一字之精神,无不拈出,使人知此为稗家史笔,有关于世道,有益于文章。"其中对"旨趣"、"警策"、"精神"等的重视,正自报出古文评点的家门。这也是中国小说批评史上首次借用八股文法,对小说艺术文法作出归纳总结的批评论述,是中国小说批评史上最早的"文法论",与后来的小说批评中金圣叹的详论"文法"、毛氏父子所谓的"叙事法"、张竹坡的"笔法"以及脂砚斋的"文章法"等一样,都是在讨论小说的"作文之法"——这里的"文",是特指"文章"的。就崇祯本批评来说,它第一回的一处眉批,也透露出了这一消息:"引起三段,格法一变,更见灵活。"还有像第二十八回"到此方结出大意"的批评等,都是典型的时文批评的语气。而"叙拜见先后轻重节次,字字有心,直从太史公笔法化来"(第十四回),以及"金莲俏心微意,只到此时转从西门庆口中表出,又深又冷,纯是史迁之妙"(第二十一回)等等,则又是以古文文法来衡量小说,显示着批评者与同时代的其他批评家们一样,自觉不自觉地从古文和时文文法的角度来分析、评点小说。只是,在贯彻袁本《发凡》中提出的主张时,它的确不仅批点了字、句,而且对全书主旨也给予较多的关注。这里,我们仅就它的"文法"论——小说创作中的艺术技巧和艺术表现——进行详细地探讨。

不管是具有现实主义意义的摹写世情的生动、准确,还是自然主义的不加选择的对生活原生态的复述,平心而论,《金瓶梅》多少失于琐屑。但崇祯本批评者不仅看到了其繁琐的一面,并一直为它努力寻找可以立足的理由,也常常能准确地指出,某处以简为妙的叙事特点。如第十四回眉批云:"饮酒中不序一语,只用'饧成一块'十一字包括,而当时嬉笑狎昵情景宛然。人知其烦而不知其简之妙如此。""梦语一解便赘,只一咂嘴跌脚便了,何等简透。"(第六十二回)这其实是在提倡一种简洁而又不是简单的行文笔法。所谓"其简之妙",所谓"简透",都是说明笔墨虽少,叙述虽虚,但正足以"传神"而其味自永,正如古人称说富贵,"笙歌归院落,灯火下楼台",不见一"金"字、"玉"字,而富奢之气四溢矣。当然更多时候,崇祯本批评是从古文文法的角度,盛赞小说不惮繁复的写法。事实上,古文文法中固有“繁”、“简”这一对既对立又相互联系的概念,而“繁”在文法上的妥当运用及其达成的效果,也常为评点家称说不已。崇祯本批评者在他的小说评点中也从而找到了理论依据。如第十三回眉批云:“闲言碎语都有根据,始知从前一字不可减。”第三十回眉批:“极没要紧,偏有情景。”以及“偏在绝没要紧弄巧,一味文心细冷”(第二十二回)、“没一些要紧,说来却是妇人极要紧心事,专在冷处摹情,使人不测”(第二十三回)等等,此类对小说中常为人诟病的繁复描写的肯定,在崇祯本批评中频频出现。所谓“要紧”,指的是小说结构、情节中的大布局、大关节,这在作品创作中自是极重要的构思,也是对小说最终论定的关键所在;而批评者却更看重小说作者于“琐屑处生无限烟波”(袁小修语)的本事:一段似乎无关大局,甚至或会使得行文拖沓枝蔓的闲言碎语,却在场景描绘、气氛调节、情绪调动以及文脉前后关联等各个方面,成为小说不可或缺的组成部分。这虽不免有强口硬舌为之辩护的意思,但在这些特定的场面描写中,应该说,其辩护是充分而有根据的。至于所举后面二例以及第二十四回的这处眉批“借蕙莲映出元宵景致,绝不冷落”等等,更是揭出作者刻意追求的“冷”的意象形成,以及“绝不冷落”的叙事效果。这同样为后来的张竹坡评本的“冷”、“热”说张目。应该说,这样的写法,既铺写了场面,又刻画了人物,正所谓“一石双鸟,一喉两声”。批评者的“俏心微意”,让读者及时领略到作者的妙笔。

《金瓶梅》是一部充满寓意的小说,许多细节描写也是如此。第四十九回,写梵僧到西门庆家,小说中有如下一段场景描写:

> 那梵僧睁眼观见厅堂高远,院宇深沉,门上挂的是龟背纹虾须织抹绿珠帘,地下铺狮子滚绣球绒毛红线毯子,堂中放一张蜻蜓腿螳螂肚肥皂色起楞的桌子,桌子上安着绦环样须弥座大理石屏风,周围摆的都是泥鳅头楠木靶肿筋的交椅,两边挂的画都是紫竹杆儿绫边玛瑙轴头。正是:
>
> “鼍皮画鼓振庭堂,乌木春台盛酒器。”

这里对西门庆家陈设的巨细无遗的介绍，就如未加剪裁的视频录像，繁复而琐碎。然而与他处此类描写，如对筵席菜单的罗列、器物形象的铺陈等等。不同的是，它不仅意味深长，也竟是全书情节的一个转捩点：作者选用了一些不免有些不雅的意象，暗示出梵僧所施之药，以及西门庆将更加放纵直至毁灭的情欲生活。张竹坡于此有数处夹批，如“像什么”、“狠像什么”、“又像什么”、“更像什么”最后点醒读者：“还像什么？《水浒》中人所云‘一片鸟东西’也。”揭出作者之寓意。崇祯本批评者于此段上亦有眉批：“读此书者于器用食物皆病其赘，诚潜心细读数遍，方知其非赘也。”虽并未具体阐释此大段铺写的深意所在，但实已点出了此中奥妙①，以及表面似繁而实不能省的原因所在。

小说第五十一回，写西门庆在与潘金莲淫戏之际，还拿扇子逗弄床上的一只雪狮子猫。从这一表面上的游戏笔墨，崇祯本批评者并未轻轻放过，而是联系到后来官哥被猫惊吓而死，做出了细心的解读：“此处人只知其善生情设色，作一回戏笑，不知已冷冷伏雪狮子之脉矣，非细心人不许读此。”则又说明了“繁”笔的另一种功用——“生情设色”。为后文情事作铺垫，这更是指出所谓“繁笔”在情节构思及结构关合上的价值了。

这后一种评语，还接触到另外一个古文中常用到的技法：伏笔。崇祯本批评者非常注意行文结构上的安排及文情的前后关联——所谓“文家勾合之妙”。我们常说，古代的小说评点，是无系统的，随意性的，崇祯本批评也不免此病。而且，它并未如后来的金圣叹、毛氏父子等人那样，归纳、总结出诸如“夹叙法”、“草蛇灰线法”、“偷度金针法”、“横云断岭法”等等那么多的“法”来。但这并不说明崇祯本批评文本没有总结“文法”的努力。如第二十一回及第六十五回有眉批曰“此文家躲闪法”、“绝妙躲闪之法”。另外如第五十七回“只以几句便了酒中情景，是文章捷收法”、第七十三回“高文妙法，

① 在此前对梵僧的形象，他就已看出了个中端倪，并且两次批道：“你看此僧却象何物？”“和尚举止与阳物原差不远。”其实早就识破作者之机心了。

子长以下所无”等等，就连其“余波”等词语的表述，也是深合“文法”的。这些批评，虽语焉不详，缺少具体的理论阐述，却也让我们看到了崇祯本批评者的艺术思考。实际上，崇祯本批评者在这些评点中表现出来的小说美学或曰技法理论，也成为所有这些“法”的理论前奏。比如，他常用“伏”、“脉”来说明小说情节上的前后联系，体现了崇祯本评者对于小说构思的整体观。如孟玉楼镌有“金勒马嘶芳草地，玉楼人醉杏花天”的簪子，最早出现于第八回中，后来陈经济偶然捡到，于是就有了第八十二回陈借此讹诈孟的情节，崇祯本批评者即于此时眉批曰：“八回中便有此簪，只以为点缀之妙，孰知其伏冷脉。至此始悟高文绝无穿凿之迹。”虽或会有溢美之嫌，但其在第八回出现不仅“为点缀之妙”，却也是无可争辩的。“金莲往事，无意中又闲提一过，前后之脉落俱灵”（第十五回）、“分明要说睡鞋，却从平底高底慢慢衬入，何等苦心细脉”（第二十九回）等处的这些批点，同样有力地说明了批评者是将整个一部大书看作一个整体，并从此整体观出发，为小说中诸多的可能会令人生厌的细节、“琐屑”描写找到存在的理由。浦安迪谈到这个问题时说：“（崇祯本批评）有相当数量的批注涉及某些结构形式，或更精确地说，涉及小说写作技巧方面。这里，崇祯本评注者袭用了当时其他领域的许多评论词汇，它们后来就成为清代评论家们惯用的术语了（“伏”笔，“回照”、“烘染”、“点缀”、“波澜”等等）。”①黄霖先生则更为具体地指出二者之间的历史联系：“除了这类直接指出文章之‘法’外，还有一些虽未明说，但实际上已经点到，再由后人标明的。如第十回、第七十三回等所评的‘绵里裹针’、‘绵里下针’的‘妙法’，就是后来金圣叹所说的‘绵针泥刺法’；第十、二十二、六十一回等评的‘线索之妙’、‘映照得妙’、‘针密如虱’等，就引出了金圣叹的‘草蛇灰线法’；第十二回所揭示的‘冷帮热衬’和第五十六回所评的‘穷鬼已自可怜，而复写一段富贵饱暖受用，与之相形’，也近乎金圣叹的‘背面铺粉法’。”古

① ［美］浦安迪《瑕中之瑜——论崇祯本〈金瓶梅〉的评注》，徐朔方编选校阅，沈亨寿等翻译《金瓶梅西方论文集》，上海古籍出版社 1987 年版。

文文法深刻地影响着崇祯本批评，后者又给更后来者以灵感和起点，这正是任何一种有生命力的事物发生、发展的基本过程。而崇祯本批评的理论价值，至少从它在明清小说评点序列中承上启下的重要地位得到体认。

（作者系东华大学副教授）

《金瓶梅》成书背景

——以明代社会变化为中心

[韩]金宰民

一、序　言

作品《金瓶梅》从创作之时到现在,由于其中含有刺激、特异的性描写以及细致露骨的现实表现,而成为了饱受争议和关注的对象。我们认为,《金瓶梅》的价值,更多地体现在具有悠远历史的中国文学源流中,故事——即小说所表现出的完成度。明代社会具有满足如此高完成度作品所需的变化,人们与社会表现为同步的膨胀。任何时代都拥有它独特的多层面的社会面貌。社会随时间的变化,不是必定以"发展"的概念来说明,"变化"可以说是一种常态。在此过程中出现大量的文学活动,有时,纪念碑式的文学作品也诞生其中。因此我们考虑在理解作品时也注重其与社会发展的关系。明代社会发展的主题是经济的飞跃发展。经济发展,带来创利行业增长的同时伴随着人群的聚集。明代商品经济的发展影响了社会的各个层面,既有积极的一面也有消极的一面。本文以此为切入点,研究作品《金瓶梅》的成书背景与社会发展的关系。关于至今还没有明确考察出的著作者问题,笔者将发挥文学性的想象力对其努力揭示。

二、《金瓶梅》成书背景

(一) 经济发展与商人势力的登场

明代社会的经济发展,相对于中国悠久历史中相对稳定的经济发展是一个超越。即使在经济史中,它的意义与成就也堪称是占有相当地位的。这种变化不仅限于经济的发展,也影响了明代的思想、社会面貌、文学环境等社会的各个方面。在本章中从文化的角度去观察明代的经济发展与商人势力的登场对作品《金瓶梅》的创作产生了哪些影响。

> 小国寡民,使有什伯之器而不用,使民重死,而不远徙。虽有舟舆无所乘之;虽有甲兵无所陈之;使民复结绳而用之。甘其食,美其服,安其居,乐其俗。邻国相望鸡狗之声相闻,民至老不死相往来。①

这段文字是明朝开国皇帝洪武帝(1368—1398)所喜爱的《道德经》第八十章中的一段。为恢复元末凋敝的农村经济,希望以限制百姓的迁徙,促进农作物的生产,实现自给自足的农村经济的愿望在此有所体现。洪武帝为巩固和加强中央集权,在交通和通信方面投入了大量的资财以改善道路,他的儿子永乐帝(1403—1424)重新修浚了运河。洪武帝在明初以强大的意志建立的影响力使明朝中后期少有变化,显得相对稳定。但是洪武帝的这种政策,却将明朝引向了他预想之外的另一个方向。农作物生产的增长超出了自给自足的需求,使交易成为可能,商人也随即初露头角。为了集权统治和粮食军辎调动而修缮的运河和道路反而为商品的运送提供了便利。特别是 1411—1415 年修浚的运河与 1403

① 宋麻沙本《老子道德经》河上公章句第四,独立第八十。

年开凿的连接苏州地区的运河工程，很大程度上影响了江南地区的经济发展。据顾炎武(1613—1682)的材料记载，明朝为了大运河的运营投入了47004名专业工匠①。在这种过程中，商人们组织商帮凝聚势力，促使明朝的经济得到了极大的发展。笔者命名本段的小标题，不称为“商人”的登场而是“商人势力”的登场的原因就在于他们已经成为一股拉动明代社会变化的力量，是对这种变化具有决定性作用的势力。商人的活动和他们的举止对当时文学环境的发展与变化起到怎样的作用，已经在诸多学者的论文中以商人层资助文化的概念加以阐明。明代商人中最为活跃的可谓是徽州府出身的徽州商人。张海鹏、王廷元主编《明清徽商资料选编》里的《五石脂》一篇提出“扬盖徽商殖民地也”②。他们所以能成为明代最顶级的商人，并不是基于茶或地区特产等一般货品的交易。开中法施行以后，徽州商人利用给边防供应粮食得到了盐的专买权，推行以白银代替粮食运输徭役后，更进一步加强了对食盐买卖的独占权。徽商的存在和活动备受瞩目，虽然可以说是归功于他们与生俱来的商业能力，同时积累的巨大的经济财富也使得他们得以维持与文人、官僚间的关系，使他们最终进入了高级文化圈成为可能。徽商的文化活动和作用，为我们了解在明代经济发展过程中积累起来的资本是怎样转化成文化事业、印刷出版业等文化资本提供了重要的资料。

……以扬子一江分南北。而观其人烟盛衰，则江以南诸府、城、卫县之中，繁华壮丽，言不可悉。至若镇、若巡检司、若千户所、若寨、若驿、若铺、若里、若坝所在附近，或三四里，或七八里，或十余里，多或至二十余里间，闾阎扑地，市肆夹路，楼台

① 黄仁宇《十六世纪明代中国之财政与税收》第62—66页，又可参照第98页注48，三联书店2001年版。

② 张海鹏、王廷元《明清徽商资料选编》第109页，黄山书社1985年版。

相望,舳舻接缆。①

人皆以商贾为业。虽达官巨家,或亲袖秤锤,分析锱铢之利。(同上)

以上文字是1488年由浙江台州府海岸附近遭海难事故的朝鲜人崔溥(1454—1504)所记。朝鲜理学家崔溥眼中的明朝,不崇尚儒教,不强调上下尊卑,崇尚商业,不崇尚农业②。通过崇尚中国儒教的外国学者崔溥的第三视角也许能更加正确、敏锐地感受那些处于变化中心的当事人(明代民众、明代社会)所无法看清的事实。

那么,明代经济发展和商人势力的登场给作品《金瓶梅》的创作带来了哪些影响,起到了怎样的作用呢?在《金瓶梅》成书背景中,明代的经济发展作为小说创作论的观点,即创作主题和创作动机以外,还可以类推出版成书的过程和之后的流通等多方面的关联性。但是在本节论述中将说明作品小说创作论观点的有限性。如前文所见,明代经济发展是通过"钱"这一媒介极大地刺激了人的本性和欲望。薛论道(1531?—1600?)在《北双调沉醉东风》的《题钱》中写道:

人为你东奔西走。人为你跨马浮舟。人为你一世忙。人为你双眉皱。细思量多少闲愁。铜臭明知是祸由。每日家营营狗狗。

人为你生烦惹恼。人为你梦扰魂劳。人为你易大节。人为你伤名教。细思量多少英豪。铜臭明知是祸苗。一个个因他丧了。③

---

① 崔溥《漂海录》卷之三,社会科学文献出版社1992年版。

② 徐仁范、朱圣智翻译《漂海录》,Hangilsa Publishing Co. Ltd, Korea, 21—37页。

③ 谢伯阳《全明散曲》第三卷,第2779页,齐鲁书社1994年版。

这是他对生活过的明代社会所下的定义。无论在哪个时代，描写对钱的认识和追逐金钱者形象的文章都不少见。但是明代经济的变化，是以获取金钱为基本，社会基础本身从农业转变到商业的一次大幅度的变迁。前面提到《道德经》中的“而不远徙”，“不相往来”，使我们可以揣测到作为统治者立场所担忧的事情。物理性的移动，除了事物的移动也同时伴随着新的消息、想法的交流等变化。这些小的“刺激”使习惯于顺应自然、以农业为基础的百姓们重新审视自身所满足的生活。将自己的生活与某人或某事相比较、被刺激时，会因对方处于持续变化和发展过程中而更感到明显。明代的经济发展从这种小的变化开始，将社会整体及其成员纳入新的模式中，使得人们自身此前不曾感觉到的内心欲望被唤醒并膨胀起来。笔者认为促使明代百姓东奔西走的尖锐经济性刺激，也给《金瓶梅》的作者在作品创作中赋予了极大的“刺激”。当然，那些刺激虽然是以经济变化为起因，但是作者通过社会感受到的刺激升华为创作《金瓶梅》的文学动因。作品《金瓶梅》的显著特征之一就是它不是关于英雄豪杰、神仙妖怪等非凡人物的故事。所有登场人物形象都有可能在我们周围找到，都是在明代经济膨胀的社会背景下可以想见的人。鲁迅(1881—1698)将《金瓶梅》归为人情小说，定义为“大率为离合悲欢及发迹变态之事，间杂因果报应，而不甚言灵怪，又缘描摹世态，见其炎凉”①。中国长久的文学氛围中，流露人的本性和对自体本身的苦闷的作品似乎比例不大。而通过展现不遵循社会尺度、道德标准时的因果报应后果，似乎更可以发挥拉响警钟唤起警醒的巨大影响力。作品《金瓶梅》中表现了人物践踏一切常规、典范、儒家道德，为了满足自己的利益和欲望，不顾忌其他所有的一切。主人公西门庆的职业是商人，作品中许多章节可以看到西门庆作为明代新兴商人的面貌。他经营药材铺、绸缎店、绒线店、当铺等店铺，从扬州购买盐，借贷给官员们，还经营长途贩运。可见他的家

① 鲁迅《中国小说史略》第 19 篇《明之人情小说(上)》，第 143 页，齐鲁书社 1997 年版。

财主要来源于商业。通过西门庆的生活面貌可以想见当时活跃在江南地区的众多富有商人的实际情况。在第49回中,有为了得到盐的专买权而贿赂官员的场面,可想而知盐专买权的重要以及由此产生的巨大经济利益。作者为什么以商人的面貌创作西门庆,也许与他所想要表达的主题有相当的关系。商业以赚取钱财为目,所以为了维护保护自身的利益和资产,不可避免地与官僚构筑关系,为了自身无止境的利益和商业活动区域的扩大,增强竞争能力就成了这些商人的特征。这可以提供较文人或其他阶层更为动态的生活环境和多样的故事题材。处于明代社会变化中心的商人的生活,会不会成为作家疑问和关心甚至是声讨的对象呢?民众被分为士、农、工、商四个阶层,最低层的商人在明代的经济发展过程中的地位取得极大提高,对社会各个层面拥有支配权力的商人在文人眼中是怎样的反映呢?这些疑问虽然要发挥充分的文学想象力,然而为了从多方面接近作品的创作背景,可以进行多方的推敲。当时的小说多半是以因果报应的观点作为主题的,作品《金瓶梅》虽然也以因果报应为表面形式,也有以此主题承载真实状况表达作者难以言说的本意。沈德符(1578—1642)曾说"指斥时事"①,黄霖先生评价《金瓶梅》时认为它撕碎了人类真善美的纱幕,把上上下下、内内外外的人间丑恶暴露出来,是包含世界百象的暴露文学的杰作②。作品中可以看到腐败的官僚、为了获取钱财不择手段的人物、奢侈淫逸崇尚物质万能的人、性欲的扭曲堕落等,这些现象是在极端混乱的明中后时期社会中不难看到的现实状况。理解为只有在变化的明代社会中才能创作出《金瓶梅》这些腐败的人物也许有些过激,但与为了教化百姓或传达因果信息而有意识创作出的作品在创作意图上是不同的。作者在作品中突破因果报应必然结果的壁垒,充分发挥了文学的自由。虽然有对世态的揭露、庸俗人类的描

① 沈德符《万历野获编》卷二十五《词曲》"金瓶梅"参照,中华书局1997年版。

② 黄霖《金瓶梅考论》第1—37页,辽宁人民出版社1989年版。

写,但我们也只得承认那些面貌就是我们不可否认的事实。虽然可以用各种言语表达作品《金瓶梅》的主题,但共同的一点就是随着时代的变化痛苦也融于其中。作品《金瓶梅》从明代社会的变化着手,提出主题,以写实主义的叙事和描写成为在中国小说史上近代小说的力作。

(二) 印刷、出版业的发展

士庶家稍有余资,尚欲积书。①

以上是永乐帝在1406年关于书的表述。明初期对于书的这种看法和价值与中后期急速发展的经济紧紧关联。明王朝初期(1368年)书籍税被废止,对书的出版事前检查也废除,这影响了以后民间自由出版业的发展。明代印刷出版业印刷量的增加、出版书籍种类的多样化成为显著的特点。此前我们分析了明代经济发展的刺激带来了哪些社会变化。随着经济的发展,商人地位得到提高,他们希望藉着积累的经济实力跻身于上流社会,在很多方面表现出对文化方面的需求,如捐资修筑学校,收集书籍成为藏书家,还有人培养家中子弟成为优秀刻工等。

天下书籍之富,无过俺金陵;这金陵书铺之多,无过俺三山街;这三山街书客之大,无过俺蔡益所。你看十三经、廿一史、九流三教、诸子百家、腐烂时文、新奇小说,上下充箱盈架,高低列肆连楼。不但兴南贩北,积古堆今,而且严批妙选,精刻善印。俺蔡益所既射了贸易诗书之利,又收了流传文字之功;凭他进士举人,见俺作揖拱手,好不体面。②

---

① 张廷玉《明史》卷九十六《志》第七十二,第2343页,中华书局1997年版。

② 孔尚任《桃花扇》卷三,第183页,第二十九出《逮社》"乙酉三月",人民文学出版社1959年版。

这段文章所言及的南京出版业中心地——三山街，出版销售大量书籍，书店云集①。明代商业性出版物大多数是在16世纪末出版，这与急剧膨胀的明中后期经济发展的时期基本一致，是十分有趣的一点。大量农民放弃农业进入城市，低收入的板刻技术者数量随之增多（也存在有意识培养的刻板工）②，纸、墨生产量提高，形成了书籍流通的市场或体制。活跃的出版活动中心地苏州、杭州、南京、徽州事实上也与明代经济发展的核心地区——江南基本一致。如果考虑出版业需要大量资金的情况，实际上对出版的主体民众的也提出了要求。作家或者流通版本（包括手写本）与出版业主以及市场之间相关联，我们可以想见，出版业主成了以完成交易获得利益为目的而完成商品流通的商人形象。对于当时多层次的读者群喜爱什么样的作品，由谁写评论可以促进销售，为准备科举考试的举子，提供怎样的参考书和标准答案等，出版业主以满足市场需求为目的敏锐掌握和引导市场。明中后期书籍出版和流通的增长可以从藏书家数量的明显增加看得出来。

> 将大量的书籍投入印刷，真正的学者和藏书家再也不能希图阻止藏书万卷的欲望。明朝后期江南的私人藏书达到了三万、四万，甚至五万卷。当时最大的藏书家要算扬州学者葛俭涧了，他的个人藏书达一万种（不是“卷”）。③

---

① 《中国小说研究会报》第70—71号上收录的贾晋珠《三山街：明代南京的商业出版业者》第1—7页有详细说明。

② 方维保、汪应泽《徽州古刻书》第40—46页，辽宁人民出版社2004年版。

③ 卜正民《纵乐的困惑——明代的商业与文化》第187页，三联书店2004年版；吴晗《江浙藏书家史略》第8、11、16、20、34、40、54、59、66、120、121、126、138、140、205页，中华书局1985年版。

表 2-1　明代藏书家地区、时期分布图①

地区分布			时期分布		
地区	人数	比例(%)	时期	人数	比例(%)
江苏	81	39.9	初期 (1368—1450)	27	13.3
浙江	50	24.6			
安徽	6	3.0	中期 (1450—1550)	42	20.7
福建	16	7.9			
江西	9	4.4			
上海	17	8.4	末期 (1550—1644)	134	66
其他	24	11.8			
合计	203	100	合计	203	100

通过上面的引文和表 2-1,我们可以了解到藏书家的分布主要集中在经济发达的核心地区——江南。还有,位于现在福建和上海等附近的建阳地区,虽然与出版中心地南京、苏州、杭州、徽州等地相比板刻或纸的质量较差,但出版数量也很突出。此外,明末藏书万卷的藏书家的数量达到初中期的两倍,出版业得到的空前发展可见一斑。所以明代的小说在这过程中被以“书是一种用来阅读的商品”来定位②。具有自由创作水平和文化素养的小说作者层的存在,将这种环境下的要素有机地联系在一起。从前认为仅限于妇女闺房读物,对官员、读书人、青少年来说几无阅读价值的观点和认识也得到改变。作品从以手写本流传供少数读者阅读,也转为印刷出版供广大读者传阅,具有文学史上的意义。

① 表 2-1 是根据《中国藏书家辞典》再构成的数据。李玉安、陈传艺《中国藏书家辞典》第 109—161 页,湖北教育出版社 1989 年版。

② 黄霖、韩同文选注《中国历代小说论著选》上册第 196 页,江西人民出版社 1982 年版。憨憨子修补的吕天成(1580—1618)长篇小说《绣榻野史》序文中说明:“奚僮不知,偶市《绣榻野史》进余。始谓当出古之脱簪珥永巷有裨声教者类,可以娱目,不意其为谬戾。亦既屏寘之矣。逾年,间通(过)书肆中,见冠冕人物与夫学士少年行,往往诹咨不绝。余慨然归取而评品批抹之。”

笔者认为，长篇小说作品《金瓶梅》的诞生，与明代印刷、出版业的发展及成熟的外围文化环境具有关联性。作品《金瓶梅》既是章回小说也是长篇小说。可称得上明代四大奇书的《三国演义》、《水浒传》、《西游记》、《金瓶梅》达到了100—120回的惊人篇幅。即使考虑到小说的特性，从长度的角度来看也很难在此前的几百年发现与之相比肩的作品。究竟明代具有怎样的环境与要素才会写出如此的长篇故事？对这一疑问，可以说已经从多方面多角度进行了讨论。《金瓶梅》创作以前已经有长篇小说《水浒传》问世了，对它的部分情节进行延展就诞生了《金瓶梅》这一巨著。经济的发展，使一部分对文化充满希求的商人借助积累的资金，促使印刷出版业取得了急速增长，出版了经典、史书、类书、医书、戏曲、小说等多种书籍。书籍普及面的扩展，形成了将各种不同层次的民众吸引成为读者的环境。阅读短篇小说或话本、拟话本中故事的读者不断成熟，也形成了对长篇小说的要求和相应的鉴赏能力。对前文所述的环境，不能认为哪一项是前提，他们都是相互发展的刺激和要求。作品《金瓶梅》可以认为是在此背景下创作的。还有，极少数阶层识字的情况在明中国后期至少在江南一代呈现出新的变化。

> 江南人以读书为业。虽里闬童稚及津夫、水夫，皆识文字。①

崔溥的这句话表述了明末的印刷出版技术的增长和书籍的普及。虽然不能断定读者层的扩大，但他的著作《漂海录》的可以说明一定的问题。《金瓶梅》是一篇通俗小说。当时多数的小说作品为迎合不断扩展的读者群，在小说内容的描写上有意识地积极反映读者的喜好和需求。《金瓶梅》作品中对性爱露骨的描写，可以理解为是作者对当时读者需求的积极反映，或者是为了揭露人类罪恶本性而选定（为深化主题）的题材。通过作者的表述可以明显感受到他

---

① 徐仁范、朱圣智翻译《漂海录》，Hangilsa Publishing Co. Ltd，Korea。

了解读者的意识，从而创造和刻画登场人物组织描画出缜密的小说结构。但是直到现在，也不能完全对明代印刷、出版业的商业环境就是作品《金瓶梅》的创作环境下断言。

此等书必遂有人板行。但一刻则家传户到。坏人心术。他日阎罗究诘始祸。何辞置对。吾岂以刀锥博泥犁哉。仲良大以为然。遂固箧之。①

以上是沈德符(1578—1642)在《万历野获编》中所述。所以，可知作品《金瓶梅》在创作当初，不是以板刻而是以手写本的形态流传。虽然创作时间不很明确，但那个时候和板刻时期之间是有空白的。作为板刻的出版业主若希望通过《金瓶梅》的出版赚取利益，当然不难发现此书的商业价值。但这种商业价值是否也能使作者从中获益？作者明知自己的作品有描写性淫乱的情节，可以预测到可能发生的某种制裁或问题，所以把自己隐藏了起来。在这种情况下，对于自己的作品能否刻板印行于世，作者究竟能有多少确信和期待？当然也不可否认作者对在很久以后实现板刻，彰显其创作意志和写作精神的自我满足感的期待。如果《金瓶梅》的作者是穷苦的下层文人，在某人的经济资助下开展创作，那么从作者的角度可以认为，为了解决现实的金钱问题，此书具有粗浅的商业价值。《金瓶梅》最初只是以手抄本的形式在具有鉴赏能力的文人圈子中传看，其后印制了刻本书②。至今《金瓶梅》的作者还不明确，也许正是初期互相传看手写本的文人圈子出于义气的隐藏。作者分明就在这一文人读者群人员空间上或情感上不远的地方。完成达到100回这么庞大的分量，写作过程中不走漏任何消息，可以看出作

① 沈德符《万历野获编》卷二十五《词曲》“金瓶梅”参照，中华书局1997年版。

② 浦安迪《明代小说四大奇书》第41—51页，中国和平出版社1993年版。

者非凡的控制力。因为从现实的角度看,在完成长篇故事的过程中需要很长时间以及纸、墨等很多具体的条件,想要绝对保密极其艰难。由此可以推测,尽管具有充分地暴露作者的可能,但作者的存在之所以受到保护,这不能不说是得到作者周边的文人读者群成员对《金瓶梅》小说的题材和创作的肯定评价,从而形成了具有共同语言的成熟的读者圈。

(三) 被压抑文人的活动

> 丁卯之秋事,附肤落毛,失诸正鹄,迟回白门。偶戏取古今所闻一二奇局可纪者,演而成说,聊舒胸中磊块。①

以上是明末文人凌濛初(1580—1644)所记述的。科举考试中多次以候选中榜告终,可以想见凌濛初的悲惨心境。科举中榜不但是所有文人得以立足于社会的初始,更是人生的目标。这种科举制度成为明代的经济发展中,很多富有商人和文人将子女送入学子行列的一道窄小的门。唐代开始的科举制度,是为了维持中国封建社会王朝的最重要的选拔人才的方法。但是明代的科举制度下,与科举制度共同产生的众多落榜失意者也不可避免地饱受打击。科举以八股文取士,使得富有文学性、艺术性、创意性的应试者陷入绝望和抑郁境地。被这种科举制度矛盾的支配力所压迫,对自身产生深度混乱和饱受现实痛苦的下层文人需要各种各样的突破口。把“俗”的现实放一边,用隐居来躲避自己为之煎熬的现实,以现实生活的商人形象表达所受的现实刺激。众所周知,明代的很多小说作品的作家大多是这些出仕不成功的下层文人。他们通过艰辛的写作把郁结在内心的块垒抒发出来,小说就是理想的媒介。小说中,作家完全自主地把自身感受和内心凝成一个具有生命力的故事,为他们提供非凡的成就感和感情净化。这种现象在明代小说作家中

---

① 凌濛初《二刻拍案惊奇》,人民文学出版社 1996 年版,《二刻拍案惊奇小引》参照。

是普遍的，当然不是所有的小说作家都符合这种状况，但是可以理解当时很多的小说作家是在怎样的动机下提笔创作的。迄今为止，还处于重重迷雾之中的《金瓶梅》作者当时是处在怎样一个环境里的人？根据对现有文献材料的研究结果，提出了诸多对作者身份的意见，但所有的这些也还都是推测。

表 2-2 已知的《金瓶梅》作者

作者	活动时期	出生地	说明
王世贞	1526—1590	江苏太仓	文学家，史学家，藏书家，进士，撰写《弇山堂别集》、《百仙图》、《王氏画苑》等
赵南星	1550—1627	河北高邑	散曲作家，政治家，进士，撰写《笑赞》
薛应旗	1550？前后	江苏武进	文人，史学家，藏书家，进士，撰写《方山文录》
卢楠	1507—1560	河南浚县	文学家，农民家庭出身，撰写《蠛蠓集》
李开先	1502—1568	山东章丘	文学家，戏曲家，藏书家，撰写《宝剑记》等
屠隆	1543—1605	浙江宁波	文人，戏曲家，进士，撰写《修文记》
贾三近	1534—1592	山东峄县	进士，撰写《左掖漫录》
汤显祖	1550—1616	江西临川	藏书家家庭出身进士，撰写《牡丹亭》
三人合作说 1. 谢榛 2. 郑若庸 3. 朱厚煜	 1499—1579 1489—1577 1521—1560	 山东临清 江苏昆山 藩彰德府	 诗人 戏曲作家，撰写《北游漫集》 藩王
李先芳	1511—1594	湖北监利	文学家，进士，撰写《东岱山房稿》
冯梦龙	1574—1646	江苏长洲	小说家，撰写《笑府》、《三言》等
王稚登	1535—1612	江苏长洲	文人，收藏《金瓶梅》抄本2本
冯惟敏	1511—1580	山东临朐	散曲家，文学家，进士家庭出身，撰写《海浮山堂词稿》
唐寅	1470—1522	江苏苏州	文人，商人家庭出身
徐渭	1521—1593	浙江绍兴	书画家，文学家，撰写《狂鼓史》
沈德符	1578—1642	浙江秀水	进士，撰写《万历野获编》
陶望龄	1562—1609	浙江绍兴	翰林院编修，撰写《制草》

续表

作　者	活动时期	出生地	说　　明
汪道昆	1525—1593	安徽徽州	盐商家庭出身，进士，撰写《太函集》
丁耀亢	1599—1669	山东诸城	官僚地主家庭出身，进士
丘志充		山东诸城	进士
丁惟宁	1542—1611	山东诸城	进士
萧鸣凤	1480—1534	浙江绍兴	进士

表 2-2 是已知的《金瓶梅》作者资料，大部分是考取或没有考取进士的文人。事实上是非常地小心接近对《金瓶梅》作者的推测。因为根据作品中所描述的状况无法直接判断出作者的身份和环境。在第 71 回里西门庆谒见皇上的场面，在第 49 回西门庆招待蔡御史、巡按御史宋桥年的宴会场面，在第 65 回宋御史在西门庆家中接待六黄太尉的场面等，这些描写超出了一般人所了解的范围。还有在第 1 回对卖炊饼的武大日常生活的描写，和对家中奴婢们的具体生活面貌的描写等，如果不是亲身接触，是很难进行如此细致的描写的。

首先，如果站在科举失意的下层文人立场上来看，如前所述的出仕失败陷入苦恼中的下层文人所感受到的明中后期的社会变化是什么样的面貌呢？张竹坡(1670—1698)将《金瓶梅》的创作背景说明如下：

> 《金瓶梅》何为而有此书也哉？曰：此仁人志士，孝子悌弟，不得于时，上不能问诸天，下不能告诸人，悲愤鸣唈，而作秽言以泄其愤也。①

表述出不得于时的愤恨，在生活在科举制度的阴影和贪污腐败社会背景下的愤恨。藉由商品经济的发展逐渐变得有钱有势的商人以

① 张竹坡评《皋鹤堂批评第一奇书金瓶梅》【竹坡闲话】参照。

及利用自己权力贪污受贿的官僚，周围的很多人专注于满足消费需求，对自身欲望、性的追求和渴望毫无掩饰的社会，这些所有都是《金瓶梅》的作者愤怒的对象，同时也是同情的对象。如果《金瓶梅》的作者是明中后期经济发展下利益和权力的受益者，那也就没必要丑化他们了。在第30回里，西门庆花钱买了官。花费大量时间苦读取仕的下层文人，看到花钱买官的明代商人或富人①，他们这时的心境会怎样？通过综合以上的情况，可以提出下层文人的创作这一最具有说服力的主张。但是，在仕途上低级官品开始要经历胥吏、县丞、知县低微的官职，要忍受长期的苦闷。对所有处于这个过程中的文人进行思考，即使当上了小官也不能即时用获得财富和权利补偿。此外，为了参加考试必要的花费对一般穷苦的人来说也是一笔巨大的费用。所以即使是想要做一个小官以获得财富，对这许多渴望中榜的人来说也似乎是一个无休止的时间反复。即便是通过如此科举各过程取仕的人来说，也有在他们的位置上要克服的痛苦，所以说只有落榜的下层文人对时代有存有愤恨的片面说法是没有说服力的。创作小说对科举制度阴影下生存的下层文人具有重要意义，对出仕成功的文人来说暂时抛弃轻视或是鄙视小说的观点，用小说体裁表述自己的想法和对社会的理解，这本身就具有很大的意义和价值。被爬到科举制度的顶峰所被压抑的很多明代文人，在经济飞跃发展的社会中他们挣扎了很长时间，提起笔为生存努力，也介入到图书的出版过程，他们本身也成为一名读者。文人将自身的能力、艺术性、文化性的感情表达的背景，是由于受到经济发展刺激的民众的影响，可以享受到自身多样的文化欲望的需求，也体现了对文化实体的希求。可以说作品《金瓶梅》就是诞生在这种成熟的文化环境和混乱的社会之间，文人自身所隐藏和压抑的欲求和艺术性的表现力相结合而成的杰作。

① 梁仁志《明清徽商捐纳之风及其原因和影响》，《淮北煤炭师范学院学报》2008年第10期，又王海妍《明代捐监的产生、发展及影响》，《燕山大学学报》2009年第3期可参照。

三、结　论

本稿的出发点是"《金瓶梅》的作者到底是怎样的人物"这一最基本的好奇心。迄今为止对作者的推测和讨论还远未结束的情况下，对这个命题，许多研究家在想象与现实之间反复研讨。我们手中这一作品《金瓶梅》的隐形作者，有许多文献材料认为他曾生活在明代。明代社会，以小的经济刺激开始，将指向其他方面的欲求有机地聚集起来从而带动了强劲经济增长的时期。作品《金瓶梅》就是诞生在这样的变化背景下，而那个时期的变化也反映在作品中。

（作者系韩国汉阳女子大学副教授）

论西门庆文本内界形象的他视角差异性

曾庆雨

小说文本的形成过程是由讲述和叙述组成，而这两方面都是由一个主体，即作者完成的。因此，不论是叙述内容的编排、人物个性的构成，还是故事的演绎、情节和结构等等都充斥着主体的观照性。由于叙事学派生于结构主义学说，从发生学意义而言，叙事学对文本界定时更关注其语言的层次性和结构的形态。而当文学创作的动态性建构并不是文本形态特征所关注的对象时，这种主体观照也就顺理成章地被排斥在研究静态结构形态的视野之外。探讨文本叙述主体如何把握故事讲述的虚构性实质与富于真实感的再现性审美的结合，成为对经典文学人物形象构成原因分析中不可或缺的因素。对此传统小说的批评研究方法实难进行透彻的说明，而叙事学理论正可以用来进一步说明文本中人物个性形象成立的进行过程。

一

众所周知，任何一部文学作品的本质都是虚构性的创造。不论是对社会现实的真实写照，还是对人生感悟的形象性抒发，尤其在运用传统叙事手法进行创作时，叙事文本都离不开某一具体形象的虚拟性描写。有学者认为"文本内界虚构创造行为的主体只能是叙

按：本文原载于《金瓶梅研究》第 8 辑。

述者”，而“叙述者在创造文本内对象性世界的同时，也创造、见证并讲述小说虚拟世界上特定故事的见证者和讲述者。”这种文本内界中被虚拟出来的见证者和讲述者，以第三人称的方式被讲述，就成为具有真正意义上的视角持有者，因为这一人物形象是真实地存在于虚拟故事中的“讲述人”，也顺理成章的是“实体形式叙述者”，相对而言，叙述者就是“无实体形式叙述者”。在文本的阅读过程中，人们往往是通过对虚拟的实体形式叙述者在叙事层的不断变换中来完成对文学人物形象的具体感知，再经过理性总结后，进而把握住某一具体人物形象，以及通过这些各个不一的形象聚合而成的某一作品。然而，正是由于存在于叙事现象中的层次转换，以及在不同叙述层面上主体视角的差异性或重合性的反复出现，形成了人物形象的复杂性。《金瓶梅》中的西门庆这一形象，就是这种虚构性故事的见证和讲述主体，他同时也是被见证和被讲述的对象性人物。小说通过前 79 回中对这一人物的在叙事中的双重作用，完成了叙述层的转移。同时，也因利用了这种层面的转移性，才能精彩地塑造出西门庆复杂的个性特征和鲜明的性格，并以此建构了充满现实批判意味的主题思想。那么，叙事视角的层面移动是如何实现的？文本中的实体形式叙述者又是如何来完成这种转换的呢？我认为可以从几个方面来分析：

首先，在第一叙述层上看是毫无疑问的第三人称叙事，西门庆和潘金莲是无实体形式叙述者的视角对象，西门庆又同时出现在潘金莲和无实体叙述者的视界中。为方便说明，且引西门庆出场原文：

……一日，三月春光明媚时分，金莲打扮光鲜，单等武大出门，就在门前帘下站立；约莫将及他归来时分，便下了帘子自去房内坐的。一日，也是合当有事，却有一个人从帘子下走过来。自古无巧不成话，姻缘合当凑着。妇人正手里拿着叉竿放帘子，忽被一阵风将叉竿刮倒，妇人手擎不牢，不端不正却正打在那人头巾上。妇人便慌忙陪笑。把眼看那人时，也有二十五六年纪，生的十分博浪。头上戴着缨子帽儿，金玲龙簪儿，金井玉栏杆圈儿；长腰身穿绿萝褶儿；脚下细结低陈桥鞋儿，清水布袜儿，腿上勒着两扇玄色挑丝护膝儿；手里摇着洒金川扇儿。（第二回）①

由上文可见，无实体叙述者的视角中不仅有人物，而且有场景，有议论，有讲述。与此同时，无实体叙述者又见证了作为第一叙述层上的被叙述者的一切行为，以及由此引发的一系列具体事件。潘金莲这一人物其实是真正的实体叙述者，在她的视线里只有另一个被叙述者——西门庆。在这个叙述层对西门庆形象的第一印象是“博浪”，是风流倜傥，衣食无忧者；而在被实体形式叙述主体对象化了的西门庆眼中反观潘金莲，则是个“美妙妖娆的妇人”，由此转换到第二叙事层次。

如果把第一叙述层主体设为 A，第二叙述层主体设为 B，并依此类推至 N 叙述层主体，把无实体形式叙述主体设为 X，那么，在每一个叙述层次上就会观察到这样一种有趣的现象，即：X ⇄ A(X) ⇄ B(AX) ⇄ N(N—ABX)。形成一种层层递进又不断追溯往返，最终回到 X，从而实现文本创作主体的主旨性表达。这样的分析能否成立？证之文本发现，在第二叙述层次上，原第一叙述层次上的被叙述者转成为一个实体形式叙述者(B)，西门庆见证到的美妇人是从“黑鬒鬒赛乌鸦的鬓儿，翠湾湾的新月的眉儿，清冷冷杏子眼儿……”等的视线移动中渐渐呈现出来的。就在 B 叙述者对被讲述对象简单的外部叙述中，不难发现无实体形式叙述主体(X)的影子。那些描写潘金莲的十分性感的字眼，并非是 B 叙述者的视角感官陈述，而是 X 为了故事情节发展需要的人物而设计的。根据是 A 实体叙述者“我”与 B 实体叙述者“他”的关系是互为被叙述者的关系，作为叙述主体，不论 A 或是 B，都只可能讲述自己视线范围内的事

① 本文所引原著文字均为人民文学出版社出版《金瓶梅词话》，1985 年 5 月版。

件和场景。潘金莲对西门庆的第一印象纯粹是外表感性形成,合乎现实生活中人际交往的真实性。而西门庆对潘金莲的观感描述,由于充溢着较多的臆想成分,虽然十分感性,却缺失了一份真实性。因为,在与陌生人相见第一眼就能透过外部装束,直见其人的身体而生出触感,这是不可想象的事情。但作为创造整个文本故事的叙述主体X则没有视线范围的限制,他所需要的就是一个十分感性的女性人物,就创作构思而言,对潘金莲的讲述具有了故事的真实性。所以,可认定在任何叙述层面中,无实体形式叙述主体的关照是始终存在的。

其次,既然叙述层次的转换是可逆向性改变,那么,在任何叙述层面上都会出现对第一层面的回归。因此,实体形式叙述主体不论在哪一个层面上的讲述,他们的视线中的人物,事件、场景、说话等,在时空上是平行关系,他们相互看到的只能是眼前的事实,相互间都不可能预知其他被叙述者在未来将要发生的事件。当文本内界中的任何一个人物,在讲述对象化的"他"的故事时,只可能用自己的视角来讲述,这种叙述自我是不可能进入到其他人物的视角。自然也就不能将故事推进到其他人物的内在的心灵世界去。试看小说第七回,薛嫂向西门庆提亲,又引出了不同的叙述主体孟玉楼和张四。孟玉楼自主改嫁西门庆遭到母舅张四的反对,张四陈述了种种不能嫁的理由,而孟玉楼却逐一反驳,这是一段十分精彩的对话:

(张四)走来对妇人说:"娘子不该接西门插定,还依我嫁尚推官的儿子尚举人。他又是斯文诗礼人家,又有庄田地土,颇过得日子。强如嫁西门庆。那厮积年把持官府,刁徒泼皮。他家见有正头娘子,乃是吴千户家女儿。过去做大是,做小却不难为了你了!况他房里,又有三四个老婆,并没上头的丫头。到他家,人歹口多,你惹气也!"妇人道:"自古船多不碍路。若他家有大娘子,我情愿让他做姐姐,奴做妹子。虽然房里人多,汉子喜欢,那时难道你阻他?汉子若是不喜欢,那时难道你去扯他？不怕一百人单擢着。休说他富贵人家，那家没四五个。着紧街上乞食的，携男抱女，也挈扯着三四个妻小。你老人家忒多虑了！奴过去，自有个道理，不妨事。”张四道：“娘子，我闻得此人，单管挑贩人口，惯打妇熬妻。稍不中意，就令媒人卖了。你愿受他的这气么？”妇人道：“四舅，你老人家差矣！男子汉虽厉害，不打那勤谨省事之妻。我在他家把得家定，里言不出，外言不入，他敢怎的？为女妇人家，好吃懒做，嘴大舌长，招是惹非，不打他，打狗不成？”……（第七回）

不难看出，叙述者X设计的这两个人物讲述的对象只有一个，那就是西门庆。可有意思的是两个叙述自我均无视第三者的事实存在。不论是孟玉楼还是张四，他们的话题均与具体的被讲述对象产生了较大的距离，他们是在各自叙说自己的话语。孟玉楼的陈述其实只是她的生活体悟和做人行事的原则，且很有道理。问题在于她根本就没有进入与西门庆的共同生活环境，西门庆也不是她所要讲述的第三人称的“他”的行为。孟玉楼所说的一切，都只是她的一种意愿，以及她对以往生活的认知和价值的总结。而张四的陈述，因有了自我利益的维护基点（由叙述者X指陈），所以只能出发“利己”话语，所言之事真假参半，颇有道听途说之嫌，仍与叙述对象西门庆相去甚远。因为，此时的讲述主体所申述的也不是第三者的“他”，而是企图用“我”所列举的“事实”来达到自己的愿望。证明是叙述者X在这个情节之前和之后，他与西门庆都没有任何具体的交往，这决定了叙述主体一旦离开了具体的叙述层面时，便不可能与第三者的“他”有一个真正的观察视线。所以，任何叙述主体在他们彼此之间如果没有一个真实意义上的共同视点时，他们的目光是游离于讲述对象之外的，自然是不会出现“换位思考”式的视角移动，更不可能有所谓的话语意义上的沟通存在。但是，这样的叙述方式却能凸显出文本内界的虚拟世界中，人物间的个性差异性，从而达到更符合生活中的逻辑真实，显示出为人们大多认可的对“现实生活”作反映的意义，符合其审美要求。这在以后的小说叙事结构方式上也是屡见不鲜的创作手段。

二

既然叙述自我是一种视角平行的关系，随着叙述层次的转换，相互的对象化，使得文本内界人物视角或是发生异位和重叠，或是在同一层面上展开的是叙述主体的自我视点。这些都会造成同一人物在不同的叙事层面上，或是在同一叙述层面上产生出他视角差异性。这种差异融入无实体形式叙述主体的创作目的之后，就变得更为复杂起来。尤其对文本故事中的主要人物，他视角差异几乎是不可避免的。因为"从事虚构叙述符号操作的叙述者，当然有权以任何方式创设与第三人称人物主体同一的'叙述自我'视角，并利用视角差异来构制虚拟的意义世界"。正由于此，当叙述自我不间断地与被对象化的叙述客体产生重合——错位——游离等的叙述视线的推进时，文本内界的人物，不论是以"我"或是"他"的视角出现，也不论是第一人称或是第三人称的叙述主体，以及叙述对象，被赋予了多层次、多侧面、多角度的解读视点，也就不难以理解。而一个虚构的意义世界也因此而变得内涵丰富，意义隽永。那么，是否无实体形式叙述者因拥有了对叙述虚构符号进行操纵的权利，就可以在建构虚拟的意义世界时，随心所欲，天马行空呢？以逻辑推理而论，应当得到肯定地回答。因为，无形式叙述者是以自己的思维方式和价值理念，通过讲故事的话语方式，讲述的是他，而不是其他任何人的内心世界。正像民间谚语所言，全世界的森林里找不到有一模一样的两片树叶。人的内心世界更是如此。所以无实体形式叙述者所虚拟的，以小说的文本方式建构的意义世界，应完全是他内心世界的对象化产物。可是在文本中却不难发现，无实体形式叙述者仍不可避免地受到自我创设的实体形式叙述者或深或浅的影响，且往往是在不自觉的创作情形中表现出来。这一点在西门庆的人物成型过程中叙述话语的变化，可谓是很有说服力的一种证据：

> 原是清河县一个破落户财主，就县门前开着个生药铺。从小儿也是个好浮浪子弟，使得些好拳棒，又会赌博，双陆象棋，抹牌道字，无不通晓。近来发迹有钱，专在县里管些公事，与人把揽说事过钱，交通官吏。因此满县人都惧怕他。……他父母双亡，兄弟俱无，先头浑家是早逝，身边止有一女。新近又娶了清河左卫吴千户之女，填为继室。房中也有四五个丫环妇女。又常与勾拦里的李娇儿打热，今也娶在家里。南街子又占着窠子卓二姐，名卓丢儿，包了些时，也娶来家居住。专一飘风戏月，调占良家妇女，娶到家中，稍不中意，就令媒人卖了，一个月倒在媒人家去二十余遍。人多不敢惹他。（第二回）

很明显，这是无实体形式叙述者为虚拟故事中的人物西门庆定下的基调，也是文本中多次反复出现的叙述内容。这段话语可以有这样的理解，即虚拟人物西门庆的人生由社会和家庭两部分结构。在无实体形式叙述者视角，这个形象是以“满县人都惧怕他”的社会能力，以及“人多不敢惹他”的家庭专制者为两个支撑点。《金瓶梅》前79回里，西门庆形象也着力于在这两方面进行刻画。然而，由于叙述主体必然存在的不同时空视线转移所带来的人物视角运动，文本中就能较为容易地观察到，无实体形式叙述者与实体形式叙述者之间出现了视点的替代和转换。仍以社会能力和家庭专制这两点来进行考察。

第一，在社会能力方面，人物西门庆被讲述的有两方面的能力：经商和行政。前者从出场时的“就县门前开着个生药铺”，到临终时对女婿陈经济交待所经营的买卖有：“段子铺是五万银子本钱……。贲四绒线铺，本银六千五百两；吴二舅绸绒铺，是五千两……李三、黄四身上，还千五百两本钱，一百五十两利钱未算……段子铺占用银二万两，生药铺五千两。韩伙计、来保松江船上四千两。……前边刘学官还少我二百两，华主簿少我五十两，门外徐四铺内还本利欠我三百四十两……对门并狮子街两处房子……”（第79回）这样的经营规模和个人资产决不是一般意义上的“发迹”，而是“家里豪富泼天”（第 55 回）。文本中对西门庆发家致富的思路和运作手段，其时充满了十分的倾心与赞叹，这在小说中俯拾即是，对于了解作品者，亦无需例证了。后者如果仅以“专在县里管些公事，与人把揽说事过钱，交通官吏”来看，只是叙述社会吏治的腐败，属于游离于被叙述对象之外的叙述视线。人物西门庆通过第三人称的叙述主体讲述的苗青案（第 47 回）和第一人称“我”为叙述主体讲述的薛姑子案（第 51 回）的整体过程叙述，方能看出无实体形式叙述者对其创设人物的潜在心理趋势，与泛意义的“指斥时弊”有所距离。如果说“苗青案”要叙述主体讲述的是人物“受赃枉法”，罪恶滔天；那么“薛姑子案”的叙述主体则是以自我陈述来表明，被陈述的“我”问案问得清正廉明，彰显了是非公道。两案对比可以易见，当无实体形式叙述者与第三人称叙述主体的“我”，发生了主体代换时，对其虚构的人物形象就会发生不同的视角感知，也会带给人物以不同的呈现平台。作品中的西门庆形象，从一个“破落子弟”到“身居着右班左职。现在蔡太师门下做个干儿子，就是内相、朝官，那个不与他心腹往来”，其间的升腾过程，足以充分展示人物形象自身的社会能动力，这一形象的第一支撑被完整地构建出来并被给予了某种肯定——精明强悍，通晓社会方方面面的游戏规则。西门庆不正是属于那种世事通晓皆学问、人情练达即文章的具化形象。这种结果其实是不合乎无实体形式叙述者原创时的本意的。

第二，在家庭专制方面，这是文本故事的讲述重点。人物西门庆被讲述的也是两个方面：情和欲。西门庆形象的叙述定位是一家之主。以他为原点，网络起家里的各房妻妾、婢女、仆役、家奴等。无实体形式叙述者对这一形象的创设原意为“打老婆的班头，坑妇女的领袖”（第 16 回）。为此无实体形式叙述者也确实讲述了两次鞭打小妾的情节：第一个被打的小妾是潘金莲（第 12 回）；第二个被打的小妾是李瓶儿（第 19 回）。潘金莲被打是因西门庆在行院包占李桂姐，潘金莲心存不忿又难耐寂寞，故而私通家仆琴童。此事被人告知给西门庆，西门庆欲证事情是否确实，便向潘金莲施以鞭打。

而结果是西门庆得到了一个他愿意、且能维系他自尊心的否定答案。无实体形式叙述者在讲述人物此一情节时,人物西门庆个性中的精明和算计被忽略,反倒有些糊涂和幼稚。再看鞭打李瓶儿的情节,因由是西门庆因受官司牵连,误了娶李瓶儿过门,李瓶儿改嫁他人;待事情平息后,李瓶儿仍是"情感西门庆"。但嫁进西门府里却遭受屈辱,李瓶儿寻死被救,西门庆颜面难堪,便恼羞成怒,鞭打李瓶儿。结局是李瓶儿的辩解满足了西门庆的虚荣心,以闹剧开始,以喜剧收场。无实体形式叙述者在讲述此一情节时,人物西门庆虚荣心如此容易得到满足,与原创时的基调有了很大的差异。如果哄骗与奉承都能使一个人得到心理满足感的实现,那么这人不是太精明,就是太愚蠢。人物西门庆在无实体形式叙述者的讲述中似乎是二者皆备。通观全书,无实体形式叙述者以李瓶儿为"情"的物化对象载体,以潘金莲为"欲"的物化对象载体的创设意图十分明显,人物西门庆在二者之间的叙述过程中,也因发生叙述主体视线的不断转换和替代,从而完成了情与欲的博弈。这一形象的第二支撑也被完整地建构起来并同样被给予了某种肯定——情难了,瓶儿深情难忘。欲难尽,美色终归难敌。多情种子贪欲人,人物西门庆错在两者都达到了极致。人物西门庆在文本内界的虚拟世界中,至死也没有出现过"调占良家妇女,娶到家中,稍不中意,就令媒人卖了"的事。反倒是那"良家妇女"对西门庆示爱有加,争风不已,诸如王六儿、林太太之流。在讲述家庭琐事中,无实体形式叙述者对人物西门庆的宽宥总是在不时地流露着,如他对待卓丢儿的细小情节(第3回),对待玉萧失壶时的宽宏大量(第31回),对待夏花儿偷金败露后的息事宁人(第45回)等等。而小说中真正出现"就令媒人卖了"人的事,全都发生在西门庆死后。这也与无实体形式叙述主体的创设原意不相符合。

综上所述,有诸多的叙述层次转换和叙述主体的视角差异,才能构成对一个故事人物形象的完整造型,以及人物个性的多视点描写。由此,对一部鸿篇巨制的文学文本而言,虚拟的故事世界通过各种叙述主体的非线性的相互对视、转换和替代中,形成了主体间的视角差异,并相互间进行意义的不同阐释,最后产生出共同建立的总体意义,并形成其应有的文本研究价值。

通过对西门庆人物形象形成过程的分析,说明文本批评如果是一种传统旨趣上的话语,很难阐释创作主体叙述中的矛盾情节和人物形成的根源。当我们触及到他视角差异性的形成,运用叙述结构层次原理来分析西门庆这一人物形象的形成过程时,对文本中无实体形式叙述者(第一人视角,也可称为发出者视角或创设主体视角)、他人物视角(第二人视角和转述接受者A或B视角,也可称为叙述自我视角)等不同的叙事层次所形成的不同形象特质对比,找出文学人物形象多面性的形态特征。《金瓶梅》在我国古典小说中独树一帜,其讲述与叙述的方式以及别样的人物个性和形态特征,与这种他视角的差异性有着紧密关联。因此,对这种他视角差异性作尝试性分析,在个例分析中寻找古代小说人物塑造的某种规律性,这或许会使我们在进一步解读这部文学杰作时,对其内在的深层意蕴有所发现。

(作者系云南民族大学教授)

论《东周列国志》的婚姻问题

曾 良

《周易·序卦传》说："有天地然后有万物，有万物然后有男女，有男女然后有夫妇，有夫妇然后有父子，有父子然后有君臣，有君臣然后有上下，有上下然后礼义有所错。"这说明周人把夫妇家庭视为社会组织的基础，一切社会关系都由它派生而出。春秋战国是奴隶制向封建制转化的大分化、大动荡时期，周王朝和列国诸侯都十分注意通过新的联姻来加强统治和扩大新的势力，有一系列的婚姻家庭制度；同时也表现出新旧交替的复杂性，既有原始婚姻形态的残余，又表现出新的紊乱。《东周列国志》艺术地再现了这一时期的婚姻观念和种种现象，反映了它的复杂性，也表现了作者冯梦龙的认识。这里仅从同姓不婚与政治利益、"媒妁之言"与自由婚姻、原始婚姻形态的残余表现、紊乱的婚配与私通、改嫁与守节等方面略谈小说中涉及的婚姻问题。

一

周人认为婚姻是"万世之始"（《礼记·郊特牲》），婚姻的最高宗旨是"合二姓之好，上以事宗庙，而下以继后世"（《礼记·昏义》）。"合二姓之好"说明婚姻在政治利益上的功能，"上以事宗庙"和"下以继后世"是相辅相成的，其实质都在于生殖后代，延续宗族。出于宗族的延续，周人极端重视父系宗亲关系，也正因为对父系宗亲关系的重视,周人严格规定"同姓不婚"。

关于同姓不婚的记述颇多。如《礼记·大传》说:"同姓从宗,合族属。……虽百世而婚姻不通者,周道然也。"《曲礼》又说:"娶妻不娶同姓,故买妾不知其姓,则卜之。"这是天经地义的法则,特别是王侯贵族应绝对遵守,所以周天子及姬姓的诸侯也只能同异姓诸侯国联姻。春秋后期鲁昭公在吴国娶了个夫人叫孟子,因为鲁国和吴国同为姬姓,当时就有人指责鲁昭公说:"君而知礼,孰不知礼?"乃至孟子死了以后不能行夫人之礼。《左传·哀公十二年》说:"昭夫人孟子卒,昭公娶于吴,故不书姓。"《穀梁传》也解释说:"其不言夫人者何?讳娶同姓也。"可见同姓不婚观念之深入人心。

奉行同姓不婚,当时就有人从生理上作了解释。如郑人叔詹说:"男女同姓,其生不蕃。"(《左传·僖公二十五年》)《国语·晋语》也说:"同姓不婚,惧不殖也。"但更重要的是政治方面的原因。《礼记·郊特牲》说:"娶于异姓,所以附远厚别也。"所谓"厚别",是指加强父系宗亲内部的区别,不要把宗亲内部成员的关系搞混了。《东周列国志》第三十五回描写重耳在秦欲辞侄儿子圉之妻怀嬴时,与司空季子有一段对话,很能说明"厚别"与"同姓"、"异姓"之关系:

> 重耳曰:"同姓为婚,犹有避焉,况犹子乎?"臼季进曰:"古之同姓,为同德也,非谓族也。昔黄帝、炎帝,俱有熊国君少典之子,黄帝生于姬水,炎帝生于姜水,二帝异德,故黄帝为姬姓,炎帝为姜姓。姬、姜之族,世为婚姻。黄帝之子二十五人,得姓者十四人。惟姬己各二,同德故也。德同姓同,族虽远,婚姻不通;德异姓异,族虽近,男女不避。尧为帝喾之子,黄帝五代之孙,而舜为黄帝八代之孙,尧之女与舜为祖姑,而尧以妻舜,舜未尝辞。古人婚姻之道若此。以德言,子圉之德,岂同公子?以亲言,秦女之亲,不比祖姑。况收其所弃,非夺其所欢,是何伤哉?"

小说这段对话本于《国语·晋语》,谢维扬先生解释说:"所谓德，不是道德，而是古人认为决定某个共同体或个人生存的一种专属该共同体或个人的属性。它与原始社会中的氏族图腾的性质相似和有关，实际上相当于我们今天所说的共同体成员资格。……就周代而言，德指的自然不是氏族成员的资格，而是由父系单系世系（尽管已不完全）认准的父系宗亲集团的成员资格。”①《左传·隐公八年》也是以“德”为取姓的依据：“天子建德，因生以赐姓。”所以司空季子认为，同德才是同姓，同姓则是同类，不能通婚；异德必是异姓，异姓必是异类，故能通婚。重耳与子圉是叔侄关系，不同德，则不同类，故可以娶其弃妇为妻。其根据是，黄帝和炎帝都是有熊国君少典之子，但他们出生的地点不同，则德也不同，德不同则姓不同，故能世代通婚。虽然司空季子为重耳这番解释不免有些牵强，但他从正反两方面说明了娶于异姓的“厚别”是为了避免父系宗亲内部成员的关系搞混，最终也是强化父系宗亲集团的存在。而“附远”是指与异姓间的诸侯或奴隶主贵族建立错综复杂的姻亲关系，互相依托，或形成一种政治联盟，或形成严密而庞大的宗法网络。正如《周礼·秋官·司仪》郑注所谓：“同姓，兄弟之国；异姓，婚姻甥舅之国。”

正因为这样的婚姻原则和目的，春秋战国时期以婚姻而结盟甚为普遍，各王侯间或统治阶级内部的婚姻往往都是服从于政治利益的，或者把婚姻作为获取政治利益的条件和工具。《东周列国志》也屡有这些描写。如郑世子忽两辞齐婚，后来被迫奔卫的过程很能说明问题。齐僖公与郑庄公石门之约，就代女儿求婚于郑世子忽，庄公也认为是好事，劝世子说：“请婚出于彼意，若与齐为甥舅，每事可以仰仗。”但世子以“郑小齐大，大小不伦”而辞婚（第五回）。实则世子担心受强齐之控制，别有打算。后来世子率兵为齐解北戎之危后，齐僖公又代女儿向他求婚，大夫高渠弥也劝：“若谐婚好，异日得此大国相助，亦是美事。”世子又以“未禀父母”而辞。为此郑大夫祭足还责备高渠弥一番：“君多内宠，公子突、公子仪、公子亹三人，皆有觊觎之志。世子若结婚大国，犹可藉其助援。齐不议婚，犹当请之，奈何

① 谢维扬《周代家庭形态》第 60 页，中国社会科学出版社 1990 年版。

自剪羽翼耶?"(第八回)待后来祭足为其策划,结婚于陈,修好于卫,使陈、卫、郑成鼎足之势而自固,世子方以为然。这也完全是从利害关系考虑的。就是这样,后来宋国强迫祭足更立公子突(厉公),郑昭公忽也被迫奔卫。对此,蔡元放评得很有道理:"春秋之世,列国公子得国、失国、复国之际,往往借重于婚姻。废立之际,无论贤奸忠佞,亦多以此为言。盖非特风尚人情之偏,亦势有不得不然者也。……郑突得国,不消说是得力于宋。可知郑忽两次辞婚,是失计处,未可以安分辞大为贤也。"又如秦怀嬴已先婚于晋公子圉,后来秦穆姬又劝她婚配重耳:"子固不来矣!重耳贤而多助,必得晋国。得晋国必以汝为夫人,是秦晋世为婚姻也。"怀嬴经过一番思虑后,最终也答应:如能成两国之好,"妾何惜一身?"而重耳碍于伦理,本欲不受,但在赵衰所谓"不纳秦女,无以结秦欢。……无以结秦欢,而欲用秦之力必不可得"的利害诱导下,也欣然成婚。这就如恩格斯所说:"婚姻乃是一种政治的行为,乃是一种藉新的联姻以加强自己势力的机会。"①

而最富戏剧性的是,吕不韦和李园利用婚姻做生意,大捞政治资本,都赚得了相位。吕不韦先娶赵姬怀孕,然后把赵姬献给在赵为质的秦公子异人为妻,生子嬴政。后来嬴政为秦王,赵姬为太后,吕不韦也成了相国(第九十九回)。楚考烈王无子,春申君门下一舍人李园,在妹子李嫣身上做文章,先将李嫣献给春申君,待有孕后又合谋献给楚王。到产期,李嫣双生二男,楚王遂立李嫣为王后,其长子为太子,李园为国舅,与春申君相并理政。楚王死后,李园即将春申君谋害,拥六岁的太子嗣位,自立为相国,奉妹子李嫣为王太后,并尽灭春申君之族。这就是所谓子为王而父灭族(第一百三回)。李园的做法与吕不韦如出一辙,只是更加心狠手辣。

二

周代的婚姻,奉行"媒妁之言"和"父母之命"。《礼记·曲礼》

① 参见《家庭私有制和国家的起源》。

说:“男女非有行媒,不相知名;非受币,不交不亲,故日月以告君,斋戒以告鬼神,为酒食以召乡党僚友,以厚其别也。”郑笺:“媒者,通二姓之言,定人家室之道。”作为婚姻条件,当时“媒妁之言”与“父母之命”相提并重。如《诗经·齐风·南山》写道:“取妻如之何?匪媒不得。”“取妻如之何?必告父母。”同时,《诗经》又描写了没有媒人说合和未经父母同意而不得成婚姻的事实。如《卫风·氓》中有“匪我愆期,子无良媒”之句。《郑风·将仲子》描写了一女子畏惧父母而不敢与意中人相爱的痛苦心情:“将仲子兮,无逾我里,无折我树杞。岂敢爱之?畏我父母。仲可怀也,父母之言,亦可畏也。”《战国策·燕策》还载:“处女无媒,老且不嫁;舍媒而自衒,敝而不售。顺而无败,售而无敝者,唯媒而已。”这一观念在春秋战国时也深入人心,成了众人遵守的公理。如有违背,轻者受人指责,重者不予承认。如鲁桓公未经媒人介绍到齐成婚,被后人讥为“非礼”。《左传·成公十一年》载:“声伯之母不聘(杜注:媒礼),穆姜曰:‘吾不以妾为姒。’生声伯而出之。”这是无媒同居而被弃的实录。事实上,“媒妁之言”难免掺假,至少是多说好话,因此最终还得取决于父母之命;父母除参考“媒妁之言”外,主要看是否门当户对。《东周列国志》描写王侯儿女之婚姻,多是其父母根据两姓间的利害关系而初定,然后再派大夫做媒人去求婚,主要是父母之命。如小说描写齐僖公两次代女儿通过大夫向郑世子忽求婚,而世子在齐国辞婚的理由是:“未禀父命,私婚有罪。”(第八回)又如鲁庄公即位不久,母亲文姜令其与齐襄公刚生之女订约为婚。庄公很不满意说:“彼女尚血胞,非吾配也。”文姜则发怒说:“待二十年而嫁,亦未晚也。”(第十四回)庄公不敢违背母命,只得依允。后来庄公与党氏之女孟任已生有一子,请命为夫人,文姜也坚决反对。直到齐襄公之女二十岁时,方娶回立为夫人(第二十二回)。可见父母之命的威力。

非媒不得,小说中最典型的例子是战国后期齐襄王娶太史之女而不被承认。齐闵(湣)王遇害后,其世子法章改名换姓,装为穷汉,投敫太史家为佣人,太史之女与他相约为夫妇而私通。到法章已成齐襄王,太史之女也做了王后,敫太史方知其女先已身许法章,但他始终不承认女儿这桩婚事，并怒骂女儿："汝不取媒而自嫁，非吾种也！"发誓终身不复相见，齐襄王益其官禄也不受（第九十五回）。所以孟子总结性地说："不待父母之命，媒妁之言，钻穴隙相窥，逾墙相从，则父母国人皆贱之。"（《孟子·滕文公下》）孟子和敫太史都可谓"媒妁之言"、"父母之命"的吹鼓手和忠诚卫士。

如上所说，婚姻的主要目的是事宗庙、继后世，所以周民族是鼓励男婚女嫁、繁衍子孙的。"媒妁之言"的目的在于别男女之嫌，即所谓"夫礼，坊民所淫，章民之别，使民无嫌，以为民纪者也。故男女无媒不交，无币不相见，恐男女之元别也"（《礼记·坊记》）。同时，周代还设置了管理男婚女嫁的职官，即地官媒氏，为不能按时婚嫁的男女提供条件。《周礼》规定媒氏的职责是"掌万民之判（半）"，就是主合男女婚姻之半，让男女双方合起来成为夫妇，其中要催促满三十岁的男子和年满二十岁的女子成婚。每年仲春之月，未婚男女可以自由相会，"于是月，奔者不禁"（《周礼·地官司徒》），"会男女之无夫家者，所以育人民也"（《诗小序·有狐》），即是说没有结婚的男女可以自由结识，乃至发生性关系。这就或多或少会导致自由婚姻的出现。《东周列国志》中也有自由婚姻的例证。如第七十七回写楚昭王欲择良婿，嫁其妹季芈，季芈却说："钟建常负我矣。是即我夫也，敢他适乎？"昭王即依季芈，嫁给了钟建。而第六十七回所叙郑国公孙楚与公孙黑争娶徐吾犯之妹，最后任徐氏选择的婚姻，在《左传·昭公元年》中更为详细：徐吾犯的妹妹很漂亮，公孙楚已聘她为妻，公孙黑又派人送去聘礼。徐吾犯报告子产裁决。子产说，她愿意嫁给谁就嫁给谁。于是二人让姑娘选择，公孙黑装扮很华丽，公孙楚却穿着军服，很威风。姑娘观看后说，公孙黑的确很漂亮，但公孙楚是个真正的男子汉。她最终选择了公孙楚。这在春秋战国的王侯贵族里，实在难得。

三

《东周列国志》中有若干原始婚姻形态的残余表现。顾颉刚先生曾在《由"烝"、"报"等婚姻方式看社会制度的变迁》一文中指出："在我国古书里，有一种使后世人用封建思想看来非常刺眼的婚姻状态，就是当一个大奴隶主死后，他的儿子或侄儿可以娶除了自己的生母以外的诸母为妻，甚至他的庶出的孙子可以娶他的嫡祖母为妻。这在后世唤作'乱'，是大逆不道的事情，而在那时却安之若素，甚至得到旁人的拥护。这种记载集中在《左传》里，尤其集中在春秋前期。"①小说中原始婚姻形态的残余表现，正是本于《左传》而被后世唤作"乱伦"的婚姻记载。这种残余表现，主要有烝、因和舅娶甥三种情况。

所谓"烝"，指父亲死后，儿子娶自己的庶母为妻。《左传》记载"烝"的婚姻有五例，这在小说中都有描写，只是作者冯梦龙受汉以后婚姻道德观的影响，往往把这种婚姻称为淫乱或私通。

第十二回，卫宣公自为公子时，就与其父庄公之妾夷姜（非宣公生母）私通，并生有一子名急子，寄养于民间（《左传·桓公十六年》）。

第十二回，卫宣公死后，齐襄公担心妹子宣姜被卫人杀害，私遣公孙无知去卫，要公子硕烝于宣姜（非公子硕生母）。公子硕念父子之伦，坚不允从。公孙无知与公子职用计，请公子硕宴饮，灌得他烂醉后，强使他与宣姜同宿，后来生下男女五人（《左传·闵公二年》）。

第二十回，晋武公死后，献公见父之妾齐姜（非献公生母）年少而美，悦而烝之，后生子申生，立为太子，齐姜为夫人（《左传·庄公二十八年》）。

第二十九回，晋惠公见其父献公之次妃贾君（非惠公生母）色尚未衰，忽动淫心而烝之（《左传·僖公十五年》）。

第五十七回，陈夏姬嫁楚连尹襄老，襄老从军于邲，夏姬（非黑要生母）遂与其子黑要烝淫（《左传·成公二年》）。

须辨别的是，小说中的描写已非历史上的婚姻形态。《左传》所

① 《由"烝"、"报"等婚姻方式看社会制度的变迁》，《文史》第14辑，中华书局1982年版。

载上述五例，都是父亲死后，儿子才将自己的庶母烝为妻子，而非小说所写的那样，有的父亲还在世，其子就烝淫其庶母。这种子娶庶母为妻的现象，《左传》通称为"烝"，而不用"通"、"淫"等乱伦的说法；"烝"的结果，其子女同样可作国君或诸侯夫人，在身份上并不低于一般婚姻所生子女，如晋献公"烝"于庶母齐姜，生女为秦穆夫人，生男名申生，立为太子；特别是卫公子硕"烝"于宣姜，完全是出于宣姜之兄齐襄公的意图，并且是强行其结合，所以不能简单地用男子贪色来解释这一现象。正如顾颉刚所说："'烝'这一事在春秋时代自有它的一定的社会基础，换言之，这是春秋时代被人公认的一种家庭制度，所以这种行为并不为当时舆论所贬责。"①而这种当时公认的家庭制度即是原始婚姻形态的残余表现。谢维扬认为，这种残余是建立在自家庭公社时期流传下来的转房风俗观念的基础上，正是这种转房观念使得儿子娶亡父的妻妾成为合法的婚姻。其原始性，就"在于它允许异辈婚，尤其是允许有母子名分的男女通婚。这在氏族制度下是自然的，但在家庭形态和亲属关系与氏族社会完全不同的周代，这种婚姻必然带来家庭内部亲属结构的紊乱"②。如宣姜与卫宣公生有寿和卫惠公二子，又与寿和卫惠公的兄弟公子硕结婚，那么宣姜对寿和卫惠公来说，既是母子关系，又是嫂弟关系。这种紊乱的家庭内部关系，与周代强调的婚姻家庭观念必定会越来越不合谐，所以"烝"这种婚姻形态都集中在春秋前期，春秋中期以后便不见有记载了。小说作者将这一在当时合法的婚姻现象作为"淫乱"、"私通"描写，并大加渲染和指责，显然是受了汉以后婚姻道德观念的影响。如东汉的服虔在《左传解谊》中就说："上淫曰烝。"晋人杜预注《左传》也说"上淫曰烝。"冯梦龙在小说中自然沿袭了这一观念，将"烝"和"淫"相提并论，大加发挥。可见冯梦龙这位春秋学家也受了后世不少封建伦理道德的影响。

---

① 《由"烝"、"报"等婚姻方式看社会制度的变迁》，《文史》第14辑，中华书局1982年版。

② 谢维扬《周代家庭形态》第74页。

与“烝”同类的是“因”。小说第四十九回本于《左传·文公十六年》写了一例非常奇特的男女关系:宋襄公的夫人老而好淫,看见自己的庶孙公子鲍长得很漂亮就动了心。当然公子鲍不愿意和自己年老的祖母发生性关系,于是襄夫人请庶孙赴宴,用酒灌醉他,然后相通,并许重新立他为君。当时宋国饥荒,公子鲍把自己家里的储粮发给国人,襄夫人也连忙拿出私房,帮助公子收买人心,最后终于谋弑了宋昭公,立公子鲍为君。但蔡元放在《读法》中说:“《左传》、《史记》俱言宋襄夫人王姬,欲通公子鲍而不可。旧本(指《新列周志》)乃谓其竟通了。”所以经他评点的《东国列国志》就在“襄夫人心爱之,醉以酒,因逼与之通”后增添了一句:“公子鲍力拒得免。”这就大异其趣了。事实上,《左传》不仅写了相通,而且还用十分赞赏的笔调写“国人奉公子鲍以因夫人”。顾颉刚认为“因”是“烝”的同义字,而且襄夫人与孙子的婚姻是受“国人”所拥护的。可见在当时也是合法的。

民族的差异,往往就是时代的差异。为了说明上述儿子娶庶母和庶孙子娶嫡祖母是原始婚姻形态的残余,在当时是合法的,我们不妨再举汉朝时匈奴婚姻为佐证。据《汉书·匈奴传》和《后汉书·南匈奴传》载,汉元帝时,匈奴呼韩耶单于入朝,“愿婿汉氏以自亲”,元帝以后宫王昭君赐单于。单于已有好几个妻子,王昭君去后是最年轻的一个,为他生了一个儿子。昭君去匈奴的第三年,呼韩耶单于病逝,其大儿子雕陶莫皋继位,要按匈奴的习惯以后母昭君为妻。昭君不愿,“上书求归”,但成帝命她服从胡俗,所以后单于“复妻王昭君,生二女”。这说明汉时的匈奴还保存着中原春秋前期“烝”或“因”的婚姻形态,正如春秋前期的“烝”和“因”是原始婚姻形态的残余一样,后世认为是“乱伦”,但在当时是合法的婚姻。

小说中还有一种舅娶甥女的婚姻描写,也都在春秋前期,在当时似乎还没有特别加以禁止,仍属合法婚姻,这种异辈姻亲间的通婚当是“氏族群婚时代异辈婚风俗的残余表现”①,也正是其原始性

① 谢维扬《周代家庭形态》第75页。

所在。如第三十五回，写怀嬴是秦穆公之女，秦穆夫人是晋文公之异母妹，故怀嬴是晋文公甥女，而秦穆公却将怀嬴嫁给晋文公为妻，当时随晋文公的赵衰、狐偃、司空季子等都未曾提出不同意见。又如第三十四回，郑文公夫人芈氏是楚成王之妹，所以芈氏所生二女伯芈、叔芈是楚成王之甥女，而楚成王看上二甥女美貌，“是夜拉入寝室，遂成枕席之欢”，次日又载二甥女归楚，纳之后宫。这虽然未行聘礼，有些强迫性，作者也认为“以舅纳甥，真禽兽也”，但对照晋文公纳怀嬴，多少有些合理因素。故小说描写的“烝”、“因”和舅娶甥三种情况，均可视为原始婚姻形态的残余表现，在当时是合法婚姻，只是作者冯梦龙用后世封建伦理观念斥之为“淫乱”。

四

春秋之时，“礼崩乐坏”，制度变改，社会动荡；男女杂乱，怪状百出，反映在小说中的婚配关系和男女私通也颇为紊乱。

婚配中，有父夺儿媳的。如卫宣公本为其世子急子聘齐僖公之长女宣姜，但他闻知宣姜有绝世之姿后，心贪其色，而难于启口。于是先以聘宋为名，将急子遣开，然后派人迎宣姜于新台，自己纳之，急子则只好以庶母之礼见宣姜（第十二回）。蔡景公本为世子般娶楚女芈氏为妻，竟然自己先通于芈氏。其子得知，伪为出猎，反戈而杀死景公（第六十七回）。再如楚臣费无极往秦为太子建迎秦女孟嬴为妻，见秦女美色，则行掉包计，留孟嬴于王宫，楚平王欣然纳为夫人，而与太子成亲的是秦女之媵人，满朝文武及太子皆不知其诈。小说借潜渊之诗概括得正好：“卫宣作俑是新台，蔡国奸淫长逆胎。堪恨楚平伦理尽，又招秦女入宫来。”（第七十一回）

有兄纳弟之妻的。如鲁大夫公孙敖娶莒女戴己为妻，娣声己为媵。戴己病死后，公孙敖复聘己氏之女，莒人辞之以“声己尚在，当为继室”，公孙敖就替弟仲遂纳聘，他见己氏甚美，竟自娶归家，弄得国人沸沸扬扬。（第四十九回）

有欲夺人妻而先灭其国的。第十七回，楚文王听说息侯夫人息妫为绝世美人，急欲得之，乃以巡方为名，来至息国。楚王见息妫而恋之，夜不能寐。次日以答礼为名设宴，暗伏甲兵，酒酣之际，将息侯擒而絷之，然后虏息妫而抚慰，即在军中立为夫人，载以归楚。楚王为一美人而灭其国，可谓无道之极。

有兄妹相通的。如齐襄公在作公子时就与同父异母妹文姜有暧昧关系，文姜嫁鲁桓公后，兄妹更是两地相思。后来文姜随桓公如齐，终与其兄私通，并害了桓公和公子彭生两条性命，兄妹遂长期相通（第九回、第十三回）。又如郑穆公之女夏姬，还未出嫁时就与庶兄公子蛮私通（第五十二回）。

有妻好淫而夫纵之的。小说第七十九回，写卫灵公夫人南子未出嫁时就与宋公子朝相通，两人相爱，胜于夫妻。既嫁灵公，还割不断与公子朝之旧情，而灵公也纵其淫荡，常常以君命召公子朝与夫人相会，丑闻遍传，而他不以为耻。

有君淫臣妻的。如齐懿公见大夫阎职之妻美而悦之，即留于宫中不归，叫阎职别娶他人。阎职怀恨在心，终在申池将昏君杀死（第四十九回）。齐庄公与大夫崔杼之妻棠姜私通，并往来不断。崔杼气愤不过，一日与妻设计，暗伏甲士，将庄公刺杀（第六十五回）。

有君臣宣淫，袒服戏朝的。陈国大夫孔宁和仪行父与夏姬私通，并分别得到夏姬私赠的“锦裆”和“碧罗襦”，互相夸示。然后引诱陈灵公与夏姬私合，也得到夏姬的贴身内衣。于是一君二臣在朝堂宣淫戏谑，大夫泄冶忠谏被害。继而一妇三夫打成和局，共欢同笑，廉耻丧尽。夏姬之子征舒渐渐成人，陈灵公终被其所杀（第五十三回）。

有大夫交换妻妾而宣淫的。小说第六十七回，写齐相国庆封以国政交付其子庆舍，迁其妻妾于大夫卢蒲嫳之家。庆封与卢蒲嫳妻妾同宿，卢蒲嫳也与庆封之妻妾相通，两不禁忌。甚至两家妻小合做一处，醉后啰唣，左右掩口。可谓淫乱之极。

其他如周襄王翟后与夫弟叔带相通，鲁庄公之夫人哀姜与夫弟庆父私通，晋骊姬与优人私通等，不能遍举。上自王侯之宫，下及士大夫之家，内室污秽，男女杂乱，在文明社会中，更无盛者。这一方面说明当时贞操观念的淡薄，另一方面也有原始群婚习俗之影响。

五

春秋战国对女子“贞节”的要求比较宽松，没有对女子离婚、改嫁提出具体限制，所以夫死不嫁、从一而终还没有普遍形成观念和制度，而离婚再嫁或夫死改嫁在当时是很寻常的事情。这在小说中也有形象的反映。如秦穆公先将女儿嫁给晋公子圉，后来又嫁给重耳为妻，在时人看来是天经地义的。重耳流亡时恋其妻季隗，但也告诉季隗可改嫁（第三十一回）。再如第十一回所写，郑厉公命令雍纠去刺杀岳丈祭足，雍纠的妻子祭氏得知后，就回娘家问自己的母亲：“父与夫二者，孰亲？”其母回答：“皆亲。”又问：“二者亲情孰甚？”其母又说：“未嫁之女，夫无定而父有定；已嫁之女，有再嫁而无再生。夫合于人，父合以天，夫安得比于父哉？”祭氏就将谋刺计划泄露给父亲，结果导致其夫雍纠被杀。“未嫁之女，夫无定而父有定；已嫁之女，有再嫁而无再生”，既表明了对父系宗亲血缘关系的看重，也说明了对妇女改嫁的普遍认可。小说描写夏姬的改嫁最能说明问题。夏姬最初和公子蛮私通，时间长达三年，实际上已经是公子蛮的妻子；公子蛮死后，夏姬嫁给陈国夏御叔为妻（第五十二回）；夏御叔死后，又嫁给楚国连尹襄老为妻（第五十三回）；不久，连尹襄老战死，她又成了申公巫臣的妻子（第五十七回）。小说并未表露对夏姬数次改嫁的非议，只是流露了“女人祸水”论的观念。

另一方面，在贞节观念淡薄，不反对女子改嫁的同时，又有“从一而终”的说教。《易经下·恒·六五》：“恒其德，贞，妇人吉。”《易传·象下·恒》说：“妇人贞吉，从一而终也。”《礼记·郊特性》又说：“一与之齐，终身不改，故夫死不嫁。”宗族制把“夫死不嫁”也作为对妇女的一种道德要求，将节烈观视作妇女情操的最高境界，于是守贞的妇女也开始出现。生活于明末的小说作者冯梦龙，虽然受了李贽进步妇女观的影响，但经汉儒和宋明理学家不断强化的贞节观又不能不对他产生一些影响，所以小说在客观描写守贞妇女的同时，也略有渲染和说教。如夷姜本是卫宣公的庶母,后来被宣公烝为妻子。夷姜怨恨宣公的责备,结果投缳而死,小说就给予辛辣的讽刺:“父妾如何与子通?聚麀传笑卫淫风。夷姜此日投缳晚,何似当初守节终!”(第十二回)纪国灭亡后,纪伯姬惊悸而死,叔姬为昔日从嫁者,齐襄公欲送她归鲁。叔姬却说:“妇人之义,既嫁从夫,生为嬴氏妇,死为嬴氏鬼,舍此安归乎?”襄公乃听其守节。小说又加称赞说:“小邦妾媵,矢节从一。宁守故庙,不归宗国。卓哉叔姬,《柏舟》同式。”(第十四回)又如第十九回中的息妫,楚文王灭息后强娶她归楚,并生了两个儿子,但她却从不与楚王讲话。楚王问其原因,她说:“吾一妇人而事二夫,纵不能守节而死,又何面目向人言语乎?”可谓自觉的守节意识。

而小说中为守节付出最大代价的莫过宋伯姬。她是鲁宣公的女儿,嫁给宋共公七年后就守寡,已三十余年。当时宋宫深夜失火,左右之人禀告夫人避开,伯姬说:“妇人之义,傅母不在,宵不下堂。火势虽迫,岂可废义?”等到傅母来时,她已经被烧死了(第六十七回)。已经是六十多岁的老太婆了,因傅母不在,不合礼制的要求,就宁可烧死而为男子守身,实在太迂阔了。小说还表彰了节烈之妇。如晏娥儿逾墙,又触柱而死,以殉齐桓公。作者称赞:“贤哉此妇!”(第三十二回)又如濑水浣纱女,因馈食伍子胥,与男子交谈几句,便自以为“败义堕节”,自投濑水而死。作者又情不自禁地赞道:“濑水不竭,兹人千古!”(第七十三回)这些描写和渲染,显然是受了明代大力旌表节妇烈女的社会风尚之影响。

总之,小说形象而深刻地反映了春秋战国时期的婚姻道德观念,以及复杂而紊乱的婚姻家庭关系,不失为研究这段历史中婚姻家庭和伦理道德观念的形象材料。同时,生活于明末的冯梦龙不能不受到一些日益强化的理学思想影响,描写中打上了时代烙印和涂上了自己的感情色彩,所以在某种意义上可以说,小说反映了先秦至明末的婚姻道德观念。

(作者系内江师范学院教授)

明代小说集《情种》浅谈

[韩]金源熙

一、前　言

明人宋存标的《情种》是长时间消失在人们视野里的一部小说集。它不但收录了《负情侬传》、《珠衫》、《杨幽妍别传》等不少知名的明代小说，而且收入了《转玉儿传》、《仆固琬传》、《范笏林传》等未见于其他文献中的小说。集中每篇篇末有以"居士曰"开头的总评，又为我们提供不少对研究明代小说、戏曲有用的珍贵信息。但是，今人对《情种》的研究，基本处于空白的情况。近年来此书先后收入《四库未收书辑刊》和《北京图书馆古籍珍本丛刊》，给我们的研究提供了很大方便。本文将据此对《情种》这部被人遗忘的小说集的作者、内容和它与其他小说之间的关系进行初步的研究，特别注重探讨本书与《情史》之间的关系。

冯梦龙编纂的《情史》系晚明刊刻的一部重要的文言小说选集，亦名《情史类略》、《情天宝鉴》等。此书从历代史书、笔记、小说、诗话等作品中录取有关"情"的故事，共二十四卷八百六十余篇，上起周代，下迄明季。该书按照情贞、情缘、情私、情侠、情豪、情爱、情痴、情感、情幻、情灵、情化、情媒、情憾、情仇、情芽、情报、情秽、情

按：本文原载韩国《中国小说论丛》第 22 辑。

累、情疑、情鬼、情妖、情外、情通、情迹等，分类编录，可谓集古代"情"文化之大成。无论是对中国古代爱情与两性关系的宏观研究，还是对晚明社会文化思潮的微观研究，都具有十分重要的价值。《情种》和《情史》，从书名到内容都有密切关系。本文旨在说明冯梦龙在编纂《情史》的时候，曾经参考、引用过《情种》一书。

二、宋存标生平概况

《情种》八卷，卷一下面题"秋士宋存标论著"。《四库全书总目》载宋存标简单事迹，曰：

> 存标字子建，华亭人。崇祯间贡生，候补翰林院孔目。是编取《三传》、《国策》、《史记》、《汉书》及诸杂史，摘其事迹而论列之。如以项羽为智士仁人，以汉高帝为木偶之类，殊嫌乖谬。措语尤多轻佻。卷首题陈继儒选定，则习气所染，由来者渐矣。(《四库全书总目》卷九十史部史评类存目"《史疑》四卷"提要)

《复社姓氏传略》中亦有宋存标的事迹曰：

> ……崇祯中选贡，候补通判。寻中壬午(1642)乙榜，授南京翰林院待诏，以国变归里。存标自少负才名，为几社领袖，尝汇刻社中古文，为《壬申文选》。性喜吟咏，和唐人名作，殆编其诗，名《邀和集》。①

可知，宋存标活动于明万历以至崇祯年间，少负才名。参加过几社，与几社创立者周立勋等交谊深厚②，又与江南吴地不少名士

---

① 《明代传记丛刊》第7册第159页，明文书局1991年版。

② 周亮工《藏弃集》卷七"周立勋"《与秋士》书牍，《中国文学珍本丛书》第1辑第37种，据赖古堂原本排印，1936年初版。

交游，与其同乡前辈陈继儒（1558—1639）关系尤为密切，在《情种》中常常可以看到“陈眉公曰”四个字，卷八还专门收录陈继儒的文章。宋存标文集《秋士偶编》①的《序》亦是陈继儒所撰。另外，《情种》中还提到宋懋澄（1568—1622）、钟惺（1574—1624）、谭元春（1586—1632）等人，说明宋氏和他们也都有深厚交情。尤其是宋懋澄，宋存标在该书中称其为“幼清伯”。按宋存标的祖父宋尧武②是宋懋澄的父亲宋尧俞的亲弟弟。宋尧武有八个儿子，其中宋茂韶就是宋存标之父，宋存标《秋士偶编》首页所题的“弟征璧尚木、征舆辕文，华亭宋存标子建撰”，其中“征璧”③是他的亲弟弟，“征舆”④则是宋懋澄的次子⑤。宋懋澄是宋存标的堂叔，故被尊称为“幼清伯”。

宋存标与云间诸社友徐孚远、陈子龙⑥等关系密切，而且宋氏为当时华亭名门，从种种文献中可以看出宋氏兄弟和宋征舆⑦与江

① 《四库禁毁书丛刊》集部第 11 册，据明末刻本影印。

② 光绪重修《华亭县志》十六《人物》曰：“宋存标，字子建，号秋士，尧武孙，明崇祯十五年副贡。子思玉，字楚鸿。思宏，字汉鹭。思璟，字唐鹗。”（《中国地方志集成》上海府县志辑第 4 册）参见《华亭县志》卷十五列传《宋尧武》和《九钥集》文卷七《叔父参知季鹰公行略》。

③ 宋征璧，原名存楠，字尚木，又作让木，华亭人。崇祯十六年（1643）进士，官中书舍人，仕清为中书舍人、潮州知府。与从弟宋征舆并成为“大、小宋”。

④ 宋征舆（1618—?），字辕文，号直方，华亭人。顺治丁亥（1647）进士，官至都察院左副都御史。征舆为诸生时，与陈子龙、李雯等倡几社。以文章风雅著称。

⑤ 参见吴伟业《梅村家藏稿》卷四十七《宋幼清墓志铭》（《续修四库全书》第 1396 册，据华东师范大学图书馆藏清宣统三年董氏诵芬室刻本，第 262—263 页），宋征舆《林屋文稿》卷九《封承德郎中书舍人叔父邕庵府君墓志铭》（《四库全书存目丛书》集部第 215 册，据上海图书馆藏清康熙九钥楼刻本，第 352—354 页）

⑥ 陈子龙曾撰写《湘娥赋》，哀悼宋存标的妻子徐氏。

⑦ 宋存标、宋征璧与宋征舆的父亲辈是同祖的从兄弟关系，虽然到了宋存标这辈，亲缘关系已经渐渐疏远，但是因为宋征舆和他的哥哥宋敬舆五岁六岁时丧父，诸父辈中“惟邕庵府君其于征舆有恩谊也”，因此从兄弟之间感情很深（参见《林屋文稿》卷九《封承德郎中书舍人叔父邕庵府君墓志铭》）。

南名士之间的交情①。吴伟业(1609—1671)曰:“子建雅结纳,擅声誉,天才富捷,能为诗歌,胜游广集,名彦毕会,每子建一篇出,无不人人嗟服。”②值得注意的是,钱谦益与宋征舆之交情③,可能延伸到宋存标身上。钱谦益至松江时,宋存标有和答诗四首④。钱谦益与冯梦龙亦有交情,而且宋存标、宋征璧都是几社中的佼佼者,与参加过复社的冯梦龙之间有交流的可能性不小。

弘光王朝建立后,宋存标被荐入翰林,宋征璧被召为经筵展书官,但宋茂韶写信给他们说:“南中政府昏浊,谗夫高张,贤人君子,相继去国,尔兄弟为何独留?”兄弟于是“皆坚请得归”⑤,刻意疏远与明王朝之间的关系。清兵入关之后,宋存标虽然不再出仕,但是宋征璧和宋征舆则出仕清朝,宋征舆还官至副都御史,由于《梅村集》卷二十八《宋尚木抱真堂诗序》曰:“隐莫如子建,达莫如直方。”⑥明亡之后,

① 《梅村集》卷二十二序二《宋尚木抱真堂诗序》:“宋氏既右姓,兄弟多读书知名,一门之内,鱼鱼雅雅,望而知为温柔敦厚之风,此则君所以为性情也。”(第673—675页,上海古籍出版社1999年版)宋征璧《倡和诗余再序》:“兵火以来,荷锄草间。时值暮春,邂逅友人于东郊,相订为斗词之戏,以代博弈。曾不旬日,各自若干首。嗣自赓和者,又有钱子子璧(钱谷)、家兄子建、舍弟辕生、辕文。皆能以渊调寄其离心,深情发为秀句,挹子晋之风流,人人玉管,揽广陵之烟月,树树琼花者矣。”(宋存标《倡和诗余》第3页,辽宁教育出版社2000年版)另外参见陈寅恪《柳如是别传》,第76、77、138、1158、1159等页,三联书店2001年版。

② 《吴梅村全集》卷第二十八文集六《宋子建诗序》,第667页,上海古籍出版社1999年版。

③ 宋征舆《林屋文稿》卷十六《上钱牧斋先生书》,《四库全书存目丛书》集部第215册。

④ 参见陈寅恪《柳如是别传》第1158—1159页,三联书店2001年版。另外,《明代千遗民诗咏》卷十曰:“三宋有高名,子建诗尤好。明经遂归隐,百家唐诗稿。琴清堂上琴,泠泠写怀抱。梅村既欣赏,牧斋亦倾倒。”(张其淦撰、祁正注《明代千遗民诗咏》,《清代传记丛刊》第67册,第475页)

⑤ 宋征舆《林屋文稿》卷九《封承德郎中书舍人叔父邕庵府君墓志铭》。

⑥ 《梅村集》第674页。上海古籍出版社1999年版。

许多像宋存标一样具备生员身份的士人放弃了秀才的身份，也就是所谓的“弃巾”、“告退衣巾”，这意味着他们放弃了作为生员可得到的经济和法律上的利益，拒绝享受清朝廷给予的优待。他们用这种方式表示自己不与新朝合作，以显示忠义。相对于殉节，这是他们在其所处位置上最切实、也最具效果又最容易做到的办法。宋存标虽然被推荐为贡生，但他也是生员的身份，并且不曾放弃这种身份，即《梅村集》卷二十八《宋直方林屋诗草序》曰：“子建以明经高隐著书，尝拟唐人数百家，未就而卒。”①

宋存标著述颇丰，除《情种》、《史疑》、《秋士选诗》②、《秋士偶编》附《董刘春秋杂论》③外，尚撰辑《壬申文选》、《邀和集》、《翠娱阁集》④等。

三、《情种》概况

《情种》八卷，现存只有天启年间(1621—1627)南城翁少麓⑤刻本⑥。该本半叶九行、行二十字，白口，四周单边。书前有陈继儒《序》和宋氏本人自序。该书是宋存标在中举(1642)之前写的，卷二载有天启三年(1623)事。书中收入的其他小说作品都是陈继儒、宋懋澄和屠隆等前辈的作品。由于成书时间当在天启三年以后，书又

---

① 《梅村集》第671—672页，上海古籍出版社1999年版。

② 《秋士选诗》专门收录宋懋观、宋懋晋、宋懋澄等诗及己作。参见雷梦辰《清代各省禁书汇考》第249页，北京图书馆出版社1997年版。

③ 孙殿起《清代禁书知见录》曰：“无刻书年月，约崇祯间刊。”(《书目类编》第15册第119页，据1957年排印本影印)

④ 清沈季友编《槜李诗系》记载宋存标一首《登烟雨楼》，注云：“字子建，松江人，有《翠娱阁集》。”(《文渊阁四库全书》第1474册)

⑤ 翁少麓，活动于万历、天启年间。另有万历刻《南宋志传》(参见王清原等《小说书坊录》，北京图书出版社2002年版)。

⑥ 《北京图书馆古籍珍本丛刊》第65册和《四库全书未收辑刊》三辑第28册都据明天启翁少麓刻本影印。

在天启年间刻成,我们可以推测此书编成之后不久就付诸刊刻,从而判断宋存标在吴地一带的名气不小。对于此书,陈继儒《序》曰:

> 余小友秋士,素有隽才,醉歌黄鹤,笑指青霞,风气日上,足散人怀矣。骚屑诸吟,霏霏如珠玉屑,架学区中,飞才甸外,自当不受俗眼相白耳。顾高楼怀怨,结眉表色,长门下泣,破粉成痕。秋士有情,亦何以消此恨也。《情种》一编,一语入情,万劫不死,快读临风,碧云、明月侵人矣。

这里没有提到在一般序中可以见到的关于该书的具体内容和创作动机的说明。但从字里行间,却可意会到《情种》作者宋存标的人品高尚,不迎合世俗。宋存标在自序中也表示了这种感慨:“如云意气,压低数点青山。嬉笑而菩萨低眉,怒骂而金刚怒目。是古非今,尽生前磨糊上帝,嘲风弄月,拼死后抹杀阎王。眯目者人,怡情者我。字亦得风,天然而笑也。”可见,宋存标亦具有典型的晚明士人(尤其是在野的士人)狂放不羁的性格。

该书第一卷就好像是有关爱情故事或者古代女性主题传说的典故词典一样,用类书的形式,分类罗列名词。其中包括“埋忧处”、“有情痴”、“情语”、“妄想”、“众香国”、“五花判”、“寻香人”、“凤凰池上客”、“鸟周礼”、“英雄泪”、“女史”、“娘子军”、“风流妒”、“雌丈夫”、“大分别”、“恨事”等等不同条目。

具体来看,“埋忧处”罗列与历代女性有关的遗迹,其中“绿珠楼”所述故事,从史书《晋书》开始,到宋代乐史《绿珠传》、《姬侍类偶》卷上、元明时的《琅嬛记》、《艳异编》卷十六《绿珠传》、《初潭集》卷三、《燕居笔记》的《绿珠坠楼记》、《情史》卷一情贞类《绿珠》都有记载,可见这是非常受欢迎的爱情故事。“妄想”收有“卓文君当酒垆”、“赵飞燕合德和七蕴香汤侍浴”、“乐昌公主拭镜”、“红拂女执麈尾”、“张红红侑歌”等。此外“众香国”、“五花判”等是关于植物的;“凤凰池上客”、“鸟周礼”是关于动物的。“娘子军”有关军事;“雌丈夫”则是有关侠女行义的故事。

卷二的内容主要是对卷一中的典故的论述。作者引用当时名士，比如陈继儒、谭元春、吴宁野、钟惺、钱希言、宋懋澄等的说法，并进一步阐述了自己对历代女性的看法。通过卷二的内容我们可以了解到作者的思想。例如，卷二叙曰："天下奇女子，即是真男子。古今情丈夫，终为烈丈夫。"晚明时期，人们对于为爱情跨出幽阁的女性，或以"情侠"称之，或以"奇女子"、"雌丈夫"誉之。从侠妇卓文君开始，一直到该书卷六《范笏林传》中为情而死的妓女"杜生"等人，我们可以看到被称为"奇女子"的往往是寡妇、娼妓、婢妾等地位卑下的女性。珍视浪漫爱情的男子将这些女子光彩化了，他们想在这里找到寄托，以摆脱现实生活中的失落感。浪漫爱情的理想境界将他们在政治上的失败引向了与娼妓、婢妾的交往中，在这里他们感受到了在官场和卑微政治地位中丢失了的道德优越感。结交娼妓、婢妾成为一种隐喻味颇浓的行为①。其实，宋存标的重情思想不单是他个人的思想理念，也是晚明文人的共识，更体现出晚明社会对情、欲的追求与向往。而且，他和其他晚明人士一样，也受到李卓吾反传统、反礼教的影响，《情种》卷二曰：

> 读卓吾全集，大约不痴不快，不快不奇，尤妙在自赞一段。句句骂自己，却句句骂他人，所以为妙。句句骂他人，却句句骂自己，所以为痴。惟妙故传，惟痴故杀，惟传故为千古文人，惟杀故成一时才子。

《情种》卷三至卷六则专门收录文言小说，卷三叙曰："余家藏有《转玉儿》、《仆固琬》、《李公子传》，皆《艳异》诸编所不载，因列之于左，以备好事者采云。"说明了《情种》收入的故事是为了给好事者提供方便。《情种》亦继承明人编书时杂钞别人作品的恶习。原是陈继儒的作品《李公子传》、《杨幽妍别传》、《范笏林传》亦加载《情种》

① 参见卜正民(Timothy Brook)《纵乐的困惑》第267—268页，三联书店2004年版。

卷三、卷四和卷六。此外《情种》卷四《负情侬传》、《吴中孝子》、《珠衫》、《耿三郎》、《李福达》，卷六《刘东山》皆摘取自宋懋澄《九钥集》，卷五《冥寥子游》其实也是屠隆的作品。可以说，《情种》收入的文言中篇小说基本上是用别人的创作缀合而成的。但卷三《转玉儿传》和《仆固琬传》二篇来源不详。《转玉儿传》是有主人妓女转玉儿和晋世族郗超的爱情悲剧故事。《仆固琬传》则是唐道士桑道茂和太宁郡王仆固怀恩之女、汾阳王郭子仪幸妓仆固琬的爱情故事。

四、《情种》与《情史》的关系

值得注意的是，冯梦龙搜集爱情故事编纂而成的《情史》很可能参考了《情种》。《情种》与《情史》重叠的故事共有《负情侬传》、《珠衫》、《杨幽妍别传》、《范笏林传》等四篇，除了《珠衫》之外，两书文字基本上相同。比如《情史》卷十三情憾类《杨幽妍》，除后面稍微删除与故事情节无关的缀语以外，与《情种》的《杨幽妍别传》基本上相同。而且更为关键的是《情史》与《情种》后面的评语也相同。正如上文所述，这四篇小说均采自他人的作品，但宋存标也作了些文字的润色，并附有自家的评语。通过下文的比较可以发现，冯梦龙在编纂《情史》时并没有根据这些作品的最初文本，而是参考了宋存标修改后的文本。

陈继儒《杨幽妍别传》①	《情种》卷四《杨幽妍别传》	《情史》卷十三《杨幽妍别传》
撤荤血者兼旬。雕刻紫檀主，置座隅，或怀之出入衣袖衾裯间。食寝必祝，祝必啼，……幽妍墓在龙华里，圣清选地。……死乎不死矣。	撤荤血者兼旬。雕刻紫檀主，置座隅，或怀之出入衣袖衾裯间。食寝必祝，祝必啼……幽妍墓在龙华里，圣清选地。……死乎不死矣。 居士曰：琅琊王伯舆终当为情死。乃知生而不死，死而复生者，俱非情之至也。昔者吾友尝从事于斯矣。鄙哉！张君瑞、杨玉环之流也。	撤荤血者兼旬。选地于龙华里葬焉。结茅庵，祀文佛如来，偿其始愿。雕刻紫檀主，置座隅，或怀之出入衣袖衾裯间。食寝必祝，祝必啼，未几亦病死。 居士曰：琅玡王伯舆终当为情死。乃知生而不死，死而复生者，俱非情之至也。

① 《说郛续》卷四十三，《续修四库全书》第 1192 册，据清顺治三年宛委山堂刻本影印。

从此判断,《情史》引用"杨幽妍"故事时,利用的书就是《情种》。《情史》引用"杜十娘"故事亦如此。比较一下三种书的结尾和文后评。

宋懋澄《负情侬传》①	《情种》卷四《负情侬传》	《情史》卷十四《杜十娘》
当是时,目击之人,皆欲争殴新安人及李生,李生暨新安人各鼓船分道逃去,不知所之。 噫!若女郎亦何愧子政所称烈女哉。虽深闺之秀,其贞奚以加焉。宋幼清曰:"余自庚子秋闻其事。……	当是时,目击之人,皆欲争殴新安人及李生,李生暨新安人各鼓船分道逃去,不知所之。 居士曰:噫!若女郎亦何愧子政所称烈女哉。虽深闺之秀,其贞奚以加焉。十娘是杜秋现身,李生是李珪余孽。新安人,天下有情人也!其说李郎也,口如河,其识十娘也,目如电。惜十娘之早遇李生而不遇新安人也。使其遇之,虽文君之与相如,欢如是耳。虽然,女不死不侠,不痴不情,于十娘又何憾焉!	当是时,目击之人,皆欲争殴新安人及李生,李生暨新安人各鼓船分道逃去。浙人作《负情侬传》。 居士曰:新安人,天下有情人也!其说李郎也,口如河,其识十娘也,目如电。惜十娘之早遇李生而不遇新安人也。使其遇之,虽文君之与相如,欢如是耳。虽然,女不死不侠,不痴不情,于十娘又何憾焉!

另《范笏林传》所写也为一伤心感人的爱情故事,写世家子弟范笏林与妓女杜生的爱情悲剧。此为实录,其本事见于明代何三畏②《云间志略》③卷二十一《范孝廉牧之传》。范允谦,字牧之,别号笏林,华亭人,宋范仲淹十七世孙。隆庆四年(1570)二十二岁,应乡试中选,五年下第,筑书室,灌花种竹,钻研六经。何三畏讲述从童仆口中听到的范允谦与杜生之事,曰:

> 余旧舍与牧之比邻,不越数十武,于是唐元征、彭钦之与余数辈④,亟请其家执童仆问之,始知有杜生者,养之别馆。

① 《九钥集》文卷五,《续修四库全书》第1374册,据明万历刻本影印。

② 《华亭县志》卷十五列传中曰:"何三畏,字士抑,号绳武。三畏少颖拔中。万历十年举人,选绍兴府推官。……遭丧母,誓墓不复出。出构芝园,日与宾客,为文酒会,有古豪士风。"

③ 《四库禁毁书丛刊》史部第8册,据明天启刻本影印。

④ 《云间志略》卷二十一《彭太学钦之公(彭汝让)传》曰:"与方学宪众父(方应选)、唐宗伯元征(唐文献)……范孝廉牧之(范允谦)……及余辈结为同社。"

据沈德符《万历野获编》云:“此事见松江诸名士记传中。”①吴中文人记此事者多,《情种》的“范笏林”故事,原是陈继儒的作品,在《陈眉公文集》②卷十三有《范牧之小传》。而陈氏一开始也说明创作动机和素材说:

> 余宅邻牧之,少闻牧之以情死,不敢问父老。比十年奉化人之教,略已定情,乃始许牧之子必溶③,作牧之传。

与何氏的记载很相似。陈氏又在结束部分说明了故事的提供者:

> 余闻牧之事光禄公、泰淑人,及遇弟允临。斤斤孝友,名教人也。因缘为祟,卒耗俊姬,何哉!

但是,何三畏著作《云间志略》、《何氏类镕》等书前都有陈继儒的叙,署“门生陈继儒”,陈继儒写《范牧之小传》时,应该参考过何氏的《传》。据《云间志略》,可知“光禄公”即范允谦的父亲范惟丕,嘉靖三十八年(1559)进士,任光禄寺卿;“弟允临”即范允临,字长倩,万历乙未(1575)举进士,是陈继儒同学④。

《云间志略》和《范牧之小传》同样讲述范允谦与杜生之事,但是《云间志略》比较客观地记叙了事情的经过,而《小传》则带有文人细腻描写的笔触,因此《小传》显得更为生动。以杜生被卖为贾妇的经过为例,《范牧之小传》曰:

---

① 沈德符《万历野获编》卷二十三妓女《杜韦》条,第600—601页,中华书局。

② 《续修四库全书》第1380册,据上海图书馆藏明万历四十三年史兆斗刻本影印。

③ 《情种》卷六《范笏林传》为“必宣”,误。

④ 董其昌《寿陈征君元配卫孺人六十序》中曰:“仲醇(陈继儒)同学有若;方众甫学宪、唐元征宗伯、杨彦履宫谕(杨继礼)、范长倩学佥(范允临)。”

深情胶粘不解，而复为诸客所激，若圆石遇阪，转触转下，势不得不与俱尽。会太守窘杜生，出辱之庭。牧之忍愧，以身左右翼，多卑词。太守徘徊，不令下鞭，然终不许牧之以一妓女烬黜，卖杜为贾妇。牧之佯诺，阴使人赝为山西宾，得之以藏于别第，俄载而与俱长安。

而《云间志略》则曰：

其伯太仆公①，亦怪其狎邪之行，乃以状白王郡侯。郡侯为之穷治其狱，牧之益愤惫，意若不欲生，与之同死者。就询时，以身左右翼，得不下鞭，判作贾人妇。而牧之遂听人画策，阳鬻之而阴收之。此妇女又置之别馆，亟挟之行，先计偕北矣。

范笏林故事亦见于《情史》卷六情爱类《范笏林》。三书基本文同，但是有一些文字在陈氏《小传》和《情种》的《范笏林传》中稍微不同，而《情史》所载文字同于《情种》。冯梦龙虽然与陈继儒有交游②，但他引用这则故事时，参考的亦是《情种》。

陈继儒《范牧之小传》	《情种》卷六《范笏林传》	《情史》卷六《范笏林》
少年颉颃而游，遇豪贵人 他日枕骨，葬太湖之滨 而后为诸客所绝	少年颉颃而游。游遇豪贵人 他日枕骨而葬太湖之滨 而复为诸客所激	少年颉颃而游。游遇豪贵人 他日枕骨而葬太湖之滨 而复为诸客所激

根据这种种证据，我们可以断定冯梦龙编辑《情史》时曾参见

① 是范允谦的伯父范惟一。沈德符《万历野获编》卷二十三妓女《杜韦》条云："范妇翁为陆阜南（树德）中丞，闻之大怒，讼之官，系韦狱中。"可知，此记载与何三畏对控诉者的描写稍有不同。

② 见冯梦龙《智囊补》卷五明智部《东海张公》条下有"陈眉公"评语（《四库全书存目丛刊》子部第135册，据中央党校图书馆藏明积秀堂刻本，第421页）。

《情种》。《情种》记载的大部分故事来自别人的创作，但是"论著"二字说明，里面不少论述来自作者本身，而冯梦龙再将这些论述引用在《情史》中。

（作者系韩国济州汉拿大学教授）

明清时期书坊翻刻与通俗小说的传播

纪德君

明清时期，通俗小说广为流传，影响甚巨。清钱大昕《潜研堂文集》卷十七《正俗》即云："古有儒、释、道三教，自明以来，又多一教曰小说。小说演义之书，未尝自以为教也，而士大夫、农、工、商贾，无不习闻之，以致儿童妇女不识字者，亦闻而如见之，是其教较之儒、释、道而更广也。""小说演义之书"为何会如此普及？不少学者从传播学角度对此作了有益探讨。一种意见认为明清时期小说售价偏高，民众购买力、识字率有限，受此影响，通俗小说的读者主要为商贾、官宦包括其子弟，以及具备一定经济能力的知识分子；此外还当包括对小说感兴趣的伶人、娼妓和收入中等的市民等。至于购买力有限的人，则可以通过转借和租赁等方式阅读通俗小说；文盲或准文盲亦可以靠听书或看戏来了解通俗小说的内容①。这种看法无疑切近于事实，不过似乎仍有虑不周全之处，因为影响明清通俗小说传播与普及的另一重要因素——翻刻，尚未引起足够重视。因此，有必要就书坊翻刻对小说传播造成的实际影响，略作探讨。

---

① 参见日本学者矶部彰《关于明末〈西游记〉的主体受容层研究》(《集刊东洋学》第 44 辑)、大木康《关于明末白话小说之作者与读者——据矶部彰之论》(《明代史研究》1984 年第 12 期)与中国学者潘建国《明清时期通俗小说的读者与传播方式》(《复旦学报》2001 年第 1 期)、宋莉华《明清时期说部书价述略》(《复旦学报 2002 年第 3 期》)等文。

一

根据现有的文献资料记载，明中后期民间书坊出版小说以牟利的风气颇为盛行。明叶盛《水东日记》（初刊于弘治年间）卷二十一《小说戏文》即云："今书坊相传射利之徒，伪为小说杂事，南人喜谈如汉小王（光武）、蔡伯喈（邕）、杨六使（文广），北人喜谈如《继母大贤》等事甚多。农工商贩，钞写绘画，家畜而人有之。"明何良俊《四友斋丛说》（初刊于隆庆三年）卷三《经三》亦谓："今小说杂家，无处不刻。"今人袁逸在《明代书籍价格考》一文中则具体指出："明万历年间当代刻本的平均售价为每卷 18 钱银，与同时期每卷 0.124 钱刻印成本比较，赢利率在 12 倍以上。即使扣除其他种种支费或损耗，书商的利润仍应十分可观。"①这只是就刊售经史文集而言的；至于小说，则属畅销书。明刘若愚《酌中志》卷十八《内版经书纪略》载："《三国志通俗演义》、《韵府群玉》，皆乐看爱买者也。"因此，书商赢利自然更为可观。清金缨在《格言联璧》中亦曾道及书坊主经营"售多利速"之诀窍："卖古文不如卖时文，印时文不如印小说。"②

书坊主不仅喜欢印卖小说，而且为了降低成本，还千方百计盗印、翻刻他人之书。明郎瑛《七修类稿》卷四十五《事物类·书册》即云："我朝太平日久，旧书多出，此大幸也，亦惜为福建书坊所坏。盖闽专以货利为计，但遇各省所刻好书，闻价高即便翻刊，卷数、目录相同，而于篇中多所减去，使人不知。故一部止货半部之价，人争购之。近如徽州刻《山海经》，亦效闽之书坊，只为省工本耳。"本来，翻刻他人之书，就已省去支付著者的报酬，而书坊主还要偷工减料，对原书删繁节要，这样一来，成本降低了，书价也就随之大打折扣。请

① 王有朋、宋原放辑注《中国出版史料》第 529 页，湖北教育出版社 2004 年版。

② 转引自王利器《元明清三代禁毁小说戏曲史料》第 324 页，上海古籍出版社 1981 年版。

看三种不同明刊本《三国志演义》之比较：

书名(版本)	卷数	板式	总字数	叶数
三国志通俗演义(嘉靖壬午本)	20卷240则	9×17,153字	58.8万字	3843
三国志传(嘉靖二十四年叶逢春刊本)	10卷	16×20,320字	55.3万字	1728
三国志传(万历二十四年诚德堂)	20卷	14×28,392字	40.5万字	1033

根据此表所列数据，即使叶逢春本、诚德堂本与嘉靖壬午本刊刻、印刷一样精美，其定价恐怕亦不及嘉靖壬午本的二分之一或三分之一。更何况建阳书坊出书最多，“板纸俱最滥恶”①，刻工亦不讲究，其价格自然更低。张秀民先生曾将万历年间金阊书坊舒冲甫所刻《封神演义》与建阳刘氏安正堂所刻《翰墨大全》相比较，指出这部小说共二十卷一百回，篇幅不可能超过一百二十五卷本的《翰墨大全》，可其标价却为贰两纹银，《翰墨大全》只标价壹两，“可见建本比苏本便宜，故销路较广”②。明胡应麟《少室山房笔丛》卷四《经籍会通四》曾云：“凡刻，闽中十不当越中七，越中七不当吴中五，吴中五不当燕中三，燕中三不当内府一。”因此，论价钱，十部叶逢春本或诚德堂本《三国志传》可能还不及一部内府刊刻的《三国志通俗演义》。并且，随着出版印刷业的发达与竞争的加剧，万历以后的书价一般要比嘉靖时期更低。日本学者酒井忠夫即指出，万历时的日用类书大多在银一两左右，后来翻刻的粗本在崇祯间则为银一钱③。如万历四十二年，建阳陈氏存仁堂刻本《新刻搜罗五车合并万宝全书》三十四卷，署明徐笔洞纂，扉页上标价为“每部定价银壹两正”。崇祯元年该书坊又翻刻了《新刻艾先生天禄阁汇编采精便览万宝全书》三十七卷，署明艾南英纂，扉页上却标价为“每部价银壹钱”。两部

① 谢肇淛《五杂组》卷十三《事部一》，第266页，上海书店出版社2001年版。

② 张秀民《中国印刷史》第747页，上海人民出版社1989年版。

③ [日]酒井忠夫《明代の日用类书と庶民教育》，收入林友春编《近世中国教育史研究：その文教政策と庶民教育》，东京国土社1958年版。

书均名为《万宝全书》，只是所署编者姓名不同、卷数略有差异，可价格却悬殊了十倍。依此类推，明万历后期以至崇祯年间，建阳书坊翻刻的《三国志演义》、《水浒传》等书，其价格应相当低廉。周亮工《因树屋书影》第一卷即云："予见建阳书坊中所刻诸书，节缩纸板，求其易售，诸书多被刊落。此书（指《水浒传》）亦建阳书坊翻刻时删落者。六十年前，白下、吴门、虎林三地书未盛行，世所传者，独建阳本耳。"既然翻刻本低廉易售，世所广传，那么这就难怪书坊翻刻畅销书现象层出不穷了。袁宏道《锦帆集·禁翻豫约》即云："往见牟利之夫，原版未行，翻刻踵布。"冯梦龙在《智囊》卷二十八《杂智部·小慧》中亦云："吴中镂书多利，而甚苦翻板。"

翻刻，直接导致原书作者与版权所有者不同程度地蒙受名誉特别是经济损失，故而经常遭到权益受损者的谴责。明余象斗在其所刻《八仙出处东游记·八仙传引》中就痛心疾首地对翻刻其书者进行唾骂："不俗斗自刊华光等传，皆出于予心胸之编集。其劳鞅掌矣！其费弘巨矣！乃多为射利者刊，甚诸传照本堂样式，践人辙迹而逐人尘后也。今本坊亦有自立者固多，而亦有逐利之无耻，与异方之浪棍，迁徙之逃奴，专欲翻人已成之刻者。袭人唾余，得无垂首汗颜，无耻之甚乎？"可具有讽刺意味的是，余象斗在唾骂他人翻刻其书时，也照样为了逐利而将别人所著小说攘为己有。如《新刊大宋演义中兴英烈传》、《唐书志传通俗演义》，本为建邑熊大木（字钟谷）所编，余象斗在翻刻二书时，不仅将书名改为《新刊按鉴演义全像大宋中兴岳王传》、《新刊按鉴演义全像唐国志传》，而且赫然题上"红雪山人余应鳌编次"，并把原来熊大木所写之序改署为"三台馆主人言"，同时又将正文开头的提示语"钟谷子述古风一篇单揭创立之有由"删除，但结果还是把《唐国志传》卷一第七节《李密拥众寇东都》章中"钟谷演义至此，亦笔七言绝句"漏下未改，露出了翻刻的马脚。

为了捍卫自身的权益，不少作者或出版者常在图书"题识"或"牌记"中发表"版权所有，翻刻必究"之类的声明。如明刊本《新镌批评出像通俗奇侠禅真逸史》封面即有爽阁主人夏履先题识："此南北朝秘籍，爽阁主人购得之，精梓以公海内。……傥有棍徒，滥翻射利，虽远必治，断不假贷。具眼者当自鉴之。”明万历刻本《月露音》“牌记”云：“杭城丰东桥三官巷口李衙刊发，每部纹银捌钱。如有翻刻，千里究治。”明杭州横秋阁刻《鬼谷子》“牌记”：“虎林嘉树里张衙发行，翻刻千里必究。”清四雪草堂刊本《隋唐演义发凡》：“倘有翻刻者，千里必究。”清刊本《株林野史》扉页“识语”云：“此书得于内庭秘本，刊印非易，同业幸勿翻刻。”其实，那时并没有保护版权的法制措施，翻刻的实际风险极低。除非出版者很有门路，能请官府出面保护。如冯梦龙《智囊》卷二十八《杂智部·小慧》记载：“俞羡章刻《唐类函》将成，先出讼牒，谬言新印书若干，载往某处，被盗劫去，乞官为捕之。因出赏格，募盗书贼。由是《类函》日盛，无敢翻者。”清李渔在《闲情偶寄》卷四《器玩部·笺简》中亦云：“是集中所载诸新式，听人效而行之；惟笺帖之体裁，则令奚奴自制自售，以代笔耕，不许他人翻梓。已经传札布告，戒之于初矣。倘仍有垄断之豪，或照式刊行，或增减一二，或稍变其形，即以他人之功冒为己有，食其利而抹煞其名者，此即中山狼之流亚也。当随所在之官司而控告焉，伏望主持公道。至于倚富恃强，翻刻湖上笠翁之书者，六合以内，不知凡几。我耕彼食，情何以堪？誓当决一死战，布告当事，即以是集为先声。”但是，官府出面也只能奏效于一时一地，时过境迁，翻刻者依旧猖獗。所以李渔在《与赵声伯文学》中又无奈地慨叹：“弟之移家秣陵也，只因拙刻作祟，翻板者多，故违安土重迁之戒，以作移民就食之图。不意新刻甫出，吴门贪贾，即萌觊觎之心。幸弟风闻最早，力肯苏松道孙公，出示禁止，始寝其谋。乃吴门之议才熄，而家报倏至，谓杭人翻刻已竣，指日有新书出贸矣。弟以他事滞金阊，不获亲往问罪，只命小婿谒当事，求正厥辜。虽蒙稍惩贪恶，现在追板，尚未知后局如何？噫！蝇头之利几何，而此辈趋之若鹜。似此东荡西除，南征北讨，何年是寝戈晏甲时？”①由此可见，彼时书坊翻刻畅销书行为之猖獗。

① 李渔《李渔全集》第一卷，第167页，浙江古籍出版社1992年版。

二

那么，书坊主是如何翻刻通俗小说的呢？其具体方式有多种。最直接者，莫过于发现某部小说畅销后，立即翻刻重印。如前文所举余象斗翻刻熊大木编写的《新刊大宋演义中兴英烈传》、《唐书志传通俗演义》，即是如此。又如清代北京书坊本立堂刊《彭公案》，其"牌记"云："如翻此板，男盗女娼。"可笑的是，同在京城的经国堂书坊不仅立即翻刻了《彭公案》，甚至连骂人的牌记也照样翻印。

不过，多数书坊主并不满足于照版翻刻。为了招徕读者，他们往往各呈伎俩，或改变书名、版式，或增加插图、评点，或删改情节，压缩字数，并冠以"新刊"或"新镌"等字样。如崇祯八年刊本《新刻按鉴编纂开辟衍绎通俗志传》，封面署"五岳山人周游仰止集"，其序者王黉云："开辟衍绎者，古未有是书，今刻行之，以公宇内。"据此，《开辟衍绎》的编创者当为周游，可实际上它是翻刻余象斗编集的《列国前编十二朝传》，略加修辑，易名而成。王古鲁先生即指出："其中'五岳'及'周游'四字，显系挖补，不意于第一页下半页第一行中发见'余仰止曰'，恍然大悟，此原系余氏刊本……版落另一书贾周游之手，遂将'三台山人余象斗仰止集'挖改而成，又因本人单名，不能不中空一字，挖改时又因一时大意，未曾将'余仰止曰'改为'周仰止曰'，所以露出了这个线索。"①清初苏州书坊啸花轩亦以翻刻小说而出名，其所刊小说二十九种，其中二十种为翻刻本。如《前七国孙庞演义》，有明致和堂崇祯九年刊本，九万五千余字，啸花轩翻刻此书时竟删去六万余字，而书名照旧。

有的书坊主还别出心裁地攘取数种小说之精华，杂凑成书，易名刊售。例如，冯梦龙编纂之"三言"与凌濛初编创之"二拍"流行后，有书坊主即亲自动手或请人帮忙割取其中一些名篇，汇编成书，

① 王古鲁《王古鲁日本访书记》第9页，海峡文艺出版社1986年版。

予以翻刻。如明刊本《觉世雅言》即是如此,该书共八卷,包括八篇话本小说,其中四篇选自《醒世恒言》,二篇选自《喻世明言》,另两篇则分别选自《警世通言》和《初刻拍案惊奇》。有的书坊主则将其所得"三言"、"二拍"之残版,杂凑起来,易名重印。郑振铎在《明清二代的平话集·引言》中即指出:"坊间射利之徒,每每得到残板,便妄题名目,另刊目录,别作一书出版……此种'易淆观听'的'伪书',至今尚存有流传,像所谓别本喻世明言、别本拍案惊奇二刻,及觉世雅言等皆是。"①在《明清二代的平话集·觉世雅言》中,他又指出:"像这样的以各书的残卷,杂凑成书,随便题一书名者,在明清之交几乎成了一个风气。"

还有的书坊主喜欢标榜其翻刻的某部小说是"京本"。郑振铎先生在《明清二代的平话集·京本通俗小说》中即云:"以'京本'二字为标榜的,乃是闽中书贾的特色","闽中书贾为什么要加上'京本'二字于其所刊书之上呢?其作用大约不外于表明这部书并不是乡土的产物而是'京国'传来的善本名作,以期广引顾客的罢。"因此,他认为,所谓"京本通俗小说大有闽刊的可能"。应该说,这种可能性的确存在。例如,《春秋列国志传》、《全汉志传》既然分别为建阳余邵鱼、熊大木编次,那么又怎可能是"京本"呢?可书贾余象斗仍以"京本"名之。还有的建阳书贾则喜欢在小说封面特意标示"金陵原梓"。如余季岳所刊《盘古至唐虞传》、《有夏志传》封面即印有"金陵原梓"字样。

书坊主无论采用何种手段翻刻小说,其目的只有一个,即迅速牟取丰厚的利润。因此,印刷的清爽、字体的美观,纸墨和装订的精致,通常不在其首先考虑或必须考虑之列。他们为了增加版面容量,经常压缩字体和行距,字小行密,自然达不到疏朗悦目的效果,再加上文化水准有限,又要抢时间,翻刻之后没有花足够的工时来认真校勘,致使无意的错讹、脱漏,有心的删节、窜改,比比皆是。明谢肇淛在《五杂俎》卷十三《事部一》中即云:"闽建阳有书坊,出书最

---

① 郑振铎《西谛书话》第 97 页,三联书店 1998 年版。

多，而版纸俱最滥恶，盖徒为射利计，非以传世也。”又云：“吴兴凌氏诸刻，急于成书射利，又悭于倩人编摩，其间亥豕相望，何怪其然。”如此这般，翻刻小说的质量也就可想而知。比如《水浒传》，经过书坊多次翻刻，就在不同程度上丧失了本来面目。明胡应麟在《少室山房笔丛》卷四十一《庄岳委谈》中即叹惜曰：“余二十年前所见《水浒传》本，尚极足寻味。十数载来，为闽中坊贾刊落，止录事实，中间游词余韵、神情寄慨处，一概删之，遂几不堪覆瓿。”可见，翻刻的确造成了一定的负面影响。正因如此，研究明清小说的学者，往往对书坊主随意翻刻小说的行为持批评或否定的态度，因为随意翻刻，造成了小说版本情况十分繁杂的局面，致使研究者不得不花费大量时间和精力去做作者考证、版本甄别等方面的工作。不过，书坊翻刻通俗小说，亦并非一无是处，若从明清小说传播、普及与保存的角度来看，它在客观上亦曾起过一定的积极作用。

三

小说翻刻产生的市场基础，主要是广大消费者对通俗小说的偏爱。可是，某部小说初版时，由于前期投入较多，又加上是新产品，所以一般来说定价较高，许多消费者不敢或不愿问津。如明末书坊主舒冲甫刻印的《封神演义》，封面竟然标出“每部定价纹银贰两”，按万历时的米价，约值米 2.75 石，超过了一名知县月俸的三分之一①。售价如此之高，当然不利于小说传播。而书坊主翻刻小说则因节约了成本，多把书价压得很低，致使原来无力购买某些小说的消费者也能如愿以偿。明胡应麟《少室山房笔丛》卷四《经籍会通四》云：“闽中纸短窄黧翠，刻又舛讹，品最下而质最廉，余筐箧所收什九此物，即稍有力者弗屑也。”可见，若非闽版书价低廉，胡氏恐亦无力购阅。正因如此，明中后期，闽版书行销天下。据明周弘祖（嘉

① 潘建国《明清时期通俗小说的读者与传播方式》，《复旦学报》2001 年第 1 期。

靖三十八年进士)《古今书刻》载，当时福建刻书477种，位居全国第一，其中建阳书坊刻书367种；又嘉靖《建阳县志》卷五《图书志》附录《书坊书目》载书382种，两书合计，除去重复者，尚有557种①。这557种图书多数即属翻刻本。至于通俗小说，亦十之七八出自建阳坊刻。据王清源等编纂的《小说书坊录》，可知各地书坊刊于嘉靖至万历时期的通俗小说约48种，加上翻刻本65种，约113种，其中仅建阳书坊就刊刻、翻印了70余种②。可见没有建阳书坊的刊刻、翻印，通俗小说不可能风靡一时。清代小说之流行，也同样离不开翻刻。清毛庆臻《一亭考古杂记》记载："乾隆八旬盛典后，京板《红楼梦》流行江浙，每部数十金。至翻印日多，低者不及二两。"③因此，《红楼梦》很快风靡各地，几乎家喻户晓。有鉴于此，有的书坊主甚至还欢迎翻刻。如《增像小五义》卷首序即云："自来异书新出，大都不喜人翻刻。势所必至，比比皆然。惟我友文光楼主人新刊《小五义》则不然。书既成，即告余曰：'此《小五义》一书，皆忠烈侠义之事，并附以节孝、戒淫、戒赌诸则，原为劝人，非专网利。现刷印五千余部，难免字迹模糊，鲁鱼亥豕，校雠多疏。有乐意翻刻者，则幸甚，祈及早翻刻，庶广传一世，岂非一大快事哉！'"

翻刻之所以能使某些小说"广传一世"，乃在于它改变了某些小说最初在局部区域流传的状况，在最大范围内扩大了通俗小说的传播。根据明高儒《百川书志》、周弘祖《古今书刻》、晁瑮《宝文堂书目》等记载，明嘉靖年间，《三国志演义》虽由司礼监、都察院等刊刻问世，但版行未广。到了万历以后，由于书贾竞相翻刻，《三国志演义》才在北京、南京、苏州、杭州、徽州、建阳等地纷纷涌现，仅建阳书坊翻刻《三国志演义》者，即有余象斗、种德堂、杨闽斋、郑少垣、郑云林、郑以桢、朱鼎臣、黄正甫、诚德堂、乔山堂、笈邮斋、忠正堂、忠贤

① 方彦寿《建阳刻书史》第243—248页，中国社会科学出版社2003年版。

② 王清源、牟仁隆、韩锡铎《小说书坊录》第2—17页，北京图书馆出版社2002年版。

③ 朱一玄《红楼梦资料汇编》第30页，南开大学出版社2001年版。

堂、吴观明、刘荣吾、杨美生、魏氏、美玉堂、熊飞馆，等等。所以，余象斗在其翻刻的评林本《三国志演义·三国辨》中曾这样慨叹："坊间所梓《三国》，何止数十家矣！"不难想象，若非书坊主争先恐后的翻刻，《三国志演义》是不可能传布如此之速之广的。

当然，书籍贩卖业的兴旺，也对各地翻刻小说之风行与传播起到了推波助澜的作用。明嘉靖《建阳县志》卷三《封域志》记载："书市在崇化里，比屋皆鬻书籍，天下客商，贩者如织，每月以一、六日集。"清康熙《建阳县志》亦记载："是日里人并诸商会集，各以货物交易，至晡乃散，俗谓之墟。而惟书坊书籍，比屋为之，天下书商皆集。"清余治《得一录》卷十一之一还记载："苏城坊肆，每将各种淫书翻刻市卖，并与外来书贾，私行兑换销售，及钞传出赁，希图射利。"因此之故，"京本"《三国志演义》、《水浒传》等流传至福建，被建阳书坊竞相翻刻；而由建阳书贾编创、刊刻的《大宋中兴通俗演义》、《唐书志传通俗演义》等，又被金陵书坊周氏万卷楼、周氏大业堂、唐氏世德堂等翻刻，也就不难理解了。

书坊主在翻刻某部小说时，为了招徕顾客，促进该小说的传播，往往还亲自动手或请人为其翻刻的小说撰写序跋、评点等。如金陵书坊主周曰校于万历十九年翻刻《三国志通俗演义》时，即在嘉靖壬午本的基础上增加了大量的分类注疏、评点，包括释义、补遗、考证、考订、音注、补注、论曰、论断等，目的在于清除不同层次读者可能遇到的阅读障碍。姑苏书坊主龚绍山在翻刻《春秋列国志传》时，则在书名前冠以"陈眉公先生批评"字样。其他书坊主也在翻刻小说时纷纷聘请或托名李卓吾、杨升庵、钟伯敬、汤显祖、袁宏道、冯梦龙、徐文长等名士，增加序跋评点。这些序跋、评点虽然多半平庸无足观，但却由此开创了明清小说评点之先河，有效地促进了通俗小说的传播和普及。明袁无涯《忠义水浒传·全书发凡》即云："书尚评点，以能通作者之意，开览者之心也。"并且，评点者对小说思想意蕴、编创方式和叙事技巧之阐发，也会对该类小说的欣赏与再创作产生积极影响。

另外，各地书坊主在翻刻通俗小说时，还喜欢在书内插增图像，以促进小说的传播，扩大读者范围。例如，明嘉靖壬午本《三国志通俗演义》本来是没有图像的。嘉靖二十七年叶逢春在翻刻《三国志传》时，不仅增加了图像，而且开启了闽刊本以“上图下文”形式为特征的风气。万历二十年，余象斗翻刻《三国志传》时，又在每页插图上方增加评点，变为上评、中图、下文，号称“评林本”，并在“识语”《三国辨》中说：“坊间所梓《三国》，何止数十家矣。全像者止刘、郑、熊、黄四姓。宗文堂人物丑陋，字亦差讹，久不行矣。种德堂其书板欠陋，字亦不好。仁和堂纸板虽新，内则人名诗词去其一分。惟爱日堂者其板虽无差讹，士子观之乐然，今板已朦，不便其览矣。本堂以诸名公批评圈点校正无差，人物字画各无省陋，以便海内士子览之，下顾者可认双峰堂为记。”可见有无图像已关系到小说的销路。正如刘世德先生所说：“有图像和无图像，分别适应了不同阶层、不同文化程度读者的需要。从无图像转变为有图像，显然是为了扩大读者的范围，扩大销路。”①而“有图像”后，还要看图像之精粗丑俊如何，如余象斗就嘲笑“宗文堂人物丑陋”。这样一来，对小说插图品质之讲究，也就成了坊贾翻刻小说时不能忽视的一项重要内容。例如，明末金陵人瑞堂主人在刊刻《新镌全像通俗演义隋炀帝艳史》时，就“特恳名笔妙手，传神阿堵，曲尽其妙”，因此该书插图颇为精美，书坊主亦自鸣得意：“一展卷而奇情艳态勃勃如生，不啻顾虎头、吴道子之对面。岂非词家韵事，案头珍赏哉！”（见该书《凡例》）书坊主不独在翻刻小说时常配插图，在翻刻戏曲文本时亦不例外。如天启四年武林翻刻本《牡丹亭还魂记·凡例》即云：“戏曲无图，便滞不行，故不惮仿摹，以资玩赏，所谓不能免俗，聊复尔尔。”

总之，书坊翻刻对于传播通俗小说、活跃书籍贸易、及时满足民众的消费需求等，的确起到了不可忽视的重要作用。清余治在《得一录》卷十一之一中曾说：“古今来著述家无虑数千百万，而传者不

① 刘世德《〈三国志演义〉周曰校刊本四种试论》，《文学遗产》2002年第5期。

及万中之一，转不如各种演义小说，唱本歌词，辗转翻刻，风行海内。”因此，我们在考察古代小说传播等问题时，理应重视书坊翻刻的实际影响，不能因翻刻小说存在种种弊病，就对之轻易加以否定。

（作者系广州大学教授）

论古代小说对民间秘密教门经卷书写的影响

万晴川

明清时期，民间秘密教门派系林立，分布广泛，信徒众多，构成一股巨大的社会势力，在中国历史上扮演着十分重要而又非常复杂的角色，影响着底层民众的思维方式、生活习惯等。由于民间教门的徒众绝大部分是下层平民，小说戏曲等通俗文学就成为他们接受教育的重要管道；又由于通俗小说在传播上的优势，这样，他们编撰的经卷，就难免会受到小说戏曲的影响，甚至很多宝卷直接由小说改编而来。早在清嘉庆年间，黄育楩就指出，教门经卷的故事、语汇和叙述风格，都受到小说戏曲的影响①。目前学术界也有人注意到这一问题②，但还只是涉及问题的某一方面，没有进行过系统的研究，我们在这里将对这一问题进行更为全面的梳理。

一、模仿小说的叙事体制

有些教门经卷模仿话本小说的体制，以诗词为入话，并在叙事

---

① 黄育楩《破邪详辩》，《清史资料三》第 59 页，中华书局 1982 年版。

② 如王学泰《游民与中国文化》（学苑出版社 1999 年版）、孔祥涛《历史与神话：天地会西鲁故事由来及天地会起源》（《清史研究》2005 年第 3 期）、曹新宇《传统中国社会的“灾难信仰制度”与秘密教门的“灾难神话”》（《清史研究》2003 年第 2 期）。

时大量使用类似话本小说的套语。《罗祖派下八枝因果经》叙述无为教祖师们悟道的故事，每篇就都采用话本小说的书写方式。如剧盗司马超悟道的故事，先以司马超之诗做开头，然后以“闲话休提”导出故事①。开篇诗在故事中就起着入话的功能。教门经卷在讲述故事时，还经常使用话本小说中的套语，如“余言休说，却说官爷巷有一女，姓萧”；“正说之间，偏遇着一个佛堂中第一尊护法活罗汉。看官，你道是谁?”等等。

《礼佛杂经》写无为教主董应亮与玉英的结合及悟道过程，则显然模仿了才子佳人小说的叙事手法。董应亮生得面如冠玉，自幼父母双亡，被堂伯男扮女装，卖与淳安县高公家为婢。李员外之女玉英乃是家乡圣母下凡，自幼勤读，持斋守静。后高公带董应亮到李家，李员外见董应亮清秀聪明，向高公暂借此婢数日，陪女儿玉英读书，高公应允。此后，董应亮与玉英常月夜吟诗，相互倾慕。两人志同道合，参禅悟道，最后结为夫妻。

许多民间教门神话的引子很像通俗小说中的“楔子”，如《礼佛杂经》开头写老母大会诸仙，开口说法，讲到玄妙之处，忽报万花园七宝池中铁菩提树开花。老母领诸仙到花园赏花，并指出：铁树开花，预示着三佛劫数的到来，需派人下凡度回失乡儿女。并随即传令，召请诸佛、星祖、圣母、菩萨、九十六亿圣贤，每位手拈铁树花一枝，吟诗作对。老母见天真古佛花蕊中放出千条祥光瑞气，便说：该是天真临凡度众。众佛立即上前贺喜，于是天真古佛领旨下凡②。又如《佛说皇极金丹九莲证性皈真宝卷》一开头就大肆渲染末世劫变的神秘气氛，以宇宙内充满撼天动地的异香开始，接着，菩萨出来解释此香来历，并指出宝香撼动，定有大事。无生老母随即向列位仙佛讲述创造世界的原委③。这般小说“楔子”式的引子之后，接着

① 《明清民间宗教经卷文献》第6册第557页，台北新文丰出版社1999年版。

② 《礼佛杂经》，《明清民间宗教经卷文献》第8册第25—26页。

③ 《皇极金丹九莲正信皈真宝卷》，《民间宗教经卷文献》第5册第46页。

便讲述老祖下凡度世的故事。

二、模仿小说的情节建构

民间教门为了弘扬本教的教义，增强本教的内部凝聚力和外部吸引力，创造了许多神话传说。这些神话传说包括两个方面的内容：一是关于世界形成的神话，一是关于本教的源起神话。这些神话传说，是教门文化传统的重要组成部分，表现出教徒的精神世界，折射出教门产生和发展的史影。因此，在研究中，我们应该利用民间教门的真实历史来剖析这些神话传说；反之，我们又必须用这些神话传说来透视和还原民间教门的历史真实。这些历史神话故事又受到通俗小说戏曲的巨大影响。所以可以这样说，这是解读教门神话传说的一条重要途径。教门经卷的叙事模式主要有两种：

（一）“忠奸斗争”模式

“忠奸斗争”是通俗小说戏曲中一个常见的母题，结构模式大致如此：忠臣对君王忠心耿耿，功勋卓著，因而遭到奸臣的忌恨和谗毁。君王受奸臣蒙蔽，听信谗言，忠臣蒙冤。最终真相大白，奸党势败，忠臣平反。人物配置大致有外敌、奸臣、昏君、忠臣和英雄五种基本成分。他们各自有着不同的功能，可以简单地分成四组，即外敌、昏君、奸臣和英雄。外敌代表邪恶，但在作品中他只具有符号意义，是分清奸臣和忠臣（或英雄）的界标。君王是一个变化的力量，当他站在邪恶一边时是昏君，当他站在正义一边时是明君，君王的态度决定着故事发展的走向。英雄得到忠臣的帮助，或者英雄本身就是忠臣。奸臣和英雄的斗争和行动矢向构成作品的主旨和意义。民间教门的源起神话就模仿了这种结构方式，如龙华教经卷《三祖行脚因由宝卷》，叙述无为教创始人罗梦鸿的故事：

山东莱州即墨县人罗梦鸿，曾在北京当军丁，因为思虑生死大事，把军丁退了，昼夜念诵弥陀佛。当时外国十万八千红毛鞑子侵入北京城下，明廷损失惨重。一日，锦衣卫总都梦见一位“真人”，

“一身紫气腾腾，毫光显现”。天亮后，总都领着众军手拿真香，沿路寻找“真人”，遇到罗梦鸿时，发现他就是梦中“真人”，于是请求罗梦鸿前去助阵。罗梦鸿先是推辞，但众人祷告上苍，罗梦鸿不得已，带着众军去退番兵。阵前，罗梦鸿张起弓箭，连射三箭，番兵看见三朵莲花从空而下，以为有神灵佑护，不敢再战，退回本番。君王听说一个普通百姓有此等神通，心生恐惧，宣罗梦鸿前来询问。罗梦鸿把所有的功能都归之于君王，但仍不能消除君王的嫉恨。君王令罗梦鸿当堂射箭验证，发现果有神异，令将罗梦鸿立即斩首。但法场上钢刀自断，罗梦鸿毫发未损，只得将他关进狱中，要将他活活饿死。

罗梦鸿在狱中打坐，忽然顿悟，要留下真经，替佛祖行教，请求狱官帮忙。狱官将此事告知太监张永，并称罗梦鸿早晚身上都有五色霞光显现。张公公听说，来牢中参拜罗梦鸿，并发誓不泄露佛法。在张永的帮助下，罗梦鸿的两个徒弟从五台山来到狱中，听他口述，录成真经《五部六册》。张公公又请魏国公和党尚书一同为罗梦鸿真经作证，上奏君王说罗梦鸿的《五部六册》是真经。而且党、魏二臣还以身家性命担保罗梦鸿只是修道，没有谋逆之心。皇帝命从狱中提出罗梦鸿，要他当堂背诵，许诺如能从头到尾一字不差背出，就颁行天下。但当罗梦鸿流利地背出经卷后，君王却大怒，又将他送回牢中，欲永禁其身。不久，西域七个番僧进贡给明廷一尊铜佛，威胁说若朝廷不能讲明其中的“机关”，就要把北京让给番国，还要自处下邦，尊番国为上邦。国难当头，君王无奈，只得又请出罗梦鸿。罗梦鸿当堂讲法，七个番僧听得心服口服，低头下拜，皈依罗梦鸿，求问安身立命之法，并且发下誓愿，“若有背义忘恩，泄漏佛法、开斋犯戒，当时身化血水”。君王最终不得不承认罗梦鸿，封他为“无为宗师”。《五部六册》正式开雕印版，御制龙牌将《五部六册》颁行天下①。

在这个故事中，没有“奸臣”，主要是宗教英雄罗梦鸿与昏君之

① 《太上祖师三世因由宗录·罗祖行脚宝卷》，《明清民间宗教经卷文献》第6册第244—255页。

间的冲突。昏君忌贤妒能，忘恩负义；罗祖神通广大，道行高妙，两次拯救国家于危难之中。君王最终不得不认可罗梦鸿的神通，册封他为“无为宗师”，以御制龙牌的方式支持《五部六册》刊行。作者以此说明无为教五部经的合法性及其普传依据。

在《礼佛杂经》中，这个故事添加了一个类似“奸臣”和两个类似“贤臣”的角色：罗祖在信徒刘本通家开堂说法，被翰林院大学士杨明谷命人拿住。次日面奏圣上，谓罗梦鸿“自称无为道人，有欺朝廷，聚众千万，恐生不测，内患难防，理当诛灭”。皇上准奏，命兵部中军指挥捉拿罗梦鸿，打入天牢。罗祖在牢中苦悟十三春，集成五部经，大教天牢中，化度太监张勇。这时，有外国小隐番来朝，讲说佛事，声称若无人抵敌，讲论不过，即起兵夺取北京。圣上闻知大惊，董、汪二尚书保举罗祖与小隐对讲，讲退小隐。皇上大悦，即赦罗祖无罪，御题五部经刊版，颁行天下，封罗祖师为“齐天大德护国度民三教宗师无为妙道一法归真大乘正教祖师”。

显然，在这个故事中，奸臣和宗教英雄的矛盾冲突更为激烈，罗梦鸿得到了“贤臣”董、汪二尚书的帮助，终于战胜了“奸臣”，迫使君王不得不改变态度。这与小说戏曲中的矛盾冲突设置并无二致。

无为教主董应亮的故事则讲述了君王由于迫害教主而导致的悲剧：董应亮劝崇祯帝道：“迄今劫运年近，三灾八难竞起，世界翻腾，乾坤大乱。欲挽回造化心，普天匝地尽行受持斋戒，方可挽回天机”。但崇祯却听信东阁大学士蔡国用、陈法乾等人的“谗言”，认为董应亮“明隐黄巾之志，显寓白莲之心”，命将解至五凤楼面君：

> （董祖）颜色不变，众文武交笑而言曰：“汝说悲残灵，我今悲你残生！”祖曰：“悲悲悲，龙楼凤阁化成灰！”众官僚曰：“你愁别人无常，到你今日正是无常到！”祖曰：“愁愁愁，一旦无常怕木猴！”众文武又说：“你往常说哀别人，今日受刑，我替你哀了！”祖曰：“哀哀哀，君臣父子生割爱！”众文武又说：“你往常痛悲伤，今日之事，可为悲伤乎？”祖曰：“伤伤伤，说起文武通断肠！”众文武又曰：“你往常说三灾八难，今日自受三灾之苦！”祖

曰："苦苦苦，大地山河化夷土！"帝亦曰："别人天作孽，你乃自作孽，不可活了！"祖答帝曰："天天天，祖宗山河一旦崩！"帝大怒，命三法司勘问，极刑拷打，惨不可言，不肯成招。恐累大地众生，在天牢内作真言，宣唱经偈。刑部回旨说祖不肯成招，反在天牢内唱佛曲。帝曰："这是妖术，既能寄仗，岂能脱死？"命掘深坑，将柴炭千斤纵身，即日烧死。回奏闻者心酸，此必化为灰烬矣！将祖解到火坑，四门（面）点火，焰焰蔽天。只见火拥金莲，董祖端坐其上，众皆大惊，回奏其故。帝闻言不信，御驾亲观，果如所奏，一见下拜。群臣奏曰："臣闻汉有于吉、左慈；宋有林灵素；我明有冷谦画龙而龙飞，画鹤而鹤舞。此系是掩目邪术。陛下当以尧舜为，毋为妖人所惑。"被（此）时帝虽回悟，但屈于众论，犹豫未决。董祖已知其不可复救，又点偈曰："三回九转度明君，莫听谗言惑道心。不信三灾八难至，只愁他年楼雉终。"祖喝偈毕，坐一朵红莲皈空而去。

崇祯十七年（木猴年）三月初五，李自成攻入北京。崇祯帝手携国母、公主一同奔走，走至楼雉胡同，行走不动。帝问此是何地。答曰楼雉胡同。帝叹曰："祖师之偈，今日验矣！"即被发盖面，自缢而死。①

清代八卦教内部流传着一个源起神话，说的是李廷玉 12 岁时得无生老母点化，15 岁到曹县，在郭家楼收下姬、郜、郭、张、王、陈、柳、邱八大弟子，分九宫八卦预备收元。顺治年间，吴三桂造反，清廷无人可挡，只好挂出皇榜招贤。李廷玉师徒九人揭了皇榜，领兵迎战吴三桂。在阵上，李廷玉告诉吴三桂，清人入主中原乃是大意，违抗徒劳无益。直到 200 年后的同治，才该吴王下凡。吴三桂见李廷玉道破天机，非常折服，于是拜李廷玉为师，罢兵不战。李廷玉师徒得胜回朝，成了功臣。顺治皇帝要封赏李廷玉官爵，但李廷玉表示愿意专心传道，因此顺治赏赐大寺一座，还盖了专为李廷玉讲道

① 《礼佛杂经》，《明清民间宗教经卷文献》第 8 册第 44—47 页。

的说法亭。此后李廷玉大开法门，大道普传 13 行省。但好景不长，李廷玉有个弟子洪亮为官清正，得罪了奸臣苏三（或称薛三）和八王。二奸臣向君王进谗言，说李廷玉师徒、信徒广布，易生反心。康熙皇帝听信谗言，在说法亭设下毒酒宴，欲害李廷玉师徒。但李廷玉师徒不饮荤酒，所以两个奸臣就干脆逼其饮毒自尽，若不然就要动手杀死。李廷玉上天询问无生老母，知命该归位，所以师徒 9 人中，8 人饮了毒酒归天，只留下部文生分身逃出，秘密传道，存下消息，以待 200 年后再“收元了道”①。

这个故事讲述的是八卦教主李廷玉与奸臣八王、薛三及昏君康熙之间的矛盾冲突。奸臣和昏君由于害怕李廷玉的能力，恩将仇报，将李廷玉师徒九人毒死。但作者强调说，这也是难以躲避的劫难。这个传说不但强调了教主李廷玉无人能及的神通，而且歌颂了李廷玉师徒悲壮的殉教精神。

比对这些故事，它们有不少相同之处：(1) 外敌入侵或内乱，朝廷面临危机；(2) 宗教英雄挺身而出，救国家于倒悬；(3) 君王封赏，辞而不受；(4) 昏君、奸臣陷害，宗教英雄蒙冤。它们有很强的隐喻功能，对于教徒来说，这种神话解释了他们的教门为何总是受到国家机器的打击和压迫，同时也暗示出他们的生存空间就是国家权力在社会职能方面失败的地方。面对突如其来的灾难，国家机器手足无措，只得乞求于教主。这不但表明民间教首有着超越于国家机器之上的解灾能力，而且与封建王朝有着共同的利益，或者说民间教门就是为朝廷服务的，从而强调了民间教门存在的合理性和正义性。但封建王朝对民间教门的禁断和镇压却破坏了这种和谐关系，他们应当为自己的错误和不义行为负责。民间教门是无辜的、值得同情的。他们深信自己有着超乎寻常的神通，应当拥有社会权力，而且最终在历经磨难之后取得胜利——或者是王朝权力的认可；或者只是因为“天数”不到，等待着新的历史契机出现。

这些故事之所以雷同，是因为它们共同受到小说戏曲“昏（君）

---

① 据离卦教残经抄本。

奸(臣)与功(臣)斗争”的结构模式影响。“忠奸斗争”是小说戏曲中经常出现的文化主题,如武则天迫害征西有功的薛丁山(《薛刚反唐》等),潘仁美迫害抗辽功臣杨家将(《杨家将演义》等),庞相国迫害抗西辽功臣狄青(《万花楼杨狄包演义》),高俅迫害平方腊功臣宋江(《水浒传》等),秦桧迫害抗金功臣岳飞(《说岳全传》),等等。这些故事成为下层民众了解历史的教科书。他们耳熟能详,辗转传述,牢牢扎根于他们的精神文化世界;继而又不断从中寻找启示,并加以模仿,在现实社会舞台上各自进行宗教、社会或政治的“表演”。民间教门正是借用了这种模式,把自己传教与政府所产生的冲突置换为忠臣、功臣与奸臣、昏君的矛盾,以此激起信徒对政府的仇恨和反抗,唤起民众对他们的同情和支持。

(二) 谪降模式

在以神仙道化为题材的小说戏曲中,有一个常见的结构模式,即某一神仙、佛子因犯天条,被谪降红尘,在人间历经悲欢离合后,悟出本来面目,励志苦修,最后回归天庭;或是神仙、佛子受玉帝、佛祖派遣,下凡度世,完成任务(有的没有完成)后重回仙界。

佛教的“龙华三会”是民间教门三佛应劫救世信仰的思想渊源。民间教门说:过去是青阳劫,由燃灯佛掌世,度道人道姑;现在是红阳劫,由释迦佛掌世,度僧人尼姑;未来是白阳劫,由弥勒佛掌世,度贫男穷女。民间教门中又流行着一个神话:创世主无生老母在宇宙初创时,打发她的九十六亿儿女(或称皇胎儿女、原人)下降红尘,其初,皇胎儿女不想远离家乡老母,前往东土住世,只把老母的差遣当作儿戏,任意往来,不守规矩。为使儿女住世,老母令护法强行解除他们的随身宝物,贬在东土,并告诫他们要好好修炼,以便尽早回家。不料这些儿女到东土住世后,贪恋红尘,迷失真性,埋没性灵,非但乐不思蜀,甚至不认老母,使老母痛苦伤情,牵肠挂肚,开始救度这些“失乡儿女”。龙华初会时,度回二亿,龙华二会时,又度回二亿,剩下九十二亿,将于龙华三会时度回。

因此，在民间教门的信仰中，“家乡”成为彼岸世界——天宫、天庭的同义表达，与之相对应的则是尘世或东土。因此，弥勒救世使命的完成也就是东土家乡化的实现，它标志着地上天国、未来世界的形成，同时也是理想归宿——“还乡”的开始。

民间教门的创世神话就是对“还乡”观念的言说。如弘阳教经卷描述的神谱是：世界创造之初，混元老祖、无生老母夫妇产下96亿皇胎儿女。混元老祖生有“充天老祖”和“燃灯老祖”。充天老祖生有“金光”和“花林”；金光生有“太极”、“立极”、“阿难”，花林生“达摩”和“浑金子”。燃灯老祖生“旃檀”，旃檀生“无极”等九子。无极又生十四子。这显然是模仿中国大家庭的族谱而编撰的。在神话中，作者甚至把飘高老祖描写成一个顽皮的孩子——在临凡救世时，他竟贪玩恋家，不肯下凡，直到父亲威胁要惩罚他，母亲出面求情，飘高才勉强下凡①。这一则插曲，充满着浓郁的家庭气息，很像是小说或戏文里的故事。

《皈依注解提圣根基》完全是三佛救世观念的小说化图解，它说无始老祖怜念皇胎儿女被尘业牵连，不得还乡，四派燃灯古佛下凡，度回“皇胎儿女”。最后一次是化身为闻香教主王森②。实际上，许多民间教门神话，都把本教的传灯过程虚构为佛祖转世故事，“先知”神灵进一步人格化和世俗化。按民间宗教的说法，弥勒应劫救世，掌管白阳盛世，是经过托生为某一个具体的人而体现的。明清时代的乡里社会，经常出现某人是弥勒转世，预言灾劫，收缘度人的流言。一些教派又将弥勒的称谓逐渐推向多元化，形成众多的佛祖、神仙、儒家圣哲或历史名人“临凡救劫”的景观。悟明教的《销释悟明祖贯行觉宝录》就是这方面的典型例证，它把把悟明教的每一代祖师都说成是天华佛转世，是老母派下凡间收元的祖师，负有神圣的使命，以此说明悟明教的历代祖师都是正脉相传，显然受到神

① 《混元弘阳临凡飘高经》，《明清民间宗教经卷文献》第6册第710—719页。

② 《皈依注解提圣根基》，《民间宗教经卷文献》第7册第907—908页。

仙度化题材小说戏曲的影响①。

三、借用小说技法和故事情节

民间宗教家在编撰教门经卷时,还综合运用了诸如想象、夸张等小说技巧。

为了给教首涂抹上神圣的光环,教门经卷对教主的形貌、身世、行迹做了小说化的处理。历史上的罗教教祖罗梦鸿家境贫困,出身卑微,《礼佛杂经》却把他写成是广意弥陀投胎,父亲罗应魁官做太守,历代纯良,世世积愿。后来罗梦鸿代叔当军,在本营王总督府中成婚。闻香教主王森是个皮匠,《皈依注解提圣根基》却说他的侄女是万历帝的"正宫娘娘",王森也就摇身一变成了皇叔。就像小说戏曲中的帝王将相降世一样,罗梦鸿生时异香满室,悟明祖母亲怀孕时,"听得蕴空大叫,金光一段,大如车轮,落在宅舍,金烟缭绕,通天彻地,无处不照"②。三一教主林兆恩,其母怀孕时"梦丹轮明月飞入帐中",生时"相貌端严,丰神卓异,眼一露一藏,左龟右凤,颜苍然若龙步武,谨厚若麟。左眼内有红志四……耳大而乳垂"③。有的教主因传教或叛乱被政府镇压或处死,但在教门经卷中,却被虚构成为朝廷立下大功而遭致奸臣、昏君迫害而死,甚至不惜篡改一般的历史常识,如在八卦教创教故事中,作者进行了时间、地点、场景、人物、情节的剪接、组合、虚构、浓缩,把离卦教主部文生直接作为历史上八卦教教祖刘佐臣(即"李廷玉")的弟子,以彰显部文生的传承正脉。吴三桂之乱始于康熙十二年(1673),作者却把李廷玉平吴立功放在顺治时期,还渲染李廷玉神通广大,顺治帝不但表彰他,还皈依其门下,以提高李廷玉的威望。八卦教主刘佐臣死于康熙年间,

---

① 《销释悟明祖贯行觉宝录》,《明清民间宗教经卷文献》第4册第419—443页。

② 《皈依注解提圣根基》,《民间宗教经卷文献》第7册第907—908页。

③ 《林子行实录》,《明清民间宗教经卷文献》第11册第231页。

乾隆年间被清政府开棺戮尸，作者却托言于康熙年间被清政府陷害屈死。

在通俗小说中，救驾护国被描写成一个人臣所能建立的最大功勋，所以在民间教门神话传说中，一般都有如此之类的描写。度化皇帝、皇后的有悟明教的悟明、九宫道的李向善、八卦教的李廷玉、无为教的董应亮；立下救驾大功的有悟明教的悟明、西大乘教的吕尼；拯救国家于危难之中的有无为教的罗祖、八卦教的李廷玉。这些描写，彰显出民间教门妄想找到取得皇权支持的捷径的焦急心态。在这些故事中，堂堂帝王心甘情愿地匍匐在神圣的教主脚下，教主成为君王和国家的依赖和保护神。悟明甚至直入皇后的寝宫，端坐受拜，神圣的皇权受到极大的嘲弄，表现了教主宏大的魄力和野心。

在古代农业社会，农民靠天吃饭，因此在一般民众的观念中，是否具有祈雨止雨的本领是检验一个官员或道士、僧侣德行和道行的重要标尺。在许多小说中，都有关于官员和术士求雨的描写。而在民间教门故事中，也有关于教祖祈雨的描写。如清代采衡子的《虫鸣漫录》记载道光二十七年(1847)江西长宁县斋教谢嗣奉起事失败后，被捕的江南罗教(龙华会)信徒供出了一个有关罗祖的传说：

> 前明正德时，有罗姓者，奉佛甚虔，茹斋持戒，而不祝发，居室生子，无异平民，人使之从者颇众，散处齐鲁间，有司惧其摇惑，执而系之狱，适大旱，赤地千里，祈祷无验，罗自言能至雨，大吏奏请暂释试其术。罗至海滨，望洋诵咒，不三日大雨如注，槁禾尽苏，民竟为请命，乃不复系狱，纵之使归，数年病殁。

天地门(一炷香教)内部则有董四海麦场划圈止雨收李秀真传道的故事，江南斋教的姚文宇也能祷雨，黄天教普明寺的兴建也缘起于祷雨有验。

教门神话传说大肆夸饰教主超凡的能力，罗梦鸿三箭射退外国十万八千红毛鞑子,少林寺一百二十八僧平定西鲁,悟明驱遣揭地神盖造草庵,从北京到南京,只须打坐入定,顶中放出阳神,顷刻即到。为了刊印经书,他施展搬运术,将云么山的古铜运到南京棋盘街三皇庙底下,请来鲁班老祖煽火打造,造就二十八部经忏。归空时魂魄化身三处说法,九处名扬,东度倭王,西度尼王,一时度了两位国王。这些荒谬绝伦的描写,与小说戏曲中刻画高僧神道形象的路数如出一辙。其中很多是根据小说中的情节改编或移植而来的,行刑时,斩罗祖的钢刀自断,是据唐小说《广异记·三刀师》改写而来①。七个番僧以讲识古铜佛玄机为由,向明帝索要北京,逼明朝自认下邦,朝中文武大臣、僧人道士皆莫能晓,只好请罗祖出马,则是对《警世通言》第九卷《李谪仙醉草吓蛮书》和清代小说《双凤奇缘》第20回的模仿②。《立天卷》写无生母派弥勒佛下世度人,弥勒化身认一个有德行的道人做恩父,后来这个道人暴死他乡,弥勒化身万里寻亲,找到恩父骸骨,背回家乡③。这一故事在清初小说戏

① 《广异记·三刀师》写唐张伯英犯罪当斩,但行刑时,刽子手砍了三刀,张伯英不但毫发未损,而且钢刀断裂。刽子手惊问其故,张伯英答道:"我十五岁时开始吃素,诵金刚经十余年,从未间断。"官府只得释放,张伯英遂削发出家,时人呼为"三刀师",谓是起敬菩萨。

② 《李谪仙醉草吓蛮书》写番使来大唐下书,"满朝文武,并无一人晓得,不知书上有何吉凶言语"。龙颜大怒,喝骂朝臣:"枉有许多文武,并无一个饱学之士与朕分忧。此书识不得,将何回答发落番使?却被番邦笑耻,欺侮南朝,必动干戈,来侵边界,如之奈何!敕限三日,若无人识此番书,一概停俸;六日无人,一概停职;九日无人,一概问罪。别选贤良,并扶社稷。"此时李白挺身而出,不但读懂了番书,还用番文写了回书,使番使大为惊服,"归至本国,与国王述之,国王看了国书,大惊,与国人商议,天朝有神仙赞助,如何敌得。写了降表,愿年年进贡,岁岁来朝。"《双凤奇缘》第20回写匈奴遣一异能之士,做一首哑迷诗,进献汉王,说汉室若有人破得此诗,我邦情愿年年进贡,岁岁来朝;如无人破得诗句,就要献出昭君。如若不肯,即统大兵夺取汉室江山。后哑迷诗被状元刘文龙破解。

③《立天卷》抄本。

曲常常见到①,《佛说离山老母宝卷》写王文秀与画中人成亲,则是对《太平广记》卷二百八十六《画工》的模仿。

民间教门的创世神话虽然远源于石中生人的原始神话,但更直接的影响应是来源于《西游记》中孙悟空石中而生的描写,如长生教《众喜粗言宝卷》谓无生老母是从混元石产出的②。《天赐救劫真经》甚至把教门的经卷也说成是从天降下:"南海普陀山,忽然雷震,从天降下一石碑,在郑家庄前,现出经一卷。"③这又糅合了《水浒传》中天降石偈的描写。

总之,教门经卷的书写受到小说尤其是通俗小说的深刻影响,教门经卷与通俗小说的结合,加速了宗教的世俗化,增强了经卷的可读性,扩大了教门的影响。

(作者系浙江工业大学人文学院教授)

① 如清初《娱目醒心编》卷一《走天涯克全孝子,感异梦始获亲骸》写昆山曹子文往四川贩卖药材,一去数年,杳无音信。其子士元徒步往四川寻父,历尽艰难,找到父亲骸骨,背负回乡。

② 《众喜粗言宝卷》,民国己巳尚德斋刻本。

③ 《天赐救劫真经》,《明清民间宗教经卷文献》第10册第467页。

论古代小说花园场景的文化内涵

韩　晓

花园场景是中国古代小说中重要的场景类型之一，尤其在世情小说中出现频繁。布置一个或大或小的花园作为展示人物与衍生情节的处所，是这类场景的主要标志。花园的规模，可大可小。规模小者，一方花圃，四围篱笆，含各色芬芳花卉；规模大者，一所园林，数处亭台，蕴八方生机美景。

在古代小说的早期阶段，花园场景中的花园形象往往比较模糊，且与人物塑造、故事叙述之间的关系相对说来也还比较松散。例如，《世说新语》下卷"简傲"类第十七则故事，通过写王子敬与顾辟疆并不相识，却径直跑到顾家花园里随意游赏，还旁若无人地指点品评来展示王子敬的放诞自傲与率性而为。作者意在记录个性化的人物言行，对于故事场所的描写只用了两个字："名园。"①后期小说不仅对花园场景中的标志意象花园有较为详细的描绘，而且在花园风景的展呈上也更讲究技巧，往往将花园与人物活动结合起来作动态表现，促使其与人物性格和情节发展之间的关系越来越紧密。如《金瓶梅》中西门庆家的大花园、《红楼梦》中的大观园等等，皆是如此。《红楼梦》第十七回"大观园试才题对额"借贾政等游赏大观园完成了对大观园的第一次巡礼，同时还展示了贾宝玉的才情

① 刘义庆撰、刘孝标注、朱铸禹集注《世说新语汇校集注》第648页，上海古籍出版社2002年版。

禀赋以及贾政、贾宝玉与门下众清客之间的关系。护花主人对此十分赞赏:“大观园工程告竣,若只请贾政一看,毫无意味。今以联扁为题,则此一看,为最要紧之事,不徒为游玩起见,而各处亭台楼榭,殿阁山水,即可挨次细叙,不觉琐烦。非善于叙景者,不能有此想。”①由于花园场景越来越频繁的出现、越来越细致的描摹以及花园场景内部作为人物活动地点的花园与人物、情节的关系结合得越来越紧密,花园也由一般性的地域场所、一种简单的空间符号而逐渐变成包含着文化——情感内涵的空间意象。这种空间意象所包含的文化——情感内涵主要有两种:一为疏离世事、超越功利的性灵舒展;一为张扬个性、珍惜年华的青春爱恋。

一、花园场景与性灵舒展

《醒世恒言》第四卷《灌园叟晚逢仙女》讲述了一个关于花园的故事。大宋仁宗年间,江南平江府东门外长乐村中有位酷爱花卉的老者秋先,多年来收集各色花卉,经营成一个花园。

> 那园周围编竹为篱,篱上交缠蔷薇、荼蘼、木香、刺梅、木槿、棣棠、金雀,篱边撒下蜀葵、凤仙、鸡冠、秋葵、莺粟等种。更有那金萱、百合、剪春罗、剪秋罗、满地娇、十样锦、美人蓼、山踯躅、高良姜、白蛱蝶、夜落金钱、缠枝牡丹等类,不可枚举。遇开放之时,烂如锦屏。远离数步,尽植名花异卉。一花未谢,一花又开。向阳设两扇柴门,门内一条竹径,两边都结柏屏遮护。转过柏屏,便是三间草堂。房虽草覆,却高爽宽敞,窗槅明亮。堂中挂一幅无名小画,设一张白木卧榻。桌凳之类,色色洁净。打扫得地下无纤毫尘垢。堂后精舍数间,卧室在内。那花卉无所不有,十分繁茂。真个四时不谢,八节长春。但见:梅标清

① 曹雪芹、高鹗著,护花主人、大某山民、太平闲人评《红楼梦》(三家评本)第265页,上海古籍出版社1988年版。

> 骨,兰挺幽芳。荼呈雅韵,李谢浓妆。杏娇疏雨,菊傲严霜。水仙冰肌玉骨,牡丹国色天香。玉树亭亭阶砌,金莲冉冉池塘。芍药芳姿少比,石榴丽质无双。丹桂飘香月窟,芙蓉冷艳寒江。梨花溶溶夜月,桃花灼灼朝阳。山茶花宝珠称贵,蜡梅花磬口方香。海棠花西府为上,瑞香花金边最良。玫瑰杜鹃,烂如云锦,绣球郁李,点缀风光。说不尽千般花卉,数不了万种芬芳。①

一日,凶狠蛮横的宦家子弟张委带着如狼似虎的家丁仆从强行闯入花园饮酒作乐,秋先不惧张委的权势与强悍,愤然阻止其攀折花木,不留神将张委撞到。恼羞成怒的张委将园中的花朵肆意摘扯、践踏一番后扬长而去。正当秋先为落红满地而悲伤痛哭之时,瑶池王母座下的司花仙女现身将满园落花重返枝头。早想霸占花园的张委便以落花返枝为由,诬告秋先是会妖法的妖人,致使秋先身陷囹圄,自己则带着家丁抢占花园。大牢里的秋先蒙司花仙女传授修行成仙之法;霸占花园的张委却被园中的各种花卉所变化的一个个美貌女子扔进粪坑溺死。害怕因果报应的府尹将秋先释放,秋先遂回花园按仙女所授之法,日饵百花,广为善事,终于在一个中秋节被天帝封为"护花使者"而白日飞升,秋先的花园也随之上天。小说中的叙事地点除了三次短暂的转移——两次在公堂、一次在大牢而外,其余都在秋先的花园。花园场景基本上构成了该作品的叙事骨架,秋先和众花神、张委和众家丁以及众乡亲父老等等在花园中都有非常精彩的表演。《灌园叟晚逢仙女》结构紧凑、场景单纯,场景化叙事特点鲜明,非常适宜舞台搬演。无论是从作品的空间形式、叙事技巧,还是从故事所传达的善恶有报、神仙道化等思想主题来看,该作品都属于典型的中国古代小说。秋先的花园,是秋先远离现实黑暗的庇护所,是其忘怀世事飞升成仙的通道。花园是人间的仙境,仙

① 冯梦龙《醒世恒言》第202—204页,《古本小说集成》,上海古籍出版社1990年版。本论文中所引《醒世恒言》原文,皆据该版本,下不另注。

境是天上的花园。小说在宣扬因果报应的同时，也透露了花园与神仙之间的隐秘关系。要弄清这一点，则须追溯中国古典园林的起源。

最早见于史籍记载的中国园林是“囿”，园林中的主要建筑是“台”。“囿”主要用来蓄养禽兽，其间也种植花木、经营果蔬，修造简单的建筑物，以为帝王贵族狩猎游玩之所。“台”则是用土堆筑而成的高台，《淮南子》卷五《时则训》高诱注：“积土四方而高曰台也。”①《老子》亦云：“九层之台，起于累土。”台的用途是登高以观天象、通神明。上古时代，由于生产力低下，人们对自然界普遍怀着敬畏的心情加以崇拜。“崧高维岳，峻极于天”（《诗经·大雅·崧高》），巍峨高峻的山是自然力量的集中体现，人们对之更是视若神灵，“山林、川谷、丘陵能出云，为风雨，见怪物，皆曰神”②，往往加以祭祀、封禅。“台”即是山的象征。有的“台”就是削平山头加工而成。《齐地记》中有云：“台亦孤山也。”③先秦时代，帝王诸侯纷纷筑台，著名者如商纣王的鹿台、周文王的灵台、楚灵王的章华台、吴王夫差的姑苏台等。台上建筑房屋谓之“榭”。有台有榭，既可通神祈祷，亦可远眺风景、游赏休憩。《诗经·大雅·皇矣》毛传曰：“天子有灵台者，所以观祲象，察气之妖祥也。”④朱熹注云：“国之有台，所以望氛祲，察灾祥，时观游，节劳佚也。”⑤在帝王诸侯“美宫室”、“高台榭”的同时，中国古典园林也逐渐发展起来。先秦时代的帝王诸侯的苑囿，从园林类型上来说属于皇家园林，此后，中国园林又衍生出了寺

① 张双棣《淮南子校释》第561页，北京大学出版社1997年版。

② 郑玄注、孔颖达疏《礼记正义》卷四十六《礼记·祭法》，《十三经注疏》，第1510页，北京大学出版社2000年版。

③ 《艺文类聚》卷六十二引伏琛齐地记曰：“秦始皇二十八年，至琅邪，大乐之，留三月，作琅邪台，台亦孤山也，然高显出于众山之上。”见欧阳询撰，汪绍楹校《艺文类聚》卷六十二《居处部》，上海古籍出版社1982年版。

④ 毛亨传、郑玄笺、孔颖达疏《毛诗正义》卷十六，《十三经注疏》，第1219页，北京大学出版社2000年版。

⑤ 朱熹《诗集传》卷十六，《四部丛刊三编》，上海书店1985年版。

庙园林和私家园林两大类型。唐宋以降,私家园林尤为兴盛,“通神”功能依然保留,在小说、戏曲作品中也常常出现于花园之中焚香拜月、祈祷上苍的场景。不过,“通神”更多地变为沟通抽象的神,即自然。游赏花木、纵情山水的娱乐功能逐渐上升,超脱尘俗、寄心物外的文化内涵则不断增强。

“可以说,中国古典园林起源于帝王狩猎的‘囿’和通神的‘台’。也可以说,狩猎和通神是中国古典园林最早具备的两个功能。”①“通神”所含有的祷神祈福、沟通自然、寻求天人合一的文化内涵,与产于战国、盛于秦汉的神仙方术思想也是密切相关的。神仙思想产生的一个重要原因即是人们不满现实而寻求解脱苦闷的途径。《楚辞·远游》所云“悲时俗之迫厄兮,愿轻举而远游。质菲薄而无因兮,焉托乘而上浮”,“免众患而不惧兮,世莫知其所如”,正是此种心态的写照。园林作为能够“通神”的再造之自然,无论是遍植草木的花圃,还是山水具备的庭院,都是人们远离政治、忘怀功利、抚慰心灵创伤的好所在,是人们“出世”隐逸的好去处。“采菊东篱下,悠然见南山”,隐逸诗人陶渊明在饮酒赏花之中找到了人生乐趣和精神归宿。《灌园叟晚逢仙女》中的秋先同样是如此。小说写道:“谁知秋公原是有意思的人,因见神仙下降,遂有出世之念,一夜不寐。”所谓“有意思”,无非是指秋先的爱慕天然和不恋俗世。小说也在善有善报的因果循环之中,点染出花园场景高洁明净的情调氛围。

二、花园场景与青春爱情

花园与房屋相比相对开放,与外界空间相比又相对封闭。所以,花园往往是社会烦扰相对稀少与礼教约束相对松散的地带,从而也成为人们彰显个性的舞台。春秋代序、花落花开,极易让人感知时光的流失和容颜的衰老,从而萌发对青春生命的珍惜,对爱情的渴望与追求。花园之中除了心怀隐逸的高士,还活跃着向往美好

① 周维权《中国古典园林史》第 21 页,清华大学出版社 1990 年版。

爱情的青年男女。

无论是在文言小说，还是在白话小说当中，爱情都是花园场景最擅长表现的主题之一。元代的文言小说《娇红记》谱写了一曲凄婉的恋歌。痴心相爱的表兄妹申纯与娇娘在花园中倾诉衷肠而共订鸳盟，花园是他们恋爱的圣殿。

> 娇乃约以次早与生俱游后园，临东池畔，遥望大王之祠，两人异口同声，拜祈设誓，其词累千百，不能备载。……自后娇与生情好深笃，饮食起居，无不留意。生自此亦不与飞红一语。红察之，因大憾。一日，生因纵步至后园牡丹丛畔，忽遇娇先已在彼，遽拥抱之，必欲求合。娇却之，言曰："鄙陋之质，固不敢辞于君，但虑云雨初交，欢会方密，妾于情状俱昏迷矣，能保人之不至？若有所觉，妾无容身之地矣。"生闻其言，兴已稍阑。遂与娇携手而过别圃。不觉飞红亦自后潜至，见娇与生并行，因促步抵舍，语妗曰："天气晴喧可人，后园牡丹盛开，能一观否？"其实欲妗一行，袭败娇之踪迹也。妗可其请，遽命红侍行，至园中，瞥见生与娇并行于花亭畔，左右俱无人，妗因大疑，因呼娇。生乃狼狈返室，惆怅不已。①

上述文字集中描写了一幕人物流动、波澜起伏的花园场景。其中，申生的热烈与怯懦、小姐娇娘的温婉与矜持、丫鬟飞红的狭隘、娇娘之母的严厉都有不同程度地展现。整个场景充满感伤情调，似乎也预示着二人的爱情将以悲剧而告终。从艺术手法上来看，这个片段充分体现了古代小说场景的流动性特点，以及能够将同时发生在不同地点的故事融合成有机整体，并且有次序地加以展示的叙述技巧。

有时候，花园并不一定展示男女双方的双向互动，而是侧重某

① 宋梅洞《娇红记》，见阙真等选注《元明清文言小说选》第 12—13 页，太白文艺出版社 2004 年版。

一方的单向度的情感流露。这种情感可能是对异性的真诚爱慕，也可能是欲爱而不能的苦闷。花园则是触发其情感流露的重要契机。明代李昌祺的《剪灯余话》中有一篇《秋千会记》，歌颂了少数民族青年拜住和速哥失里的坚贞爱情。速哥失里家的花园，正是点燃拜住心中那一团爱火的所在。

> 私居后有杏园一所，取"春色满园关不住，一枝红杏出墙来"之意，花卉之奇，亭榭之好，冠于诸贵家。每年春，宣徽诸妹、诸女，邀院判、经历宅眷，于园中设秋千之戏，盛陈饮宴，欢笑竟日。各家亦隔一日设馔。自二月末至清明后方罢，谓之"秋千会"。适枢密同佥帖木尔不花子拜住过园外，闻笑声，于马上欠身望之，正见秋千竞蹴，欢哄方浓，潜于柳荫中窥之，睹诸女皆绝色，遂久不去，为阍者所觉，走报宣徽，索之，亡矣。①

明媚春光、烂漫春花、美丽而活泼的少女，花园中一切美好的景致激起了拜住对爱情的向往，回家后立即让母亲遣媒说亲。苏轼的《蝶恋花》（花退残红青杏小）也描写了一个高墙相隔、笑语相闻的花园场景："墙里秋千墙外道，墙外行人，墙里佳人笑，笑渐不闻声渐悄，多情却被无情恼。"苏词中的男子最后收获的只是浓浓的哀愁，《秋千会记》中的拜住却比他幸运得多，不仅顺利缔结了婚约，而且有情人最终也成了眷属。

除了展示男性的情爱诉求，花园场景更能淋漓尽致地表现女性的怀春之感和生命之叹。明何大抡辑《重刻增补燕居笔记》卷九所收《杜丽娘慕色还魂》话本就是非常典型的代表。该作品讲述南宋光宗时太守杜宝的女儿丽娘游园归来，感梦而亡。她自画的小影为后任柳太守的儿子柳梦梅所得。柳生日夜思慕，遂和丽娘鬼魂幽会，并禀告父母，发冢还魂成亲。这篇话本小说的后半部比较简单，

① 李昌祺《剪灯余话》卷八《秋千会记》，《古本小说丛刊》第5辑第1册第134页，中华书局1994年版。

但在前半部则相当细致地描画了杜丽娘游赏花园而勾起情爱的欲望,梦中与一青年在花园甜蜜欢会及其以惆怅和焦灼的心态到花园寻梦等故事场景。这些都启发了汤显祖在传奇《牡丹亭》中,充分发挥戏曲比小说更具直观性和形象性的优势,精心编排了经典的花园场景"游园"、"惊梦"。"游园"、"惊梦"是包括小说在内的古典文学作品之中的花园场景的艺术结晶,是古典文学中的不朽华章。

"游园"、"惊梦"的传唱不衰,也在一定程度上刺激了小说家设置花园场景的兴趣。花园场景在明清时期的才子佳人小说当中大量的出现就是最好的注脚。刘大杰先生的《中国文学发展史》对才子佳人小说的情节模式曾有如下概括:

> 《金瓶梅》以外,当时另有一种才子佳人的恋爱小说,这些书大都是某公子年少貌美,满腹才学,因择配不易,弱冠未娶。某日出游花园或寺庙,遇一少女,年方二八,"沉鱼落雁,羞花闭月",多才貌美,惊为天人。与之语,佯羞不答,然脉脉含情。于是男女心中,都若有所失,此时必有伶俐之婢女一人出而传书递简,或寄丝帕,或投诗笺,两心相许,私订终身。此女多为其父母所宠爱,因才貌过人,择婿不易,尚待字闺中,后因某权臣闻女艳名,设法求为子媳,女家不许,于是百般构陷,艰苦备尝,改名换姓,各奔前程。最后总是才子高中状元,挂名金榜,秘情暴露,两姓欢腾,男女双双,终成夫妇。所谓才子佳人小说,其内容结构,大都如此。①

在才子佳人小说中,花园乃是常见的处所设计,花园场景也是该类小说中的一个重要的场景类型。例如:《平山冷燕》中的燕白颔在花园与山黛一见钟情,《飞花咏》中的昌谷与容姑在后花园月下定盟,《锦香亭》中的钟景期与葛明霞亦于花园以帕传诗、面订婚约。而在才子佳人小说以外的小说作品当中,花园作为少女怀春、男女

① 刘大杰《中国文学发展史》第1065页,上海古籍出版社1982年版。

邂逅、私订终身或者鱼水和谐的地点，亦频频出现。可以说，花园场景已经成为古代小说中具有某种标志意义的场景模式，它常常会在作品需要展示情爱的时候不失时机地出现。

花园既是舒展自我个性的场所，也是追求纯美爱情的地方。将个性与情爱结合得最成功的花园场景当数《红楼梦》中的大观园。大观园是古代小说中最精美的花园，它在一定程度上反映了明清时期中国园林建筑的繁盛，体现了中国园林建筑的审美情趣。更为重要的是，大观园还是所有古代小说中最富诗意的花园。滋养它的是宝玉与黛玉的脱俗品性，装点它的是红楼众芳的青春生命与才情禀赋。遗憾的是，如此精致的花园依旧免不了轰然坍塌的结局：青春逝去、情爱成空、人生乖违、生命消融。究竟这是某个时代的悲剧，还是无尽轮回中的人世宿命？猜不透，费思量！

花园场景除了演唱诗意优游和青春爱恋的正声之外，也夹杂着纵欲享乐、妖魅害人、小人作恶之类的变调。这些变调虽然给花园添加了几许阴冷和残酷，却辩证而真实地揭示出人们在张扬个性、追求情爱的道路上可能会遭遇的曲折与苦痛。其实，在任何一座花园中，都免不了“风刀霜剑严相逼”。人们美好的心灵与审美的心态，才是真正永恒的宁静绚烂的花园。当我们解读花园场景的时候，我们更呼唤高洁的情操、飞扬的青春和纯真的爱情，呼唤在躁动不安、疲惫不堪或者空虚迷惘的人生中所失落的心灵驿站和情感空间！

（作者系湖北大学副教授）

论晚明世情小说创作的多元理论形态与叙事操作

邓百意

相比讲史小说与神魔小说创作中剑走偏锋的“实录”情结和“求幻”心态，无论是作为理论表述的小说观念，还是作为实践操作的文本形态，晚明的世情小说创作都显得更加成熟、更靠近叙事文学的本质，同时也更为多元化。这类小说题材天生贴近下层民众，与世俗社会若即若离的创作心态显隐不一地披露于理论表述及叙事操作中，使得对该类题材小说的研究具有独特的文化兴味。

宋儒提出“存天理灭人欲”的命题，天理与人欲各为善、恶两极，虽然他们并不排斥“情”，但“情”必须受“理”的严格节制，与“借男女真情发名教伪药”之“情”意殊有别。明初天理人欲之辩仍框定在宋儒的命题内进行。及至明中叶，商业经济的发展带来社会结构的大裂变，心学的崛起引发思想界的大震荡。王学左派以异乎寻常的理论勇气打破理、欲之间的森严壁垒，天理渐近于人性，发展到“穿衣吃饭，即是人伦物理”、“人必有私，而后其心乃见”，千百年来受压抑的个人情欲仿佛一夜之间复苏了。发展到晚明，整个社会涌动着一股尚“情”的思潮，戏剧界的汤显祖高张“情”的旗帜，热烈颂扬超脱生、死之界的情。与之遥相呼应，冯梦龙在《情史叙》中做出“《六经》皆以情教”的论断，进一步划分情的两个层次：“情始于男女”，故男

按：本文原载《中国文学研究》2006 年第 4 期。

女之情为众情之祖;狭义的男女之情"流注于君臣父子兄弟朋友之间",可包举万物,泛指人类的种种情感。自我意识的觉醒,一方面复苏了人性,另一方面过于张扬个人价值又难免走入鼓欲纵欲的泥潭。因此晚明文人"情"的内涵比较驳杂,以两性情爱为主而及于人情世态,既向往纯净的唯美境界又往往情、欲交缠,试图整合二者无奈立场不坚,对"欲"每每却之还迎。作为以精神引导者自命的文人群体,传统的道德理性也不时影响着他们的思维以至情理纠结,或以情反理,或维理灭情。题材渐近于人性的特性、创作界的鱼龙混杂与思想上的摇摆不定,决定了晚明世情小说异常复杂的存在形态。

一

《金瓶梅》是文学史上第一部以市井人物作为主人公的长篇通俗小说,在题材的开创上有筚路蓝缕之功。作者独辟蹊径,津津乐道于琐细的婚姻家庭生活,对早已习见阵仗厮杀、施法布道的通俗小说阅读者而言,无异于哥伦布发现了新大陆,见者无不欣喜欲狂。袁中郎曾十分急切地询问董思白:"《金瓶梅》从何而来?伏枕略观,云霞满纸,胜于枚生《七发》多矣。后段在何处抄觅?当于何处倒换?幸一的示。"①作者一方面注入自己对现实世界和人性本质的理性思考,借助与历史演义迥异的"以色身说法"的操作方式,从混乱的两性关系中引出"色即是空"的宗教劝诫,揭示"生我之门死我户"的恐怖前景;另一方面,过分求真求细所产生的负面效应,又无法纳入道德劝惩的范畴,导致此后接受与评价的多元化。作者将隐秘至极的两性交合用近镜头拉拢,读者观之如在目前,结果反走向了煽情,引得无数子弟趋之若鹜。若进一步剥离宗教劝诫,刻意抒写煽情的一面,极易发展为色情。事实上,由《金瓶梅》到纯粹的色情小说仅仅一步之遥。《金瓶梅》刊刻次年,《绣榻野史》即问世,跨

---

① 孔另境《中国小说史料》第 82 页,上海古籍出版社 1982 年。

过了关键性的一步，从此一发不可收拾，引发色情小说创作的高潮。

王阳明着意推行社会道德教育，提出“做愚夫愚妇”的命题，主张知识者放低姿态主动介入世俗生活实施伦理教化。这一命题在发展过程中发生变异，被不少心学弟子误解为对“愚夫愚妇”生存方式不加选择的全然认同，从而引领相当数量的知识者义无反顾地走上彻底世俗化的不归路，部分人更乐于为势不可挡的纵欲洪流推波助澜。憨憨子打出救世的旗号，冠冕堂皇地宣称：“余将止天下之淫，而天下已趋矣，人必不受。余以诲之者止之，因其势而利导焉，人不必不变也。”①从表面上看，铺排淫秽之事激发读者的娱乐热情，从而将现实生活中业已混乱不堪的两性关系引上正常轨道，“以诲之者止之”的立意似乎无可厚非；然究其实际效果，借用冯梦龙的“以狂药饮人”一语亦颇为贴切。无可否认，《金瓶梅》虽不乏亵秽之笔，终非作者主旨所在；《绣榻野史》、《玉妃媚史》、《僧尼孽海》之类则专尚于此，极写两性交合以追求纯感官刺激，无非借对浪子荡妇的肆意淫乱尽情发泄压抑已久的自然欲望。为了进一步追求新奇的叙事效果，更从花样百出的异性偷情延伸至匪夷所思的同性淫乐。《浪史》、《弁而钗》、《宜春香质》、《龙阳逸史》等书的作者，不屑于走“憨憨子”们藏头露尾煽情的老路，索性揭开束缚手脚的“以淫止淫”的圣洁面纱，肆无忌惮地叙写各种乱七八糟的性爱纠葛。如果说，老一辈的浪子们最终不同程度地为自己的放纵行为付出代价（惨遭杀身之祸或承受妻妾淫人的心理打击），短暂的欢乐与永恒的痛苦构成的强烈反差尚可产生微弱的警示效果；那么，新生代的浪子则超越法律追究和道德惩戒，不仅轻而易举地将天下尤物（包括同性中的佼佼者）一网打尽，更可以在关键时刻获得宗教救助，将正在享受的人间艳福带到绵绵无尽的永恒之境。对于个人私情的过分关注以及不加节制的疯狂发泄，导致伦理道德意识的彻底消解，必然堕入媚俗泥潭而不能自拔。在叙事上，作者唯重纵欲过程中刺

---

① 黄霖、韩同文《中国历代小说论著选》第 204 页，江西人民出版社 2000 年版。

激感官的交媾细节,故多平铺直叙,强行捏合的痕迹十分明显。

与《绣榻野史》系列形成鲜明对比的是陆人龙的《型世言》。在晚明世情小说系列中,很难找出象《型世言》那样执著地依附于传统价值体系的叙事文本。陆人龙身为书坊主,编写通俗小说不可避免地带有牟利性质,但他始终不忘知识阶层挽救世道人心的历史使命。根据人物的善与恶,陆人龙的价值评判表现出坚定明确的褒与贬,创作态度相当严肃。若按忠、孝、节、义细分,主"忠"的 3 篇,主"孝"的 4 篇,主"节"的 6 篇,主"义"的 8 篇;按五伦来划分,君臣关系 2 篇,父子关系 6 篇,兄弟关系 1 篇,夫妇关系 5 篇,朋友关系 5 篇,覆盖了道德伦理和世态人情的方方面面。陆人龙选择彻底皈依传统文化,确立了明确的道德教化意识,"情"拘于"理"的规范不可或离。作者抱着"此型谓作愚蒙之教师也可"(第 27 回)的创作情结,时时以引路人自居,故此刻意与世俗社会保持一定的心理距离。这种距离感既体现在作者有意插入的议论中,也体现在人物设置及情节的具体展开方式上。小说主要在 4 个地方插入个人的评述:一是篇首"翠娱阁主人"之"序"、"引"或"题词",二是篇末"雨侯"等人的"曰",三是正文首之议,四是正文末之评。作者并不满足于点到即止,更愿意形成滔滔之势,凡说到忠孝节义则不厌其烦,一文中反复致意。

陆氏相当关注因个人私欲引发的种种社会问题。《型世言》中有一些篇目涉及通奸或奸骗事件(第 5、6、11、21、26、27、29 回),但陆氏极少近距离描写极易产生负面效应的交合细节,而着意于突出当事人放纵行为对社会群体的巨大危害,并对奸夫淫妇和不法之徒实施"天网恢恢,疏而不漏"的严厉惩治。而用不正当手段获取财物的邪恶之徒,在小说中同样遭到道德、法律乃至宗教的全面追究(第 22、23、29、32、33 回)。从总体上看,陆氏对好色之徒尤为痛恨,只要奸淫成为事实,必然毫不容情,直至剥夺其生存权利,在群体理性原则和个体感性生命之间做出毫不含糊的价值选择。

陆人龙在一定程度上意识到作品不宜一味说教,亦应适当满足阅读者的娱乐需求,但对伦理道德的过分关注还是造成了人物塑造的概念化倾向。若写到烈女义士、贞夫节妇，作者的笔风则走庄重、昂扬一路，充满溢美之词，人物成为作者的传声筒，显得呆板而缺乏生气；一旦写到奸邪小人则面目可憎，笔风趋向于诙谐、讽刺，脸谱化的倾向很明显。同时，太过强烈的惩劝意识也使得情节的发展跨不出因果报应的既定框架，只能极为笨拙地按照时间顺序叙写故事，叙事少有悬念且缺乏张力。凡此种种，最终影响到文本的娱乐效果。此期另一拟话本小说集《石点头》，书名取僧人竺道生聚石说理以至顽石点头之意，基本可以划归到《型世言》这一价值谱系。

二

王阳明着意推行社会道德教育，主张知识者放低姿态主动介入世俗生活实施伦理教化，进而提供了一条可行性途径——以俗化愚。王守仁认为：面对日益颓败的世风，知识阶层不能装做道学模样唬弄民众，而应该深入实际生活挽救世道人心；为了达此目的，必须改进传统的道德教化方式，以“因事启沃”、“随机导引”代替“捆缚苦楚”的强制灌输，使受教育者“中心喜悦”，从而“无意中感激他良知起来”。王阳明的“通俗”精神及其理论阐述，无疑为通俗文学“寓教于乐”价值观的形成奠定了坚实的基础，而世情小说实为得风气之先者。

冯梦龙对于王阳明“顺导其志意，潜消其鄙吝，默化其粗顽，日使之渐于礼义而不苦其难，入于中和而不知其故”（《训蒙大意示教读刘伯颂等》）的教育理念理解十分透彻，将之移植到通俗小说的创作理论中，力主以“谐于里耳”之言“鼓吹经传”，“寓教于乐”的小说价值观终于在其手中最后定型。关于这一点，冯氏有一段理论表述：“试令说话人当场描写，可喜可愕，可悲可涕，可歌可舞；再欲捉刀，再欲下拜，再欲决脰，再欲捐金；怯者勇，淫者贞，薄者敦，顽钝者汗下。虽小诵《孝经》、《论语》，其感人未必如是之捷且深也。”①他

① 黄霖、韩同文《中国历代小说论著选》第225—226页，江西人民出版社2000年版。

将小说的娱乐价值与教化价值并举，以娱乐性作为实现教化价值的逻辑前提，比色情小说的娱乐至上和劝惩小说的教化唯一考虑更加全面也更具可操作性。凌濛初自觉认同冯梦龙对通俗小说的价值定位，但并非后者那种"说孝而孝，说忠而忠，说节义而节义"的极度自信，而仅以"言之者无罪，闻之者足以为戒"自勉①。面对"一二轻薄恶少，初学拈笔，便思污蔑世界"至令小说界"亵秽不忍闻"②的创作现状，凌氏意识到必须通过严肃认真的创作拨乱反正，但对通俗小说实际的教化效果却只能保持谨慎的乐观。道德理性的强化为"三言"、"二拍"皴染上一层鲜明的人伦色彩，可又与《型世言》的全方位说教异质。《型世言》讲求五伦全备，"三言"、"二拍"则将关注焦点放在家庭伦理和社会伦理两个层面，而于政治伦理几乎不予涉及。其中特别留意世俗社会极易陷入混乱的两性关系，绝大部分叙写世情的篇目均围绕"情"与"理"的选择展开矛盾冲突。如前所述，《型世言》中的人物基本可以分为正、邪两个彼此对立的系列，呈现出"好人全好，坏人全坏"的绝对化特征。"三言"、"二拍"中则出现一定数量的"间色"人物（如蒋兴哥、姚滴珠、秦重、滕大尹等），很难直接对他们做出绝对正面或绝对负面的价值评判，而这正是晚明社会生活复杂化、价值体系随着商品经济的发展做出相应调整的必然反映。

冯梦龙和凌濛初既想维持自己的知识者身份，以"愚夫愚妇"的精神导师自任，认同传统的伦理道德原则并将之作为个体的行为规范，倡导符合群体利益要求的"公情"，同时又不可避免地受到时代风气的影响，对源于自然本能之"私情"亦未果断地一概否定。对于传统与现实的二者兼顾，导致文本中价值体系的混乱。

两性情爱作为一种文化母题天生是文学关注的重心，而对物质利益的极度敏感则是明中后期令人瞩目的社会现象。在传统小农经济体制下，自给自足的生产方式使得大众对货币的渴求尽管时时

①② 黄霖、韩同文《中国历代小说论著选》第 263 页，江西人民出版社 2000 年版。

骚动，但通过道德理性的调整尚可得到卓有成效的控制。晚明商业经济兴盛持续地强化"黄白之物"无法抗拒的魅力，"孔方兄"以势不可挡之势侵入客观环境乃至心理世界的每一个角落，物质财富的多与寡几乎成为普遍认同的价值尺度。猪八戒在极为清苦的取经途中犹不忘积攒 4 钱 6 分银子的"私房"，让人捧腹之余感受到物质欲望的无处不在。在《金瓶梅》中，各色女性的争相献媚与花天酒地的生活享受，乃是西门庆不择手段获取物质财富的最终成果。"三言"、"二拍"开辟专章，集中探究由物质利益生发的社会问题。比较而言，凌濛初在这方面的兴趣更为浓烈。据统计，以物质财富的得与失来结构情节的，"三言"中总计 8 篇，占 15%，"二拍"中则增至 13 篇，占 30%。对"财"的关注有一个由隐而显的推进过程，作者的主观态度也随着评价尺度的左右移易而变得模糊不清。《型世言》同样注意到"财"在现实社会中的重要地位，以之为线索引发出一系列尖锐的"理"与"欲"的二元对立，无论是千金不易父仇的孝子（第 2 回）、一芥无取的义仆（第 15 回），还是贪财忘义的鼠辈（第 25 回）、为银杀生的凶徒（第 33 回），无不归入善恶果报、邪不胜正的既定框架。反观"三言"、"二拍"中的同类作品，则呈现为与《型世言》极端化设置有异的两个阵营。一组以《吕大郎还金完骨肉》（《警世》卷 5）、《三孝廉让产立高名》（《醒世》卷 2）、《恶船家计赚假尸银，狠仆人误投真命状》（《初刻》卷 11）诸篇为代表；另一组的典型之作是《宋小官团圆破毡笠》（《警世》卷 22）、《转运汉巧遇洞庭红，波斯胡指破鼍龙壳》（《初刻》卷 1）、《乌将军一饭必酬，陈大郎三人重会》（《初刻》卷 8）等。作者一方面与传统价值体系接轨，强调非己之财不得轻取，表彰轻财重义的高尚品德，批判贪财昧心的无耻行径；另一方面又津津乐道某些幸运儿偶然获取意外横财从而改变命运的人生经历，反映出作者本人受时代风气影响形成了不甘贫寒、向往陡然致富的浮躁心态，明显偏离农业经济时代文人所信奉的"君子耻于言利"的人格范型。需要指出的是，"钱财当取之有道"道德底线的划定，表明作者并未彻底放弃"君子固穷"的传统人格理想，而是试图在"欲"与"理"之间寻找一种平衡。

如果说,在物质活动领域尚能信守“取之有道”的基本底线;那么,在业已失控的两性关系领域,除了“不淫人妻女”的苍白劝诫,冯梦龙和凌濛初已经陷入莫衷一是的混乱状态。以婚否为界,男女情爱可以划归未婚与已婚两类,二者所占比例大致相当。就前者论,爱情在未婚男女之间产生,绝大多数情况下指向了理性结局——婚姻。在“媒妁之言”这一点上虽然偏离了正统,但最终还是能够得到父母的认可,与“娶则为妻,奔则为妾”的古训相合;爱情的展开过程多涉及生理层面,表现出世俗生活情趣,但未婚男女之间并非完全受自然欲望支配,其间或多或少地夹杂着某种“情”的元素,因而可用“曲终奏雅”的方式予以肯定。“三言”、“二拍”共有 14 篇可以归入此类。而在已婚范畴内,如何评价女性的失节,颇能见出作者在理性原则与感性欲望之间的艰难选择。为了说明问题,不妨将《万秀娘仇报山亭儿》(《警世》卷 37)、《蒋淑真刎颈鸳鸯会》(《警世》卷 38)、《白玉娘忍苦成夫》(《醒世》卷 19)与《蒋兴哥重会珍珠衫》(《喻世》卷 1)、《姚滴珠避羞惹羞,郑月娥将错就错》(《初刻》卷 2)、《酒下酒赵尼媪迷花,机中机贾秀才报怨》(《初刻》卷 6)对读。前者叙述不同类型女性的命运遭际,无论是万秀娘的执著复仇、白玉娘的忍辱负重,还是蒋淑贞的耽于淫乐以致伏尸枕席,皆内含宋儒所倡导的“饿死事小,失节事大”的价值尺度,将不惜代价固守贞操作为女性价值实现的唯一途径。后者以细腻的笔触再现婚外性行为的发生过程,从生理需求、客观情势等角度分析女性的失节,宽容地对待她们无法挽回的过错:王三巧因丈夫爽约、自己错认、薛婆牵合与陈大郎相好,丧失贞节有着多方面的原因;且再婚后不忘旧情救助前夫,可以将功折罪破镜重圆。在《酒下酒赵尼媪迷花,机中机贾秀才报怨》中,凌氏通过贾秀才获悉妻子遭麻醉奸污后的反应,对女性贞节做出了相当宽泛的理解:“失节”的认定并非取决于事实本身,关键在于是否进入公众舆论;若处于“并无一个人晓得”的绝密状态,只须吸取教训以免重蹈覆辙,而不必采取了结生命的极端方式。在《姚滴珠避羞惹羞,郑月娥将错就错》中,作者甚至干脆绕开女性贞节,转而寻找轻松的话题。姚滴珠负气出走,与他人非法同居数月,虽然有婚姻质量不高、棍徒拐骗等方面的客观因素，但也不排除贪图安逸、喜好风流的主观原因。若从传统道德理性的角度审视，无论如何姚滴珠都必须为自己的失节承担责任。饶有意味的是，凌濛初对此竟不置一辞，却提醒读者关注“容貌厮像，弄出好些奸巧稀奇的一场官司”，将沉重的道德评判巧妙地转化为轻松的娱乐引诱。利用议论规定接受视角，最大限度满足读者的娱乐需求，乃是冯梦龙、凌濛初惯常采用的叙事策略。为了获得最大化的娱乐效果，往往忘记信誓旦旦的宣言，放宽价值尺度尽可能靠拢世俗大众，以致无法避免文化系统混乱所造成的内在矛盾，而这正是其小说独特魅力所在。

对于世情小说娱乐功能的重新认识与着意强化，促使冯梦龙、凌濛初冷静反思通俗小说领域曾经风行一时的“按鉴演义”观念，深入思考“实”与“虚”的相互关系。冯梦龙提出“事真而理不赝，即事赝而理亦真”①的命题，凌濛初也认为“真不真之关，固奇不奇之大较”②，肯定通俗小说可以而且应该进行大胆的艺术虚构。问题在于，这种虚构应该建立在符合生活情理的基础上，不能为眩人耳目刻意求新求奇而胡编乱造，避免走到“荒诞不足信”或“亵秽不忍闻”的极端。在他们那里，生活逻辑之“实”与事件叙述之“虚”受到同等重视，这比以往任何一种理论观点更符合小说创作的本质要求。反映在具体的叙事操作中，无论是题材选择还是情节展开皆显得游刃有余，凭借着娴熟的虚实相生的叙事技巧为拟话本小说赢得一席之地。他们自觉跳出了在讲史小说创作领域风行一时的“求实”思维和神魔小说创作中的“求幻”心态，重新确立小说的本体意识，规划“寓教于乐”的主体价值框架，力求通过提供一类富有趣味性的叙事文本使接受者在轻松愉悦的阅读过程中潜移默化，知事之有可为有

---

① 黄霖、韩同文《中国历代小说论著选》第230页，江西人民出版社2000年版。

② 黄霖、韩同文《中国历代小说论著选》第266页，江西人民出版社2000年版。

不可为,寓道德教化于感官娱乐(包括血腥刺激)中。尤其值得注意的是:有着丰富的戏剧评论、编撰、增补经验的冯梦龙和凌濛初还大胆将戏剧创作技巧移植到小说创作中,尤其是那些叙写两性情爱的篇目,借鉴了《四艳记》、《娇红记》等才子佳人戏剧的编排方式,抽掉传统才子佳人剧中极易造成叙事节奏缓慢的"传诗递简"环节,代之以好事多磨或小人拨乱,借助于"误会"、"错认"展开起伏跌宕的戏剧情节,不仅形成了引人入胜的叙事节奏,更避免爱情与理性发生正面冲突,从而获得最佳的娱乐效果。

当讲史小说还在"崇实忌虚"的苦楚捆缚中、神魔小说陷入"荒诞不足信"的创作怪圈之时,世情小说作家在"娱乐至上"、"教化唯一"这两极距离间进行了多种尝试,终于找到了"寓教于乐"的最佳价值结构方式,明确了小说"虚构叙事"的本体构成。尽管在一些优秀作家手中最终仍未能弥合多元价值体系之间的矛盾,但正是这种多元创作心态的存在才成就了比晚明其他题材小说更为成熟的叙事风范。在文学创作领域,一枝独秀的观念形态与多元化主体意识相比,无疑后者更切近文学发展的需要,这一点,在晚明世情小说创作中得到了极为有力的验证。

(作者系海南大学副教授)

略论明清小说中的人物类型化问题

史红伟

明清小说取得了巨大的成就，但同时又不可否认存在着类型化的倾向。这种倾向在一些历史演义小说、才子佳人小说、侠义公案小说等作品中都不同程度地存在着。同一部小说内也存在着类型化，如《水浒传》中写性格鲁莽的英雄，就有李逵、武松、鲁智深等。这种莽汉性格，又在其他不同小说中的人物身上有所体现。而对于这种现象，研究者都在竭力回避“类型化”的提法，好像它是块烫手的山芋，似乎承认了类型化，就抹杀了古代小说的成绩。本文拟围绕这个问题展开讨论。

一、明清小说人物的类型化倾向

在明清小说中，人们总会发现一些具有相同特征的人物：如神机妙算、运筹帷幄的诸葛亮、吴用、徐茂公等；英勇粗犷的张飞、李逵、孟良、焦赞、牛皋、程咬金、焦廷贵等；还有大量的才子佳人、妒妇、三姑六婆形象，他们都有着明显的类型化倾向。他们虽然出现在不同作家创作的不同作品中，但其基本的性格特征却是相似的。人物形象的类型化成了我国古代小说史上一个比较突出的现象。

试看某些历史演义小说中的人物艺术形象描写。

肖像：

身长八尺，豹头环眼，燕颔虎须，声若巨雷，势如奔马。（张飞，《三国志演义》第一回）

黑熊般一身粗肉，铁牛似遍体顽皮，交加一字赤黄眉，双眼赤丝乱系。怒发浑如铁刷，狰狞好似狻猊。天蓬恶杀下云梯。李逵真勇悍，人号铁牛儿。（李逵，《水浒传》第三十八回）

远远就望见这个强盗，面如黑漆，身躯长大，头戴一顶镔铁盔，身上穿着一幅镔铁锁子连环甲，内衬一件皂罗袍，紧束着勒甲绦，骑着一匹乌骓马，手提两条四楞镔铁锏。（牛皋，《说唐全传》第六回）

其人生得浓眉环眼，面如噀血，状貌雄伟。（孟良，《杨家府演义》第二卷《六郎擒孟良》）

很明显，作家笔下的这些肖像描写有很多的相似之处。如《三国演义》写张飞是“豹头环眼，燕颔虎须”，《水浒传》、《杨家府演义》中的林冲、孟良也是“豹头环眼，燕颔虎须”，“生得浓眉环眼”。作者的用意乃在突出这些人物的奇异性。唯其如此，才能凸现艺术人物的鲜明形象。写出人物容貌缺点，而且把它推向极端，很容易产生强烈的视觉效果。恰如挪威作家哈姆逊在分析易卜生的“问题文学”时所说：“人物形象如果太鲜明，就势必会变成一种性格象征，一种人物类型。”①

言谈：

明清历史演义小说中的人物的语言多具有粗犷豪放的特点。如《三国志演义》中的张飞每每自称“燕人张翼德”，而且说话时“声若巨雷”。李逵、程咬金、牛皋、焦廷贵说话都比较粗鲁，且总爱以“爷”自称。这类人物说话决不会吞吞吐吐、遮遮藏藏，而是痛快淋漓地直抒胸臆。《三国演义》第三十回写曹操差夏侯淳杀奔新野。刘备问何人可去迎敌，张飞便说：“哥哥何不使‘水’去？”张飞心直口

① ［挪］易卜生《易卜生评论集》第63页，外国文学与研究出版社1982年。

快，他决不掩饰心中的不满，就借这么一句很幽默的话来发泄心中的不快。《说唐全传》中的程咬金在秦叔宝母亲的寿筵上，因为秦叔宝没有认出他而大发雷霆。他和尤俊达劫王贡，在筵席上听说朋友为此而受了牵连，不顾尤俊达的反对，主动承认王贡是他们劫的。《水浒传》中的李逵初次和宋江见面，戴宗让他给宋江见礼，李逵道："若真个是宋公明，我便下拜，若是闲人，我却拜甚鸟？节级哥，不要瞒我拜了，你却笑我。"李卓吾评至此，在夹批中连称"妙"、"巧妙"①。妙在何处，其实全在于一个"真"字。他们的处境和生活道路虽然各不相同，但言谈中的至真之性、至真之语，却是这些鲁莽汉子的共同特点。

行为：

明清小说中的英雄一般都酷爱饮酒。如张飞嗜酒如命，李逵是常常因为喝酒而误事，牛皋在藕塘关因醉酒而杀死番将斩着摩利，建功立勋。同时这些英雄都干过强盗的行当。《三国志平话》曾有刘、关、张落草太行山的故事情节；程咬金因贩私盐，打死人被判入狱，出狱后又和尤俊达一起劫王贡；孟良、焦赞本来就是山大王；牛皋曾干过剪径的勾当等等。

此外，明清历史演义小说中的这类草莽英雄们的婚恋生活、结局等等，也都大同小异，呈现明显的类型化特征。

除历史演义小说外，明清时期还有大量的才子佳人小说。这类小说中的才子佳人，其类型特征更为明显。我们权且看几个人物肖像的类型化描写：

> 眉如初月，脸似含花。眉如初月，淡安鬓角正思描；脸似含花，艳敛蕊中犹未吐。发绾乌云梳，影垂肩覆额；肌飞白雪，粉光映颊凝腮。盈盈一九，问年随道韫之肩；了了十行，品才有婉儿之目。肢体轻盈，三尺将垂弱柳，身材娇小，一枝半放名花。

① 施耐庵、罗贯中著《水浒传》（容与堂本）第 548 页，上海古籍出版社 1997 年版。

入殿来，玉体鞠躬踧踖，极妩媚，却无女子之态；升阶时，金莲趋时，翼如绝，婷婷而有士大夫之风。（山黛，《平山冷燕》）

生得双眉春柳，一貌秋花，柔弱轻盈，闲处阁中，就像连罗绮也无力能胜，及至临事作为，却又有才胆，赛过须眉男子。（水冰心，《好迷传》）

修眉吐月，宝髻堆云。唇敷半点朱霞，眼碧一泓秋水。指袖则红尘不染，临妆而白雪无姿。仪容雅雅，何须脂粉留香；态度娟娟，不待绮罗增色。谁云花比貌，花且让春；不信玉为人，玉偏逊洁。问仙姬何处，却来姑射峰火；贮玉女谁家，只在锦屏深处。正是当年为有凡间恨，谪降香奁第一俦。（黄小姐，《生花梦》）

春山浅淡，秋水鲜澄。素粉轻施，岂是寻常光艳；红脂雅抹，不同时态纤秾。妆试寿阳眉，步扬西子屧，难拟娉婷。眉横青岫远，鸦鬓绿云堆，尽呈窈窕。似洛神出浦，依稀小步凌波；类织女临河，仿佛香引袖。茜裙杂绛缕争飞，粉面与明珰相映。轻衫冉冉，头春英而雾縠飞香；罗袜纤纤，印花尘而金莲满路。人间一有相思钟，引出多情展转心。（冯玉如，《生花梦》）

两翼绿云铺锦，簇簇珠满头，丁香纽结芙蓉扣。眉弯似月钩，目清疑水流，樱桃一颗肥脂透，体娇柔。金莲细小，行动倩人扶。（堆琼，《梦中缘》第二回）

脸晕朝霞，眉横脆翠。有红有白，天然窈窕生成；不瘦不肥，一段风流描就。袅袅娜娜，恍如杨柳舞风前；滴滴娇娇，恰似海棠经雨后。举体无娇，非同狐媚妖冶；浑身堆俏致，无愧国色天香。（金翠娟，《梦中缘》第二回）

我们无须再多加征引，在才子佳人小说中女性肖像的相似已十分明晰，而有关才子的肖像描写也都是类型化的。试看几例：

他生得面如美玉，体若兼金；年才一十六岁，而聪明天纵，读书过目不忘，作文不假思索。（平如衡，《平山冷燕》第七回）

他生得亭亭如阶前玉树，矫矫如云际孤鸿（燕白颔，《平山冷燕》第九回）

美如冠玉润如珠，倚马文章七步诗。娜绣心肠能脺面，山川秀丽见丰姿。一段风流谁得解，能挑卓女醉西施。（柳友梅，《飞花艳想》第一回）

生得美如冠玉，望若神仙；神凝秋水，气蔼春风，聪敏不凡，且过目成诵。（云剑，《凤凤池》第一回）

生得丰姿俊秀，就像一个美人，因此里中起个诨名，叫做“铁美人”。若论他人品秀美，性格就该温存；不料他人虽生得秀美，一个性子就似生铁一般，十分执拗。（铁中玉，《好逑传》第一回）

美如冠玉，润比明珠。山川秀气直萃其躲，饰绣文心有如其面，宛卫之清癯，俨潘安之妙丽。并无纨绔，自是风流人物。（苏友白，《玉娇梨》第四回）

这类肖像描写，犹如同一模具中制作的艺术品，何其相似。

我们再来看他们的生活情境也可以说是基本一致的。试看下表：

书　名	才子姓名	家　世	是否独子	容　貌	恋爱方式	功　名
玉娇梨	苏友白	御史之侄	独　子	才高俊美	考诗订盟	进　士
好逑传	铁中玉	御史之子	独　子	文武双全	救美结缘	进　士
平山冷燕	平如衡 燕白颔	御史之侄 都堂之子	独　子	才貌兼美	赛诗结缘	探　花 状　元
二度梅	梅良玉	吏部都 给事之子	独　子	才貌兼美	因诗才而见爱	状　元
梦中缘	吴瑞生	教官之子	有兄早亡	才貌兼美	诗稿传情	二甲进士
春柳莺	石池斋	进士之子	独　子	文才美貌	诗琴相通	探　花
画图缘	花天荷	富家子	独　子	文才武略	传诗唱和	平寇封官
定情人	瞿　昱	官家子	独　子	才高貌美	传诗定情	状　元
飞花艳想	柳友梅	世家子	独　子	才高貌美	因诗结缘	探　花

续表

书名	才子姓名	家世	是否独子	容貌	恋爱方式	功名
生花梦	康梦庚	不清楚	独子	才高貌美	因诗受聘	榜眼
两交婚	甘颐 辛发	世家子 宦家子	独子	才高貌美	借诗定情	探花 进士
玉支玑	长生肖	宦家子	独子	才貌兼美	因诗定情	榜眼
驻春园	黄玠	尚书之子	独子	才貌兼美	因诗定情	探花
锦香亭	钟子期	功曹之子	独子	文才武略	因诗定情	状元
吴江雪	江潮	富家子	独子	才貌兼美	考诗定情	探花
雪月梅	岑秀	官宦门第	独子	文武兼备	定情	钦赐功名
合浦珠	钱兰	宦家子	独子	才貌兼美	因才生情	进士

这只是极其粗略的统计，但从中我们也可以看出其类型化艺术描写的一个侧面。才子佳人小说跨越明清两代，从明朝万历年间到清朝前期康乾盛世，绵亘了一个半世纪之久，尽管局部有些较小的变化，但是从整体上来说，这种变化实在是太小。一个半世纪中间，才子佳人小说恒定的模式发展，使这一时期的小说存在明显的类型化倾向。

明清小说中的其他人物，如妒妇、三姑六婆等也都不同程度存在着类型化的倾向。像三姑六婆这样的小人物，作者连姓名都不想更改，无非是王婆、薛姑子。写衙役，无非是董超、薛霸。《清平山堂话本》中说当时差役的名字叫张千、李万、董霸、薛超①。《水浒传》写衙役也是董超、薛霸，而且对这两个人，作者也是不忍心丢弃。在写董超、薛霸押解林冲时，两个贪图钱财，欲加害林冲，鲁智深当时就要结果两人性命，被林冲劝阻。第 62 回写卢俊义被发配，还是董超、薛霸押解。对这样的情节，金圣叹说："林武师是董超、薛霸之所押解也，卢员外又是董超、薛霸之所押解也。其押解之文，乃至于不换一字者，非耐庵江郎才尽之日，盖特特为此以锁一书之两头也。"他接着评燕青救卢俊义："董超、薛霸押解之文，林、卢两传，可谓一

① 洪楩编《清平山堂话本》第 36 页，江苏古籍出版社 1994 年版。

字不换，独至于写燕青之箭，则与昔日写鲁达之杖，遂无纤毫丝粟相似，而又一样争夺，各自入妙也。才子之才子，信矣！”①实际上应该承认像这样几乎“一字不换”的文字，严重地影响了人物的塑造，使人物形象逐步趋向定型化和模式化。

二、人物的类型化与艺术创新

以上我们简略地列举了明清小说中人物形象类型化的若干具体描写，从中可见它确实是我国古代小说创作中的一大特点。艺术的生命在于创新，那么我们怎么样去认识这种人物形象描写的类型化呢？陈平原曾说：“世人常抱怨类型研究抹杀了作家的独创性，其实这是天大的误解。在我看来，小说类型研究最明显的功绩，正是帮助说明了什么是真正的艺术独创性。在古典主义时代，作家唯恐不像古人，不合规则；而在浪漫主义及后浪漫主义时代，作家则唯恐像古人，合规则，拼命标新立异或掩盖其对传统的借鉴沿袭。力求逃避伟大先人的阴影，摆脱文学规则这一形式化了的‘传统’的限制与束缚，尽量作出开天辟地自我作古的姿态，这几乎成了现代作家很难甩开的思想包袱。”②我们觉得这段话比较确切地肯定了类型化人物形象在整个文学发展中的地位。类型化创作方式的形成，也是有其发生原因的。

第一，依傍于前人的编著，难免造成创作上的类型化倾向。

中国古代小说的生成有着自己独特的发展道路。它往往是由艺人在口头讲述，然后再进入书面文学。在作者真正拿起笔来写现实题材之前，存在着大量编著的现象，依傍于前人的创作，就难免有雷同的现象。

《三国志演义》、《水浒传》、《西游记》等小说属于累积型的作品，至于它们如何一步步在民间传说、戏曲、诗话、变文等的基础上，最

① 马蹄疾编《水浒资料汇编》第 214 页，中华书局 1980 年版。

② 陈平原《千古文人侠客梦》185 页，人民文学出版社，1992 年版。

终经由罗贯中、施耐庵、吴承恩之手给定型下来，则是目前的研究者们津津乐道的重要课题。一方面，人们利用长期存在的母题，使其发展为巨恢宏编，另一方面，又不断使其雅化，来淡化母题的原样。关于成书过程的论述已经很多，所以这里也就不详加论述了①。我们关心的是这种编著方式给小说创作带来了什么。看来它至少有以下几点：

首先，带来了大量类同的回前诗、情节。

如《水浒传》第五十七回的回前诗说：

> 人生切莫恃英雄，术业精粗自不同。猛虎尚然逢恶兽，毒蛇犹自怕蜈蚣。七擒孟获奇诸葛，两困云长羡吕蒙。珍重宋江真智士，呼延顷刻入囊中。

此回说的是徐宁用钩镰枪大破呼延灼的连环马。然而《金瓶梅》第一百回引首语与此回大部分都相同，只尾联改成了“珍重李安真智士，高飞逃出是非门”。这样的例子，在《金瓶梅》和《水浒传》中还有很多②。

罗尔纲发现《平妖传》和《水浒传》之间有十三篇赞词相同，《平妖传》（指二十回本）第八回野猪林中张莺救卜吉的情节同《水浒传》第八回鲁智深大闹野猪林相似，其实《水浒传》中燕青救卢俊义的情节和这也相类似。《平妖传》第七十回，《水浒传》第五十四回王则和高廉的妖法雷同③。方胜、徐朔方在《西游记》和《封神演义》中找出相同的赞词多首，总计有二十处④。大量相同的格言、回前诗、情节

---

① 石昌渝《中国小说源流论》，三联书店 1995 年 10 月版。

② 详见黄霖《〈忠义水浒传〉与〈金瓶梅词话〉》，《金瓶梅研究》第 175 页，辽宁人民出版社 1989 年版。

③ 罗尔纲《从罗贯中三遂平妖传看水浒传著者和原本问题》，学术月刊，1984 年第 10 期。

④ 徐朔方《论〈金瓶梅〉的成书及其他》第 199—121 页，齐鲁书社 1988 年版。

至少证明了:古代作家在编著小说的时候,是不惮于重复雷同的,在他们的时代,并不存在所谓的"版权"问题。

我们只要对比一下谭正璧的《三言两拍资料》和"三言两拍"就可以发现古代作家们编书方法的大致情形。冯梦龙自己说:"茂苑野史氏,家藏古今通俗小说甚富,因贾人之请,抽其可以嘉惠里耳者,凡四十种,界为一刻。"①凌濛初在《拍案惊奇序》中说:"独龙子犹氏所辑《喻世》等诸言,颇存雅道,时著良规,一破今时陋习,而宋元旧种,亦被搜括殆尽。肆中人见其行世颇捷,意余当别有秘本,图出而衡之,不知一二遗者,皆其沟中之断芜,略不足陈已。因取古今来杂碎事,可新听睹,佐诙谐者,演而畅之,得若干卷。"这里明确说冯梦龙是在编辑小说。总的说来,冯梦龙对话本小说的贡献在对话本体制的规整。冯梦龙著作很多,其中有许多通俗性的类书,如《笑府》、《广笑府》、《古今谈概》、《智囊》、《智囊补》、《情史》、《太平广记钞》等。这些书对他编写"三言"都有很重要的参考作用,对他来说,对这些材料按照一个固定的模式—话本的体式编辑成册,应该不是很困难的事情。这种方式,必定会带来大量的雷同现象。在走上独立的创作之前,古代小说还不能抛开对以往作品的依赖,但是又不能否认这些作者的卓越的艺术才能,我们把这些作品称为"编著"作品②。承认这一点,丝毫不影响这些伟大作家的杰出的艺术实绩。陈平原在他的《千古文人侠客梦》中援引弗莱《作为原型的象征》中的话:"诗只能从别的诗中产生,小说只能从别的小说产生。"因此得出自己的结论:"所谓具有开拓意义的优秀作品,很可能不过是百分之九十九的'旧',加上百分之一的'新';可正是这百分之一的'新'

① 黄霖、韩同文《中国历代小说论著选(上)》第226页,江西人民出版社2000年版。

② 严格地说,"三言"、"两拍"的成书存在着很大的不同。说"三言"是冯梦龙"编著"的,他主要做了搜集和整理的工作,也独创了若干小说。而"两拍"虽然基本上从前人笔记和现实中的新闻逸事采撷而来,但凌濛初作了认真的艺术加工,是创作小说的主将。

改变了作品的质，实现了作品的艺术价值。”

其次，这种编著的方式，很容易采用“主题先行”的创作方法，从而强化人物形象的类型化。

《三国演义》中的刘备、《水浒传》中的宋江，作者的创作意图是力求把他们塑造成“仁义”的化身，而且在艺术实践中，又竭力把这个标准推向极端，最终使这两个人物蒙上了“假仁假义”的色彩。罗贯中在塑造刘备这个形象时，因为要把他当成“仁义”的化身，削足以适履地要把每一事件都改造成符合“仁义”的要求。然而太过完美的东西，难免让人觉得有虚假的感觉。宋江的形象也是如此。小说开篇就给宋江安上了个“及时雨”的绰号，其实宋江在江湖上也没做几件让人心悦诚服的事情，可是作品中还是让每个闻名见面的天罡地煞们对宋江崇拜有加，自然包括那个天不怕、地不怕、心直口快的天杀星李逵。金圣叹在第三十六回评道：“此书写一百七人，都有一百七人行径心地，然曾未有如宋江之权诈不定者也。其结识天下好汉也，初无青天之旷荡，明月之皎洁，春雨之太和，夏霆之径直，惟一银子而已矣。”《水浒传》中写宋江与人交往，随时都会摸出一把银子。金圣叹认为《水浒传》写宋江之权诈，处处拿李逵之纯真作对比：“写李逵粗直不难，莫难于写粗直人处处使乖说谎也。彼天下使乖说谎之徒，却处处假作粗直，如宋江其人者，能不对此而羞死乎哉！”这种把人物当成是某种概念的表现，在塑造人物时过于单一化，往往会造成人物形象的类型化。

小说中的人物来自现实生活，作家敏锐地把握住了，并作为艺术形象给表现出来。即便是作者，也不能完全理会其中包涵的深意。当然，这对作家来说是一个很高的要求，绝非在编著的时代能够达到的。例如《聊斋志异》在描述故事时，其语言的准确灵动、形象的栩栩如生就会跃然纸上。可是当蒲松龄模仿司马迁，在小说末尾对其作品的题旨或人物的艺术形象一一作说教的时候，立刻就会变得面目可憎。胡适在《〈醒世姻缘传〉考证》中也说：“其实《醒世姻缘》的最大弱点正在这个果报的解释。这一部大规模的小说，在结构上全靠这个两世业报的观念做线索，把两个很可以独立的故事硬拉成一块，结果是两败俱伤。其实晁、狄两家的故事都可以用极平常的、人事的、自然的事实来作解释。因为作者的心思专注在果报的迷信，所以他把他写的事实都忽略过了；有时候，他还犯了一桩更大的毛病：他不顾事实上的矛盾，只顾果报的灵验。”①这也正道出了为某种概念而创作、容易产生类型化人物的原因所在。而只有抛却这个观念，作家在面对生活时，写出的人物就能够突出其独特的、鲜明的个性。

第二，“同源而异派”的戏剧之程式化对小说的艺术创作产生了很大的影响。

人所共知，中国的小说和戏曲“同源而异派”，戏曲从结构到表演，都呈现出鲜明的程式化，戏曲的这一重要特点，在小说发展的历程中，起了很大的艺术示范作用。对此，明末的孟称舜在元杂剧《老生儿》的总评中曾说：

> 盖曲体似诗似词，而白则可与小说演义同观。

“同源而异派”最早是由李渔提出来的，他认为“填词非末技，乃与史传诗文同源而异派者也”（《闲情偶寄·词曲部》），史传与小说的关系自是不言而喻。

戏曲生、旦、净、丑角色的形成，本身就是一个逐步定型，不断趋向程式化的过程。王国维在他的《古剧角色考·余说》中有一段很精彩的论述：

> 南曲既出，诸色始俱唱，然一剧之主人翁，犹必为生旦，此皆表一个在剧中之地位，虽在今日，犹沿用之者也，至以脚色分别善恶，事迹颇古。《梦粱录》记南宋影戏曰：公忠者雕以正貌，奸邪者刻以丑形，盖亦寓褒贬于其间（卷二十）。影戏如此，真戏可知。元明以后，戏剧之主人翁，率以末旦成生旦为之，而主

① 胡适《〈醒世姻缘传〉考证》，《醒世姻缘传》附录二，第1488页，上海古籍出版社1985年版。

人之中多美鲜恶,下流之归,悉在净丑。由是脚色之分,亦大有表示善恶之。国朝以后,如孔尚任之《桃花扇》,于描写人物,尤所措意。其定脚色也,不以品性之善恶,而以气质之阴阳刚柔,故柳敬亭、苏昆生之人物,在复社诸贤之上,而以丑、净扮之,岂不以柳素滑稽,苏颇倔强,自气质上言之当如是耶?自元迄今。脚色之命意,不外此三者,而渐有地位而品性,自品性而气质之势,此其进步变化之大略也。

这一段话,确实说得很到位。即以净、丑角而言,从地位上讲,他们一直处于次要地位,从品性讲,也多是奸邪丑恶之人,后来渐至以气质而分,净、丑也都是在气质上就有缺点的人。生、旦、净、末、丑的脚色到明代基本上已经发展成形,完成了最后的定型过程。应该说,脚色本身对人们来说是一种限制,中国戏曲的脸谱艺术对人物性格、身份的指示作用,不也正说明了这一点吗?中国古典戏曲的类型化趋势也和角色的定型、限制有关①。脚色的发展史,不仅仅是脚色名目的演变,其背后本身就蕴含着深厚的文化意义。这就使戏剧越出自身的范围,对与之紧密相连的小说也产生了不小的影响。这其中尤以净、丑角色对小说的影响最大。

中国早期的戏剧中,净、丑的主要任务就是插科打诨。古代戏曲对于科诨理论已经达到了一个很完备的地步,这些理论的基础自然是丰富的戏剧创作经验。元杂剧科诨的主要特点是夸张嘲讽,表现形式则是自我暴露,在这一过程中呈现出明显的类型化倾向。

净、丑是进行插科打诨的主要行当。进一步说他们常扮演的是官吏、权豪势要、将军、医生、僧道、帮闲等。元杂剧中塑造这些人物的方法,正是突出、夸张其主要特征,造成一种不协调感,利用这种方法来博得读者的欢娱。例如帮闲的艺术形象,元杂剧这个角色常由净、丑来担当,其创作手法是使其自我暴露其缺点,而且经常使用

---

① 谭帆《类型化:古典戏剧人物理论的逻辑趋向》,《文学遗产》1992 年第 5 期。

的都是韵语：

> 不做营生则调嘴，拐骗东西若流水。除了孙大这精头，再没有第二个人家肯做美。(《杨氏杀狗劝夫》杂剧《元曲选》)
>
> 不养蚕丝不种田，全凭马扁度流年、为什么侵晨奔到晚，几个忙忙少我钱。(《东堂老劝破家子弟》杂剧《元曲选》)

对于帮闲，元杂剧主要突出的是其“骗”的主要特征。而且他们上场诗也基本相同①。又如医生的艺术形象，元杂剧中的医生，他们一上场就自我贬低一通，而且经常这些人都是以庸医的面目出现的。请看《窦娥冤》中的赛卢医：

> (净扮赛卢医上，诗云)行医有斟酌，下药依本草；死的医不活，活的医死了。自家姓卢，人道我一手好医，都叫赛卢医。

再看《蔡顺奉母》内写太医：

> 人家请我去看病，着他准备棺材外抬。害病中的请我医治，一贴药着他发昏。

元杂剧中尤爱拿庸医来开玩笑。王国维说：“元曲诚多天籁，然其思想之陋劣，布置之粗笨，千篇一律，令人喷饭，至本朝之《桃花扇》、《长生殿》诸传奇，则进矣。”②元曲保留着民间的许多痕迹，中国人乐天的文化品性于其间显露无遗。插科打诨，更是净、丑分内之事。所以，净、丑饰演的角色就成了嘲讽的主要对象。因为戏剧

---

① 唐文标《中国古代戏剧史》第十二章《民间戏的早期模式》，中国戏剧出版社 1985 年版。

② 王国维著、黄霖等导读《人间词话》卷下《人间词话未刊手稿》，第 19 页，上海古籍出版社 1998 年版。

是代言体，所以表现在戏剧中，就成了自我嘲讽。插科打诨，成了元杂剧中表现人物的独特的手段，其他人物如僧道、媒婆、官吏，都有这个特点。这个特点长期影响到小说，使小说具有很浓重的角色意识。

实际上，作者在创作一部小说的时候，由于受角色意识的影响，总是很自觉地设立一个类似于戏剧中净、丑的人物。小说《禅真逸史·凡例》中透露出作者的创作心态："史中吟咏讴歌，笑谭科诨，颇颇嘲尽人情，摹穷世态，虽千头百绪，出色争奇，而针线密缝，血脉流贯，首尾呼吸，联络尖巧，无纤毫遗漏，洵为先朝名笔，非挽世效颦可到，缕析条分，总成就澹然三子，禅真一事。"这段话显然认为作者在结构小说的时候，必须要考虑到"笑谭"的科诨事情。这是一种很明显的角色意识的反映。

中国古代戏剧中的这种角色意识对小说人物的塑造有很大的影响。《三国演义》、《水浒传》是经过了文人雅化处理的，他们把插科打诨的内容删掉了。《金瓶梅词话》则不然，保留了许多关于俗讲、院本、俚曲等艺术形式，我们从中可以看出戏剧形式在小说中蜕变的痕迹。众所周知戏剧语言是代言体的，而小说语言则是叙述体的。翻开《金瓶梅词话》，其中还保留有许多代言体的韵语，这是元杂剧中人物上场自报家门的路数。最为明显的例证是小说第六十回中写了一个庸医赵太医，他的出场显然受了戏剧的影响，保留了代言体的形式：

> 我做太医姓赵，门前常有人叫；只会卖杖摇铃，那有真材实料。行医不按良方，看脉全凭嘴调。撮药治病无能，下手取债儿妙。头疼须用绳箍，害眼全凭艾醮。心疼定敢刀剜，耳聋宜将针套。得钱一味胡医，图利不图见效。寻我的少吉多凶，到人家有哭无笑。正是：半积阴功半养身，古来医道通仙道。

这一段自报家门夹在小说中显得很不和谐，但是作者为了取得戏剧的效果，还是沿用了戏剧的形式。冯沅君认为"书中人每以韵语代替普通语言"显示了"说话"向小说过渡时的蜕变痕迹①。可是与其说这是"说话"的痕迹,还不如说是戏剧的影响更为直接。这样的例子在《金瓶梅》中还很多。第三十回"来保押送生辰担,西门庆生子加官"中写稳婆蔡老娘也是这样:

> 我做老娘姓蔡,两只脚儿能快。身穿怪绿乔红,各样鬏髻歪戴。嵌丝环子鲜明,闪黄手帕符攥。入门利市花红,坐下就要管待。不拘贵宅娇娘,那管皇亲国太。教他恁样端详,被他裩衣划。横生就用刀割,难产须将拳揣。不管脐带胞衣,着忙用手撕坏。活时来洗三朝,死了走的偏快。因此主顾偏多,请的时常不在。

这和元杂剧中的自我暴露的手法是如出一辙。类似的插科打诨用在戏曲中能起到活跃现场的效果,小说中第四十回中写赵裁缝:

> 我做裁缝姓赵,月月主顾来叫。针线紧紧随身,剪尺常掖靴鞡。幅折赶空走攒,截弯病除手到。不论上短下长,那管襟扭领拗。每日肉饭三餐,两顿酒儿是要。剪裁门首常出,一月不脱三庙。有钱老婆嘴光,无时孩子乱叫。不拘谁家衣裳,却交印铺睡觉。

还有薛姑子出场时的自报家门,采用的也是元杂剧常用的手法,不加改造直接运用,这属于浅层面的影响。

角色意识深层的影响,关涉到小说中人物塑造的问题。莽汉、庸医、妒妇、三姑六婆等戏剧充当丑、净的角色仍是小说中津津乐道的人物。小说中喜剧人物的选择,应该说大多还是戏曲中可以承担

---

① 冯沅君《金瓶梅词话中的文学史料》,《古剧说汇》第173页,商务印书馆1947年版。

丑、净角色的人物。例如庸医的形象,古代的小说中很多。前面说的《金瓶梅》中的赵太医,《醒世姻缘传》中的杨郎中、艾前川,《红楼梦》中的胡太医,都是医道不高、品行不端的医生。这些人都极其夸张地展示着自身的缺陷,故意使自己或别人显得好笑,故意展示自己的弱点,来博取读者的欢笑。受戏曲类型化的影响,这些人物一开始就带有类型化的特征,对主导性格极力加以渲染,人物性格中某些因素特别鲜明,相应的某些因素就有些弱化。写莽汉就极写其莽,庸医就极写其庸,妒妇就极写其妒等等。

角色意识还关系到人物的设置问题。凡是较优秀的小说作品中,都安排有插科打诨的人物。我们在第一部分论述的几种类型人物就是作者有意塑造的人物。它正是继承了戏曲中突出人物某方面的特征,加以夸大。这个特点是很明显的。角色意识使作者在创作小说时总喜欢塑造一些艺术人物,以调节整部小说的节奏。《三国演义》里的张飞,《水浒传》中的李逵,《金瓶梅》中的应伯爵,《红楼梦》中的薛蟠、刘姥姥等,《西游记》中的猪八戒,才子佳人小说中的惑乱小人,《醒世姻缘传》中的狄希陈等,从这些作者有意设置的人物中我们还是大致可以看出一个趋势:受戏剧角色意识的影响,这些人物多少总带有一些类型化的艺术特征。

三、人物的类型化与艺术典型

如何看待明清小说中这种人物的类型化问题呢?

中国古代的文学理论家,不习惯条分缕析的思维方式,没有对中国古代小说类型化理论作出系统的理论总结,乃至今天我们只能从西方的文艺理论中去寻求它的答案。从亚里士多德的"类型"说、贺拉斯的"定型"说,经由近代的歌德、巴尔扎克、别林斯基、卢卡契等,最后由恩格斯作了总结,提出了著名的"典型说"。从"类型说"到"典型说",是西方的文艺理论家们对人物艺术形象的塑造所作的合理总结。典型说的哲学基础是一般和个别的关系、共性和个性的关系、矛盾的普遍性和特殊性的关系。共性寓于个性之中,通过个

别而存在,任何个别都不能完全地包括在一般之中。这种哲学渗透到文学之中,最后熔铸成了经典性的现实主义典型理论:

> 据我看来,现实主义的意思是,除细节的真实外,还要真实地再现典型环境中的典型人物。①
>
> 每个人都是典型,但同时又是一定的单个人,正如老黑格尔所说的,是一个"这个",而且应当是如此。②

每一个典型都是共性和个性的统一,但是它总还存在着突出共性还是个性的问题,换言之,是共性基础上的个性,还是个性基础上的个性。歌德说:

> 诗人究竟是为一般而找特殊,还是在特殊中显出一般,这中间有一个很大的分别。由第一种程序产生出寓意诗,其中特殊只作为一个例证或典范才有价值。但是第二种程序才特别适宜于诗的本质,它表现出一种特殊,并不想到或明指到一般。谁若是生动地把握住这特殊,谁就会同时获得一般而当时却意识不到,或只是到事后才意识到。③

这第二种程序才是典型化创作方法。它的着眼点是特殊性,作者通过细致入微地把握这特殊性,使它本身就具有了一般的意义。类型化的特点却是为一般而找特殊,从共性出发,其目的只不过是想找一个例证而已。自然是共性占有优势。过去一般认为典型化

① 恩格斯《致玛·哈克奈斯》,《马克思恩格斯选集》第4卷,第462页,人民出版社1974年版。

② 恩格斯《致敏·考茨基》,《马克思恩格斯选集》第4卷,453页,人民出版社1974年版。

③ 歌德《关于艺术的格言和感想》,《朱光潜美学论文集》第4卷,第415—416页,上海文艺出版社1984年版。

创作方法是要优于类型化创作方法。其实,一切的产生都有其内在原因,离开了具体的条件,凭空去谈优劣是没有多大意义的。《三国演义》承袭了以蜀汉为正统的观念,竭力表现刘备的宽厚仁慈,诸葛亮的足智多谋,关羽的义勇忠心。正是基于这个创作观念,在创作时有意突出人物某方面的性格特点。人物成了某种观念的化身,他们的类型化色彩自然就非常鲜明。鲁迅的《中国小说史略》已精辟地指出《三国演义》的这种艺术特点:"至于写人,亦颇有失,以致欲显刘备之长厚而似伪,状诸葛之多智而近妖;惟于关羽,特多好语,义勇之概时时如见。"①鲁迅在《中国小说的历史变迁》中说得更为显豁,认为《三国演义》描写人物,"写好的人,简直就一点坏处都没有;而写不好的人,又是一点好处都没有。其实这在事实上是不对的,因为一个人不能事事全好,也不能事事全坏。譬如曹操在政治上也有他的好处;而刘备、关羽等,也不能说毫无可议,但是作者并不管它,只是任主观方面写去,往往成为出乎情理之外的人"。他敏锐地发现明清小说创作中这种类型化的创作方向,表现出可贵的学术洞察力。这种艺术人物的类型化描写,显然和典型化的创作方法有些相悖,所以有的论者试图调和这种矛盾,他们称《三国演义》创作的人物形态为"类型化的典型",把后来诸如《红楼梦》等小说创作的人物形态称为"个性化的典型"。这一看法虽然得益于传统的西方经典理论,但从我国古代小说艺术发展的实践来看还是有可取之处的。文学的发展本来就是一个从简单到复杂渐进的过程,中国古代小说也是如此。它的发展道路并非一条直线,其间有曲折,有回流。即如《三国演义》、《水浒传》这两部作品而言,它们诞生在元末明初,为中国古代小说的发展树立了光辉的范本,很长一段时间,在我国古代小说史上,这个高度无人能超越。我们并不能因为它们在艺术人物创作上的类型化倾向而否定其取得的杰出成就。和西方文学一样,中国古代小说的发展遵循的基本上也是一条从类型化到典型化的创作道路。

① 鲁迅《中国小说史略》第107页,安徽人民出版社1975年版。

20世纪20年代，西方文艺理论家在论述人物艺术形象的创造时，采取了一种新的方法。福斯特的《小说面面观》一书可为主要代表。

福斯特在这部书中采用了二分法，把人物分为"扁形人物"和"浑圆人物"两种。扁形人物大致指的就是类型化人物，而浑圆人物大致指的就是典型化人物。可贵的是，福斯特没有简单把这二种人物强分优劣。他说扁形人物是围绕着单一的观念或素质塑造的，真正的扁形人物用一句话可以形容出来。他接着又例举了扁形人物的两条优越性。其一，"他们无论什么时候上场都很容易被人认出来——是被读者感情而不是视觉的眼睛认出来的，因为视觉眼睛仅仅注意重复出现的专有人名而已"；其二，"就是读者读过以后很容易记住他们"。其实，从接受的观点来看，这两个优越可以合二为一，就是便于读者的接受。

福斯特关于把人物分为"扁平人物"与"浑圆人物"的二分法，的确给了我们很大的启发。中国古代小说过去一直以典型论为研究方法，但是总感到不能够很好地解释中国古代小说的创作实践。因为有些小说，是不能够体现"再现典型环境中的典型人物"的。《水浒传》在古代小说中是一流的作品，就连这样的作品也不能完全达到典型化的要求。举个例子，在第十回"林教头风雪山神庙，陆虞侯火烧草料场"，写到林冲杀了陆虞侯后，这时描写环境：

> 凛凛严凝雾气昏，空中祥瑞降纷纷。须臾四野难分路，顷刻千山不见痕，银世界，玉乾坤，望中隐隐接昆仑。若还下到三更后，仿佛填平玉帝门。

林冲遭人陷害，发配充军，高俅又派陆谦追杀至沧州，火烧大军草料场，准备置林冲于死地，偶然被林冲逃过一死。愤怒之下他杀了自幼相识的陆谦，此时心情之凄凉可想而知，这时加一段雪景的描写，本来可以衬托此时林冲英雄末路的悲哀。而这段无关痛痒的类型化的环境描写，并不能担负起这个任务。这种环境下以林冲的心情，哪还能体会出“瑞雪”来。

中国古代小说的独特发展道路，决定了其艺术人物创作中存在着类型化的倾向。对此我们又不能依据西方艺术典型化的理论，对其作简单的否定。这就是我们的基本看法。

（作者系河南大学中文系教授）

清初小说对古文的渗透:以小说为古文辞

庄逸云

自小说产生伊始,小说与古文虽然关系颇深,但对彼此的影响并不对等。古文具有正统文学的地位,小说作者或评论者往往会从古文尤其是史传散文处汲取养料;至于小说,则向来被视为“小道末技”,对古文产生的影响十分有限。到了清初(顺治、康熙二朝),这种不对等的关系被打破了:小说向古文的渗透呈现出前所未有的态势,清初的一些古文家纷纷“以小说为古文辞”。关于这个现象,从清初古文家汪琬的一段话中可以管窥:“小说家与史家异。古文辞之有传也,记事也,此即史家之体也……至于今日,则遂以小说为古文辞矣。太史公曰:‘其文不雅驯,搢绅先生难言之。’夫以小说为古文辞,其得谓之雅驯乎?既非雅驯,则其归也,亦流为俗学而已矣。夜与武曾论朝宗《马伶传》、于一《汤琵琶传》,不胜叹息。”① 朝宗即侯方域,于一即王猷定,二人作为清初的古文名家,皆好以小说为古文辞,尽管汪琬对此深表不满,但他的这段话无疑客观地揭示出清初古文家受小说影响甚深的事实。那么,清初小说向古文渗透的现象究竟是怎样发生的,具体情形又如何呢?本文将试图对这些问题进行厘清。

按:本文原载《四川师范大学学报》2010 年第 3 期。

① 汪琬《跋王于一遗集》,见《钝翁前后类稿》卷 48,《四库全书存目丛书》集部第 227 册,第 786 页,齐鲁书社 1997 年版。

一

明代中后期,小说繁兴,清初亦延续了这股势头。白话小说方面,才子佳人小说盛行一时,文言小说方面,“明末实弥漫天下”的传奇风韵“至易代不改”①。在此背景下,清初文人对小说的接受度普遍提高,他们的小说观也渐趋多元化。当然,对于白话小说,正统文人在表面上大都依然是不屑的,他们愿意谈及甚至操觚的还是可以位列四部的文言小说。

康熙朝的文坛领袖王士禛尽管以诗歌名家,但也十分醉心于阅读和写作小说。他曾为《唐摭言》、《唐阙史》、《世说新语》、《侯鲭录》、《清琐高议》、《清暇录》等一系列小说写过序跋,还亲自操觚创作了《池北偶谈》、《香祖笔记》等笔记小说。当然最为人所乐道的是他曾与蒲松龄有交谊,并批阅过《聊斋志异》。王士禛曾谈到自己写作小说的动机,即希望“大之可以畜德,小之可以多识”②,其《香祖笔记》“要必贯穿经史、表章文献,即一名一物,异日可重典故、备法戒者,乃录之,否则略而弗书”③。由此可以看出王士禛对小说“资考证、广见闻、寓劝诫”功能的重视,这自然是相当传统并很有代表性的一种小说观念,正统文人之所以接纳小说,也往往是以此为前提。前面提到的古文家汪琬尽管对“以小说为古文辞”的现象颇不以为然,但他本人亦效仿《世说新语》写作了轶事小说《说铃》。有人质疑他写此书是“市奇吊诡”,“何吾子著录之不伦也”,他的回应是:“方其下僇直匄休沐也,则必丝竹以谐耳、妖冶以悦目、樗蒱博塞之具以怡情肆志,一张一弛,其由是道久矣。今客视乎吾之室空然孑然萧然闲然,于丝竹无有也,图史而已;于妖冶无有也,蓬垢而已;于樗蒱博塞无有也,故簏败几而已。然且无以自娱,其若穷愁何?于

① 鲁迅《中国小说史略》第146页,上海古籍出版社1998年版。

② 王士禛《池北偶谈序》,见《池北偶谈》,中华书局1982年版。

③ 宋荦《香祖笔记序》,见王士禛《香祖笔记》,上海古籍出版社1982年版。

是追忆旧闻，手纂口诵，不丝竹而谐、无妖冶而悦、非樗蒲博塞之具而亦肆然忘返者，诚不知其不可也。”①汪琬将小说等同为丝竹、妖冶、樗蒲博塞之具，这种视小说为娱乐消闲之工具的观念几乎与小说的发展史相始终，自然也是极有代表性。

相较于以上二人，清初的另一位文人尤侗对小说的接受度更高，其小说观也显得较为新异。尤侗曾任职翰林院检讨、分修《明史》，具有官方文人的身份，但他与当时的小说界似乎往来密切。小说家张潮“时贻尺素以所著书相质”②，他也曾为张潮所编的《昭代丛书》写序。尤侗本人所创作的《瑶宫花史小传》和《雪衣女传》是两篇典型的传奇小说，前者写他与一乩仙的情缘，情节妄诞、语言华美、描写细腻，秉承了唐传奇旨在“文采与意想”的特点，后者则沿袭的是宋人传奇《杨太真外传》、《绿珠传》的路数。这两篇小说皆被尤侗收入自己的《西堂文集》中。敢于将小说收入文集，与序、论、铭、赋、骚等文体并列的人在古代并不算多，尤侗此举多少是有些勇气的。尤侗也不吝于公开表达自己对小说的喜爱和揄扬：“六经而后百氏繁兴，稗官野史皆助丛谈，杂纂方言并供绝倒，未可执其一说芟彼诸家矣。”“《虬髯》、《红线》争《游侠》、《刺客》之奇，《诸皋》、《杜阳》竞《汲冢》、《越绝》之奥。”③将唐传奇的名篇与《史记》并举，将具有杂俎性质的笔记小说与古代经典的杂史杂传相提并论，并认为今不必不如昔——尤侗张扬小说价值、提高小说地位的意图十分明显。

以上的三位文人皆处于主流文化圈，具有正统文人的色彩，无论小说观是沿袭了传统还是趋向于新变，他们均表现出对小说的浓

---

① 汪琬《说铃小序》，见《尧峰文钞》卷 25，《影印文渊阁四库全书》集部第 254 册，第 456 页，台湾商务印书馆 1986 年版。

② 尤侗《昭代丛书甲集序》，见张潮等辑《昭代丛书》，上海古籍出版社 1990 年版。

③ 尤侗《西堂杂组一集自序》，见《西堂文集》，《续修四库全书》第 1406 册，第 189 页，上海古籍出版社 2002 年版。

厚兴趣和高度关注。这种情况表明,清初的正统文人对小说有了较为包容甚至认同的姿态。至于主流之外的文人如毛宗岗、张竹坡、蒲松龄等,则对小说持有更加接纳的态度。蒲松龄在《聊斋自志》中表达了他的创作动机:“集腋为裘,妄续幽明之录;浮白载笔,仅成孤愤之书。”①这种以小说倾泻个人孤愤的观点,实则使小说承载了传统诗文的功能,无形中使小说的文学品格得以升华。总之,清初的小说持续发展、文人的小说观趋于多元,尤其是主流文人对小说的接纳度提高,以此为前提,小说向正统文学特别是古文渗透也就势所难免了。

二

小说向古文渗透,最为直接的体现正是“以小说为古文辞”。必须说明的是,这里的小说当为文言小说,白话通俗小说与古文的差异甚大,并无多少可比性。文言小说中的传奇一体脱胎于史传,因此大都以“传”或“记”名篇,古文中也有“传”、“记”两类文体,诚如汪琬所说,这亦是“史家之体”,所以,文言小说与古文在一定意义上可谓同源。当然,同源并不等于同构,二者在笔法和旨趣上是有诸多区别的。小说绝不排斥虚构,且在对细节的描写方面充满了想象力;小说的题材与主题可能无关弘旨,作品的存在或许仅仅是为了满足小说家个人的意想而已。古文中的传、记则不同,它依然秉承的是史家的实录精神,追求事件的真实性和主题的重大性;古文也可以为小人物立传,但其主题可能与表彰忠孝节义等精神攸关;古文也可以描写细节,但强调真实与简练,文笔不可“流宕”。因为同源,所以文言小说与古文的界限其实并非泾渭分明,譬如柳宗元的部分传记文就被汪琬认为“有近于小说者”:“前代之文有近于小说者,盖自柳子厚始。如《河间》、《李赤》二传,《谪龙说》之属皆然。子

① 蒲松龄《聊斋自志》,见《聊斋志异》,上海古籍出版社 1997 年版。

厚文气高洁，故犹未觉其流宕也。”①在汪琬看来，事件是否虚妄也许难以判断，但为了保持古文的纯洁，古文家必须用笔简练、“文气高洁”，断不可如好事者那样在事件的奇异处津津乐道、大肆渲染。

所谓“以小说为古文辞”，就是作者在写作古文时自觉或不自觉地贯彻了小说的旨趣、采用了小说的笔法。在小说持续发展、小说观趋于多元的大背景下，清初的一些古文家在探讨古文创作规律的时候，其论调趋近于小说的创作论。是否虚构及在细节的描写上是否注入了太多的想象、大肆铺陈，这是区别古文与小说的两个最为关键的问题。可以看到，清初的一些古文家在这两个问题上持有空前宽容的态度。

魏禧是清初的古文三大家之一，其创作观很值得注意。当时有人批评魏禧所作的家传、志铭等文字有过情失实之嫌，魏禧为自己辩护道：“抑史传之作，所以纪善恶也。善恶之人往矣，而必书者，所以备法戒也。今曰某也善，其善事可为法，则法之已矣，不必其善果出于某也；今曰某也恶，其恶事可为戒，则戒之已矣，不必其恶果出于某也。是故真与伪之可辨者，不可以不辨，无所从辨者，得法戒之意而存之。其名氏等于庄列之寓言，稗官小说所称道，则亦庶乎其不可废矣。”②古往今来，史家无不以实录为撰写史传文的根本宗旨，其撰述一旦失实，则往往贻笑天下。但魏禧显然并不在乎这一点。他认为只要文字可备“法戒之意”，是否实有其事并不太重要，所谓“不必其善果出于某也”、“不必其恶果出于某也”。过去也有文人将虚构引入史传文，写作了寓言一类的作品，但作者也往往会自嘲为“游戏笔墨”，很少有人像魏禧这样公然地为史传文的虚妄失实辩护。根据魏禧的观点，主观虚构自然很容易在古文中滋生——只要“得法戒之意”即可，至于事件是来自于事实还是出自于想象又有

① 汪琬《跋王于一遗集》，见《钝翁前后类稿》卷48，《四库全书存目丛书》集部第227册，第785页。

② 魏禧《答友人论传志书》，见《魏叔子文集外篇》卷6，《续修四库全书》第1408册，第465页。

什么要紧呢？如果史传文不排斥虚构,那么史传文趋同于稗官小说也就势所难免了,当然魏禧对此并不在乎:“其名氏等于庄列之寓言、稗官小说所称道,则亦庶乎其不可废矣。”

同为清初古文三大家之一的侯方域,则是对古文的细节处理问题有特别的理论关注。他在《与任王谷论文书》中表示:“行文之旨全在裁制,无论细大,皆可驱遣。当其闲漫纤碎处,反宜动色而陈,凿凿娓娓,使读者见其关系,寻绎不倦。至大议论,人人能解者,不过数语发挥,便须控驭归于含蓄。”①对“闲漫纤碎”之处动色而陈、对“大议论”则数语发挥而已,这与小说注重细节、强调思想倾向从情节与场景中自然流露的创作论何其相似！过去亦有散文家如归有光等注重对琐碎细节的刻画,但他们往往用笔简练雅洁,很少如侯方域倡导的那样“凿凿娓娓”、“动色而陈”。侯方域的创作论无疑相当“危险”,它很有可能使古文的写作向小说靠拢,从而“伤及”古文的纯正性。当时的另一位古文家彭士望曾就此提出批评:“即文字写生处,亦须出之正大自然,最忌纤佻甚或诡诬,流为稗官谐史。敝乡徐巨源之《江变纪略》,王于一之《汤琵琶》、《李一足传》,取炫世目,不虑伤品。其文纵工,未免携琬谷易羊皮,终必为明眼人所厌弃……朝宗闲漫纤碎、动色而陈之言,不善用之,其流必至为徐、王之失,即朝宗小传,亦不免见其疵颣。”②彭士望对侯方域的创作理论及实践皆提出质疑,并对其理论可能在社会上产生的“不良导向”深表忧虑,这其实已间接透露出“稗官谐史”对于清初的古文写作者有着巨大的诱惑力。

无论是魏禧对虚构的认同还是侯方域对细节的强调,都与小说的创作理论非常接近。正是在诸类创作观的直接指导下,“以小说为古文辞”成为清初古文写作的一个重要倾向。

① 侯方域《壮悔堂文集》卷3,《续修四库全书》第1405册,第650页。

② 彭士望《与魏冰叔书》,见李祖陶辑《国朝文录:耻恭堂文录》卷1,《续修四库全书》第1669册,第469页。

三

清初的一些古文名家纷纷好"以小说为古文辞",开风气之先者当首推王猷定,其古文名篇《汤琵琶传》记叙了一位民间艺人的传奇人生,行文很有特色。且看以下一段选文:

> 一日至榆关,大雪。马上闻觱篥,忽思母痛哭,遂别将军去。夜宿酒楼,不寐,弹琵琶作觱篥声,闻者莫不陨涕。及旦,一邻妇诣楼上曰:"君岂有所感乎?何声之悲也!妾孀居十载,依于母而母亡,欲委身,无可适者,愿执箕帚为君妇。"应曾(汤琵琶名汤应曾——引者注)曰:"若能为我事母乎?"妇许诺,遂载之归。襄王闻其名,使人聘之,居楚者三年。偶泛洞庭,风涛大作,舟人惶扰失措。应曾匡坐,弹《洞庭秋思》,稍定。舟泊岸,见一老猿,须眉甚古,自丛箐中跳入蓬窗,哀号中夜。天明,忽抱琵琶跃水中,不知所在。自失故物,辄惆怅不复弹。已归省母,母尚健在,而妇已亡,惟居旁抔土在焉。母告以妇亡之夕,有猿啼户外,启户不见,妇谓我曰:"吾待郎不至,闻猿啼,何也?吾殆死,惟久不闻郎琵琶声,倘归,为我一奏石楠之下。"应曾闻母言,掩抑哀痛不自胜。夕陈酒浆,弹琵琶于其墓而祭之。①

这一段文字的确呈现出不少的"小说习气":其一,作者着力于细节的描写,用笔虽然不至于浓墨重彩,但很注意点染,文中的细节部分可谓哀婉动人;其二,所叙述的事件有颇为妄诞之处,尤其是汤琵琶之妇的来历很有神怪的色彩,而对此加以渲染似乎正透露出作者矜奇尚异的心理。另外,作者为一个小人物立传,无非是为了发表有

---

① 李祖陶辑《国朝文录:四照堂文录》卷2,《续修四库全书》第1669册,第504页。

才华者沦落不偶、知意者难求的感慨而已,这与大多数史传文的立意相去甚远。就全篇来看,作者的叙述带有相当浓郁的感情色彩,也已然失去了一般史传散文的客观冷峻特质。王猷定的其他作品如《义虎记》、《李一足传》、《孝贼传》等皆被讥讽为不脱“小说习气”,也都被收入了当时的小说选本《虞初新志》中。

好“以小说为古文辞”的古文名家当然还有侯方域和魏禧,二人均有多篇作品被当时的小说选本收录。侯方域的《马伶传》写一伶人经过三年的揣摩观察,最终精进其艺并一雪前耻。作者在描写时十分注重气氛的渲染和前后的对比,如前番李伶表演时,“马伶耻出,李伶下,已易衣遁矣”,三年后马伶表演时,“李伶忽失声匍匐,前称弟子”①。整个事件虽然与忠孝节义等宏大的主题无关,但饶有趣味,作者的叙述亦很有几分曲折,以至于侯方域的朋友在评点此文时反复用了“奇人”、“奇举”、“奇想”、“奇事”②这类字眼。侯方域的《郭老仆墓志铭》一反通常墓志铭持有的矜重风格,对墓主的传奇经历铺排渲染,尤其是对细节与场景的描写酣畅淋漓,体现出作者尚奇的心理及炫笔弄巧的意图。魏禧的《大铁椎传》无论是题材还是审美的旨趣,都与唐传奇名篇《虬髯客传》、《红线》、《聂隐娘》等一脉相承。作者如此写大铁椎与众贼的决战场景:“时鸡鸣月落,星光照旷野,百步见人。客驰下,吹觱篥数声,顷之,贼二十余骑四面集,步行负弓矢从者百许人。一贼提刀纵马奔客曰:‘奈何杀我兄?’言未毕,客呼曰:‘椎!’贼应声落马,人马尽裂。众贼环而进,客从容挥椎,人马四面仆地下,杀三十许人。”描绘至此,作者宕开一笔,写隐伏于一旁的看客“屏息观之,股栗欲堕。忽闻客大呼曰:‘吾去矣!’但见地尘起黑烟,滚滚东向驰”③。此段描摹可谓“奕奕有生气”,极尽顿挫虚实之妙。全篇对于大铁椎的神秘莫测和武艺高超极尽皴

①② 侯方域《马伶传》,见《壮悔堂文集》卷5,《续修四库全书》第1406册,第16页。

③ 魏禧《大铁椎传》,见《魏叔子文集外篇》卷17,《续修四库全书》第1409册,第104页。

染之能事,作者专注于人物及事件的传奇性,而这与“文以明道”的正统古文观其实已背道而驰。

上述三人在清初的古文领域名气极大,他们的这些作品在当时产生了不小的示范作用。受其影响,清初的一些文人在进行古文写作时,也往往会自觉或不自觉地采用小说笔法。顾彩的《焚琴子传》与王猷定的《汤琵琶传》有异曲同工之妙:皆是为沦落不遇的民间奇人立传,作者注重细节描写,尤其是对传主的高超琴艺有绘声绘色的描绘,所叙写的事件同样间涉虚妄。如作者写某将军延请焚琴子弹琴的场景:

> 将军据上座,而置一座于旁,命生坐。生怒目视将军曰:“吾博通万卷书,而明公惟知马上用剑槊。吾岂为若门下士耶?奈何不以宾礼见而屈于旁?吾不能鼓琴矣。”奋衣径出不顾。将军惭,下与抗礼谢罪,强留之。乃距上坐,为一鼓琴,将军称善,左右无不竦听,然其声凄怆噍杀,有秦音焉。生曰:“吾琴雝雝如鸾凤鸣,今枝上无螳螂捕蝉,而弦中忽变西北肃杀声,何也?岂军中殆将有警耶?”抚琴毕,三军之士皆为嗟叹,有流涕者。生尽醉痛哭,上马而去。赠之金,不受。后此军沦于海澄焉。①

此段描写十分生动,无论是焚琴子的洞见之明还是其琴音的魅力都颇有传奇色彩。作者还在篇末如王猷定一样,既交代立传的始末,也发表了情感强烈的议论。周亮工与王猷定相契,且对王的古文甚为推崇,他本人也有多篇史传文字如《盛此公传》、《唐仲言传》等透露出较明显的小说气息。另外,徐士俊的《汪十四传》写一豪侠的风采,可与魏禧的《大铁椎传》对比阅读。秦松龄的《过百龄传》、陈鼎的《八大山人传》、方亨咸的《武风子传》等作品都写民间的奇人奇

---

① 顾彩《焚琴子传》,见张潮辑《虞初新志》卷4,第63页,北京文学古籍刊行社1954年版。

事,且不惜于细节描写处曲尽情致,均呈现出以小说为古文辞的痕迹。

概言之,清初古文对小说的借鉴和吸纳主要体现在三个方面:其一,作品所叙写的事件之全体或部分可能妄诞无根,有悖于史家的实录精神;其二,作者不惜在细节或场景的描写上藻绘铺排,充分营造故事的现场感,这大大降低了作品的实录意味,而增强了作品的虚构色彩;其三,作者的创作旨意可能与“传道”、“明道”无涉,作者之所以为无关宏旨的小人物立传或津津乐道于“街谈巷议”,或者是借以宣泄孤愤,或者仅仅是为了猎奇和炫笔而已。还需要说明的是,有些文人如侯方域、魏禧等在古文写作中能不拘一格、杂采旁搜,他们是自觉、有意识地以小说为古文辞,而有些文人则是受文坛风气的熏染,他们吸纳小说因素的行为往往是不自觉的。如康熙朝的文人陈鼎以撰写私史的态度编纂传记文集《留溪外传》,旨在以作品扬善、成为国史之补。“大抵国史所必及者,私史不必复详;国史所不及者,私史所不容或略。而总不外乎是非之公,使读之者咸有以想见其为人,而欣欣然鼓舞于为善之乐。此亦吾人著书之微权也。”①但作品编纂成后,竟然有多达13篇的篇目入选当时的小说选本《虞初新志》,《四库提要》也讥其“怪异诸事尤近小说家言,不足道也”②。作者的主观愿望是进行严肃的古文写作,但作品在客观效果上却趋同于小说,类似的情况在清初不乏其例。

四

清初以小说为古文辞的现象,是俗文学向雅文学渗透的结果。这种渗透在当时就招致了不少正统人士的批评,那些带有小说习气

① 张潮《留溪外传序》,见陈鼎《留溪外传》,《四库全书存目丛书》史部第122册,第405页。

② 纪昀《留溪外传提要》,《四库全书存目丛书》史部第122册,第832页。

的古文屡屡被讥讽为"不雅驯"、"流为俗学"、"伤品"。将小说的旨趣和笔法引入古文,的确可能不利于古文维持雅正的风格,但古文的风格本来就可以多样化,给某一种文体规定一个唯一合适的风格无疑会限制这种文体的发展。与过去很多朝代的初期散文相比,清初的散文应该说是摇曳多姿、成就斐然的,这与清初的创作风气自由、文人愿意向包括小说在内的其他文体借鉴有很大的关系。相较于传统的古文,因其所叙事件的传奇性和叙事风格的细腻,这些带有小说习气的文字往往显得更具有趣味性,也更易于获得一般读者的喜爱。有人在读了《汤琵琶传》后就老实承认:"近人讥侯朝宗、王于一为文不脱小说家习气,殆指此等文而言。然其文实妙,读书焦苦时偶一阅之,不啻琵琶声闻于耳畔也。"①

清代中叶桐城文派兴盛,以小说为古文辞的现象便逐渐消退并臻于终结。自康熙五十年《南山集》案发生开始,清廷就不再只是满足于"治统",而是着手谋求"道统",即加强对思想界的控制,桐城派就在这种情形下应运而生。桐城派在乾嘉年间的代表人物曾立足于"整肃"散文——在思想上要求贯彻程朱理学,在行文风格上要求"雅洁"。对于以小说为古文辞的现象,桐城派的奠基者方苞很是不满:"南宋、元、明以来,古文义法不讲久矣。吴越间遗老尤放恣,或杂小说,或沿翰林旧体,无一雅洁者。"②为了"整肃"散文,方苞提出了颇为严格的审美规范:"古文中不可入语录中语,魏晋六朝人藻丽俳语,汉赋中板重字法,诗歌中隽语,南、北史中佻巧语。"③在思想内容方面若以程朱理学为准的,文人则不可能恣意地为无关弘旨的小人物立传,以宣泄个人的牢骚或仅仅是满足矜奇尚异的心理;在行文风格上若以雅洁为规范,文人则很难在细节的描摹方面贯注想象并进行大肆敷衍。因此,当桐城派大行其道的时候,以小说为古文辞的现象就难以为继了。虽然在清代中叶及之后,仍不乏人好以

① 李祖陶辑《国朝文录:四照堂文录》卷 2,《续修四库全书》第 1669 册,第 505 页。

②③ 方苞著、刘季高校点《方苞集》,第 890 页,上海古籍出版社 1983 年版。

小说为古文辞,但仅属个案而已,已很难集结为突出的现象。就整肃散文的层面而言,桐城文派似乎功过兼有,不过这已经是另一个论题了,兹不赘言。

(作者系四川师范大学副教授)

纪昀的家世及其对《阅微草堂笔记》创作的影响

吴　波

一、纪氏家族的谱系

纪昀生活于中国十八世纪一个封建官僚家庭，其先世“系出江南”。明永乐甲申年间，“公先世椒坡公者自上元徙景城，世为直隶献县人”①。其家世谱系，清代及民国一些关于纪昀的传略中多有记载，主要的如徐世昌的《大清畿辅先哲传》，李宗昉的《闻妙香室文集》，李元度的《国朝先正事略》、《清史稿》、《清史列传》、《碑传集》以及叶兰台所编的《清代学者像传》等，但这些文献资料对其家世没有详细交代，均比较简略。迄今所能见及的关于纪氏家族的资料，以《景城纪氏家谱》最为详尽。该谱为纪昀六世孙、沧县景城村纪清范（字维九）所收藏，系残本，其“生卒谱”止于清嘉庆七年，而纪昀卒于嘉庆十年，可见该谱为其在世时所刻。为了后面的论述方便，我们先以《景城纪氏家谱》将纪氏家族中纪昀这一支的谱系加以梳理。

根据《景城纪氏家谱》的记载，从椒坡公迁徙景城至纪昀，纪氏家族已历十四世。其谱系如下：一世“椒坡，讳无考，以字传。明永乐二年自应天府上元县迁献县，入安民里四甲籍，始居县东九十里

按：本文原载于《明清小说研究》2001 年第 3 期。

① 《闻妙香室文集》卷十四“纪文达公传略”。

景城”。二世至七世皆无考。八世为“廷相，椒坡公八世孙，字柱石，明附学生。配李氏，里族无考”。九世为“尧卿，字赞祁，明廪膳生。配青县张氏，继配同县石氏，父讳皆无考”。十世有坤、坊、培、增四人。此时正当明末战乱，培、增二人于“崇祯十五年，河间城破，殉难”。可见明末战乱给纪氏家族所带来的灾难。《阅微草堂笔记》多有揭露明末战乱荼毒生灵之篇章可谓不可无因。劫后余生的两兄弟之中，纪坤为纪昀的高祖，“字厚斋，明廪膳生。著有《花王阁剩稿》一卷，载入《四库全书目录》。配同县董氏，父讳无考。继配河间县增广生宋讳大壮之女”。在纪氏家族中，纪昀与纪坤虽相隔几代，但通过祖、父辈的讲述及其他所流存的《花王阁剩稿》中，对他了解比较多，受其影响也是显而易见的。对此，后文我们将专门加以论述。十一世有景德、景星、同仁、灏、钰，系纪昀的曾祖辈，纪氏家族的发达当从此辈始。五人之中，以后三者对纪昀影响尤大。同仁“字爱堂，明廪膳生。配同县李氏，父讳无考”，即《阅微草堂笔记》中所称“爱堂公”。灏“字光吉，附学生，以兵部效力，议叙任陕西镇番卫守备。配同县张氏，父讳无考。继配同县陈氏，父字羽尊，讳亦无考”，即所谓“光吉公”、“镇番公”。钰“字润生，附监生，考授州同，貤赠中宪大夫，刑部江苏司郎中加三级，累赠光禄大夫、礼部尚书。配河间县廪膳生王讳云鹗之女，貤赠恭人。累赠一品夫人”。又称“光禄公”，系纪昀的亲曾祖，也是纪氏家族中颇有影响力的人物。《献县志》卷九《人物志·乡贤》载有他的传记。卷十六《典文志五》载有尚书张鹏翮所撰的《太学生纪公润生墓志铭》。纪钰有子二人：天澄、天申，是为纪昀的祖父辈。天澄为“润生公长子。字湛源，考职州同，貤赠承德郎。配同县附学生牛讳燔之女，貤赠安人”。天申为“润生公次子。字宠予，监生，考职县丞，诰赠奉直大夫、户部四川司员外郎，晋赠中宪大夫、刑部江苏司郎中加三级，累赠光禄大夫、兵部左侍郎、都察院左都御史、礼部尚书。配同县候选州同陈讳令儆之女，诰赠宜人、晋赠恭人、累赠一品夫人。继配沧州康熙癸丑科武进士张讳汉之女，诰封宜人，晋封恭人、累赠一品夫人”。天申公有子三：容舒、容雅、容恂。容雅为纪昀的叔父，即《阅微草堂笔记》中的“仪南公”，“候选同知，诰封奉政大夫”。容舒为纪昀之父，字迟叟，康熙癸巳恩科举人，历任户部四川、山东二司员外郎，刑部江苏司郎中、云南姚安府知府、都察院左都御史、礼部尚书。著有《唐韵考》五卷、《玉台新咏考异》十卷，俱录入《四库全书》。又著有《杜律疏》八卷，载入《四库全书目录》。即《阅微草堂笔记》中的“姚安公”。容舒公配同县安讳国维之女，继配沧州候选州同张讳棻第二、三女。纪昀兄弟二、姊二。兄晫长昀十八岁，为安氏所出；昀系张氏所出。兄弟虽为同父异母兄弟，但悌弟睦兄，感情深厚。纪晫去世后，纪昀曾撰有《伯兄晴湖公墓志铭》。其中即写道：“先姚安公凡三娶。元配安太夫人，以康熙丙辰生公。继配张太夫人无出。又继配张太夫人妹，以雍正甲辰生昀。故公长昀十八岁。幼时提挈保护，逾于所生。昀七八岁以前，初不知与公异母；稍长虽知为异母，然家庭之间，晨夕相对，绝不觉有异母意也。则公骨肉之间，他可类推矣。”与纪昀同辈的从兄弟并交往甚多的还有昭、易。纪昭为仪南公长子，字懋园，别号“怡轩老人”，曾与纪昀同受业于东山董邦达先生。乾隆丁卯科举人、丁丑科进士，任内阁中书、教授文林郎，与纪昀同官京师。后“以省亲乞归，体羸善病，遂不复仕宦。田居多暇，惟以诗书谋子孙，或与平生老友以诗酒相娱乐”。著有《毛诗广义》五卷、《养知录》八卷，载入《四库全书目录》。懋园“天资笃厚”、生性淡泊。乾隆丁亥春，纪昀服阕赴补，纪昭以诗相赠，其中有句曰：“敢道山林胜钟鼎，无如鱼鸟乐江湖。”于此可见其志趣①。纪易，字坦居，附贡生，候选州判，貤赠修职郎。著有《近言集》。纪昀有子四：汝佶、汝传、汝似、汝亿。汝佶，字御调，乾隆乙酉科举人，后选知县。汝传，字绪承，监生。由四库全书馆议叙，历任湖北布政司经历，江西南昌、九江等府通判，敕授承德郎。孙辈与之关系较密切者如树馨，树馨为纪昀次子汝传之子，“字香林，附学生，由嘉庆元年一品恩荫任刑部江西司员外郎，随带加一级，诰授奉直大夫”。《纪文达公遗集》

① 《怡轩老人传》。

诗文集各十六卷均由他“梓以行世”①。

《景城纪氏家谱》记载了纪氏家族自椒坡公以迄十八世的谱系。上面我们仅将十六世前与纪昀有关的人物、内容重点加以绍介。为了便于后面的论述,其他内容则略而不叙。

二、家族传统的思想观念对纪昀思想的渗透及影响

纪昀在《阅微草堂笔记》充分地表达了他的思想观念,使之成为中国文言笔记小说中以鲜明的理念色彩见长的小说,许多学者称之为“理性小说”。而他的思想观念的形成、价值观念的确立就明显地受到家族传统观念的影响。

(一)崇实黜虚、经时济世

纪氏家族自椒坡公迁居河间景城以来,世居献县,受当地地域文化影响很大。献县一地,以汉代河间献王而得名。阮元《纪文达公遗集序》中载:“河间献县,在汉为献王封国。”河间县令吴龙见在《重修汉河间献王墓祠碑记》中也写道:“献邑得名自河间献王始,王讳德,景帝子,孝景前二年封河间国。”史称献王修学好古,实事求是,于秦火之后,广求遗书得周官尚书、毛氏诗、左传春秋。并被服儒术,倡举六艺,对三雍、献雅乐、答诏策,文约指明,学者宗之。宋代司马光《河间献王赞》中赞道:“……河间献王生为帝子,幼为人君,是时列国诸侯苟不以宫室相高、狗马相尚,则裒奸聚猾僭逆妄图。惟献王励节治身,爱古博雅,专以圣人法度遗落为忧。聚残补缺,较实取士,得周官左氏春秋、毛诗而立之。周礼者,周公之大典。毛诗言诗最密,左氏与春秋相表里,三者不出,六艺不明。噫!微献王,六艺其遂曀乎?故其功烈,至今赖之!”又汉代著名思想家、地动仪的发明者张衡也曾任过河间郡守。受他们的影响,献县民风质朴,乡民谨守礼法。纪昀在《日华书院碑记》云:“献县,于河间为大

---

① 阮元《纪文达公遗集序》。

邑，土地沃衍，而人多敦本重农。故其民无甚富亦无甚贫，皆力足以自给。又风气质朴，小民多谨愿畏法，富贵之家尤不敢逾尺寸。”纪氏族人十分尊崇献王。据《献县志》卷二“建制”记载，献县城东十里有河间献王祠，“正殿三楹，中王位，以毛公贯公配享”。祠堂于明代嘉靖十三年由当时知县汪銮所建，隆庆五年(1571)知县赵三聘重建。清乾隆十二年(1747)又重建，其主要倡导者就是知县吴龙见及纪昀的伯父纪容雅。纪容雅以乡绅的身份参与祠堂的重建，表明了他对献王的尊崇。纪氏家族受献王这种崇尚儒学、实事求是的作风影响颇大。族人中以儒学礼法自励、尚实黜虚之人代代概不少见。从政以实心办实事；治学以勤勉求根柢，重人事，轻天理，绝不浮言空谈、空疏举事，几乎成为纪氏家族世代相传的思想观念。然而这种思想观念的形成，纪氏家族却付出了血的代价。明季乱世，政局颠危、时局动荡，而世风却以空疏的义理相矜尚，儒士徒讲文义理辞章，诸臣不问兵谷钱粮。纪昀的高祖纪坤却“慨然有经世之志，谈兵说剑，恒从诸豪侠游”，并在《花王阁剩稿》的诗作中忧虑时政、反映离乱，怒斥文武将相处社稷濒临颠危的局面尚不务实际、纸上谈兵的书生意气。如《偕董天士蔡家河远眺》就有“从来挟策无高士，迩日谈兵厌腐儒。犹怪先生春圭上，数行小楷写阴符”之句，流露出腐儒无补于国的情绪。《闻河南流寇将窥畿辅，移家郡城》写道：“惨淡阴风万木号，黑云低压古城壕。全家避乱禅心扰，满市浇愁酒价高。燕雀处堂聊旦夕，龙蛇起陆更弓刀(时沧州土寇亦蠢动)。传闻玉帐河魁将，正倩儒生讲六韬。”《登内黄城楼》中则有“通儒谋国多书卷，上相筹兵只地图(自注：总戎出政府檄，有检验舆图，黄河在前，滹沱河在后，天险足恃，增兵何用之文)。宗庙神灵应闵念，昭陵石马几时趋。”这些诗作均表现出对朝廷官员不谙军旅、不通世故而又师心自用、纸上谈兵的行径的讽刺。同时也反映出他希望朝廷实事求是，崇实黜虚，正确客观估量形势，运筹帷幄，挽救狂澜于既倒的心愿。纪坤能在举世尚空谈、争门户的环境下，能不趋时流，而是保持清醒的头脑，拔流俗而起，的确难能可贵、令人钦佩。然而，遗憾的是，纪坤之子景星、景辰却未能习学乃父，于兵临城下的危急时刻尚争辩义理，最后延误时机，一同罹祸丧命。《阅微草堂笔记》"滦阳续录(三)"中记录了此事：

> 崇祯壬午，厚斋公携家居河间，避孟村土寇。厚斋公卒后，闻大兵将至河间，又拟乡居。濒行时，比邻一叟顾门神叹曰：'使今日有一人如尉迟敬德、秦琼也，当不至此。'汝两曾伯祖，一讳景星、一讳景辰，皆名诸生也。方在外面束襆被，闻之，与辩曰：'此神荼、郁垒像，非尉迟敬德、秦琼也。'叟不服，检邱处机《西游记》为证。二公谓委巷小说不足据，又入室取东方朔《神异经》与争。时已薄暮，检寻移时，反复讲论又移时，城门已阖，遂不能出。次日将行，而大兵已合围矣。城破，遂全家遇难。

此乃为实事，虽目前未见及类似的记载，但乾隆《献县志》卷九《人物志》则明确有"少丁明季乱，两兄没于兵。钰与季兄咸被驱掳"的记载。此事对纪氏后代震动颇大。由此，他们体悟到读书而不预实际、不谙世情，尚虚而不求实，是要付出血的代价的，并以此作为反面事例警醒后人不能重蹈覆辙，从而促使纪氏族人思想观念的转变。如纪昀之父姚安公对此事知悉甚详，《阅微草堂笔记》所载就是由他转述。他对此事极为痛心，评价道："……死生呼吸，间不容发之时，尚考证古书之真伪，岂非惟知读书不预外事之故哉！"而且他以自己也是凡事讲求实际、务求根柢之人。他曾批评明季空疏风气，"明之季年，道学弥重。于是黠者坐讲心学，以攀援声气。株守课册，以求取功名。致读书之人，十无一二能解事者。"①而且在待人行事上也务必求实。如他曾著有《唐韵考》五卷、《玉台新咏考异》十卷，俱收入《四库全书》。又著有《杜律疏》八卷，载入《四库全书目录》。这些均为考异纠舛之作。他之所以不惮烦难效力于此，目的主要在于求真务实，探求事物之本源。如其作于乾隆丁丑(1757)二

① 《滦阳续录三》。

月廿一日的《玉台新咏考异》中追溯写作此书缘起时说："……(《玉台新咏》)自明代以来无善本，赵灵均之所刻、冯默庵之所校，悉以嘉定宋刻为鼻祖。然观所载，陈玉父跋则传写踳驳，自宋亦然。跋又称得石氏录本补亡校脱，然则窜乱旧本，未始不始于斯时。"正因为陈氏刻本传写踳驳、窜乱旧本，反而混淆一时，所以，他自云南乞养归后，"用参校诸书、仿韩文考异之例，各笺其弃取之由，附句下。两可者，并存之。不可通者，阙之；可通而于古无征者则别附注之"。同样，其写作《杜律疏》八卷则是因为"顾宸撰《辟疆园杜诗解》繁碎太甚，又多穿凿，乃汰其芜杂，参以己意，以成是编。初名《杜诗详解》，其后以其所解皆律诗，又字字句句备为诠释体近于疏，因改今名焉"。由此不难看出其治学的严谨态度。纪昀十一岁即侍父于京师，随其行藏，目濡耳闻，备受教益，受他的影响很大。尽管他入仕以来，并无可观的政绩，但他行事为政始终以"以实心励实行，以实学求实用"①的思想主张作为准则的。门人盛时彦在《阅微草堂笔记序》中称其"天性孤直，不喜以心性空谈，标榜门户，亦不喜才人放诞，诗坛酒社，夸名士风流"。校录《四库全书》时，他在子部十四家中将儒家列第一，兵家列第二，法家列第三，"所谓礼乐兵刑国之大柄也"。而农家、医家，旧史多列于其末。而他则将农家列为第四、医家列为第五，因为它们皆"民命之所关"，故升诸其他门类之上。在科考衡文时以"无戾于通经致用之本意"为标准。在《阅微草堂笔记》中，他对那些浮言虚饰、嗷嗷于义理而无实行者加以辛辣的嘲讽，对那些实事求是者加以推重，应该说，这些主张与行为与以其高祖、父亲为代表的纪氏族人那种崇尚实事求是、经世致用的思想观念是渊源有自、一脉相承的。

(二) 崇尚儒学、恪守礼法

崇尚儒学也是纪氏家族代代相传的传统。这首先表现于纪氏族人能习学儒经，如《阅微草堂笔记·滦阳消夏录二》中就记载"姚

---

① 《姑妄听之二》。

安公尝为诸孙讲《大学·修身》章”,可见纪氏族人是很注重习学经书的。且有隽异之才脱颖而出,光大纪氏家族门楣,纪昀的曾祖纪钰就是其突出代表。《献县志》卷九《人物志·乡贤》中记载:“……(钰)国朝补博士弟子,有隽异称。以例贡入太学。世祖章皇帝临雍,命诸生进讲中庸。钰敷陈词义,美觱雅称上旨。于是圜桥观者属目,姓名藉藉成均间。”卷十六《典文志》也写道:“……顺治壬辰……先帝临雍,严天威于咫尺,誉髦进讲剖性命之精微,四库之旁横经者十四,六馆之侧负笈者三千,莫不听臣对之流,知天颜之有喜固已。”①其次,纪氏族人家藏经书很多,如纪昀乾隆年间进呈之书中有相当一部分被辑入《四库全书》“经部”,而这些书籍大多系“先世之贻留”②。再次,纪氏族人还有一些治经并能融会经书以倡导礼仪者。八世祖廷相,曾著有《友于小传》二卷。此书为《四库全书·史部》“传记类”存目,其自序云:“孝友皆天性,而人情日薄,往往知爱其亲,而不推其爱于兄弟,故摭拾旧迹以感发其彝良。不录帝王之事,分位殊也;不录圣贤之事,亦不录奇行异节舍生蹈义之事,不强以所不能也。分二卷,上曰循常,下曰处变,皆士庶人家细务。”可见此书主要是从“士庶人家细务”中论述孝友问题。为了写作此书,他“托辞避暑,借其书室,日日挥汗录此编”③,又可见他于此所耗费的精力和心血。纪昀从兄纪昭著有《毛诗广义》五卷。并融会儒家经书“嘉言懿行”,成《养知录》八卷,据《四库全书总目提要》介绍,“是编乃训课家庭之作,杂引诸书所载嘉言懿行,而以己意发明之。分为八类:一曰论事父母舅姑;二曰论别夫妇内外;三曰论处兄弟妯娌;四曰教子孙;五曰论厚宗族;六曰论奴仆;七曰论财用;八曰通论”。这实际上是一部利用经书教义以规范家庭内部关系的教科书。纪氏族人不仅崇尚儒学,同时更是礼教、礼法的践履者。曾祖纪钰博闻强记,天资聪颖,具有入仕的良好资质。因为家有高

① 《太学生纪公润生墓志铭》。

② 《进呈书籍蒙赐内府初印佩文韵府奏谢折子》。

③ 《四库全书总目》卷六十二,《史部·传记类存目》四。

堂老母,遂"决计归养。母卒,事季兄终身,翕好无间。从兄子破产,罄其田千亩鬻诸人,钰归自外,为赎归之。由是兄子子孙孙赖以存济"。从伯父纪策"轻财好施","尝以遗产三千让其弟"。纪昀之兄纪晫也是"笃伦常,谨言行,一以圣贤为归"。他虽与昀同父异母,但抚之"友爱笃至"。纪昀在他的墓志铭中记载了两件事。一是父姚安公于雍正乙卯(1735)官户部,以田产委托于晫,迄于乾隆甲戌(1754),前后凡二十年,他无一钱落入私箧。婚嫁其子女,仅粗具簪珥衣裳耳。而庚辰为昀娶亲,却费数百金。二是纪昀颇蓄妾媵,他则曰"此犹在礼法中",不纵之,亦不禁之,他深知"并此强禁,必禁而荡于礼法外矣",表现出做兄长的宽厚仁爱之心。从弟纪昭也是"平生笃于事亲,敦睦亲旧,急人疾苦",他与纪昀同举乾隆十二年乡试,二十二年成进士,官内阁中书。后宗人府主事缺,升迁有望,但"会闻父疾,立请假归"①,丧失了升迁的机会。至于纪氏家族的妇人也是恪守妇道、谨守闺范的典型。如曾祖母王安人"幼即端方,长而敏淑",敬承翁姑,抚育子侄,均竭心尽力。侄媳张氏"年十九而寡,持服三载,不去衰麻,孀居三十七年,虽酷暑未一解衣睡。对舅故则婉容,退即端坐如枯木……妇独与舅姑同院居,终日侍奉无倦色。姑患病濒危,夜焚香泣涕祷佛,遂终身茹素。"其苛己守礼,难以令人置信。即使连纪昀本人也感慨万端:"……彼青灯忍泪,白首完贞,凄风苦雨,阅数十年如一日,非心如铁石者不能。千百人中能尽本分者有几?乌可以庸行易之耶!"纪氏家族尊崇儒学、恪守礼法的传统对纪昀的思想及创作产生极大的影响。就思想观念而言,使他形成了以儒家道德为轴心的思想体系,使儒家正统思想始终是在他的思想体系中占领主导地位。而对于佛、道,尽管他认为可以与儒家思想相互补充,但从本质上对它们持否定、贬抑态度。这一思想从他在《阅微草堂笔记》中对释道之徒的虚伪、狡诈嬉笑怒骂、酣畅淋漓的讽刺、鞭挞中明显表现出来,此处不赘。就创作而言,《阅微草堂笔记》则直接是儒家思想及儒家道德精神对他支配的结果。许多人

① 《大清畿辅先哲传》。

都认为纪昀晚年创作《阅微草堂笔记》是为了以“神道设教”劝善惩恶，如曾国藩在《纪氏嘉言序》中云：“（纪昀）所著《阅微草堂笔记》五种，考献征文，搜神志怪，众态毕具，其大旨归于劝善惩恶。”他的门人盛时彦甚至他自己也有过类似的表述。如果从创作行为的发生的角度言，“劝善惩恶”一说概括并不全面，但不可否认的是，纪昀著《阅微草堂笔记》，“劝善惩恶”的确也是其中极为重要的原因，而其形成的终极原因还是儒家的入世思想在起作用。

（三）重人事、轻天道

纪氏家族重人事、轻天道，这也是他们尊崇儒家思想的具体表现。儒家思想的核心是“仁”。而“仁”又始终是以“人”为起点和最终归宿的。如《论语·颜渊》记载樊迟问“仁”，孔子既径直回答“爱人”；仲弓问“仁”，孔子便告诫他：“出门如见大宾，使民如承大祭。己所不欲，勿施于人。在邦无怨，在家无怨。”季路问事鬼神，孔子回答他：“未能事人，焉能事鬼？”①明确将人事放在首位。马厩失火，孔子“问人，不问马”，关心人的安危胜过其他一切。实际上，不仅《论语》，其他儒家经书亦皆以人事为本。故而，清章学诚即有“六经皆史”的论断。所谓：“六经皆先王之政典也。”“《易》以天道而切人事，《春秋》以人事而协天道。”“其所以原民生与利民用者”，“而非圣人一己之心思，离事物而特著一书而谓以明道也。”②钱大昕也论道：“夫儒者之学，在乎明体以致用，诗书执礼皆经世之言也；论语二十篇，孟子七篇，论政者居其半。……而性与天道，虽大贤犹不得而闻，儒者之务实而不尚空谈如此。”③同样，纪氏家人也将关心人、济困扶危视为责无旁贷之事而躬行之。在家乡的赈济乡梓，外出为官的关心子民，从先祖以迄后代，代代流传着纪氏族人关心民生的佳话。康熙丙子(1696)，邑大饥，曾祖纪钰出米三百斛为粥食饥者，全

---

① 《论语·先进》。

② 《文史通义》卷一，《易教上》。

③ 《潜研堂文集》卷二十五《世纬序》。

活甚众。邑有负资百余者,因家贫不能偿还,纪钰则效仿春秋战国时代的平原君"因焚其券",悉数免之,赢得乡人敬重。纪策"……乡党议之尤重文学,捐数百金置义馆于周家村,延师课士,远近就学甚众多所成就"。康熙六十年、雍正四年,纪昀祖父天申公"煮粥活灾民可万人。中丞沈公方伯德公皆旌其门,又值义学于淮镇,资以修脯几若干年"。民国薛凤鸣等人修纂的《献县志》中所谓:"邑人好施予者,以纪氏为最多,收效亦以纪氏为最大。"乃是客观实在的评价。族人义行对纪昀也同样产生了极大的影响。但着眼于他的思想,更可以看到先祖的义举,以及重人事的思想对他的影响。如《槐西杂志二》议论道:"于传有之:'天道远,人事迩。''六经'所论皆人事,即《易》阐阴阳,亦以天道明人事也。"《四库全书总目提要·经部提要》对此也多有阐发,如他说:《春秋》乃"经世之枢要"、"国之鉴"①;《尚书》、《周礼》"实则当日之政典"②;《诗经》、《乐经》其意在施行"诗教"、"乐教","厥用至大"③。这一思想表现在对问题的思考以及行事上,则使他能更多地从人情、人性的角度考虑。他自己虽然未曾有过类似先祖们的那种亲自赈济灾民、兴修学馆的义举。但在御史任上,也曾于饥荒之年饥民流离京师之际呈奏清廷增加粥棚,解决饥民人数众多、赈济难以周全的问题。朱珪的《协办大学士礼部尚书文达纪公昀墓志铭》中载:"壬子,以畿辅水灾奏请截留官粮万石,设十厂赈饥,得旨,六月开厂。自夏季至明年四月全活无算。"④又如在教与养的关系问题上,他就提出先解决"养"的问题,然后施以教化;他激烈地反对农民以过激的方式发泄他们的不满,但尚能理解他们的疾苦,甚至提出"其故在官不在民"、"民为邦本,民安作息"⑤的具有初步民主主义思想的观点。在《平定三省纪略》中藉推

① 《总目》卷二十九,经部《日讲春秋解义》条。

② 《总目》卷十二,《尚书通考》条。

③ 《总目》卷十九,《礼说》条,卷三十八《乐类小序》。

④ 钱仪吉《碑传集》三十八卷。

⑤ 《平定三省纪略》。

崇弘历说:“……民气之悖悍,由于民志之怨讟;民志之怨讟,由于官役之侵蚀。”他执掌旌表烈妇,对那些身处困境而横遭不幸的妇女也能从人情的角度酌情旌表。嘉庆八年(1803),他进呈《请敕下大学士九卿科道详议旌表例案折子》云:“妇女猝遭强暴,捆缚受污,不屈见戕者,例无旌表,臣谓捍刃捐生,其志与抗节被杀无异。如忠臣烈士誓不从贼,而絷缚把持,虽使跪拜,可谓之曲膝贼廷哉!请敕交大学士九卿科道公议,以与被污者略示区别,量予旌表。”甚至《阅微草堂笔记》中的个别篇章在不悖礼法的前提下还对青年男女真情表示理解和辩解:“饮食男女,人生之大欲存焉。干名义,渎伦常,败风俗,皆王法之必禁也。若痴儿呆女,情有所钟,实非大悖于礼者,似不必苛以深文。”这就明显地与程朱理学有所不同。如《姑妄听之一》中有一则笔记,主人公三宝、四宝“襁褓中已结婚姻”,长大后,虽系中表姻戚,亦不避嫌,情深似海,其间数遭周折,然其情一也,合卺之际,馆师严某以“中表为婚礼所禁”为由从中作梗,最后终以悲剧告终。纪昀对严某所为极为愤慨,谴责其“作此恶业,不知何心,亦不知其究竟”,并相信“则是二人,天上人间,会当相见”。平心而论,严某之言虽迂腐,但换个角度看,亦并非完全没有道理,但其做法的确过分,而纪昀纯粹从感情的方面谴责了严某之所为,这在当时的环境中的确也是难能可贵的。事实上,无论是程、朱,抑或纪昀,他们在维护封建纲常伦理这一方面显然是一致的。但程、朱所采取的是一种极端化甚至可以说是非人的方式,远远超过了人性所能承受的接受程度,其不合理性也就显而易见,因而也就受到了包括纪昀在内的哲学家、思想家的激烈抨击。而纪昀则在不违背礼法的大前提下,适当地从人性、人情的角度来调节社会关系。虽然他所谓的人性、人情与明末的思想家如汤显祖等人所张扬的人情、人性存在着本质差异,但他能在程朱理学作为一种官方哲学备受推崇的政治环境中,强调人情、人性的存在,不管他的动机如何,无疑也是应该加以肯定的。而孕育这种思想的就是纪氏家族重人事、轻天道的传统观念。

总之,纪昀的思想体系非常复杂,他尊崇儒学,恪守礼教;重人事，轻天道；讲究实事求是，经世致用，对鬼神及风水迷信的存在与否抱着怀疑的态度。纪昀这些思想观念的形成，原因可能是多方面的，如时代、社会思潮的影响等等。但无论如何，纪氏家族对他施加的影响无疑是不可低估的。

三、纪氏家族的事迹是《阅微草堂笔记》素材的重要来源

纪氏家族极为重视家族史的传述，目的在于让后人从先辈之所为中领悟到齐家治世之法。《阅微草堂笔记》第二十一卷《滦阳续录》(三)中曾引述纪昀之父姚安公言曰："子弟读书之余，亦使略知家事，略知世事，而后可以治家，可以涉世。"这无疑为纪昀了解、熟悉家族史及前辈族人的事迹提供了有益的途径，使他自童年时代即对纪氏家族的往事知悉甚多，从而为晚年创作《阅微草堂笔记》积累了丰富的素材。据笔者统计，《阅微草堂笔记》共一千一百余则，其中涉及到族人事迹或来源于族人的就达到二百余则，约占总数的百分之二十，在素材来源上占据首位。这二百余则笔记，有的是直接交代家族谱系，有的是作者童年时所经历的往事，还有的是亲友们所讲述的其他人如家族中奴婢、书童、管家的事迹，还有的直接从先祖的诗文集中摭取素材；有的是神怪故事，有的则仅为人情世态。内容极为庞杂，但都与家族的大背景关系密切。如纪氏家族中曾流传过许多有关风水迷信、扶觇感应以及鬼神之事，这对纪昀的思想观念及创作产生了一定的影响。《滦阳消夏录》(六)中记载其伯高祖爱堂公崇祯丁丑(十年，1637)病卒后，半日复苏，曰："我以亵用'五雷法'，获阴谴。冥司追还此书，可急焚之。"焚讫复卒。半日又苏，曰："冥司查检，阙三页，饬归取。"视灰中，果三页未烬；重焚之，乃卒。此事属纪氏家族先辈的往事，纪昀获知此事的途径是：他自己闻之先父姚安公，"公闻之先曾祖，曾祖闻之先曾祖"，如此代代转述，难免添油加醋，其实其可信程度是很难保证的。然而姚安公却将其附载于"家谱"中，还明确告知纪昀"高祖即手焚是书者"，表明

他对此事是深信不疑的。正因为如此,此事在纪昀的心中留下了极为深刻的印象,所以后来将此事写进了《阅微草堂笔记》中。再如,《槐西杂志》(二)有一则笔记:

> 景城之北,有横冈坡陀,形家谓余家祖墓之来龙。其地属姜氏,明末,姜氏妒余之盛,建真武祠于上,以厌胜之。崇祯壬午,兵灾,余家不绝如线。后祠渐圮,余族乃渐振,祠圮尽而复盛焉。其地今鬻于从侄信夫。时乡中故老已稀,不知旧事,误建土神祠于上,又稍稍不靖。余知之,及属信夫迁去,始安。

此事为纪昀亲自所历。在他心目中,自然为实有之事。于此,他针对"相地之说,或以为有,或以为无"的论争,提出若"地学之不精,又或缘以为奸利,所言尤不足据,不宜溺信之耳",告诫世人,对于风水迷信,是不盲目相信的。这则笔记再一次证明了家族事迹对在思想观念的形成及创作的作用与影响。

而在笔致上,有的是客观的叙述,有的则为冷峻说教,有的却又情致缠绵,令人心恻。如侍姬明玕、四叔母李安人婢女文鸾均为纪昀心仪之人,但均年岁不永、早年夭逝,纪昀甚感悲悼和惋惜。在《阅微草堂笔记》中,纪昀倾诉了对她们深深的忆念。对于明玕,他写道:"侍姬明玕,粗知文义,亦能以常言成韵语。尝夏夜月明,窗外夹竹桃盛开,影落枕上。因作花影诗曰:'绛桃映月数枝斜,影落窗纱透帐纱。三处婆娑花一样,只怜两处是空花。'意颇自喜。次年竟病逝。"《槐西杂志》(三)还有一则忆念她的篇章。文鸾,先四叔母曾有赠予之心,"私问文鸾,亦殊不拒",但终因"有妒之者,族其父多所要求,事遂沮格",竟"郁郁发病死",而这些均不为纪昀所知。闻其噩耗,他极为伤感,在《阅微草堂笔记》中藉梦境抒发了对她的思念之情:

> 今年五月,将扈从启行,摒挡小倦,坐而假寐。忽梦一女翩然来。初不相识,惊问:"为谁?"凝立无语。余亦遽醒,莫喻其

故。适家人会食，余偶道之。第三子妇，余外甥女也，幼在外家与文鸾嬉戏，又捻知赉恨事，瞿然曰："其文鸾也耶？"因具道其容貌形体，与梦中所见合。是耶非耶？何二十年来久置度外，忽无因而入梦也？询其葬处，拟将来为树片石。皆曰丘陇已平，久埋没于荒榛蔓草，不可识矣。

对明玕的思念，纪昀藉诗歌以表达；而于文鸾，则是以梦境来倾诉。两者所采取的方式有别，但情致缠绵、笔触婉娈却是一致的。

《阅微草堂笔记》中来源纪昀家世的内容大部分已不可考，但其中少数见诸载籍，可以相互对照，见其可靠性。如《槐西杂志》(一)载有明季兵乱，年甫十一纪昀曾祖镇番公被掠至临清。后遇旧仆李守敬，以独轮车送归而不接受酬金之事。此事又见于《献县志·典文五》"补遗"《记李守敬》，《献县志》所记篇幅略长，过程交代得比较详细，且有一定的细节描绘，较之《阅微草堂笔记》所记更加生动。又如，上文所举爱堂公死而复生事被姚安公附载于"纪氏家谱"中，关于高祖厚斋公的事迹及交游的素材明显来源于其诗集《花王阁剩稿》。对此，笔者将在《〈花王阁剩稿〉及其对〈阅微草堂笔记〉创作的影响》一文中将详细阐述。兹不赘述。

总而言之，任何一个作家的创作，都与他所生活的环境息息相关，都与他赖以成长的家族有着天然的血缘联系。家族的集体无意识积淀于他的心灵深处，为他的思想观念的形成、价值取向的确立提供了最初的胚胎；而他们从童年时期即业已了解的家族史又为他们最初的创作积累了丰厚的原始素材。正是这生于斯、长于斯的家族文化，为他们最初的创作插上了金色的翅膀，使他们能创作出传世之作。纪昀创作《阅微草堂笔记》再一次为阐释这样一条文学创作规律提供了注脚。

(作者系怀化学院教授)

晚清报载小说广告和小说界革命的兴起与发展

张天星

晚清报载新小说广告主要包括征文广告和销售广告，它们不但是晚清新小说组织生产销售的重要媒介，而且还参与了晚清小说界革命的兴起与发展，在小说界革命中起着重要作用。本文拟探寻与晚清小说界革命相关的报载小说广告与小说界革命之关系，揭橥小说广告在晚清小说界革命运动中的重要作用及表现形式，藉以思考文学广告在文学变革中的作用。

一、报载小说广告与小说界革命理论的传播

商品广告既是一种消费或服务信息的传播媒介，也是一种意念的传递艺术，“商品广告是将广告主的意念传递给消费者的艺术”①。文学广告传递着文学书刊征文、出版、发行信息之时，同时也将广告主或策划者的某种文学观念传递给受众，并试图让受众接受，特别是在文学思潮风起云涌的时代。正是从这个意义上讲，报载文学广告一般是文学理论的传播媒介。1902 年 8 月 18 日《新民丛报》第 14 号上，梁启超为《新小说》作了一则较长篇幅的预售广告，其中云：

按：本文原载《华南农业大学学报》(哲社版)2010 年第 4 期。

① 王朝蓬、王红《商品广告基础》第 9 页，高等教育出版社 2001 年版。

小说之道感人深矣。泰西论文学者必以小说首屈一指,岂不以此种文体曲折透达,淋漓尽致,描人群之情状,批天地之窾奥,有非寻常文家所能及者耶!……本报宗旨,专在借小说家言,以发起国民政治思想,激励其爱国精神。……

这则约两千言的插页广告阐述了新小说之地位、旧小说之弊端、《新小说》的宗旨体例、订购方式等内容。广告还对政治、历史、侦探、言情等小说的特征进行界定,第一次用域外小说理论尝试对中国小说进行分类,在小说史上具有开创意义。如果说 1902 年 11 月 14 日《论小说与群治之关系》的发表吹响了小说界革命的号角,那么该号角的前奏则是这则于《新小说》创刊 88 天前刊发的预售广告,它正式启动了小说界革命的序幕。可见,小说广告在小说界革命中的作用不容忽视,因为它们是小说革命理论及文学思潮传播和发起的重要媒介。下面我们从小说征文广告与销售广告两个方面分析报载小说广告对小说界革命理论的鼓吹和传播:

(一) 小说征文广告对小说界革命理论的鼓吹

在晚清较具意义的 10 次小说征文活动中①,有 7 次在征文的同时实际也在宣传小说改良社会的文学观念,参见表 1:

表 1　晚清小说征文广告中的小说改良社会主张

征文举办者	要点摘录	资料来源
傅兰雅	窃以感动人心,变易风俗,莫如小说。推行广速,传之不久,辄能家喻户晓,气息不难为之一变。	①
新小说社	小说为文学之上乘,于社会之风气关系最巨。本社为提倡新学,开发国民起见,……写情小说,惟必须写儿女之情而寓爱国之意者乃为有益时局,又如《儒林外史》之例,描写现今社会情状,藉以警醒时流,矫正弊俗。	②

---

① 这 10 次较具意义小说征文是表一所列 7 次,外加 1877 年 11 月 21 日《申报》刊登“有图求说出售”、1904 年 10 月 29 日《时报》刊出的征求短篇小说广告和 1907 年 2 月《小说林》创刊号刊登“募集小说启”。

续表

征文举办者	要　点　摘　录	资料来源
商务印书馆	教育小说:述旧时教育之情事,详其弊害,以发明改良方法为主;社会小说:述风水、算命、烧香、求签及一切禁忌厌胜之事,形容其愚惑,以发明格致真理为主;实业小说:述现时工商实在之情事,详其不能制胜之故,以筹改良之法。	③
新小说丛报社(月月小说社)	吾国社会之欲改革诚亟亟已,然欲求其改良之法,自以小说为最有效果。以稗官野史之记载,寓诱智改革之深心,以为前途之预备。	④
竞立小说月报社	务使有益人群,冀以改良社会。爰立三大宗旨,一曰保存国粹以树国本,二曰革除陋习以端风化,三曰扩张民权以维治体。三者立而国魂定,三者举而国脉存,故又可蔽之以一言曰,吾侪宗旨惟求能救亡而已矣。	⑤
改良小说社	本社以改良社会、开通风气为主义。宗旨纯正、辞义浅显……藉稗官野史之势力,为开智革俗之津梁。	⑥
图画日报社	本社之设,为开通风气,增长国民知识,并无贸利之心。惟小说一门,最易发人警醒,劝人观感。	⑦

资料来源:① 求著时新小说启,1895 年 5 月 25 日《申报》。②《新小说》征文启,1902 年 11 月 14 日《新小说》第 1 号。③ 上海商务印书馆征文广告,1904 年 11 月 6 日《中外日报》。④ 新小说丛报社征求小说广告,1906 年 9 月 10 日《时报》。⑤ 竞立小说月报社征求小说广告,1907 年 11 月 15 日《时报》。⑥ 小说改良社征求小说广告,1909 年 6 月 26 日《申报》。⑦ 图画日报社征求小说广告,1909 年 8 月 16 日《图画日报》。

由表 1 可见,晚清新小说征文广告大多有鲜明的文学主张,一言以蔽之,用小说改良社会。受广告篇幅所限,为了达到宣传的目的,这些广告的文学主张一般短小简洁、意图明确,如同一份份的宣言书,为新小说"新民"、改良社会的宗旨鼓吹,体现着策划者鲜明的文学启蒙主旨。其传播之广及影响之大,从刊载这些广告的报刊销售和影响可见一斑。例如傅兰雅的"求著时新小说启"于 1895 年 5、6 月先后在《申报》、《万国公报》、《中国记事》等报上刊载,以《申报》的销售而言,此时其销售量是每日不低于 6000 份①,以传播区域而

① 《申报》晚清时的销量尚有较多疑问,如 1877 年申报馆就声称《申报》每日销量超过万份,而学者推测是 5000 份,1889 年《申报》销量是每日 6000 份。参见黄升民《广告观:一个广告学者的观点》第 33 页,中国三峡出版社 1996 年版。

言，当时《申报》在全国设立代销处的重要城镇超过 32 所①。至 1902 年刊载新小说社征文广告时，《新民丛报》国内外的派报处达 75 处，期销量约 9000 份，每一册出国内“翻刻本辄十数”②。再如，1909 年 6 月 26 日这一天，《申报》、《时报》和《民呼日报》都刊载了改良小说社该次征文广告，其时《时报》“风行海内，声名之佳，远超各报之上”③，并已销售到欧洲④。由于报载小说征文广告多选择性地刊载在当时销售和影响较大的报刊上，包含着小说界革命主张的征文广告亦随着报刊的传播而不胫而走、传布海内。

（二）小说销售广告对小说界革命理论的宣传

广告是“通过改变和强化人们的观念和行为，来达到其特定的传播效果”⑤。当广告是为了销售一种文学产品时，广告主和策划者常会精挑文字以凸现该产品的“卖点”，而文学产品的卖点往往浓缩着时代的文学思潮或文学倾向，广告主和策划者利用文学广告或阐述文学不凡的功能，或凸显文学作品非一般的价值，进而吸引受众接受并购买，因而除掉文学销售广告中的商业成分，销售广告实际起着传播文学理论的功能，这在梁启超掌控下的新小说社和广智书局出版的小说广告中体现显著⑥。小说销售广告成为传播小说界革命

① 1887 年，《申报》设有代销处的重要城镇已达 32 所。参见徐载平、徐瑞芳《清末四十年申报史料》第 73 页，新华出版社 1988 年版。

② 梁启超《清代学术概论》第 72 页，上海古籍出版社 2005 年版。

③ 郭箴一《上海报纸改革论》第 20 页，上海复旦大学新闻学会 1931 年版。

④ 《王慕陶致汪康年书》（十八）：“欧洲以《中外日报》及《时报》销行最多，他报竟不见也。”参见《汪康年师友书札》（一）第 127 页，上海古籍出版社 1986 年版。

⑤ 陈培爱《广告学概论》第 6 页，高等教育出版社 2004 年版。

⑥ 例如梁启超为推销《新小说》，在《新民丛报》上为《新小说》作预售和征文广告达 7 次以上，其中入选陈平原、夏晓虹主编《二十世纪中国小说理论资料》的有《〈新小说〉第一号》和《中国唯一之文学报〈新小说〉》两篇。

理论的载体，其发端于清议报馆销售《佳人奇遇记》和《经国美谈》的广告："本馆前印政治小说《佳人奇遇记》、《经国美谈》两书，奇极、壮极、艳极、快极，久已脍炙人口，不徒小道可观，实国民政治思想发达之一助也。"①小说广告出现小说可以有助于国民政治思想之发达的文学观念，在中国前所未有。广智书局侦探小说《离魂病》广告：

> 小说者，最能刺激人之脑筋而常善导人以游于他境界者也。盖其变换不测，哀乐无端，使人读之而忘其现在所为之地位，不啻置身于书中而为书中之人也者。小说之妙不可谓非穷尽化乎？而其尤奇者莫若侦探小说，笔端闪烁有神龙见首不见尾之观，真令读者如堕五里雾中也。且独此种小说能使人性灵敏活，行事老成，又与他种小说之徒托空言而无所示记者迥有异也。②

这则广告直接从小说界革命的纲领——《论小说与群治之关系》中"小说者，常导人游于他境界"的理论着笔，"神龙见首不见尾"、"如堕五里雾中"则是梁启超对域外侦探、冒险小说的推崇之处③，这则广告摘录了梁启超小说界革命理论主干内容。1903 年商务印书馆出版《佳人奇遇记》的广告：

> 吾国小说大半托词于才子佳人，于政治上一无关系，适以牖民智而毒社会也，是书亦以巾帼须眉对照合写，然纯系国家

① 《政治小说佳人奇遇记经国美谈合刻广告》，《清议报》第 100 期，1901 年 12 月 21 日。

② 《侦探小说离魂病广告》，《中外日报》，1903 年 9 月 24 日。

③ 梁启超评侦探小说："其奇情怪想，往往出人意表。"评《十五小豪杰》："观其一起之突兀，使人堕五里雾中，盲不知其来由，此亦可见(泰)西文字气魄雄厚处。"分别见：《中国惟一之文学报〈新小说〉》，《新民丛报》第 14 号，1902 年 8 月 18 日；《〈十五小豪杰〉译后语》，《新民丛报》第 2 号，1902 年 2 月 22 日。

大事,绝无吾国旧小说之俗套。①

该广告可以看出梁启超等人对旧小说"不出诲盗诲淫两端"②、"含政治之思想者稀如麟角"③的批评烙印及对政治小说提倡的影响。再如乐群小说社社会小说《斯文变相》广告:

自饮冰子小说可以改良风俗之论出,而中国一切新小说乃稍稍萌芽,他日果能浩瀚汪洋媲美泰西与否尚不可知,而新出说部要已汗牛充栋,其中尤以翻译小说为最多、最著。虽然欲知中国事实者,不可不读中国小说;欲知近人历史者,尤不可不读新著小说;此编乃近人遁庐主人所著之社会小说也,描摹斯文人种种状态,穷形尽相,无征不止,如禹鼎铸奸,如温犀烛怪,读之令人可敬可愕、可笑可恨,盖败坏中国者皆此辈之过也。凡吾斯文一脉尤宜各手一编,藉资借镜聊免旧习,洵改良社会之药石,故不当仅以小说观也。④

新小说社的征文广告希望征求一种改良社会的小说,"又如《儒林外史》之例,描写现今社会情状,藉以警醒时流,矫正弊俗"。随后,晚清出现了一种小说门类——谴责小说。上引这则广告去其夸张的商业之词,实际阐明了谴责小说要达到的刻画效果和应该获得改良社会的根本宗旨——"改良社会之药石",这则广告实际是一则时代色彩鲜明的晚清谴责小说宗旨简论。

以上可见,晚清报刊新小说销售广告为了广开销路,在文字上往往先将新小说的价值地位大力阐述鼓吹、对旧小说批驳一番。笔者以为,新小说销售广告在传播、鼓吹小说改良社会的理论方面甚

① 《商务印书馆五月出版新书广告》,《中外日报》,1903年6月18日。
② 梁启超《译印政治小说序》,《清议报》第1册,1898年12月23日。
③ 衡南劫火仙《小说之势力》,《清议报》第68册,1901年1月1日。
④ 《社会小说穷形变相出现广告》,《中外日报》,1906年7月17日。

且不亚于小说界革命的专题论文，因为此类广告简洁明了、反复在报刊上刊载，其传播范围比专题论文更加广泛，其观点简明夸张、易于鼓动人心，更易于受众接受。如《绣像小说》的广告：

> 欧美化民，多由小说；博桑崛起，推波助澜。其从事于此者，率皆名公巨卿，魁儒硕彦。察天下之大势，洞人类之赜理，潜推往古，豫揣将来。……远摭泰西之良规，近挹海东之余韵，或手著，或译本，随时甄录，月出两期，藉思化夫下愚。……①

这则节录的广告直接将《本馆编印绣像小说缘起》录入，传播、宣传小说改良社会的理论。该广告1903年5、6月间同时在《新闻报》、《中外日报》、《笑林报》、《世界繁华报》等当时销路颇广的日报上连续刊登，传播和影响可以想见。

晚清小说概念包括戏剧，戏剧传播新知和开启民智属于小说界革命的范畴。一些戏剧广告也成为小说界革命理论的传播媒介，体现着对小说界革命号召的回应。觉社的演出广告就如同文艺改良社会的理论宣言：

> 本社同人慨强邻之日逼，惧大局之益危，而我国民识字不多，知时者甚少，方多含饴鼓腹，乐傲太平，闭塞之深，有为学堂教育与报章警告所不能周及者，势非小说与演戏以提醒之不可。同人不揣，因议建觉社，以译著小说编演新戏，警醒社会，俾知时势之艰难而生爱国之观念为主意。……②

这则广告阐明了用戏剧警醒社会、拯救国家的文艺主张，是晚

---

① 《上海商务印书馆编印绣像小说广告》，《新闻报》，1903年5月31日。

② 《觉社演剧特别广告》，《时报》，1909年11月4日。

清文学启蒙思潮的鲜明体现。1910年新世界在《天铎报》上刊登的演出广告，图文并茂、长达700余字，其中云："文明进步之国，悉系活泼精神为感促之能力，故泰东西各国全以戏剧为改良风俗，不独增进社会知识，即人身道德上亦大有关系。"①广告重点列举了新世界戏剧关学术、扩见闻、广知识、进道德、重卫生、兴实业、振市面、引志趣、增雅乐、整秩序十大特色，同样反映了文学改良社会的典型理论和思潮。南洋第一舞台演出广告云：

> 慨自又明，以后商业凋残，疮痍未复，茫茫禹甸，不堪回首。兹欲揭黑暗之翳障，步文明之阶级，我舞台与有责焉。窃以为社会一剧场也，以剧场为社会之先导，足以增进新知识。改良旧俗，泰东西重视剧场，良有以也。

该广告还称其改良戏曲之第一特色是"贯通念四史，演出忠奸。纵观五大洲，悉合时宜。去社会之迷信，成舞台之特色"②。南洋第一舞台的广告词亦在鼓吹和宣传用戏剧改良社会、促进文明的主张，兼晚清戏曲改良的宣传者和实践者于一身。

二、报载小说广告对小说界革命实践的规范和引导

晚清报载小说广告不仅仅是小说界革命理论传播的重要载体，它们还作为一种显性文学制度，指引着新小说的发展，体现出对文学意义和形式的制约。

（一）新小说征文广告对小说内容形式的规范和引导

除组织生产外，晚清报刊小说征文广告直接参与了晚清小说的变革、规范着晚清小说的内容与形式。对于一些读者而言，可能没

---

① 《新世界广告》，《天铎报》，1910年6月26日。

② 《南洋第一舞台特别广告》，《天铎报》，1910年6月28日。

有耐心细读《论小说与群治之关系》之类的长篇专论，但对于跃跃欲试的投稿者而言，研读这些征文广告则为必须。由于与征文要求不符者往往“恕不修复”，甚至出现业已连载仍会被停刊的情况①，作者创作和投稿时务必以征文广告的要求为旨归。因此，征文广告成了文坛的发令旗和指挥棒，规范着一批批的作品按预定的计划模式被创作和出版出来。

1. 小说征文广告规范着新小说的内容

1890年代以前的小说征文，包括申报馆的“蒐书”广告，都只是希望广告能组织更多的稿件从事生产，用广告细则指导作者创作什么样作品的意图尚不显著。自1895年傅兰雅“求著新小说启”出，小说征文广告就开始成为文学创作的指挥棒，有鲜明文学主张的个人或团体开始利用征文广告去影响作家的创作、规范文学发展的方向。并且，凝集着文学主张的征文广告又像简短的宣言书一样，借助报刊的传播影响、启示他人的文学主张，起到传播文艺理论的作用。如“求著新小说启”在近代中国第一次主张用时新小说革除陋俗、改良社会：

> 窃以感动人心，变易风俗，莫如小说。推行广速，传之不久辄能家喻户晓，气息不难为之一变。今中华积弊最重大者，计有三端：一鸦片，一时文，一缠足。若不设法更改，终非富强之兆。兹欲请中华人士愿本国兴盛者，撰著新趣小说，合显此三事之大害，并祛各弊之妙法，立案演说，结构成编，贯穿为部，使人阅之，心为感动，力为革除。

1895年詹熙看到了傅兰雅“求著时新小说启”，有感于心，作《花柳深情传》，“英国儒士傅兰雅谓中国所以不能自强者，一时文、二鸦片、三女子缠足，欲人著为小说，俾阅者易于解说，广为劝戒。余大为

① 《月月小说》第三号：“本杂志第一第二两册刊有《乌托邦游记》一种，宗旨不合，前者未及细检，至误以付印，自本号起即行停止，已致函撰者停撰。”

感动，于二礼拜中成此一书”。傅兰雅征文广告以小说改良社会的文学思想深深地感动了詹熙，“不禁跌足叹赏，拍案叫绝”①，效果明显。小说改良社会也成为晚清几次较大规模报刊征文广告一以贯之的宗旨。以1903年吴趼人开始创作的小说为例，《痛史》符合《新小说》征文中“开发国民”的主旨，《二十年目睹之怪现状》符合征文中“又如儒林外史之例，描写现今社会情状，藉以警醒时流，矫正弊俗”之要求。丁逢甲《扫迷帚》是应1904年商务印书馆征文“社会小说：述风水、算命、烧香、求签及一切禁忌之事，形容其愚惑，以发明格致真理为主，然不可牵涉各宗教”之作，姬文《市声》也是应该应“实业小说：述现时工商实在之情事，详其不能制胜之故，以筹改良之法”之作，等等，不一而足。征文广告对征文的内容提出明确的要求，这些要求规范着作者的创作思维，直接体现着小说界革命理论对小说内容的引导、规范。

2. 小说征文广告引导着新小说的形式

报刊征文广告是一种契约性质的合同，属于显性文学制度。这种合同对征文发起者和投稿者皆具有约束作用，一旦投稿者产生应征投稿的欲望，他们就会受制于征文广告这种合同，从而产生“征文广告对写作人的修改”这种文学现象。因而，报载小说征文广告除对小说内容予以规范之外，还引导着新小说的形式。例如，征文广告对稿件的文言白话、文字深浅、篇幅长短等形式提出要求，从而影响新小说体式的演变。如傅兰雅要求“辞句以浅明为要，语意以趣雅为综，虽妇人幼子皆能得而明之”，希望应征的小说能有趣味、妇孺能解；新小说从报社（月月小说社）征求的历史小说“或本国，或外国，用章回体”，对形式也有明确的要求。有研究者注意到，为了适合连载，征文广告对小说的回数或字数有明确的规定，也影响了晚清创作的章回小说以八回至二十回居多的特色②。另如，《时报》和

---

① 詹熙《花柳深情传》第2页，北京大学出版社1992年版。

② 根据阿英《晚清小说目》“创作之部”统计，在标明回数的220部小说中，八回至二十回为136部，约占总数的62%。参见潘建国《清末上海地区书局与晚清小说》，《文学遗产》2004年第2期。

《月月小说》刊登征文广告提倡短篇小说,1904 年至 1910 年《时报》刊登标示“短篇”的小说 105 篇,《月月小说》24 期则刊载短篇小说 72 篇,晚清报载短篇小说的兴起,与这些报刊征文的提倡息息相关。可见,晚清报刊征文广告,已经深深地融入晚清小说变革的内容与形式之中。

(二) 小说销售广告对小说内容和形式的引导

“说实在的,要使文学现象成为一个完整的现象,销售是必不可少的环节。”①晚清近现代文学市场初步建立,作家及出版商对报刊广告在作品销售中的作用十分重视。1905 年 1 月,仅在《时报》上刊登广告的图书就有 300 多种②,1903 年 4 月至 5 月,共有 40 个出版机构在《中外日报》上为自己出版的书籍作了广告。晚清上海,“新出书籍,非广登广告,读者无从知悉”③已成经营常识。小说销售广告充斥着晚清报刊的版面,据初步统计,1911 年以前,仅翻译小说一项,《申报》和《新闻报》刊载的广告就达 120 多种④。晚清报载小说广告一般都有一个简洁的小说提要,这些小说提要突出的是小说的卖点,概而言之,政治小说的卖点是政治思想,谴责小说的卖点是丑态秘闻,侦探小说的卖点是情节变幻。政治小说广告的卖点上文引述已可见一斑,兹以谴责、侦探小说的销售广告说明之,参见表 2、3。

---

① [法]罗贝尔·埃斯卡尔皮著,符锦罗译《文学社会学》第 81 页,上海译文出版社 1988 年版。

② 朱英《商业革命中的文化变迁——近代上海商人与‘海派’文化》第 60—61 页,华中理工大学出版社 1996 年版。

③ 姚公鹤《上海报纸小史》,见杨光辉编《中国近代报刊发展概况》第 270 页,新华出版社 1986 年版。

④ 阚文文《晚清小说出版商的广告营销》,《明清小说研究》2007 年第 4 期。

表 2 报载谴责小说广告卖点举例

小说名称	广告名称	卖点摘录	资料来源
活地狱	上海商务印书馆编印《绣像小说》广告	此书为贪官酷吏、劣幕刁差一流人写照，不舍燃犀烛怪，铸鼎象奸。	1903.5.31《新闻报》
官场现形记	南亭新著《官场现形记》续编	此书摹写官场恶态，无孔不入。	1904.3.25《新闻报》
文明小史	最新小说《文明小史》	演说中国社会腐败情状，将官界、学界描写入神，直如禹鼎铸奸，温犀烛怪。	1906.12.28《新闻报》
老残游记	新小说老残游记	叙官吏酷虐之现状，笔墨透彻，最是动人。	1907.9.8《时报》
时髦现形记	最新小说时髦现形记出版	此书专写旧学绅界之丑态……观其卑鄙龌龊令人愤恨悲怜，观其百计营谋转展受骗又足令人喷饭。……尤有劝戒之意寓乎其中。	1907.9.8《时报》
九尾鳖	新出醒世小说九尾鳖	是书系写女优界极著名者生平龌龊历史……布置之贯串，可作世人警觉黄粱之棒喝	1909.9.1《时报》
宦海	唯一奇观官场小说宦海出现	描写官场之变态，仕途之风波，体会入神，形容尽致。	1909.12.27《时报》
女界现形记	新出女界现形记六至十一集	凡近日新旧女界鬼祟之行为，秘密之举动，上下社会龌龊烂污之历史，靡不搜罗完备，铸鼎象形。	1910.10.8《时报》

表 3 报载侦探小说广告卖点举例

小说名称	广告名称	卖点摘录	资料来源
忏情记	新出小说忏情记	其间事由曲折，情节离奇，全书用白话演述，慷慨悲歌，缠绵悱恻，阅之未有不潸然泪下，凄心动魄者，在近时奇案中可谓有一无二者矣。	1905.9.8《中外日报》

续表

小说名称	广告名称	卖点摘录	资料来源
怪獒案	侦探小说《怪獒案》	其中情节离奇莫测，披阅一过，乃知其趣。	1905.10.29《时报》
手足仇	最新侦探小说手足仇出现	书中用笔畅达，设想离奇。	1905.12.17《时报》
情魔	情魔	其侦探手段全用暗写，离奇变幻而又合乎情理，至于命意布局迥越恒蹊，脱尽寻常小说窠臼，洵奇作也。	1907.5.22《时报》
狡兔窟	最新出版各书	情节离奇，变幻不测，洵侦探小说中之杰出者。	1907.7.6《新闻报》
剧场大疑案	侦探小说剧场大疑案	侦探小说可作社会小说观也，其中情节变幻离奇，端推佳构。	1908.7.12《时报》
一百十三案	侦探小说一百十三案出版	情节离奇，云翻波谲，是书故为侦探小说之巨制。	1910.12.24《时报》

谴责小说和侦探小说是新小说中颇受读者欢迎的两类小说：谴责小说数量之众、影响之大，“几乎是‘晚清小说’的代称”①。“对‘新小说’家及其读者最有魅力的，实际上并非政治小说，而是侦探小说”②。由上表举例可见，晚清小说撰译和出版明显存在跟风现象，小说广告“卖点”的趋同性说明小说撰译者和出版商在撰译和出版上倾向推出迎合市场的小说，因而将谴责小说的暴露揭秘和侦探小说的情节曲折作为这两类的最大卖点。这些广告词还可看出新小说撰译者和出版商在内容和形式上对小说的要求，如谴责小说要暴露黑暗、挖掘秘闻，燃犀烛怪，铸鼎象奸；侦探小说在情节布局上

① 杨联芬《从‘谴责小说’看文学研究的亟待突破》，《河北大学学报(哲社版)》2003 年第 4 期。

② 陈平原《中国小说叙事模式的转变》第 43 页，北京大学出版社 2003 年版。

要追求曲折离奇,"于章法上见长"、"于形式上见优"①,"以布局曲折见长"②。总之,新小说的销售广告在推动新小说销售繁荣之际,也在一定程度上反映出市场对新小说内容和形式的引导和要求。

总括本文,近代报刊具有传递讯息快、价格低廉、读者覆盖面广等优点,在近代化交通和营销网络的推动下,"朝登一纸,昔布万邦"③的传播效果有了可能,报载小说广告快速地在华夏大地传播。报载小说广告既被用于新小说的生产与推销,也被用于新小说理论的宣传。晚清报载新小说广告意图明确、简明扼要地宣传小说新民、改良社会的主张,对小说界革命理论的宣传和传播起着积极的推广作用。并且,报载小说征文广告和销售广告还规范和引导了新小说的内容与形式,深刻地参与了晚清小说变革的运动之中。晚清报载小说广告在小说界革命的兴起与发展中表现出的重要作用值得我们充分认识。

(作者系台州学院讲师)

① 觉我《第一百十三案赘语》,《小说林》1907 年第 1 期。

② 觚庵《觚庵漫笔》,《小说林》1907 年第 7 期。

③ 梁启超《论报馆有益于国事》,《时务报》第 1 期,1896 年 8 月 9 日。

论晚清文龙评批《金瓶梅》的新策略与新识见

孙　超

文龙（约 1830—1886），字禹门，官至知县，生活闲适，晚清小说批评家。他自谓“有闲书癖”，喜欢阅读小说。他还极力推崇小说的社会作用，曾说：“谁谓闲书不可看乎？修身齐家之道，教人处事之方，咸在于此矣。”当他读到“在兹堂”刊本《金瓶梅》时，有一种冲动是要重新批点《金瓶梅》，但有两个难题始终萦绕脑际：一，张竹坡评点在前，如何说出一番符合作品实际的“新”话；二，身为朝廷命官，如何阐释评价作品中的“性”话。面对竹坡评点，文龙宛如李白遇见崔颢，非独辟蹊径不可；面对《金瓶梅》中十分刺目的性描写，他又读又评此书，必然要为其是否为“淫书”辩上一辩。因此，文龙阅读《金瓶梅》时采用了新策略，贡献出了具有近代精神的新识见。

一、面对张竹坡：是为酒醉雷公

正如金圣叹之于“容与堂本”《水浒传》，张竹坡之于“崇祯本”《金瓶梅》，文龙面对竹坡评点，也是故意反其道而读之。他宣称：“不作人云亦云，却是有点心思。”①可见，文龙评点的假想敌正是张竹坡，这一点很明显地流露于字里行间。略举数例，以观一斑。第

① 黄霖《金瓶梅资料汇编》第 480 页，中华书局 1987 年版。以下所以出此书者皆只注页码。

三回评曰:“挨光一回,有夸为绝妙文章者,余不觉哑然失笑。”①这是针对张竹坡原评“妙绝十分光,却用九个‘便休’描写,而一毫不板,奇绝,妙绝”②而发。第六回评曰:“作者岂真有深仇大恨,横亘于心胸间,郁结于肚腹内乎?而故为此一部不平之书,使天下后世之人,咸有牢骚之色,愤激之情乎?”③这是据作品实际对张竹坡“苦孝说”所发的质问。第七回评曰:“批书者,总以玉楼为作者自况,不知从何处看出,而一口咬定,惟恐旁人不理会,时时点出,是可怪也。”④这里的批者即指张竹坡,原评是:“至其写玉楼一人,则又作者经济学问,色色自喻皆到。”⑤(《金瓶梅寓意说》)第十二回评曰:“批者总以月娘阴险。试问:遇此顶踵无雅骨,脏腑有别肠,为之妻者,将如此良人何也?”⑥此处反诘张竹坡原批:“西门庆是混帐恶人,吴月娘是奸险好人。”⑦第五十八回评曰:“乃有与之同恶相济,伙穿一条裤子如庞春梅者,又有与之异口同声,一鼻孔出气如孟玉楼者,其为人何如乎?……乃阅者往往偏护玉楼而高抬春梅也,果何意见乎?其目光直不可尺计。”⑧这里对“阅者”张竹坡“偏护玉楼”、“高抬春梅”十分不满,直言斥之。

面对张竹坡自我标榜的批评态度与批评标准,文龙也大不以为然,他提出了富有创见和近代色彩的新态度和新标准。张竹坡之所以评点《金瓶梅》,用他自己的话说就是:“迩来为穷愁所逼,炎脉所激,于难消遣时,恨不自撰一部世情书……我且将他人炎凉之书,其所以前我经营者,细细算出,一者可以消我闷怀,二者算出古人之书,亦可算我今又经营一书……然则我自做我之《金瓶梅》,我何暇与人批《金瓶梅》也哉!”⑨(《竹坡闲话》)从中可以明显看出张竹坡

①② 第413页。
③④ 第416页。
⑤ 第61页。
⑥ 第420页。
⑦ 第74页。
⑧ 第470—471页。
⑨ 第58页。

评点态度的主观性与批评标准的随意性。在具体文本的解读中，张竹坡继承金圣叹等人充分发挥批书者主观能动性的优良传统，新见迭出，常常开启读者新的阅读视野。然而，主观性也同时产生了其说似能自圆，却与文本实际有所偏离的弊病。针对这种情况，文龙要求批书者回归文本，客观求真，他说："夫批书当置身事外而设想局中，又当心入书中而神游象外，即评史亦有然者，推之听讼解纷，行兵治病亦何莫不然。不可过刻，亦不可过宽；不可违情，亦不可悖理；总(之)才学识不可偏废，而心要平，气要和，神要静，虑要远，人情要透，天理要真，庶乎始可以落笔也。"①这里将评小说与评史、听讼解纷、行兵治病相提并论，未免过于呆板而忽视了小说本身的文学特性，但对小说批评客观性的要求却是对小说评点传统一直过于偏重感悟、偏于随意的有力反拨，这与近现代小说批评排斥主观臆断的精神也是相通的。他甚至进一步说道："阅者但就时论事，就事论人，不存喜怒于其心，自有情理定其案，然后可以落笔。"②当然，这种绝对的客观实际上是很难做到的，但作为小说批评者应有的态度，却有其合理性。基于这样的批评态度，他提出了小说批评的两个新标准，即"真"和"细"。他说："作书难，看书亦难，批书尤难。未得其真，不求其细，一味乱批，是为酒醉雷公。"③通观文龙的整部评点，不难看出他认为张竹坡并没有领略《金瓶梅》的真义，特别是其人物批评存在大谬之处，因此呼其为"酒醉雷公"。

由于文龙在人物解读的"真"和"细"上下功夫，他所看到的吴月娘、孟玉楼和庞春梅就迥然不同于张竹坡眼中的此三人。因此，他对张竹坡"痛恶月娘、深许玉楼、偏袒春梅"的人物评点深为不满。依张评本的见解，孟玉楼是作者自喻。实际上，张竹坡对孟玉楼的主观性解读表达了其自身"安命待时，守礼远害"的处世观。文龙则

① 第427页。
② 第443页。
③ 第439页。

尽力将孟玉楼放回文本中作还原性解读，在与金莲的关系中，在与月娘的比较中，揭示孟玉楼阴险多诈的“幕后人”本质。文龙说：“批者深恶月娘而深爱玉楼，至谓作者以玉楼自比，何其谬也。……若谓来旺之配，蕙莲之死，玉楼不与谋，不加功，不知情，吾不信也。……金莲不知，月娘不知，西门庆不知，看书者岂亦不知耶？金莲之妒，明而浅，玉楼之妒，隐而深。金莲之妒为固宠，玉楼之妒在谋嫡。”①类似的评论处处皆是，再举一例：“若春梅、玉楼之与金莲，岂第近之而已，直是逢迎之，激励之，怂恿之，扶持而帮助之。金莲之恶，成全于二人者实多。”②这里也谈到了庞春梅，针对张竹坡“高抬春梅”的主观表态，文龙从其与金莲的关系分析，认为她是金莲的帮凶，二人沆瀣一气，实属一丘之貉。他从春梅所处的环境着眼，称其不垂泪别是其强狠明白的表现，而非豁达磊落的行为。对于其出西门府后的发迹变泰，评曰：“宵小得志，是其命好，非其品高也。”③总之，在文龙看来，春梅和金莲别无二致。另外，面对张竹坡指责吴月娘“无礼”、“奸险”、“丑恶”、“阴毒”等，文龙也给以强有力的辩护。如瓶儿寄物一事，张竹坡于此一回批曰：“寄物何日还哉？月娘可恨。”④文龙在此旁批云：“专以寄物为月娘罪案，不知恨其未阻欤？恨其代收欤？……可见寄物尚在西门庆手内，非月娘之所能专也，然则何以如此深罪妇人也。”⑤再如对官哥之死一事，张竹坡归罪月娘最深，两处夹批，一为“月娘可杀”，一为“月娘可杀……吾将百割此等坏事妇人也”⑥。文龙则反驳道：“惟月娘始终保护，尚不愧为嫡母，何阅者责之之甚也。”“批者与月娘想是前生冤孽，何至百割方快！然则官哥之死，月娘实杀之？何不通乃尔。”⑦又如对玉箫与书

① 第439页。

② 第471页。

③ 第500页。

④ 第429页。

⑤ 第429—430页。

⑥⑦ 第472页。

童私通事，张竹坡出于一己臆断，认为是作者故意将玉箫放在月娘房中，目的是“特诛月娘闺节不严”①，甚至将金莲、经济等偷情都牵涉其中，认为是月娘的责任，这显然与作品实际不符。因此文龙质问为什么批者不追究金莲的纵容和罪恶元凶西门庆的责任，而偏偏勉强给月娘加上罪名。他认为这是批者的偏心成见使然。他高度肯定月娘“为西门庆真妻室，为《金瓶梅》之正经人”②。从总体上看，文龙人物评点较之张评更符合作品本身，也更贴合作者本意，他对人物的评价是比较全面的。例如，他虽然极力维护月娘的“正妻”名声，但也指出她有“见钱见利不知有义”③等妇女的通病。他虽然力主玉楼是阴险多诈之人，但也承认她“诚不愧为佳人”④。即使在他激烈批评潘金莲、西门庆时，也比较客观地揭示出生活环境对他们的消极影响。

然而，文龙的人物评点也明显暴露了他竭力维护封建伦理道德的一面，这与其晚清知县的封建士大夫身份有关。这突出表现在他落后的妇女观、贞节观上。如，他评月娘说“观人亦需论其大处，妇人之所最重要者，节”⑤，甚至进一步说：“赞美妇女者，但有从一而终，守贞不二之语，则以前所有处分，皆可悉予开复矣。”⑥基于此，他不但对潘金莲、李瓶儿、庞春梅等淫妇痛加鞭挞，且对再醮孟玉楼的批判也不遗余力。恰由乎此，他对张评本的反拨也难免有过度之嫌，在全部评点即将结束时，他说道：“奈何只与春梅掇臀，玉楼舐痔而与月娘作对头，犹诩诩然曰：此作者之深思也，吾得其间矣。嗟乎，妄甚！”⑦这明显是意气用事而又流于主观了。

---

① 第477页。
② 第503页
③ 第429页。
④ 第416页。
⑤ 第427页。
⑥ 第427—428页。
⑦ 第512页。

二、面对性描写:观此书可止淫

《金瓶梅》作为一部奇书,最惹人拍案与惊奇的是其中的"性"描写,抑之者斥之为"淫书",扬之者誉之为"云霞满纸,胜于枚生《七发》多矣"(袁宏道《董思白》)①。因为"房中之事,人皆好之,人皆恶之"(欣欣子《金瓶梅词话序》)②,于是人们在叹为观止之余,展开了旷日持久的"淫"与"非淫"之辩。统治者也正是以"诲淫"为借口,禁毁《金瓶梅》。"落后"的和"别有用心"的评论家也抓住《金瓶梅》的"性"描写问题大做文章,攻其一点,不顾其余,不仅不能进行正确解读,还把这个问题引向了粗暴对待和非艺术研究的歧途。真正的"金学"家立足于文本,以科学的批评态度来研究《金瓶梅》的性描写问题,常常能得出比较客观又富有指导意义的结论,文龙就是富有卓识的一位。

文龙在第一回回末评中劈头就说:"《金瓶梅》淫书也,亦戒淫书也。"③这个观点继承前辈评者如弄珠客等,首先承认《金瓶梅》是"秽书"、"淫书"。这里所谓的"秽书"、"淫书"应当是说这部书写了人类隐秘的"性"事,这是非常正确的,《金瓶梅》的确是将叙事的焦点放在"性"上了。承认这一点对于正确解读和评价《金瓶梅》是十分必要的。在此基础上,文龙进一步指出《金瓶梅》"亦戒淫书也"。他看到了这部书的两面性,提出了"淫书戒淫"观。证明《金瓶梅》非"淫书"已属不易——它确实露骨地写了"性"——证明是"戒淫书"更属难能。文龙跳开传统的解读方式,把批评重心放在了读者身上,从接受的角度立论。他说:"人鬼关头,人禽交界,读者若不省悟,岂不负作者苦心乎?是在会看不会看而已。"④这里强调了作者不是为了写"性"而写"性",而是有苦心在焉。这番苦心能不能被理

---

① 第227页。
② 第2页。
③④ 第411页。

解,关键是看读者的修养和素质。这样的意思,他反复申说,如"看书要会看,莫但看面子,要看到骨髓里去;莫但看眼前,要看往脊背后去,斯为会看书矣"①;又要求读者"高一层着眼,深一层存心,远一层设想"②。这些无疑都是正确的阅读方法。他认为读者"果能不随俗见,自具心思,局外不啻局中,事前已知事后,正不妨一看再看"③。这就进一步指出只有身心健康、具备成熟审美心胸的人才能读懂这部奇书,只有具大智慧的人才能看到挣扎在欲海中的"丑类"背后所蕴涵的深刻意旨。据此,他总结说:"生性淫,不观此书亦淫;性不淫,观此书可以止淫。然则书不淫,人自淫也;人不淫,书又何尝淫乎"④?这里强调的就是读者个人品质和修养对于阅读《金瓶梅》"性"话时的决定性作用,他认为自主权掌握在读者手中。他又说:"独怪夫看书之人,所谓旁观者清,不能咀嚼世情之滋味,但贪图片刻之欢娱,其愚且顽,不几与西门庆相等哉!"⑤这里明确指出:看《金瓶梅》若只是一味停留在性描写上,说明读者自身是有问题的。然而,观此书真的可以止淫吗?他的解释是:"苟能离身题外,设想局中,旁人之是非,即可证我身之得失,目前之言动,即可定日后之吉凶。"⑥这就是告诉读者,假如观此书能生戒惧心就会自然止淫了。文龙这种立足于读者维度的阅读新策略成功阐释了《金瓶梅》为"戒淫书"的一层,这种策略显然比张竹坡似有"曲意回护"之嫌的"苦孝"说技高一筹,也大大丰富了我国传统文艺学的接受理论。

更值得推许的是,文龙面对《金瓶梅》中的"性"描写不是一味肯定。他既有上述从读者接受层面揭示作者写"性"的苦心,也从道德评判层面指出写"性"可能会造成的消极影响。他在九十二回回

① 第 436 页。
② 第 421 页。
③ 第 437 页。
④ 第 422 页。
⑤⑥ 第 420 页。

评说:“无怪阅者,咸喜看前半部,而不愿看后半部,然则此书实导淫之书也,作者不能无罪焉。”①这种说法是符合作品实际的,书的前半部写的是西门府日日鼎盛之势,伴随之的是西门庆性生活的登峰造极,总体上是作者在赤裸裸地描写“性”事,并不时流露出欣赏之意。由于人类的“好色”本性,素养不高的读者必然会对这样的描写流连忘返、沉迷不醒,甚至生艳羡、效仿之心。因此,假如说,没有上述文龙指出的那些读者接受条件,“无其事尚难防其心,有其书即思效其人,故曰不宜看者,此也”②。也正由乎此,文龙接着说:“我之探臆而出,随处叫破,正是要人细看下半部,以挽回一二。”③也就是说读者只有通读这部长篇小说,不止看其“淫处”,要看到西门庆、潘金莲等“淫人”的悲惨下场,才能真正体味作者的“苦心”,作者“是殆嫉世病俗之心,意有所激、有所触而为此书也”④,他写此“淫书”的目的旨在据此暴露世态炎凉、社会丑恶。另外,由于文龙看到了《金瓶梅》性描写的负面作用,他明确提出了阅读此书的分级标准,他说:“年少之人,欲火正盛,方有出焉,不可令其见之。……迨至中年,娶妻生子,其有一琴一瑟,不敢二色终身者,此书本可不看,即看亦未必入魔。若夫花柳场中,曾经翻过筋头,脂粉队里,亦颇得过便宜,浪子回头,英雄自负,看亦可,不看亦可。至于阅历既深,见解不俗,亦是统前后而观之,固不专在此一处也,不看亦好,看亦好。果能不随俗见,自具心思,局外不啻局中,事前已知事后,正不妨一看再看。”⑤这种立足接受者维度的分级标准是比较科学的,特别是不允许青少年阅读《金瓶梅》是符合实际的,这些都值得今天的读者借鉴。

①③ 第505页。
② 第411—412页。
④ 第482页。
⑤ 第437页。

三、面对末十回:岂江淹才尽乎

张竹坡曾对《金瓶梅》的谋篇布局赞美说:“我喜其文之洋洋一百回,而千针万线,同出一丝,又千曲万折,不露一线。……盖其书之细如牛毛,乃千万根共具一体,血脉贯通,藏针伏线,千里相牵。”①(《竹坡闲话》)文龙却在评点中指出了末十回在情节安排和艺术成就上与前九十回存在差距。这一点,笔者认为也是他试图超越竹坡评点在文本细读方面的新发现。

文龙在第九十二回回末评曰:“九十回以后,笔墨生疏,语言颠倒,颇有可议处,岂江淹才尽乎?或行百里者半九十耳。……此皆信笔直书,不复瞻前顾后,似非以上淫情秽语,写得细腻风光。”②在这里,文龙指出了末十回艺术水准降低的问题,他疑心难道是在百回长篇大工程的结尾处需要耗费作者一半的才情,而作者恰恰在此时已江郎才尽了吗?在第九十四回评点中,他又认为小说之所以产生“许多生拉硬扯,并非水到渠成”③之处,原因是“作者未尝用心之过也”④。他甚至在作者用心不到的地方,帮助作者设计更周密的情节,他在第九十八回评曰:“此一回明是收结云峰诸人,使爱姐有着落,其实正是收结陈敬济也。但不知迎春、玉箫作何究竟,若能在爱姐口中一点,则更周密矣。”⑤文龙在“得真”、“求细”批评观指引下得出的这些结论是基本符合作品实际的。实际上,《金瓶梅》后二十回多少都有文龙提到的类似问题。有人据此认为后二十回是补入之作,恐怕只能是臆断之论。我们不要忘记兰陵笑笑生以金、瓶、梅三人之名命名此书,本意就是要叙述三人的情色故事以引起读者戒畏。后二十回庞春梅的叙事地位变化正与作者本意吻合。细心

---

① 第58页。

② 第504—505页。

③④ 第506页。

⑤ 第510页。

的读者会发现第七十九回以后，春梅正式一跃成为叙事的主角之一。特别是第八十二回与陈敬济发生性关系后，春梅的情色关系网在叙事中的地位就迅速上升了。当第八十七回潘金莲死后，春梅的情色关系网就成了全书的结构主体，陈敬济、周守备、周义的故事自然就被纳入，就连西门府的后续故事也不能不说是笼罩在其中了。据此，笔者认为只有同一位作者才能把前后叙事意图贯彻得如此彻底，在同一部长篇小说里同一位作者的叙述风格和叙述水平有些差异本不足怪，而从叙事结构上看，后二十回与前八十回浑然一体却是不争的事实，这恐怕不是补写者能做到的吧？文龙指出的"岂江淹才尽乎"，恐怕才是符合实际情况的真正原因。

文龙细微地觉察到末十回的差异，但他并未据此得出末十回是他人补写的结论，这在其评点中很清楚。最早发现文龙评点的刘辉对此却有一点误读，他说："他（文龙）对《金瓶梅》最后十几回的看法，就独具慧眼，看出破绽。有的疑为'非本书正文'，有的看出是'信笔直书，不复瞻前顾后'，'生拉硬扯，并非水到渠成'。这对于我们研究《金瓶梅》的成书过程，都是富有启示性的创见。"①刘先生引用的三处原文，有两处笔者在上文亦引用并加以说明，无非谈的是作者才力与用心的问题。我们再看疑为"非本书正文"的一处。文龙于第九十三回回末评曰："此一回直是为陈敬济作传，似非本书正文。不知敬济非他，乃西门庆嫡嫡亲亲女婿，西门庆在日，固尝欲以为子者也。……半子之称，实西门庆之至亲，而秽乱西门庆之家庭，实始于此半子之陈敬济。……则敬济固西门庆克肖其亲之令子也。所以详写之，以为西门庆作收场欤"②？我们把这段文字的主要部分引出，加以完整解读，就会注意到"似非"、"不知""所以详写之"等字眼，也就自然明白文龙的本意不是怀疑此回文字可能是"赝文"，而是针对可能被认为是"闲文"（脱离故事主线）的误读，而对此回浓墨重彩描写陈敬济的原因给予着重阐释。从末十回的整个评点中，

① 刘辉《谈文龙对〈金瓶梅〉的批评》，《文献》1985年第4期。
② 第505页。

我们看到的是文龙对全书结构整体性的认识和强调。他说:“看前半部,须知有后半部;看后半部,休抛却前半部。”①“实作者结构紧严,心细如发,笔大若椽,分观之而不觉,合观之而始悟也。”②“看第一回,眼光已射到百回上;看到百回,心思复忆到第一回先。”③这些评点都充分说明文龙实际上是认可《金瓶梅》的末十回与前九十回的一体性的,当然也就不存在别人补入的疑问了。

概言之,文龙由于所评之书为“淫书”《金瓶梅》,前辈张竹坡又早已矗立起一座评点高峰,他不得不采取新的阅读策略。面对张竹坡,他故意反其道而读之,维护吴月娘,痛诋孟玉楼、庞春梅,同时提出了批书者要具备客观的态度,评书时要务求“真”、“细”,不能一味乱批,做酒醉雷公;面对性描写,他从读者的维度立论,认为不同素养的人阅读《金瓶梅》的效果不同,甚至提出了观此书可止淫的说法,他的阅读分级标准也值得我们参考;面对末十回,他在细微处下功夫,发现了其与前九十回的艺术水平差距,据此提出作者可能江郎才尽的判断。这些新的阅读策略及其产生的新识见启示我们:文学批评要有所创新,必须实事求是地读文本、下判断,在质疑前人、继承前人学术成果的基础上往前推进。当然,正如文中指出的那样,由于文龙保守的封建官员立场,他的评点也有牵强附会、腐朽落后的内容,这是应该特别指出的。

(作者系复旦大学博士生)

① 第507页。
② 第509—510页。
③ 第511页。

从前期《小说月报》看清末民初对小说长短篇的认识

邱培成

西方的长篇小说繁荣较早，短篇于十九世纪后才逐步成长起来。与此相反，我国长篇直到元明清之际才走上巅峰，短篇小说成熟却要早得多，不管是文言系统的唐传奇，还是白话系统的宋话本，皆早于长篇小说的出现。此后，短篇作品还有文言系统的《聊斋志异》，白话系统的“三言二拍”、《豆棚闲话》等。遗憾的是，文言短篇自《聊斋志异》后，再也跳不出此框套；白话短篇于乾隆后期基本绝迹①。对此胡适解释说：“第一，因为白话的‘章回小说’发达了，做小说的人往往把许多短篇略加组织，合成长篇。……这种杂凑的长篇小说的结果，反阻碍了白话短篇小说的发达。第二，是因为明末清初的文人，很做了一些中上的文言短篇小说。”②至清末民初，由于社会的发展，大众传媒的需要，于是，短篇被重新关注。此时，西方小说大量的引进，小说体裁分类的理论为人们所认同，长篇、短篇分类开始进入我国小说“市场”。下面仍以清末民初一份重要的小

按：本文原载《明清小说研究》2005 年第 3 期。

① 陈平原《20 世纪中国小说史》第一卷（1897—1916）第 142 页，北京大学出版社 1989 年版。

② 严家炎《二十世纪中国小说理论资料》第二卷第 36 页，北京大学出版社 1997 年版。

说杂志——《小说月报》(1910—1920)为例,试图揭示时人对长短篇小说的理解。

一

1902 年的《新小说》和 1903 年的《绣像小说》,都未采用长短篇小说的体裁分类。所有的长篇小说都是以独立的个体而存在的。《月月小说》的创刊(1906 年 11 月)将白话短篇小说的创作引入了一个新的阶段。阿英在《晚清文艺报刊述略》中评价说:《月月小说》的主要功绩是对短篇小说的提倡,且刊载短篇之多,实是前所未有,可以认为是当时中国新的短篇小说的发轫和新的尝试。其实,《月月小说》在 24 期内,也只刊载了短篇 34 篇,其中包括翻译短篇小说 11 篇,平均每期不到一篇半。看来《月月小说》所载短篇并非特别多。而且,杂志中短篇小说和历史小说、社会小说等小说类型成并列关系,足见当时人们对小说风格、题材和体裁理解的模糊了。不管怎样,它对短篇小说的重视还是不容忽视的。

1907 年,《小说林》在其创刊号的"募集小说"征文中,明确了"篇幅不论长短",把短篇的地位提升到了与长篇同样的高度。但从刊载的分量来看,仍以长篇小说为主,短篇每期不过一两篇,且白话居多。在白话小说受市民欢迎之时,此举似乎有取悦市民大众之想。

作为社会精英的知识分子,是不大看得起白话作品的,短篇当然也就有着被轻视之嫌。不过,其主编徐念慈在《余之小说观》①中极力区分"短篇小说"和"章回小说",并提倡要为学生社会创作短篇小说,以及《小说林》杂志设"短篇小说"专栏,还在杂志一周年纪念时悬赏征求短篇小说,这些无疑都在为短篇小说张目。

《小说月报》(1910—1920)在初创时,短篇小说的分量很小,每期仅有两篇左右,后来虽然也有所增加,但幅度都不大,直到第 6 卷

① 徐念慈《余之小说观》,《小说林》第 10 期(1908 年)。

第1号起，短篇才大量扩充，每期登载多达十篇①，甚至达十篇以上②。

短篇小说放在长篇的前面，1909年的《小说时报》创刊号就开始了。《小说月报》初创时，短篇一栏是列在长篇之后的。不过，这样的情势没有维持多久，第一年的最后一期（第6期），短篇的位置已跃居于长篇之前。此后其他小说杂志如《中华小说界》等都采用了这样的秩序。尽管只是位置的变换，但显现的是人们观念的变化，象征着对短篇的重视。当然，这并不说明人们就一定真的意识到短篇小说艺术价值，可能更多还是源于人们对短篇的迫切需要。

作为当时的一份重要文学杂志，《小说月报》在1910年第1期的《征文通告》里就提出，"短篇小说尤所欢迎"。《小说月报》从第5卷起，进行了改版，扩充篇幅是其中的重要一项。在《本社通告》中第一条谈到，"本报各部门皆可投稿，国故、瀛谈、短篇小说，尤所欢迎"。可以想见，杂志在改版后，短篇小说存稿量又显不足，广告中表示出了对短篇的青睐。1913年商务印书馆聘人译小说，也明言"以短篇小说为最合用"③。1918年第2号《本社通告》：第一条，"本社欢迎短篇投稿，不论文言白话，译文新著，一经登录，从丰酬报"；第四条，"至本期起，扩充材料，每期短篇小说必在十篇以上"。《通告》在向作者昭示短篇的急需，并以"丰酬"吸引。杂志一再征求短篇小说，直到1920年第10号《本社启事》还在搜求短篇。从编辑不断征求短篇小说，以及扩大用稿量上，也约略见出读者对短篇小说的欢迎。

另外，从作家的短篇小说结集的状况上，也可以见出对短篇小说的重视。清末除了吴趼人出了一个短篇小说集外，其他作家几乎都没有短篇小说集，他们大体上都是笔记小说集。民国初年的作家

---

① 《本社特别广告》，《小说月报》1915年1号。

② 《本社通告》，《小说月报》1918年第2号。

③ 《张元济日记》上册第13页，商务印书馆1981年版。

如包天笑、周瘦鹃等，几乎每人都有短篇小说集①。为什么人们对短篇如此钟爱呢？

随着世界资本主义的发展，社会生活节奏加快，引起了人们的紧张，过去悠闲的阅读日益受到挑战，时间的限制要求发展现代小说，短篇小说应运而生。到20世纪初期，短篇小说成为小说的主要形式。作家创作短篇的技巧在实践中日臻成熟，孕育出很多写短篇的大师。清末民初的中国，尤其是上海，与19世纪后期的西方很相似，随着中国翻译短篇的增多，开始意识到短篇的艺术价值，加之各报刊短篇稿源的缺乏，人们对短篇自然也就刮目相看了。这也是中国现代小说先从短篇开始发展的原因之一。对当时社会上大量需要短篇，范烟桥是这样解释和描述的："随着杂志的盛行（调剂篇幅有需要）、读者的要求（阅读便利），而大量生产，日报副刊上也常有刊载，选集、汇刊也层出不穷，最多的一年总在千篇左右。"②

1918年第9号发表的《说短篇小说》一文，是"记者"翻译英人劳万氏的《说短篇小说》。作者于文末提出了自己的看法："我国近则短篇盛行，而长篇人皆厌之。然亦足见国民心理之日趋躁进，而无长久之心于小说，尚如是，亦可痛矣！"作者对当时社会的不满和对时世的针砭是显而易见的。不过，更其重要的是，他给短篇小说的繁荣提供了一种新的解说。

二

《月月小说》1908年第14号的"特别征文"，曾说"本社现欲征求短篇小说，每篇约二三千字"。《小说月报》第3卷（1912年）第12号，专门出了《征求短篇小说》的启事，对短篇的字数做出了规定，

① 杨义《文化冲突与审判选择》第10页，人民文学出版社1988年版。

② 魏绍昌编《鸳鸯蝴蝶派研究资料》上册第338页，上海文艺出版社1984年版。

"每篇字数,一千至八千为率"。第8卷(1917年)第2号征求短篇的广告说:"字数每篇二、三千字至八、九字。"看来,当时人们对短篇字数规定还未能达成共识。对此,范烟桥总结说:"一般每篇短则千余字,长则数千言。"①这一切反映了主编试图从量的规定性上来界定短篇小说,以与长篇相区别(前期《小说月报》还没有提到中篇小说),这种单从字数上的区分,与从短篇特征内涵上把握相较,尽管单薄、模糊,但代表了主编或者是时人对短篇的解读。

杂志在1915年1号《本社特别广告》说:"本报自六卷1号自起,短篇小说每期登载十篇左右,其材料期于文字雅驯,思想新颖,有以此种稿件见惠者,倘本社认为需要,不吝破格重酬。"此时对于短篇,已从数量的要求,转变为对其语言、思想的期许。此后,语言出现了新变,"本社征求撰稿译稿、文言白话,各种短篇小说"(1917年第2号《注意》)。尽管第1卷第1期的《编辑大意》里有"文言白话……无美不收"的宗旨,但此后的征文中却一直未再提白话,此次征文开始接纳白话,自然会联想到1915年开始的新文化运动,和那个"废文言、崇白话"的主题,语言上的变动,或许就有这次运动的印记。这种语言的诉求仿佛是某种新变的信号。

1918年第1号的《紧急通告》:"拟广征各种短篇小说,不论撰译,以其事足资观感,并能引起读者兴趣为主(白话尤佳),一经采录,从丰酬报。"此时,白话已成为作品的优势特点。创作一天天多起来,白话也多起来,文言短篇在逐步淡出。白话作品之所以兴盛,原因就在于此时的读者发生了变化。近代小说刚兴盛时,作家是以士大夫作为理想读者的,语言多用雅驯的文言。小说兴盛以后,作家适应市场需求,把市民当作理想的读者,于是,选择了白话,这是对市场的适应,或者说是大众化的要求。此时,小说"转移风化"的对象是普通大众,白话小说当然是最合适不过了。至于"其事足资观感,并能引起读者兴趣",强调的是短篇的内容要适合读者的趣

① 魏绍昌编《鸳鸯蝴蝶派研究资料》上册第337页,上海文艺出版社1984年版。

味，或者说要市场化。

杂志也对短篇小说的结构进行了探索。《本报七卷预告》说："短篇小说，择优评注。凡文法转折呼应之处，一一揭出。间有冷僻典故，亦随手注释，以便读者。且短篇小说及各种文字，每篇另页刊印，可分可合，分类拆订，随心所欲。"这里着眼于短篇小说艺术形式，以欣赏者的态度，品评、体味短篇。如第7卷第1号江子厚的短篇《何心安》，全文共有评点九处，皆"文法转折呼应"之类，如"八字考语，一篇纲领"，"婉曲简洁，达人所难达，俗笔于此，费尽气力，只搔不着痒处"等，所谓的评注，不外是传统的旧式小说评点，带着古文评析的痕迹。不过，从艺术上评析短篇，对此进入了肌理处的观照，与此前徐念慈自觉地把短篇小说与章回小说相区别是相呼应的。另外，从杂志排版上，无论长短篇，每篇独自起讫，"可分可合"，便于再行结集出版。这一方面淡化了只有长篇才重结集的意识，另一方面，也见出编者的市场意识，可谓匠心独运。

三

1918年第7号的《小说月报》，对短篇小说的题材提出新要求，规定为"社会"、"科学"、"侦探"三类。社会小说："针砭风俗而不事谩骂者。"如1919年第1期至第12期刊载的程瞻庐的《茶寮小史》，讽刺的是过渡时期知识分子的生活。小说开头就说："小小一个茶寮，倒是人海的照妖镜，社会的写真相。"1920年第1期至第12期刊载的程瞻庐的《新旧家庭》也属此类。社会小说的末流堕落成为黑幕小说，主编征求社会小说强调"不事谩骂"，实际上是拒绝黑幕小说，仅此一点也足见出杂志的品味了。科学小说："发明精奥而文情并茂者。"范烟桥《小说话》认为：科学小说同政治小说、军事小说一样，必要有宏通的学识，且还需于此门类有所实践后，方可著笔。这是对作者的绝高要求，对本就不大崇尚科学的中国人来说，此类小说当然不易得到。梅梦的《水底潜行艇》(9卷8号)、《月世界》(9卷9号)等是这类的典型。侦探小说："案情曲折而趣味浓深者。"侦探小说，是晚清作家接受域外短篇小说的入手类别。张舍我认为它是有价值的，“它能益人智慧，启人灵思，而养成善于查物观微之习惯，故于读书实不能谓为无补”①。瘦鹃译《香樱小劫》(9 卷 6 号)、魏孙译《室隅老人谈》(9 卷 7 号)等是这类的典型。“科学”、“侦探”题材是中国小说所缺的，主编恽铁樵就认为，“小说之言侦探、科学者，为吾国所无，非译不可”②。此时，希望通过征稿实现短篇题材的更加丰富，这与《编辑大意》(第 1 卷第 1 期)中“其内容则侦探、言情、政治、历史、科学、社会各种皆备”的初衷是相吻合的。

对短篇小说的深入讨论或许该从胡适的《论短篇小说》谈起。当时，传统文人对笔记小说还是情有独钟的，有着认识的惯性。他们对短篇理解是肤浅的。即便标出的是短篇，写法遵循的仍是笔记体，即“把一件情节从头至尾，详细的记出，既不要议论，又不要剪裁，完完全全的写着”③。《中华小说界》(第 2 卷第 5 期)意识到了：“短篇小说与笔记体制确有不同。”胡适针对当时文人把“凡是笔记杂纂，不成长篇的小说，都可以叫着‘短篇小说’”的模糊认识，提出了自己的观点：“短篇小说是用最经济的文学手段，描写事实中最精彩的一段，或一方面，而能使人充分满意的文章。”而且还特别指出“不是单靠篇幅不长便可称短篇小说的”。这是胡适于 1918 年 3 月 15 日在北京大学文科研究所小说科的演讲稿，并发表在同年 4 月 15 日的《新青年》(4 卷 5 号)上。此文“有着不可比拟的启蒙价值”，他对短篇小说的深刻认识引起了时人的关注，鲁迅在 1920 年写的《域外小说集》新版序中说：“五四时期小说理论和创作的突破点恰恰在短篇方面，这不能不说与胡适的努力有很大关系。他的《论短篇小说》影响极大，在帮助读者接受现代短篇小说方面起了直接的

① 张舍我《侦探小说谈》，《小说丛谈》第 19 页，上海大东书局 1926 年版。

② 恽铁樵《论言情小说撰不如译》，《小说月报》第 6 卷第 7 号。

③ 江红蕉《论有价值小说》，《小说丛谈》第 15 页，上海大东书局 1926 年版。

作用。”1921 年，张舍我《短篇小说泛论》说：“若夫今世所谓之‘短篇小说’，(中国)则未尝一见。有之，其自胡适之《论短篇小说》始乎!”《小说月报》也刊登了好几篇谈短篇小说的文章与胡适的文章相呼应。

1918 年第 9 号的《小说月报》，发表了署名“记者”翻译的《说短篇小说》，原作英人劳万氏。文章说，“初操觚者所作之短篇，非篇短也，乃长篇之缩减者耳，最不可为法者”。文章否定了短篇小说为时间之短，情事之轻，事之寡的判断。短篇小说应是“宜于简要之词出之者”。译者说，“其言至深切有味，特为译之，以实为琐谈”，翻译的目的是“以实为琐谈”，而且文章中短篇小说的定义也与胡适的相类，我怀疑此文很可能就是对胡适文章的反馈。1920 年 9 月，张枕绿在《小说小说》中谈到：“短篇小说是要把作者的本意，用最经济最有力的文学手段，写在最精彩的一段事情中。寓意不宜求多，求多是长篇小说的分内事，断不是短篇所能写得干净透达的。文字不宜平淡，平淡了就不宜着力。写事不宜散漫，散漫的事情不是短篇小说中的事情，更别说能使读者有兴了。”其观点与胡适的相似，另外，他也提出新的看法：“短篇小说也有把看如平淡的文字，尽量写出作者的本意来，这正是最经济最有力的文学手段，要读者细细去求得的。”同期还刊载了张毅汉翻译的《短篇小说是什么——两个元素》一文，文章对“凡是短的故事都叫做短篇小说”的认识，觉得“未免太笼统”，提出短篇小说应具有“单纯的效力”、“戏曲化的效力”两个元素。对短篇小说深刻的认识也是与胡适文章的精神相呼应的。《小说月报》通过引进西方先进的短篇小说理论，以提高人们对短篇小说的认识水平，指导小说家的创作实践。

另外，像鲁迅、周作人 1909 年出版的《域外小说集》第一、二册，周瘦鹃 1917 年出版的《欧美名家短篇小说丛刻》上、中、下三卷，都给当时的作家、读者以积极的影响，使之对域外小说，特别是短篇小说有所了解和借鉴。范烟桥后来总结说：“短篇小说的写作，一方面继承传奇文及笔记小说的体例，有头有尾，仍以情节为重；一方面则接受翻译小说的影响，从西洋小说中吸收了细致的人物心理与环境描写的方法,内容也逐渐转到截取事件的精彩片断,就社会的角落,写小人物,提出问题。"①

对短篇小说认识的不断清晰,清末民初人们发现,短篇小说与笔记小说不同,并把短篇小说的优势自觉地运用在作品中。比如在结构上,倒装的形式用得比较多,日记书信这类形式开始出现,特别是在翻译小说的比照下,人们更深入地意识到,短篇不只是长篇的缩短,不只是时间的艺术,它可以展现生活的横截面。在五四小说家的手里,这一技艺已被纯熟运用。如果我们单从小说的形式发展看,民国初年胜过清末,"五四"胜过民初,大体上呈上升的发展趋势②。

总之,在清末民初文坛,短篇小说借助于报刊,逐步发展起来,虽然没有出现经典的短篇小说作品,但它的崛起无疑是此时最值得注意的文学现象之一。到了五四,短篇小说才真正获得了神奇的生命力,并成为二十世纪中国作家最重要的文学体裁③。

四

至于长篇小说,《新小说》、《绣像小说》两杂志几乎都是长篇连载,《月月小说》、《小说林》则是长篇在前短篇在后的,数量上长篇远远大于短篇。《小说时报》开始同时用长篇、短篇标目,不过用的是短篇新作、长篇新作,《小说月报》在初创时,把长篇一栏列在短篇之前,而且长篇的分量很大,这些应该有对前人的继承。在杂志翻译小说上,长篇小说一枝独秀,在开始的几年里,翻译小说多是长篇。直到民国初年,翻译的小说还仍以长篇为主(如林琴南的译作)④。

---

① 魏绍昌编《鸳鸯蝴蝶派研究资料》上册第 337 页,上海文艺出版社 1984 年版。

② 杨义《文化冲突与审判选择》第 10 页,人民文学出版社 1988 年版。

③ 陈平原《20 世纪中国小说史》第一卷(1897—1916)第 142 页,北京大学出版社 1989 年版。

④ 应锦襄、林铁民、朱水涌《世界文学格局中的中国小说》第 197 页,北京大学出版社 1997 年版。

这或许是因为西方长篇小说成熟远较中国早，佳作多，可供挑选的范围大的缘故吧。

后来，长篇小说不如短篇盛，范烟桥认为，“长篇小说似不甚切合于时代之要求，故短篇小说为近代文学家所风尚，犹之剧本尚独幕也”。对此他解释道：“惟其短也，结构密，背景足，其兴奋性也倍有力。若欲多所描画，则分节为之，自为起讫，中间以线索贯之，然至多亦不宜逾十万言耳。”①由此，可以反观，因为长篇小说缺乏短篇小说紧凑的结构、强有力的兴奋性，故此落伍于时代了。这实际上，这也是作者对清末民初长篇小说多有“虽云长篇，颇同短制”倾向的深刻反思。

整个前期《小说月报》没有出现长篇小说的征稿，篇幅上前后基本没有像短篇小说那样大的变化，说明正常的投稿已经满足其需要了。另外，长篇在量上所占比例的相对下降，从一个侧面说明读者的偏向。1916 年第 10 号，出现《本社征求长篇小说》单行本的启事。虽然不是杂志所用，从中约略可以知道一些人们对长篇小说的兴趣所在。比如“种类以言情、侦探、科学、探险、军事、历史为范围，其涉及神怪或古代轶史，去现时代情势过远者，概不拜赐”；“篇幅以三万字至十万字为范围”；“文字不拘浓淡，体例不拘章回笔记或文言白话，惟以隽永漂亮为归，若词句不免疵累，须修改后始可付印者，概不拜赐”。从这里可知，长篇小说种类上，除了传统的言情、军事、历史题材外，还引进了西方的侦探、科学、探险类，丰富了长篇的题材类型，同时，题材上“去现时代情势过远者，概不拜赐”，显现了人们对现时代的关怀。“三万字至十万字”，是长篇小说篇幅上的要求。《月月小说》曾要求长篇的篇幅（在 1907 年第 3 期的征文广告中说）：“撰述长篇以章回体每部 16 回或 20 回为合格。”体例上“章回、笔记”皆可，语言上“文言白话”并用，凸显了过渡时代的特点。“撰稿果系杰作，亦与译稿同样欢迎”，翻译和创作都可以，话语里透出的是对翻译的青睐，这种状况可从杂志的用稿中得到印证。杂志共

---

① 范烟桥《小说话》，《小说丛谈》第 13 页，上海大东书局 1926 年版。

用长篇89部，其中创作为31部，翻译达58部，几乎是创作的两倍。另外，在《答刘幼新论言情小说书》一文中，恽铁樵针对言情小说的泛滥说到："因出版太多，陈陈相因，遂无足观也。去年敝报中几于屏弃不用，即是此意。"①因此，倡导"以意盛"的翻译言情小说。后来又发表了《论言情小说撰不如译》②，再次声明了对翻译言情小说的偏爱。

1920年第10号的《本社启示》中说："惟小说只收短篇，过一万字之长篇，请勿见惠。"这则启示从一个侧面反映了长篇与短篇字数的差异。另一方面，启示也传达出了长篇稿源的丰富。当年为了求得独家经营林纾的翻译小说，林纾的译作无论优劣，商务尽收之，以至于存稿很多。林氏的译作多是长篇，有的出单行本，有的就在《小说月报》上连载，多达17部。名家作品尚不能用完，何况其他人呢。

综上所述，清末民初以来，因为报刊杂志的需要，城市市民对短篇的青睐，以及翻译短篇的影响，于是，短篇的地位逐步提高，人们对短篇的语言、题材不断地改进，技巧日趋成熟。明清以来长篇小说的繁荣，使得此时的长篇难以有所突破，只得借翻译小说扩展自己的题材和技巧。前期《小说月报》征稿启事，实际就是时人对长短篇小说认识的忠实记录。从中我们可以看出，人们对长篇、短篇的认识渐趋成熟和深刻，正好也为五四中国小说走向繁荣做了注脚。

（作者系武警上海政治学院副教授）

① 恽铁樵《答刘幼新论言情小说书》，《小说月报》第6卷第4号。
② 恽铁樵《论言情小说撰不如译》，《小说月报》第6卷第7号。

沉浮的传统与永生的记忆

——民间传说、戏曲的民俗内涵和权利背景

王 馗

自王国维先生《宋元戏曲史》称《窦娥冤》、《赵氏孤儿》"即列之于世界大悲剧中，亦无愧色"，《窦娥冤》及其故事便作为中国古典悲剧的光辉典范成为现当代戏曲学者特别关注的焦点。对《窦娥冤》的研究多集中在思想内涵、艺术特征诸方面，而考证源流者又多分析其故事本事的承袭改创。祝肇年先生《〈窦娥冤〉故事源流漫述》在详细综述该剧源流时，罗列了异常丰富的相关故事，他在阐述庶女故事在该剧形成中的意义时，将狱讼、冤案、人性作为故事流传的三个主因，称"《窦娥冤》就是从这样一粒生机勃然的种子中化育滋生而来的"①。这三方面的意义实际也成为研究《窦娥冤》演剧主旨的基点，无论是吏治冤狱，还是斗争反抗，抑或是人道精神、人性光辉，近世学者对该剧的多种判断都可以归结到祝先生对故事溯源的判断上。同时，祝先生根据李俊民诗"见说周人忧旱母，宁知东海无冤妇"等资料，提出"孝妇事几乎成为旱与冤的专用典故了"的判断，虽未及深论，亦非论文主旨，但引人深思。

日本学者田仲一成先生的《中国演剧史》将宗教科仪与戏剧演出相互参证，构建中国戏剧史的框架，在该书第四章"元代演剧の形

---

① 祝肇年《〈窦娥冤〉故事源流漫述》，收入麻国钧、祝海威选编《祝肇年戏曲论文选》第103—114页，文化艺术出版社1998版。

成・乡村祭祀に由来する元代杂剧”①中将《窦娥冤》归入“冤鬼镇魂剧”，并与公案剧的裁判公断相提并论，为古典戏曲研究勾勒出了域外学者阐释中国民间传统的理论图景。“冤鬼镇魂”试图说明中国乡土社会中与民众生活、情感信仰密切相关的演剧形态和演剧心理，虽未必中的，但思路正好可以成为中国学者理解传统民间演剧的有益参照。

正是这样一个带有独特审美色彩的“悲剧”，在民间却呈现出别具一格的风貌。山西省太原市南郊狄村是改革开放以来太原市较早富裕起来的地区，元宵演剧是该村每年例行的大型群众文艺活动。公元2000年2月15日(农历正月十一)，笔者在该村看到一张当年元宵演剧的戏单：

正月十一　晚上　《三关点帅》
正月十二　晚上　《五女拜寿》
正月十三　晚上　《双罗衫》
正月十四　晚上　《六月雪》

在这些大戏演出前，尚配置《杀嫂》、《喜荣归》等折子戏。据村民反映，这样的剧目安排来自村中懂戏的老人，而由著名的晋剧表演艺术家李月仙女士领衔的太原市实验晋剧团的高超表演，在春寒料峭的时节能够让村民群情激愤，这当然消除了人们对这个悲苦故事的暂时“忌讳”。悲苦的窦娥戏剧在喜庆的正月十五作为压轴演出，这是怎样的一种行为方式？这需要从窦娥故事背负的民俗源流说起。

“东海孝妇”与窦娥故事的成型

《窦娥冤》的情节已是人所共知，实如剧本所说“不告官司只告

① [日]田仲一成《中国演剧史》第四章“元代演剧の形成・乡村祭祀に由来する元代杂剧”，东京大学出版会1998版。

天，心中怨气口难言，防他老母遭刑宪，情愿无辞认罪愆；三尺琼花骸骨掩，一腔鲜血练旗悬，岂独霜飞邹衍屈，今朝方表窦娥冤”①，比天还大的冤枉以及冤屈导致的天象异常构成了该剧的最高潮，窦娥发下的三桩大愿带着强烈的浪漫色彩，摄人心魄，动地惊天：

> 第一桩要丈二白练挂在旗枪上，若系冤枉，刀过头落，一腔热血休滴在地下，都飞在白练上；第二桩现今三伏天道，下三尺瑞雪，遮掩你孩儿尸首；第三桩着他楚州大旱三年。果然血飞上白练，六月下雪，三年不雨，都是为你孩儿来。

这正是该剧独特的舞台创造的最好说明。

正如众多学者指出的，该剧本事基于东海孝妇故事的流传，特别在元代，《于公高门》的演出为《窦娥冤》的创编提供了智慧资源和文艺竞胜的氛围，众多相类似的情节要素被作家统收笔底，杂糅整合。而历来考辨源流者多看重情节要素对丰富故事的作用，以为戏曲本事在不断扩充的过程中，遵循着由简略而繁复、由粗疏而细致的“进化”规则，凡属具备某一情节要素的新故事，必然会对原有本事的丰富发生作用，直至发展为情节生动、内容成熟的戏曲故事。然而笔者更加关注的是，不同的故事情节缘何能够融合、互渗，一个故事在宗汇众流、得以成型的过程中依据的是怎样的准则？那些散布在各种典籍中的故事片段怎样聚拢在一起，作家在独立进行戏曲创作的时候，还要遵循民众对故事怎样的接受原则？这是需要特别引起注意的。

事实上，从先秦到宋元类如“窦娥冤”的不同故事无论从情节安排、结构布置都具有相同的特征，从历代此类故事中，不仅能够看到窦娥故事不断丰富发展的过程，还可以清楚地发现在民间广泛流行着以“孝妇”为主角的故事系列。

---

① 关汉卿《窦娥冤》第四折，见臧晋叔编《元曲选》第 1514 页，中华书局 1989 年重排版。

祝肇年先生从历代文献中梳理出庶女、东海孝妇①、上虞妇、周青②、陕妇人、张氏女、孝女(榴花塔)七则类似的故事。这些故事显然对"窦娥冤"的形成产生过影响,庶女事的意义自不必尽述,其他故事蕴含的情节新因素为窦娥故事的最终成型不同程度地增加了新的艺术表现。《上虞妇》中的"加鸩其母③"、《陕妇人》中叔姑同死④、《张氏女》中孝女代母牺牲、袁姓人"怜之久矣⑤"的垂涎既久,以及冤魂托梦等等,都为《窦娥冤》情节的成熟注入了活力。但是,当戏剧再现民间故事的同时,民间故事其实一直没有停止其繁衍的步伐,在山东郯城流传的东海孝妇故事已经是汉代《东海孝妇》与南北朝时期《周青》故事合流的结果;而从《上虞妇》"昔东海孝妇,感天致旱,于公一言,甘泽时降"的表白,即可看出该故事直接受到东海孝妇故事的影响。宋代流传的《张氏女》最为晚出,但它的价值却不可忽略,故事一改前此故事家庭矛盾的局限,第一次将冤枉的源头扩大到外部邪恶势力,奸人构陷——女代母刑——见母而绝,以至苍天逞异——冤魂梦兆的故事框架,较之前此故事更为详细、生动,展现出宋元时代孝妇故事的大体背景,也凸显出从魏晋到宋之间孝妇故事不断丰富的痕迹。正是民间一直完善着的孝妇故事,成为戏

---

① 刘向《说苑》卷五〈贵德〉,见《景印文渊阁四库全书》,总第 696 册,第 42 页。文曰:"……东海有孝妇,无子少寡,养其姑甚谨,其姑欲嫁之,终不肯。其姑告邻之人曰:'孝妇养我甚谨,我哀其无子,守寡日久,我老,累丁壮奈何?'其后母自经死,母女告吏曰:'孝妇杀我母'。吏捕孝妇。孝妇辞不杀姑。吏欲毒治,孝妇自诬服,具狱以上府,于公以为养姑十年以孝闻,此不杀姑也。太守不听,数争不能得,于是于公辞疾去吏。太守竟杀孝妇,郡中枯旱三年。后太守至,卜求其故,于公曰:'孝妇不当死,前太守强杀之,咎当在此。'于是杀牛祭孝妇冢,太守以下自至焉,天立大雨,岁丰熟。……"故事亦见:《搜神记》卷 11,见《景印文渊阁四库全书》,总第 1042 册,第 421 页。

② 王韶之《王韶之孝子传》,见《丛书集成初编》第 3354 册《古孝子传》。

③ 《后汉书》卷 106,第 2472—2473 页,中华书局本。

④ 《晋书》卷 96,第 2520—2521 页,中华书局本。

⑤ 《宋史》卷 460,第 13483—13484 页,中华书局本。

剧《窦娥冤》的活水源头。很难想象，没有了宋以前民间对这类故事的自我完善，窦娥故事会依旧丰富生动。在民间不断增补的同时，以搜求幽怪神迹、赋予理念解释的各种典籍，也不断将此类故事瑰聚整理，保存了民间故事，也传播了民间故事。在这些典籍中，《搜神记》①、《法苑珠林》②作用尤显，两书将《汉书》东海孝妇与《长老传》周青故事相提并论，为情节不同的故事得以整合提供了契机，同时作为宋元时期民间艺人演出依据的重要文献为其时的戏剧表演提供着文本素材。

孝妇故事作为一个母题，孳生出时间、地点、姓名、遭遇各不相同的情节，透过这些不同，存在于其中的结构一致性亦一目了然。上述六则故事连同《窦娥冤》，实际均由四个情节单元构成，即：一，寡妇贞女：在这些故事中，除张氏女尚未提到婚嫁、周青未婚而尽妇道外，其余均为无子寡妇，即如庶女，亦“齐之寡妇，无子不嫁”；二，蒙冤受屈：她们或因小姑嫌怨，或因婆母自尽，或因突遇凶事而蒙难，无一例外，美好的品行遭到无尽的冤屈，在糊涂的断案之后结束短暂的生命；三，天象异常：在她们无法表白自己的冤枉，含恨而亡之后，讼冤于天，天降奇迹，以示感应，或是雷电、地震、降雪，或是血缘竿上、暴尸不腐、群鸟悲鸣，特别是荒旱多年，触目惊心，这些奇迹一再地展示出冤枉之大；四，平冤解灾：上述故事中，除庶女、周青未提及天示之后的结果外，其余均以官吏了解冤情、平解冤狱作结，最终换来了风调雨顺。这些共同点虽然在故事表述中各有详略，但实际使故事呈现出近乎一致的结构模式。《窦娥冤》四折一楔子的情节构建在故事的来源上吸取了前此故事的情节要素，在结构的处理上遵循着前此孝妇故事的结构模式，在结构一致的前提下，孝妇故事中的各种情节要素最终有机会合流、交汇，直至促成完整的《窦娥冤》的产生。以戏剧表现的“窦娥冤”实际成为民间孝妇故事凸显、张扬的一个范例，戏剧表现成为民间传说故事的具体载体。

---

① 干宝《搜神记》卷 11 第 421 页，见《景印文渊阁四库全书》，第 1042 册。

② 释道世《法苑珠林》，见《大正新修大藏经》第 53 卷，第 659b 页。

但构成《窦娥冤》得以成型的契机尚不止此，从东海孝妇在山东郯城的流传，特别从这个民间故事被掌握着舆论话语权力的官方一再纳入正统礼法范畴的过程中，可以清晰地看到孝妇故事在民间历千百年而传衍不息的倔强活力之所在。

对东海孝妇墓的著录从汉代以来一直史不绝书，清代又掀起了为孝妇立祠祭祀的风潮，道光十一年新创作的《东海记》①已经被搬上祭祀孝妇的舞台。该剧分《请见》、《探病》、《劝嫁》、《惊谥》、《诬服》、《哭郡》、《法场》、《天葬》、《旱魃》、《梦感》、《报旱》、《之任》、《祷墓》、《降泽》、《公祭》、《冥谴》十六出，基本按照正史情节，敷衍孝妇衔冤、于公秉公的故事，同时增加天道昭彰、报应不爽的情节，以最终展示"低回往事黯销魂，贤吏鸣冤祷墓门；甘雨和风歌帝力，消除浩劫仰天恩"（《降泽》下场诗）的民众理想。剧本前附道光五年仲冬太仓王曦"自序"，并嘉庆二年九月"赐进士及第山东兖沂曹济道孙星衍撰"《东海孝妇墓碑记》、"赐进士及第山东督粮道加授通政大夫阳湖孙星衍撰"《重修东海孝妇庙记》二通；后附陆继辂《与周大令书》、道光六年春二月周履端《跋》、道光十一年四月张琦《跋》、道光九年六月三日包世琛《序》。刻本附录的序、跋等文献提供了前此上百年与东海孝妇故事相关的官方活动。

从这些序跋可知，至迟在康熙三十四年，东海孝妇冢的祭祀已经被官方充分重视，《东海孝妇墓碑记》称：

> 国家令甲防护修葺古昔圣贤、名臣、忠烈祠墓……今使者来临郡领河堤，有宣扬风俗之责。孝妇以烈死应，令甲乃檄饬守令访求祠墓所在，得之于郯城东五里，有康熙三十四年按察佥事涂铨立碑，守令甲申上其事，既为崇礼庙貌，乞为文刻石，以表之云……予嘉洪守梧周令履端以勤政致祥，龙蛇之岁，雨

① 王曦（字季旭）撰《东海记》，道光十一年宛陵书屋刻板，今藏中国艺术研究院古籍善本室。复旦大学文科图书馆古籍部亦藏是书，然所附文献均列卷首。

泽既渥,殆由稽古兴废之绩故并书以嘉之。

碑文提及的"勤政致祥"的官员实绩,指的是嘉庆元年邑令周履端因"旱不得雨,至孝妇墓祷求甘霖,立沛"(见上文),因此,"鸠工建祠,请于大宪,题请敕封孝妇'柔嘉康济夫人',有司致祭"。之后,邑令徐铭与邑中缙绅"增修后殿,扩而大之"(周履端《跋》)。修缮东海孝妇庙的过程,也是官方实现礼法宣教的过程,东海孝妇故事在清代实际上已经融合了前此传说、戏曲的情节,"今方志以孝妇为窦娥,当因流俗观优,附会其事"(《重修东海孝妇庙记》),而官方所作的努力是尽量剔除正史之外的因素,因此,上述诸碑文的重点均在于辨析东海孝妇事的本事与衍变,并将其隐含的宗法关系揭示出来。孙星衍在《东海孝妇墓碑记》中,列举故事中所谓的"予独以为有三善",作者除了褒扬于公作为小吏在孝妇服罪、长官严令的情况下以疾去职,和后太守知人善任、为妇洗冤的善行外,着力强调孝妇合乎礼法、感天动地的孝行:

> 孝妇无夫与子,独以事姑生,姑死,何所适?姑先以'妇事我勤苦'告邻人,孝妇被诬,不敢径诬服诬姑,故初辞不杀姑;验治而不服,则罪坐姑女,或姑女无他肠,由于爱母,母所爱亦爱之,孝道也。孝妇固欲死从姑,又全姑女,故卒自诬服,则孝妇得其死所。

在作者看来,孝妇的悲剧实际上饱含着伦理社会中对孝行的尊奉,这也是感动上苍的基础。同时,孙星衍将孝妇故事转移到官吏的"勤政致祥",指出:"则补救之在人能参天地者也,今之大郡,古之侯国,各有分星,善不善,雨旸应之,政令之得失,可不思哉?"一个以展示孝妇事姑的家庭故事,被置换为吏令慎职的官方警戒。基于此,荒旱求雨这一民间祭祀行为也从这个逻辑被置换为正常礼法,"周明府宰是邑,因祷墓获雨,与邑中缙绅创建专祠,得请于朝,褒锡封号,春秋致祭,用答灵应,礼也"(王曦自序),即是。

有趣的是，已经行之有年的孝妇戏剧的演出，本来从属于孝妇庙祀典，却被重新编撰而符合正史纪录的《东海记》代替，“近人有《东海记》传奇，演孝妇事，周明府以其沿袭旧讹，属另谱十六出，根据《汉书》及《搜神记》、《太平御览》等书略为润色，旧记所无者，补之；误者，正之；疑者，阙之，意在传信而已”。戏剧的“传信”，就故事而言自不可能，以《汉书》、《搜神记》所录两个版本构建的东海周孝妇故事本身就带着荒诞的意味，但就展示官方礼法而言，“传信”是相对奏效的，“传奇出，当令梨园习之，非独以慰孝妇之灵，且使司土之君子，知狱为万民之命，慎之又慎，则周、徐两明府用意之深也”（以上出自王曦自序），戏剧实际成为守土官吏用意的载体，把合乎礼法而兼慰神人的官方意志借助祭祀仪式展示出来。

在近百年官方、文士极力强化孝妇庙礼法化的同时，民间话语的力量也随带而出，修建孝妇庙的周履端在道光六年回忆嘉庆元年祈雨过程说：“嘉庆元年，余宰郯城，值岁旱，故老言周孝妇冢，祈雨辄应，乃祷焉，果得雨，乃鸠工建祠，请于大宪，题请敕封孝妇柔嘉康济夫人，有司致祭……山阴陈君旧有《东海传奇》，情节未为得实，更请太仓王君填此本，情文婉至，足以扬厉奇节、激劝舆情，将付梨园，演以乐神，且梓本以广其传云”（周履端《跋》）。由此观之，曾被孙星衍夸赞为“勤政致祥”而修庙建祠的举动，其初始缘由却来自乡间故老对孝妇冢祈雨功能的传播，被官方数百年极力抬升的礼乐教化的背后，延续上千年的民间祭祀传统隐然可见。特别值得注意的是，文士引为荣耀的朝廷褒封“柔嘉康济夫人”在民间祭祀孝妇的神位上，却赫然书写着“敕封柔嘉康济雨部正神东海孝妇之神位”①，将孝妇列为雨部正神，显然明确昭示出民间接纳东海孝妇的真正动因。

① 见政协郯城县文史资料委员会编《郯城文史资料》第二辑《汉孝妇》、《孝妇祠》第 32—45 页。孝妇祠今毁，该书所记，基本可见旧日庙貌。山东省郯城县政协文史委朱广栋先生、郯城县文化局程永凤先生、王秉矩先生提供资料，谨表谢意。

更须一提的是，这部“意在传信”的《东海记》除了故事近实、情文备至外，能够在郯城上演，更缘于“演以乐神”的祭祀功能，甚至可以说，官方对孝妇庙和民间演剧的精心修正，恰恰给民间提供了展示源远流长的文化传统的契机。虽然《东海记》未必深入人心，但毕竟民众行为通过礼法修饰的官方行为获得了变相的认可。其实，早在明代中后期东海孝妇庙即引起官方的注意，《万历兖州府志》、《隆庆海州志》①载录了大量的东海孝妇庙碑记及相关故事、诗文，在后书卷八《杂祠》中，有该书纂修者的按语，曰：“孝妇庙有祭矣；耿世安、侯畐，忠勇之气以死勤事，宜专庙食也；龙、蒲等诸庙，皆能显灵异以庇生人，姑附书云”，文中提及的庙宇祭祀显然有别于正统官方祀仪，而所谓的灵异不过是民间群趋众信的托词借口而已，孝妇庙位列“杂祠”正是以祈雨为内容的民间淫祀风行不疲的反映。

《东海记》卷首《提纲》〔蝶恋花〕曲下阕曰：“漫道冰弦弹绝调，宛转歌成、为写伤心照，说与人间能吏好，奇冤莫待天彰报。”悲苦故事成为人间官吏的警策，横搁在上的正是天道昭彰的传统。虽然戏剧时时借用官方话语，张扬“判他铁案无差谬，把一一冤情分剖，要表扬这节孝完人万古留”（《冥谴》下场诗），但基于民间祭祀而产生的对风调雨顺的企盼、对荒旱失序的畏惧、对神灵护佑的自信，在戏剧的人物构成、情境安排中比比皆是。特别在第九出《旱魃》、第十四出《降泽》、第十六出《冥谴》中，展现在舞台上的是鬼神出没，神灵彰报，孝妇临台，因果循序，“到头结束总澄清，不使凡人唤不平；寄予世间官与吏，须知暗里有神明”，这正是民间从自然循续中生发的民俗信仰。该剧《降泽》〔梁州第七〕一曲饱含热情地对孝妇降泽带来的欣欣向荣景象予以讴歌：

将四野田畴遍沃，把三年旱劫全消，是天公着意栽培好。

① 包大爟纂修《万历兖州府志》，见上海书店影印《天一阁藏明代地方志选刊续编》第53—56册；张峰纂修《隆庆海州志》，见上海书店影印《天一阁藏明代地方志选刊》第14册。

腾玉虎、怒雷声、疾掣金蛇飞电光摇。扇微和、风来习习；布膏泽、雨洒潇潇。霎时间倾倒天瓢，霎时间倾倒天瓢。尽敷荣，几处桑麻；尽灌溉，几多花草；尽滋生，几许禾苗。东郊、西郊，扶犁布谷催耕早，伫听那颂仓箱、歌醉饱，物阜民丰生意饶，玉烛恒调。

这正是民间从神灵祭祀获得的情感慰藉。

从东海孝妇故事在清中叶被净化和提升的过程，可以看到民间故事中只言词组的整合，并不完全因口头讹传而进化为复杂的故事，一条流播了上千年的故事可能最终因为官方文人的考证求实而保持其纯粹的叙述脉络。透过《东海记》展示的"演以乐神"的祭祀功能，那超越不同层次民众观念的演剧准则，似乎更加清楚地凸现出来，凝结在张扬女性冤案、官吏伸冤的孝妇故事中的求雨祭祀观念，实际充当了众多孝妇故事得以融合借鉴的催化剂，也成为孝妇故事流传的直接动因，《嘉靖维扬志》收录"孝妇祠"，称"即于公所祭者"①，东海孝妇故事和它特有的祭祀载体能够在不同文化区域留存下来，显然与故事具有的民间品格是相关的。

荒旱求雨与《窦娥冤》的功能

2003年9月笔者赴苏北、鲁南一带调查东海孝妇故事，山东郯城、江苏连云港等地的民众至今对孝妇窦氏遭到的冤枉予以同情，特别是旧属海州的赣榆、沭阳、灌云等地民众，对孝妇窦氏的信奉历久不变，"文革"毁弃的窦娥庙（奶奶庙）和传统庙会因此而重新恢复。其实，《嘉靖维扬志》所列"孝妇祠"早在宋代《太平寰宇记·淮南道一》所录扬州（江都县）即有记载，延至金元，以祭祀孝妇墓为核心的故事传播范围远及苏南，戏剧《窦娥冤》故事发生地点设定在楚

① 盛仪辑《嘉靖维扬志》卷11，见上海书店影印《天一阁藏明代地方志选刊》第12册。

州山阳县，即今淮安等地，与东海孝妇故事发生地郯城、海州毗邻，正在东海孝妇故事流播范围的中心，故事相互承续的脉络隐然可见。

在《窦娥冤》中，孝妇故事构成了戏剧的主要情节，而浓郁的冤狱诉讼成为这主要情节的高潮转折。如前文所言，冤狱与灾变紧密相连，这在传统文献中亦多出现。《搜神记》记淳于伯被屈斩，“血逆流上柱二丈三尺，旋复下流四尺五寸，是时淳于伯冤死，遂频旱三年。刑罚妄加，群阴不附，则阳气胜之罚又冤气之应也”①，显然，鲜血逆流是一个冤狱的独特展示，无论是淳于伯的故事，还是孝妇故事，它们实际上代表的是对于“冤气之应”的一般理解。特殊的灾异正是特殊的冤情的曲折反映，在孝妇故事中作为重点强调的那些灾异，其实正依附着民众感应相生的文化心理，孝妇故事之所以能够融合，甚至可以接纳同类的冤狱故事，如“六月飞雪”情节，也是基于这种蕴含在故事中的共同心理。那么，民众的这种共同心理是否只是对冤情的反映呢？或者说，孝妇故事涉及的冤枉背后是否还有其他指代？

在传统典籍中，类书是以摘录不同典籍的材料，通过分门别类以备检索的工具书。编排者根据对阅读者较为普遍的阅读心理的把握，通过划分门类，呈现出一个时代对于典籍材料、文献资源的大致判定，展示出以类分目、因目传类的知识授受规则，民众心理因此而淋漓尽致地附着在传统文献之中。基于类书的编撰规律和流播范围，一个时代的类书分类原则实际成为一个时代文化心理的集中展示。透过类书的分类原则，可以确定类目在特定文化传统中的职能归属、真实含义。

陈仁锡撰《潜榷居类书》②是明代中后期出现的一部大型类书，“卷端有自撰凡例，以明书之隐旨。全书征引书籍约一千二百余种，搜罗之富，颇不多观。如于《玄象》、《岁时》云：‘民事必本于时，时序

① 干宝《搜神记》第408页，见《景印文渊阁四库全书》第1042册。

② 陈仁锡撰《潜榷居类书》120卷，是书藏中山大学图书馆古籍部。

必本于天，舍天时而谈民事，诚未知所橐钥。'首《玄象》凡三卷，次《岁时》凡二卷云云，即其例也"①，显然，作者的编撰体例更加贴近其时民众对天时民事的观念。该类书卷六十六专立"雩"祭，罗列了传统荒旱祭祀的各种情形，分"总"、"考索"、"分述"等三部分来展现雩祭的一般状况，在最后一项内容中，著录了各地风格各异的民间祀典，东海孝妇与上虞妇的故事位列其中(同卷，第 61 页)：

祭东海孝妇　东海孝妇养姑甚谨，姑恐累不得嫁，遂自缢死。姑女告妇杀姑。妇自诬服罪，东海枯旱三年。后太守至，杀牛祭孝妇冢，即日大雨。

祭上虞寡妇　上虞寡妇养姑，姑死，夫女弟素与妇不叶，诬妇鸩杀母，县竟杀之。旱二年。后太守殷丹至，祭妇遂雨。

对东海孝妇冢、上虞寡妇墓的祭祀，显然是雩祭在民间的一个祭赛形式，虽带着浓重的民间祈祀特征，与礼制社会中的雩祭有所差别，但孝妇故事所拥有的祈雨功能却因此而展示出来。

"雩之为祭，为旱设也。三代以前，经不之见。自《周礼·地官》有舞旱暵供雩敛之事，而雩祭之名，于此始见。厥后春秋之际，多有非时而举者。秦汉以来，遇旱则举；惟唐独详焉。宋承唐季，其礼典大率踵唐之制云。"(同卷，第 53 页)基于农业社会的传统，天时成为主宰农业丰歉、决定民众生活好坏的重要因素，为荒旱而设的雩祭应运而生。一旦出现荒旱等天灾，社会的各种变异行为理所当然地成为解释天象的手段，对孝妇的祭祀理所当然地成为"遇旱则举"、寻求风调雨顺的良好寄愿，孝妇故事亦理所当然地成为这种这种观念的浓缩，以东海孝妇、上虞寡妇这样由冤狱而引发亢旱为代表的孝妇故事实际上成为天旱的一种间接表达。例如，《全唐文》卷七录太宗《久旱减刑诏》，曰"昔颓城之妇，殒霜之臣，至诚所通，感应天

① 中国科学院图书馆整理，《续修四库全书总目提要》，第 788 页，齐鲁书社 1999 年版。

地”;卷26著录元宗《祈雨诏》,曰“古者雪冤妇于东海,问刑人于北寺,则以旱之故,应时如响”①。这些诏书中征引的孝妇故事,无论是强调孝妇之冤屈,还是强化孝妇之灵感,都是在亢旱的客观环境中与求雨者的祈祷目的紧密相关。以展示六月飞霜、鲜血逆流等异象的孝妇故事,实际成为亢旱的同义词。祝肇年先生所说“孝妇事几乎成为旱与冤的专用典故了”,所谓成为“旱”的专用典故的判断,恰如其分,同时,也正暗合了《潜権居类书》的分类准则。

事实上,在这部类书中,不仅孝妇故事有寓示荒旱的功能,所谓的“冤”其实也可以作为旱的代名词:

> 举冤滞 后汉和帝时旱,帝幸洛阳寺录囚举冤滞,收洛阳令抵罪司隶。河南尹左降,未及还宫,澍雨立降。

无辜的冤屈所对应的天灾奇变,最终立足的仍然是人们的生存现实,淳于伯冤死而频旱三年的故事能够与孝妇故事相类,其背后的心理依据是相通的,《后汉书·霍谞传》云:“有人诬谞舅宋光于大将军梁商者,以为妄刊章文,坐系洛阳诏狱,掠考困极。谞时年十五,奏记于商曰:‘……昔东海孝妇见枉不辜,幽灵感革,天应枯旱……。’”②文中所虑正是基于冤狱与旱灾的模拟对应,隐含的正是冤狱最终导致荒旱灾变的结局。《镡津文集》卷七收录《议旱对》一篇,阐述解旱方法曰:“察刑狱明民之冤枉,斯则亦救旱之一道。”③代表了传统社会中将解除冤狱作为整治荒旱的一个办法的普遍观念。由此,前述孝妇事以冤狱作为故事的转折点,传达出民众对荒旱等天灾的重重忧虑,这也是孝妇故事可以吸纳各种冤狱情节,并以之作为故事主要转折的根本原因。在“窦娥冤”故事中加入

① 董诰《全唐文》第一册,分别见卷7第30页;卷26,第126页,上海古籍出版社1990年版。

② 《后汉书》卷48,第1615—1616页,中华书局本。

③ 契嵩《镡津文集》,第681c页,《大正新修大藏经》本第52册。

了取材于冤狱的六月飞雪情节，加强了孝妇故事动人的力量，也使荒旱的题旨更加突出。

在这部类书中，还列举了"屏奸残"、"建灵坛"、"六事责恭"、"稽首暴露"、"出不御之女"、"舞雩"、"邦灾则哭"、"用盛乐"等数十种进行雩祭的方法，这些方法看似不同，其实最终功能都是从属于雩祭的，例如"出不御之女"一条云："周举，宣光时三辅旱请雨，举书云：'宜出后宫不御之女，治天下冤滞之狱，除大官重职之费'云云。"三类看似不同的行为在求雨治旱的现实操作中实现了功能上的统一，而"不御之女"作为极阴与天旱亢阳的对照，也可以让我们隐约感到孝妇故事的主人公为寡妇贞女的原因所在。正因如此，在《窦娥冤》中出现的各种意象相互结合，共同表达着孝妇故事针对荒旱的雩祭功能。《元史·王思诚传》云："尝闻一妇衔冤，三年大旱。"故事针对的正是至正元年，京城不雨，监察御史上书呈辞的现实；元人所编《诗学集成押韵渊海二十卷》在"冤"字设事类〈孝妇冤〉，曰"东海孝妇含冤三年致旱"①，从中可以看到孝妇故事在元代作为荒旱的依据深入人心，《窦娥冤》正是在这样的背景中产生的，戏剧化的孝妇故事强化的正是民众普遍关心的生存境遇。

在《窦娥冤》中除了以冤狱为转折的孝妇故事作为本事贯穿始终外，剧作的曲词编排亦体现出这一特征。孟称舜评点、刘启胤订正的《酹江集》本《窦娥冤》第三折，依吴兴本增入〔耍孩儿〕数支曲文，通过典故分别叙述三桩誓愿的内容：

〔耍孩儿〕不是我窦娥罚下这等无头愿，委实的冤情不浅，若没些儿灵圣与世人传，也不见得湛湛青天，我不要半星热血红尘洒，都只在八尺旗枪素练悬，等他四下里皆瞧见，这就是咱苌弘化碧，望帝啼鹃。……

〔二煞〕你道是暑气暄，不是那下雪天，岂不闻飞霜六月因

① 严毅《诗学集成押韵渊海二十卷》卷9，见《续修四库全书》本，第1223册，第37页，上海古籍出版社本。

邹衍？若果有一腔怨气喷如火，定要感的六出冰花滚似绵，免得我尸骸现。要什么素车白马，断送出古陌荒阡。……

〔一煞〕你道是天公不可欺，人心不可怜，不知皇天也肯从人愿。做什么三年不见甘霖降？也只为东海曾经孝妇冤，如今该轮到你山阳县。这都是官吏每无心正法使百姓有口难言！……

〔煞尾〕浮云为我阴、北风为我旋，三桩儿誓愿明题便。婆婆也，直等待雪飞六月，亢旱三年呵，那其间才把你个屈死的冤魂这窦娥显！

"苌弘化碧"、"望帝啼鹃"、"飞霜六月因邹衍"、"东海曾经孝妇冤"，四个典故皆与冤狱、灾变有关。甚至"浮云为我阴、北风为我旋"，亦出息夫躬《绝命辞》"秋风为我吟，浮云为我阴"，这种语言表达展现出该剧特别的意境营造。风格近乎一致的语言、典故、情节共同在这个属于特定时代、具有独特祭祀内涵的戏剧中，参与着共同功能的表达。

在《潜確居类书》中展现出来的分类规则并不仅是该书的独创，在《太平广记》卷 396 所记的人物归类上，虽未言明他们的行为与天灾的关系，也没有按照祭祀功能进行分类，但是这些以人立目的故事，仍然从属于大类——"雨"、"风"，传达出故事、人物最终以天象变化为归属的原则，例如"狄惟谦"一条，记载狄仁杰后人惩治邪术，最终改变亢旱的现实环境。此外，《太平御览》天部之十二《雪》、十四《霜》分录东海孝妇事、邹衍事；《古今图书集成》历象汇编庶征典卷 96《旱灾部》列东海孝妇事，正是这种对应规则的展现。类书将人事与天灾对应的原则，从根本上讲是"农为政本，食乃人天"的农业社会观念的集中反映。

孝妇故事、冤狱情景作为旱灾的代名词，不但代表着观念，而且伴随着具体的实践行为，成为民众改变环境的心态流露，而以歌、舞、剧表现的《窦娥冤》，杂合着指代荒旱的各种意象，强烈地张扬着浓郁的雩祭功能。在这里，有必要推测一下作家在表现"窦娥冤"

时，到底是试图用歌哭笑骂的方式来展现戏剧的祭祀功能，还是用具有祭祀特征的传统故事赋予戏剧新的思想内涵与批判精神。从现存域外文献对明中期官身艺妓的描述看，剧作极度夸张的冤屈和感天动地的奇迹之所以能够竖立于舞台，决定作用在前者。

阿里·玛扎海里《丝绸之路——中国—波斯文化交流史》翻译了十五世纪末到十六世纪初波斯商人赛义德·阿里—阿克伯·契达伊的《中国志》，其书《中国的娼妓》一章记载了作者在中国看到身处勾栏的“圣役者”在干旱蹂躏的灾难面前祈求丰收的实况。这些从艺的娼门女子在皇帝“诏令进行公众祈雨以改变天时”的活动中，基于自身特殊而低贱的身份和上层社会的政治考虑，被赋予了泪感苍天的重任，在求雨不得而被“全部处死”的生命威胁下，“在寺院就座并开始祈祷，一直到天降大雨为止”：

> 这些祈祷要分组分批地进行，彼此之间互相轮换，以便演奏乐器和根据12种流行方式翩翩起舞和作出各种奇怪的舞姿。当一批人不能再坚持时，便由另一批人替代，她们前往佛陀面前舞蹈，泪流如泉涌。这样一来，一批批舞女互相交替表演，一直到一日之末。由于怜悯她们那多难的生命，她们既不想吃，也不思寝，更不肯安歇，而是不停地呻吟并整天整夜地泪流满面……
>
> 她们无休止地如此痛苦，以至于上苍最终为她们降雨。古代的中国圣贤们都发现，为了获得雨露，则必须非常虔诚的泪水。为了获得泪水，他们最终找到了这些娼门女子，她们在极刑的威胁下被迫长时间地并真心诚意地痛哭。①

文中提到的“圣役者”指的是因为政治失败沦为官身乐户的谪臣妻女，她们在荒旱、死亡威胁面前，竭尽全力用歌、舞进行的祭祀

① [法]阿里·玛扎海里著、耿升译《丝绸之路——中国—波斯文化交流史》，第281—283页，中华书局1993年版。

场面，虽然在传统典籍中尚未见可资佐证的文献，但从元明时期寺观壁画中“水陆画”保存的乐伎、路歧与巫师结伴而行的造像，以及一直存留在山西等地阴阳生、乐户相互配合的祭祀生活①可以看出：传统社会中官身艺人的职责除了提供可以欣赏的歌舞外，大多参与着其时政府组织的类似民间禳灾祈福的公共行为。冯沅君《古剧说汇·古剧四考》在考述宋元路歧的生活状态时，特别强调“他们所最怕的便是‘相公’们或‘大人’们唤‘官身’……因为在这样的时候，他们必须放弃他们正做着的事，去伏侍那些他们不愿伏侍的人……而且伏侍不好的时候还要受责罚”②，这当然主要是为上层社会歌舞之需，但从现在对山西上党地区乐户的研究与调查看，他们承担着的祭祀任务仍然是十分繁重的。十五世纪末域外商人纪录的这一生活片断提供了乐户真实的生活场面，而她们用泪水、悲情倾注的艺术行为也为我们真切地理解“苦戏”在那个时代里呈现的功能与意义提供了视角。

文中提到所谓“12 种流行方式”，看来是其时被社会认可的十二种具有代表性的歌舞表现形式。朱权《太和正音谱·杂剧十二科》曾对杂剧的主要科范体系进行了罗列，曰：神仙道化、隐居乐道、披袍秉笏（即“君臣”杂剧）、忠臣烈士、孝义廉节、叱奸骂谄、逐臣孤子、钹刀赶棒（即“脱膊”杂剧）、风花雪月、悲欢离合、烟花粉黛（即“花旦”杂剧）、神头鬼面（即“神佛”杂剧）。在这个总结后，朱权又提到了著名的“行家生活”与“戾家把戏”的区别：

杂剧，俳优所扮者，谓之“娼戏”，故曰“勾栏”。子昂赵先生曰：“良家子弟所扮杂剧，谓之‘行家生活’，娼优所扮者，谓之‘戾家把戏’。良人贵其耻，故扮者寡，今少矣，反以娼优扮者谓之‘行家’，失之远也”。或问其何故哉？则应之曰：“杂剧出于

① 参看寒声主编《上党傩文化与祭祀戏剧》，中国戏剧出版社 1999 年版。

② 冯沅君《古剧说汇》，第 13—14 页，作家出版社 1956 年版。

鸿儒硕士、骚人墨客所作,皆良人也。若非我辈所作,娼优岂能扮乎?推其本而明其理,故以为'戾家'也。"关汉卿曰:"非是他当行本事,我家生活,他不过为奴隶之役,供笑献勤,以奉我辈耳。子弟所扮,是一家风月。"虽是戏言,亦合于理,故取之。

良家之子,有通于音律者,又生当太平之盛,乐雍熙之治,欲返古感今,以饰太平。所扮者,隋谓之"康衢戏",唐谓之"梨园乐",宋谓之"华林戏",元谓之"升平乐"。①

朱权的上述言论,肯定了娼优扮演的杂剧与那些通音律、当盛世、欲返古感今、以饰太平的良家子弟扮演的杂剧在功能上有所差别,而"杂剧,俳优所扮者,谓之'娼戏',故曰'勾栏'",杂剧这种归属娼优表演的特点,明确表明了"娼戏"是娼优安身立命的资本,并且在演出特征和功能上与良人用以粉饰太平、谏古讽今的杂剧、乐舞是不同的,早在宋代,吴处厚《青箱杂记》即云:"又今世乐艺亦有两般格调,若朝庙供应则忌粗野嘲哳,至于村歌社舞则又喜焉,兹亦与文章相类。"②这种不同显然与艺人的身份地位是相关的。从现存金元时期的寺庙戏台可以看出,神庙祭祀演剧是其时娼优最普遍的演剧形式。正如朱权引用赵子昂的说法:随着时代的变迁,良家子弟扮演的杂剧由于"良家贵其耻"而日渐消亡,以至娼优也用上了良人演出杂剧的特称——"行家",他们演出的"娼戏"当然也成为杂剧搬演的最普遍的状态,其中主要原因是"良人"出身的文人参与了杂剧文学的创作,娼优因为演出这些剧本而渐渐改变了既往的称呼,出现了娼优演出杂剧也被称为"行家"的情况,从这里恰恰反证了杂剧表演渐渐被娼优专属的现实,而他们演出杂剧在功能上的不同,也必然使良家子弟演出杂剧增加了障碍,文人虽然不免发出"他不过为奴隶之役,供笑殷勤,以奉我辈"的狂语,但他们为娼优创作的杂剧文本带上"娼戏"的

① 朱权《太和正音谱·杂剧十二科》,见中国戏曲研究院编《古典戏曲论著集成》三,第24—25页,中国戏剧出版社1959年版。

② 吴处厚《青箱杂记》卷5,第628页,《景印文渊阁四库全书》第1036册。

功能属性，这是毫无疑问的。这种文人创作剧本、艺人用于祭祀演剧的状况在今天民间演剧盛行的福建等地依旧如是①。

元代的十二种杂剧科范作为娼优乐户谋求生存、改善生活的必需手段，推动着中国戏剧的进程，当然，作为应付官身的手段，杂剧十二科也必然是他们展现技艺、改变命运的主要方式。因此，从杂剧与优伶不可分割的关系看，娼优熟练掌握的“杂剧十二科”或即是上文提到元明之时乐户调动情绪、感动天人的“十二种方式”。因此，杂剧，以戏剧的形式用于民间祭祀活动、用于改变自然灾难的行为中，在元明两代是为常例；而它能够恢复“良人”的“当行本事”、再现文人“一家风月”也只能等到离开庙堂的演出环境、走进文人厅堂之后了。

从上可以大致判断，元代以“十二科”为代表的杂剧在整体上因为附属于宗教祭祀而不同程度地带有宗教祭祀的特征，《窦娥冤》正是在民间祭祀的盛典上用歌哭笑骂的综合手段展示其雩祭功能的，这不但是它的题材、结构、情节等原因所致，还是娼优、乐户特殊的生存处境的结果，当然不排除田仲一成先生揭示的在演剧过程中宗教仪式的职能表达。

“天人感应”与《窦娥冤》的功能流变

前文所论孝妇故事的独特功能，除了通过类书的分类原则可以判断外，从著录、引用这些故事的文献性质及其在当时的观念归属也可发现近乎一致的特征。

---

① 对于戏曲史“行家”与“戾家”的探讨，王季思、康保成《〈永乐大典戏文三种校注〉补正》，《文献》1991 年第 1 期第 12 页；戚世隽《明代杂剧研究》第 180 页，广东高等教育出版社 2002 年版，已有论述，可参考。笔者以为在戏曲初行之际，从业者专业与否与他们的出身身份、搬演作品的性质功能是相关的，这决定了戏剧在当日民众生活中的位置。显然戏剧观念的进化也要随着从业者身份的延展、演剧功能的变迁而获得实现。

《淮南鸿烈解》解释“览冥训”曰:“览观幽冥变化之端,至精感天,通达无极,故曰览冥。”故而征引庶女故事的目的,即在强调庶女“至精感天,通达无极”的神异,通过“览观幽冥变化之端”以映证“圣人在位怀道而不言泽及万民,君臣乖心则背谲见于天神,气相应征矣”①的论断。《说苑》以及《汉书·于定国传》引用东海孝妇故事目的,是在说明于公“我治狱未尝有所冤,我后世必有兴者”的因果判断,肯定于定国封为西平侯实乃其父公正带来的天理所感。而在正史《后汉书》《霍谞传》、《孟尝传》中出现的对东海孝妇事的引用主要在表达“幽灵感格”、“感天致旱”的力量,以说明冤狱带来的天象灾变。至于《搜神记》、《晋书·五行志》极述淳于伯血逆流上柱的故事,力图表达“冤气之应”的感应之理。而《法苑珠林》卷四十九把东海孝妇故事直接归入“感应缘”,作为感应因缘的例证。从以上判断与归类,可以看到这些不同的事件之所以能够建立功能的共通,与中国传统中“天人感应”的理念是相关的。这当然是汉代以来五行家言作为哲学思潮在民众生活中渗透的结果,显而易见,民间在阐释“天人感应”的道理时,不是将它作为哲理玄思进行宣讲,而是渗透在行动表现中予以形象化的表达,这不但在前文提及的祭祀场面中得到清楚展现,在《窦娥冤》及在后世剧种的敷衍中也可看到。

《窦娥冤》题目正名不论是《古名家杂剧》本“后嫁婆婆忒心偏,守志烈女意自坚;汤风冒雪没头鬼,感天动地窦娥冤”,还是一般版本所提“秉鉴持衡廉访使,感天动地窦娥冤”,着力强调的是“窦娥冤”故事的“感天动地”,而“感动”二字精确地传达出戏剧作品在展示民间普遍观念时的艺术品格。侧重文本欣赏的孟称舜等人,一直到推崇《窦娥冤》为杰出悲剧的当代学者们,一再称赞该剧艺术的巨大感染力即来源于此。“汉卿曲如繁弦促调,风雨骤集,读之觉音韵泠泠不离耳上,所以称为大家……《窦娥冤》剧词调快爽,神情悲吊,

① 刘安撰《淮南鸿烈解》卷6,第567页,《景印文渊阁四库全书》第848册。

尤关之铮铮者也”①,高度的评价显然立足在戏剧文本的语言节奏、文词效果。如果考虑到这种文词表达,实际紧紧依附着天人感应、感天致旱的传统观念,甚至还有一直延续至明中叶乐户们为祈雨而身荷杀身之难,就能够更深刻地体会到彼时戏剧浓笔渲染的“悲”、“苦”,深深地饱含着民众改变天灾的强烈愿望,以及来自官方的政治威慑与施加的死难威胁,搬演戏剧以感格神灵的娼优们用她们虔诚的泪水呼唤着风调雨顺,把作为社会最底层的所有苦难汇聚在戏剧描绘的悲苦人生,其艺术的震撼已经远非单纯的戏剧文本可以展示,而“感”、“动”也在这种特殊而极端的形式中得以实现。当然并不是娼优的演剧真可以呼风唤雨,至少这种用真情真性的方式唤来了一种可以暂时平息集体焦虑的安详与宁静。

《窦娥冤》把民众呼唤秩序的情感发挥到了极致(括号中为《古名家杂剧》本的剧诗):

〔正宫·端正好〕没来由犯王法,不提防(葫芦提)遭刑宪,叫声屈动地惊天,顷刻间游魂先赴森罗殿(我将天地合埋怨),怎不将天地也生埋怨(天也,你不与人为方便)。

〔滚绣球〕有日月朝暮悬(显),有鬼神掌着生死权(有山河古今监),天地也(天也),只合把清浊分辨(却不把清浊分辨),可怎生(知道)错看了盗跖颜渊,为善(有德)的受贫穷更命短,造恶的享富贵又寿延,天地也(天也),做得个怕硬欺软,却原来也这般顺水推船(不想天地也顺水推船),地也,你不分好歹何(难)为地,天也,你错勘贤愚枉做天(我今日负屈衔冤哀告天)!哎,只落得两泪涟涟(空叫我独语独言)。

耳熟能详的唱词在传奇《金锁记》中亦被一再地借用。不论是叱天赫地的埋怨,还是求神祷灵的悲诉;不论是义无反顾的责难,还

① 孟称舜评点《新镌古今名剧酹江集·窦娥冤》楔子眉批,古本戏曲丛刊本。

是孤独无依的哀鸣，都把人生最无奈而又最绝望的生命境遇彻底地生发出来，人性的灵光也在这生命即将结束之际展露出来，对现世的留恋、对不平的愤慨、对外力的寄望、对失序的感怀，都通过夸张的曲词、通过集合着既往经验解释的文本一一得到渲叙。

因此，特定时空中的戏剧也就在这种情感展示中，恢复了作家初创时的文心妙悟，而且，也在人心感天心、真情真性换风调雨顺的展示中，天人感应的另一面：天感人，在沿袭着文字传统的上层社会、文人阶层被屡屡展示。《晋书·五行志》将冤狱以及灾异归之于为政有失，又云：

> 综合为言，凡有三术。其一曰，君治以道，臣辅克忠，万物咸遂其性，则和气应，休征效，国以安。二曰，君违其道，小人在位，众庶失常，则乖气应，咎征效，国以亡。三曰，人君大臣见灾异，退而自省，责躬修德，共御补过，则消祸而福至。①

用天人感应之理把国事政理与君臣亲疏联系起来，用二者关系来阐述福祸变化的道理，这在缺少法政监督的时代里显然对社会的强势力量起到了限制效果，特别是天地鬼神的观念还被社会全体共同遵循的时候，这种限制就成为稳定和维持社会秩序的重要因素，变得更加合理可行。前引《议旱对》描述的荒旱灾情在农耕时代颇为普遍："兹五月不雨，及余七月。吴疆赤地，千里稼穑槁矣。农夫忙忙，无所奈何，百谷勇贵，乃倍其价，道路饿莩相望，为政者祷于山川，趋其急犹救之水火，而雨终不至，民未免皇皇如也。"正在这样的"凶年"中，作为社会的管理者既积极地进行抗旱的种种措施，诸如开仓救饥、引水修渠、惜井泉、谨堤防、平衡物价、均衡货贷、降税减租、察狱明冤等办法在那个时代屡见不鲜，同时也使用求祷山川、祭祀神灵的礼仪手段，正如文中所言，是"举古法以顺民心耳"。但是文章极力解释的却是"政之差"与"民无教"的感应之理，"民无教则

① 《晋书》卷27《五行上》，第800页，中华书局本。

肆暴刑也,肆暴刑则罚不当也,罚不当则民怨之,与肆暴所感,故旱顺之";"国事修,则其气和洽,气和洽故百谷成而治道明也,俊良得志,以行其道,是上有仁义,而下无怨咨,故国家安也",这种对"刑、政、礼、乐"的解释,最终目的在于获得"刑政礼乐正,则风雨以时来,旱潦无由作也"①的稳定和谐的秩序。

显然,任何一个时代都不能避免雨涝灾害,整饬吏治、平解冤狱就成为社会失序状态时努力挽救的重要方面,而在除灾避难的活动中,赋予对社会的理性批判、对无辜的深切同情、对生命的极度惋惜、对灾难的多重阐释也理所当然。因此,由娼优扮演的"戾家把戏"在展示"行家生活"时,把鸿儒硕士、骚人墨客的"一家风月"随带展示出来。在《窦娥冤》中,社会弊病、公门黑暗作为民间解除荒旱的策略被极度渲染的同时,作家的理性批判也被赋予其中,"官吏每无心正法,使百姓有口难言"、"衙门从古向南开,就中无个不冤哉"、"从今后把金牌势剑从头摆,将滥官污吏都杀坏,与天子分忧,万民除害",冷静的现实分析、宏大的理想胸襟,通过下层文人的戏文词彩被彻底赋予,借着民间"贱业"在神圣祭典的敷衍得到流传,客观上使民间的疾苦呼声得以传达。可以说,后世学者对《窦娥冤》的社会意义的解析暗合了该剧在民间的这一含义。

当然,在宗教气氛浓郁的民间,"窦娥冤"故事附着上宗教因果报应观念亦在所难免。《北山录》卷 7 在解释"报应之势,各以类至"时,云:"但业理在徐疾,报应期乎远近;情虑生于笃薄,损益差于轻重,而吉凶之数,属若影响。故天网疏而不漏,阴府幽而甚明;于公高门而待封,严母扫墓而待诛,岂谬也哉?"②东海孝妇故事成为展示报应毫爽不疏的典型范例。因此,在民间《窦娥宝卷》③中,这种观念被重点强调,并且被局限在民间最一般的善恶理解中,使"窦娥冤"成为扬善抑恶的劝善文本,无论是宣卷伊始"窦娥宝卷初展开,

① 契嵩《镡津文集》,第 681c—682a 页,见《大正新修大藏经》第52 册。
② 神清《北山录》,第 619c 页,见《大正新修大藏经》第 52 册。
③ 见张希舜主编《宝卷初集》,山西人民出版社 1994 年版。

大众齐声念如来，霹雳无私一声雷，世间善恶两分开，人若一生行方便，还你荣华福寿添”，还是宣卷结束“自古天上多有眼，私心那有好收成，恶人一家多除灭，儿孙断绝尽除根，善人依旧原还在，子孙代代出公卿，窦娥宝卷宣完全，佛也欢来人也欢，佛欢佛喜消灾障，人欢人喜保平安”，善恶二元的价值判断完整地凸显出一个时代的价值标准和信仰体系。

正因如此，在一些地区也就把附着在窦娥故事中的道德取向，进一步细化解释，转向日常伦理，直接将戏剧故事的内涵与外延渗透到民众生活当中。前文列举东海孝妇庙的修建和《东海记》的敷衍，紧紧围绕官方提倡的孝义伦常，即是明证，而其中的感应之理却一以贯之。因此，民间戏曲演出也就能够在这种观念笼罩下，继续锣鼓不断，乐音缭绕。《清稗类钞·情节》记录了清代山西一带梆腔上演“窦娥冤”戏剧的情形：“盖皮黄偏重忠孝二义，秦腔则推而广之，如《芦花记》以教人之为继母者，《打柴训弟》以教人之为兄者，《杀庙》以教人之为仆者，……他如《八义图》则重在友，《六月雪》则重在姑，《狮子楼》则重在邻，《小磨房》则重在小姑叔。凡伦常交际之地，有可戒可风者，皆编入戏文，以资观感。初仅行于太行以西，为乡人谣唱，故其俗视关东，稍近敦厚，亦未始非前辈提倡兴感之功。”①花部乱弹敷衍的《六月雪》情节沿自明《金锁记》，以团圆收煞，其中《探监》一场最脍炙人口，而其中展示的窦娥之善与孝，亦历历在目，显然，此时此地的窦娥冤故事，已经被解释为劝化姑婆的戏文，展示着对传统家庭的道德训诫意义。本文开头提到的狄村演出《六月雪》，实际正是这种理解的继续延伸，不过从演出的时令看，“窦娥冤”原来的祭祀特征以及背后的天人感应一直延续不变，在一年之首，借助这个悲剧色彩浓重的戏剧演出，把民众对于年成的寄望以及渴求风调雨顺的急迫心理，宣泄于自己的娱乐生活，民众对故事与戏剧的功能趋向作为传统一直与官方话语相伴而行。《窦娥

① 徐珂编撰《清稗类钞》第 11 册《戏剧类·情节》，第 5029 页，中华书局 1984 年版。

冤》从元至今的功能转变，也一再地展现出建立在农业经济基础上的民间社会恒久不变的文化心理。

需要提及的是上世纪五十年代各地改编的“窦娥冤”，或忠实原著，或另自表现，但不论怎样，一出戏试图结束旧日的演剧功能，却毫无疑问地成为当时政治话语的代表，完全展示出一个时代对封建压迫的抗争怒火，带上了时代交替的鲜明烙印，当它成为唤起仇恨、反抗的艺术时，它的戏剧功能也与其时民众的心理达成了一致。从八十年代以来，“窦娥冤”在各地戏曲剧种中屡有上演，它在很大程度成为展示旦角演员艺术素养、技巧表现的重要剧目，作为演唱为主的青衣重头戏，同时要有繁重而高难度的跨行当表演动作，这必然对演艺人员提出了挑战，“窦娥冤”作为展示戏曲四功五法的重要剧目，成为民族艺术传统的代表。

东海孝妇传说的存在与荒旱观念的保持

流传在苏北、鲁南一带的东海孝妇故事，因为元代关汉卿的创作而备受人关注，民众亦因此剧的演出获得信仰上的支撑，窦娥故事和东海孝妇故事被确认为同一事件，几乎家喻户晓。而《窦娥冤》亦被看作即为当地的孝妇张扬，因此六十年代戏曲电影《窦娥冤》（蒲剧）在当地上演的盛况至今记忆犹新，如隔昨日。在今天的山东郯城、苏北连云港等地，民众一致认为东海孝妇本来就是戏剧中的窦娥，而且他们可以轻松地述说关于孝妇的生前故事，并指引来访者到窦娥的丘冢、祠庙访古凭吊。

在郯城，虽然当地民众一致认为《窦娥冤》中的窦娥与郯城孝妇同属一人，但叙述的孝妇故事却与戏剧颇异，对于那些看过电影而倍加感动的人们而言，记忆中的故事似乎更能唤起对神奇往事的追怀和对沿袭传承的充分肯定。当地对东海孝妇故事的叙述大意如下：

郯城有小庄名为洋家洼，村中有位邹姓老妈妈，儿子早死，仅有媳妇周青与之相依为命。适逢荒旱，孝妇为婆婆挑拣野菜,在回家的路上拾到一枚铜钱,为了改善素日单调的野菜吃法,孝妇买香油拌野菜敬奉姑婆。未想野菜中掺杂了都儿菜,"赖都儿菜犯香油,老妈妈吃了耷拉头",婆婆遂亡。孝妇有表哥吃喝嫖赌,因赌钱输了银子,见表妹青年守寡,遂将孝妇卖与人贩。孝妇不从,表哥以毒药药死婆婆告官,孝妇被斩。临刑时,孝妇以白血冒三尺为誓,尸体不倒。后白血顺着亡命旗往下淌,一直淌成了一个白血汪,成为该庄西南的白血汪村(解放后改名为"白溪汪")。孝妇死后,三年大旱,新来的县官到周青坟前求其显灵,大风霎起,婆媳坟墓被刮到一起,雨水亦随之而下。从此只要天旱,去祷告孝妇奶奶,保准下雨。①

另有一条异文叙述孝妇死前诸事,与此不同,大意如下:

周青一家住在离郯城不太远的许家口,老婆婆在儿子死后希望周青不要被自己拖累,寻人家再嫁,周青坚决不允。老婆婆背着儿媳哭了一场又一场,最后双目失明,瞅空意欲自尽,亦被孝妇察觉。有次周青挖野菜,拾到两枚铜钱,正巧遇到卖香油的,于是买香油拌豆办菜给婆婆吃,不想婆婆吃后天没亮就死了,正好应了"豆办菜拌(犯)香油,老妈妈吃了耷拉头"这句老话。小姑子一直对孝妇不满意,不过还是很孝顺母亲,她觉得母亲死得蹊跷,遂察看老婆婆的全身,发现脸色青紫、嘴角有淤血,于是告嫂子药死了婆婆。孝妇被屈打成招,六月初一行刑,"白血冒三丈,直到白绫上"。(关于孝妇临行前的誓言与灵应,与前故事基本一致,只是在叙述婆媳坟茔相合的时间,异文称:时在天旱之前。)三年后,新县官祭拜获得灵验,上报皇上,

---

① 杨玉金编《郯城旅游大观》第151—153页,香港天马图书有限公司2002年版。笔者在郯城调查时,流传其地的孝妇故事大体有两种说法,这两种说法在文化局统计时均予以著录,但关于地方文化的各种著述中均按照《汉书》等典籍的记录叙述故事,几乎不见这两种说法的记录。

封周青为孝妇，准建孝妇祠。①

郯城流传的其他异文，大致由上述两则故事情节组成。当地人在解释孝妇与窦娥一致性的时候，共同的理由即在于孝妇临行前所发的誓愿"三尺白绫"、"淌白血（雪）"、"大旱三年"。而当地将盛传已久的孝妇冢，又称作"孝母墩"，据传孝妇死后，本来与婆婆的坟茔分居大路两旁，不想一阵大风旋转过后，两座坟墓已经紧紧相并、合而为一，巨大的坟墓将一条南北大路堵死，坟头俩顶，显示出婆媳原来的坟墓位置。孝母墩上至今留有一条齐整的缝隙（实则小路），位于俩顶之间，寸草不生，这是俩坟合并的痕迹。这个故事成为对孝妇冢的最好诠释，附着于孝妇故事之中。

留存至今的郯城孝妇故事明显地带上了时代的痕迹，特别是孝妇名"周青"，让人不禁想到《搜神记》的记载，但是，这一名字在清前期尚未见广泛流传，其时，"方志以孝妇为'窦娥'，当因流俗观优，附会其事"②，引起大批官员文人进行文献考证，用《汉书》、《搜神记》取代流俗传闻；而流俗如此，固有可能受到先前戏曲小说的影响，但由官员确定的"周青"却在此时，借助孝妇祠的修建和《东海记》的演出，取代了"窦娥"，在民众中获得了认可，异文中准建孝妇祠的说法正可显示这个时代对孝妇的尊崇。不过，对婆婆死亡的叙述，表明民间存在着不同于官方的叙述传统。

乾隆《郯城县志》在叙述本县孝妇冢时，有按语曰"于公墓、孝妇冢，海州亦有之，必有一伪"③，海州大致即今连云港地区，连云港民众将孝妇作为当地人传诵，而孝妇祠的兴建甚至可以追溯到宋代。

① 杨玉金编《郯城旅游大观》第162—165页，香港天马图书有限公司2002年版。

② 孙星衍〈重修东海孝妇庙记〉，见王曦撰《东海记》，道光十一年宛陵书屋刻本。

③ 王植、张金城等纂《郯城县志》卷四《建置志》，第355页，《中国方志丛书》本据乾隆二十八年刊本影印，台北成文出版社有限公司1977年版。

直到今天，连云港朝阳镇祭祀东海孝妇的“奶奶庙”庙会，仍在当地相沿不疲。朝阳孝妇故事基本同于《汉书》记载，只是未取婆婆自尽的说法，称“婆母老病，思枣不得，孝妇与小姑抬水，路上拾一枣，恐脏，先用水洗七次，后放已口漱七次，再洗净献婆，婆吃而后死”①。《云台新志》卷十八亦录异文：“又州人相传，孝妇将死，插榴枝于地，祝曰：‘我冤死，花当发。’后树大成围。今州管内有石榴树。”②

两地民众对东海孝妇的热情，正是这个民间故事千百年来得以延续的基础，透过民众叙述的语言，仍能够强烈地感受到传说故事在他们生活中曾经产生的巨大作用。孝妇故事在两地的流传，显然与求雨为内核的祭祀功能是相关的。解放前，郯城每遇干旱，必然祈祷孝妇墓和孝妇祠，孝妇的灵验成为嘉庆元年邑令周履端修建孝妇祠的初始原因，乡间故老对孝妇冢祈雨功能的传播成为建祠的民众基础。在民间祭祀孝妇的神位上书写着“敕封柔嘉康济雨部正神东海孝妇之神位”，将孝妇列为雨部正神，明确地昭示出民间接纳东海孝妇的真正动因。直到今天，祭祀孝妇冢已经被普遍看作是封建迷信行为的时候，郯城仍有民众在春节第一天到此祈祷培土，显然，普遍的传说与此持久的祭祀行为是密不可分的。而在旧为海州的连云港，孝妇作为雨神的地位亦很明显：“乾隆四十八年春，知州林光照因开浚涟河，祷晴一月，工竣蠲俸新其祠。嘉庆八年秋，知州唐仲冕祷雨于祠，三日而雨，题‘孝德灵感’，以彰其灵。”③祈晴与祷雨作为灵验故事，基本标示出孝妇的神职功能。“文革”期间，朝阳镇孝妇祠墓被平掉，但民众一直以“奶奶庙”、“娘娘庙”称其旧址，近年孝妇祠及其古庙会重新恢复，这表明孝妇灵感观念一直存在于民众

① 张义壮编《兴国寺便览》第10页，2001年印。是书主要记载兴国寺、奶奶庙历史和重建经过，兴国寺海慈法师惠赠，谨致谢意。

② 谢元淮《云台新志》卷18《考证》，第746页，《中国地方志集成》本第64册，据清道光十六年郁州书院刻本。

③ 谢元淮《云台新志》卷10《寺观下·孝妇祠》，第669页，《中国地方志集成》本第64册。

心中。

孝妇故事代表的冤而有感的叙述模式，隐含着祈雨祭祀观念，故事虽然不乏异文，但灵感相仍，主旨不变，在这个叙事模式的框架内吸纳各种灵感故事，亦无减于孝妇故事的本旨，直到今天，民众将孝妇与戏曲中的窦娥等同也正是这种观念模式认同的结果。

祝肇年先生从历代文献中梳理出庶女、东海孝妇、上虞妇、周青、陕妇人、张氏女、榴花塔孝女七则类似的故事，共同组成了一个流传区域广泛的孝妇故事系列，从这些故事的叙述地点，正可以看出孝妇故事被不同地域文化接纳的事实。孝妇故事的最早流传地域在古齐国，祝先生根据《昭明文选》所录梁江淹《诣建平王上书》"庶女告天，振风袭于齐台"的唐李善注，发现李善引用《淮南子》许慎注曰："庶女，齐之寡妇，无子养姑，姑无男有女，女利母财而杀母，以诬告寡妇，妇不能自解，故冤告天。"以此将庶女故事作为先秦传说和后世孝妇故事的祖本，而高诱注①表明该故事在汉代已经基本成型。西汉刘向在《说苑》②中著录了东海孝妇故事，将之与于公决狱平法相提并论，至班固修《汉书》，将孝妇故事列于《于定国传》中，孝妇作为东海人被载入正史，成为清代郯城文人考证孝妇籍贯生平的主要依据。《后汉书》记载的上虞孝妇、《晋书》记载的陕妇人③，叙事模式基本同于东海孝妇，可以认为孝妇故事的流播范围已经到达上虞、陕县等地。至于刘宋时王绍之《孝子传》所载周青故事，称"周者，东郡人也"，一直被看作是东海孝妇故事的一个重要版本，在《搜神记》、《法苑珠林》与东海孝妇事相提并论（此外尚有《长老传》对该故事的保存）。《宋史》提到的罗江张氏，人物最庞杂，情节亦大不同于东海孝妇事，但以"孝感"彰报，可以算作孝妇故事的流脉。

至于祝先生以天一阁藏嘉靖刻本《汉阳府志》提到的榴花塔故

① 刘安《淮南鸿烈解·览冥训》卷6，第567页，《景印文渊阁四库全书》，第848册。

② 刘向《说苑·贵德》卷5，第42页，《景印文渊阁四库全书》，第696册。

③ 《晋书》卷96《列传第六十六·列女》，第2520—2521页，中华书局本。

事,“其后榴花果生,时人哀之,立塔于侧,以彰其事”,作为晚出的故事,其实不确。该事最早载于《宋史》,曰:“绍兴闲,汉阳军有插榴枝于石罅,秀茂成荫,岁有华实者。初,郡狱有诬服孝妇杀姑,妇不能自明,属行刑者插髻上华于石隙,曰:‘生则可以验吾冤’。行刑者如其言,后果生。”①则在江汉流域也已经拥有了当地的孝妇故事。此外《古今图书集成》引《明外史》铅山孝妇事,曰:“(张)昺授铅山知县。铅山俗妇人夫死辄嫁,有病未死先受聘供汤药者。昺欲变其俗,令寡妇皆具牒受判,署二木,曰‘羞’,愿嫁者跪之;曰‘节’,愿守者跪之。民传四妻祝不欲嫁,舅姑给受牒,令跪羞木下。昺判从之,祝投后圃池中死,邑大旱。”②虽情节有异,但感天致旱的观念却一致。当然以上八则故事彼此之间亦有交叉,现在流传于郯城的孝妇故事实际是《汉书》、《搜神记》故事的合流,连云港地区的故事则明显地吸收了榴花塔传说。由此观之,孝妇故事从先秦一直绵恒近代,传说衍生,而人天感应之理,终贯其中,正因如此,孝妇传说作为真实不虚的事件,能够在各地衍生、增创,成为彰显灵感的神话缘起。

前文提到明代中后期出现的大型类书《潜確居类书》详细载录了民间求雨祭祀行为。而孝妇冢的祭祀亦因此成为传说故事得以张扬的具体载体,一直沿袭至今。宋代《太平寰宇记》载淮南道之扬州江都县有“孝妇祠”,称“《汉书》于公以为孝妇必不敢杀姑,后祭之即雨也”③;载河南道之海州,亦有“孝妇庙在县东三十三里巨平村北”④。各地孝妇祠的建立客观上承认了传说的有感必应,实际使故事的灵应获得了稳定的载体,祠庙祭祀与孝妇故事的传播共相始

① 《宋史》卷65〈志第十八五行三·木〉,第1618页,中华书局本。

② 《古今图书集成》历象汇编庶征典卷96《灾旱部》,第5297页。

③ 乐史《太平寰宇记》卷123淮南道一《扬州》,第223页,《景印文渊阁四库全书》,第470册。

④ 乐史《太平寰宇记》卷22河南道二十二《海州》,第195页,《景印文渊阁四库全书》,第469册。

终，相得益彰，在“农为政本，食乃人天”的农业社会中，共同指向民众最关心的灾祸——灾旱的禳解行为中。可以这样说，孝妇故事及其冢祠祭祀，代表着草根社会的基本信仰和心理，只要民众的生活保持恒久不变的状态，这种信仰和心理就会一直延续下去。

基于普遍存在于民间的天人感应观念，孝妇传说，千年传衍；孝妇冢祭祀，香火不断。属于孝妇系列的其他故事，大都随着时代变迁、观念更迭，离开了人们的生活，唯有东海孝妇却一直活在民众的心中，究其原因在于传说与祭典的呼应配合，互相阐释，传说因为祭典而具有稳定的载体，祭典因传说而获得神奇的征应。传说是虚，存在于口脑，祭典是实，落实于行动，口传身效，自然与民众的生活不可分割。或者可以这样说，传说只有具备了承载言语的载体，获得了与之相应的行动，才会流传得更加久远。特别是在灾旱岁月中，随顺民意既是消减民众集体焦虑的通行之法，也是执政者借机检讨执政失误的有效办法。杜牧在《祭城隍神祈雨文》称：“东海孝妇，吏冤杀之，天实冤之，杀吏可也。东海之人，于妇何辜，三年旱之？刺史性愚，治或不至，厉其身可也，绝其命可也！吉福殃恶，止当其身。胡为降旱，毒彼百姓？”①宋土官吏的表白自然与其管辖的草民百姓的生存息息相关。

官方、文人、民间对待民间传说、祭祀的权利制约

东海孝妇故事隐藏着久远的民间祈祀传统，直到今天，这个传统亦隐约展示在现代社会中。不过，从宋代以来著录于史册的民间淫祀，在灵感观念长期主宰人心、农业生态一直支配民生的社会中，何以能够被官方文人主动接受，并积极地参与到民众的祭祀行为中？官方文人的积极参与背后还有什么原因？这是需要深思的。

早在宋代，海州地区即有了祭祀孝妇的祠庙，延至明代，孝妇祠

① 杜牧著、陈允吉校点《杜牧全集》第128页，上海古籍出版社1997年版。

冢作为重要的先代遗迹被重新发现。嘉靖年间，羽士李启在当地募捐，重修冢前祠庙，对于这座东海孝妇窦氏祠，清中叶之前的海州人都非常自信地肯定它与海州不可分割的联系。《隆庆海州志》即称孝妇冢"在东海新县北二里，乡人以其孝感立祠冢傍祀之。《一统志》云在'郯城东十里'，孝妇实东海人；又'庙在岠平山'，则冢在东海无疑"①。直到晚近《云台新志》详细引用先代文献，考证孝妇祠的渊源，特别是此时孝妇祠冢在山东郯城已经被正式列入祀典，海州文士仍然称："今郯城南十里有孝妇祠墓，甚严整。然州境奉祠，历年久远，人皆呼为'奶奶庙'，秉彝之好，妇孺皆同，其俎豆当与山海并永矣。"②并列举乾隆、嘉庆年间祷雨、祈晴的故实以应征孝妇荫庇乡里的福祉。海州地区对孝妇的尊崇固然与民间对孝妇灵感的认可相关，但明清海州地区的经济状况无疑助长了孝妇故事的广泛流传，使其更具地域色彩。明代夏相虞尝"读史至东海孝妇事，奇其行而惜其遇，尝闻之海州江先生，东海上有孝妇冢"③。官方、文人、民间共传奇事，展示的正是一个新兴的地方社会的话语声音。

正如前文所述，孝妇传说的存在与天时人事密切相关，带着浓重的农业社会的特征。明中叶的海州疆域虽广，但地近沿海，"兼葭芦荻遍野，而可食之地不能三之一"，尤其是逃户作为重要的社会现象，严重影响了海州供赋的上缴，逃户流走而上供之籍犹在，地广户稀、赋重人贫的困境，自不能免，加之"民倚耕种，无山泽工作以资生殖，土地平衍，无陂塘沟渠以资灌溉，雨旸弗时，则诸谷病矣，上供之数必取盈也，夫安得不逃"④，恶性循环引发的社会问题，严重影响

① 张峰纂修、郑复亨补辑《隆庆海州志》卷八《丘墓》"孝妇冢"，第16页，《天一阁藏明代方志选刊》本第14册。

② 谢元淮《云台新志》卷10《寺观下·孝妇祠》，第669页，《中国地方志集成》本，第64册。

③ 唐仲冕修、汪梅鼎等纂《嘉庆海州直隶州志》卷26，第441页，《中国地方志集成》本，据嘉庆十六年刻本影印。

④ 张峰纂修、郑复亨补辑《隆庆海州志》卷1《图里》，第8页。

到民众的安定生活,"海州地广而盗贼多"①,即是一例,以致弘治时刘六刘七之乱,再经荒废,乡村残落破败,"军民屋宇麟次相比,衣食饶裕,弦歌之声不绝"②的景象再不可复。这对守土官吏提出了执政的考验,"非薄税敛、禁侵渔、省刑罚、劝课农桑以安抚之,其势未已也"③,对民间淫祀加以品格的提升,自然可算怀柔安抚的举措,刘昭《汉东海孝妇窦氏祠记》在叙述孝妇之德的同时,称"是则屈孝妇者人也。人非能屈之,实有以彰其德于千百世之下,伸孝妇者天也,天非但伸之,所以警千百世之下司狱者之不中也"④,在海州彰孝贤之德与警司狱者之不中,显然同样具有重要的意义。

不过,明清时期的海州农课田赋窘迫,与其时其地的经济布局是相关的,修纂《隆庆海州志》的张峰作,为一方大员,眼里看到的却是海州另一个重要的经济现象:

> 余尝登高以望板浦、徐渎、临洪三场,海壖晒池,累累如阡陌,沿河至安东,商船无虑千艘,昼夜连络,行不绝其利,可谓博矣。一不幸有水旱之灾,而灶户先受其病,何哉?盖盐多而价廉,衣食仰给,计日而晒,未必足用也,加以官司之征敛,团长之侵渔,巨商之估算,又安得不贫乎?诸货唯盐为大,故著而论之。⑤

山海之利,以盐茶为大,盐业在海州的兴起是明代以来海州经济的突出现象。明代设都转运使掌盐监事务,都转运盐使司地凡六,两淮居其首,而海州东滨海道、西接徐邳、南蔽江淮,除了战略地理上的重要作用之外,作为"鱼盐之邦",自然成为淮北重要的输盐

① 张峰纂修、郑复亨补辑《隆庆海州志》卷1《集镇》第12页。
② 张峰纂修、郑复亨补辑《隆庆海州志》卷1《街市》,第10页。
③ 张峰纂修、郑复亨补辑《隆庆海州志》卷1《图里》,第9页。
④ 刘昭《汉东海孝妇窦氏祠记》,见同上卷10《词翰志》,第39页。
⑤ 张峰纂修、郑复亨补辑《隆庆海州志》卷二《土产》,第15页。

之区。嘉庆二年海州升直隶州，盐业经济更趋重要，以至成“云台今日之物华莫大于盐”①的盛况。海州的重要与淮北盐业在明清盐业中的重要性息息相关，至道光年间票盐改革之时，“国家府海之利，两淮为大。淮北者淮南之一隅，计两淮额行网盐百六十万余引，而淮北仅三十万引；其产盐共二十三场，而淮北仅三场，然值旺产亦不下五六十万引。《史记·货殖传》彭城以东东海、吴广陵有海盐之饶，东海即淮北，而广陵则淮南也。故淮南之利弊视淮北为盛衰，其敝也，淮北最甚，其效也，亦惟淮北最速。”②张峰提到的“不幸”固然长期困扰盐政发展，但海州在淮北的地位却因明清两淮盐业的发展被直接抬升了。

“中国盐政以两淮为大宗。盐运使署在扬，直隶盐务署，副之者运副，驻淮北……至于商人分场、运、食三项。场分淮南、淮北，而淮南又分通与泰焉。北主晒，南主煎，历久不变。”③作为传统产业，海州晒场至明中叶“累累如阡陌”，当然与天时密切相关，“水旱之灾”成为关乎民生的重要因素，因此祷晴祈雨成为官方、民间倍加关注的社会事务。嘉庆九年，知州唐仲冕继孝妇祠祷雨后，至镇海寺求雨有应，而有诗曰：“横岛斜阳挂罾网，上方清梵传钟磬。浩渺无边佛最灵，慈悲所重民之命。敢道寸衷能感通，急从一叶亲谒请。愿将海水洒杨枝，钝根总为苍生佞。”殷殷企盼之情，流露殆尽。这也可以看作对灵感著称的孝妇冢祠的回应。明代海州孝妇祠冢座落地点，实际正处在新开发的沿海岛屿盐场之间，《隆庆海州志》载孝妇庙“在巨平山北”，孝妇冢“在东海新县北二里”，则二者实为一地；嘉靖六年海州同知李枝《题东海孝妇祠》称“在东海岛间，其地斥卤，古碑尽剥蚀之矣”④，则其地理位置实与盐业关系紧密。孝妇祠冢

① 谢元淮《云台新志·物华》，第 681 页，《中国地方志集成》，第64 册。

② 谢元淮《云台新志·票盐上》，第 681 页，《中国地方志集成》，第 64 册。

③ 徐谦芳《扬州风土纪略》第 16—17 页，《扬州地方文献丛刊》之《芜城怀旧录·扬州风土纪略》，江苏古籍出版社 2002 年版。

④ 张峰纂修、郑复亨补辑《隆庆海州志》卷 10《词翰志》，第 51 页。

以及它的有感必应，显然来自于天时晴旱对海州盐业经济的影响，而孝妇祠冢祭祀在明清海州的盛行不疲与此亦息息相关，孝妇庙会在海、赣、沭、涟四地能够形成长久的影响，概肇于明清四地盐业的一体化，影响直至今日。

基于明清海州的经济状况，特别是地域初兴之际面临的诸多社会问题，海州作为新兴区域必然通过具有国家话语特征的行为获得文化认同，使地方趋同于帝国一体的特征。乾隆年间修订的《郯城县志》就明清海州官方所修方志的攀附颇有微词："郯县原为东海郡治，称东海者类郯产也。按《通志》所录邑贤，多注'东海郯人'，旁考《海州志》，每有复见，似不免于借才，僻壤苦无书史足资考穷。"①借才固不可免，而对已有的文化行为进行合理的保存，势在必然。显然，对来自民间而未得国家褒封的孝妇祭祀进行文化品格的改造，就成为地方官吏力图实现的课题了。在《隆庆海州志》中，孝妇故事及其祭祀被屡屡提起，《人物志》、《灾异》、《杂祠》、《丘墓》、《词翰志》记载了关于孝妇的一切文化遗存，孝妇不但被当作实有的海州人，而且民间的诸般行事亦被载入典册。州志的纂修者张峰在考证地方祠祀的时候，将孝妇祠列入"杂祠"，虽然这些庙宇或彰灵异，或标节气，与民众的生活相关，但作为地方官吏对民间淫祀的矛盾态度亦昭然。

建立在本地经济发展需要的孝妇祭祀既然无法消除，重新挖掘孝妇故事具有的时代因素也就显得尤为重要，官方并未着力解释孝妇的灵感，而是把孝妇看作"女德"的典型，重新展示孝妇故事蕴含的符合国家正统伦理观念的成分。因此，孝妇及其婆婆行为中含有的"慈孝"也就被当作典型进入地方祀典。嘉靖二十五年海州知州王同"爰命环祠居者宋教、马友仁等，义动乡人，捐赀重建堂三间，题曰：'慈孝'，春秋遣官祀之，门仍旧题曰'英烈祠'"，英烈祠原只祭祀窦氏一人，而重建增修的慈孝堂，则妇姑并祀。王同阐释了建祠的

---

① 王植、张金城等纂《郯城县志》卷首《列言》，第39页，《中国方志丛书》本据乾隆二十八年刊本影印，台北成文出版社有限公司1977年版。

动机，称：

> 英烈祠在东海岛间，汉祀窦氏也……呜呼！古今天下忠臣殉国，义士死于知己，殆窦氏之谓欤？烈烈两心，其行均丈夫也哉。有功名教，顾祠宇倾圮。旧祀惟孝妇，姑以慈死，即推是心，何异忠义，并祀兹土宜也。妇灵有知，同祀斯乐矣。……生员马鸾请纪其成，因系之铭曰：姑死于慈，以报妇孝；妇死于孝，以敦世教。三年不雨，郁郁怼天；一旦人通，天即沛然。人兮处世，孰不厚生；心兮有重，身兮斯轻。生兮心得，何姑何妇；死兮心烈，何幼何耆。并挺淑媛，各遂尔爱；菽水十年，流风万代。茫茫东海，累累双丘；贤哉姑妇，神必居遊。

“慈孝”与“忠义”相对，直接抬升了孝妇婆媳的人格，这既成为妇姑并祀的重要理由，也使英烈祠祭祀，获得了符合国家标准的语义认可，生为明圣，死为明神，忠孝节义，可昭可彰，民间祈祀因为包含国家伦理，而具有以励风教、以维末俗的职能，因此被官吏改头换面。全望祖曾对此称之为“三礼之精意，不可废也”①，孝妇祠的被改造正可以看作这句话的注脚。

海州孝妇祠在明清两代的长期存在，得力于海州地域经济的特殊要求，在此基础上，地方官员用国家话语，平衡地方强势信仰，以面对现实社会难以解决的危机，这正是新兴地域特有的社会问题的反映。可以说，孝妇传说实际成为海州城市成长过程的缩影，凝结着民间与官方各自不同的文化心理和趋向。

在海州地区极力张扬孝妇灵感和孝德的时候，郯城的孝妇冢一直没有离开人们的记忆，嘉靖《山东通志》载录“孝妇窦娥”，明言为东海郯人，称其冢墓在县东十里②；万历《兖州府志》亦载“汉孝妇窦

---

① 刘锦藻撰《清朝续文献通考》卷158《群祀考二》，第9126页，商务印书馆1936年《万有文库》本。

② 见《天一阁藏明代方志选刊续编》第51册，第1173页。

氏”，著录“孝妇墓”，云“山东宪副彭勖立石以表其事”，并列王縠诗“汉家孝妇早传闻，今见郯城古墓存。灿灿野花依隧道，萧萧宰木护周垣。被诬竟负生前志，应祷方伸死后冤。赖有芳名留汉简，九原尤足慰贞魂”①，以为纪胜。除此之外，明代郯人歌咏孝妇冢的诗歌，亦见于后代方志。但郯城为孝妇建祠，却是从清初以来渐渐开始的。关于孝妇祠冢的主要文献，除了乾隆、嘉庆年间修订的两部县志外，在两部影响并不很大的戏剧中，亦被载录。恰恰从这两部戏剧，不仅能够看到一贯的国家话语对民间祭祀的辐射涵盖，而且可以清楚地显示，由于社会地位的差异，以及参与建祠的文人出现的行为差异，这让我们看到艺术、传说在人际权利关系的平衡中相互作用的痕迹，它们由此超越民间祭祀而成为文人、官方宣教的手段，由此实现国家话语的普遍流传。

前文论述了王作《东海记》展示的祭祀演剧风貌和官方置换孝妇传说内涵的心态，特别是孝妇被当作国家伦理的实践者，亦获得了地方官员的尊崇，“孝妇遗风远，闺中岂殉名？因之劝忠节，何止慰艰贞”②，孝妇被著录于县志《列女传》中，履行被赋予的“劝忠孝”的职责，这与其千百年来汇聚其上的荒旱观念是明显不同的，显然与明代海州官员的立法抬升有共同之处。从王作及其附录的文献可以看出，邑令周履端伴随着兴建孝妇祠的始终。周履端，江苏阳湖县人，乾隆五十七年赴任郯城，期间虽有转迁告病，但于郯署历时最长，关于周与孝妇墓的因缘，在其《东海孝妇墓》一诗中表达最切：“五月飞霜狱竟成，至今余恨尚难平。须知忍死缘将母，如此捐躯异殉名。三宋爰书宋南渡，一篇酷吏汉西京。我来听讼期无忝，默与贞魂矢洁清。”③面

① 见《天一阁藏明代方志选刊续编》第 49 册，第 774—775 页。

② 陆继辂《撰郯城〈列女传〉成示吴二(阶)并呈宋、刘博士及采访诸君》，见吴阶修、陆继辂撰《续修郯城县志》卷 10《艺文》第 334 页，《中国方志丛书》本据嘉庆十五年刊本影印，台北成文出版社有限公司 1968 年版。

③ 见吴阶修、陆继辂撰《续修郯城县志》卷 10《艺文》第 322—323 页，《中国方志丛书》本据嘉庆十五年刊本影印，台北成文出版社有限公司 1968 年版。

对发生在兹土的孝妇故事，作为守土官吏更能够引发警戒自律的言行，“默与贞魂矢洁清”既可作为祷祈之辞，亦可算作自励之语，对于其行政的一方水土，益处是可想而知的。另一位官员吴阶，于嘉庆十四年任，在其修纂的《续修郯城县志》中，著录了更多官吏展谒孝妇祠冢时的感怀，在他们的诗作中最明显的是展示自己引为警戒的慎独之心，同时解释孝妇故事中具有国家伦理的意义，特别是吴氏作为地方官吏，在表扬孝妇“从夫完素志，殉母澹奇冤，独行申生似，千秋列女尊”高风的同时，将“刑赏征休咎”的官家职守提示出来，在《郯民十谣为吴大令（阶）作》中，这位颇有善政的官员所作所为获得了人们的认可，其中“展于墓”即被当作重要的善举被津津乐道。

不过，被王曦《东海记》取代的同名戏剧，亦著录了关于建祠的历史，而且其作者陈宝（字泰谷），参与了建祠的请封、策划过程。陈作《东海记》①传奇分《奉姑》、《誓守》、《惊缢》、《哭郡》、《探狱》、《冥奏》、《天葬》、《仙诰》、《话旱》、《访冤》、《祭墓》、《灵雨》，另加《引声》，共十三出，前附作者自序并〈建汉孝妇祠纪略〉，详细叙述请封、建祠经过，另附康熙三十四年孟冬泰兖道涂公铨《修葺东海孝妇冢记》、嘉庆二年秋兖沂道孙星衍《东海孝妇墓碑记》、嘉庆十五年《重修东海孝妇庙记》、陆继辂《与周大令书》，以及《东海孝妇祠诗》、《题东海记传奇》共五十三首诗词，并附《东海孝妇祠墓图》一帧、剧情绣像插图十二幅，卷末后有嘉庆十五年季夏叔氏梅庵识《书东海记后》。

在《建汉孝妇祠纪略》中，陈宝详细地记录了建祠的起始缘由：

> 宝于乾隆甲寅秋至郯，钦于公之仁风，抑孝妇之遗烈，瞻拜邺垄，感慨系之。嘉庆元年仲夏，郯民播种秋禾，望泽甚殷。周

① 是书藏复旦大学图书馆古籍部，为赵景深先生捐赠古籍线装书。本文成文之际，始于复旦大学图书馆得见王卫民《〈窦娥冤〉与历代改编本之比较》，见关汉卿国际学术研讨会编辑委员会编《关汉卿国际学术研讨会论文集》第523—542页，台北文建会出版社1994年版。该文主要论述两部《东海记》情节艺术的特点，特此说明。

明府敬仰孝妇之灵，踵墓虔祷，甘霖随车而答。呜呼！孝妇历今几二千载，犹灵应如是，是乌可以不祠？况我朝以孝治天下，凡在节孝，罔不旌扬，以维风教。郯邑士庶，素知礼义，咸守纲常，实孝妇有以启之，又乌可以不祠？宝随倡捐，周明府即分清俸，并徧谕诸绅士，欣然乐输，共得制钱五百余缗，经始于嘉庆二年四月，未几宝去馆，同人檇李李再荣接理其事，至五月下澣告成。

在作者看来，孝妇故事经过千百年的流传，在清代始得出现祭祀祠庙，究其原因，一为彰显孝妇灵应，一为旌扬孝妇节孝。这与前文论述的官员接纳民间淫祀的状况是相同的。但是，从陈宝的记述明显可以感到，不可以不祠的理由，竟与这位居于幕僚的文人的倡捐是相关的。而在《东海记》篇首记载的请封过程中，陈宝云：

谨按孝妇祠建于嘉庆二年四月，宝初董其役，同人李再荣接理告成，署襄事各姓名于祠宇之梁间。后过郯，展拜祠下，耆老咸称述建祠以来有祷必应，岁获屡丰，谓宜光受封号，以彰美报，宝谨志不忘。十九年夏，停车沂郡，晤商友人毗陵徐子葆丞，转语新郯尹陈公学山，亦以祷雨辄应，嘱宝代为叙稿，于二十一年秋申详请封，经陈中丞据情具题，钦奉谕旨敕封。噫！孝妇潜德幽光，阅一千数百载，至我朝而始受封享祭，岂历代采风未及欤？抑在天灵爽，随世运为显晦欤？窃幸宝之夙愿，至是而遂。谨附识之。

与其说祠庙有祷必应，缘自孝妇的潜德幽光，不如说岁获屡丰基于自己的倡建之功。透过陈宝一番话最终落实于“夙愿至是而遂”，即可明白，在孝妇祠的建设中这位身居下僚的文人试图尽一切可能传达出自己的声音，而他的自信显然来自于嘉庆二十二年孝妇获得了朝廷“柔嘉康济”的封号。

特别是在他的戏剧中，他干脆仿照山东作家孔尚任《桃花扇》的

体例,将自己置于剧作中,敷衍剧情,在副末开场中称:

> 在下是浙江山阴人,不必明说姓名。家贫游幕山东,屈指二十六年。内赴姑苏五年,历就居停,其间如武功张荫堂先生,以名进士出宰,累迁滇南太守,为官刚正,民无冤狱,非经济学问人不能及。又有长白岳鲁峰先生,以孝廉博通经史,累官山左布政、江右中丞……这二位先生,一是良吏,一是名臣,看待在下,都如国士一般,佐理有年,知无不言,言无不尽。在下虽有志未遂,却得知遇之感。即如前馆郯城,建立西汉东海孝妇祠一事,鲁峰先生深为鉴许,曾说:我若量移此间巡抚,定当奉请圣恩封赠,以维风教……

他甚至在孝妇祠尚未获得朝廷褒封的时候,借剧中人之口给孝妇赐封,曰:"念尔生前矢节尽孝,冤死可悯,今封尔为'顺命显节夫人',受瑶华宫提举司之职,凡人间有节孝贞烈妇女,俱由尔查察举报。"(《仙诰》)代朝廷封神,这显然已经超越了幕僚应守的本分,甚至有些狂妄自大了。不过陈宝的苦心通过卷首题词,被他的友人们给予了充分的认可:"孝妇有冢,在郯之里;谁建斯祠,若耶陈子;驱马悠悠,行人止止;春秋用享,馨香万祀"、"当今谁为阐幽光,我友陈子笔如铁"、"先生莲幕风清,把窦氏根由仔细评"、"两千年后、祈祷甘霖顷刻顷,传东海、比元人金锁记得分明",这些近乎吹捧的谀词所承认的,正是作者的苦心所在。

作家借神明来标示自己的万世之功,自然与郯城的执政者对建祠功劳的所有权发生了很大的冲突,比较两部《东海记》,即可看出在王作中,几乎不见了与陈宝有关的任何记载,如果不是陈作遗留至今,恐怕王作中提到的"陈子"、"近人"的真名实姓,亦烟消云散。张琦为王作《东海记》所作的跋语,称"周临庄大令属填此记,未及授梓,即归道山,因跋而刻之,以成临庄之志",周之大志当然不仅仅出于对沿袭旧讹的反感,恐怕真正的指向在于一个下层幕僚抢功自诩的狂妄不尊吧。包序王作称"近人别作《东海记》以纪其实,顾杂以近世之法,又其文不辞不足以耸动观感",针指不同,但批评之意正一脉相承。可以说,王作的诞生很大程度与周履端的授意、陈宝的自诩相关,陈、周二人就孝妇祠的兴建而产生的功劳归属的矛盾,最终以周的胜利结束,《郯城县志》、《续修郯城县志》无不称扬周建祠的善政,而陈宝的形迹杳然,行政权力的高低多寡,成为流芳史册的砝码。

如果考虑到郯城上层官吏在嘉庆二十一年向朝廷请封的更深层的背景,似与嘉庆后期遍及山东、河南等地的社会危机颇多关系。河南李文成、牛亮臣,山东徐安帼、宋跃漋等农民起义与嘉庆十八年林清起义遥相呼应①,加之自然灾害频繁,成为社会不稳定的重要因素。郯城官方积极请封,营造天人感应的神话,努力抬升孝妇"捍御保障之功",同时为"祷雨有应"附加上传统礼法的理念解释,显然,正是这诸多社会矛盾的集中体现,"敕加封号,以答灵应,而顺舆情"②实际成为这个时期朝廷、官方与民众情绪、心理共相制约的微妙表达。当然,郯城官方的及时请封,以展示"感召天和,甘霖立沛"的丝毫不爽,也是对朝廷"省过思愆,勉修人事"、"群相策励,共矢公忠"的积极响应,于动乱之世明哲保身、邀功避过之心亦昭然。不过,需要提及的是,正是在这种权利的较量争夺中,孝妇故事因为文人官员的参与获得了更多形式的表现,艺术的孝妇故事伴随着"演以乐神"的孝妇祭祀不断地被创作出来。

余　论

透过孝妇祠冢在明清两代海州、郯城的流传,可以清晰地发现民间祭祀传统其实一直没有断裂,以祷雨为核心的孝妇祭祀,伴随着孝妇故事的长久流传,一直没有出离人们的生活,故事与祭祀相伴而行,积聚成稳固的民众心理深深地影响着官方文人。基于社会

① 刘锦藻撰《清朝续文献通考》卷150《郊社四》,第9092页,商务印书馆1936年《万有文库》本。

② 俱见陈宝《东海记》篇首所录请封经过。

经济的需要和对民众生活的安抚，民众行为没有也不可能被彻底的改造，《续修郯城县志》在孝妇祭祀获得朝廷认可之后将孝妇祭祀列于县志，称"汉孝妇祠在县城外东南，嘉庆二年修建，定期每年四月初一日、十一月初一日二次致祭，祭品用羊一、豕一、蔬十器"①。但是合乎礼制的春秋祭典在民间的生命似乎并没有那么久远，直到上世纪五十年代，郯城民间仍然例行每年十月十五日唱戏祭神②。而连云港地区祭祀窦娥的奶奶庙三月三庙会，仍是流行最广的重要活动。草根的力量如此巨大，或许正是民众生活一直未能得到彻底改善的结果。

民众心理的稳固，还来自官方文人对于孝妇祭祀的变相肯定。来自正统教养的文人和承负着安土教民职责的官员，并不能纯然漠视民众的行为，他们基于对于国家的责任和特定社会现实的考验，有意地把民间祭祀的内容，予以道德伦理上的抬升。虽然不能切中民间理解，但是解释却与民间观念相行不悖，这既是获得国家认同的保证，也是获得民心支持的前提。孝妇故事在明清两代的风行，除了民众恒久的信仰外，官方文人在礼法上的重新阐释，无疑产生了积极的作用。可以说，孝妇故事恰成为民众与官方权利持衡、较量的焦点，无论结局若何，传说故事都能获得普遍的传扬。官方文人借助对民间淫祀的道德提升，把自己的言行纳入国家话语体系之中，从俗而变俗的德政被载于史册，民间故事因为官方、文人的考据，恢复到了正史纪录的原初面貌；而民众心中的意义归属，却未能因此而消亡。"郯邑如汉于公及子丞相定国等墓累累，皆秃然土邱耳，而此冢独青藤披护，幡然若盖"③，判然不同的境遇，实际代表了民间对官方诠释截然不同的态度，民间故事的祭祀功能经过不同时

---

① 吴阶修、陆继辂撰，《续修郯城县志》卷三《秩祀》，第 69 页，《中国方志丛书》本据嘉庆十五年刊本影印，台北成文出版社有限公司 1968 年版。

② 政协郯城县文史资料委员会编，郯城文史资料》第二辑《汉孝妇》，第 43 页。

③ 陈宝《建汉孝妇祠纪略》，见《东海记》卷首。

代的改造后依旧倔强地延展下来。

而界乎其中的下层文人，亦试图在民间与官方的对话中加入自己的声音，从《窦娥冤》到《东海记》，无不可以听到文人在故事中发出的对于社会、人生的感慨，戏剧艺术的繁盛出新，正是在民间与官方的接点上获得了实现。从孝妇祠冢的修建可以看到地方社会中被掩藏了身份、降压了声音的小人物，他们的才情似乎敌不过官员权利的迫压，最终可能因为身份低微、仰人鼻息，而被剥夺了言语的传达，但这对于以传说为基础的文学艺术的推陈出新，却产生了意想不到的推动，在民间祭坛上出现的戏剧新作，无疑加强了民间对于传说故事的记忆，一条长久流传的故事，因为这许多名不见经传的文人的参与，获得了丰富多彩的展示。当然，下层文人在展示民间观念的同时，也同样会基于自己的教养和社会责任，把这种观念予以改造，但是，他们的创作毕竟面对的是民间生活，民间情感总会随着笼罩着传统礼法的故事流淌出来，唯其如此，戏剧才能够获得长久生命力。

由此可以最终体会民间故事在口头传承之外，实际还具有强烈的行为展示，缺少了行动支持的传说，最终会因为口耳讹变而消逝。从这个意义上讲，民间传说故事实际与民间、官方、文人的行事是紧密相关的，在民众的生活中具有强烈的仪式特征。对于民众而言，信仰的功能决定了祭祀仪式的恒久；对于官方而言，顺应并改造民间祭祀仪式是礼法的需要；对于下层文人而言，用文学艺术的形式介入民间、官方的祭典是实现自身抱负的途径。因此，手拈香火来到孝妇祠冢的人们，虽然各怀着不同的目的，但行为表达却达成一致，构成相对稳定的基层社会，民间传说正在这样的仪式结构中获得了经久的流传。当然，由于几方思想观念、行为表现的差异，民间故事、戏剧情节自然不会单纯地表达某一方面的解释，最终著于史册、演之舞台、流于人口的，也就成了几方相互妥协的结果。前面著录的流传至今的孝妇故事，实际上正是明清以来权利关系相互纠结的最终产物，这正可以更加加深我们对故事的仪式特征的认识。

经过上世纪五十年代以来的思想改造，孝妇祠冢几乎被人们渐渐遗忘了，这当然是国家话语深入民间的结果，但是延续在人们生活中的孝妇故事仍然具有持久的魅力。直至今天，在郯城仍有很多民众冒着封建迷信的批评祭奠孝妇冢，故事附着的信仰观念之深广、仪式活动之恒久是显而易见的。在经济搭台、文化唱戏的普遍做法中，郯城官方将孝妇故事及孝妇冢作为当地发展旅游、展示文化底蕴的办法之一，虽然与民间"迷信"属于不同的评价范畴，但仍能够让我们感受到与传统社会相似的叙述结构。而在连云港，孝妇祠及其祭祀被重新恢复，虽然新建的孝妇祠只是重建的兴国寺的一部分，但是，兴国寺在孝妇祠旧址重新恢复，与民众的信仰归属是相关的。正如介绍兴国寺的小册子上所说："直到 1995 年，孝妇祠恢复事再度引起宗教界人士的注意，然孝妇非佛，与宗教无关，一直未被批准。1995 年 10 月 20 日，经政府批准，将原兴国寺迁至孝妇祠旧址恢复，为顺应地方群众崇拜心理，醇化群众孝顺老人之优良传统，在兴国寺恢复后，仍保留一孝妇殿，让群众奉祀孝妇。"①显而易见，在寺、祠重建的过程中，民间的力量获得了充分的肯定，而民间祭祀孝妇的活动也同样笼罩在宗教归属和道德伦理的话语之下，成为在当前社会经济状况下与经济发展、宗教建设密切相关的因素。兴国寺的住持海慈法师对兴国寺的发展充满信心，他希望不久的将来举办"孝文化"研讨会，以张扬孝妇行为在当代社会的积极意义，佛教的慈悲精神因此而见。从郯城、连云港市将孝妇祠冢作为旅游风物介绍在地方旅游手册、网络页面，似乎可以相见，孝妇祠冢在当地经济建设中肯定会承担一份责任，这种意义或许最终要由政府予以确定。

从《窦娥冤》的功能转换和孝妇故事在民间的传衍，可以清楚地发现民间文艺从其生成至其流播，有自身的变化法则和观念背景，甚至在同一观念中社会不同阶层亦有不同的行为展示，这正是我们考察民间戏剧、传说的基础。立足于前辈学者在文献、宗教、信仰等方面的奠基性工作，更应该把握民众文艺欣赏、接受的规则，唯其如

① 张义壮编《兴国寺便览》第 13 页。

此，才能更切实地了解文艺在民众心目中的意义和作用。近年来宗教祭祀与戏剧表演相互观照的研究方法被充分重视，认真分析宗教仪式与戏剧功能的同异，显得更为必要。在《窦娥冤》中，确实出现了田仲一成先生提到的宗教法事，第四折结束之时，即有"改日做个水陆道场超度你升天便了"(《古名家杂剧》本："做一个水陆大醮超度我女儿生天。")。但是，该剧存在的功能表达恰可以说明戏剧之于宗教仪式有其内在的规定，宗教仪式最多实现了传统演剧的团圆收煞，而戏剧表达的喜怒悲欢自有其观念指向，这也是进一步深入考察包括公案戏在内的元代戏曲的前提。

另一方面，在中国传统社会里，民间传说最能体现民众对于生活的愿望和对待现实的心态，在他们并不很大的生活空间，让记忆把历久的遗存一代代地相沿开去。毫无疑问，随着世事变迁，口耳相传的故事会因讹变，而偏移原来的叙述脉络，故事加入新的情节因素，焕发出新的人文活力。甚至可以说，民间故事因为讹变而弥新，因为历久弥新而使曾经支撑其传播的叙事动机愈加隐蔽。民间故事隐含的叙事动机并不仅仅决定于故事针指的实用功能，特别是一条传说在特定地域被赋予了阐释地域传统的责任时，其作为社会各阶层心理的结合体而获得地方认同。叙事动机的丰富实际上使单纯的故事传说凌驾于生理记忆之上，成为各种权利关系得以平衡、协调的聚焦点，从而保证了民间既成的故事传承在社会全体的不断延续。当然，艺术、戏剧、传说以及凝聚记忆的民间祠祀、官方祭典也就作为地域社会最显著的行为，实现了在传统社会中的合理定位。通过考察东海孝妇故事在不同地域社会、在不同艺术样式的流传，可以清楚地看到宗教、礼法、艺术、人生在民间传说故事中的力量消长。从这个意义上讲，民间传说具有仪式行为的内涵，成为凝聚信仰与民俗、艺术与人生、社会与个人的纽带。

今天，透过在郯城、连云港两地对于孝妇的话语表达，仍能够让人感到，孝妇故事作为生活中必需的仪式行为，依旧以各种可能的方式试图走进现代社会；这也让人更加坚信，在这块土地上与山川并永的，仍然是活在人们诸多行为中的东海孝妇传说。

郯城县文化馆、县政协文史委、县史志办诸位先生，连云港市朝阳镇兴国寺诸法师以及当地群众为本文的最终完成提供了宝贵的文字、口述材料；中山大学历史系历史人类学所给予的学术机会为笔者提供了智慧资源，中国艺术研究院、中山大学、复旦大学图书馆古籍部为该文的最终完成提供了文献资源；黄天骥师、康保成师自始至终关注该研究的进展，并提出具体的文字修改意见；中国艺术研究院万素老师、中山大学哲学系鞠实儿教授、古籍部钟稚鸥老师给我的支持和帮助令人感动；友人张筱梅博士为笔者的调查提供了尽可能的帮助，友人何泽棠博士候选人为本文的引文校刊付出了宝贵时间，孙庆忠、钟东、李福标、韩晓诸博士为本文提出了宝贵建议，在此一并致谢。

（作者系中国艺术研究院戏曲所研究员）

石类生命信仰探析

赵章超

石头与生命的信仰，是中国传统文化里源远流长的信仰之一。它把石头看成生命之源乃至世界之源，本文就此做一探讨。

道教认为世界由阴阳二气生成，而《格致镜原》卷六引《物理论》："上精为石，石，气之核也。气之生石。犹人筋络而生爪牙也。"

人之降生，也是以石作为母亲或媒介的。《北堂书钞》卷一载："帝尧生石乳，禹生石纽，启生昆石。"《蜀中广记》卷七十一载："女狄暮汲水，得石子如珠，爱而吞之。有娠，十四月生子。及长能知泉源，代父鲧理洪水，三年功成。"

生子的贤能贵盛与否也关系受孕之石的类型。《御定月令辑要》卷七："《北史高琳传》琳母尝祓禊泗滨，遇见一石，光彩朗润，遂持以归。是夜梦人衣冠有若仙者谓曰：'夫人向所将来石是浮磬之精，若能宝持，必生令子。'母惊悟，举身流汗。俄而有娠，及生，因名琳，字季珉。"《类说》卷四："弘成子少有人授以文石，大如燕卵。吞之，心识开悟，遂为通儒。后病，吐石出以授弟子五鹿充宗，亦为硕学。"《类说》卷五十言："杨裕河朔人，一日出郊，有使人自北驰骑来问：'子非杨裕乎？北岳赐汝物，可跪受之。'使者怀中探一物若帛裹者，裕归，焚香启之，得石雁，一雄一雌，左翅掩右者雄也，右翅掩左者雌也。后生一男一女，男为周朝宣徽使，女为汉高祖妃。"《蜀中广记》卷八载阳安县玉华池："每三月上巳日，有乞子者漉得石即是男，瓦即是女，自古有验。"

石头也是其他动植物的生命本真。《蜀中广记》卷十五言马湖江:“江有石生鱼。”《蜀中广记》卷十七言莲花石:“在江中不恒见,见则岁丰。”

作为生命之源的石头,自然就成为人类及其动物的安乐窝。《玉芝堂谈荟》卷二十五载:“福清化南里童子入石洞,见石无故自动,凿开,得一白兔。置之地,走数步,见风化为石。”

《类说》卷五十九言:“李后主得青石砚,墨池中有黄石如弹丸,水常满,终日用之不耗,每以自随。后归朝,陶谷见而异之,砚大不可持,乃取石弹丸去。后主拽其手,振臂就马。后主请以宝玩为谢,陶不许。后主曰:‘惟此砚能生水,他砚皆不可用。’陶试数十砚,皆不生。后主索之良苦,不能奈,曰:‘要当碎之。’石破,中有小鱼跳地上。”

《绀珠集》卷七:“魏生尝得一美石,后有胡人见之,云:‘此宝母,每月望设坛海边石上,可以集珠宝’。”

做为生命之源的石头,自然也可作为非凡的食物补充人的生命力。《茅亭客话》卷九载张世宁、柴汉荣、张保绪入天仓洞中,或觉馁,思酸馅食,面前寻有一双酸馅。悚惕惊异而食之。保绪亦思蒸饼,亦如前有之,遂食一枚,藏一枚。柴汉荣思蜜,亦如前得食之。后皆忘饥渴,渐觉身体轻利,登陟无困惫……既出得洞,先藏者蒸饼化为石甚重,击之如铜声。”《绀珠集》卷三:“辰州东有二山,高数十丈,古语云昔夸父与日争,至此煮食此支鼎石也。”《广博物志》卷十二:“董威辇含一石千日不食。”

仙人之飞升,也往往因以之为食。《酉阳杂俎》续集卷十:“石桂芝,生山石穴中,似桂树而实石也,高大如绞尺,光明而味辛,有枝条,捣服之,一觔得千岁也。”仙人与石头往往是二而一的东西。《渊鉴类函》卷二十六言仙人“修羊公者魏人,上华阴山石室中。汉景帝诏问修羊公能何日发,语未讫,床上化为白石羊,题其背曰:‘修羊公谢天子。’后贮石羊于灵台上,羊后复去,不知所在”。《御定月令辑要》卷七:“黄石公出一编书授张良曰:‘读是则为王者师。后十三年见我济北谷城,山下黄石即我也。’他日,良于山下果得黄石。”《蜀中广记》卷六十四:“王屋山人王常曰:‘欲得长久,何不食石。”《类说》卷三言:“仙经云神山五百年一开,有髓出,食之寿与天地等。”《真诰》卷五载:“鲍济之水,水中有石精,得而服之可长生。”《神仙传·原序》:“卬疏服石以炼形。”

《太平广记》卷第九《焦先》云焦“年一百七十岁,常食白石,以分与人,熟煮如芋食之”;《太平广记》卷第十六《杜子春》云仙人“持白石三丸,酒一卮,遗子春”;《太平广记》卷第五十四《薛逢》言道士孙灵讽入天仓洞,见“饮食名品极多,皆若新熟,软美甘香。灵讽拜而食之。又别开三五所,请以奉薛公为信,及赍出洞门,形状宛然,皆化为石矣”;又《太平广记》卷第五十四《薛逢》载僧入仙府,“饥甚,闻食香,买蒸啖之……俄变为石”;《睽车志》言仙人“出物一袭曰:‘以此赠行,异日得十四岁女子乳,即可饵也。’许大讶,且奇之,徐发袭,得白石数块,坚莹可爱”,后于任上果得十四岁女子乳以磨所藏之石,“应手如膏,因即饵之”,遂健康长寿;《茅亭客话》卷九言从仙府携出之蒸饼“化为石,甚重,击之如铜声”。

而神仙也常常以石为名,《云笈七签》卷二十四言:“西斗君姓刘,名起,字石婴。”其他仙人名如石长生、张石生等。

而生命与石头之间也是可以自由转换的。《御定月令辑要》卷二十三:“阳羡县小吏吴龛家在溪南,偶一日有掘头船过水,溪内忽见一五色浮石,龛遂取归置于床头,至夜化为一女子,至曙仍是石。”《稽神录》卷五:“临州人岑氏尝游山,溪水中见二白石大如莲实,自相驰逐。捕而获之,归置巾箱中。其夕梦二白衣美女自言姊妹来侍左右,既悟,益知二石之异也。”《太平广记》卷二十四言高僧“忽谓清真等曰:‘有大魔起,汝辈必罹其患,宜先为之防,不尔则当败人法事。’因令清真等长跪,僧乃含水遍喷口诵密法,清真等悉变成石,心甚了悟而不移动。须臾之间,代州吏卒数十人诣台,有所收捕。至清真所居,但见荒草及石,乃各罢去。日晚老僧又来以水噀清真等成人”。

《华阳国志》卷三载三缝县:“有长谷石时坪中有石猪,子母数千头。长老传言夷昔牧猪于此,一朝猪化为石,迄今夷不敢牧于此。”

石头与其他生命也是二而一的东西。《御定月令辑要》卷十六："庐山顶上有三石雁，霜降则飞。"《夷坚志》蔡州士人书室见小蠹鱼，陆离蜿蜒，每日巳时见，至午乃隐，日日如此。因捕得，至午乃化为石，奇妙天然，明日巳午又蠕变如此。《玉芝堂谈荟》卷一："武德末，太宗平内难，有龟游于莲叶之上，取之化为白石，莹洁如玉。"《渊鉴类函》卷二十六："渭州水中有虫鱼鸣或作质质声。土人见者多以梃刃或坚物击之，多化为石。石色青黑温润，堪为砺。名曰质石。凡兵刃用此磨治者青光而不镦。"《云笈七签》卷一百十言覆笥山："有石雁，至春秋时皆能群飞。"

因此石自身也有生命，《酉阳杂俎》续集卷二："于季友为和州刺史时，临江有一寺，寺前渔钓所聚。有渔子下网举之重，坏网，视之乃一石如拳，因乞寺僧置于佛殿中，石遂长不已，经年重四十斤，张周封员外入蜀亲睹其事。"《绀珠集》卷二："神驱石始皇作石桥欲过海观日出有神驱石入海石去不速鞭之流血石皆赤色。"

而又复认为神仙所食之石凡人不可轻易食。《云笈七签》卷一百十二之上载："天台山东有洞入十余里有居人，市肆多卖饮食。乾符中，有游僧入洞，经历市中，饥甚，闻食香，买蒸饼啖之，同行一僧服气不食。既饱，行十余里，出洞门，已在登州吴平县界。所食之僧俄变为石。以此言之，王烈石髓、张华龙膏得食之者，亦须累积阴功，天挺仙骨，可上登仙品。若常人啖之必化为石矣。"

自然界的节令变迁也受其所支配。《御定月令辑要》卷二："北方有钟山焉山有石，首如人，首左目为日，右目为月。开左目为昼，开右目为夜，开口为春夏，闭口为秋冬。"

与城步苗族相邻的侗族，在寨前，"必先立'沙坛'，沙坛下埋着一块大白石和十二块小白石，大白石象征着沙天巴（侗族创始神，太阳女神），而十二块小白石则象征沙天巴的十二个女儿女孙"①。

石也可以作为种子以生物，《绀珠集》卷七载："阳雍伯尝设義浆

① 之林河《论南楚的太阳崇拜与〈九歌·东君〉》，巫瑞书等编《巫风与神话》第 99 页，湖南文艺出版社 1988 年版。

以给行旅,一日有人饮讫,怀中取石子一升与之曰:‘种此可生美玉,并得好妇。’如言种之,有徐氏女极美,试求之,徐公曰:‘得白璧一双即可。’乃于所种得璧遂娶徐氏。”

关于石头的生命信仰不仅是我国的传统信仰之一,也是世界各民族所共同的信仰,如《希腊的神话和传说》载是正义女神忒弥斯让丢卡利翁夫妇“从肩头上向身后投掷石头……男人投掷的石头变成男人,女人投掷的变成女人”从而再造了人类①。

(作者系西南大学文学院教授)

① 斯威布著《希腊的神话和传说》第 25—26 页,人民文学出版社 1978 年版。

杂史、杂传叙事对朝鲜汉文叙事文的影响

聂付生

在中国传统文化的发展格局中，史官文化占据着相当重要的位置，章学诚曾说："《六经》皆史也。古人不著书，古人未尝离事而言理，《六经》皆先王之政典也。"（《文史通义·易教上》）《六经》的史学意义就在于它指导"先王"行政的文化经典性，这种文化定位决定了史学以及史学家的文化地位和政治地位。而作为街谈巷语、刍荛狂夫之议的"小说"一直被认为是不登大雅之堂的小道而备受人贱视。小说家为了提高其地位，采取让小说与历史联姻的办法，在艰难的生存罅隙中觅得一丝空间。东汉刘歆云，他抄出《西京杂记》，为"以裨《汉书》之阙"（《西京杂记跋》），干宝谓《搜神记》"考先志于载籍，收遗逸于当时"，郭宪谓《洞冥记》"藉旧史之所不载者"。其时盛行的杂传、杂史、志怪书等全从史传中脱胎而来。所以，刘知几说："逸事者，皆前史所遗，后人所记，求诸异说，为益实多。及妄者为之，则苟载传闻，而无铨择，由是真伪不别，是非相乱。"（《史通》卷十）事实确实如此。史传叙事作为一种叙事方法和创作理念已经渗透于历史各个时期的小说创作，尤其是笔记体小说。古代朝鲜半岛因汉文的输入，汉文的思维习惯不同程度地影响着整个朝鲜半岛民族的历史和文化。由于朝鲜没有叙事文学的积累，它的叙事文学必然从中国叙事传统中汲取养料，这其中首先是史传叙事的影响。毫不夸张地说，中国的史传叙事在朝鲜半岛各个朝代的叙事作品中都能找到清晰的痕迹。

一

史传的最高原则是真实。班固评《史记》云:“其文直,其事核,不虚美,不隐恶,故谓之实录。”(《汉书·司马迁传赞》)刘知几亦强调历史叙述应该“直书其事”(《史通》卷七),如“明镜之照物也,妍媸毕露”,如“虚空之传响因也,清浊必闻”,“爱而知其丑,憎而知其善,善恶必书,斯为实录”(《史通》卷十三)。在其熏染下,有闻必录,谨守真实的藩篱而不作稍微的违背的创作理念,构成中国传统叙事的第一个层面,或云核心层面。《搜神记》本以志怪命名,作者却偏证明以“发明神道之不诬”(《搜神记序》),即是基于这种认识。南朝刘义庆撰《世说新语》、殷芸撰《殷芸小说》,不但多为依史近实,留下弥足珍贵的史料,而且被后人称为“通史之外乘”(清姚振宗《隋书·经籍志考证》卷三十二)。唐代文言小说虽然是从六朝志怪书演变而来,但它同时吸收了史传和杂史、杂传许多东西。其中单篇行世的优秀之作,均以“传”或“记”名之,篇幅上已突破“丛残小语”的限制,手法上亦以想象虚构和铺张描写为主,背离了此前严格遵循的“实录”原则,使“小说”第一次具有了真正的文体意义和品格。然而,随着唐代文言小说的衰微,传统叙事又重新制约着作家的写作。这样的作品鲁迅称之为“杂俎”,一般叫做笔记小说和野史笔记。内容非常庞杂,包括神仙、鬼怪、传奇、异闻、冥报、野史、掌故、名物、风俗、训诂、诗话,乃至饮食起居、治身理家之言。文人取名为“随笔”、“丛谈”、“笔记”、“志林”、“随录”等,其篇幅短小,是名副其实的“丛残小语”。这种现象一直持续到清末,势头不减,实录的写作原则不变。诚如《四库全书总目》所说,“唐宋而后,作者弥繁,中间诬谩失真、妖妄荧听者固为不少,然寓劝戒、广见闻、资考证者亦错出其中。班固称小说家流尽出于稗官,如淳注谓王者欲知闾巷风俗,故立稗官使称说之,然则博采旁搜,是亦古制,固不必以冗杂废矣”(《四库全书总目提要》卷一四〇子部小说家类一)。

朝鲜的汉文叙事文是在中国叙事传统的影响下形成的,他们对真实性的追求有过之而无不及。李树廷在《金鳌新话跋》中说:“朝鲜固多小说,然皆有根据,盖野史之类,其传奇之作甚稀。”这话是符合实情的。因为朝鲜文人对来自中国的各种杂史、杂传、志怪书耳濡目染,他们也像中国文人一样,对“历史和掌故的兴趣超出了虚幻故事的嗜好”①,他们创作的叙事作品多以野谈类相标榜,如《於于野谈》、《秋斋集》、《青邱野谈》、《东野汇辑》、《破睡篇》等,这与其说是朝鲜文人的杂录、杂史,不如说就是中国文人笔记体在朝鲜半岛的延伸。台湾学者林明德曾从中甄选出三百余篇,编入其《韩国汉文小说全集》第八卷和第九卷,这些作品的叙事多保持原生态状态,缺乏剪裁和锤炼,是其特点,也是缺点。

首先,他们大多亦以“传”、“记”题名,即已揭示了依傍中国传统叙事的创作动机。其次,创作者在作品中明确揭示其出处,自觉或不自觉地透露其创作宗旨和原则。如丁若镛《曹神仙传》,全文三百余字,叙曹先生从孤儿寡妻处低价买来的书而以高出原价几倍卖出事,作者在文中有云:“乾隆丙申间,余游京师,始见曹神仙,颜发如四五十者。至嘉庆庚申间,其貌不少衰。近有人云:‘道光庚辰间亦然。’但余未之目见也。”柳本学《金光泽传》叙金光泽与其父之能在灰上起舞而不留下任何痕迹的神奇剑术,其结尾补叙云:“尚判官得容,好奇士也,与光泽相识。常言其事,故录之。”金鑢《索囊子传》、柳本学《李廷楷传》等作品都有类似的表述。尽管有些作品颇多奇异,亦要点明出处,至少在读者看来,千真万确,不容置疑的。《柳五乘传》(原载《奇说》)讲述的就是一个奇异的故事。崇祯年间,书生柳五乘因占卜之言,遂离家上京赶赴科考。路途遇一美人,柳五乘惊其美色,尾随至家,与这个早已寡居的美人同居了,并得知美人是京城韩万户的千金,然后,考取状元,娶回美人,终以偕老。这个故事颇多神秘色彩。首先是占卜者的先知之言,说柳五乘必然高中状元,但生命难保,必须私通五柳下浣衣的美人才能免难。其次,美人的异梦又恰与此吻合。奇梦不足为怪,而占卜者的神算却是现实生

① 浦江清《浦江清文录》第185页,人民文学出版社1958年版。

活中难以实现的,然作者为取信于人,结尾处一一述明故事来历、主人公姓名和籍贯,以示其真实性。这种做法在中国杂史、杂传、以至志怪书中屡见不鲜,均意在强调作品的真实无误。

有些作品直接以"余"为视点,叙述所看到、听到的,一般与传主或其他作品的人物发生关系,也不作主观评价,不分析人物心理。在作品中,"余"只是事件发生的一个见证人而已。如《金圣基》(原载《浣岩集》卷四)的传主金圣基是一名贫寒的乐工,人品高尚,面对淫威,凛然不屈,决不出卖自己的灵魂,是雷海清一类人物。而这一切都是由"余"眼中见出,作品的真实性因此而强化。

大多数朝鲜叙事文只以人物为描写中心,纪其形状,摹其心理。外界事物除非与传主发生关系,否则一概不述。即使有牵连,也从传主角度引入。这是史传叙事的经典写法。如李德懋《银爱传》叙良家女银爱因遭冤屈而刺杀安妪一事。作品以银爱的耳目为耳目,先写安妪造谣,使得银爱无法嫁人,同村人金养俊娶以为妻。但银爱心里复仇的念头与日俱增。终于在一天夜里,银爱持刀杀死安妪。这种写法在中国传统叙事文中很多,包括文言短篇小说,朝鲜也不例外,如《郑起龙》、《万德传》、《南宫先生传》、《义岛记》、《张福先传》等都是从作品中人物的视角叙述的。

其实,朝鲜大多数的叙述都来自真实的人物和事件,作者只是起了一个记录者的作用,很多都可以在史书中或其他资料中找到相关记载。如南宫斗,在朝鲜历史上实有其人,柳梦寅《於于野谈》、李晬光《芝峰类说》、洪万宗《海东异迹》等书中都有其人其事的记载。如《芝峰类说·仙道部》云:"南宫斗,咸悦人,乙卯进士。少时因事亡命,遇异人授秘诀,浮游山水间,年几九十,颜色不衰,人谓地仙。"再如《郑寿铜》刻画的郑寿铜尽管见于《逸士遗事》,其真实性尚难确定,但其中的南秉哲却是实有其人的朝鲜文臣。文云:

尝为圭斋南尚书秉哲所遇,至辄设酒以待之,时或醉吐褥席,臭污人所不堪,南公犹欢然不以为嗔,赠之以诗曰:"有情天下王长史,落魄江南杜牧之。"常以为知己语也。尝一日,宿于其江榭，早起渴甚，露髻往酒店满饮，不顾而出，酒保责价甚急，乃大呼曰："南尚书救我，郑寿铜被押。"店主闻其为郑寿铜，谢遣之。

南秉哲(1817—1863)，李氏朝鲜宪宗年间的文臣，字子明，号圭斋，曾任吏曹判书、礼曹判书、大提学等职，擅诗文，有《圭斋记》存世。读过这则叙事作品的人，是很难怀疑它的真实性的。

美国汉学家夏志清曾说，在中国的明清时期，"作者与读者对小说里的事实都比对小说更感兴趣"①。捷克汉学家雅·普实克也说："在中国文人文学传统中，高度评价的是'实'，即确切的记录；文学中的幻想因素则被认为是'虚'而被贬低或排斥。在中国传统的文人文学中，包含着大量优美的事实纪录，但往往并没有加工成高度艺术性的完整的文学作品"②。这些话都是中国叙事文的实情，朝鲜的叙事文不也是这样吗？所以，朝鲜文人李睟光说："夫历代之有小说诸书，所以资多闻证故，实亦不可少也。"(李睟光《芝峰类说自序》)李圭景也说："世以稗官小说专归无征者，亦为俗见也。"(李圭景《五洲衍文长笺散稿》卷四十五)都是基于这种现象而发。

二

既然把具有小说因素的叙事文称之为"杂史"、"杂传"，那么，这些"杂史"、"杂传"的题材是正史不屑为之的"街谈巷语"、"刍荛狂夫之议"，是与庙堂相对的民间人物传记。马端临云："杂史者，正史编年之外，别为一家，体制不纯，事多遗闻。"(《文献通考》卷一九五《经籍考》)这种界定基本上是正确的。

---

① [美]夏志清《中国古典小说导论》第 15 页，安徽文艺出版社 1988 年版。

② [捷克]雅·普实克《中国文学中的现实和艺术》，见《中外中国文学研究论丛》，中国文联出版公司 1985 年版。

作为当时人写当时事的朝鲜汉文叙事作品，创作者在选材上充分网罗社会各阶层的芸芸众生，尤其关注生活于下层细民的生存状态，以及他们的喜怒哀乐。《秋斋记异》作者叙及自己写作动机云："遂令儿孙把笔，倚枕作记异诗，人有小传，合为若干篇，而事或关乎人之是非，国之政令，一不及焉。非徒不欲言也，亦已忘故也。噫！是不过慨初心于草莽，叹余生于蒲柳，聊为尔御眠遣暑之资，凡我同人览之，而悯其老悖，不曰怪力乱神，吾夫子不语云，则诚厚幸也。"可以说，专记无关"国之政令"之事或"人之是非"，成为朝鲜文人的一种创作共识。仅以林明德编纂的《韩国汉文小说全集》第九册为例，出现最多的是乞丐、小商品经营者、民间艺人、妓女、侠客、小偷等。黄希淑因卖大豆致富（《大豆》，原载《□桥别集》卷四"漫录"五），以乞讨为生的蒋生（《蒋生传》），赵三难携妻背井离乡、当垆卖酒而富甲一方（《三难金玉》，原载《此山笔谈》卷上），身份低贱却品格高尚的妓女（《扫雪》、《巫云》、蔡济恭《万德传》）、淳朴的乞丐（李用休《海西丐者》、《丐师》）等。

更可贵的是，作者通过表现这些小人物，再现了他们丰富的内心世界，把握到了他们的情感脉络。李钰《申哑传》不足四百字，叙写聋哑人申炭斋的铸刀技艺。由于申炭斋聋且哑，只有一吏能与之手语，他也只能通过吏的翻译与周围的人交流。吏死之后，他失去了唯一可以融入这个世界的通道，其心中之苦之痛可想而知。文章写道："吏先炭斋死，炭斋往笞其柩，如狗嗥终日，寻病死。"数语介绍，渗透的是聋哑人的伤感和悲凉。《蝴蝶》（原载《别本青秋野谈》）则是一则传奇故事：以丝商为业的朴氏子与柳家女结婚后不久，在丙子胡乱中被掳至中原，四十年后回归故里，面目全非，最后以结婚之夜被火烛烧成孔状的蝴蝶衣裳为证与从来没有谋过面的儿子相见。作者把家庭的不幸与国家的灾难连在一起，升华了主题，且有一种悲凉的情感氛围，因此很有艺术感染力。《郑氏奇遇记》（原载《奇说》）亦为同类题材，亦写得悲凉慷慨。叙郑生因胡人入侵京城而被虏至中原，与未婚妻李氏一别就是六十余年。他们之间仅靠"婚事字画、梅花一枝"得以重逢。

三

中国传统的叙事结构一般都采用史传框架，即以传主的事迹为主线，以传主经历的先后来谋篇布局，展开情节。大体构架是，一般先介绍传主姓名、籍贯、先祖有功名者，需介绍其家族官谱世系，接着就进入正文，传述人物生平，细写重要事件，凸显主旨。作品结尾，常交代人物的归宿，甚至述及他们的子孙。时或略加点评，就此事或人发表感想、予以评价。朝鲜叙事文的结构亦如法炮制。

综观朝鲜叙事文，几乎所有的篇章都以介绍人物的籍贯、身份、性格等内容为开场语，略举几例：

> 赵三难者，湖右名族，其家世贫，幼失怙恃，不得早娶。而其兄某，文雅疏迂，不自谋生，饥厌糟糠，若食家之饱饫烹宰（《赵三难》）。
>
> 先生名斗，世居临陂，家故饶，财雄于乡。自其祖父二世，皆不肯推择为吏。斗独以博士弟子业起家（《南宫先生传》）。
>
> 郑寿铜，名芝润，字景颜，籍东莱。世佐行人役，生而有文在手曰寿。及冠，取《汉书》芝生铜池事，遂以寿铜自号。通贵贱远迩，知与不知，咸曰郑寿铜也。早孤，母崔氏苦节自守，佣针线以就业。及长，行耿介斥弛，平生不肯受人羁□，殆自放于绳尺之外，而恂恂卑谦，若不能言，不欲矜所挟以加之。聪悟钟于文字，凡僻奥奇屈，幽眇繁冗，不能究竟者，一见辄晓其指要机轴肯綮所在。诗为最长，集耳目之所蕞涉，今昔高妙精确……而善饮酒，为性命悲欢得失，啡笑侘傺，连蜷一切，寓诸酒而发之诗（《郑寿铜》）。

正文叙事一般简约、概括，缺乏冗长、细腻的细节描写，多数作品只截取传主一个或几个生活片段，作一般性地叙述。许筠的《张山人传》是朝鲜汉文叙事文中较出色的一篇。该篇叙张山人怪异的一生。张山人本信佛，其言其行却是道教行径，可禳神捉怪，可起死回生等。此篇即由几段张山人驱邪役怪故事构成，概括性强而形象不足，容易细化、出彩的事件都简化处理，如“一日行峡中，二僧随之，至林薄间，有双虎出而伏迎，山人叱之，虎弥耳摇尾，若乞命者。山人自骑其一，令二僧并跨其一，至寺门，虎伏而退去”等即是。

正因为对人物的言行、性格、情感缺乏深入的剖析，有些作品连事件的原委都很难揭示清楚，甚至给人错觉，得出相反的结论。如《龙山车夫》(原载《记闻拾遗》)叙一美人勾引龙山车夫事。龙山车夫认为这是美人对丈夫不忠的表现，罪孽甚重。交欢之后，龙山车夫又残忍地将其杀死。而美人的丈夫作为嫌疑犯逮捕入狱，临刑之时，龙山车夫自首坦白。当明白事情原委时，官方以其“杀一淫妇，活一不辜，是一义人也”，“特免贱又赏”。这是作者听来的一件轶事。故事本身很有趣味性，作者可能作了一些剪裁，但缺乏提炼，让人物性格掩埋在简单的叙事之中。蔡济恭《李忠伯传》先后叙述李忠伯奸宿朴烨嬖妓和恶少年之娼两件事，官府都因钦佩他的侠义和豪气而免于追究，反而因此结为莫逆之交。由于作者在对传主奸淫与侠义性格之间的联系不作深入而又令人信服的挖掘，这些简单的叙事不但损害了传主的形象，在艺术也无任何价值可言。类似的叙事还很多。这主要是朝鲜文人太拘泥于史实而不善于挖掘题材所致。

史传中更为集中表达撰著者意志的，是其中的论赞。《春秋左氏传》的“君子曰”，《公羊传》中的“公羊子曰”，《穀梁传》中的“穀粱子曰”，可能是这一形式的滥觞。《史记》“太史公曰”也是评赞的专门形式。这一形式被传统叙事吸收，并普遍采用，以至成为传统叙事结构的一个不可缺少的组成部分。这些评论或置于一篇之首，或置一篇之末，或置于一篇之中。置于篇首的评论引导、生发了以下叙述，置于篇末的评论是一篇叙事之归宿，置于篇中的评论则在随时推动着叙事。朝鲜汉文叙事也乐于采用，叙事不足，往往以论赞形式予以弥补。如《抱节竹传》赞美抱节竹为人劲节不阿的崇高品德，就是用简单的叙述语言，而不作具体的描绘，形象性较差，但是很注意用些议论性的语言来丰富或加深所描写的对象，在《抱节竹传》中，全文不足千字，假借苏轼的评价和史臣的议论就占了三分之一。也有针对文中叙事发表感慨，抒发情感的议论。如《葛处士》(原载《逸士遗事》卷一)叙葛处士因贫穷如洗而堕落为盗事。作者对葛处士的态度是矛盾的。对其堕落为盗深感惋惜，同时又对恶劣的社会环境深表忧虑。他借葛处士的口对前来捕捉的官吏说："古云大盗盗国，小盗盗金，余强盗哉，今之世，通国皆盗也。"很明显，作者所指的，是那些主宰国家命运的统治者和两班贵族。民族危机不是因为有强盗存在，而是甚于强盗的统治者动摇了国家的根基。在作者看来，只要政治清明，像葛处士、朴长脚类的"奇男子"肯定是国家的栋梁。文末还有一段"外史氏"的论赞，云："南方山泽之间，自古多奇男子，往往仗气节以自快意一时，辄折节为良善人，如朴长脚、葛处士之流是也。苟其陶铸作成而立于朝，必彬彬有可观者，竟落魄泯灭于草莽，悲夫惜哉！"对葛处士的遭遇深表同情。

四

史官文化在朝鲜半岛非常发达。早在高句丽时期中国的史书就已东传。《周书》卷四九《高丽传》云："书籍有《五经》、《三史》、《三国志》、《晋阳秋》。"而《旧唐书》卷一百九十五《高丽传》记载较详，曰："其俗多爱书籍，至于衡门厮养之家，各于街衢造大屋，谓之扃堂，子弟未婚之前，昼夜于此读书习射。其书有《五经》及《史记》、《汉书》、范晔《后汉书》、《三国志》、孙盛《晋春秋》、《玉篇》、《字统》、《字林》；又有《文选》，尤重爱之。"《史记》、《汉书》、《后汉书》与《三国志》都属纪传体史书，习称"前四史"。孙盛系东晋人，所撰《晋春秋》为编年体史书，专记东晋史事。《旧唐书·百济传》也记载了百济国的情况，只是甚为简略："其书籍有《五经》、子、史，又表疏并依中华之法。"同书还记载，贞观二十二年(648)新罗真德王遣其弟金春秋等人来唐，唐太宗"赐以所制《温汤》及《晋祠碑》并新撰《晋书》"。新罗神文王二年(682)，新罗设置国学，所定教材中即有中国史学著作《尚书》、《春秋左氏传》等。

受此影响，三国已有修史的行动：近肖古王三十年(375)，史官高兴撰写《书记》一书，结束"百济开国以来，未有以文字记事"的历史(《三国史记》卷二四《百济本纪》)；真兴王六年(545)秋七月，新罗王"命大阿飡居柒夫等，广集文士，俾之修撰"国史(《三国史记》卷四《新罗本纪》)。同书卷二十《高句丽本纪第八》载：

> 婴阳王十一年(601)春正月，诏大学博士李文真，约古史，为新集五卷。国初始用文字时，有人记事一百卷，名曰《留记》，至是删修。

这些著作现已无存，但无可怀疑都是在中国史籍的影响下产生的，这在朝鲜半岛文化事业上是件大事。

统一后的新罗仿唐制建立了国学与太学，并在元圣王四年(788)制定了以经史为主要考试内容的读书三品出身法，以此选士举官。而举官又以读书科目为依据："读《春秋左氏传》，若《礼记》、若《文选》，而能通其义，兼明《论语》、《孝经》者为上；读《曲礼》(《仪礼》)、《论语》、《孝经》者为中；读《曲礼》、《孝经》者为下。若博通《五经》、《三史》(《史记》、《汉书》、《东观汉记》)、诸子百家书者超擢用之。"(《三国史记》卷九，新罗本纪第十，元圣王四年条)按照"六经皆史"的说法，《五经》当属史籍范围。由此可见，新罗已把史学类典籍作为士子入仕的必读之书。这一举措，极大地促进了中国史籍在朝鲜半岛的传播。在这一时期，大批新罗学子赴唐留学，参加唐朝的宾贡科，熟悉中国史籍，回国后，也成为传播中国史籍的生力军。如崔致远，他十二岁入唐留学，十八岁进士及第，二十岁任宣州溧水县尉，任满后又为淮南节度使高骈的都统巡官。从其文集《桂苑笔耕集》中所引用的一些掌故与历史人物看，他十分熟悉中国历史，至于《春秋》、《左传》、《前四史》、《晋书》、《周书》、《隋书》等史籍他大都浏览过。崔致远虽致力于研究儒学与汉文学，也通晓中国史书的编纂体例和方法，归国后曾撰写了一部《帝王年代历》。这是一部史书，虽然久已失传，无法确知其详细内容，不过就书名来看，它是一部编年体史书。后来高丽人金富轼在其《三国史记》卷四论及新罗王历代称谓时曾征引过此书。其中说:“论曰:新罗王称西居干者一,次次雄者一,尼师今者十六,麻立干者四。罗末名儒崔致远作《帝王年代历》,皆称某王,不言西居干等,岂以其言鄙野不足称也?”由此可见,此书也是在中国史书影响下的产物。

高丽朝对史学高度重视,设置史官,建立修史机构,以提高史学在社会上的地位。史载:“春秋馆掌记时政,国初称史馆。监修国史,侍中兼之;修国史、同修国史,二品以上兼之;修撰官,翰林院三品以下兼之;直史馆四人,其二权务后陛,直馆为八品。高宗复以直馆为权务官。”(《高丽史》卷七六《百官志》一)春秋馆有时称史馆,有时又与艺文馆(掌制撰词命)合并,如忠烈王三十四年(1308),新即位的忠宣王将其并入文翰署,称艺文春秋馆。忠肃王十二年(1325),又分为艺文、春秋二馆。恭愍王五年(1356),“复称史馆”,置编修官一人、检阅一人、直馆二人。执掌史馆者为史官,《高丽史·百官志一》称:“春秋馆置修撰、注簿各一人,检阅二人,后改供奉,正七品,修撰正八品,检阅正九品。又有领馆事、监馆事,首相为之;知馆事、同知馆事,二品以上为之;充修撰官、充编修官、兼编修官,三品以下为之。”此外频见于同书的史官还有修国史、同修国史,直史馆、直馆等。宰相兼领馆事和监修国史制度一如唐宋,其史官设置较唐完备,大体与宋相当。高丽史官同样受到君主的重视,他们除了编修史书外,还要随时记录君主的言行与政事。恭让王元年(1389),史官崔蠲等上书说:“史官之任,君上之言行、时政、百官之是非皆得直书,以示后世而垂劝戒,故自古有国家者,莫不以史职为重。”(《高丽史》卷七六《百官志》一)这给传播中国史学设立了一个很好的平台。这期间大量中国史书流传朝鲜高丽,并引起当权者的极度重视。据说,被宋神宗赐名的历史巨著《资治通鉴》一传到高丽,立即受到忠烈王与忠宣王青睐,或让人讲解,或亲自阅读,以从书中寻觅治国安民之道。许多著名史家也是通过这个平台而成果斐然。如金富轼(1075—1151)在仁宗二十三年(1145)奉命编修《三国史记》,他广泛搜罗古代旧史,参阅中国史书的记载,编成《三国史记》50卷。本书仿《史》、《汉》体例,共有三国本纪28卷,依次为新罗本纪12卷、高句丽本纪10卷、百济本纪6卷、年表3卷、志9卷、列传10卷，是纪表志传俱全的完整的纪传体史书。据史载，在金富轼奉命撰写该史书之前，高丽仁宗说："今之学士大夫……至于吾邦之事，却茫然不知其始末，甚可叹也。况惟新罗氏、高句丽氏、百济氏，开基鼎峙，能以礼通于中国，故范晔《汉书》、宋祁《唐书》皆有列传，而详内略外，不少具载。又其《古记》文字芜拙，事迹阙亡，是以君后之善恶，臣子之忠邪，邦业之安危，人民之理乱，皆不得发露以垂劝戒，宜得三长之才，克成一家之史，贻之万世，炳若日星。"可见其开创之功。《三国史记》的问世，不仅开朝、韩古史纪传体的先河，也是高丽时期纪传体史书成熟的一个标志。

除此，高丽史学家善能仿照中国史书的纲目体撰写史书。纲目体创始于南宋朱熹的《通鉴纲目》。司马光所撰《通鉴》内容宏富，卷帙浩瀚，一般人很难通读。朱熹从《通鉴》中节取事实，编为纲目，纲为提要，模仿《春秋》；目以叙事，模仿《左传》。这种体例传到高丽，颇受史家青睐。忠烈王朝的闵渍在撰成《世代编年节要》后，又着手编撰了本国《编年纲目》，"上起国祖文德大王，下讫高宗，书凡四十二卷"（《高丽史》卷三六，《忠惠王世家》）。这说明纲目体已被高丽史家所采用，成为编撰史书的重要体裁之一。除此，中国的野史对高丽史学家也有深刻影响，一然编《三国遗事》即是这方面的杰作，正如《校订三国遗事叙》的作者所说，《三国遗事》"收录新罗高句丽百济三国遗闻逸事者。……所纪神异灵妙，专主崇佛弘法，论者谓荒诞不经，不足取信。然流风遗俗，往往散见于其中"，依然采用野史写法表现正史内容。

李氏朝鲜建立后，史学传播又上一个台阶。李太祖元年（1392）七月，置艺文春秋馆。李定宗时，允许史官侍左右，记录时政①。李

① 《定宗实录》卷一己卯元年（1399）春正月条云："史官始入侍经筵。初上不近史官，门下府上疏再请，疏略曰：'史官之职，人主言动，时政得失，直书不讳，以诏后世，所以备观省而垂劝戒也。前朝之季，荒淫无度，昵比妇寺，疏远忠良，惮史官之直书，使不得近，最为无艺。宜鉴前朝之失，思设官之义，特令史官日侍左右，记言动，录时政，以为万世之弘规。'从之。"

成宗时,又特许史官坐而记事。这些都有利于史官地位的提高。同时,由于李朝确立以朱子学为治国指导思想,与理学密切相关的史学无疑得到加倍重视。中宗元年(1506),领议政柳洵等启曰:"经筵进讲,朝则《尚书》,此书乃帝王致治之本,六经中所当先知者,在今宜速进讲。昼则《纲目》,此书历代帝王治乱兴亡具在,不可不讲,夕即夜对《大学衍义》,此书帝王出治之原,亦可讲也。"(《中宗实录》卷一,元年丙寅九月己丑条)明宗十年(1555),参赞官郑惟吉曰:"《纲目》,则朱子之心法备也,不可不讲。"(《明宗实录》卷一八,十年乙卯五月癸巳条)领经筵事尹溉曰:"《纲目》,果非他史之比,《春秋》乃遏人欲、存天理之书,而《纲目》之作,取法于此。此固所当进讲者也。"(《明宗实录》卷一八,十年乙卯五月癸巳条)简直把《资治通鉴》、《尚书》、《春秋》等史籍经典当作治国宝典。因此,朝廷相当重视《资治通鉴》等作品的印刷,朝鲜世宗三年(1421)三月,世宗"命印《资治通鉴纲目》,令集贤殿正其谬误,自庚子冬至壬寅冬乃讫"(《世宗实录》卷十一,三年辛丑三月丙戌条),史称庚子字活字印本,除此,还有甲寅字、癸丑字、癸酉字和韩构字诸本①。因此,李朝模仿中国纪传、编年、纪事本末及各种杂史的著作经常梓行于世,如郑麟趾等奉命编纂的《高丽史》即是朝鲜半岛最完备的断代史,徐居正等奉命编撰的《东国通鉴》则是仿编年体而成的史书等。

受其影响,其积累的史官文化也浸润于以形象塑造和虚构为能事的杂史和笔记体小说。尽管朝鲜半岛的杂史和笔记体小说,很多都是直接受益于中国的同类体裁,但是在中国史官文化影响下的史官意识和思维作用于汉文小说创作的因素也是非常明显的。这也是毋庸置疑的。朝鲜半岛汉文杂史和笔记小说就是在中国史官文化和杂史、杂传叙事的双重影响下朝鲜半岛汉文小说的一个重要类别。

(作者系浙江工商大学教授)

---

① 见杨雨蕾《〈资治通鉴〉在朝鲜半岛的传播》,《历史世界》2002 年第 3 期。

《西游记》与韩国大众文化

[韩]宋贞和

《西游记》在当今社会中依然显示着强大的生命力。在东亚文化中,《西游记》不仅是重要的研究对象,也是大众文化的重要素材。近期连欧美等国家也开始注意到《西游记》所具有的丰富文化价值而美国好莱坞制作的《西游记》现代版《功夫之王》(*Forbidden Kingdom*)在中国的上映,正是其文化价值的反映。

在悠久的中韩两国文化交流史上,《西游记》也是对韩国文化影响最深刻的中国古典小说之一。在当今,它还给韩国的漫画、动画、电子游戏、小说等大众文化提供了丰富的故事情节、布局结构、人物角色等,受到了韩国大众的热烈欢迎。

一、《西游记》在韩国大众文化中的多元化表现

为了说明问题,我们不妨将上世纪八十年代以来,在韩国大众文化中有关《西游记》的作品开列如下:

1. 漫画

이정문,《雪人 Alpakan》,首尔:青江文化产业大学媒体出版部,2007 年版。

高羽荣,《西游记》,首尔:Woo-suk 出版社,1980—1981 年版。

许英万,《Mr. 孙》,《漫画王国》,首尔:首尔漫画社,1986 年版。

孙泰圭,《反西游记》1—10 卷,首尔:首尔文化社,2001 年版。

홍성군、김기정,《传奇》(Chronicles),首尔:乌龟书籍,2007 年版。

시리얼、김창환,《魔法天字文》,首尔:Awl-Book(아울북),2003 年版。

조태호,《珍本西游记》全 21 卷,首尔:清亮声音,2006 年版。

高镇浩,《西游记 Plus Again》全 10 卷,首尔:三阳出版社,2000—2003 年版。

2. 动画片

《幻想西游记》1 期—5 期,首尔:韩国广播电视台(KBS)、韩浩兴业,1990—2002 年版。

3. 电子游戏

《幻想西游记》,首尔:KTC Media,1998 年版。

《幻想门 Online》(Fantasy Gate Online),首尔:UNIANA 公司,2007 年版。

《Mr. 孙与 Hydroquest》,首尔:韩浩兴业,2003 年版。

《西游记外传》(The Legendof Dragon),首尔:MB Software,1999 年版。

4. 小说

崔仁勋,《西游记》,首尔:文学与知性社,1994 年版。

二人化(柳哲钧),《西游记》,《朝鲜日报》,2002 年版。

司马达(申东旭),《美猴王》,《日刊运动》,2004 年版。

同上人,《美猴王》,首尔:大岘出版社,2005 年版。

以上这些作品,从漫画到大众小说,对《西游记》进行改编的作品甚为丰富。不但如此,韩国翻译、介绍日本、中国等国家的文化产品也值得我们关注。它们也深刻地影响着韩国大众文化的发展。其中日本的漫画不但数量众多和内容丰富,而且其影响力也日益扩大,引起我们关注的有:《七龙珠》(Dragon Ball)①、《最游

① 鸟山明、编辑部译:《七龙珠》(Dragon Ball),首尔:首尔文化社 1992 年版。

记》①、《我的孙悟空》(ぼくの孙悟空)②、《Dear Monkey 西游记》③、《东游记》④等。《七龙珠》尤其受到韩国少年的热烈欢迎,并在后来被改编为动画片,再次引起了韩国大众的关注。1978 年收入韩国的《SF 西游记:STARZINGER》⑤也是运用《西游记》的日版动画;台湾漫画家蔡志忠所著的《漫画西游记》⑥也被韩国出版社翻译、介绍;1995 年香港所拍的《大话西游》⑦也受到了韩国大众的欢迎。不但如此,日本、中国的产品在游戏方面影响更甚,《DRAGON BALL ONLINE》⑧、《最游记》等日版游戏和《大话西游》系列⑨等中版游戏都深深影响了韩国大众文化。尽管它们所具有的内容比古典《西游记》相对浅薄,但其简单的结构、较强的娱乐性却迎合了大众的趣味,因此一直获得大众的支持。

二、韩国大众文化中渗透的《西游记》特征

从漫画到小说,《西游记》在韩国大众文化中的影响都极为广

① 峰仓かずや、서현아译:《最游记》,《学山 COMICS》,首尔:学山文学社 1999 年版。同上人:《最游记外传》,《SQUARE ENIX》,首尔:学山文化社 2001 年版。同上人:《最游记 RELOAD》,《学山 COMICS》,首尔:学山文学社 2007 年版。

② 手冢治虫、이정译:《我的孙悟空》(ぼくの孙悟空),首尔:松出版社 2004 年版。

③ 白井三二郎,오경화译:《Dear Monkey 西游记》,《Sirius Random Comics》,首尔:Random House Korea,2008 年版。

④ 酒井ようへい、최윤희译:《东游记》,《IQ JUMP COMICS》,首尔:首尔文化社 2006 年版。

⑤ 松本零士:《SF 西游记:STARZINGER》全 73 卷,韩国 MBC1982 年版、韩国 KBS1988 年版。

⑥ 蔡志忠、이재원译:《漫画西游记》,首尔:Wuli 出版社 1988 年版。

⑦ 刘镇伟导演、周星驰主演:《西游记:月光宝盒》、《西游记完结篇:仙履奇缘》,香港彩星电影公司 1995 年版。

⑧ 《DRAGON BALL ONLINE》,韩国 CJ Internet2007 年版。

⑨ 2DTurn Online Game《大话西游 3》,中国 Neteasy(网易)2007 年版。

泛,尽管韩国大众文化改编《西游记》是依据中国古典小说《西游记》的框架,但在韩国不同的文化背景下,作品与古典《西游记》具有明显不同的特征。笔者将这些特征概括为以下几个方面:

(一)儿童文学为主的改编

分析最近在韩国出版的《西游记》类作品的情况,可知大部分偏重于漫画、动画片、学习书、电子游戏等儿童文学,与此相比,翻译本和小说不多。据金敏镐教授的文章,韩国21世纪以前所出的与《西游记》相关联的资料大多数是学术研究方面的资料,如硕士、博士论文或《西游记》精读本、翻译本等①。但以21世纪为转折点,在韩国所出现的《西游记》相关资料与先前有全然不同的局面。大众文化方面的产品迅速增加,而先前积极进行的学术方面的研究相对减少。由于与儿童相关联的儿童文化也属于大众文化的范围,因此儿童文化也具有大众文化的属性。尽管儿童文化注重儿童们的关心和学习,但同时它也保持着大众文化的消费性特性。并且儿童大众文化与电子媒介一贯保持密切的关系,并积极运用电子传媒所拥有的科学技术,更有效地提供给儿童可娱乐、学习的资料。不管地域与时代如何变迁,家长对孩子们的教育热情不但丝毫无减,反而如气球般越吹越大。对儿童产业而言,各个国家所投入的资金也逐渐增加,如今儿童文化产业已成为一种具有巨大商业价值的国家产业。

在韩国与《西游记》相关联的儿童文化产品也在陆续推陈出新,其中将大众注意力转移到文化方面的契机性作品是《幻想西游记》。《幻想西游记》对韩国大众文化的影响非常深刻,大多数的韩国年轻人是因为《幻想西游记》才初次知道《西游记》,才对《西游记》感兴趣的。动画片《幻想西游记》也源于漫画《Mr.孙》②,在《漫画王国》上所连载的《Mr.孙》受到儿童读者们的热烈欢迎后,又在1990年由韩

---

① 金敏镐:《西游记在韩国》,《明清小说研究》,2004年第1期,第202—204页。

② 许英万:《Mr.孙》,《漫画王国》,首尔:首尔漫画社1986年版。

国广播电视台改编为动画片，受到了空前的欢迎。播放第一系列时其收视率达 42%，份额率达 45%—55%，播放第二系列时其收视率甚至达 78%，创造了最高的收视率。凭借极高的收视率，《幻想西游记》成为在韩国动画片历史上长期放映的节目，因此在 2001 年第五系列的《幻想西游记：幻想旅行》也应运而生，当时走红的歌手金秀哲所唱的主题歌也受到了大众的广泛欢迎。《幻想西游记》里所塑造的沙僧的滑稽形象引起了大众的共鸣，与沙僧相关的一系列荒谬笑话也成为了流行语。虽然这部漫画经过现代的改编，但还保持了西天取经故事等原著的基本情节。也因为师徒们持有各种各样的精彩工具，他们生发出的笑料也大大提升了漫画的第一目的——娱乐性。《幻想西游记》引起了儿童对《西游记》的关注，显示了中国古典小说所具有的魅力。《幻想西游记》热门之后，与《西游记》相关的儿童大众文化产品包括漫画、动画片、游戏、戏剧都逐渐流行于面市。其中在日本刊行的《七龙珠》(Dragon Ball)①等《西游记》类漫画在韩国得到积极翻译的情况值得关注。但《七龙珠》与《幻想西游记》的风格完全不同。日本改编《西游记》类作品的特点是完全不拘于原典的故事情节、人物角色而自行发挥，如唐僧师徒的西天取经故事被改编为主人公取七个龙珠的故事。尽管它是动画片，但某些情节仍具有强烈的暴力性，每篇故事都带有凶残的战斗场面，同时还有一些调情说爱等少儿不宜的内容，因而受到了媒体的批评。总而言之，它已经丧失了《西游记》里所显示的人物之间纷繁复杂的纠结关系、取经故事本身深刻的哲理。但我们不能忽视《七龙珠》具有的丰富想象力、创新才能和娱乐性，仍受到了儿童们的欢迎，所以当它传到韩国之后也得到热烈追捧。2007 年韩国学山 Comics 翻译了另一本日版漫画《最游记》②并对其进行了介绍。《最游记》的第一

① 鸟山明：《七龙珠》，《周刊少年 Jump》，东京：集英社 1984—1995 年版。

② 峰仓かずや：《最游记》，《月刊 G 幻想》，东京：ENIX1997—2001 年版。同上人：《最游记 RELOAD》，《月刊 Comic ZERO-SUM》，东京：一赛舍 2002 年版。

个特点是把少女们的情感，如盼望白马王子、梦想浪漫的恋爱都表现得栩栩如生，中间又充斥着帅哥们的超凡魅力。其中主角都具有《西游记》师徒们的角色特点，但烙上了时代的印记。可惜这部漫画失去了原典中的诙谐、讽刺和哲理性，反而带有忧郁、暴力的色彩。它刊出之后仍然受到青年读者们的欢迎，并以《幻想魔传西游记》为题改编为动画片。韩国对《西游记》的喜欢持续不息，日本的手冢治虫(1928—1989)所作的《我的孙悟空》(ぼくの孙悟空)①也被翻译、介绍。这部漫画风格还是与原作相近，但不是原原本本地取法古典《西游记》，而是灵活地兼容了少年儿童的需求。在作品里显示出了作者天马行空的想象，如超越现在往返于未来的时间旅行、讽刺性的模仿，都不逊色于当今社会作品。2004 年韩国松出版社(솔출판사)把它翻译介绍给了本国的儿童读者，这里的孙悟空是帮唐僧去西天取经的乖孩子。孙悟空的大耳朵也是在手冢治虫的漫画里经常出现的主人公的特点。

实际上，这些与《西游记》相关联的日本漫画一直深刻影响着韩国大众文化。与此对比，韩国独创的漫画除了如上所提的《幻想西游记》以外，几乎都不如日本所产的漫画走红，但幸而最近韩国大众文化界比以前更关注儿童文化产业。早已熟悉电子媒体所提供的形象的儿童在选择游戏或学习资料时，更喜欢丰富多彩的视觉形象资料。他们取得信息、拓展知识时，习惯于活用多种多样的媒介，如漫画、动画、学习光盘、电子游戏等。以纸张缩编的书本对他们来说不是唯一的学习工具，他们已掌握了通过丰富的文化资料吸收信息、拓展知识的方法。这里值得我们关注的作品是《魔法天字文》②，此书是具有教育性的汉字学习书，因此刊印后一直受到少年儿童和家长们的热烈欢迎，销售量已达 850 万部。此书是在《西游记》的基础上创造出来的，但除了孙悟空，其他人

① 手冢治虫：《我的孙悟空》(ぼくの孙悟空)，《漫画王》1952—1960 年版。

② 시리얼、김창환：《魔法天字文》，首尔：Awl-Book(아울북)2003 年版。

物、故事情节等都是为了提高少年儿童学习汉字的能力而创作的，如混世魔王以火力攻击孙悟空，孙悟空以水力应敌等。少年儿童看着孙悟空与敌人之间不断地斗争及其中频繁出现的汉字，自然而然便提高汉字能力，甚至由于《魔法天字文》的走红，还增加了应试汉字能力测试的人群中初中生的人数。而 Awl-Book 出版社随着 OSMU（One Source MultiUse）计划推进还派生出《魔法天字文》相关的丰富多彩的多种商品，如与 Orion、乐天七星、东原 F&B 等饮食企业一同推进造型事业，并积极开发《魔法天字文》的学习用内容（content）。因此根据一系列的计划，2011 年 2 月《魔法天字文》音乐剧已经上演，而受到了少年儿童们的欢迎，继而它的在线游戏如 Nintendo DS、Arcade Game 等内容（content）也正在开发中。除了《魔法天字文》以外，《传奇》（Chronicles）也值得关注。在 2007 年，乌龟书籍（거북이북스）出版的《传奇》（Chronicles）在运用《西游记》故事的基础上，创造了加上幻想性、娱乐性的儿童漫画。由于儿童漫画的关系，其故事情节和人物角色比较健全。与最近韩国的漫画界偏重于创造电子游戏的底本漫画的情况不同的是，《传奇》趋向纯粹的漫画，笔者认为《传奇》的意义和价值就在这里。

（二）韩国本土文化的反映

尽管韩国所改编的《西游记》基本框架全来自《西游记》，但为了迎合韩国民众的审美趣味，其情节、角色等被改编为迎合本国文化的内容。崔仁勋所著的小说《西游记》①运用旅行结构，深刻考虑到韩国民族和韩国文化的本体性。除了旅行结构以外，此小说还运用了梦幻结构。主人公在旅行中遇到了多种多样人物，但如此漫长的情节仅仅发生在主人公从李有情的房间回到自己房间的短暂时间内。主人公通过现实与非现实交叉的梦幻旅行，与李舜臣、赵峰岩、李光洙等韩国历史上重要人物进行了交流。作者通过主人公与他

① 崔仁勋：《西游记》，首尔：文学与知性社 1994 年版。

们相遇的结构,集中批评了曾经在历史上活跃的人物所具有的虚假问题,反思韩国历史的本体性。其中如主人公在旅行中遇到了朝鲜时代的名将李舜臣,批评李舜臣虽然战胜了日本,但没有利用这个好机会去推进占领日本的计划。作者通过独孤俊的批评和李舜臣的答辩揭示了韩国人一直心存的怀疑,并在我们的面前再现了历史。继而写独孤俊遇到赵峰岩的尸体。尽管赵峰岩在混乱的近代历史中具有其改革的进步思想而受到了民众的广泛支持,但由于有过特务工作的经历,所以他受到当时总统李承晚的政治迫害而被处以死刑。作者通过对赵峰岩的描述,说明尽管当时进步知识分子具有改变现状的政治抱负,但面临着现实的重重困难,其理想终究得不到实现。继而写独孤俊与李光洙相逢。李光洙是活跃在近代韩国的知名作家,但学术界对他的评价一直有争议,因为他所著的几篇文章及其文化活动有亲日倾向。作者通过李光洙与日本宪兵的对话,指出李光洙一类近代知识分子所具的近代化论和自治论的局限。出乎我们意料的是,书中描写的日本宪兵反而批评李光洙所著的《土》(흙)中的亲日思想,李光洙则承认自己的亲日行为并作了相应辩白。作者通过李光洙的辩白和反省,让读者对未解决的历史问题再度思考。因而,崔仁勋的这部《西游记》尽管采用了古典《西游记》的幻想结构,但它所述的内容与韩国民族的历史正体性相关联。它的幻想不是凭空结撰,而是立足于现实,与其他韩国所创作的《西游记》相比,具有十分独特的风格①。又由于它以小说的形式出现,因此它与其他大众文化所持的商业性、娱乐性具有一定的距离,显示了作者对韩国民族的正体性所具有的沉思和忧虑。

由于大部分的大众文化作品摆脱不了韩国的地域特性,因此在这些作品中常显露出在韩国走红的流行语、歌谣、电视节目、明星等本国元素。如在高羽荣所画的《西游记》里,孙悟空攻击黑风洞妖魔时,看到一群女人们坐着敞篷汽车在市内游行。孙悟空知道她们是

① 梁允模:《崔仁勋的〈西游记〉研究:幻想的意义分析》,《语文学研究》,首尔:祥明大学语文学研究所,1999 年第 1 期。

在世界乒乓球冠军赛中获得第一名的韩国女子乒乓球队，也由此获得好主意，即用乒乓球比赛打退黑风洞魔鬼的办法①。高羽荣的《西游记》还模仿了在当时韩国所流行的赵容弼（1950— ）所唱《短头发》，以刻画魔鬼的贪得无厌形象②。在文中，妖魔认不出孙悟空所变的苍蝇，于是喷射出韩国生产的杀虫剂"F-Killer"，希望来杀死孙悟空。③从 2002 年 9 月起在《朝鲜日报》所连载的二人化（本明：柳哲钧）作品《西游记》里，出场的孙悟空并非诞生于花果山水帘洞的岩洞里，而是出生于韩国果川首尔大公园的猴子圈里。孙悟空在动物园中被关了 500 天后才从麻醉中苏醒，如此对《西游记》的韩国式改编可说极为自然。在当今社会，各个国家在积极关注着文化内容的互相交流。他们一旦认为其情节具有商品价值而可改为文化产品，就不顾其国籍或价格积极买进，再创出高附加值的文化商品。因此，在韩国改编的各种各样的《西游记》作品为了畅销于韩国大众文化市场，自然改为反映韩国人的思想和感情的独特作品。尽管许多古典作品颇具大道至理，一旦受不到大众的关注，其辉煌灿烂的价值将永远不可发扬。据黄霖教授的观点，"只有不断唤起大众的记忆和热情，得到广大读者的认可和接受，才能保持长久的生命力，而群众所关心的不是高深的学术问题或奥妙的创作经验，更重要的是有可接受的趣味与实用性，并且要符合本国、本民族民众的口味"④。《西游记》在韩国大众文化里为迎合本国大众的趣味所改编的情况，充分表明了不仅仅是在韩国，在东亚大众文化里带有中国元素的文化内容将走下去的方向，并展示了丰富的中国文化内容在世界文化市场上将继续其生命力，走向灿烂的未来。

（三）现代化、全球化的趋向

韩国所改编的《西游记》类作品基本上在古典《西游记》的基础

①②③ 高羽荣：《西游记：第二卷：遇到猪八戒和沙悟净》，第 24—25、66—67、78—79 页，首尔：子音与母音 2006 年版。

④ 黄霖：《中国古代小说与当今世界文学》，《文汇报》2006 年 8 月 27 日。

上添加了韩国本土的元素,又插入了现代化、全球化的内容。由于在当今社会里大众已熟悉现代化、全球化的文化产品,大众的关心不仅仅在于其作品的文学价值,还重视其作品的娱乐性。因此他们常关注自己所感兴趣的内容,即所反映现代世态的全球性作品。古典小说《西游记》在韩国大众文化里被改编时,主要改为漫画、动画片、歌剧等儿童文学。为了引起儿童读者的关注,《西游记》必须套上娱乐性、现代性、全球性外套。读者的年龄层次越小对新鲜事物接收力越敏感,如让他们直接阅读没被改编过的古典作品,他们一定会感到生硬、陈旧而立刻释手,不再翻看。如今在韩国所出现的《西游记》类作品不仅是为了国内市场而被创造出来,同时也是为了更广泛地提高产品的知名度和商业性价值在国际市场上的地位。因此尽管韩国重新创作的《西游记》保持了东亚文化的特征,同时也包含了全球性的情节。如今被各个国家认为最重要的不是其文化内容(culture content)的国籍而是其文化商品在国际市场上能否取得成功,笔者认为其成功的关键在于其文化内容是否包含现代性、全球性的文化内容。可以说,文化内容已超越了国界的概念。如在韩国所产的漫画《传奇》(Chronicles)就是模仿了《纳尼亚传奇》(The Chroniclesof Nania)的题目。《纳尼亚传奇》原是由美国作家刘易斯(C. S. Lewis)所写的一本小说,此部小说在全世界受到了热烈欢迎之后被改编为电影,又在世界票房上获得了巨大的成功。如此模仿"传奇"的题目,意味着此部漫画已标有全球性的标签。尽管《传奇》是在如此创作意图上产生的,但其内容极为现代化。如《西游记》的龙马在《传奇》里改编为以钢铁所造的机器龙马,它又可变成飞机类交通工具。《传奇》里猪八戒常用的所谓"bagpipe(风笛)"即火箭筒的原型,源于《幻想西游记》里猪八戒所戴的火箭筒,又变为以太阳热发动的现代化武器。并且在《传奇》中出现的各种各样的神格全具有西洋人的面貌。他们不但具有高个子、多种颜色的头发和眼睛等西洋化的外貌,而且所住的居所也具有高天棚、大理石所铺的地板、华丽纹样的天棚和墙壁等现代化的装饰。由于他们具有国际化的特征，因此读者看不出他们的国籍和年龄。高羽荣的《西游记》善于运用现代素材生动地表现出漫画特有的幽默感，如在《西游记》中读者不难看到各种角色常喝酒、咖啡，打棒球和乒乓球，看电视，说英语，坐摩托车，跳迪斯科，举行西式晚会等；甚至龙王看过美国作家海明威（Ernest Miller Hemingway：1899—1961）所作的《老人与海》（The Old Manandthe Sea），并写其读后感；孙悟空所坐的筋斗云可变为最高速喷气式飞机。而且文中常故意插入 hungry、duet、Mexicansoup、beefsteak、fork、knife 等英语词汇造成陌生并搞笑的气氛。沙僧与孙悟空初次相逢吵架时，他们故意用英语 goddamn、sonofbitch、seeyouagain 等俚语来互相斥责，让读者感到荒诞无稽且富幽默感。大众文化是一种相对主义的价值观，强调的是快乐、满足、宣泄、放松的状态，而不是道德意义上的完满，它能为拒绝文化目标的逃避性社会行为提供一种消极型的、反叛型的生活方式的解释①。因此，在韩国大众文化中，《西游记》里常出现的无厘头式的幽默，可以说是平时潜伏在人们潜意识中的一种欲望的表现，它们给读者展现出经典《西游记》中无法表述的反传统、反道德、反经典的欲望，让读者感到发泄的快感。

（四）幻想性的增加

当今社会是以科学理性主义为主的文明社会，但人们对神话的想象力、创造性幻想等感性内容的渴求也越来越大。可以说科学理性主义不能完全满足人们所持有的原初欲望，尽管当今社会迅速地走向科学化，但想象、感性等人们对非理性所持有的欲望不可能消失，而且还将长久存在。在许多情况下，想象、感性与科学、文明不在发展的同一条起跑线上，它们往往相辅相成协调发展。回顾最近十几年的全球大众文化潮流，可以说幻想文学正在复兴。几年前在

① 姜华：《大众文化理论的后现代转向》，第 142 页，北京人民出版社 2006 年版。

世界票房上获得巨大成功的《哈利·波特》(Harry Porter)、《魔戒》(The Lord of the Rings),都包含着浓厚的幻想色彩。据英国的日刊志《Guardian》报道,《哈利·波特》在英国经济上获得了前所未有的成功,它所取的收入远远超过在钢铁产业所取得的收入。与之相同的是,《魔戒》在新西兰也获得了同样丰硕的经济效益。《魔戒》原本是由英国的托尔金(John Ronald ReulTolkien:1892—1973)所写的一部奇幻小说,新西兰认识到《魔戒》所具有的文化价值,把它改编为电影,最终获得了巨大成功。英国和新西兰在票房上获得成功的基础上再将这两部电影的文化潜力扩展到漫画、动画片、电子游戏、主题乐园(theme park)等文化产业上,由于这些国家开发出新的文化内容,其最终获得了巨大的附加价值。一般来说,在文学作品里的幻想性是有两种效用:第一,幻想性可以满足人们在现实中不能达到的特殊喜悦和快乐。幻想性让读者做到非现实的神秘体验,感到极其快乐。幻想的经验也让读者在面临现实的困境时能够勇敢地克服其障碍,谋求顺利圆满的生活,最后感受到精神上的满足。因此幻想不但能使我们在精神上获得快乐、自由,还能潜移默化地影响着我们的现实生活。第二,作者运用幻想性来讽刺社会上存在的矛盾或隐喻某种现状时,此时幻想性更着重于社会效用和实际性价值,这比其幻想本身所持有的抽象内容更有价值。笔者认为,根据韩国的大众文化所改编的《西游记》更重视幻想性中的第一效用。与《西游记》相关联的大众文化作品大部分重视幻想性自发的愉悦意义,其远远超过《西游记》原本所具有的深刻思想、现实讽刺、宗教性道理,并转而追求世界普遍价值,即娱乐性。这种趋向在最近所刊的文学作品和游戏里表现得更加突出,如韩国的漫画《传奇》通过形象化的图画与幻想的情节成功地表现了《西游记》所具有的丰富想象力。这部漫画极度发掘精彩的视觉形象,创造出了生动的造型,让读者有身临其境般的感觉。《传奇》特别运用了丰富的中国神话内容,如在唐僧师徒们为了寻找传说的 Kalpa 石赴西王母统治领域的场面里,中国的神话内容屡次出现,即《传奇》(Chronicles)里的炎火山、火鼠、火浣袍、沙棠树、瑶池、开明兽、陆吾等幻想性要素都来自《山海经》等中国神话传说。韩国对中国神话、志怪、传奇类幻想文学所取得的翻译成果非常丰富。自从1994年翻译的《山海经》①开始,《穆天子传》②、《神异经》③、《搜神记》④、《传奇》⑤等所包含中国幻想性的资料已被中国文学研究者陆续翻译、出版,帮助大众了解中国神话所出版的书籍也不少。在韩国,神话已在文学文化上已经占有稳定的地位。尽管神话是古代遗物,但它在当今科学文明社会里还发挥独特的魅力。

崔仁勋所写的《西游记》也具有浓厚的幻想色彩。尽管它的内容与韩国历史、韩国民族的正体性问题密切相关,但它一直所持有的基本框架是现实与非现实交叉的幻想性旅行结构。主人公独孤俊通过与非现实所交往而展开的幻想旅程,逐步感悟到自己的存在意义而找到了韩国民族的历史认同。这类幻想性在当今社会流行的奇幻文学里被极为频繁地运用。奇幻文学乘着数字媒体的兴旺已超越类似性(analogue)思维的阶段达到了虚拟现实(cyberspace)的境地,因此,在数字媒体时代所产的文化更追求奇幻。奇幻文学在韩国读者中已有自己坚实的地位,甚至在畅销书中名列前茅,电子游戏更让我们可以体验虚拟现实。2007年5月由韩国游戏公司UNIANA所发行的《幻想门 online》(Fantasy Gate Online),运用电子媒体所具有的技术创造出了精彩的场面和情节。它与以前的游戏相比更具浓厚的幻想性,由于电脑所造的幻想性图画和丰富的音响效果,玩家更能感受到处于这种虚拟世界中的愉悦性。现代大众文化充斥着无数的记号与影像,电影、电视、广告、游戏等大众文化媒体继续通过记号和影像给大众创造出梦幻的超现实世界。但当

① 郑在书译注:《山海经》,首尔:民音社2004年版。

②③ 郭璞注、宋贞和译注,东方朔著、金芝鲜译注:《穆天子传 神异经》,首尔:Salim(살림)1997年版。

④ 干宝著、林东锡译:《搜神记》全3卷,首尔:建国大学校出版社2003年版。

⑤ 裴金刑著、崔真娥译:《传奇》,(韩国)坡州:Prunsoop(푸른숲)2006年版。

今大众文化所创造的幻想世界不只是美丽的梦幻,不仅是现代人的欲望和享乐主义的投影,而且是与娱乐消费主义紧密联系的人工文化商品。因此可以说,大众文化里所显示的幻想是为了商业性利益所创造出来的物化的、虚假的幻想。

通过以上的研究,笔者对中国古代小说该走向何方提供了一个新的思路。《西游记》曾经并正在对韩国文化产生着巨大的影响,但韩国新创的《西游记》类作品还保持古典《西游记》框架的同时,也反映着韩国本土的文化同样重视作品现代化、全球化的趋向。随着时代的变化,我们不断赋予《西游记》新的生命力,其对韩国大众文化的影响力也会越来越大。至今对《西游记》的关注不止是东亚地区,其范围已扩展到了美国的好莱坞。为了发掘出崭新的文化内容,各国正扩大自己的眼界关注着其他国家、民族的文化。因此,中国《西游记》正超越界限走向全球。它通过大众文化媒体的改编,再次成为富有活力的文化商品。黄霖、王平等学者已经提及这方面研究所具有的价值。黄霖教授指出对此方面研究的必要性,"用中国古代小说的人物、故事、精神来诠说当今现实的一些问题以及扩大到形成各种文化产品,似乎也有它的必要。这在正统的中国古代小说研究者来看,往往会觉得有点近乎野狐禅。但我觉得,这对于传播中国古代小说也不失为一条道路。"①王平教授从传播学的角度说,"面对商品社会中的大众趣味,如何做到艺术和商品、传统和现代的较好结合以及如何利用网络这种全新的传播方式将古代小说《西游记》变为现代人的精神食粮,是一个具有时代意义的新课题。"②在当今社会,开发新颖的、有趣的文化内容至关重要。因此,笔者认为中国小说研究者须关注以"温故知新"的精神去寻找古典小说中潜在的现代性文化符号,并分析中国古典小说如何渗透到全球大众文化中及其再创造艺术生命力的问题。笔者认为,通过这方面的研究,中国古典小说将会更全面地丰富当今社会的文化

---

① 黄霖:《中国古代小说与当今世界文学》,《文汇报》2006 年 8 月 27 日,第 27 页。

② 王平:《明清小说传播研究》,第 437 页,山东大学出版社 2006 年版。

内容,提高大众文化的综合水平,使古典小说再次创造出无穷的生命力。

(作者系高丽大学 BK21 中日言语文化教育研究团研究教授)

白蛇悲剧演变的民族文化因素解析

黄　杰

白蛇故事在中国至少流行了一千多年，白蛇由恶转为善，并成为一个令人十分同情的悲剧人物，是民族文化中的各种因素推动而形成的。

一、白蛇悲剧演化及蛇妖害人之原型结构

宋初李昉等编《太平广记》卷四百五十六"蛇一"录自唐人薛用弱《集异记》所记，题为《朱觐》的传奇，卷四百五十八"蛇三"录自唐人谷神子《博异志》所记，总题为《李黄》的两段传奇，是现在我们能见到的对白蛇故事的最早记载。

题为《朱觐》的传奇，言邓全宾家有女，为白衣鬼魅惑，病不能治，朱觐执弓矢射杀之，原为一雪色丈余之蛇，女自此痊愈，邓遂以女妻觐①。

总题为《李黄》的两段传奇，情节类似，结局均十分恐怖，应是同一故事的两个版本。一则言有个叫李黄的后生，一则言有个叫李琯的后生，偶遇素衣美女，李黄所遇素衣女还有"青服老女郎"服侍。二人贪恋美色，结果一个回家"已渐觉恍惚，祇对失次，谓妻曰：'吾

---

① 宋李昉等编《太平广记》卷四百五十六"蛇一"，第3733页，中华书局1961年版。

不起矣。'口虽语,但觉被底身渐消尽,揭被而视,空注水而已,唯有头存"。一个回家"便觉脑疼,斯须益甚,至辰巳间,脑裂而卒"①。两家事后寻讨,原来都是遇到了白蛇妖精。

南宋后期洪迈的《夷坚志》支戊卷二之《孙知县妻》,言孙娶妻颜色绝艳,但每浴时,必施重帏蔽障,不许婢妾近前。历十年,孙因微醉,偷窥之入浴,"正见大白蛇堆盘于盆内,转盼可怖。急奔诣书室中,别设床睡。自是与之异处"。妻已知觉,谓曰:"我固不是,汝亦错了,切勿生他疑。今夜归房共寝,无伤也。"②孙中心疑惮,怏怏成疾而亡。

明洪楩刊印的《清平山堂话本》所收宋人话本《西湖三塔记》,言杭州后生奚宣赞收留迷路女童白卯奴,与卯奴之母白衣妇人二次短暂相欢,均因来了新人,便要被挖心,被卯奴二次相救,不敢再出门。叔父奚真人因望城西有黑气起,知有妖怪缠人,遂施法捉拿了白衣妇人、皂衣婆婆以及白卯奴,并显出这三人的原形:白衣妇是白蛇,婆子是獭,卯奴是乌鸡,奚真人化缘,造成三个石塔,镇住三怪于湖内③。

明末冯梦龙辑录宋元旧话本《警世通言》卷二十八,收有话本《白娘子永镇雷峰塔》④,应该是对前代白蛇传说故事的集大成并更进一步之作。男主人公名许宣,为生药铺的主管,白蛇已变成了一个多情、巧诈、泼辣的女子,游湖、借伞、成亲、盗库银等情节都有了。但是其原型结构,仍然是与此前的白蛇故事没有什么两样:这就是白蛇幻作美女诱人、害人,必须除之镇之,大家必须吸取教训。不信请看这个许宣,自遇上白娘子,贪爱其色,就开始了坎坷的人生。白

① 宋李昉等编《太平广记》卷四百五十八"蛇三",第3752页。

② 宋洪迈撰,何卓点校《夷坚志》支戊卷二,第1063页,中华书局1981年版。

③ 明洪楩《清平山堂话本二十七种》之《西湖三塔记》,《续修四库全书》第1784册,据明嘉靖刻本影印本。

④ 明冯梦龙《警世通言》之《白娘子永镇雷峰塔》,《续修四库全书》第1785册,据明天启四年刻本影印本。

蛇二次盗财，害得他二次吃官司，一次被发配到苏州，一次被发配到镇江。最后还弄得差点投湖自尽。而那个许宣在镇江依托的李员外，也因为见到白娘子起了歹意，设计支走许，要占白娘子便宜，结果吓得昏死，差点丢了性命。因此故事最后是许宣十分认真地执行了法海的安排，趁白不防，倾尽平生气力用法海的钵盂将白娘子罩住。法海赶来施法，现了白娘子与小青的原形。后来许宣还化缘，砌成了七层雷锋宝塔，千年万载，白蛇和青鱼不能出世。

值得注意的是这个白蛇，并非有意加害许宣，且一直都在极力维护与许的婚姻。她第一次赠许盗来的库银，是为了让许备办婚事，事发后，许被发配苏州，她和小青追过去，与许正式举办婚礼。她第二次赠许宣盗来的衣物，是为了让去赶佛会的丈夫光鲜漂亮，事发后，许被发配镇江，她和小青又追过去。这两次她都巧言搪塞了过去。在苏州许宣遇见一道士，看见许宣头上一道黑气，以为有妖怪缠他，给了他二道灵符，结果被白娘子识破。凭着道行，白娘子赶跑了道士。在镇江，白娘子看透李员外存心不善，把他吓个半死，并向许言明，还劝丈夫离开李员外，做男子汉，并帮助他自开一个生药铺，日子越来越红火。许宣要去金山寺烧香，白娘子阻挡不得，与许约法三章：不要去方丈室内；二不要与和尚说话；三去了就回。件件都是为了避免许见到法海。最后又亲自驾船到金山寺寻丈夫，不巧正撞见法海，只好跳江逃走。事后李员外又把见了白蛇原形的事说与许，还把自己装成个好人。许遇赦归杭，白娘子与小青早已在等着他，许不从，白道："小乙官，我也只是为好，谁想到成怨本！我与你平生夫妇，共枕同衾，许多恩爱，如今却信别人闲言语，教我夫妻不睦。我如今实对你说，若听我言语，喜喜欢欢，万事皆休；若生外心，教你满城皆为血水，人人手攀洪浪，脚踏浑波，皆死于非命。"但这只是威胁而已，并未有行动，倒是许宣紧锣密鼓在行动。许宣与姐夫出一两银子的大价钱请来抓蛇人，并承诺事成另有重谢。抓蛇人被白吓跑，白对许发脾气："你好大胆，又叫甚么捉蛇的来！你若和我好意，佛眼相看；若不好时，带累一城百姓受苦，都死于非命！"吓得许宣打算外逃，却又丢了姐夫给的落脚凭信。去找法海不在，正要投水，却遇到法海，终于得到了制服白娘子的法宝。直到被许宣暗害前，白娘子口内喃喃的还是："不知甚人挑拨我丈夫和我做冤家，打听出来，和他理会！"直到被法海施法，还不忘替小青求情。桩桩件件，白娘子都颇像一个不谙人间规则的痴情种。对比而言，许宣倒像是在庸人自扰，只是因为认定了白娘子是妖精。虽然话本末法海的劝诫诗点明其主旨为："奉劝世人休爱色，爱色之人被色迷。心正自然邪不扰，身端怎有恶来欺？但看许宣因爱色，带累官司惹是非。不是老僧来救护，白蛇吞了不留些。"终难掩白娘子的悲剧命运，所谓的"白蛇吞了不留些"，也不免主观的偏见。可以说，正是故事的蛇害人的原型结构，与白娘子、许宣本心的善与情的不相容，导致了话本的游离于其创作本意的悲剧色彩。

刊刻于清乾隆三年的峰泖蕉窗居士黄图珌看山阁乐府《雷峰塔》，除第一折《慈音》，由如来登场，说明东溟白蛇、青鱼，"顿忘皈依清净，妄想堕落尘埃"①，与本是如来佛"座前捧钵侍者"的许宣原有宿缘，故令降生凡胎，了此孽案。但恐"逗入迷途，忘却本来面目"，因此又派法海"俟孽缘圆满，收压妖邪"②，给这个故事加上了因果报应的色彩，其余情节则与冯梦龙本全同。

清乾隆三十七年(1771)，又出现了署名"岫云词逸改本、海棠巢客点校"的《雷峰塔传奇》，即方成培的改编本。方成培对伶工剧本作了较大幅度的改动，方《自叙》言其改写的情况是："较原本曲改其十之九，宾白改十之七。《求草》、《炼塔》、《祭塔》等折，皆点窜终篇，仅存其目。中间芟去八出。《夜话》及首尾两折与集唐下场诗，悉余所增入者。"③亦可谓前此诸种戏曲《雷峰塔传奇》的一个集大成并进一步的本子。至今昆曲中经常上演的《盗草》、《水斗》、《断桥》等

---

① 清峰泖蕉窗居士黄图珌《雷峰塔》，《西湖文献集成》第十五册《雷峰塔专辑》，第 34 页，杭州出版社 2004 年版。

② 同上，第 35 页。

③ 清岫云词逸改本、海棠巢客点校《雷峰塔传奇》之《自叙》，《续修四库全书》第 1775 册，据清乾隆三十七年水竹居刻本影印本。

折子戏，和方本几乎完全相同。白娘子已经洗脱了妖气，带着仙气，更富有人气，是一个善良、痴情、富有抗争性的光彩照人、感人至深的形象。如《夜话》，深刻反映了白娘子对于许爱情的担心；《端阳》写端阳节许请白饮雄黄酒，白明知饮酒的后果，但因对许多情，终于喝下，现出了白蛇原形，吓死了许仙；《求草》为救许，白娘子赴嵩山求药，几乎被众仙所杀，终于取回仙草，救活许宣，反映了白娘子对许不顾生死的一片深情；《水斗》写为寻夫身怀六甲的白娘子与小青水漫金山寺，与法海力战不胜，几乎被擒；《断桥》深刻细致刻画了白娘子对许薄幸的责难，而又痴心不改、无限爱怜的矛盾情感，令人十分同情。诚如鲁迅先生所言："凡有田夫野老，蚕妇村氓，除了几个脑髓有点贵恙的之外，可有谁不为白娘子抱不平，不怪法海太多事的？"①造成这个悲剧的原因当然是法海的横加干涉，许宣的动摇也难辞其咎，但许在目睹白被收钵后的一番言辞，也显示了他自己同样是个悲剧人物："白氏虽系妖魔，待我恩情不薄。今日之事，目击伤情，太觉负心了些。"②而白娘子的悲剧命运也由此更浓重了，方本也由此置身"中国十大古典悲剧"之列③。

最有意思的是清光绪三十四年(1908)的《绣像白氏宝卷》还为白蛇安排了八字命理："白娘子名素贞，又名六支，又白蛇。汉光武王帝一十四年二月十二月卯时生。八字：辛巳年，辛卯月，辛巳日，辛卯时。四辛并头，两巳两卯。辛乃白色，不离白龙来由。辛为阴金，纳于巽卦，巽为长女，故成女体。两巳两卯，正官偏才作用，一生作事有作有为，比肩重重，剥削多端。"④其"比肩重重，剥削多端"，即道出了白蛇的悲剧命运。

① 鲁迅《论雷峰塔的倒掉》，《鲁迅全集》第一卷，第 280 页，人民文学出版社 1961 年版。

② 清岫云词逸改本、海棠巢客点校《雷峰塔传奇》之《炼塔》，《续修四库全书》第 1775 册，据清乾隆三十七年水竹居刻本影印本。

③ 见王季思主编《中国十大古典悲剧集》，上海文艺出版社 1982 年版。

④ 清光绪三十四年(1908)刻本《绣像白氏宝卷》，《西湖文献集成》第十五册《雷峰塔专辑》，第 252—254 页，杭州出版社 2004 年版。

其后至今，又迭经多人次的各类艺术形式的改编与重新创作，白蛇故事一直是我们民族精神生活的一道亮丽的风景线。现如今，单是电视连续剧一项，在不到二十年的时间内，就有两种白蛇故事在大江南北热播：一是1992年台湾出品的《新白娘子传奇》，着力表现白娘子救苦救难的菩萨心肠，影响深远；一是2008年大陆出品的《白蛇传》，着力表现白、许二人的恩爱，白蛇放弃成仙，二人还共同战胜了第三者。

然而无论如何，白娘子都难逃悲剧的命运。黄图珌《雷峰塔》传奇加入因果报应思想，为方成培继承，因而也成为旧时代对于白娘子的悲剧根源的普遍认识，但终归过于虚化。自鲁迅先生指出"除了几个脑髓有点贵恙的之外"，论者都指以男性为中心的封建宗法制度为白娘子的悲剧根源，这当然是没有任何错误的。自从白娘子完全变成美丽、善良、多情、富有叛逆精神的人间女子，那么人间女子所受的桎梏自然就要降临到白娘子的身上了。但是她的丈夫许宣却是秉性淳良的，许宣仅有的亲人——许宣姐姐一家也是笃实的，所以，白娘子未必一定会遭受封建宗法礼教制度的严重迫害。因之，白娘子的悲剧依然与蛇妖害人的白蛇故事原型结构相关。因为蛇是恶的，除恶务尽乃是正义的必然，所以，白蛇本身无论善恶，必不得好下场。然而，为什么这个原型结构如此根深蒂固，白蛇形象还能不断向善演化，成为一个悲剧人物呢？

二、民族文化中蛇故事原型的善恶交杂性

首先，这应该来自于人与蛇的斗争史的复杂性，来自于民族文化中蛇形象的善恶交杂。在人类的早期生活时代，蛇对于人类的威胁不亚于其他的猛兽、疾病以及天灾，对于蛇的恐惧，可以说是人的本能，只是极少数的捕蛇人才可以战胜这个本能。至于对于蛇的崇拜，不妨可以视作对其恐惧的转换。我国地跨温带、亚热带、热带，各地多蛇，对于蛇的恐惧可谓刻骨铭心，也流行着蛇崇拜，但崇拜毕竟不能代替并化解恐怖。另外，人们对于蛇的生物性的认识也逐步

深入,尤其是蛇有相当的记忆,令人难忘。至今杭州的老百姓还认为,蛇十分有灵气,会报复,对周围五十里有记忆,因此伤了蛇要弃于五十里以外,可免遭蛇的报复。

作为这种斗争史写照的各地的蛇故事不胜枚举。著名的如晋代干宝《搜神记》卷十九所收的李寄斩蛇故事,言东越闽中将乐县小女李寄智斩食人恶蛇①。卷二十随侯之珠的故事言蛇以珠报随侯救命之恩②。与蛇有关的成语、熟语也很多:蛇盘鬼附、蛇入鼠出、牛鬼蛇神、蛇食鲸吞、蛇心佛口、杯弓蛇影、毒蛇猛兽、龙蛇混杂、随侯之珠、人心不足蛇吞象、水蛇腰、美女蛇、一朝被蛇咬,十年怕井绳等等。言蛇之恶者占十之八九,蛇几乎可以说集各种恶于一身:毒、伪、奸、淫、贪、盗……蛇是恶的象征,这也是世界各民族的一致观念,如古希腊《伊索寓言》中的《农夫和蛇的故事》言蛇忘恩负义,《圣经》中蛇引诱亚当、夏娃犯下原罪等。

但与西方不同的是,中国还有蛇报恩的故事。其中最著名的就是最晚自战国以来就流行的随侯之珠这个故事了。《墨子·耕柱》云:"和氏之璧,隋侯之珠,三棘六异,此诸侯之所谓良宝也。"③《庄子·让王》云:"今且有人于此,以随侯之珠弹千仞之雀,世必笑之。是何也?则其所用者重而所要者轻也。"④晋代干宝《搜神记》卷二十比较详细记载了这个故事:"隋县溠水侧,有断蛇丘。隋侯出行,见大蛇,被伤中断,疑其灵异。使人以药封之。蛇乃能走。因号其处'断蛇丘'。岁余,蛇衔明珠以报之。珠盈径寸,纯白,而夜有光明,如月之照,可以烛室。故谓之'隋侯珠',亦曰'灵蛇珠',又曰'明月珠'。"⑤

---

① 晋干宝撰,汪绍楹校注《搜神记》卷十九,第 231 页,中华书局 1979 年版。

②⑤ 晋干宝撰,汪绍楹校注《搜神记》卷十九,第 238 页。

③ 清孙诒让《墨子间诂》卷十一,"耕柱"第四十六,第 429—430 页,中华书局 2001 年版。

④ 清郭庆藩《庄子集释》卷九下,"让王"第二十八,第 972 页,中华书局 1961 年版。

又《太平广记》卷四百五十六至四百五十九，共四卷专收宋前蛇故事102则(包括附则)，可以作为我国古代蛇故事的一个抽样，大致有如下类型：

蛇之恶:31则；
蛇变人为害:2则；
人变蛇:5则(因恶2，因洒1，病后1，无故1)；
蛇预兆:15则(以恶兆为主)；
蛇报人:14则(报善亦报恶)；
蛇救人:1则；
其他:37则(有关蛇的其他异闻)。①

所以在中国宋代以前的民间故事中，除了存在一个蛇害人的故事原型，还存在蛇预兆、蛇报人、蛇救人、人变蛇的故事原型。如将“蛇变人为害”、“人变蛇”并入“蛇之恶”，将“蛇预兆”、“蛇报人”、“蛇救人”归为“蛇之善”，则总言“蛇之恶”有38则，总言“蛇之善”有30则，透露了对于蛇恶的恐惧及对于蛇善的崇奉。总之，蛇在民族文化中是一个善恶交杂的形象。

而白蛇故事的演化，则是此善恶成分的彼此消长而已。《朱觐》、《李黄》中的白蛇固为恶矣。孙知县妻被窥原形后，所言之“我固不是，汝亦错了，切勿生他疑。今夜归房共寝，无伤也”，未必一定是假话，况她与孙已共同生活了十年之久，孙疑惮成疾而亡多半乃自取，此蛇并无什么恶行。冯梦龙《白娘子永镇雷峰塔》中的白蛇，则是一个善恶掺杂的形象，既有对许宣一心一意、不伤害人的善，毕竟也有偷盗、说谎的恶，标志着蛇为善、蛇为恶故事原型的正式汇合。自方成培本《雷峰塔》之后，白蛇就变成了全善全德的形象，惟一的过错就是出身不好，但这能算是她的过错吗？所以国人以蛇为

① 按:有的故事可属二类，故加总数据与实际总数有出入。如《王真妻》既属“蛇变人为害”，也属“人变蛇(因恶)”。

恶，除恶务尽，而又以蛇为善，奉为神灵，乃是白蛇悲剧发生的关键，白蛇悲剧是蛇为善、蛇为恶故事原型汇合之后尖锐冲突的结果，而最终促成这一悲剧的多管闲事的法海，其赖以行动的道德支撑也正是所谓的疾恶如仇的正义。

三、“淫是万恶首”、“红颜祸水”与新兴的人的解放意识的时代矛盾

另外，白蛇悲剧的产生，也离不开明中期以来的“淫是万恶首”、“红颜祸水”与人的解放意识觉醒的社会时代矛盾。冯梦龙本的白蛇，始有悲剧色彩，其重要原因也在于此。

冯梦龙(1574—1646)，于明后期的万历二年出生于今苏州，一生中大部分时间是在明神宗(1563—1620)的万历年间。这个万历皇帝曾创造了三十一年不上朝的记录，封建朝政瘫痪，以致史家有“明之亡，实亡于神宗”①、“论者谓明之亡，不亡于崇祯而亡于万历云”②之说。而当时流行的李贽(1527—1602)的“童心说”似也在鼓励众生去追求真我的解放：

> “夫童心者，真心也。若以童心为不可，是以真心为不可也。夫童心者，绝假纯真，最初一念之本心也。若失却童心，便失却真心；失却真心，便失却真人。人而非真，全不复有初矣。”③
>
> “夫六经、《语》、《孟》，非其史官过为褒崇之词，则其臣子极为赞美之语，又不然，则其迂阔门徒、懵懂弟子，记忆师说，有头

① 清张廷玉等撰《明史》卷二十一《神宗本纪》，第295页，中华书局1974年版。

② 清赵翼《廿二史札记》卷三十五“万历中矿税之害”，第731页，中华书局1963年版。

③ 明李贽《童心说》，《焚书》卷三，第98页，中华书局1975年版。

无尾，得后遗前，随其所见，笔之于书。后学不察，便谓出自圣人之口也，决定目之为经矣，孰知其大半非圣人之言乎？纵出自圣人，要亦有为而发，不过因病发药，随时处方，以救此一等懵懂弟子，迂阔门徒云耳。医药假病，方难定执，是岂可遽以为万世之至论乎？然则六经、《语》、《孟》，乃道学之口实，假人之渊薮也，断断乎其不可以语于童心之言明矣。呜呼！吾又安得真正大圣人童心未曾失者而与之一言文哉！"①

汤显祖(1550—1616)题其完成于1598年的《牡丹亭》，亦曰：

情不知所起，一往而深。生者可以死，死可以生。生而不可与死，死而不可复生者，皆非情之至也。梦中之情，何必非真，天下岂少梦中之人耶！②

而冯梦龙本人也有"情教说"，称：

"天地若无情，不生一切物。一切物无情，不能环相生。生生而不灭，由情不灭故。四大皆幻设，唯情不虚假。有情疏者亲，无情亲者疏。无情与有情，相去不可量。我欲立情教，教诲诸众生。"③

又称："六经皆以情教也。"④将情推到至上的地步。

所以，在那个时代，尤其是在东南经济发达的地区，可谓人

---

① 明李贽《童心说》，《焚书》卷三，第99页，中华书局1975年版。

② 明汤显祖《牡丹亭题词》，明汤显祖著，徐朔方、杨笑梅校注《牡丹亭》，人民文学出版社1993年版。

③ 明冯梦龙《情史》之吴人龙子犹(冯梦龙)序，浙江古籍出版社1989年版。

④ 明冯梦龙《情史》之詹詹外史(冯梦龙)序，浙江古籍出版社1989年版。

欲横流，并出现了《金瓶梅》、《玉娇李》等叙述“风流放纵”的小说①。

但是儒家思想依然是统治思想，冯梦龙本人的思想也未从根本上越离儒家，存天理，灭人欲的宋明理学对于儒家思想的经典发挥，依然被广泛认可，是为主流意识，所谓“人之一心，天理存，则人欲亡；人欲胜，则天理灭。未有天理人欲夹杂者”②。复又加上佛教的宣传，好色纵欲简直是万恶之源。冯梦龙的“三言二拍”，劝诫正为其主旨，诫色更是其中最主要的内容，此《白娘子永镇雷峰塔》所在的《警世通言》就是“三言”之一，端属诫色一系。将白娘子美善形象定型的方成培，也自称“颇极经营，务使有裨世道，以归于雅正”③。清代后期的王永彬更有“淫是万恶之首”④的总结。

而且，在人类男权中心社会中，妇女尤其是美女，则一贯是淫恶的当然标志，单希腊神话中就有潘多拉、海伦、塞壬女妖等等。德国莱茵河上也有一个类似希腊塞壬女妖的洛列莱传说，十九世纪德国著名诗人海涅曾据之为诗，其后西尔歇为之谱曲，这就是流传广远的歌曲《洛列莱》，深切描绘了美而为恶给人造成的哀伤迷茫。词曰：

我不知道为什么这样，使我心这般悲伤，那古代的种种传说，都来到我的心上，日近黄昏晚风很清凉，平静的莱茵河旁，山峰映在夕阳中，闪烁辉煌，真美丽非常。

是真奇异忽有个美女，独坐在那山头上，她梳着柔软的金

---

① 参见鲁迅《中国小说的历史的变迁》之“第五讲明小说之两大主潮”，《鲁迅全集》第八卷，第 342—343 页，人民文学出版社 1961 年版。

② 宋黎靖德编、王星贤点校《朱子语类》第一册，卷十三，第 224 页，中华书局 1994 年版。

③ 清岫云词逸改本、海棠巢客点校《雷峰塔传奇》之《自叙》，《续修四库全书》第 1775 册，据清乾隆三十七年水竹居刻本影印本。

④ 清王永彬《围炉夜话》第九十三则，第 139 页，《幽梦影 · 围炉夜话》本，华夏出版社 2006 年版。

发，那金饰灿烂发光，她梳着柔软的金发，同时并娇声歌唱，歌调是那么奇妙，妖媚悠扬，叫人不能忘。

那驾驶着小船的船夫，一心只听她歌唱，也不管那中流岩石，只抬头向上仰望，可怜那小船和那船夫，终于都葬身波浪，我不知道怎么这样，可哀可伤，叫人迷惘。①

在中国，则更是有过而无不及。所谓的妹喜、妲己、褒姒、杨玉环等等，一例的红颜祸水，引人憎恶。宋人董颖《薄媚·西子词》所描述的西施结局，也竟同于唐代的杨玉环，其第六歇拍云：

哀诚屡吐，甬东分赐。垂暮日，置荒隅，心知愧。宝锷红委。鸾存凤去，辜负恩怜，情不似虞姬。尚望论功，荣还故里。

降令曰，吴亡赦汝，越与吴何异。吴正怨，越方疑。从公论、合去妖类。蛾眉宛转，竟殒鲛绡，香骨委尘泥。渺渺姑苏，荒芜鹿戏。②

宣称西施心虽知愧，但辜负吴王恩怜，一点不似虞姬的忠诚；还不知羞耻地想望论功行赏、荣还故里，为从公论，平息吴越的怨疑，合该处死。

编撰于清代的《芥子园画传》中，收有一幅仿明唐寅的《虎色图》，也格外让人人警醒，上有题诗曰：

利剑不可近，美人不可亲。利剑近

---

① [德]H. 海涅原诗，F. 西尔歇曲，周学谱译词《洛列莱》，《义务教育课程标准实验教材音乐》第 11 册第 34 页，人民音乐出版社 2007 年版。

② 宋董颖《薄媚·西子词》，唐圭璋编《全宋词》第 1167 页，中华书局 1965 年版。

伤手，美人近伤身。道险不在广，十步能摧轮。情爱不在多，一
夕能伤神。①

所以，在这样的文化背景下，白娘子怎能不是一个悲剧形象呢！白蛇故事的不断的悲剧化，正是民族固有的思想文化因素矛盾冲突的结果。

（作者系浙江大学副教授）

① 清《芥子园画传》第四集“人物”，第231页，人民美术出版社1960年版，据巢勋临本影印。又按：笔者遍查各类唐寅现存书画集，未见此图。

秦雪梅故事流传考

——以清末民初唱本为中心

[日]岩田和子

一、前　言

秦雪梅的故事，豫剧名旦阎立品（1922—1996）在过去上演时，把从前的折子戏《观文》、《吊孝》的剧本加以改编，又对演唱方法及演出加以改革而博得了好评。从此之后，它即作为豫剧阎派的代表剧目广为世间所知。而其内容即取材于明代的南戏传奇《商辂三元记》①。

其中，《吊孝》和《断机教子》的情节是整个秦雪梅故事的中心内容，明末清初，在各地被广泛的上演。随着时代的推移，以这些情节为中心，故事内容重新得以通过戏曲及地方戏，或者像弹词、宝卷、鼓词、子弟书、潮州歌、木鱼书之类说唱文艺等传播媒介广泛地流布在民间。

本文从南戏传奇与民间说唱的内容比较、上演以及戏曲版本和

---

① 徐渭《南词叙录》"本朝"传奇目著录，未题选人。现存明万历间金陵富春堂刻本，1934年长乐郑振铎《汇印传奇》第一集、《古本戏曲丛刊》初集又据以影印。

唱本出版的情况等对秦雪梅故事的流传加以考察①。特别是为了查明唱本的故事的推广，笔者对中国大陆图书馆所收藏的诸多版本，以及已经影印出版的资料，目录刊载的相关作品进行了网络化的收集。对文字底本进行了整理和检讨，并且取得了一定的成果。对于其研究成果，笔者将在下文加以论述。

二、南戏传奇《商辂三元记》

商辂是真实存在的历史人物，《明史》卷 176 有其传记，他是浙江淳安县人，正统十年(1445)进士，因在乡试、会试、殿试中，成就了三元及第的伟业而驰名后世。至于秦雪梅则不是真实存在的人物，只是因未婚夫先亡，秦雪梅没有结婚而却把妾氏所生之子培养成进士。她的这种行为，因为与商辂同时代的正统四年(1439)进士、章纶母亲的节妇传相似②，所以一般认为在戏曲创作时被误编写了进去。总而言之，《商辂三元记》除了《商辂三元及第》是事实以外，其余完全都是虚构的。

在南戏传奇《商辂三元记》(全 38 折)中，根据现存万历间金陵富春堂刊本，我们可以把握当时流传的秦雪梅故事的总体概

① 2007 到 2009 年，笔者能够受到黄霖老师支持，在复旦大学留学，对民间唱本进行研究。这篇文章是当时的研究成果。最近才知道台湾东华大学丘慧莹副教授发表过《雪梅故事的演变以及文化解读》(《文与哲》第 15 期，台湾"中山大学"中国文学系 2009 年 12 月)的事。她首先针对雪梅故事涉及历史真实部分，提出与《曲海总目提要》不同的看法与证据，接着将雪梅故事的演变分为"原型"、"宿命型"、"考验型"及"女性群相"四种，进行探究不同类型的文化意义。关于秦雪梅故事的演变整体，曾经没人做过这么详细的研究，我受到很多启发。但遗憾的是她收集的好多有关秦雪梅故事的资料里，没提到清末民初出版的整本的鼓词唱本。

② 参阅《情史》卷一情贞类《章纶母》。

貌①。另外同时代福建建阳书肆等所出版的许多弋阳诸腔散出选本中，也可以查找出其剧中的散出。在《风月锦囊》、《乐府歌舞台》、《乐府菁华》、《玉谷新簧》、《时调青昆》、《摘锦奇音》、《词林一枝》、《八能奏锦》、《歌林拾翠》、《徽池雅调》、《尧天乐》、《乐府红珊》、《大明天下春》、《乐府玉树英》、《乐府万象新》、《群音类选》等剧目中，收录了以《观画》、《吊孝》、《断机教子》、《三元捷报》为中心的场面情节。

这些散出选本中刊行最早的是，嘉靖三十二年(1533)重刊本《新刊耀目冠扬擢奇风月锦囊正杂两科全集》(《风月锦囊》)。其中，富春堂本的第5、11、22、24、26、29、36、38折中存有相对应的场景。由此可以想见，该故事实际上在商辂三元及第的正统十(1445)以后，最迟也是在嘉靖年间形成的。还有，万历三十年(1602)刊行的《新刊分类出像陶真选粹乐府红珊》(《乐府红珊》)中，《诞育类》和《激励类》的项类也收入了这些演目。也就是说，《商辂三元记》的演剧，是作为宗族演剧活动中，庆祝男儿诞生的演剧或者激励子弟追求官途的节妇的模范而存在的，主要在江南地区广泛上演。

三、明末清初的地方的上演

江南地区以及福建散出选本的出版是前后相继的，而此时其他地区已经上演了《商辂三元记》。下面列举的就是万历年间的湖南武陵人龙膺(万历八年进士)所作的诗文。

> 弥空冰霰似筛糠，杂剧尊前笑满堂，梁泊旋风涂脸汉，沙陀腊雪咬脐郎，断机节烈情无奈，投笔英雄意可伤，何物最娱庸俗耳，敲锣打鼓闹青阳。(明·龙膺《诗谑》，《纶阴集》)

---

① 注2的论文里也说：“富春堂的这个本子，是雪梅故事目前可见最早的完整文本。”

这里记载了“断机节烈”即《商辂三元记》与《白兔记》、《投笔记》等一同上演。而且在其场景中，敲铜锣大鼓，用的是青阳腔的唱腔，热闹非常。

众所周知，明末之际，在湖南的江西商人及徽州商人在当地设立会馆、戏台，并招聘故乡的剧团。安徽的青阳腔及演剧传入湖南的背景与商人就常有着密切的关系。从前文《乐府红珊》里的《诞育类》、《激励类》中也可以推测出，《商辂三元记》的演目大概为富裕的商人所关注，因为从激励他们的子弟追求官途的意义上，其也会被大量的点戏的。

接下来列举的是，清初的泉州（福建）人李光地（1642—1718）有关《商辂三元记》上演的记录。

> 问，今之填词都是立定曲牌名，然后案其字数平仄而为之词。古人是如何。曰，古人是看他的诗，又看他的志。此字宜黄钟则黄钟之，此字宜大吕则大吕之，律随诗，非诗随律也。少时见土戏，于断机教子，商辂母怒其子云，他又说我不是他的亲生母。母字其学徒高声唱，其师呵之云，母字大声便不是，他是不会成婚的处女。于此字尚含羞涩，低微些方是。如此之类，却是从志上斟酌，此谓声依永也。（清·李光地《榕村语录》卷之十二“书”）

李光地小时候曾经看过“土戏”的“断机教子”。这里注意的是本文引用的是“他又说我不是他的亲生母”的部分。与其相对应的场景中，富春堂本《商辂三元记》第二十六折中有秦雪梅的台词“旦～恐傍人道奴不是亲生嫡母”。还有在弋阳诸腔散出选本的版本中，或作“旦又恐（怕）傍人道奴不是亲生嫡母”，或作“旦他骂奴不是他亲生嫡母”。

一方面是，旦（秦雪梅）担心因异母之子的缘故商辂被大家嘲讽的台词。另一方面是，商辂骂雪梅不是亲生母亲，对此秦雪梅感叹的台词。福建省泉州李光地年少时实际观看到的地方戏中有关秦雪梅故事，从引用文可以推测其更近于戈阳腔系散出选本。可以说该故事是作为戈阳腔系唱腔的演剧，以南中国为中心在民间流传着。

四、清杂剧《三元报》

到了清乾隆、嘉庆年间，唐英(1682—1756)①编纂了《三元报》杂剧。该杂剧由《惊讣》、《吊孝》、《断机》、《荣归》全四出构成。在第一出《惊讣》中，他把商文佑(相当于商霖)已患重病、犯相思病等事件省略，其他《吊孝》、《断机》的情节与《商辂三元记》基本相同。

在唐英从事戏曲创作的乾隆年间，因传奇特有的长篇体裁已不符合观众的要求，相反，折子戏更加流行。删除了无聊的场景，以精彩的场面为中心，戏曲又重新找到了活路。而且这些折子接连起来的整本演出，也就保持了戏曲内容的全景。唐英的作风也在很大程度上受到了这种风潮的影响。他打破了几十出长篇传奇的体裁，作品几乎都在十出以下，根据情况一出剧的创作也有。恰在此时，随着昆曲(雅部)的渐衰，各地勃兴的乱弹等诸腔(花部)正在扩大自己的影响。作为宫廷都陶，唐英长年身处江西，当地正是对各地方戏的唱腔给以强烈影响的戈阳腔隆盛的地区。而且他在创作短篇剧时，也从当时盛行的花部中引入了受欢迎的折子戏作为剧目的核心内容，《三元报》中的《惊讣》、《吊孝》、《断机》、《荣归》即属此列②。

---

① 唐英，字俊公，一字叔子，晚号蜗寄老人，沈阳人，隶汉军正白旗。授内务府员外郎兼左领，历官淮官、九江关、粤海关监督。著有《古柏堂曲》十七种：如《三元报》、《佣中人》、《梅龙镇》等。

② 林叶青《论唐英剧作的艺术特色》，《艺术百家》1996年第3期；李静《唐英剧曲创作在艺术形式上的创新》，《湖北大学学报》(哲学社会科学版)2001年第5期；李静《唐英戏剧创作成就探析》，《广西师范大学学报》(哲学社会科学版)2004年第1期。

五、地方戏与民间说唱

另外，昆曲、川剧、梨园戏、婺剧、莆仙剧、蒲剧、卢剧、皖南花鼓戏、常锡戏、黄梅戏、新昌高腔、皮影戏、扬剧、淮戏、倒七戏和越剧等，许多剧种都有此剧。

除此以外还有民间说唱。说唱艺人除了以口头方式传承以外，还把其作成唱本出版，因而作为读物也传到了人们的手中。作为秦雪梅故事的唱本也得以长期在民间流传。例如，1942年，解放区太行抗日根据地召开的座谈会上，赵树理的发言意义深远。当时追求文艺讲话的精神的体现的他，论及到华北文化问题时，列举了从农民那里借来的《秦雪梅吊孝唱本》、《洞房扫山》、《麻衣相术》、《推背图》等唱本以及预言占卜的书等封建旧式读物，对参加者“这才是在群众中占压倒优势的华北文化”①予以忠告。这些读物在所有家庭都是理所当然的普遍的东西②。这里列举的赵树理借来的《秦雪梅吊孝唱本》，也就是唱本，其如此的流行于普通百姓之中，同时对他们的生活思想，产生不小的影响。

20世纪90年代以来，随着俗文学研究的推进，在各地散见的说唱剧目逐渐引起了研究者的注意。之前的1932年，刘复、李家瑞整理了全国六千种以上的说唱，出版了《中国俗曲总目稿》。此后一直到现在，各种各样的说唱目录陆续编纂，像车锡伦《清末扬州刻印的唱本》、张继光《一百五十种湖南唱本书录》、张小莹《车王府曲本全目及藏本分布》、李秋菊《清末民初时调叙录》、蒋守文《四川善书书目》等③。除此之外，比如日本研究者对木鱼书、潮

---

① 黄修已《赵树理评传》第58页，江苏人民出版社1981年版。

② 朱庆华《论赵树理小说的现代意识启蒙》，《文学评论》2007年第6期。

③ 参阅任广世《明清说唱研究综述》，《中国诗歌研究动态》第4辑，2008年。

州歌、石印本的鼓词等进行了整理研究①。当然，国内外图书馆所藏未被发现、未整理过的说唱资料，以及湮没于民间的说唱资料还有很多②。

此次在整理关于秦雪梅故事的说唱诸版本时，笔者对大陆唱本收藏比较丰富的上海图书馆、复旦大学图书馆，台湾“中央研究院”傅斯年图书馆等进行了调查③。同时，以日本早稻田大学图书馆泽田瑞穗旧藏风陵文库、早稻田大学演剧博物馆、东京大学东洋文化

① 金文京、稻叶明子、渡边浩司《木鱼书目录》，好文出版，1995年。上田望、大冢秀高《潮州歌册研究目录（稿）》，《金泽大学中国语学中国文学教室纪要》3，1999年。大冢秀高《石印鼓词研究（1）“中央研究院”历史语言研究所附属傅斯年图书馆所藏，石印鼓词目录、“中央研究院”历史语言研究所附属傅斯年图书馆所藏石印鼓词札记（1）》，《埼玉大学纪要》35(1)1999年。《石印鼓词研究（2）“中央研究院”历史语言研究所附属傅斯年图书馆所藏，石印鼓词目录、“中央研究院”历史语言研究所附属傅斯年图书馆所藏石印鼓词札记（2）》，《埼玉大学纪要》35(2)1999年。《石印鼓词札记（3）“中央研究院”历史语言研究所附属傅斯年图书馆所藏，石印鼓词札记（3）附一早稻田大学风陵文库所藏“石印鼓词”札记附二铃木阳一所藏“石印鼓词”复印本札记》，《埼玉大学纪要》36(1)2000年。《“中央研究院”历史语言研究所傅斯年图书馆所藏の“石印鼓词”について——“石印鼓词”と“童子戏”（含“石印鼓词”“童子戏”对象一览表他）》，《饕餮》(8)2000年。

② 注8所举的论文里提到，比如南开大学图书馆朱一玄赠书《唱本汇订》、中山大学图书馆所藏扬州和河南地方唱本、早稻田大学图书馆所藏泽田瑞穗旧藏风陵文库、东京大学东洋文化研究所所藏唱本，就属于这种情况。对于东京大学双红堂文库藏唱本整理的成果如下。黄仕忠《双红堂文库藏清末四川〈唱本〉目录》，《东洋文化研究所纪要》148册，2005年12月。《双红堂文库藏清末民初北京木刻，石印本〈唱本〉目录》，《东洋昏花研究所纪要》150册，2006年12月。《双红堂文库藏民初北京排印本唱本目录》，《东洋文化研究所纪要》151册，2007年3月。

③ 2007—2009年能够得到黄霖老师的帮助和支持，我在复旦大学留学，对民间唱本进行了调查。

研究所双红堂文库①,《清蒙古车王府曲本》②、《俗文学丛刊》③所收相关文本,其他的目录及提要中可见的版本为中心,进行了收集。虽然调查的范围有些偏颇,整理的调查结果中代表性的版本如下所记。

六、有关秦雪梅故事的说唱、戏曲、地方戏

首先,按照整本和折子戏进行分类。

【分类】	【整本】	【版本】	【出版地】	【所藏地/著录】
弹词之属	新刻秦雪梅三元记全部　六卷	清刻本		上图
	秦雪梅三元记六卷	武昌广发堂刊本	湖北	复旦图
	新刻秦雪梅三元记全部　六卷	中湘:九总黄三元堂刻本	湖南	复旦图、湖南图、上图
	新刻秦雪梅三元记六卷	民国洪江:丰泰新刻本	湖南	上图
	新刻秦雪梅三元记全部　六卷	民国全文堂刻本	桂林	上图
	新刻秦雪梅三元记全部　六卷附绣像	清光绪辛丑二十七(1901)年福兴堂刊本		傅斯年图
鼓词	新刻三元记全部　六卷	木刻本		傅斯年图
	新抄秦雪梅三元记全部　(残卷)	抄本		川浩二私藏(在安徽购买)

① 东京大学东洋文化研究所所藏全文映像资料库(http://hong. ioc. u-tokyo. ac. jp)

② 首都图书馆,北京古籍出版社 1991 年。

③ "中央研究院"历史言语研究所编,台北新文丰出版有限公司,2002 年。

续 表

【分类】	【整本】	【版本】	【出版地】	【所藏地/著录】
	新刻秦雪梅三元记全部　六卷	民国刻本		国图
弹词之属	新刻秦雪梅三元记全部　十二卷	清末民国间石印本		复旦图
弹词之属	新刻秦雪梅三元记全部	清末石印本		复旦图
集曲鼓词	绣像说唱秦雪梅三元记	上海:铸记书局民国石印本	上海	上图
	新刻秦雪梅三元记十二卷	清末民初上海昌文书局石印本	上海	国图
	新刻秦雪梅三元记十二卷	清末民初汉口汉贤堂刻本	湖北	浙江图
鼓词	秦雪梅三元记	清光绪三十年滇省荣焕堂藏本	云南	傅斯年图,《中国俗曲总目稿》
集曲俗曲	三元记	民国刻本		上图
	三元记	木刻本	四川	《中国俗曲总目稿》
	三元记	木刻本	河南	《中国俗曲总目稿》
鼓词	三元记　三集	木刻本		傅斯年图
说唱鼓词	三元传	泰山堂　木刻本	北平	《中国俗曲总目稿》
	秦雪梅吊孝三元记全本	民国铅印本		上图
集曲鼓词	绣像三元记秦雪梅全传	民国　上海:椿荫书庄石印本	上海	上图
鼓词	最新绘图秦雪梅吊孝三元记　二卷	民益书局石印本	上海	傅斯年图
	新刻秦雪梅三元记六卷	咸丰十年文义堂刊本		日本香川图神原文库
淮戏	新编秦雪梅吊孝十集	上海:大连书局印行	上海	《俗文学丛刊》
宝卷	绘图秦雪梅三元记宝卷　二卷	上海:惜阴书局石印本	上海	早稻田风陵文库

续 表

【分类】	【整本】	【版本】	【出版地】	【所藏地/著录】
宝卷	绘图秦雪梅三元记宝卷 上下集	民国广记书局		浙江省图
宝卷	增像秦雪梅宝卷上下卷	民国广记书局		浙江省图
长沙、邵阳、常德、岳阳花鼓戏	三元记		湖南	《中国戏曲志湖南卷》,《湖南地方剧种志》(五)下,《长沙花鼓戏志》
祁剧、辰河戏、武陵戏、荆河戏	三元记(秦雪梅)			《湖南地方剧种志》(五)下,《长沙花鼓戏志》
潮剧	秦雪梅			《潮剧剧目汇考》

分类	【从头到《吊孝》的场面】	【版本】	【出版地】	【所藏地/著录】
俗曲	秦雪梅吊孝	黄三元堂刊本	湖南	复旦图、国图、上图

分类	【梗概】	【版本】	【出版地】	【所藏地/著录】
	秦雪梅吊孝	清末民国初北京致文堂等刊本	北京	东文研双红堂文库
	雪梅女吊孝(乐亭调)			东文研双红堂文库
大鼓书	秦雪梅吊孝	北京学古堂排印本	北京	早稻田风陵文库、傅斯年图
大鼓书	秦雪梅吊孝	民国刻本		上图
大鼓词	雪梅女吊孝	中华印刷局	北京	傅斯年图
大鼓词	文明大鼓书词/雪梅女吊孝	民国十二年(1923)中华铅印本三版	北京	傅斯年图
大鼓词	改良秦雪梅吊孝	石印本		傅斯年图
大鼓词	秦雪梅吊孝	椿荫书庄石印本	上海	傅斯年图
大鼓词	秦雪梅吊孝	协成书局石印本	上海	傅斯年图
大鼓书	秦雪梅吊孝	石印本		傅斯年图

续 表

分类	【梗概】	【版本】	【出版地】	【所藏地/著录】
大鼓词	新出文明大鼓书词秦雪梅吊孝	北京:宝文堂刊本	北京	早稻田风陵文库、国图、傅斯年图
高腔	三元记(秦雪)			《俗文学丛刊》、《车王府曲本》

分类	折子戏【观文/观画】	【版本】	【出版地】	【所藏地/著录】
明戏曲	雪梅观画有感			《玉谷新簧》卷之二下层
明戏曲	书馆观画			《时调青昆》卷之三
明戏曲	《新镌乐府三元拾翠》相府邀赏,雪梅观画,商霖遗嘱,秦亲送殡,贺生商辂,商霖托梦,断机教子			《歌林拾翠》初集、二集
明戏曲	雪梅观画			《大明天下春》七卷上层
明戏曲	观画			《乐府歌舞台》花集
明戏曲	秦雪梅观画			《乐府菁华》卷之五下层
明戏曲	秦雪梅观画有感(原缺)			《乐府玉树英》四卷下层
明戏曲	雪梅观画有感《一剪梅》(原缺)			《乐府万象新》后集卷三上层
	秦雪梅观文			国图
	秦雪梅闹书馆			国图
	常香玉秦雪梅观文			国图
长沙、邵阳、常德、岳阳花鼓戏	观画游楼			《湖南地方剧种志》(五)下,《长沙花鼓戏志》
豫剧	秦雪梅(观文、训女、别府、吊孝)			《豫剧小戏考》
吕戏	雪梅观画			《弹词叙录》

续 表

分类	折子戏【观文/观画】	【版本】	【出版地】	【所藏地/著录】
梆子戏	秦雪梅做观文	陕西省城院义兴堂书局本、第三十六册		《中国剧目辞典》
秦腔	秦雪梅教子(秦雪梅观文、雪梅吊孝)	清大荔(陕西省大荔县)三友梓行本、民国西安德华书局刊本、陕西省艺术研究所所藏张隆玉口述抄本		《中国剧目辞典》
皖南花鼓戏	秦雪梅观画	《安徽省传统剧目汇编皖南花鼓戏》第六集所收傅安华口述本		《中国剧目辞典》

分类	折子戏【吊孝】	【版本】	【出版地】	【所藏地/著录】
明戏曲	雪梅商门吊子			《摘锦奇音》卷之六下层
明戏曲	雪梅吊孝			《词林一枝》卷之二上层
明戏曲	商门吊孝			《时调菁昆》卷之一上层
明戏曲	雪梅商门吊孝			《八能奏锦》卷之二(原缺)下层
某种戏词	秦雪梅吊孝全本	西安:义兴堂书局石印本	陕西	早稻田风陵文库
河北梆子	双吊孝	北京:学古堂排印本	北京	早稻田风陵文库
子弟书	秦雪梅吊孝	抄本		《俗文学丛刊》
子弟书	雪梅吊孝	抄本		《车王府曲本》
子弟书	秦雪梅吊孝子弟书二回	清抄本		国图
子弟书	秦雪梅吊孝　二回	抄本		傅斯年图
马头调	雪梅吊孝	百本张抄本		傅斯年图
马头调	雪梅吊孝一支			《北京传统曲艺总录》

续 表

分类	折子戏【吊孝】	【版本】	【出版地】	【所藏地/著录】
潮州歌	秦雪梅吊孝	民国潮州:李春记刻本	广东	上图
俗曲	秦雪梅吊孝 四回	民国永州文顺堂刻本	湖南	上图
俗曲	秦雪梅吊孝	成都源盛堂刻本	四川	上图
	常香玉秦雪梅吊孝			国图
长沙、邵阳、常德、岳阳花鼓戏	雪梅吊孝			《湖南地方剧种志》(五)下,《长沙花鼓戏志》
祁剧、辰河戏、武陵戏、荆河戏	雪梅吊孝			《湖南地方剧种志》(五)下,《长沙花鼓戏志》
梆子	绘图文明梆子京调/雪梅吊孝一段	学古堂石印本	北京	傅斯年图
越剧	秦雪梅吊孝			《弹词叙录》
扬剧	秦雪梅吊孝			《弹词叙录》
倒七戏(庐剧)	秦雪梅吊孝			《弹词叙录》
豫剧	秦雪梅(观文、训女、别府、吊孝)			《豫剧小戏考》
梆子腔	秦雪梅吊孝			《中国剧目辞典》
河北二呼噜	秦雪梅吊孝			《中国剧目辞典》
秦腔	秦雪梅教子(秦雪梅观文、雪梅吊孝)			《中国剧目辞典》
桂剧	雪梅吊孝			《中国剧目辞典》

分类	折子戏【断机教子】	【版本】	【出版地】	【所藏地/著录】
明戏曲	断机教子			《大明天下春》七卷上层
明戏曲	断机教子			《乐府歌舞台》风集

续 表

分类	折子戏【断机教子】	【版本】	【出版地】	【所藏地/著录】
明戏曲	雪梅断机教子			《玉谷新簧》卷之二下层
明戏曲	秦雪梅断机教子			《乐府红珊》卷之五、邀励类
明戏曲	《新镌乐府三元拾翠》相府邀赏，雪梅观画，商霖遗嘱，秦亲送殡，贺生商辂，商霖托梦，断机教子			《歌林拾翠》初集、二集
明戏曲	秦雪梅断机教子(原缺)			《乐府玉树英》四卷下层
明戏曲	《断机记》亦名教子记《断机教子》			《群音类选》
高腔	断机教子(一)、(二)、(三)			《俗文学丛刊》
高腔	教子　全串贯			《车王府曲本》
	秦雪梅断机教子	民国十六年(1927)黔省熊大省玉记刻本	贵州	国图
木鱼书	[南音]断机教子二叶合册	佛山瑞云楼板	广州	台湾顺德县图书馆
闽南歌仔	新刻断机商辂　全歌			《俗文学丛刊》
	雪梅教子	得安堂　清刻本	福州	国图
集曲俗曲	雪梅教子	民国永州文顺堂刻本	湖南	上图
	雪梅教子	民国十年(1921)成渝熙南书社刻本	四川	国图
	雪梅教子　一卷	民国石印本		湖南省图
长沙、邵阳、常德、岳阳花鼓戏	雪梅教子			《湖南地方剧种志》(五)下，《长沙花鼓戏志》
湘剧、祁剧、辰河戏、武陵戏、荆河戏	雪梅教子			《湖南地方剧种志》(五)下，《长沙花鼓戏志》

续 表

分类	折子戏【断机教子】	【版本】	【出版地】	【所藏地/著录】
新昌高腔	雪梅教子			《弹词叙录》
皮影戏	雪梅教子			《弹词叙录》
蒲剧	大娘教子			《弹词叙录》
秦腔	秦雪梅教子(秦雪梅观文、雪梅吊孝)			《中国剧目辞典》
桂剧	雪梅教子			《中国剧目辞典》
梆子戏	秦雪梅教子			《中国梆子戏剧辞典》

分类	折子戏【做梦】	【版本】	【出版地】	【所藏地/著录】
明戏曲	《新镌乐府三元拾翠》相府邀赏,雪梅观画,商霖遗嘱,秦亲送殡,贺生商辂,商霖托梦,断机教子			《歌林拾翠》初集、二集
集曲俗曲	商霖梦劝	民刻本		上图
梆子腔	秦雪梅做梦			《中国剧目辞典》
某种影词	秦雪梅需做梦全本	西安:义兴堂书局石印本		早稻田风陵文库

分类	折子戏【挂帛/上坟】	【版本】	【出版地】	【所藏地/著录】
明戏曲	雪梅坟头挂纸			《八能奏锦》卷之四(原缺)下层
高腔	双挂帛(一)、(二)			《俗文学丛刊》
子弟书	挂帛			《车王府曲本》
马头调	挂帛一支			《北京传统曲艺总录》
昆剧	挂白			《中国昆剧大辞典》
梆子腔	秦雪梅上坟	陕西省城南院门义兴堂书局本、第二十九册		《中国剧目辞典》

分类	折子戏【伴读】	【版本】	【出版地】	【所藏地/著录】
明戏曲	辟纑雪梅伴读【霜天晓角】			《乐府万象新》后集卷三上层(原缺)
高腔	伴读			《俗文学丛刊》
昆曲	伴读　全串贯			《车王府曲本》
昆剧	伴读			《中国昆剧大辞典》

分类	折子戏【游地府】	【版本】	【出版地】	【所藏地/著录】
嘣嘣戏	杂腔唱本秦雪梅魂游地府			东文研双红堂文库
嘣嘣戏	秦雪梅魂游地府	中华印书局印行	北京	《俗文学丛刊》

分类	折子戏【商郎回煞】	【版本】	【出版地】	【所藏地/著录】
子弟书	商郎回煞			《车王府曲本》、《俗文学丛刊》

【其他】

分类	木鱼书	【版本】	【出版地】	【所藏地/著录】
木鱼书	新编节义传芳雪梅传　四卷四册	广州：五桂堂	广东	香港大学亚州研究中心、《木鱼歌潮州歌叙录南音》、天理图书馆、《中山大学民俗周刊》,《中国俗曲总目稿》
木鱼书	爱玉产子 27 页半	广州：以文堂	广东	《中国俗曲总目稿》
木鱼书	断机教子　二叶合册	佛山：瑞云楼板	广东	台湾顺德县图书馆

分类	闽南歌仔	【版本】	【出版地】	【所藏地/著录】
闽南歌仔	最新雪梅思君歌(国庆调)	会文堂书局发行	福州厦门	《俗文学丛刊》
闽南歌仔	特别时调歌本　爱玉歌　十送君　烟花叹　新五更歌	民国二十二年(1933)厦门博文斋	福州厦门	《俗文学丛刊》

续 表

分类	闽南歌仔	【版本】	【出版地】	【所藏地/著录】
闽南歌仔	最新商辂歌	开文书局		傅斯年图
闽南歌仔	爱玉自叹歌下本	竹林书局	台湾	傅斯年图
闽南歌仔	新编雪梅思君	1957年文林出版社		傅斯年图
闽南歌仔	社会风俗歌(附录:雪梅思君歌(国庆调))	昭和六年(1931)		傅斯年图
闽南歌仔	训商辂歌 二本	竹林书局	台湾	傅斯年图
闽南歌仔	雪梅思君歌	1962年竹林书局再版	台湾	傅斯年图
闽南歌仔	雪梅思君歌 全二本	1955年竹林书局	台湾	傅斯年图

分类	闽南歌仔	【版本】	【出版地】	【所藏地/著录】
潮州歌	新造秦雪梅歌 八卷下全歌 十三卷	潮城:王生记刊本	广东	复旦图、早稻田演剧博物馆
潮州歌	新造秦雪梅下全歌/新造秦雪梅子全歌	潮州:李万利刊本	广东	早稻田演剧博物馆
潮州歌	秦雪梅全歌	潮安:民国刻本	广东	上图
潮州歌	秦雪梅全歌	潮安府前街王生记藏板	广东	稀见旧版曲艺曲本丛书《潮州歌册卷》47册

除了出版地不明的,秦雪梅故事的传播波及到上海、湖南、湖北、广西、广东、福建、西安、北京、四川、桂林各地。如果与地方戏合在一起,一目了然的是其流布呈现出非常高的地域性。

还有,诸版本中,值得注意的是以下所举的整本鼓词的版本。各文本虽然多少有文字的异同,但无论哪一种文本,其内容、使用字句和形式大致相同。基本上都是,《西江月》的导入词之后,用七字、十字句的韵语和以“话说……”介入散文的叙述,相互交叉的说唱形式展开故事情节。从现存的数量来推测，可以说这种形式的版本是在比较广的范围内流通的。下文列举该当的版本，其中与前述有一定的重复。

整本鼓词	【版本】	【出版地】	【收藏地/著录】
新刻秦雪梅三元记全部六卷	中湘：九总黄三元堂刻本	湖南湘潭	复旦图、湖南省图、上图3部
新刻秦雪梅三元记六卷	民国洪江：丰泰新刻本	湖南洪江	上图
秦雪梅三元记　六卷	武昌：广发堂刊本	湖北武昌	复旦图
新刻秦雪梅三元记全部六卷	民国全文堂刻本	广西桂林	上图
新刻秦雪梅三元记全部六卷、附绣像	清光绪二十七年(1901)福兴堂刊本		傅斯年图
新刻秦雪梅三元记全部六卷	民国刻本		国图
新刻三元记全部　六卷	木刻本		傅斯年图
新刻秦雪梅三元记全部六卷	清刻本		上图
新抄秦雪梅三元记全部(残卷)	抄本		川浩二私藏(在安徽购买)
新刻秦雪梅三元记全部十二卷	清末民国间石印本		复旦图
新刻秦雪梅三元记全部	清末石印本		复旦图
新刻秦雪梅三元记十二卷	清末民初汉口汉贤堂刻本	湖北	浙江图
绣像说唱秦雪梅三元记	上海：铸记书局民国石印本	上海	上图
新刻秦雪梅三元记十二卷	清末民初上海昌文书局石印本	上海	国图
新刻秦雪梅三元记十二卷	清末民初石印本		浙江图
三元记　三集	木刻本		傅斯年图

这些故事的内容，都是以《吊孝》、《断机教子》为中心，大体的情节与南戏传奇大致相同。但是登场人物的设定等发生了变化。

（一）明成化年间，地点锁定在杭州太平街。

（二）秦太师是商国定为官时的友人，做了相互间儿女结婚的约定。

（三）商家因天灾没落。商淋寄身于秦府的岳父家，为应科举而勤学刻苦。

（四）一天，秦雪梅在商淋不在时，到访书房，偷看了他的文章。被回来的商淋发现，强要其留宿，在下女的帮助下得以平安无事。

（五）商淋思念雪梅，相思病无法医治，商淋的父母让下女爱玉扮装雪梅，哄骗与其过夜。

（六）知道是爱玉的商淋在悲愤中死去。

接着就是雪梅去商家吊孝。但是到《吊孝》之前的场面情节已经发生如此的差异。而且到现在，民间上演的地方戏及说唱中，主要采用了这些内容。从中可以推测，很可能在民间说演的过程中，说唱中描写的秦雪梅故事逐渐形成占据了全国性的位置。而且从说唱版本的地域的分布来看，其至少在湖南、湖北、桂林、上海各地都有流通。

通过明末清初通俗文艺活动，比如弹词、宝卷、木鱼书等，从江南到东南沿海地区，其故事得以广泛推广，已有研究者指出①。而且最近，对着重在清末北方出版的木刻鼓词小说以及民国时期上海大量出版的石印本鼓词小说的研究也在不断推进②。在这里要注意的是，湖南地区，也就是内陆地区的刊行情况。比如，湘潭的黄三元堂、洪江的丰泰新堂、长江的左三元堂、永州的文顺堂等各种各样的书店林立。每家书店在湖南都是出版量比较多，而且有影响力的

① 冈崎由美《弹词〈倭袍传〉の禁书と流通》，中国古籍文化研究所编；アジア文化丛书六《中国古籍流通学の确立:流通する古籍·流通する文化》，雄山阁 2007 年等。

② 李豫等著《清代木刻鼓词小说考略》，三晋出版社 2009 年版。

唱本店①。其中,黄三堂光绪年间在湖南湘潭开业,是贩卖过近百种木刻唱本等的代表性的私营书店②。而且湘潭黄三堂刊《新刻秦雪梅三元记全部》唱本,与其同版的,在上海图书馆现存三组,复旦大学图书馆和湖南省图书馆各现存一组。

在这里想对湖南唱本稍微进行一些补足与说明。不只限于秦雪梅故事,笔者在对上海图书馆及复旦大学图书馆所藏唱本进行调查时,各种唱本的出版地有宝庆、永州、武冈、宁乡等,散见于湖南各地。实际上,清末民初,湖南省全域的唱本出版活动十分繁盛③。多数的唱本店林立,而且向湖北、广西、贵州等相邻省份贩卖唱本。同治年间

① 《湖南省志》第二十卷《新闻出版志·出版》第一篇《北宋至民国湖南的出版事业》第一章"雕版书刊刻"第三节"坊刻"(湖南省地方志编纂委员会编,湖南出版社 1991 年):"清末民国年间湖南坊刻最多的是"杂书",即唱本、童蒙读物。唱本的材料来源有三:(一) 抄自流传较广的名班戏文;(二) 根据戏曲、民间传说、历史故事改编的说唱;(三) 民间艺人和群众创作的歌谣、小调。它的内容精华与糟粕共存,既有不少健康有益、反映劳动人民美德和良好愿望的说唱,也有大量宣扬封建道德、色情、荒诞的东西。刻印唱本的主要是唱本点,几乎遍布全省各县,长沙、湘潭、零陵、常德、益阳、邵阳、沣县等地有集中。其中出书较多,影响较大的有:长沙的周双槐堂、庆林堂书坊、诚兴堂、左元三元堂、湘潭的杨大文堂、黄三元堂、杨大星堂、常德的李三元堂、贵燮记书店,益阳的文元堂、文化堂、斯为美书店,宁乡的黎锦芝(芳)堂,沣县津市的金玉堂等。这些唱本店大多开业于清代嘉庆、道光前后,有的历经几十年,至民国年间仍生意兴隆。"

② 湘潭县地方志编纂委员会《湘潭县志》卷三十三《文物图书档案》第二章"图书"第一节"发行",第 777 页,湖南出版社 1995 年版。

③ 《湖南省志》卷二十七《新闻出版志》第一篇《北宋至民国湖南的出版事业》第一章"雕板书刊刻":"湖南刻印的唱本、戏文、童蒙读物、历书,不仅行销本省,而且远销湖北、广西、贵州等省。发行渠道主要是批发给小商贩,运送到各地,深入农村集镇发售;有的甚至串乡走村,因而销行面积极广,发行量很大。长沙市在抗日战争前,可以见到以卖唱本为生的人,他们用竹篾织成牌扇式折子一块,安上手柄,折子上插着许多唱本、戏文、小本历书。他们把折子扛在肩上,往来各庙坪和偏僻小巷,遇到适当地方,便放下折子椅在墙根,吆喝起来,招徕顾客。"

在宝庆建成了唱本的专卖街,在那里记录秦雪梅故事曲目的调子书等有出版①。另一方面,在湖南,明代以来艺能的流入和育成以及经济交易的发达,而且与相邻省份的移动也变得便捷,湖南艺人去贵州、云南、四川、江西从事卖艺活动也变为可能②。不但如此,消灭太平天国后的湘军带来的财富使湖南繁荣,艺能也成熟了起来。而且由湖南艺人把秦雪梅故事,诗赞系齐言句中引入了曲牌长短句,并进行了试演③,湖南省各地的花鼓戏及演剧等所有剧种都有上演,在湖南地区形成了某种特殊的文艺活动。而且不只如此,清末民初的唱本出版活动的隆盛,又使该故事得以更加广泛的流布。

七、南戏传奇系统与鼓词系统

南戏传奇和鼓词中故事内容的差异在上文中进行了论述。至于各种艺能所属于什么样的系统,简单地归纳如下。

①南戏传奇系统:弋阳腔系(青阳腔)→高腔
(与弋阳腔本文的曲词大概一致)子弟书
(《秦雪梅吊孝》采用南戏传奇的情节)
② 鼓词系统:地方戏,其他说唱文艺

① 《中国曲艺志·湖南卷》大事年表:"同治年间(1862—1874)宝庆府皇恩寺(今邵阳市区长新街)形成专卖《十月飘》、《三姑记》、《三元记》、《孟姜女》等调子书和《五美图》、《彭玉麟私访广东》等通俗唱本的一条街,有书铺数十家。"

② 《中国曲艺志·湖南卷》大事年表:"光绪三十三年(1907)本年,宝庆府渔鼓艺人杨天禄西出云南、贵州卖艺。宣统三年(1911)渔鼓艺人杨天禄在云南、四川、贵州、江西等省卖艺后返回宝庆演唱。"

③ 《中国曲艺志·湖南卷》曲种·丝弦:"据艺人徐海清、栗甄玖、李玉成等在20世纪50年代谈:清末,他们的师祖辈试用常德汉剧(现称武陵戏)南北路的板式变化,结合高腔〔皂罗袍〕、〔山坡羊〕等曲牌的一些曲调,演唱《雪梅吊孝》、《清风亭》等曲目,取得成功。"

戈阳腔系(青阳腔)逐渐的向高腔发展。实际上,如果把车王府所藏的《三元记》、《教子》、《挂帛》与戈阳腔系文本的曲词进行比较的话,能够看到两者重复的地方很多。从中可以看到,其故事情节是在保留南戏传奇曲词的同时,也在清代继续流传。此外,同样车王府所藏的子弟书《挂帛》、《商郎回煞》、《雪梅吊孝》,因为是南戏的曲词所以没有保留。但是从其采用南戏传奇的主要情节来看,大概从清代中期到清末,特别在北方流传的秦雪梅故事主要以南戏传奇的情节为主流。

另一方面,其他的各种艺能、地方戏大都采用了鼓词的故事内容。我们大致可以认为,秦雪梅故事的流布由南戏传奇早期的层面与新生的说唱这一层面相结合而形成的。

更进一步,我们从中也可以看到鼓词系统在民间的渗透的事例。比如与整本鼓词《新刻秦雪梅三元记全部》整体故事情节的构成大致相同,通篇由七言句韵文穿插的淮戏《新编秦雪梅吊孝》即属于此类。其他的曲艺,比如宝卷及木鱼书、潮州歌的整本,虽然沿袭鼓词的内容没有那么严密,但是淮戏相当程度的受到了鼓词的影响。对此能够清楚的表现的就是《游地府》的场面。《游地府》在南戏传奇等并不存在,乃是说唱所新设的场面。其内容是,赴商家吊孝的秦雪梅,在商霖的棺材前痛哭并撞头自杀,追着商霖去往冥府,并巡游了地府,然后才知道秦雪梅和商霖是金童玉女转世的。

在淮戏以外中,嘣嘣戏作为折子戏采用了游地府的场面。各出戏中,鼓词《新刻秦雪梅三元记全部》①卷之四、淮戏《新编秦雪梅吊孝十集》②第三集终了至第六集、嘣嘣戏《秦雪梅游魂地府》③是保

① 本文此前所举的版本里都有记载。

② 上海大达书局印行(《俗文学丛刊》119 册所收)。

③ 北京中华印书局印行。

留了该处内容①。

以下列举各出戏文本中的一部分，试加以比较。

鼓词《新刻秦雪梅三元记全部》：

我今日人了尽无人扯住。到不如到地府找寻夫君。想起来商公子去也不远。不过王美泉下半路之中。那小姐取钱纸灵前烧化。叫一声商公子等我同行。我今日在灵前烧钱化纸。到后来再莫想我把纸焚。倒退步三四脚一头撞死。撞死了女佳人全赴幽冥。那魂灵在空中全然不散。

淮戏《新编秦雪梅吊孝》：

儿媳登在孝帐内。让我伴伴他阴魂。眼朝阴曹一声哭。喊声死鬼我夫君。酆都城内略等等。等等雪梅一同行。哭不尽我心肺话。想起妙计在我心。不免三头来碰死。地府找找他当身。如若找到他的面。我好带他转还魂。……哭不尽我心肺话。就在此处把命拼。咬定牙齿发个狠。对定中柱下无情。东东一头撞下去。

嘣嘣戏《秦雪梅游魂地府》：

我今夜三更后无人知晓。到阴司去找我的夫君。我思想商公子去也不远。黄泉路必然得相逢(烧纸)雪梅女在灵前焚

① 注2论文以金童玉女转世的情节为“宿命型”之类。它说：“属于这一类型的有小说《七世夫妻》、武当山长篇叙事诗《秦雪梅》、淮戏《秦雪梅吊孝》、嘣嘣戏《秦雪梅游地府》等”“武当长篇叙事诗《秦雪梅吊孝》中，商林、雪梅是金童玉女第三世”。在本文所举的整本鼓词中的他们也是金童玉女第三世。由于这些整本鼓词在湖南为中心出版，或许这种金童玉女的情节可能在湖北、湖南区特别流传。

化钱纸。双膝跪哭一声一阵伤心。叫一声商公子等我一等。黄泉路等等我做伴同行。我今日在灵前烧钱化纸。倒后来在莫想我把纸焚。我不如在灵前一头撞死。到阴间同夫主好去相逢。哭罢多时抬身起。不如一死赴幽冥。

从中一目了然的是,嘣嘣戏《秦雪梅游魂地府》相当程度的抄袭了鼓词的歌词,同时扩充了情节和内容。另外,淮戏中除了普遍流传的情节以外还有新添加的情节。因此可以认定,作为秦雪梅故事广泛流布的基础内容存在于鼓词《秦雪梅三元记全部》。

八、结　语

以上,通过对南戏传奇与鼓词唱本的内容比较、各地收藏的唱本的整理,确认了秦雪梅故事的整体流布状况。明末清初,以南戏传奇为基轴的秦雪梅故事,主要在南中国为中心的地域上演。在上演的过程中,其在保留了曲词的同时,在形式上逐渐的向着高腔的方向变化。另外,到了清末民初,在传承南戏传奇的同时,其故事内容则又在新的层次上予以展开,这些内容并被各种说唱及地方戏所采用。而且新的层面上展开的故事内容,支撑其流布的则是鼓词《新刻秦雪梅三元记全部》为代表的故事内容。与北方、江南、东南沿海地区通俗文艺的出版活动不同,其与内陆湖南为中心的出版、艺能活动密切相关。它们之间又相互影响,以至流布于全国。虽然各地戏曲或曲艺的实际上演是故事流传的主要原因,但我们也不能忽视清末民初唱本的出版和流通与故事流传的关系。

(作者系日本早稻田大学中文系助理)

经济视角下的《邯郸记》解读

郑艳玲

"明朝是我国历史上的变革时代，是我国开始孕育近代社会经济因素的时代，也可以说是社会转型因素的萌生时代，经济异变是这一历史时代最为明显的特征。"①这种经济特点，在文学创作领域有非常突出的体现，如出现于明代中后期的《西游记》、《金瓶梅》、三言二拍等小说都有相应的经济叙述和经济表现。在戏剧方面，汤显祖的《邯郸记》尤为精彩，剧本以浪漫主义的梦幻构成，对明代的经济因素有极为生动的表现，尤其是对金钱异化下夫妻关系和社会百态进行了集中的解释。

一、卢生和崔氏

"每一时代的社会经济结构形成现实基础，每一个历史时期有法律设施和政治设施以及宗教的、哲学的和其他的观点所构成的全部上层建筑，归根到底都是应由这个基础来说明的。"②文学创作中所表现的观点，同样要受到经济基础的制约；文学作品中的人物和情节，也深刻反映着社会的经济内容。汤显祖的《邯郸记》创作于万

按：本文原载《戏剧》（中央戏剧学院学报）2008 年第 2 期。

① 吴量恺《中国经济通史》（第七卷）第 1 页，湖南人民出版社 2002 年版。

② 恩格斯《反杜林论》第 24 页，人民出版社 1970 年版。

历二十九年(1601),当时的明王朝正处于传统经济向近代经济的变革时期:新出现的生产关系对传统的观念、体制、认识,产生了强烈的冲击,它残留着旧经济关系的特点,同时又带有无限蓬勃的生命力。从表层故事叙述来看,《邯郸记》写的是卢生黄粱一梦的觉醒与领悟;从深层经济叙述来看,《邯郸记》描写了卢生的发家史,即入赘豪门、靠着妻子的钱财走上青云之路,进而揭示了金钱的强大力量——它能改变人的处境,也能改变人的命运;从内在的经济规律而言,《邯郸记》以深刻的经济描写揭示了夫妻在家庭中的地位决定于他(或者她)的经济地位的高低。

家庭是人类社会生活存在和发展的基础,夫妻关系则处于家庭的核心地位,在夫妻关系方面,儒家传统思想提倡的是"夫妇和"、"相敬如宾",但是,封建经济关系中男性的劳动和财产在家庭中居于主导地位,这决定了他在夫妻关系中的支配地位,"在家庭中,丈夫是资产者,妻子则相当于无产阶级"①,男性统治根源于是他而不是她掌握财产的事实。因此,夫妻关系逐渐成为建立在"夫为妻纲"基础上的夫天妇地、夫尊妻卑等的不平等关系,即人身依附关系。这种夫妻关系到了明代愈演愈烈,明代大量对义夫、烈女的表彰无不以男尊女卑为立足点,而取妾成风的习俗也是女性逐渐丧失家庭地位的有力证明。

这种夫妻关系在面临新的生产关系萌芽时出现了动摇和变化。明代中后期,经济的高速发展对家庭关系产生了重大影响,导致了传统夫妻关系的异化:即家庭地位不再决定于性别,而是决定于各自经济地位的高低。汤显祖的《邯郸记》则以崔氏与卢生的家庭为基础,深刻揭示了这种夫妻关系对于各自经济地位的依赖,反映了金钱决定下的夫妻关系。

(一) 夫卑妻尊

在崔氏和卢生组成的家庭中,二人的经济地位并不是始终保持

---

① 恩格斯《家庭、私有制和国家的起源》第72页,人民出版社1972年版。

一致的，而是有所变化的，夫妻关系也因之出现一波三折的情况。

第一个阶段的表现是卢生遵从崔氏。这一时期，崔氏财大气粗，卢生穷困落魄，夫妻关系呈现出夫卑妻尊的趋势：妻子崔氏在家庭中处于绝对地位，可以决定家庭中的重大事件，丈夫卢生则不得不听从妻子的所有安排，并想尽办法讨好妻子。

卢生和崔氏的经济状况差别很大。卢生仅有"良田数倾"①，聊以温饱而已。崔氏则富比王侯。《邯郸记》通过两个侧面描写了崔家的财富：一是崔家宅院豪华。第四出《入梦》中卢生眼中的崔家"一径香风软碧纱，粉墙低转有人家。……闪铜环呀的转檐牙。满庭花，重重帘幕锁烟霞。甚公侯贵衙，甚公侯贵衙。"②二是崔家有万贯家财。崔氏曾充满自信地说："奴家再着一家兄相帮引进，取状元如反掌耳。"③

崔氏在经济上的强势地位，决定了她的性格上的强势话语权，与卢生产生鲜明对比，由此构成了崔氏与卢生在夫妻关系的不平等。这种不平等在以下两个事例中得到充分的表现。一是崔氏强人意志，招赘卢生。《邯郸记》中崔氏的逼婚很大程度是依靠巨大财富所产生的强势经济力量。当老实诚恳的卢生无意中闯入她的庭院，崔氏先强调自己豪门出身和万贯家财，使卢生萌动求财之欲，压榨出卢生在财富对比中的卑微；接着紧紧接着抓住卢生的过错，"你形奸诈，无端窥窃上阳花"，要把卢生绑了送官府，终使卢生六神无主；最后崔氏才表明自己的想法，"私休，不许他家去，收他在俺门下，成其夫妻；官休，送他清河县去"④。可见，对于卢生而言，这个

---

① 李晓、金文京校注，汤显祖著，《邯郸梦记校注》第 144 页，上海古籍出版社 2004 年版。

② 李晓、金文京校注，汤显祖著，《邯郸梦记校注》第 30 页，上海古籍出版社 2004 年版。

③ 李晓、金文京校注，汤显祖著，《邯郸梦记校注》第 49 页，上海古籍出版社 2004 年版。

④ 李晓、金文京校注，汤显祖著，《邯郸梦记校注》第 31 页，上海古籍出版社 2004 年版。

婚姻本质上是强权的，因此他在这场春秋大梦的开始就生活在一个矛盾和尴尬的境遇中。从经济角度来看，卢生的主体性在婚姻选择中丧失，其根源在于他和崔氏之间悬殊极大的经济能力。崔氏的财富雄厚，使她获得了选择上的主动权和话语权，与之相对应的则是卢生的被支配地位。因此，崔氏可以决定自己和卢生的婚姻。

二是崔氏劝说游说，逼夫应举。卢生与崔氏结婚后，无意于功名仕途："小生书史虽然得读，儒冠误了多年。今日天缘，现成受用，'功名'二字，再也休提。"但崔氏却以金钱为诱惑，终于化解了卢生的内心矛盾："公门要路，能够容易亲近？奴家再着一家兄相帮引进，取状元如反掌耳。"使卢生心甘情愿地放下眼前的幸福生活，远去长安博取功名。深入分析可以发现，卢生的选择主要由两方面的原因造成：一是崔小姐雄厚的势力和财力为卢生进取功名创造了必要条件；二是卢生寄人篱下，不得不听从崔小姐的安排。前者是卢生博取功名的外部原因和现实条件；后者才是卢生博取功名的内在的、必然的驱动力。因为在崔、卢二人的婚姻中，经济力量雄厚的崔小姐处于主动地位，她的意见始终处于决定性的地位，所以贫穷落魄卢生要想混迹崔家，必须时时听从崔氏的意见。显然，是崔氏的地位压迫和财力支持激发了卢生已经淡漠的功名利禄之心，消除了卢生懒于考取功名的无奈因素。所以崔小姐的劝说马上使卢生从"我也忘记起春秋几场，则翰林苑不看文章，没力气白头功名纸半张，直那等豪门贵党"的浑浑噩噩中醒来，从而有了"葫芦提田舍郎，仗娇妻有志纲，赠家兄送上黄金榜"①的雄心壮志。从卢生的态度变化之中，我们可以看到他的选择是表面上是受了欲望和崔氏的蛊惑，实质上是遵从家庭经济强权的表现。这一实质后来在卢生为崔氏谋取封诰的事例中得到进一步证实。卢生借金钱谋得头名状元后，抓紧时机为妻子崔氏谋取利益。卢生为朝廷要员，他应该知道偷写封诰的后果，但依然铤而走险。那么他为什么要这么做？有的

---

① 李晓、金文京校注，汤显祖著，《邯郸梦记校注》第 48—49 页，上海古籍出版社 2004 年版。

观点认为这是夫妻恩爱的表现，但这种说法忽视了崔、卢婚姻所建立的不平等的基础。卢生不惜牺牲自己的事业和前途为崔氏谋取封诰，根本原因在于头名状元的获得有赖于崔氏的金钱支持："多谢贤妻将金资广交朝贵，竦动了君王，在落卷中翻出做个第一。"①所以他挖空心思地为崔氏谋利，并迫不及待地星夜回家给崔氏通风报喜，以获得崔氏的认可。显然，崔氏的要求和理想支配着卢生。

（二）夫妻平等

第二个阶段的表现是夫妻平等。卢生依靠妻子的财力取胜科举，成功地转换了自己的地位，也获得了进一步谋取金钱和权势的机会。这种转变提高了他在家庭中的地位，他和崔氏的夫妻关系也转入第二个阶段，即平等期。这种平等关系的集中体现则是面对苦难时二人的同心协力和相互支持，因为卢生以相应的权势暂时获得了与崔氏财富的匹配，这就打破了原本不平等的夫妻关系，使二人在家庭中的地位趋于一致。于是，卢生因偷写诰命被贬至陕州凿山开河时，二人"快备夫马，夫妻们陕州去也"②，表现出同甘共苦的精神。

平等的夫妻关系带来了人物最为深厚和真挚的情感，这一阶段的夫妻情义也是最让读者感动的。在第十四出《东巡》中，卢生被宇文融构陷，被迫前往边塞地域抗击敌寇，连告别妻子的机会都没有；崔氏听到消息后马上去寻找丈夫，却不见踪影，最后只得无限感伤地回家，表现出夫妻之间的情深意切。面对丈夫的不辞而别，妻子崔氏痛哭流涕，想到边关的凄凉，崔氏更加担忧丈夫，急忙追寻丈夫离去的背影，连跌伤了脚也顾不上，但是终究还是没有见到丈夫的面，只好期待在梦中和丈夫团圆了。这一段叙述，深究其经济原因，显然是卢生的权势使他获得了与崔氏相应的经济地位，因此在面临苦难的时候，崔氏开始真心实意地关心和牵挂卢生，此刻，她已经把

①② 李晓、金文京校注，汤显祖著，《邯郸梦记校注》第 72 页，上海古籍出版社 2004 年版。

自己的命运和卢生紧密联系在一起,把夫妻共同的利益和荣辱放在了家庭的首位,因而在对待卢生时,崔氏内心真实的夫妻之爱迸发出来。此刻的崔氏,因为尊重卢生、敬重丈夫,显示出一种格外美丽的性格和风采。

如果说强召卢生、逼夫应举的崔氏是经济因素异化下的人物,充满了咄咄逼人的金钱力量,那么与丈夫同甘共苦、情深意切的崔氏则是摆脱了经济因素控制的鲜活形象,焕发着传统女性的隐忍、坚毅、刚强、勇敢的美德。崔氏的这种特点在和卢生后来的苦难生活中表现得更为鲜明。卢生开边胜利,功成回京,但没多久就遭到了宇文融通敌叛国的构陷,将要斩首示众。面对飞来横祸,卢生要引刀自裁,崔氏及时制止了丈夫的自杀,接着带领一帮儿子们上午门喊冤,挽救了丈夫的性命。这时候的崔氏,已经完全从自己的经济意识和地位背景中解脱出来,她不再得意于自身财富带来的优越感,而是沉浸在平凡男女之间的相互珍惜和爱恋中,并萌发了为对方的平安和幸福努力争取、奋斗的强大力量。因此,她敢于以一个弱女子的身份前往午门,指责当朝皇帝草菅人命:"宿世旧怨家,当把卢生活坑煞。有甚驾前所犯?喫几个金瓜。把通番罪名暗加,谋叛事关天当要?"①崔氏终于以自己的力量挽救了丈夫的性命,卢生被免除死刑,改为流放鬼门关。通过一番波折,崔氏和卢生也建立了平等的夫妻之爱,他们相互牵挂、相互支持、相互宽慰。

由于金钱尽失,崔氏沦为无产者;由于自由尽失,崔氏同时又沦为奴隶,处于社会压迫的最底层。这种经济地位和社会地位的巨大落差非但没有击垮崔氏,反而使她生出一种与卢生共患难的超人意志和力量,她不但努力维持自己的尊严,还想尽办法为卢生解脱,表现出一种脱离了金钱制约的人格美。这在《织恨》一出中表现得最突出。此时卢生被发配至鬼门关,生死不明,儿子们也都遣散出京,被贬远地。崔氏受到拖累,被打入机坊,从一品夫人变成织婢,还不

---

① 李晓、金文京校注,汤显祖著,《邯郸梦记校注》第144—145页,上海古籍出版社2004年版。

时受到官差的勒索和毒打。这种悲惨的日子一过就是三年。三年中崔氏也有自怜自叹,但更多的是挽救丈夫和家庭的现实之举,她悄悄学会了织回文锦,并最终等到了和丈夫团圆的日子。在沉重打击和漫长的磨难之中,人最容易丧失的就是信心和勇气,崔氏在三年的奴隶生涯中,却始终保持着坚忍不拔的性格,用积极的行动改变自己的命运。此外,她还尽力维持自己的尊严,努力保护梅香,并勇敢地斥责机坊大史和太监:"(回身指末介)恨无端贝锦胡云(指锦介),似这官锦如云,甚干忙,要巴巴羯羯你这内家人。"①

(三) 夫尊妻卑

第三个阶段是夫尊妻卑的阶段。在冤情昭雪之后,卢生回到朝廷,恢复了自己的官位,并取得了绝对的财富。第二十六出《杂庆》这样描写了卢生的富有:

(工部大使)自家工部营缮所一个大使,奉旨盖造卢老爷大功臣坊、敕书阁、宝翰楼、醉锦堂、翠华台、湖山、海子,约二十八所。各工奏完,卢府赏银三千锭,花酒不计其数,好气概也。……

(厩马大使)学生非龙厩一个管马大使,万岁爷爷于楼上见卢府各位公子,朝马肥瘦不一,诏选内厩马三十匹,送到卢府乘坐。蒙卢府赏我大使馆一称马蹄金,押马的九十余人,各赏金前一百余贯,好不高兴。……

(户部大使)小子户部黄册库大使,奉旨齐送钦赐田园数目:田三万顷,园林二十一所,送到卢府。蒙赏契尾钱一万缗,好利市也。……

(乐官)贱子是新袭职的鬼官儿,万岁爷赐功臣女乐,钦拔仙音院二十四名,以按二十四气,蒙礼部裴老爷差为,送去卢

① 李晓、金文京校注,汤显祖著,《邯郸梦记校注》第169—170页,上海古籍出版社2004年版。

府。女妓都留着用，赏贱子砑光插花帽一顶，百花衣一件，金钱一千贯，好不高兴也。①

房子、马匹、田产、美女，卢生应有尽有，赏赐起来也豪爽慷慨。这里从一个侧面描写了卢生的钱财之多、权势之大。经济地位的绝对地位，规定了他在家庭中的绝对权威。此刻的卢生，不再是那个强被逼婚的落魄书生，也不是那个无奈进取的卑微青年，而是富甲一国、位高四海的当朝相国。此外，由于巨额财富的介入，卢生和崔氏的夫妻关系也发生了质的改变：原有的平衡被打破了，新的不平等关系建立起来。拥有了财富的卢生，不再听命于崔氏，也不再唯唯诺诺，他的主体性鲜明起来：一切的家庭决定都要依靠卢生的吩咐。卢生和崔氏的关系回归了传统的夫尊妻卑。崔氏成了一位贤惠的女性，她对卢生问寒问暖，向他请示所有的事情。

卢生和崔氏夫妻关系的新变可以从两个事例中得到印证。一是卢生收用崔氏婢女梅香。卢生和梅香所生之子年龄居幼，卢生临死之前，这个小儿子正等待加封官爵，显然是卢生在为相期间收用梅香所生。《大明律·户律·婚姻门》规定：若有妻更娶妻者，亦杖九十，离异。对纳妾也进行严格的限制，规定：其民年四十以上无子者，方许娶妾，违者，笞四十。明律隐含着男人未过四十，或者已生有儿子者不能纳妾之意②。卢生与崔氏结婚后，崔氏生有四子，根本不存在没有子嗣的问题。那么收用崔氏婢女梅香的原因只能有一个，就是满足卢生荒淫无耻的欲望。收用婢女，在明代并不是什么新鲜事。虽然“一夫一妻制”在古代就有法律明文规定，“但是事实上，蓄妾在明代所有年龄段的富人中，似乎已是相当普遍的现象。虽然关于其发生率的统计资料已经很难查到，但流传的逸闻趣事却

① 李晓、金文京校注，汤显祖著，《邯郸梦记校注》第 191—192 页，上海古籍出版社 2004 年版。

② 黄彰健《明代律例汇编》第 1501 页，台北“中研院”历史语言所 1979 年版。

非常丰富”①。纳妾成风也成了明代中后期的一道风景。如南京兵部尚书湛若水有妾数人，徽商吴天星后房女子有百余人之多。《石点头》里的盐商谢启有各种美女两百多，还要四处寻访佳丽；《金瓶梅》中的西门庆更是大小通吃、老少皆宜。《邯郸记》中的卢生收用了梅香只不过是风尚所致，但深入分析，则另有结论。从与崔氏成婚到被押鬼门关期间，卢生对崔氏之外的女子没有非分之想，反而在相国之位上，卢生开始有了女色之好。这一过程的发生表明，随着经济地位的上升，卢生获得了强有力的自尊与自信，并能够按照自己的意愿采取行动。对此，崔氏没有任何疑义，因为此时的崔氏，已经从剧本开始的强势地位跌落下来，成了婚姻生活中的附属品。这一转变，把崔氏置于传统的夫尊妻卑的地位，同时也巩固了男性在家庭中的强势地位。

二是与 24 位女乐的淫乱。如果说，收用梅香仅仅是男性家庭强权的复苏，那么，与 24 位女乐的淫乱则是卢生强势地位的无度扩展和任意泛滥。这一事件极大地毁灭了崔氏在家庭中的地位和权利，把她推向了夫尊妻卑的深渊。此时，夫妻之情和夫妻之爱已经荡然无存，只有赤裸裸的需求和不得已的迎逢。在《极欲》一出中，卢生听说皇帝送了 24 位女乐给他，他先是大讲一通“君子戒色”的道理。崔氏要归还女乐，他又虚伪地阻止：“不敢虚君之赐。”②继而兴致勃勃地安排：“听我吩咐：今夜便在楼中派定，此楼分为二十四房，每房门上挂一盏绛纱灯为号，待我游歇一处，本房收了纱灯，余房以次收灯就寝。倘有高兴，两人三人临期听用。”③如此无耻之言，竟然是当着扶他青云直上、与他同甘共苦、为他午门申冤、救他

---

① [美]安·沃尔特涅《打碎法律：明代法律中家庭暴力、性和等级制条文述论》，见许敏译，沃森、伊沛霞编辑《中国社会中的婚姻与不平等》，加利福尼大学出版社 1991 年版。

② 李晓、金文京校注，汤显祖著，《邯郸梦记校注》第 199 页，上海古籍出版社 2004 年版。

③ 李晓、金文京校注，汤显祖著，《邯郸梦记校注》第 200 页，上海古籍出版社 2004 年版。

为奴织锦的崔氏的面脱口而出的。而崔氏也只有无奈地接受这种命运，更可怜地是，她不但要容忍丈夫的淫乱行为，还要为他的身体担忧："八十岁老人，怎生采战那?"卢生非但不领情，反而责备崔氏："采战，采战，我也则是图些寿算，看护子孙，难道是瞒着你取乐?"崔氏继续劝说采战之弊，卢生则大怒道："少道，少道。"子女们也都顺水推舟："俺孝顺儿郎，爹爹捡口儿咱尽情供养。"①此时，崔氏和卢生的夫妻关系完全是两人最初缔结婚姻时的惊天逆转，其中所表现出来的对各自经济力量的依附也是显著的。

卢生濒临死亡，各路人马前来探望，崔氏手足无措，卢生则一一打发而去。崔氏并非不懂接待之礼，但她还要征求病榻上的卢生，这一细节的描写，既反映出卢生的显赫地位，同时也深刻揭示出他在家庭中的绝对权威：

> (内报介)报，报，报，阁下裴老爷萧老爷问安到堂。(旦)怎生相代?(生)长儿子答应去。你说有劳萧叔叔裴叔叔，晚些下朝，请来有话。(长子应下)(内介)公侯驸马伯各位老皇亲问安到堂。(生)次儿子答应去。这都是四门亲家，说有劳了，容病起叩谢。(次子应下)(内介)五府六部都通大堂上官共八十员名，禀帖问安到堂。(生)三的儿答应去。你说有劳了。(三子应下)(内介)小九卿堂上官共一百八十员名，脚色问安到堂。(生)第四的答应去，你说知道了。(小应下)(内介)合京大小各衙门官三千七百员名，联名手本问安，门外伺候。(生)堂候官，分赴都知道了。(官应下)(内介)报，报，报，万岁爷钦差高公公，领了予以来到。(旦慌介)(生)快取冠带加身，夫人接旨。②

① 李晓、金文京校注，汤显祖著，《邯郸梦记校注》第212页，上海古籍出版社2004年版。

② 李晓、金文京校注，汤显祖著，《邯郸梦记校注》第212—213页，上海古籍出版社2004年版。

和逼婚、应举中无奈选择不同，此刻的卢生具有相国之位，他享受着朝廷上下对他的奉承景仰，安心徜徉在浮名成就的光环之中，与之相伴的则是对人对事的自由处理和选择。以上这个安排招待的小小细节，表现出卢生对于家庭事务的处理能力以及他在家庭中的核心地位，这种地位恰恰与传统中夫妻关系不谋而合，也使崔氏与卢生的夫妻关系显现出另一种不平等来。

二、卢生与宇文融

《邯郸记》的戏剧冲突来自两个层面：从黄粱梦的内部演进来看，主要是宇文融和卢生之间的矛盾，具体表现为宇文融构陷之下的卢生命运的跌宕起伏；从整体故事来看，主要是卢生和自身环境之间的矛盾，具体表现为卢生充满利欲的理想和贫寒落魄的现实之间的悬殊。前者的表现和解决最终决定了后者，因此宇文融和卢生之间的矛盾就构成了本剧最为激烈的戏剧冲突。

（一）宇文融和卢生的矛盾

《邯郸记》以大量的篇幅表现了宇文融和卢生之间的矛盾。第七出《夺元》中，“性喜奸谗，材能进举”①的宇文融负责皇榜招贤，他想点裴光廷为头名状元以迎合朝廷、取媚权贵，压根儿就不知道卢生为何等人物，没想到上至皇帝、下至满朝勋贵都被卢生买通，结果卢生夺元。宇文融大为感叹：“可笑，可笑，咱看定了的状元，谁想那卢生以钻刺抢了去，偏不钻刺我。”因而心怀不满：“如此朝纲把握难，不容怒发不卫冠。则这黄金买身贵，不用文章中试官。”②卢生买通满朝官员，却偏偏没有向宇文融“钻刺”，这对宇文融来说无疑

① 吴量恺《中国经济通史》（第七卷）第 53 页，湖南人民出版社 2002 年版。

② 李晓、金文京校注，汤显祖著，《邯郸梦记校注》第 54 页，上海古籍出版社 2004 年版。

是一个巨大的打击，也因此埋下了二人矛盾的隐患。宇文融和卢生的矛盾到了第八出的《骄宴》则表现的比较直白了。宇文融满怀委屈地参加了皇帝御赐予新科状元的宴会，原本就感觉“陪宴落后之卷，相见好没意儿”①，没想到宴会上的卢生只感恩皇帝，丝毫不提他的功劳，还轻狂地说自己是天子钦取之士，最后又吟诵了一首：“香醉飘墨粉红催，天子门生带笑来。自是玉皇亲判与，嫦娥不用老官媒”②。卢生谈容高傲，有恃无恐，又很快任翰林学士，兼制诰，这一切激怒了宇文融，二人积怨愈深。第十出《外补》中二人的矛盾公开化了：卢生利用职权，为妻子崔氏偷写封诰，这一切被早就心存忌恨的宇文融发现并告发，卢生即刻被贬至陕州凿石开河。宇文融原本是希望卢生一去不复返，没料到聪明机灵的卢生非但没有被这个难题吓倒，反而用了个荒唐的盐醋法凿石成功。此时恰逢皇帝东巡，卢生乘机劳民伤财地在河岸两边大做形象工程，又派一千个裙钗唱着《采菱》取悦皇帝，最终获得了皇帝的欢欣。这一结果无疑背离了宇文融的初衷，于是宇文融进言挑唆皇帝派卢生去边关备战以置其死地。这一招很快就奏效了，皇帝不顾卢生的苦苦哀求，坚决派他去边关，害得卢生连妻子都来不及告别就匆匆上了前线。幸运的是，卢生用了个荒唐的红叶奸计打败了热龙蟒，最终开边九百里，大获成功。得到这一消息，最生气的莫过于宇文融，原本是想要陷害卢生，没想到却帮了他。于是宇文融只好诬陷卢生通敌，结果卢生差点丧命，后来被押往鬼门关服刑。除此之外，宇文融还把崔氏打入机坊为奴，把卢生之子遣送外地。宇文融与卢生的斗争暂时以宇文融取胜。卢生大难不死，最后因热龙蟒之子道明缘由而重回朝廷，宇文融也因此得到了应有的下场。

很明显，卢生的梦中经历，以及促使他最终顿悟的是由宇文融

---

① 李晓、金文京校注，汤显祖著，《邯郸梦记校注》第 58 页，上海古籍出版社 2004 年版。

② 李晓、金文京校注，汤显祖著，《邯郸梦记校注》第 59 页，上海古籍出版社 2004 年版。

的构陷所造成的宦海沉浮，因此这一矛盾和冲突就成了本剧最为核心的内容。

(二) 卢生和宇文融的经济背景考察

《邯郸记》以最重要的篇幅叙述了宇文融对卢生的构陷，因此有必要对二者的经济背景加以考察，以见其矛盾的根由。《邯郸记》虽然写的是唐代的故事，但其中所反映的问题已经是明代的了，所以吴梅也说《邯郸记》“备述人世险诈之情，是明季宦途习气，足以考万历年间仕宦况味，勿粗鲁读过”①。在此暂且以明代为背景探讨。

关于宇文融的身份，在《邯郸记》第七出《夺元》中有“宇文后魏留支派，犹余霸气遭逢圣代，号令三台，权衡十宰，又领着文场风气”②。看来宇文融是贵族后代，权倾一时的大官僚。他和皇帝、裴、萧等人共同支配着形态落后但势力强大的封建经济体系。

关于卢生，《邯郸记》中提到他是没落的贵族后代，略有资产，但这一切被婚姻所改变，因为卢生自与崔氏联姻后就踏入了富贵之路，所以有必要探讨崔家的财富，以见卢生的经济背景。崔家财大气粗，富比王侯。崔氏曾说“俺世代荣华，不是寻常百姓家”，且崔氏独自一人居住在粉墙逦迤、甚似贵衙的豪门大院，显然其父母、兄弟姐妹另居他处，崔家房产极为丰富。崔氏还明确对卢生说自己拥有能够买得状元的金钱。那么崔家的财富来自于何处？根据崔氏财富的实物体现——多处房产和无限金钱，并按照明代的财富聚集方式来看，崔家的财富的可能来源至少有两个：官职俸禄，经商所获。

明代官员俸禄居历代最薄。明代官秩分为九品十八级，俸禄也据此分为十八等。正一品每年禄米 1000 石，俸钞 300 贯，从九品禄米 60 石，俸钞 30 贯。《明史 · 食货二》：“于是户部定：钞一锭，折米

① 吴梅著，冯统一校点《中国戏曲概论》第 175 页，中国人民大学出版社 2006 年版。

② 李晓、金文京校注，汤显祖著，《邯郸梦记校注》第 53 页，上海古籍出版社 2004 年版。

一石;金一两,十石;银一两,二石。”明代一石约等于现在的 94.4 公斤。按 2006 年大米价均价 1.75 元/斤计算。一两白银是 2×94.4×2×1.75=660.8 元。正一品官职的年收入约有 522 两白银。而官员的俸禄往往要开支一个庞大的家庭,所以明代官员生活并不富裕。宣宗初年,有一位叫孔友谅的知县上书说:“今京官及方面官稍增俸禄,其余大小官自折钞外,月不过米二石,不足食数人。仰事俯育,与道路往来,费安所取资?”①明代著名清官海瑞在淳安任知县时,一天忽然买了两斤肉,同僚们甚为奇怪。原来,海瑞是为母亲过生日才买肉吃的。此外,明代的豪宅价格不菲。《金瓶梅》中多处提到房产的价值,如西门庆给王六儿买了一套很普通的房子也要 120 两银子②,农村赵寡妇家庄子连地价值也在 300 两银子左右③,李瓶儿和花子虚的居住小宅价值 540 两银子④,乔大户在东大街上买了一所和西门庆家差不多的房子,价值 1200 两银子⑤。《桂员外途穷忏悔》也提到“施小舍人急于求售,落其圈套,房产值数千金,郭刁儿于中议估,只值四百金”⑥。由此可见,单纯依靠官职俸禄几乎不可能积攒下财富。

崔氏是否有可能通过政治特权来得到巨额财富呢?这显然取决于崔氏家族的社会地位。明代中叶以后的皇帝和大贵族、大官僚一般是依靠政治特权来榨取和掠夺社会财富,以成为最富有的特权阶层,所以“到了嘉靖、万历时细数天下富家,有严嵩父子、蜀王、黔公、太监黄忠、黄锦,及成公、魏公、陆都督炳、京师张二锦衣等”⑦。明代大宦官势力也是以政治权力掠夺来疯狂地聚敛财富,成为富有的特权阶层。清代史学家赵翼谓:“明代宦官擅权,其富亦骇人听

---

① 张廷玉《明史》卷 164,中华书局 2000 年版。
② 兰陵笑笑生《金瓶梅》,第 232 页,齐鲁书社 2005 年版。
③ 兰陵笑笑生《金瓶梅》,第 178 页,齐鲁书社 2005 年版。
④ 兰陵笑笑生《金瓶梅》,第 91 页,齐鲁书社 2005 年版。
⑤ 兰陵笑笑生《金瓶梅》,第 196 页,齐鲁书社 2005 年版。
⑥ 冯梦龙《警世通言》卷 25,天津古籍出版社 2004 年版。
⑦ 陈子龙《明经世文编》卷 251,中华书局 1962 年版。

闻。今见于记载者,王振时,每朝观官来见者,以百金为率,千金者始得醉饱而出。是时贿赂初开,千金已为厚礼。然振籍没时,金银六十余库,玉盘百,……则其富已不訾矣!"①那么崔家是不是这样的贵族和仕宦之家呢?崔氏曾说自己不是是寻常百姓,家中亲戚多在京城担任要职,但是当卢生被宇文融构陷的时候却没有一人前来相救,甚至连一个为他辩解的人都没有。这一现象说明崔家绝非当时的豪族以及特权阶级,所谓"七辈无白衣"只不过是崔家世代为小官员的现实罢了。因此,崔氏家里的财富不可能来自于官职俸禄。

可见,崔氏的财富只能来源于另外一条重要的途径——经商。明代商业的高速发展,产生了一批富有的商人和地方性商人集团,如山西商人、徽州商人、关陕商人、洞庭商人、江西商人、闽浙海商、龙游商人、武安商人等。这些商人十分活跃,足迹遍及天南海北和边关塞外,不避间关险阻,辐辏于各地市场,经营布帛、器具等等。他们都积累有相当的资本,如徽州商人资本有至百万者,拥有二三十万者只能称为中贾。嘉靖年间有号称天下十七家首富者,其中商人占七家。崔氏和卢生也应该是这些富有的商人中的一员。

(三)关于宇文融与卢生的矛盾的分析

通过经济背景的分析,可以清楚地发现:宇文融是大官僚,是传统封建经济的代表;卢生则是大商人,是刚刚兴起的商业经济的代表。那么宇文融和卢生之间的矛盾就不再是简单的个性冲突所致,而是包含着两个阶层之间的对立和融合;宇文融构陷卢生的原因,不仅有个人恩怨的原因,还应该有深刻的经济原因:从个人恩怨来看,宇文融没有得到卢生的贿赂和尊敬,从经济因素来看,则是保守的旧有封建经济对激进的新兴经济形式的打击和抗衡。

在和宇文融的矛盾冲突中,卢生表现出很多与传统文人不同的特点:积极努力、灵活多变、自私自利;遇到困难尽力化解,一旦得势则轻浮狂妄。当传统文人专注于修身,以德通行于天下的时候,卢

① 赵翼著,王树民校正《廿二史札记》卷35,中华书局2001年版。

生却背道而驰，他发挥出个人努力的价值，表现出实践的勇气和执著、灵活多变的处事态度和能力、雄心勃勃的野心和梦想，以作为通向彼岸的唯一方式。因此，崔氏点化他用去考试，他不负众望，以金钱为铺路石，买通皇帝和满朝官员，顺利取得状元之名；坐拥金钱，他得意忘形不由得口出狂言，完全是得势后的狂妄心态；手中掌有职权，则想尽办法为妻子偷写诰命，以权谋私；被贬陕州、开边塞外时，卢生并没有被困难吓倒，尽管十分厌烦这种苦差事，但却更多地表现出积极进取的状态，他想出的办法虽然滑稽荒唐，但却开石通河、开边九百里，一旦成功，则劳民伤财地献媚皇帝，同时也忘不了向皇帝表功、为自己建碑立名。总之，我们在卢生身上感受不到传统文人思想价值观影响下的崇高、美好，但是，他焕发出来的积极进取、聪明多变、勇于实践、自私自利的市民气息、商人气质又时时吸引着我们。

与之相对比的宇文融以及整个社会，却表现出的是一种令人窒息的丑恶。《邯郸记》中的皇帝沉迷于金钱，糊涂中钦点卢生为头名状元；整日里寻欢作乐，路过陕州时“不用男丁拥橹，要一千个裙钗唱着《采菱》”①；听信谗言，不明是非，把卢生送往鬼门关。身为臣子的宇文融心胸狭窄，因为卢生没有贿赂自己就心存忌恨，百般构陷，他设下阴谋诡计，害得卢生被贬陕州，又前往开边，如此折磨还不够，他进奉谋反之言，企图置卢生于死地，并连带迫害卢生的妻子至机坊为奴。萧嵩、裴光庭等人也是卑鄙龌龊之流，皇帝降旨召贤，裴光庭把诏书藏在袖子中，唯恐让萧嵩知道；宇文融构陷卢生，萧、裴二人不念同年之情，不出手相救，反而加以协助；卢生因纵欲过度濒临死亡，萧、裴表面上假惺惺地探望，背地里迫不及待地盼卢生早死，好接替他的相国之位。其他如机坊大使官、太监、崖州司户等等，也都是落井下石之徒。上至皇帝、大臣，下至地方小官员，他们丧失了责任和道德，层层勾结，无恶不作，构成了一个昏聩的社会。

① 李晓、金文京校注，汤显祖著，《邯郸梦记校注》第86页，上海古籍出版社2004年版。

应该说，正是因为代表着新兴的商业经济，卢生才表现出与传统的封建文人不同的特点，也正是这一点触动了封建保守势力的权威。因此，与其说宇文融对卢生的构陷是源自于自身的奸佞性格，倒不如说是来自于封建保守势力和贵族阶级对卢生这个新兴阶级的忧虑和恐惧。在与卢生的对比中，我们看到宇文融以及封建社会的腐朽和糜烂，看到了封建经济的垂死挣扎，以及无所不在的阴影和痼疾。

三、余　论

《邯郸记》不但描写出了封建旧贵族和新兴阶级的对抗和斗争，它更为深刻的地方在于表现了新兴阶级的封建性，进而揭示出商业经济对封建社会的依赖性，反映了封建旧经济百足之虫死而不僵的现实。这主要表现在两个方面。

一是卢生考取状元，以达到官商结合的目的。“明朝商业的一个显著特征是对封建经济的依附性，商业经济服务于封建经济，是封建经济的补充。”①一方面，国家把某些物品的专营专卖权转移给商人，以赚取更多的财富；另一方面，商人为了获得更多的利润则适应官府的需要，服务于社会的经济利益。例如，食盐是由历代王朝所专营的，也是国家最为重要的财政收入之一，一般是由国家掌握和控制的。在明代，这种情况发生了变化，食盐的专卖权部分赋予了一些商人，这样就改变了食盐专营专卖的情况，既给商人带来无限商机，同时国家也通过商人赚取了大量的钱财。商人也逐渐向官府靠拢，为国家利益献财献力。如万历二十九年(1601)，盐商吴时修一家一次“输献”银九万两；万历年间国家有战争，缺乏军费，歙商吴养春竟然输银三十万两。这些都表明了商业经济对封建社会的依赖。此外，明代中后期商品经济发展十分迅猛，经济的发展不但

① 吴量恺《中国经济通史》(第七卷)第6页，湖南人民出版社2002年版。

提高了商人在社会中的地位,还改变了人们对商业的态度。为了进一步提高自己的价值和地位,商人也不断加入到朝廷中来,形成官商一体的现象。如名扬四海的李梦阳,他的祖父就是大商人;弘治十五年(1502)殿试第一的康海,其四世伯康年就是大商人;张四维的父亲张允令也是大商人。归震川曾说,新安一带"士大夫之家皆以蓄贾游四方"①。广东一带甚至官之贾占据十之七八的比重。

《邯郸记》中崔家"七辈无白衣女婿",且"四门亲戚,多在要津",显然已经是典型的官商之家了,而卢生参加科举考试,其目就是无非是达到和封建经济的进一步融合。因此,他一当官,就想着给妻子谋取封号;在边关取得胜仗,就马上立碑给自己表功;临死前还再三强调要高公公给自己的小儿子要爵位。因为一旦得势,就能保护和扩大自己的财富,如卢生返朝为相,富甲天下;一旦失势,钱财也就灰飞烟灭,如卢生被押鬼门关时,家财被没收、妻子被降为奴婢,等等。这些现象都表现出商业经济的不稳固及其对封建经济的强烈依赖。而崔氏不惜耗尽钱财为卢生的仕宦之路奠定基础,其出发点显然也在于进一步地获取财富,以及进一步地保护自己的财富。

二是卢生为相,彻底地臣服于封建社会,表现出晚明商业经济前途黯淡的客观现实。卢生和宇文融的矛盾构成了《邯郸记》最为鲜明的阶层斗争,也是明代仕宦之路艰难和坎坷的真实写照。身为商人的卢生要想获得封建贵族的赏识,除了贡献出自己的金钱和才华外,还要彻底摆脱自己的阶层,纳入到封建社会的实体当中来。宇文融以权势抗衡卢生的金钱,最终惨败而归,这一结局并非暗示了金钱以及商业经济的胜利,剧本恰恰以此为契机,指出了商业经济的黯淡前途:卢生只有通过仕途成功地把自己转换为特权阶层,才能得到来自于皇帝赏赐的丰厚财富;卢生维系财富的纽带由个人的努力经商转化为他在封建社会中所处的地位。这就把卢生推上了封建社会的大官僚、大贵族阶层,此时的卢生显然已经和构陷他的宇文融没有什么分别了。因此,卢生命运的改观并非是商业经济

① 归有光《白讲程翁八十寿序》,见《震川先生集》卷13,《四部丛刊》本。

的胜利,恰恰是他作为商业经济的代表的失败,在卢生风光的背后,我们显然感受到的是封建势力的顽固和强大,以及晚明商业经济的黯淡前途。

总之,《邯郸记》以卢生和崔氏的夫妻关系之变迁表现出金钱对家庭以及人性的影响;以卢生和宇文融的矛盾冲突表现出金钱之下的社会百态,以及商业经济的黯淡前途。当我们从小说《金瓶梅》中看到西门庆的覆灭和商业经济的勃兴时,又何尝不能感受到《邯郸记》中卢生的仕宦波折以及晚明商业经济的最终黯淡的结局。

(作者系燕山大学副教授)

徐渭戏曲论简谈

［韩］郑恩玉

徐渭是明代著名的传奇人物，他不仅以独特的气质、才情独领一时风骚，而且在文学、艺术等多个领域都有很多独特的成就和见解。在戏曲界，对于徐渭戏曲论的研究，多围绕他的戏曲论著《南词叙录》展开，关于这方面也产生了颇丰的研究成果。除此之外，还有一些关于《西厢序》、《题昆仑奴杂剧后》等文章的研究。徐渭不仅在戏曲理论上有独特的观点，他还创作戏曲剧本，如《四声猿》。这些文学、艺术的成就和徐渭个人的人生历程互相融合，形成了徐渭特有的艺术观、思想观，并渗透于他的著作之中。

一

徐渭戏曲理论中最被推崇的就是“本色”论，可以说，“本色”论就是徐渭戏曲论的核心。但“本色”这个词语并不是从徐渭始创，也不是徐渭独创的戏曲理论用语。刘勰《文心雕龙》、严羽《沧浪诗话》、陶明濬等都运用了“本色”这个词来评价文学作品，但每个人对“本色”含义的把握不尽相同。“本色”最初并不用在戏曲评论上，它是由徐渭首次引用到戏曲评论中，并得到了大家的认同。此后的戏曲评论里经常可以看到“本色”一词，尽管其内涵不尽相同。相比而言，“本色”一词的含义比较复杂，在不同的时代有不同的意思，因此很不容易用一句话来概括说明，即便是在同一个时代，“本色”的含义也会随着研究者的观点不同产生不同的解释。

徐渭的“本色”一词，主要是围绕戏曲语言展开的，他在《题昆仑奴杂剧后》中说：“语入要紧处，不可着一毫脂粉，越俗越家常，越警醒，此才是好水碓，不杂一毫糠衣，真本色。”①“语入要紧处”是指随着人物和环境的不同而使用合适的语言。如果身份不高的人物说出知识分子才会说的优雅的语言，或者说一些一般观众听不懂的典故，那这个人物就是不真实的人物，演出时就会让观众觉得不好看或者是不懂剧情。相似的观点在《南词叙录》也有阐述。关于典故，“最喜用事当家，最忌用事重沓及不着题”②，意即使用典故时一定要根据剧情和人物使用合适的典故，而且要使用观众普遍熟悉、容易理解的典故。用典一直是中国文化的语言特色，徐渭也深知于此，但是他强调要使用观众都知道的典故、适合于剧情和人物的典故。徐渭还主张“越俗越家常”，“俗”指通俗，戏曲是给各个身份阶层的观众一起看，引起观众的共鸣，因此戏曲必须具有大众性，要做到通俗。从“语入要紧处”和“越俗越家常”这两句话来看，徐渭所说的“本色”，不仅要通俗，而且要根据人物和剧情使用适当的语言。所谓的通俗性语言，不只是俗，也是指要具备大众性和现实性，能够让大众产生同感的语言。

徐渭的这种观点具有重要意义。在中国古代文学里有书面的文言文和日常生活的白话文的区分，明代戏曲作家大部分是文人，习惯用文言文来创作文学作品，戏曲也不例外。特别是在复古派占据文坛主流地位的情势下，明代的戏曲创作多倾向于时文体编剧，成为文人的案头之物，不适合舞台演出，或者说即便上了舞台，但很难被一般的民众所理解和接受。然而戏曲毕竟不同于一般的文学作品，它最主要的目的是要搬演于舞台之上的。因此案头文本和演出剧本是全然不同的两个概念。面对这样的倾向，徐渭在《南词叙

① 徐渭《徐渭集》第1093页，中华书局2003年重印版。

② 中国戏曲研究院编《中国古典戏曲论著集成·南词叙录》第244页，中国戏剧出版社1982年版。

录》中作了批评:“以时文为南曲,元末、国初未有也;其弊起于《香囊记》。《香囊》乃宜兴老生员邵文明作,习《诗经》,专学杜诗,遂以二书语句匀入曲中,宾白亦是文语,又好用故事作对子,最为害事。夫曲本取于感发人心,歌之使奴、童、妇、女皆喻,乃为得体;经、子之谈,以之为诗且不可,况此等耶?直以才情欠少,未免辏补成篇。吾意:与其文而晦,曷若俗而鄙之易晓也?《香囊》如教坊雷大使舞,终非本色,然有一二套可取者,以其人博记,又得钱西清、杭道卿诸子帮贴,未至澜倒。至于效颦《香囊》而作者,一味孜孜汲汲,无一句非前场语,无一处无故事,无复毛发宋、元之旧。三吴俗子,以为文雅,翕然以教其奴婢,遂至盛行。南戏之厄,莫甚于今。”①如果舞台上采用文言文来演出,就不能达到真正的戏曲演出的效果。因为看演出的观众并不只有文人,绝大多数是一般民众,他们的文化层次相对较低,如果采用拗口的文言文演出的话,不利于观众理解剧情。徐渭认为必须用“本色”的戏曲语,即通俗的大众语言,才能有戏曲演出的味道,正确地传达给观众,这样的本色语才是真正为观众所作,才是戏曲的本质。

戏曲作家应当注重语言的通俗、易晓,以便实现戏曲剧本上演于舞台的最基本目的,即让观众对剧情、人物产生兴趣。从另一个角度来说,这也是徐渭对戏曲作家的要求。不管是哪种文学、艺术作品,都是作家创作的结果,戏曲也不例外。戏曲作家在构思剧情、刻画人物时要时刻站在观众的立场上,对自己的创作进行审视,并考虑到演出情况和观众的观感。作家如果在语言上过分修饰、深奥,让观众感到艰深、难懂,就不能让观众感动,这样的作品是不受欢迎的。徐渭认为,这是剧作家对自我本质的抛弃。

从徐渭的文章仔细考察本色论,可以知道他对戏曲的认识:戏曲是什么、戏曲创作是什么、戏曲演出是什么,戏曲观众的对象是什

① 中国戏曲研究院编《中国古典戏曲论著集成·南词叙录》第239、243页,中国戏剧出版社1982年版。

么等。当时风行的时文体戏曲，是完全案头化的剧本，变成文人的占有物，这些戏曲与舞台演出都是有距离的。因此反对时文体的戏曲创作、主张易晓的戏曲语言等，是站在戏曲演出特征的角度看戏曲创作，徐渭对戏曲的理解都是正确的。戏曲剧本原是为了登台而作，在舞台上以人物的宾、白、唱、身段等来表现整个故事，与此产生互动的就是观众。因此注重观众的感受，是成功的戏曲作品必须具备的。这是徐渭本色论最根本的出发点。

二

徐渭戏曲理论中除了“本色”的观点之外，最受关注的理论是“宜俗宜真”。他在《题昆仑奴杂剧后》中说：“至散白与整白不同，尤宜俗宜真。”①“宜俗宜真”基本上是从“本色”论深发出来的。“宜俗宜真”中“俗”是跟上面说的本色的“通俗”一脉相承的，则通俗的戏曲语言。关于“真”，徐渭在《赠成翁序》中说：“夫真者，伪之反也。故五味必淡，食斯真矣；五声必稀，听斯真矣；五色不华，视斯真矣。凡人能真此三者，推而至于他，将未有不真者。”②他说的“真”是“伪”的反义词，又“淡”、“稀”、“不华”是指朴素自然，都是关于戏曲故事情节方面的。而“真”是可以解释两个含义：一是动人，二是戏曲故事的真实性(reality)。

文学、艺术作品一个重要的作用就是使人触动、感动人。徐渭也很重视戏曲的这种功能，他说的“本色”要做到“警醒”(“语入要紧处，不可着一毫脂粉，越俗越家常，越警醒，此才是好水碓，不杂一毫糠衣，真本色”)，这“警醒”就是让人感动的动人。关于“动人”，徐渭在《题昆仑奴杂剧后·四》中说：“凡语入紧要处，略着文采，自谓动人，不知减却多少悲欢，此是本色不足者，乃有此病，乃入梅叔造诣，不宜随众趋逐也。”③过分修饰华丽的戏曲语言，会让观众觉得没有

①③ 徐渭《徐渭集》第1093页，中华书局2003年重印版。
② 徐渭《徐渭集》第908页，中华书局2003年重印版。

现实性，无法引起共鸣，这就违背了徐渭“动人”的主张。只有当剧中的人物、语言刺激、打动观众的感情，观众才会动心，但如果剧作家用过分修饰的文体和没有真实性的内容结构来创作，即便作品题材很好也无法让观众动心。因此剧作家在创作过程中必须时刻想到观众的感受。无论戏曲创作，还是小说、绘画等艺术作品的创作，基本上都是以作家的经验、观念、想象、感情等为基础的，都是作家思想和情感的表达。

为了让观众产生情感共鸣，就一定要创作他们能够接受的故事、人物，而且为了得到同感，故事一定要有现实性、真实性。真实性(reality)就是现实性、事实性，但这真实性的含义不是真的像拍照一样发生的事情。我们都知道，文学作品并不是真实事件的简单记录，虽然也有在现实里实在发生的事情和实存人物的素材创作而成的作品，但都是经过作家重新构思创作的完全不同的新作品，同样的素材在每个作家的笔下会诞生不同的情节。有些以神、仙、鬼等非现实题材为内容的戏曲和小说，如果情节结构、人物、语言能够让观众感觉逼真，那作品就有“真实性”。文学作品，特别戏曲和小说，多有虚构，这里的虚构是具有“真实性”的虚构。

用通俗的语言和让人动心的情节，这就具备了一定的“真实性”，这就是徐渭说的“本色”和“宜俗宜真”。徐渭戏曲论是建立在戏曲语言本真的形式方面和戏曲情节的真实性、感人性的内容方面这两个角度上的理论。

三

学界一般认为徐渭的思想观念是受到了阳明心学的影响，因此以往对他的思想研究多偏重心学审美观。徐渭关于时文体《香囊记》的批评也是从心学的角度来看，因为“时文”指当时复古派所致力的儒家经典和诗词文语，以时文作为编剧语言是儒家思想的一种反应。季国平也在《宋明理学与戏曲》中说：“‘以时文为南曲’还是理学影响所造成的恶果。"①他认为从徐渭批评以时文来编剧的观点,可以看出徐渭是反对儒家思想的。很多学者认为"徐渭文学思想的形成与王畿的影响具有直接的关系。"②傅晓航也说过:"'本色论'的核心是反对封建思想以及形形色色、条条框框束缚的自然观。徐渭始以季本为师,后又师事王畿,季、王都属于王学左派。在他们的影响下,形成了他的叛逆性格。徐渭反对'天理'桎梏人心,他的思想'疏纵不为儒纳',热烈追求人人平等和思想解放。"③

徐渭受当时盛行的阳明心学的影响也是必然的,因为人是不能脱离社会而生存的社会性动物。因此我们在研究作家时,需要先考察作家生存的时代背景。其作品的内容也与其生存的时代环境密切相连,当时的社会背景、风潮也都必然或多或少地融入其中。徐渭也不例外,我们可以从他的戏曲论和戏曲作品里看到他的思想观念。人的思想观念不可能只是单纯的一种,徐渭的思想就很复杂。因为明代已经处于资本主义萌芽的复杂时代,在这复杂的时代环境下,徐渭的思想观念受到阳明心学的影响以外,也受到儒家思想、佛教思想、明代当时的经济观念等的影响,这些都可以在他的著作里找到痕迹。譬如在《玉禅师》中有比较明显的佛家的轮回观思想、离开俗世修行得道、佛教的五戒、现实的所有只是色即是空、站在儒家的立场上批评佛家的虚无主义等。《狂鼓史》中把戏剧空间设置为阴间,此乃当时中国人对阴间的臆想,也是中国本土的道家和从西域进来的佛家观念融合形成的阴间观念。在《女状元》中主人公春桃为了摆脱贫穷的生活,她选择女扮男装参加科举,做官员生活的情况,这也是当时经济意识的一种反应。考察徐渭的生平,他的家族跟商业活动有密切的关系,母亲苗氏本是商人家庭出身,徐渭的大哥也做生意,这些环境对徐渭的观念一定有影响。因此他的著作

① 季国平《宋明理学与戏曲》第163页,中国戏剧出版社2003年版。

② 周群《论徐渭的文学思想与王学的关系》,《文学研究》2000年第12期。

③ 傅晓航《戏曲理论史述要》第63、64页,文化艺术出版社1994年版。

里容易找到当时世人经济观念。

儒家思想是中国古代社会非常重要的思想，几乎每个朝代都受到儒家思想的影响。因此在古代中国人的观念里，不知不觉笼罩了儒家思想，甚至在反抗儒家思想时也不能完全否定儒家思想。徐渭出生于封建时代官僚家庭，从小受儒家的教育，对建功立业、扬名后世本身即很向往，从他十七岁到四十一岁连续八次科举未中的失败记录中，可以看出徐渭深受儒家思想的影响，并一直在遵循科考成名的传统之路。科举失败后在胡宗宪幕府工作的经历，也表现出他还不放弃立身功名的梦。因此他的思想观念是以儒家思想为基础，不断接受佛家、道家、阳明心学等熏陶后形成的。他对儒家思想的"爱恨"交加，也可以从他的戏曲论文文章和戏曲作品来看。

明初高则诚的《琵琶记》受到统治者的重视，很多文人点评《琵琶记》。徐渭在《南词叙录》中也有对它的点评："永嘉高经历明，避乱四明之栎社，惜伯喈之被谤，乃作《琵琶记》雪之，用清丽之词，一洗作者之陋，于是村坊小伎，进与古法部相参，卓乎不可及已。相传：则成坐卧一小楼，三年而后成。其足按拍处，板皆为穿。尝夜坐自歌，二烛忽合而为一，交辉久之乃解。好事者以其妙感鬼神，为创瑞光楼旌之。我高皇帝即位，闻其名，使使征之，则诚佯狂不出，高皇不复强。亡何，卒。时有以《琵琶记》进呈者，高皇笑曰：'《五经》、《四书》，布、帛、菽、粟也，家家皆有；高明《琵琶记》，如山珍、海错，贵富家不可无。'既而曰：'惜哉，以宫锦而制鞵也！'由是日令优人进演。"①在明初程朱理学的思想风潮里，《琵琶记》之所以如此受欢迎的一个重要原因就是它是一个完全符合传统儒家思想的作品。后面徐渭有评《琵琶记》："或言：'《琵琶记》高处在《庆寿》、《成婚》、《弹琴》、《赏月》诸大套。'此犹有规模可寻。惟《食糠》、《尝药》、《筑坟》、《写真》诸作，从人心流出，严沧浪言'水中之月，空中之影'，最不可

---

① 中国戏曲研究院编《中国古典戏曲论著集成·南词叙录》第 240 页，中国戏剧出版社 1982 年版。

到。如'十八答',句句是常言俗言,扭作曲子,点铁成金,信是妙手。"①他一方面表扬高明以"常言俗言"编剧,一方面表扬"人心流出"。这都是徐渭主张的通俗语言和动心的"本色"。但他最为肯定的《食糠》、《尝药》、《筑坟》、《写真》等出,是对儒家思想最明确的肯定:赵五娘为了奉养父母吃糟糠、为了葬公婆而削发,为了见丈夫离开家乡等情节。徐渭虽然反对以时文为编剧、反对过分的修饰,但并不反对儒家思想内容,因此他在《南词叙录》中只对时文体的《香囊记》做了批评,而没有对作为《香囊记》双璧的充满了三纲五伦观念的《五伦全备记》作批评。

除了理论方面的著作以外,在《四声猿》的《狂鼓史》、《雌木兰》、《女状元》剧作中也可以看到徐渭的儒家思想。《狂鼓史》中徐渭站在祢衡的立场,在阴间里打鼓骂曹,这里能看到他的春秋历史观。春秋史官是儒家的历史观,是朱子学的历史解释观点。春秋史官是把刘备的蜀汉看做正统历史,因此对刘备和曹操的评价是全然相反的,在文学里也是一样,常将刘备与曹操简单地分为好人与坏人来描述。这种观点反应在《狂鼓史》中曹操是无疑的恶人,祢衡是被曹操冤枉而被杀的人物。《雌木兰》中木兰的女扮男装也可看作受儒家思想的影响。因为木兰女扮男装的原因是出于对父母的"孝",这种"孝"的行为是从"长幼有序"的价值观出发的。"长幼有序"是一种"复古倾向主义"(The past-orientdevalues),这是儒家的秩序观,年龄大的人被优待、被尊重,年轻人可以为了老人牺牲的世界秩序观念。《女状元》中春桃男扮女装后,被发现是女性时,就由皇帝出面,让她和周详的儿子成婚。古代皇帝的命令是绝对的,皇帝的命令都要服从,因为儒家说"君师父一体"。春桃是徐渭在作品里创造的新的人物形象,而且是超越男性的优秀女性形象,但结果是皇帝出面使春桃不得不重新回归女性身份结婚生子,这都是徐渭观念里儒家传统思想的反映。徐渭虽然接触到多种的思想,但在他观念最深处

① 中国戏曲研究院编《中国古典戏曲论著集成·南词叙录》第243页,中国戏剧出版社1982年版。

的仍然是儒家思想，而且是无法脱离的。

从徐渭戏曲理论和戏曲作品中，我们可以看到他的戏曲观以及渗透于其中的儒家思想观念。在戏曲理论上他主张“本色”，但他的本色论偏重于戏曲的语言形式，没有其他关于戏曲演出、演技、舞台等的主张。《南词叙录》是中国戏曲史上最早对南戏进行系统论述的一部著作，在篇幅不长的论述里，徐渭仍对戏曲的“本色”做出了独特的见解，并对后世的戏曲理论产生了深远影响。徐渭之后，“本色”成为明代戏曲文坛上最重要的戏曲理论用语，由此可见徐渭对后世戏曲界的影响。徐渭作品中深藏的儒家思想，也是值得后人关注的。

（作者系复旦大学博士生）

《远山堂曲品》为何未收孟氏传奇

——从《远山堂曲品》的写作时间谈起

杨艳琪

何东宪先生于上世纪80年代曾在《戏曲研究》上发表文章《祁彪佳和远山堂曲品剧品》,文中谈到:"关于《曲品》、《剧品》成书的时间,祁彪佳日记中有记述可资参考,庚辰年(1640)二月十一日:'午后,整《曲品》、《剧品》付陈绳之誊写。'现存《剧品》为清录稿本,《曲品》多有涂改,似为原稿本,究竟《曲品》是否还有清录稿本,或者当时尚是草稿,未及完成?这些就不为我们所知了。"① 笔者通过对有关祁彪佳原始资料的阅读分析,发现庚辰年(1640)虽为祁彪佳整理《曲品》、《剧品》誊录的时间,但是这并不是《远山堂曲品》的最后完成时间,实际上《远山堂曲品剧品》的写作早在1631年便已完成,事后虽然祁彪佳有继续写作的打算,但是最终并未付诸实施。尤其是在庚辰年祁彪佳提及整理《曲品剧品》付之誊写之后,在资料中没有再见到有关这两部书的记载。这也是祁彪佳在《远山堂曲品》中未收孟称舜传奇的重要原因,即《远山堂曲品》的写作在1631年就已初步完成,而且后来未作增补。而孟称舜的戏曲作品创作时期却是杂剧在前,传奇在后,而且,其传奇的创作多在1631年以后,故祁彪佳将孟称舜的大部分杂剧收录在《远山堂剧品》中,而在《远山堂曲

按:本文原载《戏剧》(中央戏剧学院学报)2004年第2期。

① 何东宪《祁彪佳和远山堂曲品剧品》,《戏曲研究》1984年12期。

品》中却没有收入任何一部孟称舜的传奇作品。徐朔方先生在《晚明曲家年谱·孟称舜行实系年》一文的后记中写道:“本文认为《二胥记》作于崇祯十七年,《贞文记》作于清顺治十三年或略后。《祁忠惠公(彪佳)遗集补编》《孟子塞五种曲序》云:‘先生前后有曲五种:《二胥》、《二乔》则所言君臣父子兄弟夫妇朋友之道毕备。《二胥》则遭国之难,而艰难痛哭以全忠孝;《二乔》则逢世之乱,而风流慷慨以立功名。……《娇红》、《二胥》久行于世,《二乔》、《赤伏符》俱后出,而斯记则携至金陵同志诸子为之锓而传焉。’按,此文实为《贞文记》传奇所作序言,冒名为五种曲序。祁彪佳(1602—1644)有《远山堂曲品》,不收孟氏传奇,何以有此序?原书编者亦未全信,故置之补编。此文当为书贩伪托,所言各剧创作先后,本文不从。”①邓长风先生在《明清戏曲家考略三编》中论述了《〈孟子塞五种曲序〉的真伪与〈贞文记〉传奇写作刊刻的时间》,从他亲眼所见石渠阁本《贞文记》前所附序言与《祁忠惠公遗集补编》中所收的《孟子塞五种曲序》做对比,从而确证《孟子塞五种曲序》确为祁彪佳所题。在此姑且不论《孟子塞五种曲序》的真伪,但徐先生以祁彪佳《远山堂曲品》未收孟氏传奇作为论述《孟子塞五种曲序》为伪作的立论标准,还是值得商榷的。因为,由笔者看来,祁彪佳未收孟氏传奇的原因不是由于他没有见到过孟称舜的传奇作品(这可以从《里中尺牍·与孟子塞》一信中看出,祁彪佳不仅见到孟称舜所作《娇红记》,而且大加赞赏),而是因为祁彪佳写作《远山堂曲品》的时间与孟称舜的传奇创作时间是有前后之别的。祁彪佳自1631年初步完成《远山堂曲品》后,可能并未对《远山堂曲品》再作增补,故此尽管祁彪佳后来见到孟称舜传奇作品,也未予收录。为了证明笔者此论点,本文将详考《远山堂曲品剧品》的写作完成时间,以资论证。

① 徐朔方《晚明曲家年谱·孟称舜行实系年》,《徐朔方集》第559页,浙江古籍出版社1993年版。

一、《远山堂曲品·剧品》写作的时间

祁彪佳《远山堂曲品》和《远山堂剧品》的写作并没有同期进行，他作《远山堂剧品》在先，作《远山堂曲品》在后，但是《远山堂剧品》后来又陆续有了增补，其增补的时间和《远山堂曲品》的写作时间才是重合的。在已巳年祁彪佳写给好友王元寿的信中始提及《远山堂曲品》，他说："弟欲补作《曲品》，集词场诸公之始名及所作名目，乞台翁以所作诸记之目逐一示之。"此后，在他寄给王元寿的另一封信中，他称赞王元寿所作《灵宝符》"婉而畅，精切而工"，可见王元寿确实如祁彪佳所托，把自己所作剧曲寄示祁彪佳，而祁彪佳也把《灵宝符》收入《远山堂曲品》中。所以祁彪佳作《远山堂曲品》的初起时间应从崇祯二年——已巳年(1629)算起。而是年中，在祁彪佳写给另一友人袁于令的信中云："向年曾草有明《剧品》，今略次第之，当录求仁兄？以数语，但所品止一百九十余种，殊愧浅漏耳。"信中所提"向年"一词，使我们知道《远山堂剧品》所作时间实早于《远山堂曲品》，但是祁彪佳所说《远山堂剧品》所收只有一百九十余种，这与后来我们所见流传下来的《远山堂剧品中》所收的作品数目不符，我们后来所见《远山堂剧品》中所收明人杂剧共计二百四十二种，这说明后来《远山堂剧品》又不断有所增补。《远山堂曲品》和《远山堂剧品》的下限可以定为崇祯辛未年春夏季，也就是公元 1631 年。这有三点可以证明。一，从辛未年祁彪佳写给友人屠用明的信中可以看出，祁彪佳写道："弟曾漫然握于明人之剧与曲，俱加品题，乃称许不胜，于弹射，知我罪我，亦听之已耳。""曾"字表明，《远山堂曲品》与《远山堂剧品》的写作已经完成。二，还是从此信中得到的证明。信中说"是以于明人之剧与曲，有闻必欲一见，剧已见二百四十余种，曲已见五百四十余种"，这与后来我们所见《远山堂剧品》保留剧作二百四十二种的数目是相符的，说明自此之后，《远山堂剧品》再没有作过增补了。也就说，《远山堂剧品》的写作自此已经完成。而《远山堂曲品》所保留下来的是残稿，其中收作品四百六十六种，比

此信中所说曲作的数目少七八十种之多。三,如果说《远山堂剧品》的完成下限可以根据信中所提到的所见杂剧数目来定,那么因为《远山堂曲品》所保留下来的是残稿,所以不能再根据数目来确定。但是《远山堂曲品》的写作下限也是到辛未年,即公元1631年,这可以由祁彪佳给友人的信及其自作《曲品叙》来证明。在给屠用明的信中,祁彪佳写道:"何词至今日而极盛,然至今日而亦极衰。"在《曲品叙》中,祁彪佳写道:"品成作而叹曰:'词至今日而极盛,至今日而亦极衰。'"《曲品叙》中的这句话与辛未年(1631)给屠用明的信中的话如出一辙,祁彪佳说这句话是"品成而叹"的,所以,可以确定《远山堂曲品》至公元1631年初步完成了。

二、《远山堂曲品》、《剧品》有无增补考

《远山堂曲品》和《远山堂剧品》的写作自辛未年告一段落,以后再见到祁彪佳提及这两部书时已是崇祯十三年,庚辰年,公元1640年,是年二月十一日,祁彪佳整理《远山堂曲品》和《远山堂剧品》嘱人誊写:"午后整《曲品》、《剧品》付陈绳之誊写,因将疏稿诗草同郑九华各汇为一函。"那么,在辛未年(1631)到庚辰年(1640)之间,《远山堂曲品·剧品》究竟有没有做过增补?

从辛未年祁彪佳给屠用明的信中,他已经提到曾经对明人之剧曲作了品评,从"曾"字之意,可知《远山堂曲品》、《远山堂剧品》的写作已告一段落,也可以说是已经完成,那为什么还要考察《远山堂曲品》是否作过增补呢?一,《远山堂曲品》是祁彪佳前期所作,定有很多未见曲本,如果他一直对此深有兴趣,还热衷收罗曲本,那他对《远山堂曲品》做增补是很有可能的。二,《远山堂曲品》写成之后,从没有见到刊刻的记载,直到庚辰年1640年,从祁彪佳的日记中我们得知,自此他才整理《远山堂曲品》、《远山堂剧品》并托人誊写,那么在庚辰年之前他是否作过增补就是一个疑问。三,从祁彪佳的生平资料中可以看出,他应该有增补《远山堂曲品》的打算,虽然没有明确地流露此意,但在他结束丁忧,离家赴京,《远山堂曲品》、《远山

堂剧品》的写作告一段落之后，他还在多方收集曲本。辛未年春夏季，他已经暂时结束《远山堂曲品》、《远山堂剧品》的写作，在给屠用明的信中，他仍然表示要继续搜罗曲本，且有闻必欲一见："弟曾漫然握于明人之剧与曲，俱加品题，乃称许不胜，于弹射，知我罪我，亦听之已耳。是以于明人之剧与曲，有闻必欲一见。剧已见二百四十余种，曲已见五百四十余种，而旧之没于断简残编，新之出于文人学士，在见闻之外者，指不胜曲，即如南九宫谱所载传奇，若《风流合》、《十三李勉》、《唐伯亨》数百十种皆不能搜之几案间，况其他乎？闻仁兄所藏甚富，乞大启琅函，开我鄙陋，不敢即请邺架所藏，惟望先示以一目，容他日造谒于座间，得快睹一二，幸矣。至于元人杂剧，自臧刻而外，倘得俱以惠教，则不啻百朋之锡也。"①从信中可知，祁彪佳并没有停止收集曲本，而且热情不减当年。直到癸酉年崇祯六年(1633)，还有他多方搜集曲本的记载。如祁彪佳托冯梦龙为其搜寻剧本，沈自晋的《重定南词新谱·凡例续记》中记道："祁公前来巡按时，托子犹遍索先词隐传奇及余拙刻，并吾家诸弟侄辈诸词待尽。向以知音，特善子犹。是日(甲申冬杪)送及平川而别。"②据《祁忠敏公日记》，崇祯六年三月起，祁彪佳代巡按苏松，因此可知祁彪佳此时仍在广搜曲本。他一直的搜集曲本的用意何在？应该说是因为他有增补《远山堂曲品》的打算。那他后来究竟有没有作过增补？《远山堂曲品》、《远山堂剧品》最终完成的时间如何确定？这需要进一步的考察。

因为《远山堂曲品》、《远山堂剧品》中所载曲本能流传下来的非常有限，大多今天已无法见到，因而不能从曲本的角度来确考其写作时间，所以这对于确定《远山堂曲品》、《远山堂剧品》写作完成的下限非常不利，为了确考其完成时间，只有另辟蹊径。笔者准备从四个方面来考察：一，《远山堂曲品》、《远山堂剧品》所载曲本的数目

① 祁彪佳《远山堂尺牍·与屠用明》(抄本)，辛未春夏季，1631年。

② 词隐先生编著，鞠通生重定《重定南词新谱凡例续记》，《南词新谱》：中国书店据明嘉靖刻本影印，1985年版。

有无改变;二,祁彪佳辛未年至庚辰年之间的生平经历及思想转变;三,辛未年至庚辰年这段时期祁彪佳的交游和文学活动;四,《远山堂曲品》中为何未收晚明曲作大家孟称舜的传奇。

(1) 曲目数量的考察

祁彪佳在给屠用明的信中说:"是以于明人之剧与曲,有闻必欲一见,剧已见二百四十余种,曲已见五百四十余种。"①这与后来我们所见《远山堂剧品》保留剧目二百四十二种的数目是相符的。说明自此之后,《远山堂剧品》的写作已经完成,以后也没有再进行过增补。而《远山堂曲品》所保留下来的只是残稿,其中保留作品四百六十六种,比此信中所说的曲本的数目少七八十种之多。因为《远山堂曲品》保留下来的是一部残稿,曲目数量到底比祁彪佳信中所说有无改变、有多大改变我们还难以确定。而且,前面已经考证过,《远山堂曲品》和《远山堂剧品》的写作是不同步的,写作《远山堂曲品》的时间实际上同时也是祁彪佳对《远山堂剧品》做增补工作的时间。所以我们不能因为《远山堂剧品》自辛未年后没有做过增补就来确定《远山堂曲品》的最后完成时间。到底《远山堂曲品》有没有做过增补,我们还需要从其他方面来求证。

(2) 祁彪佳辛未年到庚辰年之间的生平经历及思想转变

辛未年(1631)二月,祁彪佳丁忧服满,其母催其入都,五月即出发,八月抵京,授福建道御使之职。《远山堂曲品》和《远山堂剧品》的写作自此告一段落。自此祁彪佳就开始忧心国事,忙碌于政务,没有再见到他提及《远山堂曲品》和《远山堂剧品》。直到乙亥年,公元 1635 年,祁彪佳乞归奉母,获准归省。从 1631 年到 1635 年,祁彪佳经历了多次官场风波。曾因为以宣云事草疏,并辩救故督沈公肇,触怒了崇祯帝,祁彪佳被夺俸。后又奉命巡按苏松,定豪奴之变。宜兴奴变平定后,首辅周延儒又纵下虐民,惹起民变,祁彪佳在定变中,触怒周延儒,周进言要求降祁彪佳一级,后崇祯帝改为降俸。反反复复的官场风波,使祁彪佳深有感触,决心归家奉母养老,

① 祁彪佳《远山堂尺牍·与屠用明》(抄本),辛未春夏季,1631 年。

甚至有了结庐归隐之志。政治上的失意和内心用世思想的矛盾使祁彪佳的内心非常痛苦，归家伊始，他转向佛教和心学，力图从中寻求解脱，一向爱好的戏曲也被他看淡，置之一旁。他把所收词曲汇编成册，称"顾吴之僻，于此已解，终不喜观之矣"①。由此看来，祁彪佳增补《远山堂曲品》的可能性大大降低。

(3) 辛未年到庚辰年之间祁彪佳的交游及文学活动

这个时期祁彪佳的文学活动主要是以诗文为主，他和文士们的交游也主要是结社饮酒赋诗。此外还有征求师友有关寓山园林的题咏，结集刊刻。他这时期的交游并不乏曲学知己，例如张岱、王伯彭、孟称舜。然而他们之间的活动很少涉及戏曲，祁彪佳和他们的交往也主要是诗酒唱和，吟诗作文互相酬答。这一段时期孟称舜和祁彪佳的交往以诗文为主，虽然还杂有关于戏曲的书信往还。不过，祁彪佳此时对这种戏曲交流已经失去以往的热情。孟称舜请祁彪佳为其作品做序，祁彪佳也再三推辞。其丁丑年给孟称舜的信中说："大作鼓吹词坛，以汤若士、屠赤水作玄晏先生，尚恐不尽赞美。弟之固陋，何堪佛头着粪。迩来即社集诸诗亦且逋负，则不能勉强操觚可知。谨此固辞，万非套饰，祈垂亮之。"②由此信可知，祁彪佳的推辞并非客套之语，而是的确无意于此。

祁彪佳这一时期对于戏曲的冷淡态度，一方面是由于内心的苦闷，很难从戏曲中得到解脱，而佛教和心学则为他提供了平静内心的途径。另一方面是由于祁骏佳的劝导。祁骏佳一向好佛，祁彪佳曾和他一同参禅习静。《归南快录》九月十七日记："季超说欲去妄念，应先净心，当持一语以为把柄。"十二月二十五日记："与季超兄言，不见，可欲之，无物无所见，彼无欲者，见犹不见耳。"③在给孟称

---

①② 祁彪佳《祁忠敏公日记·感慕录》，《祁彪佳文稿》第 821 页，书目文献出版社 1991 年版。

③ 祁彪佳《林居尺牍·与孟子塞》，《祁彪佳文稿》第 2270 页，书目文献出版社 1991 年版。

舜的信中，祁彪佳提及其兄"向劝以静业，勾销艳语"①。这里的"艳语"当指传奇。

再者，即是祁彪佳文学兴趣转移到诗文上来。这一时期的祁彪佳偏爱诗文，有一个很重要的因素是竟陵派诗文主张的风行。竟陵派的文学主张以抒发"幽情单绪"为主，风格论以"幽深孤峭"为宗，纠正公安派末流的轻俗浅易之弊，特别适合晚明动荡政局中有志难伸的士人意图抒发幽愤的心理特点，因而风行一时。祁彪佳也对竟陵派的诗文产生了浓厚的兴趣。在他和文士结社交游最为密切的丁丑年，他对竟陵派的诗文非常留心。在他丁丑年的日记中可以见到记载：

(四月初四日)四负堂成，先是金如责予有负君负亲负身心负朋友之说，因颜之以志过，暇则取钟谭所评杜诗摩入予旧所评者，异同相半。

(四月十五日)阅杜诗，摹钟谭二子批评将竣，午后作柯亭怀古五古二十余韵。

(四月二十七日)阅谭诗及周海门语录。

(五月初一日)阅谭友夏诗凡五卷竟。

(五月十二日)于舟中阅镜湖游览志并谭友夏诗。②

他还向友人处借阅竟陵派诗歌的选本："向闻令弟选有钟谭诗，曾刻竣未？乞以原本赐示，奉为司南，即当返璧，倘属枕中之秘，弟亦不敢别示人也。"③张毅儒和祁彪佳同为枫社成员，诗文交往也非常频繁。从信中的内容来看，钟谭诗的选本在当时非常流行，而且文人们对此也比较珍视。祁彪佳收集钟谭诗选，甚至说要"奉为司

① 祁彪佳《里中尺牍·与孟子塞》(抄本)，乙卯春夏季，1639年。

② 祁彪佳《祁忠敏公日记·山居拙录》，《祁彪佳文稿》，书目文献出版社1991年版。

③ 祁彪佳《里中尺牍·与张毅儒》(抄本)，戊寅夏季，1638年。

南”,虽为套饰之语,但也可见他当时对钟谭诗非常重视,且有浓厚兴趣。他评价张毅儒的诗作时说:“仁兄佳咏,得汉魏之神,不从钟谭二子摹形似,所以酷肖二子,千古下称钟谭知己,非仁兄其谁与归。亟望品评,俾开生面,使后学知有模型。裨益于词坛不浅。……日来摹勒钟集评点,拟竣事。……”①竟陵派与复古派的区别之一是复古派主张师法汉魏格调,而竟陵派主张师法汉魏意脉,祁彪佳称赞张毅儒的诗作得汉魏之神,酷肖钟谭,可见祁彪佳当时对竟陵派的诗歌非常欣赏,把酷肖钟谭看作作诗的高标。并且在信中祁彪佳还透露他仍在摹勒钟惺集子的评点。从丁丑年日记中记载可见,祁彪佳那时已经开始在读杜诗时“摹钟谭二子批评”,这样一直持续到戊寅年。可见竟陵派的诗文是他林居时期的一大爱好。这一时期他的文学兴趣几乎都集中在诗文上面,对于戏曲则较少提及,见于日记中的记载也只是偶尔提到赴宴之时所观之戏。

(4) 孟氏传奇创作时间与《远山堂曲品》的写作时间比较

孟称舜是祁彪佳的曲学知己之一,二人的交谊非同寻常,交往也非常密切,尤其是崇祯十年之后,二人的交往在祁彪佳的日记和尺牍中还多见记载。二人的交游活动在前面一节已经详细地谈到,兹不赘述。但由此也引发了一个疑问,在《远山堂剧品》中,孟称舜的杂剧几乎全部予以收录。而《远山堂曲品》中为何不收孟氏传奇?

我们首先来考察一下孟称舜杂剧和传奇的创作时间。《远山堂剧品》中收录孟称舜的杂剧有《死里逃生》、《残唐再创》(又名《英雄成败》)、《眼儿媚》(《远山堂剧品·雅品》)以及《花前一笑》、《桃花人面》(《远山堂剧品·逸品》)。孟称舜的杂剧创作主要集中在前期,他的《桃花人面》、《死里逃生》被收入《盛明杂剧》,而《盛明杂剧》卷首有崇祯二年己巳(1629)张元征所作序文。可见这两部杂剧当作于此年之前。崇祯三年庚午(1630),祁彪佳曾写信向沈泰借阅《眼

① 祁彪佳《里中尺牍·与张毅儒》(抄本),戊寅夏季,1638年。

儿媚》，:"孟子塞《眼儿媚》如在卓(人月)兄处，乞借之一录。"①可见《眼儿媚》至庚午年已经开始流传。据徐朔方《晚明曲家年谱》考证，《残唐再创》作于崇祯元年(1628)之前，《花前一笑》更作于《残唐再创》之前(参见《晚明曲家年谱》第562页，《徐朔方集》，浙江古籍出版社1993年版)。由此可见，祁彪佳《远山堂剧品》中所收录的孟称舜杂剧全都创作于《远山堂曲品》、《剧品》的初步完成时间：崇祯四年辛未(1631)之前。而孟称舜的传奇创作则主要集中在后期。《娇红记》作于崇祯十一年戊寅(1638)据《孟子塞五种曲序》中记叙孟称舜传奇的创作时间及次序如下："《娇红》、《二胥》久行于世，《二乔》、《赤符》俱后出，而斯记(指《贞文记》)则携至金陵，同志诸子为之(左金右侵的右半边)而传焉。寓山主人祁彪佳题。"据邓长风《孟子塞五种曲序的真伪与贞文记传奇写作刊刻的时间》一文考证，《孟子塞五种曲序》确为祁彪佳所作，祁彪佳《里中尺牍》(己卯年，1639)《与孟子塞》中提到对《娇红记》的阅读和评价，可能是孟称舜在《娇红记》完成之后寄示祁彪佳，祁彪佳此时也是首次读到《娇红记》，由《孟子塞五种曲序》中所列孟称舜传奇创作的时间先后来看，《贞文记》、《二乔》和《赤符》均出于《娇红记》和《二胥记》之后，而《娇红记》的完成时间在崇祯十一年(1638)，由此看来，孟称舜的传奇创作大致在崇祯十一年戊寅(1638)之后。

由《孟子塞五种曲序》可见，祁彪佳熟知孟称舜传奇的创作情况，又祁彪佳《里中尺牍》可见，祁彪佳还对《娇红记》做过很高的评价，既然如此，祁彪佳《远山堂曲品》为何不收孟称舜传奇？因为《远山堂曲品》遗留下来的是残稿，所以有一种可能是孟称舜的传奇全部收录到《远山堂曲品·妙品》和《远山堂曲品·雅品》中，但祁彪佳曾明确声明："文人善变，要不能设一格待之。"而且祁彪佳对当时被目为曲坛宗主的汤显祖和沈璟之作尚有轩轾，例如汤显祖之作《紫钗记》入《艳品》，沈璟他作入《雅品》，《四异》入《逸品》，因此这种可

① 祁彪佳《祁忠敏公日记·山居拙录》，《祁彪佳文稿》，书目文献出版社1991年版。

能性极小，完全可以排除在外。那么《远山堂曲品》不收孟称舜传奇的理由，唯一的解释只能说是自辛未年(1631)《远山堂曲品》初步完成之后，再没有做过增补，而孟称舜传奇的创作时间又在戊寅年(1638)之后，所以《远山堂曲品》中未收孟氏传奇。

(作者系北京印刷学院教师)

阮大铖戏曲理论探析

李玉栓

在中国戏曲史上，阮大铖并不是一流的戏曲家，但他以极具才情和个性之笔，不仅创作了轰动一时的传奇作品，而且在汲取传统戏曲理论成就、总结前人创作经验和结合自身舞台实践的基础上，形成了一套自己的理论主张。他将这些理论主张付诸戏曲实践，对当时戏曲界中的一些弊端有所纠正，有的理论还对后世产生了一定影响。今存的阮大铖戏曲理论主要散见于《石巢传奇四种》的各类自序及其顾曲知音王思任、张岱、曹履吉、文震亨等的序跋题词和评论中。季国平、胡金望两位先生曾对阮大铖的戏曲理论作过总结，惜所论甚略①。本文拟将阮大铖戏曲理论置于明末清初的传奇创作观念之下加以观照，结合阮氏的创作实践详加探析，从中我们可以窥见阮大铖深厚的理论功底和独特的戏曲见解。

一、"娱也"的戏曲功能论

在阮大铖的戏曲理论中，首推其要的当是"娱也"的戏曲功能

按：本文原载《戏曲研究》2007 年第 74 辑。

① 参见季国平《试谈戏曲家阮大铖》，《扬州师院学报》1991 年 2 期；胡金望《人生喜剧与喜剧人生——阮大铖研究》第 6 章，中国社会科学出版社 2004 年版。

论。他在《春灯谜记自序一》中说：

> 兹编也，山樵所以娱亲而戏为之也。娱矣，中不能无悲焉者，何居？夫能悲，能令观者悲所悲，悲极而喜，喜若或拭焉、瀞焉矣。要之皆娱，故曰娱也。①

关于文学的功能问题，中国文人历来强调其益世教化功能而忽视其审美娱乐功能，戏曲亦不例外。自高则诚标举"不关风化体，纵好也枉然"之后，讲求社会教化的戏曲功能观笼罩明清两代剧坛，如王骥德认为戏曲"奏之场上，令观者藉为劝惩兴起，甚或扼腕裂眦，涕泗交下，此方为有关世教文字"②。以谐趣风格著称的李渔也认为传奇应"劝使为善，诫使勿恶"，"是药人寿世之方，求苦弭灾之具也"③。即使像汤显祖这样最进步的作家亦不能幸免④。在这种文学观念催动下，明清出现大批教化派戏曲。阮大铖在长期的传奇创作与实践中认识到：一部好的传奇作品于风雅教化之外，必须具备一定的审美娱乐功能方能获得成功。具体来讲，他所提出的"娱也"论具有三层涵义。一是传奇的创作目的是自娱娱人。阮大铖在《春灯谜》第一出《提唱》中说"大阮名高南舍，小儿窃比东方"⑤，意思是阮籍名声很响，自己是比不上的，但可以与幽默的东方朔一比高低。

---

① 阮大铖《春灯谜记自序一》，吴毓华编著《中国古代戏曲序跋集》第205页，中国戏剧出版社1990年版。

② 王骥德《曲律》卷4，《中国古典戏曲论著集成》第4册第160页，中国戏剧出版社1959年版。

③ 李渔《闲情偶寄》卷1，《中国古典戏曲论著集成》第7册，第11页。

④ 汤显祖曾在《宜黄县戏神清源师庙记》中大肆标榜戏曲的教化作用，认为戏曲："可以合君臣之节，可在浃父子之恩，可以增长幼之睦，可以动夫妇之欢，可以发宾友之仪，可以释怨毒之结，可以已愁愦之疾，可以浑庸鄙之好。"见《汤显祖集》第34卷，第1127页，上海人民出版社1973年版。

⑤ 《春灯谜》第一出《提唱》，《阮大铖戏曲四种》第7页，徐凌云、胡金望点校，黄山书社1993年版。本文所引阮剧曲文均摘自该书。

他说该剧是“所以娱亲而戏为之也”，全剧以“古往今来尽如此，不开口笑是痴人”一句结尾①，都直接表明剧本的创作目的。王立承也说“阮制诸曲，固以之自娱”②。这种借戏自娱、娱人的思想，固然与阮大铖当时名列逆案、废斥匿居的心态有关，也与晚明追求享乐的社会思潮和适俗娱世的文艺观念不可分割，但从根本上说，还是阮氏真正把握了传统戏曲娱悦性的特性，具有一定的合理因素。二是如何达到自娱娱人的目的。阮大铖认为，要达到自娱娱人目的，作品必须既有喜又有悲，“娱矣，中不能无悲焉”。在戏曲欣赏过程中，悲喜哀乐相互交融，乐极生悲，悲极而喜，使观众在情感的两极之间相互转换，情感体验的张力不断加大，进而达到审美娱悦的目的。这种悲喜交融的戏曲功能论是对我国传统戏曲美学观的概括和提炼，反映出阮大铖深厚的戏曲理论功底。以今存《石巢传奇四种》来看，阮大铖传奇在整体上都是开头烦恼、结尾欢喜的模式。在具体情节发展过程中，阮氏非常注意悲喜关目、冷热场面的穿插安排，务使文武兼备、冷热并重，让观众在悲喜交融之中获得情感的满足和精神的娱悦。正因为成功地继承和运用了悲喜交融的戏曲美学传统，阮氏诸剧在自娱娱人方面收到了很好的效果：“千人万人俱大欢喜，或痴或神，或悖或魄，或颤其首，或迸其泪。”③第三，阮大铖在倡导戏曲审美娱乐功能的同时，并不排斥戏曲的社会教化功能，他在提出“娱也”论之后，紧接着说编撰《春灯谜》“岂第娱，其于风雅，亦有决排疏瀹思乎？则即谓为六义、四始之尾闾焉，可矣”④。这一方面说明阮大铖作为一名文人亦受传统文道观的影响而不出其囿，另一方面也显示出阮大铖的真知灼见，在戏曲功能上他是审美与教化并举的。汤显祖《宜黄县戏神清源师庙记》提出“以人情之大窦，为名教之至乐”，洪昇《长生殿·例言》标明他的创作原则是“义取崇

① 《春灯谜》第39出《表错》，《阮大铖戏曲四种》第168页。

② 王立承《牟尼合跋》，《阮大铖戏曲四种》第314页。

③ 王思任《春灯谜序》，《阮大铖戏曲四种》第169页。

④ 阮大铖《春灯谜记自序一》，《中国古代戏曲序跋集》第205页。

雅,情在写真”,孔尚任《桃花扇·小引》认为该剧“不独令观者感慨涕零,亦可惩创人心”等,虽含有审美与教化并重的意思,却都未能像阮大铖那样表述得如此明确。

二、“易歌演”的表演实践论

晚明传奇的作者大多是文人雅士,因趋慕风雅、宣泄才情而创作传奇,所写剧本虽然数量众多,但由于他们不谙习音律,更不熟悉舞台表演,所写剧本一般只能供案头阅读欣赏,如若付诸舞台演出,尚需一番加工。冯梦龙曾总结这种状况:“饾饤自矜其设色,齐东妄附于当行。乃若配调安腔,选声酌韵,或略焉而弗论,或涉焉而未通。”①文震亨说:“盖近来词家,徒骋才情,未谙声律……几案尽具奇观,而一落喉吻间,按拍寻腔,了无是处。”②沈德符则认为这种状况是“传奇之一厄”③。阮大铖对此不仅有着清醒的认识,而且有着强烈的不满,他说:“情彼伶人,徒取充韵,有强合宫调,或转入商声,原是越声,或插入南调……岂三调之正声,非韶夏之郑曲乎?”④因此,他在总结自身的舞台实践经验后,针对晚明传奇创作案头化的状况,明确提出了戏曲要“易歌演”的重要观点。《春灯谜记自序二》云:

> 余词不敢较玉茗而差胜之二。玉茗不能度曲,予薄能之。虽按拍不甚匀合,然凡棘喉殢齿之音,蚤于填时推敲小当,故易歌演也。昭武地僻,秦青何戡辈所不往。余乡为吴首,相去弥近,如裕所陈君者,称优孟耆宿,无论清浊疾徐,宛转高下,能尽曲致,歌板外一种颦笑欢愁,载于衣褶眉棱者,亦如虎头道子丝

① 冯梦龙《曲律序》,《中国古典戏曲论著集成》第4册第47页。
② 文震亨《牟尼合题词》,《阮大铖戏曲四种》第313页。
③ 沈德符《顾曲杂言》,《中国古典戏曲论著集成》第4册第206页。
④ 曹履吉《牟尼合序》,《阮大铖戏曲四种》第312页。

丝描出，胜右丞自舞郁轮远矣，又一快也。①

此序是直接针对汤显祖而作。从他对汤氏的批评中可以看出，阮大铖认为戏曲要"易歌演"必须具备两个条件。其一，创作者须自己懂得音律，能够度曲。他说"玉茗不能度曲，予薄能之"，倒并非自夸。据其同乡和亲戚钱秉镫在《皖髯事实》中记载，阮大铖在随清兵从攻福建的途中，曾亲自执板唱曲："诸公固闻具有《春灯谜》、《燕子笺》诸剧本，问能自度曲否？即起执板顿足高唱，以侑诸公酒。诸公北人，不省吴音；乃改弋阳腔，始点头称善，皆叹曰：'阮公真才子也！'"②其二，须有优秀的演员演出剧本。阮大铖蓄有家班，其中有教师陈裕所、曲师朱音仙等，著名戏曲演员彭天锡弘光朝时也曾在阮家。阮氏家班在当时安庆、南京等地颇有名气，崇祯十五年(1642)冒辟疆等人为董小宛洗尘时即用阮氏家班演出《燕子笺》。难怪阮大铖不无得意地说这是"又一快也"。

阮大铖既擅吴音，又会弋阳腔，加上技能高超的艺师、乐师和演员，这些优势自会促进阮大铖的戏曲创作，使之更易歌演。阮大铖还常常亲自执导、演出自己的作品，自觉地体认和实践着"易歌演"的理论主张。张岱在《陶庵梦忆》中详细记载了他在阮家观赏演出的情景：

> 阮圆海家优，讲关目，讲情理，讲筋节，与他班孟浪不同。然其所打院本，又皆主人自制，笔笔勾勒，苦心尽出，与他班卤莽者又不同。故所搬演，本本出色，脚脚出色，出出出色，句句出色，字字出色。余在其家看《十错认》、《摩尼珠》、《燕子笺》三剧，其串架斗笋、插科打诨、意色眼目，主人细细与之讲明。知

---

① 阮大铖《春灯谜记自序二》，《中国古代戏曲序跋集》第205—206页。

② 钱秉镫《藏山阁文存》卷6，第7页，清光绪三十四年桐城萧氏钞本。王士禛《池北偶谈》引《所知录》有类似记载。

其义味，知其指归，故咬嚼吞吐，寻味不尽。①

张岱的评价揭示了阮剧成功的根本原因，即他不仅自制引人入胜的剧本，而且非常重视舞台实践，创作与实践有机结合，案头与场上两擅其美。曹履吉在讲述阮大铖创作《牟尼合》时说他“自唱自板，抵十五六日，迄用有成”，因而“语语由衷，半字不寄篱下。总若天风自来，悉成妙响”②。近人吴梅说“圆海能度声，故诸词皆谐洽”③。文震亨更说阮曲“触声则和”，“入律则严”，使人“心口耳目间，靡所不惬”，激赏《牟尼合》“谱调谐叶，实得词家嫡宗正派”④。

这些顾曲知音的赞论不免溢美，但阮大铖的“易歌演”主张，确实符合戏曲艺术的本质特征。戏曲若不能搬上舞台，则难能称之为“戏”、为“曲”，也就不能算是表演艺术，最多只是戏曲文学。仅就这一点而言，在明末清初的众多文人传奇作家中，阮大铖是实现“以临川之笔，协吴江之律”的作家之一⑤，其剧真正做到了可读性与可唱性、文学性与戏剧性的完美结合，甚至“介处、白处、有字处、无字处，皆有情有文，有声有态”⑥，对当时传奇创作案头化的错误倾向有所纠正，对于当时“登场者与观场者之神情，两不相属”的戏曲演出状况“一洗此习，独开生面”⑦。当然，在肯定的同时也应看到，阮大铖

---

① 张岱《陶庵梦忆》卷 8，第 208 页，于学周、田刚点评，青岛出版社 2005 年版。

② 曹履吉《牟尼合序》，《阮大铖戏曲四种》第 312 页。

③ 吴梅《瞿安读曲记》，王卫民编《吴梅戏曲论文集》第 437 页，中国戏剧出版社 1983 年版。

④ 文震亨《牟尼合题词》，《阮大铖戏曲四种》第 314 页。

⑤ 吴梅本以此语论吴炳、孟称舜，[日]青木正儿据此语将玉茗堂派作家命名为“协调派”，并将阮大铖列于吴炳之前。见《中国近世戏曲史》第 304 页，王古鲁译著，作家出版社 1958 年版。

⑥ 韦佩居士《燕子笺序》，《阮大铖戏曲四种》第 627 页。

⑦ 文震亨《牟尼合题词》，《阮大铖戏曲四种》第 313 页。

提出“易歌演”的实践理论，是以包括汤显祖在内的诸多戏曲家的理论成果为基础，顺应晚明戏曲发展趋势的结果①。

三、“臆也”的编剧虚构论

阮大铖在《春灯谜记自序一》中谈到该剧题材的来源时说：

> 其事臆也，于稗官野说无取焉。盖稗野亦臆也，则吾宁吾臆之愈。②

阮大铖生活于明万历中期至清顺治初期，其时在王学左派鼓荡下，个性思潮正风卷云涌，其中重要一点就是对人的才智和创造力的推扬。李贽、冯梦龙、张岱等都大力褒扬人的智慧，表彰古今智者，冯氏为此还专编《智囊》一书。这种思潮见诸学术，便是反对死啃六经传注，见诸文学创作，便是反对模拟剽袭。正是在这样的思想文化氛围中，追求蹈虚杜撰蔚为成风，“今世愈造愈幻，假托寓言，明明看破无论，即真实一事，翻弄作乌有子虚”③。有的传奇作家甚至认为戏曲就是“寓言”，如徐復祚认为“要之传奇皆是寓言，未有无所为者，正不必求其人与事以实也”④，李渔则说“传奇无实，大半皆寓言也”⑤。

---

① “沈汤之争”后，许多传奇作家和评论家都提出了戏曲应熔文辞声律于一炉的“双美”理论，其实质就是主张戏曲要易于歌演。如吕天成《曲品》卷上说：“倘能守词隐先生之矩镬，而运以清远道人之才情，岂非合之双美者乎？”王骥德《曲律》卷四《杂论·下》认为传奇神品“必法与词两擅其极”，以王实甫《西厢记》为最。茅暎《题〈牡丹亭记〉》认为文辞与音律“合则并美，离则两伤”。孟称舜《古今名剧合选序》认为传奇应“可演之台上，亦可置之案头”。

② 阮大铖《春灯谜记自序一》，《中国古代戏曲序跋集》第205页。

③ 凌濛初《谭曲杂札》，《中国古典戏曲论著集成》第4册第256页。

④ 徐復祚《曲论》，《中国古典戏曲论著集成》第4册第234页。

⑤ 李渔《闲情偶寄》卷1，《中国古典戏曲论著集成》第7册第21页。

阮大铖的“臆也”论与“寓言”说一样，都是强调戏曲创作应遵循虚构的艺术规律。臆者，自编自造也。“臆也”的编剧虚构论，是说戏曲创作不必因袭已有本事，不必追求历史真实，不必照搬生活原状。这种观点正体现了中国传统戏曲的传奇性特点。阮大铖一生共创作传奇剧本十一种，七种已佚，其中《井中盟》、《忠孝环》、《桃花笑》、《翠鹏图》四种无资料可循，本事不详或存疑①。《狮子赚》一种，《曲海总目提要》录其梗概，谓演等轮王、钟馗之事，系借传奇说法之作，《梦溪笔谈》、《唐钟馗平鬼传》和《天下乐》传奇记钟馗之事，但与其迥异②。《赐恩环》一种，《剧说》记其演出，谓求赦之作③。《老门生》一种，《花朝生笔记》谓刺毛士龙之作。今存四种中，只有《燕子笺》曾被暖红室主人刘世珩认为是根据《燕子笺平话》改编的，然其依据仅为“纸墨甚旧”④，未必可靠。相反，目前不少学者反而认为平话本是根据传奇本删削曲词、重编回目而成⑤。其他三种，《春灯谜》、《牟尼合》、《双金榜》的故事题材均为作者自己结撰虚构。可见，阮氏诸曲在题材上多是自编自创，独出机杼。王思任因此盛赞其剧“不谱旧闻，特舒臆也，划雷晴里，布架空中”⑥，张岱亦赞曰：“如就戏论，则亦镞镞能新，不落窠臼者也。”⑦

阮大铖受盛行于时的文学虚构观念的影响提出“臆也”论，虽含有逞才之意，却也不乏对当时剧坛因袭翻作之风的不满。自明中叶开始，文人传奇作家秉承“实录”传统，以史作剧，以剧为史，剧坛掀

---

① 庄一拂《古典戏曲存目汇考》下编第1068—1073页，上海古籍出版社1982年版。

② 《曲海总目提要》上卷第540—543页，人民文学出版社1959年版。

③ 焦循《剧说》卷5，《中国古典戏曲论著集成》第8册第195页。

④ 刘世珩《燕子笺跋》，《阮大铖戏曲四种》第631页。

⑤ 孙楷第《中国通俗小说书目》，作家出版社1957年版；胡忌、刘致中《昆剧发展史》，中国戏剧出版社1989年版；胡金望《人生喜剧与喜剧人生——阮大铖研究》，中国社会科学出版社2004年版等，均持此观点。

⑥ 王思任《春灯谜序》，《阮大铖戏曲四种》第169页。

⑦ 张岱《陶庵梦忆》卷8，第208页。

起一股尚史征实之风。胡应麟云:“近为传奇者若良史焉,古意微矣。”①谢肇淛说:“近来作小说稍涉怪诞,人便笑其不经,而新出杂剧,若浣纱、青衫、义乳、孤儿等作,必事事考之正史,年月不合,姓字不同,不敢作也。”②在这种文学观念笼罩之下,作家在创作时多追求人有所本,事有所据。孔尚任创作《桃花扇》即为显例。这种创作方法使得许多传奇作家在选择题材时,总是在前人留下的故事基础上进行加工改编,或据小说野史,或据前代话本传奇,有的甚至直接抄袭,故事情节雷同。以才情著称的汤显祖,所作“临川四梦”竟无一部题材为自己独创。阮大铖以自己的创作实际对陈陈相因的创作风气给予有力匡正,他凭借卓越的艺术想象和虚构能力将“臆也”理论落实到具体的传奇创作当中,使其剧题材新颖独出,一新耳目,情节变幻曲折,引人入胜,而他所表现出的“吾宁吾臆之愈”的自信力和艺术勇气则更令人佩服。但是,由于阮氏过于倚重“臆也”思想,滥用巧合、误会等手法结撰故事情节,致使其剧新而不实,巧而失真。

四、“一笑有悟”的创作灵感论

阮大铖在《双金榜小序》中谈到该剧创作体会时,涉及到文艺创作中的灵感问题:

> 此传梗概胎结久矣,一针未透,阁笔八年。偶过铁心桥,一笑有悟,遂坐姑孰。春雨,二十日而填成。平生下水船,撑驾熟烂,此不足言。③

---

① 胡应麟《少室山房笔丛·庄岳委谈下》,第556页,中华书局1958年版。

② 谢肇淛《五杂俎·事部三》,第447页,中华书局1959年版。

③ 阮大铖《双金榜小序》,《中国古代戏曲序跋集》第206页。

灵感，是文艺创作过程中一种重要的心理现象，是作家在艰苦的构思中突然产生的对创作对象的理解、联想和领悟，具有偶然性、爆发性、暂时性和创造性等特征。“灵感”一词，是英文 Inspiration 的意译，古希腊哲学家德谟克利特最早使用这一概念。中国古代文论中没有“灵感”一词，但许多作家和评论家都曾谈到过这个问题，如陆机的“感应”、刘勰的“情会”、皎然的“神助”等，都是对灵感现象的深刻论述。阮大铖关于《双金榜》的创作体会在灵感方面给予我们多重启示。首先，灵感的产生要有明确的对象和内容。黑格尔认为“要煽起真正的灵感，面前就应该先有一种明确的内容”，“谁要是胸中本来还没有什么内容在活跃鼓动，还要东张西望地搜求材料……他也决不能单凭这种意愿就可以抓住一个美好的意思或是产生一部有价值的作品”①。阮大铖说“此传梗概胎结久矣，一针未透，阁笔八年”，意即撰写《双金榜》的想法早已有之，且剧作的梗概亦已考虑成熟，只是由于某个环节尚未参透才停笔未著。假设没有撰写《双金榜》的想法和剧作梗概，“一笑有悟”也就没有产生的基础。其次，灵感的产生具有偶然性。对于八年之前的“一针未透”，在八年之后偶然路过一座桥时竟突然参透，这种瞬间的顿悟看似不可思议，其实是符合文艺创作的心理机制的。物理学家杨振宁关于科学家灵感的著名说法可以用来与阮氏的“一笑有悟”论相互发明。他说：“所谓灵感，是一种顿悟，在顿悟的一刹那间，能够将两个或以上，以前从不相关的观念串连在一起，以解决一个搜索枯肠仍未解的难题。”②复次，作家应当抓住灵感，解决创作中的重要环节。由于灵感具有暂时性，稍纵即逝，去而难返，所以作家应珍视这瞬间的思想火花，紧紧抓住当时的灵思妙想。阮大铖似乎非常明白这一点，一旦灵感出现，他便一发不可收拾，“遂坐姑孰”，“二十日而填成”。王士禛《池北偶谈》亦载：“阮挑灯作传奇，达旦不寝以为常。

① 黑格尔《美学》第 1 卷第 364 页，朱光潜译，商务印书馆 1997 年版。

② 杨振宁《谈灵感涌现有赖知识经验积累》，载 1985 年 2 月 3 日《文汇报》第 5 版。

《燕子笺》、《双金榜》、《狮子赚》诸传奇，皆成于此（祖堂寺）。”①阮氏其他诸剧也多数是在短时间内完成的，如《春灯谜》“成之月余”、《牟尼合》“十六日而复成”等，成书之速令人叹服，说明其他诸剧的撰写可能有着与《双金榜》类似的创作经过。最后，灵感不是凭空而至，它需要长期的实践积累和孜孜不倦的艺术探索。画家列宾认为灵感是“顽强地劳动而获得的奖赏”，音乐家柴可夫斯基把灵感比作“一个不喜欢拜访懒汉的客人”，文学家契诃夫认为作家“必须多工作！每天一定得工作”，说他自己“以前每天写一篇小说，后来就成了习惯”，以至在散步的时候，“脑子里的发条就忽然‘卡’的一响，一篇小说就此准备好了”等等②，无不是在强调刻苦持久的努力对于灵感的作用。阮大铖用颇具禅理的“平生下水船，撑驾熟烂”喻释其剧速成原因，事实上也阐释出“一笑有悟”的前提在于作家自己要拥有深厚的戏曲修养和长期的艺术实践。他在《春灯谜记》自序一中说得更为明白：“（《春灯谜》）撰言凡五万余，其成之月余，人争速之，即撰者亦自谓速也。何速？杜陵、长吉、长庆，降而渭南，近代新声，山樵饶习之，已而灼其非诗也。奉家兹园公训，屏诸阿赖识田者十五年矣。……故速也”③。

阮大铖对于灵感问题并没有明确的意识，其“一笑有悟”论只是针对具体创作体会所作的总结，但这种总结却契合了灵感现象的诸多规律，对于我们今天的戏曲创作仍有借鉴意义。明清论及灵感问题的作家和评论家也有一些，如汤显祖论“文章之妙”在于“自然灵气，恍惚而来，不思而至。怪怪奇奇，莫可名状。非物寻常得以合之”④，金圣叹认为“文章最妙是此一刻被灵眼觑见，便于此一刻放灵手捉住。盖于略前一刻亦不见，略后一刻便亦不见，恰恰不知何

---

① 王士禛《池北偶谈》上册第268页，靳斯仁点校，中华书局1982年版。

② 以上均见龙协涛编著《艺苑趣谈录》第152页，北京大学出版社1984年版。

③ 阮大铖《春灯谜记自序一》，《中国古代戏曲序跋集》第205页。

④ 《汤显祖集》第34卷，第1078页。

故，却于此一刻忽然觑见，若不捉住，便更寻不出"①等。汤氏集中于对灵感情状的感性描述，金氏则强调要及时抓住灵感，两人都认为灵感"莫可名状"、"不知何故"，带有神秘主义色彩。相较而言，阮大铖的"一笑有悟"论显得更为理性、客观和全面，尤其是他指出灵感的出现须经过长期艰苦的努力，显然比汤氏、金氏的说法更为深刻。

综上所述，阮大铖的"娱也"论着眼于戏曲功能，是其传奇创作目的；"易歌演"论着眼于舞台表演，是其传奇创作原则；"臆也"论着眼于编剧艺术，"一笑有悟"论着眼于创作灵感，两者则可视为他的传奇创作方法。阮大铖虽没有戏曲理论专著留存于世，但从其散见的理论主张中，隐约可见其传奇创作的理论体系。明中叶以后的中国戏曲理论进入划时代的新时期，徐渭、魏良辅、王骥德、吕天成、祁彪佳等大批曲论家分别从创作、表演、批评等不同方面进行剧作评点和理论著述，阮大铖亦是其中一员。在理论成就上，阮大铖自不能与上述诸家并坐比肩，但是毋庸置疑，阮大铖与他们一道为稍后李渔对中国古典戏曲进行大规模理论总结作了铺垫。除上述理论主张外，阮大铖还秉承传统戏曲观念，认为传奇为"诗余之余"，受李贽"童心说"和汤显祖"至情说"影响，提出"曲为心曲"等观点，都具有一定理论价值。阮大铖的戏曲理论并不是一个孤立的现象，而是中国古典戏曲理论发展过程中的有机组成部分。

（作者系安徽师范大学副教授）

① 金圣叹《读第六才子书西厢记法》，《金圣叹批本西厢记》第 14 页，张国光校注，上海古籍出版社 1986 年版。

新发现的两种清代《还魂记》评点本

路云亭

清代《还魂记》评点本系列中有篇幅短小的评本，则为明代鲜见。笔者在国家图书馆和复旦大学图书馆查阅到两种清代的评点本，分别是国图藏半园删订本评本、复旦大学藏省悟子评本。前者是删改兼评点本，后者则是手批本。两种评本尚未得到学界关注，但两种评本皆有一定的曲学、文学和史料价值，略述如下。

一、半园删改本

半园删订原名《还魂记定本》，共二卷，署名明汤显祖撰，清初刻本，全一册。半园删订，二十八出。首先，半园删改本版本有一定特色，半园删订本的《凡例》曾经较为系统地介绍该书的体例以及删改为二十八出的缘由。

一、全剧五十五折，非两昼夜不能竟局，时优急就敷衍，有头无尾，由瑕瑜未分也。特摘其肯綮者二十八折，间有承接过脉，用白代曲，所省过半，略无剩义，以滋遗憾。

一、本曲生旦为主，而旦曲尤多，出落不递，最苦冷场，毕竟串头欠妥，今为更调脚色，另叙目次，而前后段落，一丝不乱。

一、临川仙才，度曲从元人中镕出，每喜标新，不拘格律，然绳以旧谱，终难出其范围，详查所用何名，所犯何调，令歌者有所折衷云。

一、世谓临川曲可读不可歌者，因其衬字多也，盖北曲配弦索，繁生稍多，不妨引带南曲，案拍紧慢，衬字多，则抢带不及，若于衬字上点板，文理悖谬，特以小字别之，庶无此病。

一、韵脚多有不叶本字、平仄互异及疑难者，注明于下，一目了然，亦是快事。

半园删本对汤显祖《还魂记》原作改定较大，半园删改本《还魂记》目次如下：

卷上：第一出《标目》、第二出《言怀》半园删订本下注："节《诀谒》、略《怅眺》。"第三出《训女》半园删订本下注："删《延师》、《腐叹》。"第四出《闺塾》半园删订本下注："略《劝农》。"第五出《游园》半园删订本下注："附《肃苑》。"第六出《牝贼》半园删订本下注："去《虏谍》。"第七出《寻梦》半园删订本下注："略《慈戒》。"第八出《淮警》半园删订本下注："删《缮备》、《御淮》。"第九出《存真》、第十出《闹殇》，半园删订本下注："附《道观》，略《诘病》、《诊祟》。"第十一出《旅寄》，半园删订本下注："去《谒遇》。"第十二出《冥判》、第十三出《拾画》、第十四出《忆女》附《移镇》。

卷下：第十五出《玩真》、第十六出《魂游》、第十七出《幽媾》、第十八出《冥誓》，删除《旁疑》、《欢挠》，第十九出《回生》节录《秘议》，略《诇药》，第二十出《婚走》节《骇变》，删《如杭》、《耽试》、《急难》，第二十一出《仆贞》半园删订本作《仆贞》，第二十二出《寇间》、第二十三出《折寇》、第二十四出《围释》、第二十五出《闹宴》删《淮泊》，第二十六出《硬考》，半园删订本作《硬考》。带《索元》、删《榜下》，第二十八出《圆驾》，删《闻喜》。

其次，半园删改本评点内容多是有关原本和改本的删改原则。如《言怀》出，半园删本眉批："生出场叙梦有关节，但嫌落场冷故，与《诀谒》归并，免多头恼，若韩子才与本题并不相涉，且论文迂腐，删之。"

半园删本删除《劝农》出，其眉批曰："旧有《劝农》，非不出色，觉气局太缓，只宜紧接为是。”第十二出《寻梦》半园删本眉批：“此折前有《慈训》太赘，与本折送膳，皆可省也。”第十三出《诀谒》，半园删本眉批：“‘镇日里’至‘伸背’二句，一作〔胜如花〕，与《荆钗》只因递柬传书，反教人离乡背井同，今新谱改为〔桂花琐南枝〕，将此二句作〔月上海棠〕，与《幽闺》‘十年捱淡饭，黄虀终身，鼎食天禄’同。”

《写真》出〔刷子序犯〕，半园删本眉批：“一名〔刷子带芙蓉〕，‘真情’至末句，犯〔玉芙蓉〕第一句，不似〔刷子序〕，又犯别调。”《写真》出〔普天乐〕半园删本眉批：“吴中作〔四块玉〕，此唱起上〔刷子序〕二曲，与后尾〔犯鲍老〕二曲概不用亦可。”第二十出《闹殇》，半园删本眉批：“前有《诘病》等曲，但嫌诗医语太谑，非师体，故与《诊祟》并删，若石姑则要紧脚色，归并于此，另美一折。”

《旅寄》出，半园删本眉批：“生开场后，至此方见似宜移《谒遇》于前，急急出生为是，不知《谒遇》与后《耽试》皆摹写生无赖之状，如此行境，岂足为丽娘意中人乎！应为柳郎护短。”第二十二出《旅寄》〔风入松〕半园删本眉批：“前〔步步娇〕曲，以生跌，不便久眠地上，须紧半板至〔风入松〕另起调，才得做法。”

《冥判》〔混江龙〕，半园删本眉批：“此调在北曲原无定句，太繁易压，从时简便。”《忆女》出，半园删本眉批：“夫人《忆女》万不可少，即将《移镇》并入，何等省事。”《魂游》出半园删本眉批：“旧作〔醉归迟〕，又以二曲作一曲，皆谬，今改正。”《幽媾》出，〔前腔〕，半园删本眉批：“南曲并无〔朝天子〕，惟北曲有之，前三句作〔福马郎〕，与伯偕‘休说在牛氏宅’三句，同中二句，犯〔山桃红〕，末二句犯〔懒画眉〕，祖名〔马花郎〕。”半园删本、文林阁本改“侦”为“贞”作：第二十一出《仆贞》，删〔孤飞雁〕曲名，开首作：“净扮郭驼挑担上。”文林阁本改“侦”为“贞”。《仆侦》出，半园删本眉批：“《侦仆》乃《婚走》、《骇变》过脉，且诨科断不可少，特存之。”

可见，半园删本完全以舞台演出为标杆来删改《还魂记》，主要涉及到情节、科白、唱词的删、并、改。

再次，半园删本深入列传奇的细节。第九出《肃苑》〔一江风〕“（贴上）小春香，一种在人奴上，画阁里从娇养。侍娘行，弄粉调朱，贴翠拈花，惯向妆台傍。陪他理绣床，陪他烧夜香。小苗条吃的是夫人杖。"半园圆删本眉批："此曲多'贴翠拈花'四字，又少一重句，是另一体也。今人不晓以为多做。"《寻梦》出〔尹令〕："咱不是前生爱眷，又素乏平生半面。"半园圆删本眉批："前生爱眷"句，多做。"《寻梦》出〔品令〕"他倚太湖石，立着咱玉婵娟。待把俺，玉山推倒，便日暖玉生烟。捱过雕阑，转过秋千，掯着裙花展。"半园圆删本眉批："'捱过雕栏'四字，多做。"

半园删改本对音律要求较为严格，多处指出原作音律的失误而修改之。如《寻梦》出："则道来生出现，乍便今生梦见。生就个书生，哈哈。生生抱咱去眠。"半园删本眉批："哈字中原韵，在家麻。《玉篇》广韵，五加切。"《寻梦》出半园删除〔三月海棠〕的原因是："此曲〔三月海棠〕，另一体，今人误认，净与时曲〔奴命蹇〕对唱，腔板不合，句读不同也。"再如《写真》〔尾声〕中杜丽娘和春香的对话。"（旦）尽香闺赏玩无人到，（贴）这形模则合挂巫山庙。（合）又怕为雨为云飞去了。半园删本眉批："尾声末句多低调，独海盐高揭之，此尾宜高唱为是。"

《冥誓》半园删本眉批："改旦先上，生用〔前腔〕，直接下，省三曲。"《冥誓》〔鲍老催〕，半园删本眉批："调与〔时曲寒〕、〔侵绣幔〕同，旧作〔鲍老催〕，又分〔耍鲍老〕，谬甚。"

半园删本对细节的高要求，有利于改本朝精致化方向发展。半园删本虽说在修订的过程中削弱了汤显祖原作的社会批判内涵，却得力于音律的精当和舞台搬演的可行性，着眼点在发掘出原作的舞台实践价值。

二、省悟子评本

省悟子评本为手批本，题于《江都省悟子批点还魂记》，全二册，清光绪十二年(1886)同文局石印本，现藏复旦大学图书馆。

省悟子评本的关注热点首先是男女两性间的情感世界。《标目》出，省悟子眉批："情字为一篇之旨，有情而负不若无情。"省悟子以情字当头，首先涵盖了评点的基调。省悟子的评点思路也有一条循序渐进的过程，随着评点的行进，省悟子逐渐追寻出了《还魂记》的情学主线。如《言怀》出〔真珠帘〕，柳梦梅梦见梅花树下有美人站立，如迎如送，说道："柳生，柳生，遇俺方有姻缘之分，发迹之期。因此改名梦梅，春卿为字。"省悟子眉批："何谓浩然之气，不动心是也。无情非人也，不动心守情之正者也，见可欲而辄动其心者，滥用其情者也，故曰唯圣人始可与言情。"这里，省悟子提出了"无情非人"的主张，但他并非鼓励动滥情，而是见可动情之人而为之，强调的是在合乎圣人之礼的前提下的动情与萌情之迹。《寻梦》出〔忒忒令〕：

> 那一答可是湖山石边，这一答似还魂记畔。嵌雕栏芍药芽儿浅，一丝丝垂杨线，一丢丢榆荚钱。线儿春甚金钱吊转！呀，昨日那书生将柳枝要我题咏，强我欢会之时。好不话长！

省悟子眉批："曷云'话长'，正是恨梦短耳。"《还魂记》的情节生发点即为梦，且以梦为核心意像，贯穿于情节始终。其主干场次《惊梦》、《寻梦》两出，皆以梦为主导。省悟子对情学的见解，也集中于这两出。《寻梦》出〔豆叶黄〕："他兴心儿紧咽咽，呜着咱香肩。俺可也慢掂掂做意儿周旋。"省悟子眉批："写出闺门心理真好笔墨。"《寻梦》出重点在"寻找"，所谓寻找主题，指的是寻找春情萌动后的真爱，《寻梦》暗示出了是行为之爱，而非精神恋爱。〔豆叶黄〕末尾有杜丽娘的唱词："咳，寻来寻去，都不见了。还魂记，芍药栏，怎生这般凄凉冷落。"省悟子眉批："回头何处不凄凉，天下有情人同时下泪。"而〔玉交枝〕中杜丽娘爱人急切，精神迷离恍惚，她唱道："明放着白日青天，猛教人抓不到魂梦前。霎时间有如活现，打方旋再得俄延，呀！是这答儿压黄金钏匾。"省悟子眉批："迷离恍惚其将病矣。"这句话揭示出了杜丽娘初恋压抑后的反常心理。又如《寻梦》出〔尹令〕："咱不是前生爱眷，又素乏平生半面。则道来生出现，乍便今生梦见。"省悟子眉批："浮生备，有去来今。"即为专门评点梦境的文字。

由情爱的主题而引申到愁怨主题，则是《还魂记》的基本结构线路。省悟子对愁怨主题的捕捉也较为敏感。如《写真》出〔刷子序犯〕："〔旦低唱〕春归恁寒悄，都来几日意懒心乔，竟妆成熏香独坐无聊。逍遥，怎刬尽助愁芳草，甚法儿点活心苗！"省悟子眉批：一池春水绉，干卿底事，愁人真有此境。"针对《诘病》出杜母所说："若早有了人家，敢没这病。"省悟子眉批："愿天下为父母者细玩此语。"

愁怨主题的极端化形式则是人体的病态化现象，体现了情绪对身体的影响，可看作精神对物质的反作用力。《还魂记》专设一出《诘病》，用意交代杜丽娘的愁怨而病的形貌。针对《诘病》出对杜丽娘的"往来潮热，大小伤寒，急慢风惊"的病根问题，省悟子眉批认为："病家往往有此心理。"省悟子对情爱的关注一直延伸到对诸如相思病之类的心理疾病的高度关怀。《诘病》出，省悟子针对"世间只有娘怜女，天下能无卜与医"的现状，眉批："无母孤雏同声一哭。"《诊祟》出写到石道姑不知道杜丽娘的病根，省悟子批语认为："天下竟有不知趣人如石道姑者。"

《还魂记》的情感演进线路充满了古典时代的浪漫气质，先重情，再愁怨，后归于身体之疾病。身体病态的情节在古典浪漫主义时代的言情剧作里普遍存在，而言情或重情戏剧本身即为涵养浪漫气质的保证。当然，省悟子虽然未曾提出古典浪漫主义的观念，却仍注意到《还魂记》超越死生的奇异情节。《还魂记》的情节主线以先悲后喜的层次和递进关系发展。《圆驾》出充满了喜庆气氛，但是，其内在的悲情气氛仍很强烈。如〔北四门子〕：

> （旦笑介）是看上他戴乌纱象简朝衣挂，笑、笑、笑，笑的来眼媚花。爹娘，人间白日里高结采楼，招不出个官婿。你女儿睡梦里、鬼窟里选着个状元郎，还说门当户对！则你个杜杜陵惯把女孩儿吓，那柳柳州他可也门户风华。爹爹，认了女孩儿罢。

省悟子眉批："只恐天下美满因缘都向梦中得之，可一语感喟不少。”

作为重情派的评点人，省悟子对母爱同样表现出关注之意。如《惊梦》出，杜母对女儿的春情萌动之态表现出了相当的开通，感叹道：“女孩儿长成，自有许多情态，且自由他。正是：‘宛转随儿女，辛勤做老娘。’”省悟子眉批：“真好笔墨，真好杜母，然使无□，母孤能读之泪下矣。”

其次，省悟子对可以促进情节发展的宾白、唱词、关目，亦间或做出了评点。如《训女》出〔前腔〕里杜母的台词：“‘做门楣’古语，为甚的这叨叨絮絮，才到中年路。”省悟子眉批：“一语注定杜太守一生事迹。”《怅眺》出写到韩子才和柳春卿一段充满谐谑趣味的对白，省悟子眉批：“此段因文生情，涉笔成趣，读之令人解颐。”《诘病》出，春香对杜母说梦，说到秀才将杜丽娘抱到牡丹亭去之语，杜母惊慌，急唤杜宝。对此，省悟子眉批：“此本周公大礼，自合端端正正，有此妙笔。”对《诘病》一出的关目设计极为赞赏。

省悟子对推定情节进展的关键点观察得很仔细。如《幽媾》出〔玩仙灯〕杜丽娘和柳梦梅的惊艳相遇。先有柳梦梅的惊叹：“呀，何处一娇娃，□艳非常使人惊诧。”接着，杜丽娘做出了一系列动作：第一，“旦作笑闪入”；第二，“生急掩门”；第三，“旦敛衽整容见介”并说：“秀才万福。”柳梦梅还礼：“小娘子到来，敢问尊前何处，因何夤夜至此？”而丽娘则不即不离，含羞弄嗔：“秀才，你猜来。”这段道白很有情趣，以细节凸显情感张力。省悟子对此出关目的设计很欣赏，在眉批中称之曰：“鬼斧神工之笔。”

省悟子评本展示的是作为普通评家的阅读体验，其评点依赖的是传统文本或文章技法衡量标准。如《幽媾》出〔隔尾〕，柳梦梅的唱段体现了内心世界的微妙感和复杂性。“敢人世上似这天真多则假。（内作风吹灯介）（生）好一阵冷风袭人也。险些儿误丹青风影落灯花。罢了，则索睡掩纱窗去梦他。”省悟子眉批：“本是疑真，忽又疑假好，曲笔好文章。”

《回生》出疙童和石道姑锹土掘墓，救活杜丽娘，柳梦梅见杜丽娘回生，唱道：“俺为你款款偎将睡脸扶，休损了口中珠。”省悟子眉批："真好笔力，真好照应。"《圆驾》出，汤显祖安排皇帝出场解决杜宝和杜丽娘、柳梦梅的矛盾，剧情出现了热闹的场景。对此，省悟子眉批道："文章之妙，匪夷所思，后辈读《还魂记》，真增长文思不少。"全然以文章技法来衡量剧作。

省悟子对优美词语的激赏，反映了传统评点者的诗文正统观念。如《寻梦》出〔不是路〕："何意婵娟，小立在垂垂花树边。"省悟子眉批："一幅白描美人图。"省悟子欣赏〔不是路〕的技法，即用了以画喻戏的评点方法。

《旅寄》出〔前腔〕，写柳梦梅和陈最良一路同行。陈最良先唱："尾生般抱柱正题桥，做倒地文星佳兆。论草包似俺堪调药，暂将息梅花观好。（生）此去多远？（末指介）看一树雪垂垂如笑，墙直上绣幡飘。"省悟子眉批："雪笑是奇文。"省悟子点出了〔前腔〕中炼字到位后的诗化语言。《幽媾》出〔刘泼帽〕："恨单条不惹的双魂化，做个画屏中倚玉蒹葭。小姐啊，你耳朵儿云鬓月侵芽。"省悟子眉批："奇文警句。"认为是这是汤显祖炼字成功的范例。

《欢挠》出〔捣练子〕柳梦梅对杜丽娘身体魅力的称颂，即使用了诗化语言："一点猩红一点金，十个春纤十个针。只因世上美人面，改尽人间君子心。"省悟子眉批："并剪膏梨，爽脆无匹。"省悟子还使用了诗化语言对剧作进行评点如《欢挠》出，省悟子评点杜丽娘的台词："秀才，俺那里长夜好难过，缱着你无眠清坐。"其眉批曰："只恐夜深花睡去，高烧银烛照红妆。"本诗使用的是苏轼的《海棠》诗。以诗论诗，虽说经常出现在中国诗论中，但在剧评中尚属少见。

鉴赏宾白虽非省悟子的特长，但是，作为阅读剧作的读者，其评议中仍然留有专门鉴赏宾白的批语。如《闺塾》出，陈最良在〔掉角儿〕中说道："论《六经》，《诗经》最葩，闺门内许多风雅。"省悟子眉批："《诗经》大意被此老一语道破，俗儒何足知之。"认为陈最良并非俗儒，这在历代评家中独树一帜。

《牝贼》出，〔六幺令〕有一段描写淮扬战场的台词，"如雷喧哄，紧辕门画鼓冬冬。哨尖儿飞过海云东。（合）好男女，坐当中，淮扬草木都惊动。"省悟子眉批："草寇气象如在眼中，笔妙如此。"对其文字功力予以肯定。再如《圆驾》出，石道姑性格泼辣的性格得以舒展。她说："啐，陈教化，谁是贼？你报老夫人死哩，春香死哩！"省悟子眉批："笔酣墨饱，缴足前文。"

再次，省悟子的评点体现了儒家思想中不偏不倚的中庸思想，多数评语都显得中庸而不偏执。如《闺塾》出〔掉角儿〕，陈最良说："《诗》三百，一言以蔽之，没多些，只'无邪'两字，付与儿家。"省悟子眉批："所谓乐而不淫也。"再如《闻喜》出〔前腔〕：

> （贴）你风姿恁惹邪，情肠害劣。小姐，你香魂逗出了梦儿蝶，把亲娘肠断了影中蛇。不道燕冢荒斜，再立起鸳鸯舍。则问你会书斋灯怎遮？送情怀酒怎赊？取喜时，也要那破头梢一泡血。
>
> （旦）蠢丫头，幽欢之时，彼此如梦，问他则甚！

省悟子眉批："一语点醒痴男女不少。"富有劝世与说教意味。再如《闻喜》出，杜丽娘说："娘，爹爹高升，柳郎高中。小旗儿报捷，又是平安贴。把神天叩谢，神天叩谢。"省悟子眉批："好吉祥文字，读之令人气王。"崇尚吉祥，依然是儒家思想。

《圆驾》出，皇帝反对自主婚姻，宣称："不待父母之命，媒妁之言，则国人父母皆贱之。"杜丽娘感谢柳梦梅再生之恩，坚决抗争道："万岁！臣妾受了柳梦梅再活之恩。"省悟子眉批："自设难题，自作解语，文字如此，方称酣足。"以一介弱女而抗争皇权，因此，省悟子认为其冲突激烈，故曰"方称酣足"。再看《圆驾》出有一段杜家亲友在一起的〔南双声子〕合唱："姻缘诧，姻缘诧，阴人梦黄泉下。福分大，福分大，周堂内是这朝门下。齐见驾，齐见驾，真喜洽，真喜洽。领阳间诰敕，去阴司销假。"省悟子眉批："云销日出，好一派吉祥气象。"喜庆气氛为儒学价值观在戏剧学中的核心体现，省悟子的评说，反映了其内心深处对儒学正统观念回归的意向，这种价值选择与明代评点家的路向已有本质区别。《圆驾》结尾，省悟子眉批："曲终人不见，江上数青峰。"省悟子以和美团圆之笔法，高度概括了《还魂记》的整体结构，充满了儒学气质。

省悟子评点有文字不多、内涵略薄的缺憾，但是，其特点依然突出。省悟子已经脱离了明清两代评点家一味重情的路径，亦未落入如《才子牡丹亭》那样以性释情的异端化评点体系，反而回归了中庸的价值观。尤其他以大团圆的笔法赞扬《还魂记》原作的基本格局，则为明清两朝评点者中所少见。

上述两种评本，半园删本主要涉及《还魂记》为舞台服务的剧本修订，省悟子评本则体现出普通阅读者的心境，具有观照晚清读者阅读《还魂记》心态的史料参考价值。

（作者系华东师范大学副教授）

清代《西厢》批本——《朱景昭批评西厢记》初探

韦 乐

这是一部清代手抄《西厢》批本，2004 年在《绥中吴氏藏抄本稿本戏曲丛刊》中影印出版。据影印者推测，此为存世孤本。该书前有序四篇、《读西厢记法》六条，书尾附跋一则；正文收曲文十六套，草桥梦莺莺之后的文本已被删去；诸序和曲文眉头及各套曲文结尾处有大量批语。这些批语虽多选录自金圣叹《第六才子书西厢记》(以下简称金《西厢》)，但经批者取汰加工之后却传达着与金批不同的思想倾向与艺术趣味。

一、批者生平及成书时间

关于批者朱景昭的生平和批本的成书时间，影印者并无交代。据批者自序之落款曰“山阴朱璐景昭氏撰”，可知其姓朱，名璐，字景昭，籍贯山阴。山阴有二，一在山西，一为浙江绍兴，但朱璐曾有“吾乡徐文长”之语(《就欢》眉批)，则其系绍兴人无疑。然清代绍兴方志中不见此人踪迹，可知其系一无功名之普通士子。所幸作跋者萧山人陈正治却有史可依，据《民国萧山县志稿》卷十三载，此人为康熙二十年贡生。陈跋指出朱璐曾将批本过录副本亲手赠予他。由

按：本文原载《中国典籍与文化》2010 年第 2 期。

此可知朱璐所处时代实为清初。

如果再仔细挖掘批文，则还可获知他一些具体生平情形。因为在这部极重理论性的书中，他竟然录了个别与文学无涉的金批：《投禅》（即金本《借厢》）〔石榴花〕处，他详录“富人向借钱者寒暄”条，说明他对此必有所感，其生活定不富足；《传书》（即金本《前候》）〔胜葫芦〕处则录“虽作者极写张生急情，然实是别寓许伯哭世。盖近日天地间，纯是此一辈酬酢矣”①，可知他多半际遇不畅并颇愤世嫉俗；另外，在《巧辩》（即金本《拷艳》）尾批之眉头，他自云“以笔墨为粗耒，以纸札为良田，以文章为锦绣，以道德为广宅”为生活理想状态，由此基本可确定他是个艰于功名、性好文学、重道德修养的乡里文士。

至于批本的成书时间，则可据卷首钱轮序考得较为具体的答案。钱氏在序中称朱璐于“辛亥秋日”向自己出示此书。清初只有一个辛亥年，即康熙十年（1671），而批本既采辑了金《西厢》批语，定出现于1656年金本诞生后，故朱本成书时间应为1656—1671年间。陈正治在跋中曾云：“凡一切无益之书（按：此指无涉举业之书），摒置弗读，惟《西厢》一书，未免恋恋，不能忘情。……见景昭先生案头手录《西厢记》一编，逐段注评，逐字校正，细为寻绎。凡读书行文，至理妙境，灿然俱备……填词至此，洵未可作小道观也。”一个有着浓厚《西厢》情结的人，会对朱本批语表现出初见的惊喜，显然只能发生在其未曾阅读金《西厢》的情形下，这也印证了朱本的出现时间应在金本尚未人尽皆知的传播初期。

二、批本的底本和批语来源

朱璐自序中曾对批书原由和批语来源等有所交代：“近阅吴中改本一帙……惜其任以已意，尽将原本割裂改涂，每一展看，肠欲为

① 吴书荫《绥中吴氏藏抄本稿本戏曲丛刊》，学苑出版社2004年版。下文所引朱景昭批本之文献皆出此书。

呕，目欲为眩……然其一翻评注苦心，议论风生，煞有可观，不容泯没。予因特检原本，取其评注之得当者，另录一编，间有缺略散漫者，附以臆见，稍为增损……又取明季诸先正各本，凡评论之有裨于文艺者，汇录焉。”

“吴中改本”即金本，据此可知朱本批语除少数系朱璐自创外，主要来自金批，也有少量明人批语。但明人批语实则仅见徐渭批和王思任批等很少几则。经考察，可知徐批多出于《田水月山房北西厢》，此不赘谈。这里特别要强调的是王思任批语。

这是一个很应值得学界重视的问题，因为今存王思任关于《西厢》的评论文字仅两篇，一为《三先生合评本北西厢》之王序，一为《王实甫〈西厢记〉序》（见《王季重十种》），至于是否有过“王思任《西厢》评本”，却已成为一桩学术公案。傅惜华先生《元代杂剧全目》等重要书目都将它列出，但也都无法提供文献证据。蒋星煜先生因而认为它“并不存在，王思任尝为《三先生合评本北西厢》作过一篇短序，因此书流传不广，后人以讹传讹，王思任‘作序’本竟成为王思任‘评本’了”①。但是，朱璐的批本中却录有几条并不见于上述两序的王氏批语。兹列于下：

> 登峰造极，俱在第一层尖上取舌。此书成后，千古人学问尽呆，资质俱钝。（《朱璐自序》）
>
> 此篇胡珠乱撒，但闻清贵错落之声。（《琴心》尾批）
>
> 填词至此，鬼神欲泣。真宰必售。一日一唱，一唱一叹。谁得而猷射之。（《伤离》尾批）
>
> 情理所极，几与圣经贤传同一，不可思议。（《伤离》尾批）

第一条引自王氏《西厢记序》（据朱璐言），后三条针对曲章而发。如此看来，王氏对《西厢》不仅有专序，似乎更有曲文批语。朱

① 蒋星煜《“王思任评本〈西厢记〉”疑案》，载《华东师范大学学报》（哲社版）1998 第 2 期。

璐和王思任都是绍兴人，而且年代相去不远，朱璐很有可能见过今人不曾见到的王氏批本。当然，事情真相如何，还有待于文献的进一步佐证。

关于朱本所用的底本，朱璐没有明确交代，但从曲文具体情形看，首先可确定这基本是未经金圣叹删改的《西厢》，许多地方仍保留着与一些明本相同的面貌。但其体例却是"套"而非"一本四折"，又无题目正名，故这仍为一南曲化的剧本，并非地道北《西厢》。除去亡佚版本无法对照外，今所存《西厢》诸本都不与其完全相合。不过，它那十六套戏的二字标目倒与李廷谟刊徐渭本有八处相同，三处相近。而从朱璐收录的徐渭批语基本都可见于"田水月本"来看，此本也应被参考过。很有可能该底本是在综合参考几个本子（包括金本）的基础上结合朱璐本人意见形成的，因为第八套的名目"琴心"仅见于金本，同时，现存的出现于它之前的本子中也没有一个像它那样彻底砍掉草桥梦莺莺后的文本——此举在《西厢》出版史上无疑是开创性的举动。

三、批本的理论状况

一般而言，批本的理论思想主要通过批语以及文本的删改来展现。如前所述，朱本的批语多出自金《西厢》——除明人评语以及朱璐自创的《读西厢记法》和一些尾批外，其余如诸序眉头的《总论》多摘自金本《读法》等，曲文眉批也多录金本夹批，部分尾批则择取金本于该折的总论。可以说，这是一个依托金批而成的批本。然而它绝非"移金批之花，接底本之木"，因为在取汰金批之间，它所传达的文学观已自成一家。

（一）守"礼"重"法"

《西厢记》演绎的是才子佳人之爱情故事，对封建时代的批评家而言，如何评价这样的思想内容，是一个敏感却不可回避的问题。金圣叹在处理时有一定的矛盾，他在《琴心》总论中曾通过强调老夫人许婚又赖婚而使私情带上些许合"礼"色彩,但他终究认为"普天下才子必普天下好色,必普天下有情,必普天下相思"①,所以,"辨淫"是金《西厢》更明显的特征,其《读法》和《酬简》总论都在反复强调这个观点。对于这样的批语,朱本基本不予选录。《就欢》(即金本《酬简》)尾批虽稍录一段,却在眉头附批道:"此评词则工矣,而意则终背也。昔梁昭明素爱陶靖节诗文……尚惜其白璧微瑕在于《闲诗》一赋。盖大醇小疵,文人通病,不必强为之讳也。"它以萧统斥陶潜《闲情赋》作比,正是指出崔张私情系违"礼"之举,金氏不该为其辩护。而查遍全书,都很难发现肯定私情的批语。看来,"以道德为广宅"的人生信念已渗入朱璐的批书行为,令批本具有较明显的守"礼"特征。不过,"大醇小疵"的评价却又表明,私情题材并未抹杀《西厢》在他眼中的整体光彩。同时,批本虽不肯定私情,但也未出现道学家般的诟骂声。故其守"礼"只是一种对礼教社会中主流道德秩序和行止规范的遵守,它并未走上偏激思想道路而失去其文学理论价值。

与守"礼"思想倾向相关联,朱本在批评上还表现出了鲜明的重"法"特征。参照金批的本来情形,即可获知这一事实。金本第一折《惊艳》总论曾云:"此一书中,所撰为古人名色,如君瑞、莺莺、红娘、白马,皆是我一人心头口头吞之不能,吐之不可,搔爬无极,醉梦恐漏,而至是终竟不得已,而忽然巧借古之人之事以自传,道其胸中若干日月以来七曲八曲之委折。"这段位置显要的文字指出了批评是一种主观的精神活动,批语所诠释的诸人诸事无非批者内心真情的外现。众所周知,金氏是以批为作,故这段论批书的文字实亦反映出他对创作的看法。另外,在金批总序之一的《恸哭古人》中,金氏又有"细思我今日之如是无奈,彼古之人,独不曾先我而如是无奈哉","夫古之人之坐于斯、立于斯,必犹如我之今日也","如使真有九原,真起古人,岂不同此一副眼泪,同欲失声大哭乎哉"诸语,从宏

① 金圣叹《贯华堂第六才子书西厢记》,清世德堂刊本。下文所引金《西厢》之文献皆出此书。

阔的视角认为古往今来天地间才子在禀赋才情、心思抱负上都相通。所以,在上述《惊艳》总论引文之后,他又接着说:“观其写君瑞也如彼,夫亦可以大悟古人寄托笔墨之法也矣。”将诠释对象从“我”位移至“古人”,正是认为自己这个批书观亦适用于古今创作批评等所有文学活动。

很明显,这个观点在哲学思想上崇“情”,金氏正以此为逻辑起点进而强调文学的主观虚构性。在其批评体系中,正是立足于可突破个体、打通古今的“情”,他才能通过贯串作者、批者、读者之心灵于一脉来探索艺术奥秘,从而在曲文剖析中详尽地发掘作品的艺术技法。尽管金批最出彩的贡献就是这操作层面的技法分析,但“情生文”的本源性探讨无疑才是其理论的根基。然而,这一体系构架在进入朱璐的批评视野后,却发生了重大变化。

如前所述,朱本重“礼”,在思想上它没有肯定《西厢》的私情内容,同样,在取汰金批时,它也没有选录作为金论基点的上述引文,而且在后面的具体曲文批评中都弃取有涉本源探讨的话语。显然,以“情”为逻辑起点之看法并不为朱璐接受;但这并不表示他会拒绝那些极有操作性的技法。事实上,朱本选录的金批几乎都在技法范畴内紧贴文本阐述质实的行文诀窍。关于这种做法的缘由,朱璐自序中对《西厢》的概评能给予一定暗示:“其摇笔洒墨,时有仙气回翔纸上,故其为文,无非雪痕鸿爪,镜花水月,若蜃楼海市,凭空结撰而成,使人读之如遇若耶佳艳,一种天然雅淡,悉在脂涂粉捏、香团玉削之外。”尽管他不欣赏剧本的思想,但也和金氏一样,拜服于剧本高妙的艺术造诣。但需强调的是,这里的“其”是指《西厢》而非作者。他推崇的只是形于纸面的作品本身,即便语涉“凭空结撰”,细味即知亦不过是就文本结构特征而言,整段引文都没有表现出金批那种求“著书人之心”的意图。在这种摒除了主观“作者”的深层因素而将《西厢》作为纯客观艺术实体加以推崇的情形下,剧本之艺术美的构成因素便是作品中那些综合运用的艺术技法,故它们必然成为朱批全部的关注对象。朱本《总论》曾连贯选录金本《读法》的第57—60条,所谓“细察其眼法、手法、笔法、墨法,固不止仅能写佳人才子也，即换却题目，亦俱会写”等，皆表明批者是站在执笔行文者的立场，为了创作出更多精彩的艺术实体（作品），便作为艺术实体的《西厢》为典范直接效法，通过研习其形式层面的技法，将艺术的精妙从典范实体延伸到新的实体。由此可见，朱氏的批评思维相当实在，尽管他和金氏的批评体系都拥有相同批评对象——“典范作品实体”和相同终极目标——写出优秀的作品，但他却没有遵循金氏从创作者的“心”或“情”上寻求妙门的做法，而是直接面对和效法典范，将打通二者的枢纽彻底维系于同样具有实体性的“技法”，从而令整个批评都表现出极度“实”的精神。

朱本重“法”的实在批评观和守“礼”的思想倾向结合着出现，无疑与清初社会背景密不可分。在那个思想重整的时代，“天崩地解”的易代之变既让汉族士人的心灵受到强烈震撼，也为清廷提供了前车之鉴。朝野一致认为盛行于晚明的空疏任情的“心学”是导致祸乱的重大原因。“以明心见性之空言，代修己治人之实学，股肱惰而万事荒，爪牙亡而四国乱，神州荡覆，宗社丘墟！”①“王氏之学遍天下……其弊也，至于荡轶礼法，蔑视伦常……而百病交作。”②朝廷倡宋学以期重整秩序，而在野士人又倡“天下唯器而已矣”③的重“实”思想，道学之“理”渐落实至行为之“礼”，“复礼”和“重实”之风弥漫天下。此时文坛皆以守道致用为主流，金批中抽离作品实体而略带玄虚性的本源思辨明显具有明人遗风，而难合于清初求实精神，而它为私情的辩护亦冲击了“礼”的防线，故这些部分会被朱本摒弃。但另一方面，金批对于技法的系统探讨却达到了前所未有的详尽程度，对于清初的人们而言，这正是最有可操作性的和最可借鉴的实在成果，所以朱本会将所有注意力放置于此，在“客观物”范

① 顾炎武《日知录集释》卷七《夫子之言性与天道》，黄汝成集释，上海古籍出版社1985年版。

② 陆陇其《三鱼堂文集》卷二《学术辨》（上），清同治七年武林薇署刻本。

③ 王夫之《周易外传》卷五《系辞上传》（第十二章），中华书局1962年版。

畴内着力探讨创作技艺的妙谛。

(二) 结构是戏曲创作的核心

大约因戏曲的来源与诗词有密切联系，故在很长时间内，理论界都将戏曲研究的重心置于曲律词采等“曲”范畴要素，而对“剧”要素特别是叙事问题关注甚少，晚明王骥德虽提出“造宫室”以论述剧本的结构布局，但这终非其戏曲论重心。而评点一脉中，在金圣叹以前，虽有李贽等人开始论及此问题，但终究在深度和系统性上都有较大欠缺。金《西厢》的出现则改变了这种情形，圣叹以小说读者的眼光审阅剧本，致力于对戏曲作为叙事文学一面的深入开掘。但在他重“情”、“摹心”的批评思维下，人物必然被认定为创作的核心，人物性格决定戏剧情节的发展。到了朱璐这里，他重“法”重“实”，《西厢》作为批评对象就是一个业已呈现的客观成功作品实体，他并不关心它如何产生，只专注于解析这个实体以获取可供学习的经验。在这种刻意杜绝主观的情形下，戏曲创作的核心也就移位至如何搭建情节结构了——其提纲挈领之六条《读西厢记法》(下简称《读法》)就绝口不及人物，却有五条在论结构。那么，“核心”是怎样锁定在“结构”上的呢？经考察，可知其是在金批“极微”思想中得到了营养，并进而强化为对文本细节的极度重视。

“极微”是圣叹将佛学思想熔铸于文学所生成的观点，《酬韵》(朱本为《联诗》)总论对它进行了详细论述。朱本将其全文收录，表明批者充分认识到此观点的价值。但是，从全书来看，朱的认识与圣叹原意并不完全一致。圣叹是要求读者以最细腻的心思去解读，而作者也要以最细腻的心思去创作。虽然这终究也会推导出对整体结构中各细节的重视，但这已是后话。而重“法”的朱本显然却只截取了这个应用性的推论，正是认为作品实体由若干细节复杂组构而成，所以，如何以最精巧的方式搭建细节就成为它探讨的主要对象。为此，它大量选录金本论结构的关键评语。

在《后候》(朱本为《订约》)总论中，金氏以莺莺性格发展为线建立了“三渐、生扫、两来、二近、三纵、两不得不然、一实写一空写”的结构论总纲。朱本剔除了其中的人物心理分析部分，择录其对诸关键情节之勾连关系的探讨，巧妙地转化出更客体化的结构论。此举既证明了批者之眼光，更令读者知道其彻底砍掉“草桥梦莺莺”之后文本的原因，比起金本仍将其保留，这正反映出它对结构更严格的要求。

在收录加工结构论总纲的基础上，朱本进而提出了更加详尽的结构技法，前所云之五条“读法”正是对这些技法的精辟概括：

> 作文最忌手拈一题，前半是此意，后半亦是此意也；手拈两题，前篇是此意，后篇亦是此意也。……《西厢》必变幻莫测，不使重复雷同。
>
> 作文最忌题是此意，而文亦止此一意也；题有此意，而文反失此一意也。……《西厢》必翻腾开拓，另辟生面。
>
> 作文最忌起势不张也。……起势得则通篇觉增神彩，起势失则通篇便减气色。《西厢》每于起处必有怒涛峻岭之势。
>
> 作文最忌余勇不劲也。……将阁笔时而能恣意飞翔，斯为文家妙境。《西厢》每于篇终曲尽淋漓之致，使笔酣墨舞。
>
> 作文最忌中气不充也。……若首尾结构而中无纵横穿插之妙，如潢污坑阜，复何可观？《西厢》每中一篇，务令峰回路转，使人应接不暇。

在若干“最忌”与神品《西厢》的对举中，“读法”论述了如何处理题文之间，以及作品内部前、中、后之间的关系等作品结构范畴内的问题，从中可见其对跌宕起伏、摇曳生姿的行文效果的孜孜追求，正是批者那重视细节及其复杂性的前提决定了“变”成为其对结构的主要美学追求。这套结构准则中虽有采自金批的思想要素，但无论是文字表述还是观点提炼，都已比金批更加鲜明集中，更具有系统性。之后的文本批评正是对这套准则的具体展开，其中亦不乏深度甚于圣叹之处，朱本在操作上通常是当有可用者时便借录并增补、修缮，当无可用者时便亲自上阵另抒己见。兹举几例：

《省简》(即金本《闹简》)和《订约》都有相似的“红娘送信”情节,金批注意到了这点,但仅在《后候》批红娘白“这另是一个甚么好药方儿”时以“变相”等少量言语点出两次交信速度有反差之“妙绝”。而朱批显然相当重视这个翻新出奇的结构匠心,《订约》尾批专起一段详论,将金批的“变相”和“妙绝”阐释了个通透。

《寒盟》(即金本《赖婚》)是剧本的一个关键转折,金批从人物制约情节的角度着力分析莺莺的心理和处境。而朱批则从结构主宰人物看出“取势”的意义:“前半幅写双文之欢合……后半幅写双文之悲离……一幅之中,翻腾变化,光怪离奇……此无他,得其势也。”它借助“势”这个诗文批评中的常用术语,在内容层面上论证文章可以通过组接反差极大的情节以形成起伏开合的表达效果。

《投禅》一篇,金本将张生自道的“不做周方”改为对法聪唱,以此展开张生性格分析。朱本未改曲文,但却敏锐地发现此套曲文名虽为“投禅”,所写之事却衍生至红娘订斋和张生附荐等一系列举动,故其论曰:“此皆非投禅之事,是投禅之文也。”从题文关系上来剖析结构技巧。

需指出的是,当情节相当简单,叙事结构需借助人物描写来推进时,朱本也会录入论人物的金批。比如《遇艳》(即金本《惊艳》),作为剧本开端,其叙事重心并非“相遇”事件本身,而是要通过该事件对主要人物进行简要介绍以铺垫后面的情节,故描写张生人品及刻画他遇崔后的心理,正与结构布局有关。金批的“烘云托月”人物论对张崔二人的刻画技巧作出了深刻诠释,故朱本对其主要论点都予收录。

纵观朱氏的结构论,其所用的术语诸如“作文”、“势”、“余勇”、“中气”等,以及其所关注的问题如“题文关系”等,都散发着浓厚的古文评点气息。评点之兴,即在古文,而文法、章法等结构范畴问题向为古文评点之重,这在古文与八股文合流的明代中叶以后更加明显。戏曲结构的探讨是在金圣叹手中结束了零碎散乱的情形而变得较系统深入的,但有意思的是,金氏在这方面的成功正是他借助八股评点思维进行“案头批评”的结果。而朱璐无疑承继了金氏的道路，他不但在批本序言中也说"作《西厢》读之，可也；作《左》、《国》、《子》、《史》读之，无不可也"，而且从上述论证已可感受到，他的结构观其实很少场上意味，而更近乎散文的构架。事实上，朱本在这条路上走得更远，它不仅剔除了更具感性的人物论，而且全书批语几乎没有与曲律演出等相关者，除下述之语言外，结构技法差不多就是其全部探讨对象。如此，它的戏曲评点在很大程度上已类似于古文评点，而其结构核心论实则是进一步用正统文学意识规范戏曲评点所滋生的结果。

值得注意的是，在与朱璐相同的时代，另一位戏曲理论家李渔也响亮提出了"结构第一"且也追求"非奇不传"。但他的理论则完全是在"场上戏"背景下发展出的，既是对王骥德"造宫室"的继承，更是其创作演出的经验总结。而且他在首倡结构之外还提出了许多别的要点，以组成一套较成熟的场上剧论。这一切都和"案头批评"道路下的朱璐有着很大差别。不过，搁置下这些具体差异，两个结构核心观的同时出现，却也能在相当程度上表明戏曲观在入清后的巨大变化，即由重"曲"向重"戏"转化，由重视抒情性向重视叙事性转化。

（三）语言要切实服务于结构且风格雅重

除着力论结构外，朱本《读法》还特列一条论语言："作文最忌字句鄙俚也。……《西厢》必出语矜贵，落笔典重，雄伟苍秀之气，迥异诸书。"这是在对剧本语言提出美学要求，但考察它在文本批评中的落实情形后，就应再加上一个前提，即语言必须切实服务于结构。

金批论语言处其实不少，内容也较庞杂，但能引起朱璐兴趣的，显然还是与其重视的结构有关者。比如《踰墙》（即金本《赖简》）中张生翻墙前与红娘有对白云：

> [红]我问你咱，真个着你来哩？
>
> [张]小生猜诗谜杜家，风流隋何，浪子陆贾，准定扢扎帮便倒地。

金本对这两句皆有批语，分别是“妙，妙，此方是红娘也，世间俗笔，不写到也”和“妙，妙，偏要又写一遍”。而朱本只取后者，并增补“为后文双文变卦地文章增无数筋节气力”一语。究其原因，正是前者在研究与结构无涉的性格刻画，后者却指出了语言对张生自信赴约情节的淋漓叙写，而这正和后面的莺莺赖简情节形成鲜明对比，从而体现出“取势”的结构技巧。

在对语言功能提出要求的前提下，朱本又十分注重语言本身的美学风格。在参考上引《读法》之“矜贵”、“典重”诸语，并结合曲文批语的具体情形之后，对此可以“雅重”概之。

“雅”是典雅不鄙俗之谓。在《解围》（即金本《寺警》）〔滚绣球〕曲下，朱本直接选录了“文雅甚”这样的批语。观此所论曲词，乃是惠明调侃诸僧语，其中遣词如“女不女”、“男不男”等皆充满生活气息，故朱璐的“雅”并非单纯追求风花雪月的书卷气。在他眼中，真正鄙俗者乃是那些描绘情色的曲词，但凡在此方面稍涉直露，便会令他反感。如《投禅》〔四边静〕唱词云：“人间天上，看莺莺强如做道场。软玉温香，休道是相亲傍。若能勾汤他一汤，到与人消灾障。”金氏赞为“绝世奇文”，朱本却另录为“美玉之瑕”。又如《就欢》不仅依金本删去直接描绘性行为的〔后庭花〕，还指责金氏所包容的其他相关曲词为“淆杂鄙词，究足为懿美之累”。

“重”是庄重不随便之谓，要求遣词用语不得浮泛而须具有凝练和耐人寻味的特征。比如《联诗》〔圣药王〕中朱本就选录了金氏对“语句清，音律轻，小名儿不枉了唤做莺莺”句的批语，正因此批精准地点出“莺莺”二字对崔小姐才情的生动展现，“抵过无数拖笔累墨”。相反，朱氏自序中又专门指责金氏在“疏帘风细，幽室灯青，一层红纸，几眼疏棂”诸句间衔接以“外边”、“里边”、“中间”，正违背了“文章之妙，全在引而不发，令人会晤而得”，“使过接之痕毕露，则森秀之致尽失”。

从上述例子可以看出，“雅重”的语言美学观实与批者守“礼”重“实”的精神追求有着内在一致性。正因守“礼”，故容不得“情”的直露；又因重“实”，故容不得浮泛。它们结合在一起，正是对清初严谨世风和朴实美学观的一种反映。

结　语

在历经明代如火如荼的评点历程之后,《西厢记》的文学典范性在由明入清的金圣叹笔下得到了最充分的阐释。正是在这样的文学批评背景下,《朱景昭批评西厢记》带着对金批的拜服之心和对《西厢》的推崇之情,以时代所赋予的"实体性思维"从创作的角度继续揣摩这部神品,表现出对更可把握的实在性艺术秘法的强烈渴求。沿着圣叹的案头批评道路,它更彻底地以正统文学意识来审视作为通俗文学精品的《西厢》,这不但反映了,而且必定也促进了,文人对《西厢》的进一步接纳——在士人精英社会中,这应是价值与地位更加上升的表征。而就批本的外在艺术形态而言,它那脉络清晰、层次分明的批语组织,以及那颇具雅重风格的语句,都能令人感到批本本身就是对其所倡文学观的一种实践。这种观点和艺术表达较为统一的情形,让批本具有了一种金本缺少的理性色彩和明晰特征。

但是,文学是客观社会生活在人心灵中的反映,无论是作品解析还是写作探讨,都绝不可能排除主观精神活动,否则终不免机械模仿之嫌。而将剧本与"文"过度等同的做法亦恰恰会遮蔽《西厢》真正的光彩,戏曲文学独有的特征在正统文学批评意识的规范中遭到忽视,对于戏曲评点而言并非进步。由此,朱《西厢》犹如一扇小窗,正透视出归雅求实的清人在戏曲评点上颇为困顿的理论处境。如何面对前人并确立自我,正是他们需要解决的一道难题。

(作者系中南财经政法大学讲师)

试论明清近代时调结构体式的演变

李秋菊

时调，或称小曲、小唱、小调、俗曲、时调小曲等，是一种民间广泛传唱的、时兴的、形式较为规整的俚俗歌曲，一般需用乐器伴奏。秦建明、梁小青《唱本与民间说唱文学——〈最新时调〉与民国初年的苏沪民间小调》中曾指出："在艺术手法上，《最新时调》常常旧瓶子装新酒，如五更调，其唱腔，其唱词，其过门，衬字，皆有章法套路，只要有新词几句，套入其中，立即人人会唱，这正是中国古代词牌的形式。"①何故如此？究其原因，恐怕主要在于一首时调往往具有固定的腔调，而一定的腔调，往往又有固定的结构体式。

时调的结构体式，若从演唱形式来看，有只曲体与套曲体之分。相应地，时调也就可以别为只曲（或谓只曲体时调）与套曲（或谓套曲体时调）两类。

只曲，相当于元明散曲的小令，即由一种曲调演唱一遍，故一般只有一段，篇幅较短，数十百余字而已，但往往具有浓厚的抒情色彩。

套曲，或称"联套"（如关德栋《〈挂枝儿〉序》、《小曲小记》），或称"小曲联套"、"联套小曲"（如关德栋《小曲小记》），或称"套数曲"（如傅惜华《北京传统曲艺总录》），其结构相对复杂一些。大致而言，套

---

① 秦建明、梁小青《唱本与民间说唱文学——〈最新时调〉与民国初年的苏沪民间小调》，《陕西档案》2004 年第 2 期。

曲又包括两种结构体式:一是用一只曲调反复叠唱的重头曲体,一是用多种曲调联唱的联曲体。重头曲体的时调一般称为“重头曲”或“重头单曲”(或谓“重头曲体时调”、“重头单曲体时调”)。联曲体的时调一般称为“联曲体时调”,但也有的学者称之为“时兴诸宫调”。

时调,作为一种文学样式,自明代中后期兴起以来,发展到近代,已经具有数百年的历史。纵观时调的发展过程,可以见出时调的结构体式,呈现出由以只曲体为主向以只曲体与套曲体并重再向以套曲体为主演变的特征。笔者下文将具体作些论述:

一、明中后期时调:以只曲体为主

只曲体是指用一种曲调演唱一遍的结构体式。明代的时调,多为只曲。万历福建书林叶志元刊本《新刻京板青阳时调词林一枝》,卷一中栏收录“时尚楚歌(新增楚歌)”《罗江怨》30 首,几乎全为只曲。比如,第一首为:

> 纱窗外,月正圆,洗手焚香祷告天,对天发下洪誓愿。一不为自己身单,二不为少吃无穿,三来不为家不办,为只为妙人儿我的心肝,阻隔在万水千山,千山万水难得见。告苍天早赐一阵神风,把冤家吹到跟前,那时方显神明现。①

① 黄文华《词林一枝》,王秋桂主编《善本戏曲丛刊》第一辑景万历新岁福建书林叶志元刊本,第 9—10 页,台湾学生书局 1984 年景印初版。又,这首时调当时曾在各地广泛流传,《词林一枝》所载是流传在楚地的本子,流传在浙江一带的本子则为:“纱窗外,月儿圆,洗手焚香祷告天,对天发下红(洪)誓红(洪)誓愿。一不为自己身单,二不为少吃无穿,三来不为家不办,为只为妙人心肝,阻隔在万水千山,千山万水难得难得见。望苍天早赐顺风把冤家吹到跟前,那时方显神明神明现。”见龚争我《摘锦奇音》,王秋桂主编《善本戏曲丛刊》第一辑景万历辛亥(1611)敦睦堂张三怀刊本,第 11、14 页,台湾学生书局 1984 年景印初版。

明末冯梦龙编辑的时调集《挂枝儿》，所录四百多首时调中，除了《五更天》、《陪笑》、《阻雨》、《送别》（"别部四卷"第四首）、《交恶》、《多心》、《花蝶》、《鸨妓问答》、《灯花问答》、《占卦》、《乡下夫妻》11 首之外，其余都是只曲。比如，《耐心》第一首、《赠瓜子》、《分离》、《喷嚏》、《荷》等都是经典之作，经常被人引用。下面我们看看"咏部八卷"中的《粽子》、《金针》二首，构思都异常奇妙：

粽子

五月端午是我生辰到。身穿着一领绿罗袄，小脚儿裹得尖尖�。解开香罗带，剥得赤条条。插上一根梢儿也，把奴浑身上下来咬。①

金针

金针儿，我爱你是针心针意。望着你眼儿穿，你怎得知。偶相缝，怎忍和你相抛弃。我常时来挑逗你，你心肠是铁打的。倘一线的相通也，不枉了磨弄你。②

此两首都是曲调为〔挂枝儿〕的只曲。《粽子》一首，冯梦龙注为"字字肖题，却又自然，咏物中最为难得"③。《金针》一首，他认为"字字关生，可与《粽子》作双美"④。诚然，《粽子》中拟人手法用得巧妙，《金针》中谐音双关用得奇特。

只曲一般篇幅不长，适合抒情。明代时调如〔罗江怨〕、〔挂枝儿〕等，大多具有强烈的抒情色彩，而且大多抒发的是男女之情。如《挂枝儿》"欢部二卷"中的《分离》：

要分离，除非是天做了地。要分离，除非是东做了西。要

① 冯梦龙等编《明清民歌时调集》（上册）第 185 页，上海古籍出版社 1987 年新 1 版。以下相同出处材料，只标注书名和页码。

②④ 冯梦龙等编《明清民歌时调集》（上册）第 195 页。

③ 冯梦龙等编《明清民歌时调集》（上册）第 185 页。

分离,除非是官做了吏。你要分时分不得我,我要离时离不得你。就死在黄泉也,做不得分离鬼。①

此首时调"说得煞落"(冯梦龙语),通过列举两种完全不可能的现象"天做了地"、"东做了西",以及一种颠倒的现象,"官做了吏",表达了一种生死不离的强烈情感,具有极大的震撼力。其表达方式与汉乐府名篇《上邪》颇有一致之处。

近代时调中,有一种《十分离》,又名《下盘棋湖北调下本》:

说分离,就分离,情哥哥说话太离奇,你我二人难得分离,情哥哥说话太离奇,你我二人难得分离。

说分离,就分离,石头飘在江心里,你我二人才得分离,石头飘在江心里,你我二人才得分离。

说分离,就分离,茶壶放在酒壶里,你我二人才得分离,茶壶放在酒壶里,你我二人才得分离。

说分离,就分离,八十岁的公公坐在摇篮里,看见美人淌眼泪,你我二人才得分离,看见美人淌眼泪,你我二人才得分离。

说分离,就分离,三岁孩童长胡须,你我二人才是(得)分离,三岁孩童长胡须,你我二人才是(得)分离。

要分离,难分离,天上黄河淹下半边,你我二人才得分离,天上黄河淹下半边,你我二人才得分离。

要分离,难得分离,四仙桌子摆在抽提(屉)里,你我二人才得分离,四仙桌子摆在抽提(屉)里,你我二人才得分离。

要分离,难得分离,公鸡生蛋母鸡啼,你我二人才得分离,公鸡生蛋母鸡啼,你我二人才得分离。

说分离来,难得分离,铁树开花落在满地,你我二人才得分离,铁树开花落在满地,你我二人才得分离。

说分离来,难得分离,一天星斗落在满地,你我二人才得分

① 冯梦龙等编《明清民歌时调集》(上册)第63—64页。

离，一天星斗落在满地，你我二人才得分离。

说分离来，就分离，除非你死我断气，你我二人才得分离，除非你死我断气，你我二人才得分离。（聚盛堂刊本）①

此为用〔剪剪花调〕②叠唱十一遍而成的重头曲体。词中依次列举了十种在现实中难以出现的情况：石头飘在江心里；茶壶放在酒壶里；八十岁的公公坐在摇篮里；三岁孩童长胡须；天上黄河淹下半边；四仙桌子摆在抽屉里；公鸡生蛋母鸡啼；铁树开花落满地；一天星斗落满地；你死我断气。认为只有发生了这十种情况，两人才可能分离。说来说去，无非是说两人今生今世难舍难分。比较一下《挂枝儿》中的《分离》和近代的《十分离》，实际上亦可见出时调发展的一个特征，即由短篇铺叙为长篇（相对而言），相应地，结构体式复杂化，由只曲体演变为套曲体。

当然，明代时调虽以只曲为主，但也存在一些重头曲体时调。明代时调《题西厢记十咏》一套，用十只〔驻云飞〕唱《西厢记》故事，亦可看作重头曲体。《挂枝儿》中的《陪笑》、《交恶》、《多心》、《花蝶》等都分为两段，用对唱的口吻来写，由〔挂枝儿〕曲调叠唱两遍；《阻雨》、《灯花问答》、《占卦》、《乡下夫妻》分为四段，由〔挂枝儿〕曲调叠唱四遍；而《五更天》一首，则从"初更"至"五更"，分五个层次叠唱。

重头曲体用同一曲调反复叠唱，一般分为数叠，相对于只曲来说，篇幅大大加长，故既适合抒情，亦适合叙事。如《乡下夫妻》：

① 正文前题"抄本金陵新到下盘棋湖北调下本"，版心的上端题"十分离"，下端标"聚盛堂"。中国国家图书馆、复旦大学图书馆有藏本。

② 此调为清代以来南北传唱最广的民间曲调之一。李家瑞《北平俗曲略》中"剪靛花"一节有详细考述。车锡伦《清同治江苏查禁"小本唱片目"考述》一文也有介绍。各地的称呼不太一致，异名颇多。〔剪剪花〕是湖北、河南等地的称呼，北京或称〔剪甸花〕，扬州等地称〔剪靛花〕。

俏娘儿遇清明，把先茔来上。乡下人看见了，手脚都忙。若不是小脚儿就认做观音样。一般样父娘养，偏生下这俊娇娘。引掉我的魂灵也，回家就乱嚷。

见妻儿在灶跟前，不觉冲冲发怒。作甚业，晦甚气，讨你这夜叉婆。黄又黄，黑又黑，成什么货。别人家老婆娇滴滴的美，看不上你这车脚夫。你不见那上坟的姑娘也，爱杀爱杀了我。

莽喉咙叫一声，我的乡下大舍。龙配龙，虎配虎，姻缘簿不差。臭野蛮配村姑也是天生天化。天鹅肉想不到口，痴杀你这癞虾蟆。我若比那上坟的姑娘也，自有上坟的姑夫配着我耍。

好乡邻好言语劝你争什么大事。乡下夫，乡下妻，比不得城里的丰姿。一年戽水兼插莳，这大娘子黄黑也不是胎生的。就是大舍原好个小官儿，你若一年半载住在那城中也，包你比着那上坟的无彼此。①

显而易见，这首时调就具有较强的叙事性，有人物形象，乡下夫、乡下妻，还有上坟的城里姑娘、相劝的邻舍，有一定的故事情节，乡下夫见到俊俏的城里姑娘，爱其貌美，回家冲着自己的糟糠之妻大发雷霆，其妻也毫不示弱，反唇相讥，最后左邻右舍相劝。同时，此首时调也反映了一定的城乡差距。

二、清中叶时调：只曲体与套曲体并重

清中叶的俗曲选集《霓裳续谱》、《白雪遗音》中，既有大量只曲体时调，也有不少套曲体时调，可谓只曲体与套曲体并重。且套曲体中，既有大量重头曲体，也有不少联曲体。

《霓裳续谱》是乾隆六十年(1795)王廷绍编订的俗曲总集(辑曲者是天津三和堂的曲师颜自德)。《白雪遗音》是嘉庆甲子(1804)华

① 冯梦龙等编《明清民歌时调集》(上册)第241—242页。

广生编辑的俗曲总集,乃多方搜罗,费尽心力而后成者,初以抄本流传,华广生、高文德、常瑞泉等都对其中俗曲评价甚高。民国时期,郑振铎编《白雪遗音选》、汪静之编《白雪遗音续选》加以介绍。

《霓裳续谱》选辑乾隆年间流行的曲调〔西调〕、〔寄生草〕、〔剪靛花〕、〔叠落金钱〕、〔玉沟调〕等约 30 种,共计 622 曲。其中收录大量的只曲体时调,如以单纯的〔寄生草〕为曲调的 112 曲,就全为只曲。《白雪遗音》,凡 840 多篇,也收录大量的只曲,如卷二所收〔马头调〕①304 首,就大多为只曲体,所收〔满江红〕21 首,除《王昭君》、《从今后》为联曲体,其余全为只曲。

《霓裳续谱》中用〔寄生草〕曲调来唱的时调,有不少后来又改成了用〔马头调〕来唱。如《霓裳续谱》卷四所收的《人儿人儿今何在》:

> 人儿人儿今何在,花儿花儿为谁开,雁儿雁儿因何不把书来带?心儿心儿从今又把相思害。泪儿泪儿滚将下来。天吓天吓!无限的凄凉,教奴怎么耐?②

这首时调巧在多处使用叠词,音调和谐,语言朴实无华,却能把女子的相思之情表达得淋漓尽致。《白雪遗音》卷二收录〔马头调〕的《人儿人儿》,与之颇为类似:

> 人儿人儿今何在,花儿花儿为的是谁开。雁儿雁儿,因何不把书来带。心儿心儿,从今又把相思害。泪儿泪儿,掉将下来。大儿大儿,无限的凄凉怎生奈,被儿被儿,奴家独自将你盖。③

又如,《霓裳续谱》卷四所收的《得了一颗相思印》:

---

① 〔马头调〕在嘉庆年间十分盛行。《白雪遗音》中载有〔马头调〕曲谱,可以知道当时歌唱的情景。

② 冯梦龙等编《明清民歌时调集》(下册)第 161 页。

③ 冯梦龙等编《明清民歌时调集》(下册)第 617 页。

得了一颗相思印，领了一张相思凭。相思人走马去到相思任。相思城尽都害的相思病。新相思告状，旧相思投文，难死人，新旧相思怎审问，新旧相思怎审问？①

这首时调巧用“相思”两字，想象奇特，出人意表。此曲流传到后来，也有改用〔马头调〕曲调来唱的，如《白雪遗音》卷二收录的《相思印》：

得了一颗相思印，领了一张相思的凭文。相思人，走马去到相思任。相思城，尽都害的相思病。新相思告状，旧相思投文。相思役，个个执定相思棍。难杀人，新旧相思怎审问。②

〔马头调〕的《相思印》与〔寄生草〕的《得了一颗相思印》大同小异，或许是因为曲调的需要，才作了少许修改。

《霓裳续谱》和《白雪遗音》中都收入了大量的套曲体时调，既有重头曲体，又有联曲体。《霓裳续谱》中，收录〔剪靛花〕的时调《二月春光实可夸》、《清明时节雨纷纷》、《闺中少妇不知愁》、《姐在房中闷沉沉》等近30首。像这类〔剪靛花〕时调，就为重头曲体。如卷四所收的〔闺中少妇不知愁〕：

闺中少妇不知愁，春日凝妆上翠楼，挂起帘钩，挂起帘钩。忽见陌头杨柳色，轻黄浅绿映清流，无限的娇娆，无限的娇娆。蝴蝶双双舞，鸳鸯对对游，悔教夫婿上黄州，觅什么封侯，觅什么封侯。③

这首时调由〔剪靛花〕曲调叠唱三遍，将王昌龄的《闺怨》改头换面而成。〔剪靛花〕时调中有不少化用前人诗词的作品，《清明时节

---

① 冯梦龙等编《明清民歌时调集》(下册)第162页。

② 冯梦龙等编《明清民歌时调集》(下册)第625页。

③ 冯梦龙等编《明清民歌时调集》(下册)第225页。

雨纷纷》亦是一例。

《白雪遗音》卷三中也收录〔剪靛花〕时调35首，大多为重头曲体。其中，有多首与《霓裳续谱》收录的篇目相同或大同小异。《白雪遗音》卷二收录〔湖广调〕的《绣荷包》、《绣汗巾》、《补雀裘》三首时调，也是重头曲体，〔湖广调〕直到民国初期仍在传唱，《绣荷包》、《绣汗巾》有唱本流传于世。

此外，《霓裳续谱》与《白雪遗音》都收录了不少联曲体时调。联曲体是指由多种曲调联唱一首的结构体式，当从戏曲中借鉴而来。联曲体时调，可能滥觞于聊斋俗曲中用多种曲调演唱的联套体作品。在聊斋俗曲中，《俊夜叉》用了〔西江月〕、〔耍孩儿〕、〔劈破玉〕三种曲调，《蓬莱宴》开头与结尾分别用〔西江月〕、〔清江引〕，中间用〔耍孩儿〕、〔银纽丝〕等曲调。联曲体时调往往篇幅较长，因此，用多种曲调联唱一首，可以使人听起来不至于感到单调乏味。

《霓裳续谱》中的联曲体时调，常见的有〔寄生草〕与〔隶津调〕、〔银钮丝〕、〔刮地风〕或〔山歌儿〕等联唱，〔黄沥调〕与〔耍孩儿〕、〔雁儿落〕、〔江儿水〕或〔沽美酒〕等联唱。如《霓裳续谱》卷一最后一首《娇滴滴玉人儿形容》，开头用〔黄沥调〕，中间用〔折桂令〕，结尾用〔黄沥调尾〕；卷四的《腮边现放着牙痕印》用了〔寄生草〕、〔银钮丝〕和〔刮地风〕三种曲调。

且看《霓裳续谱》卷四所收的《熨斗儿熨不开满面愁象》①：

① “熨斗儿熨不开”的论述在多种时调中，大致都大同小异。如《霓裳续谱》卷四所收〔寄生草〕中有《熨斗儿熨不开的眉头皱》一曲：“熨斗儿熨不开的眉头儿皱，剪刀儿剪不断腹内的忧愁。对菱花照不出你我胖和瘦，周公的卦儿准算不出你我佳期凑。口儿说是舍了罢，我这心里又难丢。快刀儿割不断的连心的肉，快刀儿割不断的连心的肉。”（《霓裳续谱》卷四，《明清民歌时调集》下册，上海古籍出版社，1987年新1版，第174页）《白雪遗音》卷二〔马头调〕中收有《熨斗儿》一首：“熨斗儿，熨不开的眉头皱。剪刀儿，剪不却的腹内的忧愁。对菱花，照不出的你我形容瘦。周文王的卦儿准，算不出的你我佳期凑。口儿里说是舍了罢，是怎么我这心里又是难丢。快刀儿割不断的连心肉，这才是，心强人强命不得自由。”（《白雪遗音》卷二，《明清民歌时调集》下册第637页，上海古籍出版社1987年新1版）由此，可见此类时调的广泛流传。

〔黄沥调〕熨斗儿熨不开满面愁象。快刀儿割不断心长意长。算盘儿打不开思想愁账。钥匙开不开我眉头锁。汗巾儿止不住我泪两行。〔江儿水〕心儿里长思想，情意儿怎得忘。恹恹瘦损娇模样。茶不思来饭不想，意迟迟懒向妆台傍。怕的是黄昏钟响，梦儿里相逢，只在那阳台上。〔黄沥调尾〕纵有那张天师的灵符。哎，那灵符，再也压不住我心头儿上的思想。①

此首时调，在〔黄沥调〕中，穿插〔江儿水〕的曲调，反复渲染相思之情。

《白雪遗音》收录的联曲体时调，数量也不少。如卷二收入的《从今后》，用了〔满江红〕、〔银纽丝〕、〔起字调〕、〔乱弹〕、〔马头调〕五种曲调；卷三收入的《杨柳青》，用〔边关调〕、〔勾月梅〕、〔绣荷包〕、〔十不闲〕等多种曲调，《闹龙舟》用〔起字呀呀哟〕与〔剪靛花〕两种曲调。

总之，从《霓裳续谱》与《白雪遗音》中可以见出，乾隆、嘉庆年间流传的时调，既有大量的只曲体，也有大量的重头曲体和联曲体。与此相应地，出现了大量的篇幅较长的具有一定叙事色彩的时调。如《霓裳续谱》卷五中的《一更里盼郎》、《乡里亲家我睄睄亲家》等，《白雪遗音》卷三中的《妓女悲伤》、《两口变脸》等，都在此列。

三、近代时调：以套曲体为主

近代时调中，单纯抒情的只曲数量甚少②，一般的时调都是套

① 冯梦龙等编《明清民歌时调集》（下册）第 214—215 页。

② 笔者目前仅见《倒板浆》（3 首）、《义女情男广东调》、《花本快活广东调》、《情一个字广东调》、《愁到冇解广东调》、《薄命多情广东调》、《十湖（胡）牌》、《满江红》、《一见笑满江红》、《俏人儿满江红》、《时调满江红》、《四季消满江红》、《四季满江红》、《梳头满江红》、《对口满江红》等 20 多首为只曲体时调。

曲体，且大多是重头曲体，由一种曲调反复叠唱多遍而成，长于铺叙，既有抒情性，又有叙事性。此外，也有一些联曲体时调。

近代的重头曲中，有大量用“四季”、“五更”、“十二月”等时序联唱，或以“十”、“十二”、“二十四”、“三十六”、“六十”等数字联唱的作品。

以“四季”时序来唱的，往往分为“春”、“夏”、“秋”、“冬”四段，或在末尾再加上“四季里”一段作结，如《四季相思》①：

春季里相思艳阳天，百草吓回芽遍地鲜，柳树烟，吾郎吓为客常在外边。梳妆懒打扮，菱花竟(镜)无缘。可怜奴打扮娇容无郎来见，莫不是外面另有了玉天仙，忘却了当初好一段美姻缘？吾的天吓，你是个年轻轻的人，怎肯就把良心变，你是个少年的人，怎肯就把良心来变？

夏季里相思荷花儿开，乌云吓蓬松懒去梳妆，热难当。我郎吓，一去不知在何方？泪如湘江水，点点湿衣裳。可怜奴独坐凉亭将郎来望，无情无义吓懒去绣鸳鸯。何一日回来，诉诉奴衷肠。我的天吓，你是个没良心人，折(拆)散我的好鸳鸯，折(拆)散我的好鸳鸯。

秋季里(相思)丹桂花儿飘，寒虫吓叫得絮絮又叨叨，好心焦。牛郎吓织女渡雀(鹊)桥。细雨窗前湿，谁家品玉箫？凄凉人，再怕听得凄凉调。黄昏吓，孤雁叫了几声高，欲写一封情书吓，谁人寄得到？我的天吓，我这里来想着了你，你在外面可知道，你在外面可知道？

冬季里相思腊梅花儿开，鹅毛吓雪片落在地尘埃，冷难摸(挨)。我郎吓去竟不回来。郎在外边冷，我这里挂胸怀，到晚

① 《四季相思》一首写得很细腻，传唱很广，后来创成一种“四季相思体”，仿作的时调也有不少。如蜕秋(伯溢)的《同胞歌(仿四季相思体)》，《近体四季想思(时事)》等。〔唱春调〕中也有“四季体”一种，用春夏秋冬四季分为四叠，每叠七言四句或八句，篇目如《孟姜女叹四季》、《赵五娘琵琶记春调》等。

来谁与你铺来，谁与你盖？痴心人肚肠，不过自我女裙钗。忘恩的无义吓自你小郎才。我的天吓，你若是没良心，头上自有青天在，头上自有青天在。

四季里相思真正候一年，忽听门外好像我郎来，喜连连。荒(慌)忙吓急步来到门前，衣袖丹桂拖，双手捧郎肩，到今朝才得见冤家尊容面。双双吓对对到堂前，洗手焚香吓告苍天。吾的天吓，人(今)日是团圆的日，了却奴的相思害。(上海戏剧研究社 1927 年版《戏海·时调小曲》收录本)①

这首时调凡五段，以“春季里相思”至“冬季里相思”、“四季里相思”为纲领，用〔银纽丝〕曲调叠唱五遍，将一个女子的相思之情铺叙得淋漓尽致，具有强烈的抒情性。同时，它写女子的情郎作客他乡，一去杳无音信，女子左盼右盼，总算把他给盼回来了，连忙到门前迎接，然后两人双双对对到堂前洗手焚香祷告苍天。显然，这又具有一定的叙事性。

以“五更”来分段的时调，在明代后期已经出现。万历敦睦堂张三怀刊本《摘锦奇音》卷二上栏收录的《时尚闹五更哭皇天》，万历金拱塘刊本《大明春》卷五收录的“叠锦苏州歌(汇选苏州歌叠叠锦)”《闹五更》，《挂枝儿》中选辑的《五更天》等，都是分为五叠，以五更的时序来唱。但在当时，并不很普遍。《霓裳续谱》卷五所收《一更里盼郎》、卷八所收《一更里天》，亦以“五更”为序。《一更里盼郎》一首，又收入《白雪遗音》卷二，题为《盼五更》。《白雪遗音》卷一所收《叹五更》、卷二所收《绣荷包》等，也是以“五更”的时序来唱，不过开头往往另加一段。

而在近代，以“五更”时序来唱的时调，可谓比比皆是，名目也相当

① 此种本子，最后有“休把酒色和尚提，三件僧家亦是常，赌钱吃酒养婆娘，近来交给(结)衙门熟，口口只说要铜钱”几句，与整首时调的内容并无直接关联，大概是唱完此首时调时，唱者即兴所加的“噱头”，清末三元堂刊本《四季相思》则无此数句。

繁多,诸如"五更里"、"叹五更"、"五更调"、"闹五更"、"小五更"等,有时也统称为"五更体",而各种名目中也无明确的区别,有些形式也颇类似。简单归纳一下,"五更体"时调大致有以下几种开头方式:

（一）以"一更"至"五更"来分段,如《小郎闹五更——小妹山歌》,用〔小郎调〕来唱。

（二）以"一更里"至"五更里"来分段,或在末尾再加上"天明亮"等一段。这种"五更里"的形式,明代后期已经出现。万历年间的《时尚闹五更哭皇天》与"叠锦苏州歌"《闹五更》,皆以"一更里"至"五更里"为纲领,分作五叠,所用曲调前者为〔哭皇天〕,后者为〔叠叠锦〕。《霓裳续谱》收录的《一更里盼郎》、《一更里天》,亦以"五更里"的形式分叠,《一更里盼郎》主要用〔银纽丝〕曲调,末尾用〔清江引〕作结,《一更里天》则主要用〔边关调〕,末尾亦用〔清江引〕作结。

在近代,这种形式的"五更体",尤为常见。如以〔梳妆台调〕叠唱的《五更里梳妆台》、《五更里男想思》、《五更里新人闹新房小夫妻成亲》、《五更里偷情自叹》、《五更里金翠仙自叹梳庄台调》等。又如题中标为"叹五更"的《京口小寡妇叹五更》、《祝英台叹五更》、《小媳妇叹五更》、《鸦片烟叹五更》等。其中,《小媳妇叹五更》、《鸦片烟叹五更》都是用〔银纽丝〕叠唱五遍。其他如《进兰房》、《妓女托梦》等,也都以"五更里"的形式分层叠唱。

（三）以"一更进(京)儿里"至"五更进(京)儿里"来分,或在末尾再加一段或数段等。如《五更里夸夸调》、《洋烟侉侉调》、《五更里看牌》、《五更里卖油郎独占花魁女》等。

（四）以"一更古(鼓)儿(里)"至"五更古(鼓)儿(里)"为纲领。篇目如《月照花名五更里想郎夸夸调》、《哭五更》、《小五更》、《打茶围》、《五更鼓儿咚》、《闹五更新曲调》、《多五更》、《白牡丹小曲》等。

（五）以"一更一点"至"五更五点"为纲领①。这种形式在近代

① 当然,以"一更一点"至"五更五点"来分段的时调,并不全是用〔青阳扇调〕叠唱。如《劝青年五更调》,所用曲调即为〔十杯酒〕。

时调中尤为习见,主要是以一种叫〔青阳扇调〕的曲调来唱。这种〔青阳扇调〕,源于苏州一带,又称为"吴歌体",当由明代后期的〔叠叠锦〕曲调发展而来。唱词如《麻雀五更》、《岳飞五更调》、《十不亲五更调》、《闹新房五更调》、《革命军五更》、《从军五更调》、《劝戒纸卷烟五更调》等,不胜枚举。后来,又出现了一种叫作〔十更调〕的时调,如《劝戒鸦片十更调》、《腊塌娘娘十更调》等,以"一更一点"至"十更十点"为纲领,即由这种形式的〔五更调〕发展而来,当是一种变体,大概因为内容较多,用五段的篇幅唱不完,所以扩充到了十段。

以"十二月"时序来唱的时调,在近代更为普遍。其中,流行最广的就是以〔十二月花名〕(即〔唱春调〕)来唱的时调,数量甚夥,涉及的题材也非常广泛:有唱社会新闻的,如《阎瑞生谋害莲英》、《蒋老五花名》等;有戒烟、戒赌等劝戒类的,如《劝戒香烟花名山歌》、《十二个月戏赌歌》、《花名山歌(劝你们不要相信烧香念佛)》等;有唱男女私情的,如《奚家花名》、《十二月新茶花》等;有唱历史故事、民间传说或改编弹词、小说等文学作品的,如《古人春调》、《孟姜女十二月花名》、《梁山伯十二月花名》、《八仙庆寿春调》、《白娘娘报恩唱春》、《双珠凤唱春》等。其他如《十二月如皋新谈(痰)迷》、《十二月小郎》、《十二月想郎》、《十二月小光棍》、《十二月道思情》、《缠姐山歌》、《问姐巧歌》、《想郎歌》等时调,也都是以十二月时序来唱。

另外,还有一些时调,只以"正月"至"十月"分为十段来唱,如《新十个月漂》、《十请郎》等,这大概是为了服从内容的需要,如果只用十段的篇幅,就能唱完内容,自然就没有必要再多唱两段。又有《廿四月痰迷》等,则从"正月"一直唱到"二十四月",分为二十四段叠唱,比《十二月如皋新谈(痰)迷》增加了一倍的篇幅,这大概也是为了服从内容的需要。

以数字分叠联唱的时调,在近代也颇为常见。其中,最常用的数字是"十"和"十二"。

“十杯酒”①是一种特殊的结构形式。以“杯酒”为序的时调，最初源于江苏淮阴一带，最初的一种时调，名《十二杯酒》，后来发展成为《十杯酒》，又成为曲调名称。之后，以此调填入的新词大量涌现，如《扒灰公公十杯酒》、《镇江十杯酒带局》、《国民须知十杯酒》、《近体十杯酒(劝学)》。这些时调，一般以“一杯子酒”(或“一杯酒儿”等)至“十杯子酒”(或“十杯酒儿”等)为纲领。如《近体十杯酒(劝学)》：

一杯酒儿，钟声之个响，快取书本到讲堂，切莫把声扬，嗳嗳吓，切莫把声扬。少暂吓一刻，教习之个来，大家都要把身抬，便把书摊开，嗳嗳吓，便把书摊开。

二杯酒儿，告的是历史，数千余年过去事，都是后人师，嗳嗳吓，都是后人师。先告吓中国，后告是他邦，治乱成败一装装，做了好榜样，嗳嗳吓，做了好榜样。

三杯酒儿，舆地又上班，非亚欧美寒热带，大水与高山，嗳嗳吓，大水与高山。西比吓利亚，铁路已告成，俄罗斯夺我东三省，日本抱不平，嗳嗳吓，日本抱不平。

四杯酒儿，算术算得清，加减乘除都要紧，处处要当心，嗳嗳吓，处处要当心。笔算吓学完，代数愈加深，天地人物甲乙丙，开个简方程，嗳嗳吓，开个简方程。

五杯酒儿，最要是方言，念六字母牢牢记，爱皮与西地，嗳嗳吓，爱皮与西地。片音吓平音，五十之个字，亚意阿哀须记取，空时译译书，嗳嗳吓，空时译译书。

---

① 此外尚有仿《十杯酒》而作的，如扬州的《十把扇》、上海的《十杯茶》、杭州的《十城门》等。且应该注意的是，〔梳妆台调〕中亦有不少用“十杯酒”的形式来唱的时调，如《劝戒洋烟十杯酒》、《闹龙舟十杯酒》、《忆多情十杯酒》、《自家十杯酒》、《劝情郎十杯酒(对口)》、《光复南京十杯酒》等，皆以“一杯酒”至“十杯酒”分为十段。大概因为〔十杯酒〕调的结构形式为大众所喜爱，编歌者便投其所好，或是“十杯酒”的形式因篇幅较长而既适合抒情，又适合叙事，所以为〔梳妆台调〕所借鉴。

六杯酒儿，化学要留心，弗（氟）气绿（氯）气淡（氮）养（氧）轻（氢），试验更分明，嗳嗳吓，试验更分明。无机吓有机，考察须精明，声光水电渐渐进，废物成有用，嗳嗳吓，废物成有用。

七杯酒儿，政法莫旷课，英国立宪美共和，专制是中俄，嗳嗳吓，专制是中俄。强权吓世界，公理都丧尽，治外法权最痛心，异族竟横行，嗳嗳吓，异族竟横行。

八杯酒儿，国文莫看轻，笔尖儿横扫五千人，议论自风生，嗳嗳吓，议论自风生。文明吓输入，此任要担当，美雨欧风骤复狂，说说亦心伤，嗳嗳吓，说说亦心伤。

九杯酒儿，体操操得齐，朝朝暮暮勤习练，保你身强健，嗳嗳吓，保你身强健。兵式吓体操，更加是要紧，步伐要齐枪要整，尚武有精神，嗳嗳吓，尚武有精神。

十杯酒儿，星期又来临，大家出去散散心，理理旧课程，嗳嗳吓，理理旧课程。我劝吓诸君，听我劝学歌，黄金光阴莫错过，到老悔如何，嗳嗳吓，到老悔如何。（光绪三十二年七月文明学社编辑《改良唱歌教科书》收录本）

此首重头曲体时调凡十段，以“一杯酒儿”至“十杯酒儿”来分。奉劝大家到学堂学习历史、舆地、算术、方言（外语）、化学、政法、国文、体操等课程，认为错过黄金光阴，老来后悔莫及。这里的教育体制，完全是西方的学堂教育，反映出清末西方教育体制在中国的影响，折射出教育方面的西学东渐。

在时调的结构中，以“十个”、“十块”、“十只”、“十双”、“十二双”、“十二条”等数量词来分叠的现象，十分常见。如《十个嫂子》、《十个姑娘》、《新十块花边》、《十条扁担》、《十只枱子》、《十双快靴》、《十二双拖鞋》、《十二条汗巾》等时调，都在此列。

还应指出的是，近代的重头曲中，尚有大量时调，既不以“四季”、“五更”、“十二月”等时序联唱，也不以“十”、“十二”等数字联唱。它们的段数并不固定，或长或短，可能取决于内容的需要，如《三姑娘拾大好功劳》、《打牙牌》、《赏月光》、《洗菜芯小曲》、《无锡景致》等,但都有一个共同点,即通篇都用一种曲调叠唱到底。

近代的时调中,也有一些联曲体的。虽然近代联曲体时调数量不如《霓裳续谱》与《白雪遗音》中那样引人注目,但也不容忽视。近代的联曲体时调中,用〔满江红〕或〔京舵子〕做本调,中间插入其他曲调的时调,较为常见。比如《妓女从良满江红》,开头与结尾两部分用〔满江红〕曲调,中间依次插入〔跌落板〕、〔穿心调〕、〔梳妆台〕三种曲调,《时新怕跳槽对口满江红》,开头与结尾两部分用〔满江红〕曲调,中间依次用了〔穿心跌断桥〕、〔梳妆台调〕两种曲调。又如《普放花灯》、《竹木相净(争)》、《大小老婆吵闹》、《灶老爷上天》、《门神告状》等都用了〔京舵子〕(或作〔京它子〕等)与〔数板〕(或称〔数落〕)两种曲调。《西北乡大黄鱼》则依次用〔京柁(舵)子〕、〔数板〕、〔小郎调〕、〔剪剪花调〕联唱。

近代时调中,由多种曲调联唱的套曲,格式较固定者常另有专名①,如用〔满江红〕与〔穿心跌断桥〕两种曲调联唱的时调,又总名为〔穿心满江红〕,用〔知心客调〕、〔满江红调〕、〔和尚采花调〕、〔银钮丝调〕四种曲调联唱的时调,总名为〔大四喜调〕。

李家瑞在《北平俗曲略》中"牌子曲"一节说:"牌子曲一名杂牌子,因为是用杂牌小曲集合而成的。歌唱时只用一架三弦,所以又称为单弦。其中所集合的小曲没有一定,不过都是连贯的叙述一件故事,或是描写一种情景。"②又说:"我们所藏的牌子曲,有一百二三十种之多,每种起首都有一段'唱',就是用说话的口气,急快的说念有韵的词句。书后必有一个曲尾,和古曲中的尾声一样。中间的杂牌小曲,有多至二三十个的。其中习见的是〔耍孩儿〕、〔罗江怨〕、

① 车锡伦先生在《清同治江苏查禁"小本唱片目"考述》中说,由多种曲调联唱的套曲中,格式较固定者常另有专名,如〔五瓣梅〕等。笔者目前所见有《时式小调老公公扒灰五瓣梅》一首,收入民国间上海锦文书局《时调三十种二集》中,依次用〔满江红〕、〔穿心〕、〔银纽丝〕、〔京它(舵)子〕、〔急板〕、〔梳妆台〕、〔满江红〕、〔跌板〕联唱。

② 李家瑞《北平俗曲略》第 99 页,上海文艺出版社 1990 年影印本。

〔南锣儿〕等。”①可见,牌子曲是由多种“小曲”曲牌(即时调曲牌)联唱,由三弦伴奏,起首用“唱”,末尾有曲尾。牌子曲与联曲体时调极为类似,或许就是同一的东西。

四、结论

总之,纵览明清近代时调,可以见出时调的结构体式,呈现出由以只曲体为主向以只曲体与套曲体并重再向以套曲体为主演变的特征。明代的〔锁南枝〕、〔罗江怨〕、〔山坡羊〕、〔挂枝儿〕等时调,一般多为只曲,即只用曲调单唱一遍。清中叶的时调,既有大量的只曲体,亦有大量的套曲体。近代的时调中,单纯抒情的只曲体时调并不太多,一般的时调多由一种曲调反复叠唱多遍而成,多重头小曲的形式,如以“五更”、“四季”、“十二月”等时序或“十把”、“十房”等数量词为结构体式的各类时调,非常普遍。这类采用多段体陈述方式的时调,将抒情性与叙事性融为一体,从而在总体上获得一种叙咏兼顾的体裁属性。此外,近代也有一些由多种曲调联唱的联曲体时调。

正如刘廷玑《在园杂志》卷三论“小曲”条说:“小曲者,别于昆、弋大曲也,在南则始于〔挂枝儿〕……一变为〔劈破玉〕,再变为〔陈垂调〕,再变为〔黄鹂调〕。始而字少句短,今则累数百字矣。”②又如李斗《扬州画舫录》卷十一“虹桥录下”第十五条所说:“于小曲中加引子、尾声,如《王大娘》、《乡里亲家母》诸曲,又有以传奇中《牡丹亭》、《占花魁》之类谱为小曲者,皆土音之善者也。”③可见,随着时调的不断发展,其篇幅往往不断增长,叙事性也往往不断增强,相应地,就会大量使用铺叙手法。

(作者系华北科技学院讲师)

---

① 李家瑞《北平俗曲略》第100页。

② 清刘廷玑撰,张守谦点校《在园杂志》第94页,中华书局2005年版。

③ 清李斗撰,汪北平、涂雨公点校《扬州画舫录》第257页,中华书局1960版。

“美术的”与“社会的”

——从《民国日报》副刊看近代戏剧评论中存在的两种尺度

杜竹敏

中国小说与戏剧，原是两种血缘相连的姐妹艺术，它们不仅有相似的发展历程、生存环境、创作队伍、接受群体和历史命运，而且在题材上也经常相互袭用，体制上相互借鉴，文化精神上相互贯通。19世纪末20世纪初的小说界革命，同时也对戏剧创作、戏剧评论产生了巨大冲击，促使其由传统向现代的转型。

和小说相似的情况，戏剧一直被正统文人目为“小道”，戏剧创作，而且往往是那些经常在舞台上演出的，受到普通老百姓欢迎的剧本，长期以来难以获得应有的重视。相反，在传统戏剧的评论中，“文学的”而非“戏剧的”的批评倒是有不少佳作流传。最为典型的如金圣叹《贯华堂本第六才子书西厢记》，虽然经常为《西厢记》研究者所援引，但依旧不难看出，金圣叹在点评元杂剧《西厢记》是所贯穿的思想、采用的方式、关注的焦点，与其点评《离骚》、《庄子》、《史记》、《杜诗》等“经史子集”的角度如出一辙，其关注的中心是文本本身，而对于《西厢记》作为戏剧的文体特性，并未有很好的表达。

而随着近代化步伐的临近，戏剧这种诞生并长期植根于传统农耕文化中的文学样式，步入了上海这座近代化的工业文明城市。生产方式、人际交往方式、乃至生活节奏的改变，都迫使中国戏剧在适应市场的过程中作出重大的改变。其最明显的一点便在于以商业营利为旨归的近代演剧模式的确立。

1843年11月上海开埠，从此这个默默无闻的渔村一跃成为闻名远东的"夜巴黎"，并迅速成长为中国乃至亚洲最为西化的城市，各种西式文化娱乐传入上海。1915年前后，上海人口已超过200万，成为仅次于日本东京的远东第二大城市①。上海在中国近代史上的地位"重要到令人瞠目结舌、匪夷所思的地步"②。与此同时演剧从清末开始就成为反映上海大众文化变迁的典型。自1850年英租界出现第一个业余剧团"新剧院"之后，随后的半个多世纪中，"阳春剧社"、"爱美剧社"、"春柳社"等剧社，"兰心戏院"、"谋得利"剧院、"九香园"、"新舞台"，以及"天蟾舞台"、"大舞台"、"共舞台"、"黄金大戏院"等新旧剧院如雨后春笋般涌现。京昆及上海本地、周边的地方戏剧，同时也包括新戏剧，都在内容和形式上有了很大的发展。从1909年至1913年，直接或间接反映革命内容的新剧和其他剧种层出不穷。在各类大报小报上，有关戏剧演出信息几乎天天可见，成为报纸广告中最重要的部分之一。

究其原因，一方面是剧烈的社会变革刺激了人们通过演剧这一形式反映现实的变化，同样不可忽视的另一方面是，梁启超等人倡导的小说界革命，也大大提升了小说、戏剧这一过去令人侧目的文艺样式的地位。在这股热潮中，很多商家都借着演剧而名利双收。可以预见的是，在此种情况下，演出的繁荣也催生了戏剧评论在这一时期的长足发展。

上海《民国日报》自副刊问世之日起，就开辟有剧评专栏，并在其后几年中，除了少数时间段外，几乎是每日不断地有戏剧评论刊登，有时候针对一次演出或一个问题，几方面不同意见相互辩论争鸣，热闹非凡。

刊登在这一时期副刊上的剧评形式多样，大致可概括为评论、回忆、轶闻、典故、剧情考证几类。评论又包括对于名角的人物评

① 高福进《"洋娱乐"的流入——近代上海的文化娱乐业》第1页，上海人民出版社2003年版。

② 熊月之《上海通史》"总序"，第1页，上海人民出版社1999年版。

论、演出剧目评论、对于某次演出的记述、音律探讨，以及戏剧社会功能的探讨等。同时还有一个较为特殊的现象，就是对于票友的聚会演出，有相当多的记载。

《民国日报》的剧话专栏最初名为《江头秋拍》，这一颇富文人闲情雅趣的专栏名一直持续到 1917 年 3 月 4 日，与《艺文部》相始终。直到副刊改版为《文坛艺薮》之后，才为理论气息更为浓郁、却也更为中性化的栏目名“戏评”所取代。《民国日报》副刊的戏剧戏曲评论，在评论对象上明显地呈现出两种不同的侧重点：

一是对于京昆类传统戏曲的点评评论，偶尔也涉及一些地方剧种及滩簧等曲艺形式。另一方面则是针对新兴的文明戏、话剧的点评。从内容篇幅而言，前者在文章数量方面稍多于话剧剧评。

对于传统戏曲的点评，大部分依然采用传统剧评的即兴评论方式，关注点往往集中于具体演员、剧目，乃至唱腔念白的逐字逐句的发挥，鲜有对戏曲艺术规律的总体性总结。

一、即兴点评占主导地位的传统剧评

评论传统京昆的文章，如鹧鸪的《剧谭》记一周前听戏的感想。在文首便记述写作这篇评论文章的缘由是“晚膳后枯坐无聊，遂往第一台听戏以为消遣计”。文章评论了当晚所观看的《尚香别宫》、《火棍缘》、《目连救母》、《武家坡》、《四进士》等几出戏，涉及的演员包括吴彩霞、元元旦、陈永奎、何月山、高百岁、周信芳、冯志奎几位言语。评论既有对嗓音、扮相、身段的泛泛而论，也有对于具体一句唱、乃至一个字的考究。如评论高百岁的《武家坡》：

> 第三句“坐雕鞍胜紫缰朝前观看”之“看”字，尾腔放音，雄厚可取。口白有“他若失节，我便将他杀死，好见大占(代战)公主”“主”字念得饱满异常；“连来带去十八年”句，“八年”二字顿挫抑扬，大有水到渠成之妙。

在这一类剧评中，较有总结性的有鹧鸪的《菊部谭屑》(自 1916 年 2 月 16 日起连载，后改名为《剧谭》)，文章开宗明义：

> 声音之道，感人最深。剧无新旧，精采庶在乎是。顾近来真能研究音调之微者鲜矣。兹篇不揣，分类据列之。

可见，该文是对于当时京剧界出现的字音不规范现象有感而发的。而其中提到"剧无新旧"，隐隐透露出作者对于剧坛上一些新编剧目(可能还包括了新剧)在艺术规范上混乱现象的不满。

该文分"声调字板宜分门别类"、"单双音之区别"、"折脚之目次"。"京调种类越分三大宗"、"调门之高低"、"腔调须皈依正宗"、"尖团字须知"、"字有定音"、"末句末字字面尾音之变化"、"念白轻重之区分"、"锣段不可不知"、"胡琴乃唱者之辅弼"、"票友与科班学戏之进退"、"票友登台宜注意身段"等 14 点，其中不少条目之下还分甲、乙细目。

从内容来看，文章关心的是京剧表演中的念白咬字、唱腔调门等音乐问题，最后两点还涉及到了票友学戏的问题，这也是当时京剧评论的传统倾向——在演员中心制的影响下，重视唱腔、表演艺术而相对忽视剧本创作和舞台调度。但从文章结构来看，鹧鸪的写作方法却与以往即兴式的评论有着很大不同。全文分类明晰，由"音"、而"腔"、"字"、"念白"、"锣鼓胡琴"，从最小的单位逐渐递进。并通过对唱段的具体分析证明自己的观点，可以被看做是一篇相当严谨的论文。

但类似《菊部谭屑》这样的文章，在评论京剧等传统戏剧的论文中还是比较少见的。更多的点评文字往往更多带有一种游戏的性质。同时，由于当时社会风气，票戏风尚盛行，因而串戏结社往往是文人聚会休闲的一种重要方式。体现在戏剧评论方面，即是《民国日报》在这一时期有大量对此的记载。

二、用社会的眼光审视新剧

相对于传统戏剧，新剧（话剧）则在一开始便被明确地赋予了社会教育的使命。“新剧为纯粹社会教育性质，其义最精、其理最微”。

然而，从《民国日报》的一些评论中，也可以看出，虽然新剧家们主观愿望良好。但因为观众、市场等原因，同时也因为从业者素质的良莠不齐。新剧在上海很快就陷入了一种左右为难的尴尬境地。观众的传统观剧习惯，同时也因为新剧在剧本创作方面的确存在着主题先行的毛病，在一阵新鲜劲过后，人们对于新剧的热情骤减，而新剧于是许多剧团纷纷又回到了演出传统奇情故事的老路。当时的剧评家，对于新剧的现状与发展，普遍抱有悲观情绪。

首先是新剧的表演方式与中国传统戏剧“以歌舞演故事”的形式有很大不同，这一点，剧评家们也已经注意到（新剧）“全持表情说白，一无唱功”令“习于徽调秦腔已久”的观众很难接受。而一些具有较高艺术水准的新剧团，反而竞争不过那些“新瓶装旧酒”的剧团。1916年4月30日署名“子宪”的《剧界零碎》就反映了这一现象：

> 春柳演剧最高尚，卒不敌日演《南楼记》、《三笑姻缘》之某某新剧社，社会之趋势，新剧家之迎合，均堪痛哭。

持有这种悲观不满态度的人，并非个别：

> 而今学者倘不于新剧根本谋进行，一味肆口谩骂，藉泄个人私忿。所编脚本，尤复妄干国家、滥伤政治，甚者吹法螺、摆架子，一则曰“助政客”，再则曰“表政见”。铺张扬厉，诩诩然竟以近代政治大家、革命伟人自命矣。呜呼！若而人者，其殆丧心病狂，藉今日改革声中，妄出风头也。然而新剧前途危矣。
>
> 剧人既以辅助教育，改良风化为己任。必其行品端方，道

德高卓，有可以为人模范之资格。迩来此中人格堕落，日甚一日，明目张胆，肆无忌惮，是此身已不啻人类之蟊贼、名教之罪人，又乌能教人以束身自好、励节知耻耶？至一般拆烂污、吊膀子、食大烟者，尤属指不胜屈，姑不具论。

编剧以取裁宏通、陈义高尚者为有道德教育的价值。今人不审乎此，其借一切淫书浪本编为害人剧者，固无足责。惟是所号称"救国利民、讽时济世"之良剧，非属剧情浮杂，即属剧理背谬，非为剿袭旧剧，即为改头换面。至于剧之名目，未始不奇丽堂皇、乐人闻听。剧目之广告，未始不花样百出、快人观瞻，而考其内容，有如泰西擅文学、长美术，兼法律之知识、之旨趣，而受社会美满欢迎者，百不获一焉。此无他，盖利用此时机以博社会金钱耳。教育云乎哉？道德云乎哉？①

因此该文作者在文章一开始就表现出了悲观的态度"新剧迄今日，一发达之时机也。人以为乐，而予则甚抱悲观，兹就管见，直陈痛语三则。俾当局者知所警醒也"。这种将戏剧与国运联系到一起的思维，在其当时绝不是一种偶然的现象。或者说，在当时这也是评判一出戏的价值的最重要准绳。

而《民国日报》对于男女问题的关注，在戏剧评论方面也有所体现。关于女子新剧的话题，一直是《民国日报》上讨论的一个热点。其中具有代表性的一篇文章，是刊登于1916年5月19日及20日，署名"梦悟"的一篇《女子新剧谈》，该文从头至尾显示出与传统戏剧评论截然不同的思路。文章对女子新剧的艺术特点、内容题材毫无涉及，而仅仅是从"社会教育"之角度来讨论女子新剧的存在意义。以我们今天的眼光来看，这样的比附未免有些流于表面。但就当时而言，作者的眼光还是不能不说是相当敏锐的，尤其文中提到重男轻女的传统心理，不可谓不一针见血：

① 铁仙《新剧痛言》，《民国日报》1916年6月25日。

凡曾经创业而有社会上之经验者，当不以斯言为谬也。沪上女子新剧社忽焉起、忽焉仆，或如昙花之一现，或如泡影之倏灭，求一根深蒂固足与男子新剧社抗衡者，卒不可得。岂女界无杰出之人才，缘以致败乎？今日沪上女子新剧家若天红、若兰生、若美云、若情梦，固皆名重一时，极受社会之欢迎者也。剧场上之演情表白较之男剧家虽有见缀之处，亦未始无擅[檀]长者。重男轻女，抑此扬彼，乃吾人之心理作用。人事实与直理。岂其然哉？然则女子新剧社所以不克与男子新剧社抗衡者，在办理不善耳。……

新剧为社会教育之一。演者无论为男为女，若自知新剧之价值即社会教育之作用，而现身说法以作世人之棒喝者，吾人当以救世派目之。若胡说胡闹，蔑情蔑理，或专演闺情戏以博一般无知少年之欢迎者，是实新剧界之罪人，社会教育之劲敌。则吾人仍以倡优贱人目之可也。世之新剧家其许我乎？

两种不同评价尺度的出现，究其原因：一则是因为对于《民国日报》副刊的作家群而言，虽然新剧在当时社会已经流行了一段时间，并逐渐形成一种风尚，但相对于京昆而言，毕竟是一种新生事物，就艺术呈现而言，演员本身还处于摸索阶段，对于艺术、细节方面的评论也就更为匮乏，从而使得大部分评论者不得不将关注的重点转向对于思想性的宏观评论；而另一方面的原因，则可能是受小说、戏曲“启迪民智”论调的影响，从而将对戏剧艺术性、文学性的要求放到了无足轻重的地位。如叶楚伧就曾明确表示“我看新剧，我以社会改良之眼光看之，我看旧剧，我以美术眼光看之。”（叶楚伧《我本荒唐事戏话》）

（作者系上海东方传媒集团编审）

略论晚清民初上海戏剧界的新变

赵海霞

上海于1843年开埠后，国内外万商云集，大批富豪、商人因躲避江南的战乱寓居上海，形成一个庞大的消费群体，促进了上海消闲娱乐业的发展。上海迅速成为全国经济中心，茶楼、酒馆、戏园在租界内比比皆是。到戏园观戏，成为大众娱乐的主要活动之一。《申报》①曾描绘当时上海戏园的繁荣场面："大小戏园开满路，笙歌夜夜似元宵。穿来柳巷与花街，一片歌声处处皆。新彩新灯新脚色，叫人沿路贴招牌。大汉关西唱大江，应推张八擅无双。歌喉啭处声高下，滚出铜琶铁板腔。丹桂京班素擅名，春奎北调甚分明。《五雷阵》与《双园会》，定有旁观喝采声。争新斗巧费思量，创出奇情亦擅长。山凤一班童子串，翩翩歌舞共登场。帽儿新戏更风流，也用刀枪与戟矛。女扮男装浑莫辨，人人尽说杏花楼。戏名花鼓本轻佻，燕语莺声各弄娇。莫笑上台多丑态，秋波转处也魂消。"②

上海的看戏热潮为戏剧的变革提供了基础。在晚清民初这个急剧动荡、社会经济大转型的重要时期，作为社会转型的积极回应，上海的戏剧界亦呈现出前所未有的新面貌，这种新变主要体现在以下方面。

---

① 影印本《申报》，上海书店1987年版。本文所引《申报》，皆为上海书店出版缩印本，以下只于文中标注日期。

② 晟溪养浩主人《戏园竹枝词》，《申报》1872年7月9日。

一、新媒介及宣传手段

西学东渐大潮中，近代报刊和出版机构迅速兴起，新的传播媒介打破了传统戏曲狭隘的宣传机制，晚清上海戏剧界开始利用报刊广告、专刊等形式进行演出宣传，并开始引入影像这种新式传播方式。

近代以前的戏园没有专门宣传手段，戏园只有将每天的戏码写在水牌或者纸条儿上，观众才能从上面了解当天的演出信息，有些戏园的水牌上，甚至只有戏名，并无人名。报刊兴起之初，《申报》特辟专栏，作为戏园刊登宣传广告的第一例。1872 年 6 月 18 日(旧历五月十三日)，《申报》开辟“各戏园戏目告白”栏目，刊登丹桂、金桂、九乐园等演出剧目。这是我国近代最早的戏曲广告，自此，报纸的戏目告白在戏剧宣传中所占比重越来越大。本日“各戏园戏目告白”的具体内容是：“丹桂茶园，十二日演《虎囊弹》、《洒金桥》、《大卖艺》、《击掌》、《打龙袍》、《金水桥》、《胭脂虎》、《拿谢虎》、《通天河》。金桂轩，十三夜演：《雁门关》、《芦花河》、《山海关》、《玉兰记》、《丑配》、《飞坡岛》、《卖身》、《丁甲山》、《青石岭》。九乐戏园，十三日演：《风云会》、《占北原》、《三上吊》、《回龙阁》、《一匹布》、《黑纱洞》、《义虎报》、《闹花灯》。”①

不久，《申报》第一次出现京剧广告，广告如下(1872 年 8 月 6 日)②：

戏单	九乐园	打磨	跑城	观画	花蝴蝶	黄金台	李兴斋演	红鸾喜	界牌关	风云会	七月初三

① 赵山林《中国近代戏曲编年》第 72 页，上海华东师范大学出版社 2008 年版。

② 此亦是首次广告出现演员名字。此时“京剧”一词还未出现，“京剧”一词在 1876 年 2 月 7 日在全国首见之前，在上海常被称为“京班”。

报刊广告给了戏园主们启发，同时在利润的吸引下，戏园开始重视广告宣传，不少戏园用色笔将演员和上演剧目写在彩纸上，张贴于戏园外或闹市街头，以招徕观众，这即当是“海报”。晚清时期，这种宣传方式从上海流传至北京、天津、山东等地乃至全国，看“戏报子”成为观众获知演出信息最方便快捷的渠道，因“戏报子”印刷鲜明、信息齐全，收集“戏报子”也成为很多戏迷的癖好。

晚清报刊和戏剧结合，体现了戏剧界意识到近代传媒的重要性。此后，各戏园在报刊上大作广告，吸引观众。如春桂戏园开幕前曾在《申报》登“春桂戏园开幕先声”广告，具体内容为“英界大新街口春桂戏园现已落成。园主李春来慎重角色，各处延请，故尚未开幕。闻本月二十前后必能开演云”(1907 年 8 月 22 日)。1913 年，梅兰芳到上海演出，其印象最深的是上海广告：“戏馆老板邀到了北京角色，他们的宣传方式是登日报，贴海报。新角在报上登的名字、占的篇幅，大的可怕。”①另外，《申报》从创刊开始就发表了“戏园小记”、“观剧琐记”等剧评，其他报刊亦群起仿效。戏评的加入，使报刊内容更为丰富、吸引更多读者群，增加了报刊发行量的同时也扩大了戏剧在上海的影响。

受时代风气影响，上海的文人在业余时间，不遗余力地为所喜爱的戏曲演员出版专辑，使观众可以通过阅读的方式来接触戏曲。如 1920 年《申报》一篇野驴所著，名为《伶人出版专辑》文章，指出：“如冯子和、梅兰芳、贾碧云辈，莫不有人殚精竭虑，为之出专集。实则所谓借他人之酒杯，浇自己块垒是也！自白牡丹、于翠花来沪后，我友醒民、舍予，又为之处合集，定名为《歌场二妙》，托扬尘因任编辑之职。闻大致已就绪，不日出版，其价值未识能否在冯梅贾等诸集之上。”(1920 年 11 月 21 日)

“1904 年 10 月，《二十世纪大舞台》在上海创刊，发起人为陈去病、汪笑侬、熊文通、陈竞全、孙寰镜、孟崇军，实际创办人为陈去病、

① 许姬《舞台生活 40 年》(第一集)第 65 页，上海平明出版社 1954 年版。

汪笑侬。是我国最早戏剧刊物。”①此后，近代知识分子正式参与剧坛，以戏剧刊物为载体，为以后戏剧改革提出理论主张。

新媒介的引入还产生新的资料记录方式和传播方式。如“1905年秋（光绪三十一年），谭鑫培参加拍摄了我国第一部戏曲影片，拍摄的是《定军山》中的“请缨”、“舞刀”、“交锋”等场面，该片也是中国人自己拍摄的第一部影片”②。

二、国外剧团进沪及影响

近代中西交流空前加強，戏剧的交流也逐渐深入。国外剧团在上海开办、外国侨民业余剧团组织演出、新型戏园的设立等都为上海剧坛吹进新风。

1866年，西方侨民在上海租界自发组织的两个业余演剧团体——浪子剧社和好汉剧社合并，组成上海西人业余剧团（Amateur Dramatic Club Of Shanghai），简称A. D. C剧团，这是在中国演出的最早的话剧团体。少数中国知识分子在这里第一次接触了西方的戏剧方式，知晓了话剧的存在。“中国早期话剧的重要人物郑正秋、徐半梅都是在这里受到新型戏剧的启蒙教育。”③

同年中国第一所近代剧场“兰心剧院”在上海建立，地址在圆明园路。这是一个正规的西方剧场，该戏院的演出以戏剧为主，兼演马戏等其他节目，“兰心剧院”也是A. D. C剧团专门演出的场所。

1875年，一位美国人到上海演出幻灯戏，戏园在商业竞争驱使下，迅速吸纳了这种新式演戏节目，欧西各种魔术、杂技也接踵而来。十一月下旬曾出现金桂和丹桂共同争夺一个美国戏班的竞赛。

① 梁淑安、姚柯夫《中国近代传奇杂剧经眼录》第156页，北京书目文献出版社1996年版。

② 宋学琦《谭鑫培艺术年表》，《戏曲研究》第15辑第234页，北京文化艺术出版社1985年版。

③ 葛一虹《中国话剧通史》第7页，北京文化艺术出版社1990年版。

金桂轩先发出预告:“启者今有美国人借本园内准演外国奇巧古怪一切新戏,较前皆不相同。于七点半钟开演,十点钟止。本园仍接演中西各种新戏,中西两班合演,于十一月十六日开演。”丹桂轩迅速反应,以“中西两班合演”相号召“本园今有新到大美钦差带来大西洋、小西洋并东洋琉球诸国奇巧古怪人物,并有飞禽走兽一应俱全,该有一百余套之大户,实有可观,较前大不相同,兹暂借本园十六夜开演三点钟止,而中国之戏七点钟起至十点钟止,接演外国新戏,此乃外国赛宝献能,戏价照旧无二,绝不多取”。两园相争,除商业利益外,也反映了沪上人们追求新异的猎奇娱乐心理。

光绪十九年,天仙茶园演出京剧《中外通商》,闽广彩匠和西洋画师合作,除传统灯彩外,首次出现“火轮船、炮台、云梯、外国兵大餐房、水龙会、十六国扮相”等欧洲戏剧的平面写实布景。沪上其他戏园争相仿效,为吸引观众,一些与戏曲表演无关的“小技”(如戏法、杂耍、踩高跷、跑旱船、西洋舞蹈、外文歌曲、钢琴伴奏)在演出中穿插填塞,这些小技客观上迎合了观众猎奇趋利的消费心理,与近代化带给普通市民的心理变化相一致。

三、戏园变迁及新的经营模式

晚清民初,随着戏剧在上海繁荣,旧式茶楼的建筑格局、舞台设备、资金匮乏以及经营模式上的陈旧成为制约戏曲经济发展的桎梏。1908 年夏月珊、夏月润、潘月樵等人在上海南市兴建了我国第一个新式剧场——新舞台。舞台形式从旧式茶园的带柱方台,改变成镜框式的月牙形舞台,有布幕、灯光照明和转台。新舞台废除案目包银、场内泡茶、递手巾、要小账等形式,改成卖票制等新制度。

自此后,一大批茶园向新式舞台转变。如“上海丹桂第一台开幕,丹桂第一台为场团合一结构。剧场位于四马路大新街(今湖北路福州路)。以招股开办集资形式,在新丹桂旧址上建成。剧场由英国著名设计师设计,为钢筋混凝土结构洋式大剧场。冬暖夏凉,内装电灯千盏,新式转台一座。开台演出特聘外地名角吴彩霞、贵俊卿、九阵风、刘永奎等,生意颇为兴隆。后因股东分红产生分歧,拆股停演"①。新式的戏园都称"舞台",如丹桂第一台、新舞台、大舞台、歌舞台、新新舞台、竞舞台、凤舞台等,以与旧式"茶园"相区别。

《申报》1913年发表一篇文章《纪"第一台"和"大戏院"》,讲到戏园新的经营模式:"第一台近时案目拉桌一道,术益进步。往昔不过于年关前包其包厢官厅,各请一般熟客赏光,款以果点,缀以花彩,以请客之美名,而博其犒赏之金钱。三四夜即止。今则阖园之案目,联合一团,摒挡巨款,向园主包下,欲印戏券,各肯稔客兜销。又请各艺员勉演拿手好戏,以资召回。每晚所得,除包银七百元外,利益均沾,仿佛一公司办法。该台试行此术,现将半月,园主、案目,双方俱得收美满之效果。"(1913年1月3日)

新式舞台不仅为观众看戏提供更为有利条件,也适应了当时改良新戏的演出和观众要求。玄郎在《申报》中题为《盛夏之演出》的文章中说:"现今舞台改良,容积广博、电扇众多、窗户洞开、空气流通,如大舞台、新新舞台等处,地址极阔大,座位又宽畅。而新新上下所装之电扇,较他家尤为多,众扇尽开,清风齐来,披襟当之,亦殊有快哉此风之乐趣。"(1913年6月12日)

新式剧场的出现,是我国剧场史上一大转变,自此以后,以茶园命名的旧式戏园逐渐被淘汰,新式戏剧建筑,满足了人们日益提高的欣赏水平和要求。在外来文化的影响下,"戏园"逐渐转换成"舞台"、"剧场"、"剧院"、"戏院"等称号。

四、布景灯光等舞台设置

新型戏园注重舞台的灯光、布景等效果。上海利用西方文化输入口的优势,运用先进技术手段,在首创旋转式舞台之余,增强灯

① 赵山林《中国近代戏曲编年》第159页,上海华东师范大学出版社2008年版。

光、布景设计，并由灯彩发展为歌舞机关、幻影布景、电光魔术等新型舞台机关、布景。这是对传统戏剧虚拟性美学原则的反叛，对西方戏剧中惯用的写实手法的吸收、容纳。

《申报》1912年曾发表文章《评新新舞台演剧》文中提到"林频卿去要妻，临刑时，冤屈之情，凄惨之状，不能尽情描出，殊为遗憾。此段又步雪景，雪花霏霏，景致颇妙。然刽子手单衣坦腹，立于场上，殊与雪景相水火也"(1912年6月28日)。新型布景机关，结合丰富内容和生动表演，给观众对剧情接受带来前所未有的深刻感。

但同时，随着戏剧改良热潮，尤其层出不穷的新剧渐渐只是以机关布景、滑稽噱头、离奇情节等招徕观众，无形中助长了艺术上粗制滥造，给观众带来反感。1913年《申报》玄朗撰写的《论编演新剧之取材》一文，提出："自新舞台开演新剧，创行布景以来，剧界争相仿效，风靡一时，大有铜山西崩、洛水东应之势。夫座客之欢迎新剧者，未必以新剧之戏情，果优于旧剧也！布景之新奇，真见所未见也！亦已新剧白口多于唱功，而又以土语出之，视听之余，较旧剧场易于明了耳。"作者感慨道："推其意不过欲一显本舞台之梦景、水景、海岛景、山林景、花园景，种种景之簇簇生新，光怪陆离耳。然布景末也，戏情本也。须知此种景物，沪上为五方杂处之地，即真者亦类能见过，已成明日黄花。不揣其本而齐其末，宜座客对于新剧之感情，日渐衰弱也。"(1913年3月19日)

新剧的一时失败，虽不是机关、布景等直接所致，但如何对西方戏剧进行合理的吸收、收纳，用以改良旧剧、创作新剧，成为晚清民初戏剧家们探讨的一个焦点。

五、表演及编剧新追求

艺术表现上，上海戏园为适应观众要求，表演上追求火爆、夸张，尤其武戏，常以高难度武打动作取胜，另外，从真刀真枪到真水满台，都无疑淡化了传统戏剧的唱作等表现手段。1893年12月4日(十月二十七日)起，上海天仙茶园演出新编连台本戏头本《铁公鸡》:“该剧为清末上海灯彩戏之一,剧中武打使用真刀真枪,并有钻火圈、洋枪洋操等特技表演,开京剧舞台上真械打武之风。”①

剧作内容上,创作者逐渐喜好推陈出新,从现实生活中择取题材,上演了一大批改良戏。这些剧目摆脱传统束缚,迎时代新风,贴近生活反映现实,大多表达爱国图强思想,鼓舞民众,深受赞扬。如当时轰动一时的宋教仁遇刺案发生后,戏剧界很快有了反应,《申报》发表《新新舞台演〈宋教仁遇害〉》一文说:“民国伟人宋教仁先生横罹惨祸,事甫发现,新新舞台即编成时事新戏,名曰《宋教仁遇害》,悬之门口,登之报章,为先发制人之计,于二十八夜遽行开演。”(1913 年 3 月 30 日)

同时,洋装戏也开始呈现在舞台。“1916 年 4 月 28 日,洋装戏《就是我》首演于上海新舞台,又名《就是你》。根据法国瓦尔斯所著侦探小说改编演出,共十六本……为京剧舞台上早起外国侦探戏,也是早期没有机关布景的改良新戏,加上情节曲折,表演生动,深受观众欢迎,成为新舞台保留剧目之一。”②新剧目大量出现的同时也涌现出一大批编演新剧人物,如汪笑侬、夏氏兄弟、潘月樵、冯子和、孙玉声等等,他们既编戏同时演戏,把早期话剧的某些导演手法,融入到传统戏剧中。

六、新思想及戏曲改良

1874 年《申报》上出现《严禁妇女入馆看戏告示》,告示云:“尔等为家长者,务各约束妇女,不准入馆看戏,免伤风化。”不到一周,报上亦出现《与众乐乐老人致本馆书》一文,反对此种规定,文中说:“夫看戏一举,原属赏心乐事,本当男女同乐,良贱同观。”“他日者,

① 徐幸捷、蔡世成主编《上海京剧志》第 179 页,上海文化出版社 1999 年版。

② 徐幸捷、蔡世成主编《上海京剧志》第 183 页,上海文化出版社 1999 年版。

余将携家属同赴戏馆，不徒愿吾一须眉男子独乐其乐，并将使吾众巾帼妇人共乐其乐；不徒携我家妇女与少乐乐，并欲邀同人妇女与众乐乐。断不因贵馆之论禁止，遂使人大杀风景也。”（1974 年 1 月 13 日）可见，开埠以后，上海市民在思维方式、行为取向、价值观念上与传统文化观念逐渐倾斜，新的思想观念融汇进来，呈现追求自由、开放的思想新趋向。

1794 年，上海出现第一家京剧女班戏园——美仙茶园，地点在二马路石路口（今九江路福建路口），名演员有老生吴新宝、旦脚林凤仙、净角金处和周处等。自此，上海的髦儿戏班①有了固定的演出场所。女性堂而皇之走向戏曲舞台，且后来表演上，有些女角得到观众认可和好评。自此之后陆续兴建的女戏园还有群仙茶园、女丹桂、群舞台、迎仙凤舞台、新舞台等，女班表演日益盛行。女性演员登台，有利于打破明清以来对女性各方面的桎梏，中国女性逐渐走向社会大舞台。

1902 年，梁启超等以新政治、新道德、新风俗相号召，铸冶国民性格，提出系列戏曲改良主张。当时的《新民丛报》、《新小说》、《月月小说》、《二十世纪大舞台》等都相继提倡戏曲改良，掀起戏曲改良运动。陈佩忍认为戏曲的宣传作用比一篇革命论文还要大。戏剧在启迪民众方面，奏效之捷可超过《革命军》千万倍。一些戏曲名角也参与到这场戏曲改良中：“1906 年，滇剧名角翟海云牺牲家产，到上海购置戏装，排演新戏，在云南推行戏曲改良。”②知识分子和戏剧艺人初步结合，新戏大量排演，甚至传统名角也参与其内，戏剧改良运动轰轰烈烈开始了。

---

① 早在 1876 年前后，上海髦儿班逐渐兴盛。这是一种全部由青少年女演员演出的戏班，活跃在上海及浙江一带，以演出京戏和昆剧为主，由女演员演唱的“莲花落”亦同时繁荣。此处的京班女戏园建立儿班有了固定的演出场所。

② 杨明、顾峰主编，顾峰著《滇剧史》第 95 页，中国戏剧出版社 1986 年版。

综合以上讨论，我们可以看到，晚清民初，作为开埠通商口岸的上海，各种西方文化融入，作为中国文化代表的传统戏曲承载者，上海戏剧界借助其作为租界的特殊地域文化环境，在中西方文化交流和激烈冲突中，产生了一系列的新变化。如新的宣传方式、新式舞台、机关、布景、新的经营方式等，观众的新思想也促进了传统戏曲在表演、编剧上新的艺术追求。同时，报刊媒介和出版业在上海的迅速繁盛，使得知识分子认识到戏剧对民众的启智作用，从而促进了戏剧改良热潮的迸发。这一系列变化，都使近代戏曲呈现出前所未有的新面貌，紧跟着前进的时代步伐。

（作者系复旦大学博士生）

后 记

这是一本同门论文集，谨献给我们的老师黄霖先生七秩寿诞。

“为人尚朴实”，老师慈祥和蔼、平易近人，为我们树立了做人的好楷范；“治学求新异”，老师慎思明辨、弘通敏锐，为我们开辟了学问的新境界。老师对我们的抚爱，如春风细雨滋润心田，浇灌我们成长。师恩如阳光，教泽重难忘。

去年年底，维昭、兴陆陪同老师一起去台湾“中研院”文哲所开会。会间提出庆祝老师华诞的事。老师反对，说不用铺张，想自己建一个网页，上传一些照片就可以了。记得老师说过：“学生若能在学术上做出成绩，有所建树，就是对老师最大的回报，老师其实什么都不需要。”我们想，若能编出一部同门论文集，作为对老师多年栽培的报答，应该是喜庆而有意义的事。同门书华、杨彬、桂奎、建波等也曾提出这个建议。说明意向后，老师勉强答应。

回来后，兴陆群发邮件告诉同门，各位欢呼雀跃，热情响应。除了日本、韩国几位同门现联系不上外，先后收到一百余篇文章。有几位从小说研究、文学批评史研究、近代文学研究等方面阐发老师的学术思想和创获；有的回忆与老师相处的日子，留恋受教的好时光。其中郑恩玉同学说：“我想以后我也当黄老师一样的老师。”很质朴地道出我们的相同情怀。主体部分是同门的学术论文。这些论文很明显的特征是：从时间跨度看，多集中在宋元至晚近；从研究对象看，批评史外，多研究小说、戏曲；研究方法上，思想新锐者有之，而以文献考证为主。这正是此门的特色。

当然，我们还很稚弱幼嫩，但，我们愿采撷一片绿叶，一朵馨花，报答阳光和雨露。我们共同祝愿老师健康长寿！老师和我们在一起，显得更年轻；我们和老师在一起，像一个幸福的大家庭。

凤凰出版社姜小青总编辑对我们厚爱有加，先此答应了同门的一套“庆祝文丛”的出版。我们将此书计划报给出版社后，姜总编和李相东编辑欣然接受，并为此书编辑付出巨大的心力；同门学友热情支持，韩广、圣争、刘霞三位还利用春节假期校对初稿，费心费力，谨在此一并深致谢忱。

陈维昭、罗书华、周兴陆

2011 年 2 月 26 日

黄霖先生
七秩华诞师门同庆集

陈维昭
罗书华
周兴陆
编

上册

Huanglin xiansheng
qizhi huadan shimen tongqingji

凤凰出版传媒集团　凤凰出版社

图书在版编目（CIP）数据

黄霖先生七秩华诞师门同庆集 / 陈维昭，罗书华，周兴陆编. -- 南京 : 凤凰出版社，2011.6
ISBN 978-7-5506-0635-7

Ⅰ. ①黄… Ⅱ. ①陈… ②罗… ③周… Ⅲ. ①黄霖—纪念文集 Ⅳ. ①K825.6-53

中国版本图书馆CIP数据核字(2011)第122725号

书　　名　黄霖先生七秩华诞师门同庆集
编　　者　陈维昭　罗书华　周兴陆
责任编辑　李相东
出版发行　凤凰出版传媒集团
凤凰出版社(原江苏古籍出版社)
南京市中央路165号　邮编210009
发行部电话025—83223462
集团网址　凤凰出版传媒网　http://www.ppm.cn
照　　排　江苏凤凰制版有限公司
印　　刷　南京大众新科技印刷有限公司
南京浦口大桥北路京新村546号　邮编:210031
开　　本　880×1230毫米　1/32
印　　张　40
字　　数　1075千字
版　　次　2011年6月第1版　2011年6月第1次印刷
标准书号　ISBN 978-7-5506-0635-7
定　　价　168.00元(上下)
(本书凡印装错误可向承印厂调换,电话:025-58849828)

黄霖先生

步入七十之年。背景条幅是朱东润先生八十八岁时作

黄霖先生1998年与中、日、韩学生在复旦文科大楼前合影

右起：戴云波、吴建民、曾庆雨、［日］川岛优子、吴兆路、［韩］朴英顺、周兴陆、［韩］张惠贞、魏春吉

在一次国际学术讨论会期间与学生合影

前排右起：杨绪容、庄逸云

后排右起：李桂奎、杨彬、樊宝英、吴波、杨峰

黄霖先生六十岁生日时，和夫人徐甘与部分学生在一起

黄霖先生在学生取得博士学位时的合影

（右起：黄念然、杨彬、陈维昭、宁俊红）

黄霖先生和夫人徐甘与学生的孩子们在一起

目　录

上册

为人尚朴实，治学求新异

——黄霖先生小传

万君宝

复旦大学中国语言文学研究所的黄霖教授是当前学术界令人注目的一位中年学者。1989 年，某名人研究中心征集黄霖先生的人生格言时，他挥笔写道：“为人尚朴实，治学求新异。”事实上，这正是他的品格和学风的最生动的写照。

一

黄霖先生 1942 年出生在上海嘉定县的一个小镇上。他的祖父在那个黑暗的社会里深感官场之腐败和庸医之误人，训导后辈：“一不要做官，二不要行医。”这样，黄霖先生的父亲在 12 岁读完《孟子》后，就离家去“学生意”了。黄霖先生是父母婚后十年才生下的独子。他的降生，带给这个家庭的巨大喜悦是可想而知的，并促使其父亲将自己失学的遗憾化为爱子之心，想尽办法让孩子多读书。黄霖先生在 10 岁左右就开始接触古今小说，于一个偶然的机会，阅读了《说唐》、《征东》、《征西》、《罗通扫北》等唐代系列演义，一时间竟成了小朋友中间的“故事大王”、“唐史专家”。11 岁去南翔考初中时，他就因过分迷恋校门口的“小人书”，竟没有听到开考的铃声。

按：本文原载《古典文学知识》1995 年第 1 期，个别文字略有改动。

当他发觉周围异常寂静时，常识考试的时间已过了一半。后来他考进了一所新办的住宿初中后，为了偷看包括《三国》、《水浒》在内的一些被当时有的老师视为“黄色”的小说，就常常装病请假，或者是晚上熄灯后蒙在被子里用手电筒看。黄霖先生从小就广泛地接触了一些古代作品，特别是培养了对小说的浓厚兴趣。

初中毕业后，他顺利地考入了当地一流的嘉定县一中。1964年又以全优的成绩毕业于复旦大学，考上了朱东润先生的研究生。当时的复旦，智者云集，名师荟萃。他们或开课讲授，或私下聊天，都给了黄霖先生如饥似渴的求知心田以甘霖般的滋润。特别是章培恒先生，当时还住在单身宿舍，黄霖先生经常去求教，乐而忘返，久而久之，结下了深厚的师生情谊。在一些名师的指点下，黄霖先生循序渐进，刻苦攻读，常常寒暑假都泡在图书馆里，从当时老师所定的六部经典（《诗经》、《楚辞》、《史记》、《文选》、《文心雕龙》、《杜诗》），到经史子集、现代理论和西洋名著，都广泛涉猎，为以后的治学奠定了良好的基础。

二

如果说在为人方面他是谦恭和顺、克己宽容的话，在学术上则是雷厉风行、不拘格套。他常说：“写论文也要有‘我’。”又说：“我写文章时，不管什么名家权威、天皇老子，都把他们当作是和我一样——都是人；一切都要在自己的脑子里转一转。”还说：“我搞学问就是好异端。搞小说和理论就是从异端‘两金’（《金瓶梅》和金圣叹）起家的；至于搞近代也是从龚自珍入手的。”正是凭着这种不避异端的胆识和不惧权威的勇气，他在古典文学的研究中能独出机杼，别有卓见。

回首黄霖先生研究生毕业之时，正是“文革”风暴肆虐之日。一批被认作“精神贵族接班人”的研究生，都被扫地出门。当晃荡了十年，重新归队时，已经是1978年。这时春回大地，但《金瓶梅》研究仍是一个敏感而未有人问津的领域。1979年，朱星先生在这个领域里打响了第一枪，首先发表了《〈金瓶梅〉的版本问题》一文。黄霖先生佩服朱先生的胆识和勇气，但认为这位老先生为了保护《金瓶梅》而否定原本有秽语的说法，是显然不符合事实的。他深感到有必要还《金瓶梅》以一个真面目，并给它以一个公正的地位。向前辈学者的挑战是需要有勇气的，尤其是在当时"谈金色变"的情势下。但他毅然迈出了这一步，撞向了金学大门，这就是他的第一篇金学论文《〈金瓶梅〉原本无秽语说质疑》的发表。接着，黄霖先生写出了一系列的金学论文，以全新的材料、敏锐的视角、犀利的笔锋，很快地引起了学界的注目。当然，最使他蜚声海内外的还是一个"屠隆说"。一篇《〈金瓶梅〉作者屠隆考》，在整个金学界引起了轩然大波。一批金学专家纷纷撰文质疑，另一批著名学者则深表赞许，并不断地寻找证据，加以深化。当然，"屠隆说"至今尚在争论之中。但不管怎样，应该承认提出"屠隆说"的价值不仅仅在于能否证明《金瓶梅》的作者是否确是屠隆，而更重要的是在于提供了崭新的材料、独特的视角和缜密的逻辑推导，为彻底解开作者之谜寻找了新的途径和方法，使金学绝境成为引人入胜、寻幽探奇的新天地。也正因此，后来诸说再也无法引起如此大的轰动了。除此之外，黄霖先生对于《金瓶梅》成书年代的考证、崇祯本的爬梳整理、张竹坡本的追究探源，以及对于主题的独到认识、续书的探索研究……都显示了他大胆创新、扎实求证的风格。这些文章大都集结在《金瓶梅考论》一书中。

为推动金学的繁荣和发展，他一方面潜心研究、爬梳，另一方面也致力于普及工作和为广大读者与研究者提供方便之门。他的通俗读物《金瓶梅漫话》文笔生动，知识全面，深受读者青睐，获首届"金钥匙奖"。他主编的《金瓶梅大辞典》搜罗宏富，包罗万象，也获全国古籍优秀图书奖。至于那部凝聚了大量心血而经过了七年难产的《金瓶梅资料汇编》，早已成为治金学者案头常用之书。而他与人合译的《日本研究金瓶梅论文集》，则可以说是为弘扬民族文化、促进中外交流的明证。正是他这种不知疲倦的、全方位的努力，使他很快地饮誉海内外，被同行们推选为《金瓶梅》学会的副会长。

黄霖先生在《金瓶梅》研究方面的声名几乎掩盖了他在中国小说理论方面的成绩。其实行家们认为，黄霖先生之所以不仅在《金瓶梅》方面，而且在整个小说研究的许多方面成绩斐然，是与他一开始扎扎实实地花工夫发掘整理中国古代小说批评的原始材料分不开的。他做研究生时，是从朱东润先生治中国文学批评史的。经过长期的摸索，他认定“我们祖先的小说理论是一座宝库，正等待着人们去挖掘整理和研究”。于是，从汉代小说批评到近代的小说理论，他都广泛搜罗，系统整理，并加以细致的注释和精当的说明。1982年、1985年先后出版了他与韩同文先生合著的《中国历代小说论著选》上、下册。1990年又重新修订出版。此书充分显示了“选家眼力，注家功夫，史家胆识”。行家们认为它标志着“中国历代小说理论批评材料至此第一次得到全面发掘和整理，这一研究领域浩大的资料工程至此基本完成”。此书出版后影响很大，获得上海市优秀社科著作奖，还成为当今不少学校指定明清文学史研究生的必读书。在广泛占有材料的基础上，他编写了三卷本《中国文学批评史》中的全部小说批评文字，这部书曾荣获国家教委优秀教材一等奖。接着又写了《古小说论概观》，对前书文字又作了补充、调整，专家们称赞这部不足10万字的小书是“材料扎实，论断精当，风格平实的优秀论著”。他就凭着这扎实的工夫、创新的精神成为现今研究中国古代小说理论批评史的奠基者之一。

黄霖先生的治学面比较广泛，他作为中国近代文学会的常务理事，在近代文学方面也下过很深的工夫。最近抛出的、作为国家“七五”期间社科重点项目之一的《近代文学批评史》，也是一部掷地有声之作。此书以“大、全、准、深”为目标，在对原始材料进行了较为周密、艰苦调查的基础上写成，故首先在资料的丰富性、新颖性、开拓性上大大超越了前人，在整个体系和一系列观点上都非同一般。这正如程千帆先生所说的：“此书极富开拓性，不独征材聚事之美富而已。”《文学评论》、《人民日报》、《文汇读书周报》、香港《大公报》、《书城》、《阴山学刊》等报章杂志纷纷发表评论，盛赞此书“已经在知识形态上首次完整地构筑了‘中国近代文学批评史’的体系,从而标志着具有相对独立性的'中国近代文学批评史'学科建设的成熟"。

三

魏子云先生曾著文说,黄霖先生在学术上的创新精神基于读书会疑和心细如发。这是一种智慧。有人说,这种智慧来自他的聪明,而熟悉他的人则清楚:这主要来自勤奋。黄霖先生自己也常说:"做学问一要胆大心细,二要脚勤手快。胆大心细是精神,脚勤手快是途径。"所谓"脚勤",主要就是指多跑图书馆,勤奋读书。早在求学时代,他的读书精神就非常突出。朱东润先生当他导师时,常劝他说:"假如有人告诉我说,黄霖到黄山去玩了一下,那我一定非常高兴。"前几年的一个夏天,他为了遍翻近代文学杂志,天天冒着盛暑酷热,贯穿上海市区去徐家汇藏书楼。中午三两阳春面果腹,然后到附近的长途车站坐等到下午开门。黄霖先生的这种苦读精神,后来竟带到了东京。他在相当长的一段时间内,去东京大学、内阁文库、东洋文库等收藏中国古籍丰富的图书馆,与管理人员一起上班、一起下班。管理人员被他的精神所感动,纷纷热情主动地帮他解决问题。东大东洋文化研究所的大木康先生,主动推迟下班,以让他延长时间阅读到晚上八点钟(图书馆四点半关门)。这位先生几次对人说:"黄霖先生真了不起,他是在这里我见到的中国学者中最勤奋的一个!"

假如说"脚勤"使黄霖先生的创新求异在资料积累上打下坚实基础的话,那么"手快"则能使他迅速地将其成果总结出来,保证其"新鲜度"。他说,早年曾听老师说,不要急于写作,将来要后悔的。但他觉得,自己不是完人,即使到老了,写出来的东西也未必都完善。而且,后之视今,犹今之视昔,总会感到不足的。求了稳,就难创新;要创新,就必须手快。几年来,人们形容他"八方受敌,拳打脚踢",独树一帜,成果累累。这些成果也就是他脚勤手快的结果。

目下,黄霖先生正当盛年,一面带着多名的硕士生、博士生,一面又承担着几项国家和教委的科研任务，还兼带着一定的行政职务，真是任重而道远。我们衷心祝愿黄霖先生能再接再厉，不断取得丰硕的成果！

（作者系上海财经大学教授）

黄霖先生的学术品格

聂付生

学者以品格为先，品格以学术道德为良。在我的印象中，黄霖先生就是这样一位具有高尚学术品格的学者。他自己曾经说过：“为人尚朴实，治学求新异。”大凡对黄霖先生略有了解的人都知道，从20世纪60年代初期投入著名学者朱东润先生门下之时起，至21世纪成果辉煌的今天，近半个世纪的学术生涯，黄霖先生都在认真而执著地诠释着这十个字的人生内涵。

今生有幸，得以师从黄霖先生，尽管是以博士后的身份。几年的零距离的接触，对先生的学识和为人有了更为深入的了解，由此心中久已的敬仰转而为学生对师长的一种纯真的深情。今年正逢先生七十诞辰，我认为很有必要将我所理解的黄霖先生介绍给同行以及先生的学术“粉丝”，以此让更多的学者和同仁知道和了解先生的学术思想和学术品格，同时也表达我对黄霖先生以及为黄霖先生默默奉献的黄师母的一片敬意。

一

学者作为人类思想的主体，作为人类文明的承传者与建设者，其意义首先在于具有独立的人格和自己的思想。他的使命要求他在进行事实认识和价值判断时保持独立的思考。既不拾古人牙慧，也不仰今人鼻息。从学术本身来说，这是一个学者必须具有的一种品格。我认为，黄霖先生之所以成果卓著的主要秘诀，就是因为他始终将学人的独立思想和独立人格作为学术研究的先决条件。他曾经给梅新林先生《中国古代文学地理形态与演变》一书写序时说："学术上的开门立户，绝非易事，这必须要有十分的才学，十二分的胆识，要真正具有学术上的自由独立的精神。"①坚持学术上的自由独立，黄霖先生一直将其视为自己学术追求的一道矢志不渝的准则。

长期以来，中国的文艺学基本都是在西方的整套话语之下运行，从名词概念到理论体系。似乎也只有如此，中国的文艺学才有出路。因此，我们的学人始终走不出以"西学为体"的误区，一直在西学影子下观照和思考不同文化背景的中国古代文论的各种命题和范式。甚或一些研究者盲目崇拜之，从思维方式到语言表达，如果离开了西方话语，几乎到了说不了话、写不了文章的地步。学术界将这种现象概括为中国文论的"失语症"，20 世纪 90 年代也曾经因此掀起过颇有声势的一场大讨论。通过讨论，有识者普遍认为，中国人研究文艺学而不懂中国传统文论，而只会跟着西方人亦步亦趋，用西方的"话语"说话，实在是一个令人啼笑皆非的悲剧。

也正是在这种情况之下，学界不失时机地提出"古代文论的现代转化"问题，积极寻找现代性文论体系的建构方式和途径，试图在保留中国古代文论本土价值的基础上建构起自己的文论新理论体系。对此，钱中文先生认为："现代转换就是一种理性的分析，目的在于使那些具有生命力的古代文论部分，获得现代的阐述，成为当代文学理论的组成部分。古代文论话语极为丰富，可以构成自己的话语系统和理论体系。"②然而，一个不容回避的问题就是：既然中国古代文论的现代转换是历史的必然趋势，那么，中国古代文论有无转换的内在依据？换句话说，中国古代文论有无内在的逻辑和体系可言？中国古代文论之所以失语，就是因为有学者对此颇有质

① 《中国古代文学地理形态与演变·序》，复旦大学出版社 2006 年版。

② 《再谈文学理论现代性问题》，《文艺研究》1999 年第 3 期。

疑,进而将眼光转向与中国文论体系完全有异的西方世界。这个关键问题不解决,就无法扭转中国古代文论失语的被动局面,更不要说“古代文论的现代转化”了。

黄霖先生确有先见之明,早在上世纪80年代就注意到这个问题,并就中国古代文论固有的理论体系作了深入细致的考察和分析。他曾经说过:“我从1978年起回复旦受命研究中国古代的小说理论批评,先后编写了《中国文学批评史》中、下册中的全部小说批评文字(1981,1985),以及出版了《中国历代小说论著选》(1982,1985)与《古小说论概观》(1986)。这些编著,主观上是想开始真正着手全面、系统地梳理中国古代小说理论的资料与勾勒出一条理论发展的轨迹。”①在这场“失语症”和“转换论”大讨论展开之时,黄霖先生已通过自己的摸索和理解初步建构起了中国古代文论的理论体系。

在黄霖先生看来,“中国古代的文学批评”,往往是既有理论,又有体系的,“只是没有明确地表述而已”。他清楚地看到中国古代文论的优势和缺陷,他也深知“全球化不是西化,不要简单地将西方与先进之间画上等号,用西方的一套来诠释,实际是消解中国古代文论的基本精神”②。但黄霖先生一直深信中国古代文论重见天日之时为时不远,因为“文论在近现代的转型中,传统的遗传因子总是难以消弭”③。通过多年的摸索和思考,黄霖先生终于将“没有明确地表述”的古代文论体系以“原人”二字归纳出来,其研究成果《原人论》也由复旦大学出版社在千禧之年予以出版发行。

《原人论》是由他自己主编的三卷本《中国古代文学理论体系》(《原人论》、《范畴论》、《方法论》)中的第一卷。全书旨在在神龙见首不见尾的中国古代文学体系中“努力拨开云雾,发见全龙,去透视

① 罗书华《中国小说学主流·序》,上海书店出版社2007年版。

② 吴建民《中国古代诗学原理·序》,人民文学出版社2001年版。

③ 孙秋克《中国古代文论新体系教程·序》,浙江大学出版社2007年版。

中国古代文论感悟式、经验型的表现形式发现其内在的本质的联系，认识其完整的一体”。因此，在具体的研究过程中，黄霖先生调动起他所有的知识积累，高屋建瓴，眼光独特，既在“世界范围内抓住其中国的特殊性”，又在“中国的特殊的古代文论中从纵横两个方向上探究其一般性”①。在此基础上，黄霖先生又“折中时贤所论和独自所悟”，特“拈出‘原人’两字来概括中国古代文学理论批评体系的基本品格和核心精神”，可谓苦心孤诣。其内容大致包括心化论、生化论、实化论三个部分，构成一个完整的、独立自主的中国文论理论体系。

关于这个体系的解释，黄霖先生有一番言简意赅的话，现抄录于此。他说：

所谓心化，是缘于人之所以为人，最根本的特点就是有“心”，有意识，有思维，有欲求，有情感，有一颗无比复杂的头脑和无限丰富的精神活动。人在对外界事物的接触、体验、认识和再创造的过程中，往往把天下之物心化，即把客观的世界和主体的精神相融合，从而以文学作品的形式创造出心化了的“第二世界”。中国古人从来强调人之心在文学创作中能动的、突出的地位，而不是把文学创作看成是简单的模仿，因而，“诗言志”的理论在中国古代文论中一直居于一种不可动摇的核心地位。文论家在论述文学创作时，从感物动心以创作发生，到细论心物之间的互动关系，再到意象的生成、意境的创造以及创作心境的不同等有关心化的问题，都有所关注和阐发，构成了“心化”论的一个比较完整的体系。正是在这个意义上，笔者赞赏刘熙载在《游艺约言》中所说的：“文，心学也。”

所谓生命化，是缘于人之所以为人，在于人是一个有生命的实体。生生不息，以生为本，是中国古代哲人对于世界本质

① 《原人论》第3、4、5页，复旦大学出版社2000年版。

的一种“普遍认识”。具有强烈的生命意识的中国古人自然地用“生”来观照天地万物，对待文学创作，把文学也视作人一样的充盈生气、活力弥漫乃至血肉完整的生命实体。中国古代的相术及魏晋的人物品评的风气，也从不同的侧而影响了文学“生化”论的形成和发展。诸如“文有神，有魂，有魄，有窍，有脉，有筋，有奏理，有骨，有髓”（清·王铎《文凡》）之类，直接用人体来比喻对论文学问题的论述触处可见。气、气象、情、志、神、意，以及文体、结构、文势、文脉、风骨等渗透着生命精神或生命形式的理论概念，充分地显示了中国古代文论的民族特色，揭示了文学具有生化的本质特征。它就是人的生命的文学化……

所谓实用化，是缘于人之所以为人，还在于人是一个群体，是社会中人。人类如何现实地协调相互间的关系，从来就是一个民族、一个社会生死攸关的严重问题。……维护一定的现实人际间的伦理关系，从来就是被视作文学创作和欣赏的根本目的。因而，在讨论人与现实、德与言、文与质等关系，以及提倡“温柔敦厚”、“中和之美”等时，占主导地位的都是以追求伦理性、实用性、功利性为最终鹄的，明显地将中国古代的文论打上了实化的色彩。①

文学是人学。这个命题在中国古代文论中一直放在最中心、最突出的位置而被不同时期的古代文论家所重视。他们所探讨的每一个命题不同程度但几乎一致都在强调文学的生命本质。通过对生命本质的探讨，发展出着意体验和感觉的艺术意境，讲究文学情感诉求的言志缘情，因此又形成了物感、滋味、风骨、兴趣、神韵、性灵等一整套独特的话语系统。而在文学的功用上，往往又将这种体悟式的生命本质与强调天人合一的社会伦理紧密相连。用黄霖先生的话来说就是：“文学原于人，以人为本。”而“原人”的核心内容即

---

① 《“原人”，是否传统文论的核心精神》，《河北学刊》2004 年第 6 期。

是“文自人,文似人,文为人”①。我很欣赏黄霖先生这句话:“我写文章时,不管什么名家权威,天皇老子,都把他们当作是和我一样——都是人,一切都要在自己的脑子里转一转。”黄霖先生就是凭着这种“转一转”的执著,成就了他中国古代文论原人论的理论体系建构。

当然,建立本民族的文论体系,并不是不要借鉴西方有用或有价值的文学理论,黄霖先生一直主张:“中国化的前提就是要吸取西方的优秀的东西。不接受外来有益的、先进的东西,就不存在化不化的问题了。”②黄霖先生如此强调西为中用的重要性和必要性,意在为中国古代文论的自新和完善提供一个参照物。这是辩证的、多元的思想的体现。如果说,黄霖先生能够在中国传统遭遇“失语症”的时候,勇于思索而建构起来的文论体系表现了一个民族学者所应具有的民族尊严的话,那么,在全球化的语境中思考传统文论的自新问题,我想,这恰是一个健全的、具有独立思考和独立精神的学者所必须具有的品质。黄霖先生的学术成功就是因为始终坚持着这种学术追求和学术品质。

二

创新,是学术的生命。黄霖先生不止一次表述过这个观点,用他的话来说就是:“求新好异,是人类普遍的天性,社会进步的标杆,什么东西都强调一统和凝固,就没有一个活生生的世界。”他谆谆告诫我们这些学子:做学问,切忌出现像李贽批评的那种“一犬吠影,

① 关于这个“原人”思想的主要内容,黄先生过去曾经用心化、生化、实化来解释,“其中‘实化’一题与我原来的想法有很大的距离,不太准确,现今改‘心化、生化、实化’为‘文自人、文似人、文为人’的提法,或许能更好地概括‘原人论’的基本思想”(《关于编写中国文学学史的几个问题》,《复旦学报》2011 年第 1 期)。

② 李桂奎《中国小说写人学序》,新华出版社 2008 年版。

众人吠声”、“万口一辞，千年一律”的现象，选题新、材料新、观点新，是衡量一个学者的标尺。他经常说：“论文也要有‘我’。最讨厌的是写论文变成搭七巧板。”有“我”就是要有自己独到的东西；所谓搭七巧板，就是将现成的材料重新排列组合一下。他认为，这样的文章发表一百篇也于学术无益。

黄霖对学生如此，对自己更为严格。他的特点就是：没有一新，决不落笔作文；每作一文，又力避人云亦云。总之，鲜明的创新精神，是贯穿他全部学术活动的一根红线。在圈内，黄霖先生就是敢于独树一帜、力求自我完善而被同行和熟悉者所尊崇。

早在上世纪70年代末期，学术冬眠期刚刚过去，朱星先生即以《金瓶梅的版本问题》一文投给沉寂已久的学界以一束靓丽的阳光。该文也引起了黄霖先生的关注，黄霖先生尽管佩服朱先生的识见，却并未全盘接受其观点，其中对朱先生“《金瓶梅》原本无秽语”的说法强烈质疑，第二天即行文发表自己的看法，这就是《金瓶梅原本无秽语说质疑——与朱星先生商榷》一文的由来。该文从语言、篇幅和原序等几个方面力证朱星先生“《金瓶梅》原本初刻无淫词秽语说是难以成立的”。接着，写出一系列探讨《金瓶梅》的论文，因为材料新、观点新、角度新而引起学界的高度关注。

做学问的都知道，材料是支撑观点能否成立的关键因素，那些颇有争议的学术问题尤其需要新材料的发现和可靠材料的支撑。黄霖先生做学问善于在寻找新材料（包括文本中的新材料）上倾注精力，且多有所得。有道是，有心得自然出新意，有新意自然超越家法门户之见。黄霖先生中国古代小说研究的论文几乎都是这种心得的产物。因吴从先《读水浒传》一则材料，引发黄霖先生对《水浒传》作者、成书、版本一系列疑难问题的新思考，撰成《一种值得注目的水浒古本》一文，给争论不休的水浒提供了一个新视角；《宋末元初人施耐庵及施耐庵的本》中提及的常熟也有“施耐庵墓”的记载，引起了《水浒》研究者和民间文学工作者实地调查和研究的兴趣。他提出的冯梦龙《情史·丘长孺》一文，对研究《金瓶梅》的最早全本收藏者刘承禧关系极大，同时也为寻觅《金瓶梅》与冯梦龙之间的关系提供了线索等等。难怪有的学者说："黄霖的文章耐读。"

这种研究方法在《金瓶梅》成书和作者问题的探讨上表现得最为明显。《金瓶梅》的成书、创作时间和作者因材料的缺乏一直扑朔迷离，研究者都是从熟知的材料中展开这些问题的研究，有些属合理的猜测，有些则纯是无稽之谈。黄霖先生是在《金瓶梅》研究中投入很多精力的学者，对这些问题自然也是极为关注的。然而，他与别的学者不一样的地方，就是极力避免在原有材料上兜圈子，而是发人所未发，善于从文本中寻找内证。《金瓶梅词话》第五十六回中有一诗一文，刚好与《开卷一笑》中署名一衲道人的《哀头巾诗》和《哀头巾文》相同，黄霖先生想，这是否能够成为解开《金瓶梅》作者之谜的一把钥匙呢？通过仔细的考索，黄霖先生发现，《金瓶梅》第五十六回中的一诗一文就是外号笑笑先生、一衲道人的屠隆所作。因此，署名兰陵笑笑生的《金瓶梅》应该与屠隆之间会存在某种解不开、理还乱的联系。黄霖先生以此为基础，从屠隆的籍贯和习尚、处境和心情、情欲观、生活基础、文学基础、《金瓶梅》的最初流传等六个方面入手，展开《金瓶梅》作者、成书等问题的探索。进而得出《金瓶梅》的作者兰陵笑笑生就是外号笑笑先生的屠隆。之后，黄先生又发表《〈金瓶梅〉作者屠隆考续》、《〈金瓶梅〉成书问题三考》、《〈开卷一笑〉与〈金瓶梅〉作者问题——从答〈笑笑先生何许人也〉说起》等系列论文以申论自己观点的合理性，在学术界引起强烈的反响。台湾学者魏子云先生说："黄霖认为《金瓶梅》的作者是屠隆，所提证言，极有继续探究价值。我认为黄霖寻出的资料与推断，率多能够成立，比其他诸说之难猜，符节多矣。"①黄霖先生对《金瓶梅》的成书、创作时间等方面的考证也应作如是观。其每次考索材料之新都能给同仁带来一些惊喜和有益的启发。

如果对小说的探索黄霖先生偏重材料上新异的话，那么，对文学批评的研究则执著论文观点和阐述的新颖别致，两者殊途却同

---

① 转引自凌昌《黄霖与中国古代小说研究》，《复旦学报》1989 年第 2 期。

归。在文学批评方面的成果除了上面已经言及的《原人论》之外，最让黄霖先生满意的就是王运熙、顾易生先生主编的国家社科重点科研项目《中国文学批评通史》系列丛书的第七分卷《近代文学批评史》。这部倾注其毕生心血的批评史专著旨在中国近代文学批评的“新变”中构筑中国近代批评史理论学科体系。作者在卷首的“说明”中明确表示：“中国文学批评在近代发生新变……本卷论史，以是否适应和推动文学近代化的历史进程为基本评判准则。……在编写过程中，努力从客观材料出发，广泛地联系社会、思想、文化变革的实际，将历史轨迹的探索，同理论上的概括和微观细致的剖析结合起来，以涵盖全面、观点平允、材料信实、表达清晰为目标，力求在中国近代文学批评史的研究中达到一个新的高度。”①显然，黄霖先生的目的完全达到了。在通盘考虑该著的理论框架时，黄霖先生首先将中国近代批评的新变置于那个特殊的时代和文化背景当中，而不是就文学批评论文学批评，高屋建瓴，视野开阔，很多问题都在这种开阔的视野中得以清晰地呈现。即使阐述本身，黄霖先生也是根据翔实可靠的材料，选择道人所未道、道人所未详道的地方展开自己的思辨。如该书第九章“中国文学史学”列论的林传甲、刘师培和黄人等人的文学史著作，都是在“西方近代的史学观点、治史方法和编史体例”冲击下的“新型的中国文学史著作”，在黄霖先生看来，是“中国文学的历史批评自此进入了一个新的阶段”的标志，所以，作为近代中国文学批评史的一个组成部分，这些著作“显然应该有它的独立的篇章，受到应有的重视”。从第九章的具体的论述来看，论者确有很多令人耳目一新的独到见解，其中对刘师培的文学观和文学史观的分析，对于黄人《中国文学史》反映出来的诸多特点（如鲜明的编史目的、新颖的文艺观点、进化的发展史观和独特的编史方法），尤显精辟透彻。

即使对那些在大家看来不堪一提的古代文学作品，黄霖先生也能独辟蹊径，挖掘出蕴含其中的合理因子，并作别开新面的阐释。

① 《中国文学批评通史（七）·近代卷》，上海古籍出版社 1996 年版。

明清时期,在世情小说《金瓶梅》的影响下,艳情小说在社会上风行一时。这些艳情小说如同敝屣,被学界弃之一边,能够理性对待者甚少。黄霖先生则取不同的态度。在他的书评中,很大一部分就是对这些小说的介绍。如无遮道人《海陵逸史》、芙蓉主人《痴婆子》、入玄子《浪史》、云游道人《灯草和尚传》、痴道人《株林野史》、醉西湖心月主人《弁而钗》和《宜春香质》、无名氏《一片情》、西山樵子《闺艳秦声》、佚名《巫梦缘》、佚名《醉春风》、佚名《山水情》等等,黄先生都能选择其新颖的地方对其内容的优缺点做客观公允地评价。

我们就拿他说得最多的清初小说《一片情》为例。《一片情》,清初小说,向来被人视为"淫书",不为史家所重。早如清同治间丁日昌开列的"淫词小说"中,即有此书。孙楷第《中国通俗小说书目》即将它归入"专演猥亵事"一类。江苏社科院所编的《中国通俗小说总目提要》也把它归为"内容淫秽猥亵"一类。国外如美国的韩南《中国白话小说史》提及此书时,也说它"实际上是写色情"而忽视之。黄霖先生则不做这样简单的甚或粗暴式的论断,而是实事求是,公允而断。他说:"固然,此书秽笔甚多,但若挑开这层外衣,稍加留意的话,就会发现这部善用方言俗语,文笔流畅轻松的白话短篇小说集稍不同于一般粗劣庸俗的淫秽小说。它是在元明以来复苏人性思潮影响下,以情为纲,相当全面地暴露了中国古代封建社会中畸形的婚恋观念和罪恶的婚姻制度。在某种意义上可以说,这部小说是对于中国古代封建婚姻弊端的一次大暴露、大批判。"他甚至把它放在一个更为宽广的文化语境中去观照,认为,《一片情》的十四个故事"都反映了一定的社会问题",只是作者"有意无意地将矛盾集中在婚姻家庭问题上"而已。因为也只有通过两性之间的婚姻,将作者的"人性论和人道主义"观点表露出来①。像这样的分析,我们认为才是合情合理、令人信服的,同时也是新颖别致的,体现出一个人文学者对民族文化所应有的负责态度。

---

① 《试论〈一片情〉》,《社会科学战线》1993 年第 2 期。

三

王文禄在《文脉》中说:“有塞天地之气,而后有垂世之文。”沈德潜在《说诗数语》中说:“有第一等襟抱,第一等学识,斯有第一等真诗。”大凡一流学者,都会在如何批评别人和如何对待别人的批评上表现出宏大的度量,其言也善,其意也深,其视也远,有一种容纳百川的胸襟,兼容学术上各种不同的观点,倾听不同的声音。接触过黄先生的人都知道,黄先生为人谦逊,有包容之心。谦逊是其人品,包容则是其学品。两者均堪称后学辈学习的典范。

《金瓶梅》因留下的谜团太多而成为金学研究者欲争相破解的对象,又因对自己看起来有道理其实破绽百出的说法而珍惜不已。从情感上说,这是完全可以理解的。黄先生也曾经有这种经历。据他说,早在1981年,金学研究专家王汝梅先生曾经写过有关张竹坡小说批评的专论,但他对张竹坡评本间的重要差异并未作充分的注意。到1985年,黄先生在阅读了不少张评本的基础上,强调有两种不同系统的本子存在:一种是卷首多《凡例》、《冷热金针》、《第一奇书非淫书论》三篇附论而无回评本;另一种是有回评而少三篇附论本。在黄先生看来,这两个本子应是并行的,认为王先生“将两种本子混在一起来评论张竹坡的文学思想”的做法是“十分可惜”的。王先生对这位“年少气盛,不知天高地厚”的学术新锐一点不见怪,只是婉转提出其错误所在。黄先生一直到见到大连图书馆藏“本衙藏板”本等重要本子后,才知道自己的失察,也终于接受了张评本的原本也有这三篇附论且同时有回评的事实,并且知道“两种系统”并存的现象乃是书商因商业利润而翻刻所造成。“这件事对我的教训是深刻的,使我清醒地认识到做学问一定要保持一种虚静的心态,力求去穷尽一方之资料,而结论是决不可轻下的。同时,也使我又一次警诫自己,讨论学术一定要从学术出发,既要有实事求是的精神,又要有与人为善的态度”①。正因为抱着这种有错即改、谦虚好学

① 王汝梅《金瓶梅解读·序》,时代文艺出版社2007年版。

的学术态度，黄先生与那些观点不同的金学研究者如刘辉、梅节、魏子云等都有相当不错的交谊。

不仅如此，黄先生还认为不同观点之间可以成为互为启发的一种触媒，成为互相促进的一剂良方，正常的学术争论对繁荣学术、加强学术之间的交流和沟通起到重要的作用。《金瓶梅》作者屠隆说出来后，认同者有之，质疑者有之，也有明确反对者。黄先生都能冷静、客观、正确地看待这些不同的观点，他说："平心而论，要落实《金瓶梅》的作者是屠隆，目前尚有一些障碍。但我觉得这篇文章的意义不在于能不能立即确定《金瓶梅》的作者是否就是屠隆，而在于围绕着这一作者问题引发和推动了《金瓶梅》成书年代和作者用语、习俗的大讨论。"①他还说："就我个人而言，注意到全书中不少观点与我相左，即以开头三大类十六题中，直接与间接点到笔者并示批评的，就有十余处之多。我将这些都视作对我的尊重和推动。学术问题本来也只有在自由、平等的批评和讨论中才能得到真正的发展。"②学术平等，学术包容是学者应该具有的良好的学术品格。

事实也是如此。学术之所以要研究，正因为一时找不到"正面的、直接的、确凿可靠的证据"而互为诘难、推究和探讨；也正因为存在着种种疑问，自然仁者见仁、智者见智。或者寻找新的材料，或者采用新的方法，即使"找不到直接的证据，那些间接的材料、线索"照样可以成为"考证的根据"。在黄先生看来，论者"只要从真实的材料出发，向着探究的目标前进，作出合乎常理的分析，都是一种健康的、科学的研究"。所以，不同观点之间不是水火不容的，而是呈现一种互为依存的关系。

学术界一直不缺乏霸气者的存在，对来自不同的批评，只容许他的声音四处震荡，别人稍有质疑，要么大棒挥舞，要么厉声呵斥，而批评起别人来，更是一副气势汹汹的模样，居高临下，自以为是，其思维模式仍旧是"文革"时留下的那一套，仍把批评看成是一种斗

① 王平、程冠军主编《金瓶梅文化研究·序》。

② 刘辉等《金瓶梅之谜·书评》，《文汇读书周报》1989 年 10 月 14 日。

争，把论敌看做是敌人。这种类似骂大街式的学术争论往往都会脱离正常的学术争论轨道，而上升为对对方人格的批评甚或侮辱。从这个层面上说，黄先生向我们的研究者发出“自重，能慎言，在充分看到成绩的同时，时时拿别人的批评意见来自警”的呼吁，与其说是作为一位学界前辈向后学的一个希望，还不如说是黄先生几十年学术生涯的真实写照。黄先生一直这样要求自己，对人包容，对己慎言。因此，也不难理解他在撰写《中国文学史》第四卷时并没有特别强调《金瓶梅》作者屠隆说的做法了，这确实与那些自视甚高、独断专横的霸气学者形成了鲜明的对照。

四

黄先生的学术品格还表现在他积极的入世精神和鲜明的人文关怀。积极的入世精神和鲜明的人文关怀对于一个人文学者也是非常重要的，我们很难想象一个两耳不闻窗外事、一心只钻故纸堆的学者会有一流的学术成果出现，即使有，也应是一些没有生命、没有情感的死学术。

黄先生将古代文学学者的研究分为两种：“一种是完全出于学者个人的兴趣爱好，借文学研究以自娱自适，或追求某种纯学术上的价值，达到学术上的某种自足；另一种学术研究是与社会之需要、时代之精神、文化之变革自觉在联系在一起，直接或间接地包含着某种社会群体的功利性。”①黄先生认为，社会性的研究学者都是积极入世者，他们往往将自己的学术与社会的责任和历史的使命结合在一起，明末清初的黄宗羲、顾炎武、王夫之，民族存亡生死攸关时期的梁启超、王国维、闻一多等，都是如此。这类学者尽管或多或少会与政治结缘，但是，在黄先生看来，只要“经世致用、关爱人生”，都是值得肯定的。而个人性学者追求一种“恁是天崩地陷，他也不管，

① 黄霖主编《20世纪中国古代文学研究史·总前言》，东方出版中心2006年版。

只管讲学"①的学术独立，尽管离社会较远，也还是有存在的价值。相较两种学者的研究，黄先生明显钟情前者，他明确地说过："研究古代文学，可以是出于自娱自适，或者是追求某种纯学术上的创获，但我欣赏的还是研究者当有一种经世致用、人文关怀的精神，能立足在现实，能有益于当世。"②还说："学术研究要有人文关怀的精神，要关心现实，关怀现代人的生存，老百姓的问题。"他最不满意就是那些"要在象牙塔里做学问，离现实越远越好"③的学者，于世无补，终费精神。

黄先生这样说，也是这样做的。当着手建构中国古代文论体系之初，黄先生就是抱着在全球化的背景下维护我们中华民族这份弥足珍贵的文论遗产的目的。他说："我是一个中国人，我有中国人的感情，我自然能更深地体会到中国的传统的确有永恒的东西存在，有消化异质文化的基础与能力。我希望的是能将异质文化中国化，而不是用一个多世纪以来的西方霸权话语来化掉中国的优秀的传统。"④面临西方话语霸权而致使优秀的经典的中国古代文论一直处在"失语"的状态，对于一个具有民族文化情结和忧患意识的学者来说，是相当痛苦的一件事。要么听之任之，让失语症蔓延下去，直至消亡，代之以彻底的西方话语；要么沉潜下去，将"中国古代文学理论的内在体系和民族精神"⑤清晰化、条理化，进而建构成一套独立自足的完全可以抗衡西方话语霸权的文论新体系。黄先生毫不犹豫地选择了后者。

正因为具有强烈的民族情结，开展这项工作的过程中，黄先生始终采用民族语言的表述方式，"在每个章节的安排、每个理论层面

① 高攀龙《顾季时行状》，四库全书本《高子遗书》卷十一。

② 杨绪容《〈百家公案〉研究·序》，上海古籍出版社 2005 年版。

③ 杜清《由"史"而"论" 由"论"而"史"——黄霖先生文学批评史研究访谈录》，《中文自学指导》2006 年第 5 期。

④ 李桂奎《中国小说写人学序》，新华出版社 2008 年版。

⑤ 《原人论·前言》，复旦大学出版社 2000 年版。

的设立，乃至建构整个体系的思维逻辑与理论话语上，都必须符合中国传统文论的精神与气度，具有鲜明的民族特点”，尽量避免或拒绝西方话语的侵入，保持中国古代文论体系的纯真性和原创性。从民族情感的角度来说，这也是爱国意识在学术上的表现。黄先生与李桂奎、韩晓、邓百意撰著的《中国古代小说叙事三维伦》（上海世纪出版集团 2009 年 7 月）也应作如是看。

最能体现黄先生入世精神的研究莫过于对《金瓶梅》的研究。他很崇拜郑振铎的研究方法，对其“洋溢着一种强烈的经世致用的精神”的《谈金瓶梅词话》一文给予了“在 20 世纪中国文学研究史上是具有经典性意义”①的高度评价。在实际研究中，黄先生正是踏着郑振铎的脚步，对《金瓶梅》展开更深入的探讨。他说：“搞《金瓶梅》研究的意义，不仅仅在于《金瓶梅》本身。它将是牵动人类自我认识史上诸多问题的一场斗争。在某种意义上可以说，人们对《金瓶梅》的认识多深，也就是人类对自己的认识多深。所以，越是遇到压力，就越是有干劲。”②还说：“正是在这意义上，我们可以毫不夸张地说，这是中国古代一部反腐败的经典。我们阅读它，就可以窥见整个封建社会的腐败之根源、病态之所在；通过了解漫长的封建社会的病态，也可使我们更加清醒地认识它所遗留给现代社会的顽疾。”③诸如此类对当世颇有针砭意义的论述在他的《金瓶梅》论文和专著中随处可见，我们因此也能清晰地触摸到黄先生身在书斋而心怀天下的那颗拳拳之心了。

（作者系浙江工商大学教授）

① 黄霖主编《20 世纪中国古代文学研究史·总前言》，东方出版中心 2006 年版。

② 转引自凌昌《黄霖与中国古代小说研究》，《复旦学报》1989 年第2 期。

③ 黄霖等《金瓶梅鉴赏辞典·前言》，上海辞书出版社 2008 年版。

黄霖先生的学术门径及其典范意义

——以小说研究为中心

李桂奎　潘　峰

说起来，恩师黄霖先生的学术研究大致与中国改革开放的“新时期”政治、经济、文化的发展相伴而同步。三十多年来，先生不仅以其睿智引领着古代文学研究的时代潮流，而且还面向现代，独辟蹊径，在文艺理论体系建构、近代文学与文论以及文学史学与文学研究史研究等各个领域都留下了踏踏实实的足迹，尤其在小说与小说理论研究上，先生更是“两金起家”①，全面开花，享誉甚高，达到了“横看成岭侧成峰”的境界。值先生七十华诞即将来临之际，我的脑海里忽然迸出这样一句话：霖甘三尺育桃李②。并油然而生出这样一种想法：作为一名受教多年的黄门弟子，应该结合自己师从先生从事小说与小说理论研究的体会，对先生的治学门径做点感悟性的解读，以期与广大同仁共享。

---

① 先生曾戏言自己的学术之路说“两金起家”。所谓“两金”是指“怪杰”金圣叹和“奇书”《金瓶梅》。

② 这句话既包含着老师的名（霖）和我的姓（李），也双关所有弟子（桃李），而“三尺”也有双重含义，一则是老师三尺讲台，二则是好雨透地三尺，皆寓涵老师对我们哺育深厚。

一、通过抓取各种关键问题求“新”

我们知道，先生治学，一向追求创新。早在上世纪八十年代，他就为自己立下了这样的座右铭：“为人尚朴实，治学求新异。”的确，在一路风尘的治学历程中，先生始终坚持锐意创新这一宗旨，从不重复别人，也从不重复自己。他不仅身体力行，而且还屡屡训示我们这些弟子说：“做学问，写文章，总要有一点新的材料，或者是新的观点、新的方法、新的理论，假如只是把现成的东西拆下来重新组合，写一百篇也等于零。”①为落实他的创新追求，先生特别善于以敏锐的眼光发现问题，然后或用新材料论之，或用新方法论证之，从而提出令人耳目一新的见解或理论。

首先，单从先生所发表的论文题目看，“问题”二字就特别醒目，而这些带有“问题”二字的论文的确又都围绕问题探讨而展开。如早期有一篇名叫《有关毛本〈三国演义〉的若干问题》的论文，一口气提出了“毛本《三国演义》究竟成于谁之手”、“毛纶父子的基本情况怎样”、“通行的毛本《三国演义》卷首题为‘顺治岁次甲申嘉平朔日金人瑞圣叹氏题’的序言如何”、“李卓吾评本乃是叶昼所伪托”、“毛本评点在艺术分析上有何价值”等五个重要问题，并断言：“假如从艺术角度来衡量毛本的功过得失，毫无疑问是得多于失，功大于过。”该文对毛评本的艺术价值予以首肯，打破了以往人们通过冠以“正统说”而株连到对其艺术评价的种种非议。而关于毛本的作者问题，先生更是根据俞平伯《三国志演义和毛氏父子》所用的材料加以分析，得出结论说：“毛本《三国演义》当是出于毛纶、毛宗岗父子之手。”从而修正了以往只提其子不提其父的疏漏。而关于毛氏的生年，先生则从第七才子书《琵琶记》的序及总论中寻找线索，推断出毛纶的生年约在明万历四十三年(1615)，并进而假设毛纶25岁

① 黄霖《〈吴敬梓诗说研究〉·序》，见周兴陆《吴敬梓〈诗说〉研究》第1页，上海古籍出版社2003年版。

得子，推出毛宗岗当生于明崇祯十二年(1639)。其论证过程严密，自然颇具说服力。这个问题提出之后，陈翔华先生通过发现新的材料，确证了毛宗岗的生年当在崇祯五年(1632)①。可见，先生当初的推断是十分接近的。另外，这篇论文还断定“杭永年即是那个‘背师之徒’”，而“所谓‘圣叹外书’，显然是块招徕生意的招牌”②。显然，这里触及的几个问题都是关于毛评《三国》一书的关键问题。再如，《〈金瓶梅〉成书问题三考》一文就当时国内外学术界关心的“三个问题”谈了自己独到的看法，尤其是针对过去长期占主流的“嘉靖年间成书说”，先生以小说中的过场人物陈四箴为重要内证，进一步论证了郑振铎、吴晗等前辈学人的“万历年间成书”说③。又如，关于《金瓶梅》词话本与崇祯本的关系，学界向来聚讼纷纭。有的人认为是母子关系，有的人则认为是兄弟关系，到底孰是孰非？对此，先生的《关于〈金瓶梅〉崇祯本的若干问题》一文作了回答：“崇祯本当以已刊词话本(所谓‘原本’)为底本，又参照了另一‘元本’修改加评而成。”④这一结论自然更合乎情理。至于这篇文章的具体观点，先生后来在另一篇论文中作了这样的总结：“崇祯本系统中，二字行眉批本当为最先刊出；三字行眉批内阁本、四字行眉批北大本、天理本、上图甲本及混合型眉批上图乙本、天津本三类分别从二字行眉批本出；无眉批的首图本则从内阁本出。至于四字本中的北大本、天理本、上图甲本，也非同版，它们之间的关系有待于进一步研究。”⑤由此，我们不难感受到，先生为问题有效解决，在各种版本的

① 陈翔华《毛宗岗的生平与三国演义毛评本的金圣叹序问题》，《文献》1989年第3期。

② 黄霖《有关毛本〈三国演义〉的若干问题》，见《三国演义研究集》，四川省社会科学院出版社1983年版。

③ 黄霖《〈金瓶梅〉成书问题三考》，载《复旦学报》1985年第4期。

④ 黄霖《关于〈金瓶梅〉崇祯本的若干问题》，载《金瓶梅研究》第一辑，1990年9月。

⑤ 黄霖《〈金瓶梅〉词话本与崇祯本刊印的几个问题》，载《河南大学学报》2006年第1期。

考证和梳理上所下的细微功夫。他如,《〈金瓶梅〉词话本与崇祯本刊印的几个问题》一文是针对学界很多人认为现存《新刻金瓶梅词话》并非是初刻,而是二刻、三刻,乃至是清初所刻等说法而发,尤其对梅节先生等力主"是兄弟关系或叔侄关系,并不是父子关系",进行了分析辩驳。通过大量资料的爬梳,先生言之凿凿地提出了自己的看法:"《新刻金瓶梅词话》即是初刊本"、"崇祯本必据《新刻金瓶梅词话》修改而成。"并进而就"关于崇祯本的若干问题"(王孝慈藏二字行批本与世界文库本问题、关于眉批的多寡问题、插图问题)作了许多富有雄辩性的论析①。还有,从题目上看,《二十世纪中国几个问题》也是意在通过总结学术史,提出古代小说研究所存在的诸多"问题",并指明了今后研究的方向②。近年,先生转而对清末民初涌现出来的数量众多、色彩斑斓的"小说话"产生了浓厚的兴趣,除了搜集整理,还专门以《清末民初小说话中的几个理论热点》为题撰文,就当时小说话中较为集中讨论的有关古与今、中与西、"新派"与"旧派"之间关系等问题作了述评,揭示出当时不同观点的冲突与调和,并明确指出:"民初的小说话多为'旧派'小说家所作,他们指摘'新派'文学家的偏颇与问题,呼吁新旧两派'和衷共济',但在中国现代文学史上从未真正形成'和衷共济'的局面,值得令人深思。"③由此看来,先生是一位名副其实的"问题专家",他的问题常是避前人之所熟,发前人所未发,既是前瞻的,又是独到的。

除了题目上显示或隐含"问题"二字,先生在各篇论文的行文中,也常较高频率地使用"问题"二字或相仿佛的设问句,从而引出自己的连环话题和逐层论述。如《再论〈金瓶梅〉崇祯本系统各本之

---

① 黄霖《〈金瓶梅〉词话本与崇祯本刊印的几个问题》,载《河南大学学报》2006年第1期。

② 黄霖《二十世纪中国古代小说研究的几个问题》,载《韩国中国小说学会创立10周年纪念国际学术发表会论文集》,1999年12月。

③ 黄霖《清末民初小说话中的几个理论热点》,载《复旦学报》2009年第1期。

间的关系》一文针对梅节先生认为崇祯本系统中的“正头香主”是内阁本的观点，从“有意简略”、“时见脱漏”、“特多错刻”三个角度实证了“内阁本不似原刻形态”，并同时谈及了其他一些有关问题。其中有这么一段论述：“在这里，还有一个关键问题，即内阁本的插图品质如何？是‘精美’的，还是粗劣的？现在不得而知。但从首图本来看，其插图均为王氏藏本的仿刻，形神均无，粗劣不堪，又减少了一半，这都暴露了书商追求利润而减少成本的思维。内阁本坊主的思维与首图本是一脉相承通的。他复刻王氏藏本的一半不可能精工细雕，其水平能达到北大本之类的水平也是相当不易的了。当然，我这个分析也需得到实物的验证，在未见到内阁本插图之前，也与梅先生一样，只能是一种推测。”①问题与态度，清清楚楚。再说《近百年来的金圣叹研究——以〈水浒〉评点为中心》一文，先生在对关于金圣叹这一多年来争论不断的复杂怪杰的研究进行总结时，找到了产生矛盾与争论的三个症结，并提出了相应的如何解开的策略：一是对“论学与论人的问题”，先生指出：“研究学术史，似乎不当（至少是不当完全是）以人品的高低、乃至权位的大小来论列，主要应当考量他在学术史的长河中提供了哪些新鲜的而有价值的东西。”“我们不能简单地因人废言，或者是以人论学。”“论人也不能简单地用‘政治标准’去硬套。”“论人论世，必须全面观照，不能抓住一点，不及其余。”这就为学术研究提出了几个指导性的意见。二是对“小说与八股的问题”，先生指出：“我们不能将八股与八股的僵化等同起来，从而自己僵化地将八股只看作是一种毒药，而当将它视为一种文体形式来看待的话，就会得出比较实事求是的评价。”主张在“实事求是”的总原则下，一切问题都可迎刃而解，而不能凭印象打分，更不能全盘否定。三是对“客观的评价与主观的阐释问题”，先生的态度是：“以阐发批评家主体意识为主的评点，与旨在还原历史的本来面貌而作冷静客观的评价一样，都有其存在的合理性，都为社会

① 黄霖《再论〈金瓶梅〉崇祯本系统各本之间的关系》，载《上海师范大学学报》2001 年第 5 期。

所需要，都能推动文学的进步。假如大家偏执于一端，那就难以找到共同的语言了。”①通过诸如此类的行文，我们也可以看出先生所贯彻或持有的“有一说一，有二说二”、“就事论事，实事求是”等鲜明的解决问题的原则。

由此可见，抓取问题而条分缕析地辨析之，乃先生学术研究的一道风景。如此研究自然富有针对性，能有效地实现创新。先生曾经表示：“做学问，总要努力发掘一些新的有价值的东西。简单地说，做一些前人没有做过的，或者比较忽视的工作；做好后，要让后人有用，继续前进时也不能绕开我。”②话说得大气，工作做得到位，先生多年来的小说研究已充分证明了这一点。

二、通过连续性地追问与答问求“深”

对问题进行不懈探讨，以求得研究的不断深化，是先生为学的另一特色。先生在抓取论题时，固然有广泛撒网的一面，但绝不满足于浅尝辄止，更非打一枪换一个地方，而是注意系列、系统研究，步步为营，不断推进。

在对问题的探讨中，先生常常逐渐深化自己的观点，乃至有的题目总要来他个“一而再，再而三”。从先生的论文的题目，我们就发现其中有不少以“再”为名目的论文。如《再论笑笑生是屠隆》一文在1983年发表的《〈金瓶梅〉作者屠隆考》首倡“屠隆”说的基础上，继而从探讨现存晚明署名“笑笑生”的两部书《金瓶梅词话》与《花营锦阵》，以及吕天成创作《绣榻野史》之间的关系入手，进一步论证了笑笑生就是屠隆③。在先生看来，问题愈辩愈明而得到彻底

① 黄霖《近百年来的金圣叹研究——以〈水浒〉评点为中心》，载《明清小说研究》2003年第2期。

② 黄霖、杜清《由“史”而“论” 由“论”而“史”——黄霖先生文学批评史研究访谈录》，载《中文自学指导》2006年第5期。

③ 黄霖《再论笑笑生是屠隆》，载《复旦学报》1992年第2期。

解决固然甚好,而追问或探讨学术问题的终极意义却未必全然要落实到破解问题的结论上,由某一问题而引起争鸣或更深入的探讨同样具有学术价值。先生曾经多次表示:"文学研究,包括作者考证的意义并不在于论题是否得到彻底解决本身,重在话题延伸。由问题而引出问题,开拓了研究视野,就是意义。"如《"笑学"可笑吗——关于〈金瓶梅〉作者研究问题的看法》,针对刘世德等人说研究《金瓶梅》作者问题是一种"非常可笑的"、"不科学的""笑学",是"伪科学"之类的论调,黄先生指出:"《金瓶梅》作者研究的意义不仅限于作者本身,还在于以此推动了一系列相关领域、相关问题研究的深入。"①总而言之,"问题意识"是先生学术研究的一条生命线。

除了自己发现前人未论及的问题,先生还善于发现别人研究所存在的问题,而予以探讨;也有的是针对别人质疑的问题,进行回应和答复。上述《"笑学"可笑吗——关于〈金瓶梅〉作者研究问题的看法》一文即如此。他如,《〈金瓶梅〉成书问题三考》之一"刘承禧与〈金瓶梅〉成书"部分即为回答芝加哥大学马泰来先生的质疑而作的。又如,《再谈"刘金吾"与屠隆及冯梦龙》一文是针对胡小伟先生的《〈金瓶梅〉全本早期收藏者"刘金吾"考》对先生《〈金瓶梅〉作者屠隆考》提出的批评而写作的。先生通过屠隆《与刘金吾》这封信以及《午梦堂全集》的《伊人思》等材料来辨明来由,回应了质疑和批评②。另如,《再论〈金瓶梅〉崇祯本系统各本之间的关系》则针对梅节先生《金瓶梅成书再探》之"谁保持崇祯本的原刻形态"一节,就先生《关于〈金瓶梅〉崇祯本的若干问题》所提出的四点"逆向思考",以及其认为崇祯本中的"正头香主"非二字行眉批本,而是他用以校勘词话本的内阁本等论断,再次通过实证法,列举"内阁本"或有意简略,或无意脱漏及多有错刻的现象,并进而从序跋、图像、眉批等不同角度论证了它不可能是崇祯本系统中的"正头香主",而是二字行

---

① 黄霖《"笑学"可笑吗——关于〈金瓶梅〉作者研究问题的看法》,载《内江师范学院学报》2007年第3期。

② 黄霖《再谈"刘金吾"与屠隆及冯梦龙》,载《文学遗产》1993年第2期。

眉批本的翻刻本；同时，该文还兼论了崇祯本是词话本的评改本等问题①。这样看来，先生的"问题"有的是自己"生"出来的，有的是被别人"赶"出来的。无论怎样，这都有利于问题探讨的深入与升华。

当然，先生咬定青山不放松者，当数《金瓶梅》研究。作为新时期最早进行《金瓶梅》研究的学人之一，先生对这部奇书进行过多方面的纵深研究：既有对作品的校勘整理，以及资料汇编、辞典编撰、翻译论著这样的基础工作，又有纵深挖掘、新见迭出的专题性论文论著。从1979年在《复旦学报》发表《〈金瓶梅〉原本无秽语说质疑》一文，到1983年首倡《金瓶梅》作者为"屠隆说"，并对《新刻绣像批评金瓶梅》的评点予以初探；再到1986年于学林出版社出版《金瓶梅漫话》、1987年于中华书局出版《金瓶梅资料汇编》、1989年于辽宁人民出版社出版《金瓶梅考论》、1991年于巴蜀书社出版《金瓶梅大辞典》，先生的《金瓶梅》研究一发而不可收。近几年，先生先后隆重推出《黄霖说〈金瓶梅〉》(中华书局2005年)、《金瓶梅讲演录》(广西师范大学出版2008年)两部口语化学术著作，分别提出关于小说主题的"暴露说"、"反腐败的经典"等学说，标志着先生已开始致力于把自己的研究成果转化为教学实践以及大众普及。与此同时，先生还通过访谈、笔谈、讲演以及知识介绍等多种灵活多样的形式推广自己的学说，如《〈金瓶梅〉是姓"金"》(《文汇读书周报》2005年12月23日)、《中国古代小说与当今世界文学》(《文汇报》2006年8月27日)、《我看〈金瓶梅〉》(《文史知识》2006年第5期)、《中国与日本:〈金瓶梅〉研究三人谈》(《文艺研究》2006年第6期)等文章，提出了《金瓶梅》"姓金不姓黄"等很醒目的观点，从而进一步落实了其"有用于世"的治学理念。

庭院深深深几许？先生小说研究的庭院通过连续性地追问和答问等经营布置而愈显幽深。

---

① 黄霖《再论〈金瓶梅〉崇祯本系统各本之间的关系》，载《上海师范大学学报》2001年第5期。

三、通过践行学术多元求“大”

文如其人。先生为人大气包容,为学境界大开。他不仅学术视野非常广阔而高远,而且学术姿态也特别沉稳而开放。一方面,他与人探讨问题,总是心平气和,凭事实娓娓道来;另一方面,他注重学术多元,主张八仙过海各显神通,建议人们各种研究路数都应去积极尝试。

前些年,由于先生提出了许多振聋发聩的学术新见,故而常常受到来自不同方面的质疑和诘难,特别是在关于《金瓶梅》的作者和版本问题的探讨中,别人的指责和批评常常带有火药味。面对这些可能引发笔墨官司的争论,先生始终保持心平气和。先生一向讨厌那些一不对自己口味就持“否定主义”的人,更看不惯那些口诛笔伐、纠纠缠缠、咄咄逼人的学风。他曾承认自己是“肯定在先,是点头派,而不是摇头派”。在谈到“20 世纪的中国小说史编纂”问题时,先生曾表示:“总之,编写小说史与编写任何历史都一样,胸襟要阔大,心态要平正,功夫要坚实,自然会出成绩。”①这种学术理念既是期待,也是实施方案。写学术史,自然免不了要对以往的研究成果进行褒贬。至于如何操作?先生也给人们提供了一套可借鉴的经验。他在《中国小说研究史》的《后记》中说:“心里摆得正,既不去故意贬低人,也不去存心吹捧谁,知道什么就写什么,认识什么就评什么,所见有疏漏,评论有失当,这只是识见有限,而无关乎主观上的亲疏好恶。”②看来,先生在对别人的学术评价中,力求“客观公正”,特别注意避免根据个人恩怨下结论。因此,他对“小说研究史”的研究获得了广泛的好评。

先生不仅身体力行,而且也期许弟子们要“大气”。如他在为师兄陈维昭《红学通史》所作的“序”中指出:“一部红学史,就应当把有

① 黄霖《20 世纪的“中国小说史”编纂》,载《东岳论丛》2004 年第 3 期。

② 黄霖等《中国小说研究史》第 498 页,浙江古籍出版社 2002 年版。

关红学的方方面面都纳入编史者的视野。假如将有关《红楼梦》的文献研究视之为繁琐无用之学而摒之于门外，固然不妥；但反过来惟将文献研究认作是正宗的学问，也明显不通。本来，学问之道，各不相同。有的走考订、训诂之路，也有的行批评、欣赏之道；有的是为了探索思想的真谛、艺术的奥秘、社会的功用，有的是为了求实字句的原义、故事的来源、作者的面目、版本的真伪；很难说哪一种是真学问，哪一种是假学问。只有将所谓'内学'与'外学'、'硬学'与'软学'（我将实证类的姑称为'硬学'，评释类的称之为'软学'）都当作'学'，才能建构起一部完整的学术通史。"①先生提醒人们做学问不能采取狭隘主义，而应该大气包容，尤其是撰写学术史，更不能根据自己好恶而意气用事。反观当前，有的学者霸气十足，自己占山为王，只允许别人云集响应，不容许他人唱反调，导致学术争鸣不能正常进行。由是，先生富有包容性的学术姿态也为当今学界如何开展健康的学术批评树立了楷模。

再者，先生在治学方法与治学路数上，也提倡不偏不倚，扬长避短，各显神通。《中国古代文学研究百年反思》这篇长文在反思近百年来中国古代文学研究的基础上，提出了当前学界认识颇有分歧而又特别重要的九大问题。该文虽然不是全部针对小说而言的，但不乏以小说研究为例说明道理之处。如谈"研究的价值取向：个人的自适与社会的需要"问题，先生便拿郑振铎的《金瓶梅》研究来谈"经世致用"，指出学术研究既可以自娱自乐，但更应该注重"它的社会价值和人文关怀"；在"研究的课题选择：'热点'与'冷门'"问题上，先生指出"文革"中的评《红楼梦》与批《水浒传》有人为、乃至政治的因素，而"绝大多数还是由热点本身内在的吸引力与号召力所决定的"，而"八九十年代形成研究热点的《金瓶梅》、金圣叹、王国维等，都曾经被搁置了相当长的阶段，备受冷漠与歧视。所以，'大'与'小'、'冷'与'热'往往是会转化的。"谈到"研究的基本方法：实证性

① 黄霖《杂谈红学史的编撰——序陈维昭〈红学通史〉》，《明清小说研究》2004年第4期。

与阐释性"问题，先生更是感同身受、热情洋溢地指出："时至今日，我们应该承认两种研究都有价值，谁也不能否定谁的重要性。但遗憾的是，我们却还会不时看到一些片面或偏激的言论，常常是以己之长来攻人之短，甚至抓住不同类型研究中的个别败笔来说三道四，乃至加以全盘否定，这是不可取的。"①在先生看来，这些问题相辅相成、对立统一，各有利弊，应该本着刘勰所谓"惟务折衷"的态度，以真正实现文学研究的"通变"。这种兼收并蓄各种各有千秋的路数的观点，不能简单地视为"中庸"。只有这样，才能将学问做大，正所谓"有容乃大"。

说到研究方法，先生一方面以谈作者、论版本的考证工夫见长，另一方面又以古今中外融通的理论分析取胜。先生曾经结合自己的治学体会教导我们说："我搞小说批评，就是从系统整理材料入手的，在有关的作者、版本等问题方面做了一些实证性的工作。我很强调古代文学的博士生在做毕业论文时在实证方面作一些锻炼。我希望在学习的时候，把十八般武艺都学学，各方面的研究方法都尝试尝试，不成功不要紧，作一些学术锻炼是需要的，将来不知道什么时候会用到。"②的确，最好的学问之道就在于考证与理论兼顾。前人对此也多有提议。如清末的朱一新《无邪堂答问》曾说："考证须字字有来历，议论不必如此，而仍须有根据，并非凿空武断以为议论也。"又说："此其功视考证之难倍蓰，而学者必不可无此学识。考证须学，议论须识，合之乃善。"③朱氏所言的确合乎学问之道。针对小说研究，台湾学者马幼垣也说过："考证也好，批评也好，各有长短，应该互为发明，不必相诋。……其实考证和批评只是研究角度的不同，如何做考证而不致附会牵强，不致支离破碎，如何做批评而

---

① 黄霖《中国古代文学研究百年反思》，载《复旦学报》2005 年第 5 期。

② 黄霖、杜清《由"史"而"论" 由"论"而"史"——黄霖先生文学批评史研究访谈录》，载《中文自学指导》2006 年第 5 期。

③ 吕鸿儒、张长法点校《无邪堂答问》第 47 页，中华书局 2000 年版。

不致理论重于一切，不致作无根之言，才是正确的治学方法。”①由此可见，黄霖先生所言乃关于成就学术通途的共识。他曾评价鲁迅所著《中国小说史略》时有言：“重实证。鲁迅承传了乾嘉学派的治史方法，并在学术数据上经过长期积累，故其史著能以事实为基础，以征信为根本，以严谨为标志，致使这部著作能做到史料考据与文学感悟相映，虚与实结合，史与论并长。”②对自己的著作，先生也持有这种态度，如他曾经说：“《中国古代文艺理论体系》的确侧重了理论研究，但也包涵着文献考索。我始终认为，学术研究应当多元化。当下，有些注重考据的研究者瞧不起理论研究者，而有些理论研究者也看不上考据那一套。事实上，这两者并不矛盾，用实的文献来证明你的论点，可以增强你的研究的厚重感；而用‘虚’的理论来负载你的研究，则使你的研究有思想、有品位，要之，应当注意‘虚实结合’。从我主观上，文献与理论两方面都不轻视，既重视理论阐发，也重视文献考辑。”③先生的言外之意是，文献与理论应该兼而用之。只要有武艺，只要显神通，尽管搬弄，不怕你行不通，怕的是你没有道道。不囿于哪家哪门，不停留于邯郸学步，才能成大器，自成一家。

他对我们这些弟子的要求也并不千篇一律，而是宽容且包容。他多次称道我们各有所长，有的善于材料运用，有的善于理论阐发；有的擅做考据文章，有的善作理论思辨。对我，先生每每嘉许说，对问题有新的思路或想法，鼓励我假此不断地创新。在小说研究中，先生也不执于一端。在博士入学考试时，我根据先生的研究专长，猜测先生会多出些小说类的考题，但试卷发下一看，竟然更多诗文方面的考题。后来才悟出，先生在提醒我们：不能故意制造各种文

① 马幼垣《小说研究的点点滴滴》，见《中国小说史集稿》第7页，台北时报文化出版事业有限公司1980年版。

② 黄霖《20世纪的“中国小说史”编纂》，载《东岳论丛》2004年第3期。

③ 黄霖、杜清《由“史”而“论” 由“论”而“史”——黄霖先生文学批评史研究访谈录》，载《中文自学指导》2006年第5期。

体研究的壁垒,也不能过于偏嗜其一而忽视其他,否则眼界就会受到限制,难以做大。

有容乃大,多元兼容则更大,这也是先生做学问的非凡气度和另一道门径,同样给我们提供了很好的示范。

四、通过落实言之有物求"实"

如上所述,学问之"大"乃指大气、学高,而非好大喜功,虚浮不实。在先生眼里,大而空,乃为学之大忌。因此,大到一个宏观问题,小到一字一句,先生都特别追求"尚实"。根据我的理解,他所谓的"实"至少应该有三重内涵:材料搜集之"实"、考据论证之"实"、遣词造句之"实"。

在小说理论资料的汇辑上,先生颇用心力,踏踏实实。先是于上世纪八十年代推出《中国历代小说论著选》上、下册,不仅荟萃了210种历代有关小说理论的专论、序跋、笔记、回评乃至诗歌,而且作了考原性的"注释"和见解性的"说明",被誉为富有"选家眼力、注家功夫、史家胆识",成为古代小说和小说理论研究不可多得的工具书。随后的《金瓶梅资料汇编》辑录了自明代万历至"五四"时期约三百多年间有关《金瓶梅》的主要资料,同样花费了不少心血和功力,正如先生在2004年的《重版后记》所言:"我自己觉得自己的东西并不是将常见的材料临时拼凑而成的,更没有去轻取人家的现成材料,而是花了一点时间一条一条找出来的。"①由于这部"资料汇编"精致而细密,故而在人们的《金瓶梅》研究中不可替代。近年完成的《小说话丛编》更是收集了从明代万历间刊印的胡应麟的《少室山房笔丛》,至20世纪20年代的小说话作品,工程也特别浩大,其辛苦程度自然也非同寻常,充分显示了先生注重文献资料搜辑的实绩。除了在国内图书馆发掘,先生还注意到海外搜集。特别是前些年每次漂洋到日本,都带着沉甸甸的东西回来,可这些沉甸甸的东

① 黄霖《金瓶梅资料汇编》第513页,中华书局2004年版。

西不是名贵的金银首饰，也不是时兴的家用电器，而是抄录或复印的稀见资料。

关于中国小说理论研究的路数和方向，先生曾在《中国古代小说理论研究刍议》一文中提出："挖掘整理材料，作些必要的考证，注意比较研究，努力前后贯通。"①若将此四句一言以蔽之，不妨归结为一个"实"字。此前，先生负责撰写了复旦三卷本《中国文学批评史》中小说理论部分，第一次较为系统地梳理了中国小说批评发展的历史进程，并运用大量实实在在的资料，严密地考实了罗烨、吴承恩、谢肇淛、李贽、叶昼、冯梦龙、金圣叹、毛宗岗、张道深、曹雪芹、脂砚斋、闲斋老人、梁启超、吴沃尧、徐念慈、王国维、王钟麒、黄人、林纾、管达如、吕思勉等人的小说理论，初步练就了"尚实"本领。1986年出版的《古小说论概观》既第一次纵向地对小说理论批评作了史的描述，又第一次横向地勾勒了古代小说理论的基本内容。虽然部头不大，但已经做得很实。先生的其他研究自然也长此一贯地注意用材料说话，推理严密，都遵循了"尚实"原则，此不一一列举。

与此同时，在理论运用和方法论的选择上，先生不求花哨，不赶时髦，但求实实在在。先生非常反感那种生搬硬套、生吞活剥国外理论方法的做法。当年社会学批评理论火热时，先生不苟同于苏式"典型"；而今形式主义走红时，他也不服膺于"叙事学"。他反复强调学术研究的本土性和自主性，力避替他人做嫁衣。如，上世纪八十年代撰述的《中国古代小说批评中的人物典型论》通过总结中国古代关于人物典型理论的研究，提出了中国古代写人论的三个重心，即"坚持绘形传神"、"强调性格对比"、"主张从实到虚"，显然不是拿外来的"典型"去硬套，而是借鉴外来观念和思路，去立足于阐发中国本土的"典型"②。近年，我们在共同撰写《中国古代小说叙

① 黄霖《中国古代小说理论研究刍议》，载《社会科学研究》1985年第1期。

② 黄霖《中国古代小说批评中的人物典型论》，载《中国文艺思想史论丛》(一)第300页，北京大学出版社1984年版。

事三维论》时，先生也提出了“追求理论原创”、“追求方法新颖”、“追求论证扎实”、追求“面向当代”等撰写原则，并严格把关，不断修正。至于如何对待外来理论，先生曾经坦言：“面对着又一次引进西学的滚滚浪潮，更觉得有责任阐发好传统文论的精神。请不要误会，这并不是要排斥西方的新的有生命力的理论的意思。我还是比较注意接受新的东西的。我反对的是将西方的东西生吞活剥，甚至用它来否定传统的文论精神。我追求的是在接受新东西的时候，努力与传统的结合起来，融化为自己的思想，用自己的语言表述出来。”① 为此，先生曾花大力气以“原人论”为核心建构起一套全新的古代文学理论的体系，这番尝试获得了成功。先生虽然注意吸取新的理论，但特别反感华而不实地“掉洋书袋”，即生吞活剥或搬弄外国文学理论。一开始，我对先生的主张理解不到位，再加受到当年众人乐于接受欧风美雨的影响，在学术研究过程中，也曾一度喜欢有意识地引用一些外国文论话语，甚至玩弄一点外国文论术语来炫耀自己“博学多才”。这种拿西方文论来“装点门面”的做法不符合先生的为学之道。有一个受教片断，使我刻骨铭心：我到复旦读书的第二年，曾把一篇自己“颇为得意”的论文发给先生。不料，先生非但没有表扬我勤学，反而颇为生气地说我“为文理路”有问题，不该东一头西一头地刻意引用西方文论，不该依靠引用西方理论来说话，这是浅薄。这当头一棒，警醒我不应再沉迷于套用西方理论。现在回想起来，当时无非是想借用一些国外文艺理论来标新立异，表面上是为了显示自己有理论水平，而实际上压根儿是没有底气，故弄玄虚。那次之后，先生不断地提醒并鼓励我为学应该既要做到“食中而化”，也要做到“食西而化”，向一种“化境”前进，这才是真正的高明。当然，先生虽不主张跟风，但很善于捕捉前沿讯息。当年，他了解到一段时期以来，人们研究小说，动不动就运用西方叙事学，先生就想，我们是否该有一套自己本土的“写人学”呢？在我刚入师门

① 黄霖、杜清《由“史”而“论” 由“论”而“史”——黄霖先生文学批评史研究访谈录》，载《中文自学指导》2006 年第 5 期。

时，先生就将这一想法讲给我们听。当时，感兴趣者较多，但先生却交给我做。后来有人曾对这一命题提出质疑，先生却担当地说，这是他让我做的。在具体做这一课题过程中，我有了较大创获，越来越觉得先生是多么的有眼光！

且不说先生自己行文力避虚言套语，追求字字珠玑，就是对我们这些弟子，他也反复强调这一点。当年还有一个受教细节，至今仍珍藏在我心头：那是2002年的一天，我把自己的一篇习作拿给先生看。先生在我的文稿上作了密密麻麻的批改。除了字斟句酌外，还特地指出："为文要尚实，不应模棱两可、含含糊糊。"先生何出此言？是因为在那篇论文中，我分析人物，用了"小说彰显了人物的风采"之类的话。对此，先生指出，"风采"二字太糊弄，没有具体点出人物个性。回想当年，我的确很偷懒，由于对所征引的《世说新语》那篇小说的人物没有吃透，所以采用"风采"、"风范"这样的模糊字眼来敷衍了事。经先生这样一点拨，我日后对行文字句便严格起来，不仅自己力避再用一些大而空的话，而且还在近年指导我的硕士研究生做论文时，常常以此为例，要求他们扎扎实实，拒绝用浮虚之言。

文如其人。回味前面提到的先生所说的"为人尚朴实，治学求新异"那句话，是否也隐含着"为文尚实"的意味？先生为人朴实，他"求新异"的治学追求，自然也落脚于这一个"实"字。

五、结　　语

行文至此，可能有人会说，你所谓的"新"、"深"、"大"、"实"这些字眼不也太熟烂了吗？的确，这些字眼似乎可以拿来用到任何一位学术大家身上。今天，面对先生如此高的学术造诣和学术境界，我又不能不遣来这些貌似熟烂的字眼来概括。然而，笔者绝非甘于蹈袭前人陈词滥调之辈，更不会轻易用几句虚言套语来描绘自己的恩师，故而在将这些字眼具体坐实到先生身上时，着意赋予了它们以特定的别解性内涵。一句话，先生的学术门径是独一无二的，这些字眼的内涵也是与众不同的。如果说,先生的“新”、“深”、“大”、“实”四字学术境界是形而上的,令人难以企及,那么,先生“抓取各种关键问题”、“连续性地追问与答问”、“践行学术多元”、“落实言之有物”等学术门径却是形而下的,只要经意,还是有迹可寻的。这自然拥有可资鉴和可效仿的典范意义。

附记:借撰写此文之机,笔者得以重温了先生的部分著述,对先生的学术精神和治学门径有了新的感悟,对先生执著于学术的崇敬仰慕之情倍增。可惜,由于时间仓促,再加学疏才浅,我在行文中常常感到力不从心、辞不达意,因而文中定有诸多不当之处,还望先生及诸位同仁海涵并指正。

(作者系上海财经大学教授、山东省委宣传部
文化体制改革和发展办公室副主任)

文献考辑、理论阐发、体系建构与人间情怀

——黄霖先生的中国文学与文学批评史研究

付建舟

二十多年前，黄霖先生曾经对学生说："为人尚朴实，治学求创新。"这一直是他做人与治学的一个目标。

黄先生在四十余年的教学与研究生涯中，取得了辉煌的成就，涉及诸多领域，如《金瓶梅》研究、金圣叹研究、《文心雕龙》研究、文学批评史研究、古代小说研究、中国文学研究史研究、中国文学学史研究等。在这些领域，他往往具有开拓之功，创新之举，其中尤以中国文学批评史的研究成果最为突出。黄先生治学，正如他所说的"为人尚朴实"一样，从最"朴实"的文献考辑出发。由于新资料的发现以及自己独特的思考，他对常常旧领域的研究成果产生一些质疑，同时不断开辟新的研究领域，表现出鲜明的学术创新的问题意识。在诸多研究领域中，他力求大量占有第一手资料，并认真研究，提出自己的理论观念，乃至建立自己的理论体系。他曾多次说，做学问，写文章，总要有一点新的材料，或者是新的观点、新的方法、新的理论，如果仅仅把现成的东西拆下来重新组合，就没有多大意义。他十分看重文献资料，认为那些"形而下"的"材料"，"尽管它也可以被不同的人用来派不同的用场，但毕竟是货真价实的"。有文献资料作基础，就能够在一些观点上有所创新，于是从"形而下"的"材

料”上升到“形而上”的观点、方法与理论①,进而试图在全局性的方法与理论上建构自成一套的理论体系。而这些研究并非仅仅追求纯粹“象牙塔”里的学问,而是同时关注社会现实,面向当代,面向普通百姓,以便使自己的学问有用于世,从而表现出强烈的人间情怀。

奠定根基的文献考辑

我国的学术研究有注重实证的传统,从汉代的“汉学”到清代的“朴学”已蔚为大观。“汉学”注重对经典的文字、声音、训诂、名物的实证研究,以求对经典的原貌与原义有一个真实的认识。比如就《诗经》研究而言,毛传与郑笺就是代表,以后由汉至唐,乃至到清代,不断有人对儒家经典作“传”、“笺”、“诂”、“注”、“解话”、“故训”等等,且由解经到注释史、子、集部的著作,包括对小说与戏曲的阐释,形成了一个注重实证,追求还原历史本来面貌的研究传统②。

黄先生从事于中国文学批评的学习、教学与研究,长期立足于复旦大学。复旦的文学批评研究具有深厚的底蕴,并形成一种传统,前后相继,形成三代研究群体:第一代学者以郭绍虞、朱东润为代表,代表著作有《中国文学批评史》、《中国文学批评史大纲》、《中国历代文论选》等开拓性著作;第二代学者以王运熙、顾易生为代表,代表著作有《中国文学批评史》三卷本、《中国文学批评通史》七卷本等深化性著作;第三代学者以黄霖为代表,代表著作有《中国古代文学理论体系》、《20 世纪中国古代文学研究史》等。作为文学批评史研究的重镇,复旦有重文献考辑的传统。作为第三代传人,黄霖先生也首先注重考据。复旦搞批评史的人往往比较重视文献与

---

① 参见黄霖《吴敬梓〈诗说〉研究·序》,《吴敬梓〈诗说〉研究》,上海古籍出版社 2003 年版。

② 参见黄霖《分体中国文学学史·总前言》。

实证。与出身文艺学来研究中国文学批评史的学者不同，出身于古代文学的黄先生注重文献考证工夫，把“虚”与“实”有机结合起来。他搞小说批评，就是从系统整理材料入手的，在有关的作者、版本等问题方面做了一些实证性的工作①。他撰写复旦三卷本《中国文学批评史》的小说批评部分时，没有选择只拣一些名家名著来分章分节加以论述的捷径，而是从全面地搜集原始材料起步，向着构建一部完整的小说批评史的目标前进。“当时搜集资料的条件比较差，要走进尚未完全启封的书库，从浩如烟海的小说序跋、笔记丛谈、批点专论，乃至小说杂志上搜求、抄录与鉴别小说批评的资料，并非易事。”②他花了许多时间和精力，搜集到大量的资料，完成了编写小说批评史的任务。与此同时，作为副产品的《中国历代小说论著选》上下两册，在陈俊山、韩同文的帮助下也陆续出版。此书问世，好评如潮，媒介与学界均给予很高评价。后来，新的材料不断发现，新的观点层出不穷，他与罗书华教授一起继续展开这项工作，出版《中国历代小说批评史料汇编校释》，在以前工作的基础上，有很大提高和创新，从而为中国小说批评史料学的建设做出很大贡献。

黄先生的文献考辑获得了很大创获，如关于《金瓶梅》的文献资料的发现与整理、关于《西厢记》评点资料的发掘、《近代文论选》的编辑、《小说话丛编》的编辑等。上世纪八十年代初期，他在《复旦大学学报》发表了《〈金瓶梅〉作者屠隆考》，以及一些相关的论文，引起学术界热闹了一阵，有的专家质疑，有的专家赞捧，还有一些学者写专著来发挥其观点。对于《金瓶梅》作者的考索，八十年代以前各家之说以及以后的徐渭说、王寀说、萧鸣凤说、屠隆说等等新说法，都拿不出硬证来坐实。尽管如此，黄先生认为，多数人的考证研究是严肃的，有意义的，其意义主要不在于立即确定《金瓶梅》的作者是

① 参见黄霖、杜清《由“史”而“论” 由“论”而“史”——黄霖先生文学批评史研究访谈录》，《中文自学指导》2006 年第 5 期。

② 参见黄霖《中国历代小说批评史料汇编校释·弁言》，黄霖、罗书华《中国历代小说批评史料汇编校释》，百花洲文艺出版社 2009 年版。

否就是屠隆，而在于围绕着这一作者问题的考索而提出的一些材料和论证引发和推动了《金瓶梅》成书年代和作者用语、习俗等大讨论。比如他拈出的《开卷一笑》，就被"王稚登说"、"徐渭说"研究者所运用。这些考论在总体上推动了《金瓶梅》研究(不仅仅局限在作者问题上)的不断深入①。在黄先生的学术研究中，注重文献考索随处都有体现。如他研究《西厢记》评点，不是从理论到理论，而是侧重于文献学方面问题。他发现一个难得一见的《西厢记》评点本，该版本即使是研究《西厢记》版本很有成绩的日本学者传田章、田仲一成在做《西厢记》版本流传时，都没有看过②。戏曲评点的研究很欠缺，最为典型的就是关于《西厢记》的评点。他着手这个问题，首先是研究《西厢记》评点的文献。

黄先生的文献考辑，包括诸多方面，如史料的考索、辨析、校勘、注释、编辑等。《金瓶梅资料汇编》是他在全面收集有关小说理论资料时的"副产品"；还与王国安先生合作编译了《日本研究〈金瓶梅〉论文集》；也出过自己的论文集《金瓶梅考论》，写过通俗读物，也就是现在《黄霖说〈金瓶梅〉》的前身《金瓶梅漫话》；为浙江古籍出版社出版《李渔全集》而校点过崇祯本《金瓶梅》，为香港梅节先生出版的梦梅馆《金瓶梅词话重校本》作过注释，还主编了《金瓶梅大辞典》。论、校、注、辑、译，及编辞典，各种味道他都尝过③。

黄先生不仅自己注重文献的考辑，也要求学生注重这方面的素养，这使一些学生受益匪浅。他的早期博士周兴陆在承担他主持的国家社科重点项目《二十世纪中国文学研究史》的《总论卷》时，花不少时间到上图、北图查找资料，尽力遍翻二十世纪文学研究的成果，搜求有用的资料。由于他具有强烈的文献考辑意识，不经意中发现了当今"龙学"家们并未注意的章太炎研究《文心雕龙》的材料，找到

---

①③　参见黄霖、李桂奎《〈金瓶梅〉不姓"黄"而姓金》，http://book.QQ.com。

②　参见黄霖、杜清《由"史"而"论"　由"论"而"史"——黄霖先生文学批评史研究访谈录》，《中文自学指导》2006年第5期。

了中国文学史学家们虽知而未见的第一部中国人写的《中国文学史》，即窦警凡的《历朝文学史》，还发现了吴敬梓《文木山房诗说》。1999 年，周兴陆还发现《诗说》，这使当时在东京大学的黄先生无比惊喜，黄先生希望他加强《诗说》与《儒林外史》联系的研究与注意《诗经》学的背景，特别注意与吴敬梓同时的朋友程廷祚的《诗》学比较。《诗说》和周兴陆的《吴敬梓〈诗说〉劫后复存》发表后在学界引发了一场研究《诗说》的小热潮①。由此可见，史料的发掘是十分重要的，它有时能够很好地推动该领域学术研究的新进展。

别具个性的理论阐发

黄先生的学术追求，不是拘泥于文献考辑，而是以文献考辑作为其他一切研究工作的基础，在此坚实的基础上对一些学术问题进行理论阐发，如对《金瓶梅》的阐发、对金圣叹的阐发、对中国近代文学批评史的系统研究等。

黄先生对《金瓶梅》给予高度评价，认为《金瓶梅》是我国暴露文学的杰构。在《我国暴露文学的杰构——〈金瓶梅〉》一文，他开门见山地说："在我国文学史上，《金瓶梅词话》的最大特色是什么？曰：暴露。"②"暴露文学"概念比笼统地称《金瓶梅》为"现实主义小说"、"世情小说"更明确更深入。黄先生指出，《金瓶梅》是一部反腐败的经典，"这部小说写了一个集奸商、贪官、恶霸于一身西门庆如何暴发，如何升官，如何贪赃枉法，如何称霸一方，又如何暴亡的历史，集中地反映了封建统治集团的腐败"③。小说还将反腐败的聚光镜集

---

① 黄霖《吴敬梓〈诗说〉研究·序》，《吴敬梓〈诗说〉研究》，上海古籍出版社 2003 年版。

② 转引自黄霖、李桂奎《〈金瓶梅〉不姓"黄"而姓金》，http://book.QQ.com。

③ 参见黄霖《金瓶梅鉴赏辞典·前言》，黄霖等《金瓶梅鉴赏辞典》，上海辞书出版社 2008 年版。

中到最高统治者皇帝身上。它告诉人们,整个社会之所以“风俗颓败,赃官污吏,遍满天下”,“奸臣当道,谗佞盈朝”,归根到底是由于“那时徽宗天下失政”。西门庆之所以能挤进官场,步步高升,关键是背后有徽宗皇帝。由于《金瓶梅》完整地保存了明末政治、经济、文化的本来面貌,研究《金瓶梅》应当更多地关注其独特的历史学、社会学或经济学价值。他还尝试运用“人学”观点来分析这部“人情小说”,又用女性批评、主体意识觉醒等视角来分析小说中的一些女性形象,这在海内外也得到了一些知音。他认为,《金瓶梅》是观鉴人性弱点的明镜。潘金莲认识到了自我的价值,追求个人欲望的满足,但是不能不以一种扭曲、甚至是变态的形式出现。李瓶儿的一生可以说是性苦闷的一生,其病其死莫不与人性被长期的压抑和摧残紧密相连;同时,她的个体意识就是社会的规范意识,她的主体性是完全消融在客体之中的。庞春梅则追求的是感官上的生活享受,风流度日。李瓶儿、庞春梅缺乏自主意识,不是被封建道德压垮,就是被自然本能吞噬。黄先生还指出,从总体上看,《金瓶梅》的作者毕竟不是彻底的“性解放”论者。他受了封建思想的熏陶,灵魂深处还是把“淫”,即非礼而过度地追求男女之欲看作是罪恶。贪淫无好死,万恶淫为首!而更重要的是,小说中绝大多数的性描写是与作者暴露社会罪恶、鞭挞各等丑类的主旨相关,是整部作品中塑造人物、推进情节等艺术表现的有机组成部分。这就说明,即使对《金瓶梅》的写淫也不能简单地否定。当然,作者为了迎合市场需求而写了有一些庸俗的成分。我们在阅读、欣赏它时,还是应当记取东吴弄珠客的告诫:“读《金瓶梅》而生怜悯心者,菩萨也;生畏惧心者,君子也;生欢喜心者,小人也;生效法心者,乃禽兽耳。”①

黄先生对中国近代文学批评史作了系统阐发,其论著《近代文学批评史》具有里程碑的意义。他认为,中国文学理论批评的近代化,可从分为内容与形式两方面。就形式而言,外国论著的译介,专

---

① 参见黄霖《金瓶梅鉴赏辞典·前言》,黄霖等《金瓶梅鉴赏辞典》,上海辞书出版社 2008 年版。

题论文的出现，思维方式的改变，理论色彩的浓重，都与古代文论有异。至于从文学思想、观念而言，其主要变化为十点：即变封建文学为国民文学，破杂文学体系而建纯文学观念，由“独抒性灵”说走向创作“自由”论，白话运动的开展，文体结构的改观，典型化原则的输入，创作方法的新识，悲剧的确立，新的中国文学史学的开创，中外文学的比较研究。前三点关系到接受对象、文学本体、创作主体三大方面，带有根本性的变化，具有纲领性的意义。它们犹如三大支柱，影响到近代文学理论批评的整体构架。中五点不论就文学作品内在形式而言，还是就作家创作的原则、方法和审美观念而言，主要是针对文学创作而发的。然而，当时登上历史舞台的资产阶级，不仅热衷于寻找新的理论来指导创作，而且也试图用新的观点来评论古今中外的文学现象，力求在纵横交叉点上寻找自己的位置，于是产生了新的中国文学史观和中外文学比较观。这两种新的文学观念当然具有明显的近代化特征。后二点属于文学批评方面的新开拓。这“三纲”、“五要”、“两观”共十点的核心就是“变”。“这个变，是中与西交融的变，是旧向新转化的变。其形式，不再是封闭型，而是走向开放型；其性质，不再是同一阶级内部不同派别、不同意见的争斗，而是资产阶级文化取代封建地主阶级文化的一场革命；其思想基础，不再是儒、道、佛三家的天下，而是融进了西方的哲学、美学和社会政治学说；其方向，不再是传统文学内部的自我调节，自我完善，而是使中国文学走向世界，走向现代化。”①

黄先生还将自己的研究从批评史转向研究史、学术史方向。前者是横向的，后者是纵向的，纵横交错，编织出中国文学批评史研究的网状结构。在研究史的研究中，《20世纪中国古代文学研究史》是他们的重要成果。所谓“文学研究史”不仅仅关心研究者的文学性批评与理论上的概括，而且也关注文献学方面的成果和实证性研究。它比文学批评史具有更广泛的内容和更高度的概括，以探讨和

① 黄霖《近代文学批评史·绪论》，黄霖《近代文学批评史》，上海古籍出版社1993年版。

总结各种形式和不同目的的"研究"实绩、经验教训和演变轨迹。他们则以文体为纲，分成七卷：诗歌卷、散文卷、词学卷、小说卷、戏曲卷、文论卷，再加一本总论卷，共成七册。每一卷，以时为序，虚实并观，不作划一的分期。其总的原则是：从实际出发，博观在先，征实为基，有发展的观点，有问题的意识；既重史料，也重史论；既有选择地解剖作家作品的研究，更致力于梳理研究大势的轨迹；不作资料长编，以期成为一部名副其实的研究史。根据 20 世纪中国古代文学研究的实际情况，他们的研究突出以下九个问题：个人的自适与社会需要的价值取向，承续传统与面向开放的基本理路，"热点"与"冷门"的课题选择，"阶级论"与"人性论"的理论指导，实证性与阐释性的基本方法，杂文学与纯文学的研究对象，文学性与社会性的主要视点，"专攻"与"通识"的视域覆盖，"变"与"不变"的学术立场。他们的基本观点是尊重事实，尊重历史，尊重辩证法。这些看来对立的观点都有其合理性，彼此可以相互补充。他们既着眼于"变"，又着眼于"通"，以"通变"的观念统摄 20 世纪研究古代文学的形形色色的观点与方法，以便作出实事求是的分析与评价①。

黄先生还组成课题组，试图对 20 世纪以前中国古代文学的认知与研究的历史作一番比较全面的梳理与审视，开展《分体中国文学学史》的研究工作。"文学学史"有别于"文学史"、"文学理论批评史"，同时也有别于"文学研究史"。文学史或文学批评史、文学理论史是梳理文学创作与文学理论批评演变的历史，文学研究史则当是总结如何研究文学的历史，而"文学学史"是有关"文学"的学术史，是总结认知文学、研究文学变迁的历史。具体地说，"学"就是有关文学的知识、理论、思想及演变规律等认知；"术"即是文学研究的方法、手段与途径。"术"的指向突出地表现在资料的整理、考证、辨伪等文献实证的层面，同时也指向理论批评与方法总结的层面。"学术史"包容了"术"，就与"文学理论批评史"鲜明地划清了界线；包容

① 黄霖《20 世纪中国古代文学研究史·总前言》，黄霖等《20 世纪中国古代文学研究史》，东方出版中心 2006 年版。

了“学”，就与“研究史”的侧重于“术”有所区别。黄先生认为，中国古代认知文学的最核心的特质、基因与传统是文学原人论，中国古代最基本、最有统摄力、贯穿力的研究方法、手段与途径则是“治经之法以治文”。一部学术史，最主要的内容就是经学史，由此而旁及史学、子学、文学及其他学术史。经学对中国古代的文学研究所起的重要影响，综其大要，有依经立义、“文”的关注、实证返原、因时适变与经世致用等五点。除经学传统外，“史官之学”与“小学”的传统，儒家之外的释、道等思想与文学观点，文学之外其他各种艺术的见解等等，对中国传统文学的研究也发挥了很大的作用。另外，一时的政治空气、理论潮流，以及批评家的个性因素等有时也会起着至关重要的作用。一部文学学史应该包括梳理演变脉络、品评学术成果、总结治学方法、提炼学术思想、探索演进规律与追求当代意义等六个方面。这六个方面又可以分成三个层次：第一层次，清晰地梳理学术演变的脉络，包括选择、排序与分期等，使纷乱的历史现象变得有序；第二层次，在不同的学术成果中提炼出不同的治学的方法、思想与精神，也就是说要在具体的学术成果中总结出具有一定普遍意义的东西；第三层次，从种种学术的方法、思想、精神中再作概括与思考，探索学术形成、发展的社会机制，辨析不同学术门类、不同学术流派之间的相互联系与影响，总结出历史发展中带有规律性的东西，并对现实的学术研究提供某些借鉴。他们试图全面地编写包括这三个层次六点内容在内的比较完整而理想的学术史①。

高屋建瓴的体系创构

在坚实的文献考辑与别具个性的理论阐发基础上，黄先生逐渐创建自己的理论体系，如中国古代文论体系与中国古代小说体

① 黄霖《20 世纪中国古代文学研究史 · 总前言》，黄霖等《20 世纪中国古代文学研究史》，东方出版中心 2006 年版。

系等。

建构中国古代文论体系一直是他的一大学术目标。通过中国古代文论文献考辑，通过中国文学批评史的撰写，他长期追问“中国古代文论究竟有没有体系”？有的学者认为，中国古代文论零碎散乱，不成体系；有的学者认为，中国古代文论自有它的体系或者是“潜体系”。黄先生持后一种观点。他认为，古人没有完整地表述他们的理论体系，我们今天有责任将它梳理出来①。关于中国古代文论体系的建构，黄霖先生认为存在三个层次：第一层次是依据近现代引进的西方理论为坐标，将我国古代文论材料组织到固有的框架中去；第二层次是随着民族精神的张扬和比较文论的兴起，人们逐渐注意挖掘传统文论的民族个性，以构筑框架，描述体系；第三个层次是致力于钻研中国传统的文化思想和哲学精神，并参照和借鉴西方的文艺理论和思维方法，来探究中国古代文学批评的核心精神，力图抓住某一纲要后，能纲举目张，满意地构建起一个符合中国民族品格的古文论体系。黄先生努力透过中国古代文论感悟式、经验型的表现形式，发现其内在的本质的联系，认识其完整的一体，试图从世界性中抓住特殊点、从历时性中找出统一点、从多元性中找出融合点，并从纵、横两个方向上探究其一般性。他在第三层次上建构自己的理论体系，即原人论体系。该体系以“人”为中国古代文学和文论的本源，从“心化”、“生命化”、“实用化”三个层面来阐发人的本源意义及其在古代文论体系中的展现，把文学批评史上众多的命题贯穿起来，以求构建一套具有民族精神的文论体系②。也许有人会说，在中国古代文学批评史上只有“原道”之名，而无“原人”之说，而黄先生则认为“原道”归于“原人”，这可以从三个方面来看：“道”即“礼”（宗法等级社会中统治阶级的政治思想和道德规范）、“道”即

① 参见黄霖《中国古代诗学原理·序》，吴建民《中国古代诗学原理》，人民文学出版社 2001 年版。

② 参见王运熙、黄霖《中国古代文学理论体系·前言》，黄霖、吴建民、吴兆路《原人论》，复旦大学出版社 2000 年版。

“心”(人类个体的主观精神)、“道”即“天”(自然及自然规律)。换一句话说,“礼”是指人与人的关系,“心”是指人的思想、意志、品性、感情等等,“天”是指人化或是心化的自然。在此基础上,黄先生进一步指出,他的“原人论体系”包括心化、生化、实化三个方面。由于人最根本的特点是有“心”,即有意识,有思维,有欲求,有情感;有一颗无比复杂的头脑和无限丰富的精神活动而往往把天下之物心化;又由于人是一个有生命的实体,中国古人自然地用“生”来观照天地万物,对待文学创作,把文学视作如人一样的生命实体。文学的心化、生化、实化,归根到底是以人为本。由此可以从认知的角度上看出中国古代文学理论的体系特点①。

黄先生常常在一些学术热潮中冷静思考,经常发现学术热潮中存在的一些问题,并做出自己的独特思考。当西方的“典型论”以及叙事理论在我国风行的时候,他就反思,试图建构中国古代小说体系,探索与总结一种立足在本土的而不是照搬或套用西方的、以论“人”为核心的而不是以论“事”为中心的理论。他认为,我们中国古代文学理论的基点就是“原人”,不但从人出发和最终服务于人,而且其理论的构建也是与人的内在精神与外在的面貌密切相关的,于是构想“中国写人学”,以区别于“西方叙事学”。他的博士李桂奎教授论著《中国小说写人学》体现了这一构想。除了“原人”这个核心外,他试图抓住中国古代小说与小说论中的“时间”、“空间”、“节奏”三个关键性问题,通过细致的文本解读,力求在理论上加以阐释,并初步完成了逻辑层面上的体系建构,由课题组推出了《中国古代小说叙事三维论》。《时间论》在解读和阐释中国古代小说的各种时间构架方式和经验时,从“天时”、“四时”、“百年”等传统的时间观念出发,借助于现代叙事学批评的时间视角,探讨古代小说的循环构架及其悲剧意蕴等相关问题,进而从时序编排、时序倒错、时间控制等层面全面铺开。《空间论》立足本土哲学思想和文化特质,论述了中

① 黄霖《原人论·绪论》,黄霖、吴建民、吴兆路《原人论》,复旦大学出版社 2000 年版。

国古代小说空间的构成要素、构成特点，以及空间表现的主要方式及其叙事功能，重点剖析了“场景”、“间架”等空间品牌，并探讨了空间构架的反讽性及其他修辞意义，从而尝试搭建起中国古代小说空间理论的本土化体系。《节奏论》根据中国传统审美思维和古代小说节奏表现特点，建构了一个由节奏速度和节奏力度组成的小说节奏动力体系，论述了快速式、跳跃式、慢速式、停顿式等四种基本表现形式，以及刚柔、动静、顿续、疏密等情节元素既相克相对又谐和相生的对应组合，实现了小说节奏动势与秩序的统一。在具体论述中，《中国古代小说叙事三维论》紧密地围绕“叙事”这一轴心，突出了“人”的生存之道和活动方式在“三维”中的意义，力求从不同层面探讨中国古代小说文本结构的内部规律，彼此各有侧重，又相互呼应，共同构成一个现代视野中的中国古代小说论体系，以期将中国古代小说研究提升到一个新的水平。在撰写过程中，他们追求理论原创、追求方法新颖、追求论证扎实以及追求面向当代①。

学术研究的人间情怀

黄先生一直主张，文学研究要服务于当世，而不要把文学研究只是当作一种钻进象牙塔里的精神享受，无关乎时，无用于世。学者要拥有人间情怀，这种情怀对黄霖先生来说，就是学术研究的当代意义，或者说他“有用于世”的学术追求。

黄先生发现，中国文学有“为人”的传统。在《20世纪中国古代文学研究史·总前言》中，他强调学术研究要“有补于世，有益于民，有利于学”。在论述中国“文学原人论”的“文为人”时，他指出中国古代一直强调的文学是为人服务的，文章就是用来“载道”、“劝善惩恶”、“有用于世”，起“教化”作用的。古代文论在论述人与现实、德与言、文与质等关系，以及提倡“温柔敦厚”、“中和之美”等时，占主

① 参见黄霖《中国古代小说叙事三维论·序》，黄霖等《中国古代小说叙事三维论》，上海书店出版社2009年版。

导地位的都是以追求伦理性、实用性、功利性为最终鹄的。而文学"为人"不仅仅都出于功利目的,也强调文学怡情悦性的"乐"人、"自适"等作用①。在《文心雕龙·导读》中,他指出,衡量一部理论著作价值的一个重要指标,就是是否立足于世,面对现实。刘勰撰写《文心雕龙》与儒家"立言不朽"的思想有关。刘氏不想一生"形同草木之脆",而是想通过"树德建言","名逾金石之坚"(《序志》)。面对当时文坛变革中的不良倾向,刘氏标举"斟酌乎文质之间"、"檃括乎雅俗之际"来补偏救弊。刘勰反对的是过于华靡,并不是简单地否定文辞的奇美。事实证明,在变革的潮流中,刘勰有一颗清醒的头脑,既能顺应变,肯定新,又能不忘"通",坚持"正",反对滥。这也就是其文论能成为经典的根本所在②。

正因如此,黄先生宣称,他们编写《中国文学学史》,就是要张扬中国传统文学的精神,这正是凝聚中国民族向心力与弘扬爱国精神的一条重要而有效的途径。时代呼唤着我们将文学学术史的研究与祖国的命运联系在一起。我们总结传统文学的学术史,还必须理直气壮地强调有用于当世,就要追求文学研究的"求真"与"求用"。学术史要以"求真"为鹄的,不能用这样或那样的政治的、民族的以及其他任何狭隘、片面的目的与方法去歪曲或掩盖事物的真相;同时又不能简单地认为"求用"就是追求社会功利,就是媚俗,就会亵渎学术。研究文学的学术史,与弘扬爱国精神,与当今的文学事业健康发展、繁荣昌盛,与丰富我们的精神世界,美化我们的心灵,纯洁我们的情操密切相关。只有抱着正当、崇高的有用的目的,才能保证求得研究学术史的真谛,才能真正求得其真。研究者要坚守自己的良知与公德,不要被强权政治所胁迫,不要被某种狭隘的利益所驱动,不要轻率地抛弃其有用的追求。总之,我们今天以今视古,编写中国文学学史,既为了求真,也为了求用,揭橥的是"中国文学

① 参见黄霖《分体中国文学学史·总前言》。

② 参见黄霖《文心雕龙·导读》,黄霖《〈文心雕龙〉汇评》,上海古籍出版社 2008 年版。

学”的民族传统，着意在当代的学术与文学的建设，希望我们总结出来的一些中国古人所认知与研究中国文学的特质、基因、传统与规律性的东西，在当今文学贯通古今、融会中外的进程中，有助于反思过去，清理思路，提供借鉴，有助于建设当代的学术与繁荣当代的文学①。

对于批评史的研究，他也追求“有用于世”。他觉得，20 世纪中国文学批评史的研究，大量的是用西方的理论来消解中国传统的文学理论。他搞体系研究的用意，就是想发扬光大中国传统的文论思想，建构源于传统的文学精神，让它重新在现实中发生作用。一方面是重新认识我国传统文论的系统、价值和主要精神，另一方面要努力尝试用传统的理论来解释中外古今的文学现象，通过实践，来激活传统文论的优秀精神。我们应该把传统的某些理论联系现代的合理思想加以丰富和完善，重新建构，注重实践，运用于当代的文学批评中。在《20 世纪中国古代文学研究史·总前言》中，他学术研究的人间情怀体现得更集中、更明白。他所列出的九个问题，虽然是总结过去的历史，但都是面对当代现实的问题而提出来的。比如，第一个问题，即关于学术研究的价值追求问题，他认为不管是社会性的研究，还是个人性的研究，都不要远离现实，钻进学术的“象牙塔”里，他希望学术研究要有人文关怀的精神，要关心现实，关怀现代人的生存，老百姓的问题。又如，关于阶级论与人性论的问题，这个问题具有很强的针对性。他质问，现在一些人过分夸大人性的张扬、个性的自由，将社会共同遵循的秩序置于脑后，行吗？现在社会贫富的悬殊十分严重，不正视现实的不同的阶层的存在而一味讲人类的共性，能使社会真正和谐吗？总之，这九个问题，都是对于历史的总结，也是对于现实的回答②。

黄先生在为杨绪容《〈百家公案〉研究》撰写序言时十分重视古

① 黄霖《分体中国文学学史·总前言》。

② 参见黄霖、杜清《由“史”而“论” 由“论”而“史”——黄霖先生文学批评史研究访谈录》，《中文自学指导》2006 年第 5 期。

代文学研究的当代意义。他指出，研究古代文学，可以自娱自适，可以追求某种纯学术上的创获，但他欣赏的还是研究者当有一种经世致用、人文关怀的精神，能立足在现实，能有益于当世。包公之所以有研究价值，之所以能跨越宋元明清，长期在民间“与时俱进”着，就是因为他是个“清官”。“清官”与贪官、庸官、昏官相对而存在，能给善良、弱势的百姓带来一些眼前的实惠。当然，要真正让百姓当家做主，根本的还是要在制度上革命，建立健全的法制。他很赞赏绪容书稿中这样的一段话：“随着社会主义民主与法制的建立和发展，法律将不再是统治者意志的体现，而是人民意志的体现；干部将不再是高高在上的官吏，而是依法办案的法律工作者。那种以权代法、因人执法的人治观念，逐渐会自然消失。清官也就失去了存在的依据，而社会上普遍存在的清官意识，也将日益淡薄，直到消失。取代它的，将是现代的法律意识。”①正如黄先生研究《金瓶梅》一样，研究的原动力之一恐怕在于其“当代意义”。黄先生指出，《金瓶梅》是一面镜子，人们还不时看到西门庆式的奸商、贪官、恶霸，看到权钱交易、钱色交易等丑恶现象。读《金瓶梅》，就可以让人们历史地、全面地认识封建社会以及当今社会中的一些丑恶现象，可以让人作为一个人，去认真思考在人欲与天理、个人与社会、人类与自然的矛盾中，该如何摆正自己的位置，跳出贪欲的圈子，去关爱自己的生命，去努力建设新型的和谐的家庭、和谐的社会②。

黄先生秉承了文献考辑的传统，在诸多领域详考文献，为学界贡献了大量资料。他思维独特，具有强烈的问题意识，对诸多问题有自己的独到见解，不断进行别具特色的理论阐发。他思想深邃，视野广阔，追求中国文学固有的体系，创建具有中国特色的文学理论体系、古代小说体系，为中国文学的发展做出了杰出贡献。他拥

① 黄霖《〈百家公案〉研究·序》，杨绪容《〈百家公案〉研究》，上海古籍出版社 2005 年版。

② 参见黄霖、杜清《由“史”而“论” 由“论”而“史”——黄霖先生文学批评史研究访谈录》，《中文自学指导》2006 年第 5 期。

有深厚的人间情怀，追求学术研究有用于世，体现了现代知识分子强烈的道义责任。这与中国传统士人"修身、齐家、治国、平天下"的理想一脉相承。在二十一世纪的今天，在市场经济无处不在的中国，能够潜心文献考据，能够独抒学术见解，能够创建学术体系，能够拥有人间情怀，这种高度的学术责任感和社会责任感难能可贵。

（作者系浙江师范大学研究员）

黄霖先生学术创获之蠡测

叶　辉　周兴陆

黄霖先生，1942年生于上海嘉定。1964年毕业于复旦大学中文系，同年考取朱东润先生的研究生，治中国文学批评史。现任教育部重点研究基地复旦大学中国古代文学研究中心主任、复旦大学中国语言文学研究所所长，教授、博士生导师；兼任上海市古典文学会会长、中国明代文学会副会长、中国近代文学会会长、中国古代文学理论学会副会长等。

“文革”刚刚结束的20世纪80年代，对于中国人文学术来说，是一个特殊的时期。建国前就已步入学坛、取得成就的老一辈学者，如郭绍虞、朱东润先生，此时已进入了人生的晚年。经历“文革”十年浩劫，年轻的一代此时还在课堂里补课。在荒芜的学术园地中耕作，砥柱中流的，大多是五六十年代大学毕业的一批学者，他们接受过系统的专业训练，经历了复杂的人生磨难，此时人到中年，精力旺盛，躬逢治世，学术也进入了旺盛期，成为80年代人文学术的中坚力量，甚至发展为各个学科的带头人，成为90年代学术发展的领军人物。在这样一批学者中，黄霖先生是用功至勤，创获颇丰，真正深化和推动了学科进步的一位。

按：本文收入《复旦中国文学批评史研究》，广西师范大学出版社2006年版。

一、两"金"起家

黄霖先生有时开玩笑说自己是"两'金'起家"。两"金"是指"怪杰"金圣叹和"奇书"《金瓶梅》。

金圣叹,长久以来一直是个引起争议的话题,关于他的是是非非,自他被杀以来就闹得沸沸扬扬。建国后以"左"的政治意识形态评判古人,金圣叹是"封建反动文人"几乎成为定谳。文学研究界对于金圣叹文学思想和文学批评给予了严厉的批判,几乎予以全盘否定。新时期之初,古代文学研究界"拨乱反正"工作的重要一项,就是对金圣叹的"平反",重新剖析金圣叹思想的复杂性,重新评价金圣叹文学批评的价值和意义。但是在重新评"金"的风潮中,也存在着偏颇。一些学者过于拔高金圣叹思想的反封建意义,夸大金圣叹文学精神的进步性,而完全漠视金圣叹思想中落后保守的一面。这其实是从一个极端走向另一个极端。所以在当时也招致一些批评,引起了争论。

对于这场争论,黄霖先生静观其变,没有直接参与。此时他系统地钻研了金圣叹的生平及所有评点文字,全面地把握金圣叹思想的基本倾向和内部的复杂性,探讨金圣叹文学批评的特点和意义。他先是巧妙地选取了为金圣叹研究者所忽略了的《沉吟楼诗选》为突破口,从创作上来考察金圣叹的思想。他的《读金圣叹的〈沉吟楼诗选〉》,通过对金圣叹《沉吟楼诗选》思想内涵的分析,肯定金圣叹的民主思想和正义感,也有力地推动了金圣叹翻案的进程。接着,在三卷本《中国文学批评史》(下册)中分析了金圣叹在《水浒传》评点中表现出思想认识的矛盾,阐述了金圣叹出色的艺术见解,为新时期关于金圣叹文学批评的研究定下了基调。

金圣叹是遭遇到不公批判的一位批评家,《金瓶梅》则是遭到冷遇的一部小说名著。作为明代"世情小说"的代表作,不论是从反映现实生活的深广度,还是从在小说发展史上的地位来讲,《金瓶梅》都是一部不该冷遇的著作。对它的忽视或排斥,不但不能正确地描述中国小说史，同时也不能正确地研究中国小说批评史。20 世纪 80 年代初，黄霖先生由于研究明清有关《金瓶梅》的批评而涉足于《金瓶梅》研究的领域。在探讨崇祯本及张竹坡评点的同时，为这部名著"鸣不平"。接着，致力于解决有关《金瓶梅》的一些基本问题，在《〈忠义水浒传〉与〈金瓶梅词话〉》、《〈金瓶梅〉成书问题三考》等文里考证《金瓶梅》成书于明万历二十年左右，并在《金瓶梅作者屠隆考》等文章中，提出了《金瓶梅》作者的"屠隆说"。"屠隆说"的提出，在当时引起了热烈的反响，台湾学者魏子云先生等不少"金学"专家都认同此说。值得一提的是，尽管"屠隆说"与其他诸说相比，材料依据最为丰富，文献相关度最高，但是，黄霖先生在撰著作为"面向 21 世纪课程教材"的《中国文学史 · 明代文学》时，只是将"屠隆说"与其他诸说依次罗列在一起，并客观地指出"都缺乏确凿的佐证"，丝毫没有借助其影响来凸显己说的意思。这正显示了黄霖先生所说的"治学求新异，为人尚朴实"的人格风采。黄霖先生的《金瓶梅》及其他小说研究尽管蜚声国内外，但他常说，这只是由小说理论研究带出来的一种业余爱好而已，他的本行还是研究中国文学批评史。

二、两点拓展

黄霖先生师从朱东润先生。朱东润先生研究中国文学批评史的代表作《中国文学批评史大纲》的最为突出的特点是：一，注意小说戏曲理论；二，"详近略远"。朱先生在这两个方面都具开创之功，但尚未深入全面地展开。黄霖先生研究中国文学批评史，正是沿着这两个方向，在中国古代小说理论与近代文学批评方面作出了重要的拓展。其《中国历代小说论著选》等为新时期以来的古代小说理论研究奠定了坚实的基础，《近代文学批评史》则代表着 20 世纪此领域研究的最高成就。

先谈古代小说理论研究。

从整个批评史研究布局来看，小说理论研究起步最晚，建国前研究的重心是诗文理论，建国后于1959年还出版过大型的《中国古典戏曲论著集成》，而小说理论，除了金圣叹研究畸形繁荣以外，基本上是一片空白。黄霖先生驻足于文学批评史研究，首先就是从小说理论研究做起，而且从小说理论文献入手。现在，随着大量古本小说的翻印，很多材料都唾手可得。但是在上世纪70年代末80年代初，大量的古本小说还尘封在图书馆中，甚至连像样的小说理论书目都没有，并无多少线索可作依据。所以汇集小说理论材料，需要长期泡在图书馆里，翻阅大量小说书籍，检索笔记杂录，摘抄序跋及近代期刊上的小说论文。黄霖先生在小说理论资料的汇辑上，是下过真工夫的。他就是凭着脚勤手快，以原始的笔录方式，先后汇辑了近50万字的小说理论原始资料，并加以注释、解说，结成《中国历代小说论著选》(上下册)。该著选录历代有关小说理论的专论、序跋、笔记、回评乃至诗歌等凡210种，其中许多都是初次发掘的重要文献，如赵令畤《元微之崔莺莺商调蝶恋花》、刘辰翁《世说新语眉批》、周桂笙的《歇洛克复生侦探案弁言》、吕思勉(成之)的《小说丛话》等等。这部《中国历代小说论著选》以小说理论批评为中心，所选篇目多能够提出一种主张或说明一种观点，在中国小说理论批评史上具有一定价值或某种代表性，按作者时代编次，反映出我国小说理论批评萌芽、发展、成熟的发展历程。古代小说理论篇目既不为前人所重视，更无为之注释者，且这些文章，广涉经子史乘、佛道杂说，为之注释，尤为不易。该著在注释上，熟悉者简明扼要，生疏者旁征博引，极费心力。每一篇的"说明"则要言不烦，凝练地概括各篇阐述的理论主张，剖析其得失，前后钩稽，一部"中国小说批评史"隐然若见。这部《中国历代小说论著选》，以"选家眼力、注家功夫、史家胆识"，奠定了新时期以来古小说理论研究的基础，曾多次重印，为研究古代小说和小说理论的学者案头所必备。

和《小说论著选》同属于资料汇辑的，还有《金瓶梅资料汇编》。本书辑录了自明代万历至"五四"时期约三百多年间有关《金瓶梅》的主要资料，正如黄霖先生在中华书局2004年版《重印后记》里所说，这些资料，"都是花了一点时间一条一条找出来的"，与众多拼凑杂抄的资料书相比,有自己的特色。该书的出版,嘉惠学界,成为“金”学研究者的基本文献,近日也被重印出版。

在多年汇辑大量小说理论批评资料的基础上研究古代小说理论批评,驾轻就熟,就显得从容自如了。复旦三卷本《中国文学批评史》中小说理论部分,由黄霖先生负责撰写。它第一次较为完整、系统地描述了中国小说批评发展的历史进程,其中对于罗烨、吴承恩、谢肇淛、李贽、叶昼、冯梦龙、金圣叹、毛宗岗、张道深、曹雪芹、脂砚斋、闲斋老人、梁启超、吴沃尧、徐念慈、王国维、王钟麒、黄人、林纾、管达如、吕思勉等人的小说理论主张,都有精到的分析和阐释,而且个案专论与宏观梳理相结合,努力钩稽出历史的脉络。如论述明代的历史小说论,就将之析辨为“正史之补说”、“羽翼信史说”、“传奇贵幻说”、“演述政事说”,现在这些说法已为人接受,成为常识。而在当时,若没有对明代小说理论的通盘把握,是难以作出如此中款的梳理。黄霖先生撰著的小说理论批评部分,为三卷本《中国文学批评史》增色不少。

1986年出版的《古小说论概观》,是在完成《中国历代小说论著选》和《中国文学批评史》小说理论部分之后,对古代小说理论的又一次系统研究。本书分为“纵观篇”和“横观篇”,分别从纵横两个角度阐述古代小说理论的历史发展和民族特点。上编“纵观篇”选取历史小说论、神幻小说论、世情小说论、小说评点等重要专题作历史性梳理,下编“横观篇”专门阐述小说的价值观,真实与虚幻,绘形与传神,环境、细节、语言,故事情节与结构布局等理论问题。这样纵横交错,立体式展现中国古代小说理论的方方面面。黄霖先生在《中国古代小说理论研究刍议》一文里指出,中国古代小说理论是一座宝库,正等待我们去挖掘、整理和研究,这座宝库里有诗文理论中没有或缺乏的宝藏,开掘这些宝藏,可以使人们重新完整地认识我国古代的文学理论;中国古代小说理论,独具中华民族的特色,可以为建设民族化、现代化的文艺理论提供借鉴,有助于领会和评析我国古代小说创作的艺术成就和审美趣味。也就是说研究中国文学理论,不能忽视小说理论;研究中国古代小说,也不能忽视小说理论。如何研究中国小说理论呢？他在《中国古代小说理论研究刍议》提出“挖掘整理材料，作些必要的考证，注意比较研究，努力前后贯通”几点。挖掘整理材料，主要是《中国历代小说论著选》的工作；努力前后贯通，体现在三卷本《中国文学批评史》小说理论部分和《古小说论概观》中。作些必要的考证，主要是关于小说评点文献的考辨。注意比较研究，主要是与外国文学理论相对照，认识中国小说和小说理论的特点。前两点上文已有交代，我们现在简单谈谈后两点。

黄霖先生的小说考证，绝大多数都与小说评点有关系，属于批评史的范围。署名李贽批评的《水浒传》有容与堂刊本和袁无涯刊本两种。不少学者认为袁无涯刊本之李贽评点为真实的，容与堂本的评点是假的。黄霖先生则撰《〈水浒全传〉李贽评也属伪托》，考辨袁本李贽评也是伪托的，并指出袁无涯是伪造一百二十四回本《水浒》李贽评语的最大的怀疑对象。黄霖先生关于《三国演义》的批点本也曾发表数篇论文，如《有关毛本三国演义的若干问题》、《李、毛两本诸葛亮形象比较论》、《关于〈三国演义〉钟惺本、李渔评本两题》等，考辨了《三国演义》主要评本的一些基本问题和真伪情况。另外，如对《金瓶梅》的崇祯本、张竹坡评本，也发表了数篇考辩文章，对评点者的探索及不同版本之间关系的梳理，都作过有益的工作，有助于中国小说批评史研究的深入。

黄霖先生治学辨析精微，往往在细微之处发现问题，善于比较异同，甚至通过文字对勘来辨别差异。至于大处，他也善于比较，他对中国小说理论民族特点的研究，就是有意无意地拿西方小说理论来作比较的。如20世纪80年代初发表的《明清小说理论中的现实主义问题》、《中国古代小说批评中的人物典型论》等文，就曾从明清小说理论中寻找例证来印证西方文学理论的一般法则，注意比较中西文学理论的异同。《〈三国〉与古代历史小说论》、《〈金瓶梅〉与古代世情小说》等文章则更注意探讨中国古代小说理论的民族特点，如论我国世情小说理论的特点是“强调写时俗，重人情，多白描，合情理，最接近于西方的现实主义理论而并不完全相同，它自有其民族特点和精辟之处，值得我们重视”。到了 1985 年发表《论金瓶梅词话的政治性》，他依然坚持“用现实主义的理论，是目前衡量一部作品价值的重要原则”。但是在数年之中，他对中国古代小说和小说理论中的现实主义的理解，逐渐形成了自己的认识，即对“暴露文学”的推崇。文学能否反映、暴露社会阴暗面，在建国后曾经作为一个理论问题加以探讨，而在大部分时间里，对于文学反映、暴露社会阴暗面是有所避忌的，特别是“文革”期间，作家一触及社会消极面，就被定性为不满社会主义制度而遭到批判。直到 20 世纪 70 年代末、80 年代初，关于文艺“歌颂”与“暴露”、“歌德”与“缺德”，还展开过热烈的争论，同时文艺界的冰封逐渐解冻，思想禁锢得到解放，暴露主题在文学创作中复活起来。黄霖先生则通过学术研究，彰显中国古代小说创作和小说理论的“暴露文学”精神，并将“暴露文学”视为中华民族文学的优良传统，是中国现实主义文学的精神特质。在《论金瓶梅词话的政治性》里，他考证《金瓶梅》触及了明代的宫廷的政治斗争，肯定《金瓶梅词话》的价值“表现在这部作品具体深刻而富有特征性地暴露了那一个令人窒息的社会”。《我国暴露文学的杰构〈金瓶梅〉》一文，进一步指出《金瓶梅词话》最大特色就是“暴露”。从广度上看，小说在着重剖析西门庆及其一家的同时，用那把冰冷、犀利的解剖刀多层次、多角度地触向了整个世界；从深刻性上看，把社会的罪恶当作人性的弱点来加以暴露。《金瓶梅词话》广泛而深刻地暴露社会黑暗，在我国文学史上确实是少见的。

黄霖先生似乎对古代暴露文学格外偏爱，发表了一些文章，专门阐释那些受到曲解或湮没不彰的暴露文学作品。明末清初的一部世情小说《一片情》，过去人们常把它当作淫书。黄霖先生的《试论〈一片情〉》首先关注这部小说，解释这部小说“是在元明以来复苏人性思潮影响下，以情为纲，相当全面地暴露了中国古代封建社会中畸形的婚恋观念和罪恶的婚姻制度。在某种意义上可以说，这部小说是对于中国古代封建婚姻弊端的一次大暴露、大批判”。随着明代商人阶层的兴起，诈骗行为也日益猖獗，成为非常突出的社会问题，当时出现了一部专门以形形色色的诈骗为暴露中心的短篇小说集《杜骗新书》,国内藏本较少,尚不为史家重视。黄霖先生在日本东洋文库等处翻阅了多种本子,于是撰著《〈杜骗新书〉与晚明世风》,将之介绍于世。他在这篇文章称赞《杜骗新书》说:"在当时集中以诈骗为中心暴露腐败的世风的,恐怕只有《杜骗新书》这一种小说了。"并分析这部着重描写明朝末世弊端的小说"鞭挞了骗人者的罪恶,同时也把笔刺向被骗者的灵魂,从而在更深的层次上暴露了那个社会"。这样致力于古代暴露文学精神的掘发和张扬,应该说寄寓着研究者对当代现实社会和文学创作现状的某种思考。黄霖先生治学强调"有用于世"。"有用于世"不是说拿古代的东西来印证、迎合当世的某些观念,而是说,研究古代文学不应该放弃对当代社会和文化的关注与思考,当代性思考应该成为古代文史研究者的深层心理基础。

接下来再谈黄霖先生研究中国文学批评史的另一突破——《近代文学批评史》。

关于近代文学的研究,其实从 20 世纪初期就开始了,先后出现过胡适的《五十年来中国之文学》、钱基博的《中国现代文学史》、陈子展的《中国近代文学之变迁》和《最近三十年中国文学史》、复旦大学中文系 56 级学生编写的《中国近代文学史稿》等著作,但是关于近代文学批评的研究,一直未得到重视,以前的数种《中国文学批评史》类著作,都是重前轻后,很少延伸至近代。朱东润先生的《中国文学批评史大纲》,强调"详近略远",也只为曾国藩、陈廷焯两位近代批评家列了专节。舒芜先生等于 20 世纪 50 年代末主编的《中国近代文论选》,初步汇辑了近代文学批评的重要文献资料,但是关于近代文学批评的特点、发展脉络的研究尚未展开,近代文学批评"史"的面目尚较模糊。

黄霖先生倾数年之力撰著的《近代文学批评史》,系王运熙、顾易生先生主编的国家社科重点科研项目《中国文学批评通史》系列丛书的第七分卷。全书 56 万字,在对近代近百位文学批评家个案研究的基础上,详细梳理在近代中西文化碰撞的背景中,中国文学批评走出传统,发生近代化变革,转向现代的历程,对于近代文学批评史的基本内容、特点和发展线索，在整体上作出深切的把握。朱文华先生著文评价这部《近代文学批评史》说，“已经在知识形态上首次完整地构筑了‘中国近代文学批评史’的体系，从而标志着本具有相对独立性的‘中国近代文学批评史’学科建设的成熟”①。

长期以来，人们研究近、现代文学，过于强调外来文学思潮的影响。外来文学思想对于中国近、现代文学观念的确产生了强烈的刺激，促使文学思想的新变。但是，外来的刺激，是与传统文学自身演进趋势相结合而发生作用的。外来刺激，是传统文学演进、飞跃的助力，而不是切断传统，代替传统。对于近代思潮中传统与西学的关系，黄霖先生提出“传统改造了西学”的说法，“站在西学的角度看，可以说是西方文学思想对中国传统进行了冲击，产生了影响；站在中学的立场上看，是悠久、博大、精深的中国文学传统扬弃、消化、改造了西方的文学观念”(《中国近代文学批评研究的几个问题》)。这一思想贯穿于《近代文学批评史》全书。他抓住近代文学批评史最为突出的特点——“变”来梳理此一特殊阶段诗、文、小说、戏曲理论从传统中蜕变，获取新质的历程，特别是梳理出接受对象、文学本体和创作主体的带有根本性的变化过程。在理论辨析上，近代文学批评史的突出特点是确立文学思想本位，即“以是否适应和推动文学近代化的历程进程为基本评判准则”，因此在具体评论方面，多具独立不凡的见解。过去研究近代文学的学者，多从政治角度立论，政治进步的人，文学思想观念也必然进步。近代史上的章太炎，属于资产阶级民主革命的一员，在当时的政治上无疑是进步的，于是许多论者据此过度高评其文学思想。但是，换一个标准，从文学近代化历程来看，章太炎虽然也广泛阅读西学著作，但反对“委心向西”，拒绝吸取西方的文学观念，他又自居于民众之上，加之以意气用事，门户之见和目空一切，使他的文学理论和文学批评，常常打上了保守的烙印和陷于矛盾片面的境地；他竭力抹煞文学的特性，强

① 朱文华《简评黄霖先生新著〈近代文学批评史〉》，《文学评论》1993 年第1期。

调言语与文辞分途，反对白话化，信而好古，倒向了历史的退化论，在总体上与中国近代文学潮流的发展是不相合拍的。《近代文学批评史》中对于章太炎文学观念的落后、保守一面，就作出了中肯的分析。又比如关于太平天国的文学方针问题，过去的三卷本《中国文学批评史》由于受到时代的影响，虽然也论及其对于民族传统文化的某些过激行为，但更为着力于肯定“它冲击封建旧文化和提倡新文化的若干措施和要求，是具有革命性质的”。《近代文学批评史》则着眼于文学近代化的标准，对于太平天国的文学方针给予重新评价，指出其“以实用为目的，严重地带有宗教愚昧、封建专制、简单粗暴的特点”，“虽然不能全盘否定它对于打击当时封建文化具有一定的意义，但由于它本身的‘天情真道’自始至终呈现一种狭隘的、宗教的、封建的色彩，且越来越浓重，故今天实在不能对它的所谓革命性估价太高”。这些都是独立不倚的真知灼见，推翻了长期以来近代文学研究界从政治立场出发的某些“定论”。

近代文学批评史上的许多批评家，过去都是为人所不知的，从未进行过认真的研究。从纷繁的文献中将这些批评家凸显出来，纳入史著，需要治史者有卓越的学力和胆识。与 20 世纪 50 年代的《中国近代文论选》相比照来看，《近代文学批评史》中列有专论的张际亮、汤鹏、冯煦、蒋智由、丘逢甲、邱炜萲、潘飞声、高旭等人，《近代文论选》都未选其篇目。小说论部分的“小说评点”、“俞樾与侠义小说论”、“韩邦庆与狭邪小说”、“黄世仲兄弟的小说论”、“翻译小说理论”、“管达如的《说小说》与吕思勉的《小说丛话》”，都是为其他论者所未论及的，是他在《中国历代小说论著选》和三卷本《中国文学批评史》近代部分的基础上的进一步丰富和发展。第八章“戏剧论”中论列的余治、黄远生、周剑云、齐如山等等也多是首次进入文学史和文学批评史。特别是《近代文学批评史》还列了“中国文学史学”一章。黄霖先生早在 20 世纪 60 年代读书时，就萌生过研究“文学史学”的念头，但后来很长一段时期内都未能付诸实践。在这部《近代文学批评史》里，他专章论述早期的《中国文学史》著述，介绍张维屏、刘熙载、平步青、林传甲、刘师培、黄人的文学史观念和著述，这实际上是拓展了文学批评史研究的领域。后来黄霖先生还在此基础上继续提出"文学批评史学史"、"文学学史"等新的学科发展方向,指导着古代文学批评史学科的拓展和延伸。

三、两方转向

王运熙、顾易生先生主编的七卷本《中国文学批评通史》,将中国文学批评的"史"的研究推向了顶峰,然而盛极难继,顶峰就意味着必然要转向。当然,每个学者都可以对中国文学批评史的某些个案和专题作进一步的深化,也可以用不同的理论与方法来重新编"史",但是,在相当一段时间内,就复旦的中国文学批评史研究来说,《中国文学批评通史》的出版明显地标志着一个阶段的终结。复旦批评史学科需要转向。这个重任自然落在了时已为该学科带头人的黄霖先生肩上。自20世纪90年代以来,黄霖先生学术研究的重点向两个方向转移:致力于中国古代文学理论体系的研究和将中国文学批评史的研究向学术研究史的方向靠拢。

在中国古代文学理论体系的研究中,他通过艰苦卓绝的探索,终于提出了自己对于中国文学理论体系的独特见解——以"原人论"为核心,建构中国文学理论体系,主编了三卷本《中国古代文学理论体系》(《原人论》、《范畴论》、《方法论》),并承担了其中《原人论》卷的主要撰写工作。三卷本《中国古代文学理论体系》的出版,标志着复旦中国文学批评史学科由"史"而"论"的学术转向,对于中国文学批评史研究界,也具有重要的导向作用。

20世纪90年代,古代文论研究界曾出现两个颇受关注的话题,一个是中国古代文学理论有没有自身的体系?若有体系,又是怎样的体系?另一个是传统文论的"话语转换"问题。其实,第一个问题,与其说是一个理论的问题,还不如说是实践的问题。用西方的理论体系为标准来看中国古代文论,当然是不合标准,没有体系的;但是中国古代文论自身具有自足的系统,通过当代学者的努力,可以去恢复、建构这个系统。黄霖先生并没有参与90年代初关于体系之有无的争论，而是在扎扎实实地探索民族文论，通过自己的理解来建构中国古代文论的体系。对于“话语转换”问题，其理论前提是 20 世纪里中国民族文论的“失语”、没有生命力，现代文论与古代文论相脱节。这应该说是触及了几分病症的。但是，在这个理论前提下的“话语转换”，实际上是变成了默认西方文论体系的霸权地位，通过对传统文论话语的重释、转换，而将之融入到西方文论体系中去。所以，黄霖先生一针见血地指出：“有人提出‘话语转换’的任务，这实际上是主张我们的理论建设走‘苏联化’→‘民族化’→‘西方化’的道路。”①中国当代文学理论建设，不应该是在承认现有异质文论体系的前提下，转换传统文论的某些命题范畴来作修修补补，而应该是追溯、梳理中国古代文论的在近、现代的发展演变，辨析古文论的精神特质和体系特征，在 21 世纪全球化的热潮中，“立足在中国，以我化人”，“在承续和运用中研究和发展中国古代文论”，将中国传统的文艺理论完善化、现代化、实用化，使具有民族特色的传统理论重新焕发出理论的青春②。一讲到“实用化”、“有用于世”，现在有不少学者是反感的，一些学者甚至主张学术走进象牙塔，完全私人化。假如说这是对过去曾经发生的实用主义弊端的反感情绪，那还是可以理解的，而且就个别人来说，在象牙塔里，满足一己之兴趣，也未尝不可。但是，就整个学科来说，人文学术，尽管研究的对象是古代的，若放弃对当代现实文化的人文思考，就失去了其存在的价值基础。就古文论研究来说，若放弃建立中国当代文学理论的热情和努力，自身就会逐渐萎缩，“失语”、“断裂”问题就会愈益严重。所以研究古代文论，不是要不要追求有用于世的问题，而是该如何有用于世的问题。黄霖先生总结 20 世纪研究古代文论的教训：“追求古代文论研究的有用于世，是本世纪研究者们的共

---

① 陈伯海、黄霖、曹旭《中国古代文论研究的民族性与现代转换问题——二十世纪中国古代文论研究三人谈》，《文学遗产》1998 年第 3 期。

② 黄霖先生《从消解走向重构——世纪之初古文论研究的回顾与展望》，《社会科学战线》2002 年第 1 期。

识，但实际的情况是，我们目前的古代文论研究却还是很难为世所用。"21世纪该怎么办？显然，把古代文论作为古董，涂抹上一些现代色彩作为西方文论体系之点缀的做法是行不通的，正确的道路应该是"确认传统的文论还是一种有生命的东西，不仅仅在书斋中要研究它，承续它，而且更重要的是要在实践中复兴它，光大它"①。黄霖先生和王运熙先生一起主编的三卷本《中国古代文学理论体系》可以看作是他与同仁对于中国古代文论体系艰苦探索的成果，而其中的《原人论》正蕴蓄着他研究、承续、复兴、光大中国古代文论的良苦用心。关于文论研究的中西之争、古今之辨，他曾提出这样几点：

> 1. 我们的文学理论，虽然是面向全世界的，但目前主要还是服务于生活在中国土地上、使用中国语言、具有中国民族特点的人的；2. 我们传统的理论虽然与西方的有差别，但同时必须看到也有相通的地方，这是因为古今中外的人心都有相通的地方，文学都有相通的地方，这就是东西方文学理论能相互融合的基础；3. 在融合东西方文学理论时，要有民族自尊心。要看到人家的长处，但不要一味看到人家的长处而只看到自己的短处；4. 当前五花八门的引进和生造的概念、术语、词汇，无疑有精粗良莠之别，不要在一阵眼花缭乱之后匆忙地呼叫"话语转换"，要警惕在潜意识的西方文化中心主义驱动下的失态和学术上的投机取巧。我们希望的是能吸取西方文学理论之中的有用的盐，溶解在传统文论"话语"的"水"中，建立起既面向世界，又具有中国特色的现代文学理论。②

① 黄霖先生《从消解走向重构——世纪之初古文论研究的回顾与展望》，《社会科学战线》2002年第1期。

② 陈伯海、黄霖、曹旭《中国古代文论研究的民族性与现代转换问题——二十世纪中国古代文论研究三人谈》，《文学遗产》1998年第3期。

在《原人论》中,他将这个原则更为凝练地概括为“要从世界性中抓住特殊点”,“要从历时性中找出统一点”,“要从多元性中找出融合点”。中国文论的这个“点”,就是“原人”。他拈出“原人”两字来概括中国古代文学理论批评体系的基本品格和核心精神,直取心肝,独得神韵。提出“原人”论的初衷,是研寻整个过去的文论传统对于人的思考,探求在中国文化传统中文学理论对于人性本质、人生理想、人格精神、生命意义及其艺术表现的思考,并以此为核心把握中华民族文论特色,建构中国文论体系,探索古今文论一贯相通的精神脉络。《原人论》又以“心化”、“生命化”、“实用化”分别标识中国古代关于文学创作、文学文本、文学意义的理论思想,而文学的心化、生命化、实用化,归根到底是以人为本,相互联结,构筑成“原人论”文学体系。

“原人论”的提出,是在中国文论体系构建的努力中第一次摆脱西方文论体系的束缚,抓住了中国文论的精髓,也找到了探索古今文论内在联系的主线,为中国当代文论建设,提供了一个具有再生性的思想基点。顺着“原人论”的思路继续深入探索下去,建立扎根于民族文化土壤,既面向世界,又具有中国特色的现代文学理论,应该是复旦批评史学科发展的一个新方向。

从上世纪 90 年代起,黄霖先生又致力于中国古代文学研究史与文学学史的研究工作。文学研究与文学学包括文学批评,但不仅仅是文学批评,从方法来讲,它当包括考订、训诂、批评、欣赏等诸多方面;从目的而言,有探索思想的真谛、艺术的奥秘,乃至字句的原义、故事的来源、作者的面目、版本的真伪等不同的追求。因而文学研究史或文学学史当不同于目前一般的文学批评史、美学史等,而应照顾到研究的观点和方法、“内学”和“外学”等不同的方面,具有更广泛的内容和更高度的概括。黄霖先生在这方面起步较早,但由于种种原因,成果出得较迟。至北大百年校庆的国际汉学会议上,他始提交了长篇论文《中国古代的文学批评史学》,就中国古代对于文学批评史的研究第一次作了全面的梳理。在中国古代对于文学批评的研究中,对于《文心雕龙》的研究无疑是最为重要;而在对于

《文心雕龙》的研究中，对于《文心雕龙》的评点则是一个重要的方面。因此，他经多年的搜求，完成了《〈文心雕龙〉批语汇辑》的工作，为进一步研究提供了资料。稍后，他又出版了由他主持的《中国小说研究史》，突破了上世纪八九十年代的“中国小说批评史”的套路，不仅论述了中国古代的小说批评与小说思想，而且就小说的目录、注释、辨伪、汇辑，以及作者的考证等种种文献学的研究都纳入评介的视野。假如说，《中国古代的文学批评史学》、《中国小说研究史》只是就某一方面所作的前哨战的话，那么从 1995 年起，他在复旦同仁的大力支持下，着手抓的两个大项目，则是规模宏大的阵地战了。一项是“九五”国家社科的重点项目《二十世纪中国古代文学研究史》，本项目是分诗、词、文、小说、戏曲、文论及总论七卷，力求较为全面地论述 20 世纪中国古代文学研究的情况；另一项则是教育部重点研究基地的重大项目《分体中国文学学史》，分诗、词、文、小说、戏曲五卷，论述 20 世纪之前的中国古代文学学史。目前，前一项工程基本完成，后一项工作正在进行。十年辛苦，也标志着黄霖先生在中国文学批评史研究方面的学术转向。

（作者系上海海事大学教授、复旦大学教授）

既开风气，亦为导师

——黄霖先生与“中国小说批评史学”建设述记

罗书华

中国文学学科是在20世纪的怀抱中孕育、成长起来的，两者之间有着特别的关联。没有20世纪，也就没有现代意义上的中国文学学科。20世纪初，是中国文学学科的萌生期，“中国文学史”的出现是一个重要标志；三四十年代或略早是中国文学的发展裂变期，“中国文学史”向四个方向裂变，一是从性质的方向裂变出“中国文学批评史”，一是从朝代的方向裂变出各代文学史，一是从时代的方向延伸出“中国新文学史”，一是从文体的方向分裂出如“中国诗史”、“中国词史”、“中国散文史”等；50—70年代可谓特别时期，反映论与阶级论对各学科的渗入，是这个时期中国文学学科的重要特点；80年代以后中国文学学科进入新的发展与裂变期，各学科除沿着以前的道路继续发展之外，还继续分蘖出新的学科。比如，“中国文学批评史”一支，就分蘖出了诸如“中国小说批评史”、“中国诗歌批评史”（“中国诗学史”）、“中国词学批评史”、“中国戏曲批评史”等。中国文学学科枝叶更加繁茂，流派更加纷呈，蔚为壮观。

毫无疑问，中国文学学科在任何时期、任何一脉的发展，都与一些特别人物联系在一起，都凝聚着学科创立者的无数心血、智慧与汗水。提起“中国文学史”，人们很容易想起扶轮社版《中国文学史》

按：本文原为《中国叙事学：结构、历史与比较的维度》中的一章。

的作者黄人;提起“中国小说史”,人们首先想到的可能是《中国小说史略》的作者鲁迅;提起“中国诗史”,人们脑海里会跳出陆侃如、冯沅君的大名,因为他们写作了著名的《中国诗史》;提起“中国文学批评史”,人们不难想到写作了《中国文学批评史》的郭绍虞……与此相近,说到“中国小说批评史”,也难以绕过黄霖先生。原因很简单:“中国小说批评史”学科的建立,正是以黄霖先生的一系列小说批评史论著为重要标志。

一、于无声处:小说批评史的初创

文体历来都有意识形态,有高低贵贱之分。在中国,小说长期以来都处在诗歌、散文甚至戏曲之末,不入大雅之堂。从《文选》到《文苑英华》再到网罗天下文章的《四库全书》中,都难找到小说、特别是通俗小说的影子。小说只是在文学的边缘或者边界之外悄然存在,要么是以诸如“杂史”等其他面目存在。20世纪以后,先有梁启超发动“小说界革命”,提出“欲新一国之民,不可不先新一国之小说”的响亮口号①,后有胡适等人提供白话文学,为《水浒传》、《红楼梦》等作长篇考评,同时稍后又有鲁迅作专门的《中国小说史略》,小说的地位这才有所抬升。

不过,这种抬升其实相当有限,并且只是在少数场域,在少数人的心里。在传统文人的观念里,小说仍然只是小说,而无法称“文学”。在20世纪40年代以前的《中国文学史》中,都很难找到多少有关小说的篇章。而初创期的几乎所有《中国文学批评史》,更是难寻“小说批评”的影踪。陈中凡的《中国文学批评史》(中华书局1927年初版)虽然从周秦写到明清,两宋以后各章按文体分节,有“诗评”、“词评”、“曲评”、“骈散文评”,却无“小说评”。郭绍虞《中国文学批评史》(商务出版社,上卷1934年,下卷1947年)全书70余万

① 梁启超《论小说与群治之关系》。见黄霖、罗书华编撰《中国历代小说批评史料汇编校释》第718页,百花洲文艺出版社2009年版。

字，卷帙浩繁，笔触所及仍在诗文批评，无一字及于“小说批评”。罗根泽的《中国文学批评史》（第一册北平人文书店 1934 年出版，全书由商务印书馆在 1943、1944、1945 年陆续出版）只有“周秦两汉”、“魏晋六朝”、“隋唐”、“晚唐”四册（后合为二册），中华书局上海编辑所 1961 年刊印了未及定稿的遗著作为第三册，也只及于两宋，明清部分未付之笔札，固然无缘触及“小说批评”。傅庚生《中国文学批评通论》（商务印书馆，1947 年）不以“史”为名，也不将小说批评置于其中。鲜有的例外，是方孝岳的《中国文学批评》（世界书局，1934 年）、朱东润的《中国文学批评史大纲》（开明书店，1944 年），两书都将金圣叹作为论述对象，破天荒地对金圣叹的小说批评作了介绍，尽管所占篇幅与比例都微乎其微。

这种重诗文批评轻小说批评的畸轻畸重情形，直到敏泽先生的《中国文学理论批评史》（人民文学出版社，1981 年），尤其是复旦三卷本《中国文学批评史》（上海古籍出版社 1964 年上册，1979 年上册新版，1981 年中册，1985 年下册）出版之后这才得以真正改变。敏泽先生的《中国文学理论批评史》共有六章八节涉及小说理论与批评：第十七章“李贽等”的第三节“关于《水浒传》的评论和评点”，第十九章“明代的戏曲和民间文学理论”中的第四节“冯梦龙和晚明的小说及民间文学理论”，第二十章“清代曲论、小说理论和明清关于《水浒传》的评论”的第二节“关于《聊斋志异》和《水浒传》的评论”，第三节“金人瑞”，第二十七章“改良主义的文学理论”中的第三节“梁启超”、第四节“晚清的改良主义小说理论”，以及第二十八章“关于《红楼梦》的评论”。章节安排的变化，清楚地显示了论者对小说理论批评的重视。

当然，真正将小说批评与诗文戏曲批评平等对待，并且全面展开论述的还是复旦三卷本《中国文学批评史》。这部历史上第一部按文体立章的批评史，其第五编“明代”除绪论外共分“诗文批评”、“戏曲批评”、“小说批评”三章；第六编“清代前中期”除绪论与“清初思想家的文学观”外，另有“文论”、“诗论”、“词论”、“戏曲批评”与“小说批评”五章；第七编“近代”在绪论外，共分“诗文批评与词论”、“戏曲理论批评”和“小说理论批评”三章。“小说批评”不但与诗论、文论、词论、戏曲论平起平坐，而且大有凌驾于其上之意。明代编“小说批评”分“历史小说论”、“吴承恩及谢肇淛”、“李贽与叶昼”、“冯梦龙及其他”四节共55页；清代前中期编“小说批评”分“金人瑞与毛宗岗、张道深”、“关于《聊斋志异》的评论”、“曹雪芹、脂砚斋及其他”、“闲斋老人及其他”四节共77页，近代编“小说批评”分“梁启超与小说界革命”、“吴沃尧及其他”、“徐念慈与资产阶级革命派的小说观”、“王国维与王钟麒、黄人的中国古典小说论”、“林纾的翻译小说理论”、“管达如的《说小说》和吕思勉的《小说丛话》”，共113页。将明、清、近代三编的小说批评部分合在一起，再加上“宋元”编第四章中的“小说批评的萌芽及罗烨《醉翁谈录》”一节15页，实际上就是一部长达4章16节、245页、20余万字，以时间为经，以批评家为纬，以理论范畴为要点的“中国小说批评史略”。

“小说批评”的加入，不仅丰富和完善了“中国文学批评史”这门学科，从更深的意义上来说，它甚至可说是“中国小说批评史学”创立的重要标志。正是从这部书中，人们开始充分感受到与诗、文、词、戏曲批评相鼎立的小说批评意识，完整地感受到中国小说批评史的存在，及其萌芽、发展、高峰、余波的整个历程；正是从这部书中，人们开始知道，除了李贽、冯梦龙、金圣叹、梁启超、王国维等少数论者有过小说批评之外，还有蒋大器、谢肇淛、叶昼、毛宗岗、脂砚斋、卧闲草堂等众多小说批评家；除了诗话词话曲话这样的小说批评文本之外，还有小说杂评、小说序跋、小说评点这样的小说批评文本；除了意境、风骨、神韵、文道这样的诗文理论范畴，也有羽翼信史、传奇贵幻、因缘生法、格物、避犯等等小说理论范畴。显然，对于以前的《中国文学批评史》来说，它们都是全新的知识体系。完全可以说，“中国小说批评史”这门学科或者学科分支，正是由《中国文学批评史》这棵大树上生长分蘖出来，正是这部分散的“中国小说批评史略”的延伸和发展。

正是以此为起点，“中国小说批评史学”开始渐次走向繁荣，中国文学理论史、批评史之包括小说批评，成为了几乎不可更改的定例，而独立的小说批评史著也由此鱼贯而出，在此之后陆续出现的小说批评史著达十几种之多。所有这些成果，几乎都受到这部分散在各编中的《中国小说批评史略》的启发或滋养，或者竟可说是由它直接牵引而出。如果这些著作依现在的著例开列参考书目的话，那么，可以肯定，这部包含“中国小说批评史”的三卷本《中国文学批评史》，一定是它们无法遗漏的重要参考文献，即使不是第一参考文献的话。

正如人们所知，复旦三卷本是由刘大杰先生、王运熙、顾易生先生先后主编，由复旦大学中文系古典文学教研组集体编撰的著作。“小说批评”之走进《中国文学批评史》，当然要归功于该书主编刘大杰、王运熙、顾易生先生的慧眼卓识，如果不是他们认识到小说批评同样是“中国文学批评史”的有机组成部分，小说批评就难以进入中国文学批评史的框架之内；如果不是他们设计分体批评的撰写体例，那么，即使涉及小说批评的内容，也很可能会是点到为止或者各自为政，无法写成自有首尾的“中国小说批评史略”来。不过，如果换一个角度，即从“中国小说批评史”的角度来看，那么，“中国小说批评史学”的首创仍然要归功于黄先生。原因很简单，该书的“小说批评”部分，即第四编“宋元”部分的第四章之第四节“小说批评的萌芽及罗烨《醉翁谈录》”，第五编“明代”、第六编“清代前中期”、第七编“近代”的“小说批评”和“小说理论”部分，全都出自黄霖先生一人之手。

站在现在的立场上来看，这部 245 页、20 万字不到的“中国小说批评史略”，不免还有些单薄。然而，考虑到此前学界甚至连“小说批评”的观念都还没有形成，“小说批评”的对象材料也深藏在浩如烟海的文献中，少有人爬罗剔抉，至于小说批评应该包含哪些内容，应该如何架构，更是几无依傍，就知道《中国文学批评史》中的小说批评文字的分量究竟有多厚重。这就好比建造楼宇，既无图纸模型，又无实物参照，还无砖瓦水泥，唯一的所有就是一片空地。建筑师既要抟泥成砖，伐木为梁，又要绘制图纸，布置结构，然后竖间架，累砖瓦，成华屋。这屋哪怕就算不是高楼大厦，也实属难能可贵。何况此屋一成，便成典范，此书有关小说批评的对象、内容、结构、范畴、体例，甚至述论方式都直接为后此诸种小说批评史著所效法呢！

二、有容乃大：小说批评史料宝库的建设

三卷本《中国文学批评》本是集体著作，因此，黄先生在其中所做的小说批评史的开创工作，外人多半不太知晓。说起黄先生与中国小说批评史学的建设，人们首先想到的很可能是长达98万字的皇皇大著《中国历代小说论著选》（江西人民出版社，1982年上册，1985年下册）。

本书题名为《中国历代小说论著选》，实际上却不仅仅是小说理论与批评论著的编选，而是一部由“原文”、“注解”与“说明”三部分构成的特殊形式的论著。在当今的评价体系及不知情的读者眼里，这样一种著作形式也许没有多少学术含量，做起来十分轻松。然而，有过相关经验，了解当时学术背景的读者一定会真切感受到这本著作的编著“看似容易实艰辛”，感受筚路蓝缕的种种困难。

读书难。顾名思义，“论著选”就是从无边无界的古代、近代文献中寻找、选择目标文献。这就正如原野寻矿、沙里淘金，不踏遍四野，谁知矿藏何处？淘尽江沙，未必得到金子一粒。在遍翻历朝历代经史子集之前，你永远不会知道“小说理论批评论著”藏身在哪个角落！很简单，这是有史以来第一次全面的小说批评文献调查，压根就没有多少小说批评目录与文献学著作可以帮助。诸如《古本小说集成》、《续修四库全书》等大型丛书也没有出版，各种要查阅的图书还是散落在各大图书馆。再说，那时电脑等电子技术还没有进入读书界，图书馆对复印也有严格甚至苛刻的限制，各大城市、图书馆间的交通也远没有当今便捷。毫无疑问，这是一个浩大的工程，也是一个原始的工程。除了在一个图书馆一个图书馆之间奔波，一本

书一本书地翻阅,一个字一个字地抄录之外,哪有什么捷径可走?要将全部的江河湖泊竭泽而渔固无可能,要在全部的江河湖泊中撒网一过,又岂是易事?

选择难。文献如海,无从下手,固觉茫然;读书多天,翻书几过,略无所得,也不免让人气馁。不过,要从无边的文献丛中选出200余篇作品来,其淘汰、抉择之难,也不会小于读书之难。标准是什么?依据在哪里?这些都需要建筑在整体阅读之上,颇费思量,而在确定尺度之后对各篇的取舍,则需要细读与比较,也不是易事。况且,古代小说及其论著的刊刻、版本情况极为复杂,也增加了选择的难度。

注释难。我国学术素以训诂闻名,然而,小说在传统文化中的地位既低,小说与小说批评文献也就只能生存在传统文学的边缘与边界之外,自然少人问津,更谈不上为它们作注作解,尤其是有关作者、版本、人物等专名,更是如此。犹如荒园里的野花野草,也如新星在太阳系、银河系之外。要为这些文献作注,无异于植物学家要为众多新发现的植物定性,无异于天文学家为簇簇新星定位。对于这点,本书责任编辑陈俊山先生体会尤深,他在该书《编者附记》中说:"由于中国古代的文坛轻视小说,致使有些看到小说意义的文人学者,在写小说序跋或回评时,也常用别号、假名或托古人名,这可能是因为有利于直抒胸臆,也可能是因为怕见笑于士林。但这样一来,今天要弄清他们的真实姓名和生平思想,就非常麻烦。小说不同于古诗文,用典使事多不合于'经传';评论小说者更是驰骋于稗史、笔记、杂纂、民间传说之间,用典使事更多冷僻者,要注明它们的来历,必须辗转考评,方能做到。"①

说明难。除了对词语"注释"之外,本书每篇之后还有对整个篇章的"说明",这是《中国历代小说论著选》的一大特色。"说明"不是简单地对各篇的内容大意作概括,而是要为它在小说批评史中进行

---

① 黄霖、韩同文选注《中国历代小说论著选》下册第587页,江西人民出版社1985年版。

定位，指出它在小说批评史上的价值与影响。这既要有宏观的背景，又要有微观的深入了解，自非易事。

当然，以上诸难，说难实难，说易也实易，是难是易端的要看研究者的态度。研究者可以视易为难，也可以化难为易。只是，研究者的难易态度也将直接决定其成果的价值。研究者面对与克服的困难越大，其学术价值自然也就越大，反之亦然。显然，面对这些困难，黄先生没有偷懒、逃避，没有转弯、放弃，相反，他总是迎难而上，硬碰硬地解决，以至于有些注解，尤其是有关论著作者与版本的注解，几乎做成了专门的考证文章。反过来，黄先生一些影响极大的考证文章，如《〈水浒全传〉李贽评也属伪托》、《有关毛本〈三国演义〉的若干问题》、《关于〈三国演义〉钟惺本、李渔本两题》等，也是为了解决读书与注解中发现的问题而产生的。这样一来，该书原本的四大困难反倒成就了全书的四大特点："读书难"成就了本书"容量大"的特点，"选择难"反转成了"选得准"，"注释难"翻作"注得深"，"说明难"的结果是"说得明"。

本书选文200余篇，字数达98万，选文上自先秦，下至近代，篇章来源于诸子、史著、笔记、诗文、杂纂、序跋、评点、题辞、报刊评论，几乎遍及中国所有载籍形式，是谓"容量大"。本书所收篇章都是千挑万选，各有意味。如以《文选》注引桓谭《新论》为第一篇，就是将它视为有关"小说"文体的最早论述；将刘辰翁《世说新语眉批》选入，则是将它作为小说评点形式出现的标志；不惜篇幅地将金圣叹的第五才子书"序"、"读法"与"回评"一并选录，实是将它作为中国小说批评史的高峰，而这些篇章在小说批评史上也确实各具代表性，这就是"选得准"。全书注解，固然有详有略，有深有浅，这个特色换一个方向也可以说是当详则详，当略则详，该深则深，该浅则浅，对于一般的语词，全书以简明为主，但每逢与小说批评史相关的作者、版本、人物、事件，黄先生总是不惜气力与笔墨，每篇选文的注①（为作者与版本作注），则常常是追根究底，代表了当时在这个问题上的最新认识，是谓"注得深"。全书在选文后的"说明"，或长或短，但都要言不繁地概括它的内容，指出其在小说批评史上的贡献。如《少室山房笔丛》篇后说明，指出胡应麟“更定九流，从古以来第一个为小说在子书类中明确地争一席之地，使之与儒、道、释等诸家平起平坐”，“胡应麟对小说作了系统的分类……他的具体而较有条理的小说分类突破了传统目录学的划分”①。这样的论断真可称为言简意赅、直指要害，是谓“说得明”。或许正因为做到了这些，黄先生自己对此书也十分看重，谈及此书时，除了再三表达对责任编辑陈俊山由衷的感激之外，对那段泡图书馆的时光也每每会情不自禁地流露出得意的神情：“幸好那时还年轻，腿脚勤，手也快，嘿嘿！”

《中国历代小说论著选》并不是唯一一部小说批评史料选，在它略前，郭绍虞的《中国历代文论选》已经收录了部分小说论篇章，在它同时或前后，至少还有两种同类著作：一是曾祖荫、黄清泉、周伟民、王先霈几位先生选注的《中国历代小说序跋选注》（长江文艺出版社，1982 年）；一是大连图书馆参考部编的《明清小说序跋选》（春风文艺出版社，1983 年）。两书均以序跋为选录对象，长江版另在相关篇目下附录少数其他篇章，春风版更是聚焦于一馆所藏通俗小说序跋；两书选文均不足百篇；长江版多数篇目带有注释和说明，但更简单，春风版只录原文，文前有对小说的简介，未对序文作注作解；长江版字数为 21 万，大连版为 12 万。虽说各书有各自的因缘、目的，也有各自的特点和价值，不宜简单比较高下，更不能因此贬低他人，抬高自己，但相互参看，确实可以更加清楚地感觉《中国历代小说论著选》的突出特点。《中国历代小说序跋选注》的注者之一、日后又撰著了《明清小说理论批评史》的周伟民教授评价此书说：“中国历代小说理论批评材料至此第一次得到全面的发掘和整理，这一研究领域浩大的资料工程至此基本完成。”②令人信服地说明了此书的价值与地位。陈辽先生说此书体现了“选家眼力，注家功

① 黄霖、韩同文选注《中国历代小说论著选》上册第 161—163 页，江西人民出版社 1982 年版。

② 周伟民《最近十年来明清小说理论批评研究大势》。会议论文。

夫，史家胆识"①，也与上文所说四大特点相吻合。

正因为具有这些特点，这部著作不再只是一部简单的小说批评文选或者"资料集"，从实际效应来说，它不仅是一般读者了解中国小说批评史的上佳著作，同时也是此后三十年间各类小说批评史著的资料与思想宝库。其选文为小说批评史著划定了基本范围，确定了基本研究对象，提供了基本材料；其"注解"为研究者排除了大量障碍，为他们的继续研读大开了方便法门；其"说明"既发掘、梳理和建构了小说批评史的知识、范畴与结构，又提供了进一步进入小说批评史深处的坐标和线路。一般读者与小说批评史的研究者，都可以从中各取所需，既可用，也好用，且够用。可以说，此后出版的各种小说批评史著，多可视为本书与《中国文学批评史》小说批评部分的"继续说"：它们所论的对象材料，大多没有超出《论著选》的范围；它们所提及的理论范围，甚至阐释方式，大多可以在《论著选》中找到源头。即使是在十五年以后，规模更大的同类作品（如丁锡根《中国历代小说序跋集》，人民文学出版社，1996 年）出版以后，《中国历代小说论著选》的地位与影响力也仍然没有动摇。尚记自己在攻读博士学位期间，此书常置于案头，日夜翻读，总能获得灵感。现在为作此文，再次打开这部书脊裂破、封底缺损、满纸都是自己随手涂抹写划的旧书，何胜慨叹！

当然，这并不是说本书就那么完美无缺，抄录偶有错漏，注解或有遗漏，说明尚有未到，校对亦有不精，这些不足之处本书也未能尽免。再者，本书收罗虽富，但还远不是批评史料的全编。事实上，任何一部著作，都很难说十全十美，何况那个时代还是改革开放之初，各种条件都受到限制。令人欣喜的是，黄先生对本书的不足，早就心中有数，初版之后不时加以修订，并于 1990 年、2000 年先后出版了修订版。此后又邀学生一起再度查改重释，并于 2009 年以《中国历代小说批评史料汇编校释》之名再度出版。更为可喜的是，黄先生在《论著选》出版后不久，就起意要将尚未收编的小说批评史料尽

① 陈辽《选家眼力，注家功夫，史家胆识》，《书林》1986 年第 2 期。

数网罗。经过二十多年的日积月累，这部收录小说话200余种的巨编《小说话丛编》也即将由岳麓书社出版。我们有理由为之引颈翘首，等待这美妙时刻的到来！

三、经纬交错：小说批评体系的架构

《中国文学批评史》与《中国历代小说论著选》虽然是分别出版，并且性质不同的两种著作，不过，它们的出版时间实在相距很近，而性质也暗自相通。明眼人很容易看出，这两种不同类型的著作，其实是同一研究活动的不同阶段。《论著选》原本是《批评史》的前期准备工作，而《批评史》则是《论著选》的目标与结果。只是这个准备过程做得太细致、太深入、太投入，它才渐次显示出独立自足的价值，由副产品一跃而为正产品，由单纯为己的写作材料，一变而成为为人的学术公器。另一方面，黄先生既然这样忘情地浸淫在这些对象材料中，他的思想当然也不会完全为《中国文学批评史》的框架所囿，当他感到自己的所思所想所得已经不再为《中国文学批评史》体例所容的时候，也就不得不去寻找新的思想容器，于是，《古小说论概观》(上海文艺出版社，1986年)诞生了。

乍看起来，这是一部不怎么起眼的作品。无论从书名、丛书名，还是从图书的装帧、开本、厚度来看，它都是那样普通、谦卑。“概观”的书名，很容易给人通俗读物而非学术著作的印象；“文艺知识丛书”的丛书名，也很可能让人以为这是一本介绍现成知识的小册子，何况与它同列本辑丛书的是《诗法举隅》、《文艺欣赏漫谈》、《瞿秋白文学活动纪略》等书，多少给人以杂乱的感觉；而简易的装帧，小32开的开本，不足200页以及全长不足10万字的规模，也是再朴素不过的打扮。再者，全书分上、下或者纵观、横观两编，其“纵观篇”十二节的内容也没有超出《中国文学批评史》的小说批评部分与《中国历代小说论著选》的相关篇章的“说明”部分多少。

尽管如此，如果将它放到小说批评史学的诞生与发展历程中来考察的话，仍然可以发现，这部其貌不扬的著作，其实有它独特的特点、价值与地位。

首先,这是第一部独立的小说批评史论著。正如前述,在 20 世纪 80 年代以前,学术界尚没有明晰的小说批评及小说批评史观念,与此相应,小说批评史学专著也一直没有出现。80 年代前后,出现了诸如郭豫适《红学研究史稿》(上海文艺出版社,1980 年)、韩进廉《红学史稿》(河北人民出版社,1981 年)、孙逊《红楼梦脂评初探》(上海古籍出版社,1981 年)等以单部小说或批评研究为对象的著作,但显然与小说批评史著还有较远的距离。三卷本《中国文学批评史》与《中国历代小说论著选》虽然包含了"中国小说批评史"的内容,但它毕竟是散落的或隐含的小说批评史,还没有从其母体中完全独立出来。叶朗先生的《中国小说美学》(北京大学出版社,1982 年)虽然比《概观》略早,然而,一者,叶著以"美学"命名,已经表明该著区别于"小说理论批评"的旨趣,其立足点在"美学",而不是文体批评;一者,叶著虽然名为"中国小说美学",然其实际内容则是"明清小说美学",并未涉及明清之前。因此,也难称最早的小说批评史著。与之相反,《古小说论概观》明确以"小说论"即"小说理论批评"立名,且从小说批评的萌芽开始谈起,更具首尾,是历史上第一部独立而且完整的小说批评史著。

其次,《古小说论概观》的上篇("纵观篇")的论述对象虽然没有超出《中国文学批评史》与《中国历代小说论著选》的范畴,但是,它毕竟是对小说批评史的单独与集中的论述,因此,对于小说批评的发展线索与过程给予了特别强调。该著开篇就说:"我国古代的小说理论批评源远流长,具有明显的中国气派和中国风格。它萌发、成长在中国古代社会这块特有的土壤上,与小说本身经由先秦两汉的神话传说、寓言故事、史传野乘,以及魏晋南北朝的志怪杂录、唐代传奇、宋元话本等不同历史阶段密切相关,逐步从幼稚走向成熟、由简陋臻于完善。"①为全书定下了基调和方向,可见其明确而深厚的小说批评史意识。纵览全篇,分明可以感到黄先生对小说批评史

① 黄霖《古小说论概观》第 2 页,上海文艺出版社 1986 年版。

发展及其阶段的总体把握,"萌芽状态的小说论"、"罗烨对话本艺术的小结"、"蒋大器及历史小说论"、"吴承恩等神幻小说论"、"小说评点的奠基人李贽与叶昼"、"晚明世情小说论与冯梦龙"、"雄视一代的金圣叹"等命名,不仅是对小说理论与批评的类型区分,同时也是对小说理论批评的阶段划分。与《中国文学批评史》中主要以批评家立目的论述相比,线索更加清晰,历史味道更足。

当然,下篇("横观篇")是全书更具个性和特点的部分,也是不为前两书结构与体例所容的部分。该篇共有五节:"小说的价值观","真实与虚幻","绘形与传神","环境、细节、语言","故事情节与结构布局",实际上是对小说理论批评体系的总体把握,以为中国古代小说理论与批评主要由价值论、真幻虚实论、人物塑造论、情节结构论等几个部分构成。这真是直取肝肺、切中肯綮、一览众山小之论,非在小说批评史料中浸淫揣摩多年者不能言。尤其是将"价值论"作为首要问题,更是挠到了中国小说理论批评的痒处。前此论者既难有此论,后来学者也殊难超越。宁宗一等先生作于十多年后的《中国小说学通论》(安徽教育出版社,1995 年)中设"小说观念的成熟"一章,下分"小说功能观"、"小说虚实观"、"小说典型观"三节,就与黄先生对小说批评结构的认识大致相同。笔者自己作于二十多后的《中国小说学主流》将中国小说学构成分为"功能价值论"、"事体虚实论"、"叙述艺术论"、"形象性格论"、"情节结构论"与"语言魅力论"几部分,也脱胎于黄先生几十年前的论述。初看起来,小说理论批评体系与小说批评史一横一纵,两不相关,实际上,历史与理论之间从来就是曲径通幽。理论固然常来自历史,好的历史也常常通往理论,没有理论的历史很可能是现象的简单堆积。毫无疑问,本书对小说理论批评结构的论述,进一步确证和提升了其小说批评史的理论品格。

事实上,从黄先生个人的角度来说,本书也不是可有可无。固然,最早在《中国文学批评史》中系统论述"中国小说批评史",奠定中国小说批评史的基本框架,最早对小说批评史料全面整理,为论者提供可用、好用、够用的对象资料,都足以说明黄先生中国小说批评史学开创性研究的骄人成绩，然而，它们毕章是分散的和隐含的小说批评史。这部最早的小说批评史学专著的出版，无疑弥补了前面的遗憾。三种不同形式小说批评史著，分则为各自领域里难以替代的领先者，合则构成一个相互补充、三足鼎立的完整小说批评史体系，三者合一，无可争议地表明黄先生是此领域的重要开创者、建构者和引领者，标志着中国小说批评史学建构的基本完成。

四、峰回路转：小说批评史学的延伸

如果说20世纪80年代初是中国小说批评史学的创立期的话，那么，80年代中期到20世纪末、21世纪初的时段里，就是中国小说批评史学的高速发展期。据不完全统计，在这二十来年的时间里，至少有王先霈《明清小说理论批评史》（花城出版社，1988年），方正耀《中国小说批评史略》（中国社会科学出版社，1990年），刘良明《中国小说理论批评史》（武汉大学出版社，1991年），陈洪《中国小说理论史》（安徽文艺出版社，1992年），颜廷亮《晚清小说理论》（中华书局，1997年），宋子俊《中国古代小说理论发展史》（甘肃教育出版社，1998年），王旭川、马国辉《中国近代小说思想》（华东师范大学出版社，1997年），林岗《明清之际小说评点学之研究》（北京大学出版社，1999年），石麟《中国古代小说批评概说》（天津社会科学出版社，2000年），谭帆《中国小说评点研究》（华东师范大学出版社，2001年），王汝梅、张羽《中国小说理论史》（浙江古籍出版社，2001年），刘良明等《近代小说理论批评流派研究》（武汉大学出版社，2003年），韩进廉《中国小说美学史》（河北大学出版社，2004年），罗书华《中国小说学主流》（上海书店出版社，2007年）等断代和通代小说批评史共十余种，这还没有将诸如李贽、金圣叹、脂砚斋等有关小说理论与批评的专题论著等计算在内。看到创立不久的小说批评史学如此生机勃勃，作为创始者与建构者的黄先生，一定会由衷地感到高兴吧！

不过，黄先生并没有沉浸在欣喜之中，更并没有站下来欣赏这繁荣的景象。正如前述,这些年里除了对《中国历代小说论著选》几度修订外,他还悄然进行着《小说话丛编》的编撰,以为小说批评史研究者提供更广阔的资源。在此同时,他还一直在思考小说批评史的走向和明天的发展,并身体力行,付诸实践。《中国小说研究史》(浙江人民出版社,2002 年)和《20 世纪中国古代文学研究史·小说卷》(东方出版中心,2006 年)的编著,就是这种思考的结晶。

黄先生从"小说批评史"研究,一变而为"小说研究史"研究,也许多少有些偶然因素,与世纪转换这个特殊时代及其"总结"、"反思"思潮之间也有一些联系。《中国小说研究史》本是浙江古籍出版社组织撰写的"中国小说史丛书"中的一种,《20 世纪中国古代文学研究史》(小说卷)也是黄先生自己主编的《20 世纪中国古代文学研究史》中的一种。当然,黄先生在这个时候与"小说研究史"、"文学研究史"结缘,其实还有更为深层的缘由。《中国小说研究史》"后记"中有这样一句话:"当初,这套丛书的编委会向我组稿时,原叫我写《明代小说史》。我当时为了替一些搞批评史的年轻朋友找一块用武之地,就自告奋勇地选择了眼下这个题目。"①在《20 世纪中国古代文学研究史》"总前言"中也说:"我们之所以选择这一课题,实为世纪之交中国古代文学研究形势向我们提出的要求,也是时代赋予我们这一代学人的一次难得的机会,同时又是我们复旦中国文学批评史学科进一步拓展的需要。"②原来,黄先生编著小说研究史,并不是被动接受,而是自己主动的选择,而这种选择的根本乃是在为小说批评史预设未来。原来,黄先生隐约地意识到,小说批评史在经过十多年的辛勤劳作之后,原有的园地已基本开垦,繁荣的背后已暗藏危机,要让研究小说批评史的朋友将来有用武之地,要让文学批评史、小说批评史学科进一步发展,那就必须继续向外拓展,

① 黄霖等著《中国小说研究史》第 498 页,浙江古籍出版社 2002 年版。

② 黄霖主编《20 世纪中国古代文学研究史》"总前言"第 1 页,东方出版中心 2006 年版。

而小说研究领域就是一块值得开垦的处女地。

应该说，“小说批评”与“小说研究”，“小说批评史”与“小说研究史”是两个不尽相同的概念。“小说批评史”的目标或焦点在于“小说理论与观念”，“小说作品”是两者之间的中介，而“小说研究史”的目标或焦点则是“小说作品”，做中介的反倒是“小说理论与观念”；“小说批评史”更在意“批评（研究）者”对小说文体或者小说的总体认识，而“小说研究史”更在意“批评（研究）者”对于小说个体或者小说具体作品的认识；“小说批评史”更多的注目于研究活动及其成果中的义理蕴含，而“小说研究”则更多的注目于研究活动与成果本身；“小说批评史”更重文本，而“小说研究史”则更重史料文献；“小说批评史”偏好文学欣赏、感悟和思考，而“小说研究史”则偏好史实考订。不过，如果不是对它们的侧重点过分强调的话，那么，两者之间实难说有截然的界限。中介与目标的分工其实是相对的，而总体与个体之别则有赖于观照者的眼光，抽象与具象之间更是相互勾连。说到底，无论是“小说批评史”，还是“小说研究史”，它们都是“批评（研究）者”、“小说作品”、“小说理论与观念”三者之间动态关系的体现，而且，无不是以“批评（研究）者”作为出发点。

黄先生在展开研究史的编写时，显然对“小说批评史”与“小说研究史”的异同了然于心。他在《中国小说研究史》“引言”中说：“小说研究史当不同于目前一般的小说批评史、小说美学史乃至小说史，而应照顾到研究的观点和方法、‘内学’和‘外学’等不同的方面，具有更广泛的内容和更高度的概括。”①在《20世纪中国古代文学研究史》“总前言”又说：“所谓‘文学研究史’，与‘文学批评史’有联系而并不相同。所谓‘研究’，本指花工夫去推求、穷尽事理的意思。因此，文学研究从方法来讲，当包括考订、训诂、批评、欣赏等诸多方面；从目的而言，有探索思想的真谛、艺术的奥秘，乃至字句的原意、故事的来源、作者的面目、版本的真伪等不同的追求。因而所谓‘文

① 黄霖等著《中国小说研究史》第2页，浙江古籍出版社2002年版。

学研究史'就不仅仅关心研究者的文学性批评与理论上的概括,而且也关注文献学方面的成果和实证性的研究。它比文学批评史当有更广泛的内容和更高度的概括,以探讨和总结各种形式和不同目的的'研究'实绩、经验教训和演变轨迹。"①他的两种《小说研究史》,正是这些认识与思想的具体体现。《中国小说研究史》一书先将小说研究史约略分为三个阶段,各阶段均由"《三国演义》研究"、"《水浒传》研究"、"《西游记》研究"、"《金瓶梅》研究"一类小节构成。《20世纪中国小说研究史》先分总论、分论(上)、分论(下)三编,总论以各阶段小说研究立目,分论(上)主要是以某小说类型立目,分论(下)以具体的小说作品立目,焦点都是"小说作品"。在章节面目上就可轻易发现与小说批评史的不同。

当然,黄先生并没有夸大"小说研究史"与"小说批评史"的不同,虽然强调了"小说研究史"大于"小说批评史"的一面,但从根本上来说,还是将两者置在同一平面上,是将"小说研究史"看作是"小说批评史"的后继来对待。正因为此,两部小说研究史中不少章节,比如《中国小说研究史》第二章第二节"胡应麟的小说研究",《20世纪中国古代小说研究·小说卷》上编(即总论编)第一章"1901—1949年的小说研究",其第一节就叫"小说新批评的开端",这些地方最可见出与小说批评史的一致性。从这个角度看,两部《小说研究史》至少从两个维度上对前此的"小说批评史"作了重要延伸:过去的小说批评史的下限一般都是到20世纪初期为止,而这两种小说研究史则是略古详今,重心都在20世纪,无异于将过去的小说批评史拉长了近一个世纪,大大扩展了小说批评史的疆域;过去的小说批评史以对小说文体的认识为有主,这两种著作的重心从理论偏转到作品,从总体偏转到个体,从义理偏转到具象,从文本偏转到文献,从欣赏偏转到考证,何尝不是对小说批评史对象、内容与内涵的全方位扩展?

---

① 黄霖主编《20世纪中国古代文学研究史》"总前言"第2页,东方出版中心2006年版。

当人们还在孜孜于诗文戏曲批评的时候,黄先生开辟小说批评史的领地,当人们纷纷来到小说批评园地中的时候,他的脚步又早一步来到小说研究史的地界,使得小说批评史顿时天阔地宽,豁然开朗。现在,小说研究史园地里又是一片繁忙的景象,各类型小说研究史,各时代小说研究史,各大小说名著研究史,一部接一部出版。在这异彩纷呈的时刻,黄先生该不会又在思考下一步该走向何方吧?!

五、穷源预流:黄氏小说批评史学的根本

第一个在文学批评史著中系统地撰写小说批评史,第一个全面整理小说批评史资料,第一个出版独立的小说批评史著,第一个将小说批评史推向小说研究史的新领域。在这四项第一中能取得任何一项,都是足以自傲的事情,黄先生居然一手将它们握在掌心。令人感佩的是,这些还只是黄先生整个学术研究中的领域之一。在近代文学批评史、金瓶梅研究、中国文论体系研究等方面,黄先生同样成就卓著,具有高度影响力。教育部重点研究基地复旦大学中国古代文学研究中心主任、中国近代文学研究会长、中国金瓶梅研究会长、中国文艺理论研究会副会长等学术职衔,也从一个角度说明了黄先生在这些领域的贡献和地位。

对于黄先生卓越的学术成就,作为学生晚辈,在欣喜、感佩之余,也不禁十分好奇,遇有机会便想打探其取得诸多第一、创建小说批评史学科的奥秘。对此,黄先生总是"纠正"说:小说批评史学并不是某一个人可以创立的,学术研究,尤其是人文科学的研究,也不是赛跑跳高,没有那么多、也没有那么明晰的第一、第二。假如说小说批评史学是一门独立的学科,那么,它的创建也是近百年来一辈辈学者薪火相传的结果,是学科发展的自然。早在1897年,邱炜萲就作了《金圣叹批小说》,说到"小说之有批评,诚起于明季之年",已有一定的小说批评意识。批评史著论及小说批评,除朱(东润)老、方孝岳先生外,黄海章先生的《中国文学批评简史》(广东人民出版

社,1962 年)、周勋初的先生《中国文学批评小史》(长江文艺出版社,1981 年)也有涉及,虽然篇幅也短。至于小说批评史资料,若只论出版的早晚,那么,曾祖荫等先生选注的《中国历代小说序跋选注》的出版与《中国历代小说论著选》同年而略早。将《古小说论概观》作为第一部小说批评史论著,也未必就正确,毕竟,它的书名没那么明晰,分量也并不太大。准确地说,中国小说批评史这门学科是由一代一代学人共同创建的。如果说自己在其中做了一些工作,产生了一些影响的话,也是躬逢其时,是天时地利人和的结果。20 世纪 70 年代末、80 年代初正处改革开放之初,学术研究较为自由,这是天时;复旦是文学批评的重镇,不然的话,未必有编著中国文学批评史,从而走进小说批评史的契机,这是地利;王运熙、顾易生先生主持三卷本《中国文学批评史》编写工作,不是他们的器重,让我参与其事,也难说有下文,这是人和。个人的功劳其实十分有限。

黄先生这番话让我们看到了大学者特有的博大情怀,这也许正是黄先生卓越成就背后的真正"奥秘"。不过,品味黄先生与中国小说批评史结缘的整个过程,除了不时可以感觉到这种谦虚博大的情怀,不时感受到天时、地利、人和的渗透之外,也常常可以体悟到其穷源、预流、成渊的精神与兴味。或者,只有将这几个方面综合起来,才能更有效地理解中国小说批评史的创立与建构。

穷源。在学术研究中,黄先生强调的天时、地利、人和,强调的机会,固然都很重要,不过,在更多时候,人们真正缺少的其实并不是机会,而是抓住机会的愿力。在改革开放、百废待兴的年代里,更是如此。当时获得分体文学批评写作契机的学者当然不止一位,为什么最后小说批评史学能够脱颖而出,一枝独秀?我想,一个重要原因就在于黄先生绝不肯对已有研究做简单纠合,绝不满足于已有的资料,他是从源头做起,从资料爬梳做起,是从布满灰尘甚至废弃散落的书刊杂志之中寻找和挖掘小说批评史的真正源头。他也没有满足于一篇一篇的摘录与浏览,对于篇章字句,他同样要追根究底,弄清作者、版本、篇义、段义、句义和每字的意思,找到那思想与灵感的源头。这就有了"选家眼力、注家功夫,史家胆识"的《中国历代小说论著选》，在此基础上又有了《中国文学批评史》第一次对中国小说批评史全面系统的论述，以及第一部小说批评史著《古小说论概观》的诞生。问渠哪得清如水，为有源头活水来！

预流。陈寅恪在《陈垣敦煌劫余录序》中说："一时代之学术，必有其新材料与新问题，取用此材料，以研求问题，则为此时代学术之新潮流。治学之士，得预于此潮流者，为之预流。"①大力倡导学术研究要用新材料，研究新问题，以为这就是预流，而与之相反的叫做"不入流"。黄先生用自己爬梳的新材料，来研究学界尚未重视的小说批评问题，自然与陈寅恪所说的"预流"大致吻合，这也是他最终能在这方面做出开创性贡献的重要原因。不过，本文所说的"预流"，更重要的还是指黄先生对于学术流脉的预感。黄先生在研究之初，也许没有想到后来竟会有这么多研究者集中到这块领域上来，也许没有创立中国小说批评史学的明确故意。然而，他一定对这种未来有朦朦胧胧的期盼和预感，一定闻到了未来的鲜活气息，并受到召唤和鼓励。如果没有当初对小说批评史未来的预想与期待，他未必会投身于这个几无人烟的园地，而小说批评史这门学科是否存在也就是一个问题；如果不是在小说批评史进入收获季节的时候，又开辟小说研究史的新领域，小说批评史研究也许正处在发展的停滞与危机期。预流，当然是一种能力、天性，多少有些神秘，不过，往简单里说，它也就是学术领域里的拓荒，就是写作中的意到笔不到，笔到意先到，就是弄潮儿的心在潮水之前。这里蕴含了锐利的眼光、无畏的胆略、坚定的自信、豪迈的驾驭，也包含了对整个学术史流脉的了然于胸。随波逐流者，永远只会在人后，只有弄潮儿，才能成为学术的引领者。

成渊。回顾、品咂黄先生的中国小说批评史研究之路，不仅可以感受到他穷源与预流的精神与兴味，同时还可以发现他并没有满足于此，在穷源、预流之外，他还有成渊的雅好。这就是说，黄先生

① 陈寅恪《金明馆丛编二编》第 266 页，生活·读书·新知三联书店 2009 年版。

在小说批评史研究中不仅喜欢追根问源，不仅能够在水流未到之前先开好河道，而且，还喜欢将河流汇成大渊大湖。先生博学，领域非一，但对于中国小说批评史却抱持特别的感情，从 1979 年三卷本《中国文学批评史》开始出版，到 2011 年《小说话丛编》的即将付梓，三十年的不离不弃，那是时间如河；《中国历代小说论著选》已经对小说批评史料做了全面系统的整理，却还要穷几十年之功，再将编外小说话网罗殆尽，成《小说话丛编》巨帙，这是资料如渊；从资料的整理、注评，到文学批评史章节的撰写，到独立的小说批评史撰写，再辅之以专题论文考证、百科全书条目定论，这是思想如海。湖渊既大，蓄水愈深，支派愈众，泽被自然愈加广大，而无人与争功矣。

穷源成其坚实，预流成其高远，成渊成其博大。这三者也许不仅是黄先生中国小说批评史学的根本，而是黄先生包括《金瓶梅》、近代文学批评史、中国文论体系等研究在内的所有学术的根本，不仅是黄先生学术研究的根本，也是中国传统学术的灵魂和根本。“考镜源流”，即是穷源；“登高望远”，即是预流；“学义渊博”，即是成渊。正是因为接续了中国传统学术的精魂，黄先生这才点石成金，触手生春，无施不可。用于文学批评史研究，则有中国小说批评史学的建立；用于《金瓶梅》研究，则树作者屠隆说；用之近代文学批评史研究，则有近代文学批评的开拓；用于中国文论体系研究，则有倡导原人论之功。这些领域可以说都是从小说批评史研究为原点的无边推衍，也可以说相互之间本无先后，无区隔，而是互为原点和推衍，说到底则无非是穷源、预流、成渊的学术精神所生所化。呜呼，大哉！

（作者系复旦大学教授）

从《近代文学批评史》看黄霖先生的学术思想

左鹏军

黄霖先生所著《近代文学批评史》，上海古籍出版社 1993 年 2 月初版。是书作为王运熙先生、顾易生先生主编的《中国文学批评通史》的第七卷即最后一卷，堪称这部集体深度合作、发挥团队优势进行学术研究的典范之作的压轴。从黄霖先生个人的学术研究与著作过程来看，可以认为此书是先生已经出版的多种学术著作中非常重要的一部，因而应当拥有特别突出的地位。这部积多年之功完成的长达 56 万多字的《近代文学批评史》，通过对中国近代文学批评的系统考察、深入研究和全面论述，不仅对中国文学批评史研究和中国近代文学研究作出了特殊的学术贡献，而且从多个方面体现了先生的治学风格和学术思想，值得认真考察并深入体会。本文拟从以下方面做一初步探讨。

第一，明晰的学术目标与执著的学术追求

对于学术研究来说，学术目标的确定是非常重要的，它直接关涉到研究工作的顺利实施和学术意图的有效达成。王运熙先生、顾易生先生在作于 1988 年 11 月的《中国文学批评通史》第一卷即《先秦两汉文学批评史》的《说明》中指出："多卷本的《中国文学批评通史》，规模比较宏大，力求较为全面地清理各历史阶段文学批评的发展过程，对曾有所建树的批评家与论著进行科学的评价，并努力发掘新的材料，展示中国文学理论批评的丰富多彩和灿烂成就，总结其经验与教训，为文艺理论研究和创作提供借鉴与参考，为繁荣新时代的学术文化服务。"①这很可以看作是这部多卷本《中国文学批评通史》学术目标的简要概括和集中表达，特别值得注意的是力图清理文学批评的发展过程、科学评价批评家与论著、努力发掘新材料、展示中国文学理论批评的丰富多彩和灿烂成就、总结经验与教训等核心内容。

在这一总目标的基础上，黄霖先生在作于 1991 年 11 月的《近代文学批评史》的《说明》中，对该卷的学术意图、研究方法、学术目标做了具体交代："中国文学批评在近代发生新变，即急遽地从古代型向现代型过渡。本卷论史，以是否适应和推动文学近代化的历史进程为基本准则。……在编写过程中，努力从客观材料出发，广泛地联系社会、思想、文化变革的实际，将历史轨迹的探索，同理论上的概括和微观细致的剖析结合起来，以涵盖全面、观点平允、材料信实、表达清晰为目标，力求在中国近代文学批评史的研究中达到一个新的高度。"②其中特别强调了以下几点：第一，从整个中国文学批评史的角度来看，近代文学批评具有从古代走向现代的"过渡"性质，因而是否有利于中国文学的近代化便成为一个基本准则；第二，注重发掘与运用文献资料，从客观材料出发，特别重视历史文献的真实性、丰富性与多样性，这是进行此项研究的重要基础和有力保证；第三，注重史与论的结合融通，既重视近代文学批评历史过程的描述，又关注具体问题、重要现象的分析，还要注意从理论高度进行概括和提炼，探讨文学与文学批评的内在规律；第四，由于中国近代文学批评产生于特殊的文化背景之下，文学理论批评与多个文化领域密切相关，因而在坚持文学批评史与文学史角度的基础上，还注意采取社会史、思想史与文化史的眼光，在更加广阔真实的文化空间中讨论问题；第五，重视语言文字运用，以表达清晰、明晓流畅为

① 顾易生、蒋凡著《先秦两汉文学批评史》卷首第 1 页，上海古籍出版社 1990 年版。

② 黄霖《近代文学批评史》卷首第 1 页，上海古籍出版社 1993 年版。下引此书只注明页码。

目标,在某些紧关节要之处还注重斟酌推敲、详加考究,从语言运用与语言风格方面体现学术著作的总体水平。以上述各方面的内容为基础,先生提出了此书的总目标:"力求在中国近代文学批评史的研究中达到一个新的高度。"这是一个不仅非常明确而且特别高远的学术目标,也是先生当时的努力方向。有了这个目标和方向,此书的写作就有了较一般的学术著作更加强劲的动力,当然这也意味着非同寻常的压力;从实践的结果来看,这种动力与压力的结合,恰恰成为此书达到预期的学术水平并取得成功的有力保证。

也是因为这样的学术目标和学术追求,遂使先生的思考变得更加辽远开阔,关涉到近代之前的古代和之后的现代,而不是仅仅局限于近代这一时期。这种学术意识和思维方式使本书获得了不凡的气度。因此先生在全书的《结语》中说:"从一八四〇年到一九一九年,一部近代文学理论批评史,经过了几代人的探索、呼喊和奋斗,从渐变终于发展到了突变。一场五四文学革命的狂飚,将封建文艺理论批评的堡垒彻底冲垮,代之而起的是一种在民主与科学思想指导下的'活的文学'和'人的文学'的理论体系的建立。这种崭新的理论,促进了我国文学的新发展,文体大解放,走向现代型,面向全世界。从这意义上说,五四新文学运动正标志着我国旧文学的结束和新文学的开始。"(第 866 页)这实际上已经将思考指向了近代文学批评史与现代文学批评史的深刻关联,指向了近现代之际中国文学从旧文学到新文学的历史转换,指向了中国传统文学与现代新文学、世界文学的密切关系,先生多年的学术思考和追求从中也可以略见一斑。

学术目标的合理确立和学术意图的有效实现,还有一个必备的条件,即对于相关领域学术史历程的了解和对于学术前沿状况的把握,为自己的研究和著作找到恰切的学术起点。这也是《近代文学批评史》体现出来的突出特点之一,先生对此有着清晰的认识。在论及平步青及其《国朝文棷》时,先生指出:"一部文学史,在总结以往作家的创作经验时,势必要吸取前人的研究成果。然而,各家的评论往往并不一致,特别是对于一些大家名作,更是众说纷纭,甚至是针锋相对。这就要求文学史家能在选择各家合理意见的同时,排除各种偏见,尽可能做出客观、平允的评价。……这不仅需要胆识,而且特别需要有一种实事求是的批评精神。……它能将传、论、考三者融为一体,用历史发展的观点和实事求是的批评态度,将有清一代的散文作了描述和总结,不失为一部较好的文学史著作。"(第776—782页)其中特别强调的客观平允的评价态度、实事求是的批评精神、历史发展的学术观点等,也可以理解为是先生学术态度、思想方法、治学精神的一种概括表达。仅就中国文学批评史研究来说,先生不仅从事该领域的系统研究多年,对中国文学批评史的学术史历程和研究现状相当熟悉,而且参与过王运熙先生、顾易生先生主编的三卷本《中国文学批评史》的撰写①,并负责近代文学批评部分的写作。在这些具有显著创新意义的研究工作中获得的丰富的学术经历和治学经验,必然成为这部《近代文学批评史》的重要基础。

第二,主要文体与关键人物相结合的开放性结构设计

与中国文学批评史与文学史其他阶段的研究相比,近代文学批评史和文学史的研究是最不充分甚至是相当滞后的。这种情况的长期存在和延续,一方面造成了研究工作中他人难以想象的诸多困难,另一方面也提供了进行探索与寻求创新的可能。就近代文学批评史的写作来说,虽然此前已出版过叶易教授的《中国近代文艺思想史稿》(复旦大学出版社,1985年1月)和《中国近代文艺思潮史》(高等教育出版社,1990年11月),黄葆真、成复旺、蔡钟翔著《中国文学理论史》第五册,即"鸦片战争前后至'五四'前夕(即旧民主主义革命时期)"②(北京出版社,1991年9月),先生本人也有《中国文

---

① 王运熙、顾易生主编《中国文学批评史新编》(复旦大学出版社,2001年11月初版;2007年8月第二版)的近代部分也是黄霖先生负责撰写的。

② 见该书卷首《内容提要》;另据卷首说明文字,该卷由黄葆真撰写并定稿。黄葆真、成复旺、蔡钟翔著《中国文学理论史》第五册卷首,北京出版社,1991年版。

学批评史》近代部分的撰写经验，但或由于治学方法与学术思路的不同，或由于学术目标与研究意图的差异，可供凭借的现成东西毕竟并不多①。

因此在《近代文学批评史》的撰写中，辨章学术、发凡起例就显得异常重要。从全书呈现出来的体例设计、结构安排来看，先生在这方面也确是经过多方比较、反复斟酌、认真思考。先生在《说明》中说："编写体例，大致以文体为纲；重要批评家则列专章予以详论；各章序列，以梁启超等维新派倡导的文学革命为界，将传统的诗、文、词论等列于前，将变化显著的小说、戏剧等理论批评置于后。"（卷首第1页）

这段关于全书体例的说明虽然相当简短，但内涵相当丰富，堪可仔细品味。其中值得特别注意的有以下几个方面：

其一，全书采取的是以主要文体为总纲、并辅之以重要批评家的总体结构。全书以十章的篇幅将这种结构进行具体的展开，这十章依次为：绪论：中国文学批评的近代化；传统诗文批评；词论；太平天国的文化政策及洪仁玕；梁启超与资产阶级维新派的文学革新运动；资产阶级革命派的诗文理论；小说论；戏剧论；中国文学史学；王国维。最后有简洁的《结语》。这种结构实际上照顾到了近代文学批评史的两个重要因素：一是主要文体，这是中国文学批评中最富于传统精神、最具有民族特色的部分，正如吴承学先生指出的，"自魏晋以来，文体研究历来都是中国古代文学批评的重要组成部分，古代许多文学批评其实也就是文体批评"②；一是关键人物，这是能够明显改变中国近代文学批评史理论面貌和基本走向的产生了重

① 张少康著有《中国文学理论批评发展史》（上下，北京大学出版社1995年6月版）、《中国文学理论批评史教程》（北京大学出版社1999年4月版）、《中国文学理论批评史》（上下，北京大学出版社2005年8月版），对近代文学批评有所涉及，俱在先生《近代文学批评史》之后。

② 吴承学《中国古代文体形态研究（增订本）》第1页，中山大学出版社2002年版。

大影响的杰出人物。而且,通过主要文体与关键人物的交叉与互补,形成了比较广阔的学术思想空间,构成了相当真实的学术文化场景,从而有利于动态考察与静态思索的相成,也有利于现场感与历史感的结合。

其二,以梁启超等人发动的文学革新运动作为旧与新、雅与俗、守成与创新、传统与现代的转捩点和重要标志,可谓抓住了近代文学批评史和文学史、学术史的一大关键。这是因为,"梁启超不仅是近代小说革新运动的倡导者,而且也是近代小说理论的奠基者"(第381页),而且,这场文学革新运动"是中国历史上第一次由资产阶级自觉领导的直接服务于资产阶级政治变革的一场文学革新运动,而且它的指导思想和理论基础主要是借鉴了西方新兴的哲学社会学说和文学观念,并有一个比较明确的建立新文学的目标"(第357页)。的确如此,是否具有自觉创新的时代精神,是否具有恰当地了解西方文学与文化的意识和能力,是否具有一定的世界观念和文化眼光,是近代以来的中国文学批评史与文学史、批评家与文学家区别于以往的古代文学批评与创作、批评家与文学家的一个重大标志,也是区分其是否具有近代观念或现代精神的重要标准。《近代文学批评史》的总体结构设计和章节安排恰恰抓住了这一点,自可收到以简驭繁、以少总多的学术效果。

其三,传统文体与新兴文体的结合与统观,动态展现中国近代文学批评、文学发展、文体演变的历史过程,由此形成了一种指向未来文学发展方向、指向现代文学批评观念的开放性的格局。由于近代文学批评史在某些方面表现出相当明显的"过渡"性质、从传统走向现代的"近代化"特征,许多问题与现象经常表现出异常纷繁、空前复杂的局面。这种情形,无论是就中国文学批评史来说,还是就中国文学史来说,都可以说是一种非常显著的变化。面对这种新局面,仅仅依靠以往的经验当然无法解决新的问题,完全借鉴他者的作法也不能实现自己的学术目标;而对复杂的文学现象、纷繁的学术问题采取武断的态度、进行简单化的处理,更是学术研究中的大忌。先生在处理这一重要问题的时候,采取的是稳健通达的做法:

既关注传统文学批评的延续与新变，对其文学批评史意义与学术价值进行了恰当的估价；又重视近代文学批评的兴起与发展，对其近代化特征与现代性价值予以充分的肯定。基于这样的观念，《近代文学批评史》在不同文体、不同人物的安排处理上，表现出既兼收并蓄又突出重点、既关注传统又强调新生的策略，从而使全书具有在承传传统的基础上指向未来文学发展的结构特点和思想特色。实践证明，这样的学术理念与处理方式是既符合近代文学批评史的基本面貌，又切合本书的学术目标和学术追求的。

第三，明确的批评标准和恰当的评判尺度

唐代著名史学家刘知几曾将"才、学、识"作为史家须有之三长，指出"史才须有三长，世无其人，故史才少也。三长：谓才也，学也，识也"①；并在其名著《史通》中对这一理论观念进行了充分而深刻的分析阐发。清代学者章学诚更在其影响下，在《文史通义·史德》中指出"才、学、识三者得一不易，而兼三尤难"，"能具史识者，必知史德"②。凡此均为确有见地的精当之论，不仅道出了治史的艰难，而且提出了治史的高远目标。的确，批评标准和评判尺度的明确与否、恰当与否具有关键意义，在很大程度上决定了一部批评史著作能否取得成功。先生对这一点有着深切的体会，并在书中相当自然地表达出来。《近代文学批评史》在论及王国维《宋元戏曲史》时指出："一部成功的历史著作，必须清晰地描绘出历史流动发展的过程；而要描绘出这一过程，除了胸有全局之外，必须有一个明确的批评标准和衡量尺度。"这与其说是先生对王国维史学态度与评价标准的阐述，不如说是先生借评价王国维及其《宋元戏曲史》的机会，表达自己对于治史态度的理解和对于史学著作的期待。

① [后晋]刘昫等撰《旧唐书》卷一〇二，列传第五十二《刘子玄》，第3173页，中华书局1975年版。

② [清]章学诚著，叶瑛校注《文史通义校注》卷三，内篇三《史德》，第219页，中华书局1985年版。

怀有这样的治史要求和学术追求,先生明确提出《近代文学批评史》"以是否适应和推动文学近代化的历史进程为基本准则"(卷首第1页),并对之进行了具体的分析。在第一章《绪论:中国文学批评的近代化》中,首先对中国近代文学批评的历史进程进行了总体概括,指出,"第一个时期,大致从鸦片战争开始到甲午战争结束,是近代文学观念的始变时期";"第二个时期,从维新变法到五四新文化运动,是突变完成期"(第2—4页)。在此基础上,又将中国文学理论批评的近代化在文学思想与文学观念方面的表现概括为如下十个方面:"第一,变'实利所归,一人而已'的封建文学为'万姓所公'的国民文学";"第二,破杂文学体系而建纯文学观念";"第三,由'独抒性灵'说走向创作'自由'论";"第四,白话运动的开展";"第五,文体结构的改观";"第六,典型化原则的输入";"第七,创作方法的新识";"第八,悲剧观的确立";"第九,开创了新的中国文学史学";"第十,开始了中外文学的比较研究"(第6—16页)。这是先生以宏观的学术视野,对中国文学批评史与文学史的深切了解,特别是对中国近代文学批评史与文学史的认识体察为基础,对这一特殊时期的文学理论批评形态所进行的理论概括。这不仅是对此前提出的"文学近代化的历史进程"作出的具体阐述,而且对其后各章节的具体论述与分析提供了总体依据,以下各章就是这一总体观念与构思的次第展开,同时也是对这一总体概括的有力支撑。

另一方面,先生并没有仅仅满足于对近代文学批评达到的理论高度、取得的历史性进步、产生的深远影响进行一般性的肯定和赞扬,而是在此地基础上展开更加深刻的思考,以求更加准确地认识近代文学批评的历史贡献与局限性,合理估价近代文学批评在整个中国文学批评史上的特殊地位。因此,先生在第一章《绪论:中国文学批评的近代化》的最后总结指出:"中国文学在近代化的过程中,难以建立起系统、深刻、成熟的理论体系,未能结出为数众多的具有经典意义的硕果。然而,它在一批群体的努力下,毕竟天翻地覆地改变了绵亘数千年的中华民族的文学观念,强有力地促进了近代文学创作和翻译的繁荣,推动了社会历史的飞跃前进。它无愧时代地宣告了旧的文论体系即将退位，新的文论体系正在建立，为五四新文学大踏步地迈向现代化架设起一座历史的桥梁。”(第 19 页)这样的认识不仅更切近中国近代文学批评史的实际，而且体现了先生学术思想的周详圆融与辩证深切。

在书中一些具体问题的分析评判中，这种思想方法和学术观念也时常可见。在评价宋诗派与同光体时，先生指出：“陈衍、沈曾植等光、宣间的宋诗派，虽然在骨子里同其前辈并无二致，最后的落脚点还是元祐宋诗，但所打的旗号相当宽泛。他们以反对‘专守盛唐’为号召，把元祐、元和乃至将盛唐开元统统包括在内，显得胸襟阔大，在理论上容易站得住，在实践上也往往行得通。”(第 126 页)以知人论世的方法，从理论和实践两个方面对宋诗派的特点进行了分析评价。又指出：“陈衍一生在诗歌领域里确是坚持了他自己倡导的一条‘荒寒之路’。……把宋诗派的理论有力地推进了一步，同时在实际也成为中国古典诗学的最后一个真正的理论家。然而，他政治思想上未能跟上时代的脚步，对于蓬勃兴起的文学革新运动也格格不入。他当时致力于用传统的观点来总结传统的文学，实际上也变成用新的观点来呼唤新文学的阻力。”(第 140 页)在新旧文学转换之际、传统诗歌与现代新诗更替的历史过程中，对陈衍的理论贡献和局限作出了具有辩证色彩的分析。

复古与创新的关系、传统与新变的选择，是中国文学批评史和文学史上的重大问题之一，在不同时代、不同流派、不同人物那里经常有着不同的认识和处理方式，也具有不同的意义和价值。这一问题在中国近代文学批评史与文学史上有着特别突出的表现，也有着非常广泛的影响，大概任何一部中国近代文学批评史和文学史著作都无法回避这一问题。《近代文学批评史》对这一问题的基本态度和评价，可以通过两个最有代表性的例子看出。一是曾国藩的古文理论，先生指出：“曾国藩的古文理论不仅集桐城派之大成，在某种意义上也可看作是对于整个中国古文理论批评的一次小结。……从总结传统古文理论的成绩而言，曾国藩的历史地位不容忽视；而从促进新旧文学交替的角度来看，曾国藩的文论并无多大意义。”

(第 196—197 页)从总结传统古文理论的意义上肯定了曾国藩古文理论的总结性贡献,同时从中国文学理论古今演变的角度指出曾氏古文理论的明显局限。一是王闿运的诗学主张,先生认为:“旧文学的大厦摇摇欲坠,新文学的曙光已经在东方地平线上升起,而作为‘领袖诗坛’的王闿运却一味复古,观点又好走极端,言辞则十分偏激,当时不同派别的复古论者在他的面前几乎都相形失色。中国旧文学的复古论至此可谓已经走到了尽头,这实际上也意味着整个旧文学已经走到了尽头。”(第 253 页)通过王闿运一人以复古为核心的诗学主张的明显局限性以及他言行个性中的缺陷,来认识复古论和旧文学在近代文学批评史与文学史上必然表现出来的致命缺点,给人深刻的启发,引发悠远的联想,收以小见大之效。

对于在中国近代文学批评史和文学史上具有至关重要的历史地位、产生了非常广泛的文学与文化学术影响、并在此后的现代文学批评史与文学史上具有深远历史影响的以“诗界革命”、“文界革命”和“小说界革命”为中心内容的文学革新运动的评价,看似相当容易,实际上非常艰难。因为对于中国近代文学批评史和文学史的研究者和学习者而言,这本是属于基础性的、常识性的问题,并不是多么生僻、多么艰深的问题。但是,对于基本问题、众人多能知晓的问题的认识和评价,通常是对作者思想深度和认识水平的严峻考验,也往往更能见出作者的见识和能力。先生指出:“综观这场来去匆匆的文学革新运动,虽然未能彻底地清算传统旧文学的糟粕,也未能妥善地吸取西方文化的养料,难免有‘粗率浅薄’之弊,但它在中国文学和文学思想史上毕竟具有划时代的意义。它标志着中国旧文学的结束和新文学的兴起。‘五四’新文化运动正是在这基础上进一步将中国文学推进到现代化。”(第 358 页)将这次文学革新运动置于古代文学到现代文学的历史转折点上,在传统文学批评走向现代文学批评的具体的历史进程中,从历史贡献与时代局限两个方面对这次文学革新运动进行了中肯的评价。这种评价尺度和思想方法,较之近代文学研究界曾经出现、时下仍不难见到的或简单肯定这次文学革新运动的进步意义,或武断否定其理论与实践上的合理性、甚至怀疑其存在的真实性的观点，显然更接近文学史的本相，无疑更具有史家的见识和启发的意义。

第四，深厚周详的学术积累，本色当行的学术观念

在论及刘熙载及其《艺概》时，先生指出："一部成功的文学史，当是作者史学才能与文艺理论的巧妙结合。"（第766页）这当然是先生对刘熙载及其《艺概》的史家眼光与理论素养的评价，也可以看作是先生对于成功的文学史著作的期许，其中未始没有学术理想与精神追求的蕴含。《近代文学批评史》表现出来的文献资料与理论阐发相互支撑、宏观视野与微观考察相互结合、通览纵观与重点分析相互映衬、具体分析与联系比较相互发明的思想方法与学术范式，一再证明这是先生多年的学术积累、多方面的学术准备的一项重要成果，体现出深厚的学术功力和先进的学术观念。

从知识体系与学科领域的角度来看，《近代文学批评史》体现出多个学科领域各显其长、相互支撑、融通综合的学术特色，至少涉及中国文学批评史、中国文学史特别是近代文学史、中国古典文献学、现代文艺美学等学科领域，从而使此书体现出本色当行的文学理论批评观念，表现出鲜明的研究特色和学术风格。

其一，中国文学批评史。中国文学批评史是复旦大学中文学科的传统优势学科之一，在吴文祺先生、刘大杰先生、郭绍虞先生、朱东润先生、王运熙先生、顾易生先生等带领下，长期以来取得的多方面重要成果足以证明，代表了这一领域的前沿水平和发展方向。先生在中国文学批评史领域除参与王运熙先生、顾易生先生主编的《中国文学批评史》（上中下，上海古籍出版社，1979年10月至1985年7月）、《中国文学批评史新编》（上下，复旦大学出版社，2001年11月；第2版，2007年8月）之外，另有多种著述，如与韩同文合作编选的《中国历代小说论著选》（上下，江西人民出版社，1985年5月；修订本，2000年9月），王运熙先生主编、黄霖先生与邬国平合作编著的《中国历代文论选·近代卷》（江苏文艺出版社，1996年11月），与王运熙先生主编的《中国古代文学理论体系》（《原人论》，黄霖、吴建民、吴兆路著,复旦大学出版社,2000 年 5 月;《范畴论》,汪涌豪著,复旦大学出版社,1999 年 3 月;《方法论》,刘明今著,复旦大学出版社,2000 年 2 月),与蒋凡教授合作主编《中国历代文论选新编》(先秦至唐五代卷、宋金元卷、明清卷、晚清卷,上海教育出版社,2007 年 9 月至 2008 年 3 月),《中国历代文论选新编(精选本)》(上海教育出版社,2008 年 9 月),《中国历代小说史料汇编校释》(百花洲文艺出版社,2009 年 10 月),独撰的《古小说论概观》(上海文艺出版社,1986 年 6 月)、《文心雕龙汇评》(上海古籍出版社,2005 年 6 月)等,如此丰富的著述,或可作为《近代文学批评史》的有力支撑,或是《近代文学批评史》学术思想的延续与发展。

在有关近代文学批评具体问题的分析评价中,同样可见先生基于对中国文学批评史的总体了解而获得的学术见识。如评价姚莹时指出:“在桐城派中,上承方、刘、姚,下启曾国藩,真正在‘义理、文章、考据’之外重视‘经济’并积极付诸实践的,是深受早期改良主义者影响的姚莹。”(第 57 页)又指出:“在我国文学批评史上,姚莹是一个为数不多的注意研究历代文学论著和文学思潮的批评家。”(第 59 页)对于早年鲁迅和周作人的评价同样体现了具体分析与总体把握相结合的思想特征:“具有强烈民主革命情绪,把文学当作改造国民精神重要武器的周树人,到头来不是否定了文学的社会作用,而恰恰相反,倒是与梁启超殊途同归,过分地夸大了文艺的社会作用。”(第 495 页)又说:“综观周氏兄弟当时的文论,大同小异,相互影响,相互补充,结在一体,既有别于梁启超忽视文学的艺术性,又不同于王国维否定艺术的社会功用,更超乎那些抱残守缺、复古倒退者之上。不论对文学本身认识的深刻性,还是将他们的理论放在整个文化背景上衡量其先进性,周氏兄弟确实都代表着时代的高度,并预示着发展的方向。”(第 497 页)在评价一般的文学批评史和文学史关注不多的梁廷楠时,特别深入地指出:“梁廷楠的戏曲批评,既不管作品时代的先后,又不拘作家成就的大小,往往能做到‘平心和气’、客观公正,不作绝对肯定,也不作绝对否定,且常常在肯定中有否定,否定中作肯定。这种批评精神,在中国戏曲批评史乃至整个文学批评史上是相当突出的。”（第 666 页）将梁廷楠置于整个中国戏曲批评史和中国文学批评史上，对其学术观念和思想方法的稳健特色、辩证精神进行了富于启发性的分析评价。

其二，中国文学史尤其是近代文学史。从中国文学史的角度出发进行中国文学批评史的研究，或者说，有意识地将中国文学史与中国文学批评史融会贯通，作为一体之两面，也是复旦大学中文学科的老辈先生们留下的重要学术传统。不仅如此，从中国文学批评史与文学史的关系来看，甚至扩大一点说，从中国人的民族特性、思维习惯、著述特点、形成的知识谱系的角度来看，这种学术观念和治学方法无疑更有可能切近问题的核心，更适合该领域的历史传统与现实状况，也就更有可能增强学术研究的科学性。

先生对这一学术传统的体会、继承和发展，一方面体现在有关著作中，如《金瓶梅漫话》（学林出版社，1986 年 10 月）、《黄霖说金瓶梅》（中华书局，2005 年 9 月）、《金瓶梅讲演录（附光盘）》（广西师范大学出版社，2008 年 10 月），都是这方面的代表性成果。

另一方面，先生的文学史素养在这部《近代文学批评史》中表现得相当充分。假如仅仅将其看作是一部中国近代文学“批评”的历史，虽然不能说是错误的，但至少应当说是不够准确、不够全面的；从全书的内容和价值来看，应当将其视为中国近代“文学”与“批评”的历史，也就是说，此书具有文学批评史和文学史的双重价值，尽管其重点在于中国近代的文学理论批评。书中的一些观点可以证明这种认识的合理性，如评价桐城派时指出：“我们今天固然有必要对讨论桐城派作为一种文学流派的大致倾向，但从方苞到林纾，所谓桐城派的作家实在是各有其面目，假如用一个桐城派的框框去研究桐城派各作家的话，难免会出现简单化的倾向。”（第 65 页）提出了关于文学流派概括的合理性与局限性、文学流派内部的差异性与变化性的重大问题，不仅有助于准确地认识在清代至近现代文学史上具有重要地位、产生了重大影响的桐城派，而且有助于认识和评价中国文学史上的众多文学流派。又如总体评价曾国藩时所说：“曾国藩一生，以儒教义理为根本，以经世报国为目的，既为岌岌可危的清王朝鞠躬尽瘁,延迟其封建统治的崩溃,阻碍了中国社会民主化的进程,又被咄咄逼人的泰西科学有所触动,采取了一些措施,加速了近代科学化的步伐。新与旧、功与过,在他身上复杂而自然地交织在一起。这也是当时一般被传统思想紧紧束缚而又想有所作为的封建知识分子的共同特征。……曾国藩作为一个文学家,以他勤奋的创作、独特的见解,伴随着他的显赫功名而在中国近代文学史上,特别是在桐城派的兴衰上产生过不可忽视的影响。"(第 173—174 页)在真切的历史现场中体察曾国藩一人在新与旧、中与西、守成与创新、传统与现代之间的矛盾和困惑,恰当地评价其功与过、成与败、生前与身后、贡献与局限,并由此体察那个时代的传统知识分子的共同处境与文化心态,极具启发意义。

关于梁启超与"文界革命"的关系,先生指出:"对于文,他尽管几无一篇专论,却以从'时务体'到'新民体'的大量创作实践和夹杂着片段的论说而成了'文界革命'的旗手。故他的'文界革命'的思想和理论实际上贯串于戊戌变法前后,不自一八九九年正式提出'文界革命'始。"(第 370—371 页)根据梁启超创作新散文的丰富实践和巨大影响,认为梁启超的"文界革命"活动跨越"戊戌变法前后"一段时间,而不是如一些中国近代文学史著作所认为的,以戊戌就法失败后流亡海外、在 1899 年 12 月写作的《汗漫录》(后改名《夏威夷游记》)中正式提出"文界革命"这一口号算起。应当说,这是先生提出的一个既有理论价值又有文献根据的新观点,值得充分注意。关于梁启超,先生还指出:"梁启超倡导'文界革命'的方向与其对思想内容的要求同'诗界革命'的精神基本一致,但其对于语言方面的要求,两者却有很大的出入。在诗歌领域,梁启超坚持传统的'古风格',这就与运用'新语句'存在着很大的矛盾,故他实际上对于诗歌镶嵌'新语句'、'新名词'的态度是比较保守的。而他对于散文的态度则大不相同,不但自己的创作杂以俚语和外国语法,显得通俗明畅,而且在理论上一再强调言文合一,鼓吹'俗语文学',有力地推动了中国文学的白话化。"(第 377 页)以联系比较的眼光,敏锐地注意到梁启超对于诗歌改革与文章改革在思想上的一致性和在语言上的差异性，从而体察和揭示梁启超文学改革理论内部的某些矛盾因素，以及由此反映出来的梁氏文学观念、文化观念深处的某些矛盾性，这也是值得充分注意的具有创新价值的观点。

又如对中国近代第一批职业小说家吴沃尧及其小说创作的分析："吴沃尧何以特别注意这种迂回曲折的表现手法？这是因为清末社会小说与我国小说杂志可以说是同时的产物。当这些小说在杂志上连载时，为了在时间间断的情况下牢牢地吸引住读者，就不得不注意这种表现手法了。"（第560页）从近代小说家职业化、商业化因素的明显影响，近代报刊业、出版业兴盛的直接刺激等方面深入体察吴沃尧小说创作的状态和艺术选择，确是抓住了中国近代小说批评史与小说创作史的核心问题。先生在分析了吴沃尧关于小说写"情"的言论之后指出："吴沃尧的写情小说理论，比金天翮《论写情小说于新社会之关系》显然更为丰富，再加上他有创作实践，所以影响也更大。但究其本质都不出封建道德的牢笼，甚至在某种意义上说，比冯梦龙'藉男女之真情，发名教之伪药'的'情'来，还是一种倒退。"（第564页）像同时代的许多小说家一样，吴沃尧也不能不对小说创作中无法避免的因素"情"有所认识；而写情小说作为中国小说中一个非常庞大而且影响广泛的类别，吴沃尧也不能不对之有所体会。从现有材料来看，吴沃尧对"情"的理解主要体现在以下两个方面：一是对"情"的正统道德化理解和着力鼓吹，以至于将"忠、孝、慈、义"这些道德"大节"全部视为"情"的表现形式，明显缺少叛逆变革与创新进步的因素；二是将"情"作为传统道德宣传、恢复"固有之道德"的工具，对"情"做了泛道德化的解释与说明。其结果实际上是消解了"情"所具有的思想价值叛逆色彩。因此，先生指出较之冯梦龙的主情观念，这是一种"倒退"。显然，这样的评价是有说服力的。这番对于吴沃尧及其小说创作的分析评价，实际上提出了中国近代第一批职业小说家与古代的非职业小说家在创作观念、理论意识、艺术能力等多方面的巨大差异问题，特别是近代早期职业小说家的文化水平、理论素养、职业特点、生活处境与他们的创作数量与质量、艺术技巧与能力的关系问题，给人带来更多的启发和思考。

其三，中国古典文献学。中国古典文献学也是先生的重要学术领域之一，而且是先生其他研究领域的重要基础。先生对于文献问题的重视和在版本学、目录学、校勘学、考据学等方面的功力，从多项研究成果中可以看出。重要者如《金瓶梅资料汇编》（中华书局，1987 年 3 月）、《金瓶梅词话》校点（与陈诏合作，梦梅馆，1993 年 3 月；青海人民出版社，2000 年 1 月）、《金瓶梅鉴赏辞典》（与张兵、杨彬共同主编，上海辞书出版社，2008 年 8 月）、《脂砚斋评批红楼梦》校理（齐鲁书社，1994 年 7 月）、《世博梦幻三部曲》校点（东方出版中心，2010 年 1 月）等就是。还有关于《金瓶梅》作者问题的考证、关于明代小说史实与文献的考证，均可见先生在四十岁左右的时候所作的多项研究中，已经显示出非同一般的文献根底和学术水平。

《近代文学批评史》中同样体现了这种多年积累而成的文献学修养，特别突出的是先生对于一些重要概念、文献与史实问题进行细致的考证辨析，以确立理论阐述与历史评价的坚实基础。兹举数例以为说明。先生指出："《本馆附印说部缘起》一文发表时没有署名。梁启超在《小说丛话》中说，此文'实成于几道与别士之手'。今据文中'生平孤露，早迫饥驱，尝溯长江，观六代之故都'云云，恐怕主要成于夏曾佑之手。当然严复身为《国闻报》主编，在思想上是同意本文的观点的，甚或还稍加了润色。……《本馆附印说部缘起》则是近代维新派的第一篇小说专论。其文观点新颖，紧扣形势，材料丰富，文笔雄厚辩，洋洋洒洒，一万余言，实为我国有小说以来的第一篇长文，震动了当时的文坛。"（第 538 页）这段话的重点在于评价《本馆附印说部缘起》一文在中国近代文学批评史乃至整个中国小说批评史和文学批评史上的特殊价值和独特贡献，但由于发表时未署作者名字，又无法找到关于此文作者问题的有力证据，遂一直沿用梁启超的说法，认为是当时的天津《国闻报》主编严复和编辑夏曾佑二人所作。先生以文章中的有关语句为内证，结合二人的生活经历，对此问题进行了进一步思考，认为当主要出于夏曾佑之手；与此同时，也对严复关于此文可能采取的意见也予以注意，表现出对历史事实审慎周详的态度，也使得这一新认识不显得匆促草率。

关于王国维及其《人间词话》，先生指出："第二年（引者按：1907年），署名'樊志厚'的《人间词乙稿序》亦说：'文学之事，其内足以摅己，而外足以感人者，意与境二者而已。上焉者意与境浑，其次或以境胜，或以意胜。苟缺其一，不足以言文学。'樊志厚其人，有人说是王国维自己的托名，有人说是与王国维'同学相交垂三十年'的樊少泉（樊少泉《王忠悫公事略》）。假如是后者，也应该说与王国维的观点十分接近，因为序称王国维'诒书告余曰'：'知我词者莫如子，叙之亦莫如子宜。'"（第 837 页）"樊志厚"究竟为何人，学界一直有不同看法，但也都难以找到特别充分的证据。先生根据王国维、樊少泉二人的有关言论，倾向于认为"樊志厚"有可能就是后者，因为材料更加直接，认识更加合理，可能性也就更大些；但同时也注意到应当留有一定的余地，于是采取了"假如是后者"这样带有假设语气的表达。如此周详的思考和谨慎的态度，明显增强了全书的实证色彩和学术深度。

在中国近代这一西学持续东渐、中国逐步走向世界的关键时期，许多传统的观念、概念、认识、知识都发生了空前明显的变化，诸如什么是"文学"，"小说"与"戏曲"的合与分，"美术"与"美"、"艺术"有联系与区别，等等，均有进行认真清理、以明其古今含义及相互关系的必要。当然"戏剧"与"戏曲"也是这样。先生指出："为了搞清中国戏曲艺术的基本特征，王国维首先分辨了'戏剧'与'戏曲'这两个不同的概念。在古代，人们常将这两个概念混为一谈……而在西方，'戏剧'一词却指以说白表演人物故事的话剧，另有专以歌唱或舞蹈表演人物故事的歌剧与舞剧，与中国的情况并不相同。王国维根据中国戏曲发展的实际情况，并在沿用历史上所用概念的基础上，将'戏剧'作为古代各种表演艺术的总称，歌舞戏、滑稽戏、杂戏等均包括在内；而'戏曲'收到指以歌舞为主的戏剧，所谓'戏曲者，谓以歌舞演故事也'（《戏曲考原》）。自此，在中国'戏剧'与'戏曲'的概念一清二楚，并一直沿用至今。"（第 857 页）无论是从《戏曲考原》来看，还是从《宋元戏曲史》来看，王国维对于"戏剧"和"戏曲"虽有区分的意识且有相应的阐述文字，但实际上并没有将二者区别得特别清楚；只是由于有了先生根据王国维的用意进行的深入阐述，今天才会对近代以来的“戏剧”与“戏曲”认识得如此清晰而准确。

其四，现代文艺美学。文学批评史与文学史的一个重大区别就是其强烈的理论意识和思辨色彩、基于丰富现象和多种问题的抽象概括与归纳阐发。这种学科规定和学术特点自然对研究者提出了相应的要求。《近代文学批评史》虽然不是一部纯粹的文学理论范畴、文艺美学原理的著作，但仍然表现出明显的理论色彩。这不仅仅是先生理论意识和素养的表达，更重要的是在尽可能地适应研究对象对研究者提出的学术要求。简单地说，在中国近代文学批评史和文学史研究中，无视或回避西方哲学美学理论、现代文艺美学的理论观念和研究方法，已经完全不可能。

因此先生在研究中有意识地借鉴、采用若干新的理论方法，自觉使自己的研究不断适应近代文学批评史与文学史提出的学术要求。在评价包世臣时指出：“这里所说的‘度受吾言者，所可受，所当受，而后言之；而言之又循乎程度’，即充分地考虑到读者接受的水平和接受的心理。在中国古代文学批评史上，能如此明确地从接受的角度上来衡量‘文法’的人是并不多见的。总结以上四点，可见包世臣的‘言有序’是将生活的积累、学古的心得、作者的创造和读者的接受统一起来加以考虑的，因而显得切实而完备。”（第 87 页）这里显然运用了 20 世纪 60 年代后期起源于德国、影响及于欧洲乃至亚洲许多国家和地区的接受美学与接受理论①，而且显得相当自然贴切，并不使人有造作生硬之感。

又如对于徐念慈提出的“美在‘合于理性之自然’”等观点的评价，先生指出：“徐念慈在西方文艺思想的影响下，从美学的角度来探索小说的艺术特征时，尽管有些地方显得概念尚不清晰，分析也

---

① 在接受美学与接受理论影响下，已产生了尚学锋、过常宝、郭英德著《中国古典文学接受史》（山东教育出版社 2000 年版）等多种从接受角度研究中国古代与近代文学的著作，此种研究方法目前仍在被运用。

欠细致,但毕竟抓住了艺术的形象性、典型化和美感作用等关键问题。他认为,小说的美,就在于描写了既合于理性的自然,又有鲜明的个性,既能引起快感,又是理想化了的具体形象。这种见解,比之王国维在《红楼梦评论》中所说的'惟美术之特质,贵具体而不贵抽象,于是举人类全体之性质置诸个人之名字之下',也高明得多。这在当时不能不说是显得出类拔萃的。……假如说梁启超是晚清小说理论的奠基者的话,那么,徐念慈在某种程度上可以说是代表了晚清小说理论的高度。"(第 591—595 页)通过对徐念慈重要理论观念的分析阐述,并与王国维的美学观念、梁启超的小说理论主张进行联系比较,确立了徐念慈这位以往并未受到特别重视的小说理论家的独特的理论贡献和在中国近代文学批评史上的显著地位。

王国维向来是中国近代文学批评史、文学史乃至整个中国文学史、学术史的重点之一,也是一个特别突出的难点。这不仅是因为王国维本人个性气质的忧郁情调、人生态度的哲学文化意味、美学理论与文学观念综合古今中外的近现代色彩、学术研究的广博深邃,而且是因为他处于中国文学、学术、文化从古代走向近现代的历史转换的关键时期,他个人的经历与处境、文学与学术、态度与观念经常能够反映和传达那个特殊时代的独特精神气质,从而具有显著的象征意义和符号学价值。对此,先生明确指出:"他的文艺思想,可以说是近代中国社会痛苦裂变过程中的精神缩影,是中国传统的文艺理论向现代化、世界化转折的里程碑。"(第 809 页)在予以如此高度的评价之后,又指出:"此文(引者按:《红楼梦评论》)的理论基础是叔本华的唯意志论,作者评论《红楼梦》的根本目的也在于阐发这种唯心厌世的哲学,因而这篇评论最后实际上歪曲了'红楼梦之精神',没有找到《红楼梦》的真正价值。"(第 826 页)对向来备受关注、争论颇多、意见纷纭的《红楼梦评论》存在的明显的局限性予以明确指出,对此文在红学史上的真正价值和应有地位进行了新的思考。

数年以后,先生与周兴陆合作的《王国维〈人间词话〉导读》一文(见《人间词话》卷首,上海古籍出版社,1998 年 12 月),就可以理解为是《近代文学批评史》中关于王国维及其《人间词话》的论述评价的进一步展开和深化。又十年之后，先生率李桂奎、韩晓、邓百意所著的《中国古代小说叙事三维论》(上海书店出版社，2009年7月)是另一值得关注的重要著作。此书"更新观念，拓宽视野，打通古今，融会中西，抓住中国小说与小说论中的'时间'、'空间'、'节奏'三个关键性问题，通过细致的文本解读，力求在理论上加以解释，并初步完成了逻辑层面上的体系建构"，"紧密围绕'叙事'这一轴心，突出了'人'的生存之道和活动方式在'三维'中的意义，力求从不同层面探讨中国古代小说文本结构的内部规律，彼此各有侧重，又相互呼应，共同构成一个现代视野中的中国古代小说论体系，以期将中国古代小说研究提升到一个新的水平"，因此"追求理论原创"、"追求方法新颖"、"追求论证扎实"和"追求面向当代"①成为此书的学术追求和突破方向。

第五，学术史意识的自觉与文学史学的建构

一个明显的事实是，一百多年来，在西方与日本文学观念和学术观念的影响下，中国学者进行过数以千计的中国文学史的编写实践，文学史的编写与研究已经成为一个举足轻重、影响广泛的学术领域；但是同样明显的是，长期以来，中国研究者对文学史理论和文学史学史的兴趣远不及对于文学史编写实践的热情，文学史的理论研究、文学史学史的研究与反反复复的文学史写作实践相较，明显地相形见绌；或者准确地说，许多中国学者对于文学史理论与文学史学史的研究能力和水平，远不及他们在中国文学史的编写实践中显现出来的动手能力和编写水平那样突出；这正犹如中国各种史学著作的编写实践远比纯粹的史学理论研究和史学史发达一样。文学史编写实践的持续发展甚至高度繁荣，在引起人们关注的兴趣、引发相关问题的产生、促进一些研究领域取得进展的同时，也带来

① 黄霖、李桂奎、韩晓、邓百意著《中国古代小说叙事三维论》卷首《弁言》第1—2页，上海书店出版社2009年版。

了日益明显的问题，如文学史理论思维与学术准备的严重不足、文学史观念的模式化与僵化、学术史意识的淡化与学术规范的欠缺、文学艺术感知能力与敏锐程度的下降、材料与观点的雷同或重复，都是摆在中国文学史研究者面前的突出问题，也当然是相当严峻的学术考验。

20世纪90年代前中期，学术史思潮和学术史意识在中国人文科学的多个领域蔚然兴起，以至于形成了一种引人注目的学术思潮或学术现象。在这样的学术背景下，先生在《近代文学批评史》一书中专列一章即第九章《中国文学史学》，并明确指出："至近代，中国传统的文学史学发生了巨大的变革。……中国文学的历史批评自此进入了一个新的阶段。中国文学史著作作为中国文学批评史的一个组成部分，显然应该有它独立的篇章，受到应有的重视。"（第755—756页）通过将中国文学史学纳入近代文学批评史的着意强调，显示出一种对于中国文学史学的学术自觉。这种学术观念和内容设计并非是先生的别出心裁，而是通过对于中国批评史和文学史研究领域的实质性拓展，显示出一种新的文学史理论意识和学术史观念。从而与此书撰写那个特定时期的学术思潮、文化意识声息相通；也可以说，《近代文学批评史》的结构设计和内容安排准确地传达出其产生的那个时代的学术思潮和文化背景的现场气息，从而使之获得了反映学术史进程的标志性意义。

在如此明确的学术观念和理论意识的指导下，先生在《中国文学史学》一章中，共分六节，依次评价了以下六位代表性的文学史家：张维屏、刘熙载、平步青、林传甲、刘师培和黄人，从而展现出在中国文学批评史、文学史、学术史中西融合、古今演变的历史过程中，中国文学史学从不自觉到自觉、从原初形态到发达形态、从传统阶段到现代意义的发展轨迹，清理出中国文学史学萌生阶段的许多重要史实，描绘了中国文学史学产生的基本线索。如评价张维屏的《国朝诗人征略》时指出："它实在是一部综合了前人多种编史方法的一种以传记为主的有论评附摘句的清代诗歌史。"（第757页）强调其在综合传统史著体例、继承传统史学经验的基础上，独出机杼、自成一体的断代诗歌特色。论刘熙载《艺概》时则指出:“《艺概》之所以是一部较好的文学史著作,不仅仅在于它的重心是将作家作品以时代先后为序加以论列,而在于论者确实具有一定的历史眼光,令人感受到他是在探索文学演变的奥秘,揭示不同时代的特点,勾勒先后承传的关系,总结艺术发展的规律。”(第 763 页)主要是从作者的历史意识、此书的思想深度、通过现象探讨文学史内在规律的角度进行评价。

就中国近代文学批评史和文学史的一般知识而言,平步青及其《国朝文棷》并不为人所广泛了解,先生却根据自己的材料发现和研究心得,对之予以特别的关注并进行了高度评价,指出:“平步青的文学观点较为平允,但创意不多。《国朝文棷》作为一部文学史著作,所论也较为简略,并有不少遗漏。但它能将传、论、考三者融为一体,用历史发展的观点和实事求是的批评态度,将有清一代的散文作了描述和总结,不失为一部较好的文学史著作。在中国文学批评史上,平步青不是一个出色的理论家,却是一个难得的文学史家。”(第 782 页)特别强调平步青的文学史贡献、《国朝文棷》一书表现出来的“传、论、考”融为一体的综合性质和“用历史发展的观点和实事求是的批评态度”进行文学史研究和评价的科学的治史态度。这一论述不仅使人增长了新的知识,而且提供了继续深入思考和探究的起点。对于早期中国文学史写作的另一位著名人物黄人及其《中国文学史》,先生说:“黄人的这部中国文学史著作,虽然未曾于坊肆流行而见者甚少,但实际上,它的编撰目的、观点、方法都具有鲜明的特点和强烈的时代气息。它的出现,标志着我国近、现代新型文学史著作的逐步出现,是中国文学史学史上的一部里程碑式的作品。”(第 796 页)从此书的目的、观点和方法这些根本性的方面予以高度评价,特别强调其对于具有近现代特征的中国文学史著作的出现所具有的意义与产生的影响,充分显示其独特的学术史贡献和文学史价值。

此外,从《近代文学批评史》的其他部分中也可以看到先生对中国文学史学、中国文学史学术史的关注。如第八章《戏剧论》第五节

《吴梅与姚华》中指出："《中国戏曲概论》实为戏曲史著作，系吴梅曲学著作中最有个人见解的一种。……吴梅在《中国戏曲概论》中论述中国戏曲发展时，比较注重风格流派的分析。……吴梅这种创作流派的划分，对后人很有影响，如日本青木正儿的《中国近世戏曲史》、周贻白的《中国戏剧史长编》，都吸收了他的看法。"（第699—702页）以青木正儿和周贻白为例，具体指出吴梅的中国戏曲史研究对其后同类著作的直接影响，可见吴梅对于中国戏曲史研究的开创性贡献。第十章《王国维》第五节《宋元戏曲史》中也从学术建树与学术史影响的角度对王国维及其《宋元戏曲史》进行了高度评价，指出："《宋元戏曲史》实际上就是一部自上古至宋元的戏曲发展通史。……他对于元杂剧及元代以前戏曲发展的历史分析，大体符合客观实际而被后世学者所接受。后来者只是沿着他所开创的道路进一步向纵深拓展。王国维对于中国戏曲史研究的开山之功，不可磨灭。"（第851—856页）

多年之后，先生又著有《中国小说研究史》（黄霖等著，浙江古籍出版社，2002年7月），主编《20世纪中国古代文学研究史》（共七卷：总论卷，周兴陆著；诗歌卷，羊列荣著；词学卷，曹辛华著；散文卷，宁俊红著；小说卷，黄霖、许建平著；戏曲卷，陈维昭著；文论卷，黄念然著。东方出版中心，2006年1月）从先生学术思想发展变化的角度来看，这些著作是先生学术史意识进一步强化并将这一重要学术思想付诸研究实践的结果，也从另一个角度证明了先生在《近代文学批评史》中表现出来的文学史学史和学术史观念的长远学术价值和前瞻性。

除了先生学术思想的自然发展、日趋完善、不断深化的逻辑演进过程这一内在因素之外，20世纪90年代以降中国人文社会科学领域的整体学术风气与文化气氛，中国文学研究的前沿状况与主流思潮，也是促使先生学术重点和治学方法发生变化的重要因素。这一时期，出版了多种中国文学史学史、研究史、学术史著作，如董乃斌、陈伯海、刘扬忠主编的《中国文学史学史》（三卷，河北人民出版社，2003年1月），郭英德、谢思炜、尚学锋、于翠玲著《中国古典文学研究史》(中华书局,1995 年 11 月),赵敏俐、杨树增著《20 世纪中国古典文学研究史》(陕西人民出版社,1997 年 8 月),郭延礼著《20 世纪中国近代文学研究学术史》(江西高校出版社,2004 年 12 月)等等,也都是在这一学术风气的影响下产生的。

第六,历史的发展的观念与实事求是的批评态度

先生在论及平步青及其《国朝文棷》时曾特别强调文学史的研究与写作要"排除各种偏见,尽可能做出客观、平允的评价","不仅需要胆识,而且特别需要有一种实事求是的批评精神",要持有"历史发展的观点和实事求是的批评态度"(第 776—782 页)。这当然可以看作是先生治学态度和学术思想的学术化表达。从《近代文学批评史》对许多问题的独到分析、准确判断、提出的具体观点来看,确可以认为这种"历史发展的观点和实事求是的批评态度"是先生明确坚持并不断追求的学术目标。

关于近代文学革新运动中资产阶级维新派与革命派的作用与相互关系,关于辛亥革命之后中国文学理论与创作的总体状况的评价,向来有不同的认识。对此,先生指出:"中国文学理论批评近代化的进程是资产阶级维新派和革命派一起共同完成的。他们在某些观点上有差异,但在时间上是难分先后的。至于有的文学史又将一九一一年后的近代文学加划为'低潮'、'停滞'期,也是和文学理论批评发展的实际情况不相符合的。"(第 6 页)又说:"辛亥前后,小说界尽管没有继续高喊'革命'的口号,但总体上还是沿着二十世纪初期的革新精神,摸索前进,有所建树。那些认为自辛亥至'五四'时期是向旧派小说倒退、回潮的看法,实在是一种皮相之见和片面之辞。"(第 499 页)值得重视的是:其一,在中国近代文学的历史变革过程中,维新派与革命派共同做出了贡献;这两派虽然在政治观念上存在重大差异,有着矛盾甚至斗争,但是在文学观念和文化观念上却并非完全对立、彻底决裂,而是有着明显的相通甚至相近之处,丰富的文学理论与文学创作事实证明了这种判断的合理性与可信性。其二,有的文学史著作将辛亥革命之后的中国文学概括为

‘低潮’或‘停滞’阶段;从文学史实的角度来看,这明显不符合当时文学理论与文学创作的实际情况;从思想方法上看,这种带有强烈主观臆想色彩的判断,将文学成就的高下与革命运动的成功或失败简单化地对应起来,显然犯了简单的历史决定论的错误;其三,长期以来,近代文学研究界和小说史研究界对辛亥革命至五四运动时期的小说评价不高,认为是向旧派小说的倒退与回潮,甚至强加以“鸳鸯蝴蝶派”、“滥调四六派”、“眼泪鼻涕小说”等挖苦、否定的恶名而多加谴责,这显然是不科学的,当然也是不可靠的。先生关于中国近现代文学批评史与文学史上这一重大问题的思考和观点,成为后来更加全面深入地研究辛亥革命至五四运动时期的小说理论与创作,并拈出一个“兴味派”以取代长期流行的所谓“鸳鸯蝴蝶派”的学术基础。

张之洞对中国近代文化的多个领域做出了重要贡献,尤其是以“旧学为体,新学为用”为核心的文化观念在中国近现代思想史、文化史上产生了深远影响。这个以政治家终其一生的重要人物,在文学理论与创作上也产生了重要影响,先生指出:“他举着‘清真雅正’这面大旗,左以反对旧派,右以打击新派,一石两投,左右逢源。析而言之,‘清真’两字,重在‘明白晓畅’,反对‘剿袭’无我,可以作为同光体和汉魏六朝派的药石;‘雅正’两字,旨在词雅理正,不越规矩,可以成为遏制‘乱党邪说’的武器。张之洞一生,主要就是依据这四字,在两条战线上开展他的文学批评。……‘清真雅正’是张之洞论各体文学的总纲,其宗旨是维护旧文学在新形势下的正统性和规范性。它虽然在反对狭隘摹古,重视内容真切、要求文字明白等方面具有一定的意义,但总的倾向上与历史发展的潮流是相违背的。”(第 263—267 页)这样的分析对于深入认识张之洞的文学思想、文学创作乃至文化观念颇有启发意义。

在新中国成立以后相当长的时期内,曾经被称作“农民革命”并备受关注、得到崇高评价,甚至被视为推动历史前进的一大动力的农民起义,至近代不仅依然如火如荼,而且愈演愈烈。太平天国起义就是最重要的代表。在近几十年来出版的中国近代文学史、文学批评史及其他有关的著作中，太平天国的文化政策和文化主张同样受到充分肯定并得到高度评价。先生在《近代文学批评史》中单列《太平天国的文化政策及洪仁玕》一章，对这一问题进行了全面深入的研究并做出了具有创新价值和学术胆识的评价："太平天国始于农民革命，终于封建专制。……在其政权越来越宗教化、封建化、专制化的过程中，其文化（文学）政策在总体上以破字作先导，以实用为目的，严重地带有宗教愚昧、封建专制、简单粗暴的特点。……太平天国对于儒家经典及其他中华民族的文化遗产，不论是禁毁，还是删改，其做法之简单粗暴在中国历史上也属少见，虽然不能全盘否定它对打击当时封建文化具有一定的意义，但由于它本身的'天情天理'自始至终呈现出一种狭隘的、宗教的、封建的色彩，且越来越浓重，故今天实在不能对它的所谓革命性估价太高。……在中国近代史上，最大的造神运动莫过于太平天国。……这样的文学主张，在一部中国文学批评史上是很难找到同调的。假如将此与现实主义文学理论之间画上等号，那实在是一件十分滑稽的事。……中国近代化的总的历史进程是科学化、民主化，在文学上是世界化、现代化。假如放在这个历史大背景上实事求是地来衡量太平天国文学政策功过的话，我们就不难对那种在总体上是宗教而排斥科学的、封建而不提倡民主的、实用而不讲艺术的文学政策找到恰当的位置。"（第 342—356 页）如此清醒深刻的论断，不仅廓清了长期以来关于太平天国文学主张与文化政策的种种夸张之词、无据之论，而且对准确认识和恰当估价整个太平天国起义的合理与非法、建设与破坏、胜利与失败、文明与野蛮、进步与愚昧，都具有深刻的启发意义，对认识和思考中国近代史乃至整个中国历史上的相类事件，也具有重要的参考价值。

无论从哪个角度来看，章炳麟、吴梅、柳亚子都应当是中国近代文学批评史与文学史、学术史上的标志性人物；先生对他们的分析和评价，同样集中体现了历史的发展的眼光和实事求是的批评态度。先生论章炳麟时指出："表面上看，他的'文'无所不包，因而无懈可击，实质上只是通过取消文学的特性而倒退到了一个混沌的世界。……他对文学特性认识如此，无疑是中国文学理论批评史上的一种倒退。……在章炳麟半部退化的文学史中，极少作家能得到他的首肯，尤其是论及近现代人物时，往往夹带着今古文学的门户之见和革命与维新等宗派情绪，更为苛刻和片面。”(第 445—452 页)对章炳麟文学观念中的守旧与倒退因素进行了深刻冷峻的分析，而不是采取单一的“发展”、“进化”的批评史与文学史观念进行简单廉价的褒扬与赞誉。这对纠正长期以来流行的历史决定论的思维方式、非此即彼的判断原则和简单进化的文学史观念，具有特别深刻的启发意义。先生论吴梅说：“吴梅在清末世初曲学史上，就其用力之专勤，造诣之深广而言，确实无人可与匹敌，堪称一代大师。尤其在戏曲资料的整理、韵律曲谱的研究方面，成就卓著。然而，就其戏曲理论批评的总体而言，多综合前人之论、少个人独创之见，旧的色彩掩盖了新的创意。”(第 703 页)既注意到吴梅传承中国曲学传统的独特贡献，又认识到他戏曲理论创新性不足的明显局限，表现出辩证周详的思维特色。

先生论柳亚子说：“他提倡‘唐音’，崇扬‘布衣之诗’，归根到底，乃是针对一时霸占诗坛的那批‘清朝臣子’、‘亡国遗老’而发的。扩而大之，他对于当时诗界尚有一定影响的王闿运、樊增祥、易顺鼎，乃至康有为、梁启超等的批判，也首先是由于政治上的对立和分歧。……而完全是采取了各抓一点、不及其余的手法将各派分别骂倒的。究其实质，乃是心目中先否定其人，然后再否定其诗的。而对于人的否定，主要是根据其政治立场。因此，柳亚子论诗，本质上是在论人，论人的政治性。”(第 477—478 页)在中国近代特殊的政治局势、复杂的文化背景下，结合中国近代文学批评史和文学史历程，对柳亚子文学思想和批评观念的极端政治化所带来的致命缺点、造成的重大损失进行了既有说服力又有启发性的分析评价。这对于中国文学批评史和文学史研究中长期存在、时下仍然习以为常的对研究对象缺少全面分析与深刻认识，只顾进行简单肯定、多方褒扬、无限抬高，而不懂得分析批判、分辨利弊、吸取教训的学术风气，也是很好的教益。先生的思想深度和治学风格由此也再次得到充分的体现。

《近代文学批评史》完成至今，已将近二十年。这些年中，此书一直处于中国近代文学批评史与文学史的学术前沿，代表着该领域的领先水平。这些年中，人文环境和学术条件已经发生了重大变化，中国近代文学批评史和文学史研究也取得了显著的进展，先生的学术思想也在经常性的调整完善和发展变化之中；还有，此书初版中的偶然疏失或堪可进一步完善之处也还存在。既如此，假如能对这部具有重大学术价值的标志性著作进行修订增补，使之继续代表中国近代文学批评史与文学史研究的领先水平，及时反映该领域的前沿动态和最新进展，继续引领众多的后学刻苦钻研、不断成长、薪火相传，那定是一件嘉惠学林、沾溉后学、有功学术的幸事；也是许多晚辈后学心中久存的盼望。不知先生尊意如何？或先生心中早已有此计划乎？

（作者系华南师范大学教授）

“原人论”:中国古代文学理论之精髓思想

吴建民

如果说《近代文学批评史》是黄霖先生对中国古代文学批评理论纵向的历史发展研究所取得的重大成果的话,那么,“文学原人论”则是黄霖先生对中国古代文学批评理论横向的体系建构研究而取得的重大成就。这一内涵丰富、理论深刻的观点,是中国古代文学理论之精髓思想。它“用中国的思维方式去体悟传统的理论”①,是当代人研究古代文论最具原创性的思想,也最能体现古代文学理论的根本精神。因而,在近百年来的古代文学理论的现代研究中,是一个具有显著标志性的重大学术成果。

“原人论”最重要的价值在于它充分体现了中国古代文学理论的实质精神,是古代文论中最具有统摄性的观点。从生成原理看,古代文学理论以古代文学为生成土壤,三千年的中国古代文学就是以“人”为核心的文学,古代诗、文、词、赋、戏曲、小说皆原于人,以人为本,这并不需要作过多地说明或论证。既然古代文学原于人、以人为本,那么,以文学为研究对象而产生的古代文学理论,当然也是“以人为本”,这种逻辑关系是很简单的,亦不需要作过多地说明或论证。所以,黄霖先生在《关于编写中国文学学史的几个问题》一文中说:“中国古代认知文学的最核心的特质、基因与传统是什么呢?

① 黄霖《关于编写中国文学学史的几个问题》,《复旦学报》2011 年第 1 期。

答曰:文学原人论,即认为文学原于人,以人为本。"此论抓住了古代文论的根本精神:"以人为本";也体现了古代文学的根本特点:"原于人"。

"文学原人论"作为古代文学理论实质精神的体现,其核心思想在于强调"人"是文论之根本和文学之本原,并主要体现在"文自人"、"文似人"、"文为人"三个根本性的理论层面上。

"文自人","即文章的产生,根本在于人,而不是对客观世界被动描摹等等"。黄霖先生的这一观点揭示了古代文论中的文学本体论和创作论的根本特点。"文自人"作为"文学原人论"的第一个分命题,其意义在于精辟地回答了文学本体是什么和如何创作出来的这些重大问题。文学之本体是什么?"文自人"的回答就是简单地一个字"人",具体来说就是"文学原于人,以人为本"。"文自人"对古代文学本体论的这种回答,其意义极为深远。因为"关于艺术的一切论争的深层,都在本体领域展开"①。文学亦如此,对文学本体的理解和认识,影响到对文学其他理论问题的理解和认识。古代文论家关于文学本体提出的诸多命题,如"诗言志"、"诗缘情"、"文,心学"等,都可以概括为"以人为本",都体现着"文学原于人"的思想。所以,"文自人"这一命题精辟地回答了"文学之本体是什么"这一涉及到文学"一切论争的深层"的根本性问题。

"文自人"的另一意义,在于解决了文学创作论问题。古代文论家论文学创作,其经典理论观点是"人心之感于物"、"感于物而动"、"情动于中而形于言"、"心生而言立"等,其过程是由物而心、由心而文,即物→心→文。对于这种创作过程,黄霖先生指出:"关于创作的发生,不论是'物感'还是'感物',都是以人的主体作用为主的。从创作过程中的'神与物游',到将意象用文字迹化,就是一个'心化'的过程。"从物→心→文的创作程序可以很容易地看出,"心"是创作过程的关键环节,文学作品是作家"心化"的结果,"文"直接出自作家之心,即"文自人"。实际上,任何文学作品都只能出自作家

① 王一川《艺术本体论》第1页,三联书店上海分店1994年版。

之心,古今中外甚至将来的文学作品也都只能是"文自人"的产物,离开作家之人、作家之心的文学作品,在世界上是不存在的。所以,"文自人"这一命题不但包容了古代文学创作论的基本观点,而且在当代仍然具有普遍性的现实意义。

"文似人"是强调文学作品具有类似于人的性质和特征,是把"文"与"人"联系起来,从作品论的层面谈文与人的关系。所以,这一命题仍然体现着文"以人为本"的思想,更确切地说,是"原人论"在文学作品论中的体现。

"文似人"的观点根于古代文论家对文学作品的大量论述。在中国古代文学理论中,有大量的以人喻文的论述,使用了大量与人相关的命题、范畴、术语。如《文心雕龙·附会》篇云:"(文章)必以情志为神明,事义为骨髓,辞采为肤肌,宫商为声气。"宋代吴沆《环溪诗话》云:"故诗有肌肤,有血脉,有骨骼,有精神。无肌肤则不全,无血脉则不通,无骨骼则不健,无精神则不美。四者备,然后成诗。"清代王铎《文丹》云:"文章有神、有魂、有窍、有脉、有筋、有奏理、有骨、有髓。"这些论述都非常清楚地体现了"文似人"的观点。在中国古人看来,"以人为本"的文学作品,其形式也具有类似于人体的基本特征,一方面具有"情志神明"的精神因素,另一方面具有"肌肤"、"血脉"、"骨骼"的形体因素。"情志神明"是文学作品的内在因素,或者说是作品的内容因素;"肌肤"、"血脉"、"骨骼"即"辞采"、"宫商"等是作品的外在因素,或者说是形式因素。古代文论家在这些以人喻文的形象性描述中,使用了大量的人体生命的术语概念,如精神、肌肤、血脉、骨骼、奏理、窍、筋、髓等。这表明,在古代文论家看来,本于人的"文"也应该具有类似于人的精神属性和形貌特征。并且古人还以人体美比喻文体形式美。清初归庄《玉山诗集序》的论述最有代表性,云:

余尝论诗,气、格、声、华,四者缺一不可。譬之于人,气犹人之气,人所赖以生者也,一枝不贯,则成死肌,全体不贯,形神离矣;格如人之五官四体,有定位,不可易,易位则非人矣;声如

> 人之音吐及珩璜琚瑀之节;华如人之威仪及衣裳冠履之饰。近世作诗者日多。诗之为途益杂。声或鸟言鬼啸;华或雕题文身;按其格,有颐隐于脐,肩高于顶,首下足上如倒悬者;视其气,有尪羸欲绝,有结轖臃肿,不仁如行尸者。使人而如此,尚得谓之人乎哉!今读诸君之诗,大抵皆气达而格正,声华亦琅琅烨烨,盖魁然肤革充盈,容貌端整,杂珮锵鸣,衣冠甚伟之丈夫也。

这段话以人之美喻文之美,充分体现了"文似人"的文学作品观。在古代文论文献中,这类论述很多。所以,黄霖先生提出的"文似人",是对古代文论中本来存在的文学观念的提炼和总结。黄先生的这一观点,和钱钟书先生于20世纪30年代提出的古代文论家"把文章通盘的人化或生命化","把文章看成我们自己同类的活人",是"中国固有的文学批评的一个特点"的思想是完全一致的。但"文似人"的命题更精炼简明地反映了中国古人的这一文学观念,即文学本原于人,具有人的生命特性。

"文为人"这一命题主要体现了中国古代文论家关于文学功能价值论的思想,其核心思想就是强调文学之根本目的在于服务于人。关于文学的价值意义、功能作用,儒道两家都提出了重要的观点,如"兴观群怨"、"事父事君"、"经国"、"治世"、"惩恶劝善"、"教化"、"美刺"、"修身"、"观风"、"自适其适"、"自娱"、"为戏"、"娱人"、"悦情"等都是著名观点。儒道两家的这些观点一言以蔽之曰:"文为人。"

儒家关于文学之功用,既强调服务于社会政治,又重视服务于个体的修身和情感陶冶。其中"事父事君"、"经国"、"治世"、"惩恶劝善"、"观风"、"教化"、"美刺"等观点,都是着眼于文学服务于社会政治,要求文学担当起稳定社会发展的历史重任,赋予文学以教化民众、美刺现实的使命。而三千年的中国古代文学,在"经国"、"治世"、"惩恶劝善"和"教化"、"美刺"之功能方面,确实发挥了很大的作用。而文学的这些作用,是"文为人"的一个重要方面,而"这个

'人',是指作为人类的人、社会群体的人",儒家的核心文学价值观,正是要求文学服务于"社会群体的人"。因此,可以说,"文为人"包容了儒家文学价值观的核心内容。

但是,儒家并不否认文学服务于个体的人。如孔子所说的"兴于诗"、刘勰说的"修身贵文"等观点,强调文学具有修身功能,这种修身功能主要就是对个体而言的。何晏等《论语集解》引包咸注"兴于诗"之语云:"兴,起也。言修身当先学诗。""修身",也就是使个体的内在修养得到提高,所以,"修身"只能是个体行为。以诗修身,表明以孔子为代表的儒家精英已注意到了文学可以服务于个体的人。这种修身,主要是个体在文学艺术修养方面的提高。刘勰《征圣》篇所说的"修身贵文",与儒家以诗修身的思想一脉相承。以诗修身、"修身贵文",也是"文为人"的一个非常重要的方面。不但古人可以以文修身,当代人也同样可以以文修身。通过大量学习各种文学作品而提高自己的艺术修养,实际也是当代人的一项重要功课。在今天各级学校的语文教材中,都有大量的文学作品,这些作品不但对当代学生进行道德思想教育,也潜移默化地进行着艺术修养方面的"修身"。"修身贵文"作为"文为人"的一个内容,实际上在当代仍然发挥着巨大的作用。

在儒家的观念里,文学服务于个体的人,还表现在感情陶冶方面。孔子提出"兴观群怨"的诗歌功能观,是把"兴"放在首位的,即"诗可以兴"。朱熹注"兴"为"感发志意"。当代学者认为,此"兴"是诗歌的"启发、鼓舞、感染的作用"①,也就是说,孔子认为诗具有启发、感染感情的作用,也就是感情陶冶作用。这种感情陶冶,是从感情上打动人,让人动情、感动,获得感情的陶冶、享受。这种"兴",作为文学的基本功能之一,只能发生于个体身上。感情陶冶作为文学的基本功能,也是"文为人"的一个基本内容。

在道家的文学观念中,同样体现着"文为人"的思想。道家论文

① 郭绍虞主编《中国历代文论选》第一册第 18 页,上海古籍出版社 1979 年版。

学艺术之功能，是从否定文学艺术开始的。《老子》第十二章提出："五色令人目盲，五音令人耳聋，五味令人口爽，驰骋田猎令人心发狂，难得之货令人行妨。是以圣人为腹不为目，故去彼取此。"他所说的"五色"、"五音"等物，也就是指具有审美功用及价值的艺术品。在老子看来，"五色"、"五音"、"五味"这些供人享受的人为之物，对人并无任何益处，而只能"令人目盲"、"令人耳聋"、"令人口爽"，甚至使人"心发狂"，也就是损害人的生命体。这对于高度重视人的生命价值的老子来说，当然不取，从而给予坚决否定。所以，老子是从人的生命价值角度来审视艺术品，从而给予艺术品以彻底否定的。老子的这种观点虽然偏激，但却包含着非常合理的思想，那就是当过分地享受声色之美而损害人的生命时，就应该"为腹不为目"、"去彼取此"，也就是停止声色之美的享受而关爱珍重自己的生命。可见，老子要求"文为人"，首先表现为珍重人的生命。后来，刘勰在《养气》篇明确反对"为文之伤命"，要求作家在"为文"时，应"素气资养"，与老子的思想一脉相承。庄子认为，"五色"、"五声"、"五臭"、"五味"、"五趣"使人"失性"，"此五者，皆生之害也"①，从而提出了"灭文章，散五采"之说。庄子也是从高度重视人的生命角度而主张"灭文章"的，即反对文章成为"生之害"，这是对老子思想的一种发扬。

道家重视人的生命，提出了"自适其适"的人生态度，而这种人生态度又极大地影响了古代的文学价值观，实际上也是"文为人"之又一方面内容的体现。庄子在《大宗师》提出"自适其适"之命题，云：

> 若孤不偕、务光、伯夷、叔齐、箕子、胥余、纪他、申徒，是役人之役，适人之适，而不自适其适者也。

---

① 郭庆藩辑《庄子集释·天地》第203页，《诸子集成》本，上海书店出版社1986年版。

《骈拇》篇又云:

> 夫不自见而见彼,不自得而得彼者,是得人之得而不自得其得者也,适人之适而不自适其适者也。夫适人之适而不自适其适,虽盗跖与伯夷,是同为淫僻也。

"自适其适"是说人应该以自身本性为适,满足自身本性之需要,实现生命自由、心灵自由、精神自由,这一命题是庄子生命自由思想的体现。"自适其适"作为道家的人生态度,要求文学之功用亦必须为个体生命自由服务,文学之价值亦必须体现人之生命自由价值。这种观点实际上是从生命自由的角度去要求文学之功用及其价值的,而生命的自由本质实际上又与文学之本质相通,因为文学本质亦在自由。所以,"自适其适"体现了文学的自由本质。以"自适其适"之态度要求文学,认为文学功用在于满足个人生命需要,而不是经国治世或为政治教化服务,这种观点后来亦有很多人论述。如陶渊明提出"著文自娱"、钟嵘提出诗歌创作可"使穷贱易安,幽居靡闷"、韩愈提出"以文为戏"、白居易提出"以诗相娱"等。这些观点要求文学以满足个体需要为本,也是"文为人"的一个极其重要的内容。因为在三千年的古代文学历史长河中,服务于个体需要的文学创作和作品是非常之多的。

由上分析可知,不管是儒家还是道家,在文学功能价值观上,都是主张"文为人"。所以,黄霖先生提出的这一命题具有极大的包容性,内涵极其丰富。

如果深究"文学原人论"之本义,不难发现此命题之内涵不但体现在上述三个主要理论层面上,而且在文体论、方法论、风格论、通变发展论、作家论、鉴赏批评论等理论层面上都有体现。2004 年本人曾撰《'原人文学论'深化研究之思考》一文,对文体论、方法论等理论层面中的"原人"论思想认识不足。现在发现,古代文论中的文体论、方法论等与"人"较疏远的理论,所蕴含的"原人"思想也是极其丰富深厚的。

古人论文体,常以人体喻之。明代沈承认为:“文之有体,即犹人之有体也。”①文体对于作品就像身体对于人一样重要。人有其体,才能站立起来;文有其体,才能呈现于读者面前。而文体的选用,又以思想感情为本。刘勰《熔裁》篇云:“设情以位体。”《定势》篇云:“因情立体。”“体”因“情”而立,“情”即人的思想感情决定文体的确立。可知,文体之确立也是“以人为本”的,古代文体论渗透着浓郁的“原人”思想。作家创作,首先面临的是文体的选择,选择何种文体,是根据人情,即思想内容之需要而确定的。正如黄霖先生在《关于编写中国文学学史的几个问题》一文中所说,文体“都是与人的需要分不开的。如历史演义的产生,就是为了将《后汉书》、《三国志》、《通鉴》中的一些故事通俗化,话本小说中的一些体式,如有入话,回前诗,韵语的插入等等,也都是为了使观众容易接受。梁启超创造‘新民体’,使散文产生变革,也是为了适应当时政治宣传的需要。总之,文体的发展离不开人的需要,离不开社会的需要,并不是离开了人而抽象地产生与发展的”。

就方法论而言,古代文学创作最普遍的方法,是赋比兴。黄霖先生在《中国古代文学理论体系·原人论》一书中,从“原人论”的角度对赋比兴三法“以人为本”的性质、特征作了十分深透的阐释,这里不必多说。古代文论家论艺术方法,主张“活法”,反对“死法”。吕本中在《夏均父集序》中云:“所谓‘活法’者,规矩备具,而能出于规矩之外;变化不测,而不背于规矩也。”法之所以要“活”,是因为作品内容是千变万化的,古代文论家认为,文学作品就是一个有灵有性的活泼生命体,法只有“活”,才能满足作品内容的表达,才能完成艺术表现的任务,才能创作出生命充溢、灵动活泼的作品。沈德潜《说诗晬语》认为:“不以意运法,转以意从法,则死法也。”“以意从法”,本末倒置,是“死法也”。“以意运法”,则是“活法”。这种“活法”是“惟意所出”,法为意服务,根据意的表达来确定法的使用。章

① 引自张怡声、刘九洲编《中国古代写作理论》第 88 页,华中工学院出版社 1985 年版。

学诚认为"活法"是"心营意造"之法,王世贞认为"意至而法偕立","活法",强调以意为本,即强调以主体生命精神的表现为根本,也就是"以人为本"。所以,古代创作方法论中的"原人"思想也是极其深厚的。

"原人论"思想在古代文学风格理论中体现得更浓郁。首先,在古代文论家论风格通常使用的术语"体"和"风格"这两个概念中,就体现着十分浓重的"原人"思想。刘勰《体性》篇以"体性"论风格,"体"即风格。"体"的本义是指人的身体,《说文解字》云:"体,总十二属也。"即人体十二个部分的总称。古代文论家为什么用人体之"体"来指称文学风格?很难弄清这一问题。但是,有着近取诸身、以类取譬之思维习惯的中国古人用人体之"体"指称风格,不是完全偶然的。这至少说明,在古代文论家看来,文学风格与人之生命体有一定的联系。另外,古代文论家本来就喜欢以人喻文,他们取其自身身体来比喻具有生命意味、与作家之人密切相关的文学风格,应是情理中的事。古人用人之"体"来指称文学风格,似乎更能说明文学风格与人的微妙关系,也更能说明文学风格的本质特征和生成原因在于"人",或曰风格"以人为本"。以"体"指称风格,更加突出地强调了风格之生成与人的密切关系。再看"风格"一词,"风格"是从人物品鉴的术语中引用过来的。魏晋时期的人物品藻,常用"风格"一词作为品人术语,指人的言行风度及精神品格。如葛洪《抱朴子·行品》云:"士有行己高简,风格峻峭,啸例偃蹇,凌侪慢俗。"《世说新语·德行》云:"李元礼风格秀整,高自标持,欲以天下名教是非为己任。"他们所说的"风格",是指李元礼等清流人物高尚严整、峻峭不俗的品格精神。以"风格"品鉴人物,多指人物的优异品格。品人术语又常常用于品文品艺,葛洪就曾用"风格"一词品评百家之文,《抱朴子·百家》云:

风格高严,重仞难尽,是偏嗜酸甜者,莫能赏其味也。

葛洪所说的"风格高严",是指诸子文章具有意义高深、思想严谨之特点，此“风格”显然是指诸子之文的风采格调，其意义与文学风格已相差无几了。诸子文章义高思严，葛洪用表示人的优异品格的“风格”这一术语来概括诸子文章的风采格调，深含褒扬赞颂之意。葛洪这样使用“风格”术语，启迪后人将文与人联系起来，将文学风格与人的思想感情精神气质联系起来。到北齐颜之推论文学时，就将风格这一评人术语用于评文了。《颜氏家训·文章》篇云：

古人之文，宏材逸气，体度风格，去今实远。

显然，颜之推所说的“风格”是指“古人之文”的风采格调，这已经完全是一个文学风格的概念了。至此，“风格”这一本来用于褒扬高尚品格精神的品人术语，已转换为指称文学作品风貌特征的术语，即成为正式的文学风格范畴了。由此可知，文学理论范畴的“风格”，脱胎于人物评论术语的“风格”。因此，人物评论“风格”概念中本来所包蕴的人的精神品格意味，亦不可避免地浸入文学理论术语的“风格”概念之中。基于此，古代文论家研究文学风格总是将风格与人的生命精神、气质个性联系起来，也就不难理解了。所以，古代文论中的“风格”一词，其内涵是极其丰富的，它表明，文之风格也像人之风格一样，包含着作家的人格精神、气质个性。这既启迪我们研究风格必须与人联系起来，也告诉我们，在古代文论中的“风格”这一范畴中，所包蕴的“原人”思想是极其深厚的。

此外，古代文学风格论中的很多命题，如“文以气为主”、“文如其人”、“诗品出于人品”、“各师成心，其异如面”等，都明显地体现着风格“以人为本”的思想。曹丕提出的“文以气为主”命题，揭示了作家气质与风格的关系，作家或清或浊的“气”，是与生俱来的，“虽在父兄，不能以移子弟”，作家之气质个性不同，风格亦不同。刘勰以“才气学习”四因素论风格之成因，这四个因素都与作家之人相关。“文如其人”、“诗品出于人品”之说是把风格与作家其人直接联系起来。文学风格多种多样，但都是“各师成心”的结果。可以说，文学风格“以人为本”是中国古代风格理论的核心思想。

古代文论家论文学的通变发展,也体现着"以人为本"的思想。古人论文学之变化发展,格外强调"时序"、"世道",刘勰《时序》篇提出"歌谣文理,与世推移"、"文变染乎世情,兴废系乎时序"等观点。袁宏道《与江进之》提出"世道既变,文亦因之"之说。"时序"发展、"世情"与"世道"变化,必然带来文学的发展变化。因为"世道"之变而带来"世情"之变,"世情"之变而必然带来文学之变化,这就是"世道既变,文亦因之"的道理。引起文学变化发展的直接原因,还是"世情",即社会民众之思想感情。《毛诗序》所说的"治世之音安以乐,其政和;乱世之音怨以怒,其政乖;亡国之音哀以思,其民困",也是一个道理。所以,文学通变之深层原因,仍是"原于人"。梁代萧子显在《南齐书·文学传论》中论文学之"新变"云:"习玩为理,事久则渎,在乎文章,弥患凡旧,若无新变,不能代雄。"此论从读者接受心理的角度论述了文学必须要有"新变",读者对"无新变"的"凡旧"文章阅读"事久",就会产生厌倦心理。所以,"旧"为文章之患,"凡旧"之作不为读者接受,文学必须发展。文学"新变"是读者"习玩"之需要,文学发展变化之根本原因,仍是"原于人"。

古代文论家论文学鉴赏、批评,也是以"人"为核心而展开的。南北朝之北齐人刘昼论鉴赏与批评的性质,就体现了"以人为本"的观念。《刘子·正赏》云:"赏者,所以辨情也;评者,所以绳理也。赏而不正,则情乱于实;评而不均,则理失其真。"文学鉴赏是"辨情"的活动,文学批评是"绳理"的活动。不管是"辨情"还是"绳理",都是以人为中心而展开的精神活动。

关于文学鉴赏,古代文论家提出了一系列命题、范畴,如"辨情"、"辨味"、"以意逆志"、"披文以入情"、"意得而言丧"、"品味"、"意会"、"神遇"等,这些命题、范畴的核心内容,可谓是一个"人"字。"辨情"以对作品之人情的辨析把握为本;"辨味"之"味",是作品之感情意味,以情意为本;"以意逆志"是以对作品、作家之"意"、"志"的把握;文学鉴赏是"披文以入情"的过程,鉴赏目标指向"入情";鉴赏路径是由言而意,"意得"是目的,故"意得"而可"言丧";"意会"、"神遇"强调读者以己之意领会作品之意,以己之神遇合感悟作品之神。从这些简单分析不难看出，文学鉴赏的核心，就是对作品之情意的把握。而这种把握正体现了“以人本为”的文学精神。

关于文学批评，古代文论家要求以一定的准绳对文学活动展开理性评价，提出了“思无邪”、“贵真”、“实诚”、“止乎礼义”、“兴寄”等思想标准及“主文谲谏”、“滋味”、“文已尽而意有余”、“韵外之致”等艺术标准，不管是思想标准还是艺术标准，无不体现着“以人为本”的文学观念。古人批评文学的基本态度，总是要求文学必须服务于人，以“人”为最高标准来规范文学和评价各种文学活动。

此外，古代文论家提出的一系列关于文学审美特征的命题、范畴，如“言近旨远”、“味外之旨”、“思与境偕”、“情中景，景中情”、“含蓄”、“滋味”、“韵味”、“神韵”、“平淡”、“兴趣”等，都是以人为根本，强调文学作品应以满足人的需要为最高规范。

由上所论不难看出，中国古代文学理论的基本精神，就是“文学原于人”、“以人为本”，这种精神贯穿于古代文论的各个理论层面，“原人”论是最“富有概括的总括中国古代文学理论的核心”的思想①。正如黄霖先生在《关于编写中国文学学史的几个问题》一文中所说：“中国古代文学的‘原人’论是对文学的最基本特质的认知，也可以说是中国古代文论的纲，它具有统摄性。”而如何运用这一最能“总括中国古代文学理论的核心”的“纲”去深入研究古代文学理论，应是当代人在新世纪展开古代文论研究时，所要思考的一个重大问题。因为这一个“纲”打开了新世纪古代文论研究的新领域，向世人展示了古代文论研究的崭新的广阔前景。

（作者系徐州师范大学教授）

① 《文学报》第1153期。

学术能否成为思想的风骨？

黄念然

德国著名哲学家恩斯特·卡西尔在题为《作为哲学问题的哲学概念》的就职演讲中曾说过这样一段话："理性绝非一种纯然的当下存在，它并不是一种现实的东西，而是一种恒常不断的现实着，它不是一种给予之物，而是一项任务。"卡西尔的本意是要求在哲学探究的继往开来的发展中用功能性的理性思想取代黑格尔体系中的实体性的理性思想。在我看来，这种观念不仅适合于考察理性思考活动，也适合于去探讨学术与思想之间的内在关系。我的意思是说，学术要成为思想的风骨，正如卡西尔所言，它必须被当作是"恒常不断的现实着"的"思"的"一项任务"。理性思想的空间往往是通过艰苦的学术总结实践本身产生出来的，如果我们只是抱怨没有思想的空间，而不愿意尝试去做艰苦的学术总结，那就真的没有思想的空间了。

孔子很早就说过："学而不思则罔，思而不学则殆。"把"学"与"思"这对涉及到一切知识学事务之内在理据的矛盾看作是一种辩证关系，但在具体的学术与思想实践中去牢记孔子这一明训的，却是极少的。20世纪90年代以来，中国学界的特征还被人总结为"学问突出，思想淡出"，似乎也在有意无意地将"学"与"思"的辩证关系拆解开来。当代学术活动中，在某种意识形态化的体制框架中"做学术状"，更经常成为一种压抑性的机制，制约着原创性的"思"的产

按：本文原载《河北学刊》2004年第6期。

生。结果,学术与思想之间内在联系所可能产生的潜在势能往往被压抑或遮蔽,学术不仅没有成为思想的风骨,反而成了思想的累赘。这其中,一个重要的原因就是在没有对重要的历史现象或历史经验进行严肃的总结之前,在没有对问题进行系统、全面的研究和把握之前,就急于得出某种结论或构造某种体系。

那么,学术能否成为思想的风骨?如何成为思想的风骨呢?黄霖先生的"原人"说给我们提供了一个可以藉此反思自己的机会。如果我的理解没有实际偏差的话,黄霖先生在其《原人论》一著中提出的"原人"说,是试图以"原人"二字对中国诗学人本主义特质进行高度提炼和概括,并借此来敞现中国古代文学理论体系的基本品格、核心精神和民族特点。"原人"说之所以能成为一"说",我以为它至少符合以下三个条件:

一,"原人"说具有高度的逻辑"自洽"性。这表现在:其一,有可靠的逻辑起点——以"人"为核心的价值观;其二,有严密的概念范畴体系——"心化"、"生化"、"实化"三个层面的相关逻辑展开;其三,有问题的提出——"中国文艺的内在特质为何";其四,有具体的观照对象——中国古代文艺的创造、欣赏和批评活动。

二,"原人"说的知识有效性来自于它自身所包含的问题意识。问题意识是科学研究中最重要的方面。这一问题意识在《原人论》中体现为著者总在深层次地追问这样的问题:中国古代文艺思想的逻辑起点是什么?古代诗学关注的真正对象到底是什么?中国古代文艺思想的逻辑展开路径如何?等等。

三,"原人"说为真问题的进一步发现提供巨大的可能。真问题来自反思指导下的理论与(历史和现实的)经验对象的反复遭遇,扣紧这样的"反复遭遇"时刻,深究其中可能产生的解释失效,常常是一种艰苦的充满挫折感的过程,但真正的"思"就产生在这一过程中。"原人"说所提供的真问题是:1. 既然从中国古代文艺思想的逻辑起点看,古代诗学关注的是人而非文艺,是文艺应该培养什么样的人而非人培养什么样的文艺;从其逻辑展开看,是人的精神决定艺术精神,艺术精神反过来又塑造人的精神;从古代文化的生命线看，人学也一直占主流地位，那么，学界几成思维定势的“原道”论如何解释中国古代以“人”为本的人学文学理论体系？“道”的基本内核（“礼”、“心”、“天”）如何具体地落实到人的本源性层面？2. 既然文学即人学，即人的心灵学、灵魂学、精神学，现已成为学界共识，那么，如何从文学内在精神特质上寻找古文论实现现代转换的入口，同时又从人文关怀的共性角度去形成与西方诗学平等对话的出口？

毫无疑问，这三个条件的充分满足足以让“原人”说成为“思”的结晶，但更值得注意的是，“原人”说并非是掩盖、遮蔽或扭曲历史现象的某种理论预设，相反，它是建立在对中国人本主义文艺理论的起源语境和演变历史的“谱系学”的批判性把握的基础上。如果从更高层次的现象学角度加以把握的话，中国古代文艺创造活动与批评活动中的“原人”现象之所以能成为一种“学”或“说”，从本质上看，它并非是某种学术意欲或意志的产物，它要求探讨者必须先行澄清自己理论构架的历史性，才能进入探讨“原人”现象的过程，黄霖先生正是在这一点上让我们看到了如何让学术成为思想的风骨。在这里，我不打算甲乙丙丁地罗列黄霖先生如何在古代诗学内在理性脉络中去神会古人、推阐义蕴。在《原人论》中，“心化”论作为典型的原典创造性阐发，既有哲学原典的清理（如关于“心”同“性”与“情”的关系），也有诗学原典（如关于“诗言志”说）的字源学考察；既有文学本体论（“原人”）的考量，也有文学特征论（“诗化”、“性情化”）的剖析，这样的例子俯拾即是。正是这种艰苦的学术总结和梳理与一种浓厚的历史感之间所显示出的天然的亲和力，使得黄霖先生的学术总结与探讨逐渐内化和凝定为一种思想。美国学者厄尔·迈纳曾说：“就像任何历史描述都依据经过检查或未经检查的原则和理论一样，理论（对我们来说，诗学）研究也必须依赖于历史的证据。”①这就是说，历史经验事实的还原应当在理论体系建构中具有特别重要的位置，我们甚至可以说，在体系研究中，从方法论角

① ［美］厄尔·迈纳《比较诗学》第 311 页，王宇根等译，中央编译出版社，1998 年版。

度看，逻辑化、体系化当然是第一位的，而从学术逻辑的角度看，历史经验事实则是第一位的。换言之，只有在对历史发展的思索中，深刻的思想才有可能形成，并对历史具有超越性，从而产生真正的“新”思想。黄霖先生的“原人”说，正是遵循了正确的学术逻辑，才能使其学术探讨屹立为思想的风骨。

这种探讨可以帮助我们更深入地应对古代诗学研究中以下几个值得反思的相关问题。

（一）“史”与“思”的关系问题

对真相的追求是历史学的基本任务，对过去的反思与诠释则是哲学发展的动力。真相当然是重要的，但想象与个性化的诠释也并非没有意义，并且，只有在“思”的眼光中，历史才能真正成为历史。就这个意义而言，“史”与“思”都有其重要意义。陈寅恪在提出以“了解之同情”来推断与阐释古人立说之用意与对象的同时，又强调在“诗史互证”中以“通性之真实”去求解历史之事实，就说明了这一点。在当代的中国古代文学理论史研究和中国美学史研究中，“史”与“思”的关系问题应当成为我们重点关注的问题。从已有的研究成果来看，学界对“史”有着足够的关注，各种史述著作（如批评史、文学史、文学理论史、美学思想史等等）出版或发表得既多又全，可供开掘的似乎已经不多。成功的经验当然值得总结，但也有一些令人遗憾的地方，不少史述著作往往将其历史研究（及其性质）拓展成了一个自足性的学科神话，给其向其他学科的交叉性、互渗性上设置了障碍，同时又由于缺乏向哲学高度的提升，使得其历史研究缺乏理论意识和反思意识，变成了艺术文化学意义上的文本分析。结果，“史”的思考代替了“诗”性的思考，学问和研究都被化约为材料的爬梳与整理或者考证的处理，从而导致历史形态呈现过程中诗性思考的严重匮乏。

（二）历史研究中的“思”意味着什么

在对历史或传统的研究中，研究者首先常常担负的是一种知识史学家角色。起初，他只是其他人的思想与观察结果的搜集者，通常要以“公正的”评价判断点缀其间，然而最后，客观地决定历史事实的任务，充分重建与诠释过去的理论的任务，因而使它们免于被忘却或误解的任务，直到最后追溯与解释知识之历史进化的任务等等，诸如此类，就产生出了特殊的理论问题。这表明历史或传统的研究者从仅仅是其他人寻求真理经历的记录者，开始变成为真理的探究者，且有其自身特殊的科学探究领域。从这个意义上讲，历史或传统的研究者并非总是局限于在实证知识的学术操作层面上进行某种同一性的自然延展，还会由于新学术思路的建立、卓有成效的技术手段的发现，以及对理想的学术生命形态之建立的反思等等，而去思考学术研究和整个时代的知识境遇、思想境遇、生存境遇之间的某种深层关系，这种从“学识领悟→情态反刍→学理再创”的过程实际表明，历史或传统研究的最高境界常常是以“思”的获得为标尺的。

如果进一步深究的话，历史研究中的“思”实际上意味着：其一，在保持前辈学人身上所具有的深层活力因素的基础上挖掘其学说或相关陈述中可以实现现代转换的因素。这就是通常所说的从“照着讲”到“接着讲”。其二，实现历史或传统研究中一种内在视角的转换，即将研究者从与诗学思想史背景及其所牵连的当代语境的繁重对抗（此为“质”的视角）中解放出来，去关注前辈学人生产、分配、发行、接收、部署、操纵和编配其诗学思想的话语方式、话语配方或运作“内情”（此为“态”的视角）。这是阐释视角的转移。其三，研究主体学术自我的重塑。这实际上就是研究者在对学术价值的调适、学术理性的筹划以及自我反思的定位诸问题的深层思考中去实现自我开放、自我充实，乃至自我重建。在这一方面，我以为，宗白华、钱钟书等人具有典范的学术意义，宗白华正是马克思所说的“感觉通过自己的实践直接成为理论家”的那种理论家，他在古代诗学研究中所形成的“体验”式的学术追问方式与问题呈现方式，实际上表征着一种成熟而精粹的学术自我的完成。而钱钟书在中西比较诗学研究中对对话原则的深刻洞悟，即不以体系建构来形成话语活动的疆界性、闭合性，而是从东西方诗学的“文本”与“文本”相互阐释所引发的“互文性”（Intertextuality）中来理解比较研究的对话精神以及话语活动的“不断生成”特点，其中所包含的学术智性也特别值得回味。

当然，所有这一切必须建立在这样一个大前提之下：研究者应当首先具有对古代诗学理论的起源语境和演变历史的“谱系学”的批判性把握，应当以清醒的历史意识去防止自我本位，防止用自己的知识、思考脉络去破坏古人的知识、思想脉络，在一种更为综合的、动态的历史关系中来理解古代诗学的发生发展，通过合理的方法论平台来自然地分析和显示出古代诗学的价值取向与内在精髓，并保持相关问题的开放性。

（三）历史研究中的“思”从何处开始

历史本身并非绝对清晰，相反，它往往是我们产生疑问与惊奇的场所。真正的“思”意味着从它在传统所处的位置上跳开，并调整各种话语主体之间的距离与角度，甚至呈现出阐释的“难题局面”以供我们反思。这种“思”就其实质而言，极其酷似于一种“身体感觉”，也就是体验和发现。凯·埃·吉尔伯特在《美学史》曾指出：“仅仅把大师们的精神的生命血液输入到接受者的心灵中，还不能构成真理。……单单在各种思潮的循环过程中，即在本源和探索者之间川流不息的交往过程中，就存在着异常充分的道地的变化。对于一切接触古典言论的人们来说……首先就必须把古典言论彻底变成自己心灵的要素。”①这种在“本源和探索者之间川流不息的交往过程中”去“把古典言论彻底变成自己心灵的要素”，就是一种内在体验。当然，它的确不是一桩易事，却正是我们必须努力的方向。也许在这里，我们可以简单提供几个不太成熟但可以尝试的入“思”方式。其一，在面对古代言论（比如古代中国人对文学本质的看法）

① [美]凯·埃·吉尔伯特等《美学史》“序言”，夏乾丰译，上海译文出版社，1989年版。

时,尽量不提出异议而采取“倾听”的态度——倾听他们的申明或反驳、倾听他们之间的对话或辩难——通过倾听来了解他们是如何“迹近”中国文化或艺术本源的。其二,确定某种具有可行性的思考向度。例如,现象即本体的思考向度既适合文学的感性特征,也适合进行理论思考与总结,而且还能在现象与本体这种不离不弃的关系中释放出更大的文学解释学空间(“原人”说中的“人”是一种现象学对象,而“原”则是一种本体性思考,“原人”说就是这种即本体即现象的思考结晶)。其三,用对历史经验事实及其内部有机联系的准确而客观的复现(这一点在《原人论》中有充分的体现),去克服体系先验预设所带来的片面性,从而使理论构架与经验事实抵达有力而有机的相互支撑。理论建构之学术操作上常常会满足于截取史实以逞心灵创造之自由,结果理论化程度越高,对历史事实的曲解也就越多;由于不同的阐释立场预示了不同的思想路经,学术多元化时代思潮下的各种阐释方法或范式常常会师心自用,以个别阐释甚至“误释”遮蔽传统思想的整体性,这正是古代文论研究者必须时常注意的一个学术陷阱——即那些种种既有理论预设锁定的现成“答案”所暴露的暧昧不清或者解释失效,正是我们必须清醒面对的。

(四) 知识的本体化问题

求知是否仅仅是追求知识而可以放弃思想的责任呢? 我的基本看法是:知识不仅仅是我们理解这个世界的途径,或者只是增加自己权威性的某个东西,它应该成为“思”的源泉。其原因就在于,即使我们获得一种知识型的彻底的智慧,它仍然无助于解释我们所需要解决的问题,因为真正与我们的存在息息相关的根本问题都是关于创造的问题,而不是知识问题。就古代诗学研究而言,我们必须警惕在知识本体化过程中所出现的对诗学实证性知识的过分依赖以及由此而产生的夸大其作用的幻觉,应当学会在诗学理论思考与诗学实证知识的中间域或关联域中去感受和体悟,并在这种感受和体悟中引导实证性知识向学术新境界的开示与到来的内在转换。

虽然，这种洞见或透识往往隐藏于深处而显得相当的棘手，但如果我们准确地把握和处理好这样一种古代诗学研究的学术逻辑，即就古代诗学研究的基础而言，历史知识的获得与梳理当然是第一位的，而就古代诗学研究的目的而言，“思”的获得或内在体系的发现则是第一位的，那么，思想与知识学之联结所产生的弹性空间也许有可能使我们对历史与未来的理解变得更加富有开放性。

现在古代文论学界谈论较多、争论比较热烈的是“古代文论的现代转换”问题。具体而言，这种已经丧失了其特定历史语境的理论遗产，有哪些值得转换？转向何处？是去充实西方文论的框架？还是用古代文论原有的术语、范畴、概念去重新建构一套所谓“民族化”的文学理论体系？在儒、道、佛传统思想制约下生长起来的古代文论，其思想内质如何同社会主义市场经济下的文艺实践相融通？基本上以文言为表述形态的古代文论又如何突破语言障碍走向当代、走向世界？这些问题都很引人关注，许多学者对此也作出了不少的努力。在我看来，黄霖先生的“原人”说中的“原人”二字本身就颇有隐喻意味和开示意义。“原人”二字作为对中国古代诗学内在体系的高度提炼，其现代意义就在于，它从学术层面突破了传统学术研究中“义理派”、“考据派”、“辞章派”的门户畛域和分途模式，又在现代学术研究层面上进行了新的整合。具体而言，“原”字兼具有“考据”材料之梳理和“义理”内容之推阐双重含义，而“原人”二字则是黄霖先生对其逻辑论证框架的建构、研究对象范围的设定、论证思路和方法的选择、写作风格与研究对象的适配等所作的深度思考下，一种极精炼极妥帖的“辞章”上的诗性思维的结晶。我以为，讨论古代文论的现代转换问题，黄霖先生这种新“义理、考据、辞章”相结合的方法，亦即将“学术论证”、“实证研究”和“诗性表达”相结合的方法，提供了有益的经验和启示，它同时还表明：真正的学术实际上同时也在表达着一种思想，智慧的学者总是试图能让学术成为思想的风骨，并引领思想的灵魂向诗性之思、理性之源和“澄明”之境本原地敞开。

（作者系华中师范大学教授）

薪火传承　以人为本

——读黄霖先生《原人论》的感想

李德强

今年正值黄霖先生七十华诞,不知不觉中进入先生门下已经逾三载。三年前我有幸拜黄先生为师,攻读中国文学批评史专业的博士,在各方面都受益颇深,尤其是黄先生以"人"为本的治学思想,让我真正体会到了学问之道的魅力所在。《原人论》一书的出版,更充分体现出黄先生传承近代文学精神,其中反映出的治学思路和求学方法不但立论新颖,也能在不知不觉中引起对古代文学的重新思考和定位,此种功力令人叹服不已。

首先,《原人论》重视知人论世的文学批评传统。知人论世是中国文学批评史中的重要原则和方法,对后世产生了重要的影响。章学诚先生也曾指出:"不知古人之世,不可妄论古人之辞也。知其世矣,不知古人之身处,亦不可以遽论其文也。"(《文史通义·文德》)只有知其世才能论其人进而论其文,这一点正是《原人论》所重之处。黄先生在"绪论"中曾指出"要从世界性中抓住特殊点","又要从历时性中找出统一点","还要从多元性中找出融合点"这三点一线式的文学批评原则,这正是探究文学批评"原人"的先决条件和重要途径。在此基础上,黄先生从孟子思想中以观其"原",从刘勰、韩愈等人的文论中以探其"道",从宋明理学论述中以觇其"心",最后归于"人"这个本初的落脚点和核心所在。古代文学对人的重视并非仅仅停留在雾里看花的层面,文学批评中"言志"、"缘情"、"意境"

等术语的出现都是基于“原人”的基础而产生的。因而“原人”论不但揭示出古代文学的本质特征，也为后人重新发掘古代文学的真正价值所在指出了一条新的途径，也是对知人论世这一文学批评原则的充分发展。这与先生一贯强调“由史而论，由论而史”(见《中文自学指导》2006 年第 5 期)的治学思路是密切相关的。

其次，《原人论》抓住道法文心的文学本质特征。中国古代文学批评本来就十分重视心性的阐发，老子所谓“道法自然”，此自然即是一种用世之“心”，刘勰所谓“心声而言立，言立而文明，自然之道也”(《原道》)。正是因此而言。此后文学批评史上出现的“原心”、“童心”等理论都是道法文心的反映，而此种文心正是“原人”论的关键因素。先生指出：“原人主要包括心化、生命化、实用化三个方面。”这就在以人为本的基础上，把文学批评创作论、作品论和功用论相融合，不但契合了中国特有的文学批评特征，也使得“诗言志”传统有了进一步发挥的余地，这正是“原人”思想的重要文学价值所在。在具体的文学批评中，无论是侧重于立德、立功还是立言都离不“原人“的三个方面。另一方面，从“原人”论中也可见，先生把文学的出发点和归宿都还原于人本身，这就充分肯定了作为历史的众人和单体的个人的主观能动性和创造性。不同时代的文学批评家对文学有着不同的理解，即使同一时代，同一作家在不同时期也有不同的侧重。在中国文学批评史上，有的阐发“道德”的价值，有的突出“情感”的作用，有的强调“真我”的存在等等，都是文心的具体表现即“原人”的重要内容。可见“原人”论是一种发展的理论，具有极大包容性和发展眼光，基本抓住了道法文心的本质特征。这种治学思路在过于正统化的众多文学批评史著作中是非常难得的，体现出先生高屋建瓴的文学眼光。

最后，《原人论》讲求以古通今的文学发展眼光。先生把“原人”当作文学批评理论精神的核心，又把心当作人之本，并贯穿于文学发展和艺术创造的全过程，更加重视文学理论的生命化，这实际上是一种以古通今的文学发展观，正如先生所言：“古典文学的研究并不是空中楼阁，它的研究思想往往来自现实，又反过来对现实产生影响。”(见《中国古代文学研究史·总前言》)因而，“原人”论更加重视作家、作品互动过程中所体现出的才学、识力和创新成果，这对当下的文学批评研究也有着非常重要的意义，这正是“原人”的精髓和最终目标。不同于西方的文学批评理论，中国的文学批评处处都有“人”的存在，更加重视人的主观能动性。当下的文学批评研究既需要承接传统，也要不断开放和发展，而“原人”论的出现一方面延续了富有民族特点的文学批评理论传统，另一方面也保持了文学批评的生命力。因而，中国的文学批评研究之所以能发展到今天的地步，关键还是在于创新。从某种意义上说，先生提出“原人”论最大的贡献并不是《原人论》本身，更重要的是为我们指出了一条治学途径，为我们今后如何进行深入的文学研究提供了一种科学的方法，我想这才是先生《原人论》以人为本的最重要价值所在。

师从先生三载，对先生严谨治学态度和高远学术眼光敬佩不已，“路漫漫其修远兮，吾将上下而求索”，我辈还要在“原人”的治学思想指引下继续前进，方不负先生的殷殷教诲。

(作者系复旦大学博士生)

黄霖老师的《金瓶梅》研究

陈维昭

一

王国维在《红楼梦评论》中谈到“眩惑”时说:“若美术中而有眩惑之原质乎,则又使吾人自纯粹之知识出,而复归于生活之欲。如粔籹蜜饵,《招魂》、《启》、《发》之所陈;玉体横陈,周昉、仇英之所绘;《西厢记》之《酬柬》,《牡丹亭》之《惊梦》,伶元之传《飞燕》,杨慎之赝《秘辛》,徒讽一而劝百,欲止沸而益薪。”这是审美与历史的二律背反。要说“眩惑”,《金瓶梅》可以说是“眩惑”中的“眩惑”。尽管作者在小说的开头和结尾设立了一个“警劝”的框架,但作者一谈起情色,往往手舞足蹈、口沫横飞、忘乎所以。是“讽”是“劝”,还是由读者说了算。

翻开历代官方查禁书目,连山歌小调都赫然列入,眩惑之极的《金瓶梅》自然是在劫难逃。当然,官方的查禁并不能真正禁止对《金瓶梅》的阅读。《金瓶梅》真正成为禁书的是在“文革”时期,能够读到《金瓶梅》的是极少数人。这是一个文化浩劫时期,同时也是一个灭绝人性的时期。“文革”之后,中国的历史车轮进入了一个新时期,一场空前的启蒙运动诞生了,人的情感、人的情欲、人的主体性等等,受到了空前的关注与肯定。1985 年,巴蜀鬼才魏明伦创作了《潘金莲》,对潘金莲的情欲以及由情欲而导致的罪恶作了饱蕴着同情的艺术表现。对《金瓶梅》的解读汇入了新时期的启蒙思潮之中，人们正以一种全新的视界重新解读《金瓶梅》。

正是在这种时代洪流之下，黄霖老师开始了他的《金瓶梅》研究。

然而，老师的《金瓶梅》研究并不承接着启蒙思潮而来。这与老师对《金瓶梅》情色描写的理解有关。老师把《金瓶梅》中的性描写理解为一种消极存在，认为罪恶的社会将潘金莲培育成一个肉欲狂，这个肉欲狂反过来又为社会增罪添恶[到了21世纪，老师深化了他的观点，认为："她(指潘金莲)的原欲的冲动，多少催发了一种主体独立意识的萌生，使她去极力寻找自我，主宰自己。"强调了潘金莲的个体意识]。老师认为，《金瓶梅》是一部暴露之书，是"晚明社会的一面镜子"。《金瓶梅》不是一部宣扬"性解放"的书，而是一部表现"淫首恶"的书。

老师承接的是更加古老的学术传统——乾嘉学术传统。

在五四新文化运动中，胡适在提倡"整理国故"运动中开始了他的古典小说研究，他的研究主要集中在作者和版本两个方面。比如他的《红楼梦》研究，终其一生，没有超出作者与版本两大领域。因为这两大领域，正可以作为乾嘉方法的实验场。

黄霖老师的《金瓶梅》研究，其主要成就正在作者和版本两大领域。

二

关于《金瓶梅》的作者，到目前为止，有近60种说法。可说是众说纷纭，莫衷一是。

究竟应该如何去探究《金瓶梅》的作者？有一位研究者认为《金瓶梅》的作者是北京人，他提出的方法是："挂一张寻人画像在北京街头。"撇开他的具体观点(《金瓶梅》的作者是北京人)，他的这一表述切中了《金瓶梅》作者问题的症结所在。不管五六十种说法之间有多少差异，有一点是它们所共同的：它们面对的是同一张寻人画像。这张寻人画像有两大特征:兰陵人,嘉靖间大名士。这两大特征的模糊性是不言而喻的。研究者根据自己对《金瓶梅》方言的认识,对嘉靖间大名士的了解,去判定谁才是最有可能性的作者。在此基础上,再根据候选人的经历、学识、道德、文学观念等等去作出进一步的综合判断。而经历、学识、道德、文学观念与"嘉靖间大名士"之间的关联,其不确定性则又更进一步,它需要研究者的个性化解读才得以实现。换一个角度说,作者问题考证的挑战性和魅力正在于此。

这种种的不确定性,赋予了《金瓶梅》作者问题以某种宿命的意味,它使得至今为止的几十种说法都止步于假定之上。换言之,"《金瓶梅》作者问题",它的意义已经不在于谁能够找出真正的《金瓶梅》的作者,它的意义在于这种研究实践的过程本身。

1983 年,老师在《复旦学报》第 3 期发表了《金瓶梅作者屠隆考》。此文在两大方面丰富、甚至修改了那幅"寻人画像"。第一,老师发现了一条重要内证,即《金瓶梅》第五十六回的《哀头巾诗》、《哀头巾文》出自《开卷一笑》一书。而《开卷一笑》的参订、校阅者的题署在不同卷次是不一样的,有的题为"笑笑先生"、"哈哈道士",有的题为"一衲道人",而"一衲道人"即屠隆。第二,老师重新强调了吴晗、郑振铎二先生当年粗略提过的"作者当为万历间人"的观点,于是"寻人"的范围就不是在"嘉靖",而是在"万历"年间去找。在此基础上,老师又结合屠隆的籍贯、习尚、经历、情欲观、文学基础和《金瓶梅》的流传情况等方面进一步论证。

老师此论一出,在研究界立刻引起轩然大波。以著名金学家魏子云先生为代表的一批学者纷纷撰文呼应、补证老师的"屠隆说";以徐朔方先生为代表的一些学者则提出质疑,认为"笑笑先生"并不等于"笑笑生",对黄老师发现的内证给予否定。

已经有学者指出,黄老师的"屠隆说"是 20 世纪后 20 年里有关"《金瓶梅》作者问题"影响最大的说法。魏子云先生甚至认为,黄老师的"屠隆说"可以为作者问题"画句号"。当然,今天看来,"屠隆说"依然是众多假说中的一种。

那么,黄老师的“屠隆说”的意义又何在呢?再进一步问:新时期以来的《金瓶梅》作者问题研究的意义又何在呢?

有人以这一问题的不确定性为由,认为“金学”是一门“笑学”。这种说法是不负责任的,是缺乏学术史意识的。

在这里,我觉得有必要对新时期以来《金瓶梅》作者研究运动的历史语境作一点描述。五四新文化运动以彻底否定传统的面目出现,但它的主将们却承接着乾嘉学术传统。鲁迅、胡适都是如此。他们(还有此前的王国维)把乾嘉学术方法运用到了戏曲、小说的研究上,由此掀开了文学研究的新局面,并建立起新的学术传统。然而,这一学术传统在20世纪50年代的批胡运动中与“繁琐考证”相关联而受到抑制;在“文革”浩劫中,“莫须有”成了时髦的独断方式,乾嘉学术传统被彻底抛弃。在经过了文化断层之后,新时期的古典文学研究面临着如何重建传统的问题。《金瓶梅》作者研究正是这样一种重要的学术实践。经过这场学术实践,一些问题逐渐明晰起来了,比如,什么样的考证才是科学的考证。黄霖老师的《金瓶梅》作者考证呈现出这样的学术品格:不轻信、不武断、重证据、靠学养。

这场学术实践(当然包括黄老师的同道者的学术实践)所结出的果实是20世纪90年代以来“学术规范”意识的建立。

然而,20世纪90年代以来,市场意识的全面张扬又导致了名著作者问题讨论的非学术化。近年来的《金瓶梅》作者研究已经出现了为名人争故里的意向,有人在提出新说的时候,往往借助于索隐方法,或以立“新说”为目的,或以为地方经济服务为目的。一代学者经由学术实践而建立起来的学风遭遇了严峻的挑战,这不免令人扼腕而长浩叹。

三

描述版本源流,这是版本研究中的一大命题。明清章回小说在流传的过程中往往经历了从抄本到刻本的过程,而且其抄、刻过程往往与销售目的联系在一起,抄手的文化水平、抄写习惯等等,都影响着抄本的最后面貌。这种种的复杂因素使得研究者在面对章回小说的版本问题的时候要时刻警惕理想化、简单化倾向的出现。比如《红楼梦》，今天的研究者在描述其版本源流的时候基本上是以十三四个版本为对象，在这些对象之间去对这些对象进行排列：是甲、乙、丙，还是乙、丙、甲。但是，张爱玲等学者的研究显示，今天所见的所有《红楼梦》本子都是"拼抄本"，甚至是"拼抄本"的拼抄本，所谓"甲戌本"、"己卯本"、"庚辰本"……并不能真正标示这些本子的时间特征。在这种情况下，所谓的"红楼梦版本研究"其结果只能止步于假说，止步于理想化描述。而且每一种描述自身都是无法自圆其说的，因为这些拼抄本的底本至今尚在我们的视线之外。

相对于《红楼梦》的版本来说，《金瓶梅》的版本问题似乎稍为简单一点。粗线条地说，《金瓶梅》的版本经历了由"词话本"到"崇祯本"再到"张评本"的过程。但其实《金瓶梅》的版本源流同样有难以理清之处。今天能见到的《金瓶梅》最早刻本是万历丁巳年间序刊的《新刻金瓶梅词话》。这"新刻"二字传达出明晰的版本信息。然而，什么叫"新刻"？不同的理解将导致对《金瓶梅》版本源流的不同描述。著名金学家梅节先生指出："问题是这个《新刻金瓶梅词话》既标'新刻'是不是还有旧刻？既曰'词话'，是否本来就属艺人的说唱材料？既名'金瓶梅'，和同名的廿卷本又是什么关系，孰先孰后？不解决这些问题，无法定底本之是非，一切关于文本的立说，均属无根之谈。"研究界的现状，正如梅先生所指出的，在这一问题上有很大分歧。

刘辉先生、魏子云先生与黄霖老师在这个问题上各有看法。刘辉先生认为，现存《新刻金瓶梅词话》是万历四十五年原刻本的翻刻本，也即"新刻"之前存在着"旧刻"。黄老师则认为，"新刻"即是"初刻"。老师在推出这一结论的过程中所表现出来的学养与胸襟，足为学界示范。

老师首先是正视对立观点及其相关论据，指出"新刻"的确可以理解为在原刻的基础上重新刊印。然后指出，在明代，尤其是在刊刻戏曲、小说的时候，"新刊"、"新刻"的含义往往有所变化，"新刊"、"新刻"特指初刻的情况也屡见不鲜。老师一口气列出了六条相关文献。再根据明人关于此书的流传情况的记述,从外证到内证,最后推出结论:现存《新刻金瓶梅词话》即是此书的初刻本。

不回避不利证据、不回避对立观点,这正是一位真正的学者所应有的自信与胸襟。甚至,老师还可以为对立观点提供更多的根据。比如关于崇祯本的评改者,刘辉先生于1985年在首都图书馆阅读《新刻绣像批评金瓶梅》时发现卷首图像的末页上有一署名“回道人”的题诗,而李渔曾用过“回道人”的化名。刘先生因此认为崇祯本的评改者即是李渔。黄老师并不同意这种说法,但在提出自己的观点之前,老师为对立观点提供了另一条证据,即李渔的《肉蒲团》中也有“回道人”的化名。接着老师提出自己的推证:《肉蒲团》的“回道人”署名是刻在原书之中的,而首图本的“回道人”署名则是刻在卷首附图之后,而且首图本是经过了两次翻刻的后刻本,因而这一“回道人”的署名不足以证明崇祯本的评改者即是李渔。

今天的学界,在某些学术领域,学术讨论已很难展开,或者说已经以一种非常态的方式展开。拿我稍为熟悉的红学界来说,研究者普遍习惯于这样一种讨论方式:说理+谩骂(或挖苦、贬损)。这种风气由胡适先生开其端。胡先生当年在推出他的实证方法的时候,先把索隐红学挖苦一通,骂蔡元培等先生是“大笨伯”。这种风气演变到今天,成了一种赤裸裸的谩骂。尤其是当他人对自己的观点提出不同看法的时候,一些即使训练有素的学者也会失态起来,义无反顾地投身到人身攻击的快意之中。

本来,学术讨论旨在辨难析疑、还原真相,对立观点的出现,是使讨论走向深入、走向真理的契机。魏子云、梅节、刘辉诸先生都是黄霖老师的至交好友,学术观点的相左并没有使他们反目为仇;相反,数十年来,他们携手共同构筑“金学”这座学术宫殿,足为后辈楷模。

四

考证何为?为的是还历史以真相。《金瓶梅》的作者是谁?它的版本源流的真实情况如何?今天的研究水平和研究视野已经大大不同于鲁迅、胡适、郑振铎的时代。这是一代代学者努力的结果。黄老师三十多年来的《金瓶梅》研究，对《金瓶梅》研究这一学科的建设作出了贡献。在这一研究历程中，有一种精神贯穿始终，这就是实事求是的科学态度。几乎所有今天所知的《金瓶梅》版本，老师必手按目验，在全面掌握第一手文献的基础上去推出结论。为此，三十多年来，老师的足迹遍及国内图书馆及日本、韩国、美国的相关图书馆。一些与《金瓶梅》没有直接相关的文献，比如《南词绣像金瓶梅传》，是一部说唱体作品，孤本藏于日本东京大学东洋文化研究所，老师在日本访书时也目验此书。尽管老师始终没有正面综论此书，但此书却是老师科学精神的一个见证。作为老师数十年访书阅书的一个总结，《金瓶梅资料汇编》、《日本研究〈金瓶梅〉论文集》两书如今已成为《金瓶梅》研究者案头必备之书。可以说，今天有目共睹的黄老师的学术成果，只不过是老师数十年纵横学海、博览群书而激起的几朵浪花而已。

（作者系复旦大学教授）

关于黄霖先生的"屠隆说"

杨绪容

1983年3月，黄霖先生在《复旦学报》上发表《〈金瓶梅〉作者屠隆考》一文，提出了《金瓶梅》作者是屠隆一说，立即在学界产生了强烈的反响。

黄先生考定《金瓶梅》作者是屠隆时，并不是孤立地根据《金瓶梅》中某一二点情况与某某人有某些相通或相关之处就展开推测，而是在全面研究《金瓶梅》成书问题的基础上，作为一个系统的工程来加以考量的，因此，他在提出屠隆说时先定了三个前提，划下了一定的范围：

第一个前提是必须先考量成书的年代。本来，早在上世纪30年代，郑振铎的《谈〈金瓶梅词话〉》就根据万历年间特定的社会风气，以及小说所引的小说散曲与欣欣子序称丘琼山、周静轩辈为"前代骚人"的口气来看，认为"如果把《金瓶梅词话》产生的时代放在明万历间，当不会是很错的"。接着，吴晗发表的《金瓶梅的著作时代及其社会背景》一文，将《金瓶梅词话》中提到的"太仆寺马价银"、"佛教的盛衰和小令"、"太监、皇庄、皇木"及"番子"等与明代史实相印证，进一步证明："《金瓶梅》成书时代大约是在万历十年到三十年这二十年(1582—1602)中。"一时间。他们的看法得到了广大学者的认可。至50年代，有人提出质疑，之后在相当长的时间内没有人去认真推究这个问题。黄先生则通过三个独特的视角，将吴晗所说的成书年代更缩小至"万历二十年(1592)前后"。

他论证的第一个视角是，在《金瓶梅》研究史上第一个用书中的人名来考证其成书年代。这一点曾得到了魏子云先生的高度评价，说黄先生是“心细如发”。这里最主要的是小说第六十五回出现过“凌云翼”这个人。这个人名并非虚构。凌云翼是嘉靖、万历年间曾经官至兵部尚书的大名鼎鼎的人物。假如他在世或没有失势，是绝对不会容忍别人把他写入《金瓶梅》这类小说中的，人家也不敢这样写。据《明实录》载，他于万历十五年“夺官后卒”。究竟卒于何年不甚清楚，但从语气来看不会太久。因此，这万历十五年可以作为一个上限，小说不可能写在这一年之前。

他论证的第二个视角是，在《金瓶梅》研究史上第一个用《水浒传》一部小说去考证《金瓶梅》这另一部小说的成书时间。早在黄先生之前，尽管美国的韩南、日本的大内田三郎、上野惠司和台湾省的魏子云等也将《水浒传》与《金瓶梅词话》比较过，且如大内田三郎、上野惠司等也认定《金瓶梅词话》抄的《水浒》是刊于万历十七年的天都外臣序本，但他们都没有想到这一研究对探讨《金瓶梅》的成书年代及作者有用。限于当时的闭关封锁，黄先生一时还不了解海外已经有人做过这一工作，只是英雄所见略同而已。不过，事后看来，黄先生的工作与他们是有所不同的，他不仅仅是为了比较两者有哪些相同之处，而是非常明确地用《水浒》来考证《金瓶梅》的一些问题。当他经过认真比对，发现《金瓶梅词话》是抄了万历十七年的天都外臣序本之后，就得到了这样一个结论：《金瓶梅词话》必然成书于万历十七年之后。当然，有些学者后来也提出问题，说《金瓶梅词话》中的《水浒》文字，与天都外臣序本的文字还是略有出入。这的确有可能《金瓶梅词话》抄的是一部目前已经亡佚的《水浒传》，但同时我们也应该考虑到《金瓶梅》作者在抄录“镶嵌”时，往往并不是死板地照抄，而是会略有改动，且从目前所存的各本《水浒》来看，还是天都外臣序本与《金瓶梅词话》的文字最为接近，所以与其他证据放在一起来看，还是可以作为一个考虑《金瓶梅》成书时代的证据的。

由于《金瓶梅》成书的下限已由袁中郎《董思白》一信交代清楚：他在万历二十四年秋，已经借读了抄本《金瓶梅》，因此，《金瓶梅》的编写决不会迟于这一年。这样,《金瓶梅》的成书时间,就可以由吴晗所说的"万历十年到三十年"缩短为万历十七年至二十四年之间了。

在这基础上,黄先生又用了第三个视角,第一次用小说中的干支来考察其成书的时间。黄先生细心地觉察到,作者选择小说开场的一年是"壬辰"年,人物生肖从其壬辰年为立足点来推算却往往不误。例如西门庆,第四回说他是"属虎的,二十七岁"。这一年,只有从壬辰年倒推上去,可知他确是生于丙寅虎年。而于二十九回写吴神仙为西门庆一家算命和三十九回西门庆玉皇庙打醮时都表明西门庆生于"丙寅",丝毫不差。特别是《金瓶梅词话》第五十三回反复写吴月娘吃薛姑子药的日子是壬子日,又说这天壬子日是四月二十三日。据查,万历壬辰二十年的四月二十三日正是壬子日。事情这么巧,看来都并非出于偶然。正因为他发现了这些问题都是那么巧地与万历二十年这一"壬辰"年有关,于是他就自然地得出了这样的结论:作者可能就在万历二十年前后动手创作,在较短的时间内,在"镶嵌"前人作品的基础上,一气呵成了这部名著。

既然《金瓶梅词话》成立于万历二十年(1592)前后,那么早已故世的李开先、薛应旗、冯惟敏,濒临死亡的王世贞、徐渭,尚属年幼的沈德符,还未出世的李渔,均无写作之可能了。

第二个前提是必须先考量作者的籍贯习尚。当时的学界,一般都认为《金瓶梅》的作者是山东人。其实,在明清两代,没有人强调过《金瓶梅》的作者是"山东人",只是到了上世纪30年代,鲁迅在《中国小说史略》日文译本序中提到了这样一句话:"(《金瓶梅词话》的)对话却全用山东的方言所写,确切的证明了这决非江苏人王世贞所作的书。"接着郑振铎等人都申述了这个观点,于是《金瓶梅》作者是山东人的说法辗转相传,深深地印在人们的头脑之中。后来,陈蝶仙、戴不凡、魏子云等先生陆续指出或强调《金瓶梅词话》中有吴越方言与有吴越习俗的描写。黄先生接受了这一说法,不但补充了一些实例,更重要的是,他在这里发表了两个比较重要的观点。一个是他指出,《金瓶梅》是一部描写山东故事和人物的小说,作者假如是“南人北宦”的话，学习、模仿北方的官话、共同语乃至山东话完全在情理之中，但他终究会不自觉地流露出自幼习成的特殊方言。反之，作者假如真的是山东人的话，特别如贾三近这样一个土生土长而从未到过江浙的人来说，在写这样一部小说时，有什么必要和可能用上吴越方言呢？因此，他认为先认定作者是“山东峄县人”，然后在这基础上推测他是某某人的说法就没有什么说服力。第二是他强调了这部小说的“镶嵌”特点，不能随便地找一些可能就是“镶嵌”了前人作品中的例子来佐证，而是要找一些作者在“镶嵌”时作了修改而不同于被“镶嵌”的前人作品的例子，才能真正反映《金瓶梅》作者的语言和习俗的特点，才有论证的价值。由于黄先生对《金瓶梅词话》所反映的方言与习俗作了考察，认为其作者是一个对南北生活习俗都有所了解，甚至都经历过，然其基本习性是南方而不是山东。因而李开先、贾三近、赵南星、冯惟敏等山东人不像是作者。

第三个前提是必须考量《金瓶梅词话》文本所反映出来的该作者的身世、思想、性格、作风等特点。从小说所反映的，该书作者当是一个很不得志、看穿世事、不满现实、甚至有点玩世不恭的人。这就不像王世贞、赵南星、贾三近等人；然而笑笑生又熟悉上层，能写许多大场面，故又不类未曾进京任职的徐渭、李贽、冯惟敏等；作者好叙男女情欲和熟悉小说戏曲乃至游戏文字等，这也不类薛应旗等人和一般的“正人君子”。

根据以上三个前提，黄先生认为在 1983 年以前提出的各种说法，尽管或有一二点似乎可以考虑是《金瓶梅》的作者，但通观全局，总不相合，故均难成立。而更重要的是，所有各说，均未找到与“笑笑生”之间的直接联系。

黄先生提出屠隆说的一个重要的支撑点是：《金瓶梅词话》第五十六回中表露作者观点的《哀头巾诗》与《祭头巾文》即是“笑笑先生”所作。这两篇文字原见于明末的一部游戏文字集，叫做《开卷一笑》，亦称《山中一夕话》。此书各卷的题名并不相同，有互换的情况，从中可见“笑笑先生”与“一衲道人屠隆”是一个人。当然，“笑笑先生”与“笑笑生”两者是差了一个字，但古人所云“生”，与“先生”义通，生即先生之谓。所以这里有两种可能，一是“笑笑先生”不等于“笑笑生”，另一是“笑笑先生”就是“笑笑生”。值得注意的是，在此《开卷一笑》中，还有《醒迷论》与《秋蝉吟》两篇也署“笑笑先生”所作。这些文字都和屠隆的思想特点一致，又与《金瓶梅词话》所反映的思想合拍，甚至语句也有惊人的相似之处。这就使他找到了“笑笑先生”与屠隆、与《金瓶梅》之间的联系。沿此方向再进一步考察屠隆的生平，就会深深地感到屠隆比谁都更像《金瓶梅词话》的作者了。这样，就使黄先生的屠隆说超乎一般找些外围材料来与《金瓶梅》相印证；或者只注意某人的作品被《金瓶梅》所引用的论证方法，使《金瓶梅》作者与笑笑生及屠隆之间直接挂上了钩。

在这基础上，黄先生进一步从六个方面论证“没有谁比屠隆更像《金瓶梅》的作者了”：

一、屠隆是浙江鄞县人，所以小说中流露了不少南方、特别是浙江的方言与习俗。他的祖上，曾居常州，即南“兰陵”，所以在“笑笑生”之前加上“兰陵”决不是无缘无故的。

二、万历二十年前后，从春风得意到横遭弹劾，穷困潦倒，饱尝了人世的炎凉；他看透了人生，对整个社会感到失望；他寻求解脱，企图在佛道中找到出路；他心情苦闷，却更加纵情于诗酒声色。此时的心境与《金瓶梅》的精神相一致。

三、屠隆“佻荡不检”、“放诞风流”，认为“男女之欲去之为难”；而文学作品“善恶并采，淫雅杂陈”，也可以“示劝惩，备观省”。这种情欲观也是产生《金瓶梅》的特殊思想基础。

四、屠隆出身商家，从贫贱到发迹，任县令，做京官，到再陷困顿，其特殊的经历与广泛的知识面，是其创作这样一部社会小说的生活基础。

五、屠隆“生有异才”，“落笔数千言立就”，戏曲、小说，乃至民间游戏文字都熟悉，具备创作这样一部“文备众体”的小说的文学基础。

六、屠隆与传言《金瓶梅》最初有“全本”的刘承禧、王世贞均关系非同一般，完全有可能成书后赠与他们，一为报恩，二为劝戒。

《屠隆考》发表后，反响强烈。有人认为犹如当年"考定《红楼梦》的作者为曹雪芹一样，一扫以往的迷雾"。许多专家在著作或论文中加以肯定。特别是台湾著名《金》学家魏子云，在多篇文章中力挺"屠隆说"，认为《金瓶梅》作者的探讨就此可以画上句号。宁波学者郑闰在这基础上撰成专著《屠隆与〈金瓶梅〉》，进一步加以论证和阐发。但同时也遭到了不少学者的驳难，提出了不少问题。主要的有：引用《哀头巾诗》与《祭头巾文》的《金瓶梅词话》第五十六回被沈德符指为"赝作"；原载《哀头巾诗》与《祭头巾文》的《开卷一笑》是"清人"之作；与屠隆有叔侄关系的屠本畯在《山林经济籍》中谈到《金瓶梅》作者时却没有明确说明，等等。

对于各家提出的问题，黄先生又陆续写了《〈金瓶梅〉作者屠隆考续》、《〈金瓶梅作者屠隆考〉答疑》、《〈开卷一笑〉与〈金瓶梅〉作者》等文章予以一一答难。黄先生认为，现存的沈德符的《万历野获编》经后人编排，本身矛盾很多，且现存的《金瓶梅词话》的第五十三回至五十七回并非"血脉不贯串"，可能并非就是沈氏"固箧之"的一部书；《开卷一笑》确为明人所编，说是清人所编者乃是未见明本；屠本畯在讲到《金瓶梅》作者时语句含糊，有可能为保全屠隆声名而故意放的烟幕。如此等等，尽管黄先生作了解释，但他同时认为这些辩解也只是做到了一种"可能性"，并没有能做到"唯一性"，所以问题还是存在着。在没有进一步找到更为确凿的证据之前，"屠隆说"与目前学界的多种说法一样，"都缺少临门一脚"，都只能作为一说而有待于去进一步探讨。他在为教育部组织编写的《中国文学史》撰写《金瓶梅》这一章时，也是将"屠隆说"与其他各说放在并列的地位，统统归于"缺乏确凿的佐证"之列，体现了公允的原则。正因此，曾得到了学者的高度评价，认为这样的做法难能可贵。

屠隆说同样没有真正解决《金瓶梅》的作者问题，那么这种研究就毫无意义吗？不是的。我们研究任何一部作品，都不能因难度大而放弃作者的研究。更何况这种认真、严肃的探索对于推动《金瓶梅》的一系列研究还是有积极意义的。早在上世纪 80 年代，黄先生就说过这样的话：“说起1983年的《屠隆考》，海内外论说纷纭。平心而论，要落实《金瓶梅》的作者是屠隆，目前尚有一些障碍。但我觉得这篇文章的意义不在于能不能立即确定《金瓶梅》的作者是否就是屠隆，而在于围绕着这一作者问题引发和推动了《金瓶梅》成书年代和作者用语、习俗的大讨论。”事实正是这样，《金瓶梅》作者问题的研究，还关系到小说文本、作者心理，乃至对其他作家作品和晚明社会、政治、经济、民俗等问题的研究，促使一些新材料、新问题的发现，因此，黄先生在多种场合，一再强调《金瓶梅》作者的研究并不是一个“死胡同”，还是有意义的，反对不分青红皂白地全盘否定《金瓶梅》作者问题的研究；但另一方面，他力主要以严肃的态度、科学的论证去探究《金瓶梅》的作者，在目前找不到确凿的证据之前，还是少一点自说自话、稀奇古怪的推测为好，希望《金瓶梅》作者问题的研究能沿着一条健康的大道走下去。

（作者系上海大学副教授）

不断超越　激情永在

——黄霖先生给我的最珍贵的启示

戴云波

在上世纪 80 年代，人文学科，或者说中文专业曾有过一段短暂的风光，似乎上大学读中文系是一件很时尚、风雅的事。不过这种虚幻飘然的感觉很快便让位于那些更能经世致用的学科，即使是名牌大学的中文系，也似乎渐渐褪色，沦落为一道美丽的花边。但即使如此，仍有难以计数的“误入彀中”的学子读了本科读硕士，读了硕士读博士，以至今日跋涉在中文这条道上的学生用一句晏子的话说可谓“张袂成阴，挥汗成雨”。也就在十几年前，我也怀着心中那一份潜在的对古典文学的情愫再次踏上了求学之旅，拜到了黄霖先生门下。

想起我的考博经历，颇觉得有些造化弄人。在 1996 年博士招生前复旦校方突然出台了一个看似有理，其实却完全不合实际情况的规定，即对年逾七旬的博导们来个一刀切，一律停止招生（其实这个规定也只执行了一年）。我本来联系要考的是王运熙先生的博士，结果偏这一年他停招，而招生的黄霖老师的招考方向为小说戏曲批评与近代文学批评，都是我并不熟悉、也没有什么研究的领域。我至今还清晰地记得当时我拿到复旦招生简章时的惊诧与失望。经过紧急联系，王先生鼓励我没关系，复旦的专业考试并不设很大的障碍，还是以基础为主，就考黄先生的。就这样我硬着头皮来到复旦参加了考试，没想到真的成功投到了黄老师门下。

入学不久,黄老师曾与我有一次谈话,意思是考学时的方向设置与入学后的专业培养不一定完全一致,我可以按自己的兴趣与特长来与黄老师商量制定三年的修习计划。但我当时心里总觉得,我好不容易拜了一位名师,应当把他最拿手、最得意的学问学到手,再说自己的学问底子还很浅,走传统的诗文路数怕也做不出什么名堂,于是就表示想跟着黄老师从事小说研究与批评的学习。黄老师也没有再说什么,给我开了一些必读书目后就结束了这次谈话。

不到一年后我就省悟,如果说我选择小说研究与批评作为专业方向无所谓对错的话,那么我想当然地认为黄老师的学问境界仅限于小说或近代文学实在是"管窥蠡测"。事实上从上世纪80年代起黄老师另辟蹊径,开辟古典小说批评与戏曲理论研究的新领域,并提出重新认识《金瓶梅》的艺术价值与现实意义,显现出过人的学术自觉与敏锐眼光。比如我们都知道,复旦三卷本的《中国文学批评史》被教育部指定为高校教材,是本专业的经典必读书,到了上世纪90年代中期,复旦批评史诸先生在王运熙、顾易生两先生的领衔下又编撰出大七卷本《中国文学批评通史》,轰动一时。至此关于批评史的积累可以说至矣、极矣,下一步文学批评史学科应该解决什么问题,人们拭目以待。很快古代文论的民族性及其现代转化问题受到了黄老师的高度关注,这也是后来我们看到的由王运熙先生与黄老师主编的《中国古代文学理论体系》,它分"原人"、"范畴"、"方法"等三部,力图将零散的、抽象的、含混的古代文论概念与原理进行逻辑结构的重建与现代话语的转化,以与我们平常教学的西方文艺理论相对接。这个努力其成效如何当然可以见仁见智,但无疑是极为可贵且富于挑战性的。当我知道黄老师已将注意力转向20世纪分体学术研究史这个大课题时,忽然有一天我又收到了由他整理的《文心雕龙汇评》一书(上海古籍出版社出版),心里不由想起了《论语》中颜渊曾感叹老师的学问"仰之弥高,钻之弥坚,瞻之在前,忽焉在后"。联想起读博期间我对个人电脑的概念还懵懂不清的时候,黄老师早已开始熟练地用电子邮件与家人、朋友通信,这种感觉愈发强烈。

我虽忝列黄老师门下几年，工作后却一直没有取得像样的成绩，尤其是在专业上，非常汗颜。我当然可以找出很多的理由来搪塞，忙，环境不顺心等等，其实说白了，就是无法克服自己身上的惰性，也无法抗拒现实生活中的种种诱惑，做不到青灯黄卷、甘守寂寞。想到读书期间我每到黄老师家中见他，他无一例外都在阅读与写作中，甚至在开门见到我的时候似乎仍然在思考着什么，因为他的眉头还紧锁着。我虽然比黄老师年轻许多，按理应当至少在思维的活跃上、精力的充沛上、对新学科领域的热情等方面胜老师一筹，但惭愧地讲，我都比不上老师，更不用提老师那种生而为学术、不断开辟学术新境界的激情，始终给我以深深的触动，让我不敢过于怠懒、庸常地度日。现在我地处北方，也很少有机会见到黄老师，但老师那温和而明亮的眼睛却好像始终在注视着我，给我温暖，也给我信心。

（作者系三联书店编辑）

黄霖老师七秩随笔

曾　良

时间过得多快，在我心里黄老师仍然是1996年相见时的五十开外的中年学者，可一转眼就到了古稀之年。“人到七十古来稀”已是一句老话，如今不少深得“养怡之福”的寿星早已超越百岁。衷心祝愿黄老师生日快乐，健康长寿。

早在上世纪80年代我就向黄老师请教。1986年在辽宁大学上古代文学助教进修班时，我喜欢上了古代小说，后来读到了黄老师和韩同文选注的《中国历代小说论著选》（江西人民出版社），很受启发和教益。当时学术界对中国古代和近代小说理论研究的不很多，更缺乏系统的资料编辑和系统的理论研究。黄老师的选注，在占有大量材料的基础上进行精选，是一部很有代表性的中国历代小说论著的辑集；然后给予精当的注释和阐释，反映了中国古代小说理论的发展历程，大有益于小说研究者了解中国古代小说理论的演变历史，这对喜欢古代小说的我来说，无疑是雪中送炭。那时书店里买不到这部书，于是我冒昧地写信给黄老师，问他还有无存书。没想到一周后收到了回信，说手里已无复本，如需要可为我复印一套。没复本很自然，可要为一个素昧平生的爱好小说的青年复印上千页的书本就非同一般了，其人格魅力感染了我，未曾当面请教的黄老师的形象铭记在我心间。

1996年4月，我所在的内江师范学院与江苏省社会科学院《明清小说研究》编辑部、四川省社会科学院哲学与文化研究所在内江联合主办"明清小说研讨会",黄老师应邀赴会,在沈伯俊先生的引介下,我结识了黄老师。当天我把一篇研究《列国志传》的习作送请他指导,后来他告诉我,文章虽然言之成理,但写得一般,没有什么突出的东西。从此我开始认识了"为人尚朴实,治学求创新"的黄老师。

1996年秋天,我带着"《东周列国志》研究"课题去复旦做黄老师的访问学者。《东周列国志》是"羽翼信史"型的典范作品,由于它的素材基本出自《左传》、《国语》、《史记》等古史,研究它的人却寥寥无几,也没有多少参考借鉴的东西,所以要作系统研究是有一定困难的,但黄老师始终给我鞭策和鼓励。首先肯定我选择这一课题的识力和勇气,然后鼓励我从最基础的工作做起。他说基础工作至少有两个方面:一是将这部小说的史料来源全面认真地做一番梳理;二是在这基础上,通过有关史料与列国平话、《列国志传》、《新列国志》,再到《东周列国志》的比较印证,摸清小说的演变轨迹及版本情况。后来我正是按照黄老师指引的路子走下去的,最终形成了20万字的小说本事史料来源和20万字的辨析论述。我自知研究尚未达到导师的要求,限于自己的理论素养和有关资料的缺乏,不能不在书稿中留下诸多遗憾;但黄老师在为书稿所做的序中却肯定地说:"其成果明显地具有基础性、可信性、创造性的特点。"这完全是对学生的鞭策和鼓励啊。还要特别提到的是,我在复旦的时间,正是导师生病住院,师母也股骨骨质疏松、行走不便,而他们的两个孩子又远在海外的困难时期,但黄老师一直对我精心指导,批阅文稿,又送给我他自己选评、校点的《三国演义》等书籍,令同寝室的同学羡慕不已。一年时间很短,又往往两三周一次相聚,却给我留下了铭记一生的回忆。导师既是一个学识渊博而锐意创新的大学者,又是一位作风严谨而为人正直的仁厚长者,没有目空一切的傲气,却有不得不让人敬佩的傲骨。

导师主要从事中国古代文学批评史和文学史研究,就时段而言侧重在明代与近代,就文体则侧重在小说。2006年8月,我去浙江大学参加了"中国明代文学第四届年会",第一场学术报告会的第一位报告人就是黄老师。他的报告题目是《论震川文章的清人评点》,其报告站在文学史的长河中,从文学、文学史、注评家等角度对归氏文章进行全面论述,论证归氏学术地位的确立和显要是经过清人的大量评价后形成的。旁征博引,洋洋洒洒,很多创新,赢得了与会学者的热烈掌声。后来我读到了黄老师送给我的由他主持和主编的"九五"国家社科重点项目《20世纪中国古代文学研究史》(七卷本,东方出版中心2006年版),令学生惊叹不已。这一学术史研究,眼界开阔,态度公允,评价恰当,嘉惠后学,功德无量。黄老师是复旦三卷本和七卷本《中国文学批评史》的主撰人之一,还负责编选了《中国历代小说论著选》、《近代文论选》等;在此基础顾上,与王运熙先生一起主编《中国古代文学理论体系》三卷;近年来又推出《20世纪中国古代文学研究史》等研究成果,主持《分体中国文学史》、《中国文论的近现代转型》等重大课题,这大概就是导师所谓的"由史而论,由论而史"的研究路子吧。由此推动了中国文学批评史研究的进一步拓展与深化。

导师是国家教育部重点研究基地复旦大学中国古代文学研究中心主任、中国《金瓶梅》学会会长。2007年4月由"中心"与内江师院联合主办的"全国高校中国古代文学研究与教学第四届研讨会"在内江师院召开,黄老师主持了会议。在会上我读到了黄老师的论文《"笑学"可笑吗?——关于〈金瓶梅〉作者研究的看法》,对学术界一些对《金瓶梅》作者研究的偏见给予驳斥,可谓鞭辟入里。

在上世纪"文革"之前,对小说理论批评的研究普遍不重视,黄老师较早的对小说理论进行系统整理和研究,又为长期被称为"黄色小说"的《金瓶梅》正名,然后推出了具有重要影响的研究成果,令学界瞩目,故而人们知道他的小说理论研究最有造诣,对《金瓶梅》的研究影响最大。如从上世纪80年代开始先后出版了《金瓶梅资料汇编》,主编了《金瓶梅大辞典》,为浙江古籍出版社校点崇祯本《金瓶梅》,又为香港梅节先生出版梦梅馆《金瓶梅词话重校本》作过注释;出版了论文集和专著《金瓶梅漫话》、《金瓶梅考论》、《黄霖说〈金瓶梅〉》等,还和王国安先生合作编译了《日本研究〈金瓶梅〉论文集》,其中《金瓶梅漫话》获得了第一次由全国读者投票产生的"金钥匙奖"。黄老师强调和实践了"做学问不能赶浪头,重要的是能立住脚跟,肯下功夫,尽量做到有新的材料,新的方法,新的观点","以材料为基础,以创新为旨归"的精神和方法,所以研究成果都产生了重要影响。如 1983 年《复旦学报》发表的《〈金瓶梅〉作者屠隆考》就引起了学术界的广泛关注,在国内外影响很大,推动了《金瓶梅》作者的研究。进而提出了《金瓶梅》姓"金"而不姓"黄",其主旨思想是"暴露",《金瓶梅》是暴露文学的杰构;中国文学的"暴露"主题颇成气候,《金瓶梅》是一个标志,后来的"谴责"小说达到了一个新高度。并从研究角度郑重提出,《金瓶梅》的部分性描写是为了迎合当时的市民趣味所加的调料,庸俗下流,无关宏旨,但绝大部分性描写是小说艺术表现的有机组成部分,它们对展开情节、刻画人物、深化暴露现实的主题大有关系,因此这类"秽笔"不宜简单地剥离掉。这起到了正本清源的作用。正好印证了网页上"黄霖说《金瓶梅》"的一段介绍:他从 1979 年起,在做"正经"学问之余,为《金瓶梅》做考证,写论文,做校注,编词典,搞翻译,也不问在别人眼里这做的算不算"学问",是"正经"还是"不正经",自己只觉得堂堂正正,搞的正儿八经的"金学"。

出版著作 15 种,论文 100 余篇,风尘仆仆,德艺双馨。我们的老师举重若轻,大道无法,驾轻就熟,一切令人羡慕的特征都在人生的秋季里出现了!这只能让学生更加仰慕您,敬重您!

再次祝愿我们的老师健康长寿,吉祥如意!

（作者系内江师范学院教授）

黄门受教的日子

[韩]朴英顺

1990年代,也就是我三十多岁的时候基本是在中国上海度过的,不算短的近七年的留学岁月是我记忆中的宝贵一页。直到现在,特别是季节变换的时候,我脑海中就会浮现出当年留学时的种种情景。虽然到今天为止,我还不曾写过些什么来纪念我的留学生活,但是现在我想一边回忆我师从黄霖先生的日子,一边来重新寻绎一下我曾经留学生活中的点滴往事。

我平生第一次踏上中国的土地是在中韩刚刚建交后的1993年11月23日。22日那天,我在仁川搭乘前往中国青岛去的船,第二天傍晚抵达了青岛。拎着行李刚刚走出船舱,就看见了来接我的山东大学的两位学长。因为距离去济南的火车发车还有一段时间,所以我们先去了车站附近的一家简陋的小餐馆吃晚饭。吃完晚饭,我们上了傍晚的火车(现在回想起来应该是硬座)前往济南,抵达济南后又乘坐出租车去山东大学。到学校以后,办理了简单的入住手续,我被分在245号房间,进到寝室里放下行李,从此开始了我在中国的留学生活。

我一直以来就想研究古代文学批评(具体说是古代诗歌理论),尤其是对《沧浪诗话》特别感兴趣。所以那个时候,我一边在山东大学学习汉语,一边接受山东大学一位专门研究古代文学批评史和唐诗的教授(当时已经退休)的个人指导。通过这个过程,我得到了很多探讨和研究我关心的这个学术领域的机会,后来我去复旦大学也是通过那位教授的推荐，他向我推荐了涌现了现代的文学批评名家如郭绍虞、朱东润、刘大杰等大家的殿堂——复旦大学。在他的帮助下，我开始慢慢地准备材料。通过那位教授的安排，1994 年 2 月的某一天，我又踏上了去复旦大学拜访黄霖老师的路途。

和黄霖老师初次见面是在复旦大学文科楼的教研室里，因为想到不久以后黄霖老师可能成为我的指导教授，所以我的心情不免有些紧张。初次见面，黄老师向我提了几个有关文学批评专业的问题。因为我坐了太久的火车，加上有些紧张，所以现在一点儿也想不起当时我和老师说了些什么，只是记得当时说了以后又交了材料，就匆匆离开了……此后，1994 年 8 月，为了办理入学手续，我重新去了上海，9 月份即正式开始了我在复旦大学的学习生活，从此也和复旦大学，和黄霖老师结下了不解之缘。

当时，我同时研修了本科生和研究生的课程。担任本科生授课的老师对我十分谅解，上课的时候我可以录音，也可以下课后复制同学们的课堂笔记。研究生课，我选修黄老师的第一门课就是《目录学》，另外还选修了《中国历代文论选》，授课方式主要是一对一由老师对我直接讲授。还有每隔两周进行一次集体授课，主要是学生们各自阅读论文或者书籍，然后发表意见，自由讨论。比起单方面的授课，黄老师更加重视讨论和撰写论文，所以对我们进行了写论文和修改论文方面的训练和培养。另外，在写论文的时候，比起沿着既存的论文的路线走，老师更加重视的是从一些新颖的或者被人忽略的角度出发，进行创新。多亏了老师的这种指导方式，我在《文学遗产》发表了一篇文章(合著)，并且成功地完成了学位论文。另外和中国学生一起上课的时候，虽然我在语言和知识方面有很多不足，但是多亏老师介绍了很多同学和我认识，这也给我带来了莫大的帮助，其中有吴建民、陈维昭、罗书华、戴云波、黄念然、周兴陆、杨绪容、杨彬等同学，虽然不能一一列举，但是正是因为有他们的帮助，我才顺利而快乐地度过了我的留学岁月，他们也是我人生中的一笔宝贵财富。

在这样的学术氛围中，一年又一年不知不觉过去了，转眼间学位论文完成后，通过答辩，归国的日子也就到了。我记得那是在2000年12月，为了回国前和老师道别，我决定直接去老师家拜访。在过去七年的留学生活中，这位给了我莫大帮助和无穷慰藉的导师，是我学术上的榜样，为了归国前见老师一面，我踏上了前往老师家的路。当时老师还没有搬家，就住在距离学校宿舍不远的地方。寒冷的冬天，我在学校附近上了公交车，坐在最后一排，沿途的风景从我眼前闪过的同时，过去七年岁月里我和老师在一起的每一个宝贵的时刻与回忆，也像走马灯一样在我脑海中不停地闪过。

下车后，大概走了10分钟左右，到了老师家。老师和师母笑容满面地出来迎接我。我和老师谈了很久，追忆了留学生活中的种种片段。临走的时候，老师用毛笔为我书写了《沧浪诗话》中的四个大字“以识为主”，并且说了这样的话：“做学问的时候，需要‘才、学、识’三个要素。其中最重要的是‘识’。现在‘才’和‘学’兼备，可是没有‘识’的学者为多数，学者的生命终究还是‘识’这个字。”我直到现在仍然牢记着老师的这句教诲，甚至清晰记得当时老师说这句话时的样子。

就这样，结束了在上海的留学生活，我于2001年1月回到了韩国。归国后，每当对韩国生活不适应的时候，留学岁月里和我在一起的老师和同学们的面容就会浮现在我的脑海中。现在做学问的过程中，每每发现自己不足的时候，我也会回想起老师“以识为主”的话语，勉励自己。遗憾的是我本人资质鲁钝，学海难泛，对老师的谆谆教诲深感愧疚。

从最初拜见黄老师起，至现在已经不知不觉过去了14个年头。看着老师现在仍然孜孜不倦地进行学术活动，令身为弟子的我也不禁肃然起敬。能投入老师门下是我人生中最重要的机遇之一，不需要太多的话语，老师早已成为我人生的榜样与动力。“最美不过夕阳红，温馨又从容”，写下这些，不仅为了表达我对老师的深深感激之情，也祈愿老师身体健康，在学术上再创辉煌。

（作者系韩国国民大学
中国人文社会研究所HK研究教授）

大爱无言

——记我的恩师黄霖先生

李秋菊

任凭潮涨潮落，花开花谢，雁来雁去，总有一些记忆是流逝不去的。我依然清晰地记得2003年年底报考黄霖先生博士研究生时的情形。我完全是慕黄先生之名而报考的，因立志于学习明清文学，而黄先生恰巧招收明清近代文论与文学方向的博士生。于是，通过种种途径，我从网站上搜索到了黄先生的e-mail地址，便战战兢兢地鼓起勇气给他发了一封邮件。令我喜出望外的是，黄先生第一时间以非常诚恳的态度回复了我，简单说明了"文史哲综合知识"的备考事项，又鼓励我好好复习，这便坚定了我报考的决心。

紧张而忙碌的几个月一晃而过，大概是在2004年5月份，我很惊喜地得知自己成了黄门弟子，仿佛在做一个酣畅淋漓的美梦。何故如此惊喜？何故似在梦中？因为，我是以一个纯粹"陌生人"的身份报考黄先生的博士生的，当时没有任何人替我推荐。我的硕士导师徐炼先生与黄先生从未谋面，我更是没有认识黄先生的机缘，而身边很多同学说，报考博士，如果没有导师推荐，希望是极其渺茫的，哪怕你考试成绩再出类拔萃，也会被有关系的人挤掉的。但是，如此平凡的我，凭借着初生牛犊不怕虎的勇气，居然打破了这种怪论而如愿以偿了。于此而言，我是幸运的，不经意间居然变成了白天鹅。在为自己庆幸的同时，我对复旦大学更是肃然起敬，毋庸置疑，这是一座很公正的学府；对黄先生肃然起敬，毋庸置疑，这是一位很正直的老师。

怀揣着这份敬意，我欣喜万分地来到了向往已久的复旦大学就读。而跻身黄先生的门下后，“陌生”的我才真正感受到黄先生的人格魅力。本来我性情内向，最初和黄先生面对面讨论问题时，有些胆战心惊，但很快我的胆怯情绪荡然无存了，因为黄先生实在是一个亲切和蔼、踏实真诚的好老师，与先生交谈，直觉清风拂面，明月入怀。

课堂内，黄先生或许不是谈笑风生、诙谐风趣的，但绝对是饱含热诚、兢兢业业的。每一次授课，他都一丝不苟、扎扎实实地传授着知识，循循善诱，采取讨论、提问等方式尽可能地启发学生，调动积极性。

课堂外，黄先生或许不是管教全面、善于表达的，但绝对是平易近人、充满爱心的。黄先生与师母把我们都当作自己的孩子看待，如同父母一样爱护着我们，可怜“师者父母心”。记得胡适在《我的母亲》中深有感触地说：“世间最可厌恶的事莫如一张生气的脸；世间最下流的事莫如把生气的脸摆给旁人看，这比打骂还难受。”正是悟得如此道理，胡适先生为人相当谦和。黄先生也是非常谦和之人，我未曾见过他重言重语地批评学生，更不必说大发雷霆了。

在黄先生的门下，我最大的收获，就是学会了如何查找文献、如何利用工具书。在读博之前，虽然也学习过文学史料学的课程，但当时是囫囵吞枣、不求甚解，学过考过便抛在脑后。因此，在开始博士阶段的学习后，便发现自己文献学的知识非常欠缺，捉襟见肘。关于一个问题，根本不了解它的来龙去脉，不知道该读什么类型的相关书籍，当时焦急万分，越急越乱，但经过黄先生的亲切指点，我很快便掌握了查找文献的方法，知道了如何利用工具书，如何以最快的速度检索到所需文献，懂得了版本的重要性。我第一次明白了“古今治学，有两条途径，其一是从小学入手，其一是从目录学入手”，也第一次知道了要经常去中国国家图书馆的网站“逛逛”，因为通过中国国家图书馆网站的书目检索，可以大致了解某个问题的主要研究成果。黄先生的谆谆教导至今仍萦绕于耳际：现在的学生普遍不重视文献学，而要想扎扎实实地做出一点东西，文献学的知识是必不可少的。

如今，当我站在三尺讲台上，常常会不假思索地向学生灌输文献学的知识，特别强调学生读书时要注重版本的选择，也经常建议学生去"逛"中国国家图书馆的网站。原来，我已经不知不觉中受到了黄先生严谨学风的影响。多么希望这"影响"能更深远些！

黄先生是一位正直无私的老师，读博期间，当我选定"清末民初时调"作为研究论题时，黄先生不但认真指导我如何去复旦大学图书馆、上海图书馆、中国国家图书馆等处搜集相关资料，还热情无私地把他精心拍摄的复旦大学赵景深先生所藏清末民初时调的照片刻成光盘提供给我。

其实，"清末民初时调研究"这一选题，当时也是黄先生提供给我的。虽然黄先生主要的学术兴趣在古典小说、戏曲和文论方面，但其学术视域宽广，对浅俗的民间文学也有所注目，尤其是他对清末民初的时调颇为关注。在日本时，他曾接触到早稻田大学泽田瑞穗教授捐赠的"风陵文库"，并为其中入藏的时调唱本所吸引。回国后，他对国内一些图书馆的时调收藏作了一些调查，先是意外发现复旦大学赵景深先生赠书中，清末民初的时调竟多达 120 种，随后又调查了国内其他一些图书馆的时调收藏，便在此基础上撰成《时调中的清末民初世界》①一文，对清末民初的时调给予了足够重视，认识到"清末民初的时调竟是如此的丰富多彩，它也应该是研究大变革中的近代中国社会、文化与文学的一座宝库"。

在黄先生的精心指导下，我终于顺利完成了博士论文的撰写。黄先生是非常忙碌的，既有繁杂的行政事务，又有大量的学术工作，但对于我每次提交的论文稿子，他都会仔仔细细地批阅，如今，尽管由南至北，数次迁徙，我依然郑重保存着黄先生对我博士论文的每一次批改本，因为从中可以真切地感触到一颗热情、认真的心灵。

---

① 收入浙江古籍出版社建社二十周年纪念论文集《文史新澜》，浙江古籍出版社 2003 年版。

博士毕业之后，黄先生也一直关注着我的学术研究，三番五次鼓励我把清末民初的时调研究深入下去。目前，我所主持的课题“清末民初时调研究”已于2009年度被教育部社会科学司批准为人文社会科学研究青年基金项目，但颇为遗憾的是，由于教学工作过于繁忙，生活几多变迁，研究时断时续，实在有负先生的厚望，倍感惭愧！

黄先生不仅关心我在学术方面的成长，也关心我的生活状况。毕业后，我先是去了徐州工程学院工作，一年后，调入华北科技学院工作。因某些原因，期间发生了不少令人沮丧的事情。但在我意志最消沉的时候，让我颇为感动的是，每次在邮件中，黄先生都会很诚挚地表达他美好的祝愿：希望你一切顺利。此语虽然朴实无华，却凝聚着关心与爱的力量。每当看到这样一句话，哪怕是在正遭受挫折、心灰意冷的困厄时刻，我都会精神一振、大受鼓舞的。

《诗经·小雅·车辖》曰：“高山仰止，景行行止。”虽不能至，心向往之。黄先生是一个非常随和、非常踏实、非常认真、非常高尚的人，是广大学子的楷模。在今后的人生道路上，我一定秉承教诲，“认认真真做事，清清白白做人”，以不负先生的栽培之恩。

我是一个不善言辞的人，虽然心中对黄先生充满了无限感激、无限敬意，但不知该如何用言语来表达。最后，只能在此真诚地道一声：黄老师，谢谢您！

（作者系华北科技学院讲师）

夏天好时光

路云亭

记得是上世纪 80 年代的时候，一个初夏时节的午后，我在山西大学图书南馆读到黄霖先生写的一篇谈论治学的文章，黄先生讲到治学要有观点，而观点需要冒险，那就要先练胆，黄先生要求他的研究生入学后先读鲁迅的文章，以培养胆气。当年的我只是一个懵懂少年，无以与黄先生相识，却留存了一种神往之情，对远在复旦大学的黄先生有一种自然的敬意。读完黄先生的文章后，我感触良多，以后很长时间，我都很自觉地把大胆立论的思想当作做学问的座右铭。

研究生毕业后，按照习惯，山西的同学大都喜欢报考北方的大学，其中考北京者居多，但是，命运弄人，研究生毕业后我却陶醉于文学写作，且沉浸了七八年时间，等到写完一部很长的作品后，已经是 2003 年的年底。我很想完成我的考博大业。2004 年，我考上了华东师范大学中文系的博士生，导师是赵山林先生，专业是戏曲学与戏曲史。2007 年的初夏，到了博士论文答辩的日子，华东师大请来了复旦的章培恒先生和黄霖先生，我和其他同学负责接待答辩老师。我与黄先生第一次会面竟是在华东师大的校门口，当时黄先生已知我要做他的博士后，黄先生身为长者特有的灿然的笑容给我留下了令人难忘的印象。

答辩的时候，我的论文涉及到史学和民俗学的内容略多，而且是写义和团的，我多少还是担心中文学科答辩老师的质疑。轮到黄老师点评，他说现在大家的注意力都在精英文化，很少有人注意非精英阶层的研究，而义和团属于非精英阶层的选题，值得研究。当时我听完黄老师的评点后，顿时感到一阵振奋。黄老师的鼓励之语给了我很大的动力，我也深深地为黄老师宽阔的学术视野和高屋建瓴的见解所折服。黄先生主攻小说，我做先生的博士后工作应当说有一定的难度，先生为了照顾我的学术兴趣和研究的连续性，专门为我安排了《牡丹亭》评点研究的任务。

我的博士论文题目是《义和团与戏曲》。我从博士论文的选题转移到博士后选题其间要跨越几个难点。其中首先要从风云际会的义和团主题转移到温存婉约的《牡丹亭》世界里，其间有审美的差异。《牡丹亭》评点课题涉及到版本学和校勘学，而且以微观研究为规限，这和我研究义和团的戏曲生活所重点采用的民俗学和文化人类学研究的思路有错位。我博士论文所做的《义和团与戏曲》涉及的主体是民间底层的戏曲生活，而《牡丹亭》则是闺阁女性的言情主题，有一种从草根到贵族的差距。但是，黄老师的教诲给了深入到课题核心的勇气，给了我信念方面的支撑，使我逐渐熟悉本课题独特的规则体系，我的研究进展也渐尔井然有序。我先在复旦大学图书馆阅读到省悟子的评本，2007 年夏末秋初的那种发现新评本的新鲜感至今记忆犹新。

两年的时间过得很快，这期间我有三个假期都待在了北京的国家图书馆，每次去短则 20 余日，长则 40 多天。临近交出站报告的时日，黄老师为我的报告结构提出了合理而具有可行性的指导性意见，使我摆脱了报告结构偏差上的困境。

2009 的 8 月，我终于要离去复旦园，而每每念及导师的教育之恩，则生出无限感恩之情。今年是黄霖先生七秩华诞，我只想说出一句很古老的话：师恩难忘。毫不保留地说，黄先生的人品学问以及对我的教诲都给我树立了一种标尺。我很珍惜和黄先生相处的时间，怀念那一个个夏日的美好时光。

（作者系华东师范大学副教授）

师恩如海

郑艳玲

求学的日子，因为有了黄霖先生的教导和指引而变的豁然开朗。无论是对待学习还是生活，先生总是谦和大度地给予点拨，从而使人获益匪浅。因此，我总是会想起读博的岁月，想起先生的关怀和叮咛。

2002 年，我来到复旦大学跟随先生学习中国古代文学。先生首先教育我们要重视图书馆去做具体的文学研究，从而使懵懂的我明白了学术研究的基础是真实可靠的文献资料和科学谨慎的研究态度。为了让我们亲近古籍，了解文献，先生还特地请当时的图书馆馆长吴格教授为我们专门做了一场实物性的学术报告，从而使我们对文献有了初步的认识。从此以后，复旦文科图书馆四楼的古籍部，就成了我们常去的地方。在那里，经常可以看到把图书馆当家的周兴陆师兄、埋头苦读的李桂奎师兄、翻阅各种文献的郑菡和吴小风、不断把文献资料输入电脑的金源熙、已经毕业了仍然来读书的杨绪容师姐，以及刚刚入学的韩晓小师妹和杨峰小师弟。每逢星期二，先生也会准时出现。如果是晴天，灿烂的朝阳透过图书馆的侧窗玻璃照射进来，映衬着先生读书的身影：光与影形成一幅层次过渡自然的视觉图画，十分壮美。那时候，黄门弟子们则散坐在大厅中央，各自捧着一本书，品味穿越时空的墨香，大家虽然没有语言的交流，但是自有一份安然的默契和暖暖的情感在心中流动——那是多么美好的时刻！而今，时光已经过去五载，先生周围又多了不少年轻的面庞，而那场图书馆的约会一定还像昔日那样，温暖而静谧吧。

在研究态度和研究方法方面，先生总要我们拓宽视野，注意前沿问题，多角度地思考问题，不要受到太多的局限。先生曾先后给我们开设过多门课程和讲座，不论是《金瓶梅》的研究，还是学术史的探讨，先生总是在给我们传达一种学术研究的开阔视野和开放气度。其实，很多时候，我们并不能真正地领会。但是，一旦当我们做出一点点成绩的时候，先生则十分开心。我还记得有一次我从文献实证的角度写了一篇关于钟惺《诗经》评点的论文，韩晓小师妹则从马克思主义经济学的角度写了一篇关于宋元话本小说的论文，先生看了十分高兴，不但肯定了我们分析问题的角度和方法，还要我们在课上做了专题发言。这种鼓励使我们的学习更有信心了。此外，先生还常常把自己写的论文和对问题的思考写成邮件发给大家。我们虽然不能够立刻从中学到什么，但是这种良好的沟通和交流给我们这些初入门者产生了潜移默化的影响，使我们开始了真正的学术思考。

对我的博士论文，先生更是耗费了很多心思。首先是论文的选题。刚刚入校时，在先生的要求下，我就开始着手博士论文的选题。我在网上查了很多资料，也阅读了相关的一些书籍，并拟定了几个题目，请先生帮我定夺。但是，由于我的专业基础薄弱，所选的题目不是陈旧缺乏新意，就是过于散乱不能开展研究。题目定不下来，我很焦急。后来当先生在课上提出一个关于小说的题目时，我就迫不及待地主动要求去做。当时只是想赶快定下题目，赶快开始研究，根本没有考虑到题目是否适合自己去做。几个月后问题就接踵而来，我发现以我的能力和知识储备根本无法完成这个题目。那个时候的我真是尴尬极了：如果继续往下做，只能是验证一次失败；如果放弃，又不知道新的研究方向在哪里。正在这举步维艰的时刻，先生突然召集大家开会，会上对每个人的毕业论文进行了全面的分析。说到我时，先生建议我另换一个题目。因为当时先生正在对文学评点进行研究，因此希望我也能做一点相关的工作，又考虑到我在硕士期间对晚明时代的公安派有一些认识，于是为我定下了《钟惺评点研究》这个题目。那个时候，我真是如释重负又欣喜万千：一是终于和那个让我头疼不已的小说题目说再见了，并且有了一个熟悉而又具体的研究课题，二是真切地感受到先生如此了解我们，对我们的学业真是关怀备至。

后来，先生继续在我的博士论文的资料搜集整理、论文写作等方面给予多方面的帮助。我还记得有一次我正在看书，突然电话铃声响了，我拿起听筒，原来是先生打来的：

“我这里有一本钟惺评点的《三国演义》，你有没有？”

我赶忙说：“谢谢老师，图书馆有，我已经复印了。”

“哦，那就好。还有那个《三注钞》的问题，上海图书馆的和国家图书馆的不一样，你要注意。”

“好的，我知道了，谢谢您。”

电话讲完了，我却思绪万千。先生工作繁忙，生活中还要照顾身体不太方便的师母，尽管这样，他还是如此重视我们的学业，于百忙之中极尽细致地为我们提供资料。之后，我还听郑菡说起先生为他提供各种资料的事情，也在吴小风的书桌上看到过厚厚的一叠手抄资料，那都是先生自己搜集整理的成果。我突然有一种感悟，也许先生从未感到为学生提供帮助是一件麻烦的事情，因为学生已成为他生命的一部分，因此一旦遇到与学生相关的事情，他就会习惯性地关注并通知我们，使我们在学业的攀爬中时时感受到先生如影随形，使我们的论文准备和整理以及写作都显得不再孤单。先生的这种渗入骨髓的精神对我们也产生了很深的影响。那时候，我和金源熙、郑菡、吴小风、韩晓、杨峰经常在一起看书学习，我们也常常会相互沟通一些学习心得和资料信息。这种互助友爱的氛围使我们的学习生活充满了乐趣。

如果说在学业上的关怀是黄霖先生的为师本色，那么在生活上对我们无微不至的关心则是一个长者的慈爱本性。先生是一个谦虚宽厚的人，他总是不愿意打扰别人。我记得有一次早晨天刚亮，先生因为我的论文之事给我打电话，那时候我正睡眼惺忪，声音也不清楚，先生马上意识到我大概还没有起床，于是非常抱歉地说："哦，你还没有起床吧，那我以后不会这时候给你打电话了。"我一方面佩服先生那么早就起床工作，另一方面又为先生因为一件小事而表现出来的品格而感动。博士二年级的时候，我还为先生做过一学期的助管。我领了一学期的助管津贴，却很少接到过任何工作任务。这大概也是由于先生不太愿意麻烦别人做事情的缘故吧。先生心中时刻想着别人的感受，他总是从各个细节上为大家考虑。每次去先生家，当我们按响门铃时，总会立刻听到房里先生大声回应一声："来了！"我知道那是他担心身在门外的我们会着急。每当我们从先生家离去时，先生总是和我们一起下楼，并把我们送到附近的公交车站或地铁站，并把乘车路线、换乘方式一一告诉我们。其实我们都知道怎样坐车，但是细心的先生还是每次亲自送我们，因为在他眼里，我们永远是长不大的孩子。有时候我们会到先生家上课，那时候，先生不仅会给我们上一堂内容丰富的课，还会把近期出版的新著一一签名之后送给我们，另外还会请我们吃饭——既有精神上的饱餐，又满足了肚子的需要，呵呵，那可是真正的一顿大餐啊。先生还十分关心我们的生活。记得毕业前夕，先生知道我还没有找到合适的单位，于是千方百计地为我争取各种机会，甚至在我毕业后为了工作奔波的时候，先生还是想尽办法为我寻找合适的单位。后来，当我确定了工作单位并安定下来之后，先生还常常询问我的待遇、住房情况，以及爱人的工作和孩子的情况，有时候还会问起我父母的情况。只有当他得知一切都好时，才会真正地安心。

最让我感动的还是在读博期间怀孕生女的事情。那是 2004 年的 3 月，上海的天气又阴又潮。我听说高年级的某个女生因为怀孕生产的事情让导师很不高兴，不得不休学；还听说一些导师根本不同意女学生生孩子。这些传闻让我心烦意乱。我很担心，不敢把怀孕的事情告诉先生，因为这肯定要影响学业。但是，这样瞒下去总不是个办法，于是我还是鼓足勇气来到办公室找先生。那天先生正在开会，见我来了，就起身出来。我把我的情况告诉先生之后，先生很自然地说："那你就回家生孩子吧。""啊？"我心里准备的各种托词被先生直率的回答全部打乱了，一时僵在那里，心里惊异极了。没有反对，没有批评，只有顺其自然的认可和支持，这就是先生对待学生最善良的内心。后来我终于想起我的学业，于是又赶紧问："那我的毕业论文怎么办？"先生微笑着说："你的论文肯定没问题。"我更惊异了。先生接着又问我："你还有其他的事吗？""没有了。"我说。"那我去开会了。"先生说完就走了。只剩下我站在楼道里久久地品味着先生对我的鼓励和支持。那年十月，我的宝贝健康地来到这个世界，我爱人立刻把这个好消息告诉了先生，先生和师母都为我高兴。之后我的博士论文出版时，先生还不忘在那篇由于时间太紧而不得不仓促写成的序言中提及我家宝贝的到来，他认为我在读博的岁月里同时收获了人生的两样珍品。其实，在我心里，复旦的岁月，让我收获的不仅仅是这些，还有先生无尽的关心与期盼，还有一份绵长久远的师生情谊。

师恩如海，海中品味到的是温暖和感动。作为先生的弟子，我虽然没有在学术上取得多么大的成就，但是，先生的教诲却历历在目。我想，先生身上那种高尚的学术品格和道德品格，值得我永久珍藏，这也是我今后生活和工作的动力。

而今，时钟已经走入 2011 年了，先生就要迎来他人生中的七十华诞。我很激动，在此写下上面的文字，表达我对先生最诚挚的祝愿，也希望先生和师母开心快乐，健康长寿！

（作者系燕山大学副教授）

第一次沪上的旅程

韩　晓

曾经抱怨冬季的漫长，
等到离别到来，却又如此惆怅。
第一次沪上的旅程，为何如此短暂？
实在舍不得离开您，
就像小草依恋冬日温暖的阳光。

曾经盼望黎明的曙光，
等到太阳升起，却又如此感伤。
第一次沪上的旅程，为何如此短暂？
实在舍不得离开您，
是因为钦佩星空的深邃与博大！

不是南京路的风景，让人心驰神荡，
不是黄浦江的灯火，让人目眩神迷，
第一次沪上的旅程，令我永生难忘！
在那以后，我还每每在梦中怀想。
在那以后，我还一直在倾听着、感受着……

这一次沪上的旅程，
让我的学术之航，就此起锚，

让我的人生之路，绽放华光。

感谢恩师！

祝福恩师！

（作者系湖北大学副教授）

“打通”与“原人”

——浅谈黄霖老师的学术思想

边 茜

我刚刚成为黄霖老师的研究生。在跟随黄老师学习的过程中，他的学术思想对我常有启发。黄霖老师治学令我印象最为深刻的，就是他对于“打通”的不懈努力。这种“打通”是多维度的，又是具有整体性的。用他自己的话说，既有纵向的“打通”，又有横向的“打通”，即将各种文体联系起来进行考察梳理。只要看一看黄老师历年论著的标题，就不难发现他的确对各种文体都一直予以关注：小说方面有《金瓶梅研究》、《中国历代小说论著选》等，戏曲方面有《〈闺艳秦声〉与“易性文学”——兼辨〈琴瑟乐〉非蒲松龄所作》、《元代戏曲小说史上的双璧——〈西厢记〉与〈娇红记〉》等，诗文方面则有《尊重历史，尊重艺术，尊重自己——关于阅读近代诗歌的问题》等。老师“横向打通”的追求，不仅仅表现在对各个文体都给予关注；他在著作中对不同文体间共同规律的追寻，更好地体现这种追求。在论文《〈闺艳秦声〉与“易性文学”——兼辨〈琴瑟乐〉非蒲松龄所作》中，他从俗曲《闺艳秦声》出发，援引中国古代诗词、诗话、词话和小说话中的例子，对中国古代文学中“易性文学”传统的现象和成因做了梳理和阐释。在探讨“易性文学”传统的部分之前，这篇文章还讨论了《闺艳秦声》与《琴瑟乐》的关系及其作者和创作时间，作为一篇对特定作品的分析，这样的研究似乎也比较完整了；但文章更进一步，从作品中挖掘出各文体都具有的一种特征、规律并加以阐述，这需要对中国文学有一定的“通识”，对其各个领域都有一定了解，方能自圆其说；而更重要的，是带着“通识”所培养出的敏感，努力搜寻作品在文学史上具有普遍意义的“闪光点”。至于老师在文学批评史著作中为“横向打通”所作的探索，自是不必赘言，近年来对古代八股文形式批评的发掘和考察即是一例。

不管是在文章里还是在平时的授课中，黄老师都一再强调，学者要有“史的观念”。要有“史的观念”，必须先对文学和文学批评的流变有一定的认识，在这方面老师做了大量的工作。《金瓶梅》的作者问题一直众说纷纭，黄老师以小说中的“一诗一文”(《哀头巾诗》和《祭头巾文》)为起点一步步探究，提出《金瓶梅》系屠隆所作。他查得这“一诗一文”出自《开卷一笑》(后称《山中一夕笑》)，通过在版本、目录等方面的考察，认为《开卷一笑》的编者与《哀头巾诗》、《祭头巾文》的作者都是屠隆，并联系《开卷一笑》中其他标为“一衲道人”(屠隆号一衲道人)的作品，说明屠隆的思想与《金瓶梅》反映思想的一致性，进一步论证《金瓶梅》的作者是屠隆。从方法上看，他对《金瓶梅》作者的考证正是从小说某一部分的“探源”开始，在梳理文本流变的过程中寻找不同文本间的内在联系，随后在联系中找到突破口，开展进一步的研究。在文学批评史领域，老师的研究也时时从“演变”的角度着眼。在对窦警凡《历朝文学史》、林传甲《中国文学史》和黄人《中国文学史》的分析中，他从“传统文学观的瓦解”、“西方进化论的介入”及“编史功利观的增强”三方面来讨论“不同文学观念的介入与文学史编纂的演变”，可见他关注的是动态的变化过程，而不是将某一时期的文学批评视为静止的对象而加以“定性”。

除了“明流变”之外，“史的观点”还有更丰富的内涵，那就是要有自己的立场。在《中国小说研究史》“《金瓶梅》研究”一节中，黄老师详细介绍了张竹坡对《金瓶梅》的评点，在丰富的引文中不时穿插精炼中肯的评论，例如谈及张竹坡论特定环境与人物性格的关系时，先举若干例子，最后加以总结：

> 在中国小说研究史上,一般只是注意到自然环境的描写对于渲染气氛、烘托性格所起的作用,而能如此细致地分析社会环境的描写与刻画人物性格、开展故事情节的关系的,确实并不多见。

评论不长却切中关键,充分体现出论者的宏观眼光,较之单纯地罗列事实、材料,无疑对读者更有启发。诸如这样的例子还很多,在此就不一一列举了。

"自己的立场"从哪里来?在当下,这个问题不可避免地与如何处理"中"、"西"的关系联系在一起。黄老师非常重视中国古代文学研究的中国化,并在许多文章中表达了这一观点。乍一看,他似乎并不认可外来的理论,可是事实恰恰并非如此:他平时就经常鼓励学生学好外语,多接触国外的研究成果;学生在文章中应用了西方的理论和研究方法,他也会对其中切合实际、富有新意的部分加以赞扬。老师提出文学研究"中国化"的希望,是针对目前一种盲目学西、生搬硬套的不良倾向而来的。他所倡导的"中国化"不是故步自封、闭门造车,而是将西方的理论有机地、有的放矢地运用于中国文学研究当中,追求的是一种如撒盐入水般不露痕迹的"化境",而这一切都应以解决研究中的实际问题为方向。老师在说明学习西方理论的必要性时,常举对《金瓶梅》中李瓶儿这个人物的分析为例:李瓶儿在嫁给西门庆以前十分乖戾,嫁给西门庆之后却性情大变,非常温良和顺,这个转变在原有的研究中很难找到令人满意的解释,但借鉴弗洛伊德的心理学理论却可以较好地解释人物性格的变化。从这个时常被提起的例子中还可以看出,黄老师十分注意从不同学科中提取有用的材料,让它们分工合作为研究助力,而不是把眼光局限在自己专攻的学科里。我对晚清文学较有兴趣,老师便建议我多读《周易》以及先秦诸子著作,因为晚清时间虽近,当时的文人却大多重视经学,对经学有所了解才能更好地理解这些文人的思想观念,考察他们的作品。在课上,他多次指出学习哲学的重要性,把哲学学习作为培养学术眼光和思维方式的“助推器”。以上几个例子涉及的都是文学“外部”的学科，至于中国古代文学研究“内部”的两个分支——文学史和文学批评史，关系本来就十分密切，而在老师的论著中，这两个学科互相启发、互相印证的例子更是不胜枚举。处理好“中”、“西”之间的关系，以及从不同学科中广泛吸取养料，在我看来是老师“打通”观念的另外两个维度。

以上关于“打通”的种种体会，归结起来还都是在“术”，也就是方法论的层面上；那么它们有没有更高层面上的共通之处呢？老师曾经提出过“原人论”，我想这里也不妨以“原人”二字加以概括，具体些说，就是“立足现实，以人为本”。这八个字，老师用来总结他的老师朱东润先生的文学批评史研究，其实用以评价他自己的治学精神也不为过。他撰文对20世纪中国古代文论研究进行回顾与反思时，正值全球化大潮汹涌而来的21世纪之初，受到这股大潮冲击的学界也处在一个十字路口。在此时实事求是地探讨过往研究的经验教训，无疑对研究者们寻找未来方向，提升学术水平有一定的启发意义。老师提出“原人论”，把“人”作为中国古代文学和文论的本源，“文自人，文似人，文为人”，这是对他治学“以人为本”的最好注脚。在他的文章里，也处处渗透着“原人”的思想，谈文论，提出《文心雕龙》是一部写作心理学著作；析作品，关注《金瓶梅》对人与人性的描写和思考。诸如此类，不一而足。立足的“现实”，是人生活的真实世界，作为本源的“人”，不是抽象概念的简单呈现，而是具体的、各有个性的存在，研究者们不应躲在书斋中“自说自话”，而要放眼世界，为社会的进步出一份力。在这个信息爆炸的时代，大量的信息以惊人的速度跨越地域的限制，在全世界的范围内往来交通，在此背景之下，如何在浩瀚的理论和知识海洋中确立和坚守自己的学术立场，选择最切合研究对象、最适应研究趋势的内容，就成为学人们不得不面对的一个问题。不同的研究者对此必然有不同的回答，但黄霖老师学术思想中的“打通”与“原人”，以及与之相关的“为”与“不为”，无疑值得我们年轻学生认真体会，铭记在心。

（作者系复旦大学博士生）

致恩师

——写在黄霖师七秩华诞之前

韦　乐

恩师：

七十是收获的岁月！经过时间的洗礼，人生的万紫千红在这一刻都已锻炼成璀璨坚毅的金色。而于恩师您，这更是桃李满枝的金秋！您数十年的辛勤汗水，终灌溉出这遍布天下的累累果实！夕阳壮美的金红色辉映在山河间，成为弟子们最最景仰神往的绚丽图画！

犹记数年以前，投缘于明清小说的我多次在图书馆拜读到您的各种著作，便觉受益匪浅。由书及人，对您十分仰慕，幻想着哪一天若是能负笈求学于您的门下，该是怎样一种幸福。命运对我是如此地眷顾，这一梦想竟然真的就变成了现实，三年前的 9 月，我正式拜入了您的门墙。

我至今记得，在我们正式开始博士生涯的那一天，您说："你们要提升的不仅有专业知识水平，更有做人的造诣。"当时，学习古代文学的我们虽然知道古圣先贤总是治学为人不分家，却觉得那是一种比较隔离于现实生活的状态。然而，拜入黄门后这三年来的亲闻亲见，我们终于真切体验到那是怎样一种实实在在的人生状态。在您这里，那渊博的学术知识不再是一种单纯停留于口头笔下的成果，它根本已经化入了您的一言一行。在您的举手投足之间，我们已经看不到学术和为人的边界，而尽是人与知识合二为一的"大象无形”。这无疑是做学问的最高境界，亦是做人的最高境界。作为学生，有此良师，夫复何求！

对于一名新进的博士生而言，迅速选定研究方向是至关重要的。当我还是一名中文系本科生时，我就知道，您不仅是我国著名的小说研究家，还是著名的文学批评史专家。而我大概由于天性好奇的缘故，入门以前都将主要的注意力放在了小说上。对于文学批评，却一直是隔雾看花的敬畏。入门之后，我很希望能借此良机扩大自己的研究视野，好好探索一下那些过去不曾深涉的领域。您真是一位贴心的良师，在您的细心引导之下，我逐渐走进了古典戏曲批评研究的大门。

戏曲剧本也具备浓厚的情节性，却有着小说所没有的复杂文本特征；而历代批评家们对于剧本的批评则既不乏感性的迷醉，更充溢着玄妙的理性思辨。它们结合在一起，带给我一种相当新奇的感受，强烈地吸引着我不断去追索探求。徜徉其中，乐不可言。我真的好感激您将我引入这扇新的大门！

然而，学术研究就如同攀登山峰，艰难险阻总是布满在前进的路途上。在这个时候，您的鼓励和指引无疑为我走出彷徨起到了关键的作用。您那温和沉着的“不要着急”至今仍回响在我的耳畔，清晰得就如同发生在昨天。那是在第二学年刚刚开始的时候，就在您光华楼的办公室中，我焦急地向您诉说着那一段时间以来的研究进程。当时由于受到资料的限制，我对论文的选题发生了怀疑，而时间的紧迫却又让我进退两难。您在仔细听完我的汇报之后，并没有立刻就谈论文，而是首先说道：“不要着急！”您温和沉着的语气和您坚定不畏惧的目光给了我很大的鼓舞，对我那慌乱的情绪起到了很大的震慑作用。这时，您才细致询问了我几个重要环节的操作情形，然后略一沉吟，便很清晰、很精要地分析了我的问题，并指出了解决问题的方向。当时听着您的分析，我便有豁然开朗之感。而后来的事实证明，我朝着那个方向前进是对的，是有价值的。回想起这件事，我又是感激又是汗颜，怎么我就不能像您那样想到办法呢？是了，这除了学养积淀的因素之外，更主要在于我那时的理智都被恐惧的情绪控制住了，又如何能够跳出思维的局限，从更宏观的视野中找到出路呢？这件事给我留下的印象很深，如今我即便已经离开了复旦，离开了您的羽翼，但在现在的工作岗位上，每逢风雨阻碍时，我都总会想起您的那句“不要着急”。它使我藐视困难和挫折，坚信自己的力量，敢于面对，敢于抗争，敢于进取。

三年受业，我如沐春风。从学习到工作再到生活，您对弟子们始终真切的关怀就像一股永不枯竭的暖流，汩汩流淌在我们的心间。在这个日趋浮华的世界中，您却依然坚守着古式的君子之风，就像一块美玉，性温质坚，温润莹泽。有怎样的老师，就有怎样的弟子。每一位有幸受教于您的弟子，都在潜移默化中感染了您的气质。我们的黄门，有严谨却没有刻板，有活泼却没有放任，有真诚绝无虚伪，有上进绝无懈怠，文质彬彬，兄友弟恭。翻看历年聚会的合影，慈祥的您和慈祥的师母坐在中间，身畔是许多不同年岁的弟子，有的尚志于学，有的渐近而立，有的则逾不惑。济济一堂，不论年岁如何，身份如何，每一个人的脸上都挂着自信的微笑，眼中都闪耀着真诚而坚定的神采，这便是黄门精神的写照。这样的精神将始终伴随着这个大家庭中的每一位成员，不论我们在何时、走到何地！

恩师！感谢您数年来谆谆不倦的教诲，这将是我此生最宝贵的一笔财富。入您门下，是我的幸运；入您门下，是我的骄傲！在您即将迎来七十寿诞之际，弟子在千里之遥的江城恭祝您：桃李枝益茂，松柏老更青！

（作者系中南财经政法大学教师）

贺黄霖师七十寿诞

黄飞立

秦陇趋吴越，醍醐祇树园。
北辰众星拱，观止季札论。
程门期立雪，桃李本无言。
九脉流中国，苍茫总一源。

（作者系浙江艺术研究院教授）

受教小记

张洪海

从2005年到2008年，我有幸忝列恩师黄霖先生门下，在复旦读书，这是我每次想起来都无限欢喜的得意之事。我曾经认为“缘分”是个被人用滥了的词，不是很喜欢用它。但后来读了一点儿佛学入门书，才知道“缘”竟然有着无穷尽的丰富内涵，由不得多了一些这方面的思考。因缘是有分别的，人有善缘，亦有恶缘，此生能够拜在先生的门下，是我前世修来的善缘。因缘大概是有前兆的。记得1994年，我上大二，学的是英语专业，因为兴趣，却看了一些红学方面的书，其中引起我内心很大震动的，有王国维的《红楼梦评论》。有一天，我去逛书店，发现一本很厚的书，书名《近代文学批评史》，里面有一章是有关王国维文学批评的，于是买了下来。因为这本书是先生的著作，从此我知道了先生的名字。但我做梦也没想到，十年之后，自己竟然幸运地成了先生的弟子。第一次拜访先生，是在一个冬季雨天的早晨，客厅里光线虽然有点儿暗淡，先生的笑容却明亮而有神采。为了缓解我的紧张，先生说话时一直面带微笑，谦和冲淡，和易可亲，我觉得心里暖暖的，这种感觉至今难忘。

入学以后，和先生相处越久，越觉仰之弥高。先生对于我的教诲，往往随时随地而发，针对我的不足，略做点拨，就会使我顿开心窍，这可用我初识先生时写给先生的诗句来形容：“曦光一道开澹黯，片语师能破溟濛。”在学业上受先生教诲太多，说不胜说，而在立身与为人上，先生对我们也时时加以引导。先生有一个信条，也是他担任行政职务以来的座右铭，即“与人为善，得利在后”，这八个字我只听先生说过一次，从此就再也没有忘记。这句话教会了我在群体中立身的根本。我想这句箴言不仅适用于行政人员，也应该普遍适用于所有人。

先生的教诲，不仅见于语言文字，更多的还是一种潜移默化的熏染。先生乐于帮助他人，提携后辈，却从来不计回报。但别人帮了先生的忙，先生却牢牢记在心上。即便我们做弟子的偶尔帮先生做了点儿拿拿放放的小事，先生都很在意，结果往往是木瓜之投，琼瑶以报之。先生经常为我们着想，偶尔的师门聚会，先生和所有弟子一样也要分摊费用。中文系办公室还在南区文科楼的时候，先生每次给我们上完课，如果赶上午饭的时间，都要请我们到步行街旦华餐厅吃五元一份的盖浇饭。五元的饭菜，虽然不贵，在我的口中，却胜过了山珍海味。

不过让我更感动的，还是先生对于情义的珍爱。我想讲一下我所知道的先生自己的善缘。

先生每次出差从外地回来，一出地铁站，就能在乌镇路桥的南端遥遥看到苏州河对面十一楼的自家窗台。窗内，师母则扶着窗台在眺望先生的身影。每想至此，我都要深深地感动一回。

先生有位同门好友陈俊山先生，已经去世多年。先生每次在我们面前提到他，都眼眶湿润，甚至哽咽难言。先生所编《金瓶梅资料汇编》重印本后记的注释中有一段话，亦使我动容：

> 陈俊山（一九三七—一九九五），河北景县人。一九六四年南开大学中文系毕业后，来复旦与我同从朱东润先生学习中国文学批评史……一九九五年三月十八日《新闻出版报》以整版的篇幅发表了刘刚、王守泉写的《为嫁笃意两清风——追念陈俊山》的长文。文章最后引了俊山写的《陶渊明》一书中的一段文字：“桃花落呀，落呀……渊明仿佛觉得，桃花结满了红桃，落下的桃花都落在他身上，轻轻地堆成一座美好的坟。”俊山，在我心目中永远是一座由鲜花堆成的美好的坟。

我无法猜度先生和陈先生的往日友情，只有在心底里暗恨无常，让先生痛失一位知己。先生的重情重义，是最有效的身教，让我更深刻的理解到，世间最可珍爱者，“情义”二字而已。对于先生，我不知如何报答，只能善颂善祷，祈以《天保》之“九如”。

跟随先生三年的求学时光，美好如斯，令我留恋。惟叹波流电谢，荏苒如此。先生之教，惟铭记在心，以期永远。

（作者系安徽大学副教授）

奔腾年代的春风化雨

——直面人生与社会的黄氏教化

刘 霞

在黄门弟子中，不知谁与我有同样的感觉，感觉自己像加里·罗斯(Gary Ross)执导的影片《壮志奔腾》(Sea Biscult，2003年)中的那匹个头很小的“劣马”。没有人会预料到我们也可以驰骋得很奔放很热烈，是黄老师给了我们机会与天地，就像影片中的驯马师——他让“劣马”自由地奔跑，让马的天性充分绽放，而后因时制宜地调教。终于，这匹看起来没什么希望的小马，由弱转强，由平凡走向辉煌。

一、相识：十年风雨路，两次小交集

2006年夏天的长春，我第一次遇到黄老师。在铺着猩红色地毯的宾馆走廊里，他和蔼的微笑与卓绝的记忆力，一下子将我引回1999—2002年的尘封岁月中。脚下猩红色的滞重与心灵上异样温暖的轻忽，夹杂在我的喉间，阻止了我与他的进一步交谈。

1999年我从宁夏大学汉教专业毕业，来到上海嘉定一个乡镇中学教书。巨大的文化差异、突然的精神断乳、脆弱的心理承受力、始料未及的工作强度，都使我对上海这个城市以及自己的未来产生了一种深深的恐惧，持久痛苦于类似“孤雁”的哀伤情绪中。一次偶然的聚会，原系主任鼓励我报考复旦的研究生，提供了黄霖老师的

电话。2000年的冬天，千禧、新纪元交替的临界点，我给黄老师打了电话。听到我在嘉定工作，他很兴奋，说自己是嘉定黄渡人，我也突然兴奋起来，喋喋不休地说了一通。然而，放下电话后的一年里，我都没有任何实际行动兑现咨询时的信誓旦旦。因为许多现实生命深层的问题都没有答案，我与环境的冲突日益激烈，常常执拗地把自己围困在一个又一个孤独的深夜里。又一年后，我终于决定报考复旦，但专业是现当代文学，那时我希望通过读书，把生命探个究竟。但是没有被录取。于是，调剂回母校古代文学专业。随着年龄的增长，在传统的儒释道融合的哲学智慧中，在古代文学的滋养下，我开始安心立命了。

2005年夏，研究生毕业后我再次回到上海。没有想到，张开双臂、欢迎我回归的依然是嘉定——这片我曾在其上工作、恋爱、生活统统失败的土地。是生命的偶然，还是命运的必然，我不得而知。百感交集时分，脑海里只有印顺法师口头常讲的那句话："因缘不可思议，因缘不可思议。"

重回上海后，生活中大大小小的不如意依然藤蔓一样缠绕着我。所以2006年与黄老的相遇只是一个用来回忆的美丽邂逅，完全没有想到这会成为我们十年交集的一个中点。

2008年10月末，"中国近代文学学会"年会在复旦召开，主办方是黄老师负责的"中国古代文学研究中心"。再次相遇，使我初次萌生了考博的念头。然而，由于忙碌，黄老婉言拒绝了我恳请他批评我文章的请求。我没有勇气再向他靠近。多谢李德强师兄建议我去听黄老的课，但我去后依然不敢与他交谈，每次都是躲在一个小角落里羡慕他与学生相处时的其乐融融。不久之后黄老的一个电话，却意外地拉近了我们之间僵持的距离。2009年4月上旬，临时停课，黄老担心没有人通知我，使我从嘉定白跑到复旦(那时没通地铁，车程至少两个半小时)，亲自打电话给我，告知停课之事。其时我正从市区查完资料赶回嘉定，春寒料峭的夜晚顿时变得格外温暖，积郁了许久的泪水蒙住了我的眼。像小孩子一样，我放弃了坐车，蹦蹦达达地走了一个时辰。

2009年9月，得知黄老搭乘的出租车出了交通事故，摔伤了腿，我很想去看他，但担心给他留下套近乎的嫌疑，即作罢。是夜，我在宿舍焚香默祈，盼他早日康复。之后，再未与他有任何联系，直至面试当日。2010年3月，我从众多竞争对手中顺利胜出，写下此句：十年的寻找、十年的顾盼、十年的迷途，我与上海这城市、与嘉定这土地应该有个阶段性的和谐了。

二、受业："有用于当世"的学术道义

一如其师朱东润先生，黄老师有着非常自觉的与时俱进的时代感和发扬民族传统精神的学术责任感。近二十年来，他孜孜以求致力于横向研究，总结中国古代文学理论的内在体系，同时纵向梳理中国古代文学理论批评史的源流脉络。所做的一切，核心出发点都基于"古代文学研究的路究竟该怎样走下去"这一时代命题。这宏大的、带着反思百年沧桑意味的全景式叩问一直萦绕在他的脑海，是他对朱先生"关注现实"的学术精神与"我的愿望是无休无止地为祖国、为自己选择的工作而努力"（《朱东润自传》）的人格品性的继承。

从"金瓶梅研究"系列至《世博梦幻三部曲》的校注，从"金圣叹评点研究"至"原人论"理论的建构，每一次步移后的学术探讨都或隐或显地与"社会之需要、时代之精神、文化之变革"（《中国古代文学研究百年反思》）联系在一起。他一再强调学术研究不能放弃社会价值和人文关怀，在第一堂课上所发材料中，就有语重心长地告诫："前几代学者面向社会、服务社会的伟大精神，应该在新世纪学者身上得到新的继承和发扬"，"作为意识形态之一的古代文学研究，有责任与义务以人为本，面对现实，去促进当前社会的安定和谐，鼓励人类去追求正义、憧憬理想、建设文明，以及相互间的爱！将对古代文学的解读与阐释同现实的精神相沟通。"（同上）老师的追求与希望令人振奋，这恰与我们这一代学人的社会危机感、责任感心心相通，与我们的学术品格的追求方向一致。我为自己遇到这

样的“明师”深深庆幸。

纵观黄老师由“史”而“论”，由“论”到“史”的学术转向与推进行程，在他每一项严谨的学术研究背后，都跳跃着一颗“有补于世”的经世济时的火热之心。他定义《金瓶梅》为“暴露小说”，正是突出“寄意于时俗”的文学作品的社会认知价值及在当代的借鉴意义；他赞叹金圣叹“奇人”，亦是看中他批判现实的意识与突破性的评点观念；乃至最新的《世博梦幻三部曲》校注，既是纪念近代先贤的慨叹，又是替先贤见证国家进步所做的喝彩；更勿论在规模宏大的《近代文学批评史》、《中国古代文学理论体系》、《20世纪中国古代文学研究史》、《分体中国文学学史》等项目进程中所展现出的为承继、复兴、光大传统文化精髓，为促使古代文学理论体系当代化、当代文论建设继承传统深入化、中西文学理论融合实效化所付出的巨大热情与努力。

黄老师总是强调实证与时效相辅同行，力图为后人立足于古代传统文论、目光接轨于世界文学的研究航向开出一条路来，在举起中国古代文学理论服务于当代文论建设的旗帜时，他是那样意气风发。如《中国古代小说与当今世界文学》一文，洋溢着青春、时尚、灵动的气息，实在无法让人相信作者已年近七旬。在学界，黄老永远有着一颗年轻的心，他从不故步自封，亦不妄自菲薄，总是直面社会、时代的需求，客观冷静又心热手快地承担着文论、文学古今演变研究进行时的学者使命。

三、奋进：你不知道自己的高度，直到有人叫你站起身

2010级博士生共四人，包括一名韩国留学生。入学后一个月，黄老师即觉察出我的知识结构存在着一些缺陷，许多应当本科阶段阅读的古代典籍，我都没有看过，文献学方面的知识也匮乏得可怜。他从来不批评学生，但是会选择性表扬。所以我知道他对其他同学的表扬就是对我间接的批评。九月份的读书报告，我罗列了一大堆古代文、史、哲方面的厚重之作，作为一年的读书计划，汇报给老师，

以显示自己准备努力向学。黄老师一眼看穿我故作卖弄的"无头绪"与自以为是。第二堂课上，他没有点我的名，却详细介绍了博士生从事学术研究应具备的基本素质、应掌握的最基础的方式方法。留我颜面的旁敲侧击，如同五祖棒喝，霎时让我这"不入流"的痴人警醒，随后也终于在老师的导引下，开始了以论文选题为轴心的辐射式阅读。

黄老师的课程设置，看似散漫随意，实则因材施教、随机点化，既注重理论体系的建构，又强调文献功底的扎实深厚。至目前为止，我们虽只随他上了一个学期的课，但已深深感到无论是论文写作，还是教学内容的安排，老师都是高屋建瓴、结构谨严。他告诉我们做学问要"胆大心细，脚快手勤"，要"诠证古今，沟通中外"，所以他的课程循序渐进地安排了古代文学批评理论、小说、戏曲、诗、词、文的理论学习。仿佛特意为我安排似的，这些正是我如饥似渴的需要。短短一学期，文体的横向"打通"一下子使我们的知识体系"膨胀"起来了，也使我第一次真正地对古代文学有了别样的"感觉"。在兴奋、沾沾自喜的轻浮状态下，我常常在课堂上大放厥词、信口开河，黄老师只是抱以宽容的微笑，并不制止。但是他会在恰当的时机，以霹雳手段显示菩萨心肠，及时纠正我的偏差。

黄老师建议我做明清时期嘉定文学的研究。哦，又是嘉定，扯不断的缘！但是对于做此研究，我是心存犹疑、负担重重的。复旦古籍所的三位老师都曾思索过这个选题：郑利华老师参加过 2010 年 6 月上海大学一位研究嘉定文学的博士生的答辩；陈广宏老师的一位博士生持续关注嘉定文学已达五年，写就的文章已有十几篇，正等待陆续发表；黄仁生老师亲自研究嘉定派文学已有若干年头，学殖深厚；更何况，还有台湾地区及大陆诸多研究区域文学的学者的关注。在没有广泛阅读材料及文集的前提下，我已经瑟缩在既有成果的阴影之下了。

我与黄老沟通，一方面坦露我的胆怯，一方面希望听到他支持的声音。他先是回复了邮件，结合我的生活实际与嘉定派文学研究的现状，简要分析了研究的可行性，又在一个月后与我面谈时，鼓励我放下包袱，勇敢前行。从他温和的微笑与慈祥的眼神中，我第一次确认了老师对我的肯定，要知道，在课程学习与论文写作方面，我是同级学生中惟一没有得到过老师表扬的人。在这些方面，我的确严重缺乏自信。老师虽坚信此选题还能做深做广，而我却不敢相信自己有能力突破既有成果。但既然老师微笑注视着我，我就该迎难而上，积极进取。毕竟，在所有学院派研究者中，我是惟一在嘉定生活过整整十年的人；毕竟，在所有研究者中，只有我的工作单位与秋霞圃邻街而望，那曾是嘉定四先生诗酒唱和的地方，桃花池依然保持着当年的原貌，我曾长久地在它旁边沉思；毕竟，只有我一人，得天独厚地与嘉定人民生活在一起，了解他们的风俗习惯、喜怒哀乐；只有我一人，与这里的一批精通诗、书、画、篆刻的老先生忘年交游，虽然最为疼爱我的陈一凡老师过早地离开了，但是他一生为诗而痴情的精魂永远镌刻在我的心上。黄老的直觉是对的，他一直是当代嘉定学人的骄傲，在嘉定学界口碑绝佳，一直热心于乡邦文献的整理、文化事业的建设，嘉定是我的第二故乡，作为与嘉定有着深厚情缘的黄门弟子，我难道不该主动承继薪火吗？虽不是完全确定，但我似乎已心有所属，接下来，只需踏实地阅读。

四、心灵环保：生活小花絮

“仁厚长者”与“不老童心”，以一种奇特的和谐依存在黄老师身上。所有见过、与他交往过的后学都有如沐春风的亲切感。他自述“治学求创新，为人尚朴实”，在如今极度追求个人成功与个人欲望满足的社会中，“朴实”，在学者身上，已不仅仅是一种品格，而是一种很高的境界了。他宅心仁厚，为人处事常为他人考虑，回复短信的速度快得令人瞠目结舌，邮件亦是阅毕即复。如果为学生寻找他所有的资料，也准是第一时间带来。他不想让谁等待，源于他不浪费时间的习惯。虽然腿上有血栓，但是他走路的速度非常之快，常让我们暗暗担心，又不能劝阻，这是他的风格。他常因头绪太多，分身乏术而加快速度，以便应付四海之内的事情，戏称自己是“拳打脚踢”的学者。

两年前，我曾听孙小力老师讲过一件黄老师“腿勤手快”的趣事：上世纪八九十年代，黄老做学问是要天天跑图书馆的，抄古籍只能用铅笔，有时黄老忘了带，用钢笔抄，常挨管理员的“骂”。大学者，小故事，常让我觉得黄老可亲可爱。

黄老师总是太忙，我通常不忍心打扰他，然而，偶尔，我会小小地“精神撒娇”一下。一次是遇到不如意，我独自一人在操场上喝醉又被凉风吹醒，从头到脚都万分难受，给他发了条短信。他回复：不要消沉，不要喝酒，要奋进，会有机会。在一个人酒醒后看不到出路时，“奋进”或许是最好的鞭策，如同朱东润先生在自传中的结束语“活着就要战斗，永远战斗，永不松懈”。最近，我一直默念朱先生在1947 年题给其子朱君道的语句激励自己：“用最艰苦的方法追求学识，从最坚决的方向认识人生。”这与我最敬佩的顾炎武的“博学于文，行己有耻”同义，我想肯定也是黄老所喜欢的。另一次是遭到朋友们误解后，给黄老师短信，他回复：遇事要平静。这两条短信被我制作成 2011 年的座右铭：平静与奋进。

跟随这样一位既严谨、踏实又仁厚、随和，且充满济世精神的老师学习，真是我们的福分。此篇感恩的文章写于 2011 年 1 月 1 日夜晚，在我静谧的、生长着高大的富贵竹的办公室内，我用最为稚嫩的诗祝福最最亲爱的老师和师母安康、吉祥！

贺恩师七十寿辰

少小窥书爱说唐，罗通扫北会文昌。

青春举笔承宏道，华发纵横哺四方。

化茧柔情萦学术，擎灯肝胆照津梁。

晚晴莫作归田赋，再抚江山万丈光。

2011 年 1 月 1 日

（作者系复旦大学博士生）

寿黄霖师从心赋并序

陈圣争

辛卯六月，时维先生七十华诞，乃师门之大喜，同门商拟共庆焉。有贤君子起而号曰："师之大寿将至，吾侪何以献？我等皆书生，未若以文章贺也。或以专著，或用专文以合集，期乎各尽其力以共襄之。"同门皆颔首然之，争因忝列师门而得与焉。

争自知愚钝，蒙师不弃，得列门墙。二年多来，心嬉业荒，识薄学浅，今也既乏可呈之文，亦未窥先生学术之涯涘，惭恧无地。师恩如海，予一口笨笔拙之莽夫，人前难诉只言片语，临纸怯书涓滴踌涔。然则先生爱护之点滴，争时铭于心未敢片刻或忘也，岂涂鸦之戏作能抒乎？聊撮碎语以充数耳。

犹忆乎得师之初见，予执一粗劣拙文惶恐以进，先生不因沙砾辱目而慈颜霭笑以收之。后又批以数语以鼓励之，实未敢想也，望外而喜，心稍安，先生之宽厚可间得睹焉。新生入门，先生必授课一年以启学之门径，常诫曰"立志须高，入门须正"，由是为导引，同门时相砥砺切劘。时先生抱恙养病于家，余等皆登门以受教，每课后，先生教以何路何车归校最宜，叮嘱再三，更以躬送楼下，示以车路。又偶临事不便以电话扰先生者，则讯以短信，先生之回复与发送报告几同达，争深为之震，问诸己心，难有如此回复之速。先生之接人处事亦可见焉，犹春风细雨，化物无声也。吾生也幸，既蒙先生超拔于诸生间，时学校硕博连读通知突下，先生本意欲停招，不得已而多方协调谋益一额以付争，幸事成而免争于辍学流浪，予亦得受诲师门可四五年。先生此恩，即古之所谓肝脑涂地实难报也。争偶犯少年气盛，先生常诫之，并以身教之曰："我昔受教于朱老，朱老见余有自矜之色，偶言于余曰：'吾常知己乃一中下之才，未谙汝之孰若？'至今思来，余亦不过耳耳。汝又自视孰若？"争闻是言而悚惧。尝矜一论偶为他人所未道，窃喜焉，遂炮制长臭之文以熏先生。先生初诫以须惜笔墨，勿多繁枝而掩主意。删削之后再呈，先生再示曰须细读多种相关原典，并博参他人研究。三改之后，先生之批注夥矣，巨细无遗，大则曰思路稍嫌勉强，细至斟酌字句可再思量。视此批注，予涔涔汗下，毛发皆寒，恨己之浅薄无知，慨先生之学深识广且精工于字句，文字之道与艺岂易事哉？深可惧也，其敬畏文字之说良有以也。

犹忆其初入师门之聚餐，时在沪之同门即有卅余，须相连包厢三者方可容坐。师门每年两聚，六月者乃先生寿辰暨欢送毕业者，九月之会为庆教师节兼欢迎新生入门。争幸已三与焉，知此乃师门之盛会，先生亦颇重之。今年六月之会，更有外地或外国之同门赴聚也，盛况更非昔之可比，嘉会翘首可待耶！赋曰：

猗与先生，华诞七秩。精气矍铄，神采飘逸。非有五彩之笔，难绘殊姿万一。腹内乾坤诗书实，眼前百态心志壹。治学卅年，名山功业传世；授徒近百，声誉早播海外。适逢六月，期以嘉会。高朋定是满座，恭祝先生康泰。蟠桃与典册争芬，行云杂人喧劝酹。何其盛哉！

是时之盛会，不惟师门一喜事，亦足为学林羡。人必皆言师门受诲之情，不觉眼内晶莹。猗与先生，教人也首曰入门须高，立志须正。次曰胆大心细，手快脚勤，勇于发现问题，遇难直面上迎。识断须谨慎，论证密而精。再曰学须为世为时，立于世者为往圣继绝学，用于时者为万世开太平。观点重二调，高调反调皆宜，众调随波无声。学之门径讲五新，新观点、新材料、新理论、新视野、新领域，无新之见如逐臭之蝇。

大块养其心，高哉为人师。治学尚新奇，勿论稗与诗。辞文偶涉猎，说部且纵驰。《论著》导先路，《金瓶》扛大旗。人皆乐走寻常路，书海茫茫先生独。书成众羡拔头筹，筚路谁知荆棘覆。屠隆说出惊鸿现，暴露论来皆叹服。身正欲洗淫书名，心苦愿挽人性渎。常愿乎“一心只读奇异书”，感“二金”不平兮我为其鸣。既洗《金瓶》之浊兮，又探骊珠于圣叹之点评。偶读古书见古《水浒》兮，《杜骗》一览世情明。《香螺卮》里见心史，《一片情》中抒不平。文批史其专攻兮，远绍旁搜巨著皇皇。小说论者奠其基，近代文论又拓疆。颇反时调构体系，原人一拈大道昌。用意文学史学史，时人犹觉费思量。卌年心血注《文心》，突入龙学声名扬。统众志，策群力，餐风霜，剧务繁。著书才力可勉强，撰史识德犹为难。七卷之后又五卷，举重驾轻若泥丸。经典汇评重董理，先生著意于未刊。甚矣，先生之于学也。涯涘之难测，门径其难窥，其迹斑斑，其行昭昭。先生之道一言蔽，开拓创新人难超。

先生之学，江河汤汤；先生之德，山高水长。人生七十，事不逾矩；往圣之学，从心而取。忝列师门，謦欬常聆。读师之书，颂其德馨。祝于苍冥，佑师永青！

先生师范，非拙如争者所能形容，专文不成献，聊借闲笔以助戏，哂之。

庚寅年腊月廿一日学生圣争涂鸦于心斋

（作者系复旦大学博士生）

点滴中的回忆

——记入门后二三琐事

郑方晓

我不知道是否每一位导师与学生之间的关系都是那么和睦与融洽，但我知道，我的导师就像春日里和暖而又温柔的阳光，慈爱地守护着门下每一位弟子的成长。

初次与黄老师接触那年，我24岁，正是刚刚下定决心要在学术道路上行进到底的时候。那时尚在读研，每每于课堂上见到李桂奎老师提到黄老师时，眼中闪耀着的光彩，感受着他对黄老师发自于心底的那份崇敬与爱戴，我总是会感到莫名的好奇和激动，甚至常有想跑到光华楼一睹黄老师尊颜的冲动。然而冲动终归是冲动，黄老师在当时的我的心中却是那么遥远，高不可攀。我甚至从未想过在将来的某一天，我会以黄老师的学生的身份，自由出入曾经令我无限憧憬的光华楼，坐在他的课堂里尽情感受名家的风范，享受知识的盛宴。

未入师门之前，就从师姐那里得知，黄老师对待学生，总是温和而亲切的。2009年我入学的时候，恰赶上黄老师不久前出了车祸。由于腿伤行动不便，无法到学校上课，我们的课程便安排到他家中进行。第一周上课的时候，大家在一起商议将课程安排到哪一天比较妥当。因为人数较多，每个人所选其他课程的时间均不一样，所以很难协调，总是会有些冲突。有人当时便建议周六那天来上课，这样大家都不会为难。其他人也表示同意。但黄老师认为不妥，他的一句话顿时令我们感动不已。他说:"周六是不能安排课的,周六你们要休息,要出去玩的呀。"这句话直到现在我还记忆犹新。在我十余年的求学生涯中,肯为学生着想的老师并非没有,但只有黄老师才考虑得如此细微,如此体贴。否定在双休日上课的提议虽然看起来只是一件很小的小事,但它所体现出的,却是黄老师在这种微乎其微的细节方面,都能设身处地为学生着想,很多学生自己想不到的事情,黄老师却总是能帮我们考虑周全。能入黄门,实在是我等今生之一大幸事。

黄老师的课堂气氛,也总是温馨而轻松的。每次课前,他都要烧一壶水,拿出自己上好的茶叶,按人数备好茶杯。待众位学生陆续到来,每个人的座位前早已有一杯雾气氤氲的香茶。尤其在寒冷的冬日,这杯热茶总会让众位学生的心顿时从室外的严寒中回转过来,舒适而愉快。至于课堂内容,总是充实而多变的。诗文、小说、文学史、批评史无所不包。但无论什么内容,黄老师课前总是做好充分的准备,查阅大量资料后做成幻灯片,思路明晰,条理清楚,材料丰富,考证扎实,令我们每一堂课都受益匪浅。待课程内容进行完,大家便围坐在一起品茶聊天,每个人如有任何问题,都可以当场提出与众人讨论。这时的黄老师,总是安坐在那里,聚精会神地听我们的发言,从不打断。如有人发表了好的见解,他便会及时予以肯定的鼓励;即便有时我们的看法有些偏颇,甚至幼稚与肤浅,他也从不立刻否定,而是一言不发地微微点头,首先认可存在的哪怕一丁点儿的可取之处,继而和缓地表达出他的看法,纠正我们的错误于无形之间。这样一来,便没有人会为自己的想法不够成熟而羞于表达,也不会为某些观点的偏颇而执拗不已。有时黄老师甚至会跟我们讲他青少年时的趣事,大家所有的不安与紧张便都在黄老师营造的"润物细无声"的轻松气氛中冰消雪融,谈笑间一派其乐融融的景象。

除了温和与温馨,黄老师带给我们的,还有温暖与感动。有一件事,一直令我记忆深刻。那是一个周二的上午,我正在光华楼上课,这时手机忽然响起来,因为课前调成了震动,倒也没惊动授课老师与其他同学。我匆匆掏出来看了一眼，大概认出是学校某办公室的号码，便急忙按了关机键挂掉了。课间时我躲到走廊某个角落，拨回了这个号码，电话那头传来的，竟是黄老师熟悉的声音。他打电话给我是想让我拿相机准备一个下午讲座的拍照。我急忙向黄老师说明我挂电话的原因是因为正在上课，这时黄老师说了一句让我顿时从心底感到温暖，甚至有些感动的话。他说："对不起，我不知道你在上课，打搅到你了吧?"一位老师，在不知道自己学生有课的情况下，因为有事需要找学生而挂电话，这在任何学校、任何师生之间，都是再平常不过的事情。虽然这只是普通的三个字，平时我们也无数次地从别人口中听到，从自己口中说出，但惟独这一次，我永远也忘不了。

在别人看来，也许我讲述的只是一些无关痛痒的、平淡无奇的生活点滴。既非深奥的学术讨论，也非严肃的思想传承；也许会有人认为没有意义，会觉得毫无价值。但在我看来，正是这些所谓"琐碎"而"平淡"的日常点滴，才让我深刻地感受到了一位名师具有的人格魅力，一位学者为人处事应有的风范。我想，这些回忆，会是我求学历程中宝贵的财富，无论今后何时再想起，仍会从心底泛起幸福与满足的涟漪，每一圈柔和的波纹，都满漾着对黄老师的感激。

（作者系复旦大学博士生）

第一次见面、第一堂课上的黄老师

[韩]郑恩玉

我于2010年进入复旦大学学习，投在黄老师门下，从此结下师生之缘，算起来时间并不长，和黄老师的接触也并不是很多。记得第一次见面黄老师是在一年前的那个冬天。那时候我希望能到复旦读博士，研究古代小说，于是就被介绍到黄老师这里。我先打电话和黄老师取得联系，约了见面时间，然后在一个寒冷的冬日，在光华楼办公室里，我第一次见到了黄老师。

一年前，我还在静安区华山路生活，从那里赶到杨浦区邯郸路上的复旦大学距离实在太远。我坐了两条地铁线路，再换乘公交车，历经一个多小时，终于来到复旦大学。那天天气特别寒冷，我浑身冰冷，加之第一次见面导师时的紧张，我不知道自己应该说些什么。我只知道在复旦大学这里，整体都很陌生，我的感觉很不自然。因为在韩国，老师具有较高的社会地位，是大家尊重的对象。一般我们说“不敢踩老师的影子”。尽管现在对老师的认识有了一定的变化，但还是留着传统的观念。因此，我们看到老师时仍会觉得紧张、不自然。

然而，一进黄老师的办公室，就有一种非常温暖的感觉。黄老师个子高高的、瘦瘦的，非常儒雅的典型的上海人。他看到我很冷，赶紧倒给我一杯茶，让我捧在手里，我整个人一下子就放松下来，身体也渐渐暖和起来。黄老师问了我一些情况，然后谈了谈入学、以后研究方向等方面的问题。这就是我们的第一次见面。印象中的黄老师是一位很温暖宽容的老师,因为他已经有不少的韩国学生,也比较理解留学生的情况,所以感觉比较亲近。

黄老师在学术研究上的思想和表达与他生活中温和的形象全然不同,他的研究很广泛、深入,思想尖锐、犀利。记得黄老第一堂课是关于他写的一篇文章《中国古代文学研究百年反思》的讨论。那篇文章可分成九块:一、研究的价值取向:个人的自适与社会的需要;二、研究的基本理路:承续传统与面向开放;三、研究的课题选择:“热点”与“冷门”;四、研究的理论指导:“阶级论”与“人性论”;五、研究的基本方法:实证性与阐释性;六、研究对象的界定:杂文学与纯文学;七、研究的主要视点:文学性与社会性;八、研究的视域覆盖:“专攻”与“通识”;九、研究的立场追求:“变”与“不变”。这些九大块内容就是我们现在在文学研究上一定要关注。比如说第一块“研究的价值取向:个人的自适与社会的需要”,黄老说:“学者个人的兴趣爱好和社会之需要、时代之精神、文化之变革自觉地联系在一起的两个方面来分析。”其实我们在平时决定研究方向是先考虑到个人的兴趣爱好,同时也考虑到时代的要求和风潮,满足自娱自适、社会群体的功利性。这两种他叫“个人性研究”和“社会性研究”。如果我们研究偏重自爱的话,那研究成果在社会不一定需要;如果偏重社会性研究者个人没有兴趣的话,研究过程可能很痛苦,也有发生中间放弃。

我特别感兴趣的是第九块:研究的视域覆盖:“专攻”与“通识”。现在我们研究倾向大部分是“专攻”为主,这专攻已经非常细分化了。问题是偏重在自己的专攻研究倾向,结果研究内容容易变得狭窄。为了广域的研究成就,需要通识的研究方法。但通识的办法来研究实在是不容易的,因为自己的专攻以外,需要别的领域学问也达到专攻一样的水准,才有新的研究成就。广的眼光来看我们学界,不仅专攻的研究,到了通识方法的研究的时期。黄老的这些学术方法,给了我做学问的很多启发。

一学期就快结束了,每一次上黄老的课都是不同的文学体裁在一起讨论,我学到不少知识,也受到了刺激、扩大了视野。还有下课后大家和黄老在学校食堂一起吃饭，听一听黄老参加学术研讨会、日常生活、谈恋爱等等的人生经验及闲话，对我们都是非常好的交流和影响。

黄老师为什么会受到尊重呢？我想是因为黄老师不仅仅教书育人，而且其人格魅力也对学生们有很大的影响。在人的一生中，遇见一个好老师是很不容易的，特别是学术和人格都齐备的老师。每次见到循循善诱、鼓励学生的黄老师，我想以后我也当黄老师一样的老师。

（作者系复旦大学博士生）

与黄霖先生相处的日子

孙 超

我在纽约哥伦比亚大学访学的导师商伟教授曾经写过一篇《与林庚先生相处的日子》来祝福他的先生。我想借用这个平实自然的题目来庆贺恩师黄霖先生七秩华诞。

在先生的众多弟子当中，我算是入门很晚的了。虽然如此，我却又是在读弟子中年级最高、年龄最长的。在近三年与先生相处的日子中，实在有很多事情令我感动、值得忆念，一时竟不知从何说起！

记得读本科时，我们使用的就是先生作为明代部分主编的《中国文学史》，这套文学史的编写者均是当时北大、复旦、南大等校的知名教授，因此，在我们学生中间，先生早已被奉为名校里的名师了。那种在学问与境界上高山仰止的感觉至今还鲜明地烙在我的心门之上。在我主讲先生作为主要作者的《中国文学批评史新编》三年之后，我终于有幸师从先生，开始攻读博士学位。

我第一次听先生的课是在光华楼 1704 室，课的名称是"明清文学与文论研究"。记得先生开始以聊天的方式询问大家的学术兴趣，并介绍了自己的治学路径。这堂课给我印象最深的是先生教导我们治学要"胆大心细、手勤脚快"，"为人尚朴实，治学求创新"，这正是先生在学术研究上取得卓越成就的法宝。

在教学上，我一直非常钦佩先生的课堂艺术：讲授时，先生高屋建瓴，力求通透。如在讲《金瓶梅》的有关论争时，先生会将事情的始末娓娓道来,让我们自然信服先生的真知灼见。讨论时,先生或抛出话题,让我们各抒己见,然后加以恰如其分的点评;或让我们提出疑问,彼此辩难,不断接近最后的答案。总之,这种思辨之乐真是妙不可言。另外,非常值得赞美的是先生的课件制作。像先生这样年纪的人,能如此认真地制作几乎每一堂课的课件,而且制作得如此精彩的,恐怕颇不多见。这也体现出先生在教学上的严谨细致与追求完美。

在第一学年,我们这年级弟子很幸运的一件事是课后可以和先生一起在“教授餐厅”吃午饭。午饭期间,先生常常和我们聊起各种各样的话题,聊到高兴处,先生会发出爽朗的笑声。我在这样轻松的氛围中往往饭吃得很多,以至先生好几次问我吃饱了没有。这种真切的关爱,让我久久不能忘怀。也正是在这种聊天中,我领悟到了先生常讲的“做学问,总要努力发掘一些新的有价值的东西,要让后人有用,继续前进时也不能绕开”这句话的真谛,并且默默地将其内化为自己不断追求的学术目标。先生在中国文学史与文学批评史研究领域取得的卓越成就是有目共睹的,特别是在明代与近代小说和小说批评研究方面取得了诸多开拓性的成果。这些成果正是“新的有价值的东西”,正是我辈后学继续前进时所不能绕开的。可以说,这是一种在不断问学中达到的很高境界,凡求“真学问”者治学所追求的正是这种境界。因为学问的高下,一言以蔽之,在境界的高下。

在第二学年之初,先生开始正式指导我进行民初小说的研究。其实,早在2008年入学时,先生就已告知拟安排我们这年级博士生做近代文学方面的课题。然而,由于我近代文学方面的知识比较欠缺,对小说文体也缺乏深入的探讨,加之兴趣过于广泛,一时间并没有真正的学术发现,更谈不上交出什么像样的学术成果了。在我百般焦灼之时,是先生将我的心思聚焦在了民初小说“兴味化”的问题上。先生之所以要指出民初小说的“兴味化”本质,进而纠正百年以来对它的种种误读和批判,既是先生一贯学术求真的态度使然,也是先生为当下文学创作寻求真实借鉴的结果。从此,在先生的精心指导下,我透过重重的历史遮蔽,越来越看清民初小说"兴味派"的历史本相。现在,虽然此项研究还在进行之中,但我已深深感到先生多次宝贵指导对我的巨大影响,也更加清楚了此项研究的学术史意义与实践性意义。在我的印象中,先生对古代文学批评的现代转化与文学研究的现实功用抱有迥异常人的热望。先生常常对我们说:不要生搬硬套西方的文艺理论,要针对中国文学的具体特点来恰适地使用各种理论,要学会"化用";要敢于使用中国古代文学批评术语来阐释中国文学问题;文学研究要注意其现实功用,不仅要推动学术自身的进展,还要产生当下的实际影响。我对先生的这些观点一直是心悦诚服的。在西方学术话语主宰各个学术领域的当下,很多研究变成了为西方思想理论背书、论证。正是在这样的时代背景之下,先生的上述学术思想才更加难能可贵。试想,假如我们连中国文学研究都要处处乞灵于西方理论,论文里面充斥着各种隔靴搔痒的西方话语,我们怎能企望中国文学研究的民族气派,我们怎能企望中国文学的当代繁荣,我们怎能企望中华文化的全面复兴?假如长此以往,中华文化在世界文化中的"失语"现象又何足怪哉?因此,我感到先生用"兴味"为民初小说"旧派"命名实有深意。当我认真翻阅那些早已发黄变脆的近现代旧报刊时,我仿佛触摸到了那个古今巨变的大时代:中西文化的碰撞,西方文化的强势侵入,中华文化的顽强坚守,以中化西与全盘西化的论争,传统文化的接续与断裂等等历史话题一次又一次猛烈敲击我的耳鼓。这些貌似陈旧的话题实际上正是我们百年以来急于要解决的历史难题。随着中国经济的高速发展,21世纪的中国文化建设需要我们用全球化的眼光重新审视这些命题,作出新的判断。

假若读者诸君因看了上面的话,误会先生轻视向西方学习,那就全是我的罪过了。实际上,先生不仅不反对弟子们学习西方的先进理论,而且自身也很注重采西方之石来攻东方之玉。不过,先生的借鉴是基于中国文学与文学批评实际的"化用"。这种"化用"与研究对象合符中节,如盐入水中,了无痕迹。比如先生蜚声学界的《中国近代文学批评史》、《原人论》等著作体系严整、论证周详、新见迭出，其中就不乏这种恰到好处的“化用”。同时，先生还非常注重国际间的学术交流。早在上世纪八九十年代，先生曾先后两次去日本创价大学、东京大学研究各一年，另去过国外多所学校讲学，产生了很大的国际影响。在与先生相处的日子里，我曾参加过多次先生主持召开的国际学术会议。通过聆听这些会议，我发现中国文学研究在中西平等对话中正稳步前进。我想，这正是先生所希望的吧！

在刚刚过去的2010年，我幸运地被先生推荐到美国高校进行交流学习。更幸运的是，2010年11月上旬，我在哈佛大学陪伴先生参加了“中国戏剧研究的新方向国际研讨会”。当时，我一直担心先生的身体状态，要知道先生先要从上海飞往美国西海岸的斯坦福大学开会，又接着飞抵位于东海岸的哈佛大学，光倒来倒去的时差就让人受不了，更何况先生已年届七旬。后来，当看到神采奕然的先生在会上的讲演获得了极大的成功，我才真正放下悬着的心。当时，我在听众席上出神地想：一位“古稀”老人，不辞辛劳、不远万里赴美讲演交流，为了古老华夏文化的继承、推进与传播，真可谓用尽心力。回想起来，就连前年师母手术、先生自己受伤时，先生依然是手不释卷、笔耕不辍。这种“老骥伏枥，志在千里”的积极进取精神让我辈时时寻求安逸的青年学人十分惭愧汗颜。会议间隙，先生亲切地询问了我在美国生活、学习的情况，我一一向先生做了简要的汇报。先生听后，鼓励我一定要认真学习，争取有较大收获。会议结束后，我送先生到地铁，相拥离别时，那种“舍不得”直撞心扉，望着载着先生远去的列车，我眼睛一热，我明白那是在异国他乡见到亲人的感觉。其实，每次与先生交谈，我都会感到精神振奋，如沐春风，幸福地汲取着无穷的力量。与先生在哈佛大学的这次会面，除了再度感受了先生细致、严谨、新颖、精湛的学术魅力外，最特别之处，是让我对先生的亲人之感倍增。行文至此，我不禁停下来去看与先生在哈佛大学的那张合影。照片上的先生和蔼可亲，我的兴奋写满笑脸，最为珍贵之处是相机拍下了我上衣口袋里微微露出的金色包装的巧克力——那是先生路上悄悄塞给我的。

从哈佛大学回来后，我时时想念着先生。不过，我知道先生太忙,所以尽量不写电子邮件去打扰。我从复旦大学中国古代文学研究中心的网站上时时获取着先生的学术行踪——就仿佛看到了为中国文学研究奉献一生,成就卓著,依然忙碌在中国学术第一线上的先生身影。最近在网上与师弟聊天,知道先生身体很好。我不禁又想起照顾先生无微不至、辛苦操劳的师母,脑中又浮现出先生给我们朗读“趣味短信”的几幕快乐场景。我想,有师母这么好的人生伴侣,有这样一颗充满“兴味”的年轻的心,先生一定能够健康长寿!在万籁俱寂的纽约深夜,我用心写下这些文字,不断发出自己思念的脑电波——希望先生能收到从大洋彼岸传来的这份祝福。

(作者系复旦大学博士生)

贺恩师寿诞有感

赵海霞

爆竹声声，璀璨的烟花在夜空朵朵绽放，2011 年迈着轻快的步子向我们走来。我的恩师黄霖先生，也迎来您的七十寿诞，此刻我衷心祝愿您：健康长寿，幸福平安！

对我来言，与先生的初次见面是在七年之前，恩师应邀参加山东大学的一次学术答辩，使我有幸见到了仰慕已久的黄霖先生。那次从沪至济南，先生是坐了一夜的火车，但第二日丝毫未现倦容。会上，对于每个同学的发言，先生都认真倾听、及时指点。先生认真的态度、深刻的点评、儒雅的气质，给角落里旁听的我留下了深刻的印象。

会议当天的傍晚，我的硕士恩师让我交一把钥匙给黄霖先生。我清晰的记得，当时心情十分激动。我攥着钥匙，乘电梯升上国际交流中心的八楼，敲开先生的房间，先生走出来，接过钥匙，微笑着对我说“谢谢”。交给先生钥匙后，我的手心热乎乎的。这是一件极其细微的小事，先生可能早已忘记了当时那个扎两条辫子的小女孩，但是四年后，我却荣幸地成为了先生的学生，得以忝列黄门，上天是多么的善解人意啊！

小时候的我不是个很聪明的孩子，还好从小爱读书。小学时，因玩游戏笨手笨脚不受其他小朋友的欢迎，我便每天放学后呆在家偷偷读父亲的小说。《封神演义》、《李自成》、《梁山后代小八义》，每本书都吸引我进入一个神奇的世界。对小说的热爱、对古典文学的热爱,牵引着我懵懵懂懂,一路走来。虽学习中文多年,甚至被美其名曰"研究",至攻读博士前,我对学术仍然是个门外汉,只是凭着一股脑儿的热情,在里面缱绻缠绵,单纯地享受着这个神秘的梦。

是先生您,传给我知识,授予我方法,教会我责任,引领我走上治学之路。

为何这样说呢?按照常理,已经攻读到博士阶段,在专业知识的储备上应该足够了。但因本科阶段是知识普及化的培养,硕士期间的兴趣又主要在元明清小说上面,我对文学批评理论及近代文学知识的背景掌握得一直非常薄弱。感谢先生,您在教授我们一年级《明清文学与文论研究》和《清末民初文学与文论研究》两门专业课时,风雨无阻,来光华楼1101上课。先生德高望重,担任的职位很多,经常要主持或参加会议,有时您去外地开会,即使在上课前一晚到家,第二天也会出现在课堂上。一年时间里,您向我们讲解"《文心雕龙》是一本什么样的书",给我们梳理《金瓶梅》版本和研究历史,您总结"小说史"的撰写,分析"桐城派"、"龚自珍"、"时调",还论及其他诸多明清近代文论专题。每次讲课,您都精心做好PPT,神采奕奕,春风化雨、谆谆善诱,两个多小时的时间里,您只略休息片刻,还是为了我们学生着想。授课完毕后,先生常常留出十几分钟的时间,或自由讨论,或解答学生的困惑,对课堂提出的疑问,先生必会认真倾听,细致分析,但从不拿自己的观点作标准答案,甚至转而垂询列座学生。惭愧的是我因知识薄弱,每次上课都拼命消化知识,有时想提出心中疑问,也表达不甚清晰。一年的专业课学习,让我收获颇丰。两年多来,每次想到这些,我心中都充满了无限感激,以如此的年龄和资历,您仍然像教授本科生那样认真,您对自己如此严格,却对我们这样宽容。

在传授知识的同时,先生时刻不忘"授人以渔",并用自身经历为例告诉我们治学的方法。我把先生说的"八字口诀"写在书架上,时刻提醒自己。记得入学后第一堂课,先生就讲到:即使以后不做批评史的研究,在理论上也要提高,"大学里面有两样东西最重要,一是理论知识，二是查找资料”。我自身在理论上比较薄弱，便谨记先生的话，三年时间里，只求兢兢业业，做好基础工作，充实理论知识。之前做论文，拿到题目后，总是习惯参考别人，东拉西扯之后，有了一点自己的见解，又找不到丰富的资料支撑。先生说，写文章不要乱说，要有充分的材料支撑，如何找材料很重要，再加上“表达”这个基本的技能。无论课上课下，先生都会毫无保留地把自己的心得和经验告诉我们。“治学求新异”，我看到的先生的文章，始终重视创新，从不人云亦云。先生的治学之路上，也一直坚持自己的见解，无拾人牙慧，更无仰人鼻息。在这里，我才真正找到一种治学之道，重视理论，在材料上下工夫，脚踏实地，大胆写自己所想，不要急于找观点，更切忌七拼八凑、人云亦云。

提到责任，不免会有人产生疑惑，一位学术的导师怎么会牵涉到这个话题呢？这里的责任，不是私人的为人子女等责任，而是一种人文的关怀。之前的学习、研究过程中，我单纯地凭着自己对古典文学的热爱，在文学的小天地里面自娱自乐。在听课的过程中，我渐渐感受到先生扑面而来的入世精神，这不仅仅是一个学者对社会、文化的关心，更是一种深沉的时代责任感。先生也曾说过：“研究古代文学，可以是出于自娱自适，或者是追求某种纯学术上的创获，但我欣赏的还是研究者当有一种经世致用、人文关怀的精神，能立足在现实，能有益于当世。”先生治学过程中，也常把是否“有补于世、有益于民、有利于学”作为衡量的标尺。近年来由于西方话语霸权，中国古代文论“失语”严重，先生看在眼里，忧在心头。于是我们看到了“文学原人论”：用中国的思维方式去体悟传统的理论，从“文自人”、“文似人”、“文为人”三个理论层面去发掘中国古代文论的实质精神。编写《中国文学学史》时，先生说：“编写《中国文学学史》，张扬中国传统文学的精神，正是凝聚中国民族向心力与弘扬爱国精神的一条重要而有效的途径。”对于爱国精神，先生还说道：“乍看起来，我们现在是莺歌燕舞，天下太平，更何况我们还不时听到一些嘲笑‘爱国’的论调，似乎在当下‘全球化’的浪潮中再讲国家、民族的利益，有点狭隘和落伍了。实际上，这种论调是十分危险的，实在不亚于当年针对我们的坚船利炮。当然，世界大同，自有来日，但当今之天下，哪一个国家，哪一个民族，不竭力维护自己的利益？有的为了自己国家的利益，还千方百计地去掠夺他国的财富，破坏他人的国家，甚至因此而不惜双手沾满了鲜血。我们面对的世界，有平等友好待我之民族，但也有亡我之心不死者。我们的祖国比一百年前是强大了，但我们还充满着危机。爱国家、爱民族的精神不能丢。"字字真切，感人肺腑，身居隅室而心怀天下，这种气度和胸怀，深深影响了我，让我每每想起，也有了前进的动力。

先生为人谦爱祥和，尽显长者风范，但平时生活中又时常睿智敏锐，谈笑风生，在先生那里，永远有一颗年轻的心，蓬勃向上，生机盎然。我们最喜欢和先生聊天，簇拥在先生周围听他给我们读"短信"，逗得我们哈哈大笑。去年中秋佳节，当我们一起聚在先生的家中，先生和师母争相给我们描绘观看"世博会"时"赛跑"趣事，在座所有人中，竟然是老师和师母观赏到的场馆最多。兰心惠质的师母，还给我们详细讲解"养生芝麻膏"的制作过程。对于较先进的科技设备，先生的熟悉和掌握也往往出乎很多人意料。记得一次答辩会开始之前，投影设备出了问题，当时先生正在忙于其他工作，会议组便请一位同学帮忙调试，谁知那位同学因为紧张，一时也没调试出来。答辩马上就要开始了，大家十分焦急，这时先生放下手头工作，亲自上阵，只用几分钟，投影设备便恢复了正常。对于最新的软件、电脑技术，先生也喜欢去率先尝试，有时，反而是我们这些小孩儿们在他面前显得落伍了。

时光荏苒，我跟随先生的日子转眼已两年多，三年即将期满，每每忆起，眼泪盈眶，便忍住不能再想。我记得您明亮的眼睛、和蔼的微笑、认真的姿态。我记得当我将开题报告交给您时，您坐在我身边，耐心地一字一句给我提意见，您给我讲您当年刚参加工作时，怎么样体会到条理、清晰的重要。我还记得您容忍我的散漫、愚钝，从来不批评，而是默默关心。当我像乌龟一样把自己关在壳里时，您给我时间，让我自己走出来。我不知道用怎样的语言表述此刻的心情，内心充满敬爱和感激，我只能用以后的努力，来回报这无限师恩。

道一声：恩师，谢谢您！

愿恩师：永葆青春！

（作者系复旦大学博士生）

黄老门前读黄老

韩　广

又是一年春节。窗外新年的烟花点亮了复旦的夜空，四周是一片安静。熙熙攘攘的世界，匆匆忙忙的脚步，此刻统统被抛在了身后。现在，只是想静下来，真正的静下来。原来，什么都不去想，什么都不去做，才是生命的大自在。于是，就这样心无挂念地融入了夜色的苍茫。

信手翻闲书，《坛经》、《焚书》、《中郎随笔》、《鹤林玉露》，没有烦事挂心，一切都是那么的自在从容。逍遥无为、诗意栖居，生活的终极意义，不过是找到一种让心灵丰盈起来的存在方式。纸页在翻动，记忆也在随之跳动。求学甘苦、人生欣悲，所有一切，如发黄书页中片片的书签，夹放在记忆的最深处。

手边又有《朱东润自传》，已经完整地拜读了。捧起再读，大师经典，文章行世，感慨仍是良多。想起黄老怀念朱老的文章——《发白更思受教时》，一篇小随笔，山高水长，纸短情深，融入的是浓浓的弟子之情。

黄老怀念自己的老师，文字内外、眉宇上下，有着令人唏嘘不禁的岁月感慨。而今，黄老又是两鬓斑白，人生七十。遂想，自己头发斑白时会怎样回忆今天在黄老门前读书时的情景呢？

“何当共剪西窗烛，却话巴山夜雨时”，设想还真是有趣。随手占有律诗一首，题在岁末，曰：

一山一水最悠然，无名无利于心间。
黄莺久住亦亲切，闲看飞雪满关山。
人间奔波六十载，往事三十三年前。
白发犹忆黑发时，黄老门前读黄老。

从黄老治学路上，三件事记忆犹新。尝狂言研究李贽，和黄老交流，黄老一针见血问道研究方法为何？冷水浇背，一时语塞。遂不问世事，潜心读书。此为一。其后，把文章发给黄老，黄老肯定了自己的辛苦读书，又问道哪些是你自己的创见？又是一时语塞。是啊！哪些是自己的见解呢？拾取前人只言片语、随人脚跟说短长的文章写出作甚呢？亦是口噤而退，继续读书。“博见为馈贫之粮，贯一为整乱之药”，于是，经典重读、原典精读、文本细读，又是一段清净的读书时光。此为二。后来，黄老给我们开设师门小课，学期结束，向黄老请字留念，黄老题字“取法乎上”，所谓“法乎其上，得乎其中”，原来自己终究只是平平，一时间，芒刺在背，如坐针毡，板凳再座十年冷，文章不写一字空。依旧清净心源，潜心读书。此为三。

在黄老指导下，选定自己的研究范围与论文课题。论文事，下定决心：切口要小、研究要深，拒绝宏大叙事；背景要广、读书要多，不写空头文章；修辞立诚，言之有物，唯陈言务去；根深汲古、灵心俊气，要有自我风格。文章事，提醒自己：有我、有物、有情，作文独抒性灵，文章只写不发。

又有三件事，想起即觉心暖。中国文学批评史课间，请黄老题签，黄老坐着题字，自己下蹲黄老身边，黄老见状，立刻扶我坐其身边，黄老关爱从中可见。此其一。10 月，参加“两岸三地学术论坛”，黄老照例被邀请致辞，其间向黄老请教注意事项，黄老和蔼地说了很多鼓励的话，虽然后来得知黄老对我提交的论文并不满意，但这毕竟是一次难得的锻炼机会，黄老清楚这一点，轻轻地拍肩鼓励，具体情境，让人难忘。此其二。春节看望黄老，谈文章事、谈论文事、谈新书事、谈生活诸事，黄老很忙，但谈话很轻松随和，起身告辞时，黄老坚持要把我送到楼下，此时，黄老七十老人又是著名学者，自己是不见经传的无名青年，每每想起，生欢喜心。此其三。

师从黄老，有着一种无形的鞭策，黄老三言两语、云淡风轻的问话，常让人感觉读书不够，还不能掉以轻心、停下脚步。既有"观天下书未遍，不得妄下雌黄"的古训，只得抓紧时光读书。

我知道，黄老是想把我们的翅膀训练的足够坚强，去面对这个复杂的社会，迎接生活的挑战。厉言问话也好，温馨鼓励也罢，让人感受到的总是一种师道的关怀。

所以，跌倒失意之时，黄老的鼓励让人重新站起，时刻谨记，没有过不去的坎；轻狂张扬之时，黄老的教诲让人平稳着地，物禁大盛，原来，平实做学问、寻常生活着才是人生的至高境界。

孤身枯坐，飘然远去的岁月仿佛又在眼前，触手可及。夜已深、人已静，窗外是无边的黑夜与无穷的远方。

仔细想来，从黄老读书治学，耳濡目染、言传身教中，自己渐渐地领悟了这一看似简单但最难参透的大学问：书应怎样读？人要怎样做？

白发犹忆黑发时，黄老门前读黄老。读到的是黄老的学者风采，读到的是黄老的长者风范：为人要冲淡平和，作文要言之有物。一言蔽之：谦爱祥和，师道文章。

黄老读朱老，弟子读黄老。读懂了，其实，这就是师道传承，这就是学脉薪火，这就是复旦精神。

新年的爆竹声在耳边不时响起。书有花香，于斯启程！6 月，黄老七十华秩。为此，占得律诗一首，曰：

时光荏苒蹊无言，春华秋实七十年。

一生文章行海内，四方弟子满桃园。

因无浮名藏心底，又有雅兴过空山。
根深汲古经世心，都在笔墨纸砚间。

我确实拙于文字的表达。毕竟，我知道，生命的感受写成了文字，落在了纸上，已经肤浅了许多。

（作者系复旦大学硕士生）

古代文论体系研究的学术理念

——从三卷本《中国古代文学理论体系》谈起

黄念然　[韩]朴英顺

理论体系的建构是一种生动的冒险，因为形成体系的概念与理路常常使某些现象举足轻重而另一些却无关紧要。其困境往往又以以下两种形式表现出来：一，面对何以使然的拷问，如何避免"其言论愈有条理系统，则去古人学说之真相愈远"（陈寅恪《金明馆丛稿二编》）的历史知识形态与理论知识形态之间断裂的尴尬？二，对历史真实作出价值判断后，如何以创造性的阐释对已有的文化意义系统作出更具新义新境的阐发以面对历史与未来，并启发他人的想象力？换言之，就中国古代文学理论体系的构架与书写而言，在一个根植于人文关怀、生命体验和宇宙宏观的诗学系统中，如何兼取真理与方法、知识与价值，熔经典释读与现代阐释于一炉，以营造一种颇富当代本土特色的知识谱系，并开示出此一论域向更高境界提升的新眼光、新智慧，这是需要相当程度的学术自信和智识上的沉着与冷静的。三卷本《中国古代文学理论体系》（复旦大学王运熙、黄霖先生主编，目前由《原人论》、《范畴论》、《方法论》三卷组成。以下简称《体系》），在学科论域的展拓上开榛辟莽，导夫先路；在理论建构上博观通识，亦包亦扫；在历史面貌的本真还原上探流穷源，剥蕉至心，可谓是当代古文论研究中令人瞩目的一件

按：本文原载《复旦学报》2000 年第 6 期，《中国语文论丛》2002 年第 23 辑。

标志性事件。《体系》其宏观视野中的理论原创精神以及耻于轻信、笃于深求的博约功夫是值得肯定与学习的。但更让笔者感兴趣的是《体系》中潜在的现象通观、原典新释、深度直觉、创造激活的学术理念对当代古文论体系的研究与探索的开示意义,本文拟结合《体系》的学术理念,就当代古文论研究中存在的隐忧和困惑略陈感想。

一、古文论体系探索中的隐忧

对古代文论体系的探索,实际上也有一个铢积寸累、沉潜默识的艰难历程。本世纪二三十年代,先后出版了李笠《中国文学述评》(1928年上海中华书局版)、杨鸿烈《中国诗学大纲》(1928年商务印书馆版)、段凌辰《中国文学概论》(1929年上海中华书局版)、陈怀《中国文学概论》(1931年上海中华书局版)以及刘麟生《中国文学概论》(1934年世界书局版)等著,多为借鉴西方文论框架以建构中国古代文论体系,虽是草莱初辟,其筚路蓝缕之功却不可没。中国文学批评史学科成立后,郭绍虞、罗根泽、朱东润、方孝岳、傅庚生等前辈也曾着意从历史知识形态中锻炼出古代文论的逻辑体系。郭绍虞先生以文学本体论为核心,将周秦至清代划分为文学观念演进、复古和文学批评完成三期,在爬梳钻勘、刮垢磨光的史料清理中择其荦荦大端,横推义蕴,以搜寻古代文学理论体系之质素,其用心不可谓不良苦。傅庚生先生的《中国文学批评通论》借鉴现代文学理论,以"想象论"、"形式论"、"个性时地与文学创作"等理论范式结构其作,在古文论理论体系的现代切换上算是别开生面。罗根泽先生的批评史以取材宏富、考订精审向为学界所肯认,虽然不如郭著有集中贯穿的文学本体观念作主线,但其著以人物及某个主题确立章节的体例,为理论纽结的凸现作了铺垫,仍可说是厥功甚伟。朱东润先生的批评史以人物观点为纲,以凸现"整个的批评家"为宗旨;方孝岳先生"以史的线索为经,以横推各家义蕴为纬","要从批评家方面,探讨各家的批评原理"(《中国文学批评·重印缘起》),都足证探索理论体系之自觉意识已呼之欲出。建国后,特别是80年代以来,体系探索仍在延续之中,刘若愚、谌兆麟、樊德三、祁志祥、陈良运、张方、胡晓明等人或强调以古为主,从文论的民族特点出发,或杂陈中西文论进行比较融合,或以现代学理与观念进行阐发,其尝试与努力可说是孜孜矻矻,锲而不舍,为后学之致远入深奠定了坚实的基础。

但必须看到的是,当代古文论研究及体系探索中也存在一些必须加以正视的隐忧。要之,一,在近年流行的主观阐释学的渗入与干扰下,理论建构之学术操作上是否会常常满足于截取史实以逞心灵创造之自由,造成理论化程度越高却对历史事实的曲解也越多的结果,致使古代文论这一历史学科的研究特征有被任意篡动的危险?二,由于不同的阐释立场预示了不同的思想路径,学术多元化时代思潮下的各种阐释方法或范式是否可能会师心自用,以个别阐释甚至误释遮蔽传统文论思想的整体性?三,是否会由于阐释古代文论时必须兼及前人的论述以及后人可能有的驳难,在八面受敌、如履薄冰之际,只好尽可能立论稳妥,面面俱到,结果"愈调和者愈失其本真,愈附会者愈违其解"(章太炎《诸子学略说》),以致形成名撰而实编、著书不立说的令人遗憾的现象?四,是否会在西学引进大潮的刺激下,直接以西方诗学框架改造或移植古文论体系,"将中国完整的文学理论的'鸡蛋'打破,倒在依据西方理论改制的模子里去作'蛋卷'"(毛庆耆、谭志图《评〈中国文学理论〉》,《文艺理论与批评》1996年第2期),在古文论体系建构中犯全盘西化的老毛病?如果这几种隐忧成为现实的话,那么古文论研究和体系探索就有可能出现一些致命的缺陷。即第一,体系建构缺乏强大的史识做后盾;第二,理论建构的视界限于一隅,形成研究格局狭小、隔而不通的现象;第三,体系建构衍变成体系拼凑或甲乙丙丁的现象罗列,俨成十全大补膏;第四,不能摆脱西方诗学中心主义的阴影,把握不住中国诗学的内在精髓。其结果就是古文论体系的探索将在粗放式治学模式与表面化书写模式中徘徊不前,难以有历史性的新突破。

如果不想让上述隐忧变成现实的话,我们或许可以从更深层的学术理念上进行一下如下的检讨与反思:一,面对丰富繁复的古代文艺创作现象及其思想观念,我们是否缺乏求之必博、证之必广、获之必创的博约功夫和通观眼光?二,对古代文学理论中的概念、术语、范畴、命题以及原典内在意义的诠释,是否大多局限于单向、表面、机械的理解,缺乏深层次的批判性考察和创造性阐发,致使对文论史实的诠释多流于印象式的外部说明?三,是否由于缺乏悟性思维的穿透功能,不能化书卷见闻为性灵以形成多中见一的深度直觉,以至于面对繁杂的古文论现象难以剔出其内在的类型与系列?四,是否因为有综合无创造,将体系建构衍成体系拼凑?或者有创造无综合,统一的体系框架不能涵盖古文论现象的差异性与多样性?又或者在综合与创造之间,缺乏既植根于历史理性线索之内,又跳出历史之外去设计未来、开拓未来的激活机制以形成"中国制造"的原创性理论?笔者细读三卷本《中国古代文学理论体系》,觉得其中的现象通观、原典新释、深度直觉、创造激活的学术理念颇能起到解惑开示的作用。愿陈其详。

二、用通观的眼光整合现象

现象总是远远大于理论的,因而理论构建的首要步骤在于对现象的通观,否则理论的根基就会动摇,这已成为学术研究中不争的共识。从诗、文、词、赋、曲、小说、戏剧到诗话、词话、曲话、剧话、评点、序跋、书简、笺注、论诗绝句及至文论专著,中国文学从创作到理论,数千年来浩繁而灿烂,为诗学理性智慧的生发及总体构成提供了不竭的源泉。然而没有通观眼光对古代文艺现象进行整合,这些浑融厚实的文艺信息只能流于"碎金"状态,理论体系的建构也只能是"穿花蛱蝶深深见,点水蜻蜓款款飞",而缺乏深刻的理论凝聚力和穿透力。通观眼光之所以对理论建构十分重要,原因就在于"理论科学的整个目的就是尽最大的可能自觉减少知觉的混乱"(列维·施特劳斯《野性思维》第一章引森姆帕森语)。通观眼光在学术研究中的具体表现就是“总原本以括流末，操纲领而得一致”（葛洪《抱朴子·尚博》），三卷本《体系》对此有较为深刻的学术理念上的领悟。如《原人论》作者在绪论中就明确提出，要“探索与把握中国古代文论完整的体系”，必须“首先抓住其纲，抓住其核心，抓住其灵魂”，并具体化为“要从世界性中抓住特殊点”，“要从历时性中找出统一点”，“要从多元性中找出融合点”，表现出成熟的通观意识。如果只拈出几个文论范畴作甲乙丙丁的现象罗列且美其名曰体系建构，显然在识见上就低人一等。《范畴论》作者对中国传统文论范畴的实践品格的精炼提摄，也是建立在对传统范畴之构成范式、主要特征与创作风尚及文体流变关系的通观基础之上。《方法论》作者以发生学原理纵览传统批评方法产生的契机及其嬗变历程，同样也表现出较为成熟的方法论上的通观意识。

从另一方面看，通观又非观念先行，以理想化的方式强纳文论史实以合其理论构架之初衷，它源自于深思熟虑的理性的自然判断，非有一套由博返约的程序和功夫不能办到。正如刘宗周所言：“博而不约，俗学也；约而不博，异端也。”（《论语学案》二）不博，则识见蔽于方寸之间；不约，则成记诵之学，漫漶至于无极。《体系》的通观意识正是建立在一套由博返约的功夫之上。《体系》的著者均为复旦大学中国文学批评史学科这一国内外公认的研究重镇中的翘楚，又多数参加七卷本《中国文学批评通史》巨著的撰写，不仅在文论史料方面能够广泛占有，而且对中国古代文学理论的嬗变轨迹及内在理性脉络亦能了然于心，其理论体系的构建可说是在熟地上垦荒，故而由博返约颇能水到渠成。仅举一例。《原人论》作者在将古代抽象化的“道”返回历史本原进行广察深探后，厘定基本内核为“礼”、“心”、“天”三种类型，发现这三种可以把握的具体之“道”都以“人”为纲，分别涉及人与人、人与自我情感、人与自然三个基本维度，文学中的“原道”论其实质就是“原人”论，由此拈出全新的古代文学本原论，不仅找到了古代文论体系真正的逻辑起点，也解开学界一桩百年迷案。没有上述的博约功夫，何以能彰幽显微，奏刀騞然？可见，通观意识的形成并非来自于知性活动中将秩序主动赋予历史的纯粹个人式的冥思苦想，它要求研究者从历史中寻求秩序并立足于理性高度，去倾听研究对象的呼唤以及历史的久远回声，使历史真相自然浮出历史地表。焦循注《孟子》“博学而详说之，将以反说约也”语云：“不博学而徒空悟者，非圣贤之学，无论也。博学而不能解说，文士之浮华也。但知其一端，则诐而非要，但知其大略，则浅而非要。”我以为这句话在古文论研究与体系探索中不妨可以重加温习。

三、从“照着讲”到“接着讲”

原典释读是古文论研究及体系构建的一项基础性工作。这不仅是古代文论其历史学科研究特征的内在要求，也是把握古代文论内在精髓及理性线索的一道铁门槛。从具体操作层面看，原典释读主要表现为古代文论概念的界定、范畴的整理、理性脉络的把握、内在意义的清理、观念是非的澄清、历史面貌的还原等。从更深的学术理念层面看，原典释读还关涉着研究者对文论原典的基本态度问题，亦即古代文论作为一种历史文化资源，研究者是把它当成一门单纯的学问或死去的遗迹来处理，还是当成可以继承和激活的活性材料来对待？与这种基本态度相关联的是，如果赞同以继承与激活的态度使古代文论这一历史文化资源化成我们现代文论知识结构中活的因子，那么又该以什么样的阐释理念去继承和激活已有的诗学义理及其意义结构？我以为三卷本《体系》中所体现出的原典新释的学术理念对古文论研究颇有启示意义。

美国学者傅伟勋先生曾在《从德法之争谈到儒学现代诠释学课题》(《二十一世纪》1993年4月号)一文中提出，作为一般方法论的创造的诠释学可以分为五个辩证的层次：一，“实谓”层，即原典(作者)实际说了什么；二，“意谓”层，即原典(作者)想要说什么，真正意思是什么；三，“蕴谓”层，即原典(作者)可能想说什么；四，“当谓”层，即原典(作者)本来应该说什么；五，“创谓”层，即为救活原有思想，我必须创造地表达什么。前四层属于客观诠释，第五层是建立在客观诠释基础上的主观的创造性的诠释，是前四层“继往”基础上的“开来”，其实质也就是原典新释。三卷本《体系》在原典释读上之所以不少地方新见迭出，同其对原典新释这一学术理念的自觉追求恐怕不无关系。例如《原人论》中的“心化”论就是典型的原典创造性阐发。其基本步骤是，首先从中国哲学原典中清理出“人”的核心与灵魂在于“心”，然后进一步从“诗言志”说（诗学原典）的字源学考察中清理出“诗言志”的核心精神符合文学“本于心”的原则，在古代“原人”文学本体论与“心化”文学特征论之间，通过对原典的客观诠释，建立起令人信服的内在关联。在此基础上，又通过哲学原典厘定出“心”的内涵包括“性”与“情”，然后再次返回到诗学原典中去考察文学与“性”和“情”之间关系的历史演变，发现哲学中的“心统性情”命题在诗学领域中也呈现出对应关系，即文学的“心化”实际就是人的“性情化”。在经历一番探河穷源、剥蕉至心的原典释读后，作者将哲学家张载的“心统性情”命题和诗学家刘熙载的“文，心学也”的命题结合起来，将“原人”文学论的首要特征创造性地诠释为“心化”论，令人信服地揭示出古代文论以言志写心为核心的特点和诗化、心化的整体倾向。《范畴论》中对古代文论范畴的诠释不少是重返原典的客观阐释，如释“响”、释“脉”、释“波澜”、释“圆”、释“老”、释“俊”、释“幻”等等，在笔者看来，更具创造性的是对风骨、平淡、格调等范畴的诠释。例如“平淡”范畴，著者通过对原典的清理，指出“平淡”范畴以道家思想为底里，在宋代以后受沉潜于内省境域的时代思潮和创作风尚影响，其内质表现为“平”、“简”、“清”、“野”之美，指向一种对繁华刊落之内美的刻意追求，是宋元士人心境与文境的曲折映射，这种诠释更有自己独到的见解和理性思考，是一种创造性诠释。

对古代文论进行原典新释，是符合现代诠释学的价值取向的。在现代诠释学看来，人类是通过与历史文本或原典的“诠释学相遇”来达到理解的真实的，面对传统，人类只有在创造性诠释中不断超越自身，才能真正实现对文化与自我的反思与批判。梁启超说得好：“吾人做历史而无新目的，大可以不作。历史之所以要常常去研究，历史所以值得研究，就是因为不断的予以新的意义及新价值，以供吾人活动的资鉴。”（《历史研究法补编》第一章）古文论研究要想摆脱材料史研究的困境，必须有这种原典新释的学术理念的有力支撑，同时又不能陷入另一个理论误区，即只重视体悟性阐发而忽视对原典客观、准确的释读。陆贾《新语》中说：“善言于古者，合之于今。”我们是通过原典或历史文本来接近历史真实、反思历史真实并最终走出历史的，只有神会于古人和历史，才能有所发现，有所创造。这就需要在古文论研究中辩证地处理好“旧学”与“新知”的问题。冯友兰先生在《新理学》中提出的关于中国哲学的“照着讲”和“接着讲”的问题，对原典释读中遭遇的“旧学”与“新知”问题很有启发意义。“照着讲”就是历史面貌的本真还原，“接着讲”则是寻求对原典客观诠释的突破以及理论形态的创造自新。三卷本《体系》在“照着讲”和“接着讲”两个方面结合得比较成功，是值得肯定的。

四、用中国的思维方式体悟中国的理论

深度直觉是悟性思维的一种高级表现形式，介于感性思维和抽象思维之间，极富理论的生命驱动力。深度直觉就其本质而言，就是在思维活动中以其穿透功能和联结功能在现象与本质、感性与理性、材料与理论之间架起相互沟通的桥梁。与文学创作需要悟性一样，学术研究同样也需要这种深度直觉，去点醒和激活已有的历史材料，去透过现象窥见本质，去化感性材料为理论形态。对于古文论研究和古代文论体系的建构而言，深度直觉尤为重要，这是因为，就古代文论的历史文化资源来看，其历史源远流长，资料浩瀚繁杂，理论形态多种多样，概念、范畴模糊且多富歧义、批评方式也是因人而异、因体而异（或诗话、词话、或书信、序跋、或单篇、或专著），此外，由于中国文、史、哲不分家的学术传统，文论资源更呈浑融驳杂的特点，没有深度直觉的穿透功能和联结功能，要想在数千年来蔚为壮观的文论历史长河中清理出其嬗变规律和理性线索，谈何容

易！所谓“不抉其根，日滋灌培，但培其恶”（欧阳竟无《孔学杂识》第30页），如何从古文论多样繁杂的现象中抉其“根”，见其“一”，没有深度直觉恐怕很难办到。韦勒克、沃伦在《文学理论》中说“思考发展成为理论的一个特点就是它提供非同寻常的、可供人们去思考其他问题时使用的‘思路’”（《文学理论》第8页）。联结此一问题与其他问题，使思考变成理论的这种“思路”没有悟性思维或深度直觉的参与恐怕也难形成。正是从这个意义上讲，对古文论研究或体系建构而言，深度直觉是不可或缺的。

三卷本《体系》在理论体系建构中所体现的深度直觉颇有特点，那就是文、史、哲相互参证，从容沉潜，化书卷材料为性灵。例如，《原人论》中将“原人论”具体化为“心化”、“生化”、“实化”三个方面，就是深度直觉的结果。这其中既有对中国原人哲学精髓的揣摩、品味，也有对中国诗学历史（从“诗言志”开山纲领一直到清代刘熙载的“文，心学也”的著名论断）的勾沉、涵泳，更有对中国古代文学创作现象的博观通识，在文、史、哲内在精神的相互比照、相互发明、相互统摄中探骊得珠，窥见中国文学的心化特征、生命化特征和实用化特征。《方法论》中第一编以批评意识的历史流变（从文化历史意识到人物品鉴意识、审美超越意识、批评的自觉自主意识）提摄批评意识与方法的内在关系，以史为主，以文、哲为辅；第二编从中国哲学思维方式（体用不二、整体直觉、通观整合、圆融不执）入手把握中国文学批评方法的哲学来源，以哲为主，以文、史为助；第三编探讨批评方法在文学中的具体体现，以文为主，以哲、史为佐。三编中文、史、哲有主有从又相互参照，将中国文学批评的历史意识、哲学思维和批评方法的辩证互动和相互涵摄的特点合情合理地凸现了出来。通过这种相互参证，沉潜默识，作者拈出知人论世、附辞会义、品藻流别、明体辨法作为中国文学批评方法的四大基本类型，既符合历史的本来面貌，又有作者的自得之见。

在古文论研究与古文论体系探索中提倡运用深度直觉，笔者认为这是符合中国国情的。中国文化、文学、文论的智慧优势本来就在于以生命体验为底里，以整体直觉为依托去参证和感悟宇宙人生的终极意义。就古文论的实际面貌而言,其批评的言说方式和言说结构也多是直觉体悟的结果,如果一味套用西方的知性分析方法或逻辑分析方法对古文论的内涵或精髓进行手术刀式的解剖,反而会损害古文论概念、范畴、命题神完气足的原貌。法国当代著名汉学家于连在《新世纪对中国文化的挑战》一文中说过这样一段发人深省的话:"一个世纪过去了,中国思想应该说走过了那个被动、强制的时代,现在到了对中国思想进行重新检索的时候了。这种检索不是用西方的哲学概念对中国思想传统进行重新诠释,也不是回到过去,而是以中国自己的概念来诠释中国思想。"以中国自已的思维方式体悟中国自己的思想,这也许就是三卷本《体系》在学术理念上的自觉追求。

五、融综合与创造为一体

创造激活是在现象通观、原典新释、深度直觉基础上实现理论创新的综合思维活动,往往成为一个学者学术水平的标志。创造激活在理论建构上体现出亦包亦扫的理论魄力,即既包容前人又扫除陈说。从学术理念上看,创造激活又表现为:融综合与创造为一体。所谓融综合与创造为一体,就是在综合中有创造,在创造中又有综合。分解开来看,就古文论体系建构而言,综合的创造,其重要性在于掌握中国诗学内在的理性线索与生命而不失其原始根气,在诗学历史的批评与反思中从事理论理性的构建;创造的综合,则是跳出历史,以理性的逻辑的眼光提出诗学新问题,设计未来,开拓未来。没有综合的创造,中国诗学的内在构架及其生命精神就难以揭示,而没有创造的综合,亦即缺乏理性的说服力及融通古今的理论范式或命题,中国诗学之智慧也就无法发挥其现实作用。《原人论》中"原人"说的提出,正是这种融综合与创造于一体的学术范例。从综合的创造方面看,"原人"二字是对中国诗学人本主义特质的高度提炼和概括,极其准确地敞现了古文论体系的基本品格、核心精神和民族特点,其理论价值不容小觑。因为,从中国古代文艺思想的逻辑起点看，古代诗学关注的是人而非文艺，是文艺应该培养什么样的人而非人培养什么样的文艺。从其逻辑展开看，也是人的精神决定艺术精神，艺术精神反过来又塑造人的精神。从古代文化的生命线看，人学也一直占主流地位。“原人”说正是从古代诗学内在理性脉络中神会古人、推阐义蕴综合而成，故能击中肯綮，化成直取心肝、独具只眼之论。从创造的综合方面来看，“原人”说植根于历史理性之中，又跳出历史之外，具有强大的理论涵摄力和包容力，对古文论的现代转换和中国文艺的未来走向颇有提示之功。究其原因乃在于，文学即人学，即人的心灵学、灵魂学、精神学现已成为学界共识，“原人”说把握住文学的人学基本特质，可以说又与当代学术思维实现了较为成功的对接。换言之，“原人”说不仅可以从文学内在精神特质上成为古文论实现现代转换的入口，同时也可以从人文关怀的共性角度形成与西方诗学平等对话的出口，因而其理论构架在设计未来、开拓未来方面更具胜义。从更深层面看，著者大胆摒弃此前学界几成思维定势的“原道”论，把“道”的基本内核（“礼”、“心”、“天”）具体落实到人的本源性层面，以“原人”论昭示出全新的古文论的文学本原论，一扫陈说，这种“必古人所未及就，后世之所不可无，而后为之”（顾炎武《日知录》卷十九）的学术勇气和贵独立又非“鼓励放恣”的学术智性，没有创造激活的学术理念清醒而沉着的支撑，恐怕亦难办到。百年来中国文论屈从于西方文论而裹足不前，古文论之现代转换一再踌步即止，需要的也许正是这种融综合与创造于一体的创造激活的学术理念。

结　语

古文论研究及古文论体系的探索走过了近一个世纪的历程并还将继续延续下去。回首这段历程，成绩固然可嘉，经验教训也是促人深思的。三卷本《体系》的得失已有行家里手作出过恰当的评价（参《文学报》2000 年 7 月 19 日）。本文只就《体系》的学术理念对当代古文论研究的开示意义略陈己见，也算是对当代古文论研究及体系构建中存在的困惑略谈一些自己的感想。不论这段探索历程的得失成败如何，在笔者看来，浮躁时代里的寂寞学者，他们隐忍着时代的命运，默默探索着通往智慧和灵性的道路，仅就这一点，我们就应该肃然起敬。

（作者系华中师大教授、韩国国民大学中国人文社会研究所 HK 研究教授）

道与理:中国诗学与叙事学比较

罗书华

在对诗学与叙事学的语词之源的追问中,我们知道了诗学与叙事学的本体分别是心与事。然而,无论是心还是事,它们仍然具有一定程度的形而下性质,它们都是可触可感,这就决定了它们还不能充当诗学与叙事学的终极本体。这也是为什么心本体与事本体自己总处在不停的发展变化之中的原因。正因为此,有必要进一步追问诗学与叙事学更深层的本体,带有形而上意味的本体。

一、心 源 于 道

将心视作为诗学的本体固然不错,在前面的论述之中,可以看到心确实是诗的语词之源。然而,这只是问题的一个方面。事实上,在古代诗论中,特别是那些较为有意识和较为系统的本体思考中,人们也常常将道作为了诗的本体。陆贾《新语·慎微》就说:"隐之则为道,布之则为诗,在心为志,出口为辞。"①刘勰的《文心雕龙》更是这方面突出的代表。虽然他在《明诗》篇的论述中,提及过大舜所云"诗言志,歌永言",并对此表示赞成曰:"是以在心为志,发言为诗,舒文载实,其在兹乎!"②,然而,从他的整个理论系统来看,道无

① 王利器撰《新语校注》第47页,中华书局1986年版。
② 陆侃如、牟世金《文心雕龙译注》第137页,齐鲁书社1995年版。

疑是他所认为的文学的尤其是诗学的最终的本体。

道是道家的核心概念。《老子》曾云："人法地，地法天，天法道，道法自然。"（第二十五章）又曰："道生一、一生二、二生三、三生万物。"（第四十一章）①将道看成是万物的根本。刘勰显然是受到了老子的影响，将法自然的道、万物之母的道作为了文学尤其是诗学的最深层的原因。在他看来，天文是道的显现或模拟，所谓"玄黄色杂，方圆体分，日月叠璧，以垂丽天之象；山川焕绮，以铺理地之形，此盖道之文也"（《文心雕龙·原道》）。人文的滋生虽然经历了较为漫长的过程，无论是形文、声文还是情文，都经过了圣人的转换，是圣人们"幽赞神明"的结果。河图、洛书现太极之道，圣人象之，因而有了八卦、九畴，有了人文的开端。这就是"道沿圣以垂文，圣因文而明道"（《文心雕龙·原道》）。然而，从根本上来说，文（诗）的产生仍然是道的显现，有天就有文，有人就有文，所谓"心生而言立，言立而文明，自然之道也"（《文心雕龙·原道》）。"人禀七情，应物斯感；感物吟志，莫非自然"（《文心雕龙·明诗》）②。刘勰的文学发生系统虽然包括了"天地自然——河洛之类——圣人——经典——文章"各个环节，河图洛书、圣人、经典都可以作为诗学之源，但是其终极本原只有一个，这就是道与自然。道不仅是文（诗）的本源，同时也是文（诗）的本体，诗文究其本质来说乃是道的显现。

《文心雕龙》对于文（诗）道的学说，包揽儒佛道而自有独断，纪晓岚评曰："自汉以来，论文者罕能及此。彦和以此发端，所见在六朝文士之上。""文以载道，明其当然；文原于道，明其本然。识其本乃不逐其末，首揭文体之尊，所以截断众流。"③此说一出，道在诗学中的地位几乎不容置疑，附和发扬者则络绎不绝。皎然论诗，以为

① 《诸子集成》本《老子道德经》第14、26页，上海书店出版社1986年版。

② 陆侃如、牟世金《文心雕龙译注》第96、101、96、138页，齐鲁书社1995年版。

③ 周振甫《文心雕龙注释》第2—3页，人民文学出版社1981年版。

“夫诗者,众妙之华实,六经之菁英,虽非圣功,妙均于圣”(《诗式总序》)①,隐然可见刘勰论诗论道的影子。司空图《二十四诗品》所述二十四种诗境,无不是以“虚空自然之境”为指归。黄庭坚曰:“文章者,道之器也。”(《次韵杨明叔四首序》)②朱熹曰:“道之显者谓之文。”③对道之于诗文的本体地位说得最为明白。这种本体论影响之所及,也就有了有道便有文的诗文创作论。欧阳修以为:“道胜者文不难而自至也。”(《答吴充秀才书》)④朱熹也说:“其志必出于高明纯一之地,其于诗固不学而能之。”(《答杨宋卿》)⑤

应当承认,以上诸家所论之道,其义并不完全相同。“道”从一开始,就是多种含义的集合体。道家有道,儒家有道,佛家亦有道。《周易·说卦》曰:“昔者圣人之作易也,将以顺性命之理。是以立天之道,曰阴与阳;立地之道,曰柔与刚;立人之道,曰仁与义。……分阴分阳,迭用柔刚,故易六位而成章。”⑥又将道分为天道、地道与人道。另外,在不同的语境中,道又各有所指,傅伟勋就把道分为道体、道原、道理、道用、道德、道术等不同的层面⑦。道的这些不同意指,在古代文论中也得到了充分的反映。《文心雕龙》中的“道”就十分灵活,有着“天道”、“自然之道”、“道心”、“神道”、“彝道”、“立文之道”、“为文之道”等多种组合。就其意指来说,它可以是儒道,也可以是道家之道,也可以是佛家之道,甚或是这种种道的综合。就其层次来说,它可以是形上之道,也可以是更为具体的五经之道,还可以是技术层面的创作法则、字词用法等。当然,如此多的不同义项都集结于“道”上,这一简单的事实又说明它们之间必然有其共同

① 李壮鹰《诗式校注》第1页,浙江古籍出版社1993年版。

② 《黄庭坚诗集注》第2册第436页,中华书局2003年版。

③ 朱熹《四书章句·论语集注》第84页,齐鲁书社1992年版。

④ 《欧阳修全集》第322页,北京市中国书店1986年版。

⑤ 《朱子文集》第22册第1728页,上海古籍出版社、安徽教育出版社2002年版。

⑥ 《十三经注疏》第93—94页,中华书局1980年版。

⑦ 傅伟勋《从西方哲学到禅佛教》第385页,三联书店1989年版。

点,窃以为,《老子》所云"有物混成,先天地生。寂兮寥兮,独立而不改,周行而不殆,可以为天下母"(第二十五章)①的自然之道,应是各种道的本原。儒道、佛道、道家之道虽然在具体的意指上有所区别,但是它们在超越万物而呈现于万物、永恒不变而又随物赋形方面却又是共同的。作为诗学本体的道,在根本上当然就是这种容纳了所有道的终极之道。

在前面的论述中我们指出诗学以心志为本体,这里又说诗学以道为本,人们不禁要问,这两种说法是否存在矛盾?诗学究竟是以心志为本,还是以道为本?换句话说,诗之心本体与道本体之间究竟是何关系?或者,心与道是怎样一种关系?

事实上,这两个问题并不矛盾,心与道本来就具有同一性。道是"有情有信,无为无形,可传而不可受,可得而不可见。自本自根。未有天地,自古以固存。神鬼神帝,生天生地"(《庄子·大宗师》)②,"覆载万物者也,洋洋乎大哉"(《庄子·天地》)③。心也同样是似无若有,小至不见大至无边,恰如陆九渊所说:"宇宙便是吾心,吾心即是宇宙。"(《杂说》)④正因为如此,有不少哲学家将心与道等同看待。程颐说:"心即性也……其实只是一个道。"⑤陆九渊也说:"道,未有外乎其心者。"(《敬斋记》)⑥王阳明亦云:"心即道,道即天。"(《传习录》上)

当然,心与道的关系更主要的还是途路与终端、本原与显现的关系。可以发现,上述心即道的观点,主要是来自于理学与心学论者,他们之所谓心即道,主要是对心在悟道与体道中的特别作用的强调,而非简单地认为心就先于道。王阳明说:"道无方体,不可执

① 《诸子集成》本《老子道德经》第 14 页,上海书店 1986 年版。

② 杨柳桥《庄子译注》第 97 页,上海古籍出版社 2006 年版。

③ 杨柳桥《庄子译注》第 170 页,上海古籍出版社 2006 年版。

④ 《陆九渊集》卷 22,第 273 页,中华书局 1980 年版。

⑤ 《二程遗书》卷 18《伊川先生语》。《二程遗书·二程外书》第 159 页,上海古籍出版社 1992 年版。

⑥ 《陆九渊集》卷 19,第 228 页,中华书局 1980 年版。

著。却拘滞于文义上求道，远矣。……若解向里寻求，见得自己心体，即无时无处不是此道。亘古亘今，无终无始，更有甚同异？心即道，道即天，知心则知道、知天。”“诸君要实见此道，须从自己心上体认，不假外求始得。”（《传习录》上）①非常清楚地显示了这点。他们在指出心是体道的最佳途路的时候，事实上就已经承认了道是心的目标，心向着道而存在，或者，说得更为明白，心即是道的存在处所，同时也是道的显现。《礼记》更曰：“喜怒哀乐之未发，谓之中；发而皆中节，谓之和。中也者，天下之大本也。和也者，天下之达道也。”②这里的“喜怒哀乐”也就是人之情，人之心，而“大本”与“达道”也就是通常所说的道。从这段论述中，可以清楚地感觉到心与道一方面是同一的，一方面又具有源流关系，道是心之本，心是道之现。心与道的同一关系，根源就在于它们具有源流关系。《周易·系辞上》曰：“一阴一阳之谓道，继之者善也，成之者性也。”③也表明了道在先而心在后。王夫之曰：“情动而意随，孰使之然邪？天也。天者，君子所弗恬，以其非人之职也。物至而事起，事至而心起，心至而道起。”④也明确地指出了心是向着道的存在。其实，诗学心本体从志到灵的发展，一方面固然是对纯诗的追寻，从另一方面来说又何尝不是对道的叩问。由志到灵的发展，也就是由有我到无我的发展，由社会向自然的发展，其实也就是向道的迫近。自然即道，无我即道。

如此看来，诗学的心本体与道本体不仅不矛盾，相反，它们倒是和谐统一的。心是诗学的表层本体，而道则是诗学的深层本体。心更为直观和显明，道则隐蔽于心之中，需借助于思维方能体认。语词根于心，心又根于道。诗既是心的呈现，而在更深的层次上，又是

① 《王阳明全集》第21页，上海古籍出版社1992年版。

② 《十三经注疏》第1625页，中华书局1980年版。

③ 《十三经注疏》第78页。

④ 王夫之《诗广传·召南二》。《船山全书》第3册第309页，岳麓书社1996年版。

道的展开。

二、事根于理

刘勰的《文心雕龙》号称"弥纶群言",然而,在实际上他并没有真正将所有的文学作为自己的论述对象,他所论述的是他所认为的文,此文乃是人之文,是人自己的外化之文,以心为本体作为心的外化的诗乃是刘勰所论文学的核心。如果拿中古时期的文学观念来衡量,刘勰所论虽然既论文又述笔,将文、笔全部包罗于其中,然而,其论述的重心乃在"文"则应属无疑。至于以事为本体的散体叙事文学,自然更在其论述之外。原因很简单,叙事的本体原非作者的心内之物,作品并非是作者的自我与自然的显现,不可能是作者的外化,因而也就不符合刘勰的人文文学观。在刘勰生活的年代里,小说本来已经得到了一定程度的发展,可是,《文心雕龙》对它们却几乎只字未提,人们常常对此现象感到不解,或者简单地以重文轻笔、重雅轻俗予以解释,却不知真正的原因乃是小说不属于刘勰所理解的文学①。

小说与叙事既不在文学的范畴之内,《原道》亦非针对叙事而发,这就决定了在刘勰的理论体系里,道也只能是诗学的形上本体,却不会是叙事学的本体,尽管从广义上说,道乃是天下万物之母。在刘勰之后的论者以道论文时,也都沿袭了刘勰的思路,主要是指称诗学而没有囊括叙事在内。事实上,叙事学也确实没有将道而是以理作为自己的形上日的,而叙事也只是理而非道的展开。

作为最初的叙事形态之一,史传的撰作自然是为了替现实与历史立此存照,制造一个永恒的复本。然而,史传又绝不仅仅止于事实层面的记录。孔子修史,原因就在"我欲载之空言,不如见之于行

① "史传"之所以被列入论述对象,并以单章出现,除了当时史传已经较为繁荣并有一定的地位,作者不好公然忽略之外,一个重要原因还在于史传中还有一部分容纳了作者观点,且以韵文形式出现的"赞语"。

事之深切著明也”。司马贞“索隐”解释此句曰：“孔子言我徒欲立空言，设褒贬，则不如附见于当时所因之事，人臣有僭侈篡逆，因就此笔削以褒贬。”（《史记·太史公自序》）①对此，司马迁也引为知言。从这里可以清楚地体会到，史传叙事并非单纯为了叙事，以事说理也是其内在动因之一。章学诚在评《春秋》时就说：“史之大原，本乎《春秋》。《春秋》之义，昭乎笔削。笔削之义，不仅事具始末，文成规矩已也。以夫子义则窃取之旨观之，固将纲纪天人，推明大道。”（《文史通义·答客问上》）②既然如此，说史传中的叙事隐含了一定的义理也就不会有错。以事说理的必然前提就是事中含理，事若不含理，如何说理？几道、别士在总结古代叙事的特点时就特别指出：“书之纪人事者谓之史，书之纪人事而不必果有此事者谓之稗史，此二者并纪事之书，而难言之理则隐寓焉。”（《本馆附印说部缘起》）③将事与理看成是叙事（史传与小说）的两个必然的因素。

叙事之事以义理为目的，受义理的支撑，在小说叙事的另一个源头——诸子故事中可以看得更为真切。众所周知，在诸子散文中有不少类于今天之所谓小说的故事，《庄子》中的“坎井之蛙”、“涸泽之鱼”、“庖丁解牛”，《韩非子》中的“三虱相讼”、“曾子杀彘”，《战国策》中的“狐假虎威”、“鹬蚌相争”，《孟子》中的“揠苗助长”、“齐人有一妻一妾”等就是其中的出色者。这些故事有一个共同的特点，它们都是为了说明某个道理而存在。比如，“庖丁解牛”说的是道进于技之理，“齐人有一妻一妾”说的则是“人之所以求富贵利达者，其妻妾不羞也而不相泣者，几稀矣”。这些故事都是由叙事与道理两部分构成，有时说理在前叙事在后，有时叙事在前而说理在后。但是，无论理在前还是在后，甚或无论构思时是先有理后创事，还是先有事后悟理，叙事都是手段，而理则是叙事的目的与重心。理既是事

① 司马迁《史记》卷130，第3298页，中华书局1982年版。
② 章学诚《文史通义》卷5，第47页，上海书店1988年版。
③ 黄霖等《中国历代小说论著选》下册第3页，江西人民出版社2000年版。

的根本,事也就是理的形象的化身。

唐传奇中也保持了以意为主、因理设事的寓言传统。有不少作品可以隐隐约约地发现事与理两个部分。《枕中记》中卢生黄粱一梦,尽悟"宠辱之道,穷达之运,得丧之理,死生之情"(《中国小说史略·唐之传奇文上》)①,劝诫之意已经较为明显。《南柯太守传》中,作者还禁不住直接表明其创作意旨曰:"虽稽神语怪,事涉非经,而窃位著生,冀将为戒。后之君子,幸以南柯为偶然,无以名位骄于天壤间云。……前华州参军李肇赞曰:贵极禄位,权倾国都。达人视此,蚁聚何殊。"②

当然,随着叙事的逐步发展与成熟,叙事中的说理性不再像初时那么直接,而是变得越来越隐蔽。一般说来,叙事文本不再有截然分开的事与理两个部分。相反,理往往是以种种形式,特别是人物话语的形式,随意散落在作品中的各个角落。有的时候,甚至还很难直接找到作品所要表达的理。然而,这种形式上的变化,并没有改变叙事作品中事由理发、事向理去的实质。正因为如此,几乎所有的叙事作品都可以提炼成为一个句子,一个道理。毛宗岗认为,《三国演义》"一部如一句",这就是第一百二十回收结处的"天下大势,合久必分,分久必合"(《三国演义》第一百二十回眉批)③。张竹坡则说《金瓶梅》"开卷一部大书,乃用一律一绝三成语一谚语尽之,而又入四句偈作证,则可云《金瓶梅》已告完矣"(《金瓶梅》第一回总批)④,也有相同的意味。至于《歧路灯》,亦可以用八个字概括曰:"用心读书,亲近正人。"(蔡振绅《歧路灯发刊辞》)⑤显然,这句浓缩的话语就是全部故事的精髓,就是全书所要表达的理。

① 《鲁迅全集》第9卷第73页,人民文学出版社1981年版。

② 《太平广记》卷475第3915页,中华书局1961年版。

③ 陈曦钟等《三国演义》会评本第1456页,北京大学出版社1986年版。

④ 侯忠义等《金瓶梅资料汇编》第54页,北京大学出版社1985年版。

⑤ 丁锡根《中国历代小说序跋集》下册第1645页,人民文学出版社1996年版。

一部作品可以抽象出一句话、一个理，反过来说也就是一部作品其实就是由一句话、一个理而来，就是由一句话、一个理的展开。夏曾佑曰："小说者，以详尽之笔，写已知之理者也。"（《小说原理》）①一部叙事作品往往是萌生于某个简单的道理。有事必有理，无理，事却无由而生，理乃是隐藏在事背后并且对事起支配作用的叙事学更深的本体。事与理的这种关系在叙事文学的创作过程中可以看得相当清楚。叙事文学大凡有两种模式：一种是作者头脑中先有理，后为此理设计事以体现之；一种是先有事，在创作之后才发现事中之理。在前一种模式中，事由理生自不待说，事实上，即使是在后一种模式中，触发作者创作的原质也可能是那事中所含之理，只不过是当时作者对此尚没有明晰的意识而已。若非事中之理，也就不会有后来的作品。不仅如此，整个叙事作品材料的取舍和组织，也常常是决定于事件中的理，而并非是像人们印象中那样只是事件本身顺序的自然排列。《三国演义》的收结就充分地体现了理对事的控制。毛宗岗指出："《三国》一书，有巧收幻结之妙，设令魏而为蜀所并，此人心之所甚愿也，设令蜀亡而魏得一统，此人心之所大不平也。乃彼苍之意不从人心所甚愿，而亦不出于人心之所大不平，特假手于晋以一之，此造物者之幻也。……且吴为魏敌而晋为魏臣，魏以臣弑君，而晋即如其事以报之，可以为戒于天下后世，则使魏而见并于其敌，不若使之见并于其臣之为快也，是造物者之巧也。"（《读三国志法》）②若非毛宗岗点明，谁会想到这自自然然的历史顺序原来还是义理所生成的，其中还包含了作者独具的匠心呢？

如此看来，就像诗学的心本体之下还隐藏着道的深层本体一样，叙事学的事本体之下也隐藏着其深层本体理。叙事学在表层上

---

① 黄霖等《中国历代小说论著选》下册第 110 页，江西人民出版社 2000 年版。

② 黄霖等《中国历代小说论著选》上册第 345 页，江西人民出版社 2000 年版。

根源于事,以事为本,而在更深的层次上却又是发源于理,归根于理。事处在语词与理之间的中间层,因而它还较为活跃,有实有之事、或有之事、虚构之事和文生之事之分。事实上,这些不同形态与质地的"事"之所以都叫"事",关键一点就在于它们都合乎"理","理"可以说是事本体之所以能够由实有之事逐级变化至文生之事的最终根据,所谓"小说野俚诸书,稗官所不载者,虽极幻妄无当,然亦有至理存焉"(谢肇淛《五杂俎》卷十五)①。

需要指出的是,事由理生并非说一部叙事作品中就只能有一个理,或者一部叙事作品只能是一个理的展开。与此相反,一些优秀的叙事作品往往可以提炼出多种道理来,或者说它竟是由多种道理生成。同是《西游记》,王韬说:"一切魔劫由心生,即由心灭,此其全书之大旨也。"(《新说西游记图像序》)②虞集《西游证道书序》曰:"虽其书离奇浩汗,亡虑数十万言,而大要可以一言蔽之,曰收放心而已。"③张书绅则曰:"予今批《西游记》一百回,亦一言以蔽之,曰:只是教人诚心为学,不要退悔。"(《新说西游记自序》)④这种对作品的不同解释,自然少不了有读者接受方面的原因,但是作品本身的多义性却是多种阐释的前提。正因为此,就是在同一评者眼里,一部作品也可能显现出多种义理。张竹坡在《金瓶梅》第六十一回"说你会唱四梦八空"句下夹批曰:"夫一梦一空,已全空矣。况一梦两空,天下安往非梦,亦安往非空。然而不梦亦不空,又不可不知。金瓶点题,每在曲名小令,是又一大章法。"意思是说《金瓶梅》的主题是写人生若梦之理。而在《金瓶梅》第一百回总评中他又说:"第一

① 黄霖等《中国历代小说论著选》上册第167页,江西人民出版社2000年版。

② 丁锡根《中国历代小说序跋集》下册第1363页,人民文学出版社1996年版。

③ 丁锡根《中国历代小说序跋集》下册第1352页,人民文学出版社1996年版。

④ 丁锡根《中国历代小说序跋集》下册第1362页,人民文学出版社1996年版。

回弟兄哥嫂,以悌字起,一百回幻化孝哥,以孝字结,始悟此书,一部奸淫情事俱是孝子悌弟,穷途之泪。"①又以为《金瓶梅》的主题是写孝悌之理。

三、道理的分别

在日常语言中,道与理总是相粘相连在一起。似乎道与理就是那么一回事。其实,道与理之间具有深刻的差异。

从字源上说,"道"与"理"本来就相距甚远。《说文》曰:"道,所行道也。"《诗·小雅·大东》诗曰:"周道如砥,其道如矢。"故任继愈先生说:"道不是来自天上,恰恰是来自人间,来自人们日常生活中所接触到的道路。"②而"理"在开初时乃是一动词,《说文》曰:"理,治玉也。"《韩非子·和氏》有曰:"王乃使玉人理其璞而得其宝焉,遂命曰和氏之璧。""道"与"理"虽然在日后都发展成为规律、道理之义,但它们的不同起源决定了在表达这相近的意思时两者仍然有重大的差异。

道与理的差异首先就表现在,道是万物之母,万理之理,道是世界的本原,而理则是道在现实世界中的具体展开。韩非子曰:"道者,万物之所然也,万理之所稽也。理者,成物之文也,道者,万物之所以成也。"(《韩非子·解老》)③王夫之亦曰:"道者,天地人物之通理。"(《张子正蒙注》卷一)④道是一切事物的根本,一切道理的渊薮,而理则是具体事物之所以然,道居于深层难以目睹,而理则常显示于事物的表层。理可以通过人的实践而知之,并且行之,而道则是人的知识之外的独立存在。从时间上来说,理往往具有一定的时

① 侯忠义等《金瓶梅资料汇编》第138、194页,北京大学出版社1985年版。

② 任继愈《老子哲学讨论集》第14页,中华书局1959年版。

③ 《诸子集成》本《韩非子集解》卷6,第107页,上海书店1986年版。

④ 《船山全书》第12册第12页,岳麓书社1996年版。

间适应性,而道则超越了时间的限制。邬昆如认为,道与西方的逻各斯一样,“不但超越了感官世界的变化,而且超越所有时空的束缚,超越了时空,同时也就超越了运动变化……只能用‘永恒’与‘常’来形容”①。正因为如此,对于人来说,道可以说是无法捉摸的,就是道家的祖宗老子,也只能说:“道之为物,惟恍惟惚。”(第二十一章)②而无法用语言将它描述出来。对于道来说,语言常常并非澄明之物,相反倒容易形成遮蔽。与此不同,理恰恰能与语言相互印合,它不仅可以而且需要用语言将它准确地定义出来。几乎可以说,凡是理都能用语言表述出来,不能表述出来的就则不足以成为理。能否用语言表述,是判别道与理的一个重要依据。当然,道一方面倾向于包罗天地人万物,一方面又常常偏指天地自然之道,理一方面是指具体事物的道理、规律,一方面又偏向于日常之理、人之理、社会之理。与此相应,道常无是非,而理则总是与是非相涉,汤显祖甚至干脆说:“是非者理也;重轻者势也;爱恶者情也。”(《沈氏弋说序》)③

道与理的这些深刻的差异,决定了诗学与叙事学的不同面貌。这种不同在题材与内容的取向上就有显明的表现。比如说,诗学对山水自然表现出浓厚的兴趣,甚至到了无山水景物便难以成诗的地步。而叙事学则总是以社会人生作为题材。就是像《封神演义》、《西游记》这种以神魔鬼怪为对象的作品,其实也只是人间社会的折射。诗之所以对山水景物如此的感兴趣,一个重要原因就是,山水自然不仅在形态上给人以具体可感的美的感觉,而且还极容易将人引向道的境域。换句话说,山水自然本身就是道的感性显现。阮籍云:“山静而谷深者,自然之道也。”(《达庄论》)④宗炳也说:“山水质

① 邬昆如《庄子与古希腊哲学中的道》第189—190页,台湾“国立编译馆”1972年版。

② 《诸子集成》本《老子道德经》第12页,上海书店1986年版。

③ 《汤显祖全集》第1647页,北京古籍出版社1999年版。

④ 《阮籍集》第34页,上海古籍出版社1978年版。

而有趣灵。""山水以形媚道。"(《画山水序》)①现代诗学论者常常从诗艺的角度批评谢灵运等人的山水诗"截分两橛",一半写景一半说理,在山水景物描写之后拖着一条玄言的尾巴,却不知在当时作者来说,玄言的感悟乃是对山水价值的提升。

不仅如此,道与理的不同本体,还使得诗学与叙事学在主题与结构方面的表现迥异。由于"道可道,非常道"(《老子》第一章)②的缘故,诗学不像叙事学那样容易提炼出一个明晰的主题来,确定的主题从来就不是好诗的特征,相反,那些"不知所云"的无题诗却常常是诗学史上的优秀之作。与此相应,诗学的结构也往往是混沌一体,难以理清头绪。叙事作品从根本上来说乃是理的展开,所以,它们不仅具有明确的主题,而且叙事的结构也由于主题的统率而总是有条有理、头绪分明。诸多叙事作品都是有起有结,故事的来源有原有本。即使是故事本身并没有那么清楚的头尾,叙事者也会想方设法为之添置上去。如《新编五代史平话》之以刘邦诛功臣韩信、彭越、陈豨,"这三个功臣抱屈衔冤,诉于天帝。天帝可怜见三功臣无辜被戮,令他们三个托生做三个豪杰出来:韩信去曹家托生做着个曹操,彭越去孙家托生做着个孙权,陈豨去那宗室家托生做着个刘备。这三个分了他的天下"作为开头③,《水浒》之以"洪太尉误走妖魔"起笔,《红楼梦》以青埂峰灵河岸神瑛侍者与绛珠仙草的传说作为引首,都体现了一种理的精神。《三国演义》以诗词起,诗词结,同样显示了理在叙事文学中的特殊地位,毛宗岗第120回收结处夹评曰:"此一篇古风将全部事迹隐括其中。而末二语以一梦字、一空字结之,正与首卷词中之意相合。一部大书以词起,以诗收,绝妙章法。"④当然,这样的称赞也可以用在其他古代小说之中。

当然,道与理本体的不同,最终决定了诗学的超越性与叙事学

① 《历代名画记》卷6,第130页,人民美术出版社2004年版。

② 《诸子集成》本《老子道德经》第1页,上海书店1986年版。

③ 《三国志平话》起笔也用这个故事。

④ 陈曦钟等《三国演义》会评本第1457页,北京大学出版社1986年版。

对现实的沉迷。虽然说古代诗学象、意、神、韵、境、气、趣诸范畴，都具有可视、可触、可感的具象性，然而，这种具象从来就非纯粹的形而下的器，而是与形而上的道隐然相通。《荀子》曰："乐者，乐也。君子乐得其道，小人乐得其欲。以道制欲，则乐而不乱；以欲忘道，则惑而不乐。故乐者，所以道乐也。"（《乐论》）①道的存在，无论在诗中还是在乐中都是感性的一种制约力量。与此相反，小说叙事由于执著与沉迷于社会现实的探究，因而缺乏超越的力量。它们常常安心于以故事来说明那些被社会所普遍接受的诸如好人好报、恶人恶报之类的公理。如果说小说叙事中有些形上意味的话，那么，它也往往是借助于诗词表达出来的，《三国演义》对现实历史的超越集中反映于篇首所引杨慎"滚滚长江"词，《红楼梦》的超越则集中于《好了歌》。这个反差饶有兴味地显示了道与诗学的亲近，及与叙事学的疏远。

诗学以道为本体，而叙事学则以理为本体，这种基本格局使得诗学与叙事学在中国文学与文化史上有了不同的功用和地位。诗学以道为主，所以在很多时候文人士子们常常是将它作为自我救赎、自我升华的工具，对他们来说，作诗的过程也就是悟道的过程。正因为如此，诗学得以在中国文学史中长期以来都位居高位，即使是在全盘否定文学的极端理学家那里，诗也有自己的一席之地，也就得益于诗中之道。叙事学津津乐道于社会历史中的庸常之理，所以，它们常常被用作为开化百姓、救赎大众的工具。但是，尽管作者自己总是宣称小说如何的于社会有益，然而，它们却总是受到主流文化的排斥，长期以来只能在文化的边缘徘徊。

当然，诗学的道本体与叙事学的理本体，也为诗学与叙事学带来了一些负面效应，这也毋容讳言。玄言诗与理学诗的出现就与诗学对道的追求直接相关。诸如"浩浩元化，五运迭送。昏明相错，否泰时用。数钟大过，乾象摧栋。惠怀凌构，神銮不控"（孙绰《与庾冰诗》其一），"大朴无像，钻之者鲜。玄风虽存，微言靡演。邈矣哲人，

① 《诸子集成》本《荀子集解》卷14第254页，上海书店1986年版。

测深钩缅。谁谓道辽，得之无远”（孙绰《赠温峤五章》其一）①一类诗的产生，就是由于过于急切地表露自己，而走向了诗的反面。道一旦失却了形象的依托，一旦赤裸裸的自我暴露出来，诗也就不再成其为诗，而道也失去了它应有的意蕴。与玄言诗一样，宋代理学诗的观念也吞噬了形象，从而严重地扭曲了诗与道本身。李梦阳对此批评说：“宋人主理，作理语，于是薄风云月露，一切铲去不为，又作诗话教人，人不复知诗矣。诗何尝无理，若专作理语，何不作文而诗为耶？”（《缶音序》）②

与诗学本体对形象的挣脱一样，叙事中的理也常常跳脱于故事之外。不过，与诗学中的道理直陈相比，叙事学中的议论化要远为普遍。以话本小说为例，从较早的话本集《清平山堂话本》，到晚期的话本集《跻春台》，几乎很少有作品没有诸如因果报应之类的说教，在故事之前、之中或之后，插入作者的点题式的议论，几乎成了古代叙事不变的格式。《施润泽滩阙遇友》中的“种瓜得瓜，种豆得豆，一切祸福，自作自受”，《蒋兴哥重会珍珠衫》中的“今日听我说《珍珠衫》这套词话，可见果报不爽”，“殃祥果报无虚谬，咫尺青天莫远求”一类话语可说是这种议论的标准模式。更为严重的是，对于这样一种现象，无论作者、读者还是评论者，都表现出相当程度的宽容，有人甚至还将叙事中的议论看作是值得炫耀的优点，蔡元放就说：“正在叙事时，忽然将身跳出书外，自着一段议论，前传亦有数处，然俱不过略略点缀；本传则皆将天理人情，明目张胆畅说一番，使读者豁然眼醒，则较之前传为更胜也。”（《水浒后传读法》）③正是有了这种观点的支撑，日后才出现了通篇议论而几乎不再有故事的新小说。

---

① 逯钦立《先秦汉魏晋南北朝诗》第 898、897 页，中华书局 1983 年版。
② 蔡景康编《明代文论选》第 106 页，人民文学出版社 1993 年版。
③ 黄霖等《中国历代小说论著选》上册第 428 页，江西人民出版社 2000 年版。

四、道理的同一

道与理之间固然有着深刻的差异,然而,从另一方面说,道与理从来就难以截然分清。正如前面已经提到的,道本来就是万理之理,是理的一种,而理则是道的具体化,它在本质上具有道的成分。毋宁说道就是大理,理则是小道。在有的论者看来,道与理甚至就是异名而同实。朱熹曰:“天地之间,有理有气。理也者,形而上之道也,生物之本也;气也者,形而下之器也,生物之具也。是以人物之生,必禀此理,然后有性;必禀此气,然后有形。”(《答黄道夫书》)①就是将理与道视为与气相对立的相同概念。道与理的这种粘连与共生性决定了诗学与叙事学深层本体存在的复杂性。

正因为如此,在一些诗学论著中,一方面以道作为诗学的深层本体,一方面在具体论述时又频频以理作为诗的根本。刘勰《文心雕龙·辨骚》篇曰:“山川无极,情理实劳。”《明诗》篇曰:“巨细或殊,情理同致。”《体性》篇曰:“情动而言形,理发而文见。”《熔裁》篇曰:“情理设位,文采行乎其中。……蹊要所司,职在熔裁,檃括情理,矫揉文采也。”②都是理与情并举,并将它们作为了诗学之双重本体。刘勰一边以道作为诗学与文学的根本原因,一边又以理作为诗学之本,其实并无多大矛盾,这就正如心是诗学的本体并不影响道是诗学的深层本体一样。由于道本身的难以言说与抽象性,作为诗学的深层本体,它必然要在诗中以某种更为具体的形式显现出来,理就是道的一个方便的替代。诸如“山气日夕佳,飞鸟相与还。此中有真意,欲辩已忘言”(陶渊明《饮酒》之五)、“木末芙蓉花,山中发红萼。涧户寂无人,纷纷开且落”(王维《辛夷坞》)这般不及道而道意

① 《朱子全书》第23册第2755页,上海古籍出版社、安徽教育出版社2002年版。

② 陆侃如、牟世金《文心雕龙注释》第136、146、368、410页,齐鲁书社1995年版。

盎然的诗作，当然是道本体的最佳显现，但是毕竟它们不可多得。

或许正是由于理与道的这层关系，言理之诗在整个诗学史上虽然常常受到严厉的批判，但是，几乎在任何时候都仍然有言理诗的存在。有的论者甚至还公然为诗中之理、诗中之议论辩护。沈德潜在评杜甫时说："老杜以宏才卓识，盛气大力胜之。读《秋兴》八首、《咏怀古迹》五首、《诸将》五首，不废议论，不弃藻缋，笼盖宇宙，铿戛韶钧，而横纵出没中，复含酝藉微远之致。目为'大成'，非虚语也。"(《说诗晬语》卷上)①甚至将诗中的理与议论视为常人所不能达到的成就。王夫之更是针对严羽"诗有妙悟，非关理也"的说法提出了"非理抑将何悟"(《诗绎》)②的反论，将理视为诗作的必须③。

诗学的道常常以理的形式呈现出来，与此相对应，叙事学的理却常向道的方向伸展。事实上，当一部叙事非常深刻地表现出了某种事理时，它也就自然会有道的意味，它与道的距离也就不远了。那些优秀的叙事之作，不会满足于日常的社会道理，而是常常暗含了对人与自然的终极关怀。司马迁之作《史记》自然有"稽其成败兴坏之理"的因素，但是"究天人之际，通古今之变"无疑是其更为深层的关怀(《报任少卿书》)④。这就是说《史记》的创作不仅有理的驱动，而且更有道的驱动。史传之作尚且如此，包含了更多个人思考的小说叙事在这方面就更为明显。《三国演义》中所表达的"分久必合，合久必分"，就很难说是具体的社会历史发展之理，还是涉及天人之际的道。《金瓶梅》、《红楼梦》中所流露的梦幻观念也是如此。

事实上，叙事学事本体的发展，似乎也与道的牵引有一定的关

① 丁福保《清诗话》第540—541页，上海古籍出版社1999年版。

② 王夫之《薑斋诗话》卷1。《四溟诗话·薑斋诗话》第144页，人民文学出版社1998年版。

③ 不过王夫之同时又指出，诗之理不同于"名言之理"、"经生之理"。其《古诗评选》评司马彪《杂诗》曰："非谓无理有诗，正不得以名言之理相求耳。"在《古诗评选》中评鲍照《登黄鹤矶》曰："经生之理，不关诗理，犹浪子之情，无当诗情。"

④ 班固《汉书》卷62，第2735页，中华书局1962年版。

系。如果说在实有之事阶段主要是表现伦理之理,或有之事与虚构之事所表达的主要是事理之理的话,那么,文生之事所表达的则趋向于情理之理。由实有之事向文生之事的发展,从一个角度来说就是从伦理之理向情理之理的发展。显然,伦理之理与道的距离更远,而情理之理则与道非常接近。情理之理,也就是此时此地人的言行事的开展之所必然。《红楼梦》第一回石头对空空道人所说:"历来野史,皆蹈一辙,莫如我这不借此套者,反倒新奇别致,不过只取其事体情理罢了,又何必拘拘于朝代年纪!"①张竹坡所说:"做文章,不过是情理二字。今做此一篇百回长文,亦只是情理二字。"(《金瓶梅读法》)②故脂砚斋在说"《石头记》一部中皆是近情近理"后,紧接着就有解释道:"必有之事,必有之言。"(庚辰本第十六回眉批)③换句话说,情理也就是自然而然、毫不勉强之意。在这里可以清晰的感受到理与道之间的内在联系。金圣叹在阐述文生之事,亦即论情理之理时有论曰:"今夫文章之为物也,岂不异哉!如在天而为云霞,何其起于肤寸,渐舒渐卷,倏忽万变,烂然为章也!在地而为山川,何其迤逦而入,千转百合,争流竞秀,窅冥无际也!在草木而为花萼,何其依枝安叶,依叶安蒂,依蒂安英,依英安瓣,依瓣安须,真如有神镂鬼簇,香团玉削也!在鸟兽而为翚尾,何其青渐入碧,碧渐入紫,紫渐入金,金渐入绿,绿渐入黑,黑又入青,内视之而成彩,外望之而成耀,不可一端指也;凡如此者,岂其必有不得不然者乎?"(金本《水浒传》第八回回批)④与刘勰的"原道"之论是何等的相似。

(作者系复旦大学教授)

① 《红楼梦》第5页,人民文学出版社1996年版。
② 侯忠义等《金瓶梅资料汇编》第35页,北京大学出版社1985年版。
③ 黄霖校点《脂砚斋评批红楼梦》第274页,齐鲁书社1994年版。
④ 《金圣叹全集》第1册第152页,江苏古籍出版社1985年版。

汉代乐署沿革与“乐”的诸形态

陈维昭

引　言

关于汉代的礼乐制度，司马迁的《史记》设有《乐书》的专章、班固的《汉书》设有《礼乐志》的专章予以记述。然而，《史记·乐书》、《汉书·礼乐志》究竟在多大程度上反映了汉代礼乐体制的真实？对此，清代王鸣盛从《汉书·礼乐志》的体例结构做出了独特的推断。从通例上说，“礼乐志”本当礼详而乐略，但《汉书·礼乐志》却是相反，是礼略而乐详。《汉书·礼乐志》全篇分两大截，后截论乐之文，比前截论礼文要多出三倍以上的篇幅。而乐的部分，也不过是详载郊庙歌诗，与“乐事”（指三代意义上的雅乐）无涉。对此，王鸣盛指出：

> ……汉实无所为礼乐，实无可志。子长礼、乐二书亦空论其理。但子长述黄帝及太初，若欲实叙，实难檃括。孟坚述西汉二百年，何难实叙。只因汉未尝制礼，乐府俱是郑声，本无可志。不得已，只可以空论了之。①

① 王鸣盛《十七史商榷》卷十一“汉无礼乐”条，《广雅丛书》本，光绪十九年广雅书局校刊。

王鸣盛从《汉书·礼乐志》所记述的内容读出了《礼乐志》所没有记述出来的内容。《礼乐志》记述了汉代的几位皇帝和贤臣在雅乐之订正的道路上的艰辛努力，但每一次的努力都不果而终。而汉代的俗乐却是大盛特盛。于是，王鸣盛揣情度理，指出：实际上，无论是司马迁，还是班固，在记述汉代之礼乐的时候，都在使用修辞手段，他们都深知汉代本无像样的礼乐可记，于是虚张声势，写出了一篇热热闹闹的礼乐志。王鸣盛却读出了热闹背后的空寂。

这是汉代礼乐的大体情形。在这个大体的框架中，汉代有它相对固定的礼乐制度。

关于汉代乐署的构成与职能，司马迁的《史记》并未设专门的章节作正面的记述，而是在述史的过程中提及一些乐官名称与乐署沿革。其《乐书第二》的主要内容则是“乐本”、“乐论”、“乐施”、“乐言”、“乐礼”、“乐情”、“乐化”、“乐象”等。班固的《汉书》则设有《百官公卿表》的专章，对汉代的官署名称及其职能有明确的记述。

据《百官公卿表》，汉代于丞相、太尉、御史大夫之下，设有九卿：太常、光禄、卫尉、太仆、延尉、鸿胪、宗正、司农、少府。这九大官署的基本构成与职能，《百官公卿表》有具体的说明，如其中的奉常与少府：“奉常，秦官，掌宗庙礼仪”①、“少府，秦官，掌山海池泽之税”②。班固的记述给了我们这样的印象：汉代的乐署有两大机构：太乐和乐府。太乐与太祝、太宰、太史、太卜、太医等同为奉常属官，负责朝廷的宗庙祭祀之乐，即雅乐；乐府则归属于具有“后勤”性质的少府管辖，负责俗乐。宋代的王应麟正是如此表述的，他说：“太乐令丞所职，雅乐也；乐府所职，郑卫之声也。”③王应麟的这一说法

① 班固《汉书·百官公卿表第七上》，第613页，中华书局1999年版。

② 班固《汉书·百官公卿表第七上》，第616—617页。

③ 王应麟《汉书·艺文志考证》卷八，《四库全书》本。

为后来的不少学者所接受①。

事实上,王应麟此话并不准确,太乐令丞所职固然是雅乐,但乐府所职,除郑卫之声外,也有雅乐,如郊祭乐。而且,乐府所职主要是俗乐,而"俗乐"并不等同于"郑卫之声"。后世论者往往对这两个概念随意替换,这是不恰当的。

汉代之"乐"的职能,除了由太乐、乐府、承华署等乐署承担之外,一些非乐署性质的职能官署也存在着"乐"的形态。如汉代的掖庭署就有女乐。所谓"内有掖庭才人,外有上林乐府,皆以郑声施于朝廷",可见掖庭才人所表演的是"郑声"俗乐。掖庭是宫中妃嫔居住的地方,《后汉书·班固传上》:"后宫则有掖庭、椒房,后妃之室。"李贤注引《汉官仪》:"婕妤以下皆居掖庭。"掖庭署则是主管后宫贵人采女事的官署。该官署沿袭秦代永巷,武帝时改为掖廷,东汉则同时设立掖庭令和永巷令。妃嫔也需要有自己的娱乐,掖庭署管"采女"事,采女选自民间,其"采"的标准,当有乐舞方面的考虑。慧琳《一切经音义》卷二一引汉应劭《风俗通》:"六宫采女凡数千人,天子遣掖庭丞相率于乡中阅视童女年十三已上、二十已下,长壮皎洁有法相者,因载入宫,谓之采女也。"掖庭有自己的女乐,也是自然成章的事情。哀帝时司隶校尉解光在历数王根的劣迹时说:"根骨肉至亲,社稷大臣,先帝弃天下,根不悲哀思慕,山陵未成,公聘取故掖庭女乐五官殷严、王飞君等,置酒歌舞,捐忘先帝厚恩,背臣子义。"②

如果我们从广义的"乐"(yuè 与 lè,乐舞与娱乐)的概念出发,不局限于乐舞之官署,而是着眼于与乐舞、娱乐相关之官署,于是,

① 刘永济说:"二官(指太乐令丞和乐府令丞——引者)断然不同。盖郊庙之乐,旧隶太乐。乐府所掌,不过供奉帝王之物,侪于衣服室货珍膳之次而已。"(刘永济《十四朝文学要略》第二卷第四章,第133页,中国文化服务社1945年版)王运熙先生说:"西汉乐官,主要的有'太乐'与'乐府'二署,分掌雅乐俗乐。"见王运熙《乐府诗述论》第210页,上海古籍出版社1993年版。

② 班固《汉书·元后传第六十八》,第2961页。

我们就会注意到太乐、乐府之外的其他存在着“乐”之要素、“乐”之职能的部门。本文以“乐”的双重义项为视角，考察汉代乐署沿革与“乐”的诸形态的关系及其历史演变。

一、太乐——大予乐（汉代太乐的沿革）

据《百官公卿表》，太乐署掌宗庙之乐。然而汉代的宗庙之乐即是雅乐吗？或者说汉代的雅乐究竟与前代的雅乐有何不同？

三代的雅乐到了秦代已经所剩无几了。刘邦建立汉朝时，并未有雅乐，他让小孩唱的《大风歌》，则属于楚歌。如果从地域意义上理解“郑卫之音”的话，楚声也属于广义上的“郑卫之音”①。至孝惠、孝文、孝景三帝之时，也一仍高祖之旧②。实际上，到了汉代，已经没有人知道什么是真正的三代之雅乐。但汉代有自己心目中的雅乐。建立雅乐，是汉代官方意识形态的不懈努力。只不过雅乐之建立极为艰难。我们可以为西汉那些热切呼吁或致力于雅乐之建立的人物列出一个长名单：叔孙通、贾谊、董仲舒、王吉、刘向、河间献王、王禹。

西汉末王莽之复兴周代礼乐，开历史之倒车，史学界对此已有定论。但是，我们不能不说，这种复兴周代礼乐的意向在当时却是顺应了某种社会呼声。汉成帝以来“郑声”泛滥，世风日下，“正雅乐”成了官方的理性意向（尽管在感官需求上并非如此）。

东汉的雅乐同样经历了一个艰难的建设过程。

东汉建立之后，首重礼乐教化。世祖的立明堂、辟雍，明帝的正雅乐，都是试图一振成帝以来的颓败世风，重建儒家礼乐的正统地位。

光武帝在位三十年，政教清明，于是营立明堂、辟雍。汉明帝即

① 见拙文《“郑卫之音”与商周政治文化演革》，《燕山大学学报》2009年第3期。

② 《史记·乐书》，第1038页，中华书局1999年版。

位，躬行其礼。永平二年三月，明帝帅群臣躬养三老、五更于辟雍。行大射之礼。郡、县、道行乡饮酒于学校，皆祭祀周公、孔子，于是"七郊礼乐三雍之义备矣"①。另一方面，光武帝建立东汉时，对自身的作为天子的合法性似乎信心不足，这是他大兴谶纬的一个重要原因。同时，他跟汉武帝一样，重视郊祀。但与汉武帝不一样的是，他重郊祀，只是要利用郊祀仪式，把他受命于天的谶纬昭告天下。

明帝也好雅乐。据《后汉书》，永平十年，"闰月甲午，南巡狩，幸南阳，祠章陵。日北至，又祠旧宅。礼毕，召校官弟子作雅乐，奏《鹿鸣》，帝自御埙篪和之，以娱嘉宾。还，幸南顿，劳飨三老、官属"。明帝时郊祀所奏之乐，《后汉书》有明细的介绍，如立春之日祭青帝，立夏之日祭赤帝，立秋之日祭白帝，立冬之日祭黑帝，皆有乐舞，如歌《青阳》、《朱明》、《西皓》、《玄冥》等，八佾舞《云翘》、《育命》之舞②。永平十八年，明帝于庙祭时用郊庙乐《大予乐》，班固在其《东都赋》对此曾予以讴歌："扬世庙，正予乐。"明帝的"正予乐"究竟"正"到什么程度？似乎未见到实质性的结果。我们于史籍中只见到他儿子刘炟当了皇帝之后在正雅乐的道路上仍然举步维艰。元和元年，待诏候钟律殷彤即上书称朝中无人懂得以准器调定六十律的方法。他向章帝提议，征召故待诏严崇之子。严崇是识"准法"的，并正在把此法教给他儿子。但章帝似乎对严崇之子信心不大。他说"崇子学审晓律，别其族，协其声者，审试。不得依托父学，以聋为聪。声微妙，独非莫知，独是莫晓。以律错吹，能知命十二律不失一，方为能传崇学耳"。而测试的结果，严崇之子果然大失所望。于是，"自此律家莫能为准施弦，候部莫知复见"。至汉灵帝熹平六年，灵帝在东观召见典乐的太子舍人张光，以问"准意"。"光等不知，归阅旧藏，乃得其器。形制如房书，犹不能定其弦缓急。音不可书以晓人，知之者欲教而无从，心达者体知而无师，故史官能辨清浊者遂绝。

---

① 司马彪《后汉书·礼仪上》，第2107页，中华书局1999年版。

② 司马彪《后汉书·志第七祭祀上》，第2162页。

其可以相传者,唯大榷常数及候气而已。”①熹平六年为公元 177 年,其时离东汉之亡为 43 年。

与雅乐之式微步履紧紧相随的,则是俗乐郑声的洪流滚滚。

二、乐府——黄门鼓吹署

(一) 乐府的设置与职能

说到乐府,我们首先要讨论乐府的设置的时间问题,即乐府设立于何时。

关于乐府的设置的具体时间,司马迁的《史记》并没有明确记述,只有一处提到“乐府”:

> 高祖过沛诗三侯之章,令小儿歌之。高祖崩,令沛得以四时歌鸩宗庙。孝惠、孝文、孝景无所增更,於乐府习常肄旧而已。②

班固有四段文字述及“乐府”,常为人们所引用:

> 1. 高祖乐楚声,故《房中乐》楚声也。孝惠二年,使乐府令夏侯宽备其箫管,更名曰《安世乐》。③
>
> 2. 初,高祖既定天下,过沛,与故人父老相乐,醉酒欢哀,作“风起”之诗,令沛中僮儿百二十人习而歌之。至孝惠时,以沛宫为原庙,皆令歌儿习吹以相和,常以百二十人为员。文、景之间,礼官肄业而已。至武帝定郊祀之礼,祠太一于甘泉,就乾位也;祭后土于汾阴,泽中方丘也。乃立乐府,采诗夜诵,有赵、代、秦、楚之讴。以李延年为协律都尉,多举司马相如等数十人

---

① 司马彪《后汉书·志第一律历上》,第 2040 页,中华书局 1999 年版。

② 司马迁《史记·乐书第二》。

③ 班固《汉书·礼乐志》,第 892 页,中华书局 1999 年版。

造为诗赋，略论律吕，以合八音之调，作十九章之歌。以正月上辛用事甘泉圜丘，使童男女七十人俱歌，昏祠至明。夜常有神光如流星止集于祠坛，天子自竹宫而望拜，百官侍祠者数百人皆肃然动心焉。①

3. 自孝武立乐府而采歌谣，于是有赵代之讴、秦楚之风。②

4. 至于宣武之世，乃崇礼官，考文章，内设金马石渠之署，外兴乐府协律之事。③

班固的话之引起后世争议，是“乃立乐府”一语。

关于“乃立乐府”，颜师古的注是：“始置之也。乐府之名盖起于此，哀帝时罢之。”认为乐府是武帝时“始置”的。然而，不论是《史记》还是《汉书》，此前（《汉书》则在此句的数百字之前）都提到惠帝时有乐府，颜师古当然不会不知道。但他却作了这一注解，遂令此后学者聚讼于乐府始置之时间问题。

颜师古的“武帝始立乐府”之说，在其后很长的一段时间里为学界所普遍接受。最早对此提出质疑的是宋代的王应麟。他从《汉书》的自相矛盾处推断：文帝、惠帝时已有乐府④。此后，顾炎武、沈钦韩、何焯等人都曾提出质疑或否定。彭丽天则明确提出，不仅武帝之前有乐府，秦代就已经有乐府。他说：“少府，秦官，属官有乐府。则乐府令，当是秦官。”⑤彭丽天的逻辑是：既然少府是秦官，那么，少府的属官当然也属于秦官，也即秦时即已有乐府。

王运熙先生不同意这些否定性的意见，他在20世纪四五十年代撰文提出一种全新的解释：“《史记·乐书》的‘乐府’，《汉书·礼乐志》的‘乐府令’，都是泛称，实际即指‘太乐’和‘太乐令’。”⑥他举

① 班固《汉书·礼乐志》，第893页。

② 班固《汉书·艺文志》，第1384页。

③ 班固《两都赋序》，见萧统《文选》卷一，第2页，上海古籍出版社1986年版。

④⑤ 转引自施之勉《汉书集释》第2151页，台湾三民书局2003年版。

⑥ 王运熙《汉武始立乐府说》，《乐府诗述论》第193页，上海古籍出版社2006年版。

出了《续汉书·律历志》、蔡邕《叙乐》、桓谭《新论》、释智匠《古今乐录》等四条文献中以“乐府”代称“太乐”的事实去论证他的推断。也即,王先生认为班固《汉书》的武帝“乃立乐府”,颜师古的武帝“始置之也。乐府之名盖起于此”的说法是正确的,武帝之前的文献中的“乐府”实指太乐。

桓谭《新论·离事第十一》说:“汉之三主,内置黄门工倡。昔余在孝成帝时任乐府令,凡所典领倡优伎乐,盖有千人之多也。”①王运熙先生以《后汉书·桓谭冯衍列传》互校,指出“昔余”下脱一“父”字,《后汉书》桓谭本传说:“桓谭字君山,沛国相人也。父成帝时为太乐令。谭以父任为郎,因好音律,善鼓琴。”即桓谭的父亲在成帝时任太乐令,桓谭则“以父任为郎”,桓谭一生并未任过乐府令。所以桓谭《新论》中的这条材料也是以“乐府”泛称“太乐”②。

2003年,韩国良先生在王运熙先生的推断的基础上,进一步对“使乐府令夏侯宽备其箫管”一条进行论证,指出此处的“乐府令”也是指“太乐令”。韩氏从太乐署与乐府署不同的职能分工去完成这一推论。他指出,“乐府令”夏侯宽是为唐山夫人的《房中乐》(即《安世乐》)“备其箫管”的,而《房中乐》属宗庙之乐,宗庙之乐属太乐的职责范围。故夏侯宽的“乐府令”应是“太乐令”。《大风歌》也属宗庙乐,故“孝惠、孝文、孝景无所更增,于乐府习常肄旧”中的“乐府”也只能是“太乐”③。(韩氏的这一论证并不具有说服力。详后文)

然而,20世纪下半叶的两次文物发现,却对颜师古的说法以及王运熙先生的解释提出严峻的挑战。

1977年,陕西省临潼县秦始皇墓附近出土的秦代编钟即刻有“乐府”二字。

此外,20世纪90年代中期,西安北郊发现了一些秦封泥,其中有“乐府丞印”、“左乐丞印”、“左雍钟印”、“外乐”等,说明秦代已经

---

① 桓谭《新论·离事第十一》,第45页,上海人民出版社1967年版。
② 王运熙《汉武始立乐府说》,《乐府诗述论》第179页。
③ 韩国良《“汉武乃立乐府”考》,《河南师范大学学报》2003年第6期。

设立了作为音乐管理机构的乐府。可见《汉书》的“乃立乐府”并非如颜师古所说的是“始置之也”。

对于武帝之前的几条与“乐府”有关的文献，王运熙先生成功地解释了其中的两条，但是，王应麟所提及的贾谊《新书》“乐府”一条，则显然不是“泛称”所能解释的。所有力证班固、颜师古的说法之正确性的学者，都无法证明此条中的“乐府”也是“太乐”的泛称。这一条是贾谊在向汉文帝献上阴毒的政治权术时提及的：

> 降者之杰也，若使者至也，上必使人有所召客焉。令得召其知识，胡人之欲观者勿禁。令妇人傅白墨黑，绣衣而侍其堂者二十三十人，或薄或掩，为其胡戏以相饭。上使乐府幸假之倡乐，吹箫鼓鞀，倒絜面者更进，舞者蹈者时作，少间击鼓舞其偶人，莫时乃为戎乐，携手胥强上客之后，妇人先后扶侍之者固十余人，令使者、降者时或得此而乐之耳。一国闻之者、见之者，希盱相告，人人忣忣唯恐其后来至也，将以此坏其耳，一饵。①

贾谊向汉文帝进献服胡者之心的权术：在胡人降者面前，让汉文帝召见胡人所认识的人，由二三十名妇女侍候此人，为胡戏以相饭。然后让乐府用倡乐去招待他，吹箫击鼓，然后是翻筋斗、戴面具等杂技表演，然后是木偶乐舞表演，晚上便是戎乐表演。使胡人知道之后奔走相告，趋之若鹜。这是贾谊提出的坏胡人之心的诱饵。

这里要让乐府去做的是以“倡乐”招待胡人。汉代有此做法。《琴操·怨旷思惟歌》云：“单于遣使朝贺，元帝陈设倡乐。”这些“倡乐”包括：吹箫鼓鞀、倒絜面者、鼓舞偶人、戎乐等等。这一类“乐”当然不可能由太乐去承担。也即是说，这里的“乐府”不可能是“泛称”，而是实实在在的“乐府”。

---

① 贾谊《新书·匈奴》，阎振益、钟夏《新书校注》第136页，中华书局2000年版。

关于汉代乐府之设置，可以概括地说：乐府机构在秦时已经设立，而且其内部构成已相当成熟。经历秦末战乱之后，乐府机构遭受了重大冲击。到了汉武帝，才开始大规模地重建乐府，这就是所谓的“乃立乐府”。

据《汉书·礼乐志》所载，汉武帝时，“内有掖庭材人，外有上林乐府，皆以郑声施于朝廷”。所谓“内”，指长安城内，“外”指长安城外。汉武帝时，长安城内的掖庭材人和城外上林苑中的乐府，都大肆流行郑声。掖庭材人主要是集中了一些内庭女乐，乐府则是汉武帝用以采集、整理各种地方乐舞，并改造、创作乐的机构。乐府位于长安城外的上林苑。

上林苑是皇家诸“乐”之渊薮，乐府在其中又是扮演何等角色呢？

大体上可以这样说，西汉乐府的主要职能有四：

第一，“采诗夜诵，有赵、代、秦、楚之讴”，负责采集赵、代、秦、楚地区（实际的范围更大，都不属于周代的“正声”地区）的民歌，并进行绎诵，改编。宋代郭茂倩《乐府诗集》100卷，所收的汉代乐府诗展现了汉乐府在这一方面的工作的基本面貌（尽管郭氏所选的汉乐府诗并非全部都是出自乐府官署）。《乐府诗集》分郊庙歌辞、燕射歌辞、鼓吹曲辞、横吹曲辞、相和歌辞、清商曲辞、舞曲歌辞、琴曲歌辞、杂曲歌辞、近代曲辞、杂歌谣辞和新乐府辞等12类。

第二，乐府负责郊庙祭祀曲的创作，包括作辞和谱曲。《郊祀歌十九章》即由司马相如等人作辞而由协律都尉李延年为其“略论律吕，以合八音之调”。

第三，乐府负责郊庙祭祀雅乐的演出，包括提供乐器、乐工、歌员等。从哀帝罢乐府的名单中①我们可以得出结论，所谓“太乐掌雅乐，乐府管俗乐”的说法只是一个笼而统之的大致说法。在实际上，乐府承担的职能已不为“雅乐与俗乐”、“宗庙乐与郊祀乐”等界限所限定。乐府中既有雅乐，也有俗乐，既有宗庙乐，也有郊祀乐。

---

① 班固《汉书·礼乐志》第913—914页，中华书局1999年版。

它有《嘉至》鼓员、《云招》乐人、《盛德》主调篪员，有《安世乐》鼓乐，这些都属于宗庙之乐。《汉书》说："高祖乐楚声，故《房中乐》楚声也。孝惠二年，使乐府令夏侯宽备其箫管，更名曰《安世乐》。"①这一记述是符合事实的。孝惠时，宗庙乐《安世乐》的演出是由乐府令去备其箫管的。有人认为，太乐掌宗庙之乐，乐府掌郊祀之乐；《房中乐》为宗庙之乐，故夏侯宽应是太乐令，而不是乐府令②。但我认为，这种论证是缺乏必然性的。《安世乐》固然是雅乐，是宗庙乐，但它却由乐府提供。甚至，从《汉书》的这一记述，我们可以推断，演奏《安世乐》的乐器也由乐府提供，具体的负责人就是乐府令夏侯宽。甚至它的乐师、乐工、唱员等，也由乐府提供。

第四，乐府还负责百戏杂乐的管理、演出。在哀帝罢乐府的名单中，有"倡员"、"象人"等。倡员可以从事各种娱乐形式，可以是歌员、乐工、也可以从事百戏。象人则是演木偶者③或"戏虾鱼师子"者④，总之是百戏的表演者。

(二) 黄门之乐

东汉之乐的形态更为多样，雅乐与俗乐有更多的交叠。撇开"乐"的"lè"(游戏、娱乐)的义项不谈，仅从乐舞的角度看，东汉的乐舞也是形式多样的。相对于西汉之乐，东汉之乐已经发生了新的变化。在这方面，蔡邕的"汉乐四品"说提供了一个大致的框架。蔡邕说：

> 汉乐四品：一曰大予乐，典郊庙、上陵、殿诸食举之乐。郊乐，《易》所谓"先王以作乐崇德，殷荐上帝"，《周官》"若乐六变，

① 班固《汉书·礼乐志》第892页，中华书局1999年版。

② 见韩国良《"汉武乃立乐府"考》，《河南师范大学学报》2003年第6期。

③ 《周礼·春官·冢人》："及葬，言鸾车象人。"林尹注："象人，以木刻为人而能跳踊者，以其象人，故名。用以送葬。"

④ 《汉书·礼乐志》："常从倡三十人，常从象人四人。"颜师古注引孟康："象人，若今戏虾鱼师子者也。"

则天神皆降，可得而礼也”。宗庙乐，《虞书》所谓“琴瑟以咏，祖考来假”，《诗》云“肃雍和鸣，先祖是听”。食举乐，《王制》谓“天子食举以乐”，《周官》“王大食则令奏钟鼓”。二曰周颂雅乐，典辟雍、飨射、六宗、社稷之乐。辟雍、飨射，《孝经》所谓“移风易俗，莫善于乐”，《礼记》曰“揖让而治天下者，礼乐之谓也”。社稷，《诗》所谓“琴瑟击鼓，以御田祖”者也。《礼记》曰“夫乐施于金石，越于声音，用乎宗庙、社稷，事乎山川、鬼神”，此之谓也。三曰黄门鼓吹，天子所以宴乐群臣，《诗》所谓“坎坎鼓我，蹲蹲舞我”者也。其短箫铙歌，军乐也。其《传》曰“黄帝、岐伯所作，以建威扬德，风劝士”也。盖《周官》所谓“王师大献则令凯乐，军大献则令凯歌”也。

蔡邕的这段话，出自他的《礼乐志》。但此书已失传，这段话是刘昭在注《后汉书》时引述的。《东观汉记》关于“汉乐四品”的说法与《后汉书》的引述略异。

对“汉乐四品”的乐种性质的理解，分歧最大的是黄门鼓吹。有人说，黄门鼓吹是俗乐，有人则说是雅乐。简直是判若霄壤。王运熙先生把食举乐归入雅乐，宴饮之乐为俗乐，因而黄门鼓吹即是俗乐①。

但宴饮之乐也有雅乐，如《鹿鸣》，陈旸《乐书》卷一百五十四说：“《鹿鸣》，文王燕群臣嘉宾之诗也。”陈旸把《鹿鸣》列于雅部。有人认为：“‘黄门鼓吹’这种音乐用作天子享乐群臣，它的内容就像《小雅・伐木》一样。《小雅・伐木》是雅乐，‘黄门鼓吹’则必然也是雅乐。”②有人则认为，“汉乐四品”中根本不存在“雅俗之辨”③。

造成理解上的分歧，其原因很多，而对“黄门”一词的具体指涉

① 王运熙《说黄门鼓吹乐》，《乐府诗述论》第 212 页，上海古籍出版社 1993 年版。

② 姚大业《汉乐府小论》第 20—21 页，百花文艺出版社 1984 年版。

③ 孙尚勇《黄门鼓吹考》，《黄钟》2002 年第 4 期。

的多重性的忽略，则是导致分歧的一个重要原因。

"黄门"既是泛称，也是专称。它本来泛指宫禁，因秦汉时代的禁门都是黄闼，故称为"黄门"。《汉书·西域传赞》说："蒲梢、龙文、鱼目、汗血之马充于黄门。"这里的"黄门"是泛指宫禁。秦汉又设有近侍天子的官署，为黄门署。《汉书·霍光传》："上乃使黄门画者画周公负成王朝诸侯以赐光。"颜师古注："黄门之署，职任亲近，以供天子，百物在焉，故亦有画工。"《汉书·元帝纪》："诏罢黄门乘舆狗马……假与贫民。"唐张说《玄武门侍射》诗序："乃命紫微黄门，九卿六事，与熊罴之将，爪牙之臣，合宴焉。"宋苏轼《赐新除太中大夫守尚书左仆射吕大防辞免恩命不允诏》："端揆黄门之任，虚之久矣。"黄门署的官员有给事黄门、黄门侍郎。给事黄门本为秦官。据《御览》卷二二一引《齐职义》："汉有中黄门、给事黄门，位从诸大夫，秦制也。"据《晋书·职官志》，给事黄门侍郎也是秦官。据《北堂书钞》卷五八引应劭《汉官仪》："给事黄门侍郎位次侍中，侍从左右，关通内外，给事于中，故曰给事黄门侍郎。"黄门是一个乘舆狗马"百物在焉"的具有后勤性质的官署，它与皇帝的起居乃至消闲娱乐生活相关。黄门的职能是很杂的，只要是皇帝身边的事情，都跟黄门有关。皇帝生病，需要黄门尝药。皇帝登遐，丧事礼仪中也黄门的份①。至东汉，黄门令、中黄门诸官，皆为宦者充任，因而"黄门"有时又用以代称宦者，太监。

黄门官职主要设于少府，但其他部门也有黄门官，如东汉大长秋属下有中宫黄门冗从仆射一职。

那么黄门鼓吹署设立于何时？又是归属于什么部门？

在西汉，乐府归属于少府管理。自汉哀帝罢乐府之后，原乐府中的一部分被罢去，另一部分则归入太乐。但是皇家的俗乐娱乐需求并不因哀帝的罢乐府而偃旗息鼓。那么，代替乐府去承担俗乐娱乐的职能部门又是什么呢？是承华令。《唐六典·太常寺卷第十四》"鼓吹署"条说：

---

① 见司马彪《后汉书·志第五礼仪下》。

后汉少府属官有承华令，典黄门鼓吹百三十五人，百戏师二十七人。①

《通典·乐典》也说：“后汉有承华令，典黄门鼓吹，属少府。”②

宋代陈旸的说法则较为特别，他说：“象人之戏，始于周之偃师，而百戏之作见于后汉。故大予乐少府属官承华令典黄门鼓吹、百戏师二十七人。”③在“少府”之前冠以“大予乐”，不知何解。或者像一些学者所理解的，东汉的“大予”并非西汉的“太乐”。

由这些文献看，黄门鼓吹的行政长官是承华令。既然承华令所典范围包括“百戏师”，那么承华令所典之“乐”的性质即是俗乐，起码包括俗乐。一些学者也是从这个角度去判断黄门鼓吹的性质的。

西汉已有“黄门鼓吹”。《汉书》卷八十二《史丹传》提及陈惠、李微两个名字，据服虔注，陈惠、李微“二人皆黄门鼓吹”④。

然而，这个“黄门鼓吹”的“黄门”究竟是泛称意义上的，还是专称意义上的呢？也即是说，“黄门鼓吹”究竟是指一般黄门宫禁中的鼓吹乐，还是指作为黄门官署中的鼓吹乐？西汉是否已经设立了专门的“黄门鼓吹署”，专门典鼓吹乐？

这一点，我们在正史中并未见到直接的记载。《西京杂记》较为具体地记录了“汉朝舆驾祠甘泉汾阴”时的庞大阵容，其中有“黄门前部鼓吹左右各一部十三人驾四”。但在这个庞大阵容中还有其他部门的鼓吹乐，如“象车鼓吹十三人中道”、“司徒列从如太尉王公骑

① 李林甫等《唐六典》，陈仲夫点校，第 406 页，中华书局 1992 年版。

② 有人在引述《唐六典》和《通典》这两段话时把“汉”字前面的“后”字漏掉，这就不够准确了。如王应麟《玉海》卷一〇四：“《唐六典》注：汉少府属官有承华令，典黄门鼓吹百三十五人，百戏师二十七人。”王运熙《说黄门鼓吹乐》：“《通典》（二五）云：‘汉有承华令，典黄门鼓吹属少府。’”见《乐府诗述论》第 211—222 页，上海古籍出版社 1996 年版。

③ 陈旸《乐书》卷第一百八十六，光绪丙子菊坡精舍藏版。

④ 班固《汉书》第 3377 页，中华书局 1964 年版。

令史持戟吏亦各八人鼓吹一部"、"中护军骑中道左右各三行戟楯弓矢鼓吹各一部"、"前军将军左右各二行戟楯刀楯鼓吹各一部七人"、"射声翊军校尉驾三左右三行戟楯刀楯鼓吹各一部七人"、"骁骑将军游击将军驾三左右二行戟楯刀楯鼓吹各一部七人"①等。在这个阵容中,并未见出黄门鼓吹的突出地位。

黄门鼓吹在众乐中显示出突出地位,并成为一种独立的乐种,是从东汉开始的。

按《唐六典》和《通典》,承华令是少府的属官,但据《汉书》卷十九《百官公卿表》,九卿之一的太仆"属官有大厩、未央、家马三令,……又龙马、闲驹、橐泉、騊駼、承华五监长丞"。这个"丞华"即是"承华"。而少府的属官中并无承华令。

《百官公卿表》于九卿之外又列出"执金吾"、"将作大匠"、"典属国"、"水衡都尉"等官职。其中,水衡都尉于武帝元鼎二年初置上,掌上林苑,属官中有"六厩令丞"。水衡都尉属下的御羞、上林等部门曾属少府,但《公卿表》并未提及"六厩"也属少府。颜师古引《汉旧仪》:"天子六厩:未央、承华、騊駼、骑马、辂軨、大厩也,马皆万匹。据此《表》,太仆属官以有大厩、未央、辂軨、骑马、騊駼、承华,而水衡又云六厩技巧官,是则技巧之徒供六厩者,其官别属水衡也。"可见承华厩令丞分属于太仆和水衡都尉。

那么,《唐六典》说"后汉少府属官有承华令,典黄门鼓吹……",同为九卿之一的太仆,其属官承华令是否也"典黄门鼓吹"呢?

《后汉书》卷五《孝安帝纪第五》:"壬午,诏太仆、少府减黄门鼓吹,以补羽林士;厩马非乘舆常所御者,皆减半食;诸所造作,非供宗庙园陵之用,皆且止。"②可见太仆也有黄门鼓吹。所以《通典·乐典》所说的"后汉有承华令,典黄门鼓吹,属少府",虽然大意与《唐六典》的话("后汉少府属官有承华令,典黄门鼓吹百三十五人,百戏师二十七人")相似,但因表达的次序相反,因而便走向了以偏概全。

① 葛洪《西京杂记》卷下,卢文弨《抱经堂丛书》本,乾隆丁未刻本。
② 范晔《后汉书》卷五,第140页,中华书局1999年版。

《唐六典》记述的是东汉少府属官承华令的职责，《通典》所记述的则是承华令的行政归属。

从有关的文献资料来看，作为职官的黄门官和作为乐种的黄门鼓吹，在西汉即已设立，它们主要集中在少府，但并不局限于少府。黄门鼓吹作为一种乐种或乐署，既有典雅乐的职能，也有司俗乐的职能。既典乐舞，也司娱乐。东汉的黄门鼓吹的演奏内容既有雅乐，也有俗乐。《唐六典》说东汉少府承华令“典黄门鼓吹百三十五人，百戏师二十七人”，可见东汉的黄门鼓吹（乐 yuè）与百戏之类的娱乐（乐 lè）为邻为伍。黄门倡乐自西汉即已甚发达。王运熙先生认为汉代的黄门倡乐可能始于汉武帝。武帝立乐府，开始大规模采集俗乐，但乐府远在上林苑，征调乐工，不甚方便。《后汉书·宦者传序》说：“至于孝武，亦爱李延年。帝数宴后庭，或潜游离馆。”喜欢在后庭游宴的武帝，在宫禁设置黄门乐人，取便娱乐，是很自然的事。这种做法被后来的其他皇帝沿用着。如桓谭《新论》说：“汉之三主，内置黄门工倡。”①黄门倡乐当然包括黄门鼓吹乐（乐 yuè）和俳谐之乐（乐 lè）。黄门乐中还有黄门武乐应该属于俗乐，而不是雅乐。《渊鉴类函》把黄门武乐列入“杂戏”类。

鼓吹乐的起源自然有它中国本土文化的源头，但是，外来音乐对中国的鼓吹乐的丰富和发展有着重要的影响。汉代的黄门鼓吹乐中有“黄门武乐”，《古今乐录》说这种武乐为李延年所造。而李延年造黄门武乐，其灵感来自西域的法摩诃兜勒一曲。此曲由张骞出使西域时带回，“延年因之更造新曲二十八解，乘舆以为武乐”。明代方以智不以为然，认为横吹不一定传自西域，但横吹的曲调或有出自西域的②。

我认为，西汉有鼓吹乐，有黄门署，但并未设立“黄门鼓吹署”。西汉的鼓吹乐并不是由单一的管理部门管理，乐府中有鼓吹乐，太常中也

---

① 王运熙《说黄门鼓吹乐》，《乐府诗论丛》第 230 页，上海古籍出版社 2006 年版。

② 方以智《通雅》卷二十九“乐曲”条。见《方以智全书》第一册，上海古籍出版社 1988 年版。

有鼓吹乐。据《汉书》,太常署中有"歌吹诸生",负责礼节性的诵诗①。

但是,在这里,我要指出:黄门鼓吹署中固然有倡优,但并非只有黄门鼓吹署才有倡优。黄门署中固然有黄门鼓吹乐,但并非所有的黄门鼓吹乐都归属于黄门署;黄门鼓吹的内容固然有俗乐,但并非所有的黄门鼓吹乐都是俗乐;承华令固然是"典黄门鼓吹",但并非所有的"黄门鼓吹"都由承华令去"典"。

这就是逻辑上的"单称判断"与"全称判断"的差异。

(三) 胡乐与杂乐

在"雅乐"与"俗乐"的大框架之下,我们来看看汉代俗乐本身的丰富性。宋代陈旸的《乐书》把"乐"分为"雅部"、"胡部"和"俗部"三部分(元代马端临的《文献通考》也如法炮制)。其"胡"是一个泛称,泛指"四夷",即包括东夷、西戎、北狄、南蛮。他把杂乐(女乐、散乐、百戏等)归入"俗部"。其实"杂乐"中有很多是由"胡"传入中国的。事实上,自周代以来,俗乐就有一个胡乐的渊源。

汉代杂乐诸形态中,最引人注目的是角抵戏。角抵戏原是战国时代的角力游戏,到了秦汉时代,便发展演变成为一种综合性极强的大型娱乐节目。此外,汉代杂乐中还有傀儡戏和大傩,它们主要是一些歌舞表演。同时,角抵戏又发展出一个具有戏剧性特征的作品《东海黄公》。张衡《西京赋》在提到"角抵之妙戏"时说:"东海黄公,赤刀粤祝。冀厌白虎,卒不能救。"②《西京杂记》对此有更加详尽的演绎:"有东海人黄公。少时为术。能制蛇御虎。佩赤金刀。以绛缯束发。立兴云雾。坐成山河。及衰老。气力羸惫。饮酒过度。不能复行其术。秦末有白虎见于东海。黄公乃以赤刀往厌之。术既不行。遂为虎所杀。三辅人俗用以为戏。汉帝亦取以为角牴之戏焉。"③这出角抵戏有几个特点,第一,它是一出角力之戏,即东

---

① 见班固《汉书·儒林传》,第2677页,中华书局1999年版。

② 张衡《西京赋》,见萧统《文选》第77页,上海古籍出版社1986年版。

③ 葛洪《西京杂记》卷上,卢文弨《抱经堂丛书》本,乾隆丁未刻本。

海黄公与白虎这两个角色之间的角力游戏。第二,这戏中又有“立兴云雾,坐成山河”的杂技幻术。第三,这出戏具有一定长度的故事情节,情节有变化,有逆转,颇具戏剧性。所以周贻白先生把它视为最早的一部中国戏剧。

(作者系复旦大学教授)

论萧统对陶渊明的接受

刘中文

在梁代乃至整个南朝,对陶渊明最为推崇且接受最全面的,是萧衍的长子、梁太子萧统。他撰写了《陶渊明传》(以下简称《陶传》),创作了摹写陶渊明精神气质的诗歌作品,所编辑的《文选》收入了陶渊明的诗歌作品8首,此外,还是"第一位认真搜集和整理陶渊明作品的人。他所编的《陶渊明集》共八卷,阳休之《序录》称赞说:'编录有体,次第可寻。'可惜这个本子也佚失了"①,只留下了一篇《陶渊明集序》(以下简称《陶序》)。可以说,萧统对陶渊明的认知与接受是全方位的,不但其人格与文格上有着陶渊明影响的痕迹,在行为方式乃至创作方法方面,也体现着陶渊明的精神印记。可以说,这是陶学史上的第一次。

一、惺惺相惜,人格的深层契合

从颜延之的《陶征士诔》到沈约的《宋书·隐逸传》,再到萧统的《陶渊明传》,陶渊明即已经有了"全传"。《陶传》全部沿用了前人所记载的史与事,表达了对陶渊明人品的景仰。所不同的是,比较颜《诔》和沈《传》,《陶传》在史、事上有许多新的发现。《陶传》是现存

按:本文原载于《求是学刊》2003年第2期。

① 袁行霈《陶渊明研究》第200页,北京大学出版社1998年版。

同类资料中最完备、最出色的。萧统所增加的事与史，使渊明的形象更加鲜活，深化了渊明的人格精神，彻底完成了陶渊明作为隐士文人这类特殊文化原型的完善过程。

萧统对陶渊明的人格表示了深深的景仰，并给予高度评价与接受。萧统何以对陶渊明情有独钟？阅读尚存的相关萧统的正史材料及其作品，探究萧统接受陶渊明的原因，大致如下。

其一，敬重陶渊明笃厚的品德，崇拜其伟岸的人格。

萧统，字德施，惜其未君天下而卒。史书中有许多关于萧统品性的记载："太子性仁孝。"①"太子明于庶事，纤毫必晓。……平断法狱，多所全宥，天下皆称仁。"②"普通中，大军北讨，京师谷贵，太子因命菲衣减膳，改常馔为小食。每霖雨积雪，遣腹心左右，周行闾巷，视贫困家，有流离道路，密加赈赐。又出主衣绵帛，多作襦裤，冬月以施贫冻。若死亡无可敛者，为备棺槥。每闻远近百姓赋役勤苦，辄敛容色。"③像这样忧国忧民、至德至仁的太子、君主，几千年的中国也屈指可数。惺惺相惜，仰瞻前古，萧统发现了一百年前的陶靖节。他敬重陶潜"不忮不求"、"含德之至"(《陶序》)、"颖脱不群，任真自得"(《陶传》)笃厚真古的圣贤之德；景仰渊明"贞志不休，安道苦节，不以躬耕为耻，不以无财为病"(《陶序》)、对功名"轻之若脱履，视之若鸿毛"(《陶序》)、"躬耕自资"(《陶传》)高远超逸的襟怀和节操；更崇拜渊明"耻复屈身后代"、不屑与权贵为伍并"麾之而去"、拒不折腰、"解绶去职，赋《归去来》"(《陶传》)的豪迈气节与独立不羁的人格。

其二，对山水情有独钟。

南朝，玄学、佛教兴盛，促进了文学的发展与变化，"自南朝始，中国士人对于山水的接受，逐渐由理入情，以情之所需、情之所好，

① 姚思廉《梁书》卷八《昭明太子传》，第 165 页，中华书局 1995 年版。
② 姚思廉《梁书》卷八，第 167 页。
③ 姚思廉《梁书》卷八，第 168 页。

来体貌山水"①,"山水成了士人生活的一部分,甚至成为生活的过程。……他们对于佛理的体认与对山水的感受,就常常是同时进行的"②。山水文学开始兴盛,人们面对山水吟咏哲理,在山水之中寻找理趣的解悟和灵魂的皈依,山水诗文自此大盛而骤然趋向繁荣。"山水诗的产生,标志着人们对自然美的认识加强了。大自然已经从作为陪衬的生活环境或作为比兴媒介物变成具有独立美学价值的欣赏对象。山水诗启发人们从一个新的角度,即文学的角度亲近大自然,发现和理解大自然的美,这无论在文学史上或美学史上都是具有积极意义的。"③

萧统是虔诚的佛教徒,受父亲萧衍大弘佛教的熏陶与影响,"太子亦崇信三宝,遍览众经。乃于宫内别立慧义殿,专为法集之所。招引名僧,谈论不绝。太子自立二谛、法身义,并有新意"④。此时萧统不到二十岁,他已经成为一名虔诚的佛教徒和佛学专家了。

萧统"性爱山水"与其笃信佛教有着深层的因果关系。《梁书》卷八《昭明太子传》记载:"(太子)性爱山水,于玄圃穿筑,更立亭馆,与朝士名素者游其中。尝泛舟后池,番禺侯轨盛称'此中宜奏女乐'。太子不答,咏左思《招隐诗》曰:'何必丝与竹,山水有清音。'侯惭而止。"

同时,萧统"性爱山水"也是南朝山水文学影响的结果。萧统"生而聪睿,三岁受《孝经》、《论语》,五岁遍读《五经》,悉能讽诵。"⑤他周围有刘孝绰、王筠、徐勉、刘勰、庾信等许多文人雅士,他"引纳才学之士,赏爱无倦。恒自讨论篇籍,或与学士商榷古今;闲则继以文章著述,率以为常。于时东宫有书几三万卷,名才并集,文学之

① 罗宗强《魏晋南北朝文学思想史》第186页,中华书局1996年版。

② 罗宗强《魏晋南北朝文学思想史》第186—187页。

③ 袁行霈《中国诗歌艺术研究》第362—363页,北京大学出版社1996年版。

④ 罗宗强《魏晋南北朝文学思想史》第166页。

⑤ 姚思廉《梁书》卷八,第165页。

声，晋宋以来未之有也。”①萧统也是文坛一时的领袖，“昭明诗的主要倾向都较为洁净”②。萧统所推崇的南朝诗人最为谢灵运、颜延之、谢朓、沈约，《文选》所录入的也多是诸家的山水清音，可以断定，萧统是偏爱山水文学的。所以他才能对陶渊明“爱嗜其文，不能释手”（《陶序》）。

他的死，同样可以视为殉情于山水。“（大通）三年（531）三月，游后池，乘雕文轲摘芙蓉。姬人荡舟，没溺而得出，因动股，恐贻帝忧，深诫不言，以寝疾闻。……四月乙巳，暴恶，驰启武帝，比至已薨，时年三十一。”③萧统献身芙蓉，死得优美、死得浪漫、死得芳香、死得高洁。

宗教与文学的原因，使萧统对自然山水情有独钟，因而将“性本爱丘山”、最终回归山川自然的陶渊明引为同调、知音，景仰膜拜，并在文学上全方位地认同与接受。

其三，认同隐逸的生存方式。

隐逸是中国文化特有的现象，它反映了中国士人心理的一个层面。隐逸思想萌芽于春秋之际，“万物作焉而不辞，生而不有，为而不恃，功成而弗居”（《老子·第二章》），“功成而身退，天之道”（《老子·第九章》），隐逸思想在《庄子》中有鲜明的体现，也得到了发展。“就薮泽，处闲旷，钓鱼闲处，为无而已矣。此江海之士，避世之人，闲暇者之所好也”（《刻意》），“故贤者伏处大山嵁岩之下”（《在宥》），隐逸的目的就是寻找一个远离尘俗的、与自然相融为一的、理想的社会，即庄子所谓的“至德之世”。庄子描述了这样的社会：“夫至德之世，同与禽兽居，卒与万物并，恶知乎君子小人哉！”（《马蹄》）“子独不知至德之世乎？……当是时也，民结绳而用之，甘其食，美其服，乐其俗，安其居。邻国相望，鸡狗之音相闻，民至老死而不相往

① 姚思廉《梁书》卷八，第167页。

② 罗宗强《魏晋南北朝文学思想史》第405页。

③ 李延寿《南史》卷五十三《昭明太子传》，第1311页，中华书局1995年版。

来。"(《胠箧》)汉代,道家的隐逸思想开始兴盛,隐逸之风开始滋长。魏晋南北朝时期,玄学的盛极与佛教的逐步发展,大大助长了隐逸之风,像竹林贤士那样,隐逸已成为士人重要的生存方式之一。王瑶先生深刻分析了士人希企隐逸的复杂心理:或避世全身、或笃信佛老、或遁入空门、或沽名钓誉为隐而隐,等等,不一而足①。

梁代,隐逸之风依然炽盛,几乎每一位文人都直接或间接地与"隐"存在关系,文学中颂隐、招隐等反映隐逸心态的作品不胜枚举,隐逸是一种标志清高的时尚,甚至得到朝廷的重视。梁代著名的道家学者陶弘景因求官未遂而隐于茅山,萧衍对他"恩礼逾笃,书问不绝,冠盖相望"②,故"时人谓为山中宰相"③。

萧统生活在"隐风"如此浓郁的时代,社会风气的熏染,佛教思想的陶冶,钟情山水的个性,使他对隐逸有着浓厚的兴趣。《梁书》所载他吟咏隐逸文学中著名的作品——左思的《招隐诗》来拒绝番禺侯的建议,就表达了他对隐逸生活的希企与羡慕,以及"踌躇足力烦,聊欲投我簪"(左思《招隐诗》)的内心隐思。从萧统的诗文作品也可以看出,他对隐逸这种生存方式是完全认同的,其认同的理论依据即是"存道","含德之至,莫逾于道;亲己之切,无重于身。故道存而身安,道亡而身害"(《陶序》)。萧统的"存道"理论可以追溯到《庄子》:"古之所谓隐士者,非伏其身而弗见也,非闭其言而不出也,非藏其知而不发也。……此存身之道也。"(《缮性》)"是自埋于民,自藏于畔,其声销,其志无穷,其口虽言,其心未尝言。方且与世违,而心不屑与之俱,是陆沉者也。"(《则阳》)

同时代的钟嵘已经将陶渊明赞誉为"古今隐逸诗人之宗",而在萧统的心目中,陶渊明是名副其实的、标准的陆沉者(存于世而隐于世者),是活生生的"存道"的楷模。因为"陶渊明不但希企隐逸,而

---

① 王瑶《论希企隐逸之风》,《中古文学史论》第188—210页,北京大学出版社1998年版。

② 姚思廉《梁书》卷五十一《陶弘景传》,第743页。

③ 李延寿《南史》卷七十六《陶弘景传》,第1899页。

且实际上归田躬耕了，这当然不是一般名士所能做到的。”①况且“他所写的与其说是隐逸生活的希求，毋宁说是隐逸生活本身。他自己过的已经是隐逸的生活了。”②萧统已经发现渊明的生存方式远远高于一般士人、隐士，不是高蹈人世，而是躬耕南亩，在艰苦而又快乐的劳动中感悟玄理、品味人生，陶渊明用他的生命实现了玄学的一次飞跃，一次自我超越。有感于此，萧统在他的著作中高歌靖节，许之以圣贤。

二、涵纳百川，文学的认知与阐释

《文选》是文学史上第一部诗文总集。萧统梳理了各种文体发展的线索，选录了先秦至梁一百三十位作家的七百余篇作品，其中录选了陶渊明的九篇作品。《文选》的出现对陶学的发展有着极为重要的意义，而萧统的《陶渊明集序》对渊明文学的认知与阐释同样是卓尔不群、彪炳千秋的。《陶序》曰：

> 其文章不群，辞采精拔；跌宕昭彰，独起众类；抑扬爽朗，莫之与京。横素波而旁流，干青云而直上。语时事则指而可想，论怀则旷而且真。……余爱嗜其文，不能释手，尚想其德，恨不同时，……白璧微瑕者，唯在《闲情》一赋，扬雄所谓劝百讽一者，卒无讽谏。何必摇其笔端，惜哉，无是可也。

萧统的《文选》、《陶序》及文学创作，对陶学建树功不可没。

其一，超越世俗、高瞻远瞩，以最为全面深邃的文学史思维审视渊明的文学作品。

重华彩、尚巧似，追求骈俪、声律和文采之美，是南朝的文学风尚与审美追求。萧统所持的是与钟嵘、刘勰等时人都认可的“文质

① 王瑶《论希企隐逸之风》，《中古文学史论》第206页。

② 同上，第208页。

彬彬”(《论语·雍也》)的儒家正统文学观。从“略其芜秽,集其精英”、“综缉辞采,错比文华,事出于沉思,义归于翰藻”(《文选·序》)的选录篇目中就可以看出萧统更标榜“文”这一点。陶诗质朴平淡、以韵味取胜的风格不为时俗所认同。受时代文学观念的局限,钟嵘不满渊明的“质直”而列其为中品;刘勰对渊明的文学成就视而不见,在《文心雕龙》中只字不提渊明,除了陶渊明超逸悠然的道家人生观念与刘勰宗经崇圣的儒家正统思想大相径庭之外,其重要因素就是刘勰对陶潜质朴平实的文风不予认同。

陶渊明死后的七十五年,萧统出生了。作为一名文艺学家,他并没有用南朝文学时尚的眼光来审视渊明的文学创作,而是以豁达的胸怀、高远的眼界、卓绝的气度匡正时俗之弊,超越钟嵘与刘勰,在《文选》中录选了陶渊明的九篇作品,并以自己独特的感受给予较为客观的文学史定位,“文章不群”、“独起众类”、“莫之与京”、“横素波而旁流,干青云而直上”,这些论断远远高于钟嵘对陶潜的评价,使陶渊明的文学史地位骤然提升。

萧统录选陶作在陶学史上的意义更为重要。萧统不仅重“文”,同时重“质”,他涵纳百川、不偏不倚的宽怀与大度,使儒家的文艺美学观趋近完善与科学。他超越江淹,以宏通的视野,更加深邃、更加完善的儒家文艺学观念,高屋建瓴,贯通古今,对陶渊明的文学创作给予文学史上较江淹、钟嵘更加充分、全面、具体的认同与定位,为陶学向纵深发展迈出了第一步。《文选》的传播,“文选学”的形成、发展,积极有效地促进了陶渊明及其文学创作的传播和陶学的发展,使唐宋时期陶学和陶渊明的接受达到了前所未有的高度。可以说,《文选》书写了陶渊明接受的新篇章。

其二,求知求真、含英咀华,第一次对陶渊明的作品做艺术价值甄别与判断。

江淹的《杂体三十首·陶征君田居》仅从人格精神角度认识到了渊明的作品是文学史上自成一格的“征君”体,钟嵘的《诗品》第一次以文艺学的视觉系统审视陶诗,发现其田园诗的诗学精神与艺术内涵,并提出“隐逸诗人之宗”的观点。作为陶潜的又一知音,萧统则以文学史的大视野对陶渊明的文学创作进行全面的观照并加以遴选,《文选》录选了渊明的九篇作品,这九篇作品反映了陶渊明的创作全貌,完全可以涵盖其所有文学作品的哲学与艺术价值,是陶渊明的代表作,这足以看出萧统对陶渊明及其作品解读与消化的深度。而更为可贵并引人注目的是,萧统是陶渊明接受史上关注陶渊明散文的第一人,这既是超越,也是开创。《归去来兮辞》被萧统选入《文选》,表明了萧统对古朴清新的陶文的认可与接受,也标志着南朝文学思潮正在发生新变。陶文的价值已被崇尚华彩的时人所发现、认识,陶文古朴、清新、自然、浑厚的风格已在文学史上占一席之地,这一发现与开创为陶渊明文学地位,尤其在散文发展史上的地位的全面提高产生积极而重要的影响。

然而,萧统也有遗憾,他在《陶序》中对《闲情赋》表示不满。这篇赋是陶学史上争论时间最长、分歧最大的作品。萧统是陶学史上第一位对《闲情赋》这篇特殊作品予以探讨研究的人,他站在儒家"诗教"的立场求全责备,要求赋能继承汉代的传统,有助于风化教育、劝百讽一。而《闲情赋》却"卒无讽谏"、背离"诗教"与传统,萧统当然有"白璧微瑕"之"惜哉",责怪渊明,既然无讽,又"何必摇其笔端"。萧统的观点代表了钟嵘、刘勰等同时代的文艺评论家的儒家正统的文艺学思想。与观照陶诗相比,萧统审视《闲情赋》的标准不能一致,未能站在道家哲学高度,从自然的人性出发探究其美的价值。可喜的是,近年来的陶学研究对萧统的观点予以匡正,回归了作品的本真,即对美好爱情的渴望。

其三,分肌擘理、探本穷源,对陶诗做空前的微观剖析。

风格的阐释。"萧统既主张抒情,又重辞采之美"①,萧统认为陶诗"辞采精拔"、"抑扬爽朗"、"语时事则指而可想"。所谓"精"是拙而精、质而精,内蕴着靖节的人格精神;所谓"拔"是指陶诗语言为时人少用或不用,是逸群拔俗的。"抑扬"是语言的情感节奏跌宕铿锵,"爽朗"言其语言格调清新明丽,"语时事则指而可想"即感悟到

① 罗宗强《魏晋南北朝文学思想史》第405页。

其语言鲜明的形象性。这些发现对后人探究陶诗的意境深有启发。钟嵘对陶诗语言的感受是以质直、真朴的“田家语”形成的婉惬省净、风华清靡的格调。“跌宕昭彰”言指陶诗情感鲜明、丰沛、饱满，波澜起伏、变化多端、抑扬有致。正是诗中这种强烈而旺盛的生命力，才使得陶诗睨群俗、横波旁流、上干青云。萧统将钟嵘的认知进一步深化，侧重从人格精神的角度进入陶诗的话语体系，发现了其语言风格中内涵的人格精神与品位，让人耳目一新。

内涵的勾沉。萧统认知到陶诗“旷而且真”、“跌宕昭彰”达到了“横素波而旁流，干青云而直上”的境地。“旷”与“真”都是道家哲学范畴的概念。“古之善为士者……旷兮，其若谷，混兮，其若浊。”(《老子·第十五章》)古时高尚的人，其胸怀应像深山幽谷、混浊的江河那样旷远深邃、包容一切；“道之为物，惟恍惟惚。惚兮恍兮，其中有象；恍兮惚兮，其中有物；窈兮冥兮，其中有精，其精甚真，其中有信。”(《老子·第二十一章》)“真”与“信”是宇宙本源、“道”的属性，而“道法自然”(《老子·第二十五章》)“真”即是“自然”。而对于人来说，“修之于身，其德乃真”(《老子·第五十四章》)，“能体纯素，谓之真人”(《庄子·刻意》)，其至德应该是“真”，即表现自然的人性、天然的本性，达到“傲然自足，抱朴含真”(陶渊明《劝农》)、至淳至诚、与自然融一的精神境界。萧统感悟陶诗的“旷”，即体悟到思想的深邃、胸襟的博大。钟嵘已悟到陶诗“笃意真朴”，他强调的是情感的淳净、坦率、古朴，而不是其哲学内涵。萧统则从哲学角度解读陶诗，认识到陶诗的“真”是法自然的“德”，流淌出诗人天然的本性、自然的人性，这既受钟嵘的启发，又超越钟嵘，达到了陶学与陶渊明接受的新高度。萧统对陶诗的评价虽在当时有溢美之嫌，但也是前瞻性的。其所以然，则是他高屋建瓴，以道家哲学的独特视角深洞远瞩。也正是陶诗的这般内涵与魅力，萧统才“爱嗜其文，不能释手，尚想其德，恨不同时”(《陶序》)。

其四，独具慧眼、烛照幽微，挖掘“陶酒”的文化内涵。

颜延之《陶征士诔》仅“性乐酒德”、“置酒弦琴”简洁几语，虽言“酒德”，而未言其内涵。沈约《宋书·隐逸传》伊始，便高扬其“酒德”，记载了嗜酒、醉酒、酣酒、漉酒、种秫、坐菊、王弘赍酒等诸多酒事，使渊明的酒神更加鲜活，沈约是第一位将渊明的“酒德”与人格综合论述的学者。萧统的《陶传》在沈《传》的基础上传记其酒事。《陶序》曰：“有疑陶渊明之诗，篇篇有酒，吾观其意不在酒，亦寄酒为迹也。”萧统认同了沈约的“酒德”观，并发现：酒是陶渊明人生的“迹”，也就是一种表象和手段。虽然未说出“陶酒”与“竹林之酒”的区别，但已经发现酒是渊明超越现实、超越自我的必要手段，是渊明将人生升华的重要工具。萧统的认知是深刻的、开创性的、石破天惊的，这一真知灼见对陶学的贡献是不言而喻的，对中国文化的影响也是深远的。他启发了后代士人，他们纷纷仿效渊明，以酒来调节人生、感悟人生，使自己的人生诗化、艺术化，形成中国文化中具有独特内涵的酒文化和古代士人的诗酒风流。

其五，视野宏阔、纵横贯通，发现陶作的社会学价值。

尝谓有能读渊明之文者，驰竟之情遣，鄙吝之意祛，贪夫可以廉，懦夫可以立，岂止仁义可蹈，爵禄可辞！不劳复傍游太华，远求柱史，此以有助于风教尔。

《陶序》这段议论精辟地阐发了陶渊明文学作品的两个层面的社会学价值。第一，陶冶性情、洗涤灵魂，有助于教化。萧统认为陶作饱含着儒家的仁义和道家鄙弃功名的丰厚内涵，是一剂精神良药，可除去灵魂中的驰竟、鄙吝、贪婪、懦弱等肮脏与邪恶，使人格更加完善、人与人间的关系更加和谐融洽、社会更加美好。第二，以社会学视角审视渊明的人生模式，发现了陶渊明对道家人生观念和模式的巨大超越。像陶渊明一样将道家的人生精神与现实的人生结合起来，就不必求助于老庄，更不必遁入太华山炼丹服药、求仙访道了。虽然萧统对陶渊明的人生模式没有给予更深刻的阐释，但毕竟发前人所未发，确是陶学史上的创举。

其六，追摹先贤、书写人生，文学创作的全面接受。

萧统是南朝文学创作接受陶渊明的最重要作家。其《诒明山宾诗》和《锦带书十二启》直接或间接地使用了陶渊明的诗句。

平仲古称奇，夷齐昔擅美。令则挺伊贤，东秦固多士。筑室非道旁，置宅归仁里。庚桑方有系，原生今易拟。必来三径人，将招五经士。（《诒明山宾诗》）

史书中有记载①，这首诗是萧统写给他的老师、国子祭酒、平原（属山东）人明山宾的。明山宾的家宅被州刺史籍没入官，明山宾市地造宅。萧统闻之，一方面下令为明山宾辩护，同时赠送其物资以助其筑室。诗中将明山宾比作严君平、陈仲子、庚桑楚、原宪等古代高士，并以伯夷、叔齐的高尚品德称颂明山宾。诗中“置宅归仁里”一句化用了“里仁为美，择不处仁，焉得智”（《论语·里仁》）和“守拙归园田”（陶渊明《归园田居》）的内涵。“三径”一词本出汉代蒋诩与求仲、羊仲之事②，“三径就荒，松菊犹存”（《归去来兮辞》）经陶渊明使用后，“三径”一词的隐逸内涵就更加深刻、丰厚了。后人效仿陶渊明用此语表达内心的隐思，所以这个词语的使用频率更高了，且每用“三径”而常及渊明，如“虽坐三槐，不妨家有三径；接五侯，不妨门垂五柳”（萧绎《全得志论》）、“庭中三径，门前五柳”（费昶《赠徐郎诗》）、“秋草荒三径，寒塘独一家……自有东篱菊，年年解作花”（刘长卿《过湖南常处士别业》），等等，仿佛“三径”只言渊明而非关蒋诩，这一词语与陶渊明的文化内涵更为密切，渊明甚至取代了蒋诩。这是文化史上一种特殊的现象，也应该属于陶渊明接受史上的成就吧。

《锦带书十二启》一文有五处接受了陶渊明的影响：

沉形南亩之间，滞迹东皋之上。（《太簇正月》）

走野马于桃源，飞少女于李径。（《夹钟二月》）

---

① 姚思廉《梁书》卷二十七《明山宾传》，第406页。

② 李善《文选注》卷四十五《归去来》，第636页，中华书局1981年版。

寻五柳之先生，琴樽雅兴。（《夹钟二月》）

依依松盖，俱临帝女之桑；郁郁丹诚，并挂陶潜之柳。（《中吕四月》）

既传苏子之书，更泛陶公之酌。（《南吕八月》）

“东皋”语出阮籍《奏记诣蒋公》：“方将耕于东皋之阳，输黍稷之税，以避当涂者之路。”泛指田野或高地。潘岳《秋兴赋》曾用此语，内涵没有变化。陶渊明《归去来兮辞》有“登东皋以舒啸，临清流而赋诗”，此后“东皋”一语的隐逸的内涵更加深重了，唐宋诗人不断使用，是这一词语的隐逸傲世的内涵固定下来①。《夹钟二月》的“桃源”语源于《桃花源记》；《夹钟二月》的“五柳先生”与《中吕四月》的“陶潜之柳”内涵相同，均出自《五柳先生传》；而《南吕八月》的“陶公之酌”则化用了渊明的酒事与酒诗。

萧统是陶渊明接受史上关注并接受其散文的第一人，此前，人们只是接受陶渊明的诗歌。而萧统在更广阔的人生背景下，以从未有过的深度和广度全面挖掘、化解陶渊明的诗文所蕴含的丰厚而深刻的内涵并予以接受，扩大了陶渊明的文学影响，使陶渊明这一文化原型的内涵更加厚重了。萧统在创作中使用陶语、陶事，这对唐代类书的编纂及唐宋诗人的创作都产生了积极的作用，这些陶语、陶事成为后代文学作品中的典型文化意象，含蓄蕴藉地表达了作者的情志。总之，萧统的文学创作同样翻开了陶渊明接受史的新篇章。

三、高屋建瓴，开启陶学的自觉时代

《陶渊明集序》是陶学史上第一篇逻辑谨严的、论述中国隐士精神的学术论文，它标志在中国文化史上对陶渊明的研究与接受已经完全走出了感性层次，步入了理性层次，达到了哲学研究的高度。

① 马斗全《“东皋子”之“东皋”辨》，《文学遗产》1995 年第 1 期。

《陶序》曰：

> 夫自炫自媒者，士女之丑行；不忮不求者，明达之用心；是以圣人韬光，贤人遁世。其何故也？含德之至，莫逾于道；亲己之切，无重于身。故道存而身安，故道亡而身害。处百龄之内，居一世之中；倏忽比之白驹，寄寓谓之逆旅；宜乎与大块而荣枯，随中和而任放，岂能戚戚劳于忧畏，汲汲役于人间。……是以圣人达士，因以晦迹，或怀玉而谒帝，或披裘而负薪，鼓楫清潭，弃机汉曲。情不在于众事，寄众事以忘情者也。……加以贞志不休，安道苦节，不以躬耕为耻，不以无财为病，自非大贤笃志，与道污隆，孰能如是者乎！

顺应自然、返朴归真、弘道明德、对立统一是道家学说的要旨。萧统立足于道家哲学对陶渊明作剖析、思辨，他首先提出自己的论点：圣人韬光、贤人遁世，其原因和目的就是"存道"。萧统所谓的"道"就是道家哲学的"自然"，"存道"就是保护自己与生俱来的本性而不丧失，也就是道家的顺应自然。缘何"存道"？因为"含德之至，莫逾于道；亲己之切，无重于身。故道存而身安，道亡而身害"。"存道"是修养德性（含德），使自己心灵得以皈依（亲己）的极致之法，这就是"存道"的哲学依据。"存道"的第二个原因即是对生命的感悟，对个体价值的体认与重视，"处百龄之内，居一世之中，倏忽比之白驹，寄寓谓之逆旅；宜乎与大块而荣枯，随中和而任放。岂能戚戚劳于忧畏，汲汲役于人间？"这些论述与一百年前的王羲之的《兰亭集序》、陶渊明的《归去来兮辞》相仿佛，同样表现了魏晋南北朝时期由于玄学的兴盛而带来的"人的觉醒"、"文的觉醒"的社会思潮，因为这个时代"是精神上极自由、极解放，最富于智慧、最浓于热情的一个时代，因此也就是最富于艺术精神的一个时代"①。二百年后的李白在《春夜宴桃李园序》中也有同样的对生命的体悟。萧统以道家哲

① 宗白华《美学散步》第177页，上海人民出版社1981年版。

学为立足点，来解读以陶渊明为代表的韬光遁世的隐士文化的内质，精辟深刻，开启了陶学的新时代——自觉时代，从此，人们不断地开掘陶渊明这一文化原型的丰富而深邃的哲学内涵，探求其无尽的生命意义。可以说，萧统在陶学史和陶渊明接受史上开创了新纪元。

《陶序》立足于道家的辩证法、相对论，以大量的历史事实论证了一个深刻的道理：功名富贵对于人来说是倚伏难量、庆吊相及的。圣贤之人对于功名富贵“轻之若脱屣，视之若鸿毛”（《陶序》），萧统对庄周、伯成子高等视功名富贵如腐鼠的人生态度颇为赞赏，而对子常、宁喜、苏秦、卫鞅等功名之士“死而不疑，甘之不悔”（《陶序》）的人生追求深感痛惜。萧统所向往和追求的是幽兰生谷、韬光晦迹的人生，向往“或怀玉而谒帝，或披裘而负薪，鼓楫清潭，弃及汉滨。情不在于众事，寄众事以忘怀者也”的人生境界。所以他赞颂渊明“贞志不休，安道苦节，不以躬耕为耻，不以无财为病”的高洁逸俗的人格，许之以笃志的“大贤”。遗憾的是，萧统只活了三十一岁，否则，或许他会追随渊明躬耕隐去。萧统对隐士人生精神的探索反映了中国文化的大趋势：伴随魏晋玄学的兴起、盛行，儒家正统的礼教愈加松弛，南朝已经完全进入了个性自觉和自由的时代，对人与生俱来的权利予以更清醒的认识、尊重；文学理论与创作更加重视情志的表达，人们开始崇尚自我、追求自我价值的实现。萧统在这样宏阔的背景下透视陶渊明这一文化原型，观照他的人生轨迹，这不仅使这一文化原型的文化学意义得以升华，使陶渊明的接受达到了南北朝时期的顶峰，而且对老庄思想的发扬与光大推波助澜，产生了深刻的积极意义。同时，萧统标榜了心目中的楷模，从哲学上为中国士人探索了一条灵魂皈依之路。

萧统是历史上第一位真正而又全面在灵魂上沟通陶潜、融化陶潜的人，从接受美学的角度审视，萧统是陶渊明的第一读者。他立足于陶渊明的人格精神，以深邃的哲学思维知人论世，认知渊明、阐释渊明，达到了陶学史上的第一次高峰，为陶学树立了一座丰碑。萧统的陶学成就在陶学史上产生了深远的影响，此后陶学便进入了自觉时代。唐代“文选学”的大兴和诗歌的鼎盛，唐人对陶渊明形成了自觉的诗学接受，陶学出现了全新的面貌；由于《文选》刻本的大量出现于广泛流传，以及理学的发展，宋人更侧重从哲学层面上接受陶渊明，陶学出现了第二次高峰。“文选学”的兴衰直接影响了陶学的发展。

（作者系哈尔滨师范大学教授）

经学与《文心雕龙》理论系统之建构

吴建民

“体大思精”作为对《文心雕龙》学术成就的基本概括，表明刘勰以精辟之思建构了宏大的古代文学理论体系。就全书所论看，这一理论体系包括文学本体论、创作论、文体论、作品论、文学功能论、艺术方法论、风格论、发展论、作家论、欣赏批评论等内容，几乎涵盖了文学基本理论的各个方面。刘勰建构这一“体大”的文学理论系统，虽然广泛地吸收了先秦两汉以来的思想资料，如曹丕的文学批评理论、陆机的艺术思维理论、挚虞和李充的文体理论及汉代扬雄、王充等人的相关理论，但从更深的层次看，对《文心雕龙》理论体系之建构产生根本性影响的因素，是经学。因为经学自汉代正式诞生后，便成为最权威的学术而影响着其他学术的发展。虽然“南朝以文学自矜，而不重经术”①，但是，“惟梁武起自诸生，知崇经术……四方学者靡然向风”②，因而，《文心雕龙》受经学的影响很正常。这种影响是多方面的，如范畴术语的吸收、思想观点的借鉴、表述方式的应用等，而《文心雕龙》受经学最重要的影响，是理论系统的建构。

经学对《文心雕龙》理论系统建构的影响，首先突出地表现为论文基本宗旨的确立。《文心雕龙》论文的基本宗旨就是“以经为宗”，刘勰在“文之枢纽”之一的《宗经》篇明确提出：“论文必征于圣，窥圣必宗于经。”“论文”之所以“必宗于经”，原因有二。一是从文体范本

①② 皮锡瑞著、周予同注释《经学历史》第125页，中华书局2004年版。

角度看，刘勰认为论、说、辞、序、诏、策、章、奏、赋、颂、歌、赞等各种文体皆出自五经，五经作为“文章奥府”、“群言之祖”，为后世各种文体确立了良好的写作范本。“文能宗经”，就能创作出“情深而不诡”、“风清而不杂”、“事信而不诞”、“义贞而不回”、“体约而不芜”、“文丽而不淫”的理想作品。二是从文之使命角度看，“本乎道”的“文”以“明道”为基本使命，而文要完成“明道”之使命，就必须以圣人之文即“经”为宗。因为“道沿圣以垂文，圣因文以明道”，“经”作为圣人之文，当然是最好的“明道”之文。“文能宗经”，当然也是完成“明道”使命的最佳途径。由于刘勰确立了“宗经”的论文宗旨，因而他在建构“体大思精”的文学理论体系时，必然要大量地从经学著述中吸收思想资料，从而使经学成为《文心雕龙》理论体系的重要思想源头，并主要体现在如下诸方面。

文学本体论是《文心雕龙》理论体系的基本理论之一，而《文心雕龙》文学本体论的理论根源在经学。虽然《文心雕龙》并未专门论述文学本体论问题，但是刘勰在论述文学创作及作品生成等问题时，却涉及到文论的这一核心问题。《原道》篇云：“心生而言立，言立而文明。”此论表明，只有作家“心生”，然后才有“言立”之创作和“文明”之作品，创作和作品皆以作家“心生”为本，因而，作家之“心”也是文之本体所在。刘勰以“人心”为本的文学本体论，根源于经学元典《乐记》。《乐记·乐本》篇云：“凡音之起，由人心生也。”又云：“凡音者，生于人心者也。”此论表明，只有艺术家的“人心生”，然后才有音乐之创作和音乐之作品，艺术家之“人心”也就成为音乐之本体。由此不难发现，刘勰以“心生”为“言立”、“文明”之本的文学本体论，与《乐记》“由人心生”的音乐本体论完全一致。简单地说，刘勰以心为本的文学本体论实际上是将《乐记》以心为本的音乐本体论用于阐释文学本体而得出的必然结论。《乐记》之论之所以能被刘勰用来阐释文学之本体问题，是因为音乐“由人心生”这一命题具有极其普遍而深刻之意义。其意义在于，不但音乐“由人心生”，古今中外所有文学艺术皆“由人心生”；不但音乐以“人心”为本体，古今中外所有文学艺术皆以“人心”为本体。离开“人心”，也就谈不上文学艺术创作和作品，文学艺术之本体不可能存在于“人心”之外。刘勰以《乐记》之论阐释文学本体，体现了他对文学本体的深刻认识和把握。

创作论是《文心雕龙》的又一基本理论，《明诗》、《物色》、《体性》等篇都涉及到创作论问题。刘勰认为，文学创作是“情动而言形，理发而文见，盖沿隐以至显，因内而符外”的过程，即作家感情涌动于内而形诸言，情理抒发于外而见诸文。而作家“情动”之原因又在于“感物”，《明诗》篇云：“人禀七情，应物斯感。感物吟志，莫非自然。”作家“感物”而必然“情动”，“应物斯感”是心理活动之必然，即《物色》篇所云：“物色之动，心亦摇焉。”作家创作虽然始于“感物”，但却以“吟志”为中心环节，感应外物而生情，吟诵情志而“言形”、“文见”，从而导致作品之生成。至此，《文心雕龙》文学创作论的基本原理就呈现出如下公式：感物→情动→文见。这一公式揭示了中国古代文学创作的基本原理，具有普遍之意义，其后钟嵘、白居易、苏东坡、李东阳、叶燮等皆有类似论述。此公式的合理性在于，一方面它强调外在之物是文学创作之本源，作家只有率先“感物”，尔后才有“斯感”的审美感情产生，进而才能展开“吟志”、“言形”的创作活动，文学创作不可脱离外物而进行，这就将文学创作论置于唯物论哲学的基础之上，从而体现了本于物的创作精神。另一方面它又强调，虽然作家“情以物兴”，创作始于“感物”，但“辞以情发”才是创作的实质所在，即创作之目的和根本任务在于抒发表现作家之情志。所以，作家“感”的虽然是“物”，“吟”的却是“志”。刘勰的“感物吟志”说揭示了中国古代文学创作之实质和特点，也是古代文学创作论最经典的思想之一。因为中国古代文学以抒情文学为主流，古代作家创作并不以摹写外物之形状为本。刘勰对古代文学创作基本原理的论述可谓深及骨髓，但其思想根源仍在于经学。“应物斯感”说最早源于经学元典《周易》，《周易·咸卦·彖辞》云：“天地感而万物化生，圣人感而天下和平：观其所感，而天地万物之情见矣。”天地万物皆由感而化生，情之萌生、文之创作亦始于作家所“感”。《周易》此论虽不是论文，但其思想原理却适用于论文。因为《周易》作为中华民族的智慧之源，其思维模式对后人具有“定格”之作用，“感而化生”的万物生成思想作为一种普遍意识上升为哲学观念后，便不可避免地对文学生成乃至所有艺术生成理论产生影响。《文心雕龙》多处论及《周易》，受“感而化生”说影响而提出“感物斯感”亦“莫非自然”。如果说《文心雕龙》的创作论是在形上哲学的高度受《周易》思想影响的话，那么，它受《乐记》的影响则更直接、全面。《乐记·乐本》篇云：“人心之动，物使之然也。感于物而动，故形于声。”又云：“乐者，音之所由生也；其本在人心之感于物也。”此论表明，音乐产生是“感于物”而“形于声”的过程，音乐创作之“本”，“在人心之感于物”。《乐记》之论的公式为：感物→心动→乐生。刘勰所论文学创作原理与《乐记》所论音乐创作原理不谋而合，并非偶然。因为古代诗乐不分，乐论亦适于诗论、文论。刘勰“感物吟志”的文学创作论实际上受《乐记》“其本在人心之感于物”音乐创作论的影响，或者说是将《乐记》的音乐创作原理运用于阐释文学创作而得出的必然结论，因而并未超出经学之范围。

《文心雕龙》的作品论主要论述了文学作品的构成因素、诸因素的相互关系及作品的审美理想等，以《情采》篇为主，在《征圣》、《宗经》、《熔裁》、《诠赋》、《定势》等篇中亦有论述。刘勰常用的作品论范畴主要有情采、文质、辞理、言意等。采、文、辞、言一般指作品形式，情、质、理、意一般指作品内容。其基本观点主要包括：一是提出“质文相附”说，《情采》篇云：“夫水性虚而沦漪结，木体实而花萼振：文附质也。虎豹无文，则鞹同犬羊，犀兕有皮，而色资丹漆：质待文也。”此论认为作品的文质关系是“文附质”和“质待文”，即形式与内容二因素互相依赖，有质无文或有文无质皆不可构成作品。二是强调“文质相称”论，即情采兼善，文质并茂，作品内容与形式相互配合，构成统一和谐的恰当关系，也就是以“文质彬彬”为作品的审美理想。三是要求“情经辞纬”，认为“铅黛所以饰文容，而盼倩生于淑姿；文采所以饰言，而辩丽本于情性。故情者文之经，辞者理之纬；经正而后纬成，理定而后辞畅：此立文之本源也”。虽然刘勰既重质重情，又重文重采，但文与质、情与采相比较，他还是主张情理为经，文辞为纬,即以内容为主,形式为辅,并以此作为“立文之本源”。刘勰对作品构成因素、文质关系及审美理想等问题的论述,都是相当深刻、精辟的,并为后人所普遍接受,并且在今天仍有重要意义,但其思想渊源仍在经学。刘勰以文质二因素论作品,并以“文质彬彬”为作品之审美理想,本于经学元典《论语》的“文质彬彬”说。虽然孔子的“文质彬彬”说是谈君子之品格,但其原理与作品论相通,故后世文论家将其引入文论领域。刘勰之前,董仲舒、陆机、沈约等人都曾用“文质”来论述作品问题,但刘勰论述得最为深刻、全面,从而形成了古代文论中的“文质”论。刘勰“文附质”、“质待文”的观点本于《论语》,《颜渊》篇云:“子贡曰:……文犹质也,质犹文也;虎豹之鞟,犹犬羊之鞟。”刘勰将《论语》所论文与质的哲学关系应用于阐释文学作品内容与形式的关系,体现了经学的哲学观念对文学观念的影响。刘勰“情经辞纬”的文学作品观也同样受经学思想的影响。今文经学创始人董仲舒曾提出:“文质两备,然后礼成。文质偏行,不能有我尔之名;俱不能备而偏行之,宁有质而无文。”①古文经学家扬雄认为文章之“事”重于“辞”,质重于文。以质为先是经学家的基本观点,刘勰的“情经辞纬”论与此观点相一致,就文学作品的内容与形式之关系言,以质为先、“情经辞纬”的观点完全正确。并且刘勰处于“为文而造情”的形式主义文学流行的时代,强调经学“重质”的文学观念,对于批评当时错误的文学潮流也是非常必要且非常及时的。

《文心雕龙》的文学发展论集中于《通变》和《时序》两篇。《通变》篇认为文学的发展是一个有“通”有“变”的过程。“通”即继承传统,刘勰认为,“设文之体有常”,文体的“名理相因”,新的文学样式中有传统文学样式的基因,因而,文学的发展离不开对传统文学的继承;“变”即发展变化,只有发展变化,文学才能“日新其业”。“变则其久,通则不乏”,有“通”有“变”,文学才能生命常新、长久恒存,“通变”是文学生存发展的基本规律之一。刘勰的“通变”论揭示了

① 董仲舒《春秋繁露》第 12 页,上海古籍出版社 1989 年版。

文学发展的内在规律，但此论直接受《周易》“通变”哲学思想的影响。这种影响表现为两方面。一是刘勰将《周易》的“通变”哲学范畴用于论述文学的发展变化，赋予了“通变”以文论内涵，从而使其成为正式的文论范畴。其后文论家经常以“通变”为范畴论述文学的继承发展。二是将《周易》的“通变”哲学思想运用于文论领域，阐释了文学的继承与发展原理。“通变”是《周易》的基本思想，《易传·系辞上》云：“参伍以变，错综其数：通其变，遂成天地之文。”又《系辞下》云：“穷则变，变则通，通则久。”刘勰对文学通变发展的论述，其原理与《周易》之论完全一致。世间万物只有“通其变”，才能生生不穷，遂成其文；文学只有“通其变”，才能“日新其业”。通变而久是万物生存发展之规律，也是文学之规律。《周易》作为哲学著作，其哲学思想对古代各门具体科学都具有指导意义。刘勰用《周易》的“通变”哲学原理阐释文学的继承发展原理，是《周易》的哲学思想指导具体科学的一个成功范例。《时序》篇主要论述了文学发展与时代政治变化的关系，即文学发展的外部规律问题。在《时序》篇，刘勰提出了“时运交移，质文代变”、“歌谣文理，与世推移”、“文变染乎世情，兴废系乎时序”等一系列文学发展的理论命题，并联系上古至齐梁以来的文学发展实况，指出了“世情”中的三种因素即社会政治的兴衰、君主的提倡或轻视、学术思想的流行，是影响文学发展的关键。刘勰的这些观点实际上受《乐记》和《毛诗序》等经学典籍的思想影响，《乐记》和《毛诗序》把诗乐发展与社会政治状况联系起来，都有“治世之音安以乐，其政和；乱世之音怨以怒，其政乖；亡国之音哀以思，其民困”之论，论述了世之治乱不同，其诗乐亦不同，指出了时代政治的发展变化影响着诗乐的发展变化。刘勰之论实际上是将经学中关于诗乐发展与社会政治发展之关系的原理运用于阐释文学发展而得出的必然结论。但是，刘勰之论无论在思想深度还是在论述广度上，都大大超过了《乐记》和《毛诗序》等经学典籍的论述，并由此建立了古代文学发展论中关于社会历史因素与文学发展变化之关系的基本理论，从而对后世文论家产生了深远影响。

经学对《文心雕龙》影响的又一重要方面是文学功能论。“文以明道"是刘勰对文学功能的一个基本要求,此命题的基本内涵就是要求文学要以表现儒家之道为基本使命。《原道》篇明确提出:"圣因文以明道。"圣人所"明"之"道",当然是儒家之道,即儒家所提倡的思想道德原则。而"明道"也是经学的基本使命,因为经学的实质是阐释和发挥儒家的思想学说。刘勰的"文以明道"说与经学以阐释、发挥儒家思想学说为本的宗旨相通不悖。所以他在《序志》篇说:"唯文章之用,实经典之枝条,五礼次之以成,六典因之致用,君臣所以炳焕,军国所以昭明。"刘勰在《征圣》篇还提出"政化贵文……事绩贵文……修身贵文"的观点,也就是说,文学具有"政化"、"事绩"、"修身"之功能。"政化"、"事绩"皆为政治功用,都是强调文学应服务于国家社会,即《程器》篇所说:"摛文必在纬军国,负重必在任栋梁。"所以王运熙先生认为:"从《文心雕龙》全书看,刘勰最重视文章要积极地为政治服务。"①而文学服务于社会政治,也是经学的基本观点。在经学元典中,有学《诗》可以"授之以政"、"使于四方"、"事父"、"事君"说②;有"声音之道与政通"说③;有诗可以"用之乡人"、"用之邦国",可"经夫妇,成孝敬,厚人伦,美教化,移风俗"之说等等④。所以,刘勰强调文学服务于社会政治,这种文学功能观本源于经学。刘勰论"修身贵文",引用孔子所说"言以足志,文以足言"和"情欲信,辞欲巧"之语来解释,亦未超出经学范围。强调文学的讽刺作用是《文心雕龙》文学功能论的又一重要方面,"刘勰对具有讽刺内容的作品是颇为重视并加以肯定的"⑤。文学的讽刺作用始于孔子的"诗可以怨"说,而作为一种文学功能观念,形成于汉代,董仲舒、郑玄等经学家提出的"美刺"说,标志着文学讽刺功能观

① 王运熙《文心雕龙探索》第 161 页,上海古籍出版社 1986 年版。

② 杨伯峻译注《论语译注》第 135 页,中华书局 1988 年版。

③ 《礼记》第 204 页,上海古籍出版社 1987 年版。

④ 郭绍虞主编《中国历代文论选》(第一册)第 63 页,上海古籍出版社 1979 年版。

⑤ 王运熙《文心雕龙探索》第 162 页,上海古籍出版社 1986 年版。

的正式形成。刘勰高度重视讽刺性作品，强调文学的讽刺作用，与汉代经学家的"美刺"说不无关系。

《文心雕龙》不但吸收经学的思想精神来建构其理论系统，而且在范畴术语、表述方式的运用等方面，也都不同程度地受其影响。《文心雕龙》中常用的范畴术语，如文质、通变、养气、比兴、道、物、情、志、意、言、象等，皆出自经学，这些范畴术语在《文心雕龙》中居于重要地位，对于其理论系统的建构具有不可或缺的作用。在表述方式方面，经学作为理论研究性学科，以明晰的论述性语言表述其思想理论为特色，如《周易》、《论语》、《乐记》、《毛诗序》、《诗谱序》等经学典籍皆然。《文心雕龙》一方面运用了大量审美化的描述性语言，如《物色》篇云："若夫珪璋挺其惠心，英华秀其清气，物色之动，人谁或安？是以献发春，悦豫之情畅；滔滔孟夏，郁陶之心凝；天高气清，阴沉之志远；霰雪无垠，矜肃之虑深。"这种对仗匀称的句式、整齐和谐的节奏及对四时物象的形象化描写，虽展示了浓郁的文学色彩并产生出良好的审美效果，但也不可避免地降低了文章的理论论证性、思想表述的明晰性及理论观点的论证效果。另一方面，刘勰也运用了大量理论化的论述性语言。如《神思》篇云："思理为妙，神与物游。神居胸臆，而志气统其关键；物沿耳目，而辞令管其枢机。枢机方通，则物无隐貌；关键将塞，则神有遁心。"《体性》篇云："夫情动而言形，理发而文见，盖沿隐以至显，因内而符外者也。"此类例子极多。这些理论化语言不但使所述观点表达得明晰准确，而且也体现出了表述方式的论证性，使其论述具有了浓厚的理论色彩，其理论论述效果是形象化语言的描述方式所无法相比的。正是由于运用了大量明晰准确的理论化语言，体现了表述方式的论证性，从而使《文心雕龙》具有了文论论著的鲜明学术特色。而在运用理论化语言阐释其思想理论的表达方式上，《文心雕龙》与经学著述具有相通共同之处，受经学影响亦"莫非自然"。

经学对《文心雕龙》的理论建构具有多方面影响，这就要求我们对其展开研究时，必须紧密结合经学。从经学角度透视《文心雕龙》

的理论建构，会有助于我们对其理论来源、体系生成及学术特色等问题做出更准确、深刻的把握，从而推动对《文心雕龙》这部古代文论巨著研究的发展和深化。

（作者系徐州师范大学教授）

刘知几《史通》的文病范围论

饶龙隼

自有语言文字的运用，就有文病之发生流行。上有老庄的语言本体论，因语言文字有碍于体道，而视文病为难破的蔽障。后有东汉王充《论衡》，出于疾虚妄的批判意趣，亦对文病诸状多有指摘。由此可知，文病的话题由来尚矣，只是迄非专门之讨论。而从现存文献看，最早谈论文病者，当推曹植《与杨德祖书》，其谓“世人著述不能无病”，堪称空谷足音，凿破混沌。嗣后刘勰《文心雕龙·指瑕》，是为自古以来第一篇文病专论。至若此前陆机《文赋》论文病“五或”，稍后钟嵘《诗品》之“掎摭利病”①，则为前波后澜，已成涓涓不断。于时永明文学讲求的声病论，更晚中唐流行的二十八种病②，均为古代文病论之荦荦大端。这些资料共同构筑了文病论的库藏，使文病论成为中国文学的重要命题。而就在这座丰富的库府里，埋藏着另一块厚重的碑石，这便是刘知几的《史通》。

《史通》是一部史学理论批评专著，成书于唐中宗景龙四年

---

① 《文赋》从“或托言于短韵”至“固既雅而不艳”五节，论列五种文病，此概称之为论文病“五或”；又参见钟嵘《诗品序》云：“网罗古今，词文殆集，轻欲辨彰清浊，掎摭利病，凡百二十人。”

② 日人遍照金刚《文镜秘府论》西卷有“文二十八种病”。遍照金刚于唐德宗贞元二十年(804)随第十七次遣唐使入唐，宪宗元和元年(806)返回日本，带回文学作品集和诗学著作。其“文二十八种病”就是依据这些文献整理出来的。因此，可将“文二十八种病”视为中唐的文病论资料。

(710)。是书分内、外篇,内篇十卷三十九篇,外篇十卷十三篇。其中内篇《体统》、《纰缪》、《弛张》文缺,实存文三十六篇。从《纰缪》题名来看,这应该是一篇文病专论。《纰缪》的缺失,对研讨《史通》文病论来说,固然很遗憾,但不至于无助;因为其内容极丰富,几乎篇篇皆有论述,而且论涉广泛,识度深透。更重要的是,《史通》论文病是自觉的。它继承了王充《论衡》的批判精神,勇于评骘指摘历代史文的利病得失①。所谓"多讥往哲,喜述前非",非意气之言,乃理智之说(《史通》卷之一〇内篇《自序第三十六》P344上)。通观刘知几《史通》,其文病论大都包括了:文病的范围、文病的类别、文病之救治、文病的成因等等,乃至文病之哲思。兹拟就文病的范围,先作一研讨之尝试。

文病论的范围由对象决定,而文病论的对象就是文病。文病自古以来就有,它的范围无边弗界;因而,文病论的范围是无限的。这是就一般的情形而言。但在具体的论著中,受种种因素的制约,文病论的范围又可界说。具体到刘知几《史通》,缘于古今通变、体制规定、史家认知,以及文史边界,文病论范围可论列如下。

一、时序:古代与近代

刘知几《史通》论文病,有明显的崇古抑今倾向。在他看来,古人著史,颇得体要,多可尊尚;而近人著史,每乖史体,多可指摘。如云:"至班固《汉书》,则全同《太史》;自太初已后,又杂引刘氏《新序》、《说苑》、《七略》之辞。此皆当代雅言,事无邪僻,故能取信一时,擅名千载。但中古作者,其流日烦。虽国有册书,杀青不暇,而百家诸子,私存撰录。寸有所长,实广闻见。其失之者,则有苟出异端,虚益新事。至如禹生启石,伊产空桑,海客乘槎以登汉,姮娥窃

① 刘知几说:"昔王充设论,有《问孔》之篇。虽《论语》群言多见指摘,而《春秋》杂义曾未发明。是用广彼旧疑,增其新觉。"(《史通》卷之一四外篇《惑经第四》P370上)此欲继承王充嫉虚妄精神,具有自觉的批判意识。

药以奔月。如斯踳驳,不可殚论。”(《史通》卷之五内篇《采择第十五》P288 下)此将班固诸家与中古作者对照而论,对前者曲为赞许,对后者横加贬抑,表露出是古非今、近不如古的意向。正是出于这种精神意度,其断史文之病多出近代。故云:“近代文章,实同儿戏。有天子而称讳者,若姬满、刘庄之类是也;有匹夫而不名者,若步兵、彭泽之类是也。……意好奇而辄为,文逐韵而便作,用舍之道,其例无恒。近代为史,通多此失。上才犹且若是,而况中庸者乎!”(《史通》卷之四内篇《称谓第十四》P286 上、下)

推《史通》之例,其所谓“近代”,大约指魏晋以来。这个时间范围,也还另有称谓。例如:

1. 中叶:“爰逮中叶,文籍大备,必剪截今文,模拟古法,事非改辙,理涉守株,故元舒所撰《汉魏》等篇,不行于代也。若乃帝王无纪,公卿缺传,则年月失序,爵里难详,斯并昔之所忽,而今之所要。”(《史通》卷之一内篇《六家第一·尚书家》P253 下)

2. 近世:“近世有著《隋书》者,乃广包众作,勒成二志,骋其繁富,百倍前修。非唯循覆车而重轨,亦复加阔眉以半额者矣。”(《史通》卷之三内篇《书志第八·艺文志》P269 下)

3. 近者:“且史之记载,难以周悉。近者宋氏,年唯五纪,地止江淮,书满百篇,号为繁富。作者犹广之以《拾遗》,加之以《语录》。”(《史通》卷之三内篇《书志第八·五行志》P270 下)

4. 晚叶:“逮乎晚叶,谱学尤烦。……凡为国史者,宜各撰氏族志,列于百官之下。盖自都邑已降,氏族而往,实为志者所宜先。而诸史竟无其录,如休文宋籍广以《符瑞》,伯起魏篇加之《释老》,徒以不急为务,曾何足云。”(《史通》卷之三内篇《书志第八·杂志》P273 下)

5. 近古:“爰及近古,其言多伪。至于碑颂所勒,茅土定名,虚引他邦,冒为己邑。若乃称袁则饰之陈郡,言杜则加之京邑,姓卯金者咸曰彭城氏,禾女者皆云巨鹿。此乃寻流俗之常谈,忘著书之旧体矣。”(《史通》卷之五内篇《因习下第十九》299 上)

6. 近史:“近史所刊,有异于是。至如不才之子,群小之徒,或阴情丑行,或素餐尸禄,其恶不足以曝扬,其罪不足以惩诫,莫不搜其鄙事，聚而为录，不其秽乎？……斯乃誉所不该，理无足咎。至若愚智毕载，妍媸靡择，此则燕石妄珍，齐竽混吹者矣。”（《史通》卷之八内篇《人物第三十》P331 上、下）

综观以上这些论例，“近代”文病都有：虚益、踳驳；好奇、逐韵；剪截、模拟；广包、繁富；广加、不急；伪言、忘体；毕载、靡择等等。此诸多近史病状，皆参照古史而言。如云：“夫远古之书，与近古之史，非唯繁约不类，故亦向背皆殊。何者？近古之史也，言唯详备，事罕甄择。使夫学者睹一邦之政，则善恶相参；观一主之才，而贤愚殆半。至于远古则不然。夫其所录也，略举纲维，务存褒讳，寻其终始，隐没者多。”（《史通》卷之一三外篇《疑古第三》P368 下）故知《史通》论文病，有很明晰的时序界限，即以古史为参照，来诊断近史之病。

不过，《史通》所断文病，并非专属“近代”。若古史有劣文，自在指摘之中；而近史有优长，亦在褒扬之列。论古史之劣，例如外篇之《疑古第三》，指陈古史载事言词简约、推者难详、缺漏无补、莫究其源，而论列“疑事”十条；又如内篇之《六家第一》，指斥《史记》为体之失、撰录之烦、芜累尤深、劳而无功，而警示“深诫”所宜。评近史之优，如云：“当宣景开基之始，曹马构纷之际，或列营渭曲，见屈武侯；或发仗云台，取伤成济。陈寿、王隐，咸杜口而无言；干宝、虞预，各栖毫而靡述。至习凿齿，乃申以死葛走生达之说，抽戈犯跸之言。历代厚诬，一朝始雪。考斯人之书事，盖近古之遗直者欤。次有宋孝王《风俗传》、王劭《齐志》，其叙述当时，亦务在审实。按于时河朔王公，箕裘未陨；邺城将相，薪构仍存。而二子书其所讳，曾无惮色，刚亦不吐，其斯之谓欤。”（《史通》卷之七内篇《直言第二十四》P315 下、P316 上）此即表彰习凿齿等近代史家的遗直、审实之风范。故知，《史通》论史文之病，非一概斥责“近代”；只因“近代”史文多病，而更受刘知几关注罢了。

二、体制：缺陷与违体

史文之体，各有规制。其体制之拟定，出自历史生成，而非人工造作。而史体一经确立,便有特定体性;但亦非一成不改,而会适时变化。这样一方面,史体的质性将要因承不坠;而另一方面,史体之施用又有某些变数。这变数具体表现为,或者乖违史体规制,或者暴露史体缺陷。

关于体制缺陷,刘知几以《春秋》等为例,论列其短长而计较其得失:

> 夫《春秋》者,系日月而为次,列时岁以相续,中国外夷,同年共世,莫不备载,其事形于目前,理尽一言,语无重出。此其所以为长也。至于贤士贞女,高才儁德,事当冲要者必盱衡而备言,迹在沉冥者不枉道而详说,如绛县之老、杞梁之妻,或以酬晋卿而获记,或以对齐君而见录,其有贤如柳惠、仁若颜回,终不得彰其名氏,显其言行。故论其细也,则纤芥无遗;语其粗也,则邱山是弃。此其所以为短也。《史记》者,纪以包举大端,传以委曲细事,表以谱列年爵,志以总括遗漏,逮于天文、地理、国典、朝章,显隐必该,洪纤靡失。此其所以为长也。若乃同为一事,分在数篇,断续相离,前后屡出,于《高纪》则云"语在《项传》",于《项传》则云"事具《高纪》"。又编次同类,不求年月,后生而擢居首秩,先辈而抑归末章,遂使汉之贾谊将楚屈原同列,鲁之曹沫与燕荆轲并编。此其所以为短也。考兹胜负,互有得失。(《史通》卷之一内篇《二体第二》P259 上、下)

此论两书纤芥无遗、丘山是弃、断续相离、先后颠倒之短,是为史体之缺陷,非人为造成的,不属文病范围。

与此不同,乖违史体,是人为造成的,应属文病范围。如"马迁始错综成篇,区分类聚;班固踵武,仍加祖述于其间,则有统体不一,名目相违,朱紫以之混淆,冠履于焉颠倒";又"先黄老而后六经,后外戚而先夷狄,老子与韩非并列,贾诩将荀彧同编,孙弘传赞宜居宣武纪末,宗庙迭毁枉入玄成传终,如斯舛谬,不可胜纪"。(《史通》卷之四内篇《编次第十三》P283 下、P284 下)统体不一、名目相违、编排舛谬等等，都是《史记》、《汉书》乖违史体的表现。这不属史体缺陷，而是施用者失当。类似的症状还有：

君懋《隋书》，虽欲祖述商周，宪章虞夏；观其体制，乃似孔氏《家语》、临川《世说》，可谓画虎不成反类犬也。（《史通》卷之一内篇《六家第一·尚书家》P253下）

时移世异，体式不同，其所书之事也，皆言罕褒讳、事无黜陟，故马迁所谓整齐故事耳。（《史通》卷之一内篇《六家第一·春秋家》P255上）

寻《史记》疆宇辽阔，年月遐长，而分以纪、传，散以书、表，每论家国一政，而胡越相悬，叙君臣一时，而参商是隔。此为其体之失者也。（《史通》卷之一内篇《六家第一·史记家》P257下）

如上所述，乖违史体之为文病，体制缺陷之非文病，其关节点在于人为，而不在于史体本身。对于这个关节点，刘知几颇为了然。故而他论列近古以来史体流别，得与正史参行的偏记小说十目，并分析其体制缺陷与违体病状（《史通》卷之一〇内篇《杂述第三十四》P338下—340上）。兹列表分析如下：①

编号	史体	体制		违体		
		体性	缺陷	病症	病因	病例
一	偏记	记即日当时之事，求诸国史，最为实录。	言多鄙朴，事罕圆备，终不能成其不刊、永播来叶。	○	○	○
二	小录			○	○	○

① 《杂述第三十四》开篇总列“偏记小说自成一家而能与正史参行”者十目，而下文分论时，于“别传”、“杂记”之间增列“别说”一目。兹表照录十目之数，而将“别说”附于“别传”、“杂记”之间。表中标“○”栏，是为缺略之项目。以下同此，不再注明。

续表

编号	史体	体制		违体		
		体性	缺陷	病症	病因	病例
三	逸事	前史所遗,后人所记,求诸异说,为益实多。	○	苟载传闻,而无铨择,由是真伪不别,是非相乱。	妄者为之。	《洞冥》、《拾遗》全构虚辞,用惊愚俗。
四	琐言	多载当时辨对、流俗嘲谑。	枢机者藉为舌端,谈话者将为口实。	固以无益风规、有伤名教者矣。	蔽者为之。	诋讦相戏施诸祖宗,亵狎鄙言出自床笫,莫不升之纪录,用为雅言。
五	郡书	矜其乡贤,美其邦族。如常璩之详审,刘炳之该博。	施于本国,颇得流行,置于他方,罕闻爱异。能传诸不朽、见美来裔者盖无几焉。	○	○	○
六	家史	事惟三族,言止一门。正可行于家室,难以播于邦国。	且箕裘不堕,则其录虽存,苟薪构已亡,则斯文亦丧。	○	○	○
七	别传	不出胸臆,非由机杼,徒以博采前史,聚而成书,其有足以新言加之。	○	○	○	○
附	别说	不过十一而已,如寡闻末学之流,则深所嘉尚。	探幽索隐之士,则无所取材。	○	○	○
八	杂记	若论神仙之道,则服食炼气,可以益寿延年;语魑魅之途,则福善祸淫,可以惩恶劝善,斯则可矣。	○	苟谈怪异,务述妖邪,求诸弘益,其义无取。	缪者为之。	○

续表

编号	史体	体制		违体		
		体性	缺陷	病症	病因	病例
九	地理书	若朱赣所采，浃于九州；阚骃所书，殚于四国。斯则言皆雅正，事无偏党者矣。	○	人自以为乐土，家自以为名都，竞美所居，谈过其实。	有异于此者。	城池旧迹、山水得名皆传诸委巷、用为故实，鄙哉！
十	都邑簿	如宫阙陵庙、街廛郭邑，辨其规模，明其制度，斯则可矣。	○	烦而且滥，博而无限……务求详审，持此为能，遂使学者观之，瞀乱而难纪也。	愚者为之。	论榱栋则尺寸皆书，记草木则根株必数。

三、认知：以正与作故

既然违体之病出自人为，便会关涉史体认知问题。关于史体之认知，刘知几不仅极为重视，而且多有论说。推其史体认知，若一言以蔽之，即为以正从时。

其文曰：

是则文之将史，其流一焉，固可以方驾南、董，俱称良直者矣。爰洎中叶，文体大变。树理者，多以诡妄为本；饰辞者，务以淫丽为宗。譬以女工之有绮縠，音乐之有郑卫。盖语曰："不作无益害有益。"至如史氏所书，固当以正为主。是以虞帝思理、夏后失邦，《尚书》载其元首、禽荒之歌；郑庄至孝、晋献不明，《春秋》录其大隧、狐裘之什。其理说而切，其文简而要，足以惩恶劝善、观风察俗者矣。（《史通》卷之五内篇《载文第十六》P291 下）

此所谓"以正为主"，包含树理和饰辞两项。前项要求说切，因以克

除诡妄;后项力求简要,因以克除淫丽。以此来衡文,则史文利病,可一一指实:

> 若乃历选众作,求其秽累,王沉、鱼豢,是其甚焉;裴子野、何之元,抑其次也;陈寿、干宝,颇从简约,犹时载浮讹,未尽机要。惟王劭撰《齐》、《隋》二史,其所取也,文皆诣实,理多可信,至于悠悠饰词,皆不之取。此实得去邪从正之理、捐华摭实之义也。(《史通》卷之五内篇《载文第十六》P291 下—P292 下)

去邪从正、捐华摭实,是为"以正"之轨则。

这落实到著史实践上,又可引申出两层思理:从史体自身规定性着眼,要求史家体认并遵从之,此即所谓以正;从史体能适时应变着眼,要求史家顺时而因用之,此即所谓从时。以正是史文之根髓,从时是史文之权变。著史若不以正,则会荒亡流荡;反之若不从时,则会陆沉僵执。

关于前者,刘知几论曰:"夫历观自古,称谓不同,缘情而作,本无定准。……凡此诸名,皆出于当代史臣编录,无复弛张。盖取叶随时,不藉稽古。及后来作者,颇慕斯流,亦时采新名,列成篇题。若王晋之十士寒隽,沈宋之二凶索虏,即其事也。"(《史通》卷之四内篇《称谓第十四》P286 上、下)取叶随时,不藉稽古,如此著史,难免病累。

关于后者,刘知几亦云:"大抵史名,多以书记纪略为主,后生祖述,各从所好,沿革相因,循环递习。盖区域有限,莫逾于此焉。至孙盛有《魏氏春秋》,孔衍有《隋尚书》陈寿、王劭曰《志》,何之元、刘璠曰《典》。此又好奇厌俗,习旧捐新,虽得稽古之宜,未得从时之义。"(《史通》卷之四内篇《题目第十一》P280 上)虽云稽古,未得从时,如此著史,终属病累。

更有甚者,若史家既不以正也不从时,则又陷入自我作故之魔障。自我,则不愿因俗;不因俗,便不得从时。作故,则不甘师古;不师古,便不能以正。如此著史,焉能无病。其效尤者,如"魏收,远不师古，近非因俗，自我作故，无所宪章。其撰《魏书》也，乃以平阳王为出帝，司马氏为僭晋，桓刘已下通曰岛夷。夫以谄齐则轻抑关右，党魏则深诬江外，爱憎出于方寸，与夺由其笔端，语必不经，名惟骇物”(《史通》卷之四内篇《称谓第十四》P286 上、下)。

如此说来，考镜以正从时与否，便可诊断史文利病。大凡以正从时，即为健康的史文；而不以正从时，就属病态之史文。这样就从史家认知层面，确定了诊断文病的根据，划定了史文病态的范围。对此文病范围，《史通》全书均有真确的认知。为了清晰起见，兹将“自我作故”例列表分析如下：

编号	诊断	以正	从时	病例	病因	病症	出处
1	自我作古	否	○	《史记》妄设《陈涉世家》。	史之篇目，皆迁所创；自我作古，而名实无准。	陈胜起自群盗，称王六月而死，子孙不嗣，社稷靡闻，无世可传，无家可宅，而以世家为称，岂当然乎？	内篇世家第五
2	自我作故	否	否	班固《五行志》、《艺文志》等。	自我作故，出乎胸臆。	妄入编次、虚张部帙，而积习已久，不悟其非。	内篇书志第八并序
3	自我作故	否	否	魏收《魏书》。	远不师古，近非因俗，自我作故，无所宪章	以平阳王为出帝，司马氏为僭晋，桓刘已下通曰岛夷。夫以谄齐则轻抑关右，党魏则深诬江外，爱憎出于方寸，与夺由其笔端，语必不经，名惟骇物。	内篇称谓第十四
4	自我作故	否	○	萧、杨之琐杂，王、宋之鄙碎。	撰史加注者，或因人成事，自我作故，记录无限，规检不存。	言殊拣金，事比鸡肋，异体同病，焉可胜言。/难以成一家之格言、千载之楷则。	内篇补注第十七
5	自我作古	否	否	《史记》、《左传》等书之记载。	《礼记·檀弓》，工言物始。夫自我作古，首创新仪，前史所刊，后来取证。	汉初立槥，子长所书；鲁始为髽，丘明是记；河桥可作，元凯取验于《毛诗》；男子有笄，伯支远征于《内则》。	内篇叙事第二十二妄饰

续 表

编号	诊断	以正	从时	病 例	病 因	病 症	出 处
6	自我作古	否	否	杨姓之寓西蜀,班门之雄朔野,或胄纂伯侨,或家传熊绎。	不因真律,无假宁楹,直据经史,自成矛盾。……恐自我作古,失之弥远者矣。	荜门寒族,百代无闻,而骍角挺生,一朝暴贵,无不追述本系,妄承先哲。至若仪父振铎,并为曹氏之初;淳维李陵,俱称拓拔之始。河南马祖迁彪之说不同,吴兴沈先约炯之言有异。	内篇序传第三十二
7	自我作故	否	否	《公羊传》、《穀梁传》。	言载事,失彼菁华;寻源讨本,取诸胸臆。夫自我作故,无所准绳。	理甚迂僻,言多鄙野,比诸《左氏》,不可同年。	外篇申左第五

除了上表所列典型病例,还有诸多自我作故变例。如《史记》、《汉书》录司马相如《子虚》、《上林》,扬雄《甘泉》、《羽猎》,班固《两都》,马融《广成》诸赋,因而传染了"繁华而失实,流宕而忘返,无裨劝奖,有长奸诈"之病(《史通》卷之五内篇《载文第十六》P291 下)。又班固《汉书·五行志》"舍长用短,捐旧习新,苟出异同,自矜魁博"(《史通》卷之一九外篇《汉书五行志错误第十》P410 下)。而尤甚者,"降及有晋,迄于隋氏,或地止一隅,或年才二世;而彼苍列志,其篇倍多,流宕忘归,不知纪极",则又成为《汉》、《史》、班、马之罪人(《史通》卷之三内篇《书志第八·天文志》P268 下)。至若近代史笔,叙事为烦,"积习忘返,流宕不归,乖作者之规模,违哲人之准的"(《史通》卷之八内篇《书事第二十九》P328 上、下)。综观诸例,其病症在于捐旧习新,流宕忘返;总其归途,其病根在于不循经典,自任胸怀。而归根结底,则还在于"无识"以正从时之理(《史通》卷之一九外篇《汉书五行志错误第十》P410 下)。

四、边界:文华与史野

除上所述史文之病,还有一个边界问题。这包括经史、子史、文史三项。其中经史、子史之边界，刘知几区划得泾渭分明；因而经、子方面的病患，不在《史通》论说之列①。其所尤加关注者，在于文史之边界。

之所以作如此设置，乃因文史关系复杂：一面文史一体不分，另一面又颇有分异，其边界不容易分清，其体性有时会模糊。这样，文史之病就需分说：有些病是文史共有的，应属文史之通病；有些病是史书特有的，应属史文之专病。

文史通病，缘于文史之体性相通。刘知几认为："文之将史，其流一焉，固可以方驾南、董，俱称良直"；因而"宣、僖善政，其美载于《周诗》；怀、襄不道，其恶存于《楚赋》。读者不以吉甫、奚斯为谄，屈平、宋玉为谤者，何也？盖不虚美，不隐恶故也"（《史通》卷之五内篇《载文第十六》P291下）。以此反观，虚美、隐恶是为文史通病。又孔子云"文胜质则史"，是知"史之为务，必藉于文。自五经已降，三史而往，以文叙事，可得言焉。而今之所作，有异于是。其立言也，或虚加练饰，轻事雕彩；或体兼赋颂，词类俳优。文非文，史非史，譬夫乌孙造室，杂以汉仪，而刻鹄不成，反类于鹜者也"（《史通》卷之六内篇《叙事第二十二·妄饰》P311下—P312上）。以此反观，非文、非史便犯文史通病。至若"夫子修《春秋》，别是非，申黜陟，而贼臣逆子惧。凡今之为史而载文也，苟能拨浮华，采真实；亦可使夫雕虫小技者，闻义而知徙矣。此乃禁淫之堤防，持雅之管辖，凡为载削者，可不务乎"（《史通》卷之五内篇《载文第十六》293上）。以此反观，浮华、淫邪亦为文史通病。

史文专病，缘于史体之特定规制。刘知几认为："文胜质则史。"是指春秋时之文。其时文史合一，并无病因谬种。然"朴散淳销，时

---

① 对此，刘知几有明确的界说。如云："至若郑玄、王肃，述五经而各异；何休、马融，论三传而竞爽。欲加商榷，其流实烦。斯则义涉儒家，言非史氏，今并不书于此焉。"（《史通》卷之五内篇《补注第十七》294下—P295上）此言不论经注之病。又如："又按子之将史，本为二说。然如《吕氏》、《淮南》、《玄晏》、《抱朴》，凡此诸子，多以叙事为宗，举而论之，抑亦史之杂也。但以名目有异，不复编于此科。"（《史通》卷之一〇内篇《杂述第三十四》P338下—P340上）此言不论子书之病。

移世异，文之与史，皎然异辙”(《史通》卷之九内篇《核才第三十一》P333上、下)，如此则文史分离：不惟体制不同，华实有别；更且人才分异，功用殊途。史文之专病，由此而生焉。

若文史各安其体，本不足为病；若史文阑入伪体，则文病生焉。比如：

马卿之《子虚》、《上林》，扬雄之《甘泉》、《羽猎》，班固《两都》，马融《广成》，喻过其体，词没其义，繁华而失实，流宕而忘返，无裨劝奖，有长奸诈。而前后《史》、《汉》，皆书诸列传，不其谬乎？且汉代词赋，虽云虚矫；自余他文，大抵犹实。至于魏晋已下，则伪缪雷同，推而论之，其失有五：一曰虚设，二曰厚颜，三曰假手，四曰自戾，五曰一概。……考兹五失，以寻文义，虽事皆形似，而言必凭虚。夫镂冰为璧，不可得而用也；画地为饼，不可得而食之。是以行之于世，则上下相蒙；传之于后，则示人不信。而世之作者，复不之察，聚彼虚说，编而次之，创自起居，成于国史，连章毕录，一字无废，非复史书，更成文集。(《史通》卷之五内篇《载文第十六》P291下、P292上)

此所论“虚设”等五病，即因史文冒用赋体而致。又武则天朝长寿中，牛凤及撰《唐书》，“或言皆比兴，全类咏歌；或语多鄙朴，实同文案。而总入编次，了无釐革。其有出自胸臆，申其机杼，发言则嗤鄙怪诞，叙事则参差倒错。故阅其篇第，岂谓可观？披其章句，不识所以”(《史通》卷之一二外篇《古今正史第二·唐书》P364上、下)。此则伪体入史之极端病态。

若文史各显华实，本不足为病；若史笔文饰过甚，则文病生焉。比如：

略观近代，有齿迹文章而兼修史传，其为式也，罗含、谢客宛为歌颂之文，萧绎、江淹直成铭赞之序，温子升尤工复语，卢思道雅好丽词，江总猖獗以沉迷，庾信轻薄而流宕，此其大较也。(《史通》卷之九内篇《核才第三十一》P333上、下)

复语、丽词之类，乃六朝文风余响。以此撰史，猖獗沉迷，轻薄流宕，则史之为病，已入膏肓矣。又有甚于此者，芜音累句之病：

> 自兹已降，史道陵夷，作者芜音累句，云蒸泉涌。其为文也，大抵编字不只，捶句皆双，修短取均，奇偶相配。故应以一言蔽者，辄足为二言；应以三句成文者，必分为四句。弥漫重沓，不知所裁。(《史通》卷之六内篇《叙事第二十二·隐晦》P310 上)

芜音，是指声律之讲求；累句，是指骈偶之设置。这对诗赋而言，未必就是文病；而对史文来说，实属芜秽病累。

若文史各尽其才，本不足为病；若史才不胜其任，则文病生焉。综观历代史家，才不堪任，略有两端：一为滥竽充数，以文士兼任史笔；一为专门史家，而才力有所不足。对于前者，刘知几指出：文史为体，各有一偏；人之禀才，难得两兼。是知，“以张衡之文，而不娴于史；以陈寿之史，而不习于文。其有赋述《两都》，诗裁《八咏》，而能编次汉册，勒成宋典，若斯人者，其流几何?”(《史通》卷之九内篇《核才第三十一》P333 上、下)他若罗含、庾信之流，虽善驰骋丽辞以属文；至于秉笔撰史，“不过偏记杂说、小卷短书而已，犹且乖滥踳驳，一至于斯。而况责之以刊勒一家、弥纶一代，使其始末圆备、表里无咎，盖亦难矣!”(《史通》卷之九内篇《核才第三十一》P333 上、下)又“喉舌翰墨，其辞本异。而近世作者，撰彼口语，同诸笔文，斯皆以元瑜、孔璋之才，而处邱明、子长之任。文之与史，何相乱之甚乎!”(《史通》卷之一八外篇《杂说下第九》P405 上、下)对于后者，刘知几指出：“夫史才之难，其难甚矣。……苟非其才，则不可叨居史任。”(《史通》卷之九内篇《核才第三十一》P333 上、下)若蔡邕、刘孝标、徐陵、刘炫，虽谓“长于著书，达于史体”；然按诸实际，均难免病累：蔡邕“于朔方上书，谓宜广班氏《天文志》”，是暴露未能练达史体；刘孝标“《自叙》一篇过为烦碎，《山栖》一志，直论文章”，不可与迁固陈范同列；徐陵“有志于《梁史》，及还江左，而书竟不成。……盖以徐公文体，而施诸史传”，实如同“灞上儿戏”；刘炫“锐情自叙，欲以垂示将来，而言皆浅俗，理无要害”，则“虽多亦奚以为"(《史通》卷之九内篇《核才第三十一》P333 上、下)?

若文史各适其用,本不足为病;若违弃史之功用,则文病生焉。刘知几认为:"盖史之为用也,记功司过,彰善瘅恶。得失一朝,荣辱千载。"(《史通》卷之七内篇《曲笔第二十五》P318 上)具体说,就是载诸竹帛,传之不朽:"苟史官不绝,竹帛长存,则其人已亡,杳成空寂,而其事如在,皎同星汉,用使后之学者,坐披囊箧,而神交万古,不出户庭,而穷览千载,见贤而思齐,见不贤而内自省。若乃《春秋》成而逆子惧,南史至而贼臣书。其记事载言也,则如彼;其劝善惩恶也,又如此。由斯而言,则史之为用,其利甚博,乃生人之急务,为国家之要道。"(《史通》卷之一一外篇《史官建置第一》P345 下)这就规定了两点。一是秉笔实录直书,载明功过善恶;若违此法,则无所持正,转生弊病:"史臣得爱憎由己,高下在心,进不惮于公宪,退无愧于私室。"(《史通》卷之七内篇《曲笔第二十五》P318 上)二是竹帛记事载言,因以劝善惩恶;若弃此道,则无所劝戒,亦成弊病:"向使世无竹帛,时阙史官,虽尧舜之与桀纣、伊周之与莽卓、夷惠之与跖跻、商冒之与曾闵,俱一从物化,坟土未干,而善恶不分、妍媸永灭者矣。"(《史通》卷之一一外篇《史官建置第一》P345 下)

综观上述四个层面,文病论核心是史体。从时序上说,古代史文多契得史体,故少有病累;近代史文多违背史体,故每有病患。从体制上说,史体不能兼备众善,每种史体都有缺陷。其缺陷是本然的,不在文病之列;而违体出自人为,应属文病范围。从认知上说,史家遵循史体,取顺于时,就能以正从时,不犯文病;反之违背史体,自我作故,则触处皆碍,必犯文病。从边界说,文之与史,既有共性,又有特性,若违背共性,则有文史之通病;若违背特性,则有史文之专病。总之,体性是内因而人为是外因,文病论的范围实由此而定。

(作者系上海大学教授)

《文镜秘府论》汉语诗文写作教材性质探略

吴　双

空海(774—835),俗姓佐伯(一作佐伯真),日本国香川县善通寺市人,法号遍照金刚,谥号弘法大师。延历二十三年(804),当唐德宗贞元二十年,他随第17次遣唐使团入京,从大师惠果学习密宗,深得“唐密”真谛,回国后创立了日本真言宗,在高野山建寺开基,弘法授徒,至今信徒遍及东瀛。空海回国后,大约在817—820年之间①编写了《文镜秘府论》。

一、《文镜秘府论》教材性质辨析

(一)《文镜秘府论》是目前现存的第一部海外汉语教材

以往,人们一提到《文镜秘府论》,总认为它是一部由日本人编写的文学批评理论论著,尤其因为它保存了许多“中国久佚的中唐以前的论述声韵及诗文做法和理论的大量文献”(卢盛江,2005)而颇有价值。“唐代的诗文,如日中天;而论文之著作,则寥若晨星。……因为当时论文书籍都未能流传至今。”(胡小石,1991)而空海归国时,“携回书籍甚多,颇有论诗文写作者在其中,回国后,撰成《文镜秘府论》六卷,即大量援引这些著作”(王运熙,杨明,1994)。

---

①　参考卢盛江,2006。

正如任学良所说:"独我大同中,释空海游学于唐,获崔融《新唐诗格》、王昌龄《诗格》、元兢《髓脑》、皎然《诗议》等书而归,后著作《文镜秘府论》六卷,唐人卮言,尽在其中。"(转引自王利器,1983)

然而"《文镜秘府论》本身就是一个'日本化'了的文本……主要编入实用性比较强的写作范式"(卢盛江,2009)。根据空海写作此书的宗旨以及全书的结构安排和重点所在,我们则应当判定它其实是一部以汉语作为第二语言的写作教材,而且是目前为止我们看到的第一部由外国人为外国人编写的海外汉语诗文写作教材。

虽然对外国人进行汉语书面语的教学可上溯至公元前 12 世纪的商末周初,但唐朝以前我们尚未发现有专门为外国人编写的汉语教材。仅从受中国影响最大的汉字文化圈考察,在《史记·殷本纪》和《朝鲜历代史略》等典籍中均记载着"箕子东入朝鲜"的典故,《东国通监》中曾记载:箕子率中国五千人入朝鲜,其诗书、礼乐、医巫、阴阳、卜筮之流,百工、技艺皆从而往焉。既至朝鲜,言语不通,而教以诗书(韩容洙,2002)。陆锡兴(2002)认为:"百济接受汉文化的时间较早,在西汉设呈乐浪郡时,汉字即由北而入。"(陆锡兴,2002)《三国志·吴志·薛综传》中记载了越南早期汉语教学的情况:"汉武帝诛吕嘉,开九郡,设交阯刺史以镇监之……自斯以来,颇徙中国罪人杂居其间,稍使学书,粗知言语,使驿往来,观见礼化。……建之学校,导之经义。"(陈寿,1959:1251)西晋时期,汉字经由百济传入日本,《日本书纪》卷十记载:"(应神)十五年秋八月壬戌朔丁卯百济王遣阿直岐贡良马两匹……阿直岐亦能读经典,即太子菟道稚郎子师焉。于是天皇问阿直岐曰:'如胜汝博士亦有耶?'对曰:'有王仁者,是秀也。'时遣上毛野君祖荒田别、巫别于百济,乃征王仁也。十六年春,王仁来之,则太子菟道稚郎子师之,习诸典籍于王仁,莫不通达。故所谓王仁者,是书首者之始祖也。"此后,韩、日、越诸国都是以儒家经典作为各级学校的教科书,教育制度和教学内容基本照搬中国的学制,考试也以考儒家典籍为主(叶渭渠,2009:115)。可见,早期对外汉语教学都是直接把中国传统的第一语言教材当作对外汉语教材来使用的,这些教材并没有经过外国人的编写。

但空海与此不同！他在序中说"即阅诸家格式等，勘彼同异"，可见他是对从中国携回的"诸家格式"进行编辑，或者是就以前或当时的流行于日本的汉语教材进行删定。因此，我们不妨认为《文镜秘府论》是日本也是世界现存的最早的汉语教材。当然，在它之前究竟有无其他汉语教材，尚待进一步探讨。

那么，《文镜秘府论》产生 500 多年后，朝鲜李朝初期即中国元末明初，在高丽流行两部专为朝鲜人编写的学习汉语口语的第二语言教材——《老乞大》和《朴通事》，作者不可考。它们在汉语教材史上受到了空前的重视，一度被视为对外汉语教学史上最早的海外汉语教材："韩国汉语教材《老乞大》和《朴通事》不仅是东方国家中最全面具备外语或第二语言教学特点的汉语教材，还可被视作是世界上已发现的最早的比较正规、完整的华语文教材。"（张德鑫，2005）"在《老乞大》和《朴通事》出现以前，相当长一个历史时期内没有专门的对外汉语教材，教外国人汉语也使用传统的汉语第一语言教材。"（程相文，2001）

其实，国内有些专家早就意识到了《文镜秘府论》的教材性质，只可惜浅尝辄止未能就此定性。郭绍虞早提到过："《文镜秘府论》是弘法大师来华留学回国后编写的，是日人为了介绍汉语汉文而编写的；同时，就本书在日本流传的情况观察，是收到实际效果的。那么它不是可以间接说明了唐代也是用类似这样的资料来教初学，而取得学文写文成效的吗？……曾对日人学汉文者很有帮助。"（郭绍虞，1975）鲁健骥先生（1998）还曾关注过钱钟书、郭沫若对《文镜秘府论》的议论："日本留唐高僧空海和尚撰写的《文镜秘府论》，是一本教写诗作文的书。钱钟书先生认为这本书'粗足供塾师之启童蒙'，郭沫若认为这本书反映了当时教外国人的方法。我们沿着二位学人的思路去考察这本书，姑且把它定位在教外国成年人的写作（诗、文）教材。书中大量地引用了唐和唐以前许多著名的诗论、文论，内容深奥，就是在当时也不是小孩子能够理解的。但却又做到了简单、明了、举例丰富，语言比较通俗（除序言外）。这些都符合对成年外国人的特点。这恐怕也是郭沫若所做的推断的依据吧。

也就是说，空海在长安留学的时候他的中国师傅就是这么教他的。”

然而对外汉语教学界的专家也未能就此肯定《文镜秘府论》的教材性质：“如果把《文镜秘府论》看作是唐朝时对外汉语教材的影子还是一种推断（当然不是毫无根据的推断）的话，元末明初时的《老乞大》和《朴通事》可就是实实在在的对外汉语教材了。”（鲁健骥，1998）其实，对《文镜秘府论》作为汉语教材持怀疑态度的一个重要原因，就是受到西方二语教学界的影响，重听说，而轻读写。《老乞大》和《朴通事》主要是教学汉语口语的教材，而《文镜秘府论》则是主要教学汉语书面语的教材，由此可见，汉语书面语在汉语作为第二语言教学的海外传播中历史更加悠久，因此考察对外汉语教学史及汉语海外传播史须重视汉语书面语的教学历史。

产生于817年的《文镜秘府论》显然远远早于产生于1346—1368年之间（程相文，2001）的《老乞大》和《朴通事》，两者相较，把海外汉语教材编写史较前提早了500多年。尽管有可能在同一时期或前后时期也存在别的类似的由日本人为日本人编写的汉语教材，或者在韩国、朝鲜、越南还可能流传有其他汉语作为第二语言教材，然而，《文镜秘府论》肯定是其中最具有代表性、影响最大的。

（二）《文镜秘府论》编写目的及其在日本的影响

其实，空海在《序》中就已明确论述了他的编写动机乃是为了教学：

> 虽然志笃禅默，不屑此事。爰有一多后生，扣闲寂于文囿，撞词华乎诗圃；音响难默，披卷函杖，即阅诸家格式等，勘彼同异。

“一多后生”是谁呢？王利器（1983）认为“一多后生，谓持奉一多法界说之后辈也”。卢盛江（2005）认为“空海弟子之中，更可能是实慧”。空海还在《南卷·集论》中说明其编写目的是为了使“将来秀士，无致深惑”。可见应学习者的请求，为其编写汉语诗文写作教材，即本书宗旨。他在列举了许多优秀诗句并进行解读之后，赞赏道：“足以比景先贤，轨仪来秀矣。”(《南卷·集论》)说明该书就是为了作为教学示范之用。

其实，《文镜秘府论》的书名就已体现教材的性质——“文”即作文；“镜”即讲解写作规范，教导学习者模仿范例并进而学会写作；而“秘府”则告知书中珍藏着作文的种种奥妙。正如任学良所言：“文镜者，犹言文章之龟镜也，以此照之鉴之，优劣毕见，无所逃遁矣。秘府者，文章之奥府也。本书以《文镜秘府》为号，确乎名称其实，善读者得此宝镜，自必入于文章之奥府矣。”(王利器，1983)可见，空海编写该书的目的非常明确，就是为了给日本学习者提供学习汉语诗文写作的教材。

在日本，《文镜秘府论》事实上一直是被当作汉语诗文写作教材来用的：“弘法大师……当时看了很多通行的诗文法则书。于是他想到把这些法则汇集起来写成一本书，以帮助大家，为俗人、僧侣写作诗文提供方便。”([日]内藤湖南，1997，第 89 页)“平安初期，日本人盲目地写了中国古诗。他们写诗也不晓得规律。空海一定是为教日本人写诗而编著了《文镜秘府论》。该书到江户时代，作家们，包括儒家的人，一直用来学习写诗的课本。……空海编著的《文镜秘府论》及其缩编版《文笔眼心钞》到江户时代，数百年来一直作为作家们常备在身边的书。”([日]渡边照宏，1969，第 8、20 页)“《文镜秘府论》是创作中国古诗古文的入门书。”([日]岸田知子，2003)“在平安朝(794—1192 年)，知识分子写诗时参考《文镜秘府论》，作为一种指南。”([日]崎冈洋右，2007)“文镜秘府论是我国关于诗文的著作之嚆矢，大师在我国作为修辞学的始祖，在我国第一次明示了中国诗文的规范规则。”([日]莲生观善，1981，第 503 页)无疑，在日本人的传统观念里，《文镜秘府论》就是一本教学汉语诗文写作的教材，在日本曾长期被当作教材并产生了深远的影响。而且它还是日本汉诗学的第一部著作，奠定了日本汉诗学的基础，在悉昙学、日本歌学等方面对日本产生了深远的影响。

二、《文镜秘府论》的教材编写特征

《文镜秘府论》虽然内容来自中国，但经过空海的编排却体现出了迥异于中国人以汉语为母语学习汉语诗文的特点。下列特征体现了汉语作为第二语言教材的编写特点：

（一）呈现出完整而有特色的第二语言教学体系

以何种方式和顺序呈现教材的知识结构，体现了编写者对教材的认知。无疑，只有最适合日本人学习的教材知识结构，才会有助于日本学习者有效地建构知识的基础。该书在写作教学内容的安排上呈现出一个完整而有特色的教学体系，它在汉语写作知识框架的布排顺序上，与今天的对外汉语写作教学模式是吻合的。

就横向而言，《文镜秘府论》共二十五篇，分为六个部分，即“天卷”、“地卷”、“东卷”、“南卷”、“西卷”、“北卷”。其中天卷为 6 节，地卷分为 7 节，东卷分为 3 节，南卷分为 4 节，西卷分为 3 节，北卷分为 2 节，共 25 节，相当于 25 篇课文。如图：

大类	具体篇目
天卷	序、调四声谱、调声、诗章中用声法式、八种韵、四声论
地卷	十七势、十四例、十体、六义、八阶、六志、九意
东卷	论对、二十九种对、《笔札》七种言句例
南卷	论文意、论体、定位、集论
西卷	论病、文二十八种病、文笔十病得失
北卷	论对属、帝德录

它以日本学习者学习汉语写作的活动为线索，从发音、字词句到完整诗文的创作作了完整的介绍和指导；体现出由简到繁、由浅入深的编排序列，以便教师按照时段的划分和时间的先后依次向学习者呈现；知识结构上覆盖了汉语语言知识、文体知识、写作知识等各个层面，囊括了对外汉语写作实践技能的全部项目，具有自己独

特的视角和体系。其中“天卷”介绍语音知识;“地卷”介绍写作基本常识;“东卷”介绍对偶,谈词汇的具体应用;“南卷”谈立意、构思和文体等,注重对体裁和写作技能知识的教学,引导学习者体会该体裁的写作特征,侧重于对各种体裁的文章的模仿和写作;“西卷”囊括了各种语言错误;“北卷”则强调对属,及附录了相关中华文化历史知识。该书编排体系与今天对外汉语写作教材的编写理念是一致的。在学习语音和写作基础常识的同时,加强词汇学习,好比让学习者为自己的汉语写作准备砖瓦,奠定写作的基础;当学习者已具有一定的写作基础后,在进一步学习如何确立主题、构建思路等写作技巧的同时,加强对其语言错误的归纳和修改练习;然后,针对学习者较高水平的写作,则加强对其进行句式和语法上的训练,并且应写作内容拓深之需介绍中国文化知识。整个流程呈现出先奠定基础,学习局部写作,后学整体式写作;先勾出轮廓,然后发挥充实的特点。这种体现阶梯渐进性原则的编排方式对于训练汉语写作基本技能有实际的作用。

(二) 尤其重视语音教学

针对日本人的语音难点,该书首先在教材的第一部分《天卷》中用了《调四声谱》、《调声》、《诗章中用声法式》、《八种韵》、《四声论》五篇重点进行语音教学,空海的这一安排迥异于同样可被视为“写作教材”的《文心雕龙》①。《文心雕龙》的开首五篇是:《原道》、《征圣》、《宗经》、《正纬》、《辨骚》,一入题就谈“文之枢纽”须以儒家经书为典范,文风雅正而也有奇变,内容充实而文辞美丽。那么为什么空海一开始就强调四声之重要性呢?

古典诗歌具有作为音乐歌词的性质,声律的严格甚至超过字法、句法和章法,讲究声律是古典诗歌最重要的特点,而且作为第二语言学习者的空海为同是第二语言学习者的日本学生编写的这一

---

① 参看王运熙《〈文心雕龙〉的宗旨、结构和基本思想》,《复旦学报》(社会科学版)1981 年第 5 期。

教材显然还有深意。它体现了汉语学习中语音的特殊地位，具有针对日本学习者所进行的汉语作为第二语言写作教学的特色。

《文镜秘府论》之所以将语音教学安排在第一卷，是由于"第二语言的语音掌握过程的一个最显著特征是'有意识'地去学。……因为学习者的第一语言的语音系统已经形成，他们便不可能在这一基础上，自发地、无意识地达到对第二语言的语音系统的掌握。"外国学生须"在接受'正规教育'的情况下，了解目的语语音系统的构成情况，了解目的语语音的各种知识，在语言教师的示范和指导下进行有意识的、强制性的练习与模仿……使目的语语音方面的规则知识内化，将内化了的规则知识转化成自己的发音、辨音能力，进而达到对汉语语音系统的掌握"（王魁京，1997）。与现在的对外汉语教学一样，第二语言学习者首先要过语音关。郭绍虞（1975）说得好：

> 日人学习汉文学，讲究一些形式，那是可以理解的。……日人学汉文学和中国人的学习要求不同，他们必须首先掌握汉语的特征和规律，所以要注意声调，要讲究对偶，而有关文学方面的形式技巧、词藻典故，也就成为学习的主要材料。

梁容若（1985）先生根据产生于8世纪中叶的日本第一部汉诗集《怀风藻》总结当时日本学习者写作汉诗的水平：

> 其罕见长篇，用韵偏执，殆以模仿伊始，笔力未畅，且驱驾声音，未能自由也。

虽然这些诗作已洋溢着浓郁的汉学修养，但在汉诗音韵方面仍显稚拙，文笔还不够流畅，这与今天的汉语作为第二语言学习者初学汉语写作时写的作文情况如出一辙。

从空海的良苦用心，我们看到，在汉语书面语写作中，语音与文字有着天然紧密的关系，这一自身特征固然历来为中国人所重视，然而中国人本来就是采用母语写作，具有很多天然便利，而作为第二语言学习的日本学习者本身不具备该优势，所以更须重视对汉字语音的教学，空海对汉字语音的强调一点也不为过。反过来，空海对音韵的总结研究，对中国汉语音韵研究起到了“他山之石，可以攻玉”的重要作用。

（三）注重对语言基础知识的教学

目的语语言基础知识常常是第二语言学习者的弱项。该书作为第二语言教材充分体现了它适宜于针对外国学习者进行教学的特点。

首先它非常注重字→词→句→篇的基础教学，体现出了语言学习的层级性。如《东卷·〈笔札〉七种言句例》：“一言句者，天、地，阴、阳，江、河，日、月是也”；“二言句者，‘天高，地下’，‘露结，云收’是也”；“三言句者，‘斟清酒，拍青琴’，‘寻往信，访来音’是也”；“四言句者，‘朝燃兽炭，夜秉鱼灯’”；“八言句者，‘吾家嫁我兮天一方，远托异国兮乌孙王’”等，由易到难，由短到长，具有词汇学习的扩展性，做到了“因字而生句，积句而为章，积章而成篇”（刘勰，1978，570）。

该书常把语义关联的义群放在一起，将一个语义场中彼此相关的词句大量列举出来，形成一个完整的、在语义上相关联的词语网络。例如《地卷·九意》中列举了大量描写自然风景的词句：“一，春意；二，夏意；三，秋意；四，冬意；五，山意；六，水意；七，雪意；八，雨意；九，风意。”其中“春意”一项就列举了60个佳句作为学习者学习模仿的对象，展现了春意这一语义场下的词群和句群，有意识地提高词汇输入的频率，使学习者在短时间内对词汇各维度知识进行更为全面的学习，提高信息加工的深度，从而使学习者更好更多地习得二语词汇。因此该书具有作为汉语诗文写作入门教材的特征。

另一方面，该书特别重视通过教学对偶来扩大学习者词汇量，有利于培养二语学习者习得地道的汉语。有研究发现（Wray，2002），一些二语学习者的词汇量可能比母语者的还大，但他们使用词汇的能力却比母语者要差得远。因此建立并保持套语体系和分析体系之间的平衡是成功二语习得的关键。

在二语习得领域,一直存在两个传统的形式语言学理论难以解释的问题,一个是语言流利性问题,另一个是“近似本族语的词语选用”(native-like words selection)问题(Pawley and Syder,1983),即二语学习者语言使用的地道性问题。怎样才能使二语学习者获得近似本族语者的词汇选用能力呢?语块教学理论认为借助语块作为预制模板,作为储存及其输出的整体单位,非常有利于语言交际的实现,而汉语诗文中的属对教学正好吻合了该原理。在《文镜秘府论》中,关于属对教学的论述俯拾即是:

> 夫为文章诗赋,皆须属对,不得令有跛眇者。……何者?风与空则无形而不见,山与水则有踪而可寻,以有形对无色:如此之例,名为眇。或云:景风心色等,可以对虚,亦可以对实。今江东文人作诗,头尾多有不对。如:“侠客倦艰辛,夜出小平津;马色迷关吏,鸡鸣起戍人。露鲜花剑影,月照宝刀新;问我‘将何去?’北海就孙宾。”(东卷·二十九种对)

Pawley & Syber(1983)认为母语学习者主要依据积累大量的程式化语言,有许多词汇化的句干(lexicalized sentence stems),因而能够自如地流利表达并准确选择母语语汇,二语学习者要想达到或者接近母语学习者的语言水平就要不断地掌握这些程式化的语块。这正好印证了中国人进行语文启蒙教育的传统方法——“熟读唐诗三百首,不会吟诗也会吟”以及以对对子的科学性,而且以汉语作为二语学习者通过学习属对,能很快提高汉语使用的准确性与流利性。

属对教学有利于培养学习者习得地道的汉语书面语的原理是什么呢?这是因为对偶是以语块方式呈现的。语块小到一个词,大到一个句子,可由记忆中一系列词汇信息形成组块并链接成更大的单位。这些预制语言单位随着我们对所记忆的材料的熟悉程度的增加,语块的数量也在相应地增加,从而使我们的大脑可以存储和回忆起更多的信息。由于语块的构成成分之间受到语法和语义搭配的双重限制,语块在自身的形成过程中就包含了某种应用语境,而这基本上已经形成固定化的语用程式,语块的习得也就意味着学习者同时已经掌握了一定的应用语境,更便于有意记忆和即取即用,因此在这些语块的基础上进行的即时交际就会更为流利,准确性更高(Pawley and Syder,1983)。在《文镜秘府论》展开的对偶教学中,我们发现其中的句型框架虽然有一定的变化性,但是它们有很强的规律性,学习者可以根据自己想要表达的信息,从大脑的词汇库中调出预制短语,经过细微的加工,就可以组成比较符合语法的句子,虽然有种种入门似难的汉语词语对举,然而一经习得,只需进行简单化操作便能写出符合规范的对偶句,建构出形式统一、内部完整的偶句样式,极大地加快了初学者得根据句法结构、词汇用法而生成句子的过程。

(四) 关注学习者写作过程

该书重视、强调写作的整个过程,本着真正实现以学习者为主体而编写,体现出重视学习者认知发展和语言习得的过程。例如:

凡诗人夜间床头,明置一盏灯。若睡来任睡,睡觉即起,兴发意生,精神清爽,了了明白,皆须身在意中。若诗中无身,即诗从何有?若不书身心,何以为诗?是故诗者,书身心之行李,序当时之憤气。气采不适,心事或不达,或以刺上,或以化下,或以申心,或以序事,皆为中心不决,众不我知。由是言之:方识古人之本也。

凡作诗之人,皆自抄古人,诗语精妙之处,名为随身卷子,以防苦思。作文兴若不来,即须看随身卷子,以发兴也。

夫置意作诗,即须疑心,目击其物,便以心击之,深穿其境。(《文镜秘府论·南卷·论文意》)

它依照学习者的习得心理进行编写，注重在轻松、自由的写作氛围中开展写作活动。它还注重构思的策略，在探索写作的自我调控策略方面成效颇为显著，例如：

凡作文之道，构思为先……将发思之时，先须惟诸事物，合于此者。既得所求，然后定其体分。必使一篇之内，文义得成；（篇，谓从始至末，使有文义，可得连接而成也。）一章之间，事理可结。（章者，若文章皆有科别，叙义可得连接而成事，以为一章，使有事理，可结成义。）通人用思，方得为之。大略而论：建其首，则思下辞而可承；陈其末，则寻上义不相犯；举其中，则先后须相附依：此其大指也。（《文镜秘府论·南卷·论体》）

（五）注重对语篇写作技能的教学

该书对文章的结构、行文、过渡等写作技能进行了恰当的解说，认为应根据内容加以归纳整理，根据中心做出取舍。例如关于篇章结构的安排，先要看将作之文体式的大小，根据文章体式大小而对定位做出不同的处理：

凡制于文，先布其位，犹夫行陈之有次，阶梯之有依也。先看将作之文，体有大小；（若作碑、志、颂、论、赋、檄等，体法大；启、表、铭、赞等，体法小也。）又看所为之事，理或多少。（叙人事、物类等，事理有多者，有少者。）体大而理多者，定制宜弘，体小而理少者，置辞必局。……总取一篇之理，折成众科之义。（谓以所为作篇之大理，分为科别小义）（《文镜秘府论·南卷·定位》）

作文在结构安排上还须有条理，起承转合，上下衔接须符合内在逻辑。在文章的结构安排以及在前后文的过渡上，都须注意承上启下，使其互相衔接，连贯自然：

“其为用也,有四术焉:一者,分理务周(谓分配其理,科别须相准望,皆使周足得所,不得令或有偏多偏少者也);二者,叙事以次(谓叙事理须依次第,不得应在前而入后,应入后而出前,及以理不相干,而言有杂乱者);三者,义须相接(谓科别相连,其上科末义,必须与下科首义相接也);四者,势必相依(谓上科末与下科末,句字多少及声势高下,读之使快,即是相依也)。(同上)

关于文章的开头结尾,该书也有论述:

故自于首句,迄于终篇,科位虽分,文体终合。理贵于圆备,言资于顺序,使上下符契,先后弥缝(上科与下科,事相成合,如符契然;科之先后,皆相弥缝,以合其理也)。(同上)

文章开头第一句也最难,好像音乐里定调一样;而结尾就如同歌唱家的最后一个音符,要“辞意俱尽”,锦上添花。因此,要特别重视从全篇出发,精心设计,使思想感情、语言表达、结构安排都能做到天衣无缝,自然衔接。

二语学习者常常会犯行文不通顺、不连贯、不紧凑等毛病,因此语篇的衔接和连贯显得尤为重要。《文镜秘府论·南卷·定位》论述道:“篇既连位而合,位亦累句而成。然句无定方,或长或短:长有逾于十……短有极于二……至于四言,最为平正,词章之内,在用宜多,凡所结言,必据之为述。……至如欲其安稳,须凭讽读,事归临断,难用辞穷。……然大略而论,忌在于频繁,务遵于变化。”对于如何合理、有效地组织和安排语篇中的小句间的语义关系和逻辑关系,合理组织成语篇进行了论述。

(六) 注重改错

西卷以《论病》、《文二十八种病》、《文笔十病得失》三章篇幅重点讲述了汉语诗文写作中的语音等错误：

> 声谱之论郁起，病犯之名争兴；家制格式，人谈疾累；徒竞文华，空事拘检；灵感沈秘，雕弊实繁。窃疑正声之已失，为当时运之使然。洎八体、十病、六犯、三疾，或文异义同，或名通理隔，卷轴满机，乍阅难辨，遂使披卷者怀疑，搜写者多倦。予今载刀之繁，载笔之简，总有二十八种病，列之如左。其名异意同者，各注目下。后之览者，一披总达。（《文镜秘府论·西卷·论病》）

该环节具有明确的教学目的、实用功能和可操作性，它要求学习者通过自我修改，发现自己其实有能力避免的某些语言错误，或者使用已掌握的语言知识去自我纠错。在反反复复的修改中，学习者的即使很细微的错误也都被纠了出来。就这样，学习者普遍能深入地知错并改错。

无疑，《文镜秘府论》符合汉语作为第二语言教材编写的基本特征。

综上所述，无疑，《文镜秘府论》的确是现存的最早由外国人编写的海外汉语教材。而这一点，在汉语国际推广受到高度重视的今天，借鉴昔日汉语在海外教学的成功经验，有着深远的意义。

（作者系北京语言大学副教授）

论《云溪友议》的小说性

曲　琨

晚唐范摅所撰的《云溪友议》①具有小说特征，历代公私书志多将之著录为小说。其中将它归为“小说家类”的有：《新唐书·艺文志》、《直斋书录解题》、《四库全书总目》、《新编天一阁书目》等；归为“小说类”的有：《崇文总目》、《郡斋读书志》、《遂初堂书目》、《宋史·艺文志》、《铁琴铜剑楼藏书目录》、《虞山钱遵王藏书目录汇编》、《艺芸书舍宋元本书目》等。“小说家类”和“小说类”属于同一性质。自近代鲁迅开始，他在《中国小说史略》中认为《云溪友议》是“以传奇为骨”，将之放在唐传奇中予以介绍；侯忠义著的《隋唐五代小说史》也将之放在“唐晚期传奇小说”一章，与著名的传奇集袁郊的《甘泽谣》、裴铏的《传奇》、康骈的《剧谈录》和皇甫氏的《原化记》等一起论述②。由上述可见，《云溪友议》的小说性质具有双重性，换言之，即它既有传统目录学意义上的小说性质，也有吸取传奇新因素影响的传奇性质，从而具有当代小说概念所确定的某些特征，下文仅就从当代小说概念的角度论其小说性。

在《云溪友议》中，并不是所有的条目都具有传奇小说的性质，

---

① 本文所引《云溪友议》皆出自古典文学出版社 1957 年版三卷本。

② 侯忠义在《隋唐五代小说史》中将唐代小说分为三类：传奇小说（论述唐传奇单篇及传奇集），志怪小说，轶事小说。《云溪友议》作为传奇小说集论述。

相反，只有少数条目的小说性相对而言强一些，例如：《玉箫化》、《苧萝遇》、《襄阳杰》、《严黄门》、《钱塘论》、《辞雍氏》、《弘农忿》、《澧阳宴》、《因嫌进》、《名义士》、《江客仁》、《题红怨》、《窥衣帷》等，这些条目的小说性主要表现为三个方面。

一、故事性较强，情节完整

首先，对事件发生过程的描述比较完整。如《因嫌进》记吴武陵中举事，由发端故事、主体故事、尾声故事三个部分组成。在每一部分里，作者几乎都要交代起因、发展、结果，曲折地描述了吴武陵与李吉甫结怨的过程、权重位高的李吉甫欲泄私忿干涉科举却反被主考官误解的过程以及结尾吴武陵因私人恩怨而侥幸登第后，还对自己的名第不满，口吐狂言，惊动同榜中第的人。此条字数不多，但事件的发展过程却交代得清晰有致，前因后果，环环相套。在科举的时代里，特别是在唐代，文人的科名往往与达官贵人的举荐联系在一起，及第举子或是将相私人，或是座主密旧，而像吴武陵这类因与官员之间有怨仇而中第的情况，是罕见的。事件本身就很奇特，富有传奇色彩，范摅的讲述不加入任何主观的评论，只是注意交代清楚与此事相关的细枝末节，故事曲折跌宕，引人入胜。

其次，注意对主要情节的敷衍铺排，并适当地加入次要情节。如《玉箫化》写韦皋和玉箫之间生死相恋的故事。这本是一个传统题材，在《搜神记》中有三篇相似的故事，即卷十五的“王道平”条和“河间男女”条、卷十六的“紫玉”条。现将四者的概况列表如下：

项目＼作品	王道平	河间男女	紫　玉	玉箫化
故事年代	秦始皇时	晋武帝时	吴王夫差时	唐德宗时
男主人公	王道平	河间男	韩重	韦皋
女主人公	父喻	河间女	紫玉	玉箫
感情程度	少时 相誓为夫妇	私悦而许相配适	私许为妻	有情约定娶期 留赠指环

续 表

项目＼作品	王道平	河间男女	紫 玉	玉箫化
不谐起因	王道平应征兵役 九年不归	男从军 积年不归	韩重游学 三年不归	韦皋归见父母 七年不归
女方死因	女家逼嫁	女家逼嫁	韩重父母求婚不成	约期不至
女魂显身因	王道平归哭墓		韩重归祭墓	韦皋广修经像遵祖山人嘱咐 斋戒七日
复活方式	破棺	男归哭墓 发冢开棺		投胎托生
结局	王断父喻归道平为妻	朝廷听从 王导奏议 女还开冢者	玉诚邀还家 三天三夜 尽夫妇之礼 玉赠珠 玉显身见父母 以还韩重清白	韦皋得歌姬名“玉箫”,中指有肉环如指环,即是“玉箫”再生

这四个故事的基本结构有五个因素:(1) 男女相悦私定终身;(2) 男方远离经久不归;(3) 女方因情而死;(4) 男方以情感动女魂相见;(5) 双方短暂或长久的团圆。紫玉与韩重的团圆是短暂的,是悲剧性的,其余三者皆是大团圆。很显然,《玉箫化》在故事的构思和行文结构上,受到前三宗故事的启示很大,但《玉箫化》还特别注意对过程的铺述,甚至有意安排一些游离于主要情节之外的内容,用以推迟故事高潮的到来,从而使故事内容更加丰富细腻,叙事的节奏舒缓,情节曲折繁复。如韦皋与玉箫之间产生感情的过程,就交代得细致而符合情理。先记韦皋住姜使君家,姜使君的儿子荆宝对韦皋敬爱有加,说明了这一层关系,才让玉箫出场,而此时玉箫太小,才十岁,不懂情感,荆宝常命令她去服侍韦皋,因主人的态度恭敬,玉箫也勤快。两年后,姜使君离家去求官职,韦皋住到头陀寺,荆宝常派遣玉箫去照顾韦皋,这时,玉箫因为年龄大了,才开始对韦皋有情。这一层层递进的叙述方式,交代了韦皋和玉箫并非是

一见钟情的,而是在双方长期的相互交往中,慢慢相爱的。再如当韦皋以节度使的身份回到蜀地时,按照以往大多数小说的写法和一般的阅读期待,韦皋会马上去找玉箫,但范摅在这里却没有如此安排情节,而是宕开一笔,写韦皋处理公事,先审理案件,为荆宝洗冤,举荐他管理眉州并暂留在府中。作者仍然没有写韦皋问玉箫,而是写他又处理军务,一切做妥后,才问到玉箫。再如写韦皋被玉箫的真情感动,也没有马上写玉箫鬼魂的出现,而是写韦皋为她广修经像,并且求祖山人帮忙招魂,这时玉箫魂始出现。可是作者并不急于写玉箫的复活,她只是来告知自己将托生,十二年后再为侍妾。于是,作者又得以增添旁枝,写韦皋的功勋。十二年后,韦皋于生日宴会上得到一位歌妓,即是再生的玉箫。作者对主要情节的铺陈,使故事更加生动,对次要情节的适当运用,使故事更加丰富。情节叙述的若断若续,错落参差,使故事更加生动有致。

其三,注意悬念的设置。《名义士》比较典型。它的情节可分为四个部分:概述义行、义葬同流、驿将报恩、义士扬名。其中"义葬同流",作者采用第一人称"我"的限知视角,让廖有方叙述事情的经过。廖有方下第后,在公署中遇到患病的秀才,奄奄一息的秀才已经没有力气报出自己的名字了,仍然感叹"辛勤数举,未偶知音昀睐",并请求安葬,廖有方于是贱卖鞍马,将秀才埋葬并赋诗痛悼。这是廖有方和无名秀才之间的交往,而无名秀才已逝,只有廖有方知道此事的详细经过,所以作者没有对这个过程进行客观叙述,而是录用书板所记的廖有方自述,在表层意义的传达上更为真实可信。同时,也揭示出廖有方行为的出发点。这样,为读者留下了一个悬念:无名秀才是谁?"驿将报恩"部分叙述廖有方知道无名秀才身世的过程,是此故事最富有戏剧色彩的部分。廖有方游蜀后,还到灵合驿时,受到驿将的特殊接待:妻子拜见、以"仆马皆饫啜熊鹿之珍"半个月、赠送价值数百千的缯锦等,面对这些,廖有方因不知道原委而"悚惕尤甚"。作者在此部分运用全知视角,自始就给予读者很多暗示,如一层暗示:驿将把廖有方迎归自己的私人住处,他的妻子出来拜见,暗示事情与这位妻子有关;驿将的妻子出来时,身穿着"素衣",反复拜谢,"呜咽"着,暗示与丧事有关。二层暗示:驿将夫妻两人的接待殷勤极致。三层暗示:临别时,驿将的妻子又出来,这次是"悲啼"了。与廖有方的逐步迷茫相反,读者则根据暗示而步步接近谜底,也就是廖有方所义葬的秀才是驿将的妻兄,名叫胡绾。在悬念被揭开的过程中,廖有方的一头雾水,读者的渐渐明了,其间的反差,造就了极强的戏剧效果。

其四,伏笔的运用。小说作品的前伏后应主要是为了情节叙述的严谨细密。如《玉箫化》中的玉环,韦皋离别时,因情留赠玉环,是一伏;玉箫因情而死,主人感动将玉环套在中指同葬,是一应,也是一伏;玉箫转世为歌女,手中有肉环如玉环状,是一应。这样,主要情节因为玉环设置的前呼后应而清晰完整。此外,如《题红怨》中卢渥在御沟拾到题诗红叶与宫女在巾箧中看到红叶的呼应,《钱塘论》中张祜出场时"甚若疏诞"的自负行为与以诗文较优劣后而居于徐凝之下的呼应等,伏笔的呼应,使故事的结局既是出人意料的,又不显突兀,都在情理之中。

二、细节描写的大量运用

《苎萝遇》记西施被王轩的诗作所感动,显身与王轩相会。原文节选如下:

> 王轩少为诗,寓物皆属咏,颇闻淇澳之篇。游西小江,泊舟苎萝山际,题西施石曰:"岭上千峰秀,江边细草春。今逢浣纱石,不见浣纱人。"题诗毕,俄而见一女郎,振琼珰,扶石笋,低徊而谢曰:"妾自吴宫还越国,素衣千载无人识。当时心比金石坚,今日为君坚不得。"既为鸳鸯之会,仍为恨别之词。

因为西施是美丽的女鬼,又是感恩自荐的,所以,她出现时,用了一连串的细节描写:一是服饰细节,"振琼珰",体现出女性的妩媚;二是体态细节,"扶石笋",体现出女性的娇娜;三是行为细节,

“低徊而谢”，体现出女性的羞涩。特别是“谢”，是用诗来表达西施的心理和感谢的缘由：“妾自吴宫还越国，素衣千载无人识。当时心比金石坚，今日为君坚不得。”西施的故事是人人熟知的，西施所忍受的耻辱却不是人人可以感到的。一句“素衣千载无人识”，是很有分量的，当在忍受了千载的寂寞和屈辱之后，忽然有人能够以诗追思，西施的这份感动也是情理之中的。作者用细节生动地表现了西施为酬谢王轩的赏识，努力克服自己的怯羞，进行了精心的打扮，反映出西施的知遇感激之情是非常深厚的。《严黄门》中严武在宴饮时，听到杜甫的醉话“不谓严定之有此儿也”后，“恚目久之”，严武的愤怒和杀气在这个细节中得到体现。《辞雍氏》中雍氏不堪忍受崔涯的狂诞无礼，“勃然仗剑”，逼迫身为崔涯妻子的女儿削发为尼。“勃然仗剑”的细节，显示了武夫的豪迈爽直。《澧阳宴》中，当长林公主听到才子李宣古将要受到自己的丈夫的侮辱时，“不待穿履，奔出而救之”，指责了丈夫的行为，派人扶李宣古，为他安排“以香水沐浴，更以新衣”。对长林公主的一系列细节的描写，显示出公主待人的雅量，她爱惜人才，对事情考虑的细致周到。《名义士》中写廖有方与驿将夫妇分手的一段，作者用心刻画细节，将整个过程写得细腻而感人。对于赠送的厚礼，廖有方是“终不纳”、“遂促辔而前”、“不顾其物”，驿将的行为是与之相对应的“坚意拜上”、“奔骑而送”、“竟不携还”等，既写出廖有方真诚义气的美德，也写出驿将夫妇知恩必报的美德。如《窥衣帷》中，王韫秀有意在亲戚面前展示自己的富有，用以报复当年丈夫不发达时所受的羞辱。作者写她让亲戚观看晒在院中的衣物，只细细地写了丝绦，从丝绦的数量、长度到上面的装饰，到所用的香炉以及数量，到所用的香，原文是“以青紫丝绦四十条，条长三十丈，皆施罗纨绮绣之饰，每条绦下，排金银炉二十枚，皆焚异香，香亘其服”。数量的选用明显不是实数，这样渲染的目的只是用来极言数量巨多的程度，而韫秀向亲戚表述时，用“两事”来轻言一描，得意十足。这些细节描写充分体现了作者的艺术想象力，作者在充分体察人物的情感与个性的基础上展开铺陈，极有感染力。正是“想象的合理性，不应当用推理、考证的眼光来加以衡量，而是要由想象中所含融的感情与想象出来的情景，是否能够均称得天衣无缝，来加以衡量的”①。

三、人物形象的塑造

在《云溪友议》的人物形象中，玉箫的多情、于頔的宽容、严武的暴躁、张祜的狂傲、崔涯的放荡不羁、柳棠的恃才狂诞、廖有方的重义轻财等人物个性的刻画，都是非常引人注目的。

首先，作者选择典型的事件塑造人物。如写玉箫，是侧重于她的为爱死为爱生；写于頔，选择他不追究下级官员的无礼言行，不强占才子所喜欢的女子和歌妓，认真地反省自己的过失；写严武，选择他为母亲用锤子击杀父亲的爱妾，对下级官员凶狠残暴；写崔涯，选择他的诗对妓女身价声誉的极端影响；写柳棠，选择他对上级官员无礼，并挑起府主和恩师之间的纠纷等。这类事件表现了人物的生活态度，充分地展示了人物的性格特征。

其次，用人物的语言体现人物的个性，如韦皋违约，玉箫只是叹息说：“韦家郎君，一别七年，是不来耳！”然后绝食死去。她对韦皋没有一丝谴责，可以说爱得很深，显示出玉箫的温柔多情。于頔通过崔郊的赠诗，得知自己高价购买的宠婢是崔秀才的恋人，命令人将崔郊召来，一见面，握着崔郊的手说：“‘侯门一入深如海，从此萧郎是路人。’便是公制作也。四百千，小哉！何靳一书，不早相示！”于頔爱才轻财、爽朗直捷的个性在他的语言中表现出来。严武击杀父亲的宠妾后，严定之手下为他开脱，说是戏玩铁锤时误伤的，八岁的严武说：“焉有大朝人士，厚其侍妾，困辱儿之母乎？故需击杀，非戏之也。”他的父亲说：“真严定之之子。”严武的残忍、严父的赞赏与教育方式等，通过语言得到了淋漓尽致的表现。

其三，注意捕捉人物的表情来表达人物的心态。如《题红怨》中卢渥于御沟得到题诗红叶，珍藏在巾箱里，后来得到一位出宫的宫

① 徐复观《中国文学精神》第69页，上海书店出版社2004年版。

女,“睹红叶而吁怨久之”,她就是当年写诗的宫女,看到红叶,复杂的心情通过“吁怨久之”传达出来。甚至,作者还用一系列的表情变化来反映人物心态的发展变化,比较典型的是《江客仁》中韦思明的表情变化。李汇征避雨求宿到韦叟的庄园,他与韦叟饮酒谈诗,得知这位自称韦思明的老人,就是当年向李涉讨诗的江盗,因被李涉的诗及荐举之情所感动而退隐在此。韦叟与李汇征对酒征吟古今诗句时,韦叟的感情起落丰富跌宕,作者都用表情予以揭示。始初,以诗句及景及情地感叹两人年龄的差异。第一轮韦叟是“喟然”感叹,对于今非昔比,时光无情,感慨无限。第二轮是“微笑”,是对因年龄而引起容貌改变的事实坦然接受,有一份过来人的坦荡心态,也有自嘲的成分在里面。随后,评论吟诵诗人之作,当论过数十家歌诗,提到李涉的时候,韦叟好像非常赞美,于是两人就一首接一首地吟咏,韦叟对李涉的怀念和感激随着岁月的流失,没有减退,反而更加强烈,这一点就在他对李涉诗的赞赏和吟唱中暗示出来,所以,当李汇征重咏赠豪客诗时,韦叟的感情再也控制不住了,“愀然变色”,表情突然就变得既严肃又忧伤,他对自己年轻时的行为忏悔不止,对李涉的赏识荐举之情感激不尽,对李涉的去世悲哀不已。“追惋今昔,因潸然”,感伤到了极致,心理上再也不能承受这份复杂的感情时,老人流泪了。但他毕竟是豪客,豪爽坦诚一如当年,他将酒浇到地上,祭奠知己,挥袖高歌李涉的赠诗,激情与思念都在歌咏中了。韦叟不掩饰自己的感情,随着自己心情的变化,让之自然地流露出来,这是与他的身份和个性紧密相关的,因此,韦叟的形象是比较鲜明的。

《云溪友议》所具有的上述的小说特性,使此书的文学价值一直被后人所重视,并不断地加以改编,如《玉箫化》、《题红怨》、《苧萝遇》等条目,它们不断以戏曲、传奇、说唱艺术等新的形式获得广泛流传,甚至还作为典故出现在后人的诗词等创作中。多种形式的流传,一方面证实了《云溪友议》本身的魅力,另一方面也拓宽了《云溪友议》的传播途径,从而进一步扩大了其影响力。

(作者系山东工商学院副教授)

中国古典词学南北宋之宗的承传

胡建次

南北宋之宗，是我国古典词学理论批评的传统论题。这一论题，主要从推尚北宋词或南宋词，或主张兼融并取南北宋词的角度论说南北宋词的特点与优缺，比照其相互间的特征、异别及艺术价值等。在我国古典词论史上，有关南北宋之宗的论说是甚为丰富的，形成了较为清晰的承传阐说线索，在古典词学艺术宗尚及源流批评方面显示出重要的意义。

一、偏重以北宋词为宗之论的承传

我国古典词学中以北宋词为宗之论，最初源于对北宋词的推扬。这一维面言论大致出现于南宋后期。柴望《凉州鼓吹自序》云："词起于唐而盛于宋，宋作尤莫盛于宣靖间，美成、伯可各自堂奥，俱号称作者。近世姜白石一洗而更之，《暗香》、《疏影》等作，当别家数也。……故余不敢望靖康家数，白石衣钵或仿佛焉。"①柴望对北宋宣和、靖康年间词作体现出推尚之意。他称扬周邦彦、康与之等人之词，也肯定南宋姜夔之作，但两相比较，其更体现出对北宋代表性词人词作的推尚之意。柴望称言自己学词趋近姜夔之创作路径，而

① 金启华等《唐宋词集序跋汇编》第 284 页，江苏教育出版社 1990 年版。

不敢望北宋靖康间词人之项背，其论可视为以北宋词为宗之论的先声。明代，杨慎《词品》评南宋词人冯伟寿《春风袅娜》云："殊有前宋秦、晁风艳，比之晚宋酸馅味、教督气不侔矣。"①杨慎通过论评冯伟寿词作特征，明显体现出对北宋词的推尚之意。他概括南宋词有酸腐之味与教化之气，与北宋词之纯正与本色相距甚远。之后，李元玉《南音三籁序》云："赵宋时，黄九、秦七辈竞作新声，字戛金玉；东坡虽有'铁绰板'之诮，而豪爽之致，时溢笔端。南渡后，争讲理学，间为风云月露之句，遂逊前哲。"②李元玉评说北宋黄庭坚、秦观、苏轼几位代表性词人之作各有特点，认为它们或在音律表现上字字珠玑，或在风格呈现上独自为胜。他批评南宋词在整体上深受程朱理学之风的影响，刻意追求在审美意象中寓含所谓深刻之旨趣，这有损于词作的艺术表现，使词道实堕于衰途。

清代，对北宋词的推尚逐渐演变为以北宋词为宗之论。这一维面批评主要体现在陈子龙、宋征璧、吴衡照、潘德舆、刘熙载、谭献、陈廷焯、冯煦、文廷式、王国维等人的言论中。他们主要从词作体制本色与审美表现等方面对北宋词继续予以了推扬。

明末清初，陈子龙《幽兰草词序》云："自金陵二主以至靖康，或秾纤婉丽，极哀艳之情；或流畅澹逸，穷盼倩之趣。然皆境由情生，辞随意启，天机偶发，元音自成。繁促之中，尚存高浑，斯为最盛也。南渡以还，此声遂渺，寄慨者亢率而近于伧武，谐俗者鄙浅而入于优伶。"③陈子龙在比照视域中论说南北宋词的审美表现特点及其差异。他认为，北宋中后期词在艺术表现上丰富多彩、相映相生，在审美生发上则体现出共同的特征，这便是它们都以情感生发为本，以意旨表现为先，词境随创作主体情感变化而生，语言运用随词作主旨表现而择取，在艺术风貌上呈现出浑融天成之态，确乎体现出词作艺术表现的本色之美；但南宋词却多流于或叫嚣怒张，或鄙俗浅

① 张璋等《历代词话》第 282 页，大象出版社 2002 年版。
② 凌濛初《南音三籁》卷首，《续修四库全书》本。
③ 施蛰存《词籍序跋萃编》第 505 页，中国社会科学出版社 1994 年版。

化，在创作路径与风格呈现上与北宋词是背道而驰的。陈子龙之论，较早从词作审美表现上辨分出南北宋词的差异及优劣，对后世一些词论家产生了不小的影响。清代前期，宋征璧云："吾于宋词得七人焉：曰永叔，其词秀逸。曰子瞻，其词放诞。曰少游，其词清华。曰子野，其词娟洁。曰方回，其词新鲜。曰小山，其词聪俊。曰易安，其词妍婉。……词至南宋而繁，亦至南宋而敝。作者纷如，难以概述。"（江顺诒《词学集成》引）①从以上所论可以看出，宋征璧所推尚的七位词人都处于北宋之世。他们在创作上百花争妍，风格各异，多方面呈现出词的繁荣之态。宋征璧归结词史发展到南宋，一方面创作路径日益多样化，另一方面则日益衰敝。宋征璧之论，在推扬北宋词的同时，对南宋词予以了过度的贬抑。

清代中期，吴衡照《莲子居词话》云："词至南宋，始极其工。秀水创此论，为明季人孟浪言词者示救病刀圭，意非不足。夫北宋也，苏之大，张之秀，柳之艳，秦之韵，周之圆融，南宋诸老，何以尚兹。"②吴衡照明确持崇尚北宋词之论。他针对朱彝尊以南宋词为宗之言，认为其论确影响到不少人的词学批评取向，但实际上，南宋词是无法与北宋词相媲美的。北宋词坛的苏轼、张先、柳永、秦观、周邦彦等人之作各具特色，从不同方面呈现出词作历史发展的繁盛之态。潘德舆《与叶生名澧书》云："词滥觞于唐，畅于五代，而意格之闳深曲挚，则莫盛于北宋；词之有北宋，犹诗之有盛唐，至南宋则稍衰矣。"（谭献《复堂词话》引）③潘德舆以诗之盛唐类比词之北宋，明确高倡以北宋为宗之论。他从"意格"范畴论词，评断北宋词意旨表现婉曲深致，品格呈现宏通拔俗，确乎为词作历史发展之盛期。

晚清，刘熙载《艺概·词概》云："北宋词用密亦疏，用隐亦亮，用沉亦快，用细亦阔，用精亦浑；南宋只是掉转过来。"④刘熙载从词作

① 唐圭璋《词话丛编》第 3272—3273 页，中华书局 1986 年版。
② 《词话丛编》第 2467—2468 页。
③ 《历代词话》第 1678 页。
④ 《历代词话》第 1641 页。

艺术表现与技巧运用方面概括南北宋词的特征。他见出北宋词在审美生发上具有相反相成、对立统一的特征；相比较而言，南宋词在艺术表现层面上与北宋词显示出距离。谭献《复堂词话》云："南宋词敝，琐屑饾饤，朱、厉二家，学之者流为寒乞。枚庵高朗，频伽清疏，浙派为之一变。而郭词则疏俊少年尤喜之。予初事倚声，颇以频伽名隽，乐于风咏；继而微窥柔厚之旨，乃觉频伽之薄。又以词尚深涩，而频伽滑矣。后来辨之。"①谭献对南宋词评价甚低。他认为，其在题材抒写上流于琐屑，在艺术表现上过于注重细节表现。他联系清代当世以朱彝尊、厉鹗为代表的浙西词学，认为学之者在词作风格上容易流于或寒衲，或油滑，在创作旨向上则与温柔敦厚之旨有所区隔。谭献通过对浙西词人学南宋词作所显示缺失的论评，间接体现出对北宋词的推尚之意。陈廷焯《词坛丛话》云："词至于宋，声色大开，八音俱备，论词者以北宋为最。竹垞独推南宋，洵独得之境，后人往往宗其说。然平心而论，风格之高，断推北宋；且要言不烦，以少胜多，南宋诸家，或未之闻焉。南宋非不尚风格，然不免有生硬处；且太着力，终不若北宋之自然也。"②陈廷焯在批评观念上是主张兼融并取南北宋词的，但在审美取向上，也明确持以北宋为宗之论。他针对朱彝尊独推南宋词之论，提出北宋词在艺术表现上凝练含蓄、以少胜多，在风格呈现上天然自如、彰显本色；相对而言，南宋词时显繁复生硬，并且往往过于着力，不见以少胜多之功。陈廷焯从词作风格呈现上对南北宋词予以了明确的抑扬。冯煦《蒿庵论词》云："北宋大家，每从空际盘旋，故无椎凿之迹。至竹坡、无住诸君子出，渐于字句间，凝炼求工，而昔贤疏宕之致微矣。此亦南北宋之关键也。"③冯煦也对北宋词表现出推尚之意。他评断北宋词创作无斧凿痕迹，不少词仿佛破空而来，去留无迹，至北宋后期，周紫芝、陈与义等人逐渐在词的创作中追求工致，这使主流词

① 《历代词话》第 1677 页。
② 《历代词话》第 1690 页。
③ 《词话丛编》第 3591 页。

作取径逐渐由虚入实，由自然通达渐变为凝练工致，这便是南北宋词在创作取径上的一大区别。冯煦之论，体现出对词作艺术本色及浑成无迹之美的追求。

之后，文廷式《云起轩词序》云："词家至南宋而极盛，亦至南宋而渐衰。其衰之故可得而言也：其声多啴缓，其意多柔靡，其用字则风云月露红紫芬芳之外，如有戒律，不敢稍有出入焉。"①文廷式对南宋词评价甚低。他分析其主要体现在三个方面：一是在音律表现上舒缓中嫌拖沓，二是在旨意表现上柔媚近俗，三是在字语运用上过于讲究意象烘托与秾丽色彩。这无疑偏离了词作艺术表现的本色。文廷式之论，寓含着对北宋词的推尚之意。王国维《人间词话》云："词以境界为最上。有境界则自成高格，自有名句。五代北宋之词所以独绝者在此。"②王国维创造性地将"境界"界定为词作审美表现的最质性范畴，认为其在本质上决定着词作的格调表现，影响着词作的秀句生成。由此视点出发，他极为推尚五代北宋之词，认为其在词作发展史上具有典范的意义。

二、偏重以南宋词为宗之论的承传

我国古典词学以南宋词为宗之论的承传线索，主要出现于清代。最早，曹溶以辑编词作的方式推扬南宋之词。据朱彝尊为其《静惕堂词》所作"序"云："忆壮日从先生南游岭表，西北至云中，酒阑灯灺，往往以小令慢词更叠唱和，有井水处辄为筝檀板所歌。念倚声虽小道，当其为之，必崇尔雅，斥淫哇，极其能事，则亦足以宣昭六义，鼓吹元音。往者明三百祀，词学失传，先生搜辑南宋遗集，尊曾表而出之。数十年来，浙西填词，家白石而户玉田，春容大雅，风

---

① 陈乃乾《清名家词》第10册，上海书店1982年版。

② 况周颐、王国维著，徐调孚注《蕙风词话 · 人间词话》第191页，人民文学出版社1960年版。

气之变,实由先生。"①朱彝尊回顾自己年轻时期随其师曹溶南北游历的往事,描述出当时词的创作与传播接受情况,道出曹溶鉴于前代词学不振、词脉微弱而致力于通过搜辑南宋人之词以恢复词的创作及其统绪的努力。朱彝尊对乃师推扬南宋词之举给予了很高的评价,认为浙西派之创作取径与风格特征都肇端于其师。曹溶以切实的词作辑编实践为后人推扬南宋词较早作出了导引。之后,朱彝尊将对南宋词的推尊论题从理论批评上明确拈取了出来。其《词综·发凡》云:"世人言词,必称北宋,然词至南宋,始极其工,至宋季而始极其变,姜尧章氏最为杰出。"②朱彝尊针对明末清初以陈子龙、宋征璧为代表的云间派词人为主流的崇北宋之论持以异见。他力主以南宋词为宗,认为南宋词在艺术表现上极其工致,在创作取径上不断变化生新,这之中,以姜夔之作最为突出,其"清空骚雅",成为后世词人学习的典范。在他的倡导下,当时浙西词人多表现出对南宋词的一味推扬之意,一时之间,南北宋之宗形成了一定的交锋。李符、李良年、厉鹗等人群起而附之唱和与标举,对改变词坛一味宗北宋之风起到了重要的消解作用。此时期,邹祇谟《倚声初集序》云:"南宋诸家,蒋、史、姜、吴,集迈瑰奇,穷姿构彩,而辛、刘、陈、陆诸家,乘间代禅,鲸呿鳌掷,逸怀壮气,超乎有高望远举之思。譬诸篆籀变为行草,写生变为效劈,而云书穗迹,点睛益颊之风颓焉不复。非前工而后拙,岂今雅而昔郑哉!"③邹祇谟对南宋诸家词甚为推扬,大力肯定其各具特色,富于艺术价值。他认为,南宋诸家词在创作主体情性抒写、结构运思、艺术技巧、语言表现及形式风格等方面都呈现出自身鲜明的特征。它们顺应时代的变化发展,不断开拓与生新,有力地推动了词作历史的发展。邹祇谟在这里实际上批评了一味以本色论词及单纯以北宋词为宗尚的做法,而认为南宋词与其之前词作相比,在工致与骚雅方面确有长足的发展。之后,吴焯

① 朱彝尊《曝书亭集》卷五十三,《四部丛刊》本。
② 《历代词话》第 919 页。
③ 邹祇谟,王士禛《倚声初集》卷首,清顺治十七年刻本。

云："临安以降，词不必尽歌，明庭净几，陶咏性灵，其或指称时事，博征典故，不竭其才不止。且其间名辈斐出，敛其精神，镂心雕肝，切切讲求于字句之间。其思冷然，其色荧然，其音铮然，其态亭亭然，至是而极其工，亦极其变。"（冯金伯《词苑萃编》引）①吴焯之论亦体现出对南宋词的推尚之意。他认为，南宋词虽然不一定都合乎音律、入乎俗唱，但它们普遍以咏写性灵为本，注重生发于时事，融学力于词，体现出词作者才华卓著的特征；他们并且在创作技巧与字句运用上极意讲究，刻意经营，这使其词作在思致、色彩、音律及丰神情态等方面都呈现出丰沛充蕴之美。吴焯归结南宋词在艺术工致与形式创变上将词作推向了高峰。

清代中期，以南宋词为宗之论的承传线索，主要体现在王昶、凌廷堪、郭麐等人的言论中。他们主要从词作旨趣与艺术形式表现方面对南宋词予以了推扬。

王昶《江宾谷梅鹤词序》云："姜氏夔、周氏密诸人始以博雅擅名，往来江湖，不为富贵所熏灼，是以其词冠于南宋，非北宋之所能及。暨于张氏炎、王氏沂孙，故园遗民，哀时感事，缘情赋物，以写闵周、哀郢之思，而词之能事毕矣。世人不察，猥以姜、史同日而语，且举以律君。夫梅溪乃平原省吏，平原之败，梅溪因此受黥，是岂可与白石比量工拙哉？譬犹名倡妙伎，姿首或有可，以视瑶台之仙、姑射之处子，臭味区别，不可倍蓰矣。"②王昶论断南宋词在艺术形式表现上整体高于北宋词。他推尚姜夔、周密、张炎、王沂孙等人品行高洁，不趋于富贵，处身于江湖，缘情写物，极表词人之思致，确乎体现出对社会现实的执著探求。但相比较而言，他更推扬史达祖以身抗元，将对社会历史之变与人事沧桑的更深切之感艺术地对象化于词作中。王昶之论，从词人人生态度、题材抒写和创作旨向上进一步拔高了南宋风雅词，将对南宋词的推扬更多地转置到思想内容之上。凌廷堪云："填词之道，须取法南宋，然其中亦有两派焉。一派

① 《词话丛编》第1787页。

② 王昶《春融堂集》卷四十一，清嘉庆四年刻本。

为白石，以清空为主，高、史辅之。前则有梦窗、竹山、西麓、虚斋、蒲江，后则有玉田、圣与、公谨、商隐诸人，扫除野狐，独标正谛，犹禅之南宗也。一派为稼轩，以豪迈为主，继之者龙洲、放翁、后村，犹禅之北宗也。"（谢章铤《赌棋山庄词话》引）①凌廷堪明确主张词的创作需取法南宋。他将南宋主流词作界分为两个派系：一是以姜夔为代表的"清空"派，这一派系人数众多，前后相续，尤如禅之南宗，透彻玲珑，兴旺发达，占据着南宋词坛的主流地位；二是以辛弃疾为代表的"豪迈"派，这一派系人数相对较少，但似异军突起，尤如禅之北宗，亦属正本之统系。凌廷堪认为，两主流派系相对相映，共构出南宋词坛的七彩绚烂，都是值得后人认真宗尚与效仿的。郭麐《灵芬馆词话》云："词之为体，盖有诗所难言者，委曲倚之于声，竹垞之论如此。真能道词人之能事者也。又言世之言词者，动曰南唐、北宋，词实至南宋而始极其能。此亦不易之论也。"②郭麐持同朱彝尊以南宋词为宗之论。他论断词体在艺术表现上比诗体更为丰富复杂，它在本质上为"倚声"之体，属音乐文学体制。郭麐评断朱彝尊推尚南宋词之论，在本源上切合了词的艺术本质之所在，确乎为真知灼见。

三、主张兼融并取南北宋词之论的承传

我国古典词学中主张兼容并取南北宋词的思想，大致出现于明代中后期。俞彦《爰园词话》云："唐诗三变愈下，宋词殊不然。欧、苏、秦、黄，足当高、岑、王、李。南渡以后，矫矫陡健，即不得称中宋、晚宋也。惟辛稼轩自度粱肉不胜前哲，特出奇险为珍错供，与刘后村辈俱曹洞旁出，学者正可钦佩，不必反唇并捧心也。"③俞彦将唐诗与宋词的高下演变加以比照，他概括南北宋词的发展各有所长，

① 《词话丛编》第 3510—3511 页。

② 《词话丛编》第 1504 页。

③ 《历代词话》第 803 页。

其历程并不是愈变愈下、后不如前。他认为,南宋词在艺术表现上更见充实,这之中,辛弃疾、刘过等人之词如异军突起,从不同艺术表现方面创新了词的创作路径。俞彦之论,体现出对宋词历史发展的较深入辨识,影响到清人对南北宋词的兼容并取之论。

清代,主张兼融并取南北宋词的承传线索,主要体现在王士禛、田同之、周济、宋翔凤、谢章铤、陈廷焯、张德瀛、况周颐、王国维等人的言论中。他们从不同方面对兼容并取南北宋词作出了多样的阐说。

清代前期,王士禛《花草蒙拾》云:"宋南渡后,梅溪、白石、竹屋、梦窗诸子,极妍尽态,反有秦、李未到者。虽神韵天然处或减,要自令人有观止之叹。正如唐绝句,至晚唐刘宾客、杜京兆,妙处反进青莲、龙标一尘。"①王士禛对南宋代表性词人词作大力肯定。他虽认同南宋词与北宋词相较,在精神气韵上有所差别,但也肯定其有自身独特之处,比譬其如晚唐绝句,在某些方面反而高出盛唐诗一筹。田同之《西圃词说》云:"词始于唐,盛于宋,南北历二百余年,畸人代出,分路扬镳,各有其妙。至南宋诸名家,倍极变化。盖文章气运,不能不变者,时为之也。于是竹坨遂有词至南宋始工之说。惟渔洋先生云:'南北宋止可论正变,未可分工拙。'诚哉斯言,虽千古莫易矣。"②田同之大力肯定南北宋词坛人才辈出,创作路径与艺术价值各显其妙。他持通变的词作历史发展观,认为时代运会必然会引发词作路径的变化,正因此,南北宋词不能盲目界分高下,而只能从正变之途加以观照与评说。田同之之论,既对宋词的发展有较为整体宏通的眼光,又联系清代当世词坛审美尊尚与创作的现实状况加以立论,是甚为难得的。

清代中期,周济《宋四家词选目录序论》云:"北宋主乐章,故情景但取当前,无穷高极深之趣。南宋则文人弄笔,彼此争名,故变化益多,取材益富。然南宋有门径,有门径,故似深而转浅;北宋无门

① 《历代词话》第1007页。
② 《历代词话》第1237页。

径，无门径故似易而实难。”①周济对南北宋词创作路径所显示出的特征展开比照。他概括北宋词以自然音律表现为本，言为音用，故其情景表现中取当下景，抒当下情，即景生情，情景相融，词作艺术表现体现出极为自然的特征；南宋词则在艺术表现技巧上日益讲究，词人争奇斗艳，不断开拓了词作的题材内容与创作取径。宋翔凤《乐府余论》云：“北宋所作，多付筝琶，故啴缓繁促而易流。南渡以后，半归琴笛，故涤荡沈渺而不杂。”②宋翔凤对南北宋词在俗唱上的不同予以了比照。他概括北宋词俗唱多伴之以弦乐，南宋词俗唱多伴之以管乐，故而，在音律表现上，北宋词大都体现出音律丰富而变化自如的特征，南宋词则大都体现出音律深幽而纯正的特点。

晚清，谢章铤在《赌棋山庄词话》中对南北宋词的用调、用语展开了比较。他概括“北宋多工短调，南宋多工长调。北宋多工软语，南宋多工硬语”；之后，又对南北宋代表性词人词作是否合于其特定时期主流词统予以了论说，他称扬“欧阳、晏、秦，北宋之正宗也。柳耆卿失之滥，黄鲁直失之伧。白石、高、史，南宋之正宗也。吴梦窗失之涩，蒋竹山失之流”③。上述之论，体现出谢章铤对南北宋主流词统的极力维护。其又云：“词至南宋奥窔尽辟，亦其气运使然，但名贵之气颇乏，文工而情浅，理举而趣少。善学者，于北宋导其源，南宋博其流，当兼善，不当孤诣。”④谢章铤论说南宋词随着时代运会而流于路径不断开辟与探索之中。他对南宋词整体评价不高，认为其气质欠佳，在追求艺术技巧表现中情感表现流于浅化，相对而言，侧重事理昌明而少艺术意味。虽然如此，谢章铤仍然主张对南北宋词应源流并举、多方兼取，而不当仅入乎某一创作路径与艺术体制中。

陈廷焯《词坛丛话》云：“北宋词，诗中之风也；南宋词，诗中之雅

---

① 《历代词话》第1493页。

② 《历代词话》第1481页。

③ 《词话丛编》第3470页。

④ 《词话丛编》第3470页。

也。不可偏废,世人亦何必妄为轩轾。”①陈廷焯从所切近诗骚源承上,评说北宋词从创作取向而言近于《国风》,南宋词从创作取向而言近于《小雅》,它们相对相生,彼此间是不必界分高下的。其《白雨斋词话》反复论说到南北宋词非有高下、当兼融并取的论题。如云:“词家好分南宋北宋,国初诸老,几至各立门户。窃谓论词只宜辨别是非,南宋北宋,不必分也。若以小令之风华点染,指为北宋,而以长调之平正迂缓,雅而不艳,艳而不幽者,目为南宋,匪独重诬北宋,抑且诬南宋也。”②陈廷焯对清初不少词人在流派门户意气之论中妄分南北宋词的做法进一步提出批评。他明确反对单纯以时代为据对南北宋词的界分,主张论词真正的是要辨别其艺术表现的是非高下,而不必强分宗趣。他指出,北宋词人之小令创作风华情致毕现,而南宋词人在长调创作方面则更显示出实绩,其词流转舒缓有致,风格表现秾丽雅致,我们切不可以个人之好恶而妄辨南北宋词之高下。

张德瀛《词征》云:“两宋词离合张歙疏密,各具面目,其犹禅家之南宗北宗,书家之南派北派乎。然究其所造,则根情苗言,固未尝不交相为用。”③张德瀛对南北宋词艺术表现特征亦有辩证的阐说。他比譬两宋词如南禅与北禅及书法领域之南北两派,是各具取径、体貌与艺术风格的。它们的相通之处体现为都立足于据情而发,由情而辞,故内在是相融相渗的。张德瀛之论,进一步将南北宋之宗提升到更为平正融通的视点。况周颐《蕙风词话》云:“两宋人词宜多读、多看,潜心体会。某家某某等处,或当学,或不当学,默识吾心目中。尤必印证于良师友,庶收取精用闳之益。……善变化者,非必墨守一家之言。思游乎其中,精骛乎其外,得其助而不为所囿,斯为得之。当其致力之初,门径诚不可误。然必则定一家,奉为金科

① 《历代词话》第 1691 页。

② 陈廷焯著,杜未末校点《白雨斋词话》,第 207 页,人民文学出版社 1959 年版。

③ 《词话丛编》第 4151 页。

玉律,亦步亦趋,不敢稍有逾越。填词智者之事,而顾认筌执象若是乎?吾有吾之性情,吾有吾之襟抱,与夫聪明才力。欲得人之似,先失己之真。得其似矣,即已落斯人后,吾词格不稍降乎?"①况周颐从学词的角度,对南北宋词之宗实际上也予以了阐说。他主张学词的过程重在细心体会,多方兼取,逐渐悟入,明确反对拘守一家,坐井观天,沉溺其中而不能自拔。他进一步提出,初学词确乎是要有门径可寻,不着门墙是难入殿堂的,但坚执地奉某一家为不变之律,并对之"亦步亦趋",不敢越雷池半步,这并不是"智者"所为。况周颐大力肯定词作者一人有一人之性情,一人有一人之襟怀,一人有一人之才力。他论断,一味学他人而必失己真,这使自己先在地落乎人后,其词之创作格调又怎能拔俗呢?

王国维《人间词话删稿》则云:"词家时代之说,盛于国初。竹垞谓:词至北宋而大,至南宋而深。后此词人,群奉其说。然其中亦非无具眼者。周保绪曰:'南宋下不犯北宋拙率之病,高不到北宋浑涵之诣。'又曰:'北宋词多就景叙情,故珠圆玉润,四照玲珑。至稼轩、白石,一变而为即事叙景,使深者反浅,曲者反直。'潘四农(德舆)曰:'词滥觞于唐,畅于五代,而意格之闳深曲挚,则莫盛于北宋。词之有北宋,犹诗之有盛唐。至南宋则稍衰矣。'刘融斋(熙载)曰:'北宋词用密亦疏、用隐亦亮、用沈亦快、用细亦阔、用精亦浑。南宋只是掉转过来。'可知此事自有公论。虽止庵词颇浅薄,潘刘尤甚。然其推尊北宋,则与明季云间诸公,同一卓识也。"②王国维详细地引述与评说清代一些对南北宋词比照辩说的代表性言论。他认为,朱彝尊推尊南宋词之说,也并不是不具识见的,影响到其后的不少词论家;而周济在审美取向上偏于推尚北宋词,原因在于其认为北宋词情由景生,自然便辟,艺术表现灵活圆融,含蓄深致;潘德舆亦推尚北宋之词,在于认为其词旨意表现含蓄深远,词格拔俗,从词史发展角度而言,正如诗之盛唐,如日中天;刘熙载则从创作技巧与艺术

① 《蕙风词话·人间词话》第16页。

② 《蕙风词话·人间词话》第230—231页。

表现方面概括出北宋词辩证生发的特征，肯定其善于将对应的美学因素在艺术生发中运用得恰到好处，彼此融通，他将对北宋词艺术表现的推扬进一步铺展了开来。王国维之论，择取有代表性的对南北宋词的推扬之论进行评说，体现出宏通而深切的辨识，既借此间接地表现出自身崇尚北宋词的审美理想，又体现出作为一个词论家的辩证批评态度与立论准则，在古典词学南北宋之宗论中具有十分重要的意义。其又云："唐五代北宋之词家，倡优也。南宋后之词家，俗子也。二者其失相等。但词人之词，宁失之倡优，不失之俗子。以俗子之可厌，较倡优为甚故也。"①王国维将唐五代北宋词比譬为"倡优"，南宋词比譬为"俗子"，这实际上甚为形象地对两宋词的体貌、气质作出了判评。他主张词的创作宁可显得失于柔婉细碎，也不能在品格气质上显示出俗化之态，这显示出对词作品格的较高之求。王国维进一步分析清代一些人宗南宋而抑北宋词之因，概括为"近人祖南宋而祧北宋，以南宋之词可学，北宋不可学也"，见出了南宋词似难而实易，内在有取径可循，而北宋词则似易而实难，内在少有章法可依的特征。王国维对南北宋词所作的多方面比照分析，将兼融并取南北宋词之论推向了高峰。

总结我国古典词学南北宋之宗的承传，可以看出，其在以北宋词为宗、以南宋词为宗及主张兼容并取南北宋词三条线索上都得到了不断阐说。相比较而言，主张或以北宋词为宗、或以南宋词为宗之论者，大都从其词作审美理想或所持词学批评取向而论，而主张兼容并取南北宋词之论者则大多从较为理性的批评立场或原则而论，因此，其论说视域更见宏通，批评主张更见圆融。同时，我们也可以看出，我国古典词学南北宋之宗的承传，从一个侧面与视点映现出古代词的创作与词史发展的内在特征。宗北宋之论者大都体现出重视词作体制本色与自然意味的审美倾向；而宗南宋之论者大都体现出重视词作艺术形式表现的审美趣味；相比较而言，主张兼容并取南北宋词之论者则在词作审美上体现出思想内容与艺术形

① 《蕙风词话·人间词话》第 240—241 页。

式并重的追求。这一视域词学批评宗尚，对我国古代词的创作与词史发展，无疑产生着不同向度的内在牵引作用，从而，在深层次上影响着古典词史的展开与建构。

（作者系南昌大学中文系教授）

《世说新语》刘辰翁评点考辨

周兴陆

刘辰翁评点《世说新语》，是文学评点史的一桩盛事，开启了中国小说批评的风气。因为《世说新语》是史上最为脍炙人口的一部笔记，刘辰翁是第一个致力于评点的文人，遍评群书，刘辰翁评点《世说新语》，可谓之名人评名书，后代一直颇为重视。明代凌濛初和凌瀛初分别刻过三卷本和八卷套印本《世说新语》，辑录刘辰翁的批语，一直到清代还在不断翻刻。

凌瀛初在四色套印本上题识云：

> 余弱冠时幸睹王次公批点《世说》一书，发明详备，可称巨观，以刻自豫章藩司中，不能家传户诵为恨。壬午秋，尝命之梓，杀青无几，惜板忽星失。余唯是有志而未逮也。嗣后家弟初成得冯开之先生所秘辰翁、应登两家批注本，刻之为鼓吹。欣然曰："向年蠹简残编，已成煨烬，今获捃摭其全，良为快事。"行之已久，独失载圈点，未免有遗珠之叹。予复合三先生手泽：耘庐缀以黄，须溪缀以蓝，敬美缀以朱，分次井然，庶览者便于别识云。

从这段《题识》可知，凌氏所见到的刘辰翁评点本，是"辰翁、应登两家批注本"，即刘辰翁、刘应登两家的批注本。所幸的是，这个两家批注的元刻本，现尚存台湾"中央"图书馆，笔者在哈佛大学东亚图书馆查阅台湾藏本完整的胶卷，对于刘辰翁评点的来龙去脉，可以作细致的考辨。

首先需要理清楚刘应登刊本，因为这是刘辰翁手批的底本。台湾藏元刻本前有刘应登的序，其中有云：

> 丙戌长夏，病思无聊，因手校家本，精刬其长注，间疏其滞义。明年以授梓，乃五月既望梓成。

丙戌，为元至元二十三年(1286)，第二年(1287)五月刊刻。这部刘应登初刊本，惜现已不存。刘应登和刘辰翁关系密切。刘辰翁曾为刘应登父刘仲达(号乐邱翁)撰写过《乐邱处士墓志铭》①。但是在刘应登的"手校"、"疏义"中，只字未引刘辰翁的话，可以推知，在1287年之前，刘辰翁未曾批点《世说新语》。

刘辰翁从事批点时间至少可以上推至宋恭帝德祐初(1275)②。在元刻本《须溪先生校本韦苏州集》前有刘辰翁的题识，署"德祐初初秋看二集并记"。"二集"是指韦应物诗集和孟浩然诗集。但如果说，刘辰翁在1287年之前有手批《世说新语》的话，和其交往甚密的刘应登不能不知，也不会在1287年刊刻校本时只字不提。

刘应登1287年刊刻了《世说新语》后，刘辰翁很快得到一册，并在这个本子上从事批点，时间则是1287年至其去世的1297年，也就是刘辰翁56至66岁的晚年。为什么说刘辰翁的批点就是批在刘应登刊本上呢？第一，凭二刘的交往关系，刘辰翁在第一时间得到刘应登刻本《世说新语》是完全可能的。第二，刘辰翁批点均选取最新的善本。如刘辰翁评点《韦苏州集》选取底本是当时最新的韩琦教官校勘本《韦苏州集》十卷、《拾遗》一卷。第三，更为重要的是，

---

① 潘建国《〈世说新语〉元刻本考》(《文学遗产》2009年第6期)对二人亲密关系有考证，可参。

② 刘将孙《刻长吉詩序》说刘辰翁最早评李贺诗，时在乙亥年，即德祐元年，见《养吾斋集》卷九，《四库全书》本。

台湾藏的元刻本《世说新语》上的刘辰翁批语，有不少就是直接针对刘应登校注的。兹举数例：

1.《德行》"晋简文帝为抚军时"条，刘应登注曰："谓恐因弹鼠而误发伤人也。"刘辰翁批曰："解误，可笑。"

2.《简傲》"王子敬兄弟见郗公"一条的"使嘉宾不死，儿辈敢耳"。刘辰翁批曰："备极世情，只'儿辈'是，别本作'鼠辈'非。"刘应登本正是作"儿辈"，而陆游校刻本等则作"鼠辈"。刘辰翁所谓的"儿辈是"，正是肯定他所手批的刘应登刊本；所谓"别本"，或是当时的陆游校刻本。

3.《德行》之"郄公值永嘉丧乱"条，刘辰翁批曰："'郗'误作'郄'，后同。"刘应登刊刻本均误作"郄公"，而当时通行各本均是"郗公"。

4.《政事》"又云：尝发所在竹篙。有一官长连根取之，仍当足。乃超两阶用之。"刘应登注曰："谓就连竹根用为篙，以代铁足。"刘辰翁批："非此解，殆不喻。"所批正是针对刘应登注而发。

如果说刘辰翁批点的底本不是刘应登 1287 年刊刻本，以上四条就无法解释了。因此，据这四则材料可以推断，刘辰翁就是在刘应登 1287 年刊刻本上从事批点的，在他晚岁的十年里，有足够的时间来把玩这部新刊本《世说新语》。

刘辰翁手批刘应登的《世说新语》，又是怎样刊刻到这部刘应登注的《世说新语》上的呢？

这要首先了解刘辰翁评点书籍的流传方式。第一种方式是，刘辰翁批点本在生前就上板刊刻，《须溪先生校本韦苏州集》和《须溪先生校本唐王右丞集》就属于这种情况。拿刘辰翁批点《韦苏州集》来说，全书末页刻有刘辰翁的跋语，署云："德祐初初秋看二集并记。"卷首则有刘辰翁丁亥年的序，云："丁亥正月，为康绍宗刻此本，复书其后。"也就是说德祐初(1275)初秋前刘辰翁手批的《韦苏州集》，是 12 年后的丁亥年(1287)才由康绍宗刊刻行世的。第二种方式是，刘辰翁的手批本生前并没有刊刻，去世后由嗣子门生刊刻。刘辰翁批点李壁的《王荆文公诗笺注》就是如此。此书现存大德五年王常刻本。《目录》之末页有门人王常的题识:“仆顷闻诗于须溪先生。及半山则始李注本极少。于是先生出示善本,并得其评点。兹不敢私,命刻之梓,期与四方学者共之”①。前刘将孙的序亦谓“因士吉刻本,记先君子所尝为荆公感叹者于此”。显然是初次刊刻于刘辰翁去世之后。第三种方式是坊肆补刻本。台湾藏这部元刻本《世说新语》,就是坊肆补刻本。清末藏书家叶昌炽在卷首题识云:

此书旧有二刻:一王弇州本,一袁褧本,皆三卷。此本八卷,耘庐刘应登刊。旧注删节,十无二三;间有应登自注,随文训释,无所发明。其《自序》云:“丙戌长夏病思无聊,手校家本,明年授梓。”书中遇宋讳缺笔,应登当为宋人。丙戌,理宗宝庆二年也。然中有须溪刘辰翁评。辰翁,宋末人。宋亡上距宝庆丙戌,计四十年。其评未行,应登无由采之。反复审谛,乃知后来所窜入。何以言之?前二卷题名划去未刊,卷三始题云“宋临川王刘义庆撰、梁刘孝标注”为一行,“须溪刘辰翁批点”为一行。此必原刻撰人、注人分列二行,后并为一行,即以所空一行补刻刘辰翁姓氏。前二卷偶脱之,或是补刻不坚,随即损落。评语皆在各条末行,挤到末行无空,则移上方,亦有竟划去本文,重为挤刻,以留余地,无越行者,此尤补刊之迹,显然可认。原刻颇精,补入之字不堪寓目。盖宋元之际,辰翁评本如少陵诗之类盛行于时,坊肆借以炫售尔。每半页十行,行大小皆十七字。以今本勘之,卷一“管宁华歆锄菜”一则,今本与上一则误合为一,此本不误;字亦颇有异同。旧为鄂中张濂卿先生藏书。翼翁从先生受古文学,得于其师,出以相示,为书数语归之。光绪乙酉叶昌炽。

---

① 见中华再造善本据元大德五年王常刻本《王荆文公诗笺注》影印本第二册末王常题识。

叶昌炽这则题识，定丙戌为宋理宗宝庆二年，误，丙戌应为元至元二十三年(1286)。叶昌炽辨认版本，明确交代元刻本存在"剜刻"、"增刊"情况，推断此元刻本乃补刊本，刘辰翁的评语是元代"坊肆借以炫售"而在刘应登丙戌次年"授梓"的刻本上补入的。这个推断甚为确切①。叶昌炽更为审慎的是，他并没有明确地说，刘辰翁的评语是"元代坊肆伪托"的②。"坊肆借以炫售"只是说，因为当时刘辰翁评点其他书籍非常盛行，于是坊肆在《世说新语》原板上补刻了刘辰翁的评语。而很可能的情况是，刘辰翁批点刘应登刻本《世说新语》的手迹本和传抄本当时已经出现于市面上③，坊肆依据此稿抄本而在刘应登刻本的原板上补刻刘辰翁的评语。

刘辰翁评点的补刻形态，《世说新语》并非唯一的例子。与元刻本刘辰翁批点《世说新语》补刻情况宛如一辙的，还有元建安熊氏刻本《王状元集百家注分类东坡先生诗》④。此书首卷首页首行题"王状元集百家注分类东坡先生诗卷之一"，次行署"宋礼部尚书端明殿学士兼侍读学士赠太师谥文忠公苏轼"，第三行上题"纪行"，但同行下署"庐陵须溪刘辰翁批点"。其他各卷首页的情况都是如此，即在第三行补入"庐陵须溪刘辰翁批点"的字样，字迹拙劣。显然这是不符合一般刻书版式的，"庐陵须溪刘辰翁批点"是后来补刻上去的。刘辰翁的批语，都是补刻在空白处，如卷一第一首《壬寅二月……寄子由》，就是在最后一行余空加白盖"批"字，增批语"一笔转换，不复属对，盖杜体而甚之"。《风水洞二首和李节推》"细细龙鳞"四字右边正好有空行，于是在此空处补批"却儿语"。翻检全书，刘辰翁的

① 按，台湾"中央"图书馆卡片据此著录为"宋元间坊肆增刊评语本"，今贤一般认同此说，如范子烨《〈永乐大典〉残卷中的〈世说新语〉佚文和宋人批注》等文。

② 按，前引潘建国先生文章之第五部分"元刻本'刘辰翁'评点系元代坊肆伪托考"，推断刘辰翁评点为"伪托"。

③ 刘辰翁批点本在当时广为传抄，这是事实。如其批点李贺诗，据刘将孙《刻长吉诗序》云："自是传本四出，近年乃无不知读长吉诗，效昌谷体。"

④ 中华再造善本据国家图书馆藏本影印。

批语都是见缝插针式地补刻在空白处，而不是和原诗、原注自然镶嵌，同时上板。将此元建安熊氏刻本与《四部丛刊》影印的宋建安虞平斋务本书堂刻本《增刊校正王状元集注分类东坡先生诗》相对照，除了补刻刘辰翁评外，版式完全相同，唯宋刻本每卷题“增刊校正王状元集注分类东坡先生诗”，元刻本每卷题“王状元集百家注分类东坡先生诗”。宋刻本各卷首页均无“庐陵须溪刘辰翁批点”字样，各诗后也无刘辰翁的评语。因此可以得出结论，元建安熊氏刻本刘辰翁批点本《王状元集百家注分类东坡先生诗》，就是在宋务本堂刻本《增刊校正王状元集注分类东坡先生诗》的空白处增补刻入刘辰翁评语而成的①，就像我们现在看到的元刻本刘辰翁批点刘应登校刻《世说新语》，是在原刻本上补刻入刘辰翁批语一样。在我们无法否定刘辰翁批点过《王状元集百家注分类东坡先生诗》的同时，我们也无法否定刘辰翁批点过《世说新语》。

其实，在原刻本上补刻入批语而成为一种新的本子，是评点发轫时期的一种版本形态，从刻书商的角度看，比起另刻新板来，成本要小得多，同时也产生“借以炫售”的经济效益。

这部元刻本《世说新语》对刘辰翁评语的补刻，虽技术上补板粗劣，然而态度极为审慎，尊重刘辰翁评语的本来面目，不可能是“坊肆伪托”，是值得信赖的刘辰翁评点本。说元刻本上补刻的刘辰翁批语不是“坊肆伪托”，从批语本身来看，有如下证据：

1. 元刻本的刘辰翁评语，有一则是与作伪动机截然相悖的，可以反过来证明刘辰翁评语的真实性。元刻本全书末页，也就是在“卷第八终”的空白处有一段文字，算得上是刘辰翁对《世说新语》的总评，曰：

《世说》所载，多无识俚语，然皆今人所有，得而用之，则古亦

① 按，金开诚、葛兆光《古诗文要籍叙录》第 389 页著录“元熊氏刊本(藏北京图书馆，增刘辰翁评点)”，即判定刘辰翁批语是“增补”入板的，中华书局 2005 年版。

不可谓无故，自未可弃耳。即□□字面，亦不当忽。无暇细评。

这里所谓“无暇细评”，正是刘辰翁的真实口吻。如果坊肆要伪托刘辰翁的评点借以炫售的话，伪托这么一句“无暇细评”，不是自己将苦心伪托的评点的价值大打折扣吗？明代凌瀛初把刘辰翁的这则总评移到全书的首卷首页上，作为刘辰翁评点的第一则，然而删去“即□□字面，亦不当忽。无暇细评”13 字，显然这是出于凌氏作为出版商的心计。从这里也可以反观元代坊肆补刻时，文字真实，忠于刘辰翁手批本，不为“炫售”而删削不利于销售的文字。

東亭與孝伯語後漸異孝伯謂東亭曰卿
便不可復測答曰王陵廷爭陳平從默但閒
充然云何耳
王孝伯死縣其首於大桁司馬太傅道子命
駕出至標所孰視首曰卿何故趣欲殺我邪
桓玄將篡桓脩欲因玄在脩母許襲之庾夫
人脩母云汝等近過我餘年我養之不忍見行
此事
世說新語卷第八 終

元补刻本《世说新语》
末页刘辰翁总评

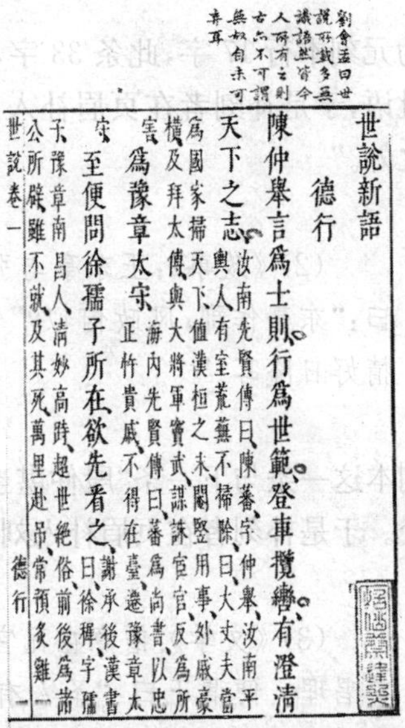
劉會孟曰世
說所載多無
識語然皆今
人所有之則
古亦不可謂
無故自未可
棄耳

世說新語
德行
陳仲舉言爲士則行爲世範登車攬轡有澄清
天下之志汝南先賢傳曰陳蕃字仲舉汝南平
輿人有室荒蕪不掃除曰大丈夫當
爲國家掃天下值漢桓之末閹豎用事外戚豪
横及拜太傅與大將軍竇武謀誅宦官反爲所
害
爲豫章太守海內先賢傳曰蕃爲尚書以忠
正忤貴戚不得在臺遷豫章太
守
至便問徐孺子所在欲先看之謝承後漢書
曰徐稺字孺
子豫章南昌人清妙高時超世絕俗前後爲諸
公所辟雖不就及其死萬里赴弔常預炙雞一
世說卷一 德行 一

凌瀛初套印本《世说新语》
卷首页刘辰翁总评

2. 另一处刘辰翁批语之校勘文字，也绝不是“坊肆伪托”。《德行》之“郗公值永嘉丧乱”条，刘应登的这个元刻本将“郗”误作“郄”。刘辰翁批曰：“‘郗’误作‘郄’，后同。”（按，此条批语，凌瀛初本漏辑）如果说“坊肆伪托”了刘辰翁的这则批语，这不是自己打自己嘴巴，纠正自己刻板的文字错误吗?

3. 元刻本之补刻尊重刘辰翁评语的本来面目的另一明显证据是,补刻者在原板无空可补的时候,则在页眉补刻刘辰翁批语,凡24条,这是后代眉批的滥觞。这些页眉批语和板中补刻的刘辰翁批语的字体完全一致,亦都于前加墨盖"批"字,是同一次补刻。其中多已漫漶不清,现列几条可以辨识者:

(1)《言语》:晋武帝每饷山涛,恒少,谢太傅以问子弟,车骑(玄)答曰:"当由欲者不多,而使与者忘少。"

因为元刻本行17字,此条33字,占两行,空一格,板内没有空处补缀批语,于是补刻者在页眉补入:"批:此语甚精,有风有赞,复在世情之外。"

(2)《政事》:王东亭与张冠军善。王既作吴郡,人问小令曰:"东亭作郡,风政何似?"答曰:"不知治化何如,唯与张祖希情好日隆耳。"

元刻本这一条与下一条"殷仲堪当之荆州"相连合为一条,因此没有空处。于是补刻者在页眉补入刘辰翁批语:"批:此语似不事□。"

(3)《文学》:僧意在瓦官寺中,王苟子来(循)与共语,便使其唱理。便谓王曰:"圣人有情不?"王曰:"无。"重问曰:"圣人如柱邪?"王曰:"如筹算,虽无情,运之者有情。"僧意云:"谁运圣人邪?"苟子不得答而去。

此条68字,恰好占满元刻本4行,没有空余处。于是补刻者在页眉补刻入:"批:后来□此何限,未必不祖此也。"

(4)《巧艺》:钟会是荀济北从舅,二人情好不协。荀有宝剑,可直百万,常在母钟夫人许。会善书,学荀手迹作书与母,取剑,仍窃去不还。荀勖知是钟而无由得也,思所以报之。后钟兄弟以千万起一宅,始成,甚精丽,未得移住。荀极善画,乃潜往画钟门堂,作太傅(会父)形象,衣冠状貌如平生。二钟入门,便大感恸,宅遂空废。

此则118字,占元刻本7行空一格。因板中无空白可补入批语,于是补刻者将批语补入页眉:"批:可与优孟相发明,而□□大异。"

所有这些补刻的眉批,都是因为板内没有空余处,才不得已而补刻入页眉,并非是坊肆刻者有意要采取眉批这一形式。——事实上,现存的刘辰翁评点书籍的其他宋元刻本都没有眉批,至明人刻评点书才广泛采用眉批形式。如果说刘辰翁的批语是"元代坊肆伪托",那么他们为什么不在其他诸条的板框内空白处伪造批语,非得自找麻烦,要在那些已经满行的条目的页眉伪造出刘辰翁批语呢?合理的解释是,刘辰翁本来就在刘应登刻本的这些条目上亲手评批过,元刻本补板者为了完整准确补入刘辰翁批语,不惜费力在页眉处加以补刻。

刘辰翁对《世说新语》的评点,和他对魏晋的有关论述相一致,可以参证元刻本增补刘辰翁批点的真实性。刘辰翁评点《王荆文公诗》,前有大德辛丑冬至嗣子刘将孙的序言,"目录"后有门人王常的题识,是一部可以确信无疑的刘辰翁评点本。在元刻本刘辰翁评点《王荆文公诗》卷十七之末页,有刘辰翁的一句《题识》,云:"其诗犹有唐人余意者,以其浅浅即止。读之,如晋人语不在多而深情自见也。"①刘辰翁"晋人语不在多而深情自见"的品评,其相近意思在刘辰翁评点《世说新语》中随处可见,如:

《言语》"陆机诣王武子"条,刘批:"最得占对之妙,言外谓下盐

① 见中华再造善本据元大德五年王常刻本《王荆文公诗笺注》影印本第八册第11页A面。

豉后尚未止此。第语深约,可以味得,难以俊赏耳。"①

《言语》"谢太傅语王右军"条,刘批:"自家潦倒,忧及儿辈,真钟情语也。此少有喻者。"

《言语》"袁彦伯为谢安南司马"条,刘批:"黯然销魂,直是注脚语耳,未在能言。"②

《文学》"郭景纯诗云"条,刘批:"八字慨然,不必有所起,不必有所指。"

诸如此类所谓"言简而情深"的评论,在刘辰翁的《世说新语》品评中不一而足,这本来就是刘评的一个特色。刘辰翁评《世说新语》和他题识《王荆文公诗》的文字具有一致性,是刘辰翁对魏晋清谈的一贯认识。如果说刘辰翁的评语都是"元代坊肆伪托",那么上引这些评语,是坊肆根据刘辰翁"晋人语不在多而深情自见"一语而发挥出来的,还是坊肆作伪者对魏晋清谈的认识本来就和刘辰翁具有惊人的一致性?

刘辰翁评点《世说新语》的若干文字,与他的政治态度和晚年遭际世艰的遗民思想是一致的。刘辰翁是南宋遗民,宋亡后隐居不仕。但故国之思,乱离之痛,在诗词中时时流露。在对《世说新语》的评点中,刘辰翁也时而流露出经历世乱、追怀故国的情怀,与他晚年的整个思想心境是合拍的。《世说新语·方正》一则:

> 苏子高事平。王、庾诸公欲用孔廷尉为丹阳。乱离之后,百姓凋敝。孔慨然曰:"昔肃祖临崩,诸君亲升御床,并蒙眷识,共奉遗诏。孔坦疏贱,不在顾命之列。既有艰难,则以微臣为先。今犹俎上腐肉,任人脍截耳。"于是拂衣而去,诸公亦止。

这里说的背景是,苏峻作乱,攻入建康,大肆杀戮,后为温峤、陶侃等所灭,孔坦也辅助王导平苏峻乱。晋明帝诏王导、温峤、庾亮等

---

① "味得",据元刻本。明万历年间凌瀛初四色套印本作"意得"。

② "注脚",据元刻本。凌瀛初四色套印本作"注情"。

为顾命大臣，辅弼成帝。孔坦因为得罪王导，出为丹阳廷尉，那里刚刚经历了苏峻叛乱，"乱离之后，百姓凋敝"。孔坦颇有怨言，说了这一番话，意思是，你王导等人，得到朝廷的重用，身为顾命，位高权重，我孔坦疏贱，地位低，不在顾命之列，现在把我派到这样一个混乱危险之地，不是白白让我去送死吗！于是以疾去职。

刘辰翁评曰："小人语，岂识国家大体，见辱方正！"简直是愤慨的叱责。这显然不仅仅是斥责晋代的孔坦，而是寄寓着经历南宋亡国的刘辰翁在艰难时事中对家国一体的认识。在刘辰翁看来，在苏峻乱平之后，丹阳一带正是百废待兴，而孔坦仅仅出于一己安危的考虑，出于个人恩怨的私愤"拂衣而去"，置社稷黎民于不顾。所以他责骂孔坦的话，是"小人语"，不识"国家大体"，不应该把这一条放在"方正"目。试对读一下刘辰翁给一介布衣汪元量《湖山类稿》作的《序》，就可以明白，在刘辰翁心中何谓"国家大体"。《湖山类稿序》曰：

> 杭汪水云，以布衣携琴，渡易水，上燕台，侍禁时为太皇王昭仪鼓琴，奉卮酒；又或至文丞相锒铛所，为之作《拘幽》以下十操，文山亦倚歌而和之。……其诗自奉使出疆，三宫去国，凡都人忧悲恨叹无不有；及过河，所历皇王帝伯之故都遗迹，凡可喜、可诧、可惊、可痛哭而流涕者，皆收拾于诗，解其囊，南吟北啸，如赋史传，亦自有可喜。余盖不忍观之。

一介布衣汪元量能陪銮驾北上，对故国深怀眷恋，坚贞不屈，挺起一代遗民的铮铮铁骨，被同为遗民的王国维尊为"有宋近臣，一人而已"①，又是刘辰翁心目中"识国家大体"的一个表证。和汪元量相比，东晋孔坦之苟且懦弱，皎然可见。所以刘辰翁评曰："小人语，岂识国家大体，见辱方正！"刘辰翁此批，虽曰评古，实则讽世。因为孔

① 王国维《书〈宋旧宫人诗词〉〈湖山类稿〉〈水云集〉后》，《观堂集林》卷二十一，《王国维遗书》商务印书馆 1940 年版。

坦并非"小人",《世说新语·方正》又载孔坦疾笃时语:"大丈夫将终,不问安国宁家之术,乃作儿女子相问!"刘辰翁赞叹地评曰:"惜不见话言以下。""此却非周嵩比。"

《世说新语·轻诋》又一条曰:

> 褚太傅南下,孙长乐于船中视之,言次及刘真长死。孙流涕,因讽咏曰:"人之云亡,邦国殄瘁。"褚大怒曰:"真长平生何尝相比数,而卿今日作此面向人?"孙回泣向褚曰:"卿当念我时。"咸笑其才而性鄙。

刘辰翁批曰:"邦国之叹,何必平生。"显然,也是寄寓故国黍离之叹,不论平生如何,当邦国遭际深重变故时,都不免有"邦国之叹",刘辰翁其实是在自抒其怀。如果说,这些评语都是"元代坊肆伪托"的,那只能说"伪托者"是与刘辰翁有着相同怀抱的南宋遗民。

综合上述材料的考辨,笔者认为,《世说新语》元刻本所补刊的刘辰翁评语是真实的:刘辰翁在元至元二十四年(1287)刘应登刊刻本《世说新语》面世后,得到了这个刊本。在其后十年内(1287—1297),在这个刊本《世说新语》上进行批点。刘辰翁去世后,这个手批本在嗣子门生间流传钞录,后为1287年刊刻刘应登《世说新语》的那个坊肆所得,并据之以补板刊刻,形成了现在可见的这部台湾藏补刻本《世说新语》。这个补板刊本,据潘建国先生推断,大约在元大德前期。从刘应登刊刻《世说新语》的元至元二十四年,到刘辰翁晚年加以批点,再到元大德时期的补板刻印,时间不过20年。元大德时期,刘辰翁的嗣子刘将孙、门生王常都还在世,而且陆续在刊刻刘辰翁的评点,不大可能有胆大妄为的坊肆"伪托"刘辰翁的评点,伪造出一部刘辰翁批点《世说新语》出来。

其实,坊肆作伪,是明代万历以后逐渐兴起的现象,元代时并不常见。今人不能根据当时未曾提及或后世未曾著录而轻易断定伪托。如刘辰翁评点《孟浩然诗集》,现存有明活字本《须溪先生批点孟浩然集》三卷,刘辰翁评点、明顾道洪参校《孟浩然诗集》三卷、补遗一卷、拾遗一卷(万历四年顾氏藻翰斋刻本),刘辰翁、李梦阳评《孟浩然诗集》二卷(凌氏朱墨套印本),刘辰翁批点、袁宏道参评《孟襄阳集》二卷(明末刻本)。但是,刘辰翁《须溪集》没有提及孟浩然,刘辰翁评点《孟浩然诗集》没有宋元刻本传世,宋末元代和明初书目也未著录。那么,刘辰翁评点《孟浩然诗集》会不会是明代某坊肆作伪,然后各家转相以讹传讹呢?如果以怀疑一切的眼光看,这不免是一个问题。然而我们查考元刻本《须溪先生校本韦苏州集》,全书末页有刘辰翁的题识云:

> 韦应物居官自愧,闵闵有恤人之心,其诗如深山采药,饮泉坐石,日晏忘归。孟浩然如访梅问柳,偏入幽寺。二人趣意相似,然入处不同。韦诗润者如石,孟诗如雪,虽淡无采色,不免有轻盈之意。德祐初初秋看二集并记。

"看二集",就是批点韦、孟二诗集的意思。特别是后两行有刊者识语"孟浩然诗,陆续刊行"。《须溪先生校本韦苏州集》,据卷首刘辰翁的序,是康绍宗于丁亥年(1287)正月刊刻的。那么刘辰翁评点《孟浩然诗集》的刊刻一定是在此后不久,都是刘辰翁生前刊刻的评点书,不容置疑。刘辰翁评点韦应物、孟浩然诗集由同一家坊肆刊刻,因此从书名也可以推断明代活字本《须溪先生批点孟浩然集》最接近初刊本的本来面貌。现在宋元刻本的《须溪先生批点孟浩然集》已难以觅得,幸亏有元刻本《须溪先生校本韦苏州集》的刘辰翁"题识"和坊肆的"布告"作旁证,否则的话,若说《须溪先生批点孟浩然集》是坊肆伪托,就是一桩无法洗清的冤案了。

元刻本《世说新语》补刻刘辰翁评点具有重要的文献价值。今人辑录、研究刘辰翁的《世说新语》评点,一般都是依据明代凌濛初、凌瀛初的分色套印本。但是,正如上引凌瀛初在套印本的题识所云,"行之已久,独失载圈点,未免有遗珠之叹",其实不仅是"失载圈点",笔者将元刻本和凌氏刻本细致比勘发现,凌刻本尚有遗漏和讹误。现据元补刻本对凌瀛初四色套印本刘辰翁评语作一些补正(上

已论及者,不赘):

(1) 元刻本补刊之刘辰翁批语,凌瀛初本未录者:,

《德行》"王戎云"条批:"晋人故别,写至此亦复别。今人谁省?"

《德行》"祖光禄少孤贫"条批:"若无炊□事,只是言语。"

《言语》"孝武将讲孝经"条批:"语自好。"

《政事》"山公以器重朝望"条批:"谓众人持之,使不知止也。不当在'政事'之目。"

《文学》"桓宣武北征"条批:"谓露布流传须截,浏亮可称诵。"(按,此批有缺损)

《方正》"杜预拜镇南将军"条批:"贵公子态耳,何与方正?"

《赏誉》"有问秀才"条批:"小儿学巧。"

《赏誉》"王平子目太尉"条批:"然澄、衍皆不终。"

《赏誉》"庾子躬有废疾"条批:"谓造谒之多。"

《赏誉》"王长史是庾子躬外孙"条批:"第谓我已上人与郭□□□□□高同病。"

《赏誉》"庾太尉目庾中郎"条批:"不成语,不可解。"

《容止》"潘岳妙有姿容"条批:"理不犯群媪,何至委顿。"

《自新》"戴渊少时游侠"条批:"二戏此令。"

《栖逸》"南阳刘骥之"条批:"符坚临江,方聘此野人,为可以□老桓矣,而于白面何讥,宜以□□。"

《贤媛》"汉元帝宫人既多"条批:"画有巧拙,尽可批图索耶?眼不见耶?"

《简傲》"王子猷作桓车骑"条批:"是知此人。"

《排调》"庾征西大举征胡"条批:"能言自别。"

《排调》"桓玄出射"条批:"谬污。"

《轻诋》"王太尉问眉子"条批:"两可之词。"

《尤悔》"桓公卧语"条批:"此等较有俯仰,大胜史笔。"

《仇隙》"王右军素轻蓝田"条批:"右军为郡,有不法耶?"

(2) 元刻本补刊之刘辰翁批语,凌瀛初本辑录而误者:

《德行》"晋简文帝为抚军时"条批:"此复何足与于德行,正应弹鼠,不合弹人",凌本作"不应弹人"。

《言语》"徐孺子年九岁"条批:"正是玄胜。"凌本作"正是光胜"。

《言语》"祢衡为魏武谪"条批:"仓卒为操掩羞,固当有此。"凌本"孔语仓卒"云云,"孔语"二字衍。

《言语》"司马景王东征"条批:"语意疏直。"凌本作"语意疏正"。

《言语》"道壹道人好整饰音辞"条批"小儿学语,体格未成,漫杂书袋,面目可憎。"凌本误作"利锥书袋"。

《文学》"庄子逍遥篇"条批:"支理有何高妙,而称道甚至。",凌本作"支论"云云。

《文学》"羊孚弟娶王永言女"条批:"言有经纬,至料及三四,非强支柱者,却恨不传。"支柱,凌本作"支持"。

《方正》"夏侯玄既被桎梏"条批:"其狎之未必以理,故非内交比也。"凌本误作"其狎之未必以故非纳交比"。

《方正》"周叔治作晋陵太守"条批:"一样兄弟,厚薄如此。少年陵忽,大有以此为方正。奇矫取名,最害心术,亦不得不辨。"凌本作:"少年陵忽,大有以此为方正。奇矫取名,最害心术。"

《方正》"太极殿始成"条批:"谓薄待人臣,固可。然殿版比之蹙刍掷去,似为不可。"凌本作"谓薄待大臣也。然殿版比之蹙刍掷走,似为不可。"

《雅量》"裴遐在周馥所"条批:"孙权问谭峻所暗书,正合平声。"凌本作"孙玄问谭峻听暗书,正合平声。"

《雅量》"祖士少好财"条批:"胜负本不待此,写得祖士少惭惶杀人。"凌本作:"胜负本不待此,写得祖仁少惭怍杀人。"

《雅量》"羊绥第二子"条批:"写得直似可憎,又自如见人情。有此传,有之秽,小说不厌。”凌本作:“写得直截可憎,又自如见人情。有此传闻之秽,小说不厌。”

《赏誉》“王戎目阮文业”条批:“清伦,亦不成语。”凌本夺“清”字。

《赏誉》“庾公为护军”条批:“此语甚不容易,不特包罩多,风刺多。”凌本作:“此语甚不容易,不特包罩,多风刺。”

《赏誉》“桓温行经王敦墓”条批:“古之奸雄,自相羡□,名德乃不足道。”凌本作:“奸雄自相羡,名德乃不之道。”

《规箴》“谢中郎在寿春败”条批:“不论有无,足备故实,甚可发明。”凌本作:“不论有无,故实甚可发明。”

《伤逝》“庾文康亡”条批:“皆无识,独遗此事资后人笔墨耳。”凌本作:“皆无据,独遗此,第资后人笔墨耳。”

《简傲》“陆士衡初入洛”条批:“北人陵傲有此。然二陆自佳,不见说刘真长者。”凌本作“北人陵傲有此。然二陆自佳,不闻说刘道真者。”

《轻诋》“孙长乐兄弟”条批:“是兴公果不为真长所比数也。”凌本作“是兴公果不为真长所许也。”

《轻诋》“简文与许玄度”条批“似谓玄度无与国事”,凌本“与”作“忠”。

《假谲》“桓宣武既废太宰父子”条批:“桓温终是可告语者,岂唯不忤而已。”凌本作:“桓终可告语者,岂惟不忤而已。”

《汰侈》“苏峻之乱”条批:“小说取笑,岂有熟薤更种耶?陶未易愚。”凌本作:“小说取笑,陶未易愚。”

《汰侈》“王君夫有牛”条批“以此为快,是略无惜骏意也,要亦君夫杀之。”凌本作:“以此为快,是略无惜吝意也,要亦君夫杀之。”

《尤悔》“王大将军起事”条批:“不任受德可也。何至出取金印语为怨,非不幸也。”凌本作:“不任受德可也。尔时当以取金印语为怨,非不幸也。”

《尤悔》“王大将军于众坐中”条批:“虽无有益,感发得人。”

凌本作:“虽无有益,可以得人。”

《纰漏》“虞啸父为孝武侍中”条批:“如此语谬,子孙之羞也。”凌本脱“语”字。

(3) 凌本因底本不同、删去刘应登注等原因而致误者:

《德行》“谢太傅绝重褚公”条,“谓外虽不言,而未尝中无分别,即‘阳秋’之意”,为刘应登所注,凌蓝色笔误为刘辰翁评。

《德行》“晋简文帝为抚军时”条,元本有刘应登注“谓恐因弹鼠而误发伤人也。”刘辰翁批:“解误,可笑。”凌本不录刘应登语,唯录刘辰翁评“解误可笑”,显得无的放矢。

《言语》“刘尹与桓宣武”条,元本批:“能言。”“王长史与刘真长别”条,元本批:“深于谈者有深有浅,其义常解不能尽。”凌本将两条批语位置对调。

《政事》“又云:尝发所在竹篙。有一官长连根取之,仍当足。乃超两阶用之。”刘应登注曰:“谓就连竹根用为篙,以代铁足。”刘辰翁批:“非此解,殆不喻。”凌本未录刘应登注,刘辰翁批语便无所指,而觉得费解。

通过细致比勘凌瀛初四色套印本和元代补刻本,可知凌氏辑录刘辰翁评语就是来自于元代补刻本,但或由于当时所见本有模糊,或由于辑录不慎,凌氏套印本录刘辰翁评语有失漏,有讹误。因此,今人若再汇集、研究刘辰翁评点《世说新语》,还是应该依据这部元代补刻本为妥。

(作者系复旦大学教授)

从明代的“格调”向“性灵”、“神韵”的转变与严羽诗学

[韩]朴英顺

一、引　言

明代诗坛作为主流的宋唐派，从高棅、李东阳，到李梦阳、何景明等，以及王世贞、胡应麟等，继续沿着这条路前进。七子派论诗主张的中心观点之一就是崇唐抑宋，这种倾向自严羽已提出，对明代诗坛影响深远。后来公安派抨击这种尊唐抑宋的复古倾向，他们并不直接与严羽展开思想交锋，而把矛头指向七子派。他们或注重于诗歌的格高调古，或强调兴象风神，或抨击格调说，在这些发展过程中明代诗学主要是围绕着严羽诗学展开的，是对严羽诗学的引申、发展和纠正。

明代诗学涉及到的一些主要的观点，几乎都与《沧浪诗话》有千丝万缕的关系。这就无怪乎明代的诗论家纷纷对严羽推崇备至，如李东阳说：“惟严沧浪所论超离尘俗，真若有所自得，反复譬说，未尝有失。”（《怀麓堂诗话》）王世贞说：“严沧浪论诗，至于如哪吒太子析骨还父，析肉还母。”（《艺苑卮言》）而顾起纶在《国雅品》中更为明确地独推“严仪卿一家，颇称指南”。这些可知明诗坛对《沧浪诗话》的推崇。

当然明诗学对严羽诗学的接受形态界限并不分明，有的从严羽

诗学中直接引申、发挥；有的从严羽的诗学中发现一些合理的因素，或者受到某种启发；有的则反拨他的诗学观点等。明诗学对《沧浪诗话》或褒或贬，意见分歧。不管赞赏，还是批评，都在一定程度上吸取严羽的诗学。

传统诗文创作在明代已处于衰落阶段，其诗文批评方面也形成复古的倾向，七子派在师古的旗帜下所产生的“格调说”，主要以汉魏盛唐时期诗歌的体制风格，为创作的鹄的。后来矫格调说之弊的王世贞提出“才思”、胡应麟提出“兴象风神”等，经过由格调向性灵、神韵的转化，隆庆、万历间反“格调说”而提出的“独抒性灵，不拘格套”的“公安派”，这是明代诗歌艺术批评的发展，也展露出古代诗歌艺术研究的演变。

因此，本文要梳理中国诗歌理论之一的明代的“格调”说的转变过程，而在这些过程中把握严羽诗论对后代诗坛的收容面貌。本文抓住了几个在明代的“格调”说的转变过程与严羽诗论最密切的论家和诗学观点而进行探讨。本文的构架如下：首先，考察从明代的“格调”向“神韵”的转变与严羽诗学：谢榛、胡应麟的诗学主张。其次，探讨从明代的“格调”向“性灵”的转变与严羽诗学：王世贞、屠隆的诗学观点和明末的“性灵”。

二、从明代的“格调”向“神韵”的转变与严羽诗学

（一）从“格调”走向“神韵”的端倪

明代诗学大致沿着复古、反复古；法、悟这样一个循环的过程。复古不等于守旧、倒退，也不只反复古才是创新，讲求法也重视悟，悟则在一定程度上也接受法。七子派是为了扫荡当时平庸萎弱的文风而兴起的，他们的“文必秦汉，诗必盛唐”的口号风靡当时。虽然摆脱了平庸萎弱之习，但他们的模拟因袭使他们后期内部出现分化，有一些有识之士论诗在一定程度上露出“性灵”说、“神韵”说的端倪。

格调派与神韵派之间并无不可逾越的鸿沟，严羽的理论中包含

着两个方面。从严羽来看,他在一方面强调“体制”、“格力”、“音节”等格调,另一方面又提出了“兴趣”这一概念,作为神韵理论中的一个著名范畴。这种“兴趣”,与“意象”、“韵味”、“风神”等,都是欣赏的一种审美的感受,与格调之说侧重在品评诗歌本体有所不同,但他们都离不开诗歌的作者出于真情实感,离不开诗歌的审美特征。

明代的复古派们也是从格调派走向了神韵派。李梦阳在提倡格调之说时就说:“古诗妙在形容之耳,所谓水月镜花,所谓人外之人,言外之言。宋以后则直陈之矣。于是求工于字句,所谓心劳日拙者也。形容之妙,心了了而口不能解,卓如,跃如,有而无,无而有。”①李梦阳的这段话是对严羽诗论的发挥,表明诗歌意象要余味无穷的,使人领略到“言外之意”、“味外之旨”,才总算是富于艺术性的作品。

王廷相亦在《郭价夫学士论诗书》云:“夫诗贵意象透莹,不喜事实粘着,古谓水中之月,镜中之影,可以目睹,难以实求也。……嗟乎!言征实则寡余味也,情直致而难动物也,故示之以意象,使人思而咀之,感而契之,邈哉深矣,此诗之大致也。”②王廷相不满作诗“事实粘着”、“言征实”、“情直致”,因为如果这样诗歌“寡余味”而“难动物”,情不直致而化为意象,可以目睹又不可凑泊,才有“水中之月,镜中之影”的韵味。他认为诗之妙处是创作主体的情感与外在的物象融合在一起,像“意象透莹”,就使人感到含蓄蕴藉、韵味无穷的美感。他从创作者和读者的两个方面来谈诗歌意象问题,这明显受到严羽的影响。

这些论调都与“兴趣”说一脉相承。严羽重视“妙悟”、“兴趣”,他在《诗辨》种提出“诗者,吟咏情性”之后,紧接着就说:“盛唐诸人惟在兴趣,羚羊挂角,无迹可求。故其妙处透彻玲珑,不可凑泊,如

① 李梦阳《空同集》(六十六),《论学下篇》(六),第 605 页,上海古籍出版社 1991 年版。

② 王廷相《王氏家藏集》(二十八),见吴文治《明诗话全编》(二),第 2047—2048 页,江苏古籍出版社 1997 年版。

空中之音,相中之色,水中之月,镜中之象,言有尽而意无穷。"严羽此段话已经揭示了诗歌意象的特征,这种"兴趣"、"意象"、"韵味"等都是较为典型的神韵说。

七子派模拟因袭使他们后期内部出现分化,有一些论诗者在一定程度上露出"性灵"说、"神韵"说的端倪。这种从格调转向神韵说的倾向,至后七子,谢榛、王世贞,还有胡应麟等人颇为浓厚,他们或多或少地吸收了严羽的诗学思想。

(二)谢榛

谢榛的理论较多接受严羽的诗论观点,《四溟诗话》屡屡言及。他持着尚唐抑宋的态度,尤重音声格律等格调,这是明代格调说的普遍现象,但值得注意的是他论诗说:"妙在含糊,方见作手"、"万物一我也,千古一心也",这些就是他在格调的基础上露出神韵说的端倪。

(1)崇唐抑宋的态度

他论诗提倡以盛唐为师,贬抑宋诗,尤其推崇盛唐,他对盛唐的艺术特点的理解与严羽相近,他说:

> 七言绝句,盛唐诸公用韵最严,大历以下,稍有旁出者。作者当以盛唐为法。盛唐人突出而起,以韵为主,意到辞工,不假雕饰;或命意得句,以韵发端,浑成无迹,此所以为盛唐也。宋人专重转合,刻意精炼,或难于起句,借用傍韵,牵强成章,此所以为宋也。①
>
> 诗有辞前意,辞后意,唐人兼之,婉而有味,浑而无迹。宋人必先命意,涉于理路,殊无思致。②

① 《四溟诗话》(一),见丁福保《历代诗话续编》第1143页,中华书局1983年版。下文所引《四溟诗话》出此书者,皆只注页码。

② 第1149页。

他认为盛唐之所以为盛唐，就是“以韵为主”、“浑成无迹”，而宋诗则“刻意精炼”、“牵强成章”，这可知他欣赏盛唐诗的浑而无迹的韵味，反对宋人“涉于理路，殊无思致”。

他为宗主盛唐，引严羽所说的“学其上，仅得其中；学其中，斯为下矣”①来强调入门须正。又说：“学宋者，则堕下乘而变之难矣。”②“诗不可太切，太切则流于宋矣。”③这像严羽不满宋人“以文字为诗，以才学为诗，以议论为诗”、“涉理路”。

从而，他论“兴”，是从批评宋诗的“先立意”入手的，他的所谓“兴”就是“走笔成诗”（卷三），与外物相遇，不期然而引起诗的情怀。在他看来，“宋人必先命意，涉于理路，殊无思致”，也就是宋人偏重理性，作诗先入为主的意念来表达某种议论的微词。

谢榛好唐诗，尤重音声格律之学，如“凡作近体，诵要好，听要好”④，古体也重“务去声律，以为高古”⑤。他也主张以初盛唐为师，持着崇唐抑宋的态度。他的格调说主要以声调、押韵、对偶等诗法为主⑥，他的这种观点与李东阳、李梦阳大致相同。可知谢榛还是从格调说出发来评论和崇尚唐诗。

（2）学古重“悟”

谢榛对法与悟的态度，倾向于何景明“领会神情”，他说：“作诗有专用学问而堆垛者，或不用学问而匀净者，二者悟不悟之间耳。

---

① 第1148页。

② 第1210页。

③ 第1172页。

④ 第1138页。

⑤ 第1137页。

⑥ “凡字异而意同者……审而用之，勿专于义意而忽于声律也”、“平仄以成句，抑扬以合调”、“平仄四声而又清浊抑扬”[均在《四溟诗话》(三)]；“押字不苟处，能造奇语于众妙之中”、“择韵审义”[均在《四溟诗话》(三)]；“排律结句，不宜对偶”[《四溟诗话》(二)]，他要求对偶应要“精确”、“自然”[《四溟诗话》(二)]，合乎“格律”[《四溟诗话》(三)]，反对“简板”、“粗直”[《四溟诗话》(二、三、四)]等。

惟神会以定取舍,自趋乎大道,不涉于歧路矣。”①谢榛对于作诗也只以神会来定取舍,强调“妙悟”。基于此,提出“走笔成诗”、“琢句入神”,重视自然为上,妙则天然同时不反对琢句入神,勤以尽力,强调二者具备②。

他论学古颇重“悟”,他接受严羽的“妙悟”,宋代江西诗派重法,苏、黄以来以禅喻诗大都重灵会的“悟”,不论江西诗派还是严羽,所谓的“悟”大致指的是对诗法的心领神会。严羽所说的“妙悟”是通过熟读、熟参达到自然悟入的境地,从“连篇累牍”达到“及其透彻,信手拈来”(《诗法》),就是对古人诗法的领会。谢榛谈“悟”大致也是如此,提出“熟读之以夺神气”(卷三)。又说:

> 诗无神气,犹绘日月而无光彩。学李、杜者,勿执于字句之间,当率意熟读,久而得之。此提魂摄魄之法。③
>
> 学诗者当如临字之法……久而入悟,不假临矣。④

谢榛好谈“法”,不过他论“法”较为灵活的,不是“执于字句之间”。他的“神气”是通过熟读,久而入悟,才得到的。师法古人而求神似,得其精髓。

严羽也认为法前人的诗法,应通过熟读、熟参,“酝酿胸中,久之自然悟入”,这才不失正路。谢榛提出作诗有“四贵”:“体贵正大,志贵高远,气贵雄浑,言贵隽永。四者之本,非养无以发其真,非悟无以入其妙。”⑤又有“四格”说:“曰兴,曰趣,曰意,曰理。……悟者得之,庸心以求,或失之矣。”⑥这些“四贵”、“四格”就是盛唐诗的特

---

① 第1201页。

② “妙则天然,工则浑然,二体之法,至矣尽矣”、“走笔成诗,兴也;琢句入神,力也”、“悟不可恃,勤不可间。悟以见心,勤以尽力。此学诗之梯航,当循其所由而极其所至也”[均在《四溟诗话》(三)]。

③④ 第1164页。

⑤ 第1141页。

⑥ 第1163页。

点，谢榛认为只有通过“养”和“悟”之法才能体认其妙。他的“四贵”、“四格”在一定程度上承严羽的“诗之法有五：曰体制，曰格力，曰气象，曰兴趣，曰音节”(《诗辨》)。

(3) 走向“神韵”

谢榛的这种对诗法的“悟”的强调逐渐走向“神韵”说。谢榛在情景关系上，他说：

> 作诗本乎情景，孤不自成，两不相背。……夫情景有异同，模写有难易，诗有二要，莫切于斯者。观则同于外，感则异于内，当自用其力，使内外如一，出入此心而无间也。景乃诗之媒，情乃诗之胚，合而为诗，以数言而统万形，元气浑成，其浩无涯矣。①

> 诗乃模写情景之真，情融乎内而深且长，景耀乎外而远且大。②

他认为情是诗的本体，景则是情与诗之间的媒体，情是“内而深且长”景是“外而远且大”，强调作诗要情景交融。同时他认为同样的景物，因诗人感受不同，有不同的表现。作诗应从自己的真情实感出发，“使内外如一”，在表现情与景时，不能写得太实、太逼真，要重视含蓄。他说：

> 凡作诗不宜逼真，如朝行远望。……妙在含蓄，方见作手。
> 诗不可太切，太切则流于宋矣。
> 诗有可解、不可解、不必解，若水月镜花，勿泥其迹可也。③

他认为作诗不必太切实、太逼真，不必拘于形似，重要的是感情的真

---

① 第1180页。

② 第1221页。

③ 第184、1172、1137页。

挚。诗之妙处，正在不必说到尽，不必写到实，而其欲说者宛然可想即可。他说作诗要情景交融，其交融之状“妙在含蓄”，如“水月镜花”，无迹可求。“诗有可解、不可解、不必解”之语，描绘了诗歌意象的朦胧性特征，作诗要写得含蓄蕴藉。谢榛的这种“含蓄”、“水月镜花”的诗论渊源于言语，后来王世贞、胡应麟继承之而又加以发挥。

(三) 胡应麟

明代中叶后，李梦阳、王世贞、谢榛等在复古的旗帜下求变，在不同程度上突破了复古的框架，至胡应麟更进一步救补和发展了格调说，逐渐走向了神韵说。胡应麟颇赞赏严羽“知诗”的“识”，如说“宋末严卿识最高卓”，又说：“宋以来，评诗不下数十家，皆喍艺语耳。划除荆棘，独探上乘者一人，严义卿氏。”(《外编》卷四)①又说“严羽卿崛起烬余，涤除榛棘，如西来一苇，大畅玄风”(《杂篇》卷五)②。从这可知胡应麟对严羽的高度评价，胡应麟《诗薮》不少地方提到了严羽的诗论，吸取或修正了严羽的观点。

胡应麟论诗的基点在于“体以代变，格以代降”和“体格声调，兴象风神”。这与严羽诗论颇有密切的关系，都是与“第一义”、“不假语”、“兴趣”、“法与悟”之说有关。这既是对严羽诗学的丰富和引申，又是对七子派诗论的弥补和超越。

(1) 悟入的“第一义”

胡应麟将汉诗作为“第一义”，认为要学“第一义”，应通过熟读，辨识它的优劣，这样下去总要达到“悟入”的境界。胡应麟说：

> 若灿读上古谣及《三百篇》两汉著作，溯其源流，得其意调，一旦悟入，真有手舞足蹈，乐不自支者。(《内编》卷一)
>
> 古大家有齐名合德者，必欲究竟。当熟读二家全集，洞悉根源，彻见底里，然后虚心易气，各举所长，乃可定其优劣。

---

① 胡应麟《诗薮》第190页，上海古籍出版社1958年版。
② 同上，第321页。

(《外编》卷四)①

他所谓“熟读”从“溯其源流”,“源委分明”经过“径路韵熟”,“彻见底里”的过程,最终达到“真积力久,出语自超”② 与“悟入”。他认为通过熟读前人的作品,要体会到的是“第一义”。熟读工作是一种辨体工作,“洞悉根源,彻见底里”而后“定其优劣”,胡应麟要辨认而体会到的是“第一义”的意调,辨认“第一义”的“体裁”、“意调”。

这就是他认为“本色”、“当行”。他说:“文章自有体裁,凡为某体,务须寻其本色,庶几当行。”“为其题者,不用其格,便非本色。”他所谓“本色”是通过“熟读”的“源委分明”→“彻见底里”→“真积力久”→“悟入”的过程中,按“第一义”面貌来作诗,总是“本色”、“当行”。这可以说胡应麟辨体后体会到的是“第一义”。

这种过程与严羽的“熟读”之法,取古人之作,“酝酿胸中,久之自然悟入”相当一致。在严羽看来,诗道的“妙悟”,通过熟读、熟参前人之作后,把握诗歌创作的规律,就是“不落言荃”、“不涉理路”的诗歌审美本质特征,他认为这就是诗歌的“本色”。

胡应麟从诗歌审美特征来评价作家风格时,曾经说过:“昌黎有大家之具,而神韵全乖,故纷拿叫噪之途开,蕴藉陶镕之义缺。”(《内编》卷四)③严羽《诗辩》也说过韩愈在孟浩然之下。他们之所以都对被宋人尊宗的韩愈表示不满,主要是在于批评由韩愈倡导的宋风。胡应麟对宋诗加以批评,说:

宋人以道理言诗,故往往谬戾如此。(《内编》卷三)

晦涩枯槁,刻意为奇而不能奇,真小乖禅耳。(《内编》卷三)

禅家戒事理而障,余戏谓宋人诗,病正坐此。苏、黄好用事,而为事使,事障也;程、邵好谈理,而为理缚,理障也。(《内

①② 胡应麟《诗薮》,第14页。

③ 同上,第71页。

编》卷二)①

他扼要地抓住宋诗的以文、理为诗的倾向。这些与严羽斥宋以文字、才学、议论为诗的看法是一致的。这可以说胡应麟从诗歌审美基本特征来看的"本色",与严羽是一致的。

其实,学"第一义"、"熟读"之法,本身就好似从古人之作出发,通过熟读后,不管领会的多少,严格来讲,不可能超越古人之藩篱。当然"熟读"后领会"悟入"并不等于拟古,但从他们理论上、具体工作上的出发点来看,不免带着复古的色彩。其实,明人对"第一义"、"熟读"之法,基本上都同样不免带着复古的色彩。从此可知胡应麟实际上没有超越格调说,在这一点上,他与严羽是同样的。

但胡应麟已知这就是格调说的不足点,他一直反对李、何以后的拟古倾向,拟古作品再好也离不开古人的藩篱。他为了摆脱古人的影子,成为法古而知变,自创一家,强调"兼工"、"集大成",不要只学一家之法,应兼众长之法。这可以说就是他的"第一义"。

胡应麟基于此,评明诗,主张"明不致工于作,而致工于述",这可知明诗滞于绍述古人,不足创新。其实,明人为了摆脱古人的格调,在不同程度上提出过自己的看法,如徐景明"舍筏登岸";谢榛"熟读之以夺神气"。王世贞不满"拟议"而提出"才、思"等。胡应麟重"述"的"兼工",也是为了这一点。总之,胡应麟的"格以代降"说在一定程度上吸取或借鉴了严羽的观点。

(2)"兴象风神"与"兴趣"

> 作诗大要不过二端,体格声调,兴象风神而已。体格声调有则可循,兴象风神无方可执。故作者但求体正格高,声雄调畅;积习之久,矜持尽化,形迹俱融,自尔超迈。譬则镜花水月,体格声调,水与镜也;兴象风神,月与花也。必水澄镜朗,然后花月宛

① 胡应麟《诗薮》第42、56、39页。

然。讵容昏鉴浊流,求睹二者？故法所当先,而悟不容强也。①

七子派所谓格调,大致以体格声调为主。为纠正这一点而有李梦阳的“情”,徐祯卿的“因情立格”,王世贞“才、思”和“神与境合”等。后来比他们稍晚的胡应麟则又强调“兴象风神”。“兴象风神”与严羽的“兴趣”、“透彻之物”有密切关系。

其实“体格声调,兴象风神”就是“法与悟”的关系。明中叶以后,七子派论诗特征主要表现为格调与意象、拟古与创新、法与悟的结合。如王世懋的“意象”与“声响”②,李维祯的“音节”与“意象风神”③。基于此,胡应麟认为“体格声调”属实,指“法”,如水如镜;“兴象风神”属虚,指“悟”,如月如花。“体格声调”可取法古人,属拟议,要求“体正格高,声雄调畅”;“兴象风神”,在领会自得,属变化,要求从“积习之久,矜持尽化”,达到“形迹俱融,自尔超迈”。

“兴象”一语,初见于殷璠《河岳英灵集》。触物生情的“情”与其对象“象”在诗中的融会合一。胡应麟的“兴象”有时与“意象”通用,他说:

古诗之妙,专求意向。(《内编》卷一)

东、西京兴象浑沦,本无佳句可摘,然天工神力,时有触至。(《内编》卷二)

至《十九首》及诸杂诗,随语成韵,随韵成趣,辞藻气骨,略无可寻,而兴象玲珑,意致深婉,真可以泣鬼神、动天地。(《内编》卷二)

---

① 胡应麟《诗薮》,第100页。

② “予谓学于鳞不如学老杜,学老杜尚不如学盛唐,何者？老杜结构自为一家言,盛唐散漫无宗,人各自以意象,声响得之。”[《艺圃撷余》,见何文焕《历代诗话》(下)第778页,中华书局1983年版。]

③ “诗有音节,仰扬开阖,文质浅深,可谓无法乎？意象风神,立于前,而浮于言外,是宁尽法乎？”[《来使君诗序》,《大泌山房集》(十九)]

乐府犹有句格可寻，古诗全无兴象可执。(《内编》卷二)①

胡应麟的“兴象”，多指古诗，指“直写胸臆，斫削无施”，不讲求锻炼字句，备出天造，达到“愈补愈巧，愈浅愈深”的境界，成为“意致深婉”、“淳真自然”的风格。从此可知胡应麟“兴象”是情与象融合，得之自然，无方可寻。这一点与严羽论汉魏古诗“浑然天成，绝无痕迹”、“肺腑间流出”、“气象混沌，难以句摘”等是一样的。

胡应麟又多用“风神”来评价盛唐诗。他说：

初唐七言古以才藻胜，盛唐以风神胜。(《内编》卷三)

学五言律……先取沈、宋、陈、杜、苏、李诸集，朝夕临摹，则风骨高华，句法宏赡，音节雄亮，比偶精严。及盛唐王、岑、孟、李、永之以风神，畅之以才气，和之义真澹，而益以风神者也。(《内编》卷四)

盛唐继起，孟浩然、王维、储光羲、常建、韦应物，本曲江之清澹，而益以风神者也。(《内编》卷二)

五言绝……盛唐名家李、崔、孟著作，陶以风神，发以与象。(《内编》卷六)②

“风神”主要体现在盛唐诗绝句中，在孟浩然、王维、李白的诗作中。作诗本身离不开形式上的法，胡应麟所谓“风神”是区别于句法、音节、比偶等，可以超越于诗歌辞语之上的整体美感，也就是诗歌含蓄蕴藉的“韵外之致”、“味外之旨”。胡应麟将“风神”扩而言之，往往使用“神韵”、“兴象”、“神境”来丰富“风神”的内涵。他说：

唐盛气象浑成，神韵轩举。(《内编》卷五)

太白五七言绝，字字神境，篇篇神物。……摩诘五言绝，穷

---

① 胡应麟《诗薮》第1、26、25、26页。

② 同上，第55、58、35、114页。

幽极玄:少白七言绝,超凡入无,俱神品也。(《内编》卷六)

若神韵干云,绝无烟火,深衷隐厚,妙协箫韶,李颀、王昌龄,故是千秋绝调。(同上)

昌黎有大家之具,而神韵全乖,故纷拿叫噪之途开,蕴藉陶镕之义缺。(《内编》卷四)

盛唐绝句,兴象玲珑,句意深婉,无工可见,无迹可寻。中唐遽减风神,晚唐大露筋骨。(《内编》卷六)①

"神韵"、"神境"、"兴象"都是风神的一种体现,他认为李太白、王摩诘、王昌龄等的绝句最具有"风神"。其中,胡应麟最为推崇而谈论得最多的是"神韵",他认为"神韵"是诗之精华所在。胡应麟"兴象风神"实与严羽的"兴趣"说接近,借胡应麟的语言,"兴趣"就是"体格声调"、"兴象风神"的和谐统一,"譬则镜花水月,体格声调,水与镜也;兴象风神,月与花也"。这比严羽阐述地更具体分明,且更明显地带着格调与神韵融合的倾向,清代王士禛为代表的诗派以"神韵"名之,亦直接取之于胡应麟,同时也看出严羽的诗论被后代诗坛所接受。

"体格声调,有则可循,兴象风神,无方可执"就是作诗上"法"与"悟"。前者是作诗之法,后者是求之于悟。胡应麟又引严羽为同调。他曾经谈过二者的关系,说:

汉、唐以后谈持者,吾于宋严羽卿得一悟字,于明李献吉得一法字,皆千古词场大关键。第二者不可偏废,法而不悟,如小僧缚律;悟不由法,外道野狐耳。(《内编》卷五)②

他认为严羽的"悟"与李梦阳的"法",皆"千古词场大关键",这正清楚地交代了明代复古派欣赏诗歌有风神韵味的理论源头。他

① 胡应麟《诗薮》第92、108—109、110、71、114页。

② 同上,第100页。

强调法与悟并重，法而不悟、悟而不由法都不好。严格来讲，学诗离不开“法”，也没有完全离开“法”的“悟”。假如它倾向于“法”，这并不意味它没有“悟”，也不能说它只是“法”；同样的道理，它倾向于“悟”，这并不意味它完全摆脱“法”，也不能说它只是“悟”。

从他的理论主张来说，他确实从格调来入手，找出格调的神韵，从法入手，体会到法的悟。但是他认为学诗的次序从“法”入手，“法所当先”，但要归于“积习之久，矜持尽化，形迹俱融，自尔超迈”，他强调两个都有重要性，说：“严氏以禅喻诗，旨哉！禅则一悟之后，万法皆空，棒喝怒呵，无非至理。诗则一悟之后，万象冥会，呻吟咳唾，动触天真。然禅必深造而后能悟，诗虽悟后，仍须深造。”（《内编》卷二）①因此，理论上、创作上都很难说胡应麟到底更重要。只是从贡献上说比以前七子派更强调“悟”，而且更明确地论说了法与悟、格调与神韵的关系。

三、从明代的“格调”向“性灵”的转变与严羽诗学

李、何之争以后，复古运动的弊端已暴露，到后七子的领袖李攀龙，拟古倾向更明显。此时，王世贞的格调说开始稍微变化，如在“才”与“格”、“古”与“今”、“正”与“变”等互相关系上，兼容众说、融合会通。另外，王世贞所处的时代与李、何不同。即嘉靖以后因市民经济的繁荣而兴起，以自我为中心的新的文学潮流，再加上阳明心学的影响等等，各诗文流派纷纷兴起，民歌、戏曲等通俗文学的登场，还有他的晚年的诗学思想又与公安派接轨，虽然他的诗论基本上没超越格调说的藩篱，但也有“真我”、“真诗”等概念在这种情况下提出的，可以说带着性灵说的成分。后来，隆庆、万历间反“格调说”而提出的“独抒性灵，不拘格套”的“公安派”，抨击这种崇唐抑宋的复古倾向。

---

① 胡应麟《诗薮》第25页。

(一) 王世贞、屠隆

(1) 王世贞

① 心领神会的无迹之法

王世贞原是后七子的中间人物,他对复古运动并不完全否定,但他的论诗路线在对李、何的批评上展开,他说:“然而正变云扰,剽拟雷同,信阳之舍筏,不免良箴;北地之效颦,宁无私?”①又批评李梦阳而说:“剽窃模拟,诗之大病。”他对何景明“登岸舍筏”说是肯定的,对李攀龙拘守拟议提出异议,他认为由拟议求新、求变化,仍然是拟议,对此表示微憾(《与屠长卿书》)。

他对法的理解在何景明的一方,他认为篇法、句法、字法的关键在“信手拈来,无非妙境”,对法的态度是“合而难,离而合,有悟存焉”②,“此是法极无迹,人能之至,境与天会,未易求也。皆兴与境诣,神合气完使之然”。这诣的是不拘泥古人的成法,而强调心领神会的无迹之法,与严羽的体悟方法比较相近。王世贞说:

> 漕溪汗下后,信手拈来,无非妙境。③
>
> 熟读涵永之,令其渐渍汪洋。遇有操觚,一师心匠,气从意畅,神与境合。……世亦有知是古非今者,然使招之而后来,麾之而后却,已落第二义矣。④

王世贞认为学古的法则,就像禅宗的妙境,只有通过熟读涵泳,专领凝习才能领悟。超越古法而把握古人的“第一义”之法,才是真正的学会古法,学古法的最高标准是妙合自然。严羽从学习的对象、学会古人诗法之妙来辨明第一义,王世贞也将第一义之说应用

① 王世贞《艺苑卮言》(五),见丁福保《历代诗话续编》第1024页,中华书局1983年版。

②④ 同上,第964页。

③ 同上,第963页。

到学习方法上。他们都认为学古不能专心致志模守古人的格调，而当先取古人的佳作“第一义”之作熟读涵泳，这就自然而然地合于古人之法。这样一种学古的第一义的方法，颇近于严羽的“熟读”、“熟参”、“妙语”之说。

在这个基础上，他不满“拟议”。他说：“今天下人握夜光，途遵上乘，然不免邯郸之步，无复合浦之还，则深造之力微，自得之趣寡。”①

② “才、思”与重情

“拟议”是对古人字句、格式的模拟，“变化”则是对格调意趣的自得。“拟议”束缚自己的才思情感，“变化”则要求发挥才思情感。王世贞为弥补七子派基本倾向的“拟议”，提出他的格调说“才、思、调、格”。他说：

> 才生思，思生调，调生格，思即才之用，调即思之境，格即调之界。②（《艺苑卮言》）
>
> 夫格者，才之卸也；调者，气之规也。子之向者，遇境而必触，蓄意而必达。夫是以格不能卸才，而气恒溢于调之外。……今子能抑才以就格，完气以成调，几乎纯矣。③（《沈嘉则诗选序》）

他认为才、思更重要，调、格是才、思的生成物，作诗是个人的才思情感的体现，调、格对才、思引起规范的作用。“遇境而必触，蓄意而必达”是才思生格调，重视己意，不拘守古人的格调。从“格者才之卸也，调者气之规”、“抑才以就格，完气以成调”来看，他都重视个人的才思与古人的格调。所谓“格调”，七子派大致将它认作为格律声调，谈格调就从音声出发，最后落实在字法、句法等具体诗律上，而

---

① 《艺苑卮言》(五)第1024页。

② 同上，第964页。

③ 王世贞《并州山人续稿》(四十)，见吴文治《名诗话全变》(四)，第4449页，江苏古籍出版社1997年版。

王世贞则将它看作是与才思情志密切相关。可知他的论诗主张,弥补格调说而发的,他也并不完全离开古人的藩篱,但在某种程度上有从格调走向性灵的趣向。

平庸萎弱的台阁体,以诗论道的道学体,模拟因袭的复古派,这三者大致的共同点是虚假造作,缺乏真情。七子派虽然摆脱了明初平庸萎弱之习,但又走上了模拟因袭之途,王世贞为补弊纠偏,他强调诗歌创作必须抒真情,写心声,遵循诗歌艺术的基本审美规律。还有明代中叶后,王学迅速发展而占据主流地位的哲学思想,强调个人的情感,王世贞在一定程度上与王学有渊源关系。王世贞的真情说在这种背景下产生的。他认为虽然诗道弘治、正德、隆庆、万历盛行,但它们只重气格声响,而不本于情实(《陈子吉诗选序》)①,就"格尊而忘情实则不称"(《汤迪功诗草序》)②。

稍后,屠隆与李维祯对情的观点基本上一致,都是反对从古人的格调来体认情,强调咏写自己的性情。其实,明代前后七子也重诗歌的情感问题,但他们主要着眼于声调、音律等格调来探讨情的问题,至徐祯卿"因情立格"正面阐述情与格的关系,但他们是在各自不同的环境下提出的,王世贞着意于七子派的流弊而发的,比徐祯卿针对性还强。

重情是严羽的论诗特点。严羽与王世贞所面对的文学现象,所处的时代背景都不同,但他们对诗歌本质特征的把握是一致的,都是针对当时诗坛存在的实际倾向而提出的。严羽当时,抨击宋代的诗坛忽略诗歌的情感而提出"诗者,吟咏情性"的命题,强调诗歌本身审美规律。在这些方面,王世贞与严羽极为近似。王世贞在《邹黄州鷦鷯集序》说:"夫古之善治诗者,莫若钟嵘、严仪,谓某诗某格、某代、某人,诗出某人法。今乃悟其不尽然。"③他自称早年颇欣赏钟嵘、严羽的"某诗某格某代,某人诗出某人法",然而"悟其不尽

① "夫诗道辟于弘、正而至隆、万之际,盛且极矣。然其高者,以气格声响相高而不根于情实。"《弇州山人续稿》(四十二),第4456页。

② 《弇州山人续稿》(四十七),第4475页。

③ 同上,第4479页。

然",他还说"有真我而后有真诗",这已近于公安派的口吻,他的诗学精神有些更新。其实,格调派也论诗重情感,使其突破格套放任情感就是公安派的情感,王世贞对情感的理解,可以说是格调派与公安派的分水岭,这也可以说严羽与王世贞对情的理解带着性灵的色彩。

(2) 屠隆

屠隆也重情。他反对从古人的格调来体认情,强调咏写自己的性情。屠隆说:

> 夫诗,由性情生者也。(《唐诗品汇选释断序》)①
>
> 诗者,非他人声韵而成,诗以吟咏写性情者也。(《与友人论诗文》)
>
> 唐人长于兴趣,兴趣所到,固非拘挛一途。(《与友人论诗文》)②

七子派也重视性情、声韵,但他们从古人的格调中体认,这是古人的而不是自己的,屠龙则吟咏自己的东西,强调作诗个人的情感。他认为只写出自己的自然的性情才得到诗人的兴趣,没有自己的性情,虽似古人,就不是自己的。他所谓的"兴趣"是自然性情的流露,不是从古人的格调里找出来的,这可知他对情的理解已进入了公安派的路线。

其实他也没有完全否定学古人,他认为应"神契古人"(《论诗文》)③,强调的是"神合",这是何景明、王世贞"领会神情"、"真情有真诗"的发挥。他认为要与古人神情契合,必得熟读古人作品,他以禅宗修悟过程来阐述领会神情之理。

---

① 屠隆《由拳集》(九),见《明诗话全编》(五)第 4940 页。

② 同上,第 4944、4946 页。

③ 同上,第 4955 页。

然诗道大都与禅家之言通矣。夫禅者，明寂照之理，修止观之义，言必寂而后照、必止而后观。……无解而无所不解，而卒归之乎无解，而又不以无解明。……及其忽而解悟，万境俱冥，则诗道成矣。① (《贝叶斋稿序》)

他的与古人神情契合的论点正与严羽的"禅道惟在妙悟，诗道亦在妙悟"，"熟读"后达到"自然悟人"吻合，这是严羽的与古人神情契合，但严羽要通过古人的法后体会的神情契合。他还讲学诗有三节，其中第三节段是"及其透彻，即七纵八横，信手拈来，头头是道矣"，屠隆讲诗道过程时，以禅悟来作比喻，严羽也提出禅道如诗道，涉及到学诗过程，这与屠隆所说的相似。

其实，七子派中有的没有直接谈严羽的，有的直接提起的，无论表现如何，他们的诗学观点都在某种程度上或隐隐约约、或明明白白地吸取严羽的诗学观点。严羽的《沧浪诗话》与宋代诗话比较起来，确实是有诗学成就的著作，严羽也诗学思想已孕育着格调、性灵、神韵等的苗子，它关系到后世的文艺思潮和风尚，到明代将它更体系、完整地展开，这样使中国古代有代表性的三个诗论一起发展、演变下去。

(二) 明末的"性灵"

严羽的《沧浪诗话》有推重汉魏盛唐、号召学古的一面，但同时也有主张"吟咏性情"、"诗有别材"，重视"兴趣"的一面，这本来是一个整体的两方面。就是在明代复古派的诗论中，也是有强调"诗本于情"的一面。但是，由于他们过分而片面地重视严羽"取法乎上"和"第一义"的说法，大张旗鼓地宣扬"学不的古，苦心无益"的格调，由"诗必盛唐"之说，再上溯汉魏，以探本源，致使在诗坛上刮起了一股强劲的复古、拟古之风，从而冲淡而掩盖了他们主情的另一面。

而与此同时，王阳明倡导的心学很快在社会上流行，它同禅学

---

① 《鸿苞节录》，《白榆集》(一)，《明诗话全编》(五)第4934页。

一起，有力地促进了尊重自我，张扬个性的性灵派的崛起。以王氏心学为理论根基的性灵派崇尚性灵、个性、真我，反对剽窃、模拟，猛烈地抨击了明诗坛复古、拟古的论调，但是性灵派的诗学理论也多得益于严羽《沧浪诗话》之处。

(1) 关于复古

公安派攻讦的矛头是针对七子派复古倾向，其特征注重变化而摆脱模拟，提倡“独抒性灵，不拘格套”(《叙小修诗》)①。性灵派的领袖袁宏道说：

> 夫古有古之时，今有今之时，袭古人语言之迹而昌以为古，是处严冬而袭夏之葛者也。(《雪涛阁集序》)②
>
> 代有升降，而法不相沿，各极其变，各穷其趣。(《叙小修诗》)③

他按文学发展的规律来说，时代不同，文学的风尚也异，认为人事物态，有时而更，古之不能为今，这就是“势”。基于此，他说：“世道即变，文亦因之”(《与江进之》)④，今之不必摹古亦是“势”。他认为文学的发展是时代的变迁使之然，一代有一代的诗风和特点。他以文随时变的观点抨击七子派的“文必秦汉，诗必盛唐”。他说：“秦汉而学六经，岂复有秦汉之文？盛唐而学汉魏，岂复有盛唐之诗？”(《叙小修诗》)⑤这是他对“时运交替，质文代变”(《文心雕龙·时序》)作了进一步的发挥，以反对对秦汉以后无文，盛唐以后无诗的看法。他为了反对七子派对汉魏、盛唐格调的过度推崇，甚至说出“唐无诗”⑥的偏激之论，这是矫枉过正，是为了力矫时弊。其实，他

---

① 陶秋英《明代文论选》第315页，人民文学出版社1999年版。

② 同上，第311页。

③ 同上，第316页。

④⑤ 同上，第325页。

⑥ “世人喜唐，仆则曰唐无诗；世人喜秦、汉，仆则曰秦、汉无文；世人卑宋黜元，仆则曰诗文在宋、元诸大家。”(《与张幼于》)同上，第326页。

认为“唐诗处，正在无法耳”①，他并不完全贬抑唐诗，只反对专学古人之法而束缚自己创作精神的这种学古之法。袁宏道等性灵派对与严羽及明代格调派的复古、拟古理论的批判是十分猛烈和尖锐的。这可以说是严羽诗论的反面影响。

（2）重视“性灵”

我们通常简明地概称“公安派”为“性灵派”。“性灵”二字早已见于南朝刘勰、钟嵘、颜之推等人的文论著作中。其中，钟嵘于诗论中赋予“性灵”以“性情”或“情”的新义。钟嵘主张“陶性灵”、“吟咏性情”，即抒发人内心的思想感情或个人的审美情趣②。后来，南宋杨万里提倡“专写性灵”，其“性灵”即是诗人的感情、个性。稍后，严羽重“情性”，明确标举“诗者，吟咏情性也”、“诗有别材，非关书也；诗有别趣，非关理也”，这些都被性灵说吸取。

至明代前期，宋濂等的“性情”主要是儒家传统规范的性情，后来，李梦阳、徐祯卿等都重视“情”，但他们把情安顿在古人的格调之中，认为古人的体格声调是抒情之具。在“公安派”之前后，王世懋、李维祯、屠隆、焦竑等都较多用“性灵”。焦竑说：“诗非他，人之性灵之所寄也。苟其感不至，则情不深；情不深，则无以惊心而动魄，垂世而行远。”（《雅娱格集序》）③屠隆说：“夫文者华也，有根焉，则性灵是也。”（《鸿苞·文章》）④李维祯也说：“触情而出，即事而作。”“本于性灵，归于自然。”（《王吏部诗选序》）⑤他们所说的性灵大致即是情，而且渐渐离开传统儒家规范的性情，以及明初、中期古人格调中“情”的范围。

---

① “唐诗处，正在无法耳。如六朝、汉、魏者，唐人即以为不必法，沈、宋、李、杜者，唐之人虽慕之亦决不肯法，此李唐所以度越千古也。”（《笑张东阿》），陶秋英《明代文论选》第 329 页。

② 参看王英志《性灵派研究》第 10—12 页，辽宁大学出版社 1998 年版。

③ 陶秋英《明代文论选》第 246 页，人民文学出版社 1999 年版。

④ 转引自袁振宇、刘明今《明代文学批评史》第 246 页，上海古籍出版社 1999 年版。

⑤ 同上，第 317 页。

袁宏道“性灵”说与在隆庆、万历之际，随着市民经济的繁荣，市民意识的提高，渐渐对传统的意识淡薄起来，还有心学以至禅学的影响，有力地促进了尊重自我，张扬个性的性灵派的崛起。从而，为了批判七子派的复古、拟古等，它们强调“出自性灵者为真诗尔”。

因此，严羽与公安派都把“吟咏情性”作为诗歌本质特征，而且重视诗人的“真”情，严羽的“情”主要“非关书、非关理”的作家自己的真情，也可以说严羽对诗材的理解。这写诗应要“自己的真情”与袁宏道也一样，但在袁宏道“心所欲吐”的基础上，甚至“党人偷乐，众女谣诼”(《叙小修诗》)①，这也算是“真”的范围内，在这一点上与严羽不同。

他们都在不同的背景上出发，所以具体的涵义有所不同，就是对诗材、意蕴的理解不同。袁宏道“境所偶触，心能摄之”指的是诗歌创作的诗材、创作源泉，他所“偶触”、“摄之”的就是不必强加掩饰的“无所忌惮”之情，严羽则不满以学问为诗，只强调自己所感到的真情，没有袁宏道那样直率和不拘格套。

严羽的诗论尽管对性灵派有负面的影响，但严羽所强调的“吟咏情性”，也正为明代的性灵派提供了有利的理论武器。

四、结 语

明代诗歌艺术批评发展主要表现为格调说。明代中期七子派的诗歌观点基本上都提倡“诗必盛唐”，格高调古是七子派论诗的主要倾向。格调的含义含糊多歧，主要指诗歌外在形式，体裁、句法、声律等，还指表现为诗歌内在的意蕴，但各家对格调的见解、主旨稍微不同。这种格调的含意到南宋严羽《沧浪诗话》中已经含胚芽，只是尚未系统地展开，但比较完整地表现出来，到明代，诗学主张或多或少地吸收了严羽的诗学观点。

李、何之争以后，复古运动的弊端已暴露，后来矫格调说之弊的

① 陶秋英《明代文论选》第316页。

王世贞开始稍微变化。王世贞所处的时代与李、何不同。即嘉靖以后因市民经济的繁荣而兴起，形成以自我为中心的新的文学潮流，虽然他的诗论基本上没有超越格调说的藩篱，但也有“真我”、“真诗”等概念在这种情况下提出的，可以说带着性灵说的成分。

重情是严羽的论诗特点。格调派也论诗重情感，使其突破格套、放任情感就是公安派的情感，王世贞对情感的理解，可以说是格调派与公安派的分水岭，这也可以说严羽与王世贞对情的理解带着性灵的色彩。

公安派攻讦的矛头是针对七子派复古倾向，其特征注重变化而摆脱模拟，严羽的诗论尽管对性灵派有负面的影响，但严羽所强调的“吟咏情性”，也正为明代的性灵派提供了有利的理论武器。

格调派与神韵派之间并无不可逾越的鸿沟，严羽的理论中包含着两个方面。从严羽来看，他在一方面强调“体制”、“格力”、“音节”等格调，另一方面又提出了“兴趣”这一概念，成为神韵理论中的一个著名范畴。这种“兴趣”，与“意象”、“韵味”、“风神”等，都是欣赏者的一种审美感受，与格调之说侧重在品评诗歌本体有所不同，但他们都离不开诗歌的作者出于真情实感，离不开诗歌的审美特征。

胡应麟最为推崇而谈论得较多的是“神韵”。胡应麟“兴象风神”实与严羽的“兴趣”说接近。胡应麟比严羽阐述得更具体、分明，且更明显地带着格调与神韵融合的倾向，清代王士禛为代表的诗派以“神韵”名之，亦直接取之于胡应麟，同时也看出严羽的诗论被后代诗坛所接受。

总之，由此可见严羽的诗学思想已孕育着格调、性灵、神韵等的苗子，它关系到后世的文艺思潮和风尚，到明代将它更体系、完整地展开，使中国古代有代表性的三个诗论一起发展、演变下去。

（作者系韩国国民大学
中国人文社会研究所 HK 研究教授）

明代八股论评对士风的影响

潘　峰

八股理论与八股文评点在明代的出现，对当时士子的学风及心灵产生了很大的影响，它在为端正文风进行正面引导、为文人步入仕途提供新科利器的同时，也使得当时的文人视野狭窄、学风浮靡，内心焦灼、精神苦闷。

八股论评的出现，其最初目的就是为了通过这种方式阐发自己的文学思想，对八股文风进行正面引导。据《明史·文苑传》记载，作为八股文大家的艾南英，看到万历末场屋文腐烂，"南英深嫉之，与同郡章世纯、陈际泰以兴起斯文为己任，乃刻四人所作行之世，世人翕然归之，称为章、罗、陈、艾"①，这正体现了八股论评出现的最初目的。其实，八股文评点本及其理论著作的流传，对明代士子在为文之法及个人修养方面的促进作用是非常之巨的，毕竟只囿于自己的狭小圈子里苦读经书，不读名家时文，想提高自己的识见是非常困难的。但是，随着八股文在士子走上仕途的作用日益彰显，有所谓"十年寒窗无人问，一举成名天下知"之说。明代对于进学之士子待遇甚优，且不论进士、举人，其府州县学的生员，政府不但日给廪膳，而且免其差徭，太学生则有家粮供给，这更使得士子把一生命运显达的筹码押在了科举一途上，而科举中的八股一科则是重中之

① 梁章钜著、陈居渊校点《制义丛话》卷六，第96页，上海书店2001年版。

重，这样，以收录考官批语、抉剔八股技巧、品评中式士子文章为己任的八股论评在无形中就起到了科举指挥棒的作用。八股论评的实际作用至此已慢慢地悖离了它的初衷，对明代士风起了很大的负面影响。

首先，它使士子心气浮靡，不专注于经书的研究，学识短浅，乃至于剽窃。明人杨慎曾经评论八股论评对士子的学风带来的弊端说：

> 士罕通经，徒事末节，五经子史则割取碎语，抄节碎事，章句血脉皆失其真，有以汉人为唐人、唐事为宋事者，有以一人析为二人、二事合为一事者，曾见考官程文引制氏论乐而以制氏为致仕。又士子墨卷引《汉书·律历志》'先其算命'作'先算其命'，书坊刻布，士子珍为秘宝，转相差讹，殆同无目人说词。宋人自尊其宋，曰本朝家法与三代同，过前代者五事，今人亦云本朝家法与三代同。宋人去汉有七制、唐有三宗、本朝有四圣，成化中有殿试策袭用'本朝有四圣'字，称前代为本朝、前君为四圣，与三家村学生称人父为家父何异？薛方山误以胡安定为朱子门人，钟伯敬以朱子与王无功相酬答，有明诗文名士学殖浅至是，此与近日磨勘诸生称唐之王阮亭、宋之白乐天者何异？唐时有书生不知近代事因谈骆宾王曰某见其孙，李某竟谓骆宾是诸王封号，亦是类也。①

只读别人所作八股文的论评本，而不下工夫钻研经书，导致对经书的一知半解，笑话百出，这无疑违背了明太祖朱元璋的设科举"以取怀材抱德之士，务在经明行修，博古通今，文质得中，名实相称"的本意。虞山苏苞九（翔凤）选启、祯文，名《甲癸集》，他在此书的《自序》中明确指出了八股论评出现对明代士子的负面影响，他认

① 梁章钜著、陈居渊校点《制艺丛话》卷一，第24—25页，上海书店2001年版。

为八股论评对士子的影响主要表现为“三大病”,他说:

何谓三大病?一曰僦,窭人子不能自置所居,赁市廛而处焉,一有不合,迁徙随之,虽五都之市皆经托足,而终无一椽之植、一瓦之覆。今之文士亦然,一房行出科律也,一考卷行著蔡也,目览手披,口吟心识,荏苒三年,竟无所验,复舍其故而新是图,终身奔走于其中而茫然不知所有,故曰僦也。一曰窃,穿窬者盗人之衣裳而服之,不能择其短长;盗人之金玉而玩之,不能知其贵贱。苟示于人,无不窥所由来,而为捕者所匹敌。今之文士亦然,其批阅时艺,不论其合章旨,得题神,明书义,而但思取其意,采其词,及拈题握管,捧西子之心,拟优孟之貌,非不连篇累牍,而问其理出何经,事由何史,所采者谁家议论,所本者谁氏折衷,则不知也,而旁观者皆知其为他人残羹余液,虽有善者不能盖焉,故曰窃也。一曰奴,厮养之于主也,行止屈伸,惟其所使,嘻笑怒骂,悚息待命,役役终身不能自主。今之文士亦然,每科房行墨卷出,录其卑腐者曰比科甲传钵也、元魁续镫也,精描新样以几一得,傭其耳目,囚其心志,仰他人之鼻息而承其余气,此亦隶人也,故曰奴也。①

他把造成士子“僦”、“窃”、“奴”的原因归结到“字句”、“机调”、“格局”三恶习,认为士子们时刻以是否有利于场屋为行文标准,只在形式技巧上作文章,一味的乱套用八股理论,“每遇一题,必问何格,整者散之,散者整之,应分不分,应合不合”②,而全然不问本来的经旨面目。苏苞九(翔凤)把造成这种现象的最直接原因也归结为三个方面:

① 梁章钜著、陈居渊校点《制艺丛话》卷二,第36页,上海书店2001年版。

② 梁章钜著、陈居渊校点《制艺丛话》卷二,第37页,上海书店2001年版。

……而其习又成于三毒种。文运盛衰，大由主考，小由学使，北闱之壬子、乙卯，山东之戊午，以一科振数十年之弊，以一省起天下之衰。江南称文章渊薮，自己酉、壬子典试者失其所取，而戊午以前，督学诸公所录皆下士，酿成今日之陋。刘木齐力挽狂澜，拔幽滞于前茅，置时髦于末第，而江南之文渐有起色，此其大验也。名儒夙学，出阅者之识力，推学者之攻苦，定己之见以论文则不为文章所惑，就文之所至以取士则不为意见所拘，故能识异才而收实学。今者未窥堂奥，滥得科名，即秉衡文之笔，取其腐烂则曰醇正，取其浅薄则曰清真，取其散乱则曰变化，取其痴肥则曰博大，取其苟简则曰老成，取其随题平叙则曰得法脉。考官以取士子，士子复为考官，展转波靡，罔知底止，此取士者所传之毒种也。昔先君子之教不肖也，四书既完，即继以五经、《左》、《国》、《史》、《汉》、唐宋诸大家，以先正小题为殿，故予小子虽才质下乘，而幼时笔墨即不近庸俗，此非一先生之言也，凡为父兄师长者皆然。迩来之所见异是，曰文者士之羔雁，姑与寄焉，何必深求于是，初明章句，熟记停当时文数十首，谓道在是，经史诸书弗问也，即昔哲名稿，读之而不得所解则弃之，未尝深思研虑以求其故。故其教子弟也，以直解说约为宗风，以房行考卷为正业，良才美质，其不为汎锢而闭塞者寡矣。夫有司之前列何当有无之数，穷年而守青毡，其术已不验，而复误人子弟，断其读书种子，故曰庸师杀人甚于庸医，此父兄师长所传之毒种也。成、弘之间，士不知有时刻，箧中止有经史、古文、先儒语录，故作文者自书所见，不假借于人。至后世而选家接踵矣，然求仲、千子、羽皇、素修、维斗、埜阳、介生、百史诸先生所选者，皆足阐发微言，羽翼大义，为后学津梁，未如今日之非腐词烂语不录，非平腔熟调不收，锢人之耳目于浅陋，荒人之心志于秽芜，若此其甚也。癸丑以后，金、陈诸先生各出所学，各成品格，气象万千，不可比拟，而选家拘所见，以丹黄存其平正，而奇隽者删焉，使天下曰诸先生者，所仰望而不可攀跻者也，而其文止如是，则益安于固陋而不返，此操觚者所传之毒种也。①

综上观之，虞氏所谓的“三大病”、“三恶习”、“三毒种”，其实归根结底八股论评的出现是其最直接的原因。如果没有数量繁多的八股文评点本充塞士子的耳目，他们就不可能轻而易举地得到投机取巧的工具，也可能会继续皓首穷经、踏踏实实地摸索个人的求仕之路。八股论评的出现导致了士习的败坏，而这些靠投机取巧而得中的士子识见亦鄙陋不堪。在他们成为试官之后，又会好坏不分、黑白颠倒，录取的多是不学无术之辈。如此恶性循环，或许正是八股误国的真正原因。

其次，八股论评的出现在指出一科时文风气，预测下科时文趋向的同时，也让部分士子养成了跟风趋时的坏习气，进而从一定程度上助长了衡文者刚愎自用之风。在八股取士制度下，士子们读书的目的很明确——那就是要中试以做官。而要想顺利的被录取，自然就要揣摩当时的时文风气、下科考试会出什么样的题目以及衡文试官的喜好。而衡文者中不乏因跟风趋时而得中之士，在掌握了士子命运的生杀大权之后，以其粗疏之学批阅试卷，则不免有刚愎自用之嫌，更有甚者则以其应试时的投机取巧之法来阅卷，以至于挟私报复，“草菅人命”。据梁章钜《制义丛话》卷之六载：

崇祯甲戌榜后，艾千子领遗卷，知落项水心房，首篇止句读四行而罢。艾遂序刻其七艺，大意谓：“士子三年之困，不远数千里走京师，而房官止点四行，弃置不顾，此岂有人心者乎?”刊本四出，项声誉顿损，大恚恨。至癸未，项资阶已深，不应分房而强谋入帘，以雪甲戌之耻。因阴授名士关节，荐之为榜首，是年艾不与试。

---

① 梁章钜著、陈居渊校点《制义丛话》卷二，第37—38页，上海书店2001年版。

当然，在这里八股论评又多了一个功效：揭露科场的黑暗，抨击时弊。但是，这并不能削除由它助长的上述两种风气的蔓延，在“朝为田舍郎，暮登天子堂”的科举社会，跟风趋时之风不是一个人、一种社会现象能够阻止得了的。前述艾南英与章世纯、罗万藻、陈际泰的努力虽然一时被世人所认同，但最终不还是以失败而告终，而且向趋时之风低头了么！他在《应试文自序》中明确地说：“驹儿五岁能读书，将分职而使掌之，曰此某司理、某令尹为房考时所摈也。既以阴志其姓名，且为驹儿读而鉴，鉴而为诡遇之文以逢时，无学乃父之拙也。”

第三，八股论评的出现对明代士子的心灵也形成了很大的冲击。在思想非常活跃的明代，倡导个性解放的阳明心学对作为封建社会晚期精神支柱的程朱理学形成很大的冲击，而在这种氛围下的读书人，走向仕途的唯一途径却是做出以程朱理学为基点的“好”的八股文，这本身就形成了士子渴望个性解放与个性得不到真正解放的矛盾。不仅如此，在八股论评出现之后，当一部分读书人还在苦苦研习“四书五经”及朱熹等人的注疏之时，另外一部分却在读了几句经注之后，转而研究起八股文的评点本及其理论，做起了速成的学问。从正统观念上来讲，这种速成的学问本来就是不务正业，是应该为读书人嗤之以鼻的，但是，正如前所述，无数的事实证明，在参加科举考试时多多揣摩八股文论评本却更容易中试，更易得到考官的赏识。眼瞅着一批又一批的人舍弃经注靠研读八股文论评本步入仕途，而很多专心研究经注的人却不得不一次又一次地参加科举考试，又一次又一次地落选。艾南英在其《应试文自序》中明确地说：“文有平奇虚实，烦简浓淡之异，而督学之好尚亦如之。”而他就是因为不能仔细研究八股文的论评本投督学所好，才导致“如则为秦汉子史之文，而闱中目之为野；改而从震泽、毗陵、成弘、正大之体，而闱中又目之为老；近则虽以《公》、《穀》、《孝经》、韩、欧、苏、曾大家之句，而房师亦不知其为何语”，“以积学二十余年，制义自鹤滩、守溪，下至弘、正、嘉、隆大家，无所不究；书自六籍子史、濂洛关闽、百家众说，阴阳、兵律、山经、地志、浮屠、老子之文章，无所不习，而顾不得与空疏庸腐、稚拙鄙陋者为伍”，但是在考试时仍然要与那些只读几篇时文评点本就来应试的书生一起“入谒上官，队而入，队而出”。这铁的事实不能不引起明代读书人的广泛思考，于是心灵也就会在继续遵经守注、做扎扎实实的学问和读时文选评本做速成的学问之间徘徊，如果求仕心切的话，其倒向投机取巧、跟风趋时的一边实在也就不足为奇了。据记载，隆万时闱艺俱有定评，这样士子中入闱者就以经过评点的前科元魁的试卷为样本，递相祖述，称为传承衣钵，实际上就是揣摩前科风气。有些人跟风趋时竟到了痴迷的程度：

松陵吴默，壬辰会元也。乙未春初游西山至一佛寺少憩，见一生独步殿侧，与语，若不闻，良久，忽大笑入殿上，取钟槌连扣不已，一寺皆惊。问其故，曰：“吾适得一元破，故不禁狂喜耳。”吴问之，则宣城汤宾尹也。吴为联榻数夕，汤文艺益进，果以此得元。①

汤宾尹后来成为八股文大家，但在中式之前竟为能想出跟前科元魁相似的“破题”而狂喜到这种地步，可见当时士子趋时风气之烈。更有甚者，竟会为一句评语而苦研三年：

陶望龄丙戌下第，得落卷，主司王锡爵评云：“七作平常。”望龄归以四字揭窗壁间，三年未尝释，戊子计偕，自言此去当可作第一人。②

为了考中，竟把考官的一句评语当圣旨一样，日夜品悟三年，由此可见考官的喜好对士子的命运起了多么重大的决定作用。在这样的时代，要想中式，不但文章本身要写得好，而且文章的风格要写

---

①②《古今图书集成理学汇编·文学典》第182卷，第77593页，中华书局、巴蜀书社据武英殿聚珍本影印。

得对阅卷人的胃口，只有如此，读书人才能实现自己步入仕途的梦想。于是，好多读书人忍受着巨大的心灵痛苦加入了跟风趋时的行列。但不管怎样，要一个真正的读书人做出这样的选择，其心灵的痛苦是可想而知的。晚明曾异撰在《卓珂月〈蕊渊〉〈蟾台〉二集序》中指出："今天下之人才，帖括养成之人才也；今日之国家，亦帖括撑持之国家也。吉观三岁取士，名为收天下豪俊，当事者舍经义而外弗阅，再三试闱牍，偶有通达慷慨之士，不以为触犯忌讳而不敢收，则谓是淹滞老生反不如疏浅寡学者。"①这里，一方面他是对八股文本身提出了质疑，另一方面也是对读书人究竟应该如何做、路在何方的垂询。其实，这种心灵上的疑惑不止他一个人有，而是当时读书人在普遍思考的一个问题。

这种心态在当时读书人作的八股文中也有鲜明的体现。《四勿斋随笔》云：

名人制义，有说得精实赅括者，便可作座右铭。如万历间李愚公（若愚）"弟子入则孝"节文，中间收束四句云："盖宽为之途，而使其力量事事有所余；复密为之程，而使其精神息息有所注。"教者、学者能事，尽此数语矣。又袁中郎（宏道）此题入手云："且天下未尝乏才也，自蒙养之道弗端而人才敝于童习时矣。是以今之子弟，多以日用伦常为卑，则远骛其力；而间以不娴文词为耻，则又夺用其功，非训也。"徐存庵曰："专攻文辞尚不可为训，今者总角抱书、老生把笔，闾巷间不能多见，而裙屐之流且遍寰中，奈之何哉！"②

可见，当时袁宏道、徐存庵等人对"蒙养之道弗端"而造成"裙屐

① 《明文海》卷二百五十五，见文渊阁《四库全书》，台湾商务印书馆影印，1986 年。

② 梁章钜著、陈居渊校点《制义丛话》卷六，第 91 页，上海书店 2001 年版。

之流遍寰中”的人才匮乏局面痛心疾首，而又无可奈何。黄葵阳所作的八股文《季文子三思节》亦讲到：“古今得失之故，皆起于人心之思。顾其得也，以沈机亦以果断；其失也，以轻发亦以迟疑。”“国家有大计，惟断乃成；社稷有令图，惟敏斯集。”寥寥数语，正是影射当时学风不端的士子。联系他在主顺天戊子闱时，曾说过正文体必先端士风的话，并且指出具体要从去浮靡、止奔竞、明是非、禁佞谀、禁党锢、禁清议六方面着手，可以看出明人对八股文评点出现引起的负面影响是有清醒的认识的。

士风不正，不能全归罪于八股文论评的出现。最起码，八股文评点的最初动机是好的，对于那些能静心学习、明辨是非的士子，从学习的角度上讲，可以说有益无害。阮吾山曾说：

> 任香谷宗伯（兰枝）常言，其乡有老宿丙先生者专心制义，自总角至白首，凡六十年手不停批，皆褒讥得失之语。老不应举，乃举生平评骘之文分为八大箱，按八卦名排次。其乾字箱则王、唐正宗也；坤字箱则归、胡大家，降而瞿、薛、汤、杨以及隆、万诸名家连次及之，金、陈、章、罗诸变体又次及之；其坎、离二箱则小醇大疵，褒贬相半；其艮、兑二箱则皆历来传诵之行卷、社稿及岁科试文，所深恶而丑诋之者也。书成后，自谓不朽盛业，将传之其人，举以示客，无一肯阅终卷者，数年后，益无人过问焉。一日有后生叩门请业，愿假其书，先生大喜，欣然出八大箱，后生检点竟日，乃独假其艮、兑二箱而去，先生太息流涕者累日。任宗伯犹及见其人。①

由上述材料，我们可以看出，像丙先生那样的评点者，确实是把八股文的评点作为一项事业来做的，而像那个后生那样根据时代的风气与自己的理解，对前人的评点既不盲从，也不完全弃之不用。

---

① 梁章钜著、陈居渊校点《制义丛话》卷六，第92—93页，上海书店2001年版。

如果明代的士子能都像这个后生那样，对前人的八股论评有所舍，也有所取，那么，八股论评作为明代的一种文化现象，就不会对明代的学风起到如此深远的负面影响，但其对中国古代文论的贡献却依然巨大。

（作者系山东省委宣传部文化体制改革和发展办公室副主任）

孙蕡生平事迹考辨五则

陈圣争

黄佐《广州人物传》是现存最早对孙蕡生平事迹有着较为完整记载的著作，其成书于嘉靖初，与洪武间相距至少已有一百三十来年，从笔者对其所记孙蕡事迹的考辩来看，其中存有舛误之处。书中“孙蕡传”(下文简称“黄传”)虽称据《顺德志》等材料而撰，但对其生卒年、结社南园、“中进士说”和“十一年罢归”等重要事迹或略而不书，或所记模糊，或记载有误，其他事迹亦乏考证。“黄传”后又多被史书、方志和笔记史料等因袭传抄，致使孙蕡许多事迹蔽而不彰。本文拟以孙蕡现存诗文为依据，参以相关史料和方志，对上述问题重加考证，试图勾勒出一个比较清晰可靠的孙蕡生平行迹，以企对相关研究的进一步开展有所裨益。

一、洪武入京前

孙蕡的人生阶段大致可分为二：一是洪武三年入京前，一为入京后至洪武二十三年五月。首先是孙蕡生年问题，“黄传”中没有记载，前辈时贤对此颇有争议，香港学者何冠彪据《孙氏家谱》持“至元四年(1338 年)”①说，陈永正在《岭南历代诗选》中亦持此说，而在

① 《孙蕡二题》，《明代人物与著述》第 22 页，香港教育出版集团 1996 年版。

《南园诗歌的传承》一文和《全粤诗》中则改持"至元三年(1337 年)"说,梁守中《试论南园五先生的诗》一文中亦如是说。汪廷奎最早据《乙卯除夕》①一诗,论定孙蕡应是生于"元顺帝元统二年(1334 年)",笔者在弘治本《西庵集》中发现《除夕舟次英德》诗,中有"沧海头颅今四十……漂泊还逢癸丑年"句,癸丑年(1373 年)时为四十岁,因此孙蕡生于"1334 年"更可确定无疑。由于没有墓志铭或行状和赵绚所撰传记②等材料散佚,无法考定其生年具体月日。

其少年事迹,"黄传"没有确切记载,仅笼统地说:"少负节概,不妄交,耕夫贩妇望而目之曰'孙先生'。"③弘治本和万历本④《西庵集》中亦无其少年诗作和有关少年生活的诗文,其最早事迹是《琪琳夜宿联句一百韵并序》(下文简称《琪林百韵》)对"结社南园"的记载,然已是洪武十三年⑤夏孙蕡重回广州后的回忆。"结社南园"一直是孙蕡等一生中最值得回忆的事,在《南园前五先生诗》中常见孙蕡、王佐等互赠诗,都把南园时期作为美梦来抚慰现实生活的不如意,这在《西庵集》中更为常见。

至于"何时结社,如何结社"等事迹,"五先生"作品中没有明言,亦乏时人文字记载,"黄传"更是只字未提,以致历来研究者们对此争论不休。《琪林百韵》中一段序言,是现在最为重要的线索:

> 岁六月,余还自钟山,与王河东佐寻真郡城琪林……河东

---

① 汪廷奎《孙蕡之死考辩》和《关于孙蕡、王佐等结社南园的时间》二文皆持此论。诗中有"四十今已过二年,明日又复岁华迁"之句明确表明"乙卯年"时孙蕡为 42 岁。而《全粤诗》中竟把此诗题改为《己未除夕》。

② "黄传"中"孙蕡"条提及赵绚(五先生之一"赵介"的儿子)曾为孙蕡作传,今已散佚不可见。

③ 黄佐《广州人物传》,《四库存目丛书》史部第 90 册,文中所引"孙蕡"事迹皆出此卷,下文不注。

④ "弘治本",为张习编弘治十六年铜活字本简称,"万历本"为叶初春编万历十五年刻本简称。

⑤ 黄佐《广州人物传》作"洪武十一年","十三年"说详见下文。

与余焚香瀹茗，共语畴昔。因思年十八九时……共结诗社南园之曲。……欢会未几，殷忧相仍，城沿兵火，朋从散落，河东与余拆袂奔走，邈不相见凡十余年。乃幸前左辖宝山何公恢复兹郡，开署求士，而余二人首被礼接，因偕从军西征谈笑油幕。方苏离索之气，而倥偬又告别矣。①

序中回忆其结社南园是在十八九岁时，虽没明说为何年，但还是可以探知。陈永正说"元至正十八年(1358)青年诗人孙蕡、王佐与十多位诗友，结社于广州南园抗风轩，号为南园诗社"②。汪廷奎却认为"约于元末至正十一至十四年……结南园诗社于广州"③。研究者各执一词的主要原因在于对孙蕡生年的看法不一。上文论及孙蕡生于1334年，他十八九岁时就是1351—1352年左右，这是"南园诗社"的开始。

"欢会未几，城沿兵火"，是指1355年左右广东境内开始的动乱。在《东莞县志》卷十二"何真"条对广东此时的动乱情况有详细记载：

至正十五年，邑民王成、陈仲玉构难。……无何，惠州叛将黄裳与王仲刚据惠，贪虐不道，民苦之，迎真摄守。至则逐裳、戮仲刚，遂兼领惠、循二州。……癸卯，邵宗愚陷广州，杀守将何琛，大肆焚掠。真率众复其城。……乙巳九月邵宗愚挟廉访副使广宁等叛围广州，真部将与贼通，绝粮道，真出避，城陷。丁未五月，真率惠州部曲至，广民响应，复克之，宗愚败走，真保有广南。④

从1355年左右广东沿海开始动乱，动乱中有民众势力，也有叛军势

---

① 《西庵集》卷七，第53页。

② 《岭南诗派略论》，《岭南文史》1999年第3期。

③ 《关于孙蕡、王佐等结社南园的时间》，《广东社会科学》1997年第6期。

④ 《故宫珍本丛刊》第八册，海南出版社。

力,后逐渐在广东境内蔓延开来,一直延续到 1367 年何真才基本上控制广州及其附近各州的局势,《广州人物传》"何真传"亦略记此事。所谓"十余年不见",即指至正十五年(1355)沿海动乱后,王佐等陆续出走广州,到至正二十三年何真守有广州后开署求士而首被礼接,算来约有十来年。

"河东与余拆袂奔走,邈不相见凡十余年"一句,应理解为王佐的离开更合适,即 1355 年后随着动乱在广东境内日益蔓延,王佐因为担心家人而离开广州。《南园前五先生诗》中有李德《王彦举南雄省亲》诗说到王佐的离开,应是作于此时。王佐本人亦有《戊戌客南雄》一诗,其中"家在无人问,愁来只自知。几回挥涕泪,忍诵《北征诗》"四句更是让人惊心动魄,其家本在南雄,而诗题却用一"客"字,让人触目惊心地看到战乱中"家已不家"的景象。

在这动乱的十来年,"黄传"只说孙蕡"元季,避乱山泽间",至于避居何地何山,又大致从事什么活动,不可得知。根据《西庵集》中一些诗句来看,在这十来年里他可能一直避居在广州城北的白云山中,《白云山》一诗写到:"白云山下春光早,少年野游风景好。……歌罢美人簪茉莉,饮阑稚子唱铜钲。……繁华往似东流水,昔时少年今老矣。"孙蕡后来亦时时回忆起白云山的隐居生活,如《题高彬白云山房手卷》在借图感慨:"故山白云长自好,且莫看云被山恼,他年谢病解朝衣,我亦从君拾瑶草。"又《怀白云山房》:

> 家住沧洲洲上山,数椽茅屋乱云间。天晴叠嶂开金碧,雨过清泉响佩环。高兴别来长寂寞,故人谁与共跻攀。洞门猿鹤应相问,何事先生久未还。

在这段日子里,除游宴咏诗外,多半是在清静地读书写字、谈道论性。这样既能避开山外的动乱,又是他博览众典、研习"天人性命之理,濂洛关闽之学"的一个大好时机。又《怀碧虚观寄萧炼师》"为爱碧虚萧道士,十年窗下读《黄庭》"和《幽居杂咏》其一"十载山中读道经,石坛烟雨桂花生"等诗句明确说到这十年里的隐居生活。还有

《期罗浮萧炼师不至》"朗月流清辉，山中几延伫"，《寄琪林黄道士》"琴歌久已断，酒赋何由续"，《题临清轩壁》"思君几日不相见，特向城南问隐居。巢鹤不惊流水静，一炉香炷数编书"，《忆得四首》其一曰"忆得初年不解愁，药栏花径日风流。临池书罢《黄庭帖》，走马城南觅旧游"等诗，根据描绘的生活内容来看，应都是此时所作，足以证明这十余年他的大致行迹。

从1363年到洪武三年乡举前，这八年中以洪武元年为界，其行迹又可分为二。根据"黄传"、"王佐传"和《琪林百韵》序可知：何真自1363起保有广州到1367年，其间开幕取士，孙蕡与王佐首被征入幕中为掌书记，帮助何真出谋划策：游说过肇庆府守帅李质，又招徕伯颜子中、刘三吾、张智等名士来归何真。从乙巳(1365)年邵宗愚进犯到丁未(1367)年何真重新收复广州，序中说这两三年他们"从军西征，谈笑油幕"，也完全跟史料吻合。

洪武元年之际，"黄传"载："征南将军平章廖永忠至，真求蕡作书请归附，曲尽诚款，永忠不戮一人，而南海帖然，蕡之力也。"又《明史》本传也说"廖永忠征南，蕡为真草降表。"《明史纪事本末》更为详载："三月……廖永忠等率舟师自福州航海取广东，元左丞何真降。……四月朔辛丑(初一)，廖永忠等师至东莞，何真率官属迎见。"①从而可知，洪武元年三四月份间，孙蕡在为何真归附一事奔走斡旋。此后至洪武三年间，据"黄传"和史料可知，他接受廖永忠征辟，出来典掌郡教。据《重修五仙观记》②一文，可知在洪武二年暮春之际，曾为重修五仙观一事作记。又《西庵集》中《朝云》诗序云："庚戌十月，余与二客自五仙城泛舟游罗浮。"则是年(1370，洪武三年)十月时，孙蕡仍在广州一带。他在离广入京之际，写有《北

① 谷应泰《明史纪事本末》卷七，第一册，第92—93页，中华书局1977年版。

② 此文不存于今十卷本、九卷本《西庵集》，此逸散于《(成化)广州志》与《南海县志·金石录》等方志和《广东文选》中，然互有阙文，参校可以得窥全文。

上》、《别弟》、《别邻》、《别内》、《代友赠别》、《代内赠别》等数诗，有对亲朋好友的恋恋不舍之情，也有对前途未卜的忧心，同时亦怀有对前程的期望，想象着在清平之世应当努力去干云霄、展抱负。诗中屡见“岁聿暮”、“严风”、“雪霰”等字眼，因此孙蕡北上时应是洪武三年十一二月时。

二、“中进士说”探论

洪武三年冬北上，是孙蕡人生的一大转折，“乡举”是关键。“黄传”曰：“三年庚戌，始诏天下设科取士。蕡以《诗经》中高选，会试中书、入对大廷，皆在前列，赐进士出身，授工部织染局使。”其后焦竑《孙蕡传》①、过庭训《明分省人物考·广东省》、葛征奇《南园前五先生诗》等皆因袭此说。又王兆云《皇明词林人物考》、钱谦益《列朝诗集小传》等书亦模糊地说“洪武庚戌举进士”。但戴璟《广东通志初稿》所记不同：“庚戌设科取士。蕡举于乡，至京师授工部织染使。”②万历间郭棐《粤大记》③亦同戴说。其中舛误之处，道光间阮元重修《广东通志》时已有注意：

> 《明史》、《广州人物传》、《献征录》皆云“蕡以《诗经》中高选，会试中书、入对大廷皆在前列，赐进士出身。”《南海顺德志》、黄佐《通志》、《题名碑》皆不志进士。④

其中黄佐在《广州人物传》和《广东通志》中持“三试皆高中”和

① 《献征录》卷一一五，第5047页，上海书店1987年第一版。

② 戴璟等撰，第277页，北京图书馆古籍珍本丛刊，书目文献出版社。

③ 《粤大记》卷二十四载：“三年庚戌始诏天下设科取士，蕡举于乡，至京师授工部织染局使。”《日本藏中国罕见地方志丛刊》，书目文献出版社1990年版。

④ 《续修四库全书·史部·地理类》第604页。

“举于乡”两说，更为淆乱。孙蕡是否通过“三试”高中而授官是疑问所在，从《明太祖实录》、《明史·选举志》、《国榷》等记载显然可知：洪武三年五月颁诏开科，八月乡试，次年二月会试。这年八月全国各地乡试的具体情况在《明太祖实录》也有详载：

> 是月（洪武三年八月），京师及各行省开乡试，自初九日始试场，复三日试卷第二场，又三日试第三场。京师直隶府州贡额百人，河南、山东……广东，各二十五人。若人才众多之处，不拘额数，或不能及数者，亦从之。①

明人张朝瑞《皇明贡举考》、张弘道、张凝道《皇明三元考》、王世贞《科试考》等科举专书只记载了这年部分京畿乡试者的名字，广东乡试情况都没有记录。明清以来多种重要的《广东通志》及府县志对这年乡试举人的记载也各有混杂：

洪武三年庚戌广东乡试举人略表

书 名	纂 者	版 本	乡举人员
《广东通志初稿》40卷首1卷	戴璟、张岳	嘉靖十四年刻本	孙蕡、李德、郑毅、赵澄、赵安中、黄原善等10人
《广东通志》72卷	郭棐、陈大科	万历三十年刻本	孙蕡、郑毅、黄原善、彭通、梁安5人
《广东通志》64卷	郝玉麟、鲁曾煜	四库本（雍正九年）	李初、孙蕡、郑毅、黄原善、彭通、何子海等20人
《广东通志》334卷首1卷	阮元、陈昌齐	道光二年刻本	孙蕡、郑毅、黄楚金、李初、何子海、梁安等14人
《南海县志》	郭尔户、胡云客	康熙三十年刻本	孙蕡、郑毅、黄原善、赵安中、赵澄、李德、彭通7人
《新修广州府志》	王永瑞	康熙抄本	孙蕡、郑毅、赵安中、黄原善、彭通5人

注：所选版本尽量最为接近其成书时间，以保持各书原貌。

这些方志中对洪武三年广东乡试记载虽有不同，但孙蕡、郑毅

① “中央研究院”历史语言研究所校印，第1084页。

二人在里面都有记载。又万历本《西庵集》中《寄郑进士毅德宏》一诗有"生念同门友"之句,因而孙蕡为洪武庚戌乡试举人可以确定无疑。

既已是乡试举人,是年冬上京准备四年会试应是理所当然。然据王世贞《科试考》言:"洪武三年始开科,就试者乡举士百二十三人,中式者七十二人……中式士未及会试悉授官。"①又《明史·选举二》:"时以天下初定,令各省连试三年,且以官多缺员,举人俱免会试,赴京听选。"②故可知孙蕡洪武三年底北上是以乡试举人赶往南京听选授官,因此他的官衔比四年会试后的进士低。且《祭灶文》中说:"叨领乡荐,头弯工局。"孙蕡在此自述以乡试举人而授职织染局使,这是孙蕡没有参加洪武四年的会试直接证明。

"黄传"又说孙蕡"赐进士出身",但地方志中皆不录孙蕡为进士,《明清进士题名录》洪武四年辛亥科中也没有他的名字。现存《明洪武四年进士登科录》③详载此科总提调官为胡惟庸,赐吴伯宗、郭翀等119人④进士出身有差和授职等情况,也不见其名。此科99名三甲进士都授将仕郎,为正八品的县丞⑤,而"织染局大使、县主簿……为正九品"⑥。如果孙蕡曾中进士,按制应授县丞,而不是正九品的织染局使。又宋濂在《孝经集善序》后说:"蕡,字仲衍……乡贡进士。今为织染局使云。"⑦如果孙蕡为进士出身,当以

① 《弇山堂别集》卷八十一,四库本。

② 《明史》卷七十,第1696页,中华书局。

③ 撰人不详,《丛书集成新编102》,新文丰出版公司印行,第116—121页。

④ 王世贞《弇山部搞前集·弇州史料》卷九载:"(四年)会试凡二百人,中式者百二十人。是岁取中俞友仁等廷试,赐吴伯宗、郭翀、吴公达据及第。"《四库全书禁毁丛刊·史部48》,第534页。

⑤ 王世贞《弇山四部稿前集·弇州史料》卷九载:"状元授员外郎,余及出身俱授主事,同出身授县丞,会元亦授县丞。"同上。

⑥ 郑晓《吾学编·皇明百官表》《续修四库全书》史部第424册,第110页。

⑦ 四库全书本《文宪集》。

直称“进士”为宜。以上诸种方志“选举志”中“乡贡”、“乡试”经常混用,因而“乡贡进士”就是乡试举人。

至于“黄传”中“赐进士”说的错误,朱彝尊“郑真”注释中已有详辨:

> 明初士子举于乡者,例称“乡贡进士”。……如南海孙蕡、番禺李德皆“乡贡进士”,而辑地志者削去“乡贡”字,竟称进士。后人因之不察,遂谓蕡中洪武三年进士。不知洪武三年下科举之诏,以是年八月为始,未尝会试天下士。后虽下三年叠试之诏,惟辛亥有登科进士尔,此一误也。①

由此可见,黄佐《广州人物传》中说孙蕡“三试高中”,有些拔高乡贤的嫌疑。在嘉靖三十七年(1558)《广东通志》中他改说“举于乡”,可能是受戴璟《广东通志初稿》的影响和方志“史实性”要求而有所转变。

但现代一些研究者仍受“黄传”影响而持“中进士”之说,如《岭南历代诗选》说:“洪武三年(1370 年)举于乡,旋中进士。”②孙海洋《明代辞赋述略》中也是如此介绍孙蕡③。更有人说“是年(洪武四年),孙蕡中进士,出任为虹县主簿”④。可见他们不仅没有注意到黄佐说法的转变,更没有见到朱彝尊此则辨讹,故在此稍作论证。

三、洪武三年后仕历

洪武三年冬,孙蕡以乡试举人入京听选,即授工部织染局使,其任时和以后供职情况,“黄传”大致记录为:

---

① 《明诗综》卷十五,《四库全书》本。

② 陈永正选注,第 99 页,广东人民出版社 1993 年版。

③ 第 26 页,中华书局 2007 年版。

④ 谢敏 2003 年硕士论文《元末明初南园五先生研究》“元末明初南园五先生编年”,第51 页。

> 授工部织染局使。寻出主虹县簿……甫一载，被选入翰林典籍，学士宋濂、乐韶凤，承旨詹同亟称之。……八年，预修《洪武正韵》。九年，以奉常之节，监祀于西川。居翰林三载，力求外补，为平原主簿。

历来各类记载和现代研究者们皆依“黄传”，只有谢敏说孙蕡“洪武四年出任为虹县主簿……五年升任翰林典籍，在朝三载……九年，出为平原主簿”①等等。鉴于此处仍有分歧，故在此对“黄传”稍作疏解。

根据“黄传”逆推，可知孙蕡从洪武四年到六年任织染局使达三年之久，有《寄罗友章先生》“三年薄宦淹吴楚，长忆先生在海涯”诗句直接为证。又《高邮》“微官所得几何计，吟鬓四十今苍苍”，其四十岁时即洪武六年(1373)，亦可知此时孙蕡仍在任织染局，而织染局使为正九品，自然是薄宦②。在《送虹县尹陈景明》云：“甲寅三月春欲尽，我来洪州寻吏隐。”甲寅即为1374年，可以确定洪武七年三月时仍在虹县。又《赠关元帅景熙》曰：“前年佐县淮山阴，今春待诏入词林。比来奉节领祀事，会面错愕惊愁心。”孙蕡九年监祀西川，“前年”正是洪武七年，也就说明七年时他仍有一段时间在虹县。据“黄传”“甫一载”之说，又可逆推出孙蕡主簿虹县时约在洪武六年春夏之际。

“黄传”没有明言孙蕡何时入选翰林，弘治本《西庵集》有《奉致仕詹天官》一诗，顾名思义，此诗是因翰林承旨詹同致仕而作。据《国榷》卷五记载：“(洪武六年七月)丙辰(十七)，兵部尚书乐韶凤为翰林侍读学士……吏部尚书詹同为翰林学士承旨兼吏部尚书……己巳，太子赞善大夫宋濂为翰林侍讲学士，知制诰，仍兼赞善。”“(洪

---

① 参看谢敏2003年硕士论文《元末明初南园五先生研究》中“元末明初南园五先生编年”。

② 参见郑晓撰《吾学编》卷六五上，第110页，《续修四库全书·史部·杂史类》425。下文论到的县主簿为正九品、翰林典籍属才从八品、府经历为正八品等皆以此书为参考。

武七年五月)是月,翰林学士承旨兼吏部尚书婺源詹同致仕,赐敕。”“(六月)癸卯(初七)詹同仍翰林学士承旨,罢兼吏部尚书。”①詹同自六年六月起为翰林承旨,七年五月曾一度致仕,六月又复任翰林承旨。由此可见,孙蕡入选翰林典籍约在洪武七年四月间。从洪武七年初夏入选翰林典籍,到洪武十年初,亦合三年之数。

九年监祀西川,八月时到西川,从四川返回时已是重阳后,《下瞿塘》写道:“回船正值九九节,巫山巫峡风飕飕。”可见外出为平原主簿,当是十年初事。翰林典籍为从八品,而县主簿是正九品,孙蕡出为平原主簿,应是降级外任。在《之官平原留别诸老》中写到:

> 朱衣和泪别龙廷,瘦马嘶风出凤城。托迹禁帏原已重,之官明邑未全轻。驱驰只笑儒生拙,悯念难忘圣主情。后夜玉堂清漏永,紫薇花月向谁明。

从诗中“和泪”别京之情,自己走后紫薇花月无人赏的感慨中,可见外补平原主簿并非孙蕡自愿。其《祭灶文》也说“一入词林,旋罹斥逐”,“斥逐”二字更为真实地道破出官平原实为外谪。其被外放的具体原因不清,但《冬至》诗曰“书祥漫有三千牍,献颂长违咫尺颜”,从自述中可见孙蕡的“颂歌”不仅难得天颜欢心,反有违逆圣颜之嫌,这可能是被外放的一个重要原因。在政治生活中,不适应即被淘汰,这是常规,因而免不了被外放的命运。

至于孙蕡何时去往平原,“黄传”没有提及。弘治本《西庵集》中有《奉饯承旨宋潜溪先生致仕归金华七首》之一“况是阳和二三月,都门柳色正依依”,和《送翰林宋先生致仕归金华二十五首》提供了些消息。《明太祖实录》记载:“洪武十年春正月(庚辰朔)……乙酉(初六),赐翰林学士承旨宋濂致仕。”②由此可知,孙蕡二三月间应还在翰林院供职。又《别妓》一诗写到:

---

① 谈迁撰,第488—489页,第504页,中华书局1988年版。
② “中央研究院”历史语言研究所校印,第1837页。

骊驹西上帝皇州，斜抱云和泪暗流。子夜歌词翻白雪，残春风物似清秋。

诗中明确说是“残春”时分。又《往平原别高彬》也写到：“今晨我作平原别，高彬不意情欲绝。芙蓉香冷不堪赠，杨柳枝黄未宜折。”诗中所写景致物候，正是农历二三月之时，因而孙蕡离京而去平原之时当在洪武十年暮春之际。

孙蕡十年暮春时出为平原主簿，然则其在任多久，“黄传”只说：“无何，以事逮系。有旨输左校，板筑萧墙。”“无何”是表示时间短暂的模糊说法，具体时隔多长难以确知，且因何事被逮系京城现也无从考知。孙蕡所筑之萧墙，即为南京城墙，由《输役萧墙》中有“寒气袭敝裘”之句，可以推知至少已是入秋之际。据其写于洪武戊午（1378 年，即洪武十一年）腊月的《祭灶文》说：“之官济上，还寻治狱。对欵台端，拘挛瑟缩。论输左校，亲忝板筑。犹赖仁恩，得解桎梏。”可知在十一年十二月时，已经被释一段时日。

四、“十一年罢归”新论

“黄传”对孙蕡被释后的去向记载是：“十一年，罢归田里。”其后各种史料和方志皆袭“黄传”所说以为确论。万历本《西庵集》中《幽居杂咏》题下注曰：“自洪武十一年还家作也。”如此似乎可以认定孙蕡在洪武十一年已回家乡，但从《西庵集》中一些诗歌内容和版本目录来看，实情并非如此。

（一）诗歌内容方面

在弘治本和万历本《西庵集》中有十多首诗以“十年”为字眼，如《题皇甫文远所藏左司郎中堵炳山水歌》：“十年未得还初服，蕙帐石室今何如？”中“蕙帐石室”当为元末避居白云山时的居室情形。又《怀海珠寺》：“十年京国心南骛，应负沙头白鸟盟。”《寄高彬》：“蟾溪溪头潮没沙，游子十载未归家。”明确地说到十年没有回家而在京国奔走。《怀罗浮》：“十年湖海厌狂游，长说仙家景致幽。”《怀罗浮寄萧炼师》：“误解兰缨下翠峰，十年漂泊厌西东。”更已显露对东西漂泊的厌恶之情和对以前出仕选择的悔恨。《寄诃林长老明静照》“十年奔走乱如丝，对榻论空不遂期”，《题桃源图》“我昔城居困尘土，十年不到青山下”，《题廉征士梦雪舟》“城居十载困炎热”，《出关》“十年风雪老头颅”等数首诗一再提到十年混迹城居，若是十一年夏六月已回家乡，一则从洪武三年到十一年，头尾任意相加，也不足十年之数，再则以上诗句也殊不可解。

以“十年”而论，孙蕡应是洪武十三年夏才从南京回到广州。从洪武十一年到十三年这三年里，在“黄传”中孙蕡的行踪是十一年回乡后就一直在家闲居，直到洪武十五年时再起为苏州府经历。但从其诗文中所得结论并非如此，《寄高彬四首》其一说“宦游三载黄河北”，在黄河北宦游三载，据其诗和“黄传”等记载，这“三载”最可能为洪武十年和十二、十三年①。又《客平原春日有怀》诗写道：“怅望乡国去计违，春来惟有思依依。”上文论及孙蕡十年去往平原之时已是暮春，“春来”之句和所写之景，应非十年时所见，当是再临平原时所写。又《聊城见荷二首》其一亦曰：“忆在古原山县里，寂寥三载负红芳。”这“古原”应即指平原县。又《思家京华》中写得更为清楚：

> 京华薄宦已沾巾，寥落三年济水滨。冷雨青灯吟客梦，东风蓬鬓异乡人。云涛渺渺沧江暮，榆柳依依旅邸春。朋旧别来多野兴，故园应已赏芳辰。

① 王鏊撰《(正德)姑苏志》卷四十“宦迹四”载：“改苏州府经历，后左迁平原。”此说非。《祭灶文》已自言：“一入词林，旋罹斥逐，之官济上。”按“黄传”，孙蕡为苏州府经历时为洪武十五年，则孙蕡当为十五年后才为平原主簿。又若十五年后再次为平原主簿，则同前论，其“十年”、“三年”等诗殊不可解，故亦非。

“三年济水滨”更为明确佐证。在京城虽也有着不愉快的回忆，一旦离开京城，不是回到家乡，而是去往北方一小县城，京城也就成了怀念之地。《怀京》诗更是明确地写出了以京城为自己第二思恋之地，道出了游宦的辛酸之情：

一官旅寓青齐间，长忆江南是胜游。云日九天龙虎气，莺花三月帝皇州。美人扶醉歌金缕，狂客挥鞭纵紫骝。寥落客怀归计阻，江湖烟水正悠悠。

从诗中推测，孙蕡被释放后并未回到自己的家乡。被释放的当年即洪武十一年仍在京城附近，据《祭灶文》可知此时居住条件颇为艰苦：“荆榛为门，茅草为屋。寒衣结鹑，饥饭脱粟，严冬露肘，稔岁枵腹。”又《碌碌行寄保昌县丞童豫》写到：

碌碌复碌碌，驱驰半世为斗粟。去年腊冬江左边，今春又驾江南船。家贫每畏别离苦，不知携累还颠连。炎云四月关门道，青泥滑滑杂流潦。

“去年腊冬”句是《祭灶文》的最好注解。“童豫”其人，今不可考，但诗中说“多难逢君识君好”，则童豫并非孙蕡旧时相识，但知其为保昌县丞，或来京述职或刚任其职，他对孙蕡及时地解囊相助，让孙蕡感动不已。从诗中可知，再往平原之时已是洪武十二年四月。

初为平原主簿时，孙蕡一度关心民生疾苦，如《平原行》、《平原田家行》等诗所写。孙蕡此次重来平原，可能是充当一个闲职小官或受聘为幕僚之类，这种不知归期的生活，让孙蕡思乡不断，如《客平原春日有怀》诗写到：

怅望乡国去计违，春来惟有思依依。客程故向南天远，花信偏于北地迟。汉帝苑边卢橘熟，秦陀墓上鹧鸪飞。柴门独对东风掩，此日松筠冷翠微。

一直到洪武十三年初才回南京，大概在南京呆过一阵①，其《送何三元帅北上》一诗考其年份，可为一佐证。诗中写到：

> 今年会晤蒋陵西，烂熳莺花醉欲迷。梧桐叶落凤台曲，杨柳烟笼白下堤。何郎于我情最厚，此别宁堪酌春酒。平原北上路迢迢，白雁南还寄音否。

何三元帅，即何真第三子何贵，《献征录》卷之十"何真传"曰："十三年，真请以其子贵参侍东宫，即除贵北城兵马指挥使。"②孙蕡此诗为送何贵即兴而作，据诗中物候所示当是阳春三月之际。据《琪林百韵》序："岁六月，余还自钟山。"故此年六月时孙蕡已经回到广州。又黄哲《喜故人孙仲衍归》："十年东去入皇都。"③句中"十年"，亦为孙蕡十三年才回广州提供一佐证。

第二次的平原之行似乎是个览古式的大游览，这次旅宦的线程大致是从京师（南京）出发，到镇江时有《金山寺》一诗，说自己是"迁客凭阑重回首，蓬莱云气晓熹微"；到达扬州时有《过扬州二首》、《过扬州怀萧太守惟一二首》、《寄扬州同府解真白》；到了清河时又有《清河口》，"江湖万里杳何极，行役半生犹未休"；到达睢宁时有《过睢宁怀叶知县夷仲》，还有《圮上》一诗凭吊张良；到过下邳，有《下邳》诗，"偏恨寂寥乡思里，澹烟寒月下邳州"；到淮河时，有《淮上忆京》，"去岁斯辰客帝京，蒋陵西曲雁蜚蜚"；到了徐州就有《徐州洪》，"小舣扁舟待明发，霸王台下久徘徊"；从睢宁到沛县这一路孙蕡歌咏过《过黄石公祠》、《戏马台》、《范增墓》、《歌风台》、《汉祖庙》、《项

① 洪武十三年正月发生"胡惟庸党"事件，牵扯的人上万，孙蕡是否因此而回南京最终被放归家乡，不可得知。另孙海洋《明代辞赋述略》中说："卷入胡惟庸案而下狱，被罢官回乡。"且对《和归去来辞》的解说为："此赋大约是他受胡惟庸案牵连下狱，罢官回家时所作。"此说可供参考，只是不知他持此说有何依据。

② 焦竑撰，第 331 页，上海书店 1987 年版。

③ 葛征奇编《南园前五先生诗》卷五，《四库存目丛书》集部第 375 册。

羽庙》等等……直到聊城,有《聊城》一诗;经过东平时黄哲已不在东平了,就遗憾的写到《过东阿怀雪篷》"故人今不见,孤客悄谁怜";经过东昌时,《有过东昌与王通守话旧》。后来经过高唐,《过高唐》写道:"疲马嘶春北郭门,郡城茅屋似山村。"最后落脚在平原。这一路或纪行,或凭吊,或酬赠都留有诗歌,以孙蕡的行迹来看,只有此段旅宦才会留下这些诗作。

(二) 版本目录上

从版本上来看,万历本《西庵集》中《幽居杂咏》所注"自洪武十一年平原还家作也"并不可信。现存孙蕡诗作除《盛明百家诗后编广州四杰集》、《前南园五先生集》和《广州四先生诗》几种选集外,《西庵集》有八卷本、九卷本、十卷本三个版本系统,八卷本收在"自明诚楼丛书"中,笔者暂未见及。九卷本以万历十五年叶初春刻本最早(四库本便是以此为底本,除叶序被四库馆臣抽掉和个别字词的不同,其余皆与叶本同)。十卷本现存明弘治十六年张习编金兰馆铜活字本及活字本两种。"黄传"记载:"《西庵集》八卷、《和陶集》一卷、《集古句律诗》一卷……其诗文今行世者,为黎贞所编(以下简称"黎编")。"按姚涞作于嘉靖五年(1526)阳月朔(十月初一)的序言及其叙述,则《广州人物传》当勒成于此年。

据弘治十六年(1503)十卷本《西庵集》张习序言可知此本为张习釐定,不知张习是否依据"黎编"体例而釐为十卷,而或据"黎编"外其他流传之本。万历十五年(1587)年九卷本也是叶初春另加编次,两本皆非"黄佐"所言"黎编"八卷本《西庵集》原貌。只不知"自明诚楼丛书"八卷本,是否即"为黎贞编次而行世者"。张序说当时在广东遍寻已不可得孙蕡诗文全编,未谙黄佐所谓"行世者"是否即"黎编"原貌,抑或钞录《顺德志》而已?亦不知黄佐是否得见张习所编此十卷本。

据笔者统计,弘治本现存诗 724 首,万历本存诗 646 首(包括《祭灶文》一篇),且以两本诗体编排来看,叶初春编九卷本时可能并未见及弘治本,否则后出者应不会比前出者少 80 来首而仅增益 8 首(《祭灶文》一篇,卷七《临刑口占》据赵翼考证为五代"江为诗”）。故万历本当另有所本，且应见过《广州人物传》，故用《和归去来辞》杂以《关敏庙词》、《飞仙归来词并序》、《祭灶文》等文词为卷九，以作“黄传”中“《和陶诗》一卷”。并以《朝云并序》杂《琪林夜宿联句一百韵并序》而为卷八，叶初春的初衷大概以此来凑“《集古句律诗》一卷”之数。据《四库提要》言：“小说载书生见苏轼侍姬朝云之魂，有集句七言律诗十首、七言绝句十五首，今乃在此集卷八末。盖蕡游戏之笔，即黄佐传中所称集古律诗一卷者是也。”不过两本合而观之，其共同点是两本都以诗体为分卷依据，这可能就是“黎编”《西庵集》的体例。两者的具体异同如下表所示：

弘治本与万历本诗歌异同

<table>
<tr><th>版本</th><th>卷数</th><th>诗数</th><th>诗体</th><th>诗数</th><th>卷数</th><th>版本</th><th>备　注</th></tr>
<tr><td rowspan="12">弘治本</td><td>卷一</td><td>39</td><td>五古</td><td>58</td><td>卷一</td><td rowspan="12">万历本</td><td>《拟古》19 首万历本在卷一</td></tr>
<tr><td>卷二</td><td>37</td><td>乐府</td><td rowspan="2">64</td><td rowspan="2">卷二</td><td rowspan="2">《秋风词》以下弘治本釐为两卷，弘治本无《石榴词》</td></tr>
<tr><td>卷三</td><td>45</td><td>乐府</td></tr>
<tr><td>卷四</td><td>16</td><td>歌行</td><td>15</td><td>卷三</td><td>《飞仙归来词》万历本在卷九</td></tr>
<tr><td>卷五</td><td>31</td><td>七古</td><td rowspan="2">60</td><td rowspan="2">卷四</td><td rowspan="2">《捕鱼图》以下弘治本釐为两卷</td></tr>
<tr><td>卷六</td><td>29</td><td>七古</td></tr>
<tr><td>卷七</td><td>8</td><td>五律</td><td rowspan="2">58</td><td rowspan="2">卷五</td><td rowspan="2">《朝云》、《琪林百韵》弘治本在卷七，万历本单列为卷八</td></tr>
<tr><td>卷八</td><td>91</td><td>七律</td></tr>
<tr><td>卷九</td><td>114</td><td>七律</td><td>75</td><td>卷六</td><td>弘治本无《送董……》《挽李……》</td></tr>
<tr><td>卷十</td><td>314</td><td>七绝</td><td>320</td><td>卷七</td><td>万历本卷末五绝二首，弘治本无</td></tr>
<tr><td rowspan="2" colspan="2"></td><td>五排</td><td>2</td><td>卷八</td><td>万历本此二诗，弘治本在卷七</td></tr>
<tr><td>辞文</td><td>4</td><td>卷九</td><td>《祭灶文》、《关敏庙词》、《和归去来词》弘治本无，《飞仙……》在卷四</td></tr>
<tr><td>总数</td><td>十卷</td><td>724</td><td></td><td>646</td><td>九卷</td><td></td><td>两本共存诗 732（文一篇）</td></tr>
</table>

注：① 诗数的单位为“首”。

② 备注中总数是弘治本和万历本另增 8 首（除《临刑口占》和《祭灶文》外，实际上仅 6 首诗）弘治本没有的诗歌总和。

两本不仅存在着表中所示的差异，诗中一些小注有较多差异。万历本注释明显多于弘治本，应是后来增益的成分居多。如《幽居杂咏》“书生”诗后注曰：“洪武十五年果起用。”《闺怨》“不恨”诗后注曰：“即黄鹂。”《闺怨》“瞿塘”诗后注曰：“人鲊瓮在归州。”等等，不一而足，弘治本皆无此类注释。这些注释可能是为了方便读者理解诗句或词义而加，有其便利之处，但也容易导致误读，《幽居杂咏》题下小注即是典型。弘治本小注只有“七十四首”4 字，万历本此下多“自洪武十一年平原还家作也”12 字①，很显然，这是参看“黄传”后而增注。两本虽非“黎编”原貌，但弘治本先于《广州人物传》，张序“孙蕡小传”并没有明确系年，弘治本小注应该是原注，万历本注应是叶初春所增，不可信。又万历本卷九《和归去来辞》②开篇即云“归去来兮，离家十载今始归”，题下注曰：“自平原回作。”③因此更可确定孙蕡应是洪武十三年才回广州。

五、卒年材料补充

孙蕡的卒年更是历来的争论焦点，现代研究者中官大梁最早撰文认为孙蕡卒于“洪武二十六年蓝玉党祸”④，香港学者何冠彪《孙蕡生卒考辩》一文对“二十二年”和“二十六年”说两方面文献分别梳理后，力持“二十六年说”⑤。陈永正先在《岭南历代诗选》持 1394 年说，后又改为“二十六年(1393)”说，都是根据“生年为 1338 年(或 1337 年)，享年 56 岁”来肯定孙蕡的卒年为 1394 年(或 1393 年)，这

① 张序后对孙蕡有着简略而大致的生平介绍，二十多年后才有“黄传”对孙蕡生平较为详细的介绍，而叶本此类注释又为叶初春当据“黄传”而另编《西庵集》的旁证。

② 此诗弘治本无，当是叶初春另有所据。

③ 此注应为叶初春底本原有，否则必如《幽居杂咏》题下注曰：“洪武十一年，自平原回作。”

④ 《孙蕡的卒年》，《学术研究》，1982 第 3 期。

⑤ 《孙蕡二题》，《明代人物与著述》，香港教育出版集团年 1996 年版。

仍有商榷之处。谢敏在硕士论文中又创“新说”,认为其“卒于1393年,享年60岁”。孙海洋却持两说:一面认为孙蕡的生卒年为1334—1389年,同段之内又说他在洪武二十七年因“蓝玉党”被诛①。此类说法更令人不敢苟同。几乎与何冠彪同时,汪廷奎在《孙蕡之死考辩》②一文亦对这两说各有细致考辩,较为创见地认为孙蕡卒于“洪武二十三年”,但其说材料略显单薄,故于此拟对汪文提供三点材料以作旁证。

1. 黎贞《秫坡集》有《从西庵孙先生出使高丽》一诗:“远逐星轺出海门,扶桑东望尚漫漫。”又当时高丽人权进《阳春集》中《观猎奉呈天使三大人》一诗亦有“星轺观猎出都城”③句,因而“星轺”是使者所乘之车,可见孙蕡确曾假使者身份出使过高丽。疑问在于孙蕡到底是朝廷派遣还是辽东指挥使梅义授命,汪廷奎认为是梅义授命。据《明太祖实录》、《明史》、《国榷》等史料记载,在洪武二十二年到二十三年间,高丽朝廷内部一直处在你争我夺的政变当中,“(洪武二十二年十二月)是岁,高丽李成桂废其主王昌而立定昌国院君王瑶”④,因而两国边境也处于微妙的关系当中。“二十二年十二月(乙未朔)甲辰(初十),遣使敕辽东都指挥使胡旻、朱胜训练精锐马步官军各一万,听调征进。”⑤由此可见此时边境处于备战状态,一旦高丽政变之乱延及到辽东边境,明廷将会采取相应的措施。而当朝鲜在二十二年底遣使上贡金银后,二十三年正月(乙丑朔)癸未(十九)遣使告知立王瑶事时,明太祖谕礼部尚书李原名曰:“高丽限山隔海,其人多诈,今云废黜异姓,择立王氏宗亲……意必执政者所为……宜备咨其国人之知。”而又诏告辽东指挥使司:“凡高丽国人

① 《明代辞赋述略》第26页,中华书局2007年版。

② 《广东史志》1996第2期。

③ 《韩国文集中的明代史料》(一)第33页,广西师范大学出版社2006年版。

④ “中央研究院”历史语言研究所校印,第2978页。

⑤ 同上,第2972页。

于境内懋迁者,勿禁。"①又庚寅(二十六)"遣使敕谕辽东指挥胡旻、朱胜率所操马军往大宁,候总兵官调遣征进。其驼牛马非备战者,悉发大宁运粮,直抵征进所在以给军饷"②。由此可见,高丽于当时虽为附属国,但由于隔山限海,明廷对其政变也只能听之任之。在边境地段,虽并未禁止一般百姓的进出,但一直处于备兵状态。孙蕡的出使,很可能是梅义以"咨其国人"为由而出访。然则一般使者应是"必择朝士之贤有才者以遣",或是"上庠之秀",或择"有文学明礼义,行端而言温"③的朝臣充当,孙蕡是一个谪戍之人,根本没有资格出使外国。守将首先擅派使者已是犯禁,其次以戴罪之人出使,更是有辱国体,故孙蕡之死也多因此事牵连而被诛。

2. 退而言之,如果孙蕡一直活到了洪武二十六年"蓝玉党案",按常理一个诗人在四五年内多少会留有诗文创作,更何况孙蕡是一个行之所到则诗之所到的诗人。《西庵集》中对民俗民生和异地风情的描写俯仰即拾,如《广州歌》,是热情地讴歌家乡文化中心都市,到南京有《南京行》,虹县有《虹县行》;监祀四川一路上有《湖州乐》、《次武昌》、《阻风雷港》、《次归州》、《过瞿塘》等诗;平原时有《平原行》、《平原田家行》,去往平原途中也留有《清河口》、《过吕梁》、《徐州洪》、《过三洪》、《过东昌与王通守话旧》等诗,可以说孙蕡是走到哪写到哪。辽东风景更异岭南,即便辽东、高丽等风情有些难以适应,对于一个关注生活、有着讴歌生活热情的诗人来说,也会留下只言片语。今遍检两种《西庵集》皆不见有渡海以后诗文,这只有两种可能,要么是所写诗文皆已散佚,要么是所呆时间太短,谪戍到一个气候迥异于中原、江南、广东等地的冰天雪地,需要时间去适应。在辽东所作散佚的可能性较小,因为黎贞亦谪戍辽东,且直到洪武三十年(1397)才被赦回。"黄传"说是黎贞收敛孙蕡并整理《西庵集》,

---

① "中央研究院"历史语言研究所校印,第2985页。

② 同上,第2989页。

③ [高丽]权进《阳春集》第41、40、39页,韩国文集中的明代史料(一),广西师范大学出版社2006年版。

如果孙蕡在辽东留下诗歌而无一收入《西庵集》，有些匪夷所思。

3. 孙蕡参与修撰的《洪武正韵》也在其被杀后而重修。洪武八年三月，《洪武正韵》成，“上谕翰林侍讲学士乐韶凤、宋濂等……广询刊定之。于是待制王僎、李叔允，编修朱右、赵壎、朱廉，典簿瞿庄、邹孟达、典籍孙蕡、荅禄与权共成之”①。宋濂洪武八年所作《洪武正韵序》中亦说孙蕡参与过《洪武正韵》的编撰。然而在“洪武二十三年十月（己未朔）戊寅（廿日），诏刊行《韵会定正》。时《洪武正韵》颁行已久，上以其字义音切未能尽当，命翰林院重加校正……上览而善之，赐名曰《韵会定正》，命刊行焉”②。《洪武正韵》的改版又由皇帝亲自授意翰林院重加校正，书成而深得明太祖赏识，并赐名为《韵会定正》，可见朱元璋要抹除孙蕡等人影响已是颇费心思。《韵会定正》的刊行是否因其“字义音切未能尽当”呢？这关键词是“上以其”，就是“皇帝认为如此”。惜乎此书久已亡佚，不可知其详情，而《洪武正韵》却有几种传世，如若果真在音韵学等方面比《洪武正韵》更胜一筹，且又是朝廷刊行，按常理应比《洪武正韵》更为流传才是。现存《永乐大典》以韵统字的编撰方式又是完全依据《洪武正韵》：每字下先注反切，切下释意部分至《说文》前，皆是全文钞撮《洪武正韵》，由此可见《洪武正韵》在有明一代的影响。仅从明太祖下令刊《韵会定正》的这一事实来看，也可证明孙蕡应是卒于洪武二十三年五月间。

（作者系复旦大学博士生）

---

① 谈迁《国榷》第521页，中华书局1988年版。

② 《明太祖实录》，“中央研究院”历史语言研究所校印，第3064—3065页。

关于《诸子汇函》所收《楚辞》作品的评点问题

罗剑波

《诸子汇函》，二十六卷，题“昆山归有光熙甫搜辑，长洲文震孟文起参订”①。据文震孟《诸子汇函序》“天启乙丑冬日药园逸史文震孟题”云云，知此书刊于明天启五年(1625)。该书封面标题为“合诸名家批点《诸子汇函》”，又有“识语”云：“太仆归震川先生，精研老庄，沉酣子集，手辑玄晏，有功来学。文太史特为标显，先梓老庄，踵刻诸子，名曰《汇函》，堪开玄悟之津梁，明文□之胸次。”

该书自先秦迄明代，杂选历代众家，目之为“子”，又录其文汇为一秩，谓之“《汇函》”。“诸子”文中，选辑者皆摘选各家评语，或置之眉端，或录之文后，又有圈点抹划之类。《诸子汇函》“凡例”云：“先哲评论子集者，具有卓识，悉□载首末。其圈点抹划，则太仆先生(指归有光)玄心独造，未尝有成迹也。”“诸子”之中，屈、宋亦与其列，为“玉虚子”、“鹿溪子”。其中《玉虚子》包括《天问》、《惜诵》、《涉江》、《哀郢》、《抽思》、《怀沙》、《思美人》、《惜往日》、《橘颂》、《悲回风》、《卜居》等十一篇。《鹿溪子》包括《九辩》和《对楚王问》两篇。本文拟对其中所属《楚辞》作品所涉及到的有关评点问题进行必要的探讨和分析。

---

① 本文所引《诸子汇函》，皆用复旦大学图书馆所藏明天启五年刻本，余不逐一注明。

一、《诸子汇函》所收《楚辞》作品的评点形式

《诸子汇函》各名号之下，皆有选辑者所作题注，对“诸子”进行简要的释解。如称屈原为“玉虚子”，题注云：“楚归州有玉虚洞，可容千人，石壁异文成龙虎草木之状。平尝读书于此，故名。”知“玉虚”之义由来如此。称宋玉为“鹿溪子”，但题注未对此名号由来作解，不知其据为何。对于这种说法，《四库全书总目》予以驳斥，文云：“是编以自周至明子书每人采录数条，多有本非子书而摘录他书数语称以子书者。且改易名目，诡怪不经。如屈原谓之玉虚子，宋玉谓之鹿溪子……皆荒唐鄙诞，莫可究诘，有光亦何至于是也。”①二论之是非正误，囿于史籍，似已无从考实，姑暂附于此，以俟通家之论。

《诸子汇函》辑录各家评语，主要采用了以下三种形式：

其一，于卷首设“《诸子汇函》谈薮”一目，以“诸子”顺序依次收录各家相关评语，对所收文章作总体性的评价。这实际上类似于文学评点刻本中普遍设有的“总评”部分。“玉虚子”题下，录《宋书·谢灵运传论》中一段，文云：“沈约曰：‘周室既衰，风流弥著，屈平、宋玉导清源于前，贾谊、相如振芳尘于后。盖英辞润金石，高义薄云天者也。’”又有冯觐语一段：“冯觐曰：‘《离骚》断如复断，乱如复乱，而緜邈曲折，又未尝断，未尝乱也。诸篇皆然。’”“鹿溪子”题下，有黄汝亨《楚辞序》中语云：“宋玉而下，有其才而非其情，贾谊有其情而非其才。”

其二，杂引各家言辞置于正文眉间，对文中相关语句进行具体的评说和释解，这是《诸子汇函》中论评语存在的主要形式。自《天问》至《九辩》，其中录为眉语者，依《诸子汇函》先后所列，共有杨升庵、王凤洲、宋潜溪、杨南峰、洪实夫、李于麟、陶主敬、彭可斋、康砺峰、岳季方、陈白沙、王梦泽、汪南溟、廖明河、邹东郭、陆贞山、王渼陂、王阳谷、张方洲、庄定山、蔡虚斋、崔后渠、诸理斋、吴瓠庵、罗整庵、康对山、徐廷岳、方希古、解大绅、胡雅斋、张玄超、林尚默、楼迂

① 永瑢等《四库全书总目》第1121页，中华书局1965年版。

斋、袁元峰、高中玄、冯琢庵、王阳明、罗近溪、宗方城、唐荆川、李卓吾、余同麓、穆少春、胡柏泉、邵国贤、冯开之、秦华峰、罗一峰、何启图、李空峒、李见罗、徐匡岳、杨碧川、陈克庵、许子春、彭彦实、洪景庐、顾东江、陈明卿、魏庄渠、李石麓、沈君典、沈霓川、孙季泉、李西厓、罗念庵、陶兰亭、王槐野等 68 人①。

关于这一点，需要说明的是，《诸子汇函》卷首设有"诸子评林姓氏"一目，以朝代为序对该书所引评家之字号、官爵、著述、经历等作有简要的介绍。笔者将上列诸人与之核对后发现，其中宋潜溪、崔后渠、冯开之、陆贞山、彭彦实、陈明卿、李石麓、沈霓川等人，均不见于"诸子评林姓氏"之列。

其三，于每篇（章）之后，多录一二家之言，以为篇（章）总评。其中所引评家，除方初庵（见《九辩》）一人外，余皆不出眉批者之列。

这种集总评（"谈薮"）、眉批、篇（章）评等形式要素为一体的评点结构格局，在明清时期各评点本中颇为常见。仅就《楚辞》而言，如早在刊刻于万历十四年（1586）的冯绍祖校刊本《楚辞章句》中，我们就可以见到总评、眉评、旁批、篇评共存的结构模式。而后于《诸子汇函》的蒋之翘本《七十二家评楚辞》和沈云翔本《楚辞评林》诸本，亦是采用的这种评点布局形式。这种亦点亦面、巨细兼容、此彼并包的立体式关注格局，无疑能为读者的阅读提供很大的助益和方便。由此其所以通用不衰，也就不足为奇了。

二、《诸子汇函》所收《楚辞》作品的评点内容

《诸子汇函》共收录有关《楚辞》作品的评语计 144 条。就其大

① 其中"邹东郭"、"王渼陂"、"张玄超"、"宗方城"、"余同麓"、"邵国贤"、"许子春"、"李石麓"等人，姜亮夫先生《楚辞书目五种》分别作："邹东轩"、"王深陂"、"张立超"、"宗方诚"、"余向麓"、"邵国宝"、"许少春"、"李石庵"。又，其中"何启图"、"李空峒"二人，《楚辞书目五种》无（见《楚辞书目五种》第 314 页，上海古籍出版社 1993 年版）。

要而言,有以下三个方面值得我们注意:

(一) 伪托之例的大量存在

笔者将书中所录评语摸查核对后发现,其中多有伪托之例。且其伪托之迹,又主要表现为以下两种形式:

一,从《楚辞章句》、《楚辞补注》、《楚辞集注》中摘取出相关文句,或全文照搬,或稍作改动,而置于杨升庵、王凤洲、洪实夫、李于麟、康砺峰、张方洲、罗整庵、康对山、解大绅、诸理斋、王阳明、罗近溪、宗方城、唐荆川、帅楚泽、穆少春、胡雅斋、秦华峰、汪南溟、张玄超、洪景庐、罗念庵等名家时贤名下。这种情况约占所录评语总数的三分之一。

兹举几例为证。如《玉虚子·天问》文首眉间有云:"屈子何不言问天?天尊不可问,故曰天问。"这本是王逸《楚辞章句·天问》"小序"中开头的一句,此本稍作变动,而置于杨升庵名下;又如,《玉虚子·惜诵》"鲧功用而不就"处眉语云:"申生之孝,未免陷父于不义。鲧绩用不成,殛于羽山。原其事有相似者。"此段文字系节录洪兴祖《楚辞补注》而成,该本将其归于王凤洲名下;再如,朱熹《楚辞集注》解《抽思》"有鸟自南兮,来集汉北"句云:"屈原生于夔峡,而仕于鄢郢,是自南而集于汉北也。"①对此,该本选辑者将句中"屈原"换作"屈子"后全部抄录,而署于宗方城名下。

此外还有一些较为极端的例子。《诸子汇函》除眉间、篇(章)后杂录相关评语外,正文之中,均以夹注双行小字的形式为原文作解。由于《玉虚子》、《鹿溪子》中注文也多系抄录、择取《楚辞章句》、《楚辞补汴》、《楚辞集注》三书而成,于是书中就出现了一些眉批与注文完全相同的情况。如《玉虚子·抽思》"理弱而媒不通兮,尚不知余之从容"句眉上,有署为唐荆川的一段文字,云:"此言灵魂忠信而质直,不知人心之异于我。故虽得归,亦无与左右而道达之者,彼又安能知我之间暇而不变守乎?"此段实为朱熹《楚辞集注》中语,而《玉虚子》"文弱"句下注文亦系摘抄此段而成,故二者全同。其他如《玉

---

① 朱熹撰、蒋立甫校点《楚辞集注》第85页,上海古籍出版社2001年版。

虚子·思美人》"车既覆而马颠兮,蹇独怀此异路"句、《玉虚子·惜往日》"惭光景之诚信兮,身幽隐而备之"句之眉批、注文,亦属此类情形,兹不一一赘引。眉批、注文皆系伪托而成,且存在于同一书页之内,选辑者竟不察,更可见此本讹滥之一斑。

二,本为此人语,而托于彼人名下。这类情况主要涉及到陈深、冯觐和王应麟三人。其中共录引陈深语 8 处,而皆归于杨升庵、王凤洲、袁元峰三人名下;引冯觐语 3 处,而归于徐廷岳、康对山、冯开之名下;引王应麟语 1 处,而归于胡雅斋名下①。

以上所列伪托之例中,所占比重最大的要数杨升庵、王凤洲二人。此本列于杨升庵名下评语共 15 处,其中有 12 处为伪托;列于王凤洲名下共 17 处,其中有 8 处为伪托。这较为典型地反映出刊刻者欲借名家评点来招徕顾客,扩大销量而不惜造假的商业行为。但这对于确定《诸子汇函》之选辑者而言,却不失为一个有力的证据。对于《诸子汇函》为归有光"搜辑"的说法,《四库全书总目·诸子汇函》早就提出了质疑:"是编以自周至明子书每人采录数条,多有本非子书而摘录他书数语称以子书者。且改易名目,诡怪不经。如屈原谓之玉虚子,宋玉谓之鹿溪子……皆荒唐鄙诞,莫可究诘,有光亦何至于是也。"《四库全书总目·诸子拔萃》更是以《诸子汇函》为古今荒诞鄙陋书之极致来加以抨击:"是书(《诸子拔萃》)成于天启丁卯,取坊本《诸子汇函》割裂其文,分为二十六类,其杜撰诸子名目,则一仍其旧。古今荒诞鄙陋之书,至《诸子汇函》而极,此书又为之重儓,天下之大,亦何事靡有也。"②而《丛书举要》附注则进一步指出其系伪托之作:"此书成于书贾之手,题名归有光,恐系托名。"③由以上所举

① 据黄霖先生考证,《诸子汇函》所收《文心雕龙》中也存在这种情况:"该书所引眉批,往往将曹学佺所论归之于杨慎名下,错误颇多。"可与此想参看(见黄霖先生《文心雕龙汇评·〈文心雕龙〉评本提要》第 3 页,上海古籍出版社 2005 年版)。

② 永瑢等《四库全书总目》第 1127 页,中华书局 1965 年版。

③ 转引自黄霖先生《文心雕龙汇评·〈文心雕龙〉评本提要》第 3 页,上海古籍出版社 2005 年版。

《玉虚子》、《鹿溪子》评点伪托之例如此之多、如此之劣来看，此本恐即如《丛书举要》附注所言，为书贾托名而成。

（二）“以注为评”的评点样式

“以注为评”，是《玉虚子》、《鹿溪子》所录评点在内容上表现出来的一个突出特点。这种特点的形成，首先应归因于如上所述选辑者大量逶抄《楚辞章句》、《楚辞补注》、《楚辞集注》中注释之语，而伪托为名家评点的行为。这是造成这种倾向的主要原因。而在另一个方面，这种倾向也同样体现于该本所收的其他评点材料之中。如就《诸子汇函》所收《楚辞》作品评点整体而言，符合这一特点的材料，在其中占有较大的比重。因此，颇值得我们注意。

除了上述伪托之例外，这类材料主要包括以下三个方面：

一，在《玉虚子》、《鹿溪子》之眉批中，多有诠释字词、疏解文意者。兹举几例为证：如《玉虚子·天问》篇，“白蜺婴茀，胡为此堂”句眉间，录陈白沙语云：“此堂，即所见先王祠堂也。”“孰期去斯，得两男子”句眉间，录邹东郭语云：“周太王生三子，长太伯，次仲雍，次季历，仲雍即虞仲。季历传位生子昌，为西伯文王也。”又，“会鼂争盟，何践吾期？苍鸟群飞，孰使萃之”句眉间，录王阳谷语云：“膠鬲，商贤人也，后武王举之于鱼盐。苍鸟，即鹰扬孟津也。”“环理天下，夫何索求”句眉间，录庄定山语云：“索求，往说而复来之也。”

疏解文意的材料，如《玉虚子·天问》“女娲有体，孰制匠之”句眉间，录康明河语云：“女娲氏炼石补天，何以施王而蛇首人身，孰见而图之。”《玉虚子·惜诵》“播江离与滋菊兮，愿春日以为糗芳”句眉间，录方希古语云：“此言己修善不倦，而系守不变。”《玉虚子·惜往日》“心纯厖而不泄兮，遭谗人而嫉之”句眉间，录唐荆川语云：“平疾王听之不聪，谗谄之蔽明，邪曲之害公，方正之不容，正此意。”

二，有些则是旨在交代《楚辞》文句所涉及到的历史背景故事。如《玉虚子·天问》篇，“何羿之射革，而交吞揆之”句眉上，录岳季方语云：“夏后太康畋游洛表，羿拒之河北，而僭其位，其臣寒浞又杀羿而代之。”“师望在肆，昌何识”句眉上，录诸理斋语云：“史言姜尚钓于渭滨，文王遇之。”

三，还有一些，则是引用具体文献来对相关文句进行注解。如《玉虚子·天问》篇，“胡终弊于有扈，牧夫牛羊”句眉间，录陆贞山语云：“《尚书·甘誓》：‘有扈氏威侮五行，怠弃三正，天用剿绝其命，今予惟恭行天之罚。’”“受寿永多，夫何久长”眉间，录吴瓠庵语云：“《列子·力命篇》：‘彭祖之智不出尧舜之上，而寿八百。’是也。”

这种“以注为评”倾向，其实并非《玉虚子》、《鹿溪子》选辑者所独创，而是早期各《楚辞》评点本所共有的一种现象。就笔者目前掌握的材料而言，这种现象最早应见于刊刻于万历十四年的冯绍祖校刊本《楚辞章句》中。在冯本中，我们可以看到大量《楚辞补注》、《楚辞集注》中的内容以及其他各家释解《楚辞》的话语，被转变为作品总评、眉批和篇（章）评的情况。由于冯本问世后，曾连年刊行，流布甚广，在社会上有着很大的影响，故后出的各《楚辞》评点本也就多受其影响。其中一点突出的表现就是，各本对于冯本中的评点材料或多或少地进行了承袭和摘抄，而其中就包括这些“以注为评”的材料。《玉虚子》、《鹿溪子》中的相关材料，有不少我们都可以找到其源自冯本的依据。对于这一点，下文将作详细讨论。而至于这种“以注为评”的倾向，是仅见于《楚辞》评点，还是广泛地存在于明代诗文评点乃至于整个文学评点中，以及这种倾向在整个文学评点史的价值和意义等问题，则有待于我们去进一步深入地思考和挖掘了。

（三）文学性的品评话语

除此之外，《玉虚子》、《鹿溪子》所录各家评点中，亦多有文学性的品评话语，这是此本评点内容中最为精彩的部分。这类材料多论及《楚辞》作品的文学特色、意境蕴寓、情感倾向、行文脉络及其所具有的艺术感染力等诸多方面，颇能引起读者的深思和共鸣，对于释读、赏析、研究《楚辞》而言，有着重要的参考价值。兹举例如下。

如《玉虚子·惜诵》录杨升庵语为篇末总评，文云：“此章无端杳思，妙不可言，非不能言，知言之无以加也。”《玉虚子·涉江》“霰雪纷其无垠兮，云霏霏而成宇”句眉上，录林尚默语云：“情景凄然。”《玉虚子·抽思》“忧心不遂，斯言谁告兮”句眉上，录李卓吾语云：“无所谁诉，忧思郁结极矣。”《玉虚子·思美人》“因芙蓉而为媒兮，惮褰裳而濡足”句眉上，录罗一峰语云：“至此觉语亦和平，意亦隐婉。”

值得一提的是，就《玉虚子》、《鹿溪子》中的《楚辞》作品而言，这类评点材料较突出地集中于《鹿溪子·九辩》篇。该篇共收眉批、篇（章）总评 32 条，几乎全部都是文学性的评点话语。笔者特择选出一些有代表性的例子，列次如下，以飨读者。

如《鹿溪子·九辩》文首眉间，录陶主敬语云：“《九辩》，妙词也，悽惋寂寥。宋玉他词甚多，率荒淫靡嫚矣。”“专思君兮不可化，君不知兮可奈何”句眉上，录顾东江语云：“悲伤之词，读之欲涕，可谓势虽悬而情则亲，君虽昏而臣则忠者。”“众鸟皆有所登栖兮，凤独遑遑而无所集”句眉上，录沈君典语云：“照应前段去君而高翔，是反覆微切处。”又如，“独悲愁其伤人兮，冯郁郁其何极”句后，录杨升庵语为篇末总评，文云：“巧笔如画，纤手如丝，意动成文，吁气成彩，烨烨有神。后之名家，能优孟者几人？”“事亹亹而觊进兮，蹇淹留而踌躇”句后，录唐荆川语为篇末总评，文云：“此章见四时日月，无不伤怀，可谓尺幅中有远致。”

以上所录，皆能言之成理，论之有据，发人之所未能发。并且，其中亦有不少评点内容不为他本所收，而仅见于此本，因而益感珍贵。

《玉虚子》、《鹿溪子》与其他《楚辞》评点本的关系

姜亮夫先生在《楚辞书目五种》中论及《玉虚子》时以为：“明人辑评之七十二家、八十四家，固已多见于此书。”①“七十二家”、“八十四家”，分别指刊刻于明天启六年的蒋之翘批校本《楚辞集注》和

① 姜亮夫《楚辞书目五种》第 314 页，中华书局 1993 年版。

刊刻于明崇祯十年的沈云翔《楚辞集注评林》。所谓“七十二家”、“八十四家”，是就其文中所收评家数量而言的。蒋之翘评校本《楚辞集注》自汉司马迁始，至明陆时雍止，共收录历代评家七十二人。沈云翔本《楚辞集注评林》在此基础上，又增益宋苏辙、明汪南溟等十二人，汇为八十四家。笔者将《玉虚子》、《鹿溪子》所录评家与蒋、沈二本逐一对照后发现，二者相重者，共有朱熹、洪迈、楼昉、李梦阳、杨慎、王世贞、李贽（以上见蒋本）、汪道昆、张之象（以上沈本增益）等10人。但这仅是评点姓氏的表面相合，就其评语所处位置、评语数量以及品评的具体内容而言，两者并无相合之处。据此可断定，蒋、沈二本未有承袭《玉虚子》、《鹿溪子》之处，二者也非属同一源流系统。

但《诸子汇函》选辑者对于《玉虚子》、《鹿溪子》评点的确定，是肯定参考了冯绍祖校刊本《楚辞章句》的。笔者将两本评点内容核对后发现，前者有31处评点材料与冯本所收相合。这不仅表现在评点材料在文中出现的位置相同，还表现在评点内容的相合上。这类材料多为冯绍祖从《楚辞补注》、《楚辞集注》中抽出，而换以眉批或篇（章）评的形式出现于其书的。《玉虚子》、《鹿溪子》将其中的“洪兴祖”、“朱熹”字样替换作各名家时贤后，简单地承袭之，作伪之迹甚明。为了说明这个问题，笔者举一个最为典型的例子：冯本《楚辞章句·天问》“康回凭怒，地何故以东南倾”句眉上，引洪兴祖语云：“《离骚》、《天问》多用《山海经》，而刘勰《辨骚》以‘康回倾地’、‘夷羿弊日’为‘谲怪之谈’、‘异乎经典’。如高宗梦传说、姜嫄履帝敏之类，皆见于《诗》、《书》，岂诬也哉？”①今按，这段文字于《楚辞补注》原在《离骚》“启《九辩》与《九歌》兮”句下②，冯绍祖如此调整其位置，是因为洪兴祖所论乃针对刘勰以“康回倾地”为“谲怪之谈”而发。“康回倾地”，指的是《天问》中关于共工怒触不周之山的记载，也就是的“康回凭怒，地何故以东南倾”一句的内容。通过这种位置

① 冯绍祖校刊《楚辞章句》，万历十四年刻本。

② 洪兴祖《楚辞补注》第21页，中华书局1983年版。

的调整，则可以使读者在阅读《天问》时，能够更直接、便捷地了解和把握《楚辞补注》对于该句的意见。《楚辞补注》的这段文字在冯绍祖校刊本《楚辞章句》中固定下来以后，遂为后出的各《楚辞》评点本所袭用，这其中即包括《玉虚子》。而且，这段文字开头于《楚辞补注》本为"《骚经》、《天问》"云云，至冯本则被改为"《离骚》、《天问》"云云。而《玉虚子·天问》中所载，除了将"洪兴祖"改为"洪实夫"以作伪外，其他则与冯本全同。

此外，《玉虚子》、《鹿溪子》中还有8条材料，系抄自刊刻于万历二十八年的陈深批点本《楚辞》一书。这些材料均为陈深评语，而《玉虚子》、《鹿溪子》皆伪托于杨升庵（4条）、王凤洲（3条）、袁元峰（1条）三人名下。在评点材料所处的位置上，其中有的亦进行了改动。如陈深《九章》篇评"有文字以来，此为创格，铿訇汗漫，怪怪奇奇，邈焉寡俦，卓乎高品"①一段，于《玉虚子》则被列作《天问》篇评。而且，"有文字以来，此为创格"一句，同时又出现在《玉虚子·卜居》文首成了眉批。更为可笑的是，这本为相同的文字，却被分别置于王凤洲和杨升庵名下。

以上本文对《诸子汇函》所收《楚辞》作品的评点形式、评点内容以及其与其他《楚辞》评点本的关系等问题进行了详细的介绍。在此基础上，笔者以为，该本所谓的"合诸名家批点"、"昆山归有光熙甫搜辑"云云，就其中《楚辞》作品的评点内容来看，实际上是名不副实的，它不过是书贾用以招徕顾客的促销话语而已。但其中又有不少文学性的评点内容，值得我们借鉴和学习。这就要求我们要以审慎的眼光来看待和使用它了。

（作者系复旦大学学报编辑）

---

① 《楚辞》，明万历二十八年凌毓枬校陈深批点二色套印本。

试论明末《诗经》评点中的以诗评《诗》

张洪海

以诗评《诗》是《诗经》评点中的常用手法，其具体表现形式是以后世具体诗篇或诗句来阐发《诗经》中的诗篇或诗句，从而直观地揭示诗旨、品味意境、指出创作手法，并说明其对后世诗歌创作的影响。其发生的内在依据是后世诗歌同《诗经》中的诗句有相同或相近的题材、情感、意境、风格，抑或写作方法，这从另一角度也说明，对于后世诗歌，《诗经》有或显或隐、或密或疏的源头意义。

本文试以所见明末诸家诗经评点中以诗评《诗》之处作一粗略统计与论述，所见有限，错误难免，目的只在初步揭示《诗经》评点中以诗评《诗》的面貌，为《诗经》评点研究提供一点借鉴而已。

以诗评《诗》并不是在每种《诗经》评点著作中都均衡存在的，一个大致的规律是越早的评点本越少用这种方式，比如目前所能见到最早的《诗经》评点本是明后期刻于明万历二十一年(1593)至万历二十九年(1601)安世凤的《诗批释》，比公认的最早的刻成于万历三十年的孙钅广的《批评诗经》还要早一年，在这个评本上所能见到的以诗评《诗》的批语只有五条(括号中为所评之《诗经》原文)：

(安眉)先峻后缓，况味有余，太白“白发三千丈”是此法。(《郑风·叔于田》“叔于田，巷无居人。岂无居人？不如叔也，洵美且仁。”)

(安眉)赋、比、兴杂错而出，盖情既迫切，而词复蹙隘，千古

绝调，可与《离骚》与邹阳狱中上书参看。（《小雅·小弁》）

（安眉）清疏简贵，如霜月带星，晴峰竦日，陆士衡所拟十四首庶几家嗣耳。（《小雅·小明》）

（安眉）或以子建《赠白马》诗为效，此其辞之联络处相似，然此以法胜，彼以情胜，皆千古绝调也。（《大雅·大明》）

第一条是借李白《秋浦歌》总结《叔于田》的写作手法；第二条是借《离骚》和邹阳《狱中上书自明》说明《小弁》因情切致诗胜的特点，点出情感对于创作的前提性；第三条是以陆机《拟古诗》来比说《小明》清疏简贵的风格；第四条是指出曹植《白马篇》与《大明》章法的相似以及侧重点的区别所在。

比安世凤《诗批释》晚一年刊刻的孙鑛（1542—1613）的《批评诗经》，也没有在以诗评《诗》上用力，只有寥寥几条此类批语。这些评语涉及到后世诗歌，一方面是验证诗中所写事类的普遍性，并说明作者并非事件的参与者，而是代言人。如：

（孙篇前评）时盖偶有此事，而文人代为赋之，即如颜光禄《秋胡诗》之类，白太傅《井底引银瓶》，即此义疏耳。（《卫风·氓》）

另一方面是为了指出《诗三百》作为源头对于后世所产生的影响。并在一定程度上强调《诗三百》作为文学的经典对于后世是不能超越的最高标准和终极取法的圭臬。当然这并非全是正确的，是受到经学心理定势的影响而产生的盲目经典崇拜。但有一些还是说得较为符合实际而合乎情理的。如：

（孙章后评）撰语绝工，运思绝员妙，杜诗云："对君洗红妆"，则未免滞拙。（《卫风·伯兮》：自伯之东，首如飞蓬。岂无膏沐？谁适为容。）

（孙篇前评）闳壮而精丽，气骨特雄劲甚，第比之周雅，觉声色太厉耳，汉魏乐府诸奇陗调多本此。（《秦风·小戎》）

(孙篇前评)辞气衰飒,以缠绵胜,然却只是平叙去,后曹王诸作,总不能出此范围。(《秦风·黄鸟》)

还有一点需要指明的是借诗说事,即借用后世一首诗来阐发一种读诗的观点。如:

(孙篇前评)即是淫女词,然作刺庄公解固无不可。大凡诗多有三项意,如《冉冉孤生竹》,傅毅作也,其辞则女子语也,意所托,则君臣也。读诗须兼此三种意,方尽诗人比兴之旨。(《郑风·将仲子》)

明确自觉地从理论角度指出寄托在读诗也即文学接受时的重要性,开常州词派比兴寄托滥觞,亦具备现代接受美学部分特征。在某种意义上这种评点已经突破了评点感性强逻辑理论性差的局限,有一定的文学批评史意义。

《诗经》评本中钟惺(1574—1624)的《评点诗经》①影响较大。其评点被后来一些评点本摘录,辗转流传,名气很大。但其中以诗评《诗》的评语只有短短两条:

(钟眉蓝)汉乐府"鸡鸣狗吠,兄嫂当知之",即此意。(《郑风·将仲子》:"将仲子兮,无逾我墙,无折我树桑,岂敢爱之?畏我诸兄。仲可怀也,诸兄之言,亦可畏也。")

(钟眉蓝)说来谡谡然,《楚辞·九歌》语意多本此。(《小雅·楚茨》:"礼仪既备,钟鼓既戒。孝孙徂位,工祝致告。神具醉止,皇尸载起。鼓钟送尸,神保聿归。诸宰君妇,废彻不车

① 笔者所见钟惺的《诗经》评本有两种:一种是明天启间凌杜若刻朱墨套印本,另一种是明泰昌元年闵氏三色套印本。三色本中朱批与朱墨本批语相同,应是孙氏第一次评,蓝色批数量大体与朱批相当,未见单行本,稍晚张元芳、魏浣初《毛诗振雅》评语系全部收录钟氏蓝色评语。

迟。诸父兄弟，备言燕私。”)

前一条以汉乐府《有所思》中的“鸡鸣狗吠，兄嫂当知之”来点评《将仲子》第二章，真是解得切当而生动。《毛序》云：“《将仲子》，刺庄公也。不胜其母以害其弟，弟叔失道而公弗制，祭仲谏而公弗听，小不忍以致大乱焉。”这种努力比附政治的解诗法在一句乐府诗面前真是显得软弱无力。

第二条是说《九歌》语意本于《楚茨》里讲祭神场面的一段，虽然《九歌》是一套祭祀神鬼的合歌辞、音乐与舞蹈的舞曲，二者自有相似之处，但要说《九歌》语意本于《楚茨》，似乎有欠科学。但评语却达到了以《九歌》来说明《楚茨》语意的目的，倒也可取。

徐奋鹏的《毛诗捷渡》是评点内容丰富而细致的一个重要评本①。(另一本题名徐奋鹏《采辑名家批评诗经删补》，乃是在徐奋鹏的《诗经删补》之上抄录钟惺朱墨套印本《评点诗经》及徐氏本人《毛诗捷渡》部分批语及他书所成，而尤以钟惺评语居其大半。所以徐氏评语只限《毛诗捷渡》一书所载。)徐氏本人走在时代前列的超世文学观②无疑影响了他对《诗经》的解读。至于徐氏《诗经》评点中以诗评《诗》的评点文字也并不多，仅有几条而已。其中，有品味诗句情致意趣的，如：

(捷渡眉)“日之夕矣”句连上带下，予玩此句极有可味，唐诗“月明花落又黄昏”，无限情致在此处。(《王风·君子于役》“日之夕矣”)

① 另一本题名徐奋鹏《采辑名家批评诗经删补》，乃是在徐奋鹏的《诗经删补》之上抄录钟惺朱墨套印本《评点诗经》及徐氏本人《毛诗捷渡》部分批语及他书所成，而尤以钟惺评语居其大半。所以徐氏评语只限《毛诗捷渡》一书所载。

② 参看黄霖先生《徐奋鹏的超世文论与现代纯文学论》。

虽然月明花落比起“日之夕矣”，是增加的意象，但二者的情致却是相同的。而且用此增加了意象的诗句来说明“日之夕矣”，无疑丰富了读者对于此四字的心理感受。

再如：

> （捷渡眉）所谓“有约不来过夜半，闲敲棋子落灯花”。（《陈风·东门之杨》首章）

《东门之杨》是写男女约会久候不至的诗。首章为：“东门之杨，其叶牂牂。昏以为期，明星煌煌。”此章以写景为主，前二句写所约之地点，后二句写所约之时间。藉景物烘托情感，表现出一种期待的心理。“有约不来过夜半，闲敲棋子落灯花”是南宋赵师秀《约客》中的名句，把一种等待的心情表达成如许诗意的画面。二者都是以物象烘托心情，前者以明星，后者以灯花，不约而同都是取闪亮的物象，表达的又是相似的心情，果然意境可通。

有阐释句意的，如：

> （捷渡夹）每末句正是“安得山中千日酒，酩然醉到太平时”句意，作欲死看，固哉！（《王风·兔爰》）

《兔爰》共三章，每章分别以“逢此百罹，尚寐无吪”、“逢此百忧，尚寐无觉”、“逢此百凶，尚寐无聪”结尾。《毛序》云：“《兔爰》，闵周也。桓王失信，诸侯背叛，构怨连祸，王师伤败，君子不乐其生焉。”《郑笺》于此句云：“我长大之后，乃遇此军役之多忧，今但庶几于寐，不欲见动，无所乐生之甚。”虽然毛郑之说并没有错，但解释得呆板，倒是方玉润解释得恰切：“无吪、无觉、无聪者，亦不过不欲言、不欲见、不欲闻已耳。”（《诗经原始》，中华书局）而“安得山中千日酒，酩然醉到太平时”，正是幻想中一种满足“不欲言、不欲见、不欲闻”心理的诗意的方式。引此句作解，立刻使得《兔爰》的主题及情感明白透彻，比起欲死不欲生的说法，自然圆活许多，毫无胶固之感。

虽然徐奋鹏的评点非常细致，但以诗评《诗》不过仅此几条，可是这有限的几条，却也能大略体现他论《诗》看重文学性的一面，尽管他的整个评点还较深得受到传统经学的影响。

戴君恩的《读风臆评》是诸家评本中最优秀的一种，现有明万历四十八年闵齐伋刻朱墨套印本。其以诗评《诗》的评点较多也较丰富。

> 诗贵远不贵近，贵淡不贵浓，唐人诗如“袅袅城边柳，青青陌上桑。提笼忘采桑，昨夜梦渔阳”，亦犹《卷耳》四句意耳，试取以相较，远近浓淡孰当擅场？（《周南·卷耳》）

在融融的春光里，采桑女子神情恍惚若有所忆，手提空篮，忘记了采桑，原来她在思念从军的丈夫。张仲素的这首《春闺思》用意与《卷耳》的确相似极了，但风格显然不及《卷耳》淡远。但《春闺思》的秀美意象及因果倒装所产生的鲜明诗境也自有所长。把两者进行比较，真是有裨读者。

> “退食自公，委蛇委蛇”，分明画出朝廷无事光景，犹唐诗“圣朝无阙事，自觉谏书稀”意也。（《召南·羔羊》）

朱熹《诗集传》云：“南国化文王之政，在位皆节俭正直，故诗人美其衣服有常，而从容自得如此也。”这种理解分明没有摆脱汉人解诗处处拘牵王化政治的思维定势，怪不得戴君恩说：“从羔羊素丝见他节俭，遂执定节俭正直对看，不知‘羔羊’二句但指其人耳，真皮相可笑。”且不管《羔羊》作者主观倾向如何，其客观上是写出了太平日久，大夫优游自适的形态。岑参《寄左省杜拾遗》“联步趋丹陛，分曹限紫薇。晓随天仗入，暮惹御香归。白发悲花落，青云羡鸟飞。圣朝无阙事，自觉谏书稀”，也是描写朝廷无事，大臣悠闲光景。所以二者相比对说明，倒也并不牵强，比起朱熹的理解，应该是灵活而实事求是得多了。

唐诗："紫禁香如雾，晴天月似霜。云韶何处奏，只是在昭阳。"又："监官引出暂开门，随例趋朝不是恩。银钥却收金锁合，月明花落又黄昏。"景物不殊，恩怨自别。(《召南·小星》)

虽然对于《小星》所写为何等人历来意见不一，但此处连用张仲素《思君恩》和杜牧《宫词二首》其二来印合《小星》中之情景，意境还是比较相似的。

(戴眉)"死别已吞声，生别常恻恻。"(《邶风·击鼓》："于嗟阔兮，不我活兮；于嗟洵兮，不我信兮。")

老杜《垂老别》诸作便可不读。(《邶风·击鼓》)

此二条评使读者的思维由《击鼓》一诗跳跃到杜甫的凄怆诗作，倒回头来再读《击鼓》，就能强烈感受到其作为征战诗所含有的生离死别带给人们的刻骨之痛，

寥落悲前事，支离笑此身。(《卫风·氓》："三岁为妇……躬自悼矣"。)

盈盈一水间，脉脉不得语。(《卫风·河广》)

安边自合有长策，何必流离中国人。(《王风·扬之水》)

相逢方一笑，相送还成泣。(《郑风·遵大路》)

空馆相思夜，孤灯照雨声。(《郑风·风雨》)

《白头吟》、《长门赋》。(《郑风·萚兮》)

《少年行》、《塞下曲》。(《秦风·无衣》)

此六条批语直接引用后世诗句或仅列出相关诗歌题目，不加任何按语，却极贴切，胜过繁言赘语长篇讲解。

还有以后世诗歌与《诗经》诗章相比较者，借后世诗篇某方面的逊色体现《诗经》所达到的难以企及的艺术高度，倒也符合实情。如：

顾况《日晚行》无此澹远。(《王风·君子于役》)

“有敦瓜苦”四句,老杜“夜阑更秉烛,相对如梦寐”,差堪伯仲。若王建“家人见月望我归,正是道上思家时”,以观“鹳鸣于垤,妇叹于室”二语,便露伧父面孔。

《静夜思》、《玉阶怨》,殊不如也。

个别评语在以诗证诗的同时,不忘指出前人权威注解之不确处,因为借助了形象的说明,所以给人以驳斥有力之感。如:

《黍离》而后周无君矣,《中谷》之慨其《离骚》“美人”之悲乎?注却实认凶年饥馑室家相弃之作,是当与追蠡尚禹声者同一姗笑。其音节亦似《离骚》。(《王风·中谷有蓷》)

明是有情语耳,孟郊“欲别牵郎衣,郎今到何处?不恨归来迟,莫向临邛去”,正此意也。注乃以为弃妇之诗,觉直遂无味矣。

关于《蒹葭》一诗的主题历来众说纷纭,《毛序》认为“《蒹葭》,刺襄公也。未能用周礼,将无以固其国焉”。这样的解释,即使不是谬论,也应是过度牵强,难以自圆。今人大多以为这是一首抒写思慕、追求意中人而不得的诗。而下面这则评语是这样说的:

“溯洄”、“溯游”,既无其事,“在水一方”,亦无其人,诗人盖感时抚景,忽焉有怀,而托言于一方以写其牢骚邑郁之意。宋玉赋“寥廓兮羁旅而无友生,惆怅兮而私自怜”,即此意也。婉转数言,烟波万里,《秋兴赋》、《山鬼》伎俩耳。(《秦风·蒹葭》)

“既无其事”,“亦无其人”,解诗不坐实,其实就是最善解诗者,宋玉诗句虽未必与《蒹葭》作者同一种惆怅,但与《山鬼》“若有人兮山之阿”却真是相似,一在水一在山,同一思慕之情。

综观以上所列,分类概括以诗评《诗》的《诗经》评点样式,大约有以下几种：

一，直接列出后世诗歌题目，不加任何说明解释。如：

（戴评）《白头吟》、《长门赋》。（《郑风·萚兮》）

二，直接列出后世诗句，不加任何说明解释。如：

（戴评）寥落悲前事，支离笑此身。（《卫风·氓》："三岁为妇……躬自悼矣。"）

盈盈一水间，脉脉不得语。（《卫风·河广》）

三，以后世诗题解《诗》，略加说明，行文中大抵有"所谓"、"即如"、"即……耳"、"可与……参看"、"……正此意也"、"……似此"等字样。此类最多，如：

（捷渡眉）所谓"有约不来过夜半，闲敲棋子落灯花"。（《陈风·东门之杨》首章）

（孙篇前评）时盖偶有此事，而文人代为赋之，即如颜光禄《秋胡诗》之类，白太傅《井底引银瓶》，即此义疏耳。（《卫风·氓》）

四，以后世诗歌与《诗经》诗句进行比较，以期分出优劣。如：

（孙章后评）撰语绝工，运思绝员妙，杜诗云："对君洗红妆。"则未免滞拙。（《卫风·伯兮》："自伯之东，首如飞蓬。岂无膏沐？谁适为容。"）

（戴评）顾况《日晚行》无此澹远。（《王风·君子于役》）

五，指出后世某种诗或某人诗、某首诗以《诗经》某篇在立意、手法、风格等某方面为源头或轨范。如：

(孙篇前评)辞气衰飒,以缠绵胜,然却只是平叙去,后曹王诸作,总不能出此范围。(《秦风·黄鸟》)

这种从文学性阐释目的出发的品评《诗经》的手法也的确有其不可替代的长处。首先,它能够把一些只能意会不能言传的东西霎时间传递给读者,使读者在《诗经》篇章的解读上轻松地超越传统《诗经》学的政治比附和道德说解的羁绊,达到与《诗》作者心灵契合的妙境。其次,《诗经》的许多篇章由于年代的久远给后人留下许多难解的题旨或含义,而后世诗歌相对较易理解和把握,因此以诗评《诗》便产生了以易解难的效果,借用后世诗歌的易解性来解说上古诗由于年代的久远而产生隔膜的诗意,使原本晦暗的诗境变得明朗易懂起来。

明末《诗经》评点中的以诗评《诗》大体情况就是这样,虽然难以有较大理论建树,难以在文学批评史上占据一席之地,但却增强了《诗经》评点阵营,增加了评点方法,自有其存在的价值,所以试作粗陋梳理,以期抛砖而引玉。

(作者系安徽大学副教授)

李贽评选《坡仙集》谫论

樊庆彦

李贽(1527—1602)是我国著名的思想家、史学家和文学批评家。作为明代中后期“王学左派”——泰州学派的代表人物,他离经叛道,贬儒轻孔,自标“异端”,“程量千古,独出胸臆,无所规放”①,不受程朱理学传统观念束缚,倡导绝假纯真、真情实感的“童心说”,然而对苏轼却情有独钟,以其文章作为“宇宙内五大部文章”之一②,说他“胸中绝无俗气,下笔不作寻常语,不步人脚”,故而“虽千古未见其比”③。他从苏轼作品中“诠择什一,并为点定”④,编成《坡仙集》,并经由好友焦竑作序称赏,而成为晚明影响极大的一种苏文选本。

一

今见《坡仙集》最早的刻本乃是明万历二十八年(1600)焦竑序刊本。据《坡仙集》卷前焦竑序云:“余向于中秘见苏集不减十余种,

---

① 焦竑《藏书序》,张建业主编《李贽文集》第二卷《藏书(上)》卷首,第1页,社会科学文献出版社2000年版。

② 周晖《金陵琐事》卷一“五大部文章”。

③ 李贽《又与从吾》,《李贽文集》第一卷《焚书》增补一,第249页

④ 焦竑《刻坡仙集抄引》,万历庚子本《重刻坡仙集》卷首。

欲手自排缵为一编，未成，顷王太史宇泰取见行全集与外集，类次之以传，而以书属余曰：‘子其以卓翁本先付之梓人’。”①而卷首目录后又有“万历庚子岁梓于继志斋中”牌记，可见该书乃是于明万历庚子年间由焦竑帮助刊刻而成。后因“《坡仙集》差讹甚多”②，“是集翻刻既多，原本亦有淆讹”，“兹悉从诸善本中一一搜正”③，于同年（明万历庚子）内重付刻梓。

《坡仙集》共16卷，其中卷一收诗赋8篇，颂9篇，墓志铭8篇，铭27篇，偈3篇，赞26篇；卷二收传4篇，碑5篇，记27篇，叙7篇；卷三为祭文7篇，祝文14篇，志林4条，杂作31篇；卷四为经说8篇，论7篇，表状70篇，乐语4篇；卷五为启49篇，书柬20篇；卷六续收书柬61篇；卷七为策问、对策及策略等20篇，卷八至卷十为奏议47篇及内制31篇，外制15篇。以上为正集。卷十一至十五为别集，共录东坡事实472条，大抵本于王世贞《苏长公外纪》，卷十六为年谱、年谱后语、本传（节录）④。从以上各类文体入选的数目可以看出，卷一所收诗赋8篇中，诗只有《息壤诗》和《颜乐亭诗》二首并序，其余为赋。二诗均为四言，或是将其作为“赋”而非“诗”所以选录，或是为选序文而存诗。相对而言，所取较多的篇目为书柬、表状、启、奏议等几类。因此，《坡仙集》实为李贽编选的苏文评本。当然，这一方面跟苏轼全集中所涉文体篇目的比例有关，但另一方面也表现出李贽选目的不同寻常之处。一般而言，选文多取便于科举者，故论策文体较受选家青睐。比其略早的茅坤《唐宋八大家文钞》共收东坡文248篇，还不及《坡仙集》的一半，而其中“论”为63篇；在清代沈德潜《唐宋八大家古文》和乾隆《御选唐宋文醇》中，“论”所占的比例也是最大的；而《坡仙集》仅收7篇。茅坤《唐宋八大家文

---

① 焦竑《坡仙集序》，万历庚子本《李卓吾批选坡仙集》卷首。

② 李贽《与焦弱侯》，《李贽文集》第一卷《续焚书》卷一，第32页。

③ 《重刻坡仙集·凡例》，万历庚子本《重刻坡仙集》卷首。

④ 参见刘尚荣《明版苏轼文集版本考述》，载《苏轼著作版本论丛》第136页，巴蜀书社1988年版。

钞》中铭、赞、颂三类文体仅 15 篇，而《坡仙集》则达 62 篇之多。祝文、乐语、偈等文体在茅坤《唐宋八大家文钞》及沈德潜《唐宋八大家古文》等选本中多不收，而在《坡仙集》中却多达 20 余篇。而且，《坡仙集》中所占比例最大的是书柬 81 篇，其中尺牍占到一半以上，而尺牍往往随手写出，应用性强，比较随意，因而通常不被作为文学作品看待。这也跟当时传统的选本有所不同。如茅坤《文钞》选苏轼"书"22 篇中，尺牍仅 3 篇，其余多为据事而发之作，较为郑重、规范。无论从当时还是现在的眼光来看，《坡仙集》所选篇目的确与众不同，甚至不能算作纯粹的文学选本。但却是"俱世人所未尝取者。世人所取者，世人所知耳，亦长公俯就世人而作者也。至其真洪钟大吕，大扣大鸣，小扣小应，俱系彼精神髓骨所在"①。再附以李贽卓尔不群的评点，故能在众多的苏文选本中独树一帜，而为人所瞩目。

李贽评选《坡仙集》的目的，首先乃是旨在借书知人，"使世人不待谈长公之全集，而能得长公之全人"②。故而所选之文乃苏轼"精神髓骨所在"，最能见东坡心事。"今尽数录出，时一披阅，心事宛然，如对长公披襟面语。憾不得再写一部，呈去请教尔。"③其次，李贽评选《坡仙集》又和科举应用联系在一起："令学生子置在案头，初场二场三场毕具矣。"④这是明代后期打通制艺、散文、戏剧的一种共同风气所致。再者，李贽评选《坡仙集》与他本人兴趣有关："《坡仙集》我有披削旁注在内，每开看便自欢喜，是我一件快心却疾之书……大凡我书皆为求以快乐自己，非为人也。"⑤这种务求自我审美愉悦而较少功利色彩的评点方式，使得评点者的精神个性寄寓其中，从而可以在一定程度上反映其文学观与审美趣味。

《坡仙集》在评点体例上有题下评语、文旁批语、文末评语，正文

---

① 李贽《复焦弱侯》，《李贽文集》第一卷《焚书》卷二，第 43—44 页。
② 《坡仙集·凡例》，万历庚子本《李卓吾批选坡仙集》卷首。
③④ 李贽《复焦弱侯》，《李贽文集》第一卷《焚书》卷二，第 44 页。
⑤ 李贽《寄京友书》，《李贽文集》第一卷《焚书》卷二，第 65 页。

右侧有圈点。与其评点目的相统一,评语多为"趣"、"有趣"、"好"、"妙"、"可怜"、"大是"、"可观可感"等,虽是文字简练,却颇具点睛之妙。以中华书局孔凡礼先生点校本《苏轼文集》分类为标准而言,《坡仙集》中所选尺牍达40余条,细检之则可以发现,在所选尺牍中,题下有评语的共计19条,除去《与李公择》题下标注"可观可感",《与陈传道》下标"可想",《答孙志康书》下标"可感",《答秦太虚书》下标"可观可喜,妙,妙",其余15条均评曰"趣"、"有趣"或"趣甚"。而且,《文集》中存《答黄鲁直》5首,《坡仙集》独选其中第5首,题下评语——"趣";《答范蜀公》4首,选其中第3首,题下评语——"有趣";《与王敏仲》存18首,选其中第16首,题下评语——"有趣";《与滕达道》存68首,选其中第7首,题下评语——"趣"。兹于此选录苏轼黄州时期《与王元直》一首,题下评语——"趣",以见李贽诠择东坡尺牍的一般风格:

> 黄州真在井底。杳不闻乡国信息,不审比日起居何如,郎娘各安否?此中凡百粗遣,江边弄水挑菜,便过一日,每见一邸报,须数人下狱得罪。方朝廷综核名实,虽才者犹不堪其任,况仆顽钝如此,其废弃固宜。但犹有少望,或圣恩许归田里,得款段一仆,与子众丈、杨宗文之流,往还瑞草桥,夜还何村,与君对坐庄门吃瓜子炒豆,不知当复有此日否?存道奄忽,使我至今酸辛,其家亦安在?人还,详示数字。余惟万万保爱。

与同题而未选的其他篇目相比较,可以看出,李贽诠择书信尺牍的着眼点乃在于"趣"。因苏轼广于交友,笃于友谊,"简易疏达,表里洞然"①,所写书札大都随笔挥洒,不假雕饰,幽默风趣,情致宛然,使人洞见肺腑,其最能体现苏轼的智慧、风神、气质,最能展示他开朗达观、超然洒脱的人生境界,从而视之为最为自由、自然、自在的篇目章节。这其实正是李贽的会心之处。严羽曰:"诗有别趣,非关

① 苏轼《密州通判厅题名记》,《苏文忠公全集·东坡续集》卷一二。

理也。”①“趣”，乃是谐趣、理趣，与纯粹的“理”相对立。而明万历以后，社会思想中弥漫着内在的自然主义和追求自由的精神。因而，在艺术创作领域，李贽、公安三袁、竟陵派等都很重视艺术表现之“趣”，即追求不拘格套而气韵流走、趣味生动的艺术风格，反对文学的理学化倾向。

在《坡仙集》批注中也同样可以看出李贽对说理文字的不满。如《后祀菊赋》“先生忻然而笑曰：‘人生一世，如屈伸肘……’”李贽于旁批注曰：“可惜说道理去了。”《前赤壁赋》“盖将自其变者而观之”句旁批注曰：“正好发挥，可惜说道理了。”《黠鼠赋》“汝为多学而识之，望道而未见也”句旁亦批注曰：“可惜说道理了。”但是，李贽也并非一味地反对于作品中发议论，而是根据不同文体区别对待。以上所举之例及类似的惋惜之辞基本上都出现于所选“赋”中，可见他对于“赋”这种文体，强调的乃是其传统的“体物而浏亮”的语体风格和表意功能。而在论、说等类型的文章中，他所激赏并赞以“至言”、“透甚”或加以圈点的，则往往是苏文议论“精微而朗畅”、“辞达而理举”②之处。

而在其他选本中较少选录却在《坡仙集》中收录许多的铭、赞、颂、祝文、偈等文体，通过李贽对所录篇章的点评也可看出他的审美趣味和文学观，如《定州辞诸庙祝文》：

> 轼得罪于朝，将适岭表。虽以谪去，敢不告行。区区之心，神所鉴听。尚飨。

祝文本属例行公事式的应用性文体，极少文学性与可读性，往往为各家选本所忽视。但李贽却慧眼独具，此首祝文乃是苏轼远谪岭南之前的心迹表明，李卓吾选评曰：“伤哉!”可见他对苏公人生遭遇之同情，亦含对苏公人品气节之敬仰。又如《送寿圣聪长老偈》、《舍铜

① 严羽《沧浪诗话·诗辨》。
② 陆机《文赋》。

龟子文》、《怪石供》、《药诵》等文，苏轼同样能以传神之笔表现得灵动、洒脱，而李贽也屡屡点出其“趣”之处，颇有心灵交映之感，东坡与卓吾二公之神采气宇，顿时跃然纸上。

如果要全面客观地反映李贽评点《坡仙集》的重要价值，将其置于整个评点的历史长河中加以探讨则更为清晰直观。真正意义上的古文评点应始于南宋吕祖谦之《古文关键》，其圈点批抹之法，据为明人评点之学所本。吕氏之后有其弟子楼迂斋之《崇古文诀》，讲求文章章句意脉。再后则有谢叠山之《文章轨范》，堪称宋人评点之集大成者。我们在明人苏文选本中，尚能看到随处采摘吕祖谦、楼迂斋、谢叠山的评语，这些批评和茅坤、王圣俞、钟惺等人的评点可谓一脉相承，时有精彩之处。如果放在这个评点之流中看李贽对苏文的评点，审视其异同，还是能够发现不少特别之处。兹举数例作一比较说明：

(一)《问养生》

李卓吾：未见透髓，尚在道理之间，非养生之至也。

王圣俞：使人正襟敛手而读之者，《左传》也；使人手舞足蹈而读之者，《庄子》也。东坡得《庄子》意。

郑之惠：“安”、“和”二字从老氏“专气致柔”来。

储欣：身世妙理，冲喉而出。

钟惺：从涉世看出养生，善读《庄子》。

(二)《张君墨宝堂记》

李卓吾：前半截甚为蒙庄所苦。

陈眉公：末重在功名上，寓警醒意。

邵二泉：真是文章中夺胎换骨，皆从庄子变化来。

唐荆川：此文前后各自为议论，暗相照应甚密。

(三)《策略五》

李卓吾：刺骨。

楼迂斋：此篇主意，通上下之情，间架整，波澜阔，议论佳，可为策格。作散文生疏，苦于断续不连者，或语句费力者，熟读不患不进。

唐荆川:此文论时弊处,皆借古为论,亦一体也。

茅鹿门:行文如行云,如江流,曲尽文家游衍之妙。

钱文登:此篇三大段,文法甚巧,后五事亦叙得好。

通过上举三例,我们可以看出李卓吾的批评与他人迥然不同的风格。一般的批评讲究文脉、文势、文法,因而显得郑重、规范。而李卓吾的批评虽然语言简洁,单刀直入,不太注重文章的格局作法,但却是称心而言,随口而发,重情感,求趣味,谐谑百出,别具一格,因此能够夺人心魄,而为人所喜爱。

二

李贽之所以如此评价苏文,首先与他所处的时代背景有关。明代中后期是一个动荡与繁荣、死亡与新生并存又先后交替的历史时期,无论在政治、经济、社会生活,还是在思想、哲学和文学方面,都发生着非常显著的变化,也影响着人们的行为规范、思想观念和价值取向。曾被宋明理学视为邪恶并长期压制、否定的人的主体意识得以觉醒,“闻者霍然如披云雾而睹青天也”①,人性得以萌生并发展。但是此时社会面临深重的危机,吏治腐败,宫廷内乱,财政枯竭,军备荒殆等等,种种表现昭示着既有的统治秩序的败落已不可自救,封建专制主义制度正沉疴临绝,彻底走向衰落、腐朽和灭亡。处于这样的一个历史时期,作为社会精英的文人士大夫们无法施展自己远大的人生抱负,他们的心态也发生了重大变化,只好转向“内省的宇宙”②,借被他们视之为雕虫小技的文学艺术来感悟人生,思考社会。而与此同时,曾以力图挽回程朱理学颓势为其本质出发点的阳明“心学”的兴起,“无论从‘致良知’上或‘知行合’上,处处可以

① 焦竑《国朝理学名公祠记》,《澹园续集》卷四。

② 黄仁宇《中国大历史》第206页,三联书店1997年版。

看出一种自由解放的精神,处处是反对八股化道学,打破道学的陈旧格套"①。他们吸收了佛学中的狂禅思想及道家中的清流之风,扫除传统道德对精神的禁锢,追求思想与感受的开放,从而对其创作产生了重要影响。士子文人们对于文学复古思想的强烈批判,对创作法度的摒弃,对自由表达的提倡,也让文学功能抛弃了宗经致用的严肃使命而成为一种雅趣和娱乐。尤其是王学左派,更是这种"自由解放的精神"的极力宣扬者。而与王学左派有着深厚渊源的李贽,也在对苏文的评点中不时表现出来。

其次,这与李贽个人的思想观念也不无关系。李贽出生于福建省泉州府的"航海世家",又具有伊斯兰文化背景,一生遭遇曲折②,这些无疑影响了他性格的形成。在《自赞》一文中,他毫不掩饰自己的个性:

> 其性褊急,其色矜高,其词鄙俗,其心狂痴,其行率易,其交寡而面见亲热。其与人也,好求其过,前不悦其所长;其恶人也,既绝其人,又终身欲害其人。志在温饱,而自谓伯夷、叔齐;质本齐人,而自谓饱道饫德。分明一介不与,而以有莘借口;分明豪毛不拔,而谓杨朱贼仁。动与物迕,口与心违。其人如此,乡人皆恶之矣。昔子贡问夫子曰:"乡人皆恶之何如?"子曰:"未可也。"若居士,其可乎哉!③

由此可见,其气魄大,其性格刚烈,其个性强而酷好自由,"平生不爱属人管"④,"骨坚金石,气薄云天。言有触而必吐,意无往而不

① 稽文甫《晚明思想史论》第13页,东方出版社1996年版。

② 参见李贽《卓吾论略(滇中作)》,《李贽文集》第一卷《焚书》卷三,第78—81页。

③ 李贽《自赞》,《李贽文集》第一卷《焚书》卷三,第121页。

④ 李贽《豫约》,《李贽文集》第一卷《焚书》卷四,第173页。

伸"①,"识力、胆力迥超世外"②,具有"踏破百年生死窟"的英雄之胆和"倒翻千古是非窠"的卓越之识③。他自豪地宣称:"天幸生我心眼,开卷便见人,便见其人终始之概。夫读书论世,古多有之,或见皮面,或见体肤,或见血脉,或见其筋骨,然至骨极矣。""天幸生我大胆,凡昔人之所以忻艳以为贤者,余多以为假,多以为迂腐不才而不切于用;其所鄙者、弃者,唾且骂者,余皆以为可托国托家而托身也。"④他"不信道,不信仙、释,故见道人则恶,见僧则恶,见道学先生则尤恶"⑤,公开以"异端"自居,反对礼教束缚,激烈地抨击孔孟之道,认定"存天理、灭人欲"是虚伪说教。因而,李贽喜欢我行我素,做人不顾他人议论,文章也议论特别,见解不同于人,其评点亦是如此。

李贽在对《坡仙集》的批点中,只有极少处从文学创作形式诸因素如章法、结构等方面加以发挥,如《仁宗皇帝飞白御书记》"此岂独上之泽欤? 凡在廷者,与有力焉"处,李贽评曰:"主意。"《上刘侍读书》"今夫事之利害,计之得失,天下之能者,举知之而不能办。能办其小,而不能办其大,则气有所不足也。夫气之所加,则己大而物小"处,李贽亦指出此为"一篇主意"。等等。以便于"学生子置在案头"。但他认为"若只教尔举子业,则我非举业师也"⑥,因而多数评语还是重情务趣,这与李贽一贯的创作观也颇为相符。他倡导"童心说",主张创作要抒发己见,尊重人的自然性情,认为:"若夫结构之密,偶对之切;依于道理,合乎法度;首尾相应,虚实相生:种种禅

① 袁中道《珂雪斋集》卷十七《李温陵传》,第724页,上海古籍出版社1989年版。

② 袁中道《珂雪斋集》卷二十四《答须水部日华》,第1047页。

③ 刘侗、于奕正《帝京景物略》卷八《李卓吾墓》引《乌程释真程吊卓吾先生墓》。载厦门大学历史系编《李贽研究参考资料》第1辑,第77页。

④ 李贽《读书乐》,《李贽文集》第一卷《焚书》卷六,第213页。

⑤ 王守仁《〈王阳明先生道学钞〉附〈王阳明先生年谱后语〉》,《王阳明全集》第二部,第811页,上海古籍出版社2006年版。

⑥ 汪本钶《卓吾先师告文》,载厦门大学历史系编《李贽研究参考资料》第1辑,第58页。

病皆所以语文，而皆不可以语于天下之至文也。”①而“天下之至文，未有不出于童心焉者也”，所谓“童心，真心也”，即“绝假纯真，最初一念之本心也”②。因而他将评点视为一种不带功利目的的自娱活动，在阅读欣赏过程中随意“批抹”：

天生龙湖，以待卓吾。天生卓吾，乃在龙湖。龙湖卓吾，其乐何如？四时读书，不知其余。读书伊何？会我者多。一与心会，自笑自歌。歌吟不已，继以呼呵。恸哭呼呵，涕泗滂沱。歌匪无因，书中有人。我观其人，实获我心。……③

其友人刘东星亦说：“予为左辖时，获交卓吾先生于楚。先生手不释卷，终日抄写，自批自点，自歌自赞，不肯出以示人。”④可见李贽所追求的是一种“一与心会，自笑自歌。歌吟不已，继以呼呵”的境界，乃是为了在作品的规定情境中求得内心的精神快慰，而这种精神快慰就是直接抒发郁结于心中的情感思想：

其胸中有如许无状可怪之事，其喉间有如许欲吐而不敢吐之物，其口头又时时有许多欲语而莫可所以告语之处，蓄极积久，势不能遏。一旦见景生情，触目兴叹；夺他人之酒杯，浇自己之垒块；诉心中之不平，感数奇于千载。既已喷玉唾珠，昭回云汉，为章于天矣，遂亦自负，发狂大叫，流涕恸哭.不能自止。宁使见者闻者切齿咬牙，欲杀欲割，而终不忍藏于名山，投之水火。⑤

所以，在他看来“片言只字，与金玉同声，虽千古未见其比”的苏

---

① 李贽《杂说》，《李贽文集》第一卷《焚书》卷三，第 90 页。

② 李贽《童心说》，《李贽文集》第一卷《焚书》卷三，第 92 页。

③ 李贽《读书乐》，《李贽文集》第一卷《焚书》卷六，第 213—214 页。

④ 刘东星《藏书序》，《李贽文集》第二卷《藏书（上）》卷首，第 2 页。

⑤ 李贽《杂说》，《李贽文集》第一卷《焚书》卷三，第 91 页。

长公之文,他是以"童心"——自然而发的真挚情感作为诠择的内在尺度的。评选《坡仙集》,同样体现着他一贯的反潮流性格,乃是一种"真性情"的自然流露:"心实爱此公,是以开卷便如与之面叙也。"①然而,李贽却大胆指责"六经"、《论语》、《孟子》并非"万世之至论"②,"排斥孔子,别立褒贬"③,主张不必"咸以孔子之是非为是非"④。因而,他在《四书评》中,对"不知命,无以为君子也;不知礼,无以立也;不知言,无以知人也"⑤句,竟许以"文法极平顺"。对"有为者辟若掘井。掘井九仞而不及泉,尤为弃井也"⑥一句的评语则为:"此篇文章,不过一十字,便有波涛万丈。孟子之文,真以气胜者也。"仅从文法、气势角度评论孔孟的至理名言,而有些言不由衷,表现出他对儒家经典的蔑视。相形之下,对于《坡仙集》他则是怀着一种真挚情感,因而简易却不失亲切,平实却独具慧眼,在当时可谓令人耳目一新。正如陈继儒所云:"卓老于诸书一经涉笔,此书遂如画龙点睛,便欲飞去,读者如食交梨火枣,五内顿爽。"⑦而袁宗道则云:"不佞读他人文字觉懑懑,读翁片言只语,辄精神百倍。"⑧

李贽对苏文的评价与他对苏轼其人的认识也是直接相关的。他说:"苏长公何如人,故其文章自然惊天动地。世人不知,子氏以文章称之,不知文章直彼余事耳。世未有其人不能卓立而能文章垂

① 李贽《与焦弱侯》,《李贽文集》第一卷《续焚书》卷一,第 32 页。

② 李贽《童心说》,《李贽文集》第一卷《焚书》卷三,第 92 页。

③ 纪昀《四库全书总目提要》卷五〇"史部·别史类"存目。载厦门大学历史系编《李贽研究参考资料》第 2 辑,第 199 页。

④ 李贽《世纪列传总目前论》,《李贽文集》第二卷《藏书(上)》卷首,第 7 页。

⑤ 《论语·尧曰》。

⑥ 《孟子·尽心》。

⑦ 陈继儒《订补坡仙集序》,《订补坡仙集》卷首。

⑧ 袁宗道《白苏斋类集》卷十五《李卓吾》,第 209—210 页,上海古籍出版社 1989 年版。

不朽者。”①在李贽看来，苏轼不仅为人正直，忠君爱民，而且沉定坚毅，乐观旷达，不因迫害而退，不为功名所累，无论仕宦沉浮，始终未失其本色，故而对其之行为风范颇为赞赏：“或谓轼稍自韬哉，虽不获柄用，亦当免祸。嗟夫，假令轼以是而易其所为，尚得为轼哉？”②应该说，李贽本人并非纯文学家，其对文学的论述并非从纯文学的观念出发，这是李贽相异于三袁及众多小品文作家及选家的地方。而且，李贽将苏轼之文视为作者钟天地灵气化而为忠义之气且贯通其一生的自然宣泄，如果没有苏轼那样的人格胸襟，徒然效颦，从枝枝节节、字句文脉学习，则只能得其皮相，难得其精神。他认为：“子瞻自谓嬉笑怒骂皆可书而诵，信然否？夫嬉笑怒骂既是文章，则风流谑，总成嘉话矣……然无坡公之心而效其颦，无坡公之人而学其步，而自谓曰：我能嘻笑怒骂也，我能风流戏谑也，又奚可？”③李贽以胆识自负，所强调的是一个人的学识胆魄、胸襟气度。因此他心目中的人龙国士，非仅是一介文人而已。另外，李贽认为苏轼的嬉笑怒骂，除了对官场黑暗的讽刺，对人生失意的解嘲之外，还有突出一点是“骂道学”，他在《文公著书》一文中曾提及道：“文公非不知坡公也。坡公好笑道学，文公恨之，直欲为洛党出气耳，岂其真无心人哉！”④李贽对苏轼的三点评价，即忠于国事、胸襟高朗、笑骂道学，是研究李贽评点《坡仙集》的基本出发点。这决定了李贽选本虽和晚明小品文的兴盛呼应，但并非单纯的小品文选本，而有其独特之处。

三

李贽是晚明思想界的一大教主，对整个晚明文坛影响极大。其

① 李贽《复焦弱侯》，《李贽文集》第一卷《焚书》卷二，第 43 页。

② 凌启康增订考释《苏长公合作》八卷本附录《苏轼本传》李卓吾评语。

③ 李贽《苏轼》，《李贽文集》第三卷《藏书(下)》卷三十九，第 786 页。

④ 李贽《文公著书》，《李贽文集》第一卷《焚书》卷五，第 208 页。

著作流传甚广，当时士人“全不读《四书》本经，而李氏《藏书》、《焚书》，人挟一册，以为奇货”①，甚至“卓吾书盛行，咳唾间非卓吾不欢，几案间非卓吾不适，朝廷虽焚毁之，而士大夫则相与重锓，且流传于日本”②。万历三十年，他在狱中自尽后，“一死而书益传，名益重”，以致“海以内无不读先生之书者，无不欲尽先生之书而读之者，读之不已咸并其伪者而亦读矣”③。李贽不但是一位思想家，也是一位文学批评家，他一生评点诸书，遍及诗文小说戏曲、史书、经书等等，且在戏曲、小说方面具有开创之功，具有鲜明特点和深远影响。而在散文方面，李贽评点的《坡仙集》行世后，无论其选目、评论、圈点均成为当时苏文选的一个范本。诚如焦竑所言：“见者忻然传诵，争先得之为幸”④。如同李贽其他著述一样，此书亦屡禁而不绝，传刻颇多⑤。

(1) 明万历二十八年庚子(1600)焦竑序刊本《坡仙集》十六卷，封面题《李卓吾批选坡仙集》，卷前有焦竑序，书末有方时化跋。卷首《目录》后有“万历庚子岁录梓于继志斋中”牌记，卷内有“不及庵藏”印记。全书凡六册，每半叶九行，行二十字。原书藏美国国会图书馆，王重民《中国善本书提要》有著录。

(2) 明万历二十八年庚子(1600)焦竑序刻翻雕本《坡仙集》十六卷。卷首有焦竑《刻坡仙集抄引》，卓吾先生《复焦秣陵书》，校阅者李流芳、王宇春等十八人姓氏，《重刻坡仙集·凡例》及总目。目录后有“万历庚子岁录梓于继志斋中”牌记。《凡例》称：“是集翻刻既多，原本亦有淆讹”，“兹悉从诸善本中一一搜正”。可见此本并非

---

① 朱国桢《涌幢小品》卷一六。载厦门大学历史系编《李贽研究参考资料》第1辑，第69页。

② 此为吴虞在其《吴虞文录》之《明李卓吾别传》中所引陈明卿语。载厦门大学历史系编《李贽研究参考资料》第1辑，第44页。

③ 汪本钶《续刻李氏书序》，《李贽文集》第一卷《续焚书》卷首，第1页。

④ 焦竑《刻坡仙集抄引》，万历庚子本《重刻坡仙集》卷首。

⑤ 参见刘尚荣《明版苏轼文集版本考述》，载《苏轼著作版本论丛》第137页。

初本。今国家图书馆及日本东洋文化研究所内大木文库均藏此刻本。

(3) 明万历四十七年(1619)程明善重刻本《坡仙集》十六卷。台湾"国立中央"图书馆藏有一帙。

(4) 明末叶重刊本。台湾有两部。日本"内阁文库"亦似藏有此本。国家图书馆有残帙。

(5) 钞本《坡仙集》十六卷,存国家图书馆。

此外又有《订补坡仙集》三十八卷,系由陈继儒根据李贽选评的《坡仙集》篇目所订补,除补选原评本置之甚少的诗词并新附批点之外,对李氏原书之内容编次卷数亦有调整增订。卷首有焦竑序、陈继儒序。明万历间副本,半叶十行,行二十字。台湾"国立中央"图书馆及日本"内阁文库"均有收藏。

而如果将李贽评点《坡仙集》放在明代苏文选本之长河中进行考察,则更易于凸现其重要地位。正因为李贽的评点有胆有识,生动活泼,诙谐幽默,所以深受读者喜爱,他的书被抢售一空。书商见李贽评点如此深得读者爱好,以为有奇货可居,便在许多书中都署上李贽或李卓吾批点的名目,以此来招徕读者,于是,一时托名的伪书纷纷出笼,令人难辨真假,李贽的名字也就此走红。在李贽的文学思想和评点的影响与感召之下,当时有许多青年作家也纷纷走上了文学评点之路。孙琴安先生认为:"李贽的文学评点是对明代文学评点的进一步拓展,对晚明的文学评点带来了巨大影响。"①又缘于明人对苏轼人品的敬仰及对其散文的喜爱,因而晚明评选苏文的风气也顿时大开,极一时之盛。

李贽评点《坡仙集》的另一主要影响表现在其后苏文选本的取向问题。苏轼散文品类繁杂,既有舂容大篇、高文大册,也有小文小说、随笔杂记,不同时代不同怀抱的读者可以各取所需。所谓"制举

① 孙琴安《中国评点文学史》第107页,上海社会科学院出版社1999年版。

家合其才艳，经济家合其议论，博涉家合其记叙、禅喜家合其颂褐"①，同样各种不同的选本宗旨也各异。即苏文之精髓究竟在高文大册，抑或在小文小说；究竟是便举子业，还是自娱娱人。李贽似并未将苏文分为高文大册与小文小说两类，也就没有为小品文树立标本之意。但他认为"苏长公片言只字，与金玉同声"。小说小文最能见出人之率真人格，堪称千古绝调。而像碑记等"大文章终未免有依仿在"②，难以独出心裁。袁宏道说："宏甫选苏公文甚妥。"③而袁氏自己也曾批点过欧、苏二集。袁氏论文，以性灵、韵趣为宗，其所欣赏苏文，亦多在其闲适小文。袁中道云："今东坡之可爱者，多在小文小说。其高文大册，人固不深爱也，使尽去之，而独存其高文大册，岂复有坡公哉?"④专选小品的著名选本是万历三十九年辛亥(1611)心远轩刊《苏长公小品》二卷本。该书由王圣俞评选，他认为："今之文人皆谭驻世千秋之业，而非余所存。问余于文何得？对曰：寐得之，醒焉；倦得之，舒焉；愠得之，喜焉；暇得之，销日焉。是其所得于文者，皆一晌之欢也，而非千秋之志也……余读古文辞诸春容大篇者，辄览弗竟去之。噫嘻，此小品之所以辑也。"⑤凌启康亦云："夫宋室文章，风流藻采，至苏长公而极矣……其小者命机巧中，有盆山蕴秀，寸草函奇之致，人或忽之。自兹拈出，遂使片楮只言，共为珍宝。圣俞固长公千载之知己哉。"⑥小品文观逐渐确立，以文为娱、而非用以经世的观念普遍被接受，进而引发了明末小品文的盛行。

但凌启康在《刻苏长公小品序》中同时表示说："谓以尽长公小品则可，而以尽长公则不可。"在公安派盛行，小品文观大为流行之

① 郑之惠《苏长公合作内外篇叙》，《苏长公合作》卷首。

② 李贽《又与从吾》，《李贽文集》第一卷《焚书》增补一，第249页。

③ 袁宏道《袁宏道集笺校》卷二十一《答梅客生开府》，第733页，上海古籍出版社1981年版。

④ 袁中道《珂雪斋集》卷二十四《答蔡观察元履》，第1045页。

⑤ 王圣俞《苏长公小品序》，《苏长公小品》卷首。

⑥ 凌启康《刻苏长公小品序》，《苏长公小品》卷首。

时，公安之流弊已经凸显，竟陵派代之而起。钟惺有感于以往选东坡文者之偏宕，亲自操觚，编选《东坡文选》一十卷，于万历四十八年(1620)刊刻行世。其序云："今之选东坡文者多矣，不察其本末，漫然以趣之一字尽之。故读其序记论策奏议，则勉卒业而恐卧；及其小牍小文，则捐寝食狥之。以李温陵心眼未免此累，况其下此者乎？"①这是自《坡仙集》以来，对包括袁宏道以趣论文，《苏长公小品》尽去论策奏议唯取小品等观念的批评。钟惺重新强调了作家胸襟、人格的重要性，认为"能知觉运动以生而为圣贤、为豪杰者，非尽趣所为也"。所以，一"趣"字不足以尽东坡，而标举作圣贤、作豪杰人物，从而生发出具有"雄博高逸之气，纡回峭拔之情"的文章。公安派倡"性灵"，其弊流于肤浅滑率，因此竟陵派则要以"厚"、以"学"来挽救之。即使对于标准的小品文如题跋，钟惺也要求用"全副本领，全副精神，借一人一事一物发之，落笔极深、极厚、极广"。在他看来，即便写作小说小文也要拥有深厚修养，并精心为之，绝不可以游戏笔墨视之，应该说这是对前者的一次绝对意义上的反驳，虽然有其合理之处，但难免有矫枉过正之嫌。

相比之下，万历四十八年凌启康刊印三色、四色套印本《苏长公合作》八卷本，有圈点、眉批、夹批、总评、考释，不仅版式精美，选文亦较为合理。《苏长公合作》原是郑之惠以"长公之文为今业举子者训诰"②而选授门人者，该书《凡例》云："袁中郎曰：东坡之可爱者多其小文小说，使尽去之而独存其高文大册，岂复有坡公哉。余尝戏为一转语曰：使当时举东坡之高文大册，概一去之，而独存其小文小说，岂复以名坡公哉。昔之选坡者，策论、上书、赤壁赋外不多录。"因而该书选编宗旨鲜明，举业文与小品文并重。凌启康认为其甚便举子业，乃"取合作之本，裒众评而疏之，其点定主之季迪（高启），佐之宏甫"③。这反映出选家眼光的一种转变。昔日袁中道说尽去东

① 钟惺《东坡文选序》，《东坡文选》卷首。

② 郑之惠《苏长公合作内外篇叙》，《苏长公合作》卷首。

③ 凌启康《苏长公合作小引》，《苏长公合作》卷首。

坡小文小说，岂复有坡公；今日则说尽去东坡高文大册，岂复有坡公。这两种说法，均为一偏，也许合之才能见到坡公之全人。但不可否认，这些争论多少都附有《坡仙集》的影子，不难发现其后的苏文评本所受李贽评点的影响。

综而观之，李贽视评点为人生之乐事，视东坡为人生之楷模，却又以“异端”自居，别具只眼，故而能够在批点中直抒真性情，议论不同于众。而这颇为符合晚明时期盛行的主情文学思潮，不仅其评本屡次刊刻，广为流传，还引起了诸多文人的争相学习模仿，促成了苏文评点的热潮，其开先导路的贡献不容忽视。

（作者系山东大学讲师）

明代对曹植诗文的批评

——以胡应麟《诗薮》对曹植诗的批评为中心

杨贵环

一、引　言

明代是文学批评史上流派林立，异说纷呈颇为活跃的一个时期，其文学批评前后期有着很大的转变，经历了由明初台阁派等宗经师古的诗文观、明中期前后七子的复古思潮，向明后期公安派与竟陵派等重性灵、强调真情抒发的诗文观的演变。郭绍虞先生言："一部明代文学史殆全是文人们分门立户标榜攻击的历史。"①此论颇为中肯。这也势必会影响到此时期对曹植诗文的批评。通过统计②，明代有李桢、都穆、李梦阳、徐祯卿、杨慎、谢榛、王世贞、周履靖、王世懋、胡应麟、钟惺、谭元春、徐伯虬、毛一公、许学夷、陆时雍、张炎、张凤翼、徐世溥、杨承鲲、俞弁、陈朝辅、张溥等 23 人主要对曹植诗进行了批评，涉及到其赋、表、书及七等文体作品，他们大多持

---

① 郭绍虞《明代文学批评的特征》，《新语》第 5 页，1945 年版。

② 本文批评资料的收集，参阅了《诗薮》等相关诗学专著，《历代诗话》、《四库全书》等，同时参考了《三曹资料汇编 · 曹植卷》。史籍卷帙浩繁，虽不能做到穷尽所有的批评资料，但在广泛搜罗批评史料的基础上，试图通过这一相对量的数据统计，对曹植诗文的批评做一探讨。

褒扬的态度，具体批评情况以下表明示之。

表一 明代对曹植诗文的批评调查简表

文体	总评	18人50次
诗	《七哀》、《赠白马王彪》、《责躬》等	11人24首
乐府	《白马篇》、《名都篇》、《美女篇》等	10人30首
赋	《洛神赋》、《离思赋》、《登台赋》	7人3篇
表	《陈审举表》、《求自试表》	2人2篇
书	《与杨德祖书》	2人1篇
七	《七启》	1人1篇
总计	62篇	23人62篇，含总评人数

通过此表，我们可以大致了解到明代对曹植诗文的具体批评情况。明代对曹植诗文的批评主要集中在谢榛《四溟诗话》、王世贞《艺苑卮言》、胡应麟《诗薮》与许学夷《诗源辨体》等著作中，而明中晚期的《诗薮》对明代复古派诗论予以归纳和总结，并对七子派盲目复古的末流之弊以及明后期空疏之学等也给予了整饬和匡正，可谓是明代主流诗学理论的归纳和集大成者，其对曹植诗文的批评颇具代表性。《诗薮》共二十卷，继承了前后"七子"的"格调"说，倡导复古的同时又以"风神"、"神韵"论诗，体现出从"格调"说向"神韵"说的演变①。但对"胡的诗歌创作和诗论成就的研究，则往往浅尝辄止"②，其对具体诗人批评的研究及其诗学思想对后世的影响等诸多问题仍亟待研究解决③。本文试图运用相对量化的统计方法，重点较全面地对《诗薮》关于曹植诗的批评进行系统探讨④，也兼及其

① 刘德重《格调 风神 神韵——胡应麟〈诗薮〉的理论特色》，《上海大学学报》，2001年第2期。

② 陈丽媛《胡应麟研究综述》，《福建师范大学学报》，2006年第6期。

③ 王明辉《胡应麟生平及诗学思想研究综述》，《江西财经大学学报》2004年第2期。

④ ［德］海德格尔《在通向语言的途中》(*Unterwegs Zur Sprache*)，孙周兴译，第25页，商务印书馆1997年版。"一种真正的解释必以探讨为前提"。本文是对明代曹植诗文批评的考察。

他批评者的批评，以窥明代对曹植诗文的批评之一斑。

二、胡应麟《诗薮》对曹植诗文的批评

胡应麟(1551—1602)，字元瑞，著有《少室山房类稿》及论诗专著《诗薮》等，其对曹植诗文的批评主要体现在《诗薮》中。胡氏自称此书："悉是肝腹剖露，只字勿敢袭前人。前人藻鉴有当于衷，必标诸本书，使之自见。其有不合，即名世巨公，不复雷同。"①但钱谦益《列朝诗集小传》丁集所载："自邃古迄昭代，下上扬扢，大抵奉元美《卮言》为律令，而敷衍其说，《卮言》所入则主之，所出则奴之。"②从依附于显贵的人品与能力方面对之予以批评否定③，这也是《诗薮》长期没被受到重视的原因之一。但褒扬者如胡震亨，曰："吾尝谓近代谈诗集大成者，无如胡元瑞。"④《四库全书总目》载："应麟藉王世贞以得名，与李维祯、屠隆、魏允中、赵用贤称末五子。所作诗薮，类皆附合世贞《艺苑卮言》，后之诋七子者遂并应麟而斥之……应麟虽仰承余派，沿袭颓波，而记诵淹通，实在隆万诸家上。"⑤则指出后代有将胡氏与七子派一并斥责的现象，有失公允。《诗薮》开篇即云："四言变而《离骚》，《离骚》变而五言，五言变而七言，七言变而律诗，律诗变而绝句，诗之体以代变也；《三百篇》降而《骚》……诗之格以代降也。"⑥胡氏认为诗体皆有兴起、繁盛至衰亡的过程，且受时代的影响，繁盛之后则"格以代降"，"然而他没有能进一步深入地探讨

---

① 胡应麟《报王承父山人》，《少室山房类稿》卷116，景印文渊阁本《四库全书·集部》第1290册，第845页，上海古籍出版社1987年版。

② 钱谦益《列朝诗集小传》第447页，上海古籍出版社1959年版。

③ 参见王明辉，《〈列朝诗集小传〉"胡应麟条"辨析——兼谈胡应麟的历史评价》，《殷都学刊》2006年第一期。

④ 胡震亨《唐音癸签》第275页，上海古籍出版社1981年版。

⑤ 永瑢等《四库全书总目》(全二册)卷172，第1512页，中华书局1965年版。

⑥ 胡应麟《诗薮》内编卷一，第1页，上海古籍出版社1979年版。

各体诗歌兴衰变化的原因”①，这也反映出其一定的局限性。《诗薮》对曹植诗文的批评调查情况如下。

表二 《诗薮》对曹植诗文按文体分类批评调查表

文体	曹植作品	批评出处	篇数
总评	总 评	(1) 内编卷一，P9、P16、P17 (2) 内编卷二，P23、P24、P25、P28、P28、P28、P30、P33、P35、P35、P35、 (3) 内编卷三，P42 (4) 外编卷一，P137 (5) 外编卷二，P154 (6) 外编卷四，P184、P185 (7) 杂编卷二，P161 (8) 续编卷一，P346、P349	18处
诗	(1)《责躬》、《应诏》、《朔风》 (2)《矫志》 (3)《朔风诗》、《善哉行》 (4)《送应氏》、《赠王粲》 (5)《游仙》、《杂诗》、《七哀》、《送应氏诗》 (6)《七哀》 (7)《杂诗》、《公宴》、《七哀》、《赠丁仪》 (8)《七哀》、《三良》、《赠徐干》 (9)《杂诗》(“高台多悲风”)、《七哀》 (10)《七哀》 (11)《责躬》 (12)《七步诗》	(1) 内编卷一，P9 (2) 内编卷一，P9 (3) 内编卷一，P10 (4) 内编卷二，P30 (5) 内编卷二，P30 (6) 内编卷二，P31 (7) 内编卷二，P32、P32 (8) 内编卷二，P34 (9) 外编卷二，P154 (10) 外编卷二，P155 (11) 外编卷二，P158 (12)《遗逸下》杂编卷三 P279	17首
乐府	(1)《来日大难》(即《善哉行》)3次 (2)《箜篌引》 (3)《怨诗行》 (4)《五游》、《升天》 (5)《野田黄雀行》 (6)《君子行》 (7)《名都》、《白马》、《美女》 (8)《怨歌行》 (9)《名都》、《白马》 (10)《鰕䱇篇》、《远游篇》 (11)《观斗鸡》 (12)《名都》、《白马》 (13)《五游》、《升天》 (14)《来日大难》(即《善哉行》)	(1) 内编卷一，P9、P11、P12 (2) 内编卷一，P15 (3) 内编卷一，P16 (4) 内编卷一，P19 (5) 内编卷一，P19 (6) 内编卷二，P28 (7) 内编卷二，P29 (8) 内编卷二，P30 (9) 内编卷二，P31 (10) 内编卷二，P31、P32 (11) 内编卷二，P34 (12) 外编卷二，P147 (13) 外编卷二，P147 (14) 外编卷二，P158	14首

① 袁震宇、刘明今《明代文学批评史》第274页，上海古籍出版社1991年版。

续 表

文体	曹植作品	批评出处	篇数
赋	《洛神赋》、《铜爵》(即《登台赋》)	外编卷二,P147	2
书	(1)《与杨德祖书》 (2)《与杨德祖书》	(1) 外编卷一,P139 (2) 外编卷一,P140	1

由上表,我们可以大致了解《诗薮》对曹植诗文的批评,下面拟从三个方面来进行探讨。

(一)"陈思而下,诸体必备":对曹植诗历史地位的肯定

胡应麟《诗薮》在论述诗体渊源流变时,推崇汉魏古体诗与盛唐近体诗,并对曹植的古诗渊源及其对唐近体诗的影响予以肯定,并将其与盛唐诗人相提并论。

1. "支流原委,谱系具存":对其古诗渊源及其对唐近体诗的影响予以肯定。

关于诗的渊源,《诗品》曰:"古诗,其体源出于《国风》","魏陈思王植诗,其源出于《国风》","宋临川太守谢灵运诗,其源出于陈思",又:"汉都尉李陵诗,其源出于楚辞"①等,其大致勾勒出诗之源流:诗的源头一为《国风》,一为《楚辞》,而古诗源出于《国风》,曹植诗源出于《国风》②。章学诚评曰:"钟氏所推流别,亦有不甚可晓处。盖古书多亡,难以取证。但已能窥见大意,实非论诗家所及"③,可见其合理处。而《诗薮》评曰:

① 钟嵘著、古直笺《诗品》第17、21、30、19页,上海古籍出版社2007年版。

② 当然关于钟嵘对诗歌渊源谱系的推衍另有批评者持提出质疑,如明王世贞评曰:"吾览钟记室《诗品》,折衷情文,裁量事代,可谓允矣,词亦奕奕发之。第所推源出于何者,恐未尽然。迈凯昉约滥居中品。至魏文不列乎上,曹公屈第乎下,尤为不公,少损连城之价。吾独爱其评子建'骨气奇高,词采华茂'。"参见丁福保《历代诗话续编》第1011页,中华书局1983年版。

③ 章学诚著、叶瑛校注,《文史通义校注》卷五,第559页,中华书局1985年版。

古诗浩繁,作者至众。虽风格体裁,人以代异,支流原委,谱系具存。炎刘之制,远绍《国风》,曹魏之声,近沿枚、李。陈思而下,诸体必备,门户渐开。……有唐一代,拾遗草创,实阮前踪;太白纵横,亦鲍近矱。少陵才具,无施不可,而宪章祖述汉魏六朝,所谓风雅之大宗,艺林之正朔也。①

在这里,胡氏大致勾勒出了诗体从汉到唐的传承与演变,他认为曹植诗沿袭枚、李,李、杜七古远绍楚骚、汉魏六朝乐府,近承初唐诸家,深得古今之体式和风韵,从而被视为风雅之大宗,艺林之正朔。又评曰:"陈王古诗独擅,然诸体各有师承。"②"曹、刘、阮、陆之为古诗也,其源远,其流长,其调高,其格正。"③他认为曹植诗调高、格正。又评曰:"魏陈思下仲宣数章,间有稚语,而典则雅驯,去汉未远。……至嵇、阮乃复大演,而四言又一变矣。"④"五言古,先熟读《国风》、《离骚》,源流洞彻。乃尽取两汉杂诗,陈王全集……一旦吮毫,天真自露。"⑤"陈思藻丽,绝世无双,揽其四言,实《三百》之遗;参其乐府,皆汉氏之韵。盛唐李、杜,气吞一代,目无千古。然太白《古风》,步骤建安;少陵《出塞》,规模魏、晋;……乃其流派根株,灼然具在。"⑥胡氏对曹植诗上承《三百篇》,李、杜与曹植诗的一脉相承进行了明确地辨析。"诗的影响——在本文中我将更多地称之为'诗的有意误读'(misprision)——必须是对作为诗人的诗人的生命循环的研究"⑦,即指

① 胡应麟《诗薮》内编卷二,第 23 页。
② 胡应麟《诗薮》内编卷二,第 35 页。
③ 胡应麟《诗薮》内编卷二,第 28 页。
④ 胡应麟《诗薮》内编卷一,第 9 页。
⑤ 胡应麟《诗薮》内编卷二,第 24 页。
⑥ 胡应麟《诗薮》续编卷一,第 349 页。
⑦ 哈罗德·布鲁姆《影响的焦虑》(*The Anxiety of Influence*),徐文博译,第 6 页,三联书店 1989 年版。

包括对诗人之间的关系的研究。

2.“《诗评》推陈王圣域,《品汇》标老杜大家”:比较中给予充分肯定

胡氏认为“建安中,三、四、五、六、七言、乐府、文、赋俱工者,独陈思耳”①,并将曹植与刘桢等人进行比较批评,其评曰:“子建《七哀》、《三良》、《观斗鸡》、《赠徐干》,仲宣、干并赋,而优劣自见。”②“三曹,魏武太质,子桓乐府《杂诗》十余篇佳,余皆非陈思比。”“建安首称曹、刘。”③“魏称曹、刘,然刘非曹敌也;晋称潘、陆,然潘非陆敌也。”④可见胡氏对曹植诗之推崇。其又评曰:“若子桓、仲宣、士衡、安仁、景阳、灵运,以词胜也;公干、太冲、越石、明远以气胜者也,兼备二者,惟独陈思。”⑤“子建华赡精工类《左》、《国》;步兵虚无恬澹类《庄》、《列》。”⑥“古今才人早慧者多寡大成,大成者未必早慧。兼斯二者,独魏陈思。”⑦胡氏还将曹植与盛唐诗人相提并论,其评曰:“备诸体于建安者,陈王也;集大成于开元者,工部也。青莲,才之逸,并驾陈王。”“古今专门大家,吾得三人:陈思之古,拾遗之律,翰林之绝,皆天授,非人力也。”⑧“《十九首》后,得其调者,古今曹子建而已。《三百篇》后,得其意者,古今杜子美而已。”⑨胡氏还将曹植诗与同列“大家”的杜甫进行比较,其评曰:“六代则公干之峭,嗣宗之远,元亮之冲,太冲之逸,士衡之秾,灵运之清,明远之俊,玄晖之丽,皆其至也;兼之者陈思也。唐人则王、杨之繁富,陈、杜之孤高……兼之者杜陵也。”⑩胡氏在此强调曹植与杜甫诗兼备众家之

① 胡应麟《诗薮》外编卷一,第 137 页。

② 胡应麟《诗薮》内编卷二,第 34 页。

③ 胡应麟《诗薮》内编卷二,第 28 页。

④ 胡应麟《诗薮》外编卷二,第 154 页。

⑤ 胡应麟《诗薮》内编卷二,第 25 页。

⑥ 胡应麟《诗薮》内编卷二,第 33 页。

⑦ 胡应麟《诗薮》续编卷一,第 346 页。

⑧ 胡应麟《诗薮》内编卷二,第 35 页。

⑨ 胡应麟《诗薮》外编卷四,第 185 页。

⑩ 胡应麟《诗薮》内编卷二,第 184 页。

美，此“兼”指既具备他人的多种风格，又具备他人多种风格的因子，故以风格的审美内涵而论，任何一家又都无法与之丰富性相媲美，强调其具备丰富复杂的审美内涵①。又评曰：“记室《诗评》，推陈王圣域，廷礼《品汇》标老杜大家。……使子建与应、刘并列，拾遗与王、孟齐肩，可乎？则二者之辨，实谈艺所当知也。”②胡氏在此又引钟嵘推曹植圣域与高棅标杜甫为大家，虽曹植与应玚、刘桢并称，杜甫与王维、孟浩然齐肩，但他们之间的差距当为论者所明了。“Cao Zhi’s poetry, more so than any of his contemporaries, draws on the traditions of folk poetry and burns with the spirit of rebellion as Cao Zhi felt the distress of all humanity and carried the burdens of those who suffered an injustice on his shoulders.”③此评即认为曹植比其他诗人，将其不幸的人生际遇和政治抱负等在诗作中得到了更好的体现。至于胡氏所评：“子建天才绝出，乃七言独少大篇。”④亦见胡氏客观的批评态度。

（二）“稍露词人脚手，格调在汉、魏间”：提倡“本色”辨体与诗之格调

胡应麟受复古思潮的影响，主张师古并提倡以“本色”辨体。以“本色”辨体大体指注重对诗的体制特征、时代风格与作家风格进行辨析⑤，他认为：“文章自有体裁。凡为某体，务须寻其本色，庶几当行。”⑥并主张具体文体进行“本色”定位，曰：“苏、李录别，枚、蔡言情，嗣宗感怀，太冲咏史，灵运纪胜，虽代有后先，体有高下，要皆古

① 张若雅《胡应麟〈诗薮〉论杜诗》，硕士论文，山东大学，第 24 页，2008 年。

② 胡应麟《诗薮》外编卷四，第 184 页。

③ Johannah Cook, *Work of Gold Jade—Cao Zhi (192—232CE): The Man and His Poetry*. Master Thesis, University of Otago, 2010: 11。

④ 胡应麟《诗薮》内编卷三，第 42 页。

⑤ 王明辉《胡应麟诗学研究》第 62 页，学苑出版社 2006 年版。

⑥ 胡应麟《诗薮》内编卷一，第 21 页。

今绝唱。为其题者，不用其格，便非本色；一剽其语，决匪名家。"①他试图通过对文体的辨析与匡正，来恢复诗歌的正统体制规范与古典的审美传统。胡氏对曹植诗的批评也体现出对"本色"辨体的主张。

1. "诸子皆六朝巨擘，无能出其范围"：批评中注重文体"本色"的辨体。

胡氏在对曹植诗的批评中注重对文体"本色"的辨析。其评曰："子建《责躬》一章，词义高古，几亚二韦。《应诏》赡而不冗，整而有序，得繁简文质之中，绝可师法。《朔风》稍露词人脚手，格调在汉、魏间。《来日大难》是乐府，非《风》《雅》体也。"②他认为其《朔风》诗格调已具汉、魏诗的特点，《来日大难》诗已完全不具《风》、《雅》体制了。另有一条相类的批评："昌谷之论五言古极有会，惟四言不甚究心……至举曹公'月明星稀'、子建'来日大难'为四言法，此尤非也。二诗虽精工华爽，而风雅典刑极尽。在五言古则为齐、梁，在七言律则为大历，实四言之一变也。韦孟诸作后，惟陈思《责躬》一首可继，识者知之。"③胡氏认为李贺四言之论不是很考究，至于所举曹操与曹植两首诗为四言法尤为不妥，此二首诗虽精工华赡然而风雅典刑极尽。再如其所评："子建《杂诗》，全法《十九首》意象，规模酷肖，而奇警绝到弗如。《送应氏》、《赠王粲》等篇，全法苏、李，词藻气骨有余，而清和婉顺不足。然东西京后，惟斯人得其具体。"④也是对其体制规范的辨析。其所评："临淄《矫志》，大类铭箴。邯郸《答赠》……皆非四言本色。甚矣合作之难也。"⑤胡氏则认为曹植〈矫志〉诗与铭箴体相类等，皆非四言"本色"。再如其评曰：

---

① 胡应麟《诗薮》内编卷二，第28页。

②⑤ 胡应麟《诗薮》内编卷一，第9页。

③ 胡应麟《诗薮》外编卷二，第158页。

④ 胡应麟《诗薮》内编卷二，第30页。

> 《虾組篇》,太冲《咏史》所自出也。《远游篇》,景纯《游仙》所自出也。"南国有佳人"(《杂诗》)等篇,嗣宗诸作之祖。"公子敬爱客"(《公宴》)等篇,士衡群制之宗。诸子皆六朝巨擘,无能出其范围……然"明月高楼",去汉尚不远;"凝霜飞阁",不惟兆端齐、宋,抑且门户梁、陈。①

此条又是对曹植诗承袭的批评,由此亦足见胡氏对诗之体制辨体之承袭的重视。

2."代有名篇,虽非本色,不可尽废":对其承袭流变批评态度稍有宽容。

胡氏在对后人关于曹植诗承袭流变的批评中,批评宽容稍有态度。如其评曰:"四言句法高古者,已经前人采摭。自余精工奇丽,代有名篇,虽非本色,不可尽废……东阿'昔我出迁,朱华未晞。今我旋止,素雪云飞'(《朔风诗》),'月落参横,北斗阑干。亲交在门,饥不及餐'(《善哉行》)。"②此论是关于曹植四言句法的批评,他认为代有名篇,虽非本色也不可偏废,"《朔风》诗是他四言诗方面的代表作"③。其另有评曰:"'明月照高楼,想见余光辉',李陵逸诗也。子建'明月照高楼,流光正徘徊'(《七哀》),全用此句而不用其意,遂为建安绝唱。少陵'落月满屋梁,犹疑照颜色',正用其意而少变其句,亦为唐古峥嵘。……'落月'、'屋梁"颇类常建、昌龄,亦非杜陵本色。少卿虽平平,然自是汉人语。"④此评与"《十九首》后,得其调者,古今曹子建而已"⑤,可谓是同一批评标准的体现,若细加追究,亦仍可见胡氏"本色"辨体的批评思想。

---

① 胡应麟《诗薮》内编卷二,第31—32页。

② 胡应麟《诗薮》内编卷一,第10页。

③ 顾农《曹植〈朔风诗〉解读》,《文选论丛》下卷,第250—253页,广陵书社2007年版。

④ 胡应麟《诗薮》内编卷二,第31页。

⑤ 胡应麟《诗薮》外编卷四,第185页。

（三）“汉诗自然，魏诗造作”：从无意为诗到有意为诗的优劣俱见

胡应麟认为诗歌发展经历了由无意为诗到有意为诗的发展轨迹，并结合格调来进行批评。其曰：“汉人诗，质中有文，文中有质，浑然天成，绝无痕迹，所以冠绝古今。魏人赡而不俳，华而不弱，然文与质离矣。晋与宋，文盛而质衰，齐与梁，文盛而质灭，陈、隋无论其质，即文无足论者。”①胡氏从文质的角度对诗作出评判，体现出其重无意为诗的诗学主张。而其所评：“汉人诗，气运所钟，神化所至也，无才可见，格可寻也。魏才可见，格可寻，而其才大，其格高也。晋、宋其格卑矣，其才故足尚也。梁、陈，其才下矣，其格故亡讥焉。”②则又反映出其非盲目反对有意为诗，而是结合才、格来批评，由此诗之高下便显而易见。

1. “句颇尚工，语多致饰”：语言有意为诗的作用之迹。

胡氏关于曹植语言藻饰上有意为诗的批评，如：“‘人生不满百，戚戚少欢娱’（《游仙》）即‘生年不满百，常怀千岁忧’也。……子建诗学《十九首》，此类不一。而汉诗自然，魏诗造作，优劣俱见。”③他认为曹植《游仙》诗等分别源出于《古诗十九首》，但不如后者自然。又评曰：“思王《野田黄雀行》，坦之云：‘此气纵逸，渐远汉人。’昌谷亦云：‘锥处囊中，锋颖大露。’二君皆自卓识，然此诗实仿‘翩翩堂前燕’，非十九首调也。第汉诗如炉冶铸成，浑融无迹。魏诗虽极步骤，不免巧匠雕镌耳。”④他认为聂夷中和李贺所评曹植《野田黄雀行》诗，皆有卓识，但是此诗实是仿效‘翩翩堂前燕’，但有雕琢之工。其又评道：“子建《名都》……辞极赡丽，然句颇尚工，语多致饰。”⑤

① 胡应麟《诗薮》内编卷二，第22页。
② 胡应麟《诗薮》外编卷二，第144页。
③ 胡应麟《诗薮》内编卷二，第30页。
④ 胡应麟《诗薮》内编卷一，第19页。
⑤ 胡应麟《诗薮》内编卷二，第29页。

“子建、子桓工语甚多,如‘丹霞夹明月,华星出云间’、‘秋兰被长坂,朱华冒绿池’(《公宴》)之类,句法字法,稍稍透露。”①则进一步阐明曹植诗工语之多。

2. “有浏亮意,而质浸为文掩”:文比质繁之下的诗之评判

胡氏还评:“《名都》、《白马》诸篇,已有绮靡意,而文犹与质错也。《洛神》、《铜爵》诸篇,已有浏亮意,而质浸为文掩也。”②因为此,胡氏对曹植诗之归属又有以下评判:“汉《古八变歌》,文繁于质,景富于情,恐是曹氏弟兄作。汉人语亦有甚丽者,然文蕴质中,情溢景外,非后世所及也。”③“初读《君子防未然》(《君子行》),以为类曹氏兄弟作,及观子建集中亦载此首,则非汉人信矣。”④“《怨歌行》⑤旧谓古词,《文章正宗》作子建。……至‘皇灵大动变’等,不类子建,恐是汉末人作。”⑥足见汉诗与魏诗之明显区别。当然,胡氏又体现出其灵活论诗的一面,如其评曰:“诗不可以一首得失概一人终身。诗家咸谓《蒲生》不如《塘上》,信矣。然可谓子建之才不如甄后耶? 若余所举数条,则彼此皆常语,而常语之中,具见优劣。”⑦另评曰:“杨用修论发端,以玄晖‘大江流日夜’为妙绝。于谓此未足当也。……次则子建‘高台多悲风’、‘明月照高楼’咳唾天仙,夐绝凡俗。康乐‘百川赴巨海,众星环北辰’,虽稍远本色,然是后来壮语之祖。”⑧胡氏认为杨慎论诗不是很恰当,千古发端之妙无出李陵诗,次则曹植诗,谢灵运诗虽稍偏离本色,然却为后来慷慨壮语之祖。

① 胡应麟《诗薮》内编卷二,第 32 页。

② 胡应麟《诗薮》外编卷二,第 147 页。

③ 胡应麟《诗薮》内编卷一,第 16 页。

④ 胡应麟《诗薮》内编卷二,第 28 页。

⑤ 关于曹植的《七哀》与《怨歌行》,参见顾农《关于曹植〈七哀〉及其晋乐所奏本——并向桀溺(J-P. Dieny)先生请教》,《文选论丛》下卷,广陵书社 2007 年版,第 191—196 页。

⑥⑦ 胡应麟《诗薮》内编卷二,第 30 页。

⑧ 胡应麟《诗薮》外编卷二,第 154 页。

三、胡应麟与其他批评者批评的比较

(一) 关于"体"、"格"与变的批评

胡应麟的诗学思想以古为尚,许学夷与之较为相近,但不同的是许氏又提出了诗体的正变之辩等。如《诗源辩体》开篇即云:"诗自《三百篇》以迄于唐,其源流可寻而正变可考也。学者审其源流,识其正变……析而论之:古诗以汉魏为正,太康、元嘉、永明为变,至梁陈而古诗尽亡;律诗以初、盛唐为正,大历、元和、开成为变,至唐末而律诗尽敝。"①而王世贞所评:"思王之《责躬应诏》,靖节之《赠族》……而《选》都未之及,何也?"②对曹植诗与晋诗皆予以足够肯定,他与胡氏"晋、宋其格卑矣"③的批评态度又显然不同。关于"体"、"格"之变,胡应麟认为:"大历而后,学者溺于时趋,罔知反正。……盖以人事则鉴戒大备,以天道则气运方隆。"④他认为影响文体与文风的是气运与人事,而前者是关键,为人力所不能及。而许学夷则认为是理势、文才使然,曰:"汉人五言有天成之妙,子建、公干、仲宣始见作用之迹。此虽理势之自然,亦是其才能作用耳。"⑤李梦阳则云:"高古者格,宛亮者调,沉着雄丽、清峻闲雅者才之类也,而发于辞;辞之畅者,其气也。"(《驳何氏论文书》)他将"格"、"调"与"才"三者并列。王世贞则认为:"才生思,思生调,调生格。"⑥"胡应麟以悟论法,由法求悟倾向于神韵说;而王世贞以离合

---

① 许学夷著、杜维沫校点,《诗源辩体》卷一,第1页,人民文学出版社1987年版。

② 王世贞《艺苑卮言》卷三,丁福保《历代诗话续编》第994—995页,中华书局1983年版。

③ 胡应麟《诗薮》外编卷二,第144页。

④ 胡应麟《诗薮》内编卷五,第214页。

⑤ 许学夷著、杜维沫校点《诗源辩体》卷四,第77页。

⑥ 王世贞《艺苑卮言》卷一,丁福保《历代诗话续编》,第964页。

论法,以才思补充格调,便带有一些性灵说的色彩。”①关于法、悟与变,李东阳则认为:“诗必有具眼,亦必有具耳。眼主格,耳主声。又曰:法度既定,溢而为波,变而为奇,乃有自然之妙。”②而胡应麟则尤其注重“悟”与“法”,曰:“作诗大要不过二端:体格声调,兴象风神而已。体格声调有则可循;兴象风神无方可执。”③刘若愚认为胡应麟是在形而上概念和技巧概念间保持平衡的一位批评家,认为他运用了镜子的隐喻的用法,其中镜子为作品的形式要素,而映像即作品的超形式要素则为宇宙与作家心灵的反映④。可见他们批评主张之异同。

(二) 关于汉、魏诗异同的批评比较

胡应麟主张辨体、阐述源流,在一定程度上受严羽诗学观念的影响,他们都崇尚汉魏古诗,但不同的是胡氏反对将汉魏诗并称,并指出其不同:“严氏往往汉、魏并称,非笃论也。”⑤胡氏又指出汉、魏诗不同的原因,曰:“魏人赡而不俳,华而不弱,然文与质离矣。”⑥他认为魏诗之所以不如汉诗是因为它渐开绮靡之风,其所评“唐稍质,所以过六朝也”⑦,亦见其注重文质兼备的批评主张。其实,许学夷对严羽与胡应麟关于汉、魏诗的批评就曾有过评价,其评曰:“汉魏五言,沧浪见其同而不见其异,元瑞见其异而不见其同。愚按:魏之于汉,同者十之三,异者始变矣”、“汉魏同者,情兴所至,以情为诗,故与古为近。魏人异者,情兴未至,以意为诗,故

① 袁震宇、刘明今《明代文学批评史》,第 285 页。

② 王世贞《艺苑卮言》卷一,丁福保《历代诗话续编》,第 956 页。

③ 胡应麟《诗薮》内编卷五,第 100 页。

④ 刘若愚《中国文学理论》(*Chinese Theories of Literature*),杜国清译,第 196—198 页,江苏教育出版社 2006 年版。

⑤ 胡应麟《诗薮》内编卷二,第 32 页。

⑥ 胡应麟《诗薮》内编卷二,第 22 页。

⑦ 胡应麟《诗薮》内编卷一,第 3 页。

于古为远。”①并且他还从情兴的视角来评价汉、魏诗之异同。可见，许氏“弥补严羽与胡应麟的观点，许学夷没有说汉魏诗之成就的高低，只是阐述汉魏诗同中有异，异中有同，认为汉魏同者就是情兴所至，以情为诗；魏人异者，情兴未至，以意为诗”②，此论有一定道理。

（三）关于曹植诗文语言与体制结构的批评

关于曹植诗语言的批评，许学夷评曰：“汉人五言，体皆委婉，而语皆悠圆，有天成之妙。……子建‘名都多妖女’（《名都篇》）……体皆敷叙，而语皆构结，益见作用之迹也。”③他认为曹植《名都篇》等语皆有意构结，更见作用之迹。其又评曰：“汉魏五言，本乎情兴，故其体委婉而语悠圆，有天成之妙。五言古，惟是为正。详而论之，魏人渐见作用，而渐入于变矣。”④许氏与胡应麟之“汉诗自然，魏诗造作，优劣俱见”⑤的批评颇为相近。至于谢榛此条所评：“子建诗多有虚字用工处，唐人诗眼本于此尔。若‘朱华冒绿池’（《公宴》）……其平仄妥帖，尚有古意。”⑥即是对曹植具体诗作语言藻饰的批评了。关于诗之体制结构上的批评，如许学夷所评：“魏人五言，体多敷叙，语皆构结。……子建如‘山岑高无极，泾渭扬浊清’。”⑦再次言及魏人五言诗体多敷叙、语皆构结的特点。又评曰：“汉人五言，得于偶然，故其篇章，人不越四五；至建安诸子，始专力为之，而偏什乃繁矣。……子建如‘将骋万里途，东路安足由？江介多悲风，淮泗

---

① 许学夷著、杜维沫校点《诗源辩体》卷四，第71页。

② 朴英顺《胡应麟，许学夷与严羽对汉、魏诗的理解》，《西安政治学院学报》2004年第4期。

③ 许学夷著、杜维沫校点《诗源辩体》卷四，第72页。

④ 许学夷著、杜维沫校点《诗源辩体》卷四，第45页。

⑤ 胡应麟《诗薮》内编卷二，第30页。

⑥ 丁福保《历代诗话续编》，第1175页。

⑦ 许学夷著、杜维沫校点《诗源辩体》卷四，第79页。

驰急流'(《杂诗》)。"①许氏在此又从体例篇幅上对汉诗与建安之后诗的区别进行了批评。谢榛所评"屈、宋为词赋之祖。……子建骨气渐弱,体制犹存"②,则又关注到了曹植诗文与汉诗体制结构的渊源关系及变化,其所评:"曹子建《白马篇》……此类盛唐绝句。"③"严沧浪《从军行》……此作不减盛唐,但起承全袭子建《白马篇》。"④则揭示出唐诗与曹植诗文体制的一脉相承,与胡氏所评"然太白《古风》,步骤建安……乃其流派根株,灼然具在"⑤颇为相近。

(四)关于对曹植诗文褒扬贬抑的批评比较

胡氏对曹植诗文基本持肯定态度,也有结合曹植性情来进行褒扬的,如张炎评:"今之学诗者超近体而上之,且必首思王。是又何说?思王天挺人豪,七步雄才……非得性情之正,而直接《三百》之遗音然哉?"⑥而与之形成鲜明对比的是,对曹植诗文的贬抑,如王世贞曰:"子建天才流丽,虽誉冠千古,而实逊父兄。何以故?材太高,辞太华。"⑦这与前代所评亦形成鲜明对照,如钟嵘评其"骨气奇高,词彩华茂"⑧,并将其列入上品,刘勰亦评曰:"陈思之表,独冠群才。"⑨唐《诗格》曰:"气高出于天纵,不傍经史,卓然为文。"⑩皎然评

---

① 许学夷著、杜维沫校点《诗源辩体》卷四,第78页。

② 谢榛《四溟诗话》卷二,丁福保《历代诗话续编》第1163页。

③ 谢榛《四溟诗话》卷一,丁福保《历代诗话续编》第1151页。

④ 谢榛《四溟诗话》卷二,丁福保《历代诗话续编》第1162页。

⑤ 胡应麟《诗薮》续编卷一,第349页,上海古籍出版社1979年版。

⑥ 朱绪曾《曹集考异》,《续四库全书》第1303册,第548页,上海古籍出版社1995年版。

⑦ 王世贞《艺苑卮言》卷三,丁福保《历代诗话续编》第987页。

⑧ 钟嵘著、古直笺《诗品》第21页。

⑨ 刘勰著、范文澜注《文心雕龙·章表》卷五,第407页,人民文学出版社1958年版。

⑩ 张伯伟《全唐五代诗格汇考》第360页,江苏古籍出版社2002年版。

曰:“邺中七子,陈王最高。”①宋张戒亦认为:“古今诗人推陈王及古诗第一,此乃不易之论。”②等等。可见,明代渐趋平淡的审美趣赏,使才高辞华的曹植诗显得多么不合时宜!明代诗文所重为含蕴、沉郁之作。此外,徐祯卿、钟惺的贬抑之辞也颇为犀利:“思王《野田黄雀行》,譬如锥出囊中,大索露矣。”③“子建柔情丽质,不减文帝;而肝肠气骨,时有磊块处,似为过之。”④这些与胡氏等人对曹植诗文的褒扬之辞则迥然相异。这也折射出有明一代流派林立、异说纷呈的特点。

四、结　语

综上所述,不同于魏晋南北朝时期对曹植辞藻、声律以及隋唐对其诗格的直接褒扬,胡应麟《诗薮》在诗之渊源流变大格局的总结中给予曹植诗文以审美评判,在明代批评者中也颇具代表性,这体现出明代诗文批评的一些特点。而历代批评标准的不同又是不同历史时期审美趣赏的体现,如“魏国治国颇杂刑名,文体因之,渐趋清峻”⑤,“雅好慷慨,良由世积乱离,风衰俗怨,并志深而笔长,故梗

---

① 皎然著、李壮鹰校注《诗式》卷一,第110页,人民文学出版社2003年版。按曹丕《典论·论文》所论:“今之文人,鲁国孔融文举、广陵陈琳孔璋、山阳王粲仲宣、北海徐干伟长、陈留阮瑀元瑜、汝南应玚德琏、东平刘桢公干,斯七子者,于学无所遗。”七子为孔融、陈琳、王粲、徐干、阮瑀、应玚、刘桢。后世一般沿袭此说。然据《魏书·王粲传》等史料记载,邺下七子一说为曹植、陈琳、王粲、徐干、阮瑀、应玚与刘桢等七人。详见李壮鹰校注《诗式》第111条,注[2]。另:“然文帝《典论》论七子之文,无曹植有孔融者,元瑞以为弟兄相忌故也,非矣。谢灵运《代从军拟太子邺中集》诗及李于鳞《代从军公宴诗》,皆有植无融。”参见许学夷著、杜维沫校点《诗源辩体》卷四第76页。

② 丁福保辑《历代诗话续编》第451页。

③ 何文焕《历代诗话》第769页,中华书局1981年版。

④ 钟惺、谭元春《古诗归》,《续四库全书》第1589册,第429页。

⑤ 刘师培著、陈引驰编校,《论汉魏之际文学变迁》,《刘师培中古文学论集》第8页,中国社会科学出版社1997年版。

概而多气也”①,“建安文学的慷慨仗义,就是指曹氏父子和建安文人出于人文情怀,渴望建功立业的精神气概”②。唐陈子昂有“文章道弊五百年矣,汉魏风骨,晋宋莫传”(《与东方左史虬修竹篇序》)的感慨,盛、中唐伴随古文运动,一改往日骈俪与浮艳之风,而晚唐及五代诗文风又回转骈俪之余波③。南宋刘克庄曰:“四言自曹氏父子、王仲宣、陆士衡后,惟陶公最高。”④审美风尚又渐趋平淡。而受心学等的影响,明代更趋崇尚自然、冲淡的诗文风;至清代,批评者有褒扬与贬抑两种迥然不同的批评态度,褒扬者如“子建诗五色相宣,八音朗畅”⑤、“《赠白马王彪》……炼语特精”⑥,贬抑之辞如“举世推高子建,恨不十指如槌”⑦、“子建横得大名,酌其定品,正在陈琳、阮瑀之下”⑧,言辞不免有过激之嫌。但“康雍年间崇尚清远淡雅、简洁平和的风尚被沉着痛快、开张扬厉、质实厚重的审美理想所代替”⑨,又一变对含蓄蕴藉的推重而为崇尚畅达痛快、质实厚重的审美趣赏,由此可见,批评者的批评标准会随着不同时代审美趣赏的变化而变迁。朱光潜认为:“文学本来一国有一国的特殊的趣味,一时有一时的特殊的风尚。……中国诗的风尚也是随时代变迁。汉魏六朝唐宋各有各的派别,各有各的信徒。明人尊唐,清人尊宋,

① 刘勰著、范文澜注《文心雕龙·时序》卷九,第673—674页。
② 袁济喜《六朝文学中人文精神的形成与世俗化问题》,《中国文学的文化思考·文学论集》第434页,人民日报出版社2000年版。
③ 郭绍虞《中国文学批评史》第105页,上海古籍出版社1979年版。
④ 刘克庄撰、王秀梅点校《后村诗话》第3页,中华书局1983年版。
⑤ 沈德潜《古诗源》卷五,第111页,中华书局1963年版。
⑥ 吴淇《六朝选诗定论》卷五,《四库全书存目丛书补编》第11册,第118—119页,齐鲁书社2000年版。
⑦ 王夫之《船山古体诗评选》卷二,《船山全书》第14册,第574—575页,岳麓书社1996年版。
⑧ 王夫之《船山古体诗评选》卷四,第664页。
⑨ 邬国平、王镇远《清代文学批评史》第431页,上海古籍出版社1995年版。

好高古者祖汉魏。""趣味无可争辩,但是可以修养。""文艺标准是修养出来的纯正的趣味。"①"用美学的和历史的观点来衡量文艺作品,并认为这是评价作品的最高标准。"②刘师培言:"历代文章得失,后人评论每不及同时人评论之确切。"③等等,可见文学批评之特点,此亦为一家之言。

伽达默尔(Hans-Georg Gadamer,1900—2002)认为:"每一时代都必须按照它自己的方式来理解历史流传下来的本文,因为这本文是属于整个传统的一部分,而每一时代则是对这整个传统有一种实际的兴趣,并试图在这传统中理解自身。"④乔治娅·沃恩克(Georgia Warnke)分析:"理解总是解释,意义总是解释与对象的'视域'的'融合'。由此推之,我们的历史的和语言的境遇决不表现理解的障碍,而是理解首先得以可能的视域或视角。"⑤伽达默尔并且认为读者与艺术作品的"视域融合"(Horizontver-schmelzung)⑥过程是无限的,并认为艺术经验是二者通过对话而展现出来的流动的过程,"一件艺术作品是永远不可能被穷尽的。它永远不可能被人把意义掏空"⑦。P. D. 却尔(P. D. Juhl)主张"每个时代都要对某些作品进行重新解释这一事实,与一部作品的意义和作者意图之间存在着逻

---

① 朱光潜《朱光潜美学文集》第二卷,第 486—487 页,上海文艺出版社 1982 年版。

② 蒋孔阳、朱立元《西方美学史》第五卷,第 821 页,上海文艺出版社 1999 年版。

③ 刘师培著、陈引驰编校《论各家文章之得失以当时人之批评为准》,《刘师培中古文学论集》,第 141 页。

④ 伽德默尔《真理与方法》(*Truth and Method*),洪汉鼎译,第 383 页,上海译文出版社 2004 年版。

⑤ 乔治娅·沃恩克《伽德默尔——诠释学、传统和理性》,洪汉鼎译,第 100 页,商务印书馆 2009 年版。

⑥ 伽德默尔《真理与方法》(*Truth and Method*),第 8 页。

⑦ 伽德默尔《真理与方法》(*Truth and Method*),第 644 页。

辑联系的假定是一致的”①。阿瑟·丹图(Arthur C. Danto,1924—)则认为“所有作为过去的知识的认知的描述因同样的原因也将是假的。简言之,世界将一仍其是,但我们描述它的语言将不一样”②。海德格尔言:“此在是以它当下去存在的方式,因而也就是随着隶属于它的存在之领悟生长到一个承袭下来的此在解释中去并在这种解释中成长。”③“从解释学的立场亦即每一位读者的立场出发,文本只是一个半成品,是理解过程中的一个阶段,并且作为一个阶段必定包括一个明确的抽象,也就是说,就是在这一阶段中包含的分离与具体化。”④阿尔贝·蒂博代(Albert Thibaudet,1874—1936)认为:“所能给予一位大批评家的最高赞誉,是说批评在他手中是真正成为一种创造。”⑤等等,他们也都有其合理的一面。我们认为,曹植诗文作为“历史性”⑥的存在者,不同时代的批评者对之或褒、或贬的批评,则是他们在特定历史语境下,对其价值存在的一种富有个性的审美评判,并与诗文体制的内在演变与发展相结合,它与每个时代的政治、历史、文化思潮和审美趣赏等息息相关,同时也与批评者的文学观念和人生经历等密不可分。

(作者系复旦大学博士后)

---

① P. D. 却尔《解释:文学批评的哲学》(Interpretation: An Essay Philosoihy of Literary Criticism),吴启之、顾洪洁译,第36页,文化艺术出版社1991年版。

② 阿瑟·丹图《叙述与认识》(*Narration and Knowledge*),周建漳译,第99—100页,上海译文出版社2007年版。

③ 海德格尔《存在与时间》,陈嘉映、王庆节译,第26页,三联书店1987年版。

④ 严平编选、邓安庆等译《伽达默尔集》,第60页,上海远东出版社2002年版。

⑤ 阿尔贝·蒂博代《六说文学批评》,赵坚译,第163页,三联书店1989年版。

⑥ 伽德默尔《真理与方法》(*Truth and Method*),第339页。

笔底林泉　古镜照神

——从山水散文比较魏晋及晚明文人对山水的观照

叶　辉

钟爱山水，从某种意义上说，乃是中国古代文人的一项文化品性。然而爱之愈深，下语愈难。古代文人在表达审美山水的体悟时，往往显得谦逊而保留，在得意于山水的同时，时常感喟着语言表达的不力。陶渊明仰望南山，慨叹“此中有真意，欲辨已忘言”(《饮酒诗其五》)；面对西湖美景，苏东坡憾言“所至得其妙，心知口难传”(《怀西湖寄晁美叔》)；袁中郎虽“目酣神醉”，却“欲下一语描写不得”①；描写西湖的圣手张宗子，对魂牵梦萦的西湖也是“奈何呼不已，一往有深情”②。

假使果真完全如此，那么这种审美活动就真是“得之于目而应于心”，虽“有数存于其间”，但却是“口不能言”的封闭式个体行为，失去了交流、共享的可能，岂不憾哉！

事实上，虽然诚如他们所言，语言表达与心灵活动之间确实存在一定差距，但所幸的是，由语言构成的文学却悄悄地担负起“镜子”的作用，它不仅照见对象化的审美存在物的外观，而且照见审美主体主观世界的内视。别林斯基曾说，一个民族的诗歌也就是“民

---

① 袁宏道《西湖一》，钱伯城《袁宏道集笺校》卷十，上海古籍出版社1981年版。

② 张岱《陶庵梦忆·西湖梦寻》，上海古籍出版社1982年版。

族的意识”,民族的“一面镜子”,“在这面镜子里,反映出它的生活,连同全部富有特征的细微差别和类的特征”①。可见,文学这面“镜子”,在不知不觉中就照见了它由之产生的那个文化的现实,照见了作者的心灵活动和精神气韵,照见了时代的审美情趣和文化思潮,照见了隐匿在话语身后的不尽之意。

考察历代文人对山水的高度亲近的观照和传神写照的摹范,我们可以看出不同时代的明显差异。这里,笔者不揣浅陋,将关注的视角锁定在魏晋及晚明两个时代——两个文学自觉的时代、个性解放的时代、对山水一往情深的时代,试从这两个时代的山水散文中撷取一面面“古镜”,照见不同时代的文人心态和文化精神。

一、从发现到沉耽

古人专意将山水作为独立的审美对象进行自觉赏爱,并非缘自生民之初。将山水作为诗文的专门题材,更是汉魏以降的新风。刘勰在《文心雕龙·明诗》中曾描述这种文学新风曰:“宋初文咏,体有因革,庄、老告退,而山水方滋。俪采百字之偶,争价一句之奇,情必极貌以写物,辞必穷力而追新:此近世之所竞也。”将山水诗的肇兴描述于南朝刘宋之初。对此,钱钟书并不认同,认为这种看法是“局隅而未通方”,并说“山水方滋,当在汉季”。“尝试论之,诗文之及山水者,始则陈其形势、产品,或喻诸心性、德行,未尝玩物审美。继乃山水依傍田园,若茑萝之施松柏,其趣明而未融。终则附庸蔚成大国,殆在东晋乎。游目赏心之致,前人抒写未曾。”②诚如钱钟书所言,开始自觉地对山水“玩物审美”、“游目赏心”,并逐渐“蔚成大国”,确实应从晋人论。从魏晋时期的一些诗文及记录魏晋士人生活言行的《世说新语》中,我们可以明显地看到这种风气的肇兴及蔚

① 别林斯基、别列金娜、梁真《别林斯基论文学》,上海新文艺出版社1958年版。

② 钱钟书《管锥编》第三册第66则,中华书局1979年版。

然成风。

袁崧《宜都记》在评论宜都的“叠峨秀峰”时说：

> 人于山水，瞩览无厌；山水于人，惊逢知己。①

郦道元《水经注》卷三十四中引用袁文，如此记述西陵峡：

> 崧言：常闻峡中水疾，书记及口传悉以临惧相戒，曾无称有山水之美也。及余来践跻此境，既至欣然，始信耳闻之不如亲见矣。其叠崿秀峰，奇构异形，固难以辞叙。林木萧萧，离离蔚蔚，乃在霞气之表。仰瞩俯映，弥习弥佳，流连信宿，不觉忘返。目所履历，未尝有也。既自欣得此奇观，山水有灵，亦当惊知己于千古矣。②

从中可以看出晋人对于“山水之美”的发现，及从这“发现”中所获得的审美快感。“山水有灵，亦当惊知己于千古”，则游目山水者，自己先将山水惊为知己了。宗白华说“晋人向外发现了自然，向内发现了自己的深情”③，无论是对山水，还是对自己的深情，进一步说，对自然山水（外在）与心灵（内在）的契合的至高境界，魏晋文人都表现出一种发现的惊赏。被学术界普遍认定是慧远所作的《庐山诸道人游石门诗序》④述及东晋高僧慧远率庐山僧俗三十余人，游览观赏庐山自然山水时的审美感觉：

① 袁崧《宜都记》，郦道元《水经注》卷三十四引，景印文渊阁四库全书本，台湾商务印书馆 1986 年版。

② 郦道元《水经注》卷三十四，景印文渊阁四库全书本，台湾商务印书馆 1986 年版。

③ 宗白华论《世说新语》和晋人的美，宗白华《美学散步》，上海人民出版社 1981 年版。

④ 参见李泽厚、刘纲纪《中国美学史》第二卷，第 508—509 页，中国社会科学出版社 1987 年版。

> 释法师以隆安四年仲春之月，因咏山水，遂杖锡而游。于时，交徒同趣三十余人，咸拂衣晨征，怅然增兴。虽林壑幽邃，而开涂竞进；虽乘危履石，并以所悦为安。既至，则援木寻葛，历险穷崖，猿臂相引，仅乃造极。于是拥胜倚岩，详观其下，始知七岭之美，蕴奇于此。①

庐山山水风景之优美，令诸僧俗“怅然增兴”，不顾“林壑幽邃”的困难而“开涂竞进”，登高而望，发现的喜悦令他们“众情奔悦，瞻览无厌”，千载之下，犹可体会到先人发现山水的惊喜和震撼。

经历了一千年的发展，到了晚明，山水已经成了文人生活和文学作品不可或缺的要素。晚明人热爱游历山水到了好游成癖的地步，喜爱山水到了耽于山水、如醉如痴的地步。

袁中郎曾说“恋躯惜命，何用游山”，“与其死于床，何若死于一片冷石也”②，旗帜鲜明地表明对山水的态度：为了游历，即使捐躯赴死也在所不惜。

他的弟弟袁小修则说：“天下之质有而趣灵者莫过于山水。予少时知好之，然分于杂嗜，未笃也。四十之后始好之成癖。人有诧予为好奇者……疾病所驱，势不容矣，予之于山林也亦若是而已矣。”③将自己的迷恋山水比况为病态，味其意旨，与其说是自嘲，不如说是自得与自矜。

晚明大山人陈眉公云：“闭门阅佛书，开门接佳客，出门寻山水，此人生三乐。”④将游山水与读书、会友并列为人生三乐，人活着都要追寻欢乐，则游山水为不可或缺之要事。他进而提出人生的三个

① 慧远《庐山诸道人游石门诗序》，逯钦立《先秦汉魏晋南北朝诗》，中华书局1983年版。

② 袁宏道《开先寺至黄岩寺观瀑记》，钱伯城《袁宏道集笺校》，上海古籍出版社1981年版。

③ 袁中道《王伯子岳游序》，钱伯城《珂雪斋集》，上海古籍出版社1989年版。

④ 陈继儒《小窗幽记》，国学珍本文库，中央书店1935年版。

目标:“识尽世间好人,读尽世间好书,看尽世间好山水。”④ 并以得道者的姿态点评不谙山水之美的俗人人生曰:“世路中人,或图功名,或治生产,尽自正经。争奈大地间好风月、好山水、好书籍,了不相涉,岂非枉却一生!”④

与陈眉公声气相通,袁中郎则罗列天下三件“大败兴事”:“天下有大败兴事三,而国破亡家不与焉。山水朋友不相凑,一败兴也;朋友忙,二败兴也;游非其时,或花落山枯,三败兴也。”④ 更将游山玩水置于至高之境地。

在这种好游成癖的普遍风气下,晚明文人的创作激情也得到空前的激发。据粗略统计,万历及天启、崇祯间,游记的写作甚为普遍,计有三百数十篇。而晚明文学中最为人称道的体裁——小品文,其中最精华的部分也是由山水游记构成。

二、从崇敬到玩赏

对于山水这一特定的审美对象,发现未久与沉耽已久这两种不同的时间状态给审美主体的心态造成的影响大不相同。如同对待初来乍到的新客和彼此熟稔的老友,魏晋文人与晚明士子对待山水有着不一样的态度。

东汉马第伯随汉光武帝封禅泰山,写下了被认为是最早的山水游记《封禅仪记》,从其对于泰山的描写中可以明显地看出早期文人对山水的敬畏之心:

> 仰望天关,如从谷底仰观抗峰。……仰视岩石松树,郁郁苍苍,若在云中。俛视溪谷,碌碌不可见丈尺。遂至天门之下。仰视天门,眩辽如从穴中视天。①

山的伟岸和崇峻令观者倍觉人类的渺小,仰望的视角选择和“穴中

① 马第伯《封禅仪记》,见《后汉书·祭祀志》,中华书局1984年版。

视天”的比况，透露出壮阔的宇宙山水对当时文人心灵的冲击。

东晋高僧慧远撰《庐山记》，从其中描写山川风物的语句中，可以看出作者对变化莫测的大自然的畏惧：“或大风振岩，逸响动谷，群籁竞奏，其声骇人。此其化不可测矣。”①宇宙间的声响合鸣如此巨大，人在其间，尚不能神闲气定地欣赏“万壑有声含晚籁”（王禹偁《村行》）之山水情韵，而是因对山水感到不熟知、不可控，因而产生莫名恐惧。

这种畏惧显然还带着先民对不可知的宇宙自然的神秘化的崇拜的烙印和影响。那时的人们，即使是知识分子，面对苍茫的宇宙和变幻无常的自然山水，依然深感人类的渺小，并因此不由自主地继续神化和崇拜自然。“崇岩吐清气，幽岫栖神迹”②、“嗟山岳之所奇庭，实神明之所扶持”③、“游魂灵怪，触象而构；流形于山川，丽状于木石者，恶可胜言乎”④，这种对自然山水的看法在当时还是相当普遍的。

对山水的敬畏感在晚明小品中就很难发现，晚明士子爱山水，对待山水就像对待老友，赏爱的时候未免亲昵有余而崇敬不足。

同是面对自然山水中之宏阔壮观之景象，晚明人即使对其间之自然造化之力叹为观止，也难有“骇人”之感，他们更多的是在玩赏中投注自家的心灵合契。试看袁宏道笔下怒涧飞瀑：

> 石涧汩汩流，从经左折，得至渊潭。涧水奔流而下。展转与大石触，方怒，忽得平石，霭泻数十长。底规而来垂，水得尽吐其屡张屡折之气，遂悍然不顾，厉声疾趋，而石斗叠，忽落为

① 慧远《庐山记》，严可均《全上古三代秦汉三国六朝文·全晋文》，中华书局1958年版。

② 慧远《庐山东林杂诗》，张宏生、章利国、赖永海《中国佛教百科全书》，上海古籍出版社2002年版。

③ 孙绰《游天台山赋》，萧统《文选》卷一一，中华书局1977年版。

④ 郭璞《注山海经叙》，郭璞、华沅《山海经》，上海古籍出版社1989年版。

潭，水势不得不贴石，则架空悬注，斜飞十丈余而后坠，虹奔电落，响震山谷间。①

从中我们看到自然景观虽雄阔，但始终处在观者审美视线的把玩中，了无“骇人”之意，读者甚至可以体会到作者笔尖跳动着的一颗不甘沉寂的心。

面对壮观的飞瀑，魏晋文人可能为其声威所震，而晚明士子，即使有疾风骤雨加其声势，也能谈笑而赏玩之。王思任小品文《仙岩》记述与友人仙岩观瀑时遇雨的情景：

于是乎有仙岩之瀑，瀑不他借，赖从己腹中出，如千百火树，笑吐银花，突如其来，烟呼雪喊，鼓铁乱鍧。人相对……俱侈其喉作笑语。而瀑以为侮予，遂盛气相加，腥风恶雨，扑人旋舞，且呼且逼，似不欲寓人一瞬者。

“腥风恶雨”来势凶猛，山水对游人以“盛气相加”，游人却既不畏惧亦不狼狈，坦然相对曰：

予曰：“子毋然，我劝尔杯酒，三秋月，还当著故绢衣，向君从容食白粥也。”

从容不迫，优游谐谑②。

对于威壮之山水，晚明士子尚且赏玩无碍，对于温和秀丽之山水，他们就更是把玩如置指掌间。王思任的《雁荡记》谈雁荡山水在作者眼中的感观：

---

① 袁宏道《由天池逾含嶓岭至三峡涧记》，钱伯城《袁宏道集笺校》，上海古籍出版社 1981 年版。

② 王思任《仙岩》，任远《王季重十种》，浙江古籍出版社 1987 年版。

> 雁荡山是造化小儿时所作者，事事俱糖担中物，不然则盘古前失存姓氏大人家劫灰未尽之花园耳。①

将雁荡山水景观看作缩微玩意、私家园林，崇敬之思一扫而空，狎赏之心昭然若揭。

将山水拟人化是晚明小品中一个普遍现象，而晚明士子最常用的一个拟象，是女色。如袁宏道描写雪后山峦，脍炙人口："山峦为晴雪所洗，娟然如拭，鲜妍明媚，如倩女之靧面而髻鬟之始掠也。"②描写游西湖之感："山色如蛾，花光如颊，温风如酒，波纹如绫；才一举头，已不觉目酣神醉，此时欲下一语描写不得，大约如东阿王梦中初遇洛神时也。"又云："东南山川，秀媚不可言，如少女时花，婉弱可爱。"③汝亨曾说："我辈看名山，如看美人，颦笑不同情，修约不同体，坐卧徙倚不同境，其状万变。"④这些文字设喻虽生动传神，却给山水平添许多脂粉气。同为拟人，袁小修则喜欢将山水比作"美丈夫"，如其《游太和记》中描写太和山曰："大约太和山，一美丈夫也。"⑤接着将山的各处分别与"美丈夫"的趾、腹、臆、骨、躯干等身体各部分对应作譬，颇有新趣。然而，如果联系袁小修的一个癖好——同性恋⑥，就不难看出，其实，袁小修之将山水比作美男子，与其他晚明士子将山水比作美女性质一样，狎赏的意味很明确。同

① 王思任《雁荡记》，任远《王季重十种》，浙江古籍出版社1987年版。

② 袁宏道《满井游记》，钱伯城《袁宏道集笺校》，上海古籍出版社1981年版。

③ 袁宏道《与吴敬之》，钱伯城《袁宏道集笺校》，上海古籍出版社1981年版。

④ 黄汝亨《姚元素黄山记引》，黄汝亨《寓林集》，四库禁毁书丛刊，北京出版社1997年版。

⑤ 袁中道《游太和记》，钱伯城《珂雪斋集》，上海古籍出版社1989年版。

⑥ 参见袁中道《心律》："若夫分桃断袖，极难排豁。自恨与沈约同癖，皆由远游，偶染此习。"钱伯城《珂雪斋集》，上海古籍出版社1989年版。

是名士风流，魏晋文人和晚明士子对自然山水所思所感大不相同。桓温对柳树（柔媚），泫然流泪，慨然曰："树犹如此，人何以堪。"（《世说新语·言语》）产生的是对人生、对宇宙的哲学的思考。而袁中郎对松树（庄肃）于风中生起之松涛，笑曰："此美人环佩钗钏声。"还说："虽复铁石作肝，能不魂销心死？"①风流的内涵和境界颇有差异。

三、从澄怀观道到实用功利

受玄学思潮的冲击和影响，魏晋文人投身山水不只追求寻幽探奇、赏心悦目，更重要的是"优游山水，以敷文析理自娱"（《世说新语·赏誉》）。《文选》卷一一载孙绰《游天台山赋》云，作者游天台山的目的，乃是为了"泯色空以合迹，忽即有而得玄……浑万象以冥观，兀同体于自然"②。可见，优游山水成了魏晋文人敷文析理、体道致意的实践环节。孙绰夸赞庾亮："方寸湛然，固以玄对山水。"②其实，以这样一种"澄怀观道"的审美心胸来对待自然山水的，何止庾亮？应该说，那是当时的普遍士风。魏晋文人对山水的审美活动，往往由游目赏心而入超然玄思之境界，故其"敷文"常常以"析理"而终。

慧远率众僧俗游庐山，历经崎岖终至绝顶，在"瞩览无厌"时慨叹"七岭之美，蕴奇于此"，可感慨和文笔并未至此而结，玄思正从此生发："乃悟幽人之玄览，达恒物之大情，其为神趣，岂山水而已哉？"由游山水而达"人情"，并进一步将这一悟道体验推而广之到宇宙万物。

永和九年，王羲之与众文人兰亭雅集，饱览崇山峻岭之雄奇、茂林修竹之清幽，列坐清流激湍之次，尽享和畅惠风轻拂，大自然是那

① 袁宏道《灵岩》，钱伯城《袁宏道集笺校》，上海古籍出版社1981年版。

② 孙绰《庾亮碑文》，刘孝标《世说新语·容止》注，刘义庆撰、刘孝标注、朱铸禹汇校集注《世说新语汇校集注》，上海古籍出版社2002年版。

样的自足圆满，自由活泼，生生不息，置身其间的王羲之恍然忘了自我，与物同化，人生的是非彼我、荣辱毁誉，都变得虚幻而微渺……《兰亭序》如是说：

> 夫人之相与，俯仰一世，或取诸怀抱，晤言一室之内；或因寄所托，放浪形骸之外。虽取舍万殊，静躁不同，当其欣于所遇，暂得于己，快然自足，不知老之将至。及其所之既倦，情随事迁，感慨系之矣。向之所欣，俯仰之间，已为陈迹，犹不能不以之兴怀。况修短随化，终期于尽。古人云："死生亦大矣。"岂不痛哉！每览昔人兴感之由，若合一契，未尝不临文嗟悼，不能喻之于怀。固知一死生为虚诞，齐彭殇为妄作。后之视今，亦犹今之视昔。悲夫！

由对自然山水的浓酣忘我的赏爱而生对宇宙人生的莫名哀感，这正是魏晋文人"以玄对山水"的必然结果。这种体悟自然山水的超然的胸襟，散发着玄远幽深的哲学意味和真率任情、风流旷达性情之美，千百年来打动了多少热爱山水、喜好哲思的心灵。

相较魏晋文人，晚明士子投身林泉的时候显得轻松而享乐，他们观赏山水时有着更具人间气的兴趣和眼光，少了些悲天悯人的哲人玄思，多了些实用功利的现世情怀。山水之美足堪文人游目赏心、怡情养性，这是人所共知之理，而魏晋文人在此基础上生发的是超然玄思，直欲飘然遗世；晚明士子则借此抒发个人性灵，品味世俗生活，从容回到人间。

山水有何实用功能？魏晋文人可能从未探讨过，而晚明文人却开发出不少来。袁宏道认为："湖水可以当药，青山可以健脾，逍遥林莽，欹枕岩壑，便不知省却多少参苓丸子矣。"①他的弟弟袁中道

① 袁宏道《汤郧陆》，钱伯城《袁宏道集笺校》，上海古籍出版社 1981 年版。

在尺牍中说自己“午后闲走乳窟听泉，精神日以爽健，百病不生”①，是以实践证明乃兄所言非虚。还有人说得更实在：“对大江而饭，胃气达目，眼山川则腹溪谷，饭比常加倍。古人以乐侑食，能有此江光、石韵、松声、竹响耶？”②说“秀色可餐”，将美色与饮食相提并论，尚有情可原——“食色，性也”嘛。可是将博大壮丽的自然山水当作增加胃动力的佐餐物，这是晚明士子特有的不拘格套的佻达风格的表现。健脾、提神、健胃、助消化，仅开发出这些实用功能还少了点文人特色，于是公安派的旗手袁宏道又有了过人之见：

> 今吾与子历含嶓，涉三峡，濯涧听泉，得其浩瀚古雅者，则为《六经》；郁激曼衍者，则骚赋；幽奇怪伟，变幻诘曲者，则为子史百家。凡水一貌一情，吾直以文遇之，故悲笑歌鸣，卒然与水俱发，而不能自止。②

原来山水还可以当书读，游山玩水可以助学子悟文理，这可比学习枯燥的八股文来得有意思得多！

晚明文人在书斋玩赏书画、盆景，入山水则处处找得到文房的对应物。袁宏道《西洞庭》引陶周望言：“余登包山，而始知小西湖也。六桥如房中单条画，飞来峰盆景耳。”③袁宗道《游九龙池》曰：“池上石壁跃起百余丈，衡理棱层遒紧。余笑指曰：‘此余乡吴供奉所作斧劈皴屏障也。’”④魏晋时山水是蕴含神秘力量和玄然大道的自然造化对文人的召唤和启迪，当魏晋文人“虚明朗照”、“澄怀观道”，便可得其“神趣”，与宇宙自然物我合一，从而达到超然绝俗的

---

① 袁中道《与四五弟》，钱伯城《珂雪斋集》，上海古籍出版社 1989 年版。

② 罗孚尹《箨壁稿》。

③ 袁宏道《西洞庭》，钱伯城《袁宏道集笺校》，上海古籍出版社 1981 年版。

④ 袁宗道《游九龙池》，钱伯城《白苏斋类集》，上海古籍出版社 1989 年版。

境界。而晚明时山水是文人家园围墙之外的赏爱之物，虽不能搬回家，成为私有之物，但其实和自家的园林、书画、琴乐、茶、瓶等一样，同为提升文人生活质量的物质要素，令晚明文人的现实生活更有情趣、更有乐趣。

（作者系上海海事大学副教授）

叛逆思潮下的晚明文坛

韩 广

在晚明的社会舞台，悄然滋生出一场以叛逆为个性特征且影响深远的社会思潮。在多种因素的合力下，朝野内外、庙堂上下，叛逆之风渐成气候，构成了晚明个性鲜明的叛逆文坛。在诗词、曲赋、书画、文章、小说等文艺领域，都能明显地感受到一股异于往朝、个性独特的叛逆气息。

一般认为，近三百年的明代历史，从万历帝起至明朝覆亡，这段时间称之为晚明。晚明的这段历史，一股浮躁放诞的风气渐渐在社会上弥散开来，一场求真、求趣、求奇、求异、求性灵、求自我、求性情自适的叛逆思潮蔚为大观，成为特定时期的时代风气。于诗、于文、于词、于曲、于书画、于小说，都在张扬着一种绝假纯真的叛逆表达。

晚明叛逆之风酝蓄已久，如赵翼所说："吴中自祝允明、唐寅辈，才情轻艳，倾动流辈，放诞不羁，每出于名教之外。可见世运升平，物力丰裕，故文人学士得以跌荡于词场酒海间，亦一时盛事也。"①明中期就有江南四大才子之称的祝允明、唐伯虎等，纵酒游乐，甚有奇气。

当然，各个时代的不同历史时期都会有叛逆人事出现。但晚明

① 赵翼《廿二史劄记》卷三十四《明中叶才士傲诞之习》，第526页，凤凰出版社2008年版。以下引用，凡同书异处，仅在首次引用处标明出版社及年份。

不同之处在于,叛逆之风普及开来并得以全面释放,最终形成了一种文化思潮。

晚明文坛,文士放浪形骸,高扬个性,上至文人雅士,下至市井小民,执管握翰者多以叛逆文字作为自己的情绪表达。那么,晚明这场叛逆文风究竟有何表现?具体又有什么文艺方面的理论特征?是哪些因素导致了这场叛逆风气?后来者怎样评价晚明的这场以叛逆为突出特征的文化思潮?本文拟在此一一分析。

一、叛逆在晚明文坛的典型表现

中国文化史上曾经出现过四次具有典型性的文化思潮:诸子百家的启蒙思潮、魏晋名士的放诞思潮、晚明文坛的叛逆思潮及五四运动的反拨思潮。四场文化思潮,都以一种强势姿态介入,多角度、深层次、全方位地对传统文化进行质疑、发难、反拨,影响深远地改变着后来中国的文化走向。

而且,四次文艺思潮在对传统进行反拨的同时,或多或少都带有不同程度的叛逆色彩,虽同中有异,但各具特色。诸子百家启蒙思潮,是中国文化史上第一次声势浩大的解放思潮,无论范围的广度、思维的深度,还是哲理的高度,都具有着坐标式的深刻意义,先秦的先哲先贤们见仁见智地提出的诸子理念,成为后世文化不停发掘与阐释的思想源头,因此这场启蒙思潮,实际上带有起点式的深刻内涵。比起诸子贤哲,魏晋名士的个性意识显然已经带有强烈的放诞色彩,虽然其中同样蕴藉着思想者的深度思考,但比起先秦诸子贤哲,他们毕竟带有了明显的游戏色彩。时至晚明,文坛上悄然兴起了一场个性强烈的叛逆风气,在经历了百余年的长线酝酿后,文艺领域终于在个性方面彻底爆发,带有人性气息,包含解放意识,张扬性灵自适,同样对后世影响深远。五四时期,一场打着科学与民主旗帜的文化思潮在特定的历史条件下,揭开了新时代的帷幕,但由于对传统的过激批判因而带上了时代的特殊烙印。

异端之尤——李卓吾

《焚书》中李贽数言异端，且以异端自居："又今世俗子与一切假道学，共以异端目我，我谓不如遂为异端，免被彼等以虚名加我，何如？"①又言："弟异端者流也，本无足道者也。自朱夫子以至今日，以老、佛为异端，相袭而排摈之者，不知其几百年矣。弟非不知，而敢以直犯众怒者，不得已也，老而怕死也。"②又言："弟学佛人也，异端者流，圣门之所深辟。"③又言"其所以落发者，则因家中闲杂人等时时望我归去，又时时不远千里来迫我，以俗事强我，故我剃发以示不归，俗事亦决然不肯与理也。又此间无见识人多以异端目我，故我遂为异端以成彼竖子之名。兼此数者，陡然去发，非其心也。"④在明代，李贽以一种超然无畏的姿态自称异端，对假道学之类的鄙儒俗士投以极具叛逆的无言轻蔑，从而成为晚明文坛上最为旗帜鲜明的叛逆者。

这个在《自赞》中自称"其心痴狂，其行率易"⑤的高调叛逆者，以"聪明盖代，快谈雄辩，目空一世"⑥的张扬姿态，颠覆旧传统，攻击假道学。钱谦益所谓的"卓吾晚年愤世，兀傲自放"⑦，一语中的，道出了李贽风标高蹈、绝世独立的异人行状。所以，李贽俨然是晚明文坛叛逆的先驱与张狂的教主。

在《焚书》中，李贽多次提及"眼空四海，而又肯随人脚跟走

---

① 李贽《焚书续焚书》，《焚书》卷一《答焦漪园》，第 8 页，中华书局 2009 年版。

② 李贽《焚书续焚书》，《焚书》卷一《复邓石阳》，第 12 页。

③ 李贽《焚书续焚书》，《焚书》增补一《答李如真》，第 253 页。

④ 李贽《焚书续焚书》，《续焚书》卷一《与曾继泉》，第 53 页。

⑤ 李贽《焚书续焚书》，《焚书》卷三《自赞》，第 130 页。

⑥ 吴虞《吴虞文录》，卷下《明李卓吾别传》。

⑦ 钱谦益《牧斋初学集》，卷三十一《陶不退阆园集序》，第 918 页，上海古籍出版社 2009 年版。

乎”[①]又说“予性好高,好高则倨傲而不能下”[②],“年来寂寞从人谩,只有疏狂一老身”[③]。而且,李贽行为也奇异非常,“寸丝不挂,故不敢出门”[④],“每见世人欺天罔人之徒,便欲手刃直取其首”[⑤]。无论从思想上看,还是从行为上看,李贽堪称晚明文坛“异端之尤”。

李贽这位宁屈而死、不肯幸生的晚明叛逆狂人,在生前其挚友焦竑就谓其“未必是圣人,可肩一狂字,坐圣门第二席”。其时张问达疏劾李贽曰“流行海内,惑乱人心”、“狂诞悖戾,肆行不简”,最后被捕下狱的罪名也是“敢倡乱道,惑世诬民”[⑥]。所以,顾炎武评论李贽道:“自古以来小人之无忌惮而敢于叛圣人者,莫甚于李贽。”[⑦]

实际上,李贽以其张狂叛逆的姿态,以其怪诞张狂的言行,开晚明自由思想的先河,汤显祖、袁宏道、袁中道、冯梦龙、钱谦益等都在有心无意间,不同程度地受到了李贽叛逆思想的影响。公安三袁受到李贽最为直接的影响:“万历之际,海内皆诋訾王、李,以乐天、子瞻为宗,其说唱于公安袁氏。而袁氏之中郎、小修,皆李卓吾之徒,其指实自卓吾发之。”[⑧]许自昌亦言冯梦龙受李贽影响,道:“酷嗜李氏之学,奉为蓍蔡。”明清易代之际的钱谦益则说:“余少喜读龙湖李秃翁书,以为乐可以歌,悲可以泣,欢可以笑,怒可以骂,非庄非老,不儒不禅,每为抚几击节,盱衡扼腕,思置其人于师友之间。”[⑨]李贽对后来文人之影响,从中可略见。

---

① 李贽《焚书续焚书》,《焚书》卷一《答耿司寇》,第37页。

② 李贽《焚书续焚书》,《焚书》卷三《高洁说》,第105页。

③ 李贽《焚书续焚书》,《续焚书》卷五《石潭即事四绝》其四,第114页。

④ 李贽《焚书续焚书》,《焚书》卷二《答陆思山》,第69页。

⑤ 李贽《焚书续焚书》,《焚书》卷二《答友人书》,第59页。

⑥ 顾炎武《日知录集释》(黄汝成集释),卷十八《李贽》,第1069页,上海古籍出版社2006年版。

⑦ 顾炎武《日知录集释》,卷十八《李贽》,第1070页。

⑧ 钱谦益《牧斋初学集》,卷三十一《陶中璞遁园集序》,第919页。

⑨ 钱谦益《牧斋有学集》,卷二十一《松影和尚报恩诗草序》,第884页,上海古籍出版社2009年版。

眼空千古——徐文长

在晚明文坛，徐渭是以一狂傲不羁、蔑视礼法、师法性灵、不轨常辄的异人姿态出现的。其行为怪异非常，据载，“（文长）引巨锥剚耳，刺深数寸，流血狼藉。又以锥击肾囊，碎之，皆不死。妻死，辄以嫌弃妇，又击杀其后娶者，论死系狱，愤懑欲自杀。”①眼空千古、独立一时的徐渭注定成为晚明文坛上最不安分的角色之一，他的出现对当时的文坛是一种有力的颠覆。

《列朝诗集小传》中有：“万历中年，王、李之学盛行，黄茅白苇，弥望皆是。文长、义仍崭然有异，沉痼滋蔓，未克芟薙。”②在前后七子主张复古之时，张口经典、闭口古训，雕章琢句、堆词砌藻，成为一时风气。徐渭以一种“自以独往来于一真”③的叛逆姿态横空出现，抒写真性情，揭穿假面皮。无论书画，或是词曲，徐渭可谓真狂人。

被誉为“有明奇绝文字之第一”④的《四声猿》，可以看作是徐渭极具个性的作品典型。袁宏道对此评价极高：“中郎忻然手翻，篝灯达旦，凡读一篇一击节，直恐其尽，至忘假寐。”评道：“才思奇爽，一种超轶不羁之致，几空千古。”“欲起文长地下，与之把臂，恨相见晚也。”⑤袁宏道以一种崇拜无加的赞许表达了自己对徐渭这一“奇人”的由衷崇敬。

而且，徐渭是一位艺术修养十分全面的文人。诗曲书画皆称步一时，有奇异风格。“文长貌修伟白皙，音朗然如唳鹤。中夜呼啸，有群鹤应焉。读书好深思，自谓有得于《楞严》、《庄》、《列》、《素问》、《参同契》诸书，欲尽斥注家胶戾，独标新解。卓书奇伟奔放，画花草

① 钱谦益《列朝诗集小传》，丁集中《徐记室渭》，第 561 页，上海古籍出版社 2009 年版。

② 钱谦益《列朝诗集小传》，丁集中《袁稽勋宏道》，第 567 页。

③ 徐渭《徐渭集》，卷十九《奉赠师季先生序》，第 515 页，中华书局 2008 年版。

④ 徐渭《徐渭集》，附录《四声猿引》，第 1357 页。

⑤ 徐渭《徐渭集》，附录《刻徐文长集原本述》，第 1347 页。

竹石，超轶有致。”①奇异之气时时处处可见。难怪提学副使拔文长试论第一，并加评语道：“句句鬼语，李长吉之流也。”②

徐渭之前的诗人唐顺之论诗“好文字与好诗正在胸中流出”③，其后袁宏道公然打出“独抒性情，不拘格套”④的性灵派旗号，与徐渭的“果能以冷水浇背，陡然一惊”⑤正可看做一以贯之。同时，这种文论主张也正可以视作是“一诸生而傲王侯，一布衣而倾动人主”⑥的徐渭其跌宕起伏一生的文本注脚。

徐渭长李贽六岁，活动在李贽之前。其言论跋扬踔厉、意气风发；其行为荒诞怪戾、卓然有异；其论诗主张真性情、提倡真情趣；其一生蔑视礼法、不视传统。

情之大者——汤显祖

在晚明的叛逆文坛，汤显祖承徐渭、李贽叛逆之余绪，以自我的思想行为，表达了不甘世俗的决心。《临川四梦》的横空出世，以及后来持续发热的汤沈之争，都注定了汤显祖的叛逆角色。尤其是名剧《牡丹亭》，更是一反常理，让人在拍案叫绝之时感受其中的新异之风。难怪明人沈德符评论道：“汤义仍《牡丹亭梦》一出，家传户颂，几令《西厢》减价。”⑦

汤显祖在王李主持文坛时，就与徐渭一起被看做“崭然有异”⑧。时人称其制艺、传奇、诗赋为“昭代三异”，又曾与公安兄弟

① 钱谦益《列朝诗集小传》，丁集中《徐记室渭》，第 561 页。

② 徐渭《徐渭集》，附录《徐文长传》，第 1341 页。

③ 唐顺之《唐荆川文集》，卷七《与莫子良主事》。

④ 袁宏道《袁宏道集笺校》（钱伯城笺校），卷四《叙小修詩》，第 188 页，上海古籍出版社 2008 年版。

⑤ 徐渭《徐渭集》，卷十六《答许北口》，第 482 页。

⑥ 徐渭《徐渭集》，附录《徐文长佚草序》，第 1351 页。

⑦ 沈德符《万历野获编》，卷二十五《填词名手》，第 643 页，中华书局 1997 年版。

⑧ 钱谦益《列朝诗集小传》，丁集中《袁稽勋宏道》，第 567 页。

"周旋狂社",可见汤显祖异于常人之处。汤显祖亦说:"天下文章所以有生气者,全在奇士。士奇则心灵,心灵则能飞动,能飞动则下上天地,来去今古,可以屈伸长短生灭如意,如意则可以无所不如。"①又言:"世总为情,情生诗歌,而行于神。天下之声音笑貌大小生死,不出乎是。因以憺荡人意,欢乐舞蹈,悲壮哀感鬼神风雨鸟兽,摇动草木,洞裂金石。其诗之传者,神情合至,或一至焉,一无所至,而必曰传者,亦世所不许也。"②从一个侧面可以看出汤显祖为人为文的"异"、"狂"、"奇"、"灵",以及汤显祖的奇异一生。

汤显祖在晚明文坛是以"情"字蜚声文坛的。"为情作使"③、"世总为情"④、"神情合至"⑤、"因情成梦"⑥,可以说,"情"字在汤显祖的文学创作中一以贯之。"世总为情,情生诗歌而行于神"、"有情歌酒莫教停,看取无情虫蚁,也关情"⑦,都是"情"字在文本中的具体反映。而且,后来汤显祖与沈璟的汤沈之争的持续升温,也能看到汤显祖坚定而执著的"情"字立场。

其人其文,可见汤显祖异于常人并高于常人的叛逆性情。这种对道统的不满、对人性的憧憬,构成了汤显祖在生前身后崭然有异的个性姿态。汤显祖生于徐渭、李贽之后,又在公安三袁之前,所以,在晚明文坛的叛逆链条上,是不可或缺的一环。

独抒性灵——袁宏道

晚明文坛,公安派三兄弟尤其个性张扬。三袁兄弟上访李卓吾,中接汤显祖,下交钱谦益,又结社论文,雅集赋诗,以一种强势姿态成为了晚明文坛的主力军。又因高举"独抒性灵,不拘格套"⑧的

① 汤显祖《汤显祖全集》,卷三十二《序丘毛伯稿》,第1140页,北京古籍出版社2001年版。

②④⑤ 汤显祖《汤显祖全集》,卷三十一《耳伯麻姑游诗序》,第1110页。

③ 汤显祖《汤显祖全集》,卷三十六《续栖贤莲社求友文》,第1221页。

⑥ 汤显祖《汤显祖全集》,卷四十七《复甘义麓》,第1464页。

⑦ 汤显祖《汤显祖全集》,《南柯记》第一出《提世》,第2285页。

⑧ 袁宏道《袁宏道集笺校》,卷四《叙小修诗》,第188页。

诗论大旗，在文坛上一扫沿袭了百余年的复古模拟之流弊，所以声望极高。自此，公安三袁“性灵派”异军突起，一场个性独特、别开生面的性灵文学的时代终于到来。

晚明文坛，袁宏道以一种叛逆的冷眼看透了尘世，表现出一种强烈的出世心态。“吏道如网，世法如炭”①，“这便是一座活地狱，更说什么铁床铜柱，刀山剑树也”②，“人生作吏甚苦，而作令为尤苦，若作吴令则其苦万万倍，直牛马不若矣”③，“一日之间，百暖百寒，乍阴乍阳，人间恶趣，令一身尝尽矣。苦哉！毒哉”④，于是一当中郎跳出官场红尘，立刻就切换了人生姿态，“世人所难得者唯趣”⑤，“登山临水，终是我辈行径”⑥，“一味以观山玩水为课”⑦，“掷却乌纱，作世间大自在人矣”⑧。于是，在长林丰草、绿水青山之间，袁宏道异于常人地沉浸在一个可以忘情又足以寄情的自由世界。这种“湖水可以当药，青山可以健脾，逍遥林莽，欹枕岩壑，便不知省却多少参苓丸子矣”⑨的逍遥自在，在尘世之人看来，无疑极具叛逆色彩。

袁宏道的一生，尽管人生体悟屡有变化，且“学以年变，笔随岁老”⑩，但“独抒性灵，不拘格套”、“代有升降，法不相沿”⑪的性灵观与发展观最能代表其文论主张。这种反对陈词滥调、尺寸古法，反对因循模拟、随人脚跟的创作主张，不仅折射出袁宏道对七子所代

---

① 袁宏道《袁宏道集笺校》，卷六《徐渔浦》，第 304 页。

② 袁宏道《袁宏道集笺校》，卷五《李子髯》，第 241 页。

③ 袁宏道《袁宏道集笺校》，卷五《沈广乘》，第 242 页。

④ 袁宏道《袁宏道集笺校》，卷五《丘长孺》，第 208 页。

⑤ 袁宏道《袁宏道集笺校》，卷十《叙陈正甫会心集》，第 463 页。

⑥ 袁宏道《袁宏道集笺校》，卷五十五《答小修》，第 1616 页。

⑦ 袁宏道《袁宏道集笺校》，卷十一《管东溟》，第 509 页。

⑧ 袁宏道《袁宏道集笺校》，卷六《李本建》，第 310 页。

⑨ 袁宏道《袁宏道集笺校》，卷六《汤郧陆》，第 286 页。

⑩ 袁中道《珂雪斋集》，卷十一《中郎先生全集序》，第 521 页，上海古籍出版社 2007 年版。

⑪ 袁宏道《袁宏道集笺校》，卷四《叙小修诗》，第 188 页。

表的传统力量的强烈质疑，而且，不甘沦为书奴的袁宏道正是以这种种独抒性灵、自铸伟词的姿态，在晚明泥古思潮笼盖着的万马齐喑的局面下，带来了文坛的一次新鲜换血。

袁宏道尊李贽为师，而且与李贽有过数次会心交流，世事百态，官场沉浮，统统以冷眼看透，所以其人其文自然流露出卓异的叛逆个性。

情教教主——冯梦龙

冯梦龙是以短篇小说集翩然跃上晚明叛逆舞台的。翻开《三言》，一种厚重的情教信息迎面而来。书中所记，唯情唯真、宁今宁俗，鲜明的人物形象、浓厚的市井气息，和长篇名著《金瓶梅》短长呼应，标志着俗文化世情小说的最高成就。

据《苏州府志》记载，冯梦龙"才情跌宕，诗文丽藻"，青年时"逍遥艳冶场，游戏烟花里"，而又一生厚爱李贽著述，"酷嗜李氏之学，奉为蓍蔡"，从其一生行状可以看出晚明的时代气息及文人的成长背景。

一部厚重著述《三言》，世事沉浮、人生百态，把晚明社会的角角落落收写进来：商人群体的流动，市井草民的交往，女性意识的觉醒，人性本质的复归，官场勾结的丑态，物欲意识的抬头……正可谓"极摹人情世态之奇，备写悲欢离合之致"①，从而构成了晚明社会的"清明上河图"。让人感叹：《三言》不是深藏在晚明的历史之中，倒是晚明的历史呈现于《三言》的文本内外。

冯梦龙的四部著作《智囊》、《谈概》、《情史》、《笑府》，即其传世的四部笔记小品，被后世定位为"冯梦龙四大异书"。尤论是古今智慧，或是情天宝鉴，还是人间笑语等，在冯梦龙笔下无不奇趣多彩、跌宕多姿。

能够把"街谈巷语、道听途说"向来为正人君子所不齿的小说小道作为毕生努力的目标，这不能不说是一种极有勇气的强力反拨。

① 冯梦龙《冯梦龙诗文》，《今古奇观序》，第81页，海峡文艺出版社1985年版。

更何况，世俗理念的浓墨重彩地强化，对儒学名教本身就是一种潜在的威胁与公然的叛逆。

而且，冯梦龙尝言，“六经皆以情教也”①，“天地若无情，不生一切物”②，甚至于“见一有情人，辄欲下拜”③。冯梦龙极力高蹈情教论，“我欲立情教，教诲诸众生”④，以情教理论对名教主流的叛逆，和民众草根一道，对压抑人性的程朱理学进行公然反拨。所以，“情教教主”冯梦龙的叛逆行为也是极具个性的。

叛逆风尚——末世众生相

被誉为“古今第一奇书”的世俗小说《金瓶梅》，以其大胆暴露的笔触直书晚明的末世图景，其惊世骇俗的胆量之于传统书写无疑是一种彻底的叛逆。在《金瓶梅》文本中，兰陵笑笑生以一种前所未见的大胆笔触对晚明社会进行了一次全景式的细致扫描与彻底暴露。官场的污浊倾轧，人性的低俗龌龊，贪念的欲壑难填，末世的世俗全景，作者全景式的透视笔法如探针般把笔触延伸到社会的各个角落。笔法之放纵，胆量之骇俗，淋漓尽致地把世情暴露这一写作主题推向了极致。这种对名教的公然挑战，对纲常的绝对无视，对传统的极大反拨，对规则的彻底背弃，呈现出来的正是作者的叛逆姿态，以及在此叛逆风尚下的末世众生相。

另如，《列朝诗集小传》中记载张献翼：“晚年与王百穀争名，不能胜，颓然自放。与所厚善者张生孝资，相与点检故籍，刺取古人越礼任诞之事，排日分类，仿而行之。或紫衣狎伎，或徒跣行乞，邀游于通邑大都，两人自为俦侣，或歌或哭。”⑤张幼于任诞叛逆非常，从中可见。

再如，公安三袁的后期主力袁中道：“予少年雅负才气，谓功名

① 冯梦龙《冯梦龙诗文》，《情史序》，第86页。

②④ 冯梦龙《冯梦龙诗文》，《情史序》，第85页。

③ 冯梦龙《冯梦龙诗文》，《情史序》，第84页。

⑤ 钱谦益《列朝诗集小传》，丁集上《张太学献翼》，第453页。

可唾取，易言天下事。自辛卯后，连摈斥，乃好任侠。危冠奇服，寄骏马，出入酒家，视钱如粪土。数年，大为乡里毁骂，妻子怨嗟，羞不能归。乃走鄂，病大作，卧一古庙中，寂寞无聊甚。”①袁小修看来也不能逃脱个性时代的叛逆宿命。

又如，明季徐霞客，“霞客生里社，奇情郁然，玄对山水，力耕奉母，践更徭役，蹙蹙如笼鸟之触隅，每思飏去”，“以老布衣，孤筇双履，穷河沙，上昆仑，历西域，题名绝国，与三人而为四，死不恨矣”、“霞客不欲以张骞诸人自命，以玄冲拟之，并为三清之奇士，殆庶几乎?”②二十二岁即放弃科举、绝意仕进的徐霞客，用近三十年的时间愉山乐水，亦堪称晚明一奇士。

还如，据钱谦益记载：“陈遯，字鸿节，闽之侯官人也。少为诸生，忽忽不得志。一日，尽发箧衍中应举文字及所著衣斤，燔之而僠其灰。逃入越王山中，以钓弋自娱者二年，出为村夫子教授，三年复弃去。家贫，从人借书，口吟手写，穷日继晷，作为歌诗，高歌长啸，视乡人无如也。”③

晚明士人群体的这种“自若”、“自如”、“自赞”、“自放”、“自娱”、“自适”等情结，从一个侧面折射出明季社会种种不安分的因子在萌芽。如此末世众生相，所标示的，实际上正是一场叛逆的风尚。

二、叛逆在晚明文坛的时代特征

叛逆思潮在晚明文坛的强势出现，显然不是作为个案出现的偶然现象，而是一种构成了普遍性的文化思潮。这种文化思潮，具有全方位的文化特质。总的来看，独抒性灵、反对泥古，张扬自我、反对束缚，标举真性情、反对假道学，是其特征大举。

而且，文本所表现出来的张扬放任的艺术特质与作家本人的独

① 袁中道《珂雪斋集》，卷二十一《书王伊辅事》，第877页。
② 钱谦益《牧斋初学集》，卷七十一《徐霞客传》，第1593—1596页。
③ 钱谦益《牧斋初学集》，卷三十二《陈鸿节诗集叙》，第940页。

立不羁的个性气质是吻合一致的:李贽的“聪明盖代,快谈雄辩,目空一世”①,徐渭的“胸中勃然不可磨灭之气,英雄失路托足无门之悲”②,汤显祖的“情之一字遂足千古,宜为海内情至者惊服”,袁宏道的“独抒性灵,不拘格套”③,冯梦龙的“见一有情人,辄欲下拜”④,兰陵笑笑生的“古今第一奇书”,演绎出的正是晚明极具个性的时代特征。

晚明文化思潮源于阳明心学对程朱理学的强劲反拨,起于独抒性灵的才子词人对复古模拟的诗文流弊的挥戈声讨,盛于社会民众对桎梏礼教的普遍背离,终于大明帝国顷刻之间的分崩瓦解。

标举真性情,反对假道学

宋代以来的程朱理学,继承与发挥的是孔门儒学,认为“天不生仲尼,万古如长夜”,对儒学经纶进行无尽的字句训诂与章句解读,以致“牛毛茧丝,无不辨晰”⑤。而自元明以来,圣贤名教越发显示出了其束缚世人思想的负面影响。

李贽一生反对假道学尤为用力。他在《焚书》中说到一段短小精辟、引人深思的趣闻:有一道学,高屐大履,长袖阔带,纲常之冠,人伦之衣,拾纸墨之一二,窃唇吻之三四,自谓真仲尼之徒焉。时遇刘谐。刘谐者,聪明士,见而哂曰:“是未知我仲尼兄也。”其人勃然作色而起曰:“天不生仲尼,万古如长夜。子何人者,敢呼仲尼而兄之?”刘谐曰:“怪得羲皇以上圣人尽日燃纸烛而行也!”⑥通过这一短小见闻,李贽表达了对那些阴奉阳违、道貌岸然的假道学的不嗤一鼻及由衷憎恶。而且,李贽从民间立场解释

① 吴虞《吴虞文录》,卷下《明李卓吾别传》。

② 袁宏道《袁宏道集笺校》,卷十九《徐文长传》,第716页。

③ 袁宏道《袁宏道集笺校》,卷四《叙小修诗》,第188页。

④ 冯梦龙《冯梦龙诗文》,《情史序》,第84页。

⑤ 黄宗羲《明儒学案》,《明儒学案发凡》第14页,中华书局2008年版。

⑥ 李贽《焚书续焚书》,《焚书》卷三《赞刘谐》,第130页。

了"圣人不曾高，众人不曾低"①、"夫惟人人之皆圣人也"②，强调了"穿衣吃饭即是人伦物理"③。以一种民间立场、草根眼光怀疑并打量这个世俗社会。

袁宏道也给予俗学以不遗余力的攻击："昔老子欲死圣人，庄子讥毁孔子，然至今其书不废；荀卿言性恶，亦与孟子同传。何者？见从己出，不曾依傍半个古人，所以他顶天立地。今人虽讥讪得，却是废他不得。不然，粪里嚼渣，顺口接屁，倚势欺良，如今苏州投靠家人一般。记得几个烂熟故事，便曰博识，用得几个现成字眼，亦是骚人。"④言语刻薄叛逆从中可见。

显然，李贽、徐渭、袁宏道、冯梦龙等人对孔门儒教并无过激的排斥态度，但对于时人之俗学，尤其是那些假道学，那些拾取夫子二三言辞，故作玄虚、招摇过市，正襟危坐、数黑论黄，张口经典、闭口古训之流，深恶痛绝地鄙夷并予以集中精力地抨击。究其缘由，这些俗学伪儒的所思所想所作所为，出自于一种刻板的教条，而非性情的自然流露。

标举真性情，反对假道学，是整个晚明文坛自由思想的起点与支点。所以，无论是诗词文章，还是曲赋小说，无不以独抒性灵、绝假纯真为最高创作境界，持续百余年的复古流弊于此得到了一场彻底清算。

独抒性灵，反对泥古

晚明文坛，尤其是在诗文领域，自明中叶之后，逐渐被一股声势浩大的复古声潮覆盖。声潮主张者前后七子及其余绪，纷纷打出了"文必秦、汉，诗必盛唐"⑤等口号。尽管，必须承认，这种主张在当

---

① 李贽《焚书续焚书》，《焚书》卷一《复京中友朋》，第 21 页。
② 李贽《焚书续焚书》，《焚书》卷一《答耿司寇》，第 31 页。
③ 李贽《焚书续焚书》，《焚书》卷一《答邓石阳书》，第 4 页。
④ 袁宏道《袁宏道集笺校》，卷十一《张幼于》，第 502 页。
⑤ 张廷玉《明史》，卷二百八十六，第 7348 页，中华书局 1974 年版。

时特定的历史坐标及时代背景下，有其合情合理的理论初衷，尤其是在反对台阁体的歌功颂德风气等方面，有着其存在的正面意义。但是，接踵而来的余绪末流者们，把复古的初衷逐渐演变为泥古的流弊，无论怎么说，都是一场诗文倒退的衰兆。

中国诗学的开山纲领为“诗言志”①，强调诗歌抒发内心的真感情、流露自我的真性情。所以，古人的作品，无论怎样的言简句精、义明语净，无论怎样的风神俊美、灵心俊气，之所以能够让人掩卷深思、让人拍案惊奇，实际是因为其后有着巨大的情感支撑。这些，显然不是经过简单模拟能够复制出来的。

因为，真正打动人心的，最终还是情感的力量，而不是那些刻板的教条。可惜，在一个特定的历史时代，这样一个简单的道理，那么多人都未能参透。所以，就有那么一大批饱读诗书的文人学士抱定一个死理固残守缺地坚持着。显然，博史通经非但未能增加他们的创作灵感，反倒让他们顽固地看到因循模拟的创作希望。奇迹，终于没有像他们希望的那样如期的到来，历史已经证明，期望从杜甫诗、司马文中找到一劳永逸的写作技巧的想法，最终还是失败的。

泥古者们毕竟忘记了，杜甫之所以能够成为杜甫，司马迁之所以能够成为司马迁，巨大成就的背后有着极为复杂的社会原因。把复杂问题简单化，把文学创作问题简化为文学模拟的问题，这无论怎么说，都是一个简化的逻辑和低级的游戏。正因为低级与浅薄，所以，继前后七子之后的一大批带着自由思想气息登上社会舞台的反拨者们，在拥有了哪怕不多的话语权后，就迫不及待地一把撕下这些泥古者们浅陋的假面皮。

于是，“童心说”、“性灵说”、“情教说”风靡文坛并深入人心。在文艺领域，一场关于“一念本心，绝假纯真”②、“独抒性灵，不拘格

① 朱自清《诗言志辨》，《诗言志辨序》第4页，凤凰出版社2008年版。

② 李贽《焚书续焚书》，《焚书》卷三《童心说》，第98页。

套”①、“世总为情②”、“为情作使③”的诗文理念迅速实践开来。

性情自适，反对束缚

如果说，魏晋时代由于政治的血腥，在“乱世政治与文人命运”的逻辑下，一大批拒不合作的文人名士，以放荡不羁的姿态放任自我的话，那么，晚明社会则由于政治的松懈，文人学士则是以一种极具个性的姿态，登上了时代的叛逆舞台。

晚明文人的自我个性充分地体现于他们真我的发现与本我的回归，归根结底，就是“任性自适”④。在一个个性受压抑、自我被束缚的环境中，一旦有机会摆脱束缚、放逐个性，他们就会以一种叛逆的姿态进行反弹。于是，看透尘世者，纷纷产生逃世情结，或寄情山水，或放浪形骸，大都在苦难尘世中期盼着一个可以最终解脱的精神天地。

如李贽言：“今年不死，明年不死，年年等死，等不出死，反等出祸。然祸来又不即来，等死又不即死，真令人叹尘世苦海之难逃也，可如何？”⑤尘世苦海中个性压抑从中可知。所以李贽“故决意去发，欲以入山之深，免与世人争长较短。虽死生大事不必如此，但自愧劳扰一生，年已六十二，风前之烛，曾无几时，况自此以往，皆未死之年，待死之身，便宜岁月日时也乎！若又不知自适，更待何时乃得自适也耶？”⑥

如袁宏道：“人生作吏甚苦，而作令为尤苦，若作吴令则其苦万万倍，直牛马不若矣。何也？上官如云，过客如雨，簿书如山，钱谷如海，朝夕趋承检点，尚恐不及，苦哉！苦哉！”⑦束缚人心的尘世生

① 袁宏道《袁宏道集笺校》，卷四《叙小修诗》，第 188 页。
② 汤显祖《汤显祖全集》，卷三十一《耳伯麻姑游诗序》，第 1110 页。
③ 汤显祖《汤显祖全集》，卷三十六《续栖贤莲社求友文》，第 1221 页。
④ 李贽《焚书续焚书》，《续焚书》卷一《寄焦弱侯》，第 36 页。
⑤ 李贽《焚书续焚书》，《续焚书》卷一《与周友山》，第 11 页。
⑥ 李贽《焚书续焚书》，《焚书》增补一《答周二鲁》，第 259 页。
⑦ 袁宏道《袁宏道集笺校》，卷五《沈广乘》，第 242 页。

活，在袁宏道眼里简直是“沉沦百劫，浮荡苦海”①。所以袁宏道辞官远游，挂帆归来。“败却铁网，打破铜枷，走出刀山剑树，跳入清凉佛土，快活不可言，不可言。投冠数日，愈觉无官之妙。弟已安排头戴青笠，手捉牛尾，永作逍遥缠外人矣。”②

所以，李贽以“平生不爱属人管”③为由，抛家别子、皈依佛门；徐渭则“放浪曲蘖，恣情山水，诗文崛起，一扫近代污秽之习”④；袁宏道则以“世人所难得者唯趣”⑤自我标举，“湖水可以当药，青山可以健脾”⑥，访名山大川、游灵山秀水。徐霞客更是“以老布衣，孤筇双履，穷河沙，上昆仑，历西域，题名绝国，与三人而为四，死不恨矣”⑦。在他们的精神世界里，逍遥无为、诗意栖居才是生命的大自在。

晚明文人主张“情”、“趣”、“性灵”、“自在”、“痛快”等，可以看作是一种张扬自我、摆脱束缚的理性要求。于是，在“性情自适”的精神天地，他们最终找到了自我心灵的最终定位。

独立自由思考，重估一切价值

晚明社会独特的历史大背景，决定了晚明文人拥有一种更加自由、更加独立的思考空间。自由的环境产生了自由的思想，自由的思想又产生了自由的行为，于是，重估一切价值，在晚明社会最终成为了可能。

李贽对“好货好色”提出的疑问：“就此百姓日用处提撕一番，如好货，如好色，如勤学，如进取，如多积金宝，如多买田宅为子孙谋，博求风水为儿孙福荫，凡世间一切治生产业等事，皆其所共好而共

---

① 袁宏道《袁宏道集笺校》，卷六《陈志寰》，第 266 页。
② 袁宏道《袁宏道集笺校》，卷六《聂化南》，第 311 页。
③ 李贽《焚书续焚书》，《焚书》卷四《预约》之《感慨生平》，第 185 页。
④ 袁宏道《袁宏道集笺校》，卷十九《徐文长传》，第 716 页。
⑤ 袁宏道《袁宏道集笺校》，卷十《叙陈正甫会心集》，第 463 页。
⑥ 袁宏道《袁宏道集笺校》，卷六《汤郧陆》，第 286 页。
⑦ 钱谦益《牧斋初学集》，卷七十一《徐霞客传》，第 1595 页—1596 页。

习，共知而共言者，是真迩言也。”①从民众立场，把好货好色提到了理论层面，是对传统的质疑，是对价值的重估。

再如，李贽对“重农抑商”这一传统意识的质疑：“且商贾亦何可鄙之有？挟数万之资，经风涛之险，受辱于官吏，忍垢于市易，辛勤万状，所挟者重，所得者末。然必结交于卿大夫之门，然后可以收其利而远其害，安能傲然而坐于公卿大夫之上哉！”②

又如，李贽对女性的社会地位鸣不平：“短见者只见得百年之内，或近而子孙，又近而一人而已，远见则超于形骸之外，出乎死生之表，极于百千万亿劫不可算数譬喻之域是已。短见者只听得街谈巷议、市井小儿之语；而远见则能深畏乎大人，不敢侮于圣言，更不惑于流俗憎爱之口也。余窃谓欲论见之长短者当如此，不可止以妇人之见为见短也。故谓人有男女则可，谓见有男女则可乎？”③

再者，李贽对所谓的定论也有自我的独立思考：“夫所谓丑者，亦据世俗眼目言之耳。俗人以为丑则人共丑之，俗人以为美则人共美之。世俗非真能知丑美也，习见如是，习闻如是。闻见为主于内，而丑美遂定于外，竖于胶脂，密不可解，故虽有贤智者亦莫能出指非指，而况顽愚固执如不肖者哉！”④

自由的话语环境，广泛的民众基础，形成了晚明士人直言不畏的话语方式。很多话题，一经论及，便被一一挑出，一一道破。这些，在晚明文人的随笔小品中，随处可见。

三、晚明叛逆思潮产生的时代因素

任何一种文化现象的出现都并非偶然，都与所处的历史背景和时代环境有着密不可分的复杂联系。黄仁宇在《万历十五年》中提

① 李贽《焚书续焚书》，《焚书》卷一《答邓明府》，第40页。

② 李贽《焚书续焚书》，《焚书》卷二《又与焦弱侯》，第49页。

③ 李贽《焚书续焚书》，《焚书》卷二《答以女人学道为见短书》，第59页。

④ 李贽《焚书续焚书》，《焚书》增补一《答周柳塘》，第261页。

及的大历史观，意即把历史问题放到当时的大历史背景下进行综合考量①。事实正是如此，单一的因素考察，往往不足以解释复杂的历史现象，所以，只有把其放到大历史坐标中进行综合全面的透视审察，才能对历史现象进行合理信服的情境还原。

晚明出现的叛逆思潮，同样是在多种合力下产生的。政治方面，帝王的荒熹怠政，对下层失去了有效的控制；经济方面，商业的持续繁荣，印刷技术的全面普及；思想方面，阳明心学继续在士人心中产生影响；文化方面，文人社团在大江南北的遍地开花等，都构成了能够产生这场思潮的客观原因。

政治因素：帝王怠惰

从万历皇帝统治的前后为始到明代灭亡这一历史时期，被多数学者界定为晚明。万历皇帝在位长达半个世纪，明代经历了万历皇帝长达近三十年的荒诞怠政后，衰症渐显，日薄西山的症候逐渐衍变成为大势已去的败象。

《明史》神宗卷："神宗冲龄践阼，江陵秉政，综核名实，国事几于富强。继乃因循牵制，晏处深宫，纲纪废弛，君臣否隔。于是小人好权趋利者驰骛追逐，与名节之士为仇雠，门户纷然角立。驯至愁、愍，邪党滋蔓。在廷正类无深识远虑以折其机牙，而不胜忿激，交相攻讦。以致人主蓄疑，贤奸杂用，溃败决裂，不可振救。故论者谓明之亡，实亡于神宗，岂不谅欤。"直接点明："明之亡，实亡于神宗。"②

孟森先生《明史讲义》中说："至居正卒后，帝亲操大柄，泄愤于居正之专，其后专用软熟之人为相。而怠于临政，勇于敛财，不郊不庙不朝者三十年，与外廷隔绝，惟倚阉人四出聚敛，矿使税使，毒遍天下。庸人柄政，百官多旷其职；边患日亟，初无以为意者"，"至四十六年，清太祖公然起兵，入占辽、沈，明始感觉，而征兵征饷，骚动

① 黄仁宇《万历十五年》，附录二，第 239 页，中华书局 2007 年版。

② 张廷玉《明史》卷二十一，本纪第二十一，神宗二，第 294—295 页。

天下,民穷财尽,铤而走险,内外交乘,明事不可为矣。”①

《清仁宗实录》中论及明代之亡国:“明之亡,不亡于思宗之失德,而亡于万历之怠惰。”一锤定音、一语论断,把明代灭亡的祸根直指这个万历皇帝。孟森也说:“思宗在万历以前,非亡国之君也;在天启之后,则必亡而已矣!”②

和明初朱元璋、朱棣等强势君王统治下的森严政治格局相比,明代中后期的帝王的长期怠惰,从历史的角度看,确实导致了政治的混乱和最终的亡国悲剧。可以说,来自帝王的荒嬉怠惰构成了上行下效的时代叛逆的总根源。而且,钱谦益在盘点明代文化时,也数言:“万历之季,诗文日趋于邪僻。”③把晚明风气变坏直接指向神宗万历皇帝。

所以,晚明这场叛逆风气并非空穴来风,而是有着深刻的政治原因的。上层统治者的所作所为,从某种意义上说,有心无意地开启着一场全民的社会风气。明季古学的式微与俗学的兴盛,和这样的政治背景也是有着深刻联系的。

经济因素:商业繁荣

明代中后期,商业繁荣起来,官方认定的抑商政策出现一定的松动,工商势力重新开始活跃起来。特别是江南一带,商业大贾云集,繁富市场已经规模出现,传统的重农抑商观念在明代中后期的部分地域尤其是江南地域已经不再是人们心中的禁区。尤其是晚明,朝纲虽然已经混乱之甚,但商业仍然保持着持续的繁荣。

顾炎武《肇域志》第九册中说:“(杭州)城中米珠取于湖,薪桂取于严,本地皆以商贾为业,人无担石之储。”王士性《广志绎》卷四中说:“浙十一郡,惟湖最富,盖嘉湖泽国,商贾舟航,易通各省。”张瀚

① 孟森《明史讲义》,《万历之荒怠》,第231页,上海古籍出版社2008年版。

② 孟森《明史讲义》,《天崇两朝乱亡之炯鉴》,第264页。

③ 钱谦益《牧斋有学集》,卷十九《顾麟士诗集序》,第822页。

《松窗梦语》卷二中说:“庐阳地产红米,丰岁一金可易四石。尤多药物,江南江右商贾咸集焉。”近人沈云《盛湖杂录》中说:“盛泽镇在二十都,去(吴江)县治东南六十里,居民以绸绫为业。明初以村名,嘉靖间始称为市。迄今民齿日繁,绸绫之聚,百倍于昔,四方大贾,辇金至者无虚日。每日中为市,舟楫塞港,街道肩摩,盖其繁阜喧盛,实为邑中诸镇冠。”沈云《盛湖竹枝词》卷下注:“机户鬻绸,由领头间接,每匹扣佣钱二三角不等,收绸之地曰庄面,领户列屋而居,鳞次栉比,密若蜂巢,业此者几达前人。”①

晚明商业经济的繁荣,使得私人印刷业如雨后春笋般遍地开花。在晚明,私人印刷成本的降低及书籍刊物的普及,无疑对信息的文本交流提供了巨大的文化推动力。清代叶辉德《书林清话》卷七:前明书皆可私刻,刻工极廉。闻前辈何东海云:“刻一部古注《十三经》,费仅百余金。”故刻稿者纷纷矣。尝闻王遵岩、唐荆川两先生相谓曰:“数十年读书人,能中一榜,必有一部刻稿,屠沽小儿,身衣保暖,殁时必有一篇墓志。此等板籍,幸不久即灭,假使尽存,则虽以大地为架子,亦储不下矣。”又闻遵岩谓荆川曰:“近时之稿版,以祖龙手段施之,则南山柴炭必贱。”按明时刻字工价有可考者,陆志丁志有明嘉靖甲寅闽沙谢鸾识、岭南张泰刻《豫章罗先生文集》目录,后有刻板八百三片,上下二帙一百六十一叶,绣梓工资二十四两,木记以一版两叶平均计算,每叶合工资一钱五分有奇,其价甚廉。至崇祯末年,江南刻工尚如此。徐康《前尘梦影录》云:“毛氏廉招刻工,以十三经、十七史为主,其时银串每两不及七百文,三分银,刻一百字,则每百字仅二十文矣。”②可见晚明印刷业的普及与廉价。

钱谦益在谈经论史时亦说:“余观今世士大夫,著述繁多,流传错互。至于裁割经史,订驳古今,一人之笔可以穷溪藤,一家之书可

① 谢国桢《明代社会经济史料选编》,第五章第一节,第61—77页,福建人民出版社。

② 谢国桢《明代社会经济史料选编》,第三章第四节,第327页。

以充屋栋。”①而且，流传至今的晚明文人著述，动辄等身，从此亦可看出明人著述之繁多，及明代印刷之普及。

商业经济的繁荣之于文化最明显的影响就是人群流动的频度增大。人口的巨大流动，可以把各种信息通过交换的途径传递开来。商人群体的增加，商业贸易的频繁，可以作为信息的载体把各种思想广泛地传播。民众见怪不怪，叛逆思想于是得以普及。所以，商业的繁荣为异端思想及叛逆行为提供了一种最为直接的社会土壤。

思想因素：阳明心学

在思想界，王阳明提出的“心外无理”的理论对晚明文人影响巨大。晚明的放任自我、独抒性灵，晚明的独立不羁、桀骜不驯，应该说，其思想根源和理论支撑，大致基于阳明等人的心学思想。

王阳明认为，“心者，天地万物之主也”②，“心外无物，心外无事，心外无理、心外无义，心外无善”③，“喜怒哀惧爱恶欲，谓之七情，七者俱是人心合有的”④，这种强调人心对外界的认识虽然带有及其强烈的主观色彩，但其对程朱理学的“存天理，灭人欲”的人心束缚是一次有继承地反拨。

能文亦武、经天纬地的明代大儒王阳明，自从正德元年，触犯权阉刘瑾下狱流放后，在贵州龙场苦苦思索，追寻一种支持正义行为的精神力量，其后，终于释然解脱，把这种心学力量谓之曰“致良知”。龙场悟道，标志着中国儒家学义从外到内的潜在转变。从此，高蹈内心精神力量的“阳明心学”迅速风靡大江南北，天下学者翕然信从。

---

① 钱谦益《牧斋初学集》，卷二十九《于氏日钞序》，第884页。

② 王守仁《王阳明全集》，卷六《答季明德》，第214页，上海古籍出版社2006年版。

③ 王守仁《王阳明全集》，卷四《与王纯甫》，第156页。

④ 王守仁《王阳明全集》，卷三《传习录》下，第111页。

"阳明先生之学,有泰州、龙溪而风行天下",他们强调"吾心须是自心作得主宰,凡事只依本心而行,便是大丈夫","平时只是率性而行,纯任自然,便为之道……凡先儒见闻,道理格式,皆足以障道"①,"百姓日用即道","圣人之道无异于百姓日用"。于是,在阳明之学及泰州龙溪之学的合力作用下,世俗中人把高高在上的圣人之道从牌位拉下,高蹈自我,把百姓意识提高到一个应有的高度。

阳明心学在后世引发了深远影响,李贽、袁宏道等人不仅公开声称自己师从于此,而且,在其著述中,能够看出其受心学影响的明显痕迹,可以说,心学为晚明的叛逆思想提供了理论的逻辑起点。

文化因素:文人社团

明代中晚期,一个异于往代的显著文化特征,就是党社运动蔚为壮观。上层官员结朋为党,下层文士交友为社。关于"党社",谢国桢说:"一般士大夫阶级活跃的运动就是党,一般读书青年人活跃的运动就是社。"②解释甚详。而所谓"社",钱谦益解释道:"结社会文,原为经生应举而设。"③但到了明季,文人社团已经越出了结社的制举初衷,成为了一种雅集的需要。

谢国桢先生说:"结社这一件事在明末已成风气,文有文社,诗有诗社,普遍了江、浙、福建、广东、江西、山东、河北各省,风行了百数十年,大江南北,结社的风气犹如春潮怒上,应运勃兴。那时候,不但读书人们要结社,就是侍女们也要结起诗酒文社,提倡风雅,从事吟咏。"又说:"结社的成立,既然这样地繁盛,他们结社会朋,动辄千人,白下、吴中、松陵、淮扬都是他们的集会之所,秦淮河畔桨声灯影,虎丘池边塔影夕照,桃叶问渡,小院留人。"④可见结社风气

---

① 黄宗羲《明儒学案》,卷三十二《泰州学案》,第703页。

② 谢国桢《明清之际党社运动考》,引论,第1页,上海书店出版社2006年版。

③ 钱谦益《牧斋初学集》,卷八十七《遵旨回话疏》,第1821页。

④ 谢国桢《明清之际党社运动考》,引论,第8页。

之盛。

明季文人雅士的社团:应社、复社、几社、景风社……社团创立纷纭,有遍地开花的态势;文社、酒社、法社、诗禅社……社团类别也因人而定,不一而足;饮酒、赋诗、论文、参禅……社团内容也各自雅趣,随意开设。

尽管文人雅士的结党立社有分门别户、隔开炉灶之嫌,但社团的创立,大多是在同一兴趣的吸引下进行雅集聚会的。这种文人集团的形成,不仅可以壮大新理论的声势,而且聚木为林、积沙成塔,些许离经叛道的想法也能在众人的呼声中发展形成一种全新主张。

晚明的这些文坛急先锋,汤显祖、袁宏道、袁中道、钟惺、谭元春、钱谦益等,都有立社为盟的个人经历。据初步统计,晚明出现的文人社团,至少有百余十种①。其中,仅公安派结社总数就有三十例之多②。

晚明社团之盛至此可见。而且,像袁宏道、袁中道本人就是社团的中坚组织者,于是,在一个庞大的门户内,一种主张一旦形成,就会被来自各地的社友带回四面八方,在社会上站稳脚跟,形成声势。推究起来,前后七子主张复古,公安三袁标举性灵,竟陵钟谭强调孤峭,声势的形成莫不如此。

四、晚明叛逆思潮的综合评定

对晚明兴起的这场极具叛逆个性的时代思潮的评定,历来评论者站在各自的立场众说纷纭、莫衷一是,大都仁者见仁、智者见智。究其大致,无外两端:从历史角度看,大明帝国的黍离板荡、神州陆沉,实际上,与自上而下的离经叛道的俗学泛滥,有着摆脱不断的直接关联;从文化的角度看,晚明文人孤行独往、自行其是,构成了一

① 李圣华《晚明诗歌研究》附录一,第 349—394 页,人民文学出版社 2002 年版。

② 何宗美《公安派结社考论》第 3 页,重庆出版社 2005 年版。

场叛逆思潮，实际上就是一场自上而下的启蒙运动，是一场个性独特的文艺复兴。

尽管，从政治角度历史角度看，叛逆思潮有过无益，但其的确解放了人们的思想，引发了人们的独立自由思考：其对带有浓重惰性气息的传统屡屡开战，打破了人们身上过重的精神包袱和桎梏束缚；其反对因袭模拟，提倡性灵，在文艺领域尤其是在诗文方面扭转了整个时代的泥古文风；其对既有的文化传统进行了刷新，之于社会的价值观有重新的定位；其主张人心纯朴自然，绝假纯真，在一定程度上使人摈弃虚伪，呈现出难得的童心。凡此种种，不一而足。

当然，也应该看到，晚明的叛逆思潮，自由放任的思想带来了某种程度的人心启蒙，但其弊端也还是非常明显的：其毕竟破坏了社会秩序，扰乱了生活规则。一个庞大的大明帝国，一旦失去威慑全国的理论支撑，或者这种支撑遭遇俗学攻击而摇摇欲坠，势必会因人心大乱而出现灾难性的后果，因而走向彻底的崩溃。人性确实需要解放，个性确实需要张扬，叛逆确实需要表达，但是社会民众个个如徐渭"或自持斧击破其头，血流被面，头骨皆折，揉之有声。或以利锥锥其两耳，深入寸余，竟不得死"①，社会还如何统治？民众个个如李贽抛家别子、念经诵佛，"寸丝不挂"②、"自居异端"③，社会还谈何治理？民众个个如袁宏道"湖水可以当药，青山可以健脾"④，终日长林丰草间登山临水，社会责任由谁来承担？或个个如中郎笔下的醉叟⑤，尽吃蜈蚣蜘蛛，奇是奇了，异是异了，究竟成何体统？民众个个人性解放到兰陵笑笑生笔下的《金瓶梅》主角西门庆等，丧失人性底线，尽日追欢逐乐，最终谁来保证社会的正常运转？

① 袁宏道《袁宏道集笺校》，卷十九《徐文长传》，第716页。

② 李贽《焚书续焚书》，《焚书》卷二《答陆思山》，第69页。

③ 李贽《焚书续焚书》，《焚书》卷一《答焦漪园》，第8页。

④ 袁宏道《袁宏道集笺校》，卷六《汤郧陆》，第286页。

⑤ 袁宏道《袁宏道集笺校》，卷十九《醉叟传》，第719—720页。

所以，顾炎武在带着亡国的伤痛总结历史经验教训时，无尽地感慨道："五胡乱华，本于清谈之流祸，人人知之。孰知明代之清谈，有甚于前代者。昔之清谈谈老庄，今之清谈谈孔孟，未得其精已遗其粗，未究其本而先辞其末。不习六艺之文，不考百王之典，不综当代之务，举夫子论学论政之大端一切不问，而曰'一贯'，曰'无言'，以明心见性之空言，代修己治人之实学。股肱惰而万事荒，爪牙亡而四国乱，神州荡覆，宗社丘墟。"①

钱谦益在谈及俗学害道时说："经学之熄也，降而为经义；道学之偷也，流而为俗学。胥天下不知穷经学古，而冥行擿埴，以狂瞽相师。驯至于今，辁才小儒，敢于嗤点六经，皆毁三传，非圣无法，先王所必诛不以听者，而流俗以为固然。生心而害政，作政而害事。学术蛊坏，世道偏颇，而夷狄寇盗之祸，亦相挺而起。"②又说："正、嘉以还，以剿袭传讹相师，而士以通经为迂。万历之际，以缪妄无稽相夸，而士以读书为讳。驯至于今，俗学晦蒙，谬种胶结，胥天下为夷言鬼语，而不知其所从来。国俗巫，士志淫，民风厉。生心而发政，作政而害事皆此焉出。"③在论及士儒俗学空谈误国时感叹道："迨其末也，世益下，学益驳，谀闻曲见，横骛侧出，聋瞽狂易，人自为师。世所号为魁士硕儒，敢于嗤点谟诰，镌夷经传大书浓抹，以典训为剧戏。驯至于黄头邪师、弥戾魔属，充塞抗行，交相枭乱，而斯世遂有陆沉板荡之祸。"④

知识群体应该肩负起历史的使命及社会的责任，文化群体不能消极避世沉湎声乐。人生在世，要打破身上的束缚与枷锁没错，但一个人还是要在一定程度上适应人生的种种不自由。个人与群体不能紧张对峙，自我和社会不能格格不入，社会需要秩序，人性更不能在一个无穷的范围内无限膨胀。这些问题，在大明汉人帝国迅速

① 顾炎武《日知录集释》，卷七《夫子之言性与天道》，第402页。
② 钱谦益《牧斋初学集》，卷二十八《新刻十三经注疏序》，第851页。
③ 钱谦益《牧斋初学集》，卷二十八《苏州府重修学志序》，第853页。
④ 钱谦益《牧斋有学集》，卷十八《李贯之先生存余稿序》，第784页。

覆亡，政治格局即刻被满人颠覆瓦解掉后，身带亡国悲剧的汉人学者在清理自己民族伤口时，不能不在严肃的历史面前反复地思考。

这场声势浩大的叛逆思潮，尽管极具颠覆性，但实际上并无太多建设性。也就是说，叛逆者们虽然看出了病源，实际上未能开出对病的药方。能破不能立，能解构却无力重构，这不能不说是这场思潮的致命硬伤所在。而且，更为重要的是，知识群体放下了责任意识与担当情怀，在历史的自然选择下，这必然会带来深重的民族灾难。

民族存亡面前，兴衰成败、功过得失，明清易代之际的士人看得尤为清晰透彻。在紧张的二重变奏中，儒家的价值体系及其对社会规则的建构再次显示出了应有的价值，儒学理论急须回归。新一轮的反拨序幕，在政治格局的变化和理性思考的回归中又缓缓地拉开。

（作者系复旦大学硕士研究生）

论金圣叹文学评点的文本性质

樊宝英

自从评点"六才子书"以来,金圣叹并未得到心灵的宁静。特别是他对《水浒传》、《西厢记》的"腰斩",招致了众说纷纭、褒贬不一的争论。如果不厌其烦的话,三百多年来,在金圣叹的名目上便冠有各式各样的称号。或视为"狂徒"、"异端"①;或视为"衡文"高手②;或视为"小说哲学家"③;或视为"八股选家"④;或视为"反动文人"⑤;或视为"著名文学批评家"⑥;或视为"杰出的启蒙思想家⑦";或视为"戏曲小说批评大师"⑧……穿越三百余年的历史时空,金圣叹无疑是一个极有争议的历史人物。或褒而誉之,或贬而讥之,或

---

①② 张国光校注《金圣叹批本西厢记》第310—323页,上海古籍出版社1986年版。

③ 棣《读新小说法》,见《新世界小说社报》1907年第6、7期。

④ 胡适《〈水浒传〉考证》,见《胡适论中国古典小说》第18页,长江文艺出版社1987年版。

⑤ 公盾《不要美化封建反动文人——谈评价金圣叹的两个问题》,《新建设》1963年7月号。

⑥ 刘大杰、章培恒《金圣叹的文学批评》,《中华文史论丛》第三辑第154页,中华书局1963年版。

⑦ 张国光《金圣叹的志与才》第149页,南京出版社1998年版。

⑧ 邬国平、王镇远《清代文学批评史》第191页,上海古籍出版社1995年版。

褒贬兼有之,可谓诤讼不定,难归一统。那么金圣叹究竟是一个什么样的文学批评家?他的文学评点究竟是何种性质的文学评点?这些仍是需要我们进一步重新思考和加以解决的问题。

事实上,当我们反复研读金圣叹的文学评点之后,不难发现,金圣叹并不是像过去所定位的那样,而是一个地地道道的文本批评家。他主要是采用"以文观文"的方式对文学文本进行了极为细致的观照与解读,发现并呈示出文学文本在字法、句法、章法等方面的美质,确证文学之所以成为文学的形式本性,从而使自己走向了美文学批评之路。我们之所以对金圣叹及其文学评点作这样的重估与定位,既非危言耸听,也非随时易变,而是建立在历史事实的基础之上,并出于对金圣叹及其文学评点进行深刻反思的结果。

一、醉心于文学文本的批点是金圣叹作为文本批评家的志趣所在

金圣叹作为明清之际的一个文人知识分子,既不同于当时所谓的文臣,也不同于当时所谓的经生学士,同时也不同于当时的武士,而是隶属于一个特殊的布衣文人阶层①。金圣叹这种特殊的身份认同,使他无论在个性特征、生活方式上,还是在对待文学的态度上都具有相对独立的特点。那些文臣,因食朝廷俸禄,常将官职与自身合二为一,曲学阿世之心态使他们很难保持人格的独立与自由。这样的文人之于创作和批评,往往极易用政治的眼光对文学加以观照,很难谈得对上对文学有很深的造诣与透视。那些经生学士,征圣宗经,修身养性,多以道德学问家自居,视文学为玩物丧志之事。对于文学批评,他们往往以穷经博学为能,以考据代替文学的领悟,也很难对文学有透彻的把握。至于那些身为武士之人,偏于事功,以谈兵为荣,以建功为尚。虽然不时也有尚文之习,颇能附庸风雅一番,但终非本色当行,与文学毕竟有隔。相比之下,金圣叹有着明

① 陈宝良《明代文人辨析》,《汉学研究》第19卷,2001年第1期。

显的不同。他并不是一个循规蹈矩、热衷于功名利禄的流俗之辈，而是一个自负不凡、傲岸嘲世、追求自由的怪诞之士。他的天性疏宕，恃才不羁，已不可能使他在道统的立德方面崭露头角；他的淡薄功名、布衣身世也不可能使他在立功方面有所建树。对他来说，封建文人知识分子所崇尚的“立德”、“立功”之路显然渺渺无期。因此，他只好把他的整个人生和才华都押在了“立言”方面，把文学评点作为一种名山之业，此外别无出路。

金圣叹对“立言”有着自己的理解。“何谓立言？如周公制《风》、《雅》，孔子作《春秋》。《风》、《雅》为昌明和怿之言，《春秋》为刚强苦切之言；降而至于数千年来，巨公大家摅胸奋笔，国信其书，家受其说；又降至于荒村老翁，曲巷童妾，单词居要，一字利人，口口相授，称道不歇，此立言也。夫言与功德，事虽递下，乃信其寿世同名曰‘立’。由此论之，然则言非小道，实有可观。”①金圣叹特别高看“立言”的伟岸之处，解构了传统儒家“三不朽”的等级秩序，并把“立言”摆在了“立德”、“立功”之上，甚至成为它们得以实现的途径。金圣叹以司马迁的《史记》为例，认为“立言”之效超乎“立功”之效，强调如果没有史家之“立言”，那么君相之功业也会湮灭不闻。他说：“君相能为其事，而不能使其所为之事必寿于世。能使君相所为之事必寿于世，乃至百世千世以及万世，而犹歌咏不衰，起敬起爱者，是则绝世奇文之力，而君相之事，反若附骥尾而显矣。”②金圣叹进一步认为圣贤之“立德”，也须通过“立言”担当。“夫文章小道，必有可观，吾党斐然，尚须裁夺。古来至圣大贤，无不以其笔墨为身光耀。只如《论语》一书，岂非仲尼之微言，洁净之篇

① 林乾主编《金圣叹评点才子全集》(第二卷)第228页，光明日报出版社1999年版。

② 林乾主编《金圣叹评点才子全集》(第三卷)第526—527页，光明日报出版社1999年版。

节？”①金圣叹认为孔子之所以垂教后世，模范千古，也得力于《论语》“佳构”的“洁净”之美。正如《文心雕龙·宗经》所言：“文以行立，行以文传。”

在金圣叹看来，文之“立言”具有“造乎天地之初，贯乎终古之后，绵绵暧暧，不知纪极”之功德②，关乎着“一日成书而百年犹在”的万古不朽之事。既然如此，我们就不难理解金圣叹为何对文学批评情有独钟的原因所在。金圣叹自幼喜爱唐诗，对杜诗尤为沉醉。他的族兄金昌为其《杜诗解》作序云：“唱经在舞象之年，便醉心斯集。”③金圣叹对《水浒》更是喜爱有加：“吾既喜读《水浒》，十二岁便得贯华堂所藏古本，吾日夜手抄，谬自评释，历四五六七八月，而其事方竣。”④并且朝夕在手，晨夜无间，边批边读，到最后完成，历时二十余年。就文学批点而言，金圣叹可谓别有用心。他不是像其他文人那样，仅仅把文学批评当作一种功利性的手段，而是始终把它当作一种天职，时刻听从内心的召唤。他摆脱了事功利禄的纠缠，心无旁涉，以读书批书为“立言”之鸿业，以毕生精力来探究文学究竟为何物。即使死到临头，在人生的最后时刻，最为留恋的还是那些未批完的“才子书”，正所谓“鼠肝虫臂久萧疏，只惜胸前几本书”。金圣叹是一个对著书、批书无比倾心的人，是把整个身心都贴上去的人。对于其他，似乎满不在乎，泰然处之。“嗟乎！生死迅疾，人命无常，富贵难求。从我所好，则不著书，其又何以为活也！”⑤金圣

① 林乾主编《金圣叹评点才子全集》（第三卷）第12页，光明日报出版社1999年版。

② 林乾主编《金圣叹评点才子全集》（第一卷）第2页，光明日报出版社1999年版。

③ 林乾主编《金圣叹评点才子全集》（第一卷）第585页，光明日报出版社1999年版。

④ 林乾主编《金圣叹评点才子全集》（第三卷）第11—12页，光明日报出版社1999年版。

⑤ 林乾主编《金圣叹评点才子全集》（第三卷）第261页，光明日报出版社1999年版。

叹将读书批书与整个人生的价值和意义联系起来，并视为一种生命存在之意义。他对读书批书达到痴迷的状态。首先，倍感身体的快乐。金圣叹偶读《西厢》之《拷艳》一篇，有“三十三快”之感，并认为“文章真有移换性情之力”①。读《酬韵》一篇，见“他不偢人待怎生”七字，大有“活人于此可死，死人于此可活，悟人于此又迷，迷人于此又悟”，具有“勾魂摄魄之气力”②。读《水浒传》也感慨良端：“呜呼！天下之乐，第一莫若读书，读书之乐，第一莫若读《水浒》。”③其次，倍感心灵的创造。金圣叹读书批书并非是死读书，给人一种板滞之感。他总是恣情任性，透视着自己的灵性。或快意当前，或垂泪浩叹，常情不自禁地流露出自己的感情波澜。他往往能纵横贯穿，附以己意，令人耳目一新。下起笔来倾情尽性，气势磅礴，可谓人人心中之所有，人人笔下之所无。正所谓“圣叹批《西厢记》是圣叹文字，不是《西厢记》文字”④。

金圣叹不愧为“世间读书种子”，像他这样对读书批书如此倾情尽性、如此尽心尽力的批评家，在中国古代文学批评史上并不多见。他把读解文学、评点文学视为自己的名山事业，并把他的个性、人格、学养全部贯注其中。这正是金圣叹的独特之处，也是金圣叹超越前人的原因。正是凭着这种精神，他才能“于诗道甚深”⑤，于“文心”最切。这为他进行形式化的文本评点即“细读”提供了最基本的前提。

① 林乾主编《金圣叹评点才子全集》(第二卷)第 203—207 页，光明日报出版社 1999 年版。

② 林乾主编《金圣叹评点才子全集》(第二卷)第 79 页，光明日报出版社 1999 年版。

③ 林乾主编《金圣叹评点才子全集》(第三卷)第 236 页，光明日报出版社 1999 年版。

④ 林乾主编《金圣叹评点才子全集》(第二卷)第 19 页，光明日报出版社 1999 年版。

⑤ 李重华《沉吟楼遗诗序》，转引自冉苒校点《金圣叹文集》第 8 页，巴蜀书社 2003 年版。

二、以文观文式的灵心慧眼是金圣叹作为文本选家的眼光所在

金圣叹不仅是一个评点家，而且也是一个选家。但是选家自有选家的目的，选家自有选家的眼光。“选家”的目的在于通过选编的形式对前人作品汰芜取精，除劣择优，树立典范。正如《四库全书总目提要》所言：“删汰繁芜，使莠稗咸除，菁华毕出。”①作为一个选家，金圣叹从浩如烟海的历史典籍、深广繁富的历代作品中，独标出“六才子书”，另外又对《左传》、《国语》、《战国策》、《史记》、《汉书》、韩、苏等文网罗佳什，补所未备，的确有一种“路海拾珍，邓林撷秀”之感。用他自己的话来说，可谓“约略亦总尽矣”②。但是金圣叹之所以能做到“食马留肝，烹鱼去乙”，实赖于他以文观文、别具手眼的眼光。金圣叹说：

> 善论道者论道，善论文者论文，吾尝观其制作，又何其甚妙也！《学而》一章，三唱“不亦”；《叹觚》之篇，有四“觚”字；余者一“不”，两“哉”而已。“质胜文则野，文胜质则史”，其文交互而成。“知之者不如好之者，好之者不如乐之者”，其法传接而出。山水静乐寿，譬禁树之对生。子路问闻斯行，如晨鼓之频发。其他不可悉数，约略皆佳构也。彼《庄子》、《史记》，各以其书独步万年……皆不过以此数章引而伸之，触类而长之者也。《水浒》所叙……而举其神理，正如《论语》之一节两节……③

---

① 《四库全书总目提要》第1685页，台北艺文印书馆1965年版。

② 林乾主编《金圣叹评点才子全集》(第一卷)第583页，光明日报出版社1999年版。

③ 林乾主编《金圣叹评点才子全集》(第三卷)第12页，光明日报出版社1999年版。

金圣叹解读《论语》的确别具一副手眼，别人只关注《论语》的事理行迹，他却关注《论语》的篇章布局。金圣叹依据《论语》的《学而》、《雍也·觚不觚》、《雍也·质胜文》、《雍也·智者乐水》等篇章，抽象出“重复”、“交互而成”、“禁树对生”、“传接而生”等“平行”化的基本准则①。同时，金圣叹还进一步认为《庄子》、《史记》、《水浒》，只不过是这一“平行”基本准则的触类引申。金圣叹的确不愧为“善论文者”，他对于文本的兴趣不是侧重论事，而是侧重论文；不是以道观文，而是以文观文。金圣叹是以形式的审美眼光去发现和寻绎出文本自身的美。他说：“必要真正有锦绣心肠者，方解说道好。”②他对《西厢记》、《水浒传》的评价也是如此。“《西厢记》断断不是淫书，断断是妙文。今后若是有人说是妙文，有人说是淫书，圣叹都不与做理会。文者见之谓之文，淫者见之谓之淫耳。”③假道学者诬言《西厢记》是“诲淫”之书，诅咒《西厢记》作者“当堕拔舌地狱”，金圣叹以牙还牙，标称《西厢记》“天地妙文”，作者是“天地现身”。一方面强调“非此一事，则文不能妙也”，彻底肯定男女情爱之事，另一方面强调欣赏与批点作品不能一味以事淫与事不淫为准则，而应视其如何表现，所谓“意在于文，意不在于事也”。金圣叹对文学作品的观照采取了不同于假道学的美学眼光，即以文观文。用他自己的话来说，就是“眼照古人”：“圣叹《西厢记》只贵眼照古人，不敢多让，至于前后著语，悉是口授小史，任其自写，并不更曾点窜一遍，所以文字多有不当意处。盖一来虽是圣叹天性贪懒，二来实是《西厢记》本文，珠玉在上，便教圣叹点窜杀，终复成何用。普天下后世，幸恕仆

① 华劳娅·吴《平行：关于金本〈水浒传〉的批评话语》，《通俗文学评论》1997年第3期。

② 林乾主编《金圣叹评点才子全集》（第三卷）第26页，光明日报出版社1999年版。

③ 林乾主编《金圣叹评点才子全集》（第二卷）第8页，光明日报出版社1999年版。

不当意处，看仆眼照古人处。”①用廖燕的话来说，就是“别出手眼”：“除朋从笑谈外，唯兀坐贯华堂中，读书著述为务……所评《离骚》、《南华》、《杜诗》、《西厢》、《水浒》，以次序定为六才子书，俱别出手眼。”②

“我们观看事物的方式受到我们所知道的和所相信的东西的影响。”③金圣叹之所以采用以文观文、别出手眼的审美方式解读文学文本，也并非偶然之举。金圣叹的文学评点一方面是受到明代文学批评中审美化传统的影响，另一方面是受到明代时文的影响。关于前者，郭绍虞说得非常好：“明人于文，确实专攻。任何书籍，都用文学眼光读之。”④在这方面，横跨百余年的前后七子和唐宋派无疑是两个重镇。前后七子承传沧浪妙悟之旨，重在气象。如气象不在，当于字句求之，注目于从声容、意兴、体制上得古人之格调；唐宋派续接吕祖谦以来的评点传统，重在神明。如神明不在，当于开合顺逆、错综经纬中求之，能出新意于绳墨之余。他们对“文法”的偏重，使他们不仅在评价文学作品时是以审美的眼光进行打量，即使对待历史或经学著作也以此目之。后七子代表人物王世贞讨论篇法、句法、字法，扩大了“文”的范围，他能从六经中看到“文”的价值，从而提出“易亦诗也”⑤的看法。唐宋派的代表人物归有光圈点《史记》，虽遭人讥，却仍抉发其为“文”之道、为“文”之美。兼及七子派和唐宋派之影响的孙月峰把六经作为文章来读，并认为“万古文章，总之无过于周者。《论语》、《左氏》、《公》、《穀》、《礼记》最有法”。一生读《史记》、《庄子》、欧阳修、《韩非子》、《文选》、《汉书》、《左传》、《国

① 林乾主编《金圣叹评点才子全集》（第二卷）第 9 页，光明日报出版社 1999 年版。

② 廖燕《金圣叹先生传》，参见张国光校注《金圣叹批本西厢记》第 310 页，上海古籍出版社 1986 年版。

③ Berger，John. *Why was of Seeing*. New York：Penguin，1974. 8。

④ 郭绍虞《中国文学批评史》第 263 页，百花文艺出版社 1999 年版。

⑤ 丁福保《历代诗话续编》第 967 页，中华书局 1983 年版。

策》、《国语》、《吕》，进而十三经，读后方悟“文章之法尽于经矣”①。由此可见，明代的文学批评偏重艺术论，显示出极强的美学眼光，这种美学霸气基本上劫持了整个文坛，并给后来的金圣叹从事文学评点以很大的影响。金圣叹一方面借用了他们曾经使用的术语，特别是唐宋派使用过的“开合”、“正反”、“宾主”、“起伏”、“照应”、“擒纵”等等，另一方面在操作上同样以审美的眼光来审视诸多历史著作，特别是与孙月峰的观点有极大的相通性。“仆昔因儿子及甥侄辈要他做好文章，曾将《左传》、《国策》、《庄》、《骚》、《公》、《谷》《史》、《汉》、韩、柳、三苏等书杂撰一百余篇……名曰《才子必读书》。”②相比之下，不但所选这些作品的数目大致相当，而且都凸现了史学著作的审美价值。更重要的是金圣叹又把这种以文观文的眼光转移到《水浒传》、《西厢记》的审视上，显示了超出前人的灵心慧眼。“《水浒传》方法，都从《史记》出来，却有许多胜似《史记》处。若《史记》妙处，《水浒》已是件件有。”③“相其眼觑何处，手写何处，盖《左传》每用此法。我于《左传》中说，子弟皆谓理之当然。今试看传奇亦必用此法，可见临文无法，便成狗嗥，而法莫备于《左传》。甚矣，《左传》不可不细读也。我批《西厢》，以为读《左传》例也。”④金圣叹将《水浒》与《史记》、《西厢》与《左传》彼此互证，以作文学观之，自然是卓然不群。对此陈登原的评价颇富见地：“圣叹所谓六才子书，子史诗歌戏剧小说，盖已兼收并蓄，此其眼光，实已压倒明清之际所有选家。”⑤

① 孙月峰《与余君房论文书》，转引自郭绍虞《中国文学批评史》第261页，百花文艺出版社1999年版。

② 林乾主编《金圣叹评点才子全集》(第二卷)第10页，光明日报出版社1999年版。

③ 林乾主编《金圣叹评点才子全集》(第三卷)第19页，光明日报出版社1999年版。

④ 林乾主编《金圣叹评点才子全集》(第二卷)第52页，光明日报出版社1999年版。

⑤ 陈登原《国史旧闻》第502页，中华书局2002年版。

至于八股文对于金圣叹评点的影响，胡适和鲁迅都曾提及过。胡适认为金圣叹用了“选家”的眼光评文，明显带有八股选家的流毒，危害不浅①；鲁迅认为金圣叹评价诗文小说的布局行文，都被拖到八股作法之上，不失笑谈②。尽管两位大师在整体上对金圣叹的做法持一种否定的态度，但毕竟道出了金圣叹在当时的历史语境下深受八股影响、运用时文眼光审视文本的事实。郭绍虞说：“明代的文人，殆无不与时文发生关系；明代的文学或批评，殆也无不直接间接受着时文的影响。”③由此观之，金圣叹受其影响也成了顺理成章之事。“圣叹本有才子书六部。《西厢记》乃是其一。然其实六部书，圣叹只是用一副手眼读得。如读《西厢记》，实是用读《庄子》、《史记》手眼读得。便读《庄子》、《史记》，亦只用读《西厢记》手眼读得。”④此处金圣叹所言的“一副手眼”，就是一种八股文的眼光来解读文学作品。“仆思文字不在题前，必在题后，若题之正位，决定有无文字。不信，但看《西厢记》之一十六章，每章只用一句两句写题正位，其余便都是前后摇之曳之。”⑤这种八股式的观照，既能让我们看到遣词造句的简练洁净，又能让我们看到文学文本各个部分的呼应锁合，以见出文学文本的“精严”之美。凭此，金圣叹泛澜文海，含英咀华，指向一种形式化的文学批评。

无论是明代文学批评的审美传统，还是八股文的影响，都强化了金圣叹以文观文的美学眼光。在筛选和评价文学作品时，金圣叹

---

① 胡适《〈水浒传〉考证》，见《胡适论中国古典小说》第 180 页，长江文艺出版社 1987 年版。

② 鲁迅《谈金圣叹》，《鲁迅全集》第一卷第 527 页，人民文学出版社 1998 年版。

③ 郭绍虞《中国文学批评史》第 421—422 页，百花文艺出版社 1999 年版。

④ 林乾主编《金圣叹评点才子全集》(第二卷)第 9 页，光明日报出版社 1999 年版。

⑤ 林乾主编《金圣叹评点才子全集》(第二卷)第 13 页，光明日报出版社 1999 年版。

自觉不自觉地要介入这一眼光。他选文“以能文为本”，关注的是为文之用心，体现的是形式之要义，从而使自己在审视文学作品时将其历史的内涵暂时被“悬置”，文学的特性“被置于前景”。尽管他常招致“以文律曲”、抹杀文体界限之嫌，但他的这种文学眼光又的确让我们发现他所构筑的“六才子书”的世界是一个美的世界。

三、分解与文法并重是金圣叹作为文本批评家的主旨所在

金圣叹既强调选本，又重视评点。他把选本和评本结合起来，彻底使评点摆脱了长期以来的史传笺注传统，从而使评点回到了文学批评自身。他重视分解，强调诗法，暗含着后来西方形式主义文学批评所倡导的美学精神。

从谱系学的角度来说，评点之学固然来源于历史考证学和读书法①，但金圣叹把它用之于文学却摆脱了笺证义疏的局限，并使之面向文本本身。金圣叹从事文学批评，无论是序、读法，还是眉批、夹注，甚至是删改，都是透过文学文本的字里行间，去体会文学艺术美意之所在。他认为诗歌决不同于历史，诗就是诗本身。他说：“初唐、盛唐、中唐、晚唐，此等名目，皆是近日妄一先生之所杜撰。其言出入，初无准定。今后万不可又提置口颊，甚足以见其不知诗。”②他反对明代高棅以历史嬗变来界定诗歌发展史的做法，这样做违背了诗歌自身发展的规律，根本不符合诗歌的特质，所以金圣叹讥高棅为“足以见其不知诗”。基于这样的考虑，金圣叹要求评点从诗歌自身的特性出发，否定那种注释式的批评。他在《答王道树学伊》中说：“尊教讽弟书注当以《世说》刘孝标为最胜者，此语人所同习，弟岂不闻。但弟今愚意且重分解。分解本是唐律诗中一定平常之理，

---

① 吴承学《评点形态源流》，《文学评论》1995 年第 1 期。

② 林乾主编《金圣叹评点才子全集》(第一卷)第 13 页，光明日报出版社 1999 年版。

何足哓哓多说。特无奈比来不说既久，骤说便反见怪，故弟不避丑拙，试欲尽出唐人诸诗，与之逐首分之。然则先生谓弟与唐人分解则可，谓弟与唐人注诗，实非也。”①“唐人注诗”，一是指李善的“释事忘义”，一是指李邕的“附事见义”，都是搜集材料丰厚，征引古籍繁富，但因偏重于释事和辞汇的溯源而忽略了对文学层面的解析。这些都是金圣叹所不能苟同的。金圣叹的批评实践，不是侧重典故的注释和史实的引证，而是注重文学的文本分析。二者之间的分离表明了金圣叹的文学观和批评观，即诗歌绝不是仅靠背景支撑的历史文本，而是有特殊语言构成的自给自足的文学文本。从这个意义上来说，文学批评不能与历史现象混为一谈，应该指向文学的个性存在，寻绎出文学文本的丰富性及其魅力所在。

金圣叹的文学评点对文学文本自身魅力的寻绎，是与他力主的“分解”解读模式分不开的。这无疑是对中国古代文论传统中“不可解”感悟品评模式的一大反拨。受传统整体直观思维模式的影响，致使中国传统的文学批评偏重于一种感悟式批评。面对这种“不可解”的批评模式，金圣叹怀有一种愤激之情，并持一种批判和否定的态度。金圣叹说他“自幼最苦冬烘先生辈辈相传‘诗妙处正在可解不可解之间’之一语”，并强烈呼吁“断断不愿亦作‘妙处可解不可解’等语”②。在金圣叹看来，文学作品作为一种“真话”的体现，“不可分解，却如何可认?”③所以特别强调“愚意且重分解”④。金圣叹所言的“分解”，是一种“条分而节解之”的细读方式，通过对文学文本字法、句法和章法内在脉络的呈示，从而最终把握文学文本的意义所在。其核心是对“细读”的重视和“文法”的寻绎。这一点我们

①③ 林乾主编《金圣叹评点才子全集》(第一卷)第 6 页，光明日报出版社 1999 年版。

② 林乾主编《金圣叹评点才子全集》(第一卷)第 11 页，光明日报出版社 1999 年版。

④ 林乾主编《金圣叹评点才子全集》(第一卷)第 651—680 页，光明日报出版社 1999 年版。

可以通过金圣叹与刘辰翁、李贽三位评点大师的比较，略知一二。

刘辰翁是中国第一位杰出的评点大师，著作甚丰，兼及诗歌、散文、小说三个方面的评点。在文学评点的风格上，其最大特点是立足于诗歌本体，对之作一种审美式的批评。他特别反对那种离开审美感受去作穿凿附会、训诂考证的比附方法，明确弘扬“可评不可注”的批评理念。所谓“注”就是注释、疏义，侧重于诗歌的语句出处，追究诗歌的本事用典，依据历史材料分析诗歌意义。所谓“评”就是立足诗歌文本，在对特定文本品鉴的基础上，对作品的用词造句、意象设置及其审美价值作出判断。评点绝不是对作品作冷静客观的评价，而是作饱含情感式的感悟体验。作为两种不同的批评形式，刘辰翁选择了第二种。刘辰翁《题刘玉田选杜诗》说：“凡大人语，不拘一义，亦其通脱透活自然。……观诗者各随所得，各自有用。”①因此，刘辰翁的评点意在通过对诗歌语言的品鉴把玩，感同身受地体验作者的思想情感，在此基础上进一步领悟作品的总体风神意貌，以获得一种深层的审美意味和愉悦。刘辰翁这种专以“文学精神论工拙”的做法开拓了评点的境界，无疑与金圣叹的评点有着某种程度上的相通性。但是由于他过分强调了读者解诗的主观性，致使其评点往往从个人兴趣出发，随意而批，崇尚深幽隽峭之语。这一点与金圣叹的评点明显不同。特别是“好诗妙不可解”的观点，与金圣叹的“分解”模式完全相左。难怪金圣叹毫不留情地骂他为“奴才”、“小儿”②。从这个意义上来说，金圣叹对诗的体极入微和诗法运用方面要远远胜过刘辰翁。

李贽是中国第二位杰出的评点大师，兼及散文、小说、戏曲等文体的评点。特别是对《水浒传》的评点贡献最大。他与金圣叹都评点过《水浒传》，在其评点意象上也有相似的方面。他们都能从文学

---

① 刘辰翁《题刘玉田选杜诗》，转引自段大林校点《刘辰翁集》第 208 页，江西人民出版社 1987 年版。

② 林乾主编《金圣叹评点才子全集》(第一卷)第 38 页，光明日报出版社 1999 年版。

的角度挖掘作品的意义,扭转了小说批评以带功利色彩为主的社会批评,而转向以审美层面为主的艺术批评,显示出共同的美学旨趣。但是金圣叹和李贽在对《水浒传》的审美观照上,其焦点可以说判然有别。李贽评价小说的最大特点是以“童心”衡量与烛照一切文学,提出了“童心自文”的评价标准。所谓“天下之至文,未有不出于童心焉者也”①,在李贽看来,只要能保持一颗童心,就能写出内含章美、笃实生辉的好文章。因而,“童心”就是文学美的根本所在。“苟童心常存,则道理不行,闻见不立,无时不文,无人不文”,李贽这种“童心自文”说的重大意义在于推翻了文学传统中程朱理学的束缚,扫除了文体尊卑的缪说,确有激情四射、震撼人心之感,但也难免有疏略空泛之处。当“童心”具体到文学作品时,究竟它为何物,如何表现,妙在何处,不能落到切实之处。对于至文所以为至文的文本根据,李贽却语焉不详。所以,李贽很少能从文学作品的内部去捕捉童心的魅力。相比之下,金圣叹是一个文本意识强烈的人,他的评点时刻不忘提醒读者应该以“文”的眼光去读书看文。通过对文本细致的解读,触摸其意度波澜,追寻其诗式文法,从而将抽象的美予以具体化。“吾最恨人家弟子,凡遇读书,都不理会文字,只记得若干事迹,便算读过一部书了。”②金圣叹所说的“文字”就是指文法,指小说叙述故事、描写人物的技巧。“不理会文字”的读书法,不惟一般的读者所独有,就连小说理论家也往往看重“写什么”,而忽略“如何写”。金圣叹一向反对对文学作品作就事论事、概而言之的解读。他说:

今人不会看书,往往将书容易混帐过去,于是古人书中所有得意处,不得意处,转笔处,难转笔处,趁水生波处,翻空出奇处,不得不补处,不得不省处,顺添在后处,倒插在前处,无数方

---

① 李贽《童心说》,《焚书》第99页,中华书局1975年版。

② 林乾主编《金圣叹评点才子全集》(第三卷)第23页,光明日报出版社1999年版。

法,无数筋节,悉付之于茫茫然不知。而仅仅粗记前后事迹,是否成败,以助其酒前茶后,雄谭快笑之旗鼓。①

金圣叹反对"轻将古人妙文,成片诵过"的解读方式,如果这样来鉴赏《水浒传》,不但"煞是好笑",而且还"上犯天条,下遭鬼僇"。在金圣叹看来,故事和人物固然是读者主要的审美对象,但不懂得作者创造这些审美对象的艺术手法,就不可能认识到它们的全部美学价值。所以金圣叹认为"旧时《水浒传》,子弟读了",仅仅能"晓得许多闲事",审美层次是低的。但是经过评点,指出"若干文法"的《水浒》则不同,"子弟读了,便晓得许多文法"。在此基础上的阅读,其兴趣便会大增,"便《国策》、《史记》等书,都肯不释手看"②。这是一种高层次的审美阅读。正是由于此,金圣叹在评点《水浒传》之时创造了《读法》体例,排列了倒插法、夹叙法、草蛇灰线法等一套直观的叙事文法,为后来人作文赏文示以津梁,从而把形式分析的细读法应用到文学文本的解读之中。通过对以上三位大师的评点方式比较,我们可以看到金圣叹对文学文本的解读,不但体制完备,基本上不离题解、夹注、夹批、分解、总评等几项,而且精细入微,独具一格地探讨了文学的制题艺术、起承转合、格律法度以及字法、句法、章法。这种分析既不同于过去那种穿凿比附式的批评,也不同于那种感兴妙悟式的评点,它确实已锲入文学作品的纹理之中,自然而然地来呈现出文本的价值与意义,从而实现了评点批评的文本转向。

综上所论,金圣叹的评点所倾心的是一部文本的优劣所在,主要是从审美层面上去考察文学的美以及为什么美的问题,探究文学在结构、剪裁、布局、遣词造句等形式方面的特点。他对文学及其评

① 林乾主编《金圣叹评点才子全集》(第三卷)第30页,光明日报出版社1999年版。

② 林乾主编《金圣叹评点才子全集》(第三卷)第25页,光明日报出版社1999年版。

点的如此沉醉、如此尽力，为他洞穿文学文本的秘密提供了前提条件；他对文学典籍的无限手眼、无限文心，使天下至文跻入高文典册之林成为可能；他对文学文本的细达毫芒、金针玉度，使高高在上、无所不在的美意法门得以天地现身。以此观之，金圣叹被重新定位于文本批评家，应该说当之无愧。

（作者系浙江外国语学院教师）

“绪”:方拱乾手批《杜诗论文》的核心命题

曾绍皇

在中国传统文学的发展历程中,诗文是占主导地位的文学样式之一,由此产生的诗文评亦成为传统文学批评独占鳌头的文学理论之一。《四库全书总目提要》在“集部·诗文评”的总叙中,有这样一段简明扼要的论述阐释了诗文评发展的历程和特点:“勰究文体之源流,而评其工拙。嵘第作者之甲乙,而溯厥师承,为例各殊。至皎然《诗式》,备陈法律;孟棨《本事诗》,旁采故实;刘攽《中山诗话》、欧阳修《六一诗话》,又体兼说部。后所论著,不出此五例中矣。宋、明两代,均好为议论,所撰尤繁。虽宋人务求深解,多穿凿之词;明人喜作高谈,多虚憍之论。然汰除糟粕,采撷菁英,每足以考证旧闻,触发新意。”①而随着诗学流派体制的不断发展,也随着人们对于诗文这一传统文学样式广泛而持久的关注,诸多富有生命活力与丰富意象的诗评术语与范畴也在实践中逐渐成熟起来。杜诗未刊评点中,亦不乏批点者善于采用某一特定诗学术语进行杜诗批评,其中闪耀着诗学术语的智慧光芒和理论色彩。本文即以国家图书馆所藏方育盛跋并录方拱乾批点《杜诗论文》为例,揭橥出方拱乾手批《杜诗论文》的核心命题就是“绪”,并从语源学角度追溯“绪”作为一

按:本文原载《中国文学研究》2009 年第 4 期。

① 纪昀等《钦定四库全书总目》(整理本)第 2736 页,中华书局 1997 年版。

个诗评术语的演进轨迹及其诗学生成，力图展示其在诗学史上的特殊地位和不凡意义。

一、“绪”义的衍化及其诗学生成

“绪”作为一个诗评术语出现在诗文理论中，经历了一个由直接印象转换为抽象规定，由具体事物升华为抽象事理的演变道路。因为“古代文学范畴取式于自然和人事，又不局限于自然和人事，它的感性形态与丰厚内蕴有着和谐的统一性”①，故“绪”作为一个诗评术语，在由具体的“丝端”之“绪”转换成抽象意义的诗评之“绪”，实现感性形态与丰富内蕴的统一化过程中，实践了“绪”在理论观念上的进步与升华。

“绪”字本义的丰富性为其向诗学术语的衍生提供了各种可能。“绪”由本义向诗评含义的演化有这么几条主要的发展线索：其一是作为本义“丝端”。在《说文解字》中“绪”的解释为：“绪，丝耑也。从糸，者声。”到后来，凡带有开端之意的均可用“绪”来表示。如“绪言”、“绪论”、“就绪”、“头绪”、“绪使”、“千头万绪”、“端绪”、“入绪”之类。其二，“绪”指“余留的，遗留下来的”之意。《楚辞·涉江》中“唉秋冬之绪风”，《庄子·渔父》“先王有绪言而去”即此意。《庄子·山木》“食不敢先尝，必取其绪”，郭庆藩集释引王念孙曰：“绪者，余也。言食不敢先尝而但取其余也。”其他诸如“绪风”，“绪音”、“绪余”、“绪业”、“绪功”、“绪年”、“绪飏”均同此意。在此意义上还可引申出与“絮”相同的比喻意，比喻多而连绵不断。如“绪咶”（絮咶）、“绪绪叨叨”（絮絮叨叨）、“绪谈”、“绪语”之类。此比喻意如用以指连绵不断的情思则衍生出“情绪”、“思绪”、“心绪”、“意绪”、“离情别绪”等词语。南朝梁江淹《泣赋》：“阒寂以思，情绪留连。”唐元稹《莺莺传》：“长安行乐之地，触绪牵情。”即此意。

由以上对“绪”这个词语词义的分析，我们可明确地看到，“绪”

---

① 汪涌豪《范畴论》第53页，复旦大学出版社1999年版。

这个术语由最初的"丝端"之本义,逐渐演化为具有开端、发端之意义的文论术语;而由丝端所引申出来的"丝或丝状物",也逐步转化到文论术语中"思路"、"文理"之意上来。简而言之,可用下面的表格来表示"绪"这个词语由本义滋生出文论术语的大致情况:

	本 义	诗文评术语
绪	"丝端"	"端绪"、"踪绪"、"入绪"、"绪次"、"探端知绪"、"寻端见绪"等。
	"余留的,遗留下来的"	"绪音"、"绪风"、"绪余"等。
	"丝或丝状物"	"妙绪"、"合绪"、"文绪"、"绪密"、"法绪"、"诗绪"、"绪理"等。

《说文解字》中"绪"的解释为"丝耑",《玉篇·耑部》:"耑,今为端",故"绪"之本义乃是丝线的端头。段玉裁《说文解字注》云:"抽丝者得绪而可引。引申之,凡事皆有绪可缵。"实际上,段玉裁在这里已经涉及到"绪"作为一个原始词语具有的丰富多彩的引申意义。尤其是他认定的"凡事皆有绪可缵",为"绪"作为诗评术语的出现奠定了文字学意义的基础。不过在传统笺注中,"绪"作为本义的"丝耑"所引申出来的关于"开端"意义使用的情况已不乏其例。如郑玄笺注《礼记正义》卷五十三《中庸第三十一》中有云:"'三知'者,皆言其睹末察本,探端知绪也。"此处所谓"睹末察本,探端知绪",乃是从"丝端"之本义衍生而来的,强调理清头绪之意。其他经典中亦不乏有关"绪"之论述,如《春秋繁露》卷一《玉杯第二》中"是故论春秋者,合而通之,缘而求之,伍其比,偶其类,览其绪,屠其赘,是以人道浃而王法立"、《四书章句集注·中庸章句》中之"经者,理其绪而分之;纶者,比其类而合之也"、《后汉书》卷六十下《蔡邕列传第五十下》中"是以君子推微达著,寻端见绪,履霜知冰,路露知暑"之类,莫不如此。当然,"绪"作为"丝或丝状物"所引申出来的关于思路、线索、条理之意的例子也不在少数,诸如孔颖达疏《春秋左传正义》卷一《春秋序》"寻其踪绪,心是迹非";朱熹《四书章句集注》卷五《论语集注》"'法语'者,正言之也。'巽言'者,婉而导之也。'绎',寻其绪也";

《四书章句集注·大学章句》"皆言其治之有绪,而益致其精也"之类,不胜枚举。

虽然在经典或经典诠释中先哲们引进了"绪"这个富有文论色彩的术语,但是"绪"在这些诠释经典的文本中,往往具有十分广阔的含义,所有文体在内的思路、线索或开端、发端之意,均可用"绪"来概括,而不限于诗歌一体。如欧阳修所谓"学圃遂荒,整一经而不治;文绪难绎,惧弥日而无成"(《欧阳修集》卷九十六"代辞胥学士启"),其"文绪难绎"当指文章思路而言。实际上,真正将"绪"定格为诗评术语,主要阐释诗歌作法的精巧自然、诗歌内在理路的细密有序,还是在众多诗论著作中才得以发展和完善的。值得注意的是,较之经典诠释中"绪"作为"开端"意义的用法而言,"绪"之术语多作诗歌创作的内在理路而言,其本义来源于"绪"作为"丝或丝状物"的原始意思。

较早将"绪"引入文学批评的是魏晋时期的文学理论大家刘勰。在刘勰《文心雕龙》中,我们还可以看到"绪"这个术语由"丝或丝状物"所转化为诗文评术语的些许痕迹。《文心雕龙》中说:"寻诗人拟喻,虽断章取义,然章句在篇,如茧之抽绪,原始要终,体必鳞次。"① 毋庸置疑,这里所说的"如茧之抽绪"之"绪"当作"蚕丝"而言,而正是蚕丝之错综交杂,与诗文内部结构之繁复绮丽具有了某种外在形式的相似,故后来诸多论诗之作均用"绪"来表示诗歌内部结构之自然天成,巧夺天工。

宋明时期,"绪"作为诗评术语得到更进一步的发挥。南宋魏庆之《诗人玉屑》中在论杜甫诗歌之胜时,多强调杜甫诗歌的"绪密思深",以致"光掩前人,而后来无继",故其曰:"诗有平淡简易者,有绵丽精确者,有严重威武,若三军之帅者,有奋迅驰骤,若泛驾之马者,有淡泊闲静,若山谷隐士者,有风流蕴藉,若贵介公子者。尽其诗绪密而思深,观者苟不能臻其阃奥,未易识其妙处,夫岂浅近者所能窥哉。"明代陆时雍在《诗镜总论》中说:"《三百篇》每章无多言。每有

---

① 杨明照《增订文心雕龙校注》第440页,中华书局2000年版。

一章而三四叠用者,诗人之妙在一叹三咏。其意已传,不必言之繁而绪之纷也。”他认为诗歌在于传达意思,不在于言语之繁复和头绪之纷乱、结构之庞杂。

清代是诗评术语“绪”得到普遍运用的时期,诸多诗话、词话均不乏以“绪”来论诗论词。清代沈雄在《古今词话》中亦引宋徵璧之语,用“绪”这个术语来论述词作当情合绪联的结构问题:“宋徵璧曰:词家之旨,妙在离合。语不离则调不变宕;情不合则绪不联贯。”(《古今词话·词品》卷下“品词”)不过,在很多情况下,诗词论者往往用“妙绪”一词来笼统概括诗词带给人们的总体感觉,而不拘泥于某一具体结构细节方面的精巧。如清代蒋敦复对于周保绪《赋杨花词》的评论:“此词精思妙绪,宛转环生,片玉家风,洵乎未坠。其声律谨严处,可谓字字从华严法界中来。”(《芬陀利室词话》卷一)清代学者赵翼讨论陆游之诗胜于东坡时说:“心闲则易触发,而妙绪纷来;时暇则易琢磨,而微疵尽去。”(《瓯北诗话》卷六)清代陆蓥称:“文昌拟乐府诸诗,绰有妙绪。”(《问花楼诗话》卷一)清代张谦宜说:“‘燕赵多佳人’,全是空愿积想,故成妙绪。”(《絸斋诗谈》卷四)如此之类,均总体概言其妙,未作具体阐释。除“妙绪”之论外,清代叶申还阐述了诗文不一,而“绪”亦多端的观点。他认为诗文“或缘情而遣兴,或对景以摅怀,或为怨以骋思,或空言而寄讽。文非一致,绪亦多端”(《本事词·自序》),文体的外在形式导致了内在理路——“绪”——的丰富多彩与千姿万态。清代朱庭珍亦多用“绪”来说明诗歌创作论和鉴赏论,试举二例如下:

> 然后沈思独往,选意炼词……迨思路几至断绝之际,或触于人,或动于天,忽然灵思泉涌,妙绪丝抽,出而莫御,汩汩奔来,于是烹炼之,剪裁之,振笔而疾书之,自然迥不犹人矣。(《筱园诗话》卷一)

> 若谓此句指绍子,则前后均言绍事,前既无根,后又无接,何以凭空插入,未免突兀少绪,上下竟不相贯。若言绍,则绍未断头也。(《筱园诗话》卷三)

因此，“绪”作为文论术语，在魏晋六朝被学者从经典诠释领域引入文学批评领域，经过宋明的演绎发挥，到清代已蔚然成为诗文批评中普遍运用的诗论术语之一。可见，随着时间的推移，“绪”作为一个文论术语，已经在历代诗文批评论著中得到了逐步的发展、演化和定型，以致最终顺利实现了“绪”义由“丝端”本义向诗文术语含义的过渡。而这种具象的“丝或丝状物”与抽象的文学内部之结构的契合，在一定程度上反映出二者具有同构可能性的必要前提，也为“绪”作为诗文评术语的出现奠定了事象与所要表达的意旨之间的外在形态基础。

二、方拱乾以“绪”批杜与“绪”义的完善

尽管在历代诗文论述中多有关于“绪”的阐释，但直到清代方拱乾手批《杜诗论文》才把“绪”作为一个常用术语大量娴熟地运用于杜诗评点中，从而实现了诗评术语“绪”义的完善与成熟。

方育盛跋并录方拱乾批注《杜诗论文》56 卷，存 41 卷，共 6 册，藏国家图书馆。周采泉《杜集书录》，郑庆笃、焦裕银等《杜集书目提要》均未著录该本，系稀见的清初杜诗手批本之一。

方育盛，字与三，别号拷舟，安徽桐城人。方拱乾第三子。顺治十一年举人。其父方拱乾批点之《杜诗论文》即由他“敬炤底稿，誊录清册”而流传下来。

方拱乾(1596—1667)，初名策若，字肃之，号坦庵、苏斋，又号江东髯史、云麓叟，晚年改号残庵，或称残老人，安徽桐城人。拱乾“崇祯时官少詹事。国朝以荐起，补弘文院学士，寻除少詹。平生笃交谊，尝急人难，晚年谪宁古塔，撰《绝域纪略》，号苏老人”①。

方拱乾批注《杜诗论文》系用朱、墨二色批点，首页为方育盛墨笔题跋一则：

---

① 钱仲联《广清碑传集》卷三，马其昶《方氏三诗人传》第 148 页，苏州大学出版社 1999 年版。

看老杜诗,要将我身化作老杜,亲当其悲欢离合之境遇,真正是诗成若神助,但区区寻其"诗律细",犹浅矣,况字句乎?寻常字句佳,亦不可以言诗。诗之妙,在无字处。老杜诗犹妙在无字处,果能细心体认,通身摄入,恰恰此题当有此诗,此诗当有此起承转合,所谓律也,神也。小子识之。

先大人阅杜诗,凡数绝编矣。品题丹黄,无不精核,若神会少陵然。此则己丑春日批以训小子者,书载行笥,廿余年矣。拈签时有脱落,今客芝山,公余之闲,敬熠底稿,誊录清册,以便时时翻诵云。壬子三月育盛拜书。

方育盛序言阐述了两个问题。其一是如何阅读和接收杜诗,如何体察杜诗诗律之妙的诗歌接受理论问题。方育盛提出,"看老杜诗,要将我身化作老杜,亲当其悲欢离合之境遇",才能深刻地体认到杜诗的妙处。其二是关于方拱乾批阅杜诗及其传抄过程的记载:一是描述了方拱乾批阅杜诗的情况,"凡数绝编","品题丹黄,无不精核,若神会少陵然";二是阐释了方拱乾批阅杜诗之目的在于"批以训小子者",是其家学传统所在;三是解释了方育盛誊录底稿的原因所在,因"书载行笥,廿余年矣",时间长久,该书已处于"拈签时有脱落"的残破状况。

值得注意的是,该本在龚鼎孳、潘眉、吴见思等人的序言和《杜诗论文目录》的天头处有诸多成段眉批,所论涉及到如何笺注杜诗、破除杜诗"诗史"观念、杜诗编年、律诗起源、写诗做法、排(徘)与律之区别、选诗与看诗之异同、名与传之辨别、诗当编年不当分体之探讨等诸多诗学理论问题,尤堪重视。不过,在方拱乾批点《杜诗论文》的诸多理论中,最为别具匠心的是方拱乾提出了"绪"这个诗学术语,并且很好地运用到自己的诗歌批评中。兹举数则如下:

1. 以身进退少陵者,妄人也,病在傲;以身训诂少陵者,亦复病在腐。要当以身化作少陵,令啼笑耳目,历历现前,则有自

然绪，自然法，自然景，宛宛一浣花白头叟，长吟低咏，周旋罄折于神遇中，但不能杞示人耳。（"龚鼎孳序"处眉批）

2. 徘(排)之别于古也瞭然矣，亦复别于律。……入排则佳，入古则不佳。有时分读佳，有时合读佳；有时从分处得合佳，有时从合处得分佳；有时一句括几句佳，有时几句归一意佳。所谓尽矣也。若先定绪，后定局，先命意，后属词，所谓体也。沈宋得其体，公尽其矣。（"杜诗论文目录"处眉批）

3. 一首养局，二首发挥，三首结余，此一定之法，一定之绪，若止选一首，安得其妙。……必要三首方得尽其绪。一首仙，二首老，三首仙老合。与《送弟颖赴齐州》诗同一绪。（《观李固请司马弟山水图三首》眉批）

4. 看绪看法。绪与法是一是二，不合绪，不可以言法。"终身"二字应七句，又应二句，天然之绪，妙不可言。（《端午日赐衣》眉批）

5. 十首有十首之绪，一首有一首之绪，一毫凌替不得。（《陪郑广文游何将军山林十首》"不识南塘路"一首眉批）

6. 一首一首看去，便见其次第多寡，一毫不可凌替，此所谓绪也。（《陪郑广文游何将军山林十首》"百顷风潭上"一首眉批）

以上所列，仅略摘论"绪"之语数则以窥豹一斑。实际上，"绪"作为一个批评术语，很早就被人们运用于经典阐释和文学批评之中，只不过方拱乾将其普遍运用于诗歌评点而已。而从方拱乾批《杜诗论文》中"绪"的运用，可以发掘出"绪"作为诗文评术语的内在特点和具体要求，亦为我们拓展古代文论术语、服务现实批评提供了新思路。

三、从方批杜诗看"绪"的内在特质及其现代意义

任何一个术语或范畴均具有不可替代的内在特质和现实意义，"绪"作为一个诗评术语亦不逾斯矩。方拱乾在其手批《杜诗论文》

中就将“绪”的概念和内涵发挥到一个比较高的理论层面。

其一,阐释何为“绪”的内涵。“绪”在诗评中尚未有个约定俗成的概念,故方拱乾的批点不断向人们展示什么是“绪”,如何定义“绪”。当然,他不是用干瘪的抽象语言来规定“绪”的概念,而是通过具体实际的文本批点,用形象的具体操作来引导人们对于何为“绪”这一抽象概念的理解。方拱乾认为,诗歌之“绪”可分为单首诗歌内部之“绪”和组诗内部各首之间的“绪”两种情况。就单首诗歌的内部联系言,如方拱乾对《兵车行》末句宕开前面所叙述之穷兵黩武的事实,而批点其“开一步妙,是法,是绪”,用具体的诗歌作法来认识“绪”的内涵。在《禹庙》一诗中,方拱乾注意到该诗“从私到公”的特点,故毫不含糊地得出“从私到公,是绪”的结论。而对于《陪郑广文游何将军山林十首》,他认为这十首诗歌,“一首一首看去,便见其次第多寡,一毫不可凌替,此所谓绪也”。更是让人关注到“绪”不仅体现在单首诗歌内部,而且在组诗当中,亦有其相关之“绪”的千丝万缕联系。同样情况在《大云寺赞公房四首》、《前出塞九首》等组诗的批点中大量存在,可见其对厘清“绪”义概念的重视程度。

其二,指出如何体悟诗歌之“绪”。知道了“绪”的大概含义,人们如何去体悟某些诗歌中的“绪”呢?这也是方拱乾在批点中关注的内容之一。在《陪郑广文游何将军山林十首》中的“幽意忽不惬,归期无奈何”一首中,方氏指出“通首是幽意。细读恰恰当十首,增减不得而紊乱不得,可以悟诗绪矣”。在方拱乾眼中,只有意识到此十首诗歌是一个完整的体系,各首之间具有某种内在的联系,“增减不得而紊乱不得”,才可悟得诗绪。同样,《大云寺赞公房四首》当“看四首之繁简浓淡,可以悟绪”;《北征》“周汉获再兴,宣光果明哲”处,“大段中有小段,小段中有自然相生之绪,不混又不断”,甚至认为“绪”之妙不关用字,“有用易字而诗深者,有用难字而诗浅者,有用虚字而诗坚者,有用实字而诗弱者,妙不关字也。不关字而又何以曰用字,于此可悟,难以言宣”;《早花》一首“题是早花,意却在起结,细读乃知”,因此方氏指出该诗“非伤日月,非伤草木,于此可悟诗绪”,强调该诗前后起结之“绪”的细密。而《雨过苏端》一首的旁批中指出“作诗时岂字字照应，只是绪真法老，便合天然，读须细心乃得”，重视诗“绪”之真，不可谓无理。当然，也有些论断是针对人们不知“绪”而造成不理想的效果的。如《兵车行》一首末句眉批中谓“有接笋而松者，有不接而促者，皆不知绪之故也。静会自己之气，乃知之”。由其批点可知，体悟“绪”之妙，乃是赏析诗歌的关键所在，只有具备敏锐的洞察力，将看似毫不相干的诗“绪”通过欣赏者的“火眼金睛”爬梳出来，才能更好地体悟到诗歌的内在妙理。

其三，阐释“绪”带来的诗歌效果。“绪”能给诗歌带来怎样的效果呢？方氏亦多有阐释。其效果大略不外乎两点：一是能够给诗歌带来难以言传的神妙之意。如《陪郑广文游何将军山林十首》“尽捻书籍卖，来问尔东家”处，“忽到自身，读来恰有一当感慨之绪，所以神妙”；《病柏》与《枯棕》等“四首各竖一义，各成一局，却又有同绪在，所以曰神”；《久雨期王将军不至》“忆尔腰下铁丝箭，射杀林中雪色鹿”二句之处，方氏强调其“先出此二句，才入‘坐皮’句，妙绪”；《奉先刘少府新画山水障歌》“画师亦无数，好手不可遇”处批点“宕开才好转。闲此十字，方合绪合局”；《雨四首》之“楚雨石苔滋，京华消息迟”一首，“末二句通结四首，以见诗绪之妙”，亦是妙绝之笔。二是“绪”能带来匪夷所思的奇妙效果，能够化腐朽为神奇，使诗歌朴句生色。如《枯棕》“忽兴，忽比，忽赋，忽正意，忽余波，自然合绪，匪夷所思”，正是“绪”所带来的不同凡响的效果。《久雨期王将军不至》的眉批认为该诗“朴句生色”，具有“奇情、奇句、奇绪”，亦是奇妙之“绪”。有时缺乏“绪”的牵连与贯穿，便会影响诗歌的效果。《观李固请司马弟山水图三首》之“群盗哀王粲，中年召贾生”一首即指出“定要此首方结得住。此首不甚佳，少之绪，便不酣，此中可悟”，故其在该诗的前面即有一段总论“绪”与三诗之间奇妙关系的批点：“一首养局，二首发挥，三首结余，此一定之法，一定之绪，若止选一首，安得其妙。头一首前四句出题，五六句说画，七八句说画中之仙。第二首乃公自恨其老，不能游山水而只见画也。第三首乃言画而欲置身与仙共也。于鳞只选中首，如作者意何？必要三首方得尽其绪。一首仙，二首老，三首仙老合。与《送弟颖赴齐州》诗同一绪。"与此可见"绪"在诗歌之间所起的不可预料之效果。当然,要到达这种效果,并非可以胡拼乱凑,而应有"自然之绪"方可。其在《雨四首》中即就组诗内部之"绪"谈到此问题的重要:"一题几首,必总起总结,初学当用心为之,久则无心自洽。题合当几首,胸中合当几首,俱有自然之绪,一毫凑泊牵强不得。"所以,"绪"之效果亦不可强得之。

其四,强调"绪"必备的条件和要求。"绪"既然具有如此神妙的效果,那么,"绪"作为一个诗评术语,其有何必备的要求?在方拱乾看来,使用"绪"这个术语要注意的问题有:一是要注意"养气养绪"。有些看似闲语的句子,实际上作者是在"养气养绪",如《逼仄行》"我贫无乘非无足,昔者相过今不得"二句,方氏即认为"闲二句养气养绪",看到了"养绪"的重要。实际上,自孟子提出"吾善养吾浩然之气"后,文气之说一直延绵不绝,在方拱乾这里,其将"养气说"与"养绪说"联系起来,认识到"绪"之于文章诗歌正如"气"之于诗歌文章,可谓升华了"绪"作为诗评术语的理论内涵。二是强调"绪"要直曲相依。《天育骠骑歌》"遂令大奴守天育,别养骥子怜神俊"处认为"绪要直,又要曲,人止知直却不知曲",即提出直曲相依之观点。三是强调"绪"之不可凌替。《陪郑广文游何将军山林十首》"不识南塘路,今知第五桥"处眉批到:"此首是题,看来合当有十首,若单看此首,未免嫌其略,若单看后九首,是无题之文矣。知此者,可与言诗。要合十首看,又要合后五首看,乃见其妙",故末尾总结"绪"之不可凌替为"十首有十首之绪,一首有一首之绪,一毫凌替不得"。当然,强调"绪"不可凌替,即要求"绪"之天生自然。同样在《陪郑广文游何将军山林十首》"剩水沧江破,残山碣石开"一首中,方拱乾又从正面阐述了这个观点,"绪之一字,人总不肯究心,原是天生自然,如风之起艺末"。值得注意的是,"绪"之使用有其规则和要求,但是切不可为"绪"而"绪",在《桃竹杖引》一诗中,方拱乾即看到此问题的严重,他认为"此等诗转无深情妙绪,只是笔高笔老",了无妙绪可言。所以方氏在末尾批评道:"一味假结,与《茅屋歌》同一绪法,此法不可多学,恐流于诞。诗最忌诞,太白之所以逊也。"看到了为绪法而绪法之不可取之处。

从对方拱乾批点《杜诗论文》的具体操作中可看出，作为诗评术语的“绪”具有如下基本特质：

其一，从语源学的角度来看，“绪”这个术语来源于其基本义“丝端”、“丝或丝状物”。因具体物象与抽象事理之间具有某种外在形式的相似，使得“绪”由最初的具体物象概念向诗评术语的抽象事理概念延伸、衍化，最终得到定型。

其二，从运用对象而言，“绪”这个术语多用于诗歌批评之中，重视诗歌作法的内部技巧分析和组诗之间各首诗歌之间的联系分析，而不在于诗歌所流露出来的境界、韵味之强调。

其三，从表达效果来看，合绪之诗文，当使其臻于神妙之境；为了合绪而故为合绪之辞，则无妙绪可言，甚至伤于诗文表述。

其四，从具体操作层面来看，“绪”可悟，但却不可强为之“绪”。

在中国传统诗学思想史上，杜诗具有与《诗经》同等重要的“坐标性”意义。“二者的重要与其说在于其自身，不如说在于后人的解释：汉儒解释《诗经》引申出的《诗》‘经’精神成为最正宗的儒家诗学思想贯穿始终，特别是决定了古代前期‘情礼冲突’的诗学思想面貌；宋人解释杜诗引申出的诗学原则，极大地影响了古代后期‘情理冲突’的诗学思想的面貌。”①萧华荣先生从诗学思想的角度分析了杜诗的影响。尤其是其提出《诗经》与杜诗的重要“与其说在于其自身，不如说在于后人的解释”，诚哉斯言。后人对杜诗的阐释，不仅在诗学思想上有所发展，而且在诗学术语、理论体系等方面均有相当贡献。方拱乾对《杜诗论文》的批点中所提出的诗评术语“绪”即是继承了前人对“绪”的认识，将其提升到一个更高的理性层面，从而为诗学理论增添了色彩。当然，与西方思维模式不同的是，我国古人从事诗歌批评一般不是从概念出发去推衍出诗论的体系，而是从对具体诗人诗作的体会、品评中提出问题，然后用简练的语言形成相应的术语或范畴。方拱乾诗评术语“绪”的提出也是在具体品

① 萧华荣《中国诗学思想史》第 142 页，华东师范大学出版社 1996 版。

评杜诗的基础上得出关于"绪"义的一些规律性总结。今天,我们讨论作为诗文评术语"绪"义的演变过程和具体操作,其目的不仅是展示中国古代文论话语的丰富,更重要的是发掘有用于现实批评的话语模式,使传统文论话语能够在西方强势的话语面前找到自己的位置,在适当的时候,为现实批评提供更多更广的话语选择模式。

(作者系湖南师范大学教师)

清代诗话论《诗经》

陈国安

清代(包括晚近)文学理论为传统文学理论之巅峰,殆后世并无异言。流派之林立,立论之多彩,远溯近讨之精警,国学西学之相峙相融,诗词文、戏曲、小说批评理论之竞流,纷纷纭纭,蔚为大观。《诗经》则为清代诗歌理论发展中极紧要关目,清代文学理论语境中之《诗经》论述似可视为别一种"清代诗经学",本文仅以清诗话为视角研讨此别一形态之"清代诗经学"。

《文心雕龙》"征圣"、"尊经"、"辨骚"、"明诗"之篇已开文学理论语境中论评"诗三百"之先河,而诗话论《诗经》则自宋诗话《温公续诗话》论评《诗经·小雅·苕之华》始,司马光曰:"诗云:'牂羊坟首,三星在罶。'言不可久。古人为诗,贵于意在言外,使人思而不得,故言之者无罪,闻之者足以戒也。"①后世诗话纵论"诗三百"不可胜指,而研究诗经学史之著多略而不计,殊以为憾。

今人龚鹏程作专文《诗话诗经学》刊于《北京大学学报》②,其以

---

① 司马光《温公续诗话》,《历代诗话》本,何文焕辑,中华书局 1981 年版。愚按:此章所引多由阅读蔡守湘编《历代诗话论〈诗经〉〈楚辞〉》(武汉大学出版社 1991 年版)及台静农《百种诗话类编》下册(台湾艺文印书馆 1974 年版)所辑,愚按图索骥阅读相关诗话,复有所增,本文所引均一一查核原著,附记于此,以示坦诚而已。另,其他文学理论著作论《诗经》自有早于此者,诗话论《诗经》此似最早。

② 龚鹏程《诗话诗经学》,《北京大学学报》2005 年第 3 期。

诗话为对象，述及诗话诗经学内容为六端：尊经、破迂、托兴、理情、本源及得法。愚以为龚氏所论皆诗话中之论“文”范畴，故试分考“史”、说“经”、论“文”三者略述清诗话论《诗经》如次。

一、清诗话考《诗》之史

清人劳孝舆《春秋诗话》考证《诗》史及春秋赋诗用诗用力甚勤，劳氏受学于惠士奇，雍正十三年(1735)拔贡，曾为龙泉县令，有政声。别有《读杜识余》及诗文集行世。

《春秋诗话》考《诗》本事多说经儒生之语，可归为诗话说《诗》之经。而劳氏考春秋赋诗史实皆能还原《诗经》于春秋时代之传播情状，如：“虢之盟，令尹享赵孟，赋《大明》之首章。赵孟赋《小宛》之二章。事毕，赵孟谓叔向曰：‘令尹自以为王矣，何如?’对曰：‘王弱，令尹强，其可哉? 虽可不终。’赵孟曰：‘何故?’曰：‘强以克弱而安之，强不义也。不义而强，其毙必速。《诗》曰：‘赫赫宗周，褒姒灭之。’强不义也。’《大明》之赋，得意在‘赫赫’二字。叔向即引《诗》‘赫赫’二语，见不足恃。赫赫而得，则可为文王；赫赫而失，则灭于褒姒。孰谓《春秋》非诗史哉?”①此考春秋《诗》赋诗用义，末由“赫赫”二字生发将《诗经·大雅·大明》、《诗经·小雅·小宛》及《诗经·小雅·正月》三诗系联，以为《春秋》与《诗经》同，诗史也，读《春秋》者难做此想，常例，《诗经》同于《春秋》，史诗也。

再如劳孝舆由春秋赋诗二考“诗教”之源，其曰：“文公如晋，晋侯享公，赋《菁菁者莪》，庄叔以公降拜，曰：‘小国受命于大国，敢不慎仪? 君贶之以大礼，何乐如之? 抑小国之乐，大国之惠也。’晋侯降辞，登成拜，公赋《嘉乐》。颂不忘规，诗之教也，以乐倡，即以乐答，一唱一和，视后人步韵往复者，倍有深情。”②似太史公之述文公

① 劳孝舆《春秋诗话》第7页，《丛书集成初编》本，商务印书馆1936年版。

② 劳孝舆《春秋诗话》第1页，《丛书集成初编》本。

晋侯享宴赋诗,"颂不忘规"言"诗"之"志";"步韵往复者,倍有深情"揭橥"诗"之"情",由"史"而"诗",此为诗话"话语方式"。

王士禛主神韵,其考史尝臆测之言,如:"古今论世者以尹吉甫为名臣,徒以伐猃狁,及《崧高》、《蒸民》、《韩奕》、《江汉》四诗耳。吾独疑吉甫惑后妻之言,至使其子伯奇衣苔带藻,作《履霜之操》,此与晋献、骊姬之事何异?夫不能弃家,而妄称之曰'万邦为宪',吾不信也。其犹后世词人之谀韩侂胄、贾似道者,动以伊周拟之,其又足信乎?"①考"史"为论"诗"而言,论诗为目的,故臆测史实尝为史家笑谑。

沈德潜虽非考《诗》史,然其由词体气象断《诗》大、小《雅》之世,如今视之仍不能不深服其精微。其曰:"大、小《雅》皆丰、镐时诗也。何以分大小?曰:音体有大小,非政事有大小也。杂乎《风》之体者为小,纯乎《雅》之体者为大。试咏《鹿鸣》、《四牡》诸诗,与《文王》、《大明》诸诗,气象迥然各别。"②沈氏由"诗"之"调"断"诗"之时代,举《诗经》以证"格调",其旨亦不在考史。

附及,降至民国,易顺豫著《共和诗史发微》③乃先考诗史继之评点相关诗篇,故宜列入诗经诗话也。《共和诗史发微》乃专门考史之诗经诗话,前有程淯、贾恩绂序。易氏将共和十四年间诗篇一一考述,其所考者:《抑》、《小宛》、《小弁》、《云汉》、《瞻卬》、《四月》、《十月之交》及《桑柔》诸篇。其先述"共和始末",总论各篇《诗》中之史,次为《厉宣之际诗史》,各篇逐句发微,题下先列《序》,复补释《序》之未尽之意,后列诗章,依次述史。殿后为贾恩绂《共和钩沉》。

二、诗话说《诗》之"经"

诗话中说经一如经学著作中一二处文学赏读,读之时有新鲜

① 王士禛《带经堂诗话》第700页,人民文学出版社1963年版。

② 沈德潜《说诗晬语》,《原诗·一瓢诗话·说诗晬语》第193页,人民文学出版社1998年版。

③ 易顺豫《共和诗史发微》,《葩庐丛书》之一,南京印书馆1939年版。

感。前述者劳孝舆《春秋诗话》乃将《春秋左传》中涉及《诗经》处悉为整理，厘为五卷，卷一赋诗，卷二解诗，卷三引诗，卷四拾诗，卷五评诗。附盛逢润、张汝霖、何梦瑶、苏珥和罗天尺诸人序，及伍崇曜跋文。《四库全书》视其为诗话，而论其“既不同诠释传文，又非尽沿讨诗义。编葺虽勤，殊无所取也”①。

然劳氏所说“经”之语，愚以为似未必一无可取，如：“卫庄公娶于齐东宫得臣之妹，曰庄姜，美而无子，卫人所为赋《硕人》也。此说《诗》标题解也，特见者四。此与卫之《新台》、《载驰》，郑之《清人》，秦之《黄鸟》是也。左氏传《春秋》，学最博，而尤好说《诗》。《诗》之关时事者，往往标出，独怪《春秋》时事之见于《诗》者，如《叔于田》之刺庄，《同车》、《扶苏》、《箨兮》、《狡童》之刺忽，《蟋蟀》之刺僖，《山有枢》、《扬之水》、《椒聊》之刺昭，《无衣》、《杕杜》之美武，《葛生》、《采苓》之刺献，《车邻》、《驷驖》之美秦，如此类者，不一而足。大抵《诗》之作必有题，而善读者不可有题，非谓《诗》本无题也。学者生千载后，不得起千载以上之人而请业焉。事在渺茫，而强为之题，牵《诗》以就我，则有题已无《诗》，不如无题《诗》尚在也。试观诸名卿所赋何诗，其诗何题哉！”②“大抵《诗》之作必有题，而善读者不可有题，非谓《诗》本无题也。”论编诗增题，论去题读诗，此真诗人之读诗而非经生之传诗。再如其考定诗篇曰：“卫宣公烝于夷姜，生急子，属诸左公子，为娶于齐而美，公娶之。《新台》之诗所由作也。”又曰：“狄灭卫，戴公庐于漕，许穆夫人赋《载驰》。”再曰：“郑弃其师，郑人为之赋《清人》。”③还原诗“经”于史“诗”，说经如此，不愚也。

诗话之说经最为执著者吴景旭《历代诗话》，吴氏斯著甲集六卷均论“诗三百”，乃诗话说经杰出者。今人陈卫平、徐杰点校刊行④。

---

① 永瑢等《四库全书总目》第 1011 页，上海古籍出版社，“四部精要本”1992 年。

② 劳孝舆《春秋诗话》第 11—12 页，《丛书集成初编》本。

③ 劳孝舆《春秋诗话》第 12—13 页，《丛书集成初编》本。

④ 吴景旭《历代诗话》，陈卫平、徐杰点校，京华出版社 1998 年版。

如其开篇论《关雎》曰:"《关雎》:《小序》:'《关雎》,后妃之德也。'先儒议其诗虽若专美太姒,而实以深见文王之德。《序》者徒见其词,而不察其意,遂一以后妃为主,而不复知有文王,失之矣。至于化行国中,三分天下,皆以为后妃所致,则是礼乐征伐,皆出于妇人之手,而文王徒拥虚器以为之君也,其失甚矣。南丰曾氏曰:'先王之政,必自内始。故其闺门之治,所以施之家人者,必为之师傅保姆之助。诗书图史之戒,珩璜琚瑀之节,威仪动作之度,其教之者有此具。然古之君子,未尝不以身化也。故家人之义,归于反身;《二南》之业,本于文王。岂自外至哉?世皆知文王之所以兴,能得内助,而不知其所以然者,盖本于文王之躬化。故内则后妃有'关雎'之行,外则君臣有'二南'之美。与之相成,其推而及远,则商辛之昏俗,江汉之小国,兔罝之野人,莫不好善而不自知。此所谓身修故国家天下治者也。'此说庶几得之。"

吴旦生曰:"大中年间,博士沈朗表称:'《关雎》"后妃之德",不可为《三百篇》之首,今别撰二篇为尧、舜诗,取《虞人之箴》为禹诗,取《大雅.文王》之篇为文王诗,请以此四诗置《关雎》之前,所以先帝王而后后妃,尊卑之义也。'其论虽其狂悖,然亦据《序》'后妃之德',而不推原文王躬化之所由始,遂欲新添四篇,妄自上书,而不自知其谬也。又见汉儒之称《诗》者:《汉书·杜钦传》云:'佩玉晏鸣,《关雎》叹之。'李奇云:'后夫人鸡鸣佩玉去君所,周康王后不然,故诗人叹而伤之。'臣瓒云:'此鲁诗也。《后汉纪》杨赐上书云;'昔周王承文王之盛,一朝晏起,夫人不鸣璜,宫门不击柝,'关雎'之人,见几而作。'注:'此事见鲁诗,今亡失矣。'扬子云:'周康之时,《颂》声作乎下,《关雎》作乎上,习治出,故习治则伤始乱也。'《史记》云:'周道缺,诗人本之衽席,而《关雎》作。'《列女传》云:'康王晏出朝,《关雎》豫见。《春秋说题辞》云:'人主不正,应门失守,故歌《关雎》以感之。'其他付会无论。如鲁、齐、韩,皆以《关雎》为康王之政衰之诗。朱子恶其违夫子不淫不伤之训,故辨之云:'《仪礼》以《关雎》为乡乐,又为房中之乐,则是周公制作之时,已有此诗矣。若如鲁说,则《仪礼》不得为周公之书。《仪礼》不得为周公之书,则周之盛时,乃无乡射、燕饮、房中之乐，而必有待乎后世之刺诗也。其不然也明矣。且为人子孙，乃无故而播其先祖之失于天下，如此而尚可为风化之首乎。'《关雎》，毕公所作，《补传》谓得之张超，或谓得之蔡邕，亦误。"①旦生，吴景旭字也。其考述未必，然其采史说经开清初风气之功不可不知也，经学以史学为基础经学可信。

其语词之释亦为说经之语，如其说"鸟鸣嘤嘤"曰："《古今注》谓《禽经》称'莺鸣嘤嘤'，要是后人附会，非《诗》本意。《东皋杂录》云：'《郑笺》："嘤嘤，两鸟声。"正文与注皆未尝及黄鸟。自白乐天作《六帖》，始类入莺门中。又作诗如"谷幽莺暂迁"之类，后人多祖述用之也。《野客丛书》云：'观张平子《东京赋》，"雎鸠丽黄，关关嘤嘤"，然则以嘤嘤为黄丽用，自汉已然，不可谓自乐天始也。'《嘉话录》云：'今谓进士登第为"迁莺"者久矣。盖《毛诗·伐木》篇并无"莺"字。倾岁省试《早莺求友诗》，又《莺出谷诗》，别书团无证据，斯大误也。'宋景文诗：'晓执谷莺朋友动，杏园初曰待莺迁。'王荆公诗：'莺犹寻旧友。'又曲名《喜迁莺》者，皆循习唐人误也。惟汉梁鸿《思友诗》：'鸟嘤嘤，友之期。念高子，仆怀思。'《南史》刘孝标《广绝交论》：'嘤嘤相召，星流电激。'是真得《毛诗》之意。"述一语词，源源自自，落脚处为"真得《毛诗》之意"，说经面目显露无遗。

三、诗话论《诗》之"文"

诗话之论《诗》文学艺术最为常见，龚鹏程文分为六端称引亦广，于此亦略引数例述论如次。

以文学发展论"诗三百"，如毛先舒《诗辩坻》曰："诗学流派，各有专家，要其鼻祖，归源《风》、《雅》。《风》、《雅》所衍，流别已多，举其巨族，厥有三支：一曰诗，二曰骚辞，三曰乐府。《离骚》兴于战国，其声纯楚，哀诽淫佚，类出《小雅》；而详其堂构，不近诗篇，虽瓜瓞于古经，盖别子而称祖者也。后遂寝变为赋，又其流矣。乐府兴于汉

① 吴景旭《历代诗话》第1—2页。

孝武皇帝，曲可弦歌，调谐笙磬，《练日》奏于郊祀，《鹭茄》于玉帐。盖以商、周《雅》、《颂》歌法失传，故遣严、马之徒维新厥制，已而才人辞士，下逮于闾巷闺，咸各有作，飙流滥焉。'昔有霍家奴'，雅留曲厥，'相逢狭路间'，燕女溺志，禀酌四诗，情亡不有。魏、晋相承，体绪颇杂，而并隶乐府，莫之或变。然周、秦歌谣及《鸿鹄》、《骓逝》诸作，并采入乐苑者，以类相景附云耳。至于唐世乐府，绝句为多，而章句俳齐稍同文侯恐卧之响，故填词出焉。尔时但有小令，听者苦尽，故宋人之慢调出焉。慢调者，长调也。金人欲易南腔为北唱，故小变词法，而弦索调出焉。然弦索调在填词为长，在曲又嫌其短，故元人之套数出焉。元曲偏北而不娴南唱，故明兴，则引信宋词，拘旋元嗓，参伍二制，折衷九宫，而今南曲出焉。故汉初已彰乐府，六朝稍演绝句，唐世肇词，宋时未亡而金已度北曲，元未亡而已见南曲。要皆萌芽，各入其昭代而始极盛耳。斯则乐府之统系，是《三百篇》之支庶也。若夫古诗，大约以五言为准。何者？后代四言，率多窘缚，附庸三古，难起一宗。五言：西汉则《十九首》、《河梁》，东京则伯喈、平子，建安则子建、仲宣，魏、晋则阮、陆、陶、谢，六代翩翩僛俪之风，四唐英英律绝之制。又既趋近体，则七言兼著。故其物章比兴，辞班丽则，调务渊雅，旨放清穆，荡乐府之诙亵，闲骚人之怨乱者，其惟《诗》乎？若乃《诗》有变风雅，而端木氏又别小大正续传。予谓骚辞乐府，大约得于变传为多，而诗人有作，必贵缘夫《二南》、《正雅》、《三颂》之遗风，无邪精义，美萃于斯。是则六义之家嫡，元音之大宗也。"①《诗辩坻》论及"诗三百"者达数十条，此可视为总论，后世之诗由"诗"嬗变而来，"无邪精义"论诗之归旨，儒家诗学其本如斯。

举"诗三百"大纛以标举自家诗学理论源为至正者，清诗话俯拾皆是，如王士禛倡神韵曰："景文云：'萧萧马鸣，悠悠旆旌。'颜之推爱之。'昔我往矣，杨柳依依，今我来思，雨雪霏霏。'谢玄爱之。'讦谟定命，远犹辰告。'安石以为有雅人深致。愚案：玄与之推所云，是

① 毛先舒《诗辩坻》，《清诗话续编》本第 6—7 页，上海古籍出版社 1983 年版。

矣,太傅所谓雅人深致,终不能喻其指。”又曰:“颜之推标举王籍‘蝉噪林逾静,鸟鸣山更幽’,以为自《小雅》‘萧萧马鸣,悠悠旆旌’得来。此神契语也。学古人勿袭形模,正当寻其文外独绝处。”①

论“诗三百”某句之文学艺术者常见于今人文章,于此不赘矣。

四、诗经诗话一勺——王夫之《诗译》

清人诗经诗话最著名者有二种:陈仪《诗诵》与王夫之《诗译》,何海燕有文专论陈氏之著②,故此略。

《诗译》,向不为诗论家所重,所见仅今人汤劲先生有专文讨论③,前后论船山诗经学、诗学有论及者意见近同。《诗译》,论诗札记也,计十六则。船山诗学理论诚如张健所云:主情与崇正④。《清代诗学研究》论船山诗学甚详,惜无一语所涉《诗译》。盖《诗译》为世人所轻可见一斑矣。

愚以为,《诗译》贡献有三:

其一,别诗与史。六经皆史,古已有论焉,杜少陵为后世所宗仰者,以诗而存一代史迹耳,船山全不以为然。不割裂诗与史,认同二者之联系,却视二者非一也,千余年迷障遂为之一清。

《诗译》⑤第一则云:“《春秋》者,衰世之事,圣人之刑书也,平、桓之天子,齐、晋之诸侯,荆、吴、徐、越之僭伪,其视六代、十六国,相去无几,事不必废也,而诗亦如之。”论诗与史有联系,同为审视社会之镜,《春秋》与《诗》及以下之诗皆纪社会变迁,《春秋》偏于事,而《诗》偏于情。

---

① 王士禛《带经堂诗话》第19页。

② 何海燕《清代又一部专论〈诗经〉的诗话力作——陈仪〈诗诵〉评析》,《湖北大学成人教育学院学报》2009年第3期。

③ 汤劲《王船山〈诗译〉刍议》,《中国韵文学刊》1998年第1期。

④ 张健《清代诗学研究》第264—326页,北京大学出版社1999年版。

⑤ 王夫之《船山全书》第15册第807—814页,岳麓书社1998年版。

《诗》及一切诗皆为"元韵之机,兆在人心,流连跌宕,一出一入,均此情之哀乐,必永于言者也",释经之儒正不明此理,故读《诗》时有不尽然处。船山以为"六经皆史","同归"之外,当重在别诗史"殊途","释经之儒,不证合于汉、魏、唐、宋之正变,抑为株守之兔罝。(诗)陶冶性情,别有风旨,不可以典册、简牍、训诂之学与焉也"。此一主张与晚明诗经文学研究之深入相关,明季清初,如万时华所云:"今之君子,知《诗》之为经,而不知《诗》之为诗。"①明清之际诗经学家于是以《诗》为诗,诗经学文学研究凸现为一时风气,船山诗、史有别论正此风气之理性总结。

第十二则益加鲜明:"夫诗之不可以为史为,若口与目之不相为代也,久矣。"喻譬尖新。此论极新人耳目,然,若绝对推演之,亦成船山诗论之弊也。船山之贬叙事长诗,便为此论绝对化后之表现。钱师仲联先生诮之绝妙②。

其二,《诗》功能论。船山于孔子诗功能论,有重新诠释。船山"兴、观、群、怨"论,友人张兵有专论在③,于此,略有补述者三。

船山此论有所针对,朱子《诗集传》于三百篇诗句,明白指出何句为"兴",何句为"观",何句为"群",何句又为"怨",儒生说诗无有敢逾之者,与其他诗经学著述同者,船山旨在驳议《诗集传》,所用谢安欣赏《诗·大雅·抑》"讦谟定命,远猷辰告",谓为"偏有雅人深致"之事④,《诗译》第二则论曰:"而增其遐心。人情之游也无涯,而各以情遇,斯所贵于有诗。""观"而有"兴",以六朝诗说非朱子之论,意甚明矣。一也。

---

① 万时华《〈诗经偶笺〉序》,刘毓庆《从经学到文学——明代"诗经"学史论》第 269 页,商务印书馆 2001 年版。

② 钱师仲联先生《王船山诗论后案》,《梦苕庵清代文学论集》第 54—63 页,齐鲁书社 1983 年版。

③ 张兵《王夫之兴、观、群、怨说再评价》,《西北师大学报》(社会科学版)1994 年第 5 期。类似观点互见于其《王夫之诗论摭谈》,《苏州大学学报》(哲学社会科学版)1996 年第 1 期。

④ 谨按:典出《世说新语·文学》。

“兴、观、群、怨”根本于“情”，因情为起源，“情无所窒”，“作者用一致之思”，故于作者言，此四者不可分辨。而“读者各以其情而自得”，因此，“各以其情遇”，故于读者言，此四者亦不可分辨。读诗、写诗一并以“兴、观、群、怨”论之，前所未有。二也。

指出“兴、观、群、怨”乃诗教之本，亦为说诗之始，所谓“‘诗可以兴，可以观，可以群，可以怨’。尽矣。辨汉、魏、唐、宋之雅俗得失以此，读《三百篇》者必此也”。千余年，论《诗》之功能为“兴、观、群、怨”，而读《诗》之锁钥在此，则未有论者，固然，船山诗论有其诗教政治局限性在①，而其强调由此“四情”而读诗，不失为一家之见。三也。

其三，说《诗》论情景。情景说乃船山诗学重要内容，引情景说入诗经学为船山独创，援此论《诗》中篇什之艺术，审美诗法，自有创新在焉。

第五则论《诗·小雅·出车》“春日迟迟，卉木萋萋；仓庚喈喈，采蘩祁祁。执讯获丑，薄言还归。赫赫南仲，猃狁于夷”，“曲尽人情之极至者也”，其妙处，“训诂家不能领悟”。可见，船山论诗非限于训诂为止，主情而论常理。论训诂家之失，在于仅讲文字，不求情理。

于是，《诗译》第三、四、六、七、八、九、十、十一、十三、十四、十五、十六则均以此论诗法，以情景说为基础，论诗之章法结构，字法句法，比兴修辞。广引陶诗、杜诗、唐宋名家诗句及论诗语录，以读商周诗。愚以为，《诗译》乃《诗经》诗话最为杰出者。

（作者系苏州大学文学院教师）

① 谨按：关于船山诗论之局限，郭瑞林《诗论船山诗学思想的局限性》，《湘潭师范学院学报》（社会科学版）2001 年第 1 期，讨论较详，可参见。

吴江沈氏男性诗歌的家族特质

郝丽霞

吴江沈氏是明清时期江南地区一个典型的文学世家，以沈璟为代表的曲学成就而被学术界广泛关注。本人曾对其家族女性文学成就作了初步研究①。而其家族文学中，创作队伍最为庞大，作品也最为丰富的是男性诗歌的创作。沈氏“家世清华，一门鼎盛，父子兄弟，皆善词藻”②。始祖沈文于元末明初由浙江乌程迁入吴江后，世居此地，至清同治时沈桂芬一代，共历十七世，绵延四百余年，期间科甲蝉联，簪缨不绝，人才辈出。先后共有文学家147人，著作100余部。其中绝大部分人都曾涉足诗坛，父子相承、祖孙相继，绵延不断。清人沈德潜《吴江沈氏诗集录》(以下简称《诗录》)序对沈氏诗歌创作给予了极高的评价：

> 古人父子能诗者，如魏征西之有丕与植，庾肩吾之有信，苏许公之有颋为最著。兄弟则如应玚应璩、丁仪丁廙、陆机陆云，至唐之五窦，宋之四韩，称尤盛焉。而杜审言之有甫，则祖孙并

---

① 参见拙文《吴江叶沈两大家族的联姻与创作》,《太原师范学院学报》2004年第1期;《吴江沈氏女作家群的家族特质及成因》,《山西大学学报》2004年第1期;《明清吴江沈氏家族的女性文学意识》,《西北师范大学学报》2005年第6期;《吴江沈氏女作家群的情感与形象》,《中国学研究》2006年总第9期。

② 周铭《松陵绝妙词选》,康熙十一年(1672)刻本。

著，王融前后四世有籍，则祖及孙曾，俱以诗名于时。然求其萃于一家，历数传而未艾者，史书中亦不易得也。今所揆昆弟所录，始前明成化，逮国朝乾隆，为时三百年，阅一十世，人各有诗，诗各可传。凡庙朝之忠爱，家庭之孝友，禔躬接物之廉让，与夫凭吊古人，登临游览，吟弄风月以及美人香草，叹逝伤离，一一流露楮墨间，汇而读之，如与前民揖让咏游，而闺房林木亦因言而见其贞静闲逸焉。是诚艺林之极盛也。

《诗录》共12卷，收录了沈氏家族从明成化到清乾隆年间91位诗人的953首诗作。其中前十卷收录70位男性诗人的822首诗作，后二卷收录21位女性诗人的131首诗作。

沈氏家族诗歌创作在诸文学样式中历史最为悠久，绵延时间最长，是沈氏步入文学世家的重要标志。沈氏家族自沈文孙沈奫始业儒，始跻身于"诗书礼让之族"①。而有诗歌作品传世的第一人为沈奫侄沈奎。沈奎位列《诗录》卷首第一位，为沈氏家族的第一代诗人。现存《述怀》二首，《诗录》称其诗"句句从至性流出，风格淳古，直逼汉魏，盖非仅矩度不失而已。其亦足开吾家文学之先软"。后辈评价家族先祖文学，不免有谦恭溢美之词。然其诗古朴纯雅，亦见开创之功。而后诗人辈出，"黻佩风雅，先后相映"②，遂成洋洋大观。

沈氏诗歌创作始于明代中期，晚明时期家族第五世、第六世诗人的创作达到高峰，而后清初第九世诗人沈彤、第十一世沈钦复、沈钦霖又掀起了 个小小的高潮，之后口渐式微。清袁景辂《国朝松陵诗征》评曰："《沈氏诗录》所载自太常（沈奎）以后十世中工诗者七十人，闺秀二十一人。风雅之盛，萃于一家，海内所希有也。而明之虹台（沈位）、涵台（沈倬）、定庵（沈瓒）、宏所（沈珣）、孝介（沈自然），

① 《吴江沈氏家传·庭仪公传》。

② 《吴江沈氏诗录》，殷兆镛序，同治六年作。

国朝之一指(沈永令)、恒斋(沈自南)尤能卓然成一家言。”①对沈氏家族的诗歌创作在吴江乃至江南诗歌史上的地位给予了高度评价。而明清重要的诗歌选集如钱谦益《列朝诗集》收录沈氏作家八位,朱彝尊《明诗综》收录沈氏诗人十二位,他们都对沈氏诗歌创作成就给予了充分肯定。概括来说,沈氏家族的诗歌创作有以下四个特征:一是多抒发睦族孝友之深情;二是作诗取法魏晋,推崇盛唐;三是儒佛兼修的思想;四是古朴淡雅的格调。

一、睦族孝友之深情

中国古代家族以和宗睦族为基本原则,《礼记·大传》:“尊尊也,下治子孙;亲亲也,旁治昆弟,合族以食,序以昭穆,别以礼义,人道竭矣。”与宗族和家族组织相适应,父系宗亲是全部亲属的主体部分,外姻亲属不占主要地位。家族中亲睦和合的氛围对维系家族兴衰至关重要。沈氏家族成员笃于孝友人伦,孝敬长辈,友善邻里,善对仆婢。《沈氏家传》中记载了众多感人的事迹,如沈奎孝友笃行,为母亲舐眼疾,病中侍父衣不解带,以贤德教诲诸子。沈汉次子沈嘉谟温良慈让,为人孝谨仁厚,三子沈嘉谋生而敦庞沉毅,平生有厚德,以孝义称。因此其诗浸润着深厚的睦族孝友之情,成为凝聚家族文化的核心力量。

沈氏家族众多诗歌都描绘浓浓的兄弟手足之情。如沈奎四世孙沈位与沈倬,五世孙“沈氏五凤”,六世孙“沈氏八龙”等兄弟之谊。沈位与异母弟沈倬兄弟情深,自相师友。其《忆道章弟》云:“异乡摇落对秋屏,念尔孱躯涕欲零。岂谓病中无七发,只应静里验三庭。雁来风雨寒葭白,书去关河远树青。蓟北江南无限意,不禁一夜鬓星星。”身在异乡,时值深秋,万木摇落,但诗人关怀的不是自身,而是体格孱弱的弟弟,蓟北江南相隔千里,割不断兄弟之间的浓浓情谊。《诗录》小传则称沈倬:“事亲及兄,以孝友闻。”

---

① 袁景辂《国朝松陵诗征》卷一“沈永令”小传,乾隆丁亥刻本。

万历年间，沈奎五世孙中，沈璟、沈瓒、沈琦、沈珫、沈珣五人先后得中进士，被誉为“沈氏五凤”，诸昆弟间充满兄弟深情。沈璟胞弟沈瓒(1558—1612)，字孝通，一字子勺，号定庵。为人醇古淡泊，笃于伦理，《诗录》收录诗歌 97 首，亲友赠怀之作较多，与诸兄弟感情极深。万历二十五年(1597)家居时曾热心地为兄沈璟课子，《家传·定庵公传》：“岁在丁酉，公以宁庵公从事音律，二子未免失学，因躬为塾师以课之。一门之内，一征歌度曲，一索句寻章，论者比之顾东桥兄弟云(东桥名璘，官至尚书，后退居息园以终老)。”万历三十四年(1606)，与他同年的从弟沈琦卒，年仅四十九岁，他写诗哀悼，有《哭从弟仲玉》：“同庚同业愧先鸣，雌伏雄飞志各行。落魄敢忘推挽意，衰年难遣死生情。空存尺素加餐字，无复连床听雨声。廉吏任教流俗笑，千秋史笔讵相轻。”雁行凋零，无限伤感。过了四年(1610)，沈瓒胞兄沈璟过世，其时从弟沈珫宦途暂还，兄弟相聚，“五凤”成三，悲凉凄怆，作《季玉弟考绩北上暂还里小集书怀兼赠》描述兄弟情深：“三载相逢各怆神，雁行零落履霜晨。君攀陇树声为咽，我抱琴床泪满巾(自注祠部弟甫除丧，光禄兄又卒)。鸡黍西郊如旅舍，骖骓北上及王春。郎中资望今无两，长孺何须叹积薪。”手足情深，读之催人泪下。

沈琦同胞弟沈珫、沈珣之间也是兄弟情深。《家传·韫所公传》记载，沈琦父沈倬早卒，其时沈琦年十三，“日则哭泣备礼，夜则篝灯课业”，“训率两弟，两弟亦严事之”，因而兄弟之间感情异常深厚，当他即将踏上仕宦之途时，对家中诸弟念念不舍。《别家次诸兄弟韵》云：“分手吴中地，回头汀上城。渐看亲舍远，转觉一官轻。去棹随云影，鸣笳离雁声。无情东逝水，相对益凄清。”孝友人伦之情超过了仕宦的愿望。沈琦三弟沈珣与兄长感情更为深厚，写有大量的诗歌。《奉寄长兄二首》自注曰：“兄方赴礼闱试，余失解方归。”其一：“西风相望黯销魂，蓟北江南烟水遥。衰草亦知长别恨，孤灯空照可怜宵。雁迷秋雨书来远，枫落寒林马去迢。羡煞盈盈天际月，独能千里伴征轺。”怀念远方亲人，情深意长。后长兄辞世，幼弟不胜悲凄，《哭长兄四首》其三回忆年少时兄长护持之事：“髫岁悲无怙，贫家强自支。拮据当户日,屯蹇畏人时。独力扶诸弟,含辛拓故基。只今俱有立,梁木已先摧。”其四:“送往惟吾在,羁魂倍惨伤。欲言频注眼,忍泪但牵裳。一瞬为长别,他生竟渺茫。只余清夜梦,无处不联床。”长歌当哭,痛入肺腑。《诗录》沈珣小传言:“先生体惟任贤,语必率真,抒孝友之情,展燕媚之谊。欢则字与笑并,戚则声共泣偕。”可谓的评。又如《忆母》:“膝下三秋别,灯前五夜思。亦知年亦暮,无那客经时。落雁江头远,孤云岭外迟。倚门应望久,何日是归期。”他的作品以叙写人伦友情居多,另如《秋夜寄怀长兄》、《春日怀长兄三首》、《送长兄赴淄川任二首》、《家信》、《长兄衙斋留别》等篇,反复叙咏兄弟深情,感人至深。

又如沈奎六世孙沈自籍十五弟幼年早卒,沈自籍作《哭十五弟》:“雁行中断泪纵横,枉说登龙有令名。知是簿书千室累,何如诗酒一身轻。梦魂岂识东风恨,桃李谁寻春夜盟。赢得诸孤同葛帔,不堪鸡骨强支撑。”沈奎十一世孙沈钦复本生弟共五人,而诸弟均未及授室而卒,他不胜悲感,制《三哀词》,“一字一泪,读者不能竟”①。

当家族子弟进学、科考之时,他们的父辈们都给予了热切的期盼,并为他们所取得的成绩而自豪。沈珣《得家信喜籍侄友儿俱入县学》:“极目频南望,愁怀结暮云。双雏今并起,一雁远相闻。绕树呼灵鹊,开尊有细君。青箱家业在,伫尔衍余芬。”子侄辈的每一点进步都会令长辈欣喜万分。

二、师晋尊唐之倾向

沈氏家族的诗歌创作总体来说取法魏晋,推崇盛唐。具体来说,古体诗的创作以魏晋为宗,近体诗的创作尊崇盛唐。这与明代“前后七子”、“吴中四才子”理论主张的影响不无关系。沈氏家族诗歌创作兴起之时,正是李梦阳、何景明等“前七子”文学复古运动盛行之际,他们主张诗歌古体以汉魏为楷模,近体以盛唐为榜样,抒发

① 《西山公传》,同治六年《吴江沈氏诗录》附录。

真情实感,倡言"真诗在民间",其文学主张对当时文坛产生了巨大影响,沈氏家族的诗人也不例外。

沈奎四世孙沈位和沈倬出生于李、何去世不久,他们进行文学创作的时期正是七子之说广为流播之时。沈位(1529—1572)字道立,号虹台。《诗录》收录其诗44首,拟古之作较多,受七子诗歌理论的影响颇深。小传称其:"诗作于馆阁者多五言古体,师晋宋近体,宗盛唐。"《拟迢迢牵牛星》:"西北有牵牛,织女此东顾。一水非为遥,彷徨不得渡。冲报日以结,朱颜日以暮。佳期竟何许,耿耿乖幽素。潸焉双涕泪,怅望孤云路。"描摹男女离别相思之情,深得五言古体之精髓。沈倬,沈位弟。《诗录》收录其诗61首,古体近体参半。如《松际月》:"清风湖上来,徐徐入松下。风吹松子落,拾之欲盈把。月出松际云,清光满篱舍。"缥缈清逸,格调高雅。他曾从归安茅坤、金坛张祥鸢游,反对拟古,肯定并提倡唐宋古文。其古体五言得魏晋神理,七言及近体得唐中盛诸家之胜。朱彝尊《静志居诗话》称其诗"清远秀逸,品格甚高,与七子同时而不染其习者也",《诗录》小传称其"每有作,操笔立成,咸中纪律。武进吴助教嵚、徐给事常吉皆膺服,折辈与之交"。

前述"沈氏五凤"中沈瓒和沈珣诗歌创作成就突出。沈瓒著有《静辉堂集》六卷,《诗录》小传转引时人评语曰:"嘉兴李博士应征序云:子勺诗格苍以古,致冲以远,高者何减魏晋,次亦不失为陈谢洪,雪岑先生称公古诗近谢,近体诗气空笔健,得少陵一体。合二先生评,而公之能事略尽。若《春夜篇》则似初唐四杰,近体亦有类香山者。"其诗以气高意远为特色。如五律《雁荡山观瀑布》:"百转溪将尽,千寻嶂忽开。青天重玉柱,白日有鸣雷。蜒蜿龙应下,飞翔雁欲来。我衣须一振,且为涤尘埃。"画面广阔壮观,气象高远,灵动之气,扑面而来。沈瓒诗工于起句,如《东日送秘书弟还朝》:"冰合关河雪正飞,天高鸿影入云微。"《自山阴还复渡江至重阳庵访朱链师》:"放棹澄江东复东,海云回合雨濛濛。"皆气空笔健,取意不凡。周笠川曰:"佥事诗丽而有则,遇佳山水必流连觞咏,日昃乃返,与吴兴范东生、洞庭葛震父为文字交。"《诗录》收录沈瓒诗歌97首,在所收诗人诗歌数量中仅次于从弟沈珣。除了部分酬赠之作外，大多为登临游览篇章。

沈珣（1565—1634），字幼玉，号宏所。著有《静华庵诗稿》二卷。《诗录》收录其诗 122 首，在所收沈氏诸人诗歌中数量位居第一。小传称："周安期先生序其诗稿曰：'少之时，王（世贞）、李（攀龙）持世，壮而袁（宏道）、徐（渭）得位，老而钟（惺）、谭（元春）执政。先生曾不徇人，不附时，而始终自成其一家之言，可谓名心淡而吟兴宽矣'。"并称："周安期与公过从三十年，故知公之深如此。若论公所得力，实于唐中晚诸家为多云。"沈珣论诗以中晚唐为宗，但反对模拟，认为"诗歌以文明一代"①，时代不同，面貌也不同，因此激烈地抨击了明中叶以来的诗歌创作弊端。其诗感情真挚，发语率真，不事雕琢。或浅言淡语，如美女粲然一笑，或言辞激烈，如壮夫长啸，苍凉之中透出豪放。如《秋日村居》之一："三径萧然此卜居，白云青嶂绕阶除。地因近市鱼盐贱，宅喜沿江车马疏。邻父为开新酿酒，侍儿解检旧方书。一枝自觉栖能隐，懒向人间赋子虚。"之二："谁能紫陌逐轻肥，竹坞柴门也自怡。八口幸能逢稔岁，一秋偏喜得闲时。苔封松径缘无客，雨霁茅堂好织篱。近得东陵种瓜法，自锄畦畛课园儿。"淡泊名利，闲适洒脱之性情跃然纸上。

沈奎六世孙中诗人众多，这一时期的诗歌创作最为繁盛。"自"字辈中沈自继、沈自征、沈自友、沈自籍、沈自炳、沈自然、沈自驷、沈自东俱有才名，里人呼为"八龙"。他们各自有诗文集传世。《吴江县志·文学》诸传之后，引叶燮语曰："自继、自征、自炳、自然、自驷、自南兄弟六人，皆以文学有盛名，乡党以为美谈。"②上述诸人中，沈自然是一个极具个性的文学家，他的创作风格不同于他的父辈和诸兄弟。沈自然（1605—1643），字君服，沈琉第七子。天性孤峭绝俗。《家传·君服公传》言其"有至性。工诗歌，家甚贫，虽蔬食不给，闭门讽咏不辍。尝赋《双燕》、《金屋》等诗，纤靡浓丽，并驱西昆。其

① 《粲花馆诗集序》，收入《吴郡文编》卷二三〇。

② 《乾隆吴江县志》卷三十二。

《四时》诸词直堪与玉溪生(李商隐)方驾,时与潘一桂、史元、徐白、俞南史齐名,号'松陵五才子'。然天性孤峭绝俗,与人少所许可,凡世所称贤豪长者,一言不合辄漫骂去,以故名不出吴。山阴祁彪佳官吴中,雅知其才,每造请宴饮,商榷不倦。乃竟以苦吟眉发尽落"。居母丧,以哀毁疾卒,年三十八,友人私谥"贞孝先生"。著有《来思集》、《闲情集》。《诗录》收诗 94 首,数量位居第三。《诗录》小传曰:"愚庵(朱鹤龄)、已畦(叶燮)二先生称公近体诗方驾义山(李商隐),家归愚先生(沈)德潜谓歌行在昌谷(李贺)、飞卿(温庭筠)间,五言有神似玉台体者,皆定评也。公尝言,学古人必取其全集,反复吟咏,一句一字不可遗漏,如是则已。所著作佳者固有原本,即拙句累字亦出古人,非为杜撰。公诗所以卓然成家者以此。"兹录一首,以见一斑。《金屋》:"金屋新妆斗丽华,莫言银汉隔天涯。冰罗罩影沉秋月,蜀锦围香锁绛霞。春槛绿鹦歌玉树,晓窗青凤拂桐花。谁怜越女江村里,旦晚临溪自浣纱。"色彩浓丽,画面灵动飘逸,辞藻华丽,声律谐和,得西昆神髓,而摒弃其堆砌典故之弊病。徐釚《本事诗》:"君服才藻纷披,集多丽句,纤靡秾艳,驾轶西昆,不仅步温、李后尘也。"沈自然善于描摹闺情,笔触细腻,其《四时行乐词》等辞藻华丽,色彩感极强,具有温李诗词风致。《夏词》其一:"清昼沉沉画阁闲,翠微宫阙隐南山。催成织素先裁扇,唤取冰陵试作环。鸳甃雨来珠跳荡,凤沟泉绕玉纤弯。轻衫短袖迎风立,一例新梳学小鬟",描写艳情,刻画深闺少女,形神毕肖。

沈奎七世孙中较为有名的诗人有沈永令等人。沈永令(1614—1698),字闻人,或作文人,以手有枝指,自号一支,又称一指。著有《深柳堂集》。其诗气势雄伟,色彩瑰丽,有盛唐边塞诗歌风味。如《秦中》:"黄河如带下神州,百二雄关控上游。绝塞风烟依壁垒,遥天鼓角动谯楼。云行汉畤千门晓,草没长城万里秋。伯乐消沉王气歇,西陲无复事边筹。"顾有孝称其"沉雄瑰丽",吴县朱木鸢受新亦以为风格直追盛唐。袁景辂对沈永令诗歌评价很高,认为他是沈氏家族入清以后诗歌创作成就最高者:"一指古诗驱使,富有五七言近体,声华格律直追盛唐,无一字一句落元和以后。尔时钟、谭盛行,吾邑诗派不堕蛙声，皆先生砥柱之力也。”①虽不免有过誉之词，但亦可见其在沈氏家族乃至松陵诗坛的影响。

综上所述，沈氏家族的大多数诗人取法魏晋、推崇盛唐、中晚唐，这与明代诗歌前后七子、唐宋派等诗歌创作密切相关，沈氏家族诗歌的发展也是明代吴中地区诗歌发展的一个缩影。

三、儒佛道兼修之思想

沈氏家族成员受到传统儒学思想的深刻影响，因此读书、仕宦是其家族成员的理想追求，他们大多数寒窗苦读，为博得一纸功名，有的人甚至将其毕生的精力与时间都消耗在了科举考场上。他们中部分人屡遭碰壁，转而耽情山水；部分人虽获得功名，因不喜官场生活的纷纭复杂，历经短暂的仕宦生涯，转而追求清净隐逸的村居生活。总之，儒佛道兼修是沈氏家族成员的主流人生哲学。如沈倬、沈瓒、沈自继、沈自南等人都是鲜明的代表。

沈氏诗人中科场蹭蹬、转而耽情山水、避身匿世者甚众。如沈奎四世孙沈倬，曾学诗于金坛张祥鸢，《诗录》小传称其“为诸生负重名而连不得举，乃寄情诗酒，游览山川，遂溯江汉，登太和，历齐云，泛西湖以归，到处辄为咏歌，时皆传诵”。其《夜坐》：“高斋适秋至，意惬成孤赏。白露霭余辉，微风动清响。披衣坐林间，明月在山上。何必簪祖荣，即此堪偃仰。”清风明月，闲适无忧，然而难掩内心失落孤寂之情。《题永庆寺听松禅舍》言：“朝乘松壑阴，夜宿松龛静。予亦淡荡人，搴裳叩萝径。白云尘外心，青山发归兴。试问三生缘，云鹤等情性。”科场失意，转而在佛法中寻求解脱。《秣陵秋思》则云：“楚璧有神空抱璞，儒冠误我欲搔头。谁言灵物终成遇，剑气青霄迥未收。”儒冠误我，正是一代又一代科场失意文人的无言结局。

而另外一些取得功名的诗人，在宦海中沉浮，在经过短暂的仕途生活之后，纷纷归隐，选择更为适意的人生道路。如沈瓒于万历

① 袁景辂《国朝松陵诗征》卷一“沈永令”。

十年(1582)二十四岁时中举,万历十四年(1586)中进士,可谓少年得志,意气风发。历任南京刑部主事、江西按察司佥事等职,但仅过了八年,于万历二十二年(1594)即致仕归,年仅三十七岁。壮年辞官,可见他并不热衷仕宦。七律《述怀》可见其性情:"生平志不忘沟壑,言行俱为里人薄。出入敢恃邦君宠,偶为贫冤一商榷。不知视与奸利同,知者虽容我犹怍。路人悠悠妄意多,宛转嗫嚅互相托。鸡非时鸣安得祥,鼎失其爱轻于箨。从来拔薤言尽忘,岂有鲂鱼钓能数。好随麋鹿入青山,犹胜喧喧处堂雀。"诗中流露其厌倦仕途,寻求归隐的心态。其后家居十八载,写了大量的诗歌描述闲居生活的优游惬意。如《庄居》:"高卧田庐日,时闻欸乃歌。山禽言易解,竹院暑无多。习隐从吾好,逃虚喜客过。抛书兼止酒,可奈绿阴何。"《杪秋庄园咏怀》则对宦海浮沉的生活进行反思:"误逐风尘竟十年,园亭不改鬓苍然。远山隔浦新盘谷,修竹环斋小渭川。细检方书移白日,旋营酿具待霜天。此中犹有余闲在,和得陶公归鸟篇。"另有《咏菊》、《登缥缈峰》等都是其闲适性情之体现。晚年也许是迫于生计,于万历四十年(1612)赴广东佥事任,入境死,年五十五。其兄沈璟同样也在经历了仕途的坎坷之后归隐田林,寄情词曲,从而成为一代曲学大师。

更有甚者,在天崩地裂的明清鼎革之际,沈氏家族中沈自炳、沈自駉以身赴义,而许多家族成员入清之后,绝意功名,选择避世匿迹,以遗民身份孑然一身。有的竟皈依佛门,远离尘世,成为真正的归隐者。如自称"江东沈姓第三僧"的沈自继即弃家学佛,远遁尘嚣。沈自继(1585—1651)字君善,自号碍影居士,沈珫次子。《诗录》小传言:"尝从副使公(沈珫)谒高僧紫柏可公、莲池宏公,悦之,欲弃家学佛,年三十即为祝发图见志。"他虽仅为一普通的太学生,"国变后遂谢去巾乌……至是竟为僧,隐居平坛,终日闭门寂坐",有新朝贵人登门拜访,曲致款洽,而自继"瞳目直视,不交一语……其避炎嫉俗多此类"①。以紫柏、莲池皆姓沈,镌私印曰:江东沈姓第

① 周廷谔《吴江诗粹》,清抄本。

三僧，隐居平坵以卒。自继作有集唐诗《自题祝发小像二首》："近日兼将笔砚焚（张贲），一囊书重百余斤（蒋吉）。不知孔氏何形状（孙元晏），愿脱头冠与白云（刘长卿）。"其二："骨峭情高彼岸人（张祜），南朝本寺住来新（周贺）。由来举止非闲雅（赵嘏），且作头陀不系身（僧智高）。"他性格耿介，佚诞似晋人，喜读书，有雄辩。时值明清鼎革，家族中兄长自炳、自駉以身赴义之举动对其触动很大，最终促使他绝意功名，削发为僧，过一种无牵无挂、云游四海的逍遥生活。沈自征有《题五兄祝发像》，描述他的归隐生活："酒污袈裟两目瞪，佛前长揖宝刀横。问兄莫是姚斯道，可许樽前一论兵。"其姊沈宜修也作词《霜叶飞·题君善祝发图》记载此事。词中无言愁绪，萦绕心头，无法排遣。

沈自继对新朝的态度，直接影响到其子永启的思想和人生道路的选择。入清之后，永启"遂绝意进取"，从此不事科考，人称"隐君"。刘献廷《题方思先生小像》曾赞其曰："世运有往复，吾道无古今。临山百切枝，贞干挺千寻。天风吹海涛，大地张清琴。树下何老翁，科头披素襟。独立万象表，观化聊沉吟。材大非世用，万牛亦难任……"①高标遗世，特立独行，无愧父子两代遗民身份。其诗《独坐》："身静境犹喧，心静身无扰。此生何所适，我与我为好。独坐夜寥寥，凉月窗前晓。顾影两徘徊，微风动林杪。"物我两忘，融入了佛家顺应自然的人生态度。沈自昌孙沈世楙亦是甲申后绝意进取，弃其城西旧第，奉母避兵下乡，与同邑顾有孝、吴旦、周安等，偕隐相唱酬，人以隐士目之②。其《寄怀周安节兼示顾樵水》描摹其同卧烟萝、偕隐山林之志向。诸沈之间亦互相劝勉激励，如世楙《方思叔客秦将归赋此志喜》次联"战伐十年同避世，江山两地各题诗"，流露出对尚义励节的无怨无悔。

沈奎六世孙沈自南虽然没有出家为僧，但归隐的思想同样特别浓烈。沈自南（1612—1666），字留侯，号恒斋。沈珫第十子。崇祯

---

① 刘献廷《广阳诗集》，上海古籍出版社，1979年影印清抄本。

② 《诗录》卷十"贞孝先生"小传。

九年(1636)中举,之后久困场屋,十九年后,直到顺治十二年(1655)才中进士,家居十余年始谒选,授山东蓬莱知县。清介至矢,素性简亢。甲申、乙酉间隐居同里湖滨,绝迹城市,为集陶诗四十首以见志。他性格恬静,不慕荣利,虽身在宦中,却时时有出世之想。《述怀》一诗可见其性情与志趣:"结庐城东偏,竹木澹孤清。和风拂虚馆,黄鸟弄柔声。耳目两不厌,繁华一以平。饮酒慕陶公,逍遥爱庄生。物我无常胜,世事有重轻。鷦鹩寄一枝,聊用怡余情。"他非常喜欢陶渊明,向往那种"采菊东篱下"的闲适自由生活,著有《集陶》一卷,论者称其五古深得陶公神韵。其一:"闲居三十载,性本爱丘山。眇眇孤舟逝,纷纷飞鸟还。清谣结心曲,斗酒散襟颜。寄意一言外,取琴为我弹。"即模仿陶渊明《归园田居》而来。《诗录》小传言:"长洲陈君格以为多朗秀而浑成,五言古体亦得陶公神韵。"袁景辂《国朝松陵诗征》言其"昆季并擅才名,而滋蓄深厚,无出明府之右者。于古人诗最爱陶公,其所作古今体独抒情性,不袭柴桑面目,可谓善学古人"。此外,沈自东的《闲居书怀拟陶彭泽》、沈昌的《渔父词》等都表现出对山林生活的向往。

沈氏家族的文人,从小接受传统的诗书教育,怀经世报国之志,然而当仕进之路被阻,或仕途坎坷时,则表现出了浓重的归隐思想,亦隐亦宦,或儒或佛,两种人生哲学在他们思想中时刻进行着激烈的斗争。他们一方面遵从父辈的愿望,走读书求仕的道路,一方面又在现实的泥潭中挣扎,于佛道中寻找精神的寄托。这一点几乎贯穿于家族每个成员的心路历程,一代代传承下去,成为家族的精神文化内涵,流注于每一代人的血脉之中。

四、古朴淡雅清新之格调

沈氏诗歌语言古朴醇厚,格调清新淡雅。这与沈氏家族的诗人的性格特点一致。如沈氏家族第一位诗人沈奎《述怀》:"徘徊草堂下,郁郁四株松。风吹响清奏,韵与钟簴通。松声既可听,松阴亦我蒙。黄鸡与白酒,郡季群相从。四海皆兄弟,矧兹根理同。远条夫何如，雨露惟苍穹。”风格淳古，不之矩度。沈永隆《题和九峰草堂诗》：“清唳云中鹤，秋风江上亭。水连三泖白，山列九峰青。烟树浮沧海，楼台入画屏。文章追顾陆，高唱徹高冥。”格调清远，境界开阔。沈永启《秋夜泛湖》：“酒罢放一叶，随波泛寒月。月白野烟生，湖山半明灭。鱼动浪花圆，云破星光彻。天地浩无涯，身世亦超忽。古意缅沧浪，沧浪歌间发。”沈永馨《秋日村居杂兴》：“残雨随风断，衡门夕照红。芙蓉行水近，鸥鹭立秋空。云落迷樵径，风生快钓翁。昔贤曾作赋，词志欲教同。”

研读其诗歌，沈氏家族诗人的性情面貌一一再现，沈彤在《吴江沈氏诗集录》序中言：“凡子孙于祖宗无远近，皆当有以知其性情。盖性情固见诸行事，而尤显于诗歌，固祖宗之诗皆祖宗性情之所存，然必会粹其篇什乃可以并考而有得。惟我列祖，有处而立孝悌仁廉礼让之行者，有出而匡君济民者，有不得志而激于时事者，有澹焉以图书自娱者，有寄托于空玄花鸟棋酒音律之中者，更有徒倚闺房伤离而痛死者。性情之殊，无不于其诗见之……既卒业而统观之，直如列祖之环坐于前，而承其笑语謦欬，莫不各识其性情，则虽一家之言，而以之兴、观、群、怨，事父与君，殆无异历古之篇什焉。”诚哉是言。

（作者系上海应用技术学院教师）

中国近代早期女性文学史初探

［韩］崔琇景

在中国，近代之前已有属于传统学术藩篱的“文学史学”①。但现代意义上的文学史的历史却始于西方，中国文学史的叙述亦深受西学的影响。与此相反，女性文学史叙述却始于中国与日本。这可能是由东西方文化对“女性”与“女性文学”的不同诠释引起的。在西欧，女性运动早就开始，而女性主义文学批评至 20 世纪中期才开始。如果粗略分类的话，西方的女性主义文学批评可以分为女权主义批评（Feminist Critique）与女性中心批评（Gynocritics）②。女权主义批评主要从“女权”的角度重新解读男性作家笔下的女性形象与性别的关系。女性中心批评则试图寻找异于男性文化的女性文学自身的传统。而西欧的女性文学史叙述正是随着女性中心批评学的演进而发展。在西方，女权主义批评先于女性中心批评，因此，女性文学史叙述等到 20 世纪 70 年代才开始。而中国的情况正好相反。近代以后，西方女权思想东渐，中国的女权主义批评也就慢慢开始。在此之前，虽然还没有现代意义的学术著作，但历代却不乏论述女性文学及其相关活动的专题文章。例如生活于清朝道咸年

① 关于早期的文学史以及文学史性质的著作，参见黄霖《近代文学批评史》第九章《中国文学史学》，上海古籍出版社 1993 年版。

② 这些词语借于美国学者肖瓦尔特（E. Showalter）的《Forward a Feminist Poetics》（载《The New Feminist Criticism》，New York：Pantheon，1985 年）。

间的女作家沈善宝(1808—1862)所著《名媛诗话》。这本诗话主要介绍历代女性作家,尤其是当代女诗人的生存环境及文学创作情景,其中还包括不少文学史成分。但用文学史的体制作基本框架的,则是从1916年谢无量《中国妇女文学史》开始。中国文学史的撰写历史可追溯至19世纪末,而由中国人撰写的中国文学史则至1900年前后才出现①。中国文学史和女性文学史的撰写,其间相差只有15年。相对而言,可以说中国女性文学史的历史开始得很早。

20世纪的二三十年代不仅是文学史领域的繁荣时期,也是“妇女史学”的第一次热潮时期②。但较之20世纪前期的成就,中期以后的情形却实在萧条。本文将以谢无量、梁乙真的女性文学史为主要研究对象,探讨近代早期中国女性文学史的特点及其时代意义。

一、谢无量《中国妇女文学史》

谢无量在1918年完成了他的力作《中国大文学史》,而他在这之前两年已出版了《中国妇女文学史》(以下简称《谢史》)。谢无量的这部女性文学史,是中国最早的,亦很可能是全世界最早的中国女性文学通史。这部文学史虽然使用了文言文,也没有涉及叙事文学及清代文学等不少问题,却依然具有“开创”的意义。

在《绪言》中,谢无量有关于男女差异的本质及不平等的性别权力的议论。他认为,历来女性的文学成就不如男性,不是由于先天

① 据黄霖先生所述,最早的现代意义上的文学史著作是俄国人瓦西里耶夫于1880年写的《中国文学史纲要》,而由中国人撰写的最早文学史是窦警凡的《列朝文学史》(1897—1906)。关于早期中外的中国文学史著作,参见黄霖《谈谈1900年前后的三部中国文学史著作》(《古典文学知识》2005年1期)。又有黄霖《日本早期的中国文学史著作》(《古典文学知识》1999年5期)。

② 20世纪二三十年代陈东原的《中国妇女生活史》(商务印书馆,1928)、王书奴的《中国娼妓史》(中国书店,1934)等都是这股热潮的产物。参见杜芳琴《发现妇女的历史——中国妇女史论集》,天津社会科学院出版社1996年版。

的原因,而是后天的环境所造成的。他说:“以文学而论,女子固亦可与男子争胜。”①但笔者认为他这种不成熟的女权主义实际上在其具体叙述中不太起作用。例如,在近代女性运动中,班昭曾被抨击为男尊女卑思想的“祸首”②,但谢氏却收入《女诫》全文,且不加以任何批判。评论作家和作品时,他的态度与传统的诗文批评家几乎一致。从文学批评的角度来看,亦难以发现什么新意。他介绍女性作家时,几乎都是先直接引用原始材料,然后缀以简单的评语。例如其对明朝女诗人徐媛的介绍即是在引用相关材料后只附上“小淑大抵词胜,而意或不逮”③的评语。这些评语亦往往模仿诗话等传统批评的表述方式。

体例上,他将女性文学的历史分成三个阶段,即上古(指史前至春秋战国时代)、中古(汉至唐朝)、近世(宋以后)。考察其叙述的特点,近世以前冗长,而近世以后粗疏。如第二编第五章《苏蕙回文诗》以多达43页的篇幅介绍回文诗的渊源、句读法、主要作品等。该章篇幅之长、内容之繁,超过了对任何作家或群体的介绍,甚至是《李清照》一章的两倍还多。

他的文学史表现出早期文学史所具有的“文学”观念混淆不清的典型特征。两年后问世的《中国大文学史》被誉为早期文学史的代表著作,而他在该书中亦沿袭了所谓的“大文学”观念④。这里他

① 谢无量《中国妇女文学史》“绪言”,中华书局1933年版。这段关于男女平权的段落,不是专门为这部文学史而著,早在1901年,他在《新青年》杂志上就已发表了这篇文章。关于早年谢无量的男女平权思想及其相关活动,参见荣明《谢无量男女平权、平等思想的发展》(载《百家春秋》,2002年3期)。

② 班昭在晚清与近代初期各具有两面性的意义。起初,她身为古代的女圣,被认为可以体现出女性教育的必要性。但随着女权思想的普及,她逐渐被视为男尊女卑思想的祸首。参见夏晓虹《晚清女性与近代中国》,第五章《晚清的古典新义》,北京大学出版社2004年版。

③ 谢无量《中国妇女文学史》第三编第20—21页。

④ 关于《中国大文学史》所采取的体裁与“文学”观念,参见毛庆耆《文学史剥离说》,《南京师范大学文学院学报》,2002年第1期。

还采用了“广义”和“狭义”文学概念。他所定义的广义文学是“兼包字义，同文书之属”，而狭义文学则“惟宗主情感，以娱志为归者”①。他大概认为广义文学属于传统文学，狭义文学属于来自西方的“新”概念。

由此推知，谢氏以广义文学概念诠释传统时期的女性文学。也就是说，他将女性笔下的几乎所有文字都作为叙述对象。例如他引用章学诚(1738—1801)的《妇学》，以详细叙述周代的妇学。所谓“妇学”，既是周代的内官名，也是她们的教学内容②。《谢史》里的所谓“杂文学”还包括了书牍、赋、序文、表、墓志铭等，凡是属于传统文章类的都被收入，甚至还涉及部分女性作家从事书法和绘画的有关技巧③。

但这样的尺度并未被运用于全书。在明代部分，就看不到所谓的杂文学类。从近世(指元、明)起，除去几个特殊例子，基本上都是诗词，即“重美感与感情”的“纯文学”。写上、中古时代时，由于可考的叙述对象少，他便将所谓的大文学概念引进来，将范围扩大。而至明代，随着女性作家及作品的激增，他自然也就缩小了其对象范畴。至少就妇女文学史的体例而言，这种“前厚后薄”的趋向始终存在着。

由于上述的种种原因，谢无量的妇女文学史虽然被认为稍逊于现代意义的文学史，但仍然被誉为具有“开创性”的女性文学史著作。笔者认为谢无量与梁乙真虽然在叙述对象与取材范围上有不少距离，但在处理史料的方法和对女性问题的认识上仍然具有不少共性。因此我先介绍梁乙真的文学史，然后再总结一下两位所著的女性文学史的意义。

---

① 谢无量《中国大文学史》第1—4页，中华书局1918年版。

② 谢无量《中国妇女文学史》第一编第二章《周之妇女文学》，第6—7页。

③ 例如他在第二编第二章《晋世妇女之风尚》中对书画艺术进行了具体说明，包括其笔法等专门话题。

二、梁乙真的《清代妇女文学史》与《中国妇女文学史纲》

梁乙真撰写了两部女性文学史著作，即《清代妇女文学史》（以下简称《清史》）与《中国妇女文学史纲》（以下简称《史纲》）。他写《清史》在先，而写《史纲》在后。梁氏声称《清史》是承继谢无量的妇女文学史①。由于梁氏亦既不提倡“俗文学”，又使用文言文，故其著作也受到谭正璧等人的指责②。但较之谢无量，却被赞为“更具科学性，以及更具现代学术气势”③。

《清史》以“编—章—节”作为基本体制。在“编”下无综述，直接进入“章”，而在“章”下则有简略综述。全书共设立五“编”：第一编《明清两朝妇女文学之蝉蜕》、第二编《清代妇女文学之极盛时期》（上）、第三编《清代妇女文学之极盛时期》（下）、第四编《清代妇女文学之衰落时期》、第五编《清代妇女文学杂述》。他精心设计的这些编目，很明显反映出当时诸多史家所持的进化论观点。梁乙真虽不涉及戏曲与弹词、小说，看上去好似与进化论背道而驰。其实“蝉蜕—极盛—衰落”这个三段模式基本上沿用了中国文学通史的文学演进理论。“节”一般取“林以宁”、“席佩兰”等作家人名或“胡氏三才女”、“常州词派之女作家”等不同规模和单位的文学群体名称。介绍作家或群体时，对于她或她们出现的环境或予以简单阐述，或不予介绍。在引用相关文献资料后，则以她（们）的几部代表作品作为例证。此后有的还会附以评论。

① 梁云：“中国之妇女文学，自来无史，有之，则始见于谢无量先生之《中国妇女文学史》。惟谢书叙述仅至明而止，清以下无有也。吾书虽以赓续谢书而作，然编辑之体例，不与谢书尽同也。”（《清代妇女文学史》卷首《自序》）

② 谭正璧《中国女性的文学生活·自序》，光明书局 1931 年版。

③ 陈飞《二十世纪中国妇女文学史著述论》，《文学评论》2002 年第4 期。

王蕴章将梁乙真喻为“新时代之良董狐”①,但梁氏的叙述重点却不在于批评,而在于介绍丰富而全面的相关史料。依笔者看,梁乙真《清史》的真正意义在于揭示清代女性文学这个重要议题的独特叙述体制。在《清史》中,“章”与“节”的关系往往代表着某一个文学群体与个人的关系。而这些文学群体有的是实际存在的,比如随园女弟子群,有的则是梁乙真根据自己的方式构建。梁氏构建群体的手法很耐人寻味。比如续《再生缘》的梁德绳(1771—1847)是当时颇有诗名的女作家,亦是杭州地区女诗人群的领袖,但她却没有参加任何具体的文学社团。梁氏不将她作为嘉庆、道光年间的个别女诗人来介绍,而力图将她置于某种文学交流网中。梁氏为当时的“学界泰斗”阮元(1764—1849)设立了一个“章”,而梁德绳则是其下级的一个“节”。梁氏把阮元对若干女作家的支持与清初的毛奇龄(1623—1716)和王士禛(1684—1711)、清中期的袁枚等的行为放在同一个脉络中进行诠释,由此发掘被置于整体女性文学格局之中的梁德绳②。而且他不仅关注作家及其文本,而且对各种文学的相关行为也予以关注,从此揭示出有代表性的文学议题。笔者认为,在这点上,梁氏的叙述手法不逊于现代的文学史叙述。

但在女性观念上,他的态度却基本与谢氏大同小异。他每次提及女作家时,首先引用各种文献上的相关记载(主要以身世为主),然后介绍代表作品。间有“女子才难,黄氏独蝉嫣数世,殆亦秀气钟于一门欤”③之类的简单评语。他主要关注女才,而对社会性别关系的不平等现实却没有深刻认识。当然,他也偶尔抒发基于近代女权意识的激愤。比如他在介绍女性汉学家王照园时,曾为一些知识女性的坎坷命运惋惜道:“呜呼!清代二百余年无辜妇女,呻吟宛转

---

① 梁乙真《清代妇女文学史》卷首《王序》。

② 梁乙真《清代妇女文学史》第147—151页。梁德绳之夫许宗彦与阮元是同年,并且许的一个女儿成为阮元的儿媳。由于如此不凡的关系,梁德绳死后,阮元为她撰写了《梁夫人传》,以称扬她的高尚品德。

③ 梁乙真《中国妇女文学史纲》第394页。

于旧礼教束缚之下，而不敢自破其樊篱，每每饮恨而死者，正不知其几千万也。"①但梁的这种态度却没有前后一致。他在叙述阮元的妻妾互相唱和吟咏的故事时还有"读此诗亦可想见其不妒之美"之类的评述②。

《清史》问世十五年后，梁乙真又撰写了《史纲》。这部文学史是贯通周代至清朝的一部通史。他在《例言》中说道："本书叙述时侧重于平民及无名作家之作品，对于贵族及宫廷文学，则多从简略。"③在宋代部分之前，他的确尽量坚持这个原则，相当重视汉乐府、魏晋南北朝的民间歌曲等。但宋以后，闺秀与妓女作家几乎占据了所有的篇章。

与《谢史》相比，《清史》在体例上有较明显的差别，而《史纲》则大同小异。这是因为明清之前，女性作家及作品的数量很有限。因不管是否有"文学性"，凡是保存下来的女性作家作品都被收入。与谢无量相同，他亦将明代以前的叙述范围扩大，而将明代以后的缩小。因此，《史纲》亦有"前厚后薄"的叙述特点④。为了证明女性文学起源于远古时期，他将有关女性的古代传说安排在第一章《古代妇女文学之渊源》。在这一章中，不用说有《诗经》中诗歌的女性作者，就连西王母的传说都作为女性文学史的一部分被收入⑤。有趣的是，较之宏大的篇幅，题材却很有限，所以上古部分除了女性的作品外，还包括属于女性人物批评的作品。如元稹《会真记》中关于崔莺莺的段落，与其说是女性作家批评，不如说是对女性人物的"形象批评"⑥。

---

① 梁乙真《清代妇女文学史》第 208 页。

② 梁乙真《清代妇女文学史》第 148 页。

③ 梁乙真《中国妇女文学史纲》"例言"，开明书店 1932 年版。

④ 如第三章《魏晋六朝平民文学之勃兴》为了与其他的朝代保持均衡，由七节构成，但为此而将《六朝的歌曲》再分成上、中、下三部分，便颇使人觉得勉强。

⑤ 参见梁乙真《中国妇女文学史纲》第一章，第 1、2、3 节。

⑥ 梁乙真《中国妇女文学史纲》第 220—223 页。

但从“文体史”的角度看，我们可以看出梁氏的“文学”概念已逐渐转向西方的文学观念。较之谢无量的“大文学”观念，梁氏的《史纲》除了《女论语》等少数例子以外，只收入诗词与歌曲。而且，与《清史》相比，他也保持了前后一致的“女性同情论”。如他介绍班昭的《女诫》后，以“可谓集妇女奴隶道德集大成也”加以批评，这与谢氏形成了鲜明对照。

三、早期女性文学史的特点及意义

纵观谢、梁两位先导者所显示的文学、女性、历史观念，虽然不尽一致，但具有本质上的共同点，即对所谓雅文学的偏重、对上古(唐前)文学的重视、史料主义以及模糊的女性意识。

梁、谢这两位史家都基于史料主义进行叙述，并没有举起很“鲜明”的近代意义上的“女权”旗帜。“让史料说话”的这种叙述方式使得两位的著作成为相当中立和客观的学术论著。问题在于这种史料主义在建构女性文学传统的进程中发挥了什么样的作用，为后代留下了怎样的影响。对此有人会质疑：如果文学史叙述仅限于此，文学史与作家辞典有什么本质上的不同呢？其实如果只以原文资料的积累作为衡量标准，施淑仪的著作远远超越两位①。钻研各国女性文学史的一位韩国研究者指出，梁氏的女性文学史因坚持史料主义而大大减少了一味追求“女性意识”和“女性传统”所导致的错误。在这点上，它与西方世界的一些女性文学史有所不同，也正因为如此，他的著作里看不到文学史应有的“批判精神”②。

---

① 施淑仪，字学诗，江苏崇明人。清末曾任崇明尚志女校校长。她在1922年出版了《清代闺阁诗人征略》，十卷，补遗一卷，辑录了清代一千二百六十余名女诗人的姓名、里居、著述、事迹等有关资料。

② [韩]Lee Kyung-ha 博士论文《General Issues and a new way of Writing Women's Literary History》(女性文学史叙述上的问题以及其解决方案)，Seoul National University(国立首尔大学)，2004年8月，第78页。

宁宗一先生曾说过："（谢无量《中国大文学史》等的早期文学史）基本上是中国传统目录学与史传体的自然延伸，早期文学史的'陈列'方式与西洋文学史著作的'叙述'方式至少在功能上并不一致。……但是用当代人的现代意识加以观照，就很自然地认为它有了'历史'的意识，但却消解了文学史必不可少的'文学'意味。"①根据上述意见，文学史的使命不仅限于介绍相关史料，应再加上给予诠释，并发掘更深层的审美、精神和社会文化上的意义。但谢、梁两人的目的好似不在于从"女性主义视角"重构或重读过去的女性文学。不论其影响的好坏，他们的叙述很明显继承了传统女性文学批评的遗产。我之所以如此说，不仅是因为他们使用了文言文，而且从叙述方式和批评视角，尤其是处理史料的方式来看，都在重演传统女性批评的模式。

从这点而言，我认为他们对上中古文学（宋以前）的过度重视不能被简单归结为早期文学史的非科学性。耐人寻味的是，这种对文学渊源和悠久文学传统的过分强调，不仅见于其他国家的一般文学史叙述，还见于明代以来重复被运用的所谓"女性诗歌经典化"策略②。也就是说，这种"寻找根底"和"发掘传统"亦是古代女性文学批评很常用的手法。这当然与当时的女性书写环境具有密切的关系。在古代，女性的书写行为本身往往引起人们的非议。尤其对女诗人的道德质疑会导致女性文学维护者寻找女性文学的历史渊源。他们为了对抗各种质疑，高举班昭和谢道蕴等历史上著名的女性文学家，并且主张《诗经·国风》的部分作品出自女性笔下，试图借助

① 宁宗一《二十世纪中国文学史研究与中国社会》，《复旦学报》（社科版），2000年第4期。

② "经典化（canonize）"这个词来自孙康宜的《明清女诗人选集及其采集策略》（《中外文学》第23卷，第2期，1994年7月）。在明清时代，部分男性文人专门选录女诗人的作品，并将他们的选集与《诗经》等的古代经典联系在一起，企图把女性作品经典化。其实"女性诗歌经典化"不仅是男性编者所采取的策略，也是几乎所有维护女性文学的人士的有力论调。他们一直强调孔子亦保存女性的作品，以试图获得女性书写的道德正当性。

经典的权威来为女性文学定位。

如上所说,《谢史》还涉及书法等其他艺术类别,这种脱离主题轨道的行为或许是由他的个人趣味引起的①。但追根究底,也还是与传统文人对才女的审视视角及观念有关。明清时代,尤其是入清以后,不少闺秀作家除了吟咏外,还从事书法、绘画等活动。有些文人很关注女作家的技艺,并热衷于描述她们多姿多彩的才华。例如陈文述(1771—1843)的碧城馆女弟子成员除了书写活动外,还以书法、绘画、乐器等闻名于世。陈文述便通过《西泠闺咏》等专著记录了她们作为"综合艺人"的形象②。他们并不将女才局限为书写活动。谢无量亦有可能受到其影响。另外,我认为谢无量的所谓"大文学"观念能够代表民国时期知识分子的看法。这种广义的文学观念足以体现当时人们对古典女性文学的观念,即将女性文学史视为一个群体生活史的一部分。虽然谭正璧曾批评谢无量的女性文学史,但他也说道:"所谓女性文学史……兼于此寓过去女性生活之概况。……女性文学者,女性生活史之一部分也。"③民国时具有代表性的专题史著作《中国妇女生活史》的标题也说明了他们的这种观念。陈飞对此说道:"妇女文学史大约是各种专题文学史中'史'的联系最密切的文学史。"④

有趣的是,谢无量等早期中国女性文学史作者所坚持的所谓"大文学"观念以及"女性"与"历史"的紧密联系,一定程度上接近于最近掀起的新的文学史叙述浪潮。最近由西欧学界出版的大多数女性文学史著作之标题,不再使用"Literature(文学)",而标举

① 他自己亦是著名的书法家,出版了两本书法集《谢无量自写诗卷》和《谢无量书法》。

② 参见钟慧玲《陈文述与碧城馆女弟子的文学活动》,张宏生编《明清文学与性别研究》,江苏古籍出版社 2002 年版。

③ 谭正璧《中国女性的文学生活·自序》,光明书局 1931 年版。

④ 陈飞《二十世纪中国妇女文学史著述论》,《文学评论》2002 年第4期。

“Writing(书写)”①。“书写”的境界超越了以往的藩篱,还包括散文、书信、日记等。而且他们还注意历代女性的生存环境与女性书写的紧密联系,以此将女性文学视为女性文化的一个组成部分。

当然,处于民国初期的他们不会是因为预见到未来的学术趋势而先走一步。他们自己还徘徊于传统的词章之学与“新”的文学概念之间。他们关于女性的观念也不够“先进”。我们只能从后人的眼光与角度重估他们的所作所为。但至少他们承继了传统批评的女性文学范畴与内容,规划出了“女性文学”这一广义的境界,还为后人提示了很有意义的文学史议题。但最值得关注的遗产是,他们将女性的文学行为及她们的作品视为一个“独立”的批评对象,他们的任务也由此完成。史料主义女性文学史亦至此告终。谭正璧以后的女性文学史便以更为“彻底”的女性主义视角来准备重构过去的女性文学。

(作者系韩国淑明女子大学讲师)

① [韩]Lee Kyung-ha 博士论文《General Issues and a new way of Writing Women's Literary History》(女性文学史叙述上的问题以及其解决方案),第 27 页。如 Wilt Idema 和 Beata Grant 执笔的《彤管——帝国中国的书写女性》(原名《The Red Brush——Writing Women of Imperial China》, Cambridge and London:Harvard University Press,2004)也采用所谓“大文学”观念。

中国文学理论近现代转型的特征分析

刘再华

从戊戌变法到"五四"新文学运动，是中国文论近现代转型的重要时期。这次转型是在西学大量输入的背景下进行的，西学与西方文论自然是促进文论转型的决定性因素，这一点也许没有人会否认，但一些学者因此或多或少地忽视了本土文论因应时势而发生的变化，有的甚至干脆把本土文论视为革命的对象，认为中国文论的近现代转型就是西方文论取代中国文论的过程，或者说现代文论的话语体系是从西方引进的，中国文论的思想犹在，但范畴已死。这就过于简单和片面。笔者认为，我国文论的近现代转型是在中学与西学矛盾互动的过程中进行的，西学的输入与本土的回应应该作为一个整体，被视为推进文论转型的两个既相互对立又相互作用的基本动因。现代中国文论体系的建构不是单靠西学的输入或本土文论的自我进化来完成的，而是二者相互碰撞、共同化育的结果。本土文论与西方文论的化合，直接促进了传统文论的现代转化，构成中国文学理论近现代转型的基本特征。

在中国文论近现代转型的过程中，西学扮演了理论输出者的角色，本土文论是接受者，但绝对不是被抛弃者；处于被改造的地位，但并非没有做出主动的选择。不同历史时期，或同一时期不同的文论家们，对于西学的态度是不一样的，或援西入中，中体西用；或以西为主，别求新声；或倡中西平等，主张融会贯通。这种差异必然造成文论转型的理论生成形态（或者说模式）呈现出不同的体貌特征，价值取向也始终存在着多元化的特点。

一

文论转型是文论自身演变的结果。但是,作为文化思想不可分割的组成部分,文论的转型虽然不一定与其他社会文化思潮的转型完全同步,二者之间的关系却是密不可分的。从先秦两汉到宋元明清,中国文论的发展曾经出现过几次转型,魏晋玄学、隋唐佛学、宋明理学和乾嘉汉学的兴起对文论的演变均产生过大的影响。具体到近代文论的转型,既是近代文化转型的必然结果,也是后者的有机组成部分。近代文化转型就其思想资源而言,具有外源性的特点,是从反传统与"西化"开始的。文论转型的过程也是不断地"西化"与"化西",域外文化与文学理论的输入瓦解了传统文论赖以生存的哲学基础,成为推进文论转型的决定性因素。这是中国文学理论近现代转型的第一个显著特点。

关于域外文化与文学理论在中国近代文论转型过程中所扮演的角色,产生的作用,以及本土文论的回应,有三点值得注意。

其一,推动中国文论转型的起初并不是西方的文学理论,而是其哲学与社会政治学说,特别是进化论思想的影响。

近代中西文化冲突最直接地表现在政治、经济与军事斗争领域。由于军事上的一次次失败,中国人首先关心的是如何实现富国强兵,改变被动挨打的局面。与这种处境相一致,西方先进的科学技术与社会政治制度成为全社会关注的中心。至于文学与文学理论的引进,在当时并不具有紧迫性,也就被有意无意地忽视了。因此,自鸦片战争至戊戌变法前夕所翻译的西学书籍中,涉及政治、法律、教育、军事、工矿、交通、农政、医药卫生、自然科学等方面的比较多,纯文学性的译著很少(林乐知所译《文学兴国策》虽以"文学"名篇,实际上讨论的是教育问题),西方文学理论著作的译介更是迟至20世纪初才起步。但是,文论转型在戊戌变法前后已经开始。甲午一战,清政府苦心经营多年的北洋海军灰飞烟灭,事实告诉人们,仅仅利用西学开矿办厂，不可能实现富国强兵。在这种情况下，先进的中国人开始从政治体制与文化建设的层面探索新的强国之路，文学作为意识形态的一翼引起人们的重视，文论转型的帷幕由此拉开。

西方哲学与政治学说的输入促进了本土社会思潮的裂变，引发中国文学内部的生存危机感与文学观念的变化，成为推动文论转型的主要动因。特别是严复翻译的《天演论》，极大地改变了中国人的世界观念和人生态度，书中阐述的物种进化原则被移植到文学领域，促使人们树立起一种进化的文学观，成为推动文学革命的理论依据。"诗界革命"、"文界革命"的倡导者梁启超，新文学运动的发起者陈独秀和胡适，都是进化论的服膺者和宣传者。梁启超极力主张文学应该由"古语"转向"俗语"。他说："文学之进化有一大关键，即由古语之文学变为俗语之文学是也。各国文学史之开展，靡不循此轨道。……苟欲思想之普及，则此体非徒小说家当采用而已，凡百文章，莫不有然。"①所谓"俗语"，就是通俗的白话。梁启超虽然没有明确提出用白话取代文言，却自觉地把"言文合一"纳入文界革命的范畴，把建设俗语文学作为文界革命的目标。胡适认为"一时代有一时代之文学"，"乃文明进化之公理"，把白话文学视为"中国文学之正宗"与"将来文学必用之利器"②。这些观点都是进化论思想影响的产物。其他如康有为、吴汝纶、王国维、章太炎、刘师培、鲁迅等人，都曾经接受过进化论的思想，并把它用于文学的阐释。

应该指出的是，中国传统文论中也存在着进化的文学观念，例如刘勰在《文心雕龙·时序》篇中说："时运交移，质文代变"，"歌谣文理，与世推移"。但是，传统文论的进化观念以"通变"为特征，关注的是文学创作应该如何"变"，所以刘勰在揭明"文变染乎世情，兴

---

① 饮冰等《小说丛话》，引自王运熙主编《中国文论选·近代卷》下册第306页，江苏文艺出版社1996年版。

② 胡适《文学改良刍议》，《胡适文集》(3)第28、18页，人民文学出版社1998年版。

废系乎时序”的文学发展规律的同时，在《通变》篇中又提出“趋时必果，乘机无怯。望今制奇，参古定法”的主张，将“望今”与“参古”结合起来。这种思想与“物竞天择，适者生存”的西方进化论显然有所不同。更为重要的是，中国传统意识中还存在着一种根深蒂固的循环论观念，认为时间的运行是永恒轮回的，所以知古可以鉴今；而进化论的时间是单向度的、不可逆转的，所以重今不重古。正是因为存在着这些差异，进化论的输入给当时的中国带来巨大的震撼，中国文学从此摆脱了以复古为变革的发展模式，逐步走上中西化合的转型之路。

其二，域外文化与文学理论的输入瓦解了中国传统文论以儒家、道家或佛教思想为范围的哲学基础，为新文学理论建构提供了新的思想资源和知识范型。

与以往历次文论转型相比，近现代文论转型的哲学基础的变化最具有颠覆性，其情形超过佛教的传入对文论演变所产生的影响。从晚清到民国，西学输入呈加速发展的趋势，译书的数量不断增多，涉及的学科领域亦越来越多，令人目不暇接、眼花缭乱。就地域而言，戊戌变法时期，欧美各国的科学技术、社会政治学说与文学著作是人们关注的重点，构成译书的主体。五四时期，人们在引进欧美文化的同时，将关注的目光转向苏联，企图从苏联那里获得建设新社会、新政治、新文化的经验。就理论派系而言，达尔文的进化论，斯宾塞、康德、叔本华、尼采的哲学，以及从苏俄传入的马克思主义，还有法国 18 世纪的自然主义，美国的实用主义，白壁德的新人文主义等，在中国文论近现代转型的过程中都留下了深刻的烙印。这种情况说明，为中国文论转型提供思想资源甚至是理论基础的西方学说是多元的，而且在不断地变化。这些西方学说相对于传统的儒、道、佛思想，从话语方式到理论内涵都带着异质文化的特点，从而导致中国文论的哲学基础发生了革命性的变化。

具体到西方文学与文学理论的输入，中国虽然在乾隆年间就开始译介西洋小说，但西方文学大量输入，并真正引起关注是在 19 世纪末至 20 世纪初。1898 年，梁启超因为有感于“美、英、德、法、奥、意、日本各国政界之日进，则政治小说为功最高”①，决定选译一批“有关切于今日中国时局”的西方政治小说，在《清议报》上发表，企图以此推动政治的改良。1899 年，林纾译《巴黎茶花女遗事》问世，风行一时。西方小说的译介从此蔚然成风，其中仅林纾一人就翻译了一百八十余部。伴随着文学作品的译介，西方文学理论开始进入人们的视野。1905 年，蒋智由在《新民丛报》上连载由他翻译、法国学者维朗撰写的《维朗氏诗学论》。1919 年，章锡琛翻译了日本学者本间久雄的《新文学概论》。这些作品从内容到形式，都为传统文学的转型提供了现成样板和知识范型，加快了中国文论转型的步伐。从这个意义上说，以严复、林纾为代表的近代翻译家们对中国文学转型所做出的贡献是难以估量的，正是他们为新文学探出了一条外国的通路，直接促发了“合中西二文熔为一片”②的文学改良思想。

其三，西学的输入改变了中国文学理论发展的文化语境，这种改变带有很大的强制性，但新文化语境与新的文学理论形态的形成，经历了一个不断“西化”与“化西”的过程，最终是中国人通过自己的选择创造出来的。

近代文化转型过程中有一个值得注意的带普遍性的文化现象，就是某些知识者身上同时存在着一种既主动维新又坚决护旧的文化立场。相当一部分知识分子起初只承认西方先进的科学技术与物质文明，至于精神文化，则中国远胜于西方。曾经担任清政府驻外公使的郭嵩焘就说过这样的话：“（英国）富强之基与其政教精实严密，斐然可观；而文章礼乐不逮中华远甚。”③这种观点具有相当

① 梁启超《译印政治小说序》，《饮冰室合集》文集之三第 35 页，中华书局 1989 年版（下同）。

② 林纾《洪罕女郎传跋语》，阿英编《晚清文学丛钞 · 小说戏曲研究卷》第 225 页，中华书局 1960 年版。

③ 郭嵩焘《使西纪程》，见《伦敦与巴黎日记》第 119 页，岳麓书社 1984 年版。

的代表性。从曾国藩、李鸿章到张之洞，大多数洋务派官员一方面积极投身洋务运动，一方面自觉维护传统的名教纲常，礼义制度。前者维新，表现为主动的“西化”，后者护旧，是对传统的固守，夹带着“化西”的企图。按照他们的思路，引进西方先进的科学技术是为了富国强兵，固守传统的礼义制度是为了保种保教，两者殊途同归，缺一不可。在今天看来，他们的护旧既在一定程度上阻碍了文化转型的进程，又捍卫了传统文化中某些合理的、值得新文化继承的价值观念。

中国文论的近代转型具有上述相类似的特点。如何看待西方文学，借鉴西方的文学理论？是西化还是化西？哪些地方该西化，哪些地方又该化西？文学界内部长期存在着不同的意见。康有为、梁启超、黄遵宪、王国维、胡适、鲁迅等人主张向西方学习，“更搜欧亚”①，“别求新声于异邦”②。后期桐城派和南社的部分作家固执地认为中、西方文学的发展“截然岐途，不可混合”③。吴汝纶主张学习西方的医学、化学与机械制作等技术，痛感“中国风气不开，新学不出，与西东邻国交战，决无能胜之理”④，但在文学方面，他非常自信地说，“今欧美诸国，皆自诩文明，明则有之，文则未敢轻许。仆尝以为周孔之教，独以文胜。”⑤南社诗人冯平认为中国与西方相比，“以言乎科学，诚相形见绌；若以文学论，未必不足以称伯五洲。彼白伦、莎士比亚、福禄特儿辈，固不逮我少陵、太白、稼轩、白石诸

① 康有为《与菽园论诗兼寄任公孺博曼宣》，《康有为诗文选》第264页，人民文学出版社1959年版。

② 鲁迅《摩罗诗力说》，《鲁迅全集》第一卷第65页，人民文学出版社1998年版。

③ 田北湖《论文章源流》，舒芜等编《近代文论选》第600页，人民文学出版社1999年版。

④ 吴汝纶《与柯凤荪》，《桐城吴先生(汝纶)尺牍》卷一，《近代中国史料丛刊》正编第37辑第366种，第1645—1646页，台北文海出版社1969年版。

⑤ 吴汝纶《复斋藤木》，《桐城吴先生(汝纶)尺牍》卷四，《近代中国史料丛刊》正编第37辑第366种，第2209页，台北文海出版社1969年版。

先哲远甚也”①。著名学者黄人也说:“夫以我国文学之雄奇奥衍,假罄其累世之储蓄,良足执英、法、德、美坛坫之牛耳。”②这些观点既透露出一种文化自信,也隐藏着一种护旧心态。他们其实并不反对西方文学的输入,只是坚信中国文学在世界文学中应该居于上乘的地位。这种心态的形成不能排除在政治、经济全面失败时部分知识分子努力寻找中国文化优胜之处借以慰藉心灵的企图,但中国文学悠久的历史、辉煌的成就,确实为这种心理的形成提供了事实基础。这种护旧思想对于文学转型产生过阻碍作用,这是肯定的,然而或许正是由于他们的坚持,一些传统的文学形式和价值观念最终在文学转型的过程中找到了生存的土壤,焕发出了新的生机。典型的例证就是传统诗词创作理论并没有因为新诗形式的确立就彻底消亡,而是融合新知,汇入了现当代诗学发展的洪流之中;而旧体诗词创作直到今天仍然是中国文学大观园里一道不可忽视的风景。

上述情况说明三个问题。第一,中国文论的近现代转型是在中学与西学、“西化”与“化西”的矛盾互动过程中进行的,这一过程直到现在还在继续,因而,所谓现代形态的中国文学理论,并非西方文论对中国文论的简单替换,而是本土文论与外来文论相互碰撞、共同化育的结果,其中有守成,也有创新;有趋附于西方文论的借鉴,也有立足于本土文论的重新整合。第二,中国文论的近现代转型,总的发展趋势是旧变为新,但新的文论形态的生成也存在着以旧含新、以新化旧、新旧杂陈的情况,而在文论转型的过程中,维新与护旧的矛盾斗争从来没有停止,还且常常矛盾地共存于某些作家身上。就连刘半农这样新文学运动的健将,坚决反对传统的“文以载道”之说,反对用“彣彰”来界定文学,主张“定文学之界说,当取法于西文”,但在如何对待文言的问题上,认为“文言与白话可暂处于对

① 冯平《梦萝浮馆词集序》,文载《南社丛刻》第21集第31页,江苏广陵古籍刻印社1996年版。

② 黄人《清文汇序》,舒芜等编《近代文论选》第495页,人民文学出版社1999年版。

待的地位”，“二者各有所长，各有不相及处，未能偏废”①，也表现出护旧的倾向。第三，在文论转型的过程中，本土文论与本土的文论家们所扮演的角色许多时候是双重的，既是被改造的对象，又做出过主动的选择，在吸纳西学自新其身的同时，曾经竭其所能，尽其所有，为新文学理论的建设提供了自身所蕴藏的思想资源，在某些方面扮演了“革命者”的角色，而在另外一些方面，赞同维新又坚决护旧的文论家们固执地守护着某些固有的价值观念，并把它们带进了新文学理论的构建之中，使之成为新文学理论的一部分。

二

考察近代文论转型的历史进程，不难发现，随着中西文化交流的增多，越来越多的儒家知识分子被西方文化征服，走出经学，走向西学；越来越多的西学知识为中学溶解、消化、吸收，成为中国文化（包括文论）的有机组成部分。随着人们对西学认知的不断深入，态度不断变化，文论转型的理论生成模式发生相应的改变。这是中国文学理论近现代转型的第二个显著特点。

从鸦片战争到五四运动，撇开盲目排外与全盘西化两种极端的观点不论，中国人对西学的认知态度发生了三次大的变化，提出了三个有名的观点。第一次是魏源提出“师夷之长技以制夷”。这一观点突破了传统儒学用夏变夷而不可用夷变夏的樊篱，但其思维模式仍然局囿于严夷夏之别的框架以内。受其影响，一批先进的中国人怀抱着“制夷”的目的，走上了“师夷”的道路，走出中国，走向世界。第二次是张之洞提出“中学为体，西学为用”。张之洞一方面固守中学的本体地位，将西学置于“用”的层面；一方面将西学纳入中国文化建设的总体构想之中，强调中学与西学的会通。在《劝学篇》中，他批评当时言旧学者“不知通”，“无应敌制变之术”，言新学者

---

① 刘半农《我之文学改良观》，《新青年》第三卷第三号，1917年5月。

“不知本”,“有非薄名教之心”①,在他看来,“中学为内学,西学为外学;中学治身心,西学应世事”②,二者之间并不必然存在着矛盾。这种观点较之魏源的师夷以制夷之说,无疑向前迈进了一步。第三次是王国维提出“学无新旧、无中西、无有用无用之说”③。王国维反对用新旧、中西等二元对立的概念区分天下学术,也不赞成用“主辅”、“本末”、“体用”等范畴区别中西学术的尊卑优劣,认为中西二学应该平等地开展交流与整合。在《论近年之学术界》一文中,王国维将“西洋之思想”的输入与“佛教之东适”进行对比,主张“能动”而不是“受动”地对待西学,努力实现中西二学的调和“化合”。1911年,他在《国学丛刊序》中这样写道:“余谓中西二学,盛则俱盛,衰则俱衰,风气既开,互相推助,且居今日之世,讲今日之学,未有西学不兴而中学能兴者,亦未有中学不兴而西学能兴者。”这是一种新的文化观念,表征着中国社会对于西学的态度又一次发生了质的变化。这种文化观念较之当时的全盘西化论更具科学理性的精神,为中国文化的创新,特别是儒家文化的现代转型指明了道路。

中国文学理论的近现代转型大致也经历了从“师夷”到“中西化合”的过程,其理论生成形态的变化与中国人对西学的认识态度相对应,大致可分为三个阶段。第一阶段始于1895年,迄于1903年,以梁启超等资产阶级维新派发起的“诗界革命”、“文界革命”和“小说界革命”为主要标志。第二阶段始于1904年,迄于1911年,以王国维发表《红楼梦评论》和《人间词话》为主要标志。第三阶段始于1912年,迄于1919年,以胡适、陈独秀等人发起新文学运动为主要标志。这三个阶段前后相继,时间上存在着交叉,文论话语的生成也存在着许多相同的特点,但深入考察,转型的轨迹还是清晰可循。

---

① 张之洞《劝学篇序》,《张文襄公全集》第四册,第544页,中国书店1990年版。

② 《劝学篇》外篇《会通第十三》,《张文襄公全集》第四册,第589页,中国书店1990年版。

③ 王国维《国学丛刊序》,《观堂别集》卷四,商务印书馆1939年石印本。

第一阶段文论转型的话语生成模式可以用“援西入中，以中化西（或者说以旧含新）”一语来概括。援西入中，就是大量引进西方的新名词、新术语；以中化西，就是坚持中国文学的本体立场，用传统的文学体式吸纳西方的“新语句”和“新意境”。这在当时是一种新的创作理论。

以康有为、梁启超为代表的资产阶级维新派的文学革命话语与他们的经学——政治运作存在着异质同构的关系。为了鼓吹维新变法，他们在话语运作上有意识地打出托古改制的旗号。托古必须“依经”，改制需要“立义”。循此逻辑，康有为极力凸显《春秋公羊传》“三世”、“三统”说在今文经学中的地位，以之作为维新变法的理论依据，但在具体的政治措施上，他们主要参照西方现行的社会政治学说来制定改革的方案。所以守旧派人物叶德辉一针见血地指出：“康有为隐以改复原教之路得自命，欲删定六经而先作《伪经考》，欲搅乱朝政而又作《改制考》，其貌则孔也，其心则夷也。”①这种“貌孔心夷”、援采西学以改造儒学的经学——政治运作模式延伸到文学领域，就演变为广泛输入西方的“新意境”、“新语句”以改造旧文学，“造新声”以“新民的”的文学革命理论。1899年12月，梁启超在《夏威夷游记》②中接连提出“诗界革命”和“文界革命”的口号。关于“诗界革命”，他说：“欲为诗界之哥伦布、玛赛郎，不可不备三长。第一要新意境，第二要新语句，而又须以古人之风格入之，然后成其为诗。”所谓“新意境”，就是要竭力“输入欧洲之真精神真思想”；所谓“新语句”，就是要广泛采撷西方声、光、电、化等各种学科的新名词。在梁启超看来，“欧洲之意境、语句，得之可以陵轹千古，涵盖一切”。关于“文界革命”，梁启超是在谈及日本著名政论家德富苏峰的著作时提出来的。他称赞德富氏的文章“雄放隽快，善以

① 叶德辉《与刘先端黄郁文两生书》，《翼教丛编》卷六，第165页，上海书店出版社2002年版。

② 文载《饮冰室合集》专集之二十二，文中所引诗界、文界革命的论述，分别见该书第189、191页。

欧西文思入日本文，实为文界别开一生面”，认为中国的文界革命，也应该以输入“欧西文思”为起点。梁氏后来在《清代学术概论》中还特意把杂以“外国语法”列为自己新文体的基本特征之一，由此可以见出他对“欧西文思”的重视。1902年，梁启超在《新小说》创刊号发表《论小说与群治之关系》一文，正式提出“小说界革命”的口号，其话语路径与诗界、文界革命一样，也是参照西方的文学理论，将小说分为“理想”与“写实”二派，并从熏、浸、刺、提四个方面论述了小说的艺术感染力。

援西入中，输入西方的“新意境”、“新语句”和“欧西文思”，构成梁启超文论维新的一面。其目的是要通过“取万国之新思想”革新中国文学的思想内容。至于形式风格，梁启超仍然持护旧的立场。在他看来，“革命者，当革其精神，非革其形式”，“能以旧风格含新意境，斯可以举革命之实矣”①。他特别推崇黄遵宪和谭嗣同，原因就在于黄遵宪之诗“能熔铸新理想以入旧风格”，谭嗣同之诗“境界独辟而渊含古声”②。这种文学革新思想可以套用龚自珍《文体箴》的最后一语来概括，那就是“文心古无，文体，寄于古”。与不久之后爆发的“五四”文学革命相比，梁启超的文学革命话语显然比较温和。这种温和究竟是一种软弱、不彻底，还是一种理性的保留？对此人们可能有不同的看法。但是不管怎样，援采西学以改造中学（中国文论），主张“以旧风格含新意境”，这种话语生成方式在近代文论转型初期确实具有代表性。

第二阶段文论转型的话语生成模式可以用“中西化合，融会贯通”一语来概括。所谓化合，包括“化西”与“化中”、“西化”与“中化”两个同时进行但成分、额度并不相等的方面。1902年，梁启超在《新民丛报》发表《论中国学术变迁之大势》，明确指出20世纪乃中西文明“结婚之时代”，为此他充满激情地高呼：“吾欲我同胞张灯置酒，迓轮俟门，三揖三让，以行亲迎之大典，彼西方美人，必能为我家育宁馨儿

① 梁启超《诗话》，《饮冰室合集》文集之四十五，第41页。

② 梁启超《诗话》，《饮冰室合集》文集之四十五，第1、2页。

以亢我宗也。"从这段话来看,他这时的思想已经明显地表现出化合中西文化以创造新文化的倾向。但是,具体到文学理论的阐释与建构,梁启超此后的文论话语并未见出本质性的变化。这一时期真正从中西化合的角度建构现代性文论体系的代表人物是王国维。

从话语生成的哲学基础,到具体的理论阐释和批评实践,王国维的文论话语都呈现出中西化合、融会贯通的特点。传统的儒、道文化精神和康德、叔本华的哲学思想,在王国维的文论话语中共生共存,融为一体。因西学输入而引发的古今、新旧之争在王国维这里被超越了。学无新旧,无中西,无有用无用之分,"异日之发明光大我国学术者,必在精通世界学术之人,而不在一孔之陋儒"①。基于这种文化意识,王国维的文论阐释极大地突破了梁启超援西入中,以旧含新的思维模式,不再是仅仅输入西方的"新意境"、"新语句",而是取外来之观念与固有之材料互相参证。以《人间词话》为例。其理论核心"境界说"乍看是地道的中国货,其实是中西合璧的产物。王国维继承唐宋、明清以来用"意境"、"境界"等概念论诗谈词的传统,又吸收西方的文学美学思想对这些概念的内涵进行完善和深化,使其成为一种系统成熟的理论体系。"造境"与"写境"、"有我之境"与"无我之境"的区分,实际上是参照西方文艺学中理想与写实、主观与客观的区分而进行的,其中有叔本华美学的启迪。造境"必合乎自然",写境"必邻于理想","合乎自然"强调的是具有尽可能多的客观性,"邻于理想"强调的是主观的感情。按照佛雏先生的分析,王国维"'合乎自然'与'邻于理想'二者相结合的意境说,跟叔本华所谓后天的'自然物'与先天的'美之预想'二者相合的审美'理念'说,渊源甚深"②。又如《红楼梦评论》③。文章运用叔本华

① 王国维《奏定经学科大学文学科大学章程书后》,引自《静安文集续编》第39页,《王国维遗书》第五册,上海古籍书店1983年版(下同)。

② 参看佛雏《王国维诗学研究》第200页,北京大学出版社1999年版。

③ 《静安文集》第40—62页,《王国维遗书》第五册,上海古籍书店1983年版(下同)。

的悲剧理论，将《红楼梦》归入“悲剧中之悲剧”进行分析和评价，开篇却特别援用老子“人之大患，在我有身”和庄子“大块载我以形，劳我以生”二语引领全文，这实际上是为叔本华的悲剧理论在中国文化中寻找注脚，其目的是要以此实现中西方思想的交融互证。叔本华认为，生活的本质就是生活之欲，生活之欲是无法满足的，因而人生永远是痛苦的，要解脱痛苦，最彻底的办法是泯灭生活之欲，除此以外，只有美和艺术能给人以暂时的解脱。根据叔本华的观点，王国维认为《红楼梦》中的通灵宝玉不过是“生活之欲之代表而已”，而贾宝玉的出家，则是拒绝生活之欲的根本解脱。王氏对《红楼梦》的这种分析，得出的结论悲观颓废，是错误的，但他所运用的批评方法在文论近现代转型的过程中划下了一道深刻的印痕。本文既是王国维的第一篇文学批评著作，也是中国文学批评史上第一篇运用西方美学原理解读中国文学作品的学术论文，标志着中国文学批评话语开始由感想式、经验型的“诗文评”向注重逻辑、思辨的理论性论文转型。

第三阶段文论转型的话语生成模式可以用“以西化中，别求新声”一语来概括。因西学输入而引发的古今、新旧之争在 20 世纪初日益激烈，在当时特定的文化语境中，古与旧变成了传统文学(论)的代名词，是落后与保守的；今与新则唯西方是从，意味着进步与革命。胡适、陈独秀、钱玄同、鲁迅等新文化运动的健将们以《新青年》为阵地，广泛宣传西方的科学与民主思想，同时从内容与形式两个方面对传统文化(文学)展开全方位的清算。1917 年 1 月，胡适发表《文学改良刍议》，提出文学改良的八项主张，文章虽以“改良”名篇，措辞比较温和，实际上包涵着一整套“革命”的思想。其中第一条“须言之有物”，是关于文学本质的论述，意在破除“文以载道”的传统观念；第二条“不模仿古人”确立了新文学的创作原则，体现了用进化创新取代复古模拟的文学发展观；第三至八条是关于文学文本体式及风格等问题的论述，综合起来就是一篇关于白话文学创作的宣言。继胡适之后，陈独秀发表《文学革命论》，观点与措辞更为激进。陈独秀将中国的旧文学归分为三类：一曰雕琢的、阿谀的贵族文学，一曰陈腐的、铺张的古典文学，一曰迂腐的、艰涩的山林文学。文学革命的任务就是要推倒这三种文学，取而代之的是建设平易的、抒情的国民文学，新鲜的、立诚的写实文学，明了的、通俗的社会文学。陈独秀的思路很明确，就是“要拥护德先生又要拥护赛先生，便不得不反对国粹和旧文学”①。其他如钱玄同直呼桐城文派和选学家为“谬种”、“妖孽”，将其列为文学革命的对象；刘半农主张取法西文“定文学之界说”。诸如此类的文论话语，基本的思路都是主张输入或参照西方的理论学说，打倒旧文化和旧文学，建立一种完全不同的新文化与新文学。

“五四”新文学运动对旧文学的扫荡，极大地推进了中国现代思想解放的进程，但其完全否定旧文学、唯今唯新的思想取向矫枉过正，对新文学的发展也产生了一些负面的影响。“五四”以后，一些人套用西方现成的文学理论，或者打着马克思主义的旗号，随意剪辑中国文论的名词术语，构建所谓的现代文论体系，就在一定程度上歪曲甚至伤害了中国文论的民族个性。回头审视中国文论近现代转型的历史进程，不管是以中化西，还是以西化中，理论上都是片面的，只有将二者结合起来，走中西化合的道路，才是正确的选择。

三

经过不断的“西化”与“化西”，中国文学理论的质态形式发生了根本性的变化，总的趋势是走出经学时代，中西会通创新，变传统的经学文论话语为美学文论话语，文论话语的生成最终摆脱了依经立义的传统模式，西方诗学取代儒家经典成为文论诠释最重要的参照系；文论话语的传承摆脱了宗经征圣观念的束缚，改变了以复古为变革的发展模式；文论体系的建构由封闭走向开放，由一元走向多元，彻底突破了儒家文论以原道、征圣、宗经为核心的封闭性结构，

① 陈独秀《新青年罪案之答辩书》，《独秀文存》卷一，第243页，安徽人民出版社1987年版(下同)。

走上援西入中、以西化中、中西化合的发展道路;文论话语的视野中心由“言志”、“缘情”,关注意象的选择与意境的营构,转向塑造“典型环境中的典型人物”,创作理论逐渐形成主理想或重写实的二维构架;文论话语的存在形态则由感想式、经验型向理论性、思辩型转进。所有这些变化,既关乎文论的思维方式和表现形态,又涉及文学的基本观念和价值取向。其中值得特别注意的是文学价值观念的变化。

近代文论转型所引发的文学价值观念的变化主要表现在两个方面。其一,提出了建设“国民文学”的口号,强调文学应该为社会进化和普通民众服务。其二,主张文学“独立”,反对文学成为道德教化和政治革命的工具。这两种价值观念既相互对立,又相互补充,贯穿了中国文论近现代转型的全过程,从而使文论的转型形成重功利与主张文学“独立”两种不同的价值取向。这是中国文论近现代转型的第三个显著特征。

先说重功利的一线。以梁启超为代表的资产阶级维新派和“五四”新文化运动派,前后相继,特别强调发挥文学的社会功能。他们的文学功能论虽然受了传统的影响,但又超越了传统的文学功利观和工具论,在文学为谁服务及如何服务的问题上具有鲜明的时代特征。主要表现在以下三个方面。其一,通过对传统文学的否定性评估,颠覆了传统的价值观念。举凡传统文学中所宣扬的忠孝节义思想、状元宰相思想、才子佳人思想、江湖盗贼思想、妖巫狐鬼思想等成为被否定的对象,传统文学所否定或不太看重的自由、平等、博爱等观念则被确立为现代价值追求的目标。梁启超批评中土小说“述英雄则规画《水浒》,道男女则步武《红楼》,综其大较,不出诲盗诲淫两端”①,把古典小说视为造成中国政治腐败的总根源。陈独秀有意识地将文学革命与反儒学、反礼教的伦理道德革命结合起来,以此引导文学革命的方向。他批评传统的“贵族文学”、“古典文学”和“山林文学”,“其形体则陈陈相因,有肉无骨,有形无神,乃装饰品而

① 梁启超《译印政治小说序》,《饮冰室合集》文集之三,第34页。

非实用品;其内容则目光不越帝王权贵、神仙鬼怪,及其个人之穷通利达。所谓宇宙,所谓人生,所谓社会,举非其构思所及"①;坚决否定传统文论中的"文以载道"之说,认为它与八股家的"代圣贤立言"是"同一鼻孔出气",与社会文明进化无丝毫关系,因而都应该被推翻。总之,传统文学中一切颠倒的价值观念被重新颠倒了过来。其二,改变了文学服务的对象。传统的文学功利观强调文学必须遵循统治阶级的意志,为政治教化服务。所谓"泄导人情"、"补察时政"、"劝善惩恶"、"移风易俗",其中固然包含着"为民"的成分,注意到民风民情的改善,但主要是"为君",最终的目的是为封建帝王一人服务。梁启超等人则把文学看成社会改良和政治革命的工具,强调文学为"新民"服务,为社会进化服务。所谓"新民",就是改造国民性。对国民性问题的关注是近代文论价值取向的重要变化,梁启超、陈独秀、鲁迅等人的文论都表达了对这一问题的焦虑。在《论小说与群治之关系》一文中,梁启超开篇就说:"欲新一国之民,不可不先新一国之小说。"把小说视为"新道德"、"新宗教"、"新政治"、"新风俗"、"新学艺",乃至"新人心"、"新人格"的工具。陈独秀在《文学革命论》中正式提出了建设"国民文学"的口号。鲁迅后来作《阿Q正传》,其动机也是要揭示国民的弱点,以引起疗救者的注意。这种文学功能观与杜甫的"致君尧舜上"相比,关注的重心已经由"君"转为"民",由服务于专制转向"群治"。其三,极力突显文学的社会批判功能,改变了文学服务社会的方式。传统的文学功利观虽然强调"言志",重视文学自下而上的"美刺"功能,但在文学反映现实的问题上又提出了"主文而谲谏"的创作主张,要求作家"怨而不怒"、"哀而不伤",做到"发乎情,止乎礼义"。梁启超等人的创作理论极大地突破了这种只讽喻不批判、以温柔敦厚为特征的儒家诗教传统。以文为例,梁启超将文章分为"觉世"与"传世"两类,认为学者当"以觉天下为己任",作"觉世之文",而不应该以文人自命,一味地构制"传世之文"。按照他的论述,觉世之文"当以条理明细,词笔锐达为上,

① 陈独秀《文学革命论》,《独秀文存》卷一,第98页。

不必求工”①。他的新文体写作就是觉世之文的具体实践。新文体“务为平易畅达,时杂以俚语韵语及外国语法,纵笔所至不检束……然其文条理明晰,笔锋常带感情,对于读者,则别有一种魔力焉”②。所谓“不检束”,并非不讲文法,而是要求作者自由自在、无拘无束地表达自己的思想,最大限度地发挥“烟士披里纯”(Inspiration)的作用。新文体在当时为梁启超赢得了舆论界骄子的美誉,但也招来守旧派人物的“痛恨”,被诋为“野狐”。这种文字所产生的力量是传统的载道派文学不可能达到的,真正实现了梁启超“为国民之耳目,作维新之喉舌”③的写作宗旨。“五四”时期,文论话语的批判意识更强,“打倒孔家店”、“桐城谬种”、“选学妖孽”等口号的提出,表征着中国社会已经进入一个以文学为武器开展文化批判和政治革命的时代,文学被赋予了更多超出文学本身的价值功能。

再说主张“独立”的一线。近代主张文学独立的代表人物是王国维。王国维认为“一切学问皆能以利禄劝,独哲学与文学不然”④。哲学与文学所追求的是“天下万世之真理”,“故不能尽与一时一国之利益合,且有时不能相容,此即其神圣之所存也”。王国维批评孔子、墨子、孟子、荀子、贾谊、董仲舒、张载、程颐、朱熹、陆九渊、王阳明等古代哲学家和杜甫、韩愈、陆游等文学家,“自忘其神圣之位置,而求以合当世之用”,从而使哲学与文学变成了“道德政治之手段”,丧失了自身“独立之价值”⑤。在他看来,文学“但为天才游戏之事业”,只可爱玩而不可利用,一切为了利禄的“馆啜的文学”,为了沽名钓誉的“文绣的文学”,都“不足为真文学”⑥。

王国维强调文学的“独立之价值”,主张文学回归文学本身,要

① 关于“觉世”与“传世”之文的论述,见梁启超《湖南时务学堂学约》第六条,《饮冰室合集》文集之二,第27页。

② 梁启超《清代学术概论》第85—86页,上海古籍出版社1998年版。

③ 梁启超《清议报叙例》,《饮冰室合集》文集之三,第29页。

④ 王国维《文学小言》,《静安文集续编》第27页。

⑤ 王国维《论哲学家与美术家之天职》,《静安文集》第100—103页。

⑥ 王国维《文学小言》,《静安文集续编》第28页。

求文学家“毋忘其天职”,以发明“万世之真理”为己任,不要附合“一时一国之利益”。这种观点既否定了传统的为帝王服务的文学功利观,也与梁启超等人把文学直接当作改良政治的工具迥然异途。但王国维并不否认文学本身所具有的精神价值对人的影响。他甚至偏激地认为“生百政治家不如生一大文学家”,因为政治家只能给国民带来“一时的”物质上之利益,而文学家能带来“永久的”精神上之利益,其遗泽“广且远也”①。因此,在改变“国民之精神”,培养“国民之趣味”方面,王国维的文学“独立”论与梁启超的文学功利观所选择的路径虽然不同,目的却存在着相通的地方。

上述两种价值取向贯穿中国文论近现代转型的全过程,二者之间相互对立,又常常矛盾地纠缠于一体。相当一部分文论家既认识到文学本身的独立价值,又自觉地强化文学为政治服务的社会功能。举例来说,陈独秀在与胡适、曾毅等人讨论文学革命时,将文学之本义界定为“达意状物”,“原非为载道有物而设”②。针对胡适将“言之有物”列为文学改良的八项主张之一,陈独秀质疑说:“若专求‘言之有物’,其流弊将毋同于‘文以载道’之说?以文学为手段为器械,必附他物以生存。窃以为文学之作品,与应用文字作用不同。其美感与伎俩,所谓文学美术自身独立存在之价值,是否可以轻轻抹杀,岂无研究之余地?”③显然,陈独秀对于文学“自身独立存在之价值”有清醒的认识,但在论述新文学时,他将“实写社会”视为“近代文学家之大理想大本领”,主张用文学“改造社会,革新思想”④,强调文学应该是“实用品”而非装饰品。青年鲁迅深感文学为美术之一种,“与个人暨邦国之存,无所系属”,其“不用之用”在使观听之人为之“兴感怡悦”,以涵养神思,但他渴望“为精神界之战士”⑤,因

---

① 王国维《教育偶感四则》其四《文学与教育》,《静安文集》第106—107页。

② 陈独秀《答曾毅书》,《独秀文存》卷三,第681页。

③ 陈独秀《答胡适之》,《独秀文存》卷三,第636页。

④ 陈独秀《答陈丹崖》,《独秀文存》卷三,第656页。

⑤ 鲁迅《摩罗诗力说》,《鲁迅全集》第一卷,第71、100页,人民文学出版社1998年。

而在实际操作中又把文学变成了战斗的匕首和投枪。从纯文学的角度看,陈独秀、鲁迅对文学独立价值的认识与王国维相似,但在实际的文学运作中,他们又像梁启超一样,主动地把文学当作了批判现实政治、改造国民性的工具。在中国文论近现代转型的过程中,像陈独秀、鲁迅这样违弃自己的文学信仰,让文学承担更多超出它自身负荷的社会功能的现象比比皆是。这种情况的出现不能简单地视为文学价值观念的扭曲,因为它更多的是一种基于现实需要的策略性选择。这种选择具有历史的必然性,但其负面影响也是显而易见的。由于过分强调文学的社会功能和工具价值,文学的独立身份及其审美特性必然受到伤害(陈独秀与鲁迅担心的正是这一点),文学最终沦为政治的附庸。近现代中国文学的发展在这方面留下了太多的教训。相比之下,王国维把文学视为"游戏的事业",反对以文学为职业,虽然存在着脱离现实生活的严重缺陷,但在全社会大多数人把文学视为工具的时代,王国维的这种价值取向维护了文学的"独立之价值",反而表现出了一种不同流俗的气概。

(作者系湖南大学教授)

“近现代转型期中国文学”：一个新的文学史概念

付建舟

一、引　言

世界文明的太阳升起在东方，经过若干年之后运行到西方，新千禧年伊始，再次向东方运行。20—21世纪之交，随着中国综合国力的增强，中国人尤其是知识分子，开始重新找回那份自信。文化建设方面的“新国学”应运而生，“孔子学院”全球遍地开花，来华求学的外国留学生急遽上升。汉语和中国文化在全球不断推广，这与五四文化先驱者“全盘西化”，甚至试图废除汉字而采用拉丁文的激进主张可谓背道而驰。外国人了解中国的热情空前高涨，从汉语到中国文化，不断深入。

21世纪是西方发达国家开始衰落的世纪，以席卷全球的金融危机为肇始，西方发达经济体，如美国、欧盟、日本等，风光不再，整体经济下滑趋势严重。同时，21世纪是亚洲的世纪，被誉为世界经济发展引擎的四大新型经济体有两个在亚洲。独霸世界的美国，试图在全球推广美国模式，却因文明的冲突、经济的衰退而遇阻，不得不重新进行全球布局，重返亚洲，声称“亚洲，我回来了”。原有的世界格局开始剧变，由一超独霸开始向多极化方向发展。机遇就是挑战，把握时机就能后来居上。在这样的背景下，以全球视野、用历史眼光、凭当代意识，重新审视19—20世纪之交中国的政治、经济、文化、社会等的全面转型，不仅意义重大，而且势在必行。作为文学研究者，重新审视19—20世纪之交中国文学的近现代转型，其意义不言自明，因为两次世纪之交中国的全面转型具有很大的相似性，前一次转型对后一次转型具有极好的借鉴作用，这也是19—20世纪之交的中国文学吸引人的巨大魅力所在。

文学史分期一般是从某一视角对文学史的认识，视角不同，分期也不同。任何文学史分期都有其合理性，也存在局限性，传统的中国文学史分期也不例外。古代文学、近代文学、现代文学、当代文学，这样的分期主要是以中国历史的性质为依据，它使中国古代文学与中国现当代文学成为两个比较稳定的二级学科。然而，把一百五十多年的中国文学人为割裂为近代文学、现代文学、当代文学三大块，其局限性也十分明显。由于文学史研究视角的变化，传统的文学史分期面临挑战，有的新主张如现代文学史起点“前移”论也存在一些争议。笔者试图超越近代文学与现代文学的学科疆界，采用“转型”视角，借鉴法国年鉴学派布罗代尔的“时段”理论，提出“近现代转型时期中国文学”这一新的文学史概念，以便既突出转型，又强调源流，更注重整体性。

二、现代文学史起点“前移”论

面对传统文学史分期的局限，一些学者早就寻求突破。20世纪80年代中期酝酿已久的“二十世纪中国文学”概念横空出世，石破天惊，赞誉之声压倒贬抑之声，在学术界产生了强烈而持续的影响。时代的步伐已经迈入21世纪第二个十年，20世纪已成历史。也许时过境迁，也许难以获得新的学术突破，也许研究兴趣或侧重点的转移，“二十世纪中国文学”这一概念逐渐淡出研究者的视野。自20世纪90年代以来，晚清至五四时期中国文学成为学术界关注的一个焦点。在这样的远近背景下，现代文学研究者，如严家炎、范伯群、孔范今、黄修己、汤哲声、栾梅健、王风等人，或者从20世纪中国文学的整体性出发，或者从中国文学的现代性出发，把近代文学的一部分纳入研究视野，大有挤压近代文学研究空间以拓展现代文学研究空间之势。

有的学者把现代文学的源起或起点追溯到1898年。“二十世纪中国文学”的倡导者黄子平、陈平原、钱理群就发其端，主编《二十世纪中国文学史》(1997)的孔范今、主编《20世纪中国文学史》(1998)的黄修己等人殿其后。有的学者追溯到1892年，如严家炎、范伯群、汤哲声、栾梅健等。严家炎与栾梅健比较温和，使用温和性的“起源”、“源头”等词，避免激烈的争论。栾梅健认为《海上花列传》出版的1892年是中国现代文学的“起源”①。严家炎认为五四文学思潮的“源头”可上溯到19世纪80年代末、90年代初，此时有三座标志性的界碑，即：黄遵宪在《日本国志·学术志》中提出“言文合一”的理论主张，倡导以口头语为基础形成书面语，为白话文开辟了较为宽广的途径；陈季同通过法文著作和中文材料，提出了小说戏剧亦中国文学之正宗，世界文学乃中国文学之参照，倡导大规模的双向翻译等见解主张，促进了中国文学的现代化；两部有现代意义的长篇小说，即陈季同1890年出版的法文《黄衫客传奇》和韩邦庆1892年发表的《海上花列传》②。他使用“源头”而不使用“起点”，暂时不会对现行的中国近代文学史、现代文学史的体制构成根本性颠覆。范伯群与汤哲声比较激进，主张中国现代文学的起点“向前位移”。范伯群发现《海上花列传》有六个“率先”，即率先将镜头对准“现代大都会”，率先突破“才子佳人”模式，率先选择“乡下人进城”视角，率先在文学语言（采用吴语）上大胆革新，率先采用“穿插藏闪”小说结构法，率先采用现代化的发行方式，并以此确认该作是中国现代通俗文学的开山之作，1892年就成为现代通俗文学的

---

① 栾梅健《1892：中国现代文学的起源——论〈海上花列传〉的断代价值》，《文艺争鸣》2009年第3期。

② 严家炎《“五四”文学思潮探源》，《北京大学学报》（哲社版）2009年第4期。

起点①。他还认为:把五四新文学运动作为中国现代文学史的起点,遮蔽了五四之前中国文学现代化的实际进程,启蒙者身份的重新认定,早期小说中引进科学、人权、文明的时序,早期文学期刊的三波现代化浪潮,以及早期白话文倡导和早期文学译作等,均显示了若干现代化的一面,不能被遮蔽。"要重写中国现代文学史,必须从原始资料的挖掘出发,顺应这一'向前移'客观路向。"他大体前移到19世纪20世纪之交②。汤哲声也认为,"《海上花列传》无论是文学观念、创作观念还是它的生产基础都符合了现代文学的开始"③。这与范伯群的主张有异曲同工之妙。王风思考"为什么要有近代文学"的问题,并撰文指出,处于"资源重组"的古代文学与具有"自足传统"的现代文学之间的近代文学,难以被二者的叙述框架兼容,这既是它成为独立学术分支的理由,也是它有可能被蚕食甚至肢解的理由。当然最关键的还是它所蕴藏的学术潜能"吸引着新的研究力量"④。他从学科地位、学科特性、学术传统、研究力量以及研究趋势,在多学科对比中论述了近代文学,新的研究力量热情洋溢高举旗帜向这一蕴藏学术潜能的领域进军。

这些学者从两种视角出发追溯中国现代文学的"源头"或"起点",一是20世纪中国文学的"整体性"视角,1919年(或1917)以前近二十年的文学自然被纳入研究视野;一是单向度的"现代性"视角,在这一视角的研究者看来,"现代文学"的现代性并非始于五四新文学运动,而是始于晚清文学界革命甚至更早,于是现代文学的"起源"或"起点"就自然前移。不过,这两种研究视角(尤其是后者)

① 范伯群《〈海上花列传〉:中国现代通俗文学的开山之作》,《中国现代文学研究丛刊》2006年第3期。

② 范伯群《论中国现代文学史起点的"向前移"问题》,《江苏大学学报》(社科版)2006年第5期。

③ 陈国恩、范伯群等《百年后学科架构的多维思考——关于中国现代文学史起点问题的对话》,《学术月刊》2009年第3期。

④ 王风《为什么要有近代文学》,《中国现代文学研究丛刊》2001年第1期。

的产生存在一个背景,就是现代文学领域的开发已经饱和,这是该领域向外扩张的一个重要原因;而近代文学领域的开发还远未饱和,这是该领域遭到“入侵”的一个重要原因。

三、近代文学史疆界的坚守与超越

然而,一些近代文学研究者如郭延礼、郭浩帆等极力维护中国近代文学的学科独立性。郭延礼撰文与范伯群商榷,文中涉及文学史分期的问题,他指出,“作者以1892年作为现代通俗文学史的起点,不论从文学标准还是历史标准来衡量,都是值得商榷的。”显然,把中国现代文学史“向前位移”到1892年是他所难以接受的。文中还涉及文学转型问题,他认为,“中国文学由古典向现代的转型是一个历史范畴,它应是一个由新因素萌生、开始转型,以及转型的基本确立几个阶段。这一转型期的全过程,就是中国近代文学(1840—1919)的整个历程。而需要明确的是,转型期的文学既不是古代文学的尾巴,也不是现代文学的开端。《海上花》即使是中国文学由古典向现代转型的一个标志,但它本身也不是‘现代’通俗小说,因为整个转型期的文学都属于近代文学的范围。”①在他看来,现代文学研究者不是不可以去研究近代文学,而是说不能试图把近代文学的部分研究空间纳入到现代文学之中去,因为这严重威胁到近代文学学科的自主性与独立性,造成严重的学科危机。郭浩帆也持这样的观点,他十分重视近代文学的学科建设,并注意到近些年学界这样的研究动向,随着文学史分期问题讨论的不断深入,古代文学与现代文学逐渐强化,而近代文学逐渐淡化,“近代文学学科正面临着前所未有的挑战”。面对近代文学合法性的质疑,他指出:“近代文学该不该取消,得站在近代文学的本位立场上决定;近代文学在中国文学史上的地位和意义如何,其参照价值既不应该是古代文学也不

---

① 郭延礼《雅俗之辨与通俗文学的泛化——评范伯群教授的两部〈通俗文学史〉》,《文艺研究》2008年第11期。

应该是现代文学,而应该是近代文学本身。"①文学史分期常常涉及到近代文学,说明近代文学的意义重大,价值倍增,根本原因是近代文学所处的转型(或者说过渡)地位。谢冕说得很直接也很到位:"由于近代文学感应了时代的变化,引进和实验了许多适应社会生活变动的因素,在研究古典文学的人看来,它不够'古典';同时,由于那些新旧参半的语言和生硬的新名词概念的充填,在研究现代文学的人看来,他又不够'现代'。"②正因为近代文学"不够古典"而长期被古典文学研究者所忽视,又正因为它"不够现代"而长期被现代文学研究者所忽视。时过境迁,也许正因为近代文学"不够古典"与"不够现代"而一时被学界所关注。"不够古典"与"不够现代"正是近代文学的转型特质,这也正是相邻学科不断"入侵"的原因,也是新的研究力量踏着时代转型的节拍不期而至的原因。因此,近代文学研究既面临机遇,也面临挑战。

总而言之,五四文学溯源也罢,现代文学起点前移也罢,近代文学史疆界坚守也罢,近代文学(晚清文学与民初文学)处于矛盾的焦点是不争的事实。之所以如此,不同学科为了扩大研究空间的争夺战倒是其次,首要的是研究视角悄然变化,不再是简单的所谓"穿靴"与"戴帽",而是各自均追寻文学的"源"与"流"。相对于近代文学,作为强势学科,古代文学与现代文学具有压倒性优势,各自从其"根据地"出发向近代文学领域大举扩张,压缩近代文学的空间,甚至使近代文学瓦解(这并不是完全不可能的)。其实,这无可厚非,也无关紧要,紧要的是如何处理争夺的领域,即从什么角度用什么方法研究这一时段的文学。

"拓展方"与"坚守方"二者均有其合理性,也存在很大缺陷。一方面,长期以来学界约定俗成的规定,即中国古代文学、近代文学与

① 郭浩帆《从方法论角度看近代文学的学科建构》,《济南大学学报》(社会科学版),2008年第2期。

② 谢冕《近代文学浅识》,《安徽师范大学学报》(人文社科版),2002年第6期。

现代文学存在相对的学科疆界,轻易撼动这一既成的学术基线可能会使现有的学术研究失范;另一方面,不管是现代文学研究者,还是近代文学研究者都高度重视中国文学的转型问题,这种转型既不是近代文学独立完成的,也不是现代文学独立完成的,而是二者共同承担的。然而,拓展空间者与坚守阵地者主要从各自学科的立场出发来研究,不是试图超越近代文学与现代文学。笔者认为,必须突破学科藩篱,超越学科疆界,有必要提出“近现代转型时期中国文学”这一新的文学史概念,它既可以避免学科分歧与冲突,又贴近研究对象的特殊性。

四、“近现代转型时期中国文学”概念及其理论资源

所谓“近现代转型时期中国文学”,是指中国近现代时期(19 世纪末、20 世纪初)的一个文学进程,一个由传统中国文学向现代中国文学剧变的进程,一个在中西文化交流与碰撞中中国文学汇入“世界文学”总体格局的进程,一个文学创作主体、文学思想、文学观念、艺术形式、审美取向、语言模式以及传播方式等全面转型的历史进程,一个文学与外部政治、经济、社会、文化等诸多思潮相互激荡的文学进程。“近现代转型时期中国文学”这一新的文学史概念的提出,不是简单地为了打通“近代文学”与“现代文学”,否则就变成了“近代文学+现代文学”,而是为了把近代文学与现代文学中紧密联系的部分作为一个不可分割的有机整体,从而有利于研究中国文学从古典向现代的嬗变,严格地说是近现代转型。这一概念的提出,意在打破长期以来人为地割裂晚清文学、民初文学与五四文学的做法。晚清文学、民初文学与五四文学三个概念自然有其存在的合理性,能够突出各自的特点;然而也存在不可避免的缺陷,即不利于这三部分文学内在联系的探讨,不利于对晚清文学、民初文学与五四文学进行整体观照,更不利于对中国文学近现代转型的考察。

一般说来,中国文学的近现代嬗变,从 1840 年鸦片战争就已经

开始,到1949年新中国成立还没有完全结束。不过我们重点考察的是中国文学的转型问题,必须突出1840—1949年这一百多年里文学转型的重要时段,而不是全部时段,这个重要时段就是笔者所谓的"近现代转型时期"。在界定中国文学的"近现代转型时期"之前,有必要阐释法国年鉴学派的"时段"理论,尤其是"中时段"与"短时段"理论,这一理论对我们的论题具有十分重要的借鉴作用,因为文学史观往往受到历史观的深刻影响。

法国年鉴学派是20世纪国际史学界影响较大的学派之一,该学派反对受实证主义影响的以政治史、外交史为中心的19世纪传统史学,而提出新的史学理论。其第二代的领军人物布罗代尔曾用一个通俗的比喻阐述了他的历史观。在他看来,历史是由在不同层次以迥然不同的速度同时并进的几个进程组成,这些进程犹如一幢三层大厦,处于最底层的是长时期内缓慢变化的人类的地理、海洋和人口环境等,处于中间一层的是人类在中期内的社会、经济和文化变迁,这些变迁延续十几年、几十年甚至上百年,处于最高层的是短期内发生的波动沉浮和传统意义上的"事件"。他把这三种变化所需的时间分别称为"长时段"(即"地理时间")、"中时段"(即"社会时间")和"短时段"(即"个别时间")。换句话说,"长时段"是指长期不变或者变化极其缓慢的"结构"(如地理、气候、生态环境、社会组织、思想传统等),这是在历史上起长期的、决定性作用的重要因素;"中时段"是指在一定时期内起伏兴衰、形成周期和节奏的"局势"(如人口消长、物价升降、生产增减、工资变化等),这是影响历史进程的直接原因;"短时段"是指一些突发"事件"(如革命、条约、地震等),这些事件只是历史发展中转瞬即逝的浪花与尘埃。

作为历史理论,"时段"理论(尤其是"短时段"与"中时段"理论)应用于文学史研究再恰当不过了。根据"短时段"理论,寻求文学史中的重要分界点,再结合"中时段"理论考察文学变迁或转型的起伏态势,以确定文学周期性变化的起止时间。中国文学发展的实际进程鲜明地表现出近现代转型的起伏态势,那么,这种起伏态势源于何时,又终于何时呢?

五、"近现代转型时期中国文学"的初步界定

根据布罗代尔的"短时段"与"中时段"理论,政治事件和军事冲突一般对历史进程中的"短时段"起作用,而经济现象、文化现象的起伏兴衰则在"中时段"中起作用,我们由此结合政治事件、军事事件与文化事件来探讨分界点。1840 年的鸦片战争是中国历史上最重大的军事政治事件,它改变了中国的历史进程,使中国逐步沦为半封建半殖民地社会。然而文学的发展与社会的发展并不完全同步,1840 年作为中国近代史的起点比较合理,同时作为中国近代文学史的起点也比较合理,但作为中国文学"近现代转型"的起点就不合理,因为该年缺乏文化或文学转型的标志性事件。近三十年过去了,随着殖民者的军事侵略,经济侵略与文化侵略也日益加强。1872 年 4 月 3 日,英国商人安纳斯脱·美查(Ernest Major)在上海创办《申报》以期盈利。《申报》的创刊是中国近代史上最重要的文化事件,具有里程碑的意义。它是中国近代报纸开端的标志,是由外国人创办而由中国人主执笔政的以赢利为主要目的的商业报纸,对中国文学转型的历史作用是这一时期其他任何文化事件都无法比拟的。《申报》初步形成了我国近代报纸模式,即包括新闻、言论、文艺和广告四个基本要素。这归功于它的改革。它首先重视言论,强调"国计民生";其次注意刊载文艺作品,特辟专栏,开副刊之先声;第三,改革新闻报道,尤其是社会新闻,倾向普通百姓立场。《申报》注重文艺,广征文稿,而投稿十分活跃,以至报纸版面难以容纳,这促使了文艺性月刊《瀛寰琐记》于同年 11 月 11 日顺利诞生,《瀛寰琐记》选登了大量来稿①。1872 年《申报》的创刊并非孤立的文化事件,还有不少重要文化事件与之一起形成时代的文化气候。同年 2 月 4 日中国第一份政论报纸《循环日报》创刊;同年 8 月 11 日,清

① 方汉奇《中国新闻事业通史》第一卷,第 325—327 页,中国人民大学出版社 1992 年版。

朝政府首次派遣留学生出洋，即中国官派第一批幼童从上海出发赴美留学；同年，英国路透社在上海设立远东分社，成为第一家在中国设立分支机构的外国通讯社；同年，外国传教士在北京创办了中文月刊《中西见闻录》。这种文化气候的形成有赖于基本平稳的政治环境和逐渐回暖的经济条件。从政治上看，太平天国失败，清政府完成了内部的统一，暂时维持了国内的稳定秩序。从经济上看，由于西方列强还没有开始大规模入侵中国，国内经济较此前有很大发展，此时李鸿章在上海开办轮船招商局，开始了“求富”之路。1872年还受到五四时期一些著名学者的高度重视。如胡适1922年撰写《近五十年来中国之文学》，就是以1872年为时间上限的，蒋梦麟撰写《近五十年来之中国哲学》也是如此。这充分说明1872年在中国文化史、文学史上的重要意义，或者说转型意义。因此，1872年作为中国文学近现代转型时期的时间上限是比较合理的。

转型期的时间下限划在哪一年比较合理呢？根据布罗代尔的“中时段”理论，文化现象的起伏兴衰存在一个较长的过程，一般在十几年、几十年甚至上百年。自1872年以后的数十年里，文学的发展有轻重急缓，其中的繁荣期有清末时期、民初时期、五四时期、20世纪三四十年代等。根据“短时段”理论，1949年新中国的成立是中国历史上开天辟地的大事，新政权的建立使中国文学发生根本性变化，这种变化最关键的就是意识形态色彩鲜明的政治文化参与了文学的建构。从文学转型的角度来看，1949年作为转型期的时间下限不合理，因为政治文化参与文学的建构早在“左联”成立的1930年就已经开始了。该年3月2日，中国左翼作家联盟在上海成立，强烈的政治文化干预使30年代文坛偏离五四文学传统。这种偏离有两条路径：一是“左翼”文艺路径的偏离，一是“三民主义文艺”和“民族主义文艺”路径的偏离，二者的实质是一样的，都是政治文化对人文关怀的偏离。“左翼”文学不是中国特有的现象，而是一股世界潮流，随着马克思主义的诞生而萌芽，到20世纪30年代形成高潮，风靡世界。中国的左翼文学对五四文学传统的偏离是从讨论“五四”开始的。1931年8月，茅盾应时发表了《“五四”运动的检讨》

一文,他用阶级意识来分析"五四",把"五四"归结为中国资产阶级争取政权时对于封建势力的一种意识形态的斗争,他说:"'五四'是封建思想成为中国资产阶级发展上的障碍时所必然要爆发的斗争。……然而这以后,无产阶级运动崛起,时代走上了新的机运,'五四'埋葬在历史的坟墓里了。"①这种看法不仅仅是茅盾一个人的,而是当时"左联"理论家所共同的,茅盾曾说:"30 年代初期,人们(包括瞿秋白和我)却普遍认为'五四'运动是中国新兴资产阶级的革命,这个革命是先天不足的,短命的,到'五卅'运动时,它就退出了历史舞台,让位于新崛起的无产阶级革命运动。"②在"左联"理论家眼里,历史上的"五四"是资产阶级的"五四",而他们需要的是无产阶级的"五四"。作为"左联"的理论家,瞿秋白明确地说:"五四时期的反对理教的斗争只限于智识分子,这是一个资产阶级的自由主义启蒙主义的文学运动。我们要有一个无产阶级的'五四'。"③"三民主义文艺"和"民族主义文艺"路径的偏离是从政治出发来讨论文艺,主要是配合国民党的独裁专制统治。1930 年前后,国民党中央宣传部与中央组织部纷纷出马,宣传部发表《三民主义文学的建设》与《三民主义的文学之理论的基础》,组织部发表了《民族主义文艺运动宣言》,国民党针对无产阶级革命文艺运动的文化围剿轰轰烈烈开展起来。国民党宣传部长叶楚伧这样解释三民主义文艺:"三民主义就是三民主义文艺。三民主义文艺,就是三民主义。"④由此我们可以看出,国民党中央宣传部把文艺与政治混同,文艺就是政治,文艺问题就是政治问题。所谓"民族主义文艺"就是以"民族精神和意识"为"中心意识"的文艺,这种文艺对外排斥马克思主义,对内反对阶级斗争,围剿左翼文艺,具有鲜明的政治目的。从宣传部

---

① 丙申(茅盾)《"五四"运动的检讨》,《文学导报》1931 年第 1 卷第 2 期。

② 茅盾《我走过的道路》中册第 73—76 页,人民文学出版社 1984 年。

③ 史铁儿(瞿秋白)《普洛大众文艺的现实问题》,《文学》1932 年第 1 卷第 1 期。

④ 叶楚伧《三民主义文艺观》,上海《民国日报》1930 年 12 月 2 日。

到组织部的变化说明国民党政治文化对文艺干预在不断升级。30年代是从阶级意识出发，根据前进与倒退、革命与反动等二元对立的思维模式来看问题，带有鲜明的政治性。“30年代文学是倾向于社会科学的思路，即关注的是社会的现实发展状况，关注的是社会政治制度和生产关系，着眼于人的现实的政治、经济和物质利益以及寻求满足人的物质需求和精神需求，强调改善人的生活质量、实现人的发展的重要手段等，注重的是社会分析的方法。”①政治文化使30年代文学完全改变了五四文学的人文传统，这种政治文化是与当时国内政治有着密切联系。那时有几股比较活跃的政治军事力量，如国民党、地方军阀、中国共产党。“四一二”政变之后，国共合作破裂，国民党大肆屠杀共产党员，妄图一党专政。蒋介石还发动“中原大战”，一举消灭地方势力，如阎锡山、冯玉祥和桂系李宗仁等各部，统一全国。面对国民党的一党专政、党化教育和对言论自由的高压统治，中国自由运动大同盟由鲁迅、柔石、郁达夫、田汉、夏衍、冯雪峰等人在上海发起成立，并发表宣言。“左联”的成立是“左翼”文学界对高压统治的一个有力回应。因此，把“左联”成立的1930年确定为转型期的下限是比较合理的。于是“近现代转型时期中国文学”就界定为1872—1930年间的中国文学。

六、“核心时段”与“一般时段”的区分与界定

这样的粗略界定显然是不够的，1872—1930年间的中国文学不是均匀变化的，其中不同时段文学变化的轻重急缓不同，清末时期、民初时期、五四时期、20世纪三四十年代等几个时段，文学嬗变十分剧烈，因而区分“核心时段”与“一般时段”是必要的，也是有价值有意义的。那么“核心时段”的上下时限如何界定呢？

1902年是备受学界关注的一个年份，《新小说》杂志从此创刊，

① 朱晓进《五四文学传统与三十年代文学转型》，《中国社会科学》2009年第6期。

晚清小说界革命拉开序幕,其理论纲领《论小说与群治之关系》与广告《中国唯一之文学报〈新小说〉》以及征文启事《新小说社征文启》都表明《新小说》杂志的创办具有划时代的意义。在《论小说与群治之关系》一文中,梁启超反对所谓“诲淫”、“诲盗”的旧小说,提倡“新国”、“新民”的新小说。与此同时,以他为首的新小说社还发布征文启事,广泛征求新小说作品。他主编的杂志《新小说》还成为文人仿效的样板。然而文学界革命是维新派1898年发动的政治革命“戊戌变法”的继续,而“戊戌变法”的直接动因是1895年北洋水师惨败的结局,该结局使朝野极为震惊,此为中华民族“三千年未有之大变局”,它彻底摧毁了中国知识分子的文化优越感。梁启超说:“吾国四千余年大梦之唤醒,实自甲午战败,割台湾偿二百兆以后始也。”①在布罗代尔看来,军事政治事件是短时段的,其影响也是短期的;不过在我看来,如果重大的军事政治事件导致文化心理的巨大变化,那么其影响也是广阔的持久的。军事政治事件不过是事情发展到最后的一个结果,一个显性的表象,背后隐藏着某种不易被人察觉的规律,这就是经济或文化的规律。甲午战争虽然是军事事件,但它折射出满清极端的政治腐败,它对中国知识分子的深刻影响前所未有,沉重打击了他们的文化优越感,并直接导致晚清知识分子学习日本,效法日本明治维新的成果经验,戊戌变法是这样,以小说界革命为首的文学界革命也是这样。1895年,最重要的文化事件莫过于陕西味经售书处所刊印的严复翻译的《天演论》。此后严复在天津《直报》发表《论世变之亟》、《原强》、《辟韩》、《救亡决论》等文,主张变法维新、武装抗击外来侵略;并陆续翻译了其他七部社会科学著作,如亚当·斯密的《原富》、斯宾塞的《群学肄言》、约翰·穆勒的《群已权界论》和《名学》、甄克斯的《社会通诠》、孟德斯鸠的《法意》、耶芳斯的《名学浅说》等。另外,传教士傅兰雅于1895年在《万国公报》与《申报》上多次刊登《求著时新小说启》,以提倡“新的

① 梁启超《戊戌政变记》,《戊戌变法》(一)第249页,上海神州国光社1953年版。

小说”、“时新小说”，这可谓是小说界革命的前奏。因而，1895 年作为转型期“核心时段”的上限是比较合理的，那么其下限又如何界定呢？

根据“短时段”理论，1911 年是最值得关注的，这一年辛亥革命一举成功，数千年的封建帝制终于被推翻，中国社会发生了前所未有的巨大变化。文学也受到巨大影响，文学思想由辛亥革命前的觉世转变为革命后的讽世与媚世。但 1911 年作为分界点并不合理，因为辛亥革命后的几年间，所谓的鸳鸯蝴蝶派小说、黑幕小说等旧派小说非常流行，民初文学仍然盛况空前，而这种变化正是晚清文学孕育并畸形发展的结果。在晚清，吴趼人大力提倡历史小说，同时还极力提倡言情小说，为鸳鸯蝴蝶派大写言情埋下了种子；李伯元揭露官场的黑暗，为黑幕小说大肆披露各界黑幕创造了先例。1915 年也是一个重要年份。袁世凯屈服日本而接受灭亡中国的二十一条，这一重大政治事件对学界产生巨大影响。就在这一年，梁启超结束一个文学时代，陈独秀开启另一个文学时代。作为晚清文学界革命的发起人，梁启超在《中华小说界》杂志上发表《告小说家》一文，该文对小说界革命的实绩进行了总结，说明 1902—1915 年间小说理论、小说翻译与创作具有整体性，它并没有因为辛亥革命的强烈冲击而腰断，只是文学思想与文学观念的重心发生转移而已。他指出，十年前的旧社会大半由旧小说之势力所铸成，忧世之士睹其险状，提倡新小说以移风易俗，其收效显著，“试一流览，其出版物，除教科书外，什九皆小说也。……故今日小说之势力，视十年前增加倍蓰什百，此事实之无能为讳者也”①。这种评价符合实际。作为新文学运动与新文化运动的发起人，陈独秀创办《青年杂志》，举起人权与科学两面大旗，并发表大量抨击尊孔复古的文章，新文化运动开始酝酿。《青年杂志》“社告”宣布该杂志的宗旨，即与青年讨论“修身治国之道”；放眼世界，吸收世界各国政事学术思潮，尽心灌输本土；“以平易之文，说高尚之理，凡学术事情足以发扬青年志趣者，竭力

① 梁启超《告小说家》，《中华小说界》1915 年第 1 期。

阐述,冀青年诸君于研习科学之余,得精神上之援助"等。这种宗旨与梁启超的"新国"、"新民"宗旨显然有别,可谓五四新思潮的前奏。新文学家开始猛烈抨击鸳鸯蝴蝶派小说与黑幕小说,不久鸳鸯蝴蝶派小说一落千丈,黑幕小说逐渐销声匿迹。1917 年《青年杂志》更名《新青年》,新文化运动正式拉开;1919 年,五四爱国运动爆发。1915 年、1917 年与 1919 年三个时间点都处于中国社会、中国文学剧烈变化的时期,作为转型期"核心时段"的下限均不合理。1921 年对文学史来说至关重要。此年,五四新文化运动与五四新文学运动开始退潮。1 月,中国现代文学史上第一个专门的新文学社团——文学研究会在北京成立;同月,商务印书馆主人在强大的内部与外界压力下,不得不更换《小说月报》的主编,由新文学阵营的沈雁冰代替旧派文学阵营的恽铁樵出任主编。学界一般认为,恽铁樵主编时期,《小说月报》是鸳鸯蝴蝶派的大本营,沈雁冰主编时期,《小说月报》成为"文学研究会"的机关刊物。1921 年这个时间点充分表明新文学战胜了旧派文学,因此 1921 年作为"核心时段"的下限比较合理。于是中国文学近现代转型的近六十年(1872—1930)中,核心时段(1895—1921)与一般时段(其余时段)得以区分。这大约二十五年的"核心时段"是中国思想文化与文学由传统过渡到现代、承先启后的关键时代,其间思想知识及其传播媒介均有突破性的巨变。

七、结　语

根据法国年鉴学派布罗代尔的"中时段"与"短时段"理论,笔者把"近现代转型时期中国文学"界定为从《申报》创刊的 1872 年至"左联"成立的 1930 年间的中国文学;同时,把"近现代转型时期"区分为"核心时段"与"一般时段",其中甲午战败的 1895 年至《小说月报》革新的 1921 年间为核心时段,其余时段为一般时段。核心时段突出"转型",一般时段强调转型的"源"与"流",并把二者有机结合起来,强调整体性。

一般来说,"中时段"理论注重考察经济现象、文化现象起伏兴衰的态势，很适合于文学史分期；“短时段”理论注重考察重大政治军事事件，不太适合于文学史分期，但由于该理论注重在“短时段”中起作用的历史事件的研究，尤其重视对“精神状态”史即社会意识和民众心理的研究，对文学史分期仍然具有很好的借鉴作用。如中日甲午战争不仅仅是一个军事事件，更是中国文化的一个重要转折点，它导致中国社会意识和民众心理的巨大变化，挫败中国人的文化优越感，使中国知识分子开始清醒地认识到中国传统文化与西方现代文化的差距，并逐渐通过自己的仇敌日本以及其他途径学习西方文化。辛亥革命就不然，它很少触动原有的文化观念。因此，我们要打破传统的以重大军事政治事件为唯一标准来划分文学史分期的做法，也不苑囿于单一的文化或文学事件，综合这两种标准，让我们的文学史分期更接近文学史发展的客观实际。

近现代转型时期，尤其是“核心时段”，中国思想文化取向出现严重危机，价值取向、精神取向、文化认同以及对现实的疏离、对未来的重构以及实现理想社会途径的规划等都发生了深刻的变化；与此同时，文学创作主体、文学观念、思想内容、艺术形式、审美取向、语言模式以及传播方式都处在阵痛的关键时期。转型过程中，中国的传统文化和文学与西方文化和文学同时发生作用，不管西方文化和文学有多强的渗透能力，中国传统文化和文学的沉重包袱不可能完全摆脱；也不管中国传统文化和文学有多大的文化惰性，西方文化和文学的渗透不可能阻止。也就是说，中国文学的近现代转型是在两种文化和文学的交互作用下进行的，一方面，中国传统文化和文学不断发生衰变，在衰变中不断产生新质；另一方面，西方文化和文学被接受时也不断发生变异，在变异中不断产生新质，这两种新质融为一体，构成近现代转型时期中国文学的特质。如果说 19—20 世纪之交，中国文学的转型是从“化西”走向“西化”的话，那么 20—21 世纪之交，中国文学的转型则是从“西化”向“化西”回归，这是值得深思的。

（作者系浙江师范大学研究员）

稿本《张香涛诗稿》考述

杨　峰

张之洞不仅是中国近代重要的政治人物，还是当时著名的诗人。他在为官期间累掌文衡，宏奖风流，政事之闲则出余绪以播诸歌咏，为近代河北诗人中的翘楚。近人陈衍赞为“古体才力雄富，今体士马精研”①，汪辟疆也以“淹雅闳博，世推正声”②誉之。就当前的研究状况来说，对其历史功过的论析较多，将他作为诗人的研究尚少。至于今日，他仍有不少诗文没能广泛流布，山东省图书馆藏稿本《张香涛诗稿》中就有百余篇诗文尚未能进入研究者们的视野。在梳理张之洞诗集诸版本演变的基础上，本文特别对张之洞手稿《张香涛诗稿》的价值作出探析。

一、《张香涛诗稿》是张之洞的手稿

山东省图书馆藏《张香涛诗稿》(下文简称“诗稿”)稿本一册，不分卷，无总目。从其版式特点、所收诗文及其中的跋语诸方面来看，

按：本文发表于《文献》2009 年第 2 期。

①　陈衍著、郑朝宗等校点《石遗室诗话》卷十一，第 171 页，人民文学出版社 2004 年版。

②　汪辟疆《近代诗派与地域》，见《汪辟疆说近代诗》第 30 页，上海古籍出版社 2001 年 12 月版。

属之张之洞的手稿当无疑问。

此稿双边,红网格,半页九行,每行十五字至十九字左右不等,单鱼尾,版心下有"天香阁主人自制"七字。关于"天香阁",张之洞的弟子许同莘在《张文襄公年谱》卷一"道光二十八年戊申公十二岁"条下有相关的记载:

> 诗文为塾师奖许(兴义府署与试院邻。试院,赠公所建也。树石佳胜,有天香阁,尽见城东南山水。读书其中,裒所作诗文为一册,曰"天香阁十二童草"。……其后焚少作略尽)。①

"天香阁"处于兴义府署内,本是张之洞之父任职四川时所建,张之洞曾将少年之作命名为"天香阁十二童草",《诗稿》又标有"天香阁主人自制"的字样,它和张之洞显然具有联系。

《诗稿》的封面左侧自上而下有"张香涛诗稿稚穌题"一行字,"稚穌题"明显三字较小,说明书名本由稚穌题写。书末有陈仁轩跋语一则,跋语下方有"悟溪陈/仁轩印"朱文方印,陈氏跋语说:

> 张香涛先生之洞,余三姑丈闰涛之胞兄也。十六岁为顺天乡试领袖,幼负奇才,文名冠世,长膺疆寄,卓然一代伟人。披阅之下,诚制军少年。二十六岁之佳作,世人皆惊香涛为天才,余则直以为奎宿再降人世,何其写作皆与东坡先生如出一手耶!光绪三十年冬月浯溪陈仁轩识。

陈仁轩或即"稚穌",其生平难以详考,但此跋的内容则有文献可征。据许同莘《张文襄公年谱》记载:张之洞兄弟六人,张之洞排行第四,排行第六者为张之涌,字闰涛②。另据民国间《南皮张氏四门第十

① 许同莘《张文襄公年谱》卷一,第3页,商务印书馆1947年发行。

② 许同莘《张文襄公年谱》卷一,第4页。

八支家谱》中张之涌小传:"(张之涌)字闰涛,一字季仲,行六,三品荫生。……配陈氏宛平讳瑞麟公女。"①由此可知,张之涌之配为陈氏,陈仁轩称张之涌为"三姑丈"确有实据。基于此点,跋语将《诗稿》归属张之洞所作也不应有误。

《诗稿》还有许多诗文可证明作者为张之洞,此处稍举几例。《诗稿》中有《与侯敬法论荐季艺堂书》书札一通,末尾落款处有"之洞顿首"四字,明确标识为张之洞所作。此札后有《贺子青阁部》七律二首,诗题下有注说:"吾宗自明以来官未有至二品者,故喜而有作。"子青即张之万,道光二十七年(1847)状元,死谥文达,胡钧在《张文襄公之洞年谱》中说:"文达与公同出四世祖淮公后,长公二十八岁。"②因而,诗题下的小注亦有实据。另从字迹来看,苑书义等先生整理的《张之洞全集》③第一册前插页中收有张之洞《致盛可荪》一文的手稿书影,文中的"之洞顿首"、"之"、"一"、"阁"七字在本段提到的书札和贺张之青迁官的两首诗中可以找到,它们并非写于一时期,但字迹及字体结构明显相似,可断定《诗稿》为张之洞亲笔。

《诗稿》在正文第一页右上角天头处有注说:"自庚申腊月起至壬戌四月止,共得诗九十七首。"张之洞在咸丰十年冬至咸丰十一年三月曾至济南入文煜幕,许同莘和胡钧都提到其师的这一经历,胡钧另有按语说:"公在济南作诗甚多。"④直至今日,张之洞已刊行的诗文中描写济南生活的作品披露较少,《诗稿》恰好主要反映了齐鲁的风物、民情以及诗人南来北返途中的闻见和感怀,《诗稿》的内容与张之洞的经历十分相合。另外,《诗稿》中有四首诗已经被诸刻本所收,具体是"橘柚生云梦"、"布衣受人恩"、"上山采苦菜"⑤古诗三

---

① 张榛、张厚璋等《南皮张氏四门第十八支家谱》,民国二十六年刻本,中国国家图书馆藏。

② 胡钧《清张文襄公之洞年谱》卷一,第23页,台湾商务印书馆股份有限公司1978年版。

③ 下文对此本略有介绍。

④ 胡钧《清张文襄公之洞年谱》卷一,第24页。

⑤ 《诗稿》中的古体诗都无诗题,此文所引取每诗的第一句为题。

首和《济南行宫海棠》律诗一首，这四首诗与诸刻本中所收在字句上有所不同，但大旨无差。

此外，《诗稿》天头处的批注有些是别人的鉴评之语，有些则明确标有“自记”二字，如组诗“古风二十二首”其九“志士苦夜长”一诗，此诗有“曜灵逝不留，关河昏如磐”二句，天头处对“磐”字加注释说：“按唐小说‘黄昏风雨黑如磐’，今本多如此，‘黑’谓‘磐’，是‘礐’字之误，‘礐’，黑石也。自记。”更为重要的是，《诗稿》中的大数篇目存在字句增删或改换现象，修改的痕迹随处可见，这种现象不可能在抄本中出现，只能是手稿的特征。这或可由张之洞之子张燕卿的记述得以解释，张燕卿在跋伪“康德二年”所刻的《广雅堂诗集》①时说：

> 先文襄公诗稿最初经袁忠愍昶辑刻为《广雅碎金》，后顺德龙伯鸾观察凤镳复刻于广州，始定名为《广雅堂诗集》。然先君自癸卯入京后时有删易，间于眉端加圈，至病革时不辍，即樊跋所谓“六十以后以理咏自娱”，盖于旧稿已多所改易，惟于年月先后未及排次。当时抄付石印仅数百部，分遗友朋，一时俱尽。原本在陈苍虬学部所，久经佚失。坊肆间有缩印翻本，迄今亦不多见。……
>
> 康德二年四月男燕卿谨

据张燕卿所说，张之洞晚年对自己的诗作“多所改易”，《诗稿》恰好具此修改迹象。

从上述诸特征来说，《诗稿》正是张之洞本人的手稿，而非他人过录，其文献价值自不可取代。

二、《诗稿》所收诗文概述

根据《诗稿》正文首页天头处的批注②，《诗稿》是他咸丰十年至

---

① 张之洞《广雅堂诗集》，伪“康德”二年刻本，山东省图书馆藏。

② 此条批注见本文第一部分已引。

同治元年之间的作品。咸丰十年八月，英法联军攻入北京，张之洞“感愤时事”①，于此年下半年至济南，入文煜幕，于次年三月北返。《诗稿》中的一百余篇诗文对于了解这一时期他的诗歌追求、性情经历和胸襟怀抱具有特殊意义。

《诗稿》收诗作数量较多，此处只能选择部分篇目略加介绍。《诗稿》中有一组二十二首的“古风”，这组“古风”处于《诗稿》的前端，它们应集中写成于咸丰十年，能比较鲜明地体现出张之洞早年的诗歌追求。总体看来，这组诗吟咏对象有两类：一是卞和、苏秦、荆轲、西汉黄门郎、丁令威、陶潜等历史或传说人物；二是云梦的橘柚、凤凰、兰蕙等香草美人。综览这组古风，它们或表现了张之洞的立身准则，或抒发了他对时局的忧思。如“卞生献璞玉”一首这样写道：

> 卞生献璞玉，荆王刖其足。有宝不自珍，理宜召侮辱。碝碱充彤墀，琼瑛委郊坰。贵贱天所为，岂在人重轻。猛虎在深山，藜藿不樵采。神物自有光，龙潜终无悔。

对于卞和遭刑宪、被刖足一事，张之洞认为原因在于卞和“有宝不自珍”，诗中以“神物自有光，龙潜终无悔”明志，既显示出诗人的自信，也体现出他立身的不苟；再如“修竹不结实”一首：

> 修竹不结实，凤皇常苦饥。引吭登朝阳，自惜光葳蕤。郊原多白粒，回翔弃若遗。幸免矰缴加，骇怪理亦宜。时世爱文采，岂察中情悲。尼父操清琴，怜汝来非时。振翼凌八表，梧桐岂无枝。本性薄凫雁，焉用咨嗟为。

此诗写凤凰常处饥寒，但对不义之“白粒”弃之若遗，显示了“薄凫雁”的高洁本性，诗人对此的赞赏显然体现了他本人的追求。此外，

① 许同莘《张文襄公年谱》卷一，第6页。

"楚国有佳人"、"橘柚生南国"、"西方有奇花"、"陶潜爱秋菊"、"上山采苦菜"等也从不同的侧面展示了他的这种心态,"楚国有佳人"一诗结末有"委身苟不慎,白首与之俱"二语,可谓是他心志的直接表露。

张之洞生活于腐朽的晚清,对朝廷无能、吏治腐败的末世景象相有着真切的体验,他讲究操守,并非是希望隐居独善,而是要求有为于世。他对只重自己保全、却冷淡对待世变的隐者们明确表示了不满,如"辽东丁令威"一诗说:

> 辽东丁令威,化鹤复来还。但有城与廓,未即变桑田。骨肉为异物,庐舍长榛菅。神仙非不乐,所乐谁与言。览涕尚不遑,岂暇开朱颜。何异冢中人,冥然饮黄泉。人生贵行乐,积金如丘山。朝猎蓝田陆,夜寓金谷园。常恐白驹速,奄忽委芳年。安能捐亲戚,窜迹烧神丹。舜跖同一丘,要在行所安。百岁返吾真,谁辩鬼与仙。茅山炼气翁,罔罔可哀怜。

在这首诗中,他既反对丁令威那样的神仙家弃捐"亲戚"、远窜世外的独善者,也蔑视那些只知享受而不能有所作为的享乐者,体现出强烈的社会责任感。正是出于此种意识,他在组诗中对勤于民事而"尧瘦舜亦黑,伯禹成胝胼"(《玄岩冠白云》)的尧、舜和大禹等人表示了由衷的敬佩。与此相反,他评汉武帝时颇有不满之辞,《汉武祠太乙》一诗说:

> 汉武祠太乙,夜半候神光。百圣姗姗来,秋云垂玉浆。五利将军言,臣有不死方。汲黯老且拙,屏居淮之阳。仙药何时来,沧海空茫茫。民力亦已勤,帝乐殊未央。此人如长生,辟土尽八荒。

汉武帝为雄才大略之主,长年主持对匈奴用兵,但在当时又确实给人们的生活造成了困难,晚年他溺于求仙,为满足私欲而屏居直臣、信用奸佞,此诗显然有讥刺之意。张之洞后来被目为“清流”,与他早年这种究心民瘼、勇于任事的情怀难以分开。

除了这组古风,《诗稿》中还有十二首古体诗,《诗稿》中共古体诗三十四首。它们感慨深沉凝重,语言朴实又不乏辞彩。诗中有人有事,有情有景,极具兴寄讽喻之骨力,体现出张之洞对汉魏古诗传统的追求。

《诗稿》还有助于全面了解张之洞青年时期的思想状况。张之洞是个颇受争议的历史人物,不少论者认为他的思想比较保守,他的一些诗文也确实透露出某些保守性,如他的《学术》一诗说:

> 理乱寻源学术乖,父仇子劫有由来。刘郎不叹多葵麦,只恨荆榛满路栽。(二十年来都下经学讲公羊,文章讲龚定庵,经济讲王安石,皆余出都以后风气也,遂有今日,伤哉!)①

此诗仿刘禹锡《再游玄都观》而作,将当时的“父仇子劫”归罪于“学术”,对“文章讲龚定庵”的现象极为不满,大有“尽是刘郎去后栽”的轻蔑意味。然而,《诗稿》中有一篇非常特别的散文《水仙花说》,此文却告知我们,青年时期的张之洞曾明显受到龚自珍思想的影响,全文如下:

> 世人率爱水仙,然尝问其蓄养之法矣。及其磊落如拳时,朝旦辄盥以醴水,曝于南。荣叶既出矣,岐既分矣,视其不能为花者削去之。花欲齐,欲不过二寸;花欲一向,欲出于叶表;末欲平出,欲疏密均如栉齿、如列戟、如掌。非是者弗善也。余偶从市中得一本,漫以湖泉,陶器拙质,又无文石壅沙坿根,无向背暄凉洗沐之节,恣其茁长,不为节度。既花,或阴或阳,或倨或俛,或相骈俪,或相参伍;苞抑于叶,鄂承于跗,盖为歧有六而

---

① 张之洞《张文襄公全集》卷二百二十七,第1005页,中国书店“海王邨古籍丛书”影印本。

不荣者二焉。叶长□然助其披拂，似敧侧媚，不可名状。余对之而喜，自以为周人之璞也。过者靡不忻然，余喻之曰："物以自然者为极，戕贼者为辱。且夫先施夷光之美而必传，珍髢画眉妩整襟而危坐焉，其足以移人者鲜矣。"以谂于人，未有是其说者。

京师人蓄盆梅者，蟠屈其枝干，使之斡旋固抱，团团如车盖，而截去其杰出者，尤可憎恶。盖所谓"疏影横斜"者之趣亡失尽矣！

此文与龚自珍的《病梅馆记》不仅写景造物相似，其精神内涵也有内在联系。此文主张"物以自然者为极，戕贼者为辱"，对水仙"疏影横斜"的自然之趣极为欣赏，这与龚自珍"纵之、顺之"、"解其棕缚"以疗治"病梅"的精神主张何其相似！《病梅馆记》针对"江浙"发论，而《水仙花说》直指"京师人""尤可憎恶"的行为，其忧愤之深并不弱于前者。可以说，此文正为我们展示了他早年时期心灵的另一个侧面。

《诗稿》还有助于考见他在山东入幕时的经历和心态。关于张之洞抵达济南的具体时间，此前因资料不足，其门生故吏已难以弄清。许同莘在《张文襄公年谱》卷一的"咸丰十年"条下说："□月，至济南，入巡抚文达公文煜幕府。"①胡钧在许同莘基础上编著《张文襄公之洞年谱》时也只是约略言之，该书在"咸丰十年"条下说："秋冬间至济南，入中丞文煜幕，即在济南度岁。"②《诗稿》中的《庚申十二月如山东渡河》一诗对此则有许多帮助：

盗贼如毛草木愁，冲寒轻骑入齐州。英雄不起曹东郡，空见黄河入济流。

---

① 许同莘《张文襄公年谱》卷一，第6页。

② 胡钧《张文襄公之洞年谱》卷一，第24页。

由诗题及诗的内容可知,张之洞进入山东应在十二月份。此诗之后有《三齐》、《济南道中》、《见山》、《到济南口作》、《邹平道上》、《经缁县》、《过新城王文简公墓道即效其体》、《济南口号》、《腊月廿三日作》等诗,从这些诗的作中大体可见出他在山东的行踪,其中《腊月廿三日》一诗已写于济南,则他抵达济南的时间极有可能在十二月中旬。

自庚申十二月至次年三月,张之洞在山东境内生活有四个月左右,济南的大明湖、千佛寺、趵突泉等山水胜境往往入其笔端。他写趵突泉水势之盛说:"疑是蛰龙怒喷沫,银河倒注还复落。三孔相争不能平,日夜雷霆相激薄。"(《趵突泉品泉》)他写大明湖早春的美景说:"丰茸烟草明余雪,清浅湖流动绿萍。"(《湖上漫步》)他还描绘历下亭美景说:"鸥影白当户,水光青染衣。"(《历下亭》)这些诗色彩明丽、描绘工致,使人如临其境。

然而,描山绘水并非他这一时期创作的主调,他的诗更多充溢着对国势衰微、社会动荡的忧思,抒发着壮志难酬的激愤。自踏入山东境内始,他在《庚申十二月如山东渡河》中对"盗贼如毛"的混乱现实表现出极深的忧虑,在《济南行宫海棠》①一诗中也写道:"鱼钥凄凉泺水滨,一株绛雪正愁人。柔条妍似初中酒,小萼秾如乍点唇。烟雨销残金屋梦,楼台望断翠华尘。即今正是东巡月,惆怅横汾一曲新。"此诗采用比兴手法,把海棠比作行宫丽女,含蓄地表现了对国力式微的感伤。此类诗作在《诗稿》中不下二十首,可见他对战争失利、清帝北狩之事感怀良深。他身感时局的艰难,真切希望能力挽狂澜的贤人出现,他在《春兴》中说:

> 东风满树起离情,又听传烽七十城。河上清人齐入壁,泰山都尉乍增兵。酒遇细雨逢花落,马上春愁见月明。泺水敝瘦原易得,横流何计却澄清。

① 此诗已见于其他刻本,但字句有异。

由于“横流何计却澄清”的念头萦绕于心，这使他充满了对忠臣良将的渴求。他在《哀山东》里对勇于杀身的田横就表现了深深的敬重：“风雨昼冥时看剑，河山春尽更登台。侧身东望田横岛，怜汝纵横乱世才。”因良将难求，国乱未靖，这又让他心情怅惘不已，有时竟至于十分激愤。他在《上将》中说：“上将分旄钺，三齐幕府开。如何宋江辈，竟度穆陵来。路塞家书少，春残昼角哀。仲宣归未得，还上晏公台。”他在《罪言》中说：“七圣涵濡德，艰难在此秋。赍粮民叹盗，食肉将无谋。行在余工部，勤王无晋侯。不堪登艮岳，花石夕阳愁。”他即将离开济南北返时，又在《漫兴》中说：“一声啼鴂触幽怀，过雨园林长绿苔。落尽樱桃花似雪，天涯李白未归来。”这些诗作对无谋平乱、勤王无功的肉食者们表示了愤慨，诗中他又以怀才不遇的王粲、李白自比，微婉地表现了对功业无成的慨叹。关于他北返的原因，胡钧在年谱中说是由于“济南卑湿，苦患脚气，三月回籍”①，细读其诗文，其中没有明确的内容说他不习于济南的气候，诗中倒是充溢着浓重的失望情绪。有鉴于此，在入幕生活中难有用武之地大概才是他离开山东的真正原因。

张之洞于同治二年中进士踏上仕途，他先入翰林，继作地方督抚大员，终为朝廷顾命大臣，扬历中外四十余年，每一个阶段都有许多震动世人耳目之举。相比较而言，他在入仕以前的生活相对平淡。然而，他的精神风貌却不会因是否入仕而截然分开。《诗稿》所收诗作止于他中进士前一年，这些诗文将他入仕前后两种生活联系在一起，它自然是认识张之洞的完整人生图景时不可或缺的部分。

（作者系齐鲁师范学院副教授）

① 胡钧《张文襄公年之洞年谱》卷一，第24页。

近代报刊诗话概观

李德强

近代以来，由于特殊时代的特定文学要求，小说备受重视并得到了长足的发展，而近代诗话一直为新文学家所忽视，尤其是报刊诗话甚至于湮没无闻。五四运动后，白话诗的兴起破坏了旧体诗话的生存环境，近代报刊诗话经过了短暂的繁荣之后，迅速趋于衰亡。与近代文学一样，它的产生、发展和衰亡都非常的短暂和迅速，以至于这些诗话作者来不及做出更为理性的思考，就匆匆进入了另一个历史舞台。这也给近代报刊诗话带来了非常不利的影响，从而产生了许多粗制滥造之作。但这并不影响报刊诗话对近代文学所起到的重大作用，它不但缓冲了社会形态变化给旧文学带来的巨大伤害，同时也推动了新文学的进一步发展，成为新旧文学转化最好的润滑剂。同时，报刊诗话的短暂繁荣也成为近代文学特有的文化现象，其更能代表近代文学的发展状况。近代报刊诗话的发展虽然短暂，但其数量多种类繁，这也是近代报刊诗话最显著的特点。由于它们往往散见于近代各种报刊，所以我们很难见到其庐山真面目。这些近代报刊诗话有长有短，继承古代诗话范式而又有所发展，和小说一起代表了近代文学发展成就的两个方面。概而论之，近代报刊诗话在总体上有以下几个方面的成就。

一、数量众多，内容多样化

中国古代的诗话经过千年的发展，无论从内容、风格、体例等各个方面已经已经日臻完备，后世的诗话很难突破其范式。尤其是有清一代，在集大成思路的指导下，其诗话的数量也达到了一个顶峰。据当今学者的统计，在两百多年的时间里，清诗话的数量多达一千多种，创造了后世无法企及的高度①。相对而言，近代报刊诗话也沿着清诗话的思路继续发展。据不完全统计，从1873到1919近五十年的时间里，近代报刊就登载了三百多种诗话，这个数字还不包括诗序和其他近代文论中的部分诗话作品，这些报刊诗话的创作成就也是不容忽视的。报刊诗话与社会的变化有着密切的内在联系，因而，根据近现代社会的发展轨迹，报刊诗话亦经历了发轫期、繁荣期、高潮期、衰落期四个阶段。近代报刊诗话则出现于前三个阶段，并带来了近代诗话的新发展。

1873到1911年是近代报刊诗话的发轫期。1873年，中国第一份文学杂志《瀛寰琐记》发表了近代中国最早的报刊诗话《蝶梦楼诗话》，也揭开了近代报刊诗话的序幕。综上而言，由于国家民族的深重灾难和残酷的党派斗争，这一时期的报刊诗话作品数量不多。据不完全统计，外资报刊登载的诗话主要有《蝶梦楼诗话》(《瀛寰琐记》)、《载酒园诗话》(《四溟琐记》)、《东洲诗话》(《益闻录》)等六种诗话作品；资产阶级改良派报刊登载的诗话有《浣花馆诗话》(《侯鲭新录》)、《滑稽诗话三则》(《十日小说》)、《栩园诗话》、《蘧庵诗话》(《著作林》)，《闻鸡轩诗话》(《小说林》)等十二种诗作品话，资产阶级革命派报刊登载的诗话有《爱国庐诗话》(《湖北学生界》)、《华严阁诗话》(《留日女学会杂志》)、《小奢摩室诗话》(《民立报》)等二十一种诗话作品。

① 蒋寅《清诗话考》共收录了清代诗话1469种，是迄今为止收录清诗话最多的专著。

1912到1916年是近代报刊诗话的繁荣期。1912年民国建立不久，革命果实就被袁世凯窃取并导致了二次革命的爆发；革命失败后，袁世凯又妄图践踏共和称王称帝，结果遭到了众叛亲离、性命不保的下场。残酷的社会现实打破了人们对美好生活的憧憬，带来了近代文学的急剧变化，多数识分子在痛苦和徘徊中选择了逃避，也催生了报刊诗话的迅速繁荣。此时的诗话作品主要集中于文艺性期刊和报纸副刊及少数资产阶级报纸中，展示出其非凡的韧性和生命力。根据不完全统计，1912—1916年间出现的报刊诗话主要有《婉娈诗话》(《大共和日报》)、《陔南山馆诗话》(《小说月报》)、《香艳诗话》(《文艺杂志》)、《妇人诗话》、(《中华妇女界》)、《绿蘼芜馆诗话》(《妇女时报》)、《医家诗话》(《神州医药报》)、《绿野亭边一草庐诗话》(《小说新报》)、《扶桑诗话》(《小说海》)等一百二十四种诗话作品。

1916到1919年是近代报刊诗话的高潮期。1916年袁世凯政府垮台之后，中国社会进入了北洋军阀统治时期。为了维护军阀统治，他们通过各种手段对报人既拉拢又打击，使得报刊事业比以前更为萧条。文人在抗争中不断消沉，而鸳鸯蝴蝶风气的流行更是也刺激了这种末世情绪的传播。正是在多方合力的作用下，近代报刊诗话达到了它的鼎盛期，谁也没想到古人“国家不幸诗家幸”的预言又一次在近代文坛得到验证。经过了袁世凯和北洋军阀的残酷打击后，许多小型报刊纷纷破产，尤其是文艺期刊的数量大幅度缩水，各大报纸(主要是资产阶级老牌报纸和新兴报纸)重新占领诗话市场的主流。从这种急剧的变化中，不但可见北洋军阀统治对报刊事业造成的巨大危害，也可发现登载诗话的理论预设对于报刊生存的多重意义。1916—1919年间出现的报刊诗话主要有《撷芬楼诗话》(《东吴月报》)、《香艳诗话》(《香艳杂志》)、《醉里醒人诗话》(《春声》)、《天演阁诗话》(《民国日报》)、《然脂新话》(《文艺丛报》)、《一钵盦诗话》(《晨钟》)、《两株红梅室闺秀诗话》(《劝业场》)、《获野诗话》(《中华新报》)、《小鹿樵室诗话》(《申报》)、《瘦鹤诗话》(《新申报》)等一百四十七种诗话。

从上述可见,近代报刊诗话的数量已经非常庞大,其密度并不亚于清诗话。诗话数量在文艺性期刊与报纸中的彼消此长,也反映出社会风气和文学风貌的变化,使得近代报刊诗话具有了重要的风向标作用。这些数量庞大的报刊诗话,从不同方面和不同角度反映了近代文学在不同时期的不同变化。概而论之,近代报刊诗话主要由七大类组成,传统型诗话①、闺秀诗话、香奁诗话主要继承传统诗话而来;诗钟话、革命诗话、域外诗话、滑稽诗话则突破传统内容,并以旧瓶装新酒反映出近代社会的文化异质。其中既有歌颂遗民心声的《黍离诗话》,又有反映当下文学的《赭玉尺楼诗话》;既有记录闺秀人生的《妇人诗话》,又有盛赞闺秀才情的《香艳诗话》;既有支持维新的《闻鸡轩诗话》,又有鼓吹革命的《革命诗话》;既有令人发笑的《滑稽实话》,又有谑而不虐的《游戏诗话》;既有专注唐音的《唐诗艳话》,又有支持宋调的《读杜随笔》;既有留学文人的《东居诗话》又有异域之音的《扶桑诗话》等等。这些报刊诗话的发生和发展过程,也印证了近代文学的发展历程。另一方面,通过报刊登载诗话的思路,对于各种利益群体来说也是最佳的生存之道。近代报刊诗话除了受到传统因素的制约外,还受到文化市场的深刻影响,这不但促成了上述诗话的出现,而且也使得报刊诗话在内容和艺术方面都有着近代文学特有的质的规定性。

二、艺术探索的发展和新变

近代报刊诗话是在古代诗话的基础上发展起来的,它与传统诗话有着密切的联系,不论是内容、风格、体例、类型都与古代诗话一脉相承。近代报刊兴起以来,它的阅读群体主要是由传统士人群体和近代知识分子为阅读对象,而近代文学双重性特点又决定了他们

① 近代报刊登载传统型诗话记事和记辞体例中,以记事体例的诗话为多。但是它与“以资闲谈”目的有着本质不同,也没有完全继承清代诗话的集成思路,而是渗透着严肃的存史意识并与近代社会的发展相始终。

在文学视野、兴趣和阅读对象上不可能完全超越古人的藩篱，特别是对于诗话而言，更需要深厚的古文学功底。但是近代的社会状况又是古人未曾经历的千载未有之变局，所以近人又不得不把中国文明放在世界格局下加以审视，其眼光又突破了古代诗话的范畴具有了新的特质。张寅彭先生曾云："民国诗话得承晚清旧体诗创作复盛之势，其记录与品评自有无可替代之历史价值与诗学价值，又隐得其时西学大炽风气之助，故其说或被指为保守，实于旧体诗之总结，已颇有新意可采。"(《民国诗话丛编》凡例）近代报刊诗话正是在承旧体诗总结之大成的基础上完成了旧瓶装新酒的发展道路，反映着那个时代特有的诗学风气。

近代报刊诗话在吸收前人精华的基础上，从多方面探讨诗歌艺术得失。近代知识分子处在新旧交替的思想变动中，这也使得他们能在充分吸收古代诗话和西方文明的基础上作出更为深入的艺术探讨，而报刊这种大众传媒工具为诗话艺术的学术化提供了诸多可能和便利。总体来看，近代报刊诗话多从融通方向规范诗歌艺术，重视创新的艺术思维。近代报刊诗话不可能完全超越古代诗话的藩篱，也是由诗话本身的特点决定的，但其对诗歌艺术新的探索又是古代诗话无法企及的，这正是近代报刊特性所独有的，其有着微妙的统一性。像《澹园诗话》、《诗话》、《诗法津梁》、《等闲斋诗话》、《论诗》、《论之作法》、《读诗卮言》、《谈诗》、《哲庐谈诗》、《谈谈新体诗》等近代报刊诗话从不同方面论述了诗人、诗体、诗法、诗境、诗风等艺术层面。

具体而言，如《等闲斋诗话》对诗话持有明确的理论意识，认为："诗话重在话，苟徒拾他人之诗则诗选矣，尙徒论古今之诗，则诗评矣。惟话本近乎评，评亦似乎话，期间区别良难。"①诗话与诗评、诗选有着微妙区别却又难以区分，尤其是诗话与诗评往往合二为一，完全区分实属不易。出于话诗的目的，其亦从艺术角度着眼把诗歌的创作规律分为一源、二废、三体、四深、五忌、六妙、七戒、八精、九

---

① 《文友社杂志》1916年8月第1集，《杂俎》栏目，第99页。

准、十悟。从内容中可见，其论诗讲究法度和炼字炼句，以“宁拙毋巧，宁朴毋华”的江西派宗旨为根本且注重典实。《翚翟论诗》提出了“诗至于今日极衰而复盛”①观点可谓眼光独到，基本抓住了近代诗歌的本质问题。对于近代诗歌而言，其总体成就虽无法与古代相抗衡，但却有着古代诗人无法企及的高度和多元化的发展路线，这是近代诗歌的优势，也是近代报刊诗话的优胜之处。随着白话运动的兴起，新旧体诗在不断争夺文人市场的同时，也引起部分文人的思考。胡怀琛的《诗之研究》乃是对新、旧诗派综合研究的大成之作，体现出资产阶级诗歌更新之主张。

此外，近代报刊诗话在探索和深化诗歌艺术的同时，也发展了历代诗话的杜甫崇拜现象。作为唐代著名诗人，杜甫诗歌影响之大、诗话论及之多，恐怕除了李白之外无人能与之抗手。由于杜甫的人格魅力和诗歌创作，中唐时期已开尊杜之风。韩愈所谓“李杜文章在，光焰万丈长”并非仅是虚誉，其代表着中国古代诗歌成就的最高典范；宋代以来，江西诗派的产生更使得尊杜之风达到了一个高潮。吴沆《环溪诗话》首倡“一祖三宗”之后，杜甫的身价徒然提高，并成为宋人诗法的主要对象；元代方回则明确提出：“古今诗人，当以老杜、山谷、后山、简斋四家，为一祖三宗。”（《瀛奎律髓》卷二十六）使得杜诗产生了更为深远的影响。历代诗话中也出现了许多专论杜诗的作品，像蔡梦弼《杜工部草堂诗话》、陈廷敬《杜律诗话》、施鸿保《读杜律说》、潘德舆《养一斋李杜诗话》等都昭示了杜诗特有的诗学魅力，其在历代诗话中受到的关注度要远远大于李白。

近代以来随着宋诗运动的兴起特别是同光体盛行，以沈曾植为代表的浙派、陈三立为代表的江西派、以陈衍为代表的闽派都以专尚宋诗为旨归，他们对于宋诗的褒扬使得近代报刊诗话再一次中兴了日趋冷落的杜甫崇拜现象，像《石遗室诗话》、《一钵盦诗话》、《抒怀斋诗话》等作品从不同方面展开了对杜诗的崇拜。王国维《公余随笔》中部分内容从诗史角度对杜诗发微，并把其当做史诗来对待；

① 1919年4月29日，登载于《振胜报》。

叶楚伧《读杜随笔》对杜诗的遣词造句作了具体而深入的分析，却又不拘泥于对字句的具体阐释，表现出较高的论诗眼光。同时他的随笔之作无疑对杜诗崇拜现象起到了推波助澜之功；而蒋湘君《赭玉尺楼诗话》更是把杜诗提到了无以复加的地位，当吴玉春《小鹿樵室诗话》称他治诗以少陵杜甫为宗的时候，他感到很是不安，至于不敢自承，并认为："少陵于诗如百川之有海，千山之有岳，不独磅礴浩瀚，无体不包，继往古开来今。为秦汉以后至于六朝，唐以后至于今。兹此两时代中间之倚天长剑，为之制割而创造者也。"①他把杜诗看作包举各体和继古开今的典范之作，认为"子美集中贺奇、仝癖、郊寒、岛瘦、元轻、白俗无所不有"(同上)，表现出热切的崇拜之情。近人论诗多以杜诗标准来衡量诗作，并以似于杜为荣也成为一种诗评风气，甚至艳体诗也有比附杜诗的现象。杨南村认为"次回诗虽不能如老杜所谓'不废江河万古流'，然灵思绮笔亦足成一家"，通过与杜诗或多或少的联系来为其合法地位正名，这从侧面也反映出杜诗的"广大教化主"②形象已经深入近代诗坛。近代报刊诗话在尊杜思潮中对忠君爱国心声的呼唤恰恰说明了士大夫文化心理"无可奈何花落去"的失落，及由此而产生"似曾相识燕归来"的自觉追求和论诗宗旨所在。

三、女性创作意识的主体高扬

古代中国一直视"女子无才便是德"为教科书，使得女性成为男权社会的附庸，其才华也受到很大的压制。尽管中国历史上有班婕妤、蔡琰、谢道韫、鱼玄机、李清照等女性作家为人所熟知，但毕竟实属罕见，闺秀诗话的创作更是无从说起。蔡镇楚先生认为真正名媛闺秀诗话之作始于明人江盈科《闺秀诗评》，且其名为诗评，实为与

① 1916 年 7 月 22 日，登载于《民国日报》。

② 借用张为《诗人主客图》对白居易的评价，并以此来说明杜诗的深远影响。

诗选的结合体①。有清一代,女性诗人大量的出现,胡文楷先生指出:"清代妇人之集,超轶前代,数逾三千。"②可见妇女创作之繁盛,随着女性作家的增多,闺秀诗话出现数量也逐渐增多。陈维崧《妇人集》乃是是清代闺秀诗话的开山之作,它的出现有着特别的意义。《妇人集》开创的闺秀诗话体例对后世的诗话带来了很大的影响。实际上,近代报刊诗话也是未能完全突破其窠臼,其影响一直延续到近代。清代的闺秀诗话既有男性创作,也有女性作品。流传下来的诗话作品主要有袁枚《随园闺秀诗话》、梁章钜《闽川闺秀诗话》、丁芸《闽川闺秀诗话续编》、沈善宝《名媛诗话》、施淑仪《清代闺阁诗人征略》、陈芸《小黛轩论诗诗》、淮山棣华园主人《闺秀诗评》等十四种③以及苏慕亚《妇人诗话》、雪平女士《红梅花馆诗话》、杨全荫《绾春楼诗词话》、杨芸《古今闺阁诗话》等六种④。上述清代闺秀诗话有部分登载于近代报刊中,属于近代报刊诗话之列,如《燃脂余韵》、《闺秀诗评》都曾登载于《小说月报》,诸位方家只有目录未见其文的《妇人诗话》和《红梅花馆诗话》(都不全)登载于《中华妇女界》,此外施淑仪《冰魂阁野乘》亦在该杂志中登载。近代报刊诗话正是在清代开创的基本格局中继续向前发展。尽管清代闺秀诗话取得了很大的成就,但是其毕竟还是受到男权社会的强大制约。近代女性意识崛起以后,登载于报刊中的闺秀诗话得到了长足的发展,也取得了更为重大的成就。

随着资产阶级维新派的兴起和近代报刊的出现,女学报也开始出现。1989年,康同薇、李慧仙在上海创办了中国第一份女学报,以大力宣传自由和男女平等的思想。她们开始不满于男权社会的戕害和压制,力图通过报纸等宣传工具来争取合法权利。据统计,

① 参见蔡镇楚《中国诗话史》第319—320页,湖南文艺出版社2001年版。

② 胡文楷《历代妇女著作考》《自序》第5页,上海古籍出版社1985年版。

③ 王英志主编《清代闺秀诗话丛刊》"目录"第1—2页,凤凰出版社2010年版。

④ 蔡镇楚《中国诗话史》第322页,湖南文艺出版社2001年版。

1902 到 1912 十年间,全国各地陆续出版的女子报,共有四十种①。这些女报的兴起无疑对女性主体意识的觉醒,起到了有力的推动作用。此时,女子学堂的兴办也刺激了近代女性意识的成长。近代女性已经开始从原来“三从四德”的束缚中解脱出来,成为社会建设的积极参与者。此时,许多知识女性像秋瑾、吕碧城等人的活动也受到世人的关注。英敛之在《跋吕氏三姐妹集》中曾云:“吕氏三姐妹承渊源家学,值过渡时代,擅旧词华具新理想,为吾国女学之先导,吾国女界之标的。循华求实由筌得鱼,未始影响于社会,未始非民群进化之一阶。此则予刊行是集之微意也。”②这些新时代的女性既有旧文学才华又具新民思想,成为女性意识觉醒之初的领军人物,而英敛之等人的褒扬无疑会产生很大的社会影响。民国成立之后,女性地位在法律上得到承认,近代知识女性也开始自觉地对所属群体进行自我探究,以张扬女性主体意识。巴陵刘墭女士曾对中国各省妇女的特性进行深入考察,并总结出她们主要的个性特点:

> 直隶(烈)、山东(纯)、山西(俭)、河南(厚)、江苏(文)、安徽(劲)、江西(谨)、浙江(侠)、福建(健)、湖北(敏)、湖南(勤)…以零陵以南,妇女皆天足,虽地近苗徭而有劳动神圣之风。甘肃(朴)四川(智)、广东(聪)、广西(秀)、贵州(勇)、云南(明)、奉天(奋)、吉林(慧)、黑龙江(雄)、蒙古(忠)、新疆(亲)、西藏(乐)。③

刘墭女士把中国各省妇女的优点用一个字概括出来以供人参考,表现出对女性意识的有意高扬,这对女性社会地位的提高无疑产生了非常有利的影响。沿海发达地区(尤其是上海)男女平等的观念已经基本得到认可,女性的才华也受到社会肯定。张麟年更是认为:

① 尹美善《略论近代中国的妇女报刊》,《青岛大学师范学院学报》1998年第 12 期。

② 1905 年 4 月 13 日,登载于《大公报》(天津)。

③ 1916 年登载于《中华妇女界》第 1 卷第 8 期,第 1—4 页。

"'女子无才便是德',平生最厌闻此语,男女同是人也。天生男女,一阴一阳谓之道也。男女一般平等,何才于男而不才于女耶?世俗狃于恶说,生女不令识字,以为伤造物之和,于是世界闺秀冥冥懵懵,欲求一二能诗者几如凤毛麟角。"①对古代女性观提出严重质疑。正是在这种民主意识的支配下,许多开明文人多以一种欣赏的姿态来对待女性的创作,这对闺秀诗话的创作来说是大有裨益的。正是在这种思潮的影响下,女性诗话的创作也出现了一个小高峰②。据笔者统计,自民国建立到五四运动之前的八年时间里,近代报刊就登载了近四十种闺秀诗话,除了上述五种外,还有《婉娈诗话》、《绿蘼芜馆诗话》、《绾春楼诗话》、《绿施阁诗话》、《苧萝诗话》、《今妇人集》、《名闺诗话》等三十五种诗话,其数量比有清一代闺秀诗话还多,可见近代报刊闺秀诗话已经蔚为壮观。

总体而言,近代报刊闺秀诗话主要以摘句评诗兼及诗人小传和女性轶闻佚事为主要书写范式,基本未脱清代闺秀诗话的藩篱,又在此基础上有了新的发展。第一,近代报刊诗话在清代闺秀诗话的基础上,发展了闺秀诗话的双向联系从而推动了世人对女性创作的重视。这以萧道管《然脂新话》与王蕴章《然脂余韵》为代表,它们相辅而行共同,推动了世人对闺秀创作的关注热情。其他像《绿蘼芜馆诗话》、《绾春楼诗话》、《绿施阁诗话》、《今妇人集》等作品主要搜集晚清至近代民国之间的女性诗歌创作,对女性创作多有褒扬之功。大部分的女性作品或藻思芊绵或清逸高淡或幽思绮丽,表现出女性特有的视角,同时也表现出一定的男性化创作倾向。如《绿蘼

① 张麟年《一虱室诗话》,1916 年登载于《文星杂志》第 3 期《专集》栏目,第 6—11 页。

② 这种对女性意识的张扬还只是停留在在少数开明文人及近代知识女性中,并没有引起大多数男权阶层的的认可。如以革命为世人所称颂的章炳麟竟然对自己亲生女殉夫行为表达了支持和推动,足见妇女解放远比想象中要艰难的多,而且多数女性本身对这种宣传并不热情,秋瑾"知音寥寥"(《致徐小淑书》)的感叹则真实反映了当时的社会现状。因而,女性主体意识的崛起是在一定限度和范围内展开的,不能过度夸大以造成不必要的误会。

芜馆诗话》所载,周瘦鹃曾在某杂志中见金芷兰《匕古》一篇,他认为:“其卒章云:‘将军手提贼人头,英风凛冽见者愁。马行迷路不可识,且卧沙场枕白骨。’气象豪迈雄姿英发,如铜琵琶铁绰板唱大江东去,孰谓女子诗吟风弄月之句耶?”对这种女性创作的“变雅”之声表示出赞赏,而这种褒扬很大程度上是出于对闺秀诗歌“物以稀为贵”的猎奇心理使然。其不但推动了闺秀诗话的出现,同时也是为近代女性意识的兴起创造了有利条件,体现出女性创作主体意识的高扬。

四、严肃和娱乐效应的自我追求

近代以来随着报刊的盛行,娱乐性的诗话越来越受到重视,这是近代报刊诗话新的发展方向,也是受到报刊自身特点的制约而形成的结果。作为近代报刊所推重的诗话写作,也无不例外的打上了时代的烙印。在近代诗坛,香奁诗价值被重新发掘现象的出现,正是这一历史时期文人消闲心理的诗话反应。如前所述,在利润和市场的双重动力下,报刊诗话对娱乐性越来越重视,王次回《疑雨集》价值被重新发掘引起了报刊诗话的争论。有人极力反对,认为“(王次回)诗格既不高,而淫气满纸,直是描摹秘戏图耳”①。也有人喜爱其“酷爱其不由熟径,仍入人心坎中”②。亦有人认为“香奁诗固有伤大雅,然佳者亦能使人之意也消”③,对其持折中态度。不管作者持论如何,其对香奁诗的关注刺激了香奁诗话和滑稽诗话的产生,产生了像《香艳诗话》、《香奁诗话》、《滑稽诗话》、《荒唐诗话》、《游戏诗话》等十多种诗话作品,这些诗话作品一反其他诗话的严肃面孔和重大诗史意义,多香艳缠绵娱人心目,在看似轻松愉快的笔

① 杨南村《抒怀斋诗话》,《民权素》1915 年第 12 期,《诗话》栏目,第 9—12 页。

② 晋玉《香艳诗话》,《文艺杂志》1914 年第 1 期,第 59 页。

③ 《公余随笔》,1917 年 11 月 7 日,登载于《晨钟》。

调中表现出生活的情趣，具有谲谏微讽之功。

近代报刊中娱乐性诗话寓教于乐以挽救浮世人心的同时，带来了诗学艺术的发展和诗话文风的转变。如果说香奁诗话是雅诗话作品，滑稽诗话则完全可以定义为俗诗话作品，它不需要动辄以《三百篇》旨归，更不需要有太多的微言大义。戏谑是它的本质特点，嘲笑是它的主要内容，其所涉及的对象既有上层雅士，又有下层文人，也有粗识文墨的普通人，可谓雅俗共赏，老少皆宜。其往往立意新颖，语浅情深，在寓教于乐中传达着生活的乐趣。这不但丰富了诗话的内容，也对诗学艺术和文风的转变起到了很好的推动作用。近代报刊中登载的滑稽诗话多为讽世之作，并以幽默笔调嘲笑了近代出现的各色病态人生和丑陋现象，其中有嘲戏子、嘲腐儒、嘲丑人、嘲穷人、嘲纳妾、嘲狎妓、嘲贪睡、嘲吸鸦片、嘲怕老婆、嘲写错字等嘲讽诗作，反映了近代中国各个阶层的社会百态。如闻见《游戏诗话》对民国建立前后的丑恶社会现状，毫不留情地极尽挖苦之能事，其讽刺对象既有清末官场、科举士子、民国议会、当下时局、学究道员、暴发商人，几乎涉及到社会生活各个层面的生存现状。

滑稽诗话中除了这些以幽默笔调以辛辣讽刺外，还出现了新的娱乐内容——“新游仙诗”。实际上黄遵宪《今别离》四章，已经兆其先端，其在诗中分别写轮船、火车、电报、相片等欧美风情，被梁启超赞之为“熔铸新理想以入旧风格”(《饮冰室诗话》)。近代以来，这种对“诗界革命”所进行的有益探索得到了进一步的发展，但其同时也消解了“诗界革命”的严肃意义而被娱乐化，并以“新游仙诗”的面目出现。概而言之，新游仙诗“皆融欧美之风情，效温李之艳体，于诗界中可谓别创一格”①。这种新奇的创作手法不但产生了很大影响，也带来了诗学艺术的发展。娟《游戏诗话》对此多有解释，她认为：“游仙诗从来咏者甚多，掷笔空中，似不食人间烟火者。近人多作游仙诗，翻新花样，的的可诵，虽非诗之正格，亦可谓游戏三昧。

① 晋玉《香艳诗话》，1918年《文艺杂志》第6期，94页。

如令旧闺中女儿窄袖蛮靴作时世妆，虽出勉强，故亦未尝无动人处也。”①新游仙诗乃出于游戏之笔，以“掷笔空中，似不食人间烟火”为准绳，虽然其内容虽云神仙无稽之谈，实则是人间社会的缩影。其以“新”字区别于古代游仙诗，实则流露出对新事物的欣喜之情和对社会文明发展的赞美之意，反映出近代文明发展对社会生活带来的深远影响，具有很高的社会价值。试看下列四首新游仙诗：

月老朱绳囊底收，终年奔波任蹇修。而今职务清闲甚，人间婚姻重自由。

炰凤烹鸾色色新，玉皇今日宴群臣。偷桃方朔归来晚，携得西餐饷细君。

瑶池阿母敞琼筵，拟请三山十岛仙。寄柬不烦青鸟使，新装电话遍诸天。

谁驾飞机空际行，许飞琼与叶双城。道逢列子御风过，怎及儿家身手轻。（同上）

新游仙诗在艺术上已经把以新语句、新思想完美的融于旧形式之中，很好地实现了旧瓶装新酒的思想路线，而且其以“游仙”名之以区别诗家正格，也表现出很强的自觉意识。其既能讽咏道情又可使人发乐，乃是近代特有的文学形式，足以振人心目，即使有些粗俗之作，也是真情流露，亦为自然之笔。这也是其价值之所在。

另一方面，新游仙诗对娱乐性的过度追求也在一定程度上造成了近代文学的浮世映象，这也无须讳言。其向传统诗教宗旨的自觉回归也反映出近代文学由精英向大众的转变过程中，知识阶层的人文关怀已经发生了变化，阳春白雪与下里巴人的界限开始变得模糊。这不但导致了文学权力的下移，也带来了文学风气的变化，娱乐性诗话的产生正是这种文风变化的结果。其不但有通过幽默讽刺之笔以挽救浮世人心的意图，也使得诗话的创作风气发生了深层

---

① 1918 年 12 月 5 日，登载于《先施乐园报》。

变化。理论上的崇雅与创作中的变俗,正是娱乐性诗话的创作路线图,它是近代报刊诗话中不可缺少的重要组成部分,不能因为它的俗化就轻视其存在的价值。

五、诗史与批评意识的理性自觉

近代报刊诗话在继承传统诗话的基础上更加注重诗话的诗史意识,这也与近代社会现状有着明显的关联。诗话自从产生之时,其来源就十分复杂。一般而言主要有以下三个方面。第一是欧阳修"资闲谈"说,认为诗话本初因记事而生。欧阳修开创诗话体例以来,开宗明义以"资闲谈"(《六一诗话》)为主要的目的,此后的许多诗话都遵此例,许顗所谓"诗话者,辨句法,备古今,纪盛德,录异事,正讹误也"(《彦周诗话》),重点仍在于其记事体例而兼及诗歌批评。南宋之际,诗话逐渐转向诗学批评领域,但记事的体例一直是历代诗话关注的内容。第二是钟嵘的《诗品》说,认为诗话开始乃是因记言而来,这也是主流的观点。法式善认为:"诗话之作滥觞于钟嵘,盛于北宋。"①把《诗品》当作了诗话的源头,章学诚也持此论,如前所述,他认为:"诗话之源,本於钟嵘《诗品》。"(《文史通义·诗话》)兴化李详也曾云:"诗话之兴,源于作者渐伙,弟靡无制,遂昧流别。若防讹滥,必判雅郑,摄之检括,统为一书,则钟仲伟《诗品》是已。"(李详《历代诗话续编》序)他们都把钟嵘的《诗品》当作了实际意义上的诗话,尽管它还处在"品"的阶段。第三是孟棨的"本事诗"说。聂奉先《续广本事诗》云:"虽广孟棨之旧,其实集诗话耳。"②章学诚先生虽云诗话之源本于《诗品》,但他也承认"自孟棨《本事诗》出,乃使人知国史叙诗之意。"(《文史通义·诗话》)郭绍虞先生则综合各家观点之长,持论最为中肯,他认为:"我们看到古人论诗,也不外此二端:比如钟嵘《诗品》就是论辞之始,孟棨《本事诗》就是论事之始。

---

① 法式善《存素堂文集》卷三,清嘉庆十二年刻增修本,第64页。
② 转引自蔡镇楚《中国诗话史》第14页,湖南文艺出版社2001年版。

此后欧阳修创诗话之体就是以随笔记事为主,而兼寓论辞之意。”(《清诗话前言》)不管上述诸方家理论秉持何种观点,有一点是明确的:无论以记事还是以记言为主,诗话从产生之际就具有非常浓厚的“史”话意识。这与杜甫的诗歌被称为“诗史”是一样的,因为他的诗歌中已具有一种自觉的评判意识让当时及后代诗人既敬畏又憧憬,从而奠定了诗歌不可动摇的正统地位。

诗话的创作最初虽然是“闲谈”之资,但发展到清代诗话的发展已经相当完备并变成了“专门名家之学”(郭绍虞《浅谈清代诗话的学术性》),它在不断的发展中也具有了一种自觉的评判意识。吴兆骞在《拜经楼诗话》自序中云:“著述之道,盖难言矣。昔人论诗话一家,非胸具良史才不易为,何则?其间商摧源流,扬扢风雅,如披沙简金,正须明眼者决择之。”①诗话的写作到了清代已经具有了严肃的诗史意识,为专门名家所言。清末民初的报刊诗话正是在清代诗话的基础上发展起来的,尤其是对面临深重灾难的国人而言,诗话所产生的“史”话意义显得更为迫切和需要。近代报刊本身的特点也使得诗话不得不以话“史”为这两者的交合点,以延续诗话固有的崇雅路线。因而,近代报刊诗话中对诗史意识的重视主要表现在:一,当代名士的写真。最典型的乃是《小奢摩室诗话》,涉及到当时各界的名人如海派画家姚燮、数学家周今觉、佛学家杨仁山、翻译家林纾、留学生郁曼陀、湘社的倡导者程颂万及著名文人张维屏、王闿运、刘光第和陈独秀等人,可谓一部民国初年的诗话体名士史。二,诗笔意识的运用。这以《黍离诗话》最为明显,其把靖康之变、蔡京当国、胡铨被谪、岳飞被害、明英宗被虏、赵孟頫屈节等历史事件及明末曹京山、吕潜、唐祖命、徐继恩、徐延寿等遗民诗人的唱和都一一记录在案,有着明显的史笔意识。三,历史遗迹的描绘。以《松窗漫笔》为代表,其以事为纲,记录了许多发生在宋故宫、灵岩寺、鹦鹉洲、马嵬坡、黄鹤楼、古驿站、南京白门、相如琴台等地的诗歌创作情况,流露出浓厚的历史兴亡感叹。四,时空线索的参照。以《日日诗

① 吴兆骞《清诗话》第720页,上海古籍出版社1978年版。

话》较为突出,其以时间为线,集卯三月一日至五日中(其他没有登载)文学史上出现的诗歌作品于一炉,以备史乘存古之意。出于对国粹沦亡的忧虑,作者试图通过时间线索来追溯历史即通过"史"话来唤起共同的文学记忆以"救数典忘祖之弊",从而使得诗话具有了明显的诗史意识。他如《闻鸡轩诗话》、《风山诗话》、《红叶山房诗话》、《天演阁诗话》、《习静斋诗话》、《磨剑室随笔》、《藤花馆诗话》、《陔南山馆诗话》、《获野诗话》、《唐诗艳话》、《冰魂阁野乘》等对诗史意识的重视也较为明显,这也与近代文学的时代特征息息相关。

正是在这种意识推动下,近代报刊诗话在对近代诗学体系进行了完善的同时,也形成了批评意识的理性自觉,这种情况在近代诗话批评中较为明显。作为一种特殊的诗学形态,报刊诗话与古代的诗话有着很大的不同,其由学术化、专门化开始向商业化、大众化转变。一般而言,近代报刊诗话篇幅较短以利于发表,功利性和商业目的很强,容易受到社会风气和市场需求的影响,这难免造成文人对诗学问题的肤浅认识和急功近利现象的产生。因而,近代报刊在较短时间内出现大量诗话作品的同时,也产生了许多粗制滥造之作。文人动辄以诗话登于报刊以图名利双收,结果造成了"滥觞及于仅识之无者,处处皆有诗话"的局面,以至有"亲家母裹足布,又臭又长"①之讥,这不能不引起近代文人的反思。《哲庐谈诗》也批评近代文人"录古人诗数首,前后略加三四语,篇幅殊长曰:是诗话也"的现象,并产生了非常恶劣的影响:"后之诗话者,以其易也相率从风。"②结果助长了诗坛虚假文风和低劣之作的相继出现,而开此风气的始作俑者乃袁枚《随园诗话》。其实袁枚滥收诗话之举在清代已经招来了许多的批评,而作者以其为罪重在当下,实为近代诗话的现状而发。《荒唐诗话》则竟然并把近代诗话分为狗派、鬼派、诲淫派、臭味派、狐媚派、穷酸派六派,对近代诗话各种中诗派都有所指斥和批评。作者语言之诙谐,眼光之独到,的确颇有见地。从某

① 王无为《荒唐诗话》,1917 年 2 月 17 日登载于《中华新报》。

② 1919 年 5 月 21 日,登载于《振胜报》。

种意义上说，诗话作品如果一味秉持苛刻的正统思想，也往往会造成创作视野的狭窄和千篇一律的声调，这对诗话的发展也是不为有益，这正是其价值所在。除了批评的声音外，《细雨梅花馆谈屑》则以近人之眼光对古代诗话的艺术类型进行了总结，以近代文人的眼光把古代的诗话分为品评、描摹、立论、表扬四类，基本概括了诗话创作的风貌；但作为诗学流传的命脉这种划分又失之简单化。

总之，处在转型之际的近代知识分子在不断的困惑和焦虑中，产生了对古代文明的迷恋和依赖，也造成了传统文化的回光返照。不仅是前清遗老们以传统文化传承者自居，就连那些曾经迷恋于“革命”的新人也都称为复古的忠实追随者。维新革命的领袖人物梁启超后来也承认“正惟倾心新学、新政，而愈感旧道德之可贵；亦正惟实践旧道德，而愈感新学、新政之不容已”①。引进西方“物竞天择”、“适者生存”进化理论的严复在担任北大校长后就开始考虑强调学习儒家经典以恢复传统文化为己任了，后来又称“中国目前危难，全由人心之非，而异日一线命根，仍是数千年来先王教化之泽”②，把复古当做唯一的救命稻草了。这种现象正是近代社会的文化异质，其不但为近代报刊诗话带来了新的生机，同时也为它戴上了沉重的枷锁，使得近代报刊诗话不得不“带着镣铐跳舞”，呈现出近代特有的传统文化回光返照现象。

（作者系复旦大学博士生）

① 梁启超《饮冰室合集·文集》之三十三第 68 页，中华书局 1989 年版。
② 严复《严复集》第 678 页，中华书局 1986 年版。

李慈铭“文章”观初探

姜云鹏

李慈铭(1829—1894),初名模,字式侯,后更名为慈铭,字爱伯,号莼客,别号花隐生,晚年自号为越缦堂老人,浙江会稽人,晚清著名文史大家。李慈铭在近代文学史上和学术史上都占有重要的地位,蔡元培将李慈铭称为“旧文学之殿军”。钱仲联在《近百年诗坛点将录》中将李慈铭比为《水浒传》中的托塔天王晁盖,视之为近百年诗坛的“旧首领”。李慈铭生有异才,又覃思勆学,于书无所不窥,尝自谓“于经、史、子、集,以及稗官、梵夹、诗余、传奇无不涉猎而才无放之,而所致力者莫如史,所为散文、骈体、考据、笔记、诗歌、词曲,积稿数尺,而所得意者莫如诗”。其一生著述颇丰,据平步青为李慈铭所作的碑传的记载,经学及文字学方面的书有《十三经古今文汇正》、《说文举要》、《音字古今要略》、《越缦堂经说》;史学方面的书有《后汉书集解》、《北史补传》、《历史论赞补正》、《唐代官制杂钞》、《宋代官制杂钞》、《元代重儒考》、《明谥法考》、《南渡事略》、《国朝经儒经籍考》、《军兴以来忠节小传》、《绍兴府志》、《会稽新志》;同时又有《越缦堂读书录》、《越缦笔记》、《柯山漫录》、《孟学斋古文内外篇》、《湖塘林馆骈体文钞》、《白华绛跗阁诗初集》、《杏花香雪斋二集》、《霞川花隐词》、《桃花圣解庵乐府》①等诗文集和日记、杂钞,可

① 上述记载可见《掌山西道监察御史督理街道李君莼客传》,平步青《清代碑传全集》卷十,第1323页。上海古籍出版社,1997年版。

谓硕学弘文，著述蔚为壮观者也。上述著述，由于各种原因，多不可见。而李慈铭现在留给后人最为珍贵的是其卷帙浩繁的《越缦堂日记》。李慈铭一直没有得到学术界的关注，但近几年来，这种情况有了很大的改观。代表性的成果有刘再华校点的《越缦堂诗文集》(2008年12月，上海古籍出版社)以及《论李慈铭和樊增祥的诗歌理论和创作》(上海大学2009年博士论文，作者周容)和《李慈铭年谱》(复旦大学2009年博士论文，作者张桂丽)两篇博士论文。其实李慈铭作为一个文史大家不仅在诗歌方面成就突出，同样在文章学方面也颇有建树。本文尝试着对李慈铭的“文章”观进行初步的探讨。

一、李慈铭文章观的学术理路

首先我们需要了解李慈铭文章观的学术理路，这是李慈铭“文章”观的基础。李慈铭的学术理路主要体现在两个方面：一是对乾嘉汉学的高度推崇，一是对守道之功的坚守。

李慈铭在其年轻时期学术上有一个很大的转变，即从“喜为歌诗、骈文”到“迨得读学海堂经解，始知经义中又宏深美奥，探索不穷”，因而他对乾嘉时期汉学考据兴盛的局面十分的推崇，认为其功在千载。在《答王子常同年(咏霓)见赠之作》中，其对这一时期的学术作了这样的总结：

圣清励实学，经训勤疏治。阎顾朱胡陈，筚路先驱驰。硕儒启小惠(松厓时称小红豆先生)，遮窗穷娥义。一传得艮庭，写经参籀斯。卢(抱经)褚(鹤侣)实骖骐，王(西莊)钱(竹汀)共维持。孔(广孙)邵(二云)孙(渊如)、洪(稚存)、凌(次仲)，继起分畬菑。元明积壅秽，悉辟而辟之。万汇索奥啧，千秋绝攀跻。是皆宗高密，精神无他师。洙泗侍一线，微言接缁帷。别出有江戴，金(檠斋)段相追随。稍逊惠学宓，未与郑志违。幸际高宗朝，千载开昌期。大典授秘逸，石经正伪遗。翘材列四库，章逢赓委蛇。典礼及名物，爬梳咸受此。训诂及章句，斠董罔弗釐。粲然六经籍，巨细长昭垂。中天竟再睹，铄汉凌苍姬。

有清一代最能代表其学术精神的便是“实学”（又称朴学），李慈铭认为“实学”实际上是东汉郑玄（高密人）的治学精神在清代的发扬光大。顾炎武、阎若璩、胡渭、朱鹤龄、陈启源筚路蓝缕，是其前期的开创人物①。稍后的惠栋以研究《易经》而集其大成，卢文弨、王鸣盛、钱大昕、邵晋涵、孙诒让、洪亮吉、凌廷堪等都一脉相承，另外江永、戴震以及其后的金榜、段玉裁等虽为“别出”，但仍“未与郑志违”（即我们今天所谓的以惠栋为首的吴派和以戴震为首的皖派），正是他们继承了郑玄的“精神”，“典礼及名物，爬梳咸受此。训诂及章句，斠董罔弗釐”，从而使得元明以来饱集“薶秽”的六经重见天日而变得真相大白了。

不仅赞颂乾嘉学派的丰功伟绩，李慈铭所认同的治学理路也与乾嘉学派相当一致：

古未有形声、训诂之不明而能通经者，未有名物、象数之不讲，而能知学者。夫朱子，理学之大宗，而或推为集经义之大成者也。然其言曰“一书不读，即缺一书之义；一物不知，即缺一物之理”，此不特训诂不可略，而词章、术数、小说、释老亦在所不弃矣。且经之训诂，其事甚啧，其功甚劳，其效甚微，昔人亦何好焉，而必孜孜于拾遗掇堕，抱残守缺，若甚于性命身心不得已者。盖章句不明，即经旨晦；文字不审，则圣学疏；节文、度数、形器之不详，则礼、乐、兵、刑、食、贷与图，

① 梁启超在《清代学术概论》中云：“其正值晚明王学极盛而敝之后，学者习于束书不观，游谈无根，理学家不复能系社会之信仰。炎武等乃起而矫之，大倡‘舍经学，无理学’之说，教学者脱宋明人羁勒，直接反求之于古经；而若璩辨伪经，唤起‘求真’观念；渭攻‘河洛’，扫架空说之根据；于是清学之规模立焉。”梁启超《清代学术概论》第 15 页，中国人民大学出版社 2002 年版。

均不得其要。宁都罗台山为宋儒之学者也，而其言曰：“训诂不明，则文字根不真，支离杜撰，规矩荡然。”是诚见其本者矣。宋明以来，解六经、四书者，往往有文义不顺，近于害理。传教国朝，诸儒深研古义，旁通形声，多所是正。读学海堂经解一书，博观而要取之，得失之故，可以恍然矣。若夫词章乃学人之游艺，术数为方数之专门，皆非无益于国家者，不识小君子何讥？必世人尽为程朱，而辟雍之地又何所容其俎豆欤？①

李慈铭继承了汉学鼻祖顾炎武所创立的从文字训诂与名物、制度进行考证的治学路数，认为“盖章句不明，即经旨晦；文字不审，则圣学疏；节文、度数、形器之不详，则礼、乐、兵、刑、食、贷与图，均不得其要”，因而得出了“古未有形声、训诂之不明而能通经者，未有名物、象数之不讲，而能知学者”的结论。值得注意的是，李慈铭在这里反复用一些宋儒之学者如朱熹、罗台山来论证训诂、考据之不可少，而这实际上正好表明李慈铭试图打破汉、宋之间的门户之争，而希望将二者有机地结合。李慈铭的治学理路实际上也不囿于汉宋之间，而是更加的宽泛和具有包容性。正如其所谓的“此不特训诂不可略，而词章、术数、小说、释老亦在所不弃矣”，认识到“词章乃学人之游艺，术数为方数之专门，皆非无益于国家者”，就将这种思想表现得很明显和突出，“词章”、“小说”、“释老”都是可以吸取的学术资源，也都可以成为“辟雍之地”的“俎豆”。

与此同时，李慈铭对宋代的“理学”也有着自己独特的理解。

自汉书传儒林，历史因之，至宋而有道学之别。呜呼！谁为此名，可谓不学者矣。道者，六经是也。儒者之所习，无二学也。惟伊、洛立教，渐为空虚，高定愈张，实学滋晦。朱熹思以

① 《书沈光禄起元题水西书屋藏书目录后》，李慈铭《越缦堂文集》卷六，《续修四库全书》集部1559册，上海古籍出版社。

博考审辨，求践履之实。而其时，程学大兴，专门名家之儒，久绝于世，无所师授，不能通晓其训，故至于诗述易，遂为无本之义，多取不根之谈。诗弃小序，尤为口实，斯岂通人之蔽，抑亦晚学之征乎？要其弟子，若蔡原定、蔡沈父子皆能有所著述，以翼经教，视夫陆、程之门人有殊焉。九渊兄弟负绝人之才，具高明之识，深穷理欲，抗异新安，分道并驰。至以睽辙，师心太过，几流猖狂，衷其间者，惟吕祖谦。永嘉之学，醇醇近古，而际学者驰骛洛、闽，敷说心性，并为一谈，深而益肤，畅而益支，乃转与推崇，以自掩饰。盖亦知所学，根柢不坚，姑习大言，谓尧、舜、禹、汤、文、武、周、孔，思意命脉真传，至是始出。汉唐千载未涉其境，更取异名，别于儒林，以文其不学之迹，言语日繁，性道日歧，沿及明代，五百余年，遂无言知学问者。呜呼可慨也！已是真儒学之厄、圣道之累也。原其人类，能狷介自守，名节占立，若真德秀、魏了翁、杨万里、陈传良、叶适、袁燮之徒，亦皆有功业卓卓可称者，固不可谓性理之学，无裨实事矣。①

李慈铭首先不满“道学”之名，他认为六经都是阐述“道”的，这与“儒者之所习”没有什么两样，这表明李慈铭已经认识到“汉宋之争”争论的焦点不是所习之对象的不同，而是研究方法的差异，是“六经注我”与“我注六经”的分歧。其次，李慈铭也阐述了宋代理学的发展：程颐、程颢立教，提倡空虚高张之学而使“实学滋晦”；虽有朱熹的“博考审辨，求践履之实”，但由于精通训诂的儒学大师“久绝于世”，因而“程学大兴”，其弟子中只有蔡原定、蔡沈父子能“有所著述，以翼经教”。陆九渊凭其“绝人之才”与“高明之识”创立“深穷理欲”的“心学”来与二程相抗，但由于“师心太过，几流猖狂”，惟有吕祖谦调

① 《拟宋史儒林传序》，李慈铭《越缦堂文集》卷二，《续修四库全书》集部1559册，上海古籍出版社。

和朱陆,自成一派①。以薛季宣(号艮斋)、陈傅良(号止斋)、陈亮(号同甫)、叶适(号水心)为首的永嘉学派提倡文献、经世之学,“醇醇近古”,而此时的学者大都仍“敷说心性”,“根柢不坚”,这种学风一直蔓延到明代,从而造成了“儒学之厄,圣道之累”。李慈铭既批评“道学家”们的“遂为无本之义,多取不根之谈”、“师心太过,几流猖狂”、“根柢不坚,姑习大言”的缺陷,同时也赞扬某些“道学家”们“能狷介自守,名节占立”,因而“固不可谓性理之学,无裨事实矣”。评价应该说是比较公允的。

如其所言:“今之学者,粗识训诂,自以为多,辄毅然非毁之而不顾,此何异井蛙跳梁而不见河海之大也。其言足以深攻近儒之病,似并不为师门地,而议论自为醇正。予尝谓自程朱生后,天下气象,为之一变。束发之儒,耻事两姓,曳柴之女,羞醮二夫,尤其明效大验。故虽雅不喜读宋儒经说,尤厌其语录,而从不敢非毁之。盖汉儒守经之功大,宋儒守道之功大也。”③这便是李慈铭在比较汉学与宋学之利弊时所得出的结论。李慈铭心目中最理想的治学方式应是学习汉学家的训诂、考据来读懂章句,同时在此基础上也要学习“宋儒”阐发“义理”,发扬名教,将二者结合,实现汉、宋的“合流”。因此我们不难看出李慈铭试图调和汉宋的努力。

总的来说,李慈铭更加提倡“汉学家”的治学方式与治学理路,同时在“汉宋合流”的时代风气之下,也看重宋学的“守道之功”。这便成为李慈铭文章学理论的一个重要原则,李慈铭便是在这种原则的指导之下去构建其文章观的大厦。

---

① 全祖望在《宋元学案》中说:“宋乾淳以后,学派分而为三,朱学也、吕学也、陆学也。三家同时皆不甚合。朱学以格物致知,陆学以明心,吕学则兼取其长,而复以中原文献之统润色之。门庭径路虽别,要其归宿于圣人则一也》。”转引自侯外庐、邱汉生、张岂之主编《宋明理学史》第 865 页,人民出版社 1984 年版。

李慈铭的文道观

文与道的关系是文论史上一个最为重要的命题,探讨文道关系也是讨论“文章”观不可回避的问题。对此,李慈铭认为:“予闻之世运有殊而学问无二,晚近之学所以不古,若者徒以经义不纯,趋向之不一,正义明道之不讲。谋利记功之日勤,士不博学,无以穷经;士不穷经,无以见性。盖章句不明,名物不辨,则本实先拨,而圣贤为学之旨,无由得窥,其不能阐性命而几道学也,固矣。文者,载道之器也。孔子四教先以文,又曰‘君子博学于文’,敷者,博之谓也,学者因文以见道,以光其业,则驯入圣域而不难诚。故肄业之士,敬恩圣祖命名之义,勿空疏以自文,勿雕绘以自饰,勿蔽于俗学,勿惑于异端,精训汉儒之训诂,讲求宋儒之性理,于以敦本励学,仰答累朝菁义□育之心,以成中兴之治。”①李慈铭认为当前的学术之所以无法和古代相比,主要是因为读书人不博学穷经而“正义明道”,因而使得“圣贤为学之旨,无由得窥”,而“文”便是“载道之器”。学者应用“文”来探究“道”的真谛,即所谓的“学者因文以见道,以光其业”。李慈铭还是坚持了“文以载道”的传统,主张用文去明道。尽管恪守儒家传统的中国古代的知识分子都遵循着“文以载道”的思想,但由于他们对“道”的理解不同,他们理想中的“文”的观念也是有差异的。李慈铭在文集中有几处谈到了其心目中的道,现摘录如下:

> 自《汉书》传《儒林》,历史因之,至宋而有《道学》之别。呜呼!谁为此名,可谓不学者矣。道者,六经是也。儒者之所习,无二学也。②

---

① 《杭州敷文书院碑记》,李慈铭《越缦堂文集》卷十,《续修四库全书》1559册,上海古籍出版社。

② 《拟宋史儒林传序》,李慈铭《越缦堂文集》卷二,《续修四库全书》1559册,上海古籍出版社。

所谓道者，读书安贫贱而已。研经以固其神，考史以充其气，吟咏以畅其性，山水以阅其情，故古来儒生、诗人，枯槁隐逸，往往多寿。①

学问之事啧矣！识大识小，同源而异流。其大至于弥六合，穷天地；其小者，一名一物，辨析至于极微。盖自周以降，诸子派离，百家杂出，其迁流递变，不可究极。而得其真者，虽大小万殊，其要皆一归于道而能发明先王之教。盖事之所寓莫不有，贤智之士悉其力以相赴，故其精神不可磨灭，而其事遂足持世而不敝，此非高语性天者所能尽也。②

在李慈铭的心目中，“道”的观念是至高无上的，古今一切大小学问均归于“道”，探究圣人之“道”也成为李慈铭一生中最为高尚的追求，也是每一个读书人最为神圣的职责。清初的顾炎武曾在《与施愚山书中》提出：“愚独以为理学之名，自宋人始有之。古之所谓理学，经学也，非数十年不能通也。”清代著名的史学家章学诚提出了“六经皆史”的思想，而到了李慈铭我们看到了另一个提法：“道者，六经是也。”儒者毕生所从事的事业都是为了阐发“道”，各种学问虽“同源而异流”，“其要皆一归于道而能发明先王之教”。其实李慈铭心目中的“道”，便是经和史，是将顾炎武和章学诚的观点综合起来而提出的。这便决定了李慈铭认为要写好古文就必须多读经、多读史，“近世言古文者，仅取裁于村塾之所谓唐宋八大家，固为固陋，然学者但能菑畬经训，沉浸史、汉，则所作自为高古深厚，不落强调小技”，只要多读“经训”、《史记》、《汉书》为代表的历史著作，写出来的古文“自为高古深厚”，不入虚浮之言，这充分表明了李慈铭对经、史的重视，视其为“根柢”，为写好文章的基础。

① 《答沈晓湖书》，李慈铭《越缦堂文集》卷五，《续修四库全书》1559 册，上海古籍出版社。

② 《章氏式训堂丛书序》，李慈铭《越缦堂文集》卷二，《续修四库全书》1559 册，上海古籍出版社。

李慈铭对桐城派的评价

桐城派是清代在散文领域持续时间最长、人数最为众多、影响也最为深远的一个文章派别。李慈铭对桐城派也格外关注，从其对桐城派的评价中，我们也可以窥见其“文章观”的大概。对方苞的评价为：

> 阅《望溪文集》。其叙天伦悲苦处，枨触生平，时为泫然费卷。痛莫切于伤心鲜民之谓矣。同治丁卯(1867)十一月十七日。
>
> 阅《望溪文集》。望溪粹然儒者，其文多关世教，又语必有本，事能见道，自责之言，尤近圣贤克己之旨，宋儒以后，诚不多见。光绪丁丑(1877)正月二十三日。
>
> 阅望溪集。其读经读子史诸文，多不可训；时序寿序亦嫌太多。若其书后之文，语无苟作，墓铭志传，亦多谨严，叙述交游，尤为真挚。与人诸书，无不婉切有味，此实可传者也。余二十年前读之，多为浮气所中，又过信钱竹汀、汪容甫诸公之言，颇轻视之，故自后从不寓目，此以知读书贵晚年也。光绪丁丑(1877)正月二十七日。①

由上可见，李慈铭还是比较欣赏方苞的散文。一是由于其为文擅长写“情”，令人“泫然费卷”。当然这里的“情”不是儿女之私情，应是“伤心鲜民”、朋友交友之情。二是方苞之文“多关世教”，“自责之言，尤近圣贤克己之旨”，这在某种程度上与李慈铭取得了共鸣，因而改变了以前由于受钱大昕等人的影响而对其“轻视”的态度，认为其文“实可传者也”。

---

① 李慈铭《越缦堂读书记》第1000、1001页，上海书店出版社2000年版。

李慈铭对于刘大櫆的评价则颇低，认为“桐城刘大櫆诗文皆不能成家，其文尤乏佳处，虽稍有气魄而贫疏太甚。其生平于古人文法亦甚留心，而所作往往轶于轨度；又或模仿成拙，转多可笑”①。并认为“昭代文至刘海峰、朱梅崖，诗至沈归愚、袁子才，可谓恶劣下魔矣”。李慈铭断定姚莹之文继承了刘大櫆的“文风”：“石甫吏才，其治台湾甚有名，及咸丰初，召起为广西臬司，乃无所见，盖时亦老病矣。承其曾祖南青先生、从祖姬传郎中之学，治经兼综汉、宋而不喜考证，文章似本其乡刘海峰，颇与姬传异轨，魁磊自喜，苦少剪裁，正如边塞健儿，袭冠带，行阙廷间，举止阔大，而多不中度。”②这里所谓的“边塞健儿，袭冠带，行阙廷间，举止阔大，而多不中度”，应是指上面所谓的“模仿成拙，转多可笑”。其实，李慈铭这里是看到了刘大櫆之文和方苞之文的不同。刘大櫆的文章不太拘泥，时有奇气溢出，《国史文苑传》这样评价其文：“虽游方苞之门，所为文造诣各殊。苞盖择取义理于经，所得于文之义法；大櫆并古人神气音节得之，兼集《庄》、《骚》、《左》、《史》、韩、柳、欧、苏之长。其气肆，其才雄，其波澜壮阔。尝著《观化篇》，奇诡似《庄子》；其他言义理又极醇正。”方苞“取义理于经”讲究“雅洁”，而刘大櫆“气肆”、“才雄”，两人风格迥异，李慈铭因之对其评价也不同，总的看来，李慈铭似乎更为欣赏方苞“雅洁”的散文风格。

引人注意的李慈铭在评价桐城派时提出了“桐城谬种”的说法：“清康熙间鸿博之举，髦硕辈登，而当时也有翰林之目，致所谓三布衣者，皆不安其官，朱垞且得谴而去。习俗移人，难晓如此。直至今日，桐城谬种，尚以邵二云、周书仓及戴氏三君入馆为坏风气，变学术，人无人心，亦可畏哉！③”这仿佛是李慈铭针对姚鼐等桐城派对戴震、邵晋涵入主四库馆的恶意指责而为其打抱不平的发愤之言。其实李慈铭在《答王子常同年(咏霓)见赠之作》这首诗诗中更能看

① 李慈铭《越缦堂读书记》第 1013 页，上海书店出版社，2000 年版。
② 李慈铭《越缦堂读书记》第 1125 页，上海书店出版社，2000 年版。
③ 李慈铭《越缦堂读书记》第 1030 页，上海书店出版社，2000 年版。

到所谓的"桐城谬种"的真正含义：

圣清励实学，经训勤疏治。阎顾朱胡陈，筚路先驱驰。硕儒启小惠（松厓时称小红豆先生），遮窗穷娥义。一传得艮庭，写经参箍斯。卢（抱经）褚（鹤侣）实骖骐，王（西莊）钱（竹汀）共维持。孔（广森）、邵（二云）孙（渊如）、洪（稚存）、凌（次仲），继起分。元明积壅秽，悉辞而辟之。万汇索奥啧，千秋绝攀跻。是皆宗高密，精神无他师。洙泗侍一线，微言接缁帷。别出有江戴，金（檠斋）段相追随。稍逊惠学宓，未与郑志违。幸际高宗朝，千载开昌期。大典授秘逸，石经正伪遗。翘材列四库，章逢赓委蛇。典礼及名物，爬梳咸受此。训诂及章句，斠董罔弗釐。粲然六经籍，巨细长昭垂。中天竟再睹，汉凌苍姬。家法贵墨守，大道讵有歧。世儒好衔鬻，立异不知归。通执务博物，味经标正辞。制度勇私改（程易畴通录中所言丧服及戈、剑、戟等考多不足信，其辨栋宇尤谬，别有文论之），科旨份伪滋。此虽名古学，实亦招瑕疵。桐城遂猖狂，捐本升其枝。挦撦八家语，小文炫群儿。斯藩一以坏，雷鸣聒鼋蝇。聋瞢厌考索，蚕蠹肆訾訾。鹑褛傲祓冕，豕盆蔑尊彝。空言讲性命，圣道日陵夷。不学为知本，师心侍可欺。六书屏不讲，三礼纷致疑。驯至酿大乱，癰溃连心肺。五斗各立教，天主奉太西。痛兹谬种害，迁流忘其非。有识或疾呼，楚咻舌为疲。硕果已尽落，弦诵声何稀。京师盛冠盖，杖杜贯雌霓。讲章秘枕宝，兔园不敢窥。其间号才俊，佻达矜羽仪。乱抹尤侗集，高颂袁枚诗。孤凤偶一出，环枭惊群鸱。予生夙婴疾，许郑心所愿。健忘屡迷复，望洋惮钩稽。①

前面已讲过，李慈铭骨子里对汉学家的重经史、重考据的朴实

① 《答王子常同年（咏霓）见赠之作》，李慈铭《白华绛柎阁诗》卷壬，《续修四库全书》1559 册，上海古籍出版社。

学风十分赞赏。在这首诗中，他首先回顾了“实学”在清初以及乾嘉时期的发展和达到高峰，接着又提出了由于“桐城派”的出现，使学风发生了转移，之所以称“桐城”为“谬种”，就是因为“桐城派”没有继承汉学家重训诂、重考据的“家法”，反而是“空言讲性命”，致使世道大乱，人心不古。姚鼐曾经诅咒攻击程朱理学之人都要“身灭绝嗣”，而方东树更是写了《汉学商兑论》对汉学家的观点和方法逐条反驳，李慈铭也评价方东树为“东树字植之，曾游阮文达之门，颇究心经注，以淹洽称，而好与汉儒为难。著《汉学商兑》一书，多所弹驳，言伪而辨，一时汉学之焰几为之熄”，并宣称“盖姚姬传虽讲求经术，然颇为异论。以后桐城、宛陵及江右、新城空疏谬妄之学派，实自姬传开之，若方东树、陈用光、梅曾亮尤其著也”。这里所谓的“空疏谬妄”也可以当成是“桐城谬种”的最好解释了。其实，所谓的“桐城谬种”还是李慈铭在梳理清代的学术系统时对“宋学”扩展到文章领域的一种不满和指责。

李慈铭作为一个文史大家，其“文章”观也是建立在尊经重史的基础上，因此其“文章”观也带有浓厚的学术色彩，但这并不能抹杀其应有的价值，其某些观点和看法对我们今天仍然是有借鉴意义的。

（作者系复旦大学博士生）